吉林大學古籍研究所叢刊之五

殷墟甲骨刻辭摹釋總集

主編 姚孝遂
副主編 肖丁

上册

中華書局影印

主編　姚孝遂

副主編　肖丁

編輯（以姓氏筆劃為序）

何琳儀　歷史學碩士

吳振武　歷史學博士

黄錫全　歷史學博士

曹錦炎　歷史學碩士

湯餘惠　歷史學博士

劉釗　歷史學碩士

鈔錄　王少華

圖書在版編目(CIP)數據

殷墟甲骨刻辭摹釋總集/姚孝遂主編.—北京:中華書局,1988.2(2011.8)重印

ISBN 978-7-101-00345-1

Ⅰ.殷…　Ⅱ.姚…　Ⅲ.甲骨文-譯文　Ⅳ.K877.1

中國版本圖書館CIP數據核字(98)第06908號

殷墟甲骨刻辭摹釋總集

（全二册）

主编　姚孝遂　副主編　肖　丁

*

中華書局出版發行

（北京市豐臺區太平橋西里38號　100073）

http://www.zhbc.com.cn

E-mail:zhbc@zhbc.com.cn

北京市白帆印務有限公司印刷

*

787×1092毫米 1/8・147½印張

1988年2月第1版　2011年8月北京第4次印刷

印數:2501-3000册　定價:1800.00元

ISBN 978-7-101-00345-1

目録

上册

序……一
甲骨文合集摹釋（合集一—八册）……一

下册

甲骨文合集摹釋（合集九—十三册）……五九七
小屯南地甲骨摹釋……九六一
英國所藏甲骨集摹釋……一〇五一
東京大學東洋文化研究所藏甲骨文字摹釋……一一〇七
懷特氏等所藏甲骨文集摹釋……一一三一

序

殷墟甲骨刻辭，是迄今為止我們所能見到的我國最早的古籍。經過將近九十年來廣大學者的研究整理，基本上可以通讀。《甲骨文合集》的出版，使得零雜分散的甲骨文資料，能够匯集一齊，為進一步的整理研究工作提供了便利的條件。

甲骨刻辭的整理研究工作始於孫詒讓的《契文舉例》，成就雖然有限，然而篳路藍縷之功是不可没的。羅振玉、王國維以後，甲骨刻辭逐漸能得到通讀。隨着科學的考古發掘工作的開展，現代甲骨學體系的建立，我們對甲骨刻辭整個的從形式到內容，就有了進一步的認識。

作為一種文字符號，甲骨文計有將近四千個不同的符號形體。我們現在能够真正辨識的，或者說能够與後世的文字形體找出其發展聯繫的，約一千個字左右，還不到其總數的三分之一。但是，其餘的三千多個我們現在還不能完全辨識的文字形體，絶大多數是人名、地名等等專有名詞，這對於我們通讀甲骨刻辭的內容，影響還不算太大。

從商代的甲骨文，周代的青銅器銘文，戰國秦漢的帛書、簡牘，魏晉的碑刻，直至現代通行的楷書，都是一脈相承的。儘管存在着形體上的發展變化，但還是能够尋繹出彼此之間的聯繫。

所謂古籍，就是古代的文字記載。不同的時代，其古籍可以表現為不同的形式，包括不同的書寫形式和不同的用以書寫的材料。

商代的古籍，主要是刻在龜甲、獸骨，甚至是人頭骨上的，有少數的墨書和朱書。周代的古籍主要是鑄刻在青銅器上的。戰國秦漢的古籍主要是書寫在繒帛或竹木簡牘上的。當然還有石刻文字。而石刻文字在商代就已經有了。至於我們現在所見到的書籍形式，不過是宋以後印刷術的興起纔開始出現的。

各個不同時代的古籍，由於其用以書寫的文字符號的發展變化，歷之既久，一般人就難以辨識，通讀和理解。這就需要有專門的能辨識古文字的人來加以整理和研究，使這些古代的文字記載能够長期地流傳下去。在古代，這是史官的專門職責。我國商周時代，就已經有了這樣的史官。

就目前已知的材料來看，成體系的、能够全面地、完善地記錄語言的文字符號的，最早的是甲骨文。在此以前，如仰韶文化的或大汶口文化的文字符號，我們迄今只發現一些簡單的刻劃符號或圖形符號。像這類文字符號，尚處於非常原始階段，還没有和語言非常緊密地結合起來，尚不能勝任記錄語言的任務。

殷人有典有册，這些典册保存在《尚書》中的有《盤庚》三篇。很顯然，《盤庚》三篇不可能是商代原有的形式，是經過後人整理的。毫無疑問，這是經過西周的史官的整理而流傳下來的。可惜的是，有關史書缺乏有關西周史官整理商代典籍的詳細記載。

據《左傳》昭公十二年記載，楚左史倚相「是能讀《三墳》、《五典》、《八索》、《九丘》」。倚相是我們現在所能知道的，歷史上最早的一個能通曉古代文字，釋讀古代典籍的人。「左史」就是史官的一種。

孔子曾經歎惜商、周之禮不足徵，原因在於「文獻不足故也。足則吾能徵之矣」。他既然誇下了這個海口，可見他是能够辨識和通讀商周古籍的。事實上孔子曾經系統地整理過古代典籍，史書曾說他「删詩書，定禮樂」。孔子是歷史上所已知的全面而系統地整理古籍的第一個著名學者。

司馬遷出身於史官世家，繼其父司馬談之業作《史記》，就是基於他廣泛地涉獵了金匱石室諸古籍，並加以整理和釋讀。我們今天所見到的《史記》一書，所引證的古籍與傳本就有所出入。《易》、《禮》、《詩》、《書》、《春秋》，各家所受不一。從中可以看出，古籍是經過多家的整理釋讀，並且是存在着大同小異的。

西漢時對於戰國以來所流傳的古籍，一般人已不能通其讀。孔子壁中書就曾經伏生、孔安國加以釋讀和整理。當時有許多著名的學者，由於能辨識古文，在這方面作過重大的貢獻。張敞、揚雄、司馬相如等等，就是其中的佼佼者。

劉向、劉歆父子，以其畢生的精力，校中祕藏書，取得了卓越的成就。所謂「校中祕藏書」，其重要內容，就是對古籍的整理和釋讀，以今文讀古文。雖然後世對劉歆出於政治動機，竄改過某些古籍，有所非議，但是，不能因此而抹殺其整理古籍的巨大功績。

及至東漢，甚至對班固的《漢書》一般人已不能通其讀，還得有賴於其妹班昭加以傳授。賈逵、爰禮、許慎、馬融等都是通曉古文字的著名學者，都是費盡了畢生精力從事古籍整理的工作。我們今天還能够讀到一些先秦的典籍，應該感謝上述所有這些學者的辛勤努力。

東漢蔡邕的熹平石經，以及魏正始三體石經，更是整理和釋讀古籍的寶貴成果。尤其是正始三體石經，以古今文字對照的形式，為保存一定的古籍原始面貌，有利於後世對古籍作出更進一步的深入研究方面，對資料的原始性和可靠性，更是有着特殊的貢獻。

晉太康中汲冢出土的竹簡，經過荀勗、束皙等人的整理和釋讀，得以部份保存下來。可惜的是，現在僅能見到《穆天子傳》，其餘均已散佚。

魏晉而後，隋唐以來，文字經過隸變，成為楷書的統一形式，所有典籍一般說來，已不存在文字上的差異。古籍整理的工作，相對地說來就要容易一些。

宋代金石學的興起，直至清乾嘉以來，考據之學盛極一時，古籍整理工作又開闢了一個新的領域。對兩周的青銅器銘刻這一古籍形式展開了全面而深入的整理和研究，並且取得了豐碩的成果。

清代末葉，殷墟甲骨文字的出土，更進一步將古籍的整理上推到商代的典籍。並且在此基礎之上，逐漸形成了以語言文字學為核心的，結合歷史學、考古學、社會人類學交相滲透的現代古文字學這一新興的學科。

甲骨文字是通行於商代的文字，它的形體結構與後世通行的文字存在着明顯的區別。其刻辭一般都很簡短。主要是通過卜辭的形式以反映當時人們廣泛的社會活動，有着非常豐富的歷史內容。其中也有的不是卜辭的形式，而是直接記載人們社會活動的所謂「記事刻辭」。也有干支表和家譜的所謂「表譜刻辭」。

所有這些，都是商代的典册，是我們據以研究探討商代社會歷史的非常寶貴的原始資料。

然而遺憾的是，由於甲骨文字祇是極少數的人能够辨識，這些原始資料的利用就受到很大的局限。雖然很多學者曾經作過一些釋讀工作，但這些研究成果都比較零散，搜集起來在現在的條件下，已經是非常困難。何況近年來甲骨學發展得很快，早期的研究成果已難於適應現代深入研究的需要。再加上學者認識上存在着較大的分歧，若非專門的學者，就很難作出恰當的取捨。而廣大的歷史學、語言文字學、考古學等等有關學科的科學工作者，隨着研究工作的進一步深入，又迫切需要利用這批原始資料。這樣就存在着一個亟待解決的矛盾，形勢要求古文字學的專門工作者為其它各有關學科提供能夠充分利用的，較為完整和全面的甲骨文字資料。作為古文字的專業工作者，這是義不容辭的職責。

《甲骨文合集》（簡稱《合集》）的出版，加上《小屯南地甲骨》（簡稱《屯南》或《屯》）所收一九七二年以後出土的甲骨刻辭，以及《英國所藏甲骨集》（簡稱《英》）、《東京大學東洋文化研究所藏甲骨文字》（簡稱《東》）、和《懷特氏等所藏甲骨文集》（簡稱《懷》），大體上殷墟甲骨刻辭原始資料已經齊備。釋文和考釋工作就提到日程上來了。

我們編寫組全體同志，作為古文字的專業工作者，大家都有一個共同的願望：為促進甲骨文字的研究工作，并為甲骨文字資料能得到更為廣泛的利用，做一些我們力所能及的工作。我們的打算是：在一九九零年以前，陸續完成《殷墟甲骨刻辭摹釋總集》、《殷墟甲骨刻辭類纂》、《甲骨文考釋類編》、《甲骨文選》等四部著作。這四部書是一個完整的系列，可以相互補充。

《殷墟甲骨刻辭摹釋總集》（簡稱《摹釋》）雖是一個初步的，卻是基本的整理和釋讀工作。包括目前已經著錄的全部甲骨刻辭資料，即《甲骨文合集》、《小屯南地甲骨》、《英國所藏甲骨集》、《東京大學東洋文化研究所藏甲骨文字》和《懷特氏等所藏甲骨文集》。要想購置全部上述資料，不是一般人力所能及的。而《東京大學東洋文化研究所藏甲骨文字》更屬非賣品，國內不易見到。承松丸道雄先生厚意相贈，謹此深致謝意。

有了《摹釋》之後，有關學科的專業工作者就有了能夠充分利用甲骨刻辭的條件。

甲骨刻辭資料零碎而浩繁，即使解決了釋讀上的困難，要想從五萬餘片原始資料中尋繹出所需用的有關資料，還不是那麼容易的。

《殷墟甲骨刻辭類纂》主要就是想解決檢索資料方面的困難。過去大家所利用的有關工具書是島邦男的《殷墟卜辭綜類》，這是花費了島邦男氏畢生精力，具有創新精神和獨到見解的有很高實用價值的專著。可是在目前看來，這部書有兩點不足。一是衹有「摹」而没有「釋」，不懂甲骨文的人無法加以利用。一是現在資料增加了很多，尤其是《合集》出版後，舊有的著録號已不能適應目前的需要。基於上述，必須重新編纂一部新的有關的工具書。

限於體例，我們在《摹釋》中不可能申述我們釋讀的依據和見解，而歷來文字考釋的分歧意見也有待於加以總結和提高。我們將在《甲骨文考釋類編》中解决這一問題。這部書是思泊師在世時主編的。我們作為他的學生，將全力以赴地完成他的遺願。

至於史實的探索，辭例的詮解，分期分組的確定，我們將在《甲骨文選》中充分表達我們的見解。

我們的具體目標是：

一、通過這一系列工作，對甲骨刻辭資料進行全面而系統的整理，總結原有的研究成果，促進現有研究水平的進一步提高。

二、將甲骨學的研究成果推廣到其它各有關學科，以便歷史學、考古學、社會人類學、語言文字學等學科能充分利用甲骨刻辭這一寶貴資料。

三、探索整理研究我國古代典籍文獻的新途徑，新方法和新方向。

在《殷墟甲骨刻辭摹釋總集》這部書中，我們的具體作法是：

一、關於資料的處理

我們所收録的資料包括：

《甲骨文合集》四一九五六片

《小屯南地甲骨》四五八九片加上附録二三片、補録一四片，共四六二六片。

《英國所藏甲骨集》二六七四片。

《東京大學東洋文化研究所藏甲骨文字》一三一五片。

《懷特氏等所藏甲骨文集》一九一五片。

總計五二四八六片。

實際上《合集》本身有少數是重複或可以綴合的；《合集》與《英》、《東》有大量是重複的。總數大約為五萬片左右。

《合集》第十三冊為摹本，其中大量與《英》重複，這些《合集》摹本我們根據《英》的拓本在摹寫時進行了校訂。《合集》的摹本大多數是來源於《庫》和《金》的摹本。原摹寫多有誤，我們儘可能地對照拓本加以補正。

例如：

《合集》三九九一八「余勿呼禦方」，「方」字誤摹作「[illegible]」，多出一筆，即不成辭。今據《英》六二〇拓本改正作「[illegible]」。

又《合集》三九九〇八貞人名誤摹作「[illegible]」，今據《英》六二六改正作「[illegible]」。

但與此同時，我們也十分重視摹本的參考價值。無論是庫壽齡還是金璋，都曾親自接觸到原甲骨片。這些原片在長期保管的過程中有的略有殘損，有的字跡變得模糊，我們就可以據摹本以補拓本之不足。如《英》六一三拓本「乙未卜，㱿貞，大甲呼王敦衔，十月」。「甲」字僅殘存作「一」。《合集》三九九二五摹作「[illegible]十」是正確的。《合集》三九九二四與此同文亦可證。但三九九二四摹「𦎫」作「㕣」亦誤。

二、有關釋讀的若干說明

我們採取摹本與釋文相對照的形式，儘可能地吸收現有的研究成果，根據我們自己的判斷作出恰當的抉擇。限於體例，不能作任何注釋或說明。

1.凡通假字，逕書借字，不書本字。如干支字「子」逕隸作「巳」。「[illegible]」逕作「娩嘉」，而不作「冥幼」。但地名則作「冥」。「帚」逕作「婦」，而不作「帚」。「晶」、「㞢」、「又」依照辭例分別隸作「星」、「有」、「祐」、「侑」、「又」、「右」。「[illegible]」於動詞作「擒」，於人名則作

「□」。「□」逕讀作「摧」，但於人名則作「敚」。「□」逕讀作「霧」而不作「霍」。「隹」、「叀」逕讀作「惟」。如此等等。

2、所有合文，依原篆摹錄。但隸釋則分書。如「□」、「□」均讀作「三牛」、「四牛」。「十」、「□」分別讀作「七十」、「九十」。「□」讀作「勿牛」而不讀作「物」或「物」。但「牝」、「牡」、「□」、「□」等，我們認為亦屬合文，然而隸釋分書反而徒增困擾，故隸釋亦不得已的變通辦法。

3、凡一字兩用者，如大家所熟知的「大甲申」、「大乙未」之類，均讀作「大甲甲申」、「大乙乙未」。《合集》二七四一七「于二父己父庚吉」，「二父己」讀作「二父父己」。我曾經說過，卜辭一字兩用僅限於干支字，現在看起來，祖妣之類的稱謂字亦有一字兩用之例。

4、凡確知為異體字者，均隸釋為統一之形體。如「□」、「□」、「□」均作「羌」，「□」、「□」均作「俘」；「田」、「□」、「□」均作「上甲」。其它如「數」、「衛」、「賓」等等，亦如此之類。

5、凡已確知後世文字已混同為一，而在甲骨文區分甚嚴者，則在形體上保存其區分。如「牝牡」與「□□」、「□□」；「豭」與「猳」；「牢」與「宰」之類。

6、凡已確知原刻有誤者，均在釋文中加以改正。如：

《合集》一五八一六「丁酉卜，來丁來酰王」，「丁來」顯然是「丁未」之誤刻。

又如《屯南》八六六「癸午」顯然是「甲午」之誤刻。

又《合集》三七六五一「戌戌」顯然是「戊戌」之誤刻。原篆均照摹，而在隸釋中加以糾正。

7、凡字形有殘泐或缺刻橫畫者，在摹錄時儘可能加以補足。

8、凡辭中個別形體倒書如□、□、□之類，摹寫存其原式。隸釋則作「侯」、「室」、「婦」。而骨面刻辭有全辭均倒書者，如「：奠乞寅骨三」之類，摹寫時均逕作正書。

9、甲骨有削去舊有文字，重新加以契刻者。此類情況《屯南》較多，有的時候削治未盡，原有文字猶依稀可辨。在一般情況下，均略而不錄。

《合集》一七八七〇原有一「麏」字，後又在此字上刻一「高」字，兩字相重疊。原著錄於《南·南》二、一五九，系摹本。如將此重疊之兩個字形摹在一起，則不成字。拓本可以分辨其層次，今分別加以摹錄。「田」字下層似有一「牛」字，不甚清晰，從略。

我們釋讀總的原則是：科學性是首要的。在此基礎上我們強調其通俗性。目的在於使甲骨學界以外的各有關學科都有可能利用這一珍貴資料。與此同時，我們也有一定的靈活性。上述的各種體例並不是在任何情況下都一成不變的。例如：甲骨文中「𠙴」、「𠚍」、「𡇬」、「𡇯」、「𦥛」、「𦥜」是各有專指的，但我們均依通假的原則一律釋作「陷」。而人名的「子𦥛」則不能作「陷」，衹能隸作「𦥛」。「沈」字或從「牛」，或從「羊」，或從「牢」，在當時是有區別的，隸釋衹能統一作「沈」。「埋」字也是如此。同時，「埋」字也不書作「薶」、或「霾」，我們認為既然以今字代古字，作「埋」就更徹底一些。但是，作「沈」而不作「沉」，則是為了避免誤解。不能執着一端，這就是我們在隸釋過程中不能不具有一定靈活性的原因。

三、分期問題

甲骨學界對於甲骨刻辭的分期研究日趨深入和嚴密。傳統的五期分法尚有缺陷。所謂祖庚、祖甲的第二期刻辭，實際上有的是可以區分的。而大多數祖庚刻辭與第一期的武丁刻辭又是難以嚴格區分的。刻辭中帶有明確稱謂的終究是少數。在通常情況下我們所賴以分期的依據是字體及貞人組。有些貞人按五期分法就存在跨期的現象。字體的靈活性亦較大，康、武、文在缺乏稱謂的情況下有時就難以區分。所謂「歷組」刻辭，實際上僅有「歷」一人，不能成「組」。而且帶有貞人「歷」的刻辭為數很少，大多數是依據字體來加以判斷。字體的特徵可以上延，也可以下延，學者們對「歷組」刻辭的範圍，在認識上也有出入。而「歷組」究竟歸屬於哪一個時代，分歧更大。所有這一些，都需要用大量的篇幅進行詳細的論證。我們將在《甲骨文選》中闡明我們的意見。在《摹釋》及《類纂》中，我們衹是按原書的分期，這並不表明我們同意其分期的標準。

四、關於兆辭的處理

一條完整的刻辭，包括有「前辭」、「貞辭」、「驗辭」。而大多數刻辭並不具備這些完整的形式，多有所省略。而「兆辭」的性質，則是貞人對卜兆所作的附加記錄。「茲用」、「不用」、「不舌黽」、「二告」、「小告」等均屬於「兆辭」之類。實際上「兆序」也屬於「兆辭」的範圍。有時「茲用」也列入完整的刻辭之內，多在驗辭之前。對於這種情況，我們則不視之為「兆辭」。

「兆序」，包括所謂「成套刻辭」的序號，我們一概不錄。可以歸附的「兆辭」，我們均列入該辭條之下，空一格以示區別。不能歸附的均單列。

五、關於僞刻、習刻

僞刻和習刻在一般的情況下是可以區分的。《甲》、《乙》、《屯南》均為科學發掘出土，不存在僞刻，衹有習刻。傳世甲骨，則多有僞刻。早期僞作，容易予以判定。隨着辨僞研究工作的深入，稍晚的僞刻甲骨，則易於亂真。這是由於早期作僞者對甲骨刻辭本身的規律特徵缺乏認識，衹是胡亂地拼湊一些文字形體，於其行款格式，形體結構，辭語組合均舛午乖戾，一目瞭然。稍晚僞刻，則多據真辭為藍本，依樣畫葫蘆。此類僞刻，如果單純依靠摹本是難以判斷的。

《合集》第十三册摹本，有大量僞刻或部分僞刻。對於僞刻，我們採取較為嚴格和謹慎的態度。

《合集》三九八九六與三九八九七可綴合，即《庫》一五九七和一五五四。現在《英》五八七有綴合之拓本，可以確定其為僞刻。書法拙劣，很多字的形體結構已失去原貌。乃據《合集》三九九八五正，即《英》五八八而僞作。島邦男對此類僞刻，在當時就無從分辨而收入《殷墟卜辭綜類》。

《合集》拓本極個別亦有僞刻。如一二四一即是。其「唐」字誤書作「旹」，且出現「大己」，為卜辭所無。僞刻無疑。

凡僞刻、部分僞刻、習刻均加注明。《類纂》不予收録。

六、關於重出及綴合

《合集》間有前後重複者。甲骨零散，校重是一件不容易的工作。偶有發現，立即删去。全面的校重工作，留待《類纂》的編寫時進行。綴合是一種專門性的研究工作，難度更大。我們不準備在這方面花費太多的精力。偶爾有所綴合，均加注明。

參加本書編寫的，除由我和肖丁分任主編、副主編外，編輯的具體分工是：

何琳儀　《合集》第六册、第十一册

吴振武　《合集》第一册、第九册

黄錫全　《合集》第三册、第八册

曹錦炎　《合集》第五册、第七册及《東》和《懷》

湯餘惠　《合集》第二册、第十二册

劉　釗　《合集》第四册、第十册及《屯》

《合集》第十三册及《英》由何琳儀、吴振武、黄錫全、湯餘惠共同擔任。

隸釋的鈔録工作由王少華擔任。

本書在編寫過程中，得到全國高等院校古籍整理研究工作委員會的基金資助，同時還得到中華書局浙江省博物館、武漢大學、九江市博物館等單位的大力支持。在此，我們對上述單位表示深切的謝意。

一九八六年六月姚孝遂識於杭州之文瀾閣

甲骨文合集摹釋

第一冊

一——一二三九

一　…大令衆人曰𦔻田其受年十一月
一　…受年
二　…曰𦔻田其受年…
三　…人曰𦔻田…
四　…曰𦔻…
五　乙巳卜㱿貞…
五　…㱿貞王大令衆人曰…受…
六　貞其侑延四月
六　甲戌卜宾貞翌乙亥侑于祖乙用五月
六　辛卯卜宾貞以子徠往不𢦏六月
六　癸巳卜宾貞令衆人肆入絴方…𡆥田
六　貞勿令衆人六月
六　甲午卜宾貞取剛于𠂤
六　貞勿取六月
六　甲午卜…翌乙未…
六　丁酉卜宾貞令甫取另伯及
六　貞令祝保甫六月
六　丁酉卜宾貞惟戌木令比𦉪王
六　貞惟戌延令比𦉪王六月
六　癸卯卜宾貞令郭兹在京奠
六　…勿…在京奠六月
六　癸亥卜宾貞令𦉪侯希征鼓
六　貞勿令𦉪侯七月
六　辛未卜…𠂤王奏…之若
六　丁丑卜宾貞侑于丁勿𥁕宰用
六　戊寅卜允貞王弗疾有𡆥
六　貞其疾七月
六　庚寅卜貞翌辛卯王𩵋文不雨八月
六　辛卯卜貞今日其雨八月
六　癸未卜宾貞馬方其征在沚
六　己酉卜宾貞王心不…
六　乙丑卜宾貞侑匚于保
六　癸未卜宾貞馬方其征在…
六　貞不…在沚
六　辛卯卜宾貞…有疾
六　貞…其侑…
六　貞…令…
七　癸未卜爭貞王在兹𩱧成狩
七　辛卯…令衆…絴…十月
七　…羌…
八　…卜貞衆作耤不喪…

八　…卜貞肇丁帝十宰
八　…貞…
八　…其…大…
九　辛未卜爭貞曰衆人…蕁田…
九　…不…
一〇　戊寅卜宾貞王往以衆黍于囧
一〇　…教一月
一一　丙午卜古貞…衆黍于…
一一　乙巳
一一　丙午
一一　…其…
一一　貞遘
一二　己丑…貞令…倗…一月
一二　庚…
一二　貞惟小臣令衆黍一月
一二　貞王心無來自一月
一三　…小臣令…黍…
一三　己丑卜宾貞令䠶倗衛一月
一三　…一月
一四正　丙戌卜宾貞令衆乘其受祐五…
一四正　庚申卜古貞勿𥁕𢼄于南庚宰用
一四正　貞呼雷耤于明
一四反　王固曰吉
一五　貞呼衆人出麋克
一六　辛丑卜爭貞我卜多不吉彡…
一六　貞衆人無其擒十月
一七　辛亥卜貞衆…往𢓊有擒
一八　戊寅卜爭貞今春衆有工十月
一八　…工
一八　貞𢓊啓𢦏
一八　𢓊啓不其𢦏
一八　貞…啓…
一八　戠啓不其𢦏
一八　壬午…貞…
一八　勿…
一九　…戊卜…奴衆…宗工
二〇　庚…貞奴…宗工
二一正　癸巳卜…貞令…奴衆人…
二一反　…示三十
二二　己酉卜爭貞奴衆人呼比𠬝𢦏王事五月
二二　甲子卜𠷎貞令𠬝𡆥田于…
二二　…爭…之…七月
二二　癸卯卜貞…田令𠂤取黃丁人七月
二三　己酉卜爭貞奴衆人呼比𠬝𢦏…
二四　己丑卜…貞翌…
二四　辛亥卜爭貞奴衆人立大事于西奠䢅…月

二五　二五　二五　二五　二五　二五　二五　二五　二五　二五　二六　二六　二七　二七　二八　二九　三〇　三〇　三〇　三〇　三〇　三〇　三一　三二正　三二正　三二正　三二正　三二正　三二正　三二正　三二正　三二正　三二正　三二正　三二正　三二反　三三　三三　三四正　三四反　三五　三五　三六

丁卯卜貞望畓多方示黹作大…七月
戊寅卜貞彈延尸七月
…延人
己卯卜貞令沚𢦏步七月
辛巳卜貞令衆御事
癸未卜貞今日令𢦏步
…翌…令𢦏步
甲申卜貞翌乙酉侑于祖乙宰又一牛又毅
…貞翌…
貞…丁亥暘日
丁未卜爭貞勿令𢀛以衆伐舌
貞…
丁未卜爭貞勿令𢀛以衆伐舌
貞勿…于祖…
貞王勿令𢀛以衆伐舌方
貞王乞以衆伐舌
貞…以…射…𣃔
…穷…禦…丁…羌…
…方…
…令𢀛…衆…方
…方…出
…方其于…
…𢀛于…以衆…宗
乙卯卜㱿貞王比望乘伐下危受有祐
乙卯卜㱿貞王勿比望乘伐下危弗其受有祐
貞王比望乘
貞王勿比望乘
貞王惟沚𢦏比伐…
貞王勿比沚𢦏伐𢀛
惟𢦏比
勿惟比𢦏
丁巳卜㱿貞王學衆伐于𦎫方受有祐
丁巳卜㱿貞王勿學衆𦎫方弗其受有祐
王惟出循
王勿惟出循
庚申卜㱿貞作賓
庚申卜㱿貞勿作賓
我…
癸酉卜穷貞翌戊令衆人…
壬午卜㱿貞侑于高妣己妣庚
貞勿惟王往以衆人
甲子卜穷
丁未卜貞惟亞以衆人步二月
貞翌…亥…涉…鼓…
…寅卜…貞惟師令以衆…

三七　三八正　三九　三九　四〇　四〇　四一　四一　四二　四三　四三　四三　四三　四四　四四　四五　四六正　四六正　四六正　四六臼　四七　四八　四八　四九　五〇正　五〇反　五一　五二　五二　五二　五二　五二　五三　五三　五三　五四　五五　五六　五七　五八　五九　六〇　六一　六一　六二　六三正

…今五月呼衆人步
…令衆…步
貞燎告衆步于丁
貞翌丁未彫燎于丁十小宰卯十勿牛八月
己巳卜爭貞呼衆…
貞勿呼衆人先于𦾔
己巳卜爭貞呼衆先于𦾔
貞勿呼衆人先于𦾔
…𨕥立…衆
戊辰…貞翌辛…亞乞以衆人𢀛丁彔呼保我
丁亥卜貞…复…井崇…執…
貞…其
…貞…于丁三牛
…酉㞢…師般…若
…令…衣…衆…無不若
…㱿貞王疾…衆不漕
貞…㞢…
貞翌己卯令多射二月
己亥卜古貞有衆之十二月
昍
不有衆
貞衆有災九月…鰻
甲…衆…災一月
貞我其喪衆人
…百…
貞並其喪衆人三月
…古貞…
…古貞令並…
…古貞幼𩰫在…
貞王其啟…
…未卜…𢦏…衆其喪　二告
壬申卜貞雀弗其…戕𢦏
癸…𠭯…𧉓…
乙酉卜王貞𢦏不喪衆
…卜…𢦏不喪…
…𢀛其喪衆
貞𢀛不喪衆人
己卯卜穷…不喪衆
…卯卜穷…𢀛不…衆
己亥卜貞𢦏不喪衆
其喪衆
…亥卜貞𢦏不喪衆
貞弗其擒

六三正 貞其喪衆
六三正 貞弗其受有祐
六三正 貞其…女
六三反 貞翌辛卯其奏雨夒畀雨
六三反 庚寅
六四 辛巳…𧧒貞…喪衆…受方祐
六四 癸…貞…畀…
六五 …不其喪衆人
六六 貞虞𡆥衆人得
六七正 貞于甲子步
六七正 甲辰卜爭
六七正 翌癸亥王步
六七正 貞王勿往逵衆人
六七反 五
六八 貞王逵衆人
六八 …王…逵…人
六八 翌癸亥王步
六九 貞多射不雉衆
七〇 …寅卜…貞步…不殺…衆
七一 貞令𢆶殺…衆
七一 …卜殻貞…𢀛比…𢦏…無囚
七二正 乙丑卜翌丙𡚸有至
七二正 庚午𡚸有至二月
七二反 …告余不殺衆
七三 …衆
七四 貞其…衆
七五 貞王…衆于𡚸…
七六 …衆人
七六 …𡚸肇…
七七 貞…衆
七七 …卜丙…以…邑
七八 貞勿…衆人…
七九 戊戌…爭貞…衆…無…
七九 …辰…貞…𢓊…擒
八〇 貞…勿…衆…
八一 …衆…不𠱠黽
八二 …戊卜…衆…方
八二 壬寅卜…
八三正 癸酉…宾…衆…
八三正 二告
八三反 …王…入
八四正 二告
八四反 …衆
八五 貞…衆…五月
八六 貞…衆…其…
八六 …衆…

八七 …衆…
八八 …卜宾…衆…
八八 乙…宾…𢦏…
八九 癸卯…貞…巳…衆…
九〇 …不…衆…方
九〇 …三月
九一 貞…衆…
九二正 …衆…
九二正 …吉
九二反 己丑卜殻貞𢀛以芻其五百惟六
九三正 貞𢀛以芻不其五百惟六
九三正 二告
九三正 二告
九三反 貞王比沚𢦏伐𢀛方
九三反 丙午卜宾貞呼取牛百以王固…吉以其至…
九四正 辛丑卜殻貞婦好有子三月王固曰好其有子禦
九四正 辛丑卜亘貞
九四正 壬寅卜宾貞若茲不雨帝惟茲邑寵不若二月
九四正 甲辰卜亘貞今三月光呼來王固曰其呼來迄至惟乙旬又二日乙卯允有來自光以羌芻五十 小告
九四正 乙卯卜宾貞呼婦好有及于妣癸
九四正 …月
九四正 小告
九四反 王固曰帝惟茲邑寵不若
九四反 王尋固光卜曰不吉有祟茲…呼來
九四反 王固曰惟庚受…
九四反 王固曰吉
九五 …疒齒
九五 貞祖辛不我𡆥
九五 貞祖辛𡆥我
九五 貞𡚸率以罷芻
九五 …遣…尹
九六 庚午卜宾貞𢦏以𨖼芻
九六 貞𢦏弗其以𨖼芻 二告
九六 貞𢦏以𨖼芻
九六 𢦏弗其以𨖼芻
九六 于九…
九六 勿于九山燎
九七正 …允出率以骨芻
九七正 貞呼奴牛
九七正 其喪工 二告
九七正 喪工 二告

九七正　二告
九七反　王固曰吉其使
九八正　貞侯以骨芻　允以
九八正　己未卜爭…受年
九八正　己未卜爭貞𢀛齋無囚
九八反　壬戌卜殻貞王𢓊
九九　…骨芻
一〇〇　…寅…侯…芻
一〇一　己巳…貞…丁
一〇一　貞…奠𣂈…以芻…于丂
一〇二　…來芻陟于西示
一〇二　…貞翌丁酢獲丁明歲一月
一〇二　…戌卜貞𠬝獻百牛盤用自上示
一〇二　…戌卜貞翌乙亥𢼸侑于祖宰又一…
一〇三　…以多…芻…大…
一〇四　𢆶以芻于敎
一〇四　…于…
一〇五　勿𢆶以芻于敎
一〇六正　戊子卜王貞來競芻十一月　二告
一〇六反　戊子…來競芻十一月
一〇七　…來芻…弗其…
一〇八　…取竹芻于𠙹
一〇九　勿取芻于𠂤
一一〇正　己巳卜殻貞雀其𢦏
一一〇正　貞雀不𢦏二月
一一〇正　庚午卜穷貞田𡉚鼉
一一〇正　貞田弗其𡉚鼉
一一〇正　貞田鼉
一一〇正　弗其𡉚
一一〇正　庚辰卜穷貞呼取𢀛芻于…
一一〇正　妣己壴王
一一〇正　貞王聽惟孽　二告
一一〇正　貞不孽
一一〇正　癸…
一一〇反　五日
一一〇反　奠入十
一一一正　貞呼取羞芻
一一一反　丁卯卜…
一一二　甲戌卜㱿𠭯角取逆芻
一一三甲正　貞我…司𢼸羌若
一一三甲正　丁己卜爭貞呼取何芻
一一三乙正　勿呼取何芻
一一三甲正　庚申卜永貞若　二告
一一三甲反　王固曰…其𡆥其惟乙出吉其惟癸出有祟
一一三甲反　王固曰吉
一一三甲反　王固曰吉

一一三甲反　殻
一一四　…卜亘貞取…
一一四　…貞取克芻
一一四　貞取般…
一一四　貞…
一一五　…取有芻…
一一六正　辛丑卜穷貞其于六月娩
一一六正　貞今五月娩　小告
一一六正　貞其于六月娩　小告
一一六正　貞今五月娩
一一六正　貞其于六月娩
一一六正　貞今五月娩
一一六正　呼取生芻鳥
一一六正　勿取生芻鳥　小告
一一六反　…惟…蔑
一一六反　王固曰吉
一一六反　我以千
一一六反　婦井示三十　爭
一一七　王臣其有刅
一一七　…臣弗有刅
一一七　庚申卜呼取豼芻
一一七　勿呼取豼芻
一一七　弜入
一一八　戊申卜穷令𡆥…析芻　二告
一一九　貞令𦭞…雍芻
一一九　貞勿令𦭞取雍芻
一二〇　乙未卜…貞呼…循矜…芻十三月
一二一　…鉞…芻
一二二　貞執雍芻
一二二　執雍芻
一二二　貞執雍芻
一二二　貞勿執雍芻
一二二　貞王夢啟惟囚
一二二　王夢啓不惟囚
一二二　貞惟囚
一二三　…貞𡿧雍芻
一二四　…雍芻
一二五　貞勿…雍芻
一二六　貞…執…芻…
一二七　貞弗其執雍芻四月　小告
一二八　…卜古貞工芻
一二九　…工芻
一二九　貞…
一三〇正　甲午卜爭貞往芻𢀛得　二告
一三〇正　貞翌乙未呼子漁侑于父乙宰

一三〇正　貞…其…
一三〇臼　癸巳婦井示一屯　亘
一三一　貞往𢀛不其得
一三二　貞其步…
一三二　貞王其有…
一三二　貞往𢀛不…
一三三正　貞往𢀛得
一三三正　不其得
一三三反　王固曰吉其…
一三四　…卜穷…往𢀛…得
一三五甲正　貞…𢀛自穷…其…
一三五乙正　貞…𢀛自穷呼…得
一三五甲反　貞…
一三五乙反　王…
一三六正　貞逸　二告
一三六正　不其獲
一三六正　己卯卜古貞…執往𢀛自穷王固曰其惟
丙戌執有尾其惟辛家
一三六正　…卯卜古貞…𢀛自穷…弗其執　二告
一三六正　…執　二告
一三六正　二告
一三六正　告
一三六反　己卯卜古…王固曰其惟…戌執有若…
其惟辛家
一三七正　癸卯卜爭貞旬無𡆥甲辰…大驟風之夕𡆥
乙巳…𡴘…五人五月在敦
一三七正　癸丑卜爭貞旬無𡆥王固曰有祟有夢甲寅
允有來嬄左告曰有往𢀛自𡧊十人又二
一三七正　癸丑卜爭貞旬無𡆥三日乙卯…有嬄單
丁人豐𠂤于彔…丁巳𠑹子豐𠂤…鬼
亦得疾
一三七正　…卜…貞…無𡆥
一三七正　二告
一三七正　小告
一三七反　…四日庚申亦有來嬄自北子𢀛告曰昔
甲辰方征于𢀛俘人十又五人五日戊申方
亦征俘人十又六人六月在…
一三七反　王固曰有祟有夢其有來嬄七日己丑允有
來嬄自…戈化呼…方征于我…
一三七反　…甲子允有來自東…無于薛
一三七反　…𡆥
一三八　…𡴘己未𠂤龜𢀛往自文圉
一三九正　戊辰
一三九正　癸…
一三九正　癸卯
一三九正　癸丑
一三九正　癸亥
一三九正　癸酉
一三九正　癸未
一三九正　癸巳
一三九正　貞旬無𡆥七月
一三九正　…旬無𡆥、
一三九正　…秋𢀛𡴘自文圉六人八月
一三九反　癸亥卜爭貞旬無𡆥王固曰有祟五日丁未
在敦𠨚羌
一三九反　祟
一四〇正　壬子卜王貞不以嬄　二告
一四〇正　王固曰吉兹曰追光…　二告
一四〇正　貞𢀛…𨺅于丘　二告
一四〇正　貞𨺅于…
一四〇正　二告
一四〇正　二告
一四〇正　二告
一四〇正　二告
一四〇正　二告
一四〇正　二告
一四〇正　二告
一四〇正　小告
一四〇正　小告
一四〇正　小告
一四〇正　不舌黽
一四〇正　不告黽
一四〇反　貞…
一四〇反　貞…多…
一四〇反　貞…𠕋祖乙…
一四〇反　貞…
一四〇反　貞…
一四〇反　貞呼…王固曰…
一四〇反　貞…延…若
一四〇反　…商…
一四〇反　殻
一四一正　貞呼𢀛…　二告
一四一反　…入二
一四二　甲午卜古貞在…或𢀛呼…
一四三　庚午卜穷貞八𢀛𢀛奠…
一四四　…八𢀛𢀛…
一四五　…唐𢀛…
一四六　…午卜…奠𢀛…
一四七　貞我𢀛…
一四八　呼牧于朕𢀛
一四八　…亘…
一四九　…𠖥𢀛于…

一五〇正　雍芻于蒙
一五〇正　雍芻勿于蒙
一五〇正　貞雍芻于秋
一五〇正　雍芻勿于秋
一五〇正　貞雍芻于蒙
一五〇正　雍芻
一五〇正　勿于雍
一五〇正　沚正化戠…
一五〇正　弗其戠王事　二告
一五〇正　貞其入侑匚示若　二告
一五〇正　貞勿有匚　二告
一五〇反　辛卯卜…
一五〇反　王固曰惟其…惟其…往…𡚬
一五〇反　貞侑祖
一五〇反　…奠來一在…
一五一正　丁未卜爭貞沚正化無囚十一月
一五一正　貞沚正化其有囚
一五一正　貞沚正化戎方
一五一正　沚正化弗其戎
一五一正　貞方其大即捍
一五一正　呼入御事
一五一正　貞弓芻于蔑
一五一正　貞弓芻勿于蔑
一五一正　貞祖丁若小子𡆥
一五一正　貞祖丁弗若小子𡆥　二告
一五一正　貞小子有𡆥
一五一正　貞小子無𡆥　二告
一五一正　呼往
一五一正　二告
一五一正　二告
一五一正　二告
一五一正　二告
一五一正　二告
一五一正　二告
一五一反　王固曰惟既
一五一反　乙巳卜宕…王固曰其惟…捍其惟庚…
一五一反　奠入二
一五二正　庚辰卜宕貞朕芻于鬥
一五二正　貞朕芻于凵彭
一五二正　貞朕芻于鬥
一五二正　貞朕芻于𣲙
一五二正　貞翌乙未其燎
一五二正　翌乙未勿衣燎
一五二正　辛巳卜丙貞殻往來無囚
一五二正　貞𢀛往來無囚
一五二正　殻其有囚

一五二正　𢀛…囚
一五二反　王固曰無囚
一五二反　奠來十
一五三　…多羌不獲鹿
一五四　己丑卜殻貞翌庚寅婦好娩
一五四　貞翌庚寅婦好不其娩一月
一五四　辛卯卜㱿貞呼多羌逐兔獲
一五五　貞呼多羌…獲
一五六　貞有羌十
一五六　貞多羌獲
一五六　貞多羌不其獲
一五六　貞翌甲寅其雨
一五六　貞翌甲寅…雨
一五六　貞𢀛呼來
一五七　貞多羌獲
一五七　…勿…于…
一五八　貞翌甲寅延雨
一五八　翌甲延雨
一五八　貞徙獲
一五八　遘獲
一五八　祀獲
一五八　不其獲
一五八　貞多羌獲
一五八　不告黽
一五九　…午…多羌…
一六〇正　丙…貞羌…其獲…
一六〇反　允獲豕
一六一　…馬…比…呼多羌…
一六二　貞…羌…獲…
一六二　甲午…殻…
一六三　…殻貞射𠂤…曰惟既己卯…獲羌十…
一六四　其獲羌
一六四　…征…
一六五　乙酉卜㱿貞射𠂤獲羌
一六五　貞…
一六六　己酉卜殻貞𠂤獲羌
一六七　沚獲羌
一六八　…沚…羌
一六九　貞…羌…
一六九　貞于翌庚申出
一六九　貞王勿去束
一六九　子漁有比
一六九　…𠂤…其…羌
一七〇　…沚…獲…
一七〇　不其獲羌
一七〇　呼取

一七一 …卜殼貞戉獲羌
一七一 …卜殼貞令望乘…
一七一 …殼貞王鼎比望乘…
一七二 令望乘
一七二 比望乘
一七二 戉獲羌
一七三 比望乘
一七三 戉獲羌
一七四 戊午卜殼貞令戉弋祉其邁…
一七四 貞戉不其獲羌
一七五 其獲羌
一七五 令戉弋祉
一七五 貞戉不其邁捍
一七五 貞翌乙丑侑于祖乙
一七六 …祖…
一七六 多…不獲…
一七六 貞戉獲羌
一七六 不其獲羌
一七六 貞戉不其獲羌
一七六 貞戉不其獲
一七六 呼執
一七六 呼執
一七六 貞呼婦執
一七六 貞呼婦好執
一七六 勿呼執
一七六 …婦執
一七七 己丑卜爭貞来戴王事
一七七 甲午卜殼貞呼阜先禦燎于河
一七七 貞…
一七七 貞来弗其戴
一七七 貞来戴王事
一七七 呼阜先
一七七 貞勿呼阜先禦燎
一七七 戉獲羌
一七七 貞戉不其獲羌
一七八 己丑卜永貞…
一七八 丁巳卜殼貞師獲羌十二月
一七八 …貞…王…
一七九正 貞師不獲羌
一七九反 翌甲寅不雨
一八〇 癸酉卜殼貞今日王步
一八〇 辛丑卜殼貞翌乙巳王勿步
一八〇 貞師不其獲羌
一八〇 貞禦…
一八一 乙巳卜穷貞婦姘娩嘉婦姘…
一八一 貞師不其獲羌

一八二 貞…獲…
一八二 貞光獲羌
一八三 告于大甲祖乙
一八三 辛亥卜殼六月
一八三 弗其及
一八三 光不其獲羌
一八四 光不其獲羌
一八四 不吿黽
一八五 辛…卜…
一八五 呼逆執
一八五 光不其獲羌
一八五 辛…
一八六 庚申卜王𠂤獲羌
一八六 丁卯…
一八七 乙丑卜𠂤獲征羌…月
一八八正 貞□不其獲羌
一八八反 …示二
一八九正 貞□不…獲羌
一八九反 …甲在𡉈
一九〇正 乙未卜爭貞來辛亥酒雈匚于祖辛七月
一九〇正 來辛亥惟雈匚酒祖辛又一牛祖乙
一九〇正 壬戌卜殼貞侑子祖…
一九〇正 侑于祖乙五宰
一九〇正 三宰
一九〇正 惟伐酒于祖乙
一九〇正 今日勿龠侑祖丁宰
一九〇正 丁丑卜穷貞疋獲羌九月
一九〇正 貞乜不其獲羌 二告
一九〇正 惟延敆
一九〇正 不惟延敆
一九〇正 貞王其逐兕獲弗亞兕獲豕二
一九〇正 弗其獲兕
一九〇正 貞其逐兕獲弗亞兕…
一九〇正 貞□于冥
一九〇正 □勿于冥
一九〇正 貞以…
一九〇正 二告
一九〇反 呼人入于雀
一九〇反 呼人不入于雀
一九〇反 翌…亥酒大…
一九〇反 勿酒大丁
一九〇反 亘惟呼
一九〇反 勿取
一九〇反 雀入三十
一九一 …辰卜疋獲征羌 二告
一九一 …辰卜疋獲羌

一九一　：其戕
一九一　：十月
一九二　：戊卜穷貞疋獲羌
一九三　：疋獲羌
一九四　：寅卜：效：田：其獲羌
一九五乙　丙寅卜子效臣田獲羌
一九五甲　丙寅卜子效臣田不其獲羌
一九六　：獲羌
一九七　：羌
一九八　：卓有獲羌
一九九　己卯卜爭貞今𡆥令𢀛田从戠至于瀘獲羌
一九九　王固曰嬉
二〇〇　庚子卜穷貞𢀛獲羌
二〇〇　貞：不：
二〇一正　貞惟父乙囚王
二〇一正　貞不惟父乙囚王　二告
二〇一正　貞王囚惟蠱
二〇一正　貞王囚不惟蠱
二〇一正　貞婦好夢不惟父乙
二〇一正　貞王鑿父乙
二〇一正　丙申卜穷貞𢀛獲羌其至于鬲
二〇一正　貞𢀛獲：于鬲
二〇一正　二告
二〇一正　二告
二〇一反　：以自我
二〇二　貞𢀛不其多獲羌
二〇三正　乙巳卜穷貞畀獲羌一月
二〇三正　乙巳卜穷貞畀不其獲羌
二〇三正　貞畀獲羌
二〇三正　貞畀不其獲羌
二〇三反　五白牛又穀
二〇四　：酉：貞淖獲羌
二〇五　：登獲羌
二〇六　：獲羌
二〇七　貞先：獲羌
二〇八　獲羌十二月
二〇九　：獲羌
二一〇正　：獲羌
二一〇反　：羽來
二一一　：獲羌
二一二　：獲羌
二一三　：獲羌
二一四　：曰吉：惟己：允獲羌
二一五　：卜𣪊貞：
二一五　：翌乙未：獲羌
二一六　：獲羌

二一七　：㞢：
二一七　：其作
二一七　貞王出
二一七　惟帝臣令
二一七　不其獲羌
二一八　不其獲羌：月
二一九　貞不其：
二二〇　貞：
二二〇　不其獲羌
二二一　貞：不其獲羌
二二一　貞王：沚𢦔比
二二二　：不：獲羌
二二三　壬午卜穷貞令𢀛執羌
二二三　庚寅卜爭貞子不骨凡有疾
二二三　丁酉卜穷貞來乙巳魚
二二三　貞其雨
二二四　：卜亘貞丘𠭯：羌　二告
二二四　二告　不舌黽
二二五　：爭貞身𠭯：
二二五　：貞丘𠭯：
二二五　：吉其惟：
二二五　：吉四日戊：羌
二二六正　癸酉卜𣪊貞父乙之𡩜自羌甲至于父：
二二六正　癸酉卜𣪊貞自羌甲：于：
二二六正　壬辰：其：五十羌　二告
二二六正　𢀛不其來五十羌
二二六正　貞呼往于河?不若
二二六正　二告
二二六反　貞王惟庚勿惟庚五十羌
二二六反　王固曰吉不：
二二六反　王固：不吉惟祀吉
二二六反　王固曰吉
二二六反　貞王：
二二七　辛亥卜貞：來甲翌甲寅𢦏用于夫甲十三月
二二七　屰羌
二二八　丁酉卜爭貞在丂妥來：二人延：丁用
二二九　辛巳：穷貞：甲申用自來羌自：
二三〇　：亥工來羌
二三一　貞疋來羌用自成大丁：甲大庚下乙
二三二正　貞惟疋來羌用
二三二正　貞：勿：來：
二三二反　貞其俏
二三三　貞勿惟𢀛來羌
二三四正　：午卜爭貞夏以三十
二三四正　：𣪊貞𢀛來羌：
二三四反　：其于：

二三五正 貞蒸黍
二三五正 勿蒸黍
二三五正 貞甲用𠦪來羌
二三五正 勿𦞅用𠦪來羌 二告
二三五正 貞惟父乙壱
二三五正 惟父庚 二告
二三五正 貞惟父庚
二三五正 貞：用：
二三五正 二告
二三五正 二告
二三五反 癸丑卜爭：
二三五反 王固曰吉
二三五反 丁酉卜古貞：日：
二三五反 貞勿燎王固曰惟父庚惟：余
二三五反 ：入一
二三五反 殻
二三六 庚子卜穷貞翌甲辰用望乘來羌
二三七 癸酉卜貞望乘來羌
二三七 ：出：
二三八 貞卯：來羌一牛
二三九 丁丑卜爭貞來乙酉𦎫用永來羌自元：五月
二四〇 ：寅卜：絴：有囚六月
二四〇 癸卯卜貞于來甲寅侑于大甲
二四〇 有牛：
二四〇 辛亥卜貞：來羌用于：甲
二四〇 貞：未：酚：禦：婦：
二四一 乙丑卜穷貞小來羌𥂴用
二四二 丙寅卜穷貞小來羌來甲戌𥂴用
二四二 甲申卜穷貞王𦎫大示
二四二 乙未
二四三正 貞牧來羌用于：
二四四 貞用來羌
二四五正 ：光來羌
二四五反 王：
二四六 己亥卜穷貞𥂴用來羌
二四七 ：來羌用
二四八正 弓芻于𦯬
二四八正 貞収人呼伐𢀛 二告
二四八正 勿呼伐𢀛
二四八正 壬戌卜爭貞旨伐𢀛𢦔
二四八正 貞弗其𢦔
二四八正 丙子卜殻貞今來羌率用
二四八正 貞今來羌率用
二四八正 今來羌率用
二四八正 丙子卜殻貞今來羌勿用 二告
二四八正 戊寅卜古貞我永

二四八正 貞我永
二四八正 貞祖乙孽王
二四八正 貞祖乙弗其孽王 二告
二四八正 貞祖乙孽王
二四八正 貞祖乙弗其孽：
二四八正 貞咸允佐王
二四八正 貞咸弗佐王
二四八正 翌乙酉有伐自成 若 二告
二四八正 翌乙酉有伐于五示上甲成大丁大甲祖乙
二四八正 侑于妣己
二四八正 勿侑于妣己
二四八正 二告
二四八反 王固曰吉
二四八反 我允其來
二四八反 侑于母庚
二四八反 勿取
二四八反 王固曰吉𢦔惟甲不惟丁
二四八反 我來三十
二四九正 ：曰丁亥允雨
二四九正 貞生三月雨
二四九正 生三月雨
二四九正 貞惟：來羌用
二四九正 丙戌卜穷貞商其： 二告
二四九正 貞商黑
二四九正 貞王立
二四九正 貞侑于妣己
二四九正 貞燎十牛 二告
二四九正 貞乞芻于茲廟
二四九正 乞芻于中 二告
二四九反 ：無：
二四九反 王來
二四九反 勿：
二四九反 ：雨其惟：
二四九反 ：往：
二四九反 丁酉卜：
二四九反 己未卜：
二五〇 ：丑卜殻貞今來羌用于：
二五〇 戊寅卜爭貞雨其蔑
二五一 ：來羌
二五二 其有來羌
二五二 不吿黽
二五三 ：卜穷：來羌
二五三 壬戌：貞：惟：左
二五四正 ：來羌
二五五 戊午卜古貞今來羌于：
二五五 戊午卜古：

二五六正　二五六正　二五六反　二五七　二五七　二五八 二五九　二六〇　二六一　二六一　二六二　二六三正　二六三反　二六四正　二六四正　二六四正　二六四反　二六五　二六六　二六六　二六七正　二六七正　二六七正　二六七反　二六七反　二六七反　二六八正　二六八臼　二六九　二七〇正　二七〇正　二七〇反　二七〇反　二七〇反　二七一正　二七一正　二七一正　二七一反　二七一反　二七一反

取羌
庚寅卜爭貞祒及今三月至
王固曰吉
丁亥卜貞用𥂴以羌十…丁…
貞…毌…
乙未卜貞豢獲薫十二月允獲十六以羌六
貞勿用盧以羌
貞…以…庚羌…
辛丑卜貞芈以羌王于門尋
…卜㱿貞…𦰩竹…一牛…
貞盟丁亥芈…羌
乙亥…貞芈…羌
…祟…父乙
貞勿方帝
壬子卜貞𢀛以羌𠬝于丁用六月
貞惟盟甲子𨙨其肇用
…勿…
𠭯…
…午卜…𢀛…羌
…惟…未…𢀛…羌
己亥…貞…𢀛
辛丑卜㱿貞𡘇暨㱿以羌　若
貞𡘇暨㱿不其以羌　若
祖乙𣪊王其取
王田𪊲鹿
不𪊲
…入百二十
爭
癸酉卜𦉪貞盟甲戌用…以羌暘日甲…用
自上甲允暘…
丁酉卜𠬝貞…
丙申𢦏示二屯　岳
貞來辛亥子𡆥其以羌暨歲…于妣…
壬寅卜㱿貞興方以羌用自上甲至下乙
不𣳳　二告
勿𣳳
王固曰吉
逆入十
…㱿貞禦婦好于父…𢦏羊又豕𠭯五宰
貞勿𠭯…乙五宰
己卯卜㱿貞禦婦好于父乙𢦏羊又豕𠭯十宰
貞勿𠭯…
…王…若
貞…方以羌自上甲用至…下乙
…𢀛用自…至于下乙

二七一反　二七一反　二七一反　二七一反　二七二正　二七二正　二七二正　二七二正　二七二正　二七二正　二七二正　二七二正　二七二反　二七二反　二七二反　二七二反　二七二反　二七二反　二七二反　二七二反　二七二反　二七二反　二七二反　二七二反　二七二反　二七二反　二七二反　二七三正　二七三正　二七三反　二七三反　二七四正　二七四正　二七四正　二七四反　二七五正　二七五正　二七五正　二七五反　二七六正　二七六正

勿𢀛
貞…于…
勿…
…于母庚…
貞令𢀛歸
丙寅卜㱿貞于祖辛禦
貞于祖辛禦
勿…禦
于父乙祟有匄
勿于父乙祟有匄　二告
貞王夢不惟𡆥
貞王夢惟𡆥
二告
貞呼龍以羌
勿呼龍以羌
貞不𡨦
其𡨦
勿循侑于祖乙
貞循侑于祖乙
于妣庚
侑父一牛
勿一牛
二牛
勿二牛
侑祖丁
勿侑于…
貞王疾祖…余禦豕惟十
王固…
惟𢀛
爭
癸未卜㱿貞疾以羌
貞何不其以羌
王固曰其…
婁來…
癸未卜㱿貞疾以羌
貞疾不其以羌
貞何以羌
王固曰其以
王固曰其以
…未卜㱿貞疾以羌
貞疾不其以羌
貞何以羌
王固曰…以
貞疾不其以…
…不其以羌

二七六反　叀來…
二七七　…師…壬
二七七　己卯卜穷貞盟甲申用射𢀛以羌自上甲二月
二七七　丁…穷…作…𡨄…八月
二七八　…𢀛以羌
二七九　貞𢀛以羌…自高妣己妣庚于𡚤…
二八〇　乙亥卜穷貞告以羌𦎫…自…
二八〇　…卜…貞…
二八一　庚子卜貞牧以羌延于丁…用
二八一　…雨
二八一　…夕其雨
二八二　𡛷其以羌
二八三　…以羌卯…
二八四　…以羌…月
二八五　…以羌…
二八六　…令禺…以羌…而二十…
二八七正　其以羌
二八七反　王固…
二八八　…以羌
二八八　…十二月
二八九　…以羌…用
二九〇　…卜爭…以羌·用
二九一　…爭…以羌
二九二　…未…以羌
二九二　癸卯
二九三　壬子卜穷貞惟今夕用三白羌于丁用…
二九四　…丑卜穷貞…三百羌于丁
二九四　乙…貞…大…比…受…雚𩁹…七月
二九五　…巳卜貞侑于…宰又一牛
二九五　乙巳卜貞𩜙于大甲亦于丁羌三十卯十宰用
二九五　乙巳…𩜙…甲亦…羌三十十宰…
二九五　…卯卜盟丁未𢀛…
二九五　三百羌用于丁
二九五　…宰
二九六　貞勿𠬝㞢示饗𢦏駟來歸
二九六　貞勿取祖乙𣪊
二九六　三白羌于…
二九七　…卜貞…羌三百…于祖…
二九七　貞𩜙…百…
二九八　戊午…貞五…百羌
二九八　…犬…
二九九　壬戌卜穷貞呼取…八秦
二九九　癸亥卜穷貞勿𦉢用百羌
三〇〇　貞𩜙自唐大甲大丁祖乙百羌百宰　二告
三〇〇　貞𩜙惟牛三百
三〇〇　以㚇

三〇一　丁亥卜殻貞昔乙酉葡旋𩜙…丁大甲
祖乙百鬯百羌卯三百…
三〇二　…貞昔乙酉葡旋𩜙…乙百鬯百羌
卯三百宰
三〇三十三〇四　癸亥卜殻貞𢼸羌百𣄰三斿㫃…
三〇三十三〇四　癸亥卜殻貞勿𦉢𢼸羌百𣄰三…
三〇三十三〇四　甲子卜殻貞我受𡆥年
三〇三十三〇四　甲子卜殻貞我受黍年
三〇五　甲子卜殻貞勿𢼸羌百十三月
三〇六　…卜穷…百羌𢼸
三〇六　…六月
三〇七　貞刞羌百…
三〇七　…戌…亘…
三〇八　貞刞百羌
三〇九甲正　癸丑卜丙貞五十羌
三〇九甲正　貞父辛弗…
三〇九甲正　…無囚
三〇九甲正　貞示兔畐
三〇九乙正　勿示兔畐
三〇九乙正　貞勿燎
三〇九甲正　二告
三〇九甲正　二告
三〇九甲反　…卯牛…
三〇九甲反　甲子卜
三一〇　…工甲五十羌八月
三一一　…五十羌
三一二　貞…羌…五十…
三一三　乙未
三一三　癸酉
三一三　貞勿呼六月
三一三　貞盟乙亥有彳歲于唐三十羌卯三十牛六月
三一三　貞于來乙酉酌
三一四　丁…乙…祖乙三十羌卯…宰
三一五　丙…丁亥其…丁侑三十羌…
三一六　…三十羌卯十宰八月
三一六　貞…
三一七　…于磬京羌三十卯…牛
三一八　丁亥圂于磬京羌…卯
三一九　庚辰卜…來丁亥…寢有𦎫歲羌三十卯十…
十二月
三二〇　己亥卜貞有彳伐自上甲
三二〇　丙午卜貞𠂤尊歲羌三十卯三宰葡一牛于宗用
八月
三二一　貞三十羌卯十宰又五
三二二　…卜穷…𩜙于…三十羌…十…
三二三　…三十羌𦎫…牛

三二四　甲午卜貞翌乙未侑于…羌十人卯宰一又
一牛
三二四　甲午卜貞翌乙未侑于祖乙羌十又五卯宰
又一牛五月
三二四　丁酉
三二五　…十羌又五　二告
三二六　…貞燎于河五宰沈十牛圍宰又羌十…
三二六　癸亥卜穷貞有𠂤伐于祖乙用…九月
三二七　…祐大…又十羌
三二八　…卜貞禦…于丁三宰…羌十
三二九　…丁十羌…牛
三三〇　…貞…亥…丁宰…羌十
三三一　丁丑卜穷貞子雍其禦王于丁妻二妣己皇
羊三…羌十…
三三二　…翌辛…侑…司辛…匐侑…羌
三三三　庚辰…于庚宗十羌卯二十牛
三三三　…酉…
三三四　…于庚宗十𠂤羌卯二十牛
三三五　貞翌…子𡆥其束子十羌十宰
三三六　…午卜…令…
三三六　…卜穷貞翌丁丑其𩰫有羌十人
三三七　…羌十人九月
三三八　…無其剢
三三八　…固曰…既…羌十人又…
三三九　丙寅卜穷貞翌丁卯侑于丁
三三九　貞勿侑于丁五月
三三九　貞翌丁卯侑于丁宰又一牛
三三九　丁卯卜穷貞歲不興無匄五月
三三九　辛未卜穷貞王往尋不…無災
三三九　丁未卜穷貞今日侑于丁六月
三三九　丁未卜穷貞侑于丁宰用
三三九　貞宰又牛六月
三三九　壬子卜穷貞敦沘不𠬝
三三九　貞其𠬝六月
三三九　丁巳卜穷貞侑于丁用二牛
三三九　貞勿侑六月
三三九　丁巳卜穷貞侑于丁宰又牛六月
三三九　丁巳卜穷貞侑于丁一牛六月
三三九　丙寅卜古貞翌丁卯侑于丁
三三九　貞勿侑七月
三三九　貞侑于丁一牛七月
三三九　辛未卜穷貞惟王…叀
三三九　貞呼惟七月
三三九　癸丑卜貞令見取啓暨十人于𦀚
三三九　貞勿令八月
三三九　甲寅卜貞翌乙卯𩰫十牛羌十人用
三三九　貞勿有羌惟牛八月
三三九　乙卯卜貞𩰫十牛羌十人用八月
三三九　乙卯卜古貞令𥁕取啓暨十人于𦀚
三三九　貞勿令八月
三三九　甲子卜…𣅀翌日…于祖乙
三三九　貞勿𣅀翌日侑祖乙
三四〇　丁酉卜穷貞大…大…百…
三四〇　丙午卜貞𡗜尊歲羌十卯十宰于亯高用八月
三四〇　…八月
三四〇　…其有…伐…酚…
三四一　貞有宰三羌十
三四二　…宰又…羌十
三四三　…宰又羌二十在襄
三四四　…庚…侑于…羌十…宰
三四五　…祝…女
三四五　庚午卜貞惟十羌卯宰
三四五　…侑…一牛
三四六　貞勿令韋丰八月
三四六　…毓十羌卯三宰
三四七　貞十羌…五…三宰
三四七　…寅…惟…
三四八　…十羌…二十牛
三四九　貞十羌卯十牛
三五〇　…十羌卯十…
三五〇　…穀
三五一　貞十羌…五牛
三五二　癸酉…侑于…羌十卯三牛
三五三　庚戌…貞翌…𦣞…羌十…
三五四　…子卜…羌十
三五五　…十羌…
三五六　…酚匚于上甲九羌卯一牛
三五六　…亥侑于祖乙三牛一月
三五七　…貞…十牛…
三五七　…翌辛亥酚…王亥九羌…
三五七　…漁有从…
三五八　貞燎于王亥…
三五八　貞燎九牛
三五八　貞𤎩王亥羌
三五八　貞九羌卯九牛
三五九　貞九羌卯九牛
三五九　…庚…出
三六〇　貞…于…亥
三六〇　貞燎九牛
三六〇　貞九羌卯九牛新穀
三六〇　…于…
三六一　…七羌…
三六二　貞勿禦自上甲

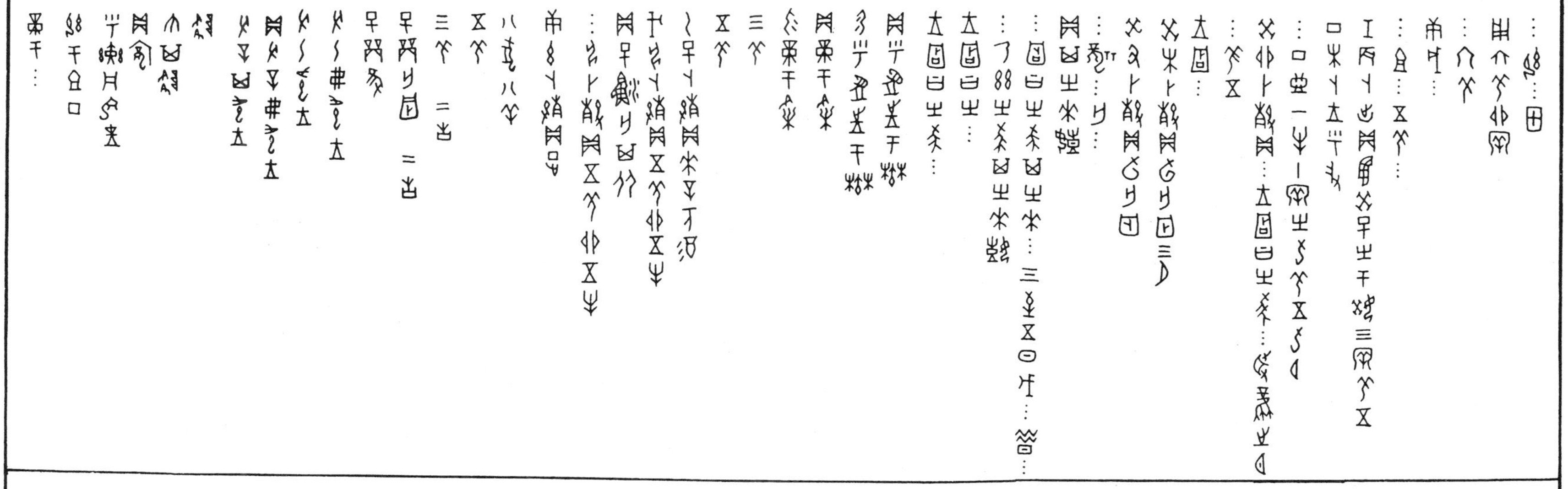

三六二 …禦…上甲
三六二 用六羌卯宰
三六三 …六羌
三六四 庚戌…
三六四 …祖…五羌…
三六五 壬辰卜出貞翌癸巳侑于毋癸三宰羌五
三六六 丁未卜王呼□
三六六 …丁𠁱一牛十宰又九羌五九月
三六七正 癸卯卜殼貞…王固曰有祟…𩙦風之夕
…羌五
三六七正 王固…
三六七正 癸未卜殼貞旬無囚三月
三六七正 癸丑卜殼貞旬無囚
三六七正 …龐…無…
三六七正 貞其有來媗
三六七反 …固曰有祟其有來…迄至五日戊…昔…
三六七反 …乃茲有祟其有來媗
三六七反 王固曰有…
三六七反 王固曰有祟…
三六八 貞呼𤉲往于□
三六八 勿呼𤉲往于□
三六八 貞帝于□
三六八 勿帝于□
三六八 三羌
三六八 五羌
三六九 乙巳卜殼貞來辛亥酢
三六九 戊申卜殼貞五羌卯五牛
三六九 貞子漁無其比
三七〇 …申卜殼貞五羌卯五牛
三七一正 庚午卜殼貞正
三七一正 八犬八羊
三七一正 五羌
三七一正 三羌 二告
三七一正 子商無囚 二告
三七一正 子商獲
三七一正 父乙弗壱王
三七一正 父乙壱王
三七一正 貞父辛弗壱王
三七一正 父辛其壱王
三七一正 降
三七一正 不其降
三七一正 貞寵
三七一正 呼□凡龍𡉚
三七一正 禦于祖丁
三七一反 帝于…

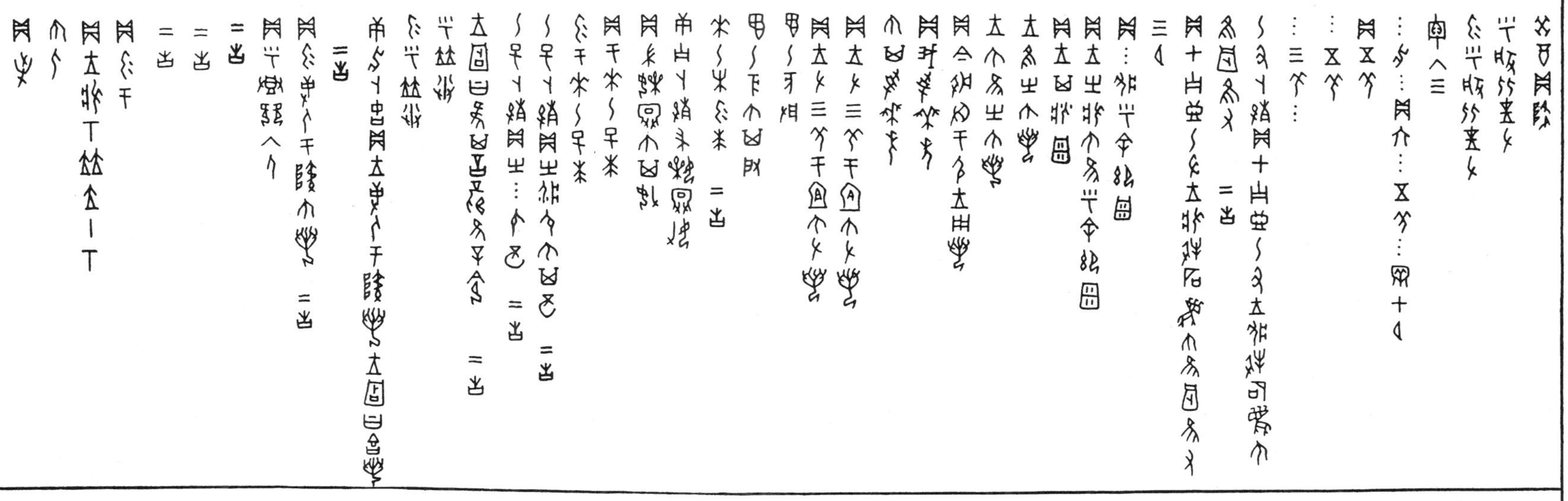

三七一反 癸酉貞降
三七一反 呼般比𡉚佐
三七一反 勿呼般比𡉚佐
三七一反 貯入三
三七二 …申…貞六…五羌…宰七月
三七三 貞五羌
三七四 …五羌
三七五 …三羌…
三七六正 乙丑卜殼貞甲子𠁱乙丑王夢牧石麋不
惟囚惟祐 二告
三七六正 貞甲子𠁱乙丑王夢牧石麋不惟囚惟祐
三月
三七六正 貞…夢呼余禦囚
三七六正 貞王有夢不惟呼余禦囚
三七六正 貞王其疾囚
三七六正 王惟有不若
三七六正 王不惟有不若
三七六正 貞今般取于𡱝王用若
三七六正 貞我受黍年
三七六正 不其受黍年
三七六正 貞王佐三羌于圉不佐若
三七六正 貞王佐三羌于圉不佐若
三七六正 翌乙亥啓
三七六正 翌乙亥不其啓
三七六正 來乙未勿𢓊 二告
三七六正 庚子卜殼婦嫘娩嘉
三七六正 貞婦嫘娩不其嘉
三七六正 貞于來乙巳𢓊
三七六正 勿于來乙巳𢓊
三七六正 乙巳卜殼貞有疾身不其贏 二告
三七六正 乙巳卜殼貞有…身贏 二告
三七六正 王固曰其言𦥑惟辛令 二告
三七六正 呼並□
三七六正 勿呼並□
三七六正 庚申卜古貞王使人于陵若王固曰吉若
二告
三七六正 貞勿使人于陵不若 二告
三七六正 貞呼蒸饗入人
三七六正 **二告**
三七六正 二告
三七六正 二告
三七六反 貞勿于
三七六反 貞王夢示並立十示
三七六反 不妣
三七六反 貞爭

三七六反　翌庚子燎
三七六反　翌庚子勿燎
三七六反　于祖辛
三七六反　王夢不惟佐
三七六反　王夢…
三七六反　我𡆥
三七六反　王固曰不惟𡆥
三七六反　王固曰其惟甲娩吉呼
三七六反　貞見庚其惟丁弘吉
三七六反　貞于翌辛丑燎
三七六反　翌辛丑勿惟燎𡆥
三七六反　禦于祖辛
三七六反　王固曰吉我…
三七六反　王固曰吉余無不若不于斷
三七六反　貞勿
三七六反　貞今乙未無壱
三七六反　王固…壱
三七六反　今匚禦大夔
三七六反　勿令
三七六反　執
三七六反　王固曰吉若
三七六反　王…吉
三七六反　爭
三七六反　妻入二在高
三七七　庚辰卜貞侑于岳三羌三小宰卯三牛
三七七　庚辰卜貞衣丩歲作釀自祖乙至于丁十二月
三七八正　貞…年于王亥𡆥犬一羊一豕一燎三小宰卯九牛三𣪊三羌
三七八反　…鑄…
三七九　乙巳卜賓貞三羌用于祖乙
三七九　貞王…
三八〇　丁卯卜爭貞有丩于祖乙宰羌三人
三八一　貞翌丁未子呂其侑于丁三羌…宰…
三八二　…未卜王…𣪊于…勿月…
三八二　…于父辛三羌十一月
三八三　乙酉卜爭貞…小乙于廳…羌三人
三八四　己卯…翌辛…酌有禦于婦…宰三羌…三　卷五…
三八五　貞翌…未酌妣有匚于丁…
三八五　貞翌丁未侑于丁三羌卯三宰
三八五　貞一羌卯一宰
三八五　貞𠦪年于岳燎三小宰卯三牛
三八六　己未圍…義京羌…人卯十牛左
三八七正　丁卯圍于義京…人卯十牛中
三八七反　貞収雀㰱牛

三八八　己未圍于義京羌三卯十牛中
三八九　己酉圍…義京羌三卯十牛中
三九〇正　丁亥卜永貞王比畝
三九〇正　癸卯圍于義京羌三人卯十牛右
三九〇正　二告
三九〇正　小告
三九〇反　王固曰吉
三九〇反　逐豕獲
三九〇臼　戊戌婦喜示一屯　岳
三九一　…寅圍…義京羌三…卯十牛右
三九二　癸巳圍…義京羌…卯牛…
三九三　癸巳…義京…卯十…
三九四　癸酉圍于義京羌三人卯十牛右
三九五　丁未圍于義京…
三九六　丁未圍于義京…人卯十牛…
三九七　…義京羌三人…牛…
三九八　…義京羌…十…
三九九　…丁…
三九九　…羌三人三…三卷
四〇〇　貞羌三人卯宰又一牛
四〇〇　貞…
四〇一　庚戌卜…㞢…不…
四〇一　貞翌丁巳用侯告歲羌三卯宰
四〇二　…丑卜貞卯三羌一牛
四〇三　…卯三羌…不…
四〇四　貞三羌
四〇五　…帝三羌
四〇六　…貞執…
四〇六　…歲三羌三小宰…牛
四〇七　…三羌
四〇八　甲辰卜爭貞翌乙巳侑…祖乙二羌…示　小告
四〇八　…翌乙巳…于祖…
四〇九　丙寅卜爭貞侑于黃奭二羌
四〇九　…爭貞羽以牧…芻
四一〇正　…亘貞今夕其延…
四一〇正　…卜𣪊貞燎昌一羌…
四一〇反　…方有戕
四一一　己…爭…以…
四一一　…一羌于黃尹
四一二正　…而于祖丁…羌甲一羌…祖…　二告
四一二反　…燎于…
四一三　甲申卜禦雀父乙一羌一宰
四一三　貞…甲…
四一四　…午卜…翌…未…丁一牛
四一四　…卜…酌父…一羌
四一四　丙…貞…不…㞢…

四一五　……卜王……
四一五　……于兄……一羌
四一六正　……穷
四一六正　二告
四一六反　……一羌
四一六反　貞用四十
四一六反　勿用
四一七　戌……貞
四一七　……丑……有自……至于……牛一羌卯宰九月
四一八正　庚子卜丙勿于娟　二告
四一八正　貞其祉于娟
四一八正　庚戌卜殸貞勿于河有匚三月
四一八正　庚申卜殸貞燎于河有匚
四一八正　貞于黃奭燎　二告
四一八正　貞方帝一羌二犬卯一牛
四一八正　貞勿方帝　二告
四一八正　貞王禱鼎有伐　二告
四一八正　王禱勿有伐
四一八正　……戌卜爭
四一八反　王固曰己雨
四一八反　貞勿餡自上甲至下乙
四一九正　貞翌甲辰勿酌羌自上甲
四一九正　貞其有來……
四一九正　貞無來齒
四一九正　貞令昆歸祟我　二告
四一九正　勿令昆……　二告
四一九正　貞翌庚辰王出
四一九正　乙巳卜韋貞呼□先……
四一九正　二告
四一九正　二告
四一九正　癸酉卜亘
四一九反　貞丙午……來
四一九反　貞至于午先來
四一九反　王固曰吉其令
四一九反　王固曰吉
四一九反　殸
四一九反　庚……鼓入五十
四一九反　……戌卜……歲……羌……月
四二〇　癸……卜……遘……侑上甲
四二〇　……丑卜貞……□……
四二〇　丙午……來來……自……
四二〇　己亥卜貞翌庚……令……
四二一　……羌……
四二一　貞……羌用上甲
四二一　……歲……甲……

四二二　……自唐……大丁……乙……羌
四二二　……出……自……
四二三　乙未……于……
四二三　乙未卜勿用羌于成
四二三　翌乙未不雨　二告
四二三　……酉其雨
四二三　……戌雨
四二三　翌戊戌不雨
四二三　不雨
四二三　翌己亥其雨
四二三　翌庚子其雨
四二三　……子卜雨
四二三　翌辛丑其雨
四二三　翌辛丑不雨
四二三　翌壬寅其……
四二三　翌壬寅不雨
四二三　……癸卯……
四二三　翌癸卯不雨
四二三　不雨
四二四正　貞……舌
四二四正　貞用羌于祖乙正
四二四反　王固……其用
四二四反　……子……王
四二五　……羌于祖乙
四二五　……出……
四二六　……下乙……羌
四二七　……羌于……祖丁一月
四二八　……十一月
四二八　甲辰卜貞惟翌乙巳告上甲
四二八　貞侑羌于丁
四二八　貞……受……
四二八　……宰……
四二八　貞令入□師般十二月
四二九　……巳卜……侑于丁……羌卯……宰
四二九　……妣……祟……
四三〇　丙辰卜貞翌丁巳侑羌于……丁十……
四三〇　貞……乙……
四三一　丙……貞……
四三一　丁未……今……其……
四三一　貞□
四三一　……妻于丁羌岀三牛
四三二正　……卯卜……勿……
四三二正　……丁……羌
四三二正　貞……庚……令
四三二反　貞……其……

四三二反	貞：
四三三	：用：羌：丁：
四三三	：卓：丁羌：用
四三四	貞：
四三四	：卜王：𣪘：上甲：
四三五	：十一月
四三五	：用：羌：父：
四三五	甲：侑父：羌
四三六	執不
四三六	有羌父乙卯小宰
四三七	戊辰卜爭貞𢼸羌自妣庚
四三八正	貞𢼸羌自高妣己
四三八正	貞𢼸：𠕋
四三八正	勿𠕋妣庚
四三八正	貞册
四三八正	册
四三八正	貞辟有循 小告
四三八正	貞弗辟有循
四三八正	貞有卜于父庚宰 小告
四三八正	貞勿：父庚宰
四三八正	：有卜于父庚宰
四三八正	王固曰其自高妣己
四三八反	禦：
四三八反	勿禦
四三八反	𢼸羌
四三八反	勿𢼸羌
四三八反	戔來四十
四三八反	婦：
四三八反	宾
四三八反	：卜宾貞：丁羌：用
四三九	癸卯卜貞不母得
四三九	乙：貞：丁：
四三九	貞不惟壱
四四〇正	貞有疾言惟壱
四四〇正	貞母庚受
四四〇正	貞侑羌于妣庚
四四〇正	僞刻
四四〇正	僞刻
四四〇正	乙酉卜𣪘
四四〇反	：不
四四〇反	屮不其受年
四四〇反	貞翌丁亥彭于妣己羌
四四一	：有羌：
四四二	貞有羌
四四三	甲子卜爭貞有羌
四四四	乙丑卜亘貞惟父辛
四四四	乙丑卜亘貞惟父庚
四四四	不告黽
四四五	貞翌甲寅有羌于[illegible]
四四六	貞戉受：
四四六	：𣪘貞有羌
四四七	甲午貞勿有羌
四四七	乙卯
四四七	乙卯有伐
四四七	：伐？呼：歸于屮：六月
四四八	乙卯有羌
四四八	癸亥卜貞勿令：
四四九	貞翌丁巳有十羌在襄
四四九	：[illegible]：二
四五〇	：辰：有羌：月
四五〇	丙戌：貞：
四五一	貞其用竹[illegible]羌惟彭彡用
四五一	己丑
四五一	辛卯
四五一	壬辰
四五二	：竹[illegible]羌暨？：白人歸于：
四五三	丁酉：翌：用：羌
四五四正	勿于翌甲辰用羌三月 二告
四五四正	貞于翌甲辰用羌 允用
四五四正	貞勿：今日用
四五四正	貞：夕用：
四五四正	辛：卜𣪘貞：妌嬈嘉：其嘉
四五四正	辛未卜𣪘貞婦妌嬈嘉王固曰其惟庚
	嬈嘉三月庚戌嬈嘉
四五四正	惟雈壱子宁
四五四正	惟母庚壱子安
四五四正	貞侑
四五四正	貞侑惟囚
四五四反	惟：
四五四反	不：父：
四五四反	：戌卜古貞呼：
四五四反	：侑祖：
四五四反	貞：
四五四反	貞不惟戊
四五四反	不惟：
四五四反	貞彭用彘于妣己
四五四反	貞不惟：
四五四反	王：用：惟：
四五五	：未：貞𣪘：羌用：用二月
四五六正	甲午卜爭貞翌乙未用羌用之日霧
四五六正	甲午卜爭貞翌乙未勿𥄗用羌

四五六正 貞翌乙未用羌
四五六正 貞燎于土
四五六正 侑于父乙
四五六正 貞弗其…武…
四五六正 乙未卜穷貞以武芻
四五六正 以武芻 二告
四五六正 貞呼取𢀛伐
四五六正 侑于唐子伐
四五六正 貞王夢惟𡆥 二告
四五六正 不惟𡆥
四五六正 貞王其疾目
四五六正 貞王弗疾目 二告
四五六反 甲午卜爭
四五六反 乙未卜殻
四五六反 方帝
四五六反 勿方帝
四五六反 呼…有來無…
四五六反 王固曰…
四五六反 勿…
四五六反 貞其…
四五七正 貞用羌
四五七正 用羌
四五七正 禦于祖辛
四五七正 告
四五七反 羌其來
四五八正 貞今癸卯燎
四五八正 今癸卯燎
四五八正 翌乙巳用羌
四五八正 不雨
四五八正 貞今日步
四五八正 貞今日勿步
四五八正 貞翌丁未勿步
四五八正 甲辰卜殻貞翌乙巳其雨
四五八反 癸卯卜爭
四五八反 取䎽于𡉈
四五九反 癸卯卜
四五九反 取䎽于叩
四五九反 燎
四六〇 乙亥卜貞今日夕奏母庚六月
四六〇 己亥卜貞惟羌用䍙
四六一 貞翌辛亥勿用羌
四六二正 …七月在𤉲
四六二反 勿惟羌用
四六三正 貞今甲勿改羌于…
四六三反 妻入二十

四六四正 貞率改羌若
四六四正 …圍…
四六四反 …殻…王固曰…
四六五 壬寅卜貞改一羌
四六五 …卯卜…惟…令…轂…
四六六 丙辰卜古貞其改羌
四六六 貞于庚申伐羌
四六六 貞改羌
四六六 貞庚申伐羌
四六六 貞改羌 二告
四六六 貞庚申伐羌 二告
四六七 …改羌
四六八 貞…羌…伐…
四六九 …翌丁巳伐羌
四六九 于庚申伐
四七〇 …伐羌…十宰…
四七一 貞戊…其㞢羌…卯三宰
四七二 貞…𢦏…羌
四七三 丁亥卜…辛卯侑…三宰葡…羌
四七四 甲午…戊…匣…羌
四七五 甲辰卜穷貞燎于…
四七五 貞𢼊王亥羌
四七六正 貞𠬝我羌…圍
四七六反 …婦井…
四七七 …𢦏兔…酚…羌
四七八正 戊子卜内…大豕及 二告
四七八正 貞翌丙申其雨
四七八正 于王亥祟我
四七八正 于王亥祟我
四七八正 勿于王…
四七八正 方帝羌卯牛
四七八正 勿方帝
四七八正 惟父芒王
四七八正 …冓…
四七八反 乙未卜殻
四七八反 貞惟
四七八反 不惟
四七八反 王…
四七九 …庚申出
四七九 …羌…九牛
四八〇 …卜于…乙…羌
四八〇 貞…涉…無…
四八一 丁…𠂤…羌…五…五…
四八二正 …羌…三宰
四八二反 …㞢…

四八三	丙辰卜…𣎆…五…五…
四八三	…穷貞…五宰…十…𠭯宰…羌
四八四	…沈十…羌…一月
四八五	…十宰…羌
四八五	己亥…有…十…
四八六	…卯…羌
四八七	辛…羌曾…
四八七	…在…
四八七	…其𢍰
四八七	…祖…
四八八正	二告
四八八正	二告
四八八正	二告
四八八反	…羌
四八八反	貞燎于斵
四八八反	惟父乙
四八八反	王固曰用勿由
四八八反	…壱羌
四八八反	王固曰…
四八九	貞…午延…羌曾…大…
四九〇	己未卜殻貞亯以
四九〇	貞呼追羌　二告
四九〇	壬戌
四九〇	…戌
四九一	…午卜…追羌…獲…
四九二	…今日𢍰…往追羌
四九二	貞…曰…
四九二	貞勿…犬延…
四九二	貞…無…
四九三正	癸未卜穷貞惟𢍰往追羌
四九三正	戊戌卜穷貞牧匄人令遘以叓
四九三臼	癸酉𢍰示十屯　㱿
四九四	…𢍰…追羌
四九五	丙午卜爭貞[illegible]其係羌
四九五	壬戌卜穷貞惟甲子步
四九五	己丑…貞呼…
四九六	…執羌十人…
四九七	…岦丁五…執羌…
四九八正	…卜殻貞戠執羌王固曰有…
四九八反	癸未羌有…
四九八反	…有祟…
四九九	…𠂤…執羌…獲二十又五而二
五〇〇正	…貞𠂤以三十馬允其執羌
五〇〇正	貞𠂤三十馬弗其執羌　二告
五〇〇正	…父乙…
五〇〇正	勿父乙禦

五〇〇正	二告
五〇〇正	二告
五〇〇反	王固曰惟丁執吉
五〇〇反	…惟甲…吉
五〇一	丁卯卜貞侑于祖乙宰羌三人
五〇一	貞宰又一牛
五〇一	貞弗其執羌二月
五〇二	…𠦪羌…𢼄又𤔔…
五〇三	…𠦪羌…得
五〇四正	貞弋𠦪羌得
五〇四反	辛丑婦…
五〇五正	其戴王事　告
五〇五正	貞𠦪羌得
五〇五正	貞𠦪羌不其得
五〇五正	一[illegible]
五〇五正	二[illegible]
五〇五正	三[illegible]
五〇五正	[illegible]
五〇五正	翌辛丑侑祖辛
五〇五正	勿方帝
五〇五正	…帝　二告
五〇五正	二告
五〇五反	王固曰呼不…
五〇五反	…妣…
五〇六正	…寅卜殻貞般無不若不𠦪羌
五〇六正	貞龍無不若不𠦪羌
五〇六正	貞般無不若不𠦪羌
五〇六正	貞龍無不若不𠦪羌
五〇六正	貞般無不若不…
五〇六正	貞龍無不若不𠦪羌
五〇六正	…般其𠦪羌
五〇六正	…龍其𠦪　二告
五〇六正	其𠦪
五〇六正	其𠦪
五〇六反	王固…
五〇六反	𦰩來十
五〇七	貞往羌得
五〇八	貞往羌不其得
五〇九正	…午卜貞往羌得
五〇九反	王固…
五一〇	貞往羌得
五一一	乙未卜葡貞往羌
五一一	辛丑卜亘貞今日其雨
五一一	…丑卜殻貞翌甲寅不
五一一	…卜殻貞翌甲寅…
五一一	…彭于羌甲…

五一二　……往羌……
五一三　……往羌
五一四　……往羌
五一五　甲午卜韋貞往羌不……
五一五　丙申卜㱿貞翌丁酉無其去
五一六　貞往羌　小告
五一六　……婦……羌
五一七正　……卜古……
五一七正　侯告羌得
五一七正　……五卜……貞甘
五一七正　……于……
五一七反　王固曰……亞甘
五一八　……羌得
五一八　……其雨
五一八　……允不雨
五一九　……得四羌在秋十二月
五一九　乙亥卜貞伐羌
五二〇　……其呼……商入
五二〇　戊辰卜貞弗其得羌
五二一正　癸……
五二一正　甲午……婦……
五二一正　二告
五二一反　……𡧊自……固曰其有來……圍羌捍
五二二正　……永……旬無……
五二二正　癸酉卜永貞旬無囚
五二二正　癸卯卜永貞旬無囚
五二二正　癸亥卜永貞旬無囚
五二二正　……貞旬……
五二二正　癸卯　二告
五二二正　癸未
五二二正　癸巳　二告
五二二反　……卯有……𡆥庚申亦有𡕼有鳴鳥……
疾圍羌捍
五二二反　……惟丙不……
五二三正　……執羌……
五二三反　……貞旬無……
五二四　……圍……羌……
五二五　庚辰卜王朕𦎫羌不𡆥𢦏……
五二五　……丁人
五二五　……𢦏十二月
五二六　貞于高燎
五二六　貞有疾羌其𢦏
五二七正　辛丑卜穷貞羌𢦏
五二七臼　……五婦喜示四屯　㱿
五二八　貞羌無其𢦏十一月

五二九　貞在𡆥羌其凡
五三〇正　……在𡆥羌
五三〇反　丁未乞自……
五三一　貞在𡆥羌
五三二　……婦……羌……敏
五三三　己亥……豕……羌
五三四　……未卜……𡆥……羌
五三五　己未……𡆥……羌
五三六　辛卯卜內貞王有作囚　二告
五三六　辛卯卜爭貞王無作囚
五三六　辛卯卜爭勿呼取奠女子　二告
五三六　辛卯卜爭呼取奠女子
五三六　……呼取奠女子
五三六　辛卯卜爭貞甲酌燎
五三六　庚子卜㱿貞令子商先涉羌于河
五三六　庚子卜㱿貞勿令子商先涉羌于河
五三六　辛丑卜爭貞取子印
五三六　辛丑卜爭貞勿取子印
五三六　……七月
五三六　……七月
五三七　貞呼𡆥伐𢀛
五三八甲　貞呼𡆥……𢀛
五三八甲　貞勿呼𡆥伐𢀛
五三八乙　貞呼𡆥伐……
五三九　貞勿呼𡆥伐𢀛
五四〇　……辰卜㱿貞翌辛未令伐𢀛方受有祐
一月
五四〇　……卜㱿貞呼多𡆥伐𢀛方受有祐
五四〇　癸酉卜㱿貞呼多𡆥伐𢀛方受有……
五四一　……貞翌辛未……
五四一　……多𡆥伐𢀛
五四二　甲子卜㱿貞呼伐𢀛方受……
五四二　癸酉卜爭貞呼多𡆥伐𢀛……
五四二　甲申卜㱿貞翌乙酉●
五四二　乙酉酌唐允……
五四三　……乙酉……
五四三　……呼多𡆥……
五四三　……貞呼伐𢀛……
五四四　……貞翌辛……
五四四　……呼多𡆥伐……
五四五　甲子卜……貞勿呼多𡆥伐……方弗其……
有祐
五四五　貞勿呼伐𢀛……弗其……
五四六　……貞呼以多𡆥伐……
五四六　……令雨執多……望𢀛方……
五四六　……伐𢀛方受……

五四七　辛酉卜爭貞勿呼以多𠂤伐舌方弗

其受有祐

五四七　貞勿執多𠂤呼望舌方其槖

五四七　貞呼伐舌　不舌黽

五四七　貞呼黍不其……　二告

五四八　辛酉卜爭勿呼以𠂤伐舌方弗

其受有祐

五四八　貞勿執多𠂤呼望舌方其槖

五四九　貞勿執𠂤呼望舌

五四九　己卯……

五五〇正　甲寅……㱿貞……𠂤執多𠂤呼……舌……

五五〇反　……教……

五五〇反　亘

五五一　貞勿呼以𠂤

五五二　貞勿呼𣎆以𠂤

五五三　……七月

五五三　……自大……用攸……

五五三　癸酉卜貞盡用

五五三　癸丑卜㝃貞令羽郭以黃執𠂤七月

五五四正　……犬以𠂤

五五五正　甲寅卜永貞衛以𡆥率用　二告

五五五正　貞衛以𡆥勿率用

五五五反　貞衛以𡆥率用

五五六正　貞衛以𠂤

五五六正　貞勿有匚

五五六正　貞陕其𠀠

五五六正　貞陕……𠀠

五五六反　壬申卜古貞衛弗其以𠂤

五五七　癸酉卜貞其自𠦪有來嬉

五五七　貞不自𠦪有來嬉十一月

五五七　甲戌卜翌乙亥侑于祖乙

五五七　貞其侑于祖乙宰

五五七　貞三十宰

五五七　貞五十宰

五五七　戊……貞……有……

五五七　貞勿令

五五七　貞自唐侑

五五七　丁未貞王往于田無災

五五七　貞勿往

五五七　……無疾十二月

五五七　……一人

五五七　癸未卜貞翌戊子王往逐𠂤

五五七　癸未卜貞勿惟𠂇令一月

五五七　……一月

五五七　甲子卜㝃貞𢀛祟雨娥于河

五五七　……雨娥一月

五五七　癸巳卜貞商爯冊

五五七　貞勿商戠𠦪

五五七　甲午卜貞𡧊翌于甲寅彡

五五七　貞勿𡧊彡一月

五五七　乙未卜貞呼先取𠂤于……

五五七　貞勿呼

五五七　勿呼

五五七　庚子卜貞有匚于南室

五五七　貞勿侑

五五七　庚子卜貞其肇丁用于癸卯彡

五五七　丁未卜貞王夕𠂤惟有由

五五七　貞不惟有由二月

五五七　丁未卜貞不惟二月

五五七　癸丑卜貞小示有羌

五五七　貞勿有羌二月

五五七　貞勿用𡆥來羌

五五七　丁未……貞……呼……

五五七　貞呼王女興于……

五五七　癸丑卜貞勿呼多……興二月

五五七　貞令……取𠂤于若

五五七　……卜貞……用……

五五七　貞其于一人囚

五五八　……卜㱿貞五百𠂤用

五五八　……貞五百𠂤用

五五八　……勿用

五五八　……循土……

五五九正　癸巳卜亘貞𢦏七月

五五九正　癸丑卜㱿貞五百𠂤用旬壬戌又用

𠂤百三月

五五九正　貞五百𠂤勿用

五五九正　甲子卜㱿貞告若

五五九正　戊辰卜㱿貞王循土方

五五九正　……子卜㱿貞五百𠂤用

五五九正　……丑卜㱿貞五百……

五五九正　癸巳卜亘貞曰……

五五九正　小告

五五九反　王固曰其用

五五九反　王固曰丙戌其雨不吉

五六〇　癸丑卜㱿貞勿𦎫用五百𠂤

五六〇　貞勿𦎫用五百……

五六一　己丑卜㝃貞戌受……

五六一　癸巳卜㝃貞翌丙申用𠂤

五六二正　癸丑卜㱿貞五百……旬壬戌又用𠂤……

五六二正　貞五百……

五六二正 甲子卜㱿貞…
五六二正 戊辰卜㱿貞王循…
五六二正 癸…
五六二正 小告
五六二正 二告
五六二正 二告
五六二正 二告
五六二正 不舌黽
五六二反 王固曰其用
五六二反 王固曰丙戌其雨…
五六三 貞勿令王
五六三 貞令王惟黃
五六三 戠□
五六三 貞來丁酉侑于黃尹
五六三 貞侑于黃尹二羌
五六三 貞永
五六三 貞永
五六三 …日
五六四正 甲午卜貞戠多□二月
五六四正 甲辰卜貞乞令□以多馬亞省在南
五六四臼 癸卯乞自雩二十屯　允
五六五 丁丑卜宾貞翌己卯酢高妣己暨妣…
五六五 貞惟備犬□
五六六 貞呼追□及
五六七 貞惟逆□
五六八正 貞奉□見
五六八反 …其…
五六九 貞遘□
五七〇 丁酉卜古貞另執□戠
五七一正 貞翌庚子執□
五七一正 …甾…
五七一反 壬戌邑…
五七二 貞呼希□執
五七三正 …午卜㱿…執□…
五七三反 …疾趾…
五七四 …于…□
五七四 馬不𢌳
五七四 …馬
五七四 庚午雀執□　二告
五七四 …弗…午…于…
五七五 …申卜爭翌戊戌𢦔于黃奭
五七五 翌戊戌勿𢦔于黃奭
五七五 貞亘執□
五七五 貞亘弗其執□
五七六 癸丑卜王呼足□執五月
五七七 其執□

五七七 …申…
五七八 己酉卜宾…
五七八 癸丑卜宾貞惟□令執□
五七八 …戊卜宾…于丁
五七九 …戊卜…貞弗其執□七月
五七九 丙戌卜七月
五八〇正 貞刖□八十人不𢌳
五八〇反 □示六
五八一 貞刖□不𢌳
五八二 貞…𩫏…
五八二 辛亥
五八二 …刖…□
五八三正 癸亥卜…戊辰允…
五八三正 癸酉卜爭…□旬壬午允有來…亥
征□甲子奉
五八三正 …爭…旬…□
五八三正 二告
五八三反 王固曰有祟□光其有來嬄迄至六
日戊戌允有…有□在夒□在…
襲亦焚亩三十一月
五八三反 王固曰有祟其有來嬄
五八三反 癸酉
五八四甲正 癸未卜㱿貞旬無…祟其有來嬄迄
至七日…允有來嬄自西□戈…告
曰吾方征于我奠…
五八四甲正 …亥卜㱿貞旬無□王固…丁卯王狩
敝蘇車…在車𡴘馬亦…
五八四甲正 …亥卜…貞旬無…
五八四甲反 …壬辰亦有來自西□呼…征我奠
戠四…
五八四甲反 王固曰有祟八日庚子戈奉羌…人
攸有□二人
五八四甲反 …亦焚亩三
五八四甲反 王固曰有祟有見…其惟丙…
五八四甲反 …固曰有…
五八四乙反 …固曰有祟其有來嬄迄至六…在夒
□…
五八五正 丁巳卜…余舌彡
五八五正 丁巳卜王余勿彡十月
五八五正 丁巳卜王余…
五八五正 丁巳卜王余勿舌彡
五八五正 丁巳卜王余舌彡
五八五正 丁巳卜王余勿舌彡
五八五正 丁巳卜𧊒多□于□
五八五正 丁巳卜勿𧊒多□于□
五八五正 戊午卜小臣嘉

五八五正 戊午卜小臣嘉十月
五八五正 戊午卜小臣不其嘉癸酉㞢甲戌女…
五八五正 戊午卜我受年
五八五正 戊午卜侑妣庚 二告
五八五反 雀入
五八六 …巳卜穷貞王曰行〼〼祟
五八六 …寅卜韋貞禦子不
五八六 …禦子不
五八六 壬子卜穷貞令戉比〼
五八六 …申卜㱿貞惟〼呼…
五八六 …貞…
五八七正 …其…羊
五八七正 …〼比〼
五八七反 …惟…
五八七反 …〼循…
五八七反 …于…禦…女
五八八正 貞〼母〼
五八八反 …不其來
五八八反 貞不循…
五八九 …母〼
五九〇正 戊…卜穷貞〼無囚 二告
五九〇正 戊申卜穷貞〼無囚 二告
五九〇正 貞…囚
五九〇正 …有〼 二告
五九〇正 貞用弗其有…七月 二告
五九〇正 貞用弗無囚 二告
五九〇正 貞〼以 二告
五九〇正 …其以
五九〇正 王…若…父…
五九〇正 二告
五九〇正 二告
五九〇正 二告
五九〇正 二告
五九〇反 不舌
五九〇反 王固曰…
五九〇反 王…
五九〇反 …囚惟…惟…
五九一正 …卜㱿
五九一正 甲辰卜亘貞疾齒惟…
五九一臼 丁未卜穷…〼無…
五九二 婦…三…亘
五九二 …不允〼
五九三 貞…霝…于…
五九三 貞公彈不允〼
五九三 公彈允〼
五九三 貞翌庚子惟雨

五九三 …雨
五九四正 丁巳…遣單…祟…
五九四正 癸亥卜貞旬無囚
五九四反 …固曰有祟其…〼無…
五九四反 癸酉卜貞旬…
五九五正 壬申卜亘貞祟囚不于鼓由八人甫
五人
五九五正 貞黄尹不祟 二告
五九五正 貞…
五九五反 …〼𢦏
五九五反 己巳卜亘
五九五臼 㱿
五九六 …〼…
五九七 貞有〼… 二告
五九八 …〼…
五九九 貞…惟…〼…
六〇〇 …〼惟〼…
六〇〇 …來…
六〇一 甲子卜㱿貞得〼甾
六〇二 …卜貞…〼…
六〇三 …〼…一月
六〇三 …〼…
六〇四 …吅…〼…
六〇五正 …日己…〼…
六〇五反 …于…
六〇六正 …〼…
六〇六反 …入…
六〇七正 …〼
六〇七反 婦…
六〇八 甲寅卜㱿貞〼…
六〇九 …〼…
六一〇 …〼亏
六一一 …來…〼
六一二 …〼
六一三 乙巳卜爭貞呼多臣伐𢀛方受有…
六一四 貞勿惟王往伐𢀛方
六一四 貞惟王往伐𢀛方
六一四 貞惟王往伐𢀛
六一四 呼多臣伐𢀛方
六一五 …呼
六一五 貞呼多臣伐𢀛方
六一五 貞勿惟王往
六一五 貞惟王往伐𢀛方
六一五 貞惟王往伐𢀛
六一六 貞惟師般呼…
六一六 貞勿惟王往伐𢀛

六一六 貞惟…往…吿
六一六 呼多臣伐𢀛方
六一七 …惟王往伐𢀛…
六一七 …臣伐𢀛…
六一八 貞勿呼多臣伐𢀛方弗…
六一九 己丑卜殻
六一九 貞…比戠
六一九 貞王勿比戠
六一九 王比
六一九 貞惟多臣呼比沚戠
六二〇 勿惟多臣呼
六二一 乙亥卜殻取多臣…
六二二 …多臣…𠬝…
六二三 …多臣…用
六二四 …多臣…
六二五 有伐
六二六 有叔災
六二六 貞多臣…往羌…其得
六二七 壬午卜宂貞伲不䏌執多臣往羌
六二八正 壬午卜殻貞伲追多臣…羌弗執
六二八反 王固…見…
六二八反 …臣
六二九 貞今庚辰夕用鬳小臣三十小妾三十于婦九月
六二九 …翌…禦…
六三〇 癸酉卜貞多妣鬳小臣三十小母三十于婦
六三〇 庚…貞…
六三一 …臣…七十…妾…
六三二 …雍臣…
六三二 王夢…不惟…
六三二 …妣…
六三三 …雍往臣…
六三四正 丁亥卜殻貞呼卬比韋取𡧊臣
六三四正 …卬比韋取𡧊臣
六三四正 戊…夕…禍
六三四正 …惟夕𥨊禍 二吿
六三四反 今癸卯王夕
六三四反 勿夕𥨊禍
六三五正 貞率…
六三五正 禦…
六三五正 勿禦
六三五正 貞呼去伯于冥
六三五正 貞王往于田 二吿
六三五正 王勿往于田

六三五正 二吿
六三五正 二吿
六三五正 二吿
六三五正 二吿
六三五正 二吿
六三五正 二吿
六三五正 二吿
六三五正 二吿
六三五正 二吿
六三五正 二吿
六三五正 二吿
六三五反 貞啟自㞢邑
六三五反 …奴…惟奴奠臣
六三五反 貞以…師…有𠂤于…
六三五反 貞往
六三五反 …令
六三五反 貞勿…
六三五反 己卯…
六三五反 勿…
六三五反 貯入一
六三六 殻
六三六 丙申卜爭貞令出以商臣于盖
六三六 …貞…立…
六三七 …爭…多…方…邑…
六三七 丁丑卜爭貞令望以子商臣于盖
六三七 …竹…
六三八 …以子商臣于盖
六三八 …爭貞…𡗜有…
六三九 …子商臣…
六四〇 貞…子商臣…
六四一正 丙寅卜殻貞今來歲我不其受年
六四一正 戊辰卜韋疾來甲戌其雨
六四一正 癸酉卜亘貞臣得王固曰其得惟甲乙
甲戌臣涉舟延𦉫弗告旬又五日丁亥
執十二月
六四一正 癸酉卜亘貞…不其得
六四一正 乙亥卜古貞婦㜏娩嘉
六四一正 貞王
六四一正 貞于羌甲禦克往疾
六四一正 二吿
六四一反 王固曰其惟…其惟…
六四一反 …吉…
六四一反 王固曰其…其惟…賜…
六四一反 貞…庚…
六四一反 王固曰𩁹
六四一反 爭

六四二正 貞…子…來…
六四二正 二告
六四二反 …臣…
六四二反 …貞…
六四三丙正 癸巳卜穷貞臣執王固曰吉其執惟乙
丁七日丁亥既執
六四三丙正 貞臣不其執
六四三乙正 …臣執
六四三甲正 貞臣不其執
六四三丙正 貞王勿入于東
六四三丙正 貞…王…于羌…克贏…
六四三丙正 弗其克…
六四三乙正 丙申卜穷…
六四三甲正 貞…
六四三丙正 二告
六四三丙反 …其雨不雨
六四三丙反 貞…惟…
六四三乙反 癸…
六四三甲反 癸巳卜…
六四四 壬子卜…貞惟我奚不正十月
六四五 壬子卜穷貞惟我奚不正…月
六四六 …惟我奚不正
六四六 …貞…
六四七 …告…途…奚…
六四七 …沘
六四七 王…奴…
六四八 …奚…
六四九 乙亥卜爭貞今春王往田若
六四九 有…告…奚…其…
六五〇 …奚…歸…
六五一 乙巳卜爭貞告方出于祖乙于大…
六五一 貞小母畀奚
六五一 …多…衛
六五二 貞于…奚…
六五三 庚…奚…
六五四 …奚…
六五五甲正十六五五乙正 戊…殻貞令□□□由取舟不若
六五五甲正 貞勿令□□□由取舟不若
六五五甲正 貞圍牛
六五五甲正 勿 二告
六五五甲正 侑于祖辛秂殻
六五五甲正 貞有伐妾要
六五五甲正 三十妾要
六五五甲正 貞有伐妾要
六五五甲正 …宀于□
六五五甲正 王有夢不惟𡆥

六五五甲正 貞來…燎
六五五甲正 …昌燎
六五五甲正 丙寅卜殻貞來乙亥易日
六五五甲正 丙寅卜…貞來…亥…其易…固曰…乃茲
…易日…亥…不…日雨
六五五乙正 來乙亥其…
六五五乙反 辛未卜爭
六五五乙反 …易日
六五五乙反 侑父乙
六五五乙反 乙…
六五六正 …卜殻貞禦婦好于贏甲小…又妾 小告
六五六正 壬寅古貞永執□
六五六正 貞永弗其執
六五六正 告
六五六正 二告
六五六正 小告
六五六正 小告
六五六反 貞…執
六五六反 弗其執
六五六反 禦婦于贏甲
六五六反 勿禦
六五六反 𢦔入
六五六反 婦冎示十 殻
六五七 …爭貞取㳄妾
六五八 辛丑卜于河妾
六五九 貞訊州妾循
六六〇 …于王亥妾
六六〇 …酌河…牛…我…
六六一 癸…出…于…惟…妾
六六二 貞…惟…妾…于…
六六三 貞…妾…不…嘉
六六四 己…丁…
六六四 …五𨚔
六六五 …己三𨚔
六六六 貞𨚔
六六七正 辛未卜殻貞□告于祖乙 二告 小告
六六七正 辛未卜殻貞勿□告于祖乙 二告
六六七正 壬寅卜爭貞呂載王事 二告 小告
六六七正 壬寅卜爭貞呂弗其載王事 二告
六六七正 壬寅卜殻貞自今至于丙午雨
六六七正 壬寅卜殻貞自今至于丙午不其雨 不舌
黽 二告
六六七正 癸卯卜殻貞呼弘往于□比□
六六七正 癸卯卜殻貞呼弘往比□于□
六六七正 辛亥卜亘貞禦婦于有□
六六七正 勿禦婦于有□

六六七正	小告
六六七正	小告
六六七正	小
六六七反	貞呼比卯
六六七反	貞勿呼比
六六七反	呼取于…
六六七反	王…
六六七反	勿…
六六七反	王往…
六六七反	勿往于…
六六七反	貞𡆥…㞢…
六六七反	貞弗其𡆥…
六六七反	王…宰
六六七反	…令𢀛步…
六六七反	王固曰惟今夕癸見丁
六六七反	王魚
六六七反	勿魚
六六七反	王…
六六七反	婦妌來
六六七反	㚔來五　㱿
六六八	貞其來女
六六八	…㱿
六六八	貞…
六六九	…以…女
六七〇	貞𢀛…角女
六七一正	貞有虎
六七一正	貞無其虎
六七一正	庚寅卜㱿貞𢀛以角女　二告
六七一正	庚寅卜㱿貞𢀛弗其以角女
六七一反	貯入七十
六七二正	甲午卜爭貞貯其有𡆥
六七二正	貞貯無𡆥
六七二正	甲午…貞于…匚
六七二正	乙未卜㱿貞酌疋
六七二正	乙未卜㱿貞…
六七二正	貞酌疋
六七二正	勿酌疋
六七二正	乙未卜㱿貞其有來嬉
六七二正	貞…
六七二正	貞無來嬉
六七二正	癸卯卜㱿翌甲辰酌大甲
六七二正	貞甲辰勿酌大甲
六七二正	貞酌于河匚
六七二正	貞酌王亥
六七二正	貞呼雀酌二河五十

六七二正	勿五十牛于河
六七二正	酌河五十牛
六七二正	翌辛亥侑于王亥四十牛
六七二正	酌河三十牛以我女
六七二正	五十牛于王亥
六七二正	侑于王亥母
六七二正	彡夕二羊二豕圍
六七二正	彡夕一羊一豕
六七二正	二羊二豕
六七二正	貞子㞢
六七二正	貞祀
六七二正	貞…
六七二正	貞…其…自成
六七二正	乙巳卜㱿勿衣
六七二正	貞惟王
六七二正	…辛祖丁一牛宅羊　二告
六七二正	貞呼子㕛祝一牛侑父甲
六七二正	弜宗
六七二正	貞桒年于大甲十宰祖乙十宰
六七二正	桒雨于上甲宰
六七二正	于上甲牛　二告
六七二正	貞翌乙未酌成用宰
六七二正	翌…未酌成
六七二正	貞翌丁酉延侑于大丁
六七二正	翌丁酉勿侑于大丁
六七二正	翌癸卯帝不令風夕霧
六七二正	貞翌癸卯帝其令風
六七二正	翌乙卯酌子東弜
六七二正	翌乙卯子㕛酌
六七二正	…父甲
六七三	戊午…而…
六七三	戊午卜而弗其以我中女
六七三	戊午卜眉以及不
六七三	眉弗其以及不
六七四	行弗其以乜女
六七四	…以…
六七五正	令兄敽多女
六七五反	…于…
六七六正	二告
六七六正	二告
六七六反	…取𠃊…女
六七七	…易多子…女
六七八	戊子卜王侑母丙女
六七九正	丙寅卜㱿貞𣏌庚有女娃二牛翌庚…用

六七九臼　婦示一屯　穷
六八〇正　丁巳卜爭貞有女往于南庚來庚辰…
六八〇臼　㞢示四屯　穷
六八一正　己巳卜…貞有女…于南庚來庚辰…
六八一臼　㞢示…屯又…爭
六八二正　丁巳卜爭貞有女往于南庚來庚辰…
六八二正　…爭貞婦好贏
六八二臼　…又一骨　㱿
六八三　丁酉卜貞于河女　二告
六八三　惟四牛　二告
六八四　…婦好母
六八五正　貞燎于王亥母豚　二告
六八五正　勿燎于王亥母
六八五正　貞勿燎于王亥母
六八五正　母癸壱王
六八五正　母癸弗壱王　二告
六八五正　貞多妣崇王
六八五正　貞多妣弗崇王
六八五正　貞多妣弗崇王
六八五正　貞彳伐三月
六八五正　貞奴…友册
六八五正　貞王其狩區
六八五正　翌壬寅其雨
六八五正　翌壬寅不雨
六八五正　勿呼執宅毀
六八五正　無來嬉
六八五正　弓芻…
六八五正　弓芻于龔
六八五正　于龔
六八五正　二告
六八五正　二告
六八五反　乙啓丙雨
六八五反　…辰卜古
六八五反　辛…
六八五反　王固曰霧…雨壬寅不雨…
六八五反　…入十
六八六　…巳卜…方…蔑…五月
六八六　禦方于河妻
六八七正　癸丑…穷貞…丁禦于…妻
六八七臼　妻入十屯
六八八　…示…又七
六八九　…令豖…十人
六九〇　…惟…妻…
六九一正　…申卜㱿…往妻…
六九一反　…享…
六九二　…執…

六九三　…于婦…
六九三　…妻執…
六九四　不其奴
六九五　…卜豢…囧妻…
六九六　…女…妻
六九七正　侑于妣甲十𠬝
六九七正　六𠬝
六九七正　五𠬝
六九七正　惟妣甲
六九七正　惟妣己
六九七正　貞呼比虢侯
六九七正　二告
六九七正　二告
六九七反　貞執屯王固曰執
六九八正　貞𠕋妣庚十𠬝卯十宰
六九八正　𠕋妣庚十𠬝卯十宰
六九八正　侑妣庚有羽
六九八正　其侑于妣庚無其羽
六九八正　微射三百
六九八正　勿微射三百
六九八正　貞其有來嬉
六九八正　貞無來嬉
六九八正　貞無囚
六九八正　其有囚
六九八反　其有囚
六九八反　無囚
六九八反　貯入三
六九九　貞…己暨妣庚十𠬝
六九九　…往…
七〇〇　侑于妣庚十𠬝
七〇〇　侑…庚𠕋
七〇一　…𠬝…
七〇二正　…乙亥酚伐不橐
七〇二正　…𡆥宰…十宰㲉…
七〇二正　貞禦婦好于父乙𡆥宰又㲉𠕋十宰十𠬝　㲉十　二告
七〇二正　…𠕋父乙十𠬝十宰㲉十
七〇二反　貞婦好…疾
七〇二反　…好…凡㞢…
七〇三正　貞勿有十𠬝
七〇三反　…禦…
七〇四　…午…匚𠕋十𠬝卯小宰
七〇四　…弗其…
七〇五　…𠕋十𠬝
七〇六　…五𠬝
七〇七正　…內貞…

七〇七正　尋…祖乙
七〇七正　酉于妣己
七〇七正　呼比臣沚有酉三十邑
七〇七正　貞彡酌自…
七〇七正　…沚…酉…邑
七〇七正　貞…妣…五艮
七〇七正　二告
七〇七正　二告
七〇七反　王固曰吉其庚酉
七〇七反　庚申卜…
七〇七反　惟娶
七〇七反　允惟娶
七〇七反　王固…
七〇七反　甲申…
七〇七反　王固…
七〇七反　鼉
七〇八　…艮
七〇九正　庚戌卜亘貞王其疾骨　小告
七〇九正　庚戌卜亘貞王弗疾骨王固曰勿疾　二告
七〇九正　貞婦弗其骨凡有疾
七〇九正　貞婦好骨凡有疾
七〇九正　貞婦嬴
七〇九正　不其嬴
七〇九正　貞于羌甲禦
七〇九正　勿于羌甲禦
七〇九正　貞侑于祖辛
七〇九正　貞四艮于祖辛
七〇九正　勿四艮于祖辛
七〇九正　貞十…于祖辛
七〇九正　勿十艮于祖辛
七〇九正　于…己…
七〇九正　勿于妣己
七〇九正　貞呼子宓𠨘父乙酉艮𡚬卯宰
七〇九正　貞勿呼子宓𠨘父乙
七〇九正　呼子宓𠨘父乙
七〇九正　貞有疾…惟有壱
七〇九正　二告
七〇九正　二告
七〇九反　貞…
七〇九反　貞好嬴于祖辛
七〇九反　不…于祖辛
七〇九反　㞢禦于…
七〇九反　勿㞢…
七〇九反　…侑祖丁
七〇九反　勿侑祖丁
七〇九反　貞今月出
七〇九反　王固曰吉三
七〇九反　…禦
七〇九反　王固曰吉骨凡
七〇九反　…入二在高
七〇九反　爭
七一〇　貞燎于高妣己有穀冊三艮𡚬卯宰
七一〇　勿燎于高妣己
七一〇　…穷貞王循…方受祐
七一一　…艮…
七一二　丁巳卜吅貞酌婦好禦于父乙
七一二　貞勿䑕先酌于父乙艮卯三宰
七一二　小告
七一二　小告
七一三　貞禦子漁于父乙㞢羊酉艮
七一四　…卜…父乙…艮卯…
七一五正　二告
七一五反　…好侑艮于父乙
七一五反　…五十
七一六正　貞其有來嬉　二告
七一六正　無來嬉
七一六正　無來嬉
七一六正　呼比丹伯
七一六正　勿呼比丹伯
七一六正　惟若
七一六正　酉妣己艮𡚬
七一六正　㞢羊酉艮𡚬　二告
七一六正　二告
七一六反　禦宁
七一六反　…母庚其…嬉
七一六反　王固曰不吉
七一七正　貞婦今嘉二月
七一七正　婦婐
七一七正　庚申娩不嘉
七一七正　王固曰…
七一七正　貞禦于妣己有艮
七一七正　酌艮卯宰卯一牛
七一七正　癸…卜㱿…王…
七一七反　…丑卜…
七一七反　酌…嘉
七一八正　貞禰于妣己酉艮卯宰𢦏
七一八正　…王…
七一八正　二告
七一八反　…寅
七一八反　癸巳卜…
七一九正　貞禰于妣己酉艮卯宰
七一九反　…入十

七二〇正　尋祖…
七二〇正　妣庚冊及
七二〇反　庚…
七二〇反　勿…妣…
七二一正　貞翌乙卯酌我雍伐于宰
七二一正　貞翌乙卯勿酌我雍伐于宰
七二一正　癸酉卜㱿貞翌乙亥酌雍伐于…
七二一正　貞翌乙亥勿酌雍伐…
七二一正　貞翌乙亥酌雍伐于宰
七二一正　貞翌乙亥…
七二一正　𢦏于西南帝介卯
七二一正　勿𢦏西南
七二一正　有及于妣庚
七二一正　勿有及于妣庚
七二一正　有及妣庚𡆥
七二一正　勿侑
七二一正　宰牝
七二一正　勿
七二一正　來乙未侑祖乙宰
七二一正　勿侑
七二一正　于妣庚
七二一正　勿于
七二一正　于羌甲禦田
七二一正　勿于羌甲禦
七二一正　禦田南庚
七二一正　勿于南庚
七二一正　貞其有來齒
七二一正　…來齒
七二一正　乙卯允酌明霧
七二一正　二告
七二一正　二告
七二一正　二告
七二一反　王固曰𠦪酌惟有祟無…
七二一反　王固曰𠦪酌惟有…無…
七二二正　歸伐呼及于庚賓
七二二正　…元于東
七二二反　…二百五十
七二三正　乙…卜古貞禦于妣庚冊及又十牛
七二三臼　…示…　殼
七二四正　貞冊妣庚及新𣪘
七二四正　勿冊妣庚及　小告
七二四正　不𠧟黽
七二四反　冊妣庚及又二宰
七二四反　翌庚子侑
七二五正　貞勿龠用及妣癸又五宰
七二五正　…五…

七二六　…有及于妣…
七二七正　…咸戊有及　二告
七二七反　殼
七二八　…卜爭于妣于母中亹小宰又及女一
七二八　貞勿龠用中亹冊小宰又及女一于母丙
七二九　…殼…
七二九　貞于母庚有及
七二九　貞禦于漁于父乙有一伐卯宰
七三〇正　貞禦于𥄨于…及…
七三一　…午卜殼…禦婦于…及…女
七三二　…娥冊及
七三三　…今甲…娥…冊及…
七三四正　己巳卜殼貞允其…　二告
七三四正　己巳卜殼貞允不𠦪王固曰吉勿𠦪
七三四正　貞凡其𠦪　二告
七三四正　貞凡不𠦪
七三四正　貞三𣪘
七三四正　貞勿𣪘
七三四正　二告
七三四反　貞有及王…宰
七三四反　貞令
七三四反　貞勿龠令…王…
七三四反　殼
七三五　有及
七三六　…有及𡆥
七三七正　有及
七三七反　…午…
七三八正　壬申卜爭貞雨
七三八正　貞不其雨　二告
七三八正　乙亥卜殼貞今日燎三羊三豕三犬
七三八正　己丑卜殼貞王無作囚　二告
七三八正　貞娥壱王
七三八正　娥弗壱王
七三八正　高妣己壱王
七三八正　貞高妣己弗壱王
七三八正　呼比役…　二告
七三八正　有及
七三八正　…女嫖王不橐
七三八正　田于并
七三八正　二告
七三八正　二告
七三八反　王固曰…
七三八反　己未卜
七三八反　…令…
七三八反　…高妣己
七三九　乙卯卜貞阜勿衣及十三月

七三九　……卜貞執……
七四〇　……冊及夲又宰
七四一　……冊及……
七四二　甲午卜王……于……
七四二　冊……及……于……
七四三　……酉卜侑祖甲用及
七四四　……及取……牛
七四五　……及……伐有宰
七四六　己亥卜今……及于……不其……
七四六　乙……
七四六　甲寅……五月
七四六　禦……丁……
七四七　……戌卜王……及于……子羌……
七四八　貞及于黄
七四九　……及于……
七五〇　壬戌……及……
七五一　……巳卜……及……
七五二　……夕……龠……及……
七五三　……弗其及
七五三　……申卜㝃……今……及……
七五四　……娥……及
七五五　……午……貞我……缶
七五六　……及
七五六　……卜……貞……及
七五七　……卜……王余……[illegible]及
七五八　丁未……
七五八　……禦……己及□
七五九　……庚及
七六〇正　……不取
七六〇反　……己……及
七六一　貞……
七六一　……惟……台及……[illegible]……
七六二　……追……[illegible]……
七六三　……上甲至……小……
七六四　貞令……暨……示……俘
七六四　……俘……
七六五　癸未卜亘貞王有服若
七六六正　王有服不若
七六六正　甲申卜亘貞有[illegible]
七六六正　辛卯卜亘貞父乙壱王王固曰父壱惟
七六六正　不循　二告
七六六正　貞父乙弗壱王　告
七六六正　呼比侯
七六六正　勿呼比
七六六正　勿呼比
七六六反　貞弗若

七六六反　貞今日……
七六六反　貞王……
七六六反　貞……
七六六反　王固曰吉余……
七六七正　貞黄孽惟有壱
七六七正　貞黄孽不惟有壱　小告
七六七正　甲辰卜殻貞有宰于父乙
七六七反　……冊及夲五……
七六七反　王固曰有壱惟……
七六七反　貞……
七六七反　在[illegible]
七六八正　貞翌辛亥于祖辛一牛
七六八正　貞侑于妣庚十□
七六八正　勿侑于妣庚十□
七六八正　勿侑于妣庚
七六八正　勿龠有十□　二告
七六八反　辛亥卜
七六八反　雀入二百五十
七六九　貞勿冊妣庚及十□三十小宰
七七〇　……于……庚……十……□……
七七一　……貞……燎……五□……牛酌……
七七二正　……卯卜殻……冊妣庚□
七七二正　貞冊妣庚五□
七七二正　三□
七七二正　貞侑妣庚羊告其禦
七七二反　……固……不余□……
七七二反　其……
七七三甲　貞王其㞢
七七三甲　婦好弗疾齒
七七三甲　貞尋禦妣庚冊五□
七七三乙　貞尋……冊……
七七四　……五□于高妣己
七七四　貞呼王……牧……羊
七七四　……惟……
七七五正　貞王𠬪戈人　二告
七七五正　貞王弗𠬪戈人
七七五正　貞今
七七五正　王其歙
七七五正　貞無來風　二告
七七五正　于父甲
七七五正　于父辛
七七五正　……娩
七七五正　侑妣庚□
七七五正　勿□
七七五正　二□
七七五正　勿二□

七七五正 三𣎵
七七五正 勿三
七七五正 四𣎵
七七五正 勿四
七七五正 勿五
七七五正 二告
七七五反 今有至
七七五反 無其至
七七五反 丁巳卜爭疾足禦于妣庚
七七五反 疾足勿葡禦于父辛
七七五反 勿禦于父辛
七七五反 祖丁壱王
七七五反 祖丁弗壱王
七七六正 …午…㱿…𠬝三𣎵
七七六正 …午…㱿…勿…
七七六正 己丑卜㱿貞王夢惟祖乙
七七六正 貞王夢不惟祖乙
七七六正 己丑卜㱿貞王夢惟祖乙
七七六正 貞王夢不惟祖乙
七七六正 己丑卜㱿貞戠于丘商四月
七七六正 貞勿葡戠于丘商
七七六正 壬辰卜㱿侑于示壬宰
七七六正 侑于示壬二牛
七七六正 甲午卜爭于河
七七六正 甲午卜爭勿于河
七七六正 壬寅卜㱿貞河壱王
七七六正 壬寅卜㱿貞河弗壱王
七七六正 壬寅卜㱿貞不雨惟茲商有作𡆥
七七六正 貞不雨不惟茲商有作𡆥
七七六正 癸卯卜㱿翌甲辰侑于上甲十牛
七七六正 翌辛卯侑于祖辛
七七六正 貞侑于祖辛三宰
七七六正 翌辛侑于祖辛一牛
七七六正 一牛于祖辛
七七六正 貞于祖辛侑
七七六正 侑于祖乙 二告
七七六正 侑于祖辛宰
七七六反 …宰
七七七正 …于南庚
七七七正 …南庚
七七七正 侑于妣庚一𢀛
七七七正 三𢀛
七七七正 三𢀛
七七七正 𢀛
七七七正 𢀛 二告

七七七正 貞呼奴貯次 二告
七七七正 二告
七七七反 貞…
七七七反 王固曰…
七七七反 王固曰吉
七七七反 …貯事王…
七七七反 貞王…
七七七反 …弗…
七七八正 今日其雨
七七八正 勿𢀛于妣庚
七七八正 三𣎵
七七八正 四𣎵
七七八反 乙亥卜㱿
七七九正 壬寅卜爭貞冊妣庚𠬝
七七九正 貞𣎵
七七九正 貞有豕于父甲
七七九正 貞燎于土三小宰卯一牛沈十牛
七七九正 丙辰卜爭貞師有刿
七七九正 …巳卜㝊貞旬無𡆥
七七九反 王固曰…茲…
七八〇 貞𣎵
七八〇 貞有豕于父甲
七八〇 貞燎于土三小宰卯一牛沈十牛
七八〇 丙辰卜爭貞師有刿
七八〇 貞𤔲于丘𢆶
七八一 𣎵
七八二 …𣎵…
七八三 冊𠬝一𢀛
七八四 禦于高妣己𡘥二牡冊𠬝𣎵
七八五 …冊五宰…𠬝𣎵
七八六正 不舌
七八六反 貞侑于妣
七八六反 …𢀛
七八七 壬戌卜爭貞惟王自往陷
七八七 貞惟多子呼往
七八七 癸亥卜爭貞我穧受有年一月
七八七 貞勿葡穧受有年弗其受有年
七八七 貞侑于妣甲𣎵𠬝卯宰
七八七 貞勿葡用
七八七 于女子
七八七 于女子
七八七 貞祝于祖辛
七八七 祝于祖辛
七八八 …庚…𣎵
七八九 𣎵
七九〇 …𣎵于…

七九一　…桒…
七九二正　乙亥卜貞禦…姘…母庚…桒卯…
七九二反　王固…
七九三正　…卜爭…[illegible]…桒
七九三反　…惟㞢…
七九四　…桒…豕…
七九五正　辛未卜㱿貞我奴人乞在黍不冊受…
七九五正　貞我弗其受黍年
七九五正　嬴甲尧婦
七九五正　嬴甲弗尧婦
七九五正　貞婦好嬴
七九五正　貞不其嬴
七九五正　于嬴甲禦婦　二告
七九五正　既冊嬴甲及　二告
七九五正　壬午卜㱿貞婦骨凡
七九五正　貞其禦[illegible]
七九五正　貞[illegible]不其禦
七九五正　貞王有𡆥若
七九五正　貞王有𡆥不若
七九五正　貞王有𡆥若
七九五正　貞羊畀舟
七九五正　貞…𠭰用及[illegible]于父乙
七九五正　二告
七九五正　二告
七九五反　貞…
七九五反　王固曰吉
七九五反　不…
七九五反　貞惟𩏂司壱婦好
七九五反　不惟𩏂司壱婦好
七九五反　…惟…
七九五反　…不其禦
七九五反　…于…甲
七九五反　貞禦勿𠭰于嬴甲
七九五反　王固曰吉用
七九五反　王固曰吉
七九五反　乙卯卜亘
七九五反　王固曰吉惟
七九五反　…北…惟…
七九五反　…不惟囚王固曰吉
七九五反　…酌
七九五反　我來十
七九五反　㱿
七九六　貞我弗其獲執
七九七　…侯印執
七九八　…用執用印
七九九　癸酉卜王貞自今癸酉至于乙酉邑人

八〇〇　其硯方印不其硯方執一月
八〇一　壬午…爭貞其來印不其來執四月
八〇一　甲子卜爭貞𠦪于大…
八〇一　貞𠦪于大甲燎一宰二豕卯…
八〇一　貞牧涉于東畀…
八〇一　貞執用于祖…
八〇二　丙寅…爭貞我受年
八〇三　貞禦婦印勿執
八〇四　癸卯卜貞翌辛亥王尋𡫰以執
八〇五　…王尋𡫰以執
八〇六　丙戌卜爭貞其告執于河
八〇六　戌…
八〇七　貞告執于南室三宰
八〇八正　…王…執…
八〇八正　貞…其降囚
八〇八正　…其有降囚
八〇八正　今…桒…
八〇八正　貞勿𠭰酌妣癸桒正
八〇八正　貞…𢦏疾
八〇八正　貞…其疾
八〇八正　丙寅卜亘貞王戠多屯若于下上
八〇八正　貞王戠多屯若于下乙
八〇八正　二告
八〇八正　二告
八〇八反　…固曰吉
八〇八反　既酌妣癸…
八〇八反　王…曰吉勿疾
八〇八反　勿惟壱…
八〇八反　…固曰…[illegible]
八〇八反　貞…
八〇八反　…曰勿…
八〇八反　王聽惟囚
八〇八反　王聽不惟囚
八〇八反　…惟壱…
八〇八反　…不…
八〇九正　貞王戠…屯不若佐于下上
八〇九正　貞王戠多屯不佐若于下上
八〇九正　貞將卯
八〇九正　貞勿將卯
八〇九正　戊寅卜穷貞今十月雨
八〇九正　貞今十月不其雨
八〇九正　王固曰吉龜勿余壱　二告
八〇九正　二告
八〇九正　二告
八〇九正　二告
八〇九反　貞其有來…

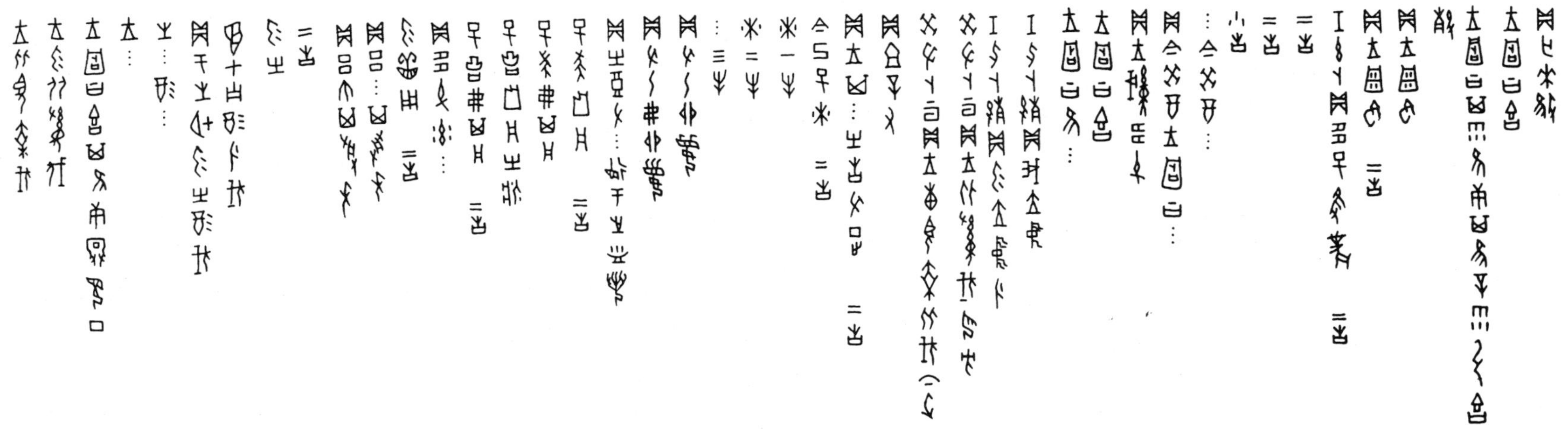

八〇九反　貞無來艱
八〇九反　王固曰吉
八〇九反　王固曰其雨惟庚其惟辛雨弘吉
八〇九反　殻
八一〇正　貞王田亂
八一〇正　貞王田嬴　二告
八一〇正　壬午卜貞多子獲鹿　二告
八一〇正　二告
八一〇正　二告
八一〇正　小告
八一〇反　：今癸酉：
八一〇反　貞今癸酉王固曰：
八一〇反　貞王鉞多屯
八一〇反　王固曰吉
八一〇反　王固曰惟：
八一一正　壬申卜殻貞我立中
八一一正　壬申卜殻貞勿立中卜
八一一正　癸丑卜亘貞王比奚伐𢀛方
八一一正　癸丑卜亘貞王惟望乘比伐下危
八一一正　貞祖辛祐
八一一正　貞王其：有告父正　二告
八一一正　今己巳燎　二告
八一一正　燎一牛
八一一正　燎二牛
八一一正　：三牛
八一一正　貞父乙卯婴
八一一正　貞父乙弗卯婴
八一一正　貞有亞左：循于之𦣞若
八一一正　子希骨凡　二告
八一一正　子希弗其凡
八一一正　子𠙵骨凡有疾
八一一正　子𠙵弗其凡　二告
八一一正　貞多屯率：
八一一正　勿餔用　二告
八一一正　貞雍：其受年
八一一正　貞雍不其受年
八一一正　二告
八一一反　勿侑
八一一反　翌甲子酌卜伐
八一一反　貞于生七月勿有酌伐
八一一反　生：酌：
八一一反　王：
八一一反　王固曰吉其惟庚娩見丁
八一一反　王勿比奚伐
八一一反　王比望乘伐

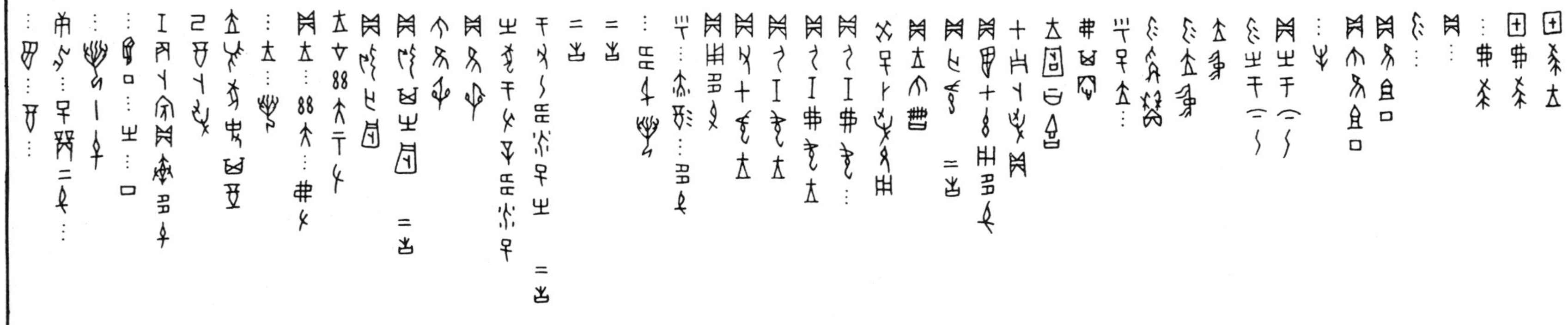

八二一反　上甲祟王
八二一反　上甲弗祟
八二一反　：弗祟
八二一反　貞：
八二一反　勿：
八二一反　貞惟祖丁
八二一反　貞不惟祖丁
八二一反　：牛
八二一反　貞侑于下乙
八二一反　勿侑于下乙
八二一反　立中
八二一反　勿立中
八二一反　勿爯薔
八二一反　呼子立：
八二一反　弗其亞
八二一反　王固曰吉
八二一反　甲子卜爭貞
八二二正　貞翌甲午用多屯
八二二正　貞無壱　二告
八二二正　貞王不冊
八二二反　癸巳卜爭允用
八二三　貞妣壬弗壱：
八二三　貞妣壬弗壱王
八二三　貞妣壬壱王
八二三　貞父甲壱王
八二三　貞用多屯
八二四　呼：尞酌：多屯
八二五　：多屯若
八二五　二告
八二五　二告
八二六正　于父乙多介子祐　二告
八二六正　有犬于父辛多介子
八二六正　貞惟斷
八二六正　不惟斷
八二六正　貞斫其有囚　二告
八二六正　貞斫無囚
八二六反　王在茲大示佐
八二六反　貞王：茲大：弗佐
八二六反　：王：若
八二六反　立須豕史其奠
八二六反　己酉卜爭
八二七　壬辰卜㝑貞執多屯
八二七　：翌丁：㞢：丁
八二八　：若十屯
八二九　庚申：子商二屯：
八二九　：翌：酉：

八二〇 ……卜王……二屯伐……
八二一 ……㞢屯……
八二二正 己未卜古貞我三史使人
八二二正 貞我三史不其使無
八二二正 貞婁使人
八二二正 貞婁不其使人
八二二正 貞屯率□王若
八二二正 貞不𢀛 二告
八二二正 貞其𢀛
八二二正 貞王疾身惟妣己壱
八二二正 ……惟妣己壱
八二二正 貞惟妣庚 二告
八二二正 不惟妣庚
八二二正 惟妣己
八二二正 不惟妣己
八二二正 貞于舊……若 二告
八二二反 暘日
八二二反 ……戌卜……
八二二反 ……來
八二二反 貞戌卜殻
八二二反 ……**來**
八二二反 殻
八二三 貞率戠……屯
八二四 癸丑卜穷貞□來屯戠十二月
八二五 ……戌戠……屯
八二六 乙酉卜殻貞執屯
八二六 辛酉卜穷貞呼師般取朋不……屯
八二七 ……穷貞□屯
八二八正 貞翌丁未用十尸于丁卯一牛
八二八反 ……雩十……
八二九正 貞禦鈦于父冊……
八二九正 貞翌乙未率改尸 小告
八二九正 丁……殻……𠙵……
八二九正 丁……殻……𠙵……
八三〇 貞于大……賓延尸
八三一 戊寅卜貞于丁賓延尸七月
八三二 戊寅卜……于丁賓……尸七月
八三三 貞于丁亥延尸
八三三 貞……
八三四 辛……爭貞……尸于丁十一月
八三五 ……延尸
八三六 貞尸卯惟勿牛
八三七 丙寅……□……尸……
八三八正 甲寅卜爭貞㪤以往于□
八三八正 丙寅卜爭貞燎三牛
八三八正 貞燎三牛

八三八正 貞㪤以往于□
八三八正 貞㪤弗其以
八三八正 不舌黽
八三八反 我以人
八三八反 婦井示三十 穷
八三九 貞……受年
八三九 用
八三九 呼師般取往自敦
八四〇 呼□取
八四〇 呼□取往見
八四一 貞尋……
八四一 ……古……取往
八四二正 癸酉……取往……王……
八四二反 ……戌……
八四三正 ……告往
八四三反 ……毓
八四四 ……往見
八四五 ……寅貞亘□往
八四六 循十三月
八四六 ……**王**……**循方**
八四六 貞勿𠦪年于甫土
八四六 𠦪年
八四六 貞□執往
八四七 循十三月
八四七 貞王勿循方
八四七 貞勿𠦪年于甫
八四七 𠦪年
八四七 貞□執往
八四八甲 ……其執往自……
八四八乙 ……執往自…… 二告
八四九正 乙酉卜穷貞州臣有往自寷得
八四九正 丙戌卜殻貞翌丁亥侑于祖丁
八四九臼 甲申婦……
八五〇 貞州臣得
八五〇 貞州臣不……得
八五〇 貞州臣得
八五〇 ……州……
八五一 貞……
八五一 貞州臣得
八五一 ……州……
八五二正 ……往……得
八五三 ……往……其……
八五四 貞往不其得
八五五 貞往自寷得
八五五 ……燎……王……
八五六 貞往自圉不其……

八五七　：往自圍：
八五八正　乙亥卜爭貞王入
八五八正　：亘貞王須允：往自敦𩫖
八五八正　貞：
八五八臼　丙
八五九　壬子卜古貞妣己克往：
八五九　：爭：
八六〇甲正　貞其束往：
八六〇乙正　貞不束往：
八六〇乙反　：得：其：
八六一　：未卜殼：王往：束若四月
八六一　：卜爭：刖往：不：
八六二　：羽以㞢：往惟帝：惟权：
八六三　貞勿：往盧：
八六四　：卜：格：往：
八六四　：㚔：田：
八六五　丙戌：翌：于：
八六五　：卜貞：往：
八六六　：往：
八六七　丙辰：往：
八六八　：不㚔
八六九　辛亥卜古貞追不㚔
八六九　貞有疾告羌甲
八七〇正　：至一月
八七〇反　：五日丁巳：追：獲：
八七一　：爭貞令：追：
八七二　貞勿追：
八七三　：追：
八七四　乙巳卜穷貞無追
八七五正　戊戌：在丘
八七五正　有追
八七五反　王固曰有追
八七六　：追：捍：
八七七　：貞：往追：及：月
八七八　貞追
八七九　戊寅卜殼貞𠬝伐翌庚辰用
八八〇正　乙卯卜爭貞旨戦羅
八八〇正　貞旨弗其戦羅
八八〇正　辛酉卜內貞往西：敦其以王伐　二告
八八〇正　貞往西多敦不其以伐
八八〇正　貞往西多敦其以王：
八八〇正　貞往西多敦不其以伐
八八〇正　貞祖乙孽王
八八〇正　祖乙弗其孽王　二告
八八〇正　貞祖乙孽王

八八〇正　翌乙亥盧
八八〇正　貞惟
八八〇反　：鼠
八八〇反　王固曰吉戦
八八一　：以伐百
八八一　貞疾不：百
八八二　：伐乙：允酌：日
八八三正　伐百于大：
八八三反　：㞢：
八八四　：卯：㞢：
八八四　：羊百伐百：
八八五正　戊申卜𢀛貞
八八五正　：卜亘貞：
八八五正　五十伐
八八五正　小告
八八五反　王固曰其雨惟今日不：
八八五反　不雨
八八六　貞禦于父乙𡆥三牛冊三十伐三十宰
八八七　壬甲：冊大：伐三十：三十宰
八八八　丁酉：貞侑于：三十伐十：
八八九　伐三十宰
八九〇　：三十伐
八九一正　甲申卜爭貞王有不若
八九一正　貞王無不若　二告
八九一正　鼓以孜　二告
八九一正　：王：侯告比
八九一正　貞呼不　二告
八九一正　虎呼取羌以
八九一正　侑于成三十伐
八九一正　：十：又：宰
八九一正　乙：于祖：
八九一正　勿乙侑于祖丁
八九一正　乙：于：辛
八九一正　貞于龔
八九一正　貞勿：龔
八九一正　貞𢍰其來　二告
八九一正　二告
八九一正　二告
八九一正　二告
八九一正　二告
八九一反　壬寅卜奴：侑往王于不呼比希弘：
八九一反　勿呼比希于不
八九一反　王延出
八九一反　王勿延出
八九一反　壬子：

合集　第一册

八九二正　八九二反　八九二反　八九二反　八九二反　八九二反　八九二反　八九二反　八九二反　八九二反　八九三正　八九三正　八九三正　八九三正　八九三正　八九三正　八九三正　八九三正　八九三正　八九三正　八九三正　八九三正　八九三正

…寅卜殼貞王夢兄丁惟𡆥
貞王夢兄丁不惟𡆥
貞今癸亥其雨
貞今癸亥不其雨允不雨
貞三十伐下乙　二告
勿三十下乙
…牛　二告
…王…
乙巳入
貞今甲王入
翌甲辰王入　二告
王从𠬝
貞來乙亥酚祖乙十伐又五卯十宰
于父庚
勿于父庚
來癸酉燎
來庚午燎
惟辛未燎
卯父乙
求子出不
貞我有祟
貞我無祟
二告
…殼貞于今己
有匚于河
勿有匚于河
乙亥不酚
雨
…我有
…卜殼貞我無
丙寅…
唐入十
庚寅𠂤一牛　批庚冊十及十宰十㲋
貞…甲宙惟
勿𨚔…于東
譬有鹿
有鹿　二告
無其鹿
貞…無囚
呼取伐
侑于上甲十伐卯十宰
上甲十伐又五卯十小宰
貞二十伐上甲卯十小宰　二告
小宰
一牛

八九三正　八九三正　八九三正　八九三正　八九三反　八九三反　八九三反　八九三反　八九三反　八九三反　八九三反　八九三反　八九三反　八九三反　八九四　八九四　八九四　八九四　八九四　八九五乙　八九五乙　八九五乙　八九五甲　八九五丙　八九五甲　八九五甲　八九五乙　八九五甲　八九六正　八九六反　八九七　八九八　八九九　九〇〇正　九〇〇正　九〇〇正　九〇〇正　九〇〇正　九〇〇正　九〇〇正　九〇〇正　九〇〇正

惟小宰
一牛
二牛
翌乙未侑于父…　二告
…卜殼…
來…
貞…
勿…
父庚壱王
侑于三父一伐卯宰
𢀛羊
貞…辰…
勿示
…示三十　殼
貞惟乙酉酚
貞于來乙巳酚
二十伐卯…　二告
十伐卯…
乙亥卜殼貞…
𠛱其
乙卯卜…大庚勿七十宰二伐
乙卯卜內冊大庚…
…卜…
乙卯卜內冊大庚七十宰伐二十
乙卯…內冊…庚勿七十宰伐二十
丁巳卜殼
…雀…
…勿…
丁未卜旁…甲寅酚大甲十伐又五卯
十宰八日甲寅不酚雨
…茲…
癸丑卜殼貞來乙亥酚下乙十伐又五
卯十宰乙亥不酚
貞冊祖乙十伐又五卯十宰又五
乙酉…祖乙乙未有伐十五十宰
貞有伐于上甲十又五卯十小宰𣪘　二告
貞有伐于成
丁酉卜殼貞我受甫籍在始年三月
丁酉卜殼貞我弗其受甫籍在始年
二告
…酉…旁貞始受年
…始…其受年
自今庚子…于甲辰帝令雨
至甲辰帝不其令雨
翌癸未用

九〇〇正	侑于祖乙宰正
九〇〇正	二告
九〇〇反	丁…
九〇〇反	王固曰我其受南耤在□年
九〇〇反	癸未卜穷
九〇〇反	喜入五
九〇一	壬午卜殻貞有伐上甲十又五卯十小宰
九〇一	有伐于上甲十又五卯十小宰又五
九〇一	勿衣有祐
九〇二正	…在□
九〇二正	王不雨在□
九〇二正	己卯卜殻貞不其雨
九〇二正	己卯卜殻貞雨王固其雨惟壬午允
	雨 二告
九〇二正	庚辰…黄尹…我…
九〇二正	貞黄…弗…我年
九〇二正	辛亥卜殻貞令比𢀛
九〇二正	貞令□弗其比𢀛
九〇二正	辛亥卜殻貞令比𢀛
九〇二正	貞令弗其比𢀛
九〇二正	貞于下乙侑伐
九〇二正	勿有伐
九〇二正	翌甲寅有伐于大甲 二告
九〇二正	貞侑于大甲伐十又五
九〇二正	侑于上甲 二告
九〇二正	勿于上甲
九〇二正	貞侑于祖丁
九〇二正	王从魯
九〇二正	王从龍東魯
九〇二正	貞王允惟壱 二告
九〇二正	有囚
九〇二正	有囚
九〇二正	甲寅…
九〇二正	其…十三月
九〇二正	…尹一月
九〇二正	二告
九〇二反	王…惟…□…
九〇二反	貞不惟帝□王
九〇二反	…上甲…
九〇二反	竹入十
九〇三正	乙卯卜殻貞來乙亥酒下乙十伐又五
	卯十宰二旬又一日乙亥不酒雨五月
九〇三正	勿□惟乙亥酒下乙十伐又五卯十宰四…
九〇三正	貞我用□孚
九〇三正	丁未卜殻貞酒卜伐十十宰

九〇三正	翌辛酉侑祖宰用
九〇三正	祖
九〇三正	來甲申侑于大甲 二告
九〇三正	翌乙巳侑祖乙
九〇三正	翌辛丑侑祖辛 二告
九〇三正	翌丁酉侑于祖丁
九〇三正	□父乙
九〇三正	父乙不惟伐祟
九〇三正	父乙惟伐祟
九〇三正	今日夕用正
九〇三正	魯甲壱王
九〇三正	父辛壱王
九〇三正	父辛弗壱王
九〇三正	父庚壱王
九〇三正	父庚弗壱王
九〇三反	癸卯卜殻
九〇三反	庚申卜殻
九〇三反	三旬來甲申…
九〇三反	惟乙亥酒
九〇三反	勿□乙亥酒
九〇三反	于來乙卯侑…乙
九〇三反	蒙羊二
九〇三反	ㄓ…
九〇三反	戊…妣己
九〇三反	戊…祖丁
九〇三反	勿…
九〇三反	惟…
九〇三反	…ㄓ…
九〇三反	子商…
九〇三反	殻
九〇四正	辛巳卜殻貞酒我□大甲祖乙十伐十宰
九〇四正	癸未卜殻貞其
九〇四正	來甲午有伐上甲十
九〇四正	來甲午有伐上甲八
九〇四正	乍不其來
九〇四正	貞乍其來
九〇四正	貞侑于妣己及□
九〇四正	勿有及于妣己
九〇四正	侑妾于妣己
九〇四正	甲申卜穷貞呼耤生 二告
九〇四正	貞不其生
九〇四反	丙戌卜殻
九〇四反	戊子卜殻
九〇四反	王固曰丙…
九〇五正	…貞…

九〇五正　癸亥卜殼貞于心上甲二牛又帝伐十…十殼
九〇五正　…月
九〇五正　…心…帝…
九〇五正　貞王夢楢惟𡆥
九〇五正　王夢楢不惟𡆥
九〇五正　王惟
九〇五正　不惟𡆥
九〇五正　貞其
九〇五正　不
九〇五正　貞侑于父庚
九〇五正　貞勿侑于父庚
九〇五正　貞于妣己禦子宛
九〇五正　貞勿于妣己禦子宛
九〇五正　貞子安有壱
九〇五正　己未卜亘貞子安無壱　二告
九〇五正　貞侑于父乙宰　二告
九〇五正　貞多妣祟王
九〇五正　勿侑…
九〇五正　貞王往狩
九〇五正　小告
九〇五正　二告
九〇五正　二告
九〇五正　二告
九〇五反　王固曰…
九〇五反　…庚…宰十殼
九〇五反　古
九〇五反　…十伐又五
九〇五反　…王
九〇五反　侑祖辛伐
九〇五反　…王狩
九〇五反　王勿衣狩
九〇五反　…子卜…壱王
九〇六正　乙亥卜爭貞𢦏由…月
九〇六正　…𦍌…
九〇六正　侑于上甲十伐卯十豕
九〇六反　癸酉卜
九〇七正　…巳…
九〇七反　…來冊…上甲…伐…
九〇八　癸丑…翌甲…侑于大甲𢀛二牛冊三十
宰伐十
九〇八　乙卯卜王惟丁巳步
九〇八　…𢀛…三十…
九〇九　…內侑于大庚𢀛…伐十又三十…
九〇九　…未卜內㱿貞…
九一〇　貞禦于祖辛冊十伐…

九一一　壬戌卜爭…翌甲子酌…十伐
九一二　…十伐…十宰
九一三　…丑卜殼…十伐
九一三　…邑…
九一三　來…亥…于…
九一四正　癸丑卜爭貞𢦏往來無𡆥王固曰無
𡆥　二告
九一四正　貞𢦏往來其有𡆥
九一四正　癸亥卜殼貞禦于祖丁
九一四正　冊祖丁十伐十宰
九一四正　勿冊祖丁
九一四正　貞不𠬝冊十祖乙
九一四正　王入
九一四正　勿入　二告
九一四正　今日王入
九一四正　…穷貞翌乙亥不雨暘日
九一四正　貞王𡆥嬴
九一四正　貞父乙弗壱…　二告
九一四正　父乙壱王
九一四正　亞以來
九一四正　父乙來
九一四正　食來　二告
九一四正　不其來
九一四正　貞在北史有獲羌
九一四正　貞在北史無其獲羌
九一四反　勿…
九一四反　呼子商㚸侑祖
九一四反　欠來
九一四反　不其來
九一四反　子商有疾
九一四反　不惟…
九一四反　丙子卜
九一四反　凡父乙
九一四反　壬戌
九一四反　王固曰其自東來
九一四反　大入一
九一五正　…克…
九一五正　惟妣癸
九一五正　不惟妣癸
九一五正　禦𡆥于妣己
九一五正　勿禦𡆥于妣己
九一五正　于高妣己
九一五正　勿于高妣己
九一五正　貞婦有賓　二告
九一五正　婦無其賓
九一五反　…冊祖丁十伐十宰

九一六正 己丑卜古貞昇箬
九一六正 己丑卜古貞王途𢀛無巷
九一六正 貞王有舌羊：
九一六正 戊午：㱿貞：惟終
九一六正 貞母：終
九一六正 ：母：終
九一六正 ：惟：
九一六正 貞侑于黃尹十伐十牛
九一六正 貞勿侑于黃尹
九一六正 二告
九一六反 貞衛于妣己
九一六反 勿：妣己衛
九一六反 侑于：尹五伐：牛
九一六反 勿侑于黃：
九一七正 貞于祖辛侑 小告
九一七正 侑于：十伐卯：
九一七正 小告
九一七反 ：黃
九一七反 辛酉：
九一八正 ：卜旁貞勿𢦏十伐
九一八反 ：四十
九一九 ：貞：大甲五伐三十：
九二〇 ：侑于王亥九伐卯：
九二一 貞九伐卯九牛
九二二 貞：漁有伐五：于：
九二三正 貞不佐
九二三正 貞侑于祖乙五伐卯五宰
九二三正 ：侑：乙
九二三反 王固曰吉
九二四正 壬辰卜㱿貞呼子宾禦侑母于父乙豖
九二四正 宰冊及三𢼸五宰
貞呼子宾禦侑母于父乙豖小宰冊
：三𢼸五宰
九二四正 翌乙未呼子宜祝父豖小宰冊及三𢼸
五宰𢦏𩰫正 二告
九二四正 乙巳卜㱿貞呼子宾侑于㞢祖宰
九二四正 貞勿呼子宾侑于㞢祖宰
九二四正 貞呼子宾侑于㞢祖宰
九二四正 勿侑
九二四正 貞呼婦豖于父乙宰冊三宰有及
九二四正 貞上甲惟王匚用五伐十小宰用 小告
九二四正 上甲惟宰用
九二四正 貞勿宰
九二四反 ：婦于妣癸
九二四反 勿：婦于：癸
九二四反 ：婦：癸及𢼸卯宰

九二四反 王其侑用宰
九二四反 王：用：
九二五 五伐五宰
九二五 五伐十宰
九二六正 己巳卜旁貞龜得母壬王固曰得庚午
夕㞢辛未允得
九二六正 五伐五小宰
九二六正 貞𠦪弗其得 小告
九二六正 貞王有𡿨子陕其以
九二六正 侑：卯十：
九二六正 貞：
九二六反 王固曰得
九二六反 得
九二六反 辛未卜旁貞惟：王固曰吉
九二六反 王固曰吉
九二六反 貞：惟：巷庚
九二六反 貞：惟：
九二六反 貞：
九二六反 ：吉
九二六反 ：彈
九二六反 ：入：
九二七 五伐一牛
九二七 ：卜：
九二八 ：侑羌甲：伐三卯：宰
九二九 貞：婦：于：父甲：伐：
九三〇 貞王其有勺于祖丁
九三〇 祖丁弗其𦮔王 二告
九三〇 貞禦于三父三伐
九三〇 于三父三伐
九三一 壬戌：爭貞：
九三一 ：甲：三伐
九三二 ：三伐
九三二 侑于上甲卯十：
九三三 ：伐三：
九三四 ：三伐
九三五正 戊：旁貞：乙未：戌三伐二宰
九三五臼 婦八十：屯又一：
九三六 ：三伐
九三六 ：宰
九三七 ：三伐三宰
九三八正 貞狄其𢀛
九三八正 ：狄不𢀛十月
九三八正 ：戌： 小告
九三八正 貞告于祖乙 二告
九三八正 弜告于祖
九三八正 貞呼取𢼸臣川

九三八正　貞侑于示壬妻妣庚宰惟勿牛七十　二告
九三八正　貞翌乙亥侑于唐三伐宰
九三八正　于…告
九三八反　…其出
九三八反　…出
九三八反　王固曰有祟
九三八反　…甲…
九三八反　勿離侑于昌豕
九三八反　勿于昌
九三八反　惟豕一羊
九三八反　三豕
九三八反　良子弘入五
九三八反　…好示五　㝐
九三九正　己亥卜爭…
九三九正　貞沚戠不…
九三九正　貞正二伐卯宰
九三九正　己…于…
九三九正　于東
九三九正　于西
九三九正　貞王从…魯
九三九正　不其魯
九三九正　二告
九三九正　二告
九三九正　二告
九三九反　…固曰…其…
九三九反　甾壱王
九三九反　上甲壱王
九三九反　祖辛壱
九三九反　壱王
九三九反　翌…未…
九三九反　其雨
九三九反　惟父乙…
九三九反　不…父…
九三九反　丁…尹虎…
九三九反　王固曰…
九三九反　…固…
九四〇正　辛未卜㝐貞旨戕羌　二告
九四〇正　貞旨弗其戕羌　二告
九四〇正　庚寅卜㝐貞益及
九四〇正　貞益及
九四〇正　乙巳卜古貞弓芻于蠹
九四〇正　…貞弓芻勿于蠹
九四〇正　…壱…
九四〇正　貞宁循禦
九四〇正　…宁不…禦
九四〇正　貞王帚牛于夫

九四〇正　貞勿帚牛于夫
九四〇正　貞我帝
九四〇正　夕侑羌甲
九四〇正　勿夕侑羌甲
九四〇正　…妣…祟
九四〇正　…于妣庚㞢
九四〇正　勿㞢
九四〇正　妣癸壱王
九四〇正　弗壱　二告
九四〇正　貞侑于卜丙一伐
九四〇正　至侑于示
九四〇正　勿衣侑
九四〇正　二告
九四〇反　勿…
九四〇反　呼取惟比
九四〇反　于𢎥用惟…
九四〇反　古允來
九四〇反　不來
九四〇反　…卜貞有宰
九四〇反　王固曰…
九四〇反　王固曰酉其及
九四〇反　夫入二在庙
九四一　…卜亘…有伐于李…三卯六牡
九四二　有伐于王亥
九四二　貞來辛酉酢王亥
九四三正　貞呼攸㞢…
九四三正　來甲戌有伐自上甲
九四三正　貞勿有
九四三反　王固曰吉其…
九四四正　貞來甲戌有伐自上甲
九四四正　貞勿有
九四四正　二告
九四四反　貞其…
九四四反　王固曰其…
九四五正　貞古來犬
九四五正　古不其來犬
九四五正　貞侑于河　二告
九四五正　勿侑于河　二告
九四五正　貞𢎥呼取白馬以
九四五正　不其以
九四五正　𢎥其來
九四五正　…十月
九四五正　弗其獲
九四五正　勿令妥南
九四五正　古來馬
九四五正　不其來馬

九四五正　貞酚黄尹
九四五正　勿衣黄尹戠
九四五正　妥以　二告
九四五正　弗其以
九四五正　癸巳卜爭貞王比…　二告
九四五正　貞王…　二告
九四五正　翌甲申有伐自上甲
九四五正　…衣有戠
九四五正　其…
九四五正　不雨
九四五正　若　二告
九四五正　不若
九四五正　㞢
九四五正　不
九四五反　丁酉卜
九四五反　辛亥卜
九四五反　不其至
九四五反　無…
九四五反　其雨
九四五反　不雨
九四五反　…戠
九四五反　…有壱
九四五反　…囚
九四五反　…囚
九四五反　…至
九四五反　不其至
九四五反　癸未卜㱿
九四六正　禦囚于斳
九四六正　禦囚勿于斳
九四六正　于妣甲禦囚
九四六正　來甲寅有伐自上甲
九四六正　勿有
九四六正　來甲寅有伐自上甲　二告
九四六正　勿有
九四六正　乙巳卜㱿貞呼取十
九四六正　丁未卜㱿貞鑊比次戠…文戠王事以
九四六正　貞鑊弗其戠王…
九四六正　貞𢀛以巫
九四六正　貞𢀛弗其以巫
九四六正　𢀛以巫
九四六正　弗其以
九四六反　王固曰吉
九四六反　辛亥卜㱿
九四七正　貞自上甲有伐
九四七正　勿自上甲有伐

九四七正　貞自上甲有伐
九四七正　勿自上甲有伐
九四七正　戊午卜内貞留若
九四七正　貞留不若
九四七正　貞勿𦎫告于祖辛
九四七正　貞勿告于祖辛　二告
九四七正　壬戌卜翌乙酉爭貞旨伐𤔲𢦏
九四七正　貞勿呼伐𤔲
九四七正　乙酉…内貞呼馬…
九四七正　乙酉卜内貞于其及?　二告
九四七正　二告
九四七反　王固曰吉不其…
九四七反　無其…
九四七反　…敕…河
九四七反　貞…
九四七反　貞…
九四八　…衛…陽
九四八　癸…貞…伐…上甲…于…
九四九　…于成伐宰
九五〇　…于成伐…
九五一　貞有唐伐
九五二正　壬戌卜爭貞翌乙丑有伐于唐用
九五二正　貞翌乙丑勿𦎫有伐于唐　二告
九五二正　貞翌乙丑亦𣪊于唐
九五二正　翌乙丑勿酚
九五二正　貞侑咸戊　二告
九五二正　侑于教戊
九五二正　勿侑
九五二正　勿侑
九五二正　翌乙丑其雨
九五二正　翌乙丑不雨
九五二反　王…惟…
九五二反　𡞣入二百五十
九五三　甲戌卜王大丁伐
九五三　甲戌…大…伐
九五三　乙亥卜王大庚伐
九五四　甲辰卜爭貞有伐于大甲
九五五　…㝉貞有卜伐于祖…
九五六　于來乙酚伐于祖辛
九五七　…申卜于來辛卯酚伐祖辛
九五八　…祖辛𢀛十宰伐十
九五九　辛丑卜…𠕋祖辛…伐卯十牛…
九六〇　貞勿酚伐𠂇于祖丁
九六一　…我…享…
九六一　𠕋…丁…宰伐…

九六二　壬戌卜爭貞翌癸…邑？…
九六二　貞宰又一牛
九六二　癸亥卜…有伐…丁…七月
九六三　…冊大…
九六三　…殼冊…
九六三　丁…翌…酌…冊…宰…𣪊
九六三　丁…翌…大…五十…伐…𣪊
九六四　甲午卜商有伐父乙乙未
九六五正　貞侑于南庚一伐卯宰
九六五正　勿龠用一伐于南庚卯宰
九六五正　貞勿龠于南庚
九六五反　壬子卜
九六五反　…入二
九六六　庚寅…有伐于…庚
九六七　丁酉卜耳貞侑于父乙伐…往…
九六八　…惟伐父乙十二月
九六九　翌乙酉呼子商酌伐于父乙
九七〇　己亥卜殼貞有伐于黃尹亦侑于蔑
九七一　…酌…
九七一　辛酉卜侑黃尹伐
九七二　貞于唐子伐
九七三正　戊申卜方貞奏步于䕆…　二告
九七三正　貞勿奏步于䕆…其…　二告
九七三正　…唐子犪父乙
九七三正　…唐子…犪父乙
九七三正　貞今日雨
九七三正　貞今日不其雨　二告
九七三正　貞…
九七三正　貞唐子伐
九七三反　…固曰吉若
九七三反　壬寅卜古
九七四正　丙寅卜殼貞翌戊辰王出
九七四正　翌戊辰王勿出
九七四正　翌甲戌其雨
九七四正　翌甲戌不雨
九七四正　翌己卯其雨　二告
九七四正　翌己卯不雨
九七四正　丁卯暈
九七四正　丙申卜殼貞我受年
九七四正　貞我…其受年
九七四正　女其…惟衣八月
九七四正　貞婦姘娩嘉
九七四正　貞翌乙亥有伐
九七四正　乙亥有伐
九七四正　勿有

九七四正　貞翌乙亥有伐
九七四正　翌乙亥勿有伐
九七四正　惟王亥
九七四正　不惟
九七四正　告王囚于…
九七四正　勿告于父乙
九七四正　于祖乙
九七四正　勿侑于祖乙
九七四正　勿侑于…
九七四正　翌乙亥王令
九七四正　翌乙亥勿令
九七四正　貞無作　告
九七四正　貞其有作
九七四正　其有𢀛
九七四正　翌乙丑勿有伐
九七四正　…侑于…兕𤔲兕
九七四正　勿侑于南庚
九七四正　父乙𢍏惟之
九七四正　父乙𢍏不惟之
九七四正　呼先
九七四正　帝獻三牛
九七四正　四牛
九七四正　五牛
九七四正　十牛
九七四正　貞有卜殼于父乙
九七四正　王夢惟囚
九七四正　王夢不囚　二告
九七四正　入雀…妾
九七四正　侑于亞妣及𤔲　二告
九七四正　䢅妣己賓　二告
九七四正　勿
九七四正　貞王䢅父乙賓
九七四正　勿䢅父乙賓
九七四正　二告
九七四正　二告
九七四正　二告
九七四反　王固曰吉
九七四反　…射
九七四反　翌乙丑有伐
九七四反　貞𤔲兕…
九七四反　貞乙亥酌
九七四反　…囚
九七四反　…戌…王聽惟…
九七四反　貞勿…出
九七四反　禦于…

九七四反	：二十
九七四反	王固曰吉其𠨘
九七四反	：入一
九七五正	乙巳卜爭貞今日酌伐啓
九七五正	貞有來自西
九七五正	無其來自西
九七五正	子宁有壱
九七五正	子宁無壱
九七五正	子宁有壱
九七五正	子宁無壱
九七五正	壬辰卜貞惟戠王乍?
九七五正	惟弗其戠王事?
九七五正	二告
九七五反	王固曰不宿若茲卜其往于甲酌咸：
	惟甲追
九七六	：旨
九七六	有伐
九七六	：乂
九七六	二告
九七七	癸酉：古貞翌乙亥有伐
九七八	乙丑卜穷貞有伐于：
九七九	：惟：伐：㞢：
九八〇正	：有伐：宰
九八一	甲辰：貞有伐：
九八二	癸丑：王翌：巳?伐于：雨：
九八三	侑于：伐
九八四	勿有伐十月
九八五	貞勿有伐八月
九八六	：丑：爭：
九八六	：冊：伐：
九八六	惟羌：
九八六	不惟羌：
九八七	庚子卜內貞王惟：執：
九八七	冊：伐：
九八八	：卜殼：冊：伐
九八九	丙：勿：甲：伐
九九〇	：卜伐大：
九九〇	：子：
九九一正	癸酉：穷貞卜酌伐
九九一正	貞婦婐娩不其嘉
九九一正	貞婦婐娩嘉
九九一正	貞翌庚辰王無壱
九九二正	貞：刂伐：
九九二正	：師般：
九九二反	目
九九三正	丙申卜翌丁酉酌伐：

九九三正	：戠：
九九三反	庚：
九九四	：酌伐：
九九五	：巳酌伐六宰惟白豕
九九六	：翌乙：酌伐二月
九九六	：二月
九九七	貞勿酌伐
九九七	貞來乙未：雨
九九八	：子酌伐：
九九九	：未：
九九九	貞尊伐：
一〇〇〇	癸未卜：尊伐：其啓二月
一〇〇一	：伐：
一〇〇二	：伐：
一〇〇二	：卯：
一〇〇三	：未卜：貞：于：牛
一〇〇三	甲：貞：左：惟：伐：
一〇〇四乙	：酉：若
一〇〇四甲	貞：酉勿伐不若
一〇〇四乙	貞勿鉑用于：
一〇〇五	：伐　二告
一〇〇五	：勿：
一〇〇六正	：卯卜永貞翌庚辰其伐暘日　不舌黽
一〇〇七	：翌乙：伐其雨
一〇〇八	：伐衣：不雨：
一〇〇九	壬：貞其：伐于：
一〇〇九	：其：于：
一〇一〇	貞卯：伐：
一〇一一	：伐[illegible]
一〇一二	：翌庚子酌：
一〇一二	：[illegible]曾伐
一〇一三	癸丑卜王：翌甲：伐：
一〇一三	貞：
一〇一四	己：貞：伐：用：室：八月
一〇一五	己未卜：貞：
一〇一五	貞勿伐
一〇一六	貞：伐：五宰
一〇一七	：伐三：
一〇一八	：甲：伐：小宰
一〇一九	：戌卜：貞翌：伐：用
一〇二〇	壬寅卜：貞伐：㞢：
一〇二一	壬辰卜㗊貞呼田：
一〇二一	壬辰卜㗊貞呼田：
一〇二一	癸丑：
一〇二一	：曰方征：[illegible]獲五人
一〇二二乙	庚申卜王侯其立朕使人

一〇二二甲 庚申卜王侯其立朕使人
一〇二二乙 丁卯卜令執以人田于𧉮十一月
一〇二二甲 丁卯卜勿令執以人田于𧉮
一〇二二甲 貞曲
一〇二三 戊辰卜王乞以人狩若于敮示…
一〇二四 以人步
一〇二五 遘以人
一〇二五 …殻…
一〇二六 戊申卜侯循以人
一〇二七正 癸卯卜殻侑于河三羌卯三牛燎三?牛
一〇二七正 癸卯卜殻燎河一牛又三羌卯三牛
一〇二七正 癸卯卜王侑于祖乙二牛用
一〇二七正 癸卯卜王桒于大甲
一〇二七正 丁巳卜爭貞降冊千牛 二告
一〇二七正 不其降冊千牛千人
一〇二七正 戊午卜殻貞我其呼𦎫冒𢦏
一〇二七正 戊午卜殻我𦎫冒𢦏
一〇二七正 己未卜殻貞缶其來見王一月
一〇二七正 己未卜殻貞缶不其來見王
一〇二七正 己未卜殻貞缶其蕃我旅
一〇二七正 己未卜殻貞缶不我蕃旅一月
一〇二七正 己未卜殻貞王夢皿惟囚
一〇二七正 己未卜殻貞王夢皿不惟 二告
一〇二七正 丁…卜…
一〇二七正 不…降…
一〇二七正 …用…
一〇二七正 癸…
一〇二七反 我來十
一〇二八 …卜夵不其以人二月
一〇二九 …卜…貞侯…
一〇二九 辛卯卜夵不其以人
一〇三〇正 …會我四…以西人…林…
一〇三〇正 貞…
一〇三〇反 …于…
一〇三一 貞勿呼以叟人
一〇三二正 …以人二月
一〇三二反 丁卯卜殻…
一〇三三 …卜…以人
一〇三四 …王邑…以人…允以…𦉪三百
一〇三五 貞師般來人于龐
一〇三五 魚
一〇三六 貞師般其來人…
一〇三七 …取…人
一〇三八正 …示九百羌?
一〇三九 己丑卜…貞燎白人

一〇三九 …燎白人
一〇四〇 貞戠伐百人
一〇四一 …貞…𡴘…羌…百人…用
一〇四一 …狩…八月
一〇四一 …用
一〇四二 …其㞢…百人…
一〇四二 …其㞢…
一〇四三 …卜…貞其…百人冓
一〇四四正 貞刖…百
一〇四五 …三十人…戊犬…無我
一〇四六 …巳卜爭貞𠂤…衣有𠂤伐…河二十人…
一〇四六 貞于𡨦酢…小宰
一〇四七 丁卯卜殻貞王囚…十人
一〇四八 …亥卜…羞王…十人…于大…
一〇四八 貞…
一〇四九 …惟…令
一〇四九 …㞢…于…十人
一〇五〇正 …有祟…婦…十人
一〇五〇反 …山
一〇五一正 己丑卜爭貞亦呼雀燎于云犬
一〇五一正 貞勿呼雀燎于云犬 二告
一〇五一正 壬辰卜殻貞于王夨
一〇五一正 貞于王夨 二告
一〇五一正 侑王夨伐五卯宰
一〇五一正 侑王夨伐一卯宰
一〇五一正 侑王夨伐三卯宰
一〇五一正 壬辰卜殻貞雀𢦏祭
一〇五一正 壬辰卜殻貞雀弗其𢦏祭三月 二告
一〇五一正 壬辰卜殻雀弗其𢦏祭三月
一〇五一正 …卜爭貞翌壬令雀
一〇五一正 呼雀用三牛
一〇五一正 二牛 二告
一〇五一正 𢦏于黄奭
一〇五一正 貞侑于昌十人 二告
一〇五一正 侑于昌三十人
一〇五一正 …𢦏三月
一〇五一正 翌庚寅不其雨 二告
一〇五一正 貞𥃝于涉
一〇五一正 𥃝勿于涉
一〇五一正 貞王聽惟母告 二告
一〇五一正 貞王于甲午告
一〇五一正 貞翌庚寅王告
一〇五一正 侑于父乙
一〇五一反 癸…
一〇五一反 翌…卯…一牛

一〇五一反　貞侑于□
一〇五一反　勿侑于□
一〇五一反　王夢
一〇五一反　貞王夢不惟…
一〇五一反　戊子卜殻
一〇五一反　雀入三
一〇五二正　乙未…爭貞侑祖乙
一〇五二正　…貞…于河五十牛
一〇五二正　…酉卜…貞…三十牛
一〇五二正　貞酌于河十牛
一〇五二正　二十牛
一〇五二正　丁…卜…貞于二朋又五人卯十牛
一〇五二正　五人卯五牛于二朋
一〇五二正　十人卯十牛
一〇五二正　丁酉卜爭貞□象
一〇五二正　貞□不其象　二告
一〇五二正　翌壬寅雨　二告
一〇五二正　其惟今夕雨
一〇五二反　…二月
一〇五三　貞…其…十人…宰葡…
一〇五四　…酉…兔…
一〇五四　惟…未…十人
一〇五五　…四日乙酉…九人在…
一〇五六　貞六人不…
一〇五七　…六人…
一〇五八　…六人…
一〇五九　…五人不…
一〇六〇　…王獲卯…五人一牛
一〇六一　貞勿示□四人
一〇六二　…子卜…貞…丁…三人
一〇六二　戊子…貞…人
一〇六三　…不三人于毌…
一〇六四　…伐不三人于毌圉宰
一〇六五　…卜…
一〇六五　…自…歲…二人
一〇六六正　…殻貞旬無囚
一〇六六正　…卜殻貞旬無囚
一〇六六正　…戊辰婦…
一〇六六反　…戋效圉一人
一〇六七　乙亥…貞…有祟…人
一〇六八　丙…丁亥…人…允…
一〇六九　…□…
一〇六九　…邑三卣…人十月
一〇七〇　癸未卜…貞…人…宰
一〇七一正　…人…有□
一〇七一反　…卒…

一〇七二　…貞…卯又…葡…人
一〇七二　貞…一羊
一〇七三　…爭…上甲…
一〇七三　貞人歲效于丁九月
一〇七四正　…貞…
一〇七四正　貞效人于亶
一〇七四反　戊辰婦…
一〇七五正　甲午卜亘貞翌乙未暘日王固曰有祟
丙其有來嬉三日丙申允有來嬉自東
婁告曰兒…不舌黽
一〇七五正　甲午卜殻貞侑于羌甲
一〇七五正　庚子卜王貞王固曰其有來聞其惟甲
不…
一〇七五正　…入…羌…人…宰…
一〇七五正　不舌黽
一〇七五正　二告
一〇七五反　…固曰有…之日有來嬉乃□禦
事…甾亦效人…
一〇七五反　乙未圍允暘…
一〇七五反　…翌…丑…雨
一〇七五反　□來
一〇七六甲正　貞遘暨永獲鹿　小告　允獲
一〇七六乙正　貞遘暨永不其獲鹿
一〇七六乙正　…妣…　二告
一〇七六甲正　辛酉卜…父乙□于宁
一〇七六甲正　乙亥卜㝑貞合邑大禦于祖乙
一〇七六甲正　乙亥卜㝑貞禦于祖乙三牛
一〇七六甲正　貞五牛
一〇七六甲正　貞十牛
一〇七六甲正　乙亥卜㝑貞七于祖乙四牛　二告
一〇七六甲正　貞六牛
一〇七六乙正　貞六牛
一〇七六甲正　貞呼…效人…暨夫以　小告
一〇七六甲正　貞弗其…不舌黽
一〇七六乙正　貞不惟…　二告
一〇七六甲正　小告
一〇七六甲正　二告
一〇七六甲正　二告
一〇七六甲正　二告
一〇七六甲正　二告
一〇七六乙反　丙午…殻
一〇七六甲反　王固曰獲一
一〇七六甲反　…五牛
一〇七六甲反　…祖乙…十宰…
一〇七六甲反　…宰

一〇七六甲反　貞王囚…
一〇七六甲反　貞侑二宰于祖乙
一〇七六甲反　三…
一〇七六甲反　貞王祝于南庚曰…
一〇七六甲反　貞于河有匚
一〇七六甲反　王固曰…父乙壱
一〇七六甲反　丙申
一〇七六甲反　貞呼取
一〇七六甲反　王固曰吉
一〇七六乙反　〼入一
一〇七六甲反　爭
一〇七七　…〼𢦔人
一〇七八　…𢦔人
一〇七九　甲辰…至戌…〼人
一〇七九　丙午雨
一〇八〇正　癸亥卜㝑貞旬無囚
一〇八〇正　貞我有喪人在…
一〇八〇正　…令…
一〇八〇反　貞…雨
一〇八〇反　貞盅
一〇八一　丙…不喪人
一〇八二　…于滴喪人三月
一〇八三　…巳卜…貞…
一〇八三　貞戌其喪人
一〇八四　…告…其喪人
一〇八五　…其喪人
一〇八六正　丁巳卜古貞王伐不橐
一〇八六正　貞王伐不橐
一〇八六正　丁巳卜古貞𢦔以
一〇八六正　丁巳卜古貞周以嬉
一〇八六正　貞周弗以嬉
一〇八六正　周以嬉
一〇八六正　辛酉卜貞自今五日雨　二告
一〇八六正　自今辛五日雨
一〇八六反　王固曰惟甲茲鬼惟介四日甲子允雨
雷
一〇八六反　壬戌雷不雨
一〇八七　…王執…其以〼
一〇八八正　丁酉…執弗其以〼
一〇八八反　門
一〇八九　…卜…弗其以〼
一〇九〇　…王貯以〼一月
一〇九〇　辛卯卜及有刹十月
一〇九一　…王貯…以〼
一〇九二　己巳卜〼不其以
一〇九二　戊…貞…

一〇九三　己酉卜王勿…〼于…
一〇九四正　貞…弗其以㚇
一〇九四反　㝑
一〇九五　貞〼…其及㚇不…
一〇九五　…令…歸…及㚇不…
一〇九六　丁亥卜㝑貞𠂤以〼…用于丁
一〇九六　貞異惟其雨
一〇九七　…茲〼
一〇九七　…羌王固…又二日癸酉…十羌係…十
丙又…
一〇九八　…癸未…方于…係…馬二十丙又…一月
在鼻卜
一〇九九正　丁酉卜㝑貞我…係
一〇九九反　王固…
一一〇〇正　辛亥卜㝑貞〼疋化以王係　二告
一一〇〇正　辛亥卜㝑貞〼疋化弗其以王係
一一〇〇反　王固曰吉
一一〇〇反　雀入二百五十
一一〇一正　二告
一一〇一反　勿係…
一一〇二　…係…
一一〇三　…自…㚇…係…
一一〇四　…係…
一一〇五　…係…
一一〇六正　乙卯卜古貞呼〼在東係
一一〇六正　貞今乙卯不其…
一一〇六正　貞今乙卯不其雨
一一〇六正　貞今乙卯允其雨
一一〇六正　…自今旬雨
一一〇六正　今日不…
一一〇六正　二告
一一〇六反　…其…
一一〇六反　王固曰吉其令
一一〇六反　…㞢
一一〇六反　…㞢…
一一〇六反　丙…其雨
一一〇六反　…固…
一一〇七　乙巳卜㱿貞我其有令戠叀用王　二告
一一〇七　乙巳卜㱿貞我勿有令戠弗其叀
用王　不告
一一〇八正　辛卯卜㱿貞惟𦉪呼竹𢦔〼
一一〇八反　〼…
一一〇九正　辛卯卜㱿貞惟𦉪呼竹𢦔〼
一一〇九反　…丁雨
一一一〇正　丙子卜㱿貞勿呼鳴比戍使〼三月

一一〇正 貞不惟冕呼竹攸𡆥
一一〇正 庚辰卜殻貞于敦
一一〇正 貞王往出于庙 小告
一一〇反 勿…
一一〇反 于庙
一一一正 …惟冕呼竹攸
一一一反 …昔𢦏卜
一一二 貞不…冕呼竹攸𡆥
一一三 貞今二月師般至
一一三 貞不惟竹攸
一一四正 壬辰卜争貞惟鬼攸
一一四正 貞不惟之攸 二告
一一四反 允惟鬼暨周攸
一一四反 争
一一五正 丙子卜亘貞王有乚于庚百𢆶 二告
一一五正 貞王有乚于庚百𢆶勿用
一一五正 貞于…小告
一一五正 臣…呼𢀛有𠕁 小告
一一五正 𢀛牛臣𠕁 二告
一一五正 二告
一一五正 二告
一一五正 二告
一一五正 不𠮷黽
一一五反 貞來…勿…
一一五反 貞庚…
一一五反 …其…
一一五反 貞…
一一五反 㞢…
一一六 …酌…𢆶…𡆥…無𡆥
一一七 辛丑…勿惟母𠂤用
一一八 丁卯卜…貞㚔…牂伯益用于丁
一一八 癸酉卜貞旬無𡆥
一一八 癸亥卜古貞旬無𡆥二月
一一八 癸未卜貞旬無𡆥二月
一一九 …㚔…牂…益…
一二〇 …寅卜…𥁕…
一二一正 貞烄㛏有雨
一二一正 勿烄𡛷無其雨
一二一正 勿…
一二一臼 婦良示七相?
一二二 勿惟㛏無其雨
一二三正 甲申卜𡧊貞烄㛏…
一二三正 貞勿烄㛏無…
一二四 勿惟㛏無其雨
一二四 自…于丁…不其…
一二五 …申卜争貞烄𡛷…

一二五 …惟㛏烄
一二六 …惟㛏…
一二七 …㛏…
一二八 …㛏
一二九 …㛏
一三〇乙 惟𡛷烄有雨
一三〇甲 勿烄𡛷無其雨
一三一正 貞…𡛷烄有从雨
一三一正 …河?五…五牛…牛若
一三一反 王固曰吉…
一三一反 …固曰…其酌
一三二 惟𡛷烄有…
一三三 丙…烄…𠂤…雨
一三四 …从雨
一三四 貞烄…𢀛…
一三五 丙戌卜争…𢀛…
一三六 貞…有从雨
一三六 貞烄闢有从雨
一三六 貞勿烄闢
一三六 貞商其𦉍
一三六 貞商不𦉍
一三七 貞烄闢有从雨
一三七 勿…闢
一三七 貞商其𦉍
一三八 …𠂤執由
一三八 甲子卜…烄…𢀛京…从雨
一三九 己酉卜𡧊貞翌庚戌烄𡚱…

甲骨文合集摹釋

第二册　一二四〇—二四九七

一二四〇正　甲…卜…燎…𡆥
一二四〇正　貞來甲寅侑于上甲十牛
一二四〇正　貞呼舞于蚰
一二四〇正　貞勿呼舞…
一二四〇正　貞召河燎于蚰有雨
一二四〇正　…子…
一二四〇正　丁未卜王帝于𡆥
一二四〇正　戊申卜㱿貞方帝燎…于…𡆥…卯…上甲
一二四〇正　壬子卜穷侑于示壬正
一二四〇正　貞勿呼雀酌于…五十牛
一二四〇反　壬子卜穷
一二四一正　侑…大…
一二四一正　侑于上甲一宰　二告
一二四一正　上甲二宰
一二四一正　癸丑貞旬無囚　二告
一二四一反　貞…不其…
一二四一正　貞…子…
一二四二正　惟黑牛
一二四二正　侑于上甲七牡
一二四二正　…今…
一二四二反　…牡…囚…
一二四三　庚申卜爭貞侑于上甲　二告
一二四四　庚戌卜穷貞來甲寅侑于上甲五牛
一二四四　貞來甲寅侑于上甲三牛
一二四五　貞侑于上甲五牛
一二四五　商
一二四五　…寅卜…盟…𡆥
一二四六　癸卯卜盟甲辰侑上甲…牛告
一二四六　侑上甲…牛
一二四七　…爭貞…日侑于上甲五牛
一二四八　貞來甲午侑于上甲
一二四九　貞侑于上甲
一二五〇　盟乙丑勿侑于上甲
一二五一　壬…㱿…于上甲　二告
一二五二　…王…于…
一二五二　…其侑于上甲
一二五三　…侑于上甲
一二五四　盟
一二五四　甲…侑…上甲
一二五五　…㱿…甲…侑…上甲
一二五六正　貞…往…其…
一二五六反　…侑上甲

一二五六反　多…不…
一二五七正　辛丑卜爭貞有丩自上甲
一二五八　辛巳卜爭貞盟甲申其有丩歲自上甲…十三月
一二五八　貞…惟…
一二五九　…貞侑自上甲…牛二示二牛十三月
一二六〇　…侑自上甲
一二六一　貞勿…侑自上甲…匚
一二六二　貞有匚于上甲先酌
一二六三　…侑食于上甲…旬不
一二六四　禦于上甲三月
一二六五　匚…上甲正
一二六六甲　告于上甲豕一𣪘一燎三…燎于…丁…
一豕
一二六六甲　貞下示…受余三…㞢…酉奉…㞢
一二六六乙　…驟風五月
一二六七正　…卯…乙…
一二六七正　貞勿告于上甲
一二六七反　…畺…
一二六八正　二告　二告　小告
一二六八正　不告鼄
一二六八反　貞往…于…
一二六八反　貞勿告于上甲
一二六九　壬戌卜㱿貞勿𢦔告于上甲三月
一二七〇　丁卯卜奉…自上甲
一二七一正　貞奉于上甲受我祐
一二七一正　勿奉于上甲不我其…
一二七一正　不告鼄
一二七一正　小告　二告
一二七一反　乙巳卜…
一二七二　奉于上甲十牛
一二七二　上甲
一二七三　勿奉…上甲豕
一二七四　奉于上甲九…
一二七五　…卜爭貞奉于上甲
一二七六　乙卯卜㱿…奉…上甲
一二七七　奉…上甲
一二七八　…上甲奉…
一二七九　貞…
一二七九　盟庚寅奉自上甲
一二八〇　乙未卜大奉自上甲
一二八一正　不惟
一二八一反　庚子邑…來…亥…
一二八一反　…奉自上甲
一二八二　丁丑
一二八二　貞惟上甲日斫
一二八二　燎于河王亥上甲十牛卯十宰五月

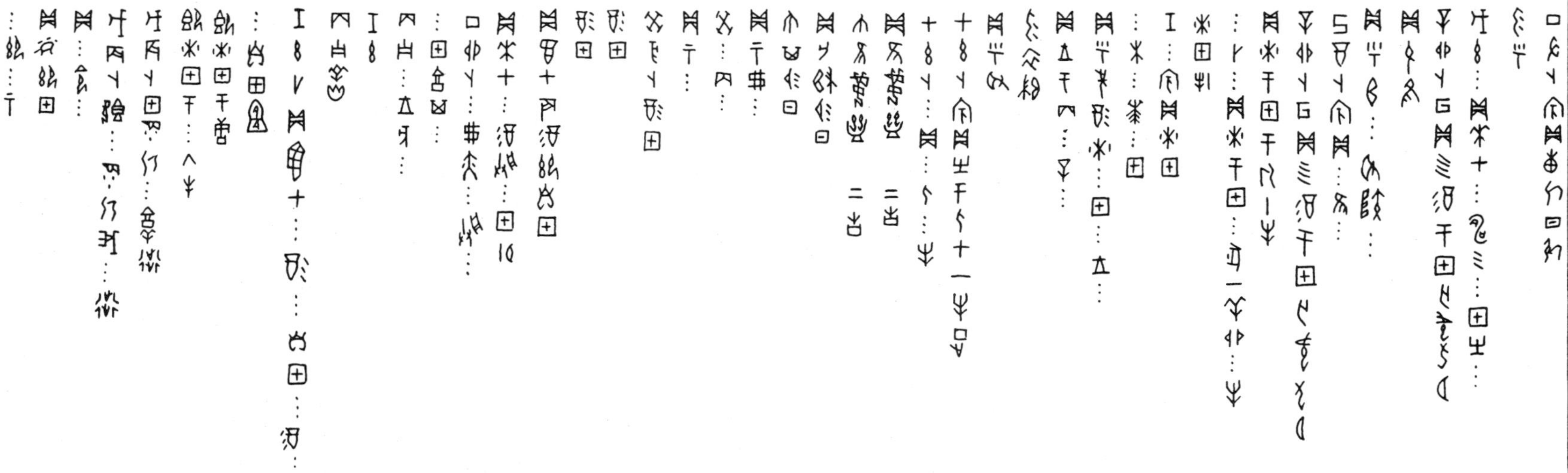

一八二 丁丑卜穷貞惟河日斫
一八二 勿呼
一八三 戊午：貞來甲：𡆥彡：上甲侑：
一八四 辛卯卜亘貞彡酌于上甲無壱九月
一八四 貞允惟
一八五 貞呼師：取隴：
一八五 己酉卜穷貞：惟：
一八五 辛卯卜亘貞彡酌于上甲無壱九月
一八六 貞燎于上甲于河十牛
一八七 ：卜：貞燎于上甲：豕一羊卯：牛
一八八 燎上甲十牛
一八九 壬：穷貞燎上甲
一九〇 ：未：桒：上甲
一九一正 貞呼先酌燎：上甲：王：
一九一正 貞王于丙：辛：
一九一正 勿衣歸
一九一正 貞呼取
一九一正 甲午卜穷貞侑于枇甲一牛正
一九一正 甲午卜：貞：妣：牛
一九一正 貞惟要蠱 二告
一九一正 不惟要蠱 二告
一九一反 貞無歸暘日
一九一反 不其暘日
一九一反 貞示弗：
一九一反 癸：丙：
一九二 貞示：
一九三 癸亥卜酌上甲
一九四 酌上甲
一九五 酌上甲
一九六 貞翌甲辰酌禦自上甲
一九七 貞來甲：酌朕：上甲十月
一九七 丁卯卜：弗亦：朕：
一九八 ：上甲享其：
一九八 丙子：王亥：
一九八 壬午
一九八 丙子岳
一九八 壬午卜貞翌甲：酌：自上甲：酌：
一九九 ：自上甲圛
二〇〇 即燎上甲于唐
二〇一 即燎上甲于：六牛
二〇二 戊辰卜上甲暨河：敦衛
二〇二 戊辰卜既：暨河我：衛
二〇三正 貞：令：
二〇三正 貞蠱禦上甲
二〇三正 ：禦：示

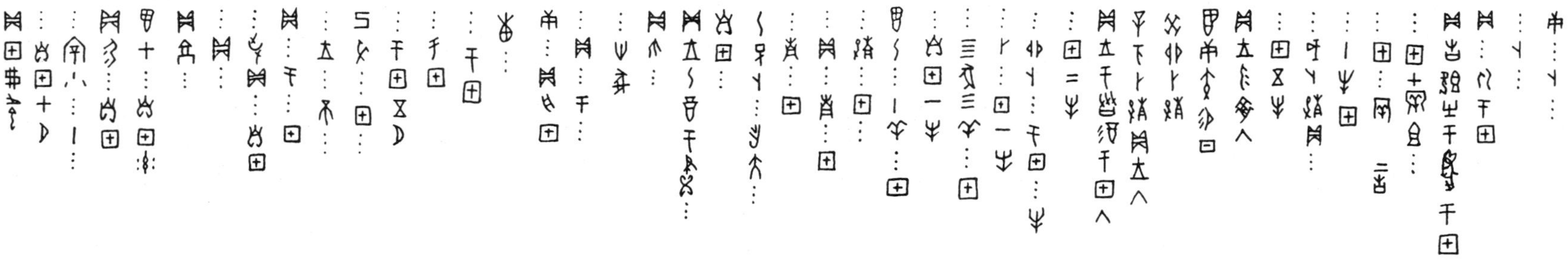

一二〇三反 庚：卜：
一二〇三反 ：卜：
一二〇四 貞：河于上甲
一二〇五 貞告既侑于夒于上甲
一二〇六 ：上甲七宰祖：
一二〇七 ：上甲：宰 二告
一二〇八 ：十牛上甲
一二〇九 ：戊卜殻貞：
一二〇九 ：上甲五牛
一二一〇 貞王勿衣入
一二一〇 翌庚寅暘日
一二一〇 癸卯卜殻
一二一〇 辛亥卜殻貞王入
一二一〇 貞王于酓酌于上甲入
一二一一 ：上甲二牛
一二一二 ：卯卜：于上甲：牛
一二一三 ：卜：上甲一牛
一二一四 ：四豕三羊：上甲
一二一五 ：自上甲一牛
一二一六 翌乙：十羊：上甲
一二一七 ：殻：上甲：
一二一八 ：貞：殼：上甲
一二一九 ：殼：上甲
一二二〇 乙巳卜：作大：
一二二〇 自上甲：
一二二〇 貞王乙酉于夒：
一二二〇 貞不：
一二二〇 ：三十羌
一二二一 ：貞：于：
一二二一 庚：貞舟上甲
一二二二 惟：
一二二二 ：于上甲
一二二三 ：于上甲
一二二四 ：于上甲五月
一二二五 己丑：上甲：
一二二五 ：王：不：
一二二六 貞：于：上甲
一二二七 ：爭貞：自上甲
一二二八 ：貞：
一二二八 貞高：
一二二八 翌甲：自上甲率
一二二九正 貞勿：自上甲
一二二九反 ：宰小：十：
一二三〇 ：自上甲七月
一二三一 貞上甲弗壱

一二三二	：□上甲：
一二三三正	貞：以：上甲
一二三三反	：今：妣：
一二三四	壬戌卜上甲一月
一二三五	上甲
一二三六	：上甲
一二三七	：上甲
一二三八	上甲
一二三九	：自下：上甲
一二四〇	貞上甲龢暨唐
一二四〇	：已卜穷貞：其：
一二四一	（僞刻）
一二四二正	己卯卜穷貞：
一二四二正	己卯卜穷貞于上甲咸大丁
一二四二正	戊寅卜葡貞：
一二四二正	不舌黽
一二四二正	二告
一二四二正	壬辰：　二告
一二四二反	王固曰其雨惟：
一二四三	庚子卜桒自上甲七月
一二四三	庚子卜貞侑于成七月
一二四三	：子卜：
一二四三	壬寅：
一二四四	王固曰吉
一二四四	：上甲成大丁大甲
一二四五	：上甲成大：
一二四六	：上甲大乙：
一二四七	：羊：
一二四七	：上甲成：
一二四八正	辛酉卜：貞：昌：
一二四八正	貞：子：其：疾
一二四八正	貞父甲朿其用王：
一二四八正	貞禱于父甲
一二四八正	貞𠬝執
一二四八正	曰𠂤不鼎　小告
一二四八正	貞呼取𠂤任于罷　二告
一二四八正	貞今日：不其娩　二告
一二四八正	甲午卜爭貞王賓咸日
一二四八正	貞不：
一二四八正	貞用
一二四八正	癸未卜殸貞告于妣己暨妣庚
一二四八正	貞勿告于妣己暨妣庚　小告
一二四八正	癸未卜殸貞翌甲申王賓上甲日王固曰吉
	賓允賓
一二四八正	貞翌甲申王勿賓上甲日

一二四八正	辛：
一二四八正	貞：有：
一二四八反	婦妌示十　殸
一二四八反	乙未允賓：穷
一二四八反	貞丙：
一二四八反	貞勿羊：告
一二四八反	侑于：乙
一二四八反	勿侑：
一二四八反	：高：
一二四八反	今夕：雨
一二四九	庚子卜王上甲妣甲毓妣癸：
一二五〇	侑于：丁
一二五一	癸卯卜史貞來辛：𢦏于河：毋王十月
一二五一	貞入
一二五一	貞勿呼歸五月
一二五一	癸亥卜先貞侑于示壬燎
一二五二	貞：出：
一二五二	：侑于示壬二牛
一二五三正	勿侑于示壬
一二五三正	貞段惟歸于出師
一二五三正	貞惟之孽
一二五三反	：孽
一二五四	：古：
一二五四	壬戌卜殸貞侑于示壬
一二五五	：未卜穷：奏于示壬：月
一二五六	：于示壬
一二五七	侑于示癸
一二五八	：卜貞：示癸：出：若
一二五九	：侑于大乙
一二六〇	乙丑卜貞侑大：
一二六一	：未：禦：大乙
一二六二	：亥彡大乙
一二六三	乙亥彡大：
一二六四	桒方于大乙
一二六五	：卜翌乙：于大乙
一二六六	：卜：雀：
一二六六	：大乙
一二六七	：大乙：
一二六八	辛丑卜：大乙：
一二六九	：大乙𡆥
一二七〇	：桒上乙：五牛
一二七一	己巳：貞：亥侑于唐三宰
一二七二	甲寅卜殸貞侑于唐一牛其有曰：
一二七三	侑于唐
一二七三	燎于河
一二七三	勿侑：唐

一二七四	侑于唐
一二七四	不告黽
一二七四	小告
一二七五	己巳卜古貞侑于唐
一二七六	于岀酌
一二七六	𢆶酌
一二七六	先侑于唐
一二七七	𢆶酌
一二七七	先侑于唐
一二七七	于岀酌
一二七八	……貞……
一二七八	……唐侑……
一二七九	乙丑……貞侑……唐
一二八〇	二告
一二八〇	二告
一二八〇	二告
一二八〇	二告
一二八〇	……于唐侑……白牛
一二八〇	貞今……燎
一二八一	……侑……唐
一二八二	貞勿侑于唐　九月
一二八三	壬申卜穷貞勿……于唐
一二八四	貞翌乙卯勿翦于唐
一二八五正	二告
一二八五正	二告
一二八五正	貞王田贏　二告
一二八五正	貞……田不其贏
一二八五反	不其暘日
一二八五反	不若于𠄎彘
一二八五反	……示……
一二八五反	王……
一二八五反	……卜……
一二八五反	祖辛惟之不若王多亡于唐
一二八五反	祖辛不惟之不若王多亡于唐
一二八五反	貞翌乙卯……不其暘日
一二八五反	𠄎豕……
一二八六	貞王惟亡于唐
一二八七	乙亥……㱿貞……于唐
一二八八	貞為賓
一二八八	唐若
一二八九	……唐……為……
一二九〇	貞勿告于唐
一二九一	貞……
一二九一	貞
一二九一	癸丑卜史貞其䧅鼓告于唐一牛

一二九一	貞……
一二九一	貞𢀛雨
一二九二	貞勿陟歲……月
一二九二	乙亥
一二九二	癸酉卜穷貞陟歲于唐
一二九二	甲戌
一二九二	……卜穷……羌
一二九三	乙亥卜貞取唐……
一二九三	……我取唐觳……
一二九三	……我取唐觳……
一二九四	乙亥卜王貞……
一二九四	乙亥卜王貞……
一二九四	乙亥卜王貞我取唐觳
一二九五	乙巳卜㱿貞王其取唐觳
一二九五	弗……
一二九六	癸未卜穷……王取唐觳七月
一二九七	貞王其取唐觳……𢀛其……
一二九八	貞曰……
一二九八	貞王取唐
一二九九	丙寅卜王取……觳
一二九九	貞勿取唐觳九月
一三〇〇正	貞翌甲申勿……唐觳
一三〇一	辛巳卜爭貞來乙未酌唐五宰
一三〇二	……貞翌……酌自唐
一三〇三正	貞翌甲戌勿令
一三〇三正	貞黃尹祟
一三〇三正	貞翌乙酉酌唐正
一三〇三反	癸酉
一三〇三反	……𢀛来
一三〇四	貞翌……不其……
一三〇四	……巳卜……貞翌乙酉其酌唐暘日
一三〇五正	……㱿……𡆥……唐
一三〇五正	不告黽
一三〇五正	告
一三〇五正	二告
一三〇五反	貞使人于……
一三〇五反	勿……
一三〇六	乙丑卜穷貞唐𡆥歲不我𢦏無来嬉
一三〇六	己巳卜……貞翌……午延……無壱
一三〇六	庚辰……令……示……出……
一三〇六	……用
一三〇七正	……未卜㱿……于唐
一三〇七反	……寅……王……祟……
一三〇八	……于唐七月
一三〇九	……𡆥盎三犾……于唐

一三一〇正　：唐
一三一〇反　：惟：
一三一一　：王：不：唐
一三一二　：玉：唐：若
一三一三　：唐若
一三一四　貞于□寧攉
一三一四　貞自唐敚
一三一四　自唐敚
一三一五　丙寅卜貞王自唐牛河
一三一五　丙寅卜貞王取：㪺
一三一五　貞于庚戌侑
一三一五　：戊寅：無災
一三一六　貞唐不我：受：
一三一七正　：唐：王
一三一七反　貞我：貝：
一三一八正　癸酉
一三一八反　：唐無聞
一三一九　：卯卜亘貞唐：
一三二〇　辛丑貞惟：唐：
一三二一　：卜貞：丁巳：唐
一三二一　：戠：
一三二二正　小告
一三二二正　二告
一三二二反　：唐
一三二三　：唐
一三二四　：方唐受：
一三二四　二告
一三二五　：丑卜：唐
一三二六　：王□：唐
一三二七　貞勿：
一三二七　：唐
一三二八　：唐
一三二九　：乃：唐
一三三〇　貞侑于唐
一三三〇　貞侑于父甲犬卯羊
一三三〇　貞不其蠱雨
一三三〇　貞勿侑
一三三〇　蠱雨
一三三〇　貞侑于大甲
一三三〇　：卜亘貞：在沘牛
一三三一　：唐
一三三二　癸卯卜貞生𣪕自唐
一三三三　貞夕□□：滴
一三三三　：貞：蒸：唐：祖：
一三三三　：貞□：
一三三四正　：㞢：

一三三四正　于冥
一三三四正　侑于：示牛
一三三四反　：奏唐
一三三四反　侑于：
一三三五　貞唐：于下乙：十一月在：
一三三六正　壬子卜殻貞來辛酉侑于祖辛
一三三六正　乙丑卜殻貞勿酳侑于唐十月
一三三六臼　：戌婦妸示：屯　韋
一三三七　貞：方：敎：
一三三七　貞于唐告
一三三八　：三宰
一三三八　：唐：宰
一三三九　癸卯卜穷貞井方于唐宗彘
一三四〇　：辰：侑于咸
一三四一　：侑：成
一三四二　：侑：成
一三四三　：卯有𡆥歲成
一三四四正　貞勿有𡆥自成
一三四四正　：屯　亘
一三四五　乙亥卜爭貞𠦪于成十牛
一三四六　戌：
一三四六　庚戌卜殻：于成允若
一三四六　：豕：庚
一三四七　：彡酒于成
一三四八　甲辰卜王翌乙巳燎于成五羊
一三四九正　□
一三四九反　燎于成
一三五〇　：辰卜燎：成
一三五一甲正　貞來：
一三五一甲正　戊戌卜殻貞惟成先酒
一三五一乙正　勿惟成先酒
一三五一乙反　奠入二
一三五二　丙午卜貞奏成七月
一三五三　：于成三宰
一三五四　貞成日二牛
一三五四　貞成日三牛
一三五五　成二牛
一三五六　：惟：
一三五六　：寅王：成
一三五六　：王：□
一三五七　癸亥：王：成
一三五八　：卜王：于成：妣：□：
一三五九　王：成：
一三六〇　甲：王：成　二告
一三六一　：呼王：成
一三六二　：酉卜王：于成

一三六三　……方
一三六三　……作山成……其鼎……
一三六四正　丁未卜㱿貞成弗……受……
一三六四正　……成受……祐五月
一三六四反　王固……有……
一三六五　貞……告……
一三六五　……自成
一三六六　……丙……由成
一三六七　……成
一三六八　……大甲……成
一三六九　侑于成
一三六九　侑于大丁
一三六九　侑于大甲
一三七〇　……卜㱿貞大甲保
一三七〇　貞成……我田
一三七〇　貞成……大……保
一三七〇　二告
一三七一　……侑……祖乙三……
一三七一　……卜……今日用三𣪊于成
一三七一　丁亥卜貞翌……戊用三𣪊彡于成祖乙
一三七一　二告
一三七二　貞……祖……
一三七二　勿禦于祖辛
一三七二　貞侑于成
一三七三　……乙……王……
一三七三　……成……父……壱
一三七四　癸酉卜侑于成六月
一三七五　今日侑于成三𣪊
一三七六　侑……成……三宰
一三七七　……侑于成……
一三七八　庚子……貞侑……成
一三七八　……烄六月
一三七九　……乙酉侑于成五宰七月
一三八〇　貞侑卜自成三宰
一三八〇　……呼𠚤光易
一三八一　己亥卜㱿
一三八一　貞王其入侑卜自成
一三八一　貞勿呼取印
一三八二　貞侑自成
一三八三　貞勿侑卜自成
一三八四　貞翌乙未彡成
一三八四　……申卜……翌丁……
一三八五正　貞燎于成𢆶
一三八五正　貞勿燎于成𢆶
一三八五正　貞惟囚
一三八五正　翌庚辰燎十𣪊

一三八五反　惟入二
一三八五反　其骨凡有疾
一三八六正　……于……
一三八六反　……卜成燎……祖丁？
一三八七正　己酉……爭貞……令……
一三八七正　……貞成……口壱
一三八七反　……其……
一三八七反　王固……呼……
一三八八　貞我成……在……
一三八九　……卜……成
一三九〇　貞不惟成
一三九〇　惟成
一三九一正　貞彡庚
一三九一正　貞……
一三九一正　告
一三九一正　𣪊自成
一三九一正　王
一三九一反　……于……宰
一三九二　貞……成
一三九二　惟壱
一三九二　……敦
一三九三　……勿于成
一三九四正　……凡惟……
一三九四反　……卜亘貞……成
一三九五正　貞成
一三九五正　……卜㱿貞允郭
一三九五正　貞惟多妣
一三九五正　不惟多妣
一三九五正　惟㣇
一三九五反　翌……
一三九五反　……不惟……
一三九五反　……疾……惟……
一三九六　成
一三九六　……牛
一三九七　貞𣎳不𢀛
一三九七　……貞成……大甲日
一三九八　……百……成……
一三九九　……王成……告祖乙宰
一四〇〇　……于祖辛……辛祖……辛……
一四〇一　貞大甲不賓于成
一四〇二正　甲辰卜㱿貞翌乙巳侑于父乙宰用
一四〇二正　甲辰卜㱿貞下乙賓于……
一四〇二正　貞成賓于帝
一四〇二正　貞成不賓于帝
一四〇二正　貞大甲賓于成
一四〇二正　貞大甲不賓于成

一四〇二正　貞下乙不賓于咸
一四〇二正　貞下乙…于帝
一四〇二正　貞下乙不賓于帝
一四〇二正　貞大…賓于帝
一四〇二正　貞大甲不賓于帝
一四〇二反　貞翌…正
一四〇三　饗　二告
一四〇三　貞翌癸卯酌…子
一四〇三　侑于咸大丁大甲大庚大戊中丁祖乙…
一四〇三　來辛亥燎于王亥三十牛
一四〇三　酌五十牛于河
一四〇三　三羊三豕
一四〇三　侑于…母
一四〇三　…狝…今…秋…　二告
一四〇四　庚申卜爭貞作大丁
一四〇五　貞翌…有…大丁…賜日
一四〇六　侑于大丁
一四〇七　…大丁賜…不…
一四〇八　…大丁…
一四〇九　…貞大丁祟
一四〇九　…凡
一四〇九　…曰其有來…
一四一〇正　…王…
一四一〇正　…大丁…
一四一一　己酉…余…惟…
一四一一　…卜王…大丁…
一四一二　…王延…大丁…豕…六牛
一四一三　…大丁…
一四一四　…卜于…大丁四月
一四一五　丁巳卜穷…侑于大…
一四一六　辛酉卜貞桒于大甲
一四一六　辛酉卜桒于大丁三月
一四一七　…大甲燎三羊卯四牛…大丁燎…四羊卯…
一四一八　…大丁惟…
一四一九　…其延卜丙
一四一九　不…
一四二〇　丙子…祖丙
一四二〇　…貞丁…其…
一四二一　貞侑于大甲五宰
一四二一　貞…
一四二二　辛丑卜于來甲寅侑于大甲四宰
一四二三　…𣪘…刈侑大甲白牛用
一四二三　…子…自…雨
一四二四　丁卯卜貞侑于大甲三月
一四二四　甲申卜翌乙雨

一四二四　翌乙不雨
一四二四　癸巳卜…侑于子…
一四二四　二告　不告
一四二五　…侑于大甲
一四二六　…侑于…
一四二七　乙亥侑大甲
一四二八　侑大甲
一四二九正　貞侑大甲
一四二九反　…𣪘…
一四三〇甲　…大甲不其畀
一四三〇乙　貞王其有勺于大甲畀
一四三一　…大甲…
一四三二　貞有匚于大甲
一四三三　…辰…
一四三三　勿侑大甲…
一四三四　…卜韋貞王…
一四三四　…王省从西告于大甲
一四三五　桒…大甲…宰…乙
一四三六　…于唐
一四三六　桒大甲三十牛
一四三七　自大甲桒…牛
一四三八　…卜王貞…桒大甲…四羊一…牛桒…正
一四三九　甲申卜亘貞𢼸桒于大甲
一四四〇　…𠕋…大甲
一四四一　己未卜…貞燎酌卤𠕋大甲
一四四二　…王燎𣪘于大甲…百又五十
一四四三　癸卯卜𣪘貞翌勿酌大甲
一四四三　癸卯卜𣪘貞翌甲辰勿呼酌大甲
一四四三　…𣪘…甲辰…
一四四三　…卜𣪘…
一四四四　…戌卜貞翌…酌…大甲…丁
一四四五　惟九宰酌大甲
一四四五　惟十宰又五酌大甲
一四四五　…來…辰…宰…大甲
一四四六正　丁巳卜爭貞來甲子酌大…
一四四六反　…于…酌侑…日…
一四四七　…卜王貞勺…于大甲
一四四八　勿𢦔于大甲
一四四八　貞…于…甲
一四四九正　丙午卜貞餗于大甲于亦于丁三宰
一四四九臼　…何…
一四五〇　戊戌卜穷貞餗于大甲亦…
一四五〇　…貞…𢦏…𠤎
一四五一　…辰…大甲祟
一四五二　貞于大甲
一四五三　貞二大甲…

一四五四　癸…
一四五四　…大甲三十宰
一四五五　…大甲五宰
一四五六　…大甲三豕七月
一四五七　庚子…甲辰…大甲
一四五八　…午卜…貞大…
一四五八　大甲若
一四五九　…卜殻…于大甲
一四六〇　甲午卜亘貞惟大甲
一四六〇　貞不惟…
一四六一　惟大甲
一四六二　貞大甲不惟…
一四六三甲正　貞大甲受王祐
一四六三乙正　貞大甲弗…
一四六三甲反　…祥示…
一四六四　大甲[illegible]王
一四六五　…大甲
一四六五　王勿出
一四六六　貞…大甲
一四六七　…大甲
一四六八　大甲其…
一四六八　勿令…
一四六九　取…
一四六九　…大甲
一四六九　…卯…牛…丁
一四七〇　…乙…牛…于大…
一四七一　…用于夫甲
一四七二　貞侑于祖乙
一四七二　貞于大甲告
一四七二　…勿…祉…
一四七三　大甲其壱我
一四七三　…不壱保我
一四七三　…𣪕祖乙
一四七三　…𣪕…
一四七四　…大甲大庚…丁祖乙祖…一羊一豰…
一四七五　侑于祖…
一四七五　勿于[illegible]宰
一四七五　貞侑于大甲
一四七六　…大甲大…
一四七七　丁亥卜殻…大甲祖乙
一四七八　己巳…
一四七八　己巳…
一四七八　己巳卜…
一四七八　庚午卜…
一四七八　庚午卜…受…

一四七八　大甲
一四七八　祖乙
一四七八　…大甲五宰
一四七九　貞呼取戉
一四七九　侑于祖乙
一四七九　貞于大甲侑
一四七九　…丑卜…王…
一四八〇正　貞侑于大甲
一四八〇正　貞侑于祖乙
一四八〇反　乙巳卜殻在父穷
一四八一　貞南庚不壱
一四八一　貞南庚壱
一四八一　貞侑于大甲
一四八一　…羌…不
一四八二　壬戌卜來甲辰惟衣五宰彡于大…
一四八二　壬戌卜貞于祖辛
一四八三　己未卜𠬝大庚
一四八三　辛丑卜内𠬝于大庚一牛一月
一四八四　…卜王…大庚…
一四八五正　…未卜…貞…彡…
一四八五反　…大庚…
一四八六　…卜王…大庚…
一四八七　甲戌…歹
一四八七　甲戌卜穷貞其競父乙日于大庚告于…
宰
一四八八　乙卯卜…大庚
一四八八　…于中…
一四八九　…酉卜王𠬝小甲
一四九〇　…貞其侑于…戊三宰二月
一四九一　侑于大戊三宰
一四九二　…戊卜…侑于大…大戊…
一四九三　…于大戊
一四九四　癸未
一四九四　惟大戊
一四九五　…巳卜…大戊…祟王
一四九六　…貞翌戊…大戊
一四九七　貞侑犬于…戊…
一四九八　卒
一四九八　…于仲丁
一四九九　…卜爭…乙亥…仲丁
一五〇〇　丁亥貞仲丁…無…
一五〇一　…申卜穷…仲丁…
一五〇二　…昔…仲丁彡
一五〇三　…卜王…仲丁
一五〇四　丙辰卜…
一五〇四　…辰卜于仲丁

一五〇五 ：貞翌：侑于：甲一牛：祖乙：祖辛：
一五〇六正 貞于土𠦪
一五〇六正 貞燎卺侑豕
一五〇六正 貞侑于祖：
一五〇六正 貞勿𢦏燎卺
一五〇六正 貞侑于祖乙十白豕
一五〇六正 丙午卜㱿貞燎卺
一五〇六正 貞王咼今六月入
一五〇六正 貞于河𠦪
一五〇六正 貞勿于今夕入
一五〇六反 壬申卜㱿
一五〇七 貞惟祖乙
一五〇七 貞侑于大：
一五〇八 貞勿侑于祖乙
一五〇八 貞于𢀛侑
一五〇九 乙巳卜侑于祖乙五牢
一五一〇 貞侑于祖乙五牢
一五一一正 辛巳：王侑祖乙五牢
一五一一反 八
一五一二 侑于祖乙三牢
一五一三 甲申卜乙酉侑祖乙三𦎫𠕋三十牛
一五一四 ：卜翌乙：侑祖乙三牢用
一五一五 貞勿侑于祖乙二牢
一五一五 貞勿：𡨦
一五一六正 貞翌乙巳侑于祖乙牢㞢：
一五一六反 古：
一五一七正 貞翌乙未侑于祖乙牢
一五一七反 惟：
一五一八正 貞勿：
一五一八正 貞侑于祖乙牢
一五一八反 自：示：
一五一九 侑于祖乙：牢
一五二〇 甲戌
一五二〇 甲戌卜貞翌乙亥侑于祖乙三牛𩏑獻
尸牛十三月
一五二〇 丁丑
一五二〇 己卯
一五二一 侑于祖乙三牛
一五二二 癸：卜王侑于祖乙二牛
一五二二 乙：
一五二三正 乙巳侑于祖乙又一牛
一五二三反 ：井洛
一五二四 丙午卜㱿貞侑于祖乙十白豕
一五二五 祖乙侑二𣪊六豕
一五二六 侑祖乙五𣪊

一五二六 丁亥卜于翌戊子酌三𣪊祖乙庚寅用四
月
一五二六 酌六𣪊于祖乙
一五二七 貞燎豕
一五二七 貞侑于祖乙
一五二七 ：㞢：
一五二八正 乙巳卜㱿貞侑于祖乙二𣪊
一五二八反 妻：
一五二九 翌乙酉勿侑于祖乙 二告
一五二九 不𠰥黽
一五三〇 貞來：壬于祖乙
一五三一正 貞今日侑：
一五三一正 今日勿侑于祖乙
一五三一反 雀入二百五十
一五三二正 乙未：貞王其歸𠂤于中女 二告
一五三二正 貞勿𠂤于中： 二告
一五三二正 貞翌乙未侑祖乙 二告
一五三二反 癸巳卜：
一五三三 丙戌卜㱿貞翌丁亥侑于祖乙
一五三四正 癸酉卜㱿貞翌乙亥侑于祖乙
一五三四正 癸酉卜亘貞有酌兄丁
一五三四臼 丙寅邑示十屯 㱿
一五三五 ：大：
一五三五 貞侑于祖乙
一五三五 貞王勿衣入𢦏
一五三六正 壬戌卜㱿貞侑于祖乙
一五三六臼 婦：
一五三七 侑于祖乙
一五三七 貞勿侑于祖乙
一五三八正 癸：貞翌：寅侑于祖乙
一五三八正 貞：乙弗𢀛
一五三九 ：未侑于祖乙
一五三九 ：𢦏呼歸若
一五四〇 ：㱿貞王勿賓夕不左
一五四〇 ：翌乙丑侑于祖乙
一五四一 貞侑于祖乙
一五四二 ：午卜㱿翌乙未侑于祖乙
一五四三正 ：㱿：侑于祖乙：牢
一五四三反 ：𠀠曰：㞢：
一五四四正 辛：永：牛
一五四四正 不𠰥黽
一五四四正 不𠰥黽
一五四四反 貞侑于祖乙
一五四五 辛：侑于：允：
一五四五 戊午卜㱿貞侑于祖乙
一五四六 貞：不：

一五四六 貞侑于祖乙
一五四七 貞：
一五四七 ：酉侑于祖乙
一五四八 ：侑于祖乙：…
一五四九 貞翌丁卯侑于祖乙
一五五〇 侑于祖乙
一五五一 ：侑于祖乙
一五五二 ：己卜爭：來甲子：侑于祖：豕
一五五三 貞翌丁巳侑于祖乙
一五五四 癸丑卜爭貞翌乙卯侑于祖乙　甲午：翌：侑于祖：乙告
一五五五 貞：于祖乙不：余于：
一五五六 貞侑于祖乙
一五五七 貞：
一五五八 侑于祖乙
一五五八 ：取子：侑于祖乙
一五五九 惟侑于祖乙
一五六〇 貞侑于祖乙
一五六一正 ：侑：祖乙
一五六二 ：貞侑：祖乙：侑𨛜
一五六三 ：卜：貞侑：祖乙：
一五六四正 ：于：
一五六四反 癸丑卜王侑祖乙
一五六五 甲：卜王：乙巳侑：祖乙
一五六六 戊寅卜：侑：祖乙
一五六七 ：以：女兄：
一五六七 貞侑祖乙
一五六八 甲午：翌乙未侑：祖乙
一五六九 甲：侑祖乙
一五七〇 己酉卜：
一五七一 貞勿侑于祖乙
一五七一 貞宰
一五七一 ：卜宕：翌乙：侑于祖：
一五七二 ：祖乙：弗左
一五七三 ：貞惟祖：
一五七四正 辛丑卜貞王西七月
一五七四反 乙未有丩歲祖乙
一五七五 乙未有卜歲祖乙
一五七六 貞禦于祖乙
一五七七 ：卯卜宕：禦于祖乙
一五七八 骨凡
一五七八 骨凡
一五七八 貞禦于祖乙
一五七九 貞于祖乙：
一五八〇甲 勿葡于祖乙：禦王
一五八〇甲 貞禦囚于祖乙

一五八〇乙 貞于祖乙禦王囚
一五八〇乙 貞勿禦囚于祖乙
一五八一正 庚申卜亘貞告于祖乙
一五八一正 貞燎于西
一五八一臼 庚申[illegible]示四屯　宕
一五八二正 貞勿告于祖乙
一五八二正 ：勿往出一月
一五八二反 戊子：
一五八三 丁未卜爭貞王告于祖乙
一五八三 貞王勿出田
一五八四甲 勿告于：
一五八四乙 貞王告于祖乙
一五八五 丁未卜宕貞告于祖乙
一五八六 告于祖乙
一五八七 ：王其正
一五八七 ：祖乙匄祐
一五八八 辛卯宕貞桒于祖乙
一五八九 ：于祖乙桒
一五九〇 貞勿取彡㲄九月
一五九〇 辛酉卜貞惟祖乙取：㲄
一五九一 辛酉卜爭貞取彡㲄
一五九一 貞勿取彡㲄九月
一五九一 辛酉卜貞惟祖乙取㲄
一五九一 貞勿：令九月
一五九一 ：卜貞：取：
一五九二 貞王勿取祖乙㲄
一五九二 貞：
一五九三 貞勿叔祖乙十月
一五九四 乙酉：貞來乙未酌釀于祖乙十二月
一五九四 丙申卜貞：今丙申夕酌匚于丁十二月
一五九五 ：未卜：酌祖乙
一五九六 ：酌：宰：祖乙
一五九七 貞：令：
一五九七 甲申貞丁蒸于祖乙
一五九七 貞惟三宰五月
一五九七 甲辰卜宕貞勿侑八月
一五九八正 ：勿蒸祖乙
一五九八反 ：戌：
一五九九 ：爭貞乙亥蒸囧黍祖乙
一五九九 ：于：宰：
一六〇〇 ：殼貞奏：祖乙
一六〇一 貞㦸于祖乙：宿
一六〇一 勿燎酌河
一六〇一 ：十月
一六〇一 ：步：燎：
一六〇二 ：祖乙不崇

一六〇三 貞祖乙祟
一六〇四 來…祖乙勿…
一六〇五 貞翌乙未…祖乙五月
一六〇六 丁亥卜槀…甲虎于祖乙正
一六〇七 …寅卜爭貞翌乙…祖乙
一六〇八 壬戌…翌乙丑…祖乙
一六〇九 …固…
一六〇九 …祖乙五宰
一六一〇 丁巳卜貞…祖乙三宰
一六一一正 戊寅卜㝑貞祖乙三宰
一六一一反 王卜其若茲永
一六一二 …祖乙二宰
一六一三 翌乙卯祖乙二宰用六月
一六一四 …戊…十牛…祖乙
一六一五 甲戌卜用六牛于祖乙
一六一六 乙巳卜惟二牛祖乙用
一六一七 …亥卜爭…勿…郭
一六一七 癸…貞…祖乙一牛
一六一八 …祖乙一牛
一六一九 …用白牛祖乙
一六二〇 …寅卜…貞翌…卯…于祖乙
一六二一正 貞燎三犬三羊
一六二一正 貞于祖乙
一六二一正 …于…宰
一六二一反 …卜㝑…
一六二二 乙卯卜…二壱…祖乙
一六二三正 妣甲壱王
一六二三正 妣己壱王
一六二三正 祖乙壱王
一六二三正 貞妣丹壱王　二告
一六二三正 貞祖乙弗壱王
一六二三正 貞妣丹弗壱王
一六二三反 侑于介子
一六二四 …未卜㱿貞祖乙弗佐王
一六二四 …祖乙…
一六二五 貞王…于祖乙
一六二六 …卜㝑貞…乙酉…桒𠀠…酌
一六二六 …卜㝑…乙酉…酌乙𠀠…翌
一六二七 …卯卜王…祖乙
一六二八正 貞王…祖乙…
一六二八反 良子…
一六二九 壬…祖乙…王…七月
一六二九 辛…
一六三〇 癸卯…㞢…
一六三〇 癸巳卜祐妣
一六三〇 …丑卜于祖乙佑六月

一六三一 貞于黃尹
一六三一 允惟祖乙
一六三一 貞侑于嵒
一六三一 允惟…乙
一六三二正 戊子卜㝑貞王…惟祖乙…我
一六三二正 戊子卜㝑貞王聽惟祖乙孽我
一六三二反 …示…
一六三二反 …示
一六三三 乙未卜王聽不惟祖乙
一六三三 乙未卜…惟祖乙
一六三三 翌丙午其雨
一六三三 翌丙午其…雨
一六三四 …于祖乙
一六三五 …衣于祖乙
一六三六 貞于祖乙
一六三七 辛巳卜㱿貞祖乙若
一六三七 …乙…
一六三八 貞惟祖乙
一六三八 貞不惟祖乙
一六三八 今日其雨
一六三八 今日…其雨
一六三九 …申卜王惟…祖乙…槀不
一六四〇 …卯侑…祖乙
一六四一 戊子…
一六四一 …卜㱿貞祖乙
一六四二正 …好…祖乙
一六四二反 …祖…
一六四三正 …祖乙…
一六四三反 …唐…
一六四四正 乙亥卜…
一六四四正 …寅卜㝑貞燎…
一六四四反 甲子卜…祖乙
一六四五 …祖乙
一六四六正 二告
一六四六反 …祖乙
一六四七 貞…
一六四七 …貞…來…
一六四七 祖乙…
一六四八 告自祖乙祖丁
一六四九 惟王…
一六四九 …以…伐…
一六四九 …自祖乙…
一六五〇 乙卯卜惟祖乙用至于丁十三月
一六五一 …王…自祖乙至于父乙九月
一六五二 …貞…豆…來祭…祖乙至…多…

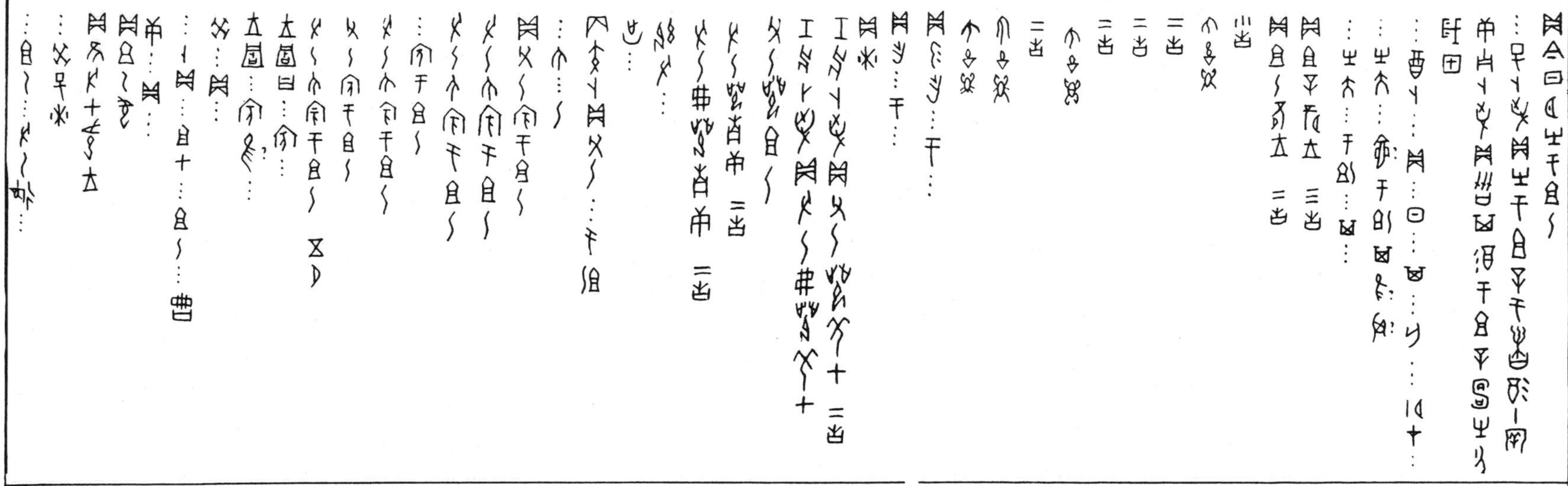

一六五三 貞今日夕侑于祖乙
一六五三 …己卜爭貞侑于祖辛于□耏十宰
一六五四 庚子卜爭貞□其耏于祖辛□有勺
歲上甲
一六五四 …酉卜…貞…日…其…無…十月在…
一六五四 …侑大…□?于祖乙其惟?□?
一六五四 …侑大…于祖乙…其…
一六五五正 貞祖辛孽王　二告
一六五五正 貞祖乙孽王　二告
一六五五正 小告
一六五五正 不舌黽
一六五五正 二告
一六五五正 二告
一六五五正 二告
一六五五正 不舌黽
一六五五正 二告
一六五五正 不舌黽
一六五五正 不舌黽
一六五五反 貞勿作…于…
一六五五反 貞作…于…
一六五五反 貞燎
一六五六正 壬申卜爭貞父乙咎羌甲　二告
一六五六正 壬申卜爭貞父乙弗咎羌甲
一六五六正 父乙咎祖乙
一六五六正 父乙咎南庚　二告
一六五六正 父乙弗咎南庚　二告
一六五六反 禦父…
一六五六反 出…
一六五七正 丙寅卜貞父乙…于祖乙
一六五七正 …不…乙
一六五七正 貞父乙賓于祖乙
一六五七正 父乙不賓于祖乙
一六五七正 父乙不賓于祖乙
一六五七正 …賓于祖乙
一六五七正 父乙不賓于祖乙
一六五七正 父乙賓于祖乙
一六五七正 父乙不賓于祖乙　五月
一六五七反 王固曰…賓…
一六五七反 王固…賓惟…
一六五八 癸…貞…
一六五八 …卜貞…祖甲…祖乙…冊
一六五九 庚…貞…
一六五九 貞祖乙壱
一六五九 貞惟父甲壱王
一六五九 …癸巳燎
一六六〇正 …祖乙…父乙循…

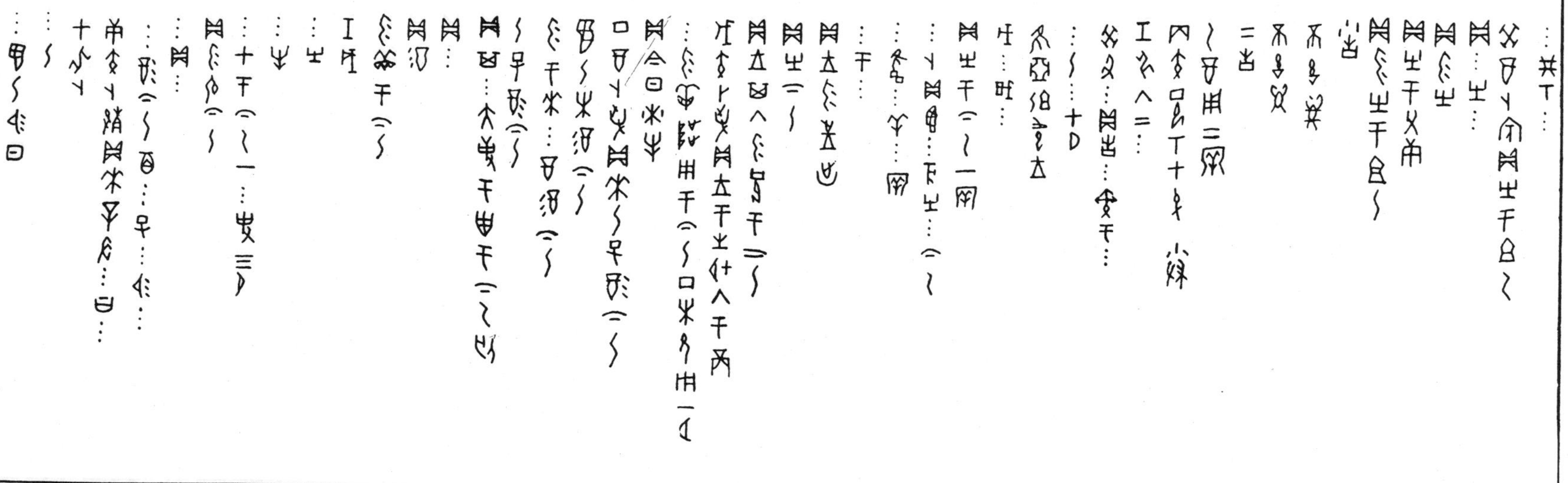

一六六〇反 …姘示…
一六六一正 癸酉卜穷貞侑于祖乙
一六六一正 貞…㞢…
一六六一正 貞勿侑
一六六一正 貞侑于父庚
一六六一正 貞勿侑于祖乙
一六六一正 小告
一六六一正 不舌黽
一六六一正 不舌黽
一六六一正 二告
一六六一反 乙酉用二宰
一六六一臼 丙寅邑示七屯　小𣪊
一六六一臼 壬申入二…
一六六二 癸丑…貞告…束于…
一六六二 …乙…七月
一六六三 惟亞祖乙壱王
一六六三 戊…肇…
一六六四 貞侑于下乙一宰
一六六四 …卜貞翌…亥侑…下乙
一六六四 …雍…羊…宰
一六六五 …于…
一六六五 貞王勿往出
一六六五 貞侑下乙
一六六六 貞王其入勿祝于下乙
一六六六 戊寅卜爭貞王于生七月入于商
一六六七 …勿𦎫陟用于下乙丁未允用一月
一六六八 貞今日燎牛
一六六八 丁酉卜爭貞來乙巳耏下乙
一六六九 翌乙未耏下乙
一六七〇 勿于來…酉耏下乙
一六七一 乙巳耏下乙
一六七二 貞其…大事于西于下乙匄
一六七三 貞…
一六七三 貞耏
一六七三 勿𦎫于下乙
一六七三 壬戌
一六七三 …㞢
一六七四 …牛
一六七四 …甲于下乙一…史三月
一六七五 貞勿以下乙
一六七五 …貞…
一六七六正 …耏下乙百…子…暘…
一六七六正 庚寅卜殼貞來辛丑…曰…
一六七六正 甲申卜
一六七六正 …乙
一六七六反 …翌乙暘日

一六七七正 庚申卜殻貞辛侑豕祖辛
一六七七正 貞辛酉彡河沈宰燎
一六七七正 貞戕弗𡆥王
一六七七正 戕其𡆥王
一六七七反 貞雀骨凡
一六七七反 雀不其骨凡
一六七七反 ：宰燎
一六七八 ：翌：
一六七八 貞侑于祖辛十宰
一六七九 乙：殻貞侑于祖辛十：
一六八〇 侑于祖辛二宰
一六八〇 侑于祖辛一宰
一六八一 癸酉卜侑于祖辛二牛今日用
一六八二 甲戌卜翌乙于祖：
一六八二 庚辰卜貞翌辛巳侑于祖辛牛十月
一六八二 癸巳卜貞觀
一六八三 侑于祖辛一牛
一六八四 侑祖辛一牛
一六八五 九穀于祖辛
一六八五 侑于祖辛八穀
一六八六 貞侑于祖辛 小告
一六八七正 貞侑于祖辛
一六八七反 ：𠦪
一六八八 ：貞：
一六八八 侑于祖辛
一六八九 侑于祖辛
一六九〇 丁亥卜貞侑于祖辛
一六九一 ：侑于祖辛
一六九二 壬辰卜殻貞侑于祖辛
一六九三 ：侑于祖辛 告
一六九四正 侑于祖辛
一六九五 貞侑于祖辛
一六九五 小告
一六九六 丁酉卜：貞侑于祖辛
一六九七 侑于祖辛：
一六九八 貞翌辛丑侑祖辛一：
一六九九正 貞于祖辛侑
一六九九正 貞：
一六九九反 ：𢆶示：㞢：
一七〇〇 ：于：
一七〇〇 ：侑于祖辛
一七〇一 侑于祖辛
一七〇二 侑于祖辛
一七〇三 丙午卜殻貞侑于祖辛
一七〇四 侑于祖辛
一七〇五 庚戌卜宾侑于祖辛

一七〇六 呼往若
一七〇六 翌辛：侑：祖：
一七〇七正 貞來
一七〇七正 不來
一七〇七正 翌甲辰侑祖辛
一七〇七正 翌甲辰勿侑祖辛
一七〇七正 二告
一七〇七反 貞：呼：多子：
一七〇七反 惟：
一七〇七反 ：立：
一七〇八 壬辰卜殻貞：[illegible]
一七〇八 癸巳：侑祖辛
一七〇九 貞勿侑于祖辛十月
一七一〇正 貞勿侑于祖辛
一七一〇反 ：于祖：
一七一一正 勿侑祖辛
一七一一正 ：曰：
一七一一反 ：吾乞：
一七一一正 不吿黽
一七一二正 勿侑于祖辛
一七一二反 貞弗其：
一七一三 有乂于祖辛
一七一三 侑于河
一七一三 貞勿有乂于祖辛
一七一三 勿：
一七一四 貞勿侑于祖辛
一七一五 貞侑于祖：
一七一五 勿侑于祖辛
一七一五 乙：
一七一六 ：貞禦于祖辛
一七一六 ：貞呼𠙵：
一七一七 貞于祖辛禦
一七一七 貞燎十牛于：
一七一七 勿燎：
一七一七 己：
一七一八 ：午卜宾貞禦于祖辛
一七一八 ：𠱠十：
一七一九正 貞勿祖辛禦
一七一九正 貞：
一七一九反 ：𠱠：
一七二〇 ：于祖辛禦疾
一七二一 貞勿于祖辛禦
一七二二 ：殻：
一七二二 貞告于祖辛
一七二三正 壬申卜亘貞于祖辛告
一七二三反 王固曰其：

一七二四正　王其去告于祖辛
一七二四正　貞朿
一七二四正　勿…
一七二四反　作册
一七二五　…告…祖辛…
一七二六　貞告于祖辛
一七二七正　癸亥…
一七二七正　貞勿告于祖辛　二告
一七二七正　辛酉…
一七二七正　庚申…
一七二七反　我來十
一七二七反　勿戠
一七二七反　…爽
一七二八　貞勿告于祖辛
一七二九　㪅于祖辛
一七三〇正　勿舌祖辛
一七三〇反　…侑…
一七三一　…未卜冊祖辛
一七三二　乙丑卜今乙丑…宰祖辛冊五牛
一七三三　丙…先…
一七三三　…卜…先…又迺祖辛𣪘
一七三四　…亘貞祖辛崇王
一七三四　…貞翌乙未有𡆥于…
一七三四　…乙未有𡆥于…
一七三五甲　貞祖辛弗崇王
一七三五乙　貞祖辛崇王
一七三五乙　呼…
一七三六　惟祖辛壱王
一七三七　祖辛壱王
一七三八　貞惟祖辛壱王
一七三八　…午…
一七三九　祖辛壱王
一七四〇　…祖辛壱余
一七四一　貞祖辛弗…王
一七四二　勿燎
一七四二　貞祖辛壱
一七四二　來癸亥燎三豰
一七四三　貞祖辛不…
一七四四　…有壱…
一七四四　…辛…卯…
一七四四　勿…翌…惟戊…
一七四四　勿…
一七四五　庚寅卜爭不惟祖辛
一七四六　…惟祖辛…王
一七四七正　壬子卜内貞翌癸丑侑于祖辛

一七四七正　癸丑卜㱿貞惟祖辛壱王𡆥
一七四七正　貞不…祖辛壱…𡆥
一七四七反　婁來
一七四八　惟祖辛
一七四八　不惟祖辛
一七四八　不…乙
一七四八　惟…辛壱王目
一七四九正　小告
一七四九反　貞不惟祖辛
一七五〇正　貞侑于…
一七五〇反　貞…祖辛
一七五〇反　乙…
一七五一　𠄎…磬…
一七五一　…𦤎于…祖辛…
一七五二　貞弘祖辛循自…
一七五三　丙午卜亘貞于祖辛…
一七五四　庚戌卜貞…于祖辛
一七五五　…于祖辛
一七五六　翌祖辛
一七五七　…于祖辛
一七五八　…于祖辛
一七五九　貞勿于祖辛
一七六〇正　…祖辛…
一七六〇反　…于日…
一七六一　…卜辛酉…于王亥
一七六一　…辰二豕祖辛　二告
一七六二　…祖辛
一七六三　…祖辛
一七六三　惟𢼸呼𠂤
一七六四　…祖辛…日雨
一七六五　…祖辛…
一七六六　…祖辛…
一七六六正　…祖…一牛二十…
一七六七反　…𢍰翌…𩁹
一七六八　…祖辛…又九
一七六九　…祖辛
一七七〇　祖辛翌日
一七七一　…卯卜…祖辛…
一七七二正　庚申卜㱿貞昔祖丁不…不惟南庚壱
一七七二正　庚申卜㱿貞昔祖丁…黍惟南庚壱
一七七二正　庚申卜㱿貞呼逐兔
一七七二正　戊辰卜韋貞…羌甲
一七七二正　…禦肱于祖…
一七七二正　勿于祖…禦
一七七二正　勿禦肱

一七七二反 …于祖辛
一七七二反 惟…
一七七三正 貞翌庚辰衣亦侑羌甲
一七七三正 貞禦婦媟
一七七三正 婦媟不其嘉
一七七三正 王聽惟有壱
一七七三正 貞侑于父乙
一七七三正 不惟有壱
一七七三正 …貞翌辛酉勿侑于祖辛 二告
一七七三正 …㱿貞翌辛酉侑于…
一七七三反 貞翌辛酉侑于祖辛宰
一七七三反 貞惟羊衣
一七七三反 惟…
一七七三反 不惟…
一七七三反 甲子卜…禦…于嬴
一七七三反 貞勿餡于鼄
一七七四正 祖丁
一七七四正 祖辛
一七七四正 祖辛 小告
一七七四正 吾…
一七七四反 王固曰其于…辛
一七七五 祖辛一牛
一七七五 祖甲一牛
一七七五 祖丁一牛
一七七六 貞侑于祖辛
一七七六 貞雈
一七七六 …于祖庚…宰
一七七七 不…凷…
一七七七 侑于南庚
一七七七 勿侑于南庚
一七七七 勿侑于祖辛
一七七七 貞其侑日南庚
一七七七 侑酒于辛
一七七七 呼𠚤章
一七七七 …卯卜𠙶貞我受…
一七七八正 丁酉卜㱿貞王勿餡曰父乙
一七七八正 …未卜㱿…王固…
一七七八反 祖辛
一七七九正 貞祖辛宿于父乙
一七七九正 貞祖辛不宿于父乙
一七七九反 𢀛以五十
一七七九反 貞…婦…
一七七九反 㱿
一七七九反 辛…婦…
一七七九反 貞弗其獲
一七七九反 貞父乙無其…

一七七九反 辛亥卜㱿貞侑…于父乙
一七八〇正 辛亥…㱿貞侑𢀛伯于父乙
一七八〇正 貞…其…無
一七八〇正 貞侑于父乙
一七八〇正 壬子卜穷貞
一七八〇正 貞弗其獲 二告
一七八〇正 貞𠦪于祖辛
一七八〇正 翌癸丑侑祖辛四牛
一七八一 辛亥卜王𡆥侑祖甲
一七八二 …貞于祖甲
一七八三正 貞勿侑于羌…
一七八三正 貞侑于羌甲
一七八三反 丁巳卜亘
一七八四 丁亥卜…
一七八四 丁亥卜勿侑于羌甲…
一七八四 侑于…辛母妣己一羌
一七八四 勿侑于妣己
一七八四 丁亥卜貞既雨
一七八四 貞毋其既…
一七八五 丙申卜㱿貞𢼸侑于羌甲
一七八六 貞勿侑于羌甲
一七八七 貞侑于羌甲
一七八八 甲午…侑…羌甲
一七八九 于羌甲侑
一七八九 …于…乙 小告
一七九〇 貞于羌甲侑
一七九〇 …侑于…
一七九一 侑于羌甲
一七九二 侑于羌甲
一七九三正 貞于羌甲禦禱冊…十
一七九三反 王固曰吉
一七九三反 王固曰吉
一七九三反 勿疾婦…
一七九四 于羌甲禦
一七九五正 …貞禦王因于羌甲
一七九五正 二告
一七九五正 小告
一七九五反 王固曰吉其…
一七九六 貞禦于羌…
一七九七 禦羌甲
一七九八 貞勿于羌甲禦
一七九九 貞不允出
一七九九 貞于羌甲告
一八〇〇 貞于羌甲告
一八〇〇 侑于多介父犬

一八〇〇 貞告于祖丁𠂤…冊…
一八〇一 …卜𠦪于羌甲
一八〇二 …丑卜…歲…于羌甲
一八〇三 羌甲祟余
一八〇三 …祖…祟…
一八〇四 甲子卜貞羌甲壱王三月
一八〇四 貞羌甲不壱王
一八〇五 …于…𣪘
一八〇六 貞羌甲…壱
一八〇七 貞羌甲壱我
一八〇八 丁未卜古貞侑于兄丁
一八〇八 …羌甲…二宰…
一八〇九 …羌甲…
一八〇九 癸…壬寅…祝…
一八一〇 …羌甲
一八一一 癸未…犬羌甲
一八一二 …夢…羌甲
一八一三正 貞勿…羌甲
一八一三反 自…
一八一四 …勿于羌甲
一八一四 勿于羌甲
一八一五 …于羌甲
一八一六 …羌甲
一八一七反 …羌甲…
一八一八 …子卜貞…羌甲祖…
一八一九 庚…其…
一八二〇 曰南庚
一八二〇 曰羌甲
一八二〇 曰南庚
一八二〇 于妣庚
一八二〇 于妣己
一八二一正 …卩…
一八二一正 …卩…
一八二一正 壬子卜古貞禦于祖丁
一八二一正 貞勿于祖丁禦
一八二一正 貞于羌甲禦
一八二一正 貞勿于羌甲禦
一八二一正 貞𩕐惟其有出自之
一八二一正 𩕐無其出…之
一八二一正 貞侑于𢦏 二告
一八二一正 勿侑… 二告
一八二一正 二告
一八二一反 貞…父辛
一八二一反 王固曰祖辛
一八二一反 …貞有壱
一八二一反 父乙…

一八二一反 貞其…
一八二二正 貞其雨
一八二二正 貞多子逐…魯
一八二二正 貞不其魯
一八二二正 貞惟南庚
一八二二正 貞不惟南庚
一八二二正 貞惟祖庚
一八二二正 貞不惟祖庚 二告
一八二二正 貞惟羌甲
一八二二正 貞不惟羌甲
一八二二正 貞惟學戊
一八二二正 貞不惟學戊
一八二二正 貞惟咸戊
一八二二正 不惟咸戊
一八二二正 侑于父甲
一八二二正 勿侑于…
一八二二反 …𣪘…
一八二二反 貯…
一八二三正 羌甲壱王
一八二三正 南庚壱王
一八二三正 乙酉卜㝉貞呼斫卩若
一八二三正 貞勿…斫卩
一八二三正 勿呼斫卩
一八二三正 貞𩂈又壬弗壱王
一八二三正 …𩂈…壬壱王
一八二三正 貞呼斫卩
一八二三正 侑于妣壬
一八二三反 小臣入二
一八二四正 㞢牛
一八二四正 貞侑于高妣己
一八二四正 貞侑于祖丁
一八二四正 貞于𠦪用
一八二四正 貞在𠂤茲用
一八二四正 貞于𠦪用
一八二四正 無災
一八二四正 丁巳卜㝉貞燎于岳
一八二四反 戊戌卜㝉…
一八二四反 王訊曰曰夕曰吉凡
一八二四反 丁巳卜㝉
一八二五 貞勿束王矢三宰
一八二五 貞𢦏
一八二五 貞𢦏
一八二五 𢦏犬
一八二五 貞𢦏于王矢宰
一八二五 貞侑于祖丁
一八二六 侑于祖丁…𣪘卯宰曰兮卯鼎

一八二六　丙寅…
一八二七　…古貞…燮
一八二七　己巳卜…有禦…甲于祖丁十牛
一八二八　侑于祖丁一牛
一八二九　侑于祖丁一牛
一八二九　丁亥卜今日侑于祖丁
一八二九　侑于祖丁一牛
一八二九　…二牛
一八二九　…三牛
一八三〇　侑于祖丁一羊
一八三一　惟…不…
一八三一　貞今日惟侑于祖丁犬
一八三二正　侑于祖丁
一八三二正　…庚
一八三二反　…以…
一八三三　丙戌卜翌日侑于祖丁
一八三三　…有…
一八三四　貞翌丁亥侑于祖丁
一八三五　貞翌丁亥侑于祖丁
一八三六　丁亥卜永…
一八三六　貞侑于祖丁
一八三七　癸巳卜侑于祖…
一八三七　癸巳卜侑于祖丁
一八三八　貞侑于祖丁
一八三九　貞侑于祖丁
一八四〇　…㞢侑于…
一八四〇　侑…祖丁
一八四一　貞侑于祖丁
一八四二　貞…南…
一八四二　…于祖丁
一八四三　丁酉卜侑祖丁呼
一八四三　王…
一八四四　丁卯卜侑祖丁
一八四五　辛丑卜王…侑祖丁暨…
一八四六　…辰于翌…巳侑…祖丁
一八四七　…卯卜…貞侑祖丁
一八四八　丙寅卜王侑祖丁
一八四九　壬戌卜王有歲祖丁
一八四九　…五月
一八五〇正　貞王步于…
一八五〇正　翌丁巳勿侑于祖丁
一八五〇反　…若
一八五一　貞勿侑于祖丁
一八五二正　…祖丁禦…十宰
一八五二反　辛亥…

一八五三正　乙丑卜亘貞禦于祖丁
一八五三臼　婦利示十屯　爭
一八五四　乙丑卜爭貞勿于祖丁禦
一八五四　乙丑卜爭貞于祖丁禦
一八五四　于祖丁禦
一八五四　勿于祖丁禦
一八五四　翌…辛
一八五四　翌日戊循若于王
一八五四　…卜…貞祖丁惟循若于王
一八五四　貞來…　二告
一八五四　戊戌卜賓貞侑于
一八五四　貞侑父乙
一八五四　戊辰卜丙貞…婦…嘉
一八五五正　翌辛巳其暘日
一八五五正　翌辛暘日
一八五五正　勿于祖丁禦
一八五五正　貞于祖丁禦
一八五五正　貞有為…
一八五五反　…貞…辛…
一八五五反　…貞十牛…
一八五五反　…隹羊
一八五六　貞…
一八五六　于祖丁禦
一八五六　…祖…禦
一八五七　于祖丁母禦
一八五八　貞禦于祖丁
一八五九　…子卜殼…告…祖丁
一八六〇　…貞告于祖丁
一八六〇　勿𩠐告于祖丁
一八六一　貞王有言祖丁正
一八六二　酌五宰于祖丁
一八六三　庚子卜殼翌丁未酌十宰又三于祖丁
一八六四　貞翌丁丑酌于祖丁
一八六五　…翌丁…酌…
一八六五　…祖丁…子
一八六六　勿于祖丁酌子餗
一八六六　己…
一八六七　丙寅卜…祖丁奠…
一八六八正　貞侑于黃尹
一八六八正　…子卜殼貞侑于黃尹
一八六八正　勿𩠐于祖丁
一八六八正　…祖丁
一八六八反　雀入二百五十
一八六九正　丁巳卜爭貞王其有曰祖丁克　二告
一八六九反　…嬴

一八七〇　貞祖丁壱王
一八七一　祖丁壱王
一八七二　貞不惟祖丁壱王
一八七三　貞祖丁壱
一八七四　祖：不壱
一八七五　允惟祖丁：
一八七五　：祖：壱
一八七六　：韋貞惟祖丁毋壱
一八七六　侑于父：
一八七七　貞惟祖丁：
一八七八正　丁酉卜設貞勿用五宰祖丁
一八七八正　丁酉卜設貞今日用五宰祖丁
一八七八正　貞王夢不：囚
一八七八正　貞王夢惟囚
一八七八反　鼓入二十
一八七九　貞：取：乙
一八七九　貞不惟祖丁
一八七九　貞允惟祖丁
一八七九　貞不惟祖丁
一八八〇　貞祖丁衣九月
一八八一　：寅：王貞：于祖丁
一八八二　戊午卜設貞于祖丁禦
一八八三　貞于祖丁
一八八四　：曰
一八八四　：于祖丁
一八八五　：王于：祖丁
一八八六　貞勿：于祖丁
一八八七　乙亥卜：祖丁五十宰：
一八八八正　貞盟庚辰：
一八八八反　王固曰不：祖丁
一八八九　：設：祖丁
一八九〇　：寅：王貞：于祖丁
一八九一　貞：
一八九一　：于祖丁
一八九二　己：祖丁
一八九三　：卜王：祖丁
一八九三　辛：卜：侑：壬
一八九四　：卜：貞其：祖丁
一八九五　王其侑：爵司若：
一八九五　：祖丁
一八九六　：午卜穷：祖丁：
一八九七　甲寅：祖丁：
一八九八正　：卜：貞：永：
一八九八反　：卜：祖丁：
一八九九正　二告
一八九九正　：有鬯

一八九九正　貞無鬯
一八九九正　勿于龐
一八九九正　：祖丁
一八九九正　佫祖丁　二告
一八九九正　二告
一八九九反　：設：
一八九九反　：祖辛：
一八九九反　：商入
一九〇〇正　二告
一九〇〇正　王固曰：若不：
一九〇〇反　：于：
一九〇〇反　貞：于父：
一九〇〇反　于母庚禦
一九〇〇反　貞祖丁：女
一九〇〇反　貞妣：
一九〇一正　乙巳卜穷貞酉于父乙
一九〇一正　乙巳卜穷貞勿衣有禘于父乙
一九〇一正　貞今日侑于父乙一牛
一九〇一正　：丙：曰：
一九〇一正　：得
一九〇一正　乙巳卜穷貞今日侑于父乙宰
一九〇一正　貞祖丁壱王
一九〇一正　貞不惟祖丁壱王
一九〇一正　惟祖丁壱王
一九〇一正　祖丁弗壱王
一九〇一反　：其：
一九〇二　于父乙祖丁
一九〇三　：祖丁二犬：父：
一九〇四　丙子卜：勿：祖丁
一九〇四　兄戊惟羊
一九〇五　貞勿龤于父丁：
一九〇六　庚辰卜設貞侑于丁五宰
一九〇七　庚辰卜設貞侑于丁五宰
一九〇八　癸巳卜貞五日雨
一九〇八　丙戌卜穷貞侑于丁：宰
一九〇九　貞：
一九〇九　貞：丁：
一九〇九　丙戌卜穷貞盟丁亥侑于丁：宰
一九一〇　丁丑卜穷貞侑于丁宰用　七月
一九一〇　貞雨
一九一〇　弗：
一九一一　今日乙：
一九一一　貞侑于丁宰
一九一二　：貞侑于丁宰
一九一三　貞翌：亥侑于丁宰
一九一四　貞翌丁卯侑宰于丁

一九一四 ：告：其：
一九一五 貞翌丁卯侑于丁宰
一九一六 庚辰卜貞在官
一九一六 丙戌卜貞翌丁亥侑于丁宰
一九一六 ：乙：
一九一七 侑于丁宰
一九一八 丙寅卜穷貞侑于丁：宰三月
一九一八 丙寅卜穷貞侑于丁一牛
一九一九 丙子：貞翌：丑侑：丁宰
一九二〇 ：寅卜：貞侑：丁：宰
一九二一 ：卜侑于：
一九二一 貞惟小宰
一九二一 侑于丁宰
一九二二正 夕侑于丁二牛
一九二三 貞勿侑于丁
一九二三 丁酉卜夕侑于：一牛
一九二四 丙辰卜穷貞惟羊
一九二四 乙卯卜穷貞侑于丁一牛
一九二五 丙子卜侑于丁一牛
一九二六 丁酉卜貞夕侑于丁牛六月
一九二六 ：惟：犬用：鬳
一九二七 貞翌丁未侑于丁牛
一九二七 貞惟翌乙巳𠦪
一九二七 ：卜：卒
一九二七 ：卜：尹：卒
一九二八 乙亥卜穷貞侑牛于丁
一九二八 ：大甲
一九二九 丙戌：王侑：丁羊：用
一九三〇 ：午卜貞：丁用：百：
一九三一 ：貞翌：侑于丁：卯：牛十一月
一九三二正 丙子卜穷貞翌丁丑侑于丁五月
一九三二反 ：雍
一九三三 貞侑于丁
一九三四 丙辰卜爭貞翌巳侑于丁
一九三五 丁巳卜穷貞侑于丁
一九三六 貞侑于丁：
一九三七 丁酉卜穷貞侑于丁
一九三八 庚寅卜：貞翌卯侑丁
一九三八 辛卯卜：
一九三九 丙申：貞翌：侑于丁十月
一九四〇 ：卜穷：翌：侑于丁
一九四一 貞翌：侑于丁幼九
一九四一 亞：
一九四二 貞勿侑于丁五月
一九四三 勿侑：丁
一九四三 庚戌卜㱿：二告

一九四四 ：酉卜：翌乙：有匚：丁十：
一九四五 ：父于丁
一九四五 ：匚于丁三十牛
一九四五 燎：
一九四五 ：事八月
一九四六 ：有匚于丁三十牛
一九四七 丙午卜貞告匚于丁三牛
一九四八正 ：丁三牛
一九四八反 貞：呼：
一九四九 ：歸告于丁一牛
一九四九 呼：暨：
一九五〇正 貞：盧：令：合：于丁用一牛
一九五〇反 戊：其雨
一九五〇反 ：惟：曾：雨
一九五一 ：女：侑于丁：牡
一九五一 貞其：㞢：
一九五二 ：至：鉞：
一九五二 ：令：告：丁三月
一九五三 ：于丁
一九五三 ：告于丁
一九五四 ：告于丁
一九五五 ：告于丁
一九五六 癸卯卜穷貞告王孽于丁
一九五七 丁巳：爭：其：于丁
一九五七 己未卜貞告：
一九五八 貞禱告王𦣻于丁三月
一九五九 貞𠦪于丁五牛
一九六〇 戊子卜勿酯正：
一九六〇 貞翌丁亥𠦪于丁二牛
一九六一正 乙酉卜穷貞翌丁亥𠦪于丁
一九六一正 己丑卜穷貞翌庚令：祉：
一九六一臼 甲申乞自雩十屯
一九六二 貞𠦪方于丁
一九六三 ：𠦪：既：丁
一九六四 ：其𠦪于丁
一九六五 翌丁未蓺效于丁一牛
一九六六 ：卜宗戌：于丁歲：十五宰
一九六七 ：歲告于丁五月
一九六八 丙寅卜㱿：丁卯燎于：丁卯：晋三十宰
：殻
一九六九 丁未燎于丁十小宰卯十：
一九七〇 貞燎于丁十小宰卯一牛
一九七一 丙寅卜貞酌匚于丁三十小宰若
一九七一 ：亥卜：王我：呼
一九七二 ：酌匚于丁不遘雨
一九七三 ：酌大：父于丁：匍一牛十月

一九七四　……丁……酌大……暘日
一九七五　貞二十牛
一九七五　甲戌卜貞其尊鬲故十牛于丁
一九七六　……未貞……故……丁
一九七六　束……㞢……
一九七七　丙午卜穷貞生㲋于丁一月
一九七七　丙午卜貞無尤一月
一九七七　……午卜穷……翌丁未……
一九七八　……于丁侑百……卯十宰
一九七九　……酉卜……于丁酉……宰
一九八〇正　……于……卯……宰……大……丁
一九八〇反　……貞……獲
一九八一　己酉……母……
一九八一　庚戌卜……貞宰于丁五月
一九八二　……爭……丁……宰
一九八三　翌丁卯……于丁宰……一牛十月
一九八四　貞……
一九八四　丙辰卜穷貞……于丁十牛十羊十二月
一九八五　庚……惟……九示……
一九八五　乙卯
一九八五　……卜……于丁……宰
一九八六　翌乙巳于丁……牛
一九八六　……乙……延……來……
一九八七　貞……
一九八七　翌丁亥用五牛于丁
一九八八　……丁一豕
一九八九　……其㞢用于丁
一九九〇　丙戌……貞𢀛……于丁二宰侑……牛
一九九〇　甲戌……古……白彘……之……酌
一九九〇　辛……穷……侑于……宰
一九九一　……卜貞……于丁
一九九一　辛……貞……
一九九二　己酉卜貞……受于丁
一九九三正　……其酌……言匚于丁
一九九三反　己亥
一九九四　辛……貞用……大……于丁
一九九五　……辰卜穷……于丁……月
一九九六　貞勿……于丁
一九九六　……于土
一九九七　癸卯卜貞翌甲辰……于丁
一九九八　侑于南庚惟小宰
一九九九　己丑卜王……羊又犬……南庚十二月
一九九九　……丑卜王……南……
二〇〇〇　貞侑于南庚
二〇〇〇　……王……壱

二〇〇一　貞翌庚辰王其侑……
二〇〇一　貞……庚午勿侑于南庚
二〇〇二正　貞勿侑……
二〇〇二正　……無左
二〇〇二正　二告
二〇〇二正　二告
二〇〇二正　二告
二〇〇二正　二告
二〇〇二正　貞王不若
二〇〇二正　貞王若
二〇〇二正　二告
二〇〇二反　王固曰勿佐王
二〇〇二反　亦雨
二〇〇二反　惟嬰
二〇〇二反　不惟吉
二〇〇二反　侑于南庚
二〇〇二反　勿侑……
二〇〇二反　于妣庚侑
二〇〇二反　勿于妣庚侑
二〇〇二反　王固曰……卯……
二〇〇二反　……乙壱王……
二〇〇二反　王固曰吉辛……
二〇〇二反　雍其異
二〇〇二反　雍不異
二〇〇二反　王固曰吉
二〇〇二反　王……庚……雨
二〇〇二反　惟……祐
二〇〇二反　惟不祐
二〇〇三正　丁卯卜古貞侑于南庚
二〇〇三正　貞……多……
二〇〇三正　……辰卜亘……
二〇〇三正　……二
二〇〇三反　……二
二〇〇四　貞侑于南庚
二〇〇四　……貞……以
二〇〇五　貞侑于南庚
二〇〇六　……侑于南庚
二〇〇七　……侑于南庚
二〇〇八　甲子……侑……南庚……正
二〇〇九　庚寅有㞢歲南庚
二〇一〇　貞侑于南……
二〇一一　貞勿侑于南庚
二〇一二　貞侑槱于南庚
二〇一二　貞丁用
二〇一二　……年

二〇一三正　己亥卜宾貞禦于南庚
二〇一三臼　㞢示十屯　宾
二〇一四　…卜宾貞禦于南庚
二〇一五　…卜宾貞禦于南庚
二〇一六正　貞禦于南庚
二〇一六正　貞勿…
二〇一六反　…丁母…祟…
二〇一七　貞勿禦于南庚
二〇一八　…申卜㱿貞于南庚禦孽
二〇一九　庚申卜宾貞南庚…侑邑
二〇二〇　…亥卜㱿貞祏南庚…
二〇二一　…侑…南庚…宰
二〇二二　貞南庚壱
二〇二二　…方…五月
二〇二三正　…南庚弗…
二〇二三正　…王弗
二〇二四　…南庚…
二〇二四　…王弗…
二〇二五　貞惟南庚
二〇二六　貞…于南庚…
二〇二七正　二告
二〇二七正　甲…
二〇二七反　…南庚
二〇二七反　…于…庚…
二〇二八　…未卜…南庚
二〇二八　…貞…
二〇二九　…南庚
二〇三〇　…南庚二月
二〇三一　…南庚
二〇三二　…貞于南庚
二〇三三　…庚子侑于祖庚
二〇三四　…卜…侑于祖庚
二〇三五　辛亥…貞侑于祖庚
二〇三六　…丑卜…祖庚
二〇三七正　貞惟祖庚壱
二〇三七正　貞惟父庚壱王
二〇三七正　二告
二〇三七反　呼…
二〇三七反　呼…
二〇三八　…祖庚弗其克
二〇三九　惟祖庚
二〇四〇　丁酉…䶃…祖庚
二〇四一　貞于祖庚…
二〇四二　…未卜…祖庚
二〇四三　…祖庚
二〇四四　…祖庚

二〇四五　貞…
二〇四五　貞…侑于…庚
二〇四六　貞翌庚…侑于…庚
二〇四七　貞勿禦于…庚
二〇四八　庚子…今…𠦪于…庚…
二〇四九　…卯貞…歲于…庚
二〇五〇　貞…䶃…于…庚
二〇五〇　貞从…益三月
二〇五一　乙未卜侑于祖…三宰又白豕
二〇五二正　…申卜㱿…王取
二〇五二正　貞王…比
二〇五二正　貞侑于祖…勿牛…犬
二〇五二反　…酌…
二〇五三　…丑侑于祖…
二〇五四　貞侑…一宰于祖…
二〇五五　貞侑于祖…
二〇五五　貞勿往出
二〇五五　…勿…
二〇五六　甲戌卜…賓侑…
二〇五六　…于祖…
二〇五七　己巳卜侑于祖…
二〇五七　…卜…
二〇五八　乙巳侑于祖…
二〇五九　…乙…侑…祖…
二〇五九　乙…用
二〇六〇　癸酉卜無其…
二〇六〇　癸酉卜有其…
二〇六〇　…戊…黄…
二〇六〇　…戊卜…貞…
二〇六〇　不…祖…允…
二〇六一　己亥卜…有匚于…祖…先…
二〇六二　…有卜肇祖…
二〇六三　己丑…賓…于…
二〇六三　勿衣侑于祖　二告
二〇六四　翌丁…勿…祖…
二〇六四　翌丁…侑于…
二〇六四　…惟…疾…父
二〇六五　貞…子勿…于祖…
二〇六六　貞勿侑于祖…
二〇六七　貞勿侑于祖…
二〇六八　…酌…𡆥…牡
二〇六八　禦…祖…
二〇六九　…告于…祖…
二〇七〇　…午卜…貞冊祖…
二〇七一　貞祖…壱王

二〇七二	癸丑…貞祖…歲奏于…
二〇七三正	貞無爲祖…
二〇七三反	其…危
二〇七四	虎勿…祖…
二〇七五	貞祖彡…不燎
二〇七六正	勿…
二〇七六正	貞勿自祖…
二〇七六反	…鬼
二〇七七	貞不惟祖…
二〇七八正	乙未…作…祖…正
二〇七八反	…□
二〇七九	于祖…
二〇八〇	壬戌卜賓…
二〇八〇	…寅…土…祖…侑
二〇八一	貞祖…弗…
二〇八二	貞…雍…
二〇八二	…祖…于…
二〇八三	甲子乙丑□祖
二〇八四	貞…于祖…五
二〇八四	…敚…六月
二〇八四	…匕…
二〇八五	丙…丁…祖…卯…三十…
二〇八六	…貞…祖…不…采日
二〇八七	…于祖…祭二…今…
二〇八八	…來…
二〇八八	二告
二〇八八	…午卜…乙未…于祖…
二〇八九	不…祖…
二〇八九	…呼…于…無…
二〇九〇	丙辰…㞢祖…
二〇九一正	己巳…貞祖…若…乙…
二〇九一反	…雨
二〇九二	貞翌癸酉其祖…
二〇九二	貞…
二〇九三	…亥卜…告祖…
二〇九四	…多祖
二〇九五	貞多祖無壱我
二〇九六	…于多介祖戊
二〇九七	甲…貞翌彫彡于毓祖無壱
二〇九八	貞…王
二〇九八	勿…于…
二〇九八	貞侑于魯甲犬
二〇九九	辛巳卜…甲申惟…于魯…
二一〇〇	乙亥卜貞召惟魯甲
二一〇一	魯甲…

二一〇二	魯甲
二一〇三	于魯…
二一〇四	戊寅惟羊
二一〇四	惟豕
二一〇四	甲戌卜侑父…今日…
二一〇四	惟豕
二一〇四	甲戌卜侑父…今日…
二一〇五	…子貞侑于…甲十牛正
二一〇六正	貞侑
二一〇六正	侑于父甲　小告
二一〇六正	…惟…
二一〇六反	…告…
二一〇七	貞侑父甲
二一〇八	貞…
二一〇八	…卜亘…侑于父甲
二一〇九	侑于父甲
二一一〇正	貞勿侑于父甲
二一一一正	二告
二一一一正	…告鼀
二一一一反	勿侑于父甲
二一一二	貞侑于父甲
二一一三	貞侑于父甲
二一一四	勿侑犬于父甲
二一一五	貞于父甲禦田
二一一六	…禦…父…　二告
二一一七正	王…乙…
二一一七反	禦于父甲父庚
二一一八	父甲…
二一一八	不惟羊
二一一九	父甲祟王
二一二〇	父甲弗壱王
二一二一	貞惟父甲壱
二一二一	…亘…
二一二二	貞父甲壱我
二一二三	貞疾妣惟父甲壱
二一二三	貞有疾不惟父甲
二一二四	貞父甲不我壱
二一二五	貞不惟父甲壱
二一二五	王不…
二一二六	貞不惟父甲
二一二六	…□…
二一二七正	貞王勿…父甲
二一二七反	…千…
二一二八	…父甲
二一二九	戊寅…父甲…
二一三〇	父甲祟王

二三〇　父庚祟王
二三〇　貞父辛祟…
二三〇　貞父辛弗祟王
二三〇　貞父庚…王
二三〇　貞侑…
二三〇　貞奴有…
二三〇　貞侑學戊
二三一　父甲一牡
二三一　父庚一牡
二三一　父辛一牡
二三二　貞…于父甲
二三二　貞勿侑于父甲
二三二　貞侑于父庚
二三二　勿侑于父庚
二三二　受年
二三三　貞侑于父庚犬
二三三　癸卯卜亘貞侑于父甲犬
二三四　貞父辛祟
二三四　貞王有壱
二三四　貞父甲祟
二三五　貞…
二三五　貞侑于父乙
二三五　貞侑于父甲
二三六　己卯卜爭貞翌庚辰侑于父庚
二三七　貞侑于父庚
二三七　貞勿于圉奠
二三七　…侑…
二三八　貞侑于父庚
二三九　貞…侑于父庚
二四〇　戊寅卜今…
二四〇　…卜侑父庚…
二四〇　…雨耏父…
二四一　貞…庚…侑…父庚
二四一　…辛甲…
二四一　貞…于…
二四二　癸卯…禦大…父…宰
二四二　…禦…庚
二四三　貞勿于父庚禦
二四四　…卜𡆥…
二四四　貞父庚壱王
二四五正　父庚壱王
二四五反　…燎…
二四六正　貞父庚壱王
二四六正　貞惟妣己
二四六反　…十…
二四七　貞勿…

二四七　…父庚壱王
二四八正　貞父庚弗壱
二四八正　不惟妣己
二四八正　…爭…
二四九　…庚壱王
二四九　父庚壱王
二五〇　貞…
二五〇　貞惟父庚
二五一　惟…庚壱
二五一　惟父庚壱
二五一　…父…
二五一　不告黽
二五一　二告
二五二正　貞于父庚
二五二反　吉…
二五三正　母𢦏弗壱王　二告
二五三正　卯宰　二告
二五三正　勿侑于…
二五三正　使呼歸
二五三反　貞…
二五三反　…勿酳于父庚
二五三反　…侑…
二五四　…寅卜…父庚
二五五　…卜王惟父庚…
二五六正　…父庚…
二五六反　…爭…
二五七　…父庚…
二五八正　貞父庚…
二五八反　…示
二五九　子…
二五九　父庚
二五九　辛
二六〇　…父庚…西賓
二六一　小辛
二六二　…午…侑父辛
二六二　…申…
二六三　父辛惟牛
二六三　父辛惟豕
二六三　侑兄丁
二六三　于㞢妣
二六三　于㞢…
二六三　有正
二六三　㞢?王㞢中…
二六四　貞夕侑于妣甲
二六四　貞弗其受有祐
二六四　不惟我有作囚

二一六四　受有祐
二一六四　惟我有作囚
二一六四　不惟多介卷王
二一六四　父辛不卷
二一六五　：侑父甲父辛率：
二一六六　貞父辛卷王
二一六七　：卜侑父辛皂
二一六八　父辛：卯宰
二一六九　甲戌卜貞侑于小乙：宰：月
二一六九　貞我其白：
二一六九　丁：
二一七〇　：于小乙一牛
二一七一　：皂其延小乙
二一七二　：卜：貞侑：父乙一牛
二一七三　丁丑卜侑于父乙一牛
二一七四　：侑父乙一牛
二一七五　貞侑于父乙燎：牛
二一七六　貞侑于父乙：
二一七七　：辛：
二一七七　貞侑于父乙
二一七八　：侑于父乙
二一七九正　貞侑于父乙
二一七九反　：示：
二一八〇　貞翌庚辰侑于父乙
二一八一　貞侑父乙
二一八二　己巳卜侑于十月
二一八二　貞：父乙：
二一八三　：侑于父乙
二一八四正　不告黽
二一八四反　侑于父乙五：
二一八五　侑于父乙
二一八六　翌乙未侑于父乙
二一八六　：囚：
二一八七正　貞侑于父乙：
二一八八　己：于父乙
二一八九　：侑父乙
二一九〇正　貞來乙亥有名于父乙用
二一九〇正　貞：亥：商：于父：𡧊：
二一九〇正　貞子：于：
二一九〇反　己巳：
二一九一正　：宰犬：用
二一九一正　勿侑于父乙　二告
二一九一反　王固曰吉
二一九二　勿侑多父
二一九二　勿侑于父乙
二一九二　：無：月

二一九三　不其來
二一九三　：禦父乙
二一九三　菑來于乙
二一九四　貞禦囚于父乙
二一九四　貞：
二一九五正　：卜：婦：嘉
二一九五反　禦父乙三宰
二一九六　：父乙：禦子
二一九六　丁巳：
二一九六　庚午：
二一九六　不舌黽
二一九七　禦于父乙正五月
二一九八　于父乙禦
二一九九正　：卜：禦于父乙　二告
二一九九正　至于商酌
二一九九反　王固曰吉
二一九九反　：雨
二二〇〇　勿于父乙禦
二二〇一　貞：
二二〇一　貞不惟我𡆥
二二〇一　貞不惟我𡆥
二二〇一　貞勿酉舌父乙
二二〇二　貞王舌父乙
二二〇二　勿舌：　二告
二二〇二　二告
二二〇三　：弗賓于父乙　二告
二二〇三　：九月
二二〇四　貞父乙帝：　二告
二二〇五　貞告：于父乙一牛
二二〇五　貞獲磬
二二〇六　庚午卜亘貞告于父乙
二二〇七　告于父乙
二二〇八　庚：告：父乙：
二二〇九正　貞告父乙
二二〇九反　：殻：
二二一〇　：子父乙：
二二一一　辛未卜内奉父乙
二二一二　：卯：父乙冊五：十宰
二二一三正　禦于羌：
二二一三正　貞冊父乙三十宰
二二一三反　自婦四十：
二二一四　祀于父乙一牛
二二一五　：卜殻貞今𡆥王：
二二一五　：貞今日酌小宰于父乙
二二一六　今日酌父乙

二二一七　乙酉卜惟今日彭毀于父乙
二二一八正　貞亦禘于父乙
二二一八正　：獲
二二一八反　不可：
二二一九正　貞禘于父乙新：又羊
二二一九反　：入
二二二〇　：殼貞：
二二二〇　父乙大𡆥于王
二二二〇　貞侑于父乙
二二二一　貞父乙𡆥于王
二二二一　：父：不𡆥：王
二二二二　父乙𡆥王
二二二二　：貞雨
二二二三　貞父乙𡆥
二二二三　貞惟明伐
二二二四　貞父乙由𡆥
二二二五正　乙卯卜貞父乙壱王
二二二五臼　丙寅邑示十屯𣪊
二二二六　于父乙㞢羊
二二二七　辛酉：穷貞父乙壱王
二二二八　貞惟父乙壱王
二二二九　貞惟父乙壱
二二二九　二告
二二三〇正　不舌黽
二二三〇正　二告
二二三〇正　二告
二二三〇反　甲午：貞惟父乙壱
二二三一　乙未卜古貞父乙壱王
二二三一　戊申卜殼貞祀弗若
二二三一　戊申卜殼貞若
二二三一　二告
二二三二正　貞：其：
二二三二正　貞父乙壱王
二二三二正　：王：
二二三二反　：父：
二二三二反　：允：
二二三三　貞：取牛
二二三三　不惟父乙壱王
二二三四正　貞惟：乙壱
二二三四反　：申：
二二三五甲正　壬寅卜：勿：
二二三五甲正　壬寅卜殼貞王囚惟父乙
二二三五乙正　壬寅卜殼貞王卩于父𡨦
二二三五乙正　壬寅卜殼貞王囚惟父乙壱
二二三五乙反　爭：
二二三六　惟父乙壱

二二三六　其受：
二二三七　貞：乙：壱
二二三七　：父：壱
二二三八正　貞：乙壱
二二三八正　不惟父乙壱
二二三八正　：父：壱
二二三八反　：惟父：
二二三九　貞父乙不壱
二二四〇　貞惟父乙壱
二二四一　：父乙壱
二二四二　：惟父乙壱
二二四三正　貞父乙不壱
二二四三反　：盘：
二二四四　貞惟父乙壱
二二四五正　二告
二二四五反　貞惟父乙壱
二二四五反　貞：黄：步：五：
二二四六甲正　貞不惟妣己壱
二二四六甲正　不舌黽
二二四六甲正　貞師般以：勿于：敫
二二四六乙正　貞不惟父乙壱
二二四六乙正　壬戌卜穷貞師般：
二二四六甲反　戊午□：
二二四七　貞父乙不壱
二二四七　貞父乙壱
二二四八　惟父乙壱
二二四八　：惟：乙壱
二二四九　貞不惟父乙壱
二二四九　：不雨
二二五〇　：殼
二二五〇　貞不惟父乙壱
二二五一　不惟父乙壱牛
二二五一　父乙壱牛
二二五一　貞不：
二二五二　貞惟妣己㞢王囚　二告
二二五二　貞不惟妣己㞢王
二二五二　惟父乙　二告
二二五二　不惟父乙
二二五二　貞王：
二二五二　壬：
二二五三　貞父乙㞢王
二二五四　惟父乙
二二五五　貞不惟父乙
二二五六正　貞今二月　二告
二二五六正　弗其今二月
二二五六正　惟父乙

二二五六正　不惟父乙　二告
二二五六反　：卜：其：
二二五六反　：來：[illegible]
二二五六反　甲戌卜：
二二五六反　：爭
二二五七　貞王𡆥不惟父乙
二二五八　貞不惟父乙
二二五八　來己酉酚妣己妣庚
二二五九　貞不惟父乙
二二六〇正　貞不惟父乙
二二六〇反　：以三百
二二六一　不惟父乙
二二六二　：嘉：于父乙：十宰
二二六三正　貞[illegible]穀于父乙
二二六三反　貞：妣：
二二六四　壬戌卜殻貞惟父乙
二二六五　：于河：月
二二六五　父庚：王：三十：
二二六五　父：
二二六六　丙子卜貞于父乙用
二二六七　：[illegible]于父乙
二二六七　：父：黍：
二二六八正　勿：
二二六八反　于父乙：
二二六九　：于父乙
二二七〇　：于父乙
二二七一　：于父乙方
二二七一　：不正
二二七二　父乙：惟：　小告
二二七二　不惟：希
二二七三正　己未卜爭貞來甲子酚正
二二七三正　貞來甲子酚弗其正
二二七三正　貞于父乙宕
二二七三正　勿于父乙宕
二二七三正　：作[illegible]　小告
二二七三正　不其暘日　二告
二二七三正　貞帝：
二二七三正　己未卜爭貞來甲子酚正
二二七三反　貞：雨
二二七三反　用五：
二二七三反　弗若
二二七三反　不其：
二二七三反　：卜宕：
二二七四正　丙子卜宕貞父乙異惟敗王
二二七四正　父乙不異敗王
二二七四正　乙夕有疾惟有由　二告

二二七四正　乙夕有疾不惟有由
二二七四反　雀：百五十
二二七五　貞父乙不祟
二二七五　：其有𡆥
二二七六　：父乙不若
二二七七　：宕：父乙：由
二二七八　：蒸父乙
二二七九正　：丞父乙：弗[illegible]
二二七九反　：并示：
二二八〇正　貞父乙有[illegible]
二二八〇反　丁卯卜宕：
二二八一正　貞令望：歸
二二八一正　貞王其侑曰父乙
二二八一正　貞酚母庚
二二八一反　：△
二二八二　甲辰卜父乙牢
二二八三　父乙惟二牛
二二八四　乙：卜：牛父乙
二二八五　壬午卜王貞父：五：　二告
二二八五　不舌鼉　二告
二二八五　不舌鼉
二二八六　父乙惟羊
二二八七　甲辰用
二二八七　：羊：父乙
二二八八　父乙二穀
二二八九正　庚寅卜宕貞父乙祟
二二八九反　：左：來：
二二九〇　甲戌：王侑：己
二二九〇　甲戌卜王㞢父乙
二二九一　辛丑卜爭貞父乙：
二二九二　癸：卜：令：
二二九二　癸巳卜[illegible]亦侑于：
二二九二　乙丑卜內父乙
二二九二　：王：惟：
二二九三　：卜王：父乙用一月
二二九四正　：父乙十一月
二二九四反　：入三：
二二九五　父乙：雨
二二九五　：弗：父：雨
二二九六　：卜貞：父乙其：
二二九七　：父乙
二二九八　父乙弗作：
二二九九　貞勿父乙
二三〇〇　：卜侑父戊犬
二三〇一　丁亥卜王：父戊

二三〇二 貞翌…亥勿皆侑于父…小宰
二三〇三 惟牡牛侑于父…
二三〇四 侑于父…
二三〇四 …令…乘
二三〇五正 貞侑于父…
二三〇五反 …子…
二三〇六 …侑于…
二三〇六 …于父…
二三〇七 禦…父…
二三〇七 …卯…虐…宰…
二三〇八 壬寅卜…桒父…
二三〇九 貞于父…禦
二三〇九 …勿…
二三一〇 貞惟辛𡆥于父…
二三一〇 貞…
二三一一正 …戌…師禦于…
二三一二 …貞父…不壱
二三一三 貞父…弗…王
二三一四正 …父壱王五…
二三一四反 河…
二三一五反 …貞…王固…
二三一五反 …王…市…
二三一五反 貞…父…
二三一六正 小告
二三一六反 …父…壱
二三一六反 …壱
二三一七正 貞不…惟父…般
二三一七反 …入二百
二三一八 …𡆥
二三一八 父…
二三一九正 不舌黽
二三一九反 貞父…
二三一九反 貞惟…
二三二〇 …無…
二三二〇 惟…
二三二〇 …逆…
二三二一正 惟…
二三二一正 不惟父…
二三二一反 …子
二三二二 乙巳…穷貞…于父…
二三二三 …丁弗…父…
二三二四 貞不…父壱
二三二五正 …于…父…
二三二五反 岳
二三二六 …父走…
二三二七 …父𡕒不

二三二八 貞…于父乙
二三二八 壬午卜穷貞河祟
二三二九 …侑于二父…
二三三〇 庚午卜𡆥貞告于三父
二三三一 …王勿祝于四父　三月
二三三二正 貞…于多父
二三三二反 …婦…
二三三三 癸亥卜貞多…有壱
二三三四 勿方帝
二三三四 方帝
二三三四 貞帝
二三三四 …多父
二三三五 …㱿貞…多父曰其…
二三三五 …辰弗…
二三三六 …于多…
二三三七正 …卜古…多父
二三三七反 …妙
二三三八 貞惟多父壱
二三三九 貞不惟多介父
二三三九 …㞢…
二三三九 勿侑
二三四〇 貞勿侑犬于多介父
二三四〇 貞徹弗其以由
二三四一 戊戌卜穷貞[illegible]不冉
二三四一 貞徹以眚伯由　三月
二三四一 嘉
二三四一 貞勿侑犬于多介父
二三四一 貞徹弗其以由
二三四一 貞勿嘉侑犬于多介父
二三四一 …于…桒…
二三四二 不惟多介父…
二三四三 戊午…不于多介…
二三四四 貞不惟多介壱
二三四五 多介父壱
二三四六 癸酉卜亘貞方…
二三四六 庚午卜亘貞不惟多介父壱
二三四七 于多介…犬
二三四八 侑犬于三介…卯羊
二三四八 …鼎
二三四八 貞其[illegible]
二三四九 貞侑于高妣己
二三五〇 貞勿侑于高妣己
二三五一 丁…卜亘貞侑于高妣己高妣庚
二三五二 貞勿侑于高妣己高妣庚
二三五三正 貞禦于高己
二三五三正 貞于…

二三五三反　……禦啓之

二三五三反　……爭……

二三五四正　戊午卜……貞禦于高妣己

二三五四臼　戊申婦妌示二屯永

二三五五　于妣庚禦

二三五五　于庚妣

二三五五　貞于高妣己禦　不若

二三五五　貞勿于高妣己禦

二三五六甲　……往……

二三五六甲　貞勿于高……

二三五六乙　貞于高……己禦

二三五六乙　貞妣庚無其克

二三五七正　戊寅卜殼貞于妣己禦

二三五七正　貞于高妣己禦

二三五七正　勿于高妣己禦

二三五七正　二告

二三五八正　勿于妣甲禦

二三五八正　勿于高妣己禦

二三五八正　……貞今春……不其至

二三五八反　婁入十

二三五九　貞勿于高妣己禦

二三五九　……于……妣……禦

二三六〇　貞勿禦于高妣

二三六〇　……禦……高……庚

二三六一正　……固曰下……

二三六一反　貞禦于高妣

二三六一反　……癸……

二三六一正　……毓其惟甲……

二三六一反　勿禦

二三六二正　庚子卜殼貞王有乍于高妣己妣……

二三六二臼　乞示三屯　穷

二三六三　庚子卜殼貞王有乍于高妣己……來丁
酉彭

二三六四正　二告

二三六四反　告于高妣己

二三六五　……卜殼……翌己卯……高妣己……用

二三六六　貞于來己亥彭高妣己暨妣庚

二三六六　……卜穷貞于來己亥彭高妣己暨妣庚

二三六六　三月

二三六七　丁丑卜殼貞于來己亥彭高妣己暨妣
庚

二三六八　……自其高妣己

二三六九　貞……

二三六九　貞……𤔲……

二三六九　……貞……高……己

二三七〇　癸亥……貞……

二三七〇　……妣己白彘

二三七一正　貞……高……己

二三七一反　丙……古……

二三七二正　二告

二三七二反　己……不惟

二三七二反　……高……妣……𡧊……子

二三七三正　戊寅卜古貞……于岳　二告

二三七三正　貞燎于岳

二三七三正　戊寅卜亘貞王若

二三七三正　小告

二三七三正　戊寅卜古貞燎……岳

二三七三正　于高妣己　二告

二三七三正　丁丑卜古……

二三七三正　……王……出……

二三七三正　聽囚

二三七三正　小告

二三七三正　……于……

二三七三反　貞……惟……

二三七三反　王固曰吉勿惟囚

二三七三反　……卜殼

二三七三反　……冊十小宰

二三七三反　……固曰……若

二三七三反　勿于妣庚

二三七三反　……若

二三七四　貞侑于高妣庚

二三七五正　令……不……

二三七五正　侑于高妣庚

二三七五反　……壬……

二三七六　……貞侑于高妣庚

二三七七　丙午卜貞侑自高妣庚

二三七八　……卯卜殼貞勿侑……高妣庚

二三七九正　二告

二三七九反　……高妣庚

二三八〇　禦于高妣庚

二三八一　勿禦于高妣庚

二三八一　貞呼往出

二三八一　貞侑乍于河

二三八二　貞侑于高妣

二三八三　……告于多高妣

二三八四　壬寅卜古貞禦于高妣

二三八四　壬寅卜古貞勿𠭯于示禦

二三八五　貞來庚戌侑于示壬妾妣牝羊𧉹

二三八五　貞勿𢦏

二三八六　癸丑卜王中……宰示癸妾妣甲

二三八七正　貞𦉪有追

二三八七正	貞侑于妣甲
二三八七正	二告
二三八七反	侑…父…
二三八七反	王…有追
二三八七臼	癸卯邑示二屯 小㪂
二三八八甲正	戊辰卜穷貞不其降
二三八八甲正	戊辰卜穷貞…降
二三八八甲正	貞册妣甲…
二三八八甲正	…册妣甲辟?
二三八八甲反	…百三十二
二三八九正	甲…
二三八九正	不其嘉
二三八九正	貞告于妣庚
二三八九正	勿告于妣庚
二三八九正	貞禦于妣甲
二三八九正	二告
二三八九反	貞…
二三八九反	勿…
二三九〇	貞侑妣甲用
二三九一	癸丑卜侑妣甲
二三九二	于祖丁母妣甲禦有𣪊
二三九二	于妣庚禦有𣪊
二三九二	…禦…囚
二三九三	于妣甲禦
二三九三	…若
二三九四	勿于妣甲禦
二三九五	貞妣甲祟
二三九六	貞…
二三九六	于…辛…
二三九六	不惟妣甲
二三九七	貞…于…妣甲
二三九八正	貞于妣甲
二三九八反	…示十…
二三九九正	勿于妣甲
二三九九反	雀入二百
二四〇〇	丁卯
二四〇〇	甲寅
二四〇〇	乙丑
二四〇〇	貞𠦪王…于妣庚于妣丙
二四〇〇	己卯
二四〇一正	二告
二四〇一反	侑妣丙
二四〇二	…己…妣丙
二四〇三	…王…
二四〇三	…卜王侑妣戊

二四〇四	于…庚…
二四〇四	貞侑妣己小宰
二四〇四	…十宰
二四〇四	…余…㲉
二四〇五	侑于妣己一牛
二四〇六	辛亥卜王侑酌妣己羊
二四〇六	…父…父…月
二四〇六	…酌
二四〇七	侑妣己
二四〇七	侑妣庚
二四〇八	貞…
二四〇八	貞侑于妣己
二四〇九	貞勿侑于妣己
二四〇九	…己
二四一〇正	貞从…
二四一〇正	貞勿侑于妣己
二四一〇反	…自婦…
二四一一	貞勿侑于妣己
二四一一	二告
二四一一	不舌黽
二四一二	侑妣己
二四一二	…酉
二四一三	貞呼…妣己賓…
二四一三	…己…
二四一四	…于妣己
二四一五正	貞禦于妣己
二四一五正	勿禦于妣己
二四一五正	二告
二四一五正	河祟我
二四一五正	不我祟
二四一五反	奠入二十
二四一六	…妣己禦
二四一六	壬…王…
二四一七	貞禦妣己
二四一八正	貞勿于妣己禦
二四一九	…歲于妣己
二四二〇	禱于妣己
二四二一	祝于妣己
二四二二	庚子卜永貞妣己闢
二四二二	貞妣己弗闢
二四二二	二告
二四二三	…册妣己十…十卯十…
二四二三	獲…
二四二四	癸未卜今…羊于妣己…册宰…
二四二五	…暨妣己一𦍩
二四二六	貞勿…妣己…卯宰

二四二七　貞𥂴己亥酌妣己…小宰
二四二八　貞妣己祟
二四二九正　貞妣己弗壱王
二四二九正　…己壱
二四二九反　王固曰吉
二四三〇　…亥卜亘貞妣己壱
二四三一正　貞□不惟妣己壱
二四三一反　…入三…
二四三二正　貞妣己壱
二四三二反　…三十七…
二四三三　妣己弗壱王
二四三三　妣己壱王
二四三四正　…酉卜殸…侑…
二四三四正　貞…己…壱
二四三四反　…固曰其…吉
二四三四反　…其惟…
二四三五　乙…
二四三五　惟妣己壱
二四三六　妣己弗壱王
二四三七正　不惟妣己
二四三八正　…貞…
二四三八正　甲寅卜殸貞王惟有壱
二四三八反　貞于妣己…
二四三八反　庚子…
二四三八正　貞…
二四三九　貞妣己不惟…
二四四〇　惟小宰于妣己
二四四一　…妣己燎二豕卯二牛
二四四二　惟…㞢…
二四四三　…于妣己…
二四四三　二告
二四四四正　貞…妣己來…
二四四四正　貞…
二四四四反　…三十
二四四五　…妣己…
二四四六　妣己
二四四七　壬…卜…妣己
二四四七　癸巳
二四四八　丁酉卜…侑亞妣己
二四四八　丁酉…惟…
二四四九　惟小妣己…
二四五〇　…于妣庚宰
二四五一　貞其侑于妣庚五宰十二月
二四五二正　…侑于妣庚三宰
二四五二反　…爭…己
二四五三　貞來…侑…妣庚

二四五四　庚戌卜爭侑于妣庚
二四五五　庚寅卜…侑妣庚…
二四五六　…侑于妣庚
二四五六　…妣庚
二四五七　貞來庚勿𨚁侑于妣庚
二四五八　勿侑于妣庚
二四五九　貞勿侑于妣庚
二四六〇　…妣庚𣪕…
二四六一　貞勿…
二四六二　戊午卜殸貞勿尋𠬝于妣庚
二四六三　貞于妣庚告
二四六四正　貞告于妣庚
二四六四反　…示十…
二四六五　告于庚妣
二四六五　不告
二四六五　不告…
二四六六　貞于妣庚告
二四六六　…勿告于妣庚
二四六七　貞勿𠕋妣庚十…
二四六八正　…𡫹…
二四六八反　…𠕋妣庚…
二四六九　貞𣪕妣庚𠕋…
二四七〇正　…子…
二四七〇正　己亥卜殸貞酌妣庚…
二四七一反　庚申卜殸貞王𥛱于妣庚惟𠕋斨
二四七二　…惟…戌…妣…
二四七三　貞…𠬝妣庚三…羊
二四七四　辛亥卜妣庚…毌
二四七五　貞于妣庚
二四七六正　…庚…
二四七六反　…于…
二四七六反　…亦于妣庚十牛
二四七七　庚申卜古貞王令丙
二四七八　庚申卜古貞不其雨
二四七八　小告
二四七八　惟妣庚壱
二四七八　…古貞其…
二四七九　貞妣庚𡚬…
二四八〇　貞妣庚…
二四八一　…妣庚…
二四八二　貞妣庚孽王
二四八三　辛酉卜古貞王其侑曰妣庚…
二四八四正　貞不有□
二四八四正　小告
二四八四正　貞…有燎…
二四八四反　…妣庚

二四八五 貞：妣庚
二四八六 ：勿妣庚
二四八七正 ：妣庚
二四八七反 戊寅：
二四八八正 ：寅卜古貞來庚酌妣…
二四八八臼 羊示十屯　穷
二四八九反 妣辛
二四八九反 妣庚
二四九〇 庚戌：貞：于：
二四九〇 ：辛：妣：作：
二四九一 辛未卜來辛巳侑妣辛
二四九二 壬申卜侑妣壬
二四九三 貞勿于妣壬禦
二四九四正 貞勿于妣癸禦
二四九四反 辛卯卜穷：
二四九五正 貞勿于妣癸禦：
二四九五反 ：來：
二四九六 癸巳卜爭貞侑白彘于妣癸不…
二四九六 王固曰吉勿五
二四九七 丁丑卜穷
二四九七 貞弗其獲
二四九七 貞勿侑于妣癸
二四九八正 翌丁侑于妣癸
二四九八正 勿侑于妣癸
二四九八正 母癸壱王
二四九八正 不惟之其凡
二四九八正 母癸不：
二四九八正 惟之其凡
二四九八正 壬戌卜內貞之其凡
二四九八正 貞不惟之其凡
二四九八反 貯入七
二四九九 貞侑妣癸
二五〇〇正 ：申卜亘貞告于妣癸蕈王
二五〇〇反 ：曰妣庚：循祟
二五〇一 ：殷：
二五〇一 貞禘于妣癸冊三小宰
二五〇二甲正 貞妣癸祟
二五〇二甲正 貞妣癸弗祟王
二五〇二甲正 二告
二五〇二乙正 妣癸祟王
二五〇二甲反 惟侑：
二五〇三 惟妣癸
二五〇三 惟兄丁
二五〇四正 ：于妣癸
二五〇四正 二告
二五〇四正 妣癸

二五〇四反 ：由
二五〇五正 貞于妣癸
二五〇五正 ：疾：
二五〇五反 ：惟己：
二五〇六 ：妣癸
二五〇六 妣癸
二五〇七 ：妣癸：
二五〇七 弗：
二五〇八 貞：妣癸
二五〇八 ：于妣癸
二五〇九 ：妣癸：
二五一〇 丙寅：禦：兄丁：宰
二五一〇 丁卯卜貞兹妣井不
二五一一 貞侑妣惟乙
二五一二 ：卜王貞禦于妣
二五一三 丁丑：貞告妣
二五一四 丙辰卜凸貞于妣禦正
二五一五 貞勿于妣：
二五一六 毋弗其妣眉
二五一七 ：辰卜于多妣：
二五一八正 ：殸貞：于多妣
二五一八反 ：乞自：
二五一九 貞侑于多妣
二五二〇 ：多妣
二五二一乙正 勿：多：
二五二一甲正 貞惟多妣蕈王疾
二五二一甲正 二告
二五二一甲反 ：亥卜：其：
二五二一甲反 ：吉
二五二二正 庚：亘貞：多妣壱
二五二二正 ：韋貞亦：
二五二二反 ：漁：祖：
二五二三 貞惟羊侑于母丙
二五二三 甲申卜貞于祟年娥
二五二三 貞翌庚子侑于母庚宰
二五二四 貞勿𩰫于母丙侑小宰
二五二五反 貞其有告于母丙禦
二五二六 ：禦于母丙
二五二七 ：生
二五二七 貞禦于母丙豕
二五二八 貞勿于母丙禦
二五二九 乙亥：丙：
二五三〇正 乙卯卜永貞惟母丙壱
二五三〇正 貞不惟母丙壱
二五三〇正 貞母丙無蠱
二五三〇正 不告黽

二五三〇正　貞毋丙允有蠱
二五三〇正　不舌黽
二五三〇正　二告
二五三〇正　二告
二五三〇正　不舌黽
二五三〇反　婦姘示百　殻
二五三〇反　王固曰毋丙有蠱于…
二五三〇反　毋以千
二五三一　貞于毋丙
二五三二　丁丑卜…丙子…毋丙
二五三三　…毋丙
二五三四　…卜…宰…毋丙
二五三五　貞毋丙卯…
二五三五　…侑婁…
二五三六　…毋…禦
二五三六　勿于毋己
二五三六　…妣丙
二五三七　貞…燎禦
二五三七　貞于毋己禦
二五三七　貞勿于毋己禦
二五三七　貞令師般
二五三七　貞于毋己禦
二五三七　貞于兄丁禦
二五三七　貞于燎禦
二五三七　…于…癸禦
二五三八　…吉
二五三八　毋己芒王
二五三八　毋己芒王
二五三八　弗燎西
二五三八　貞毋…
二五三九　貞…
二五三九　貞毋己來
二五三九　貞不其來
二五四〇　…妣…羊三月
二五四一　…毋己…于…彡…四月
二五四二　貞我不其…
二五四二　貞侑于毋庚二牛
二五四三　甲辰卜…貞告于丁牛五月
二五四三　甲辰卜貞翌乙巳蓺侑于毋庚宰
二五四三　…卜貞…蓺…
二五四四　…穷…毋庚…王㞢…
二五四五　辛酉卜穷貞侑于毋庚
二五四五　貞勿侑于…庚
二五四六　…齒
二五四六　…宰侑于毋庚
二五四七　癸…貞…于…

二五四七　貞侑于毋庚
二五四八　貞翌庚申侑于妣庚
二五四九　…侑于毋庚
二五四九　丙…卜…
二五五〇　侑于毋庚一牛
二五五一　…巳…侑…毋庚
二五五二　…侑毋庚
二五五三　丁未卜王侑毋庚
二五五三　…凿癸射…
二五五四　乙巳卜庚…勿侑毋庚牛
二五五五　翌庚申勿侑于毋庚
二五五五　貞延燎若
二五五六正　庚辰…貞…
二五五六正　乙巳卜穷貞用于毋庚
二五五六反　…曰己…
二五五七　貞勿于毋庚禦
二五五八　…卜禦…食毋庚一宰
二五五九　貞勿禦于毋庚
二五五九　勿禦
二五五九　禦于毋庚
二五五九　貞禦于毋庚
二五五九　…䳑…毋…
二五六〇正　禦于毋庚
二五六〇反　…雨
二五六〇反　貞…
二五六一　庚辰卜古貞舌毋庚
二五六二　勿于毋庚告
二五六二　…卜爭…酘
二五六三　癸未卜…毋庚
二五六四　…乂歲毋庚
二五六五　…毋庚牡
二五六六　庚午有乂歲毋…
二五六七　…卜于毋庚
二五六八正　于毋庚告
二五六八正　…沚𢦔
二五六八反　…夫入…
二五六九　…牛毋庚
二五七〇　甲辰卜祇于毋庚
二五七一正　…毋庚
二五七一反　…王…
二五七二正　…毋庚
二五七二反　…始…
二五七三　…亥卜殻…
二五七三　…庚
二五七三　茲酚告于…乙
二五七三　于毋庚

二五七四	：母庚
二五七五	：卯卜貞：母庚
二五七六	：妊
二五七七	壬申卜侑母癸
二五七八正	貞酚：母癸
二五七八反	：子
二五七八反	：示甲：
二五七九正	貞惟母癸壱
二五七九正	：壱王
二五七九反	貞：勿曰：
二五七九反	貞：其：
二五八〇	：央于母癸
二五八〇	：母：
二五八〇	：帝□
二五八一	：母癸
二五八二	：㞢：戠甲：戠辛：
二五八三	丙寅：丁宰
二五八三	貞侑：母：
二五八三	：宰㞢：
二五八四正	于母：有羊
二五八四反	：來：
二五八五	貞侑于母旧犬三羊三豕：卯：
二五八六	：㞢：
二五八六	貞侑于母：
二五八七	戊申：侑母：
二五八八	：勿侑于母　二告
二五八八	二告
二五八九	：□：于母：禦：丁
二五九〇	貞勿：母禦
二五九一	貞禦于母：
二五九一	勿禦于母：
二五九二	于母告
二五九二	：用
二五九二	：事：
二五九二	：用
二五九三	庚子卜貞今日：于母：
二五九三	：貞：祖丁
二五九四	：貞：牛：
二五九四	：及：母：
二五九五	：子卜：母：一牛
二五九六	惟母歲先
二五九七	：不惟母壱
二五九八	貞：于母
二五九九	：□：母：岦：
二六〇〇	：女：
二六〇一	貞勿　小母
二六〇二	：小母
二六〇三	貞：小母：
二六〇四	：貞：母：母：
二六〇五	貞勿多妹母
二六〇六正	丙午卜韋貞㕣：犬由
二六〇六正	貞呼婦□侑
二六〇六反	王固曰吉卜
二六〇六反	羋：
二六〇七	貞婦好有匚于吅妣酚
二六〇八正	貞婦好侑
二六〇八反	：母
二六〇九	貞于妣：禦：
二六〇九	呼婦好有夂于父：
二六一〇	貞盟：卯勿呼婦好有：
二六一一	：婦好：惟有泉：
二六一二	貞禦婦好于高
二六一二	：卜：其雨
二六一三	延：其：
二六一三	禦婦好于父乙
二六一三	于妣癸禦婦
二六一三	于妣壬
二六一四正	：爭貞：婦好于父乙
二六一四反	王：吉
二六一五正	甲戌卜穷貞禦婦好：
二六一五臼	穷
二六一六	貞禦婦好于妣甲
二六一七	貞勿于妣庚
二六一七	貞于妣庚禦婦好
二六一七	貞勿于妣庚
二六一七	貞于妣庚禦
二六一八正	：母庚禦婦好旧
二六一八正	勿于母庚禦　小告
二六一八反	：固曰吉
二六一九	貞于甲介禦婦好
二六二〇	庚戌卜爭貞禦婦好：
二六二一	己卯卜爭貞禦婦好于妣：
二六二二	貞：好
二六二二	貞禦婦好
二六二三	：禦婦好
二六二三	戊：
二六二四	：丑卜：禦：好：子：
二六二五正	貞勿禦婦好
二六二五反	：婁來：
二六二六	貞勿禦婦好于丙
二六二六	不舌黽　二告

二六二七 甲戌卜殼貞勿𢦔禦婦好趾于父乙

二六二七 其…囚

二六二八 甲戌卜殼貞勿𢦔禦婦好趾于…

二六二九正 …永…勿𦎫禦…好…妣…小宰

二六二九反 王固曰其…

二六三〇 乙卯卜殼貞𠃊黨婦好禦

二六三一正 貞惟婦好呼𢦏伐

二六三一正 戊辰…伐…三月

二六三一臼 婦好示十屯 穷

二六三二 …貞𠦪婦好

二六三三 貞𠦪…好于…乙

二六三四正 貞𠦪婦好于父乙

二六三四反 王固曰其𠦪

二六三五 貞婦好弗其用

二六三六正 貞惟祖乙取婦

二六三六正 貞婦好有取不

二六三六正 貞惟大甲取婦

二六三六正 貞婦好有取

二六三六正 貞惟唐取婦好

二六三六正 惟祖乙

二六三六正 貞惟大甲

二六三六正 惟唐取…好

二六三六反 乙卯卜賓

二六三六反 王固曰…甲

二六三七 乙卯卜穷貞惟帝取婦好

二六三八 …寅卜韋貞賓婦好

二六三八 貞弗其賓婦好

二六三九 貞有來賓婦好

二六三九 不惟母庚

二六四〇 …婦好燎一牛

二六四一 貞勿呼婦好往燎 告

二六四二 貞翌丁巳呼婦好往于…

二六四三 甲戌卜貞婦好不往于妣庚

二六四四 貞婦好弗其賓[illegible]

二六四五 貞…辛…其…好…

二六四五 …丑…

二六四六 乙卯卜殼貞壬父乙婦好生保

二六四七 貞呼婦…

二六四八 貞呼婦好曰…

二六四九正 甲申卜爭貞勿呼婦好…

二六四九臼 祏暘

二六五〇 貞呼婦好祝…母…禦

二六五一 惟婦好呼…尹余受…

二六五二正 貞婦好…[illegible]

二六五二正 貞婦…从之[illegible]

二六五二正 貞呼婦往有得

二六五二正 貞呼婦往無得

二六五三 貞生十三月婦好不其來

二六五三 癸酉卜亘貞生十三月婦好來

二六五三 伐舟

二六五四 婦好其來

二六五五 貞婦好不…

二六五六正 …午…貞婦好允見有𠬝

二六五六反 …固…

二六五七正 …戌卜爭…婦好見…

二六五七反 …卜殼…有祟惟…

二六五八 貞呼奚取

二六五八 貞呼婦好見多婦于[illegible]

二六五九正 貞翌丙…

二六五九正 …貞婦好無𡆥

二六五九正 …亘貞婦好有𡆥

二六五九反 王固曰有𡆥…

二六六〇正 二告

二六六〇反 貞…

二六六〇反 貞婦好…惟庚…受…

二六六一正 小告

二六六一反 …弗若

二六六一反 婦好…

二六六二 貞今五月婦好不…

二六六三正 貞翌己亥婦好…

二六六三反 王…曰骨凡…

二六六四正 …子卜爭貞今日其疒…婦好…雨

二六六四反 [illegible]…

二六六五 貞…有壱

二六六六正 …婦好不…無壱

二六六六反 井示

二六六七正 婦好惟壱

二六六七正 婦好不祐

二六六七反 不惟…

二六六七反 丙…

二六六八 …丑卜爭貞若

二六六八 貞…來…

二六六八 貞𦎫…好…于敦

二六六九 …婦好

二六七〇正 勿…燎…十牛

二六七〇正 惟…好…

二六七〇反 …𡧊下…

二六七一正 弜…賓于…好

二六七一反 …固曰…穷…

二六七二 …司婦好

二六七三	……好弗爵
二六七四	……我囚……婦好……圍……
二六七五	貞：妣己芒……母子……
二六七六正	……貞……好先……惟……
二六七七	貞婦好……惟有……
二六七八	……好惟己……
二六七九	……婦好惟……
二六八〇正	不舌黽
二六八〇反	……固……
二六八一正	……丑卜殻貞婦好……
二六八一反	婦姘示……
二六八二正	壬子卜爭……婦好不其嘉
二六八二正	貞婦好身……以婦……
二六八二反	……□……
二六八三	……婦好
二六八三	□
二六八四	貞惟婦好
二六八五	……婦好……
二六八五	……戣……
二六八六	……酉卜㝊……婦好……
二六八七	……申卜……婦好……多……
二六八八	……婦好……女……
二六八九正	貞……
二六八九反	……婦好……
二六九〇正	……卜庚子……婦好不……
二六九〇反	……高……
二六九一正	辛酉婦好……
二六九一反	……入
二六九二正	……芒王
二六九二反	婦妏……
二六九三	……丑卜……婦好……□……
二六九四	貞婦……婦好……
二六九五	……卜㝊貞婦好……
二六九六	……于婦好……
二六九七	……婦好
二六九八	……丑……婦好……
二六九九	……酉卜……婦好……于祖……
二七〇〇	……酉卜……婦好……其……
二七〇一	王……婦好……女……
二七〇一	……女……
二七〇二	……貞……婦好……
二七〇三	貞今一月婦好……
二七〇四正	貞……好……于……三月
二七〇四反	……子……
二七〇五	……巳……殻貞……三月……好……
二七〇六	……好六月

二七〇六	……好……
二七〇七	貞……好……其……
二七〇八	……好……□……于……
二七〇九	……貞……好……
二七一〇	……好……黹
二七一〇	……呈……
二七一一	庚寅卜……好
二七一二正	貞翌……未……耏……好
二七一二正	貞……
二七一二反	丁亥……
二七一二反	……三十
二七一三	……酉……婦好……王……
二七一四	貞……好不……暨□……
二七一五正	貞弜……于婦好
二七一五反	……固……
二七一六	……酉……貞呼……婦好……嬴
二七一七正	……惟……
二七一七反	……好呼……
二七一八正	……好弗其……
二七一八反	……弗其……
二七一九	……曰……婦好……
二七二〇	……好……在……
二七二一	貞……好……
二七二二	丁未卜……婦姘侑……賓……
二七二三	……侑于示……
二七二三	……有彳于土
二七二三	……婦姘……
二七二四	……庚耏……
二七二四	……姘有禦……
二七二五正	乙丑卜㝊貞侑于大甲
二七二五正	戊寅卜㝊貞禦婦姘于母庚
二七二五臼	壬子婦豐示屯　㱿
二七二六正	甲寅卜殻貞禦婦姘于母庚
二七二六反	嬉示……
二七二七正	小告
二七二七反	……唐
二七二七反	貞……唐
二七二七反	勿禦婦姘
二七二七反	往中
二七二七反	于來
二七二七反	婦姘蛊
二七二七反	侑于……
二七二七反	侑于……
二七二八	……取……
二七二八	呼取戉
二七二八	貞呼取戉

二七二八　呼婦姘出
二七二八　貞侑于南庚
二七二九　貞勿姘呼
二七二九　丁卯…貞…
二七二九　貞…
二七三〇　丙寅卜㝈貞惟婦姘呼
二七三一正　…貞至于…
二七三一正　貞勿呼婦姘立…
二七三一反　…自我…
二七三二　貞勿呼婦姘先
二七三三　貞翌…呼…姘先
二七三四正　貞呼婦姘㲋…
二七三四反　岳…
二七三五　…姘…二月
二七三五　…𢦏…
二七三六　…申卜…貞呼…姘…
二七三七正　己丑卜亘貞婦姘…不[illegible]
二七三七臼　…子…𢆶示　爭
二七三八　…母丙壱婦姘
二七三八　…冊…
二七三八　…亩曰弗…[illegible]
二七三九　…婦姘…母…
二七四〇　…王固…婦姘…
二七四一　…婦姘先…
二七四二正　二告
二七四二反　…婦姘侑…
二七四三　…殼貞婦姘…
二七四四　貞…
二七四四　…婦姘不…
二七四五　…婦姘…庚
二七四六　…婦姘…
二七四七　…姘…正
二七四八正　己丑卜爭貞…
二七四八正　貞姘
二七四八反　…雨至
二七四九正　貞…子…姘…
二七四九反　貞燎于…
二七五〇　…子卜…姘…受…
二七五一正　…姘…其受…
二七五一反　…婁…
二七五二
二七五二　…姘之…橐
二七五三　…末…貞…卣若…姘…乂…
二七五三　…午卜…
二七五四　貞婦姘…
二七五五　貞姘

二七五六　貞禦婦井于母庚
二七五七　…婦井潸…
二七五八　…婦井潸…
二七五九正　…末卜…婦井…
二七五九反　…婦井…賓…
二七六〇正　癸亥卜品貞勿令婦井
二七六〇臼　㚸…
二七六一正　貞王…多…
二七六一反　…婦井受…
二七六二　…申卜…貞婦井…
二七六二　小告
二七六三正　…子卜爭…
二七六三反　…婦井來
二七六四正　辛丑卜…貞…
二七六四正　丁亥…
二七六四臼　…婦井…
二七六五　戊…貞惟…婦井…
二七六六　貞畀婦井
二七六六　…啓
二七六七　貞婦井…
二七六七　…若
二七六八正　…殼…
二七六八反　婦井…
二七六九　…貞我不…婦井…　二告
二七七〇　呼…井…于…
二七七一正　…在…
二七七一正　…舟…畄父…
二七七一反　婦姘…
二七七二　婦姘甾
二七七三　…卜爭貞禦婦婐于母…
二七七四正　丁丑卜爭貞禦于祖辛十宰
二七七四正　甲寅卜爭貞勿禦婦婐于唐
二七七四臼　婦利示十屯　爭
二七七五　貞婦婐…
二七七六　…婐不其…
二七七七　甲寅卜…
二七七七　乙丑卜品貞我受年
二七七七　二告
二七七七　貞勿禦婦婐于母庚
二七七八　…婦婐…任…
二七七九甲　貞婐正王
二七七九乙　婐弗正王
二七八〇正　…婐…
二七八〇反　丁…
二七八一　癸丑卜㝈貞…媄…
二七八二正　…令媄…

二七八二反 王固曰：…
二七八三 戊辰卜爭貞勿萑婦娘子子
二七八四 戊辰卜爭貞勿萑婦娘子子
二七八四 貞翌甲𢀛自上甲衣無壱七月
二七八五 ：巳卜爭：婦娘子：㞢：
二七八六 ：化娘：
二七八七 ：禦婦娘于祖丁七月
二七八八 禦婦娘于祖丁七月
二七八八 婦㚤：
二七八八 婦㚤：
二七八九 婦哭：
二七九〇正 ：鼎我：
二七九〇反 ：婦丙：
二七九一正 ：㞢：
二七九一反 婦汝：
二七九二 ：女一人：曰汝
二七九三 貞婦媒其：
二七九四 辛卯：婦𧴪：
二七九五正 ：貞婦共：固曰有祟：其惟庚
二七九五反 ：四殼
二七九六 ：貞婦共：
二七九七正 ：婦：十月
二七九七反 婦鼓：
二七九八正 今日不雨
二七九八正 㞢：
二七九八反 婦豐：來
二七九九 癸：貞：
二七九九 乙酉卜穷貞翌丁亥将婦妊
二七九九 戊戌卜貞王
二八〇〇 ：固曰吉：妊：七月
二八〇一 甲辰卜婦孃：
二八〇二 ：婦：䗪：弗：
二八〇三 ：婦姃：㪅：
二八〇四 乙亥卜王余曰婦鼠母𥘸
二八〇五 壬子：鼠其𢍰
二八〇六 ：婦鼠：母丙
二八〇七 庚戌卜貞翌壬子喪婦鼠：𠷎
二八〇八 庚戌卜穷貞于亘喪婦鼠：
二八〇九 ：翌己酉：婦嬰侑：
二八一〇 ：婦：賓
二八一一 ：品婦光
二八一二 ：午卜：婦竦子不𢍰
二八一三正 ：于：
二八一三正 ：貞殼：
二八一三反 ：婦𡧊來：
二八一四正 ：貞呼

二八一四反 ：未婦：
二八一四反 ：其：
二八一五 ：丑卜婦嫐又：
二八一五 ：豕
二八一六 ：婦周：㞢：
二八一七正 ：殼貞：
二八一七反 ：婦龐：
二八一八 ：婦：
二八一九 ：婦𠃬：
二八一九反 ：王有壱
二八一九反 ：弗：
二八二〇 二告
二八二〇 三告
二八二〇 不舌鼃
二八二〇 不舌鼃 二告
二八二〇反 貞𠬝婦女有田
二八二一 ：婦女：
二八二二正 貞不惟父乙壱婦女
二八二二反 ：入十
二八二三 ：婦女
二八二四 不得
二八二四 貞得 小告
二八二四 貞婦𨙸冊冊妻
二八二四 小告
二八二五 ：不于多婦田五月
二八二六 癸卯卜：多婦：
二八二六 癸：
二八二七正 貞：
二八二七正 貞侑于婦惟小宰十二月
二八二七反 ：並：犬二十
二八二八 甲：貞：𡧊：
二八二八 丁巳卜貞侑于婦小宰
二八二九 庚子卜貞侑于婦一犬
二八三〇 辛丑卜穷貞侑于婦一牛
二八三一 貞婦：有賓：
二八三二甲正 小告
二八三二甲正 勿禦于四𡧊婦嬴 小告
二八三二甲正 ：若䤈
二八三二乙正 丙：禦：婦：
二八三二乙正 ：䤈
二八三二丙正 ：婦：嬴
二八三二甲反 ：戊卜貞辛酉丁：
二八三二甲反 王固曰：畏：
二八三二乙反 ：卜：
二八三三 貞勿禦婦子于：

二八三四	貞于母丙禦婦
二八三五	貞婦：不往：
二八三六	貞勿呼婦往其有：
二八三七	貞師般無囚
二八三七	惟禧
二八三七	貞婦往于妣庚不惟禧
二八三七	雨
二八三七	貞師般其有囚
二八三七	貞盟乙巳不雨
二八三七	二告
二八三八	丙辰卜呼婦
二八三八	：丁：其：不告
二八三九反	貞呼婦：勿㞢：
二八三九反	：祟：
二八四〇	貞呼：暨：
二八四一	：于婦：
二八四二正	：不：
二八四二正	貞呼婦：
二八四二反	：我：
二八四三	貞于來：亥呼婦：
二八四四正	乙未卜亘貞惟妣己壱婦
二八四四反	：井示五　爭
二八四五	：妣己壱婦：
二八四六	：母丙壱婦：
二八四七正	小告
二八四七反	婦：無壱
二八四八	貞母丙祟：
二八四九正	貞妣己弗祟婦
二八四九正	呼王
二八四九反	貞：
二八四九反	甲：
二八五〇	：貞：婦：由
二八五一	癸丑：貞㞢：
二八五一	：貞：冢：婦
二八五一	：卜貞：爯：
二八五二	：婦
二八五三	貞婦袲：
二八五四	丙：
二八五四	婦弗壱
二八五四	壱羊
二八五五	貞盟甲：勿：婦：
二八五六	：婦□
二八五七	：卜：□中婦
二八五八	貞于中婦
二八五八	：巳：宀
二八五九	：王曰：

二八五九	：母：婦
二八六〇	己酉卜婦子
二八六一	婦姓：彝
二八六一	：申夕：□
二八六二	：婦𠂤：
二八六三	貞唐弗爵竹妾
二八六三	：竹妾
二八六四	貞于妣癸禦靁妃
二八六五	貞禦靁妃于贏：
二八六六	己丑卜穷貞禦靁妃于：
二八六六	小妃
二八六七	：卜穷貞：妃：
二八六八	庚寅卜穷貞靁妃無不若
二八六九正	□
二八六九正	于父甲禦
二八六九反	：父庚禦
二八六九反	丁丑：侑兄甲
二八七〇	甲申：惟：乙
二八七一	惟：兄甲
二八七一	貞：
二八七二	貞侑于兄丁
二八七二	貞內禦
二八七三	貞侑于兄丁
二八七三	勿禦囚
二八七四	丙寅卜殻貞其有火
二八七四	丁卯卜殻貞今日夕侑于兄丁小宰
二八七五正	侑于兄丁小宰
二八七五正	小告
二八七五正	不舌黽
二八七五反	王固曰：㞢：
二八七六	：酉卜今日：兄丁羊
二八七七	：吉侑兄丁牛
二八七八	貞侑羊于兄丁
二八七九	貞侑于兄丁
二八七九	：雨
二八八〇	貞勿侑于兄丁
二八八〇	：侑于：丁
二八八一	辛未卜侑兄丁
二八八二正	貞侑兄丁
二八八二反	：井示：
二八八三	：禦于兄丁
二八八四	：亥卜：兄丁禦
二八八五	貞禰于兄丁來：牛惟：
二八八六	兄丁宰
二八八六	□：
二八八七	丁巳卜用宰兄丁

二八八七　戊…
二八八八　…宰于兄丁
二八八九　勿…于…丁
二八八九　兄丁壱王
二八九〇　貞兄丁壱
二八九〇　貞我一月酌二月[illegible]
二八九一正　兄丁弗壱…
二八九一正　兄丁…
二八九一正　兄丁弗壱王
二八九一正　不其生
二八九一正　二告
二八九二正　二告
二八九二反　貞兄丁壱
二八九三正　…受…
二八九三正　貞于兄丁　二告
二八九三反　不告黽
二八九三反　賓
二八九四　…壱
二八九五　貞兄于有曰…
二八九五　貞…丁…
二八九五　惟兄丁來
二八九五　貞邑其來告五月
二八九六　貞邑不其來告
二八九七　…兄丁來
二八九八　…申惟要…凡兄丁
二八九九　…雀…兄丁
二九〇〇　勿…兄丁
二九〇一　…兄丁
二九〇二　…兄丁
二九〇三正　…兄丁
二九〇三反　二告
二九〇四　…兄丁
二九〇四　辛
二九〇四　祖辛…
二九〇四　…子…婦…酉…
二九〇五　…寅…王…兄丁…用豕
二九〇六　…侑于兄戊
二九〇六　丙午卜侑于兄戊
二九〇七　戊寅卜侑兄戊
二九〇八　乙亥…侑兄戊正日
二九〇九　…兄戊…
二九一〇　…禦衛…兄戊
二九一一　戊子卜禦衛兄戊

二九一二　惟兄戊壱
二九一三　不惟兄戊壱
二九一四　惟兄戊壱
二九一五正　貞…
二九一五反　惟禦兄戊
二九一五反　不惟戊…
二九一六　惟豕兄戊不
二九一七　壬戌…豕兄戊用
二九一八　乙亥…兄戊…
二九一九　…兄戊
二九二〇正　貞埶來至于丁于兄庚
二九二〇反　癸亥乞…庚…
二九二一　…宕…多兄…
二九二一　貞其率…多兄…
二九二一　丁未…貞…
二九二二　丁未…貞…不…
二九二二　貞其率…多兄六…
二九二三　貞惟多兄
二九二四　丁酉卜古貞多兄壱
二九二四　…卜宕…有祟…入出
二九二五　貞不惟多兄壱
二九二五　…其𡍂
二九二六正　貞侑于多介兄
二九二六反　乙亥婦…
二九二七　貞不…多介兄
二九二八　庚辰…貞侑…兄…
二九二九　…侑于兄牛又𠂤一
二九三〇　…侑兄…
二九三一　…禦兄…
二九三二　…禦…之兄
二九三三　丁未卜貞兄不其
二九三三
二九三三　呼比…
二九三四　兄…一牛
二九三四　勿䏌…
二九三五　壬寅卜兄
二九三六　兄惟有壱
二九三七　…兄壱
二九三七　邑弗其…
二九三八　貞惟兄…
二九三九　惟兄…
二九四〇　丙戌卜爭貞父乙求多子
二九四〇　貞勿…
二九四〇　翌辛卯燎三牛
二九四〇　丙戌卜爭貞父乙求多子
二九四〇　丁亥卜内貞子商出…在…

二九四〇　丁亥卜内貞子商無盧在田
二九四〇　二告
二九四〇　二告
二九四〇　二告
二九四〇　二告
二九四一　貞禦子商小宰用
二九四一　……皿……甫魚
二九四一　……于……用
二九四二　……卜王貞……勿𢦏猷酌……商禦于……
二九四三　壬寅卜勿𢦏酌子商禦二宰
二九四四　……我
二九四四　翌己酉壱雨
二九四四　……祖壱
二九四四　祖丁壱王
二九四四　南……壱……
二九四四　貞子商侑册于父乙呼酌
二九四五　……殻貞子商㞢……
二九四六　……子商侑于父……宰……牛
二九四七正　貞呼……商侑于兄……
二九四七正　……王……兄……
二九四七反　王無不若唐
二九四七反　……邑……
二九四八　勿……商……
二九四八　侑㲋……父……
二九四九　貞勿于……商侑祖……
二九五〇正　壬戌卜……
二九五〇正　……子商……
二九五〇反　……囚曰不惟……
二九五一　丁卯卜……貞呼子商……
二九五二　……五卜……商弗……先
二九五三正　壱王壱祖辛
二九五三正　祖丁　二告
二九五三正　祖辛
二九五三正　貞子商壱有由　二告
二九五三正　貞子商壱無由
二九五三正　貞今日夕酌
二九五三正　貞今日侑于成三牛
二九五三正　取𢀛
二九五三正　勿取
二九五三反　取為
二九五三反　勿取
二九五三反　貞翌丁巳酌祖丁……
二九五三反　……五……
二九五三反　……𢦏于……
二九五三反　……弗……
二九五四　丙戌卜宂貞子商其𠜴有囚七月

二九五四　……亥卜殻……
二九五五　乙亥卜殻貞王勿入
二九五五　丙戌卜宂貞子商其𠜴囚
二九五六　貞……商……壱
二九五七　貞子商弗其……
二九五八　……殻貞子商……
二九五九　……𣎼貞子商……
二九六〇正　……固曰無壱有祟
二九六〇正　貞呼取逆
二九六〇反　子商……𡆥㞢……
二九六一正　貞子商其……暨……往……
二九六二　……子商來……
二九六三　……卯卜子商禦于……
二九六四　……自……六日……申子商……
二九六五　……卜爭……子商……兄丁……宰十月
二九六六　……子商
二九六七正　二告
二九六七反　……商……
二九六八　丙申卜殻貞子商……
二九六八　……殻……
二九六九　……王……子商
二九七〇　……卜王……商……𡆥
二九七〇　……戊卜令……子……
二九七一　……延……商無……
二九七二　貞勿……子漁……于㞢祖
二九七二　貞呼子漁侑于祖乙
二九七三　呼子漁侑于㞢祖
二九七四　貞……漁侑于祖丁
二九七五正　……午卜殻貞翌乙未呼子漁侑于父
乙宰
二九七五正　……巳卜殻……燎燎……㲋……
二九七五臼　癸巳婦示屯
二九七六　……子呼……漁侑于父乙
二九七七正　貞翌乙卯呼子漁侑于父乙
二九七七反　……宂……甲……乞殻
二九七八正　壬申卜宂貞呼子漁侑于……
二九七八臼　己……示
二九七九正　不𠮾黽
二九七九正　不𠮾黽
二九七九反　惟子漁侑……
二九八〇正　貞子漁有册于……
二九八〇正　……子……
二九八一　……漁有以于兄……
二九八二　貞勿……子漁……
二九八三正　二告
二九八三正　不𠮾黽

二九八三正　二告
二九八三反　…子漁勿侑于…
二九八四　貞禦子漁
二九八四　貞…在敦
二九八五　乙丑卜亘貞禦子漁于…
二九八五　丁卯卜𡆥貞望…
二九八五　乙丑卜亘貞
二九八六　…羊
二九八六　貞禦子漁于…
二九八七　乙巳…酌子漁禦
二九八七　不其暘日
二九八七　…禦
二九八八　乙巳酌子漁
二九八八　…其…
二九八八　…子…日
二九八九　貞…勿…漁禦…
二九九〇　…辰…來乙…漁…冊…
二九九一　…子漁…以于…
二九九二　…子漁…
二九九三　…子漁有祟
二九九四　…子漁祟
二九九五　貞勿于…妣于禦…
二九九五　…子漁…
二九九六　…子漁于暨惟…
二九九七　貞子漁暨…
二九九八　…子漁…
二九九九　…子漁…
三〇〇〇　丁…貞…漁…
三〇〇一正　…寅卜爭…漁無…
三〇〇一反　…固曰無…
三〇〇二　辛丑𡆥…
三〇〇二　…未卜…貞漁…娥…
三〇〇三　…漁…
三〇〇四　…子漁…
三〇〇四　…商
三〇〇四　…穷
三〇〇五　…漁…兄…
三〇〇六　貞禦子央豕于娥
三〇〇六　…㞢…嬉
三〇〇七　貞禦子央于龕甲
三〇〇七　貞燎三宰
三〇〇八　貞禦子央于…己
三〇〇九　…戌卜…禦子央于母己三小宰
三〇一〇正　貞無其來　小告
三〇一〇正　貞惟侯比　二告
三〇一〇正　貞賓婦

三〇一〇正　不舌黽
三〇一〇正　小告
三〇一〇正　有賓
三〇一〇正　二告
三〇一〇正　貞婦無其賓
三〇一〇正　…卜…貞勿…
三〇一〇反　癸卯卜穷
三〇一〇反　貞禦子央于母庚
三〇一〇反　貞告于祖辛
三〇一〇反　禦于…己
三〇一一　…巳卜…貞…央于…侑犬卯…
三〇一二正　貞禦…央母…
三〇一二正　…永貞…
三〇一二反　…卯婦…自…
三〇一三　貞酌子央禦于父乙
三〇一三　勿酌子央禦
三〇一三　貞酌子央禦
三〇一四　貞酌…央禦于父…
三〇一四　貞勿酌子央禦
三〇一四　…央…
三〇一五　貞來乙巳酌子央
三〇一六　…呼…央…侑于㞢祖
三〇一七　丙申卜…央…丁用
三〇一八　甲…貞…無…
三〇一八　丙申卜貞翌丁酉用子央歲于丁
三〇一九　…卜…貞子央…眈惟人…
三〇二〇　癸未卜爭貞子央惟其有…
三〇二〇　貞…冓
三〇二一　貞今癸巳…子央…于妣
三〇二二　…子央…　小告
三〇二三正　貞…
三〇二三反　…央…
三〇二四　…央…畀…
三〇二五　…央…心…
三〇二五　…罕…
三〇二六　…央…
三〇二七　貞子央…
三〇二八　貞惟亥?□令十三月
三〇二九　…未卜…貞惟…□…呂
三〇三〇　貞惟子妻往…
三〇三一　…子妻往…
三〇三二正　貞酌婦…禦于…乙
三〇三二正　二告
三〇三二正　小告
三〇三二反　其侑子妻有祟
三〇三二反　其雨

三〇三二反　癸卯卜殻貞曰以㞢…
三〇三三正　乙卯卜殻貞呼…
三〇三三正　小告
三〇三三正　貞子妻疾
三〇三三反　乙…卜…
三〇三四　惟王…子妻…遣自…
三〇三五　…卜今三月子妻…
三〇三六　貞子妻…
三〇三七　…辰卜永…翌乙巳…圍…妻…
三〇三八　…正…妻…
三〇三九　…妻…惟…商…
三〇四〇　…見子妻…
三〇四一正　庚…于…
三〇四一反　…妻
三〇四一反　貞…吾…
三〇四二　貞…
三〇四二　貞己亥□…留己…妻
三〇四二　…河…
三〇四三　…兄…壱…妻
三〇四三　…□…
三〇四四正　惟…丁壱…妻
三〇四五　勿…妻
三〇四六　貞…妻…弓…
三〇四六　…丁…一牛
三〇四七　丁巳卜㗊貞翌戊午其…
三〇四七　癸巳卜㗊貞妻弗其…
三〇四八　貞妻弗…
三〇四九　貞令妻若
三〇四九　…令…
三〇五〇　貞…令…妻
三〇五一正　…唐□…
三〇五一反　…子妻…
三〇五二　…巳卜…□…妻
三〇五二　辛巳…貞…
三〇五三正　貞勿…
三〇五三反　己未卜爭…妻…
三〇五四正　庚辰卜宕貞受畀妻十二月
三〇五四臼　癸亥乞自雩㗊
三〇五五　貞妻…
三〇五六　貞妻不…
三〇五七　其曰妻來
三〇五七　毋戦
三〇五八　己亥卜宕貞妻…
三〇五九　貞妻…
三〇六〇正　貞勿…
三〇六〇反　…妻…

三〇六一正　癸丑卜爭𢀛缶于大子
三〇六一正　癸丑卜爭勿𢀛缶于大子
三〇六一正　甲寅卜殻呼子汰酒缶于冥　二告
三〇六一正　甲寅卜殻勿呼子汰酒缶于冥
三〇六一正　壬申卜殻翌乙亥子汰其來
三〇六一正　于商酒缶
三〇六一正　…卜宕貞我其征戦
三〇六一正　子汰其惟甲戌來
三〇六一正　…未卜爭貞我戦□在寧
三〇六一正　二告
三〇六一正　貞呼…
三〇六一正　勿呼雀夕敦
三〇六一反　癸丑卜殻惟囚
三〇六一反　缶惟用
三〇六二　庚戌卜王…八月
三〇六二　…比
三〇六二　…子汰
三〇六三正　貞子汰惟囚
三〇六四　貞子汰來
三〇六五　…㞢…
三〇六五　己丑卜子
三〇六五　…不…來
三〇六六　貞子汰…□
三〇六六　甲寅…
三〇六六　…十月
三〇六七　甲寅…
三〇六七　貞御之
三〇六七　汰來
三〇六八　…汰玉于祖丁大乙
三〇六九　…汰…祟
三〇六九　…曰雀…妣
三〇七〇　…汰
三〇七一　…汰
三〇七二　壬辰…貞…司…
三〇七二　辛卯
三〇七二　貞惟羊
三〇七二　甲辰
三〇七二　…巳…弓牛
三〇七二　庚子
三〇七三　…貞子弓…丙日惟…辛卯酒四月
三〇七三　…卜…王…四月
三〇七四　丁酉卜爭貞子弓徹…有尤
三〇七五　丁酉卜…子弓…
三〇七五　…由
三〇七六　壬辰卜令…以多…
三〇七六　癸巳卜貞令□□子弓歸六月

三〇七七 戊…爭…肇丁…
三〇七七 乙丑卜穷貞翌丁丑呂其侑于丁
三〇七八 …翌丁…呂…㞢…
三〇七九 貞…勿…
三〇七九 貞惟呂令
三〇七九 …勿…呂
三〇八〇 惟呂
三〇八一 …呂…惟…
三〇八二 壬…貞…呂…惟…
三〇八三正 …貞…呂…惟
三〇八三反 …吉
三〇八四正 貞呼…呂…
三〇八四反 …寅…
三〇八五 丁巳…呂勿…
三〇八六 …□…呂…得…
三〇八六 丙寅卜穷貞…子龜孽
三〇八七 貞…𣅀…㞢…十月
三〇八八 癸…卜…貞…
三〇八八 …卜爭…子龜…
三〇八九 貞…惟…
三〇八九 乙丑卜穷貞惟…子龜…
三〇九〇 丁卯卜爭貞令子效…宰于…
三〇九一 丁酉卜…子效…女其…
三〇九一 …𢦏…
三〇九二 惟子效…
三〇九三 …卯卜爭貞令子效…于…月
三〇九四 貞效往于…
三〇九五 …舌
三〇九五 貞惟效…
三〇九六 …爭…
三〇九六 丙午卜貞效丁人嬄不㞢在丁家侑子
三〇九七 丙戌卜爭貞取效丁人嬉
三〇九八 …入效丁人
三〇九九 丙寅卜古貞惟弘令…𡗗子三月
三〇九九 貞于乙亥𠘧黃丁效
三一〇〇 …子美見以歲于丁
三一〇一 乙丑卜…王往…
三一〇一 丙寅卜貞…丁亥子美…見以歲于…
三一〇二 示于丁于母庚于婦…
三一〇二 …于卜…戠…
三一〇三 …美…以歲宰
三一〇三 貞…于…
三一〇三 壬子卜貞翌庚子美其見
三一〇四 …子𦍋
三一〇五 丙…貞…

三一〇五 …卜…呼…美…毓…于…
三一〇六 …美…兑…
三一〇七正 三告
三一〇七反 …美…
三一〇八 貞御子峀于尋
三一〇九 貞御子峀于母…今一…
三一一〇 …勿御…𠯑…
三一一一 貞來乙丑勿呼子𠯑侑于父乙
三一一二正 …貞今乙丑勿呼子𠯑侑于父乙
三一一二反 …一牛
三一一三 貞今乙丑呼子𠯑…于父…牛
三一一三 …有匚…
三一一四 …呼子𠯑侑于㞢…
三一一五 …子𠯑…
三一一六正 貞…𠯑…
三一一六反 …效…
三一一七 …𠯑嬴
三一一八 貞呼子𠯑…𡆥于…
三一一九正 …𠯑…不其嬴
三一二〇正 貞王無祟
三一二〇正 …申卜亘貞子□不… 二告
三一二〇反 癸亥婦…
三一二一 …歲于子□
三一二一 …我…
三一二二 丙辰貞子雍不作嬉不㞢
三一二二 …龍…友…
三一二三 …無囚三日□乃…乙彡一月
三一二三 …□乙酉子雍有出二月
三一二三 …囚二月
三一二四 丙寅卜…勿𨑳…子雍
三一二五 …巳卜穷…雍…丁
三一二六 …卜穷…雍…延
三一二六 丁…其…
三一二七 …巳卜…貞…雍…𠂤…師
三一二八 貞弗…獲…在…
三一二八 …酉卜…貞…雍
三一二八 辛巳卜…勿…十月
三一二八 貞…辛…
三一二九 貞其于…一月
三一二九 惟…雍…
三一三〇 癸酉卜穷貞呼雍𠃊師薰
三一三一 丙寅卜…貞執用…雍歲…
三一三二 …子…京
三一三三 …子享…侑于…
三一三四 貞于子享
三一三五正 子享
三一三五反 □

三二三六　子䇂…
三二三七　甲子子䇂…
三二三八　…子子䇂侃酉…
三二三九　…無囚
三二三九　…旬無囚
三二三九　…子䇂侃酉牡三…
三二四〇　…子䇂侃酉牡二…
三二四一　…䇂侃酉…
三二四二　…䇂侃…
三二四三　…子䇂…
三二四四　…子䇂…
三二四五　侃酉…
三二四六　侃酉…
三二四七　…酉…
三二四八　…亥㚔…酉丁若
三二四九正　…勿…㞢…
三二四九反　…子䇂…
三二五〇　貞…子䇂…
三二五一　翌癸亥…子賓婦
三二五二　壬戌子賓…
三二五三　壬戌子賓…
三二五四　…賓侃…
三二五五　…賓侃…
三二五六　…申子賓侃牡…
三二五七　…賓侃牡
三二五八　…巳賓…𢦏
三二五九　貞子賓不其獲
三二六〇　貞東…賓呼…
三二六一正　…子賓弗…
三二六一反　…卜…惟…勿延…
三二六二正　不舌黽
三二六二正　二告
三二六二正　不舌黽
三二六二反　惟呼子賓…
三二六三正　貞今日不…
三二六三正　貞子賓…弗祟子賓
三二六三正　貞…
三二六三反　貞祟…好
三二六三反　…固…
三二六四　…賓…
三二六四　貞呼子賓
三二六四　…用
三二六五正　勿呼子…賓禮…
三二六五反　𢆶不…
三二六六　…呼…賓
三二六七正　…禦子賓于㞢妣宰

三二六七正　…桼…
三二六八　…子賓…
三二六九正　貞禦子賓于兄丁㞢羊冊小宰今日
酌
三二六九正　…殼…曰…㞢…
三二六九反　勿…巫…
三二七〇　辛卯卜㝐貞禦子賓于…
三二七一甲正　貞呼子賓禮于㞢妣鼎㞢贏
三二七一乙正　勿呼子賓
三二七一乙正　二告
三二七一甲反　羽…
三二七一乙反　𢆶以…
三二七二　…子賓…于母…十宰
三二七三　…賓…
三二七四　貞子…禮…母…
三二七五正　貞…勿…
三二七五正　貞來
三二七五正　子妥骨凡
三二七五正　…伐…己
三二七五正　…伐…
三二七五反　貞無…
三二七五反　貞其癸…
三二七六　…未…宰…
三二七六　貞今…永…妥…
三二七七　…卜殼…
三二七七　己未…貞…妥…
三二七八　…殼…妥…
三二七九　…妥其…
三二八〇　貞勿妥
三二八〇　癸卯…令…
三二八一正　…妥…
三二八一反　…㝐…
三二八二　庚辰子…㞢…
三二八三甲正　貞無其至自東
三二八三甲正　翌癸未不其雨
三二八三甲正　貞…不其雨
三二八三甲正　丙戌卜亘貞子𠂤其有…
三二八三乙正　子𠂤…
三二八三丙正　…未雨…
三二八三丙正　…有至自東
三二八三甲反　周
三二八四　…卜殼…子𠂤…
三二八五　貞禦子犾于乙…大…
三二八六　丁巳卜㝐禦子犾于父乙
三二八六　…㝐禦子犾于兄…
三二八七　貞禮于母庚贏

三一八七　于妣己禰子狀
三一八七　于母…　二告
三一八七　丁卜殸貞勿禦子狀…王固曰吉
狀無…
三一八八　貞勿禦子狀于…
三一八九　…禦…狀…
三一八九　…壱
三一九〇　壬戌卜貞呼子狀侑于㞢犬
三一九〇　…殸…呼子狀侑于㞢惟犬有羊
三一九一　壬辰…其…狀…四…
三一九二　…卜爭…子狀…
三一九三　乙丑卜…貞出…子異…
三一九四正　…子狩…自
三一九四反　…古…我…
三一九五甲　庚寅卜爭貞子奠惟令
三一九五甲　…[glyph]…
三一九五甲　二告
三一九五乙　辛卯卜爭貞子[glyph]不惟令　二告
三一九六正　…卯卜爭貞子[glyph]…
三一九六反　…固曰…
三一九七　…貞子眉…
三一九八　…子卜殸…子眉…
三一九九正　壬戌卜穷貞其…
三一九九反　…曰…
三一九九反　貞不雨
三一九九反　禦子昌
三二〇〇　…貞子目…
三二〇一正　貞子目亦毓惟臣
三二〇一正　二告
三二〇一正　貞子目亦毓不其惟臣
三二〇一反　貞惟祖丁壱
三二〇一反　貞不惟祖丁壱
三二〇一反　王固曰吉其惟…
三二〇一反　雀入二百五十
三二〇二　乙未…侑父乙
三二〇二　丁巳卜于兄丁禦子衛
三二〇二　…祝…惟羊
三二〇二　…未卜王惟…宋酉…衛
三二〇三　貞…衛…
三二〇三　貞…
三二〇三　…由來…丁用
三二〇四　…延嬴
三二〇五　…禦衛于司
三二〇六　…卜禦子衛于…惟豕…
三二〇七　…禦子衛于父乙

三二〇七　…衛于父乙…
三二〇七　…衛于父乙…
三二〇八　…于妣癸禦衛
三二〇九　…妣己…衛
三二一〇　…未卜侑母…惟王禮雀…禦衛…嬴
三二一一　甲寅…衛子…七㞢…卯…
三二一二　…一牛…衛…嬴
三二一三　…衛…
三二一四　…衛…
三二一五　…衛…
三二一六正　乙丑卜殸貞…子凡于祖丁五宰
三二一六正　乙丑卜殸貞先酌子凡父乙三宰
三二一六正　乙亥卜穷貞…
三二一六正　乙酉卜穷貞大甲若王
三二一六正　乙卯卜殸貞灒
三二一六正　貞先酌子凡父乙三宰
三二一六反　奠入五
三二一七正　丙子卜穷貞王…留…
三二一七正　呼…凡嬴
三二一七正　不其嬴
三二一七正　貞王…
三二一七正　二告
三二一七正　貞…惟…
三二一七正　勿…
三二一七正　貞其雨
三二一七正　不其雨
三二一七正　勿…
三二一七正　㞢…
三二一七正　勿惟…
三二一七反　貞勿…黃…
三二一七反　…心…于父…
三二一八　…以子往于[glyph]
三二一九　…于…鼻…冊侑…乙
三二二〇　…禦子鼻…
三二二一　…辰卜殸貞子鼻…母…
三二二二正　丁巳卜穷貞鼻其有災…
三二二二反　王…
三二二三　庚戌卜穷貞子陷…
三二二三　辛…卜…
三二二三　辛亥卜殸貞于乙…
三二二三　辛亥卜殸貞勿于…
三二二三　…卜殸貞今日王…
三二二三　…采雨王…
三二二四　貞子[glyph]無疾
三二二五　…子八于…
三二二六正　戊辰卜韋貞爵子华…

三二二六正 戊子卜古貞唐…
三二二六臼 壬申事…十屯
三二二七 貞勿呼雀戊
三二二七 己未卜禦子俾于女雀
三二二八 …㝐貞子㵄…
三二二八 …貞惟乙亥用射…
三二二八 二告
三二二八 惟乙…
三二二九 貞勿畀子秅一月
三二二九 二告
三二三〇 …爭貞雨
三二三〇 …爭貞子…骨凡…王固曰…
三二三一 丁未…子…
三二三二正 二告
三二三二正 二告
三二三二反 …殻貞…子斤
三二三三 勿于妣…
三二三三 貞于妣己禦子…
三二三四 …禦子…尋…
三二三四 庚…貞…
三二三四 …于…
三二三五正 貞…子…歸…
三二三五反 惟…
三二三六 庚…貞…冎剛…辰其…于子…無…
三二三七 丁酉…貞子…
三二三七 …子其…
三二三八正 丁丑卜㝐貞父乙允求多子
三二三八正 貞父乙弗求多子 二告
三二三八反 𠂤入…
三二三九 禦小箕于多子
三二四〇 甲午卜惟周…三牛…多子
三二四一正 …卜…多子…
三二四一反 …多…
三二四二 允…
三二四二 貞多子不其獲
三二四二 多子獲
三二四三 …子…告
三二四三 …多子逐鹿
三二四四 貞呼多子…
三二四五 壬申卜…率甲…多子
三二四六 …卜貞…今二月多子步…叀
三二四七 貞…我…
三二四七 …多子㞢
三二四八 壬寅卜㝐貞多子其…
三二四九 …亥卜…多子…𢆶
三二四九 …貞…𢆶…

三二五〇 丙子卜貞多子其延學疫不遘大雨
三二五一 …爭貞…多子…
三二五二 …多子…至…無左
三二五三 …羽…多子…獲…
三二五四 …作…冎…多子八月
三二五四 …無不若…九月
三二五五正 貞有不若于父乙
三二五五正 不𡆥黽
三二五五正 不𡆥黽
三二五五正 不𡆥黽
三二五五正 貞呼黃多子出牛侑于黃尹
三二五五臼 癸卯…示…殻
三二五五反 自𦤶乞
三二五五反 于父庚
三二五六 勿于父庚
三二五六 貞禦子…大子小宰十月
三二五六 …王作凡奏
三二五七 乙卯…貞保…其斦…
三二五八 …申…侑仲子
三二五九 子𤔲不祟
三二五九 仲子不祟
三二五九 子𤔲祟
三二五九 …子
三二五九 小告
三二五九 不𡆥黽
三二五九 不𡆥黽
三二六〇 …其仲子…
三二六一 戊…
三二六一 …未卜…中子…
三二六二 …丙𢦏小子
三二六三 …惟…旬有五…八𢦏戊…小子…月
三二六四 …卜…貞…小子
三二六四 癸未…貞…申…
三二六五 …小子
三二六六 己卯卜貞今夕小子有羽
三二六六 貞翌庚…小子有羽五月
三二六六 …小子有羽
三二六七正 壬…㝐貞弗…多小子
三二六七正 甲戌…𦎫貞…率…
三二六七正 不𡆥黽
三二六七正 二告
三二六七反 于上甲奉年
三二六七反 王固…
三二六八 乙巳貞其于二子小宰
三二六九 貞二子克延
三二七〇 癸丑卜…𠱠子𦎫…

三二七一正 小告
三二七一正 小告
三二七一正 禦于…乙
三二七一正 小告
三二七一正 乙未卜爭貞其有𦣻
三二七一正 貞無𦣻九月
三二七一正 乙酉…穷貞禦于…乙
三二七一正 貞禦𢀛于母庚
三二七一正 貞于…己禦𢀛
三二七一反 勿于…
三二七一反 于…暨…
三二七一反 …妥…
三二七二 …卜貞…書子…呼…射
三二七二 …未卜…貞…
三二七三正 貞𡿧子𠧢我
三二七三正 不告黽
三二七三反 庚戌卜殼
三二七三反 …永
三二七四 …貞其𡿧
三二七五 …暨…𡿧…
三二七六 貞𡿧子𠧢
三二七七 貞𡿧…
三二七八 貞𡿧子…𠧢
三二七九 乙未…殼…牛…邑子暨婦子
三二八〇 貞惟邑子呼饗酒
三二八〇 乙卯
三二八〇 甲…惟…饗…
三二八一 貞唐子…祟
三二八二 …唐子…
三二八三 貞惟古子妥呼
三二八三 …月
三二八四 壬子…
三二八四 貞𠬝令…
三二八四 壬子卜貞惟𠬝子令酉…豖
三二八四 …丑…其…
三二八五 甲申卜…貞令…戠子
三二八六正 貞…其…
三二八六正 貞徵無囚
三二八六正 丙戌卜亘貞𠧢禦…
三二八六正 貞冒侯豹其㞢
三二八六臼 癸卯婦井示四屯殼
三二八六臼 自㬜
三二八七 …侯豹…方…有祐
三二八八 甲申卜殼貞冒侯…其…
三二八九正 貞令冒侯歸
三二八九反 …婦好…祟…

三二九〇 貞于來乙酉酌六…
三二九〇 貞惟翌丁亥酌
三二九〇 …遘見冒侯六月
三二九〇 …穷…中…牛…月
三二九一 貞惟象令比冒侯 二告
三二九一 貞惟象令比冒侯歸 二告
三二九一 …惟象令
三二九一 …陮…
三二九一 貞陮比冒侯歸不
三二九一 …陮…冒侯…
三二九二 丁酉…冒侯惟令
三二九三 …冒…不…
三二九四 貞令冒侯歸
三二九五 …侯豹允來冊有事鼓 五月
三二九六正 貞王曰侯…
三二九六正 …酉卜殼貞呼…
三二九六正 丁未卜亘貞…
三二九六正 己亥卜殼貞王…
三二九六正 戊戌卜殼貞…
三二九七正 丁酉卜殼貞呼宅𨻰
三二九七正 戊戌卜殼貞王曰侯豹往余不
朿其合以乃使歸
三二九七正 己亥卜殼貞王曰侯豹余其…
三二九七正 戊戌卜殼貞王曰侯豹毋歸
三二九七正 庚子卜爭貞翌辛丑啓
三二九七正 丙午卜永貞射𠂤獲…
三二九七正 甲辰卜爭貞…𡛟娩…
三二九七正 丁未卜穷貞…
三二九七正 貞王曰侯豹𢀛𢦏女事𠭴
三二九七反 …五𣪊呼燎
三二九七反 …其啓
三二九七反 貞翌辛丑不其啓
三二九七反 王固曰今夕其雨翌辛…之夕允雨辛
丑啓
三二九七反 王固曰其獲其惟…其惟乙臧
三二九八 …侯豹往余不朿其合以乃史歸
三二九八 …𢀛方其至于𡆥土方無𡆥
三二九八 …曰侯豹𢀛毋事𠭴受…
三二九九 …豹毋𠭴𠭴…
三三〇〇 …得…事𠭴受…
三三〇一 壬戌卜殼…
三三〇一 己亥卜殼貞王曰侯虎余其得女…受
…
三三〇二 …侯豹…
三三〇三 貞…豹歸…見乃…
三三〇三 丁…

三三〇三　小告
三三〇四　…卜穷…虎…于乙未…
三三〇五　…虎曰…曰王往…
三三〇六　丙子卜…虎令比角…侯𠭯
三三〇七　…今日…墾田…㞢侯十二月
三三〇八　癸…貞…㝵…㞢侯
三三〇九　辛亥卜㞢侯來𠬝…甲寅…
三三一〇　貞惟…令比𠀠侯
三三一一　丁亥卜𠀠侯…
三三一一　癸丑卜貞秋在…
三三一一　來秋
三三一一　…寅…
三三一二正　貞王其侑
三三一二正　貞王其侑
三三一二正　貞…𠀠…
三三一二反　戊申卜㱿…
三三一三　…穷…留不…于丁二月
三三一三　辛…貞于…告
三三一三　…穷貞…赤…𠀠
三三一四　貞…𢀛…𠀠侯二月
三三一四　…穷…
三三一五　貞…𠀠
三三一六　…貞呼𠀠…
三三一七正　癸丑…貞㞢…
三三一七反　…比呼侯遣…永比𡧊侯…九…
三三一八　貞其以𡧊侯以𩂣…卯二牛
三三一八　…貞…四月
三三一九　…未卜貞…𡧊侯…其…
三三二〇　己未卜…𡧊侯…其…
三三二〇　…貞…來…
三三二一　庚午卜雈侯其…
三三二二　…丑卜…出…雈侯…𢦏
三三二三　辛亥…雈侯…家…
三三二四　…𡧊侯
三三二五　…𣪠侯…
三三二六　…𢀛侯
三三二七　…率示叅其比𠮛侯七月
三三二七　庚子卜
三三二七　…比…令
三三二八　…三十宰
三三二八　…比𠂤侯
三三二九　捍𠮛侯二月
三三三〇　…唐…攸侯…
三三三一　…午卜王…𠭯無…十一月
三三三一　壬…令…取侯以十一月

三三三二　貞呼比壬侯
三三三三　丙申卜永貞呼賓侯
三三三三　貞勿呼賓侯
三三三四　辛丑卜…㞢侯…
三三三四　…其侯…囚
三三三五　…必侯…不亦甲…
三三三六正　貞令中人十月
三三三六正　…令…絲暨…侯
三三三六反　癸酉…
三三三七　貞…中…
三三三七　…爭…上絲…侯…若
三三三八　…王比侯告
三三三九　…巳卜㱿貞王比侯告
三三四〇　貞王惟侯告比六月
三三四一　己巳卜爭貞…
三三四一　己巳卜爭貞侯告…
三三四一　庚午卜爭…
三三四二　壬子卜㱿貞王勿衣肾侯告
三三四二　…惟易…
三三四三　乙亥卜穷貞侯告…
三三四四　…侯告
三三四五　…午卜爭貞王肾侯…
三三四五　…巳卜爭貞侯告爯…
三三四五　…爭貞王…
三三四六　癸亥卜王貞余比侯專八月
三三四七　…侯專…其亦…
三三四八　…巳卜王…侯專…其…
三三四九　…子卜貞…侯專歸
三三五〇　…侯專…一月
三三五一　甲寅卜王呼…以侯莫來…六月
三三五二　貞勿曰侯莫
三三五三　惟𠭰呼比侯知
三三五四　…侯毋…來
三三五四　…未…
三三五五　貞…侯毋
三三五五反　…酉卜…
三三五六　…惟…用嬴侯毋王不…
三三五七　壬寅卜𠨘貞呼侯𤇈圻十一月
三三五八　惟𠭰夕侯𢀛使
三三五八　壬…卜…內…令…昔…
三三五八　勿令…取…示
三三五九　…卜王…甫延…侯
三三五九　…卜…甫…
三三六〇　…侯…惟…休…

三三六一　…侯…若
三三六二　…侯…若…王…
三三六三　乙丑…比侯…
三三六四　…卯卜爭貞侯其及…
三三六四　小告
三三六五　貞勿比侯…
三三六六　…卜…王…勿…
三三六六　…王侯…
三三六七　癸…侯…罢…不…
三三六七　…十月
三三六八　癸亥…戠…
三三六八　…侯其…罢…
三三六九　…王…侯…弓
三三七〇　己未…令遘…呼?侯…
三三七一　己未卜…遘…侯…
三三七二　…酉卜貞…侯…十二月
三三七三　己巳卜翌庚午侯不其…
三三七四　乙未卜殻貞王曰侯…
三三七五　癸亥卜侯弗…
三三七六　…侯…夂…
三三七七　…侯弗…
三三七八　…侯…
三三七九　貞比侯…
三三七九　貞不其若
三三八〇　辛巳卜殻貞王比易伯㚔
三三八一　辛巳卜殻貞惟易伯㚔比
三三八二　貞王比易伯㚔
三三八三　貞王惟易伯㚔𦙃
三三八三　貞王勿衣𦙃侯告
三三八四　壬午…殻貞王惟易伯㚔比
三三八五　貞王惟易伯㚔𦙃
三三八六　貞王…伯㚔𦙃
三三八七　…勿衣…惟易…㚔𦙃
三三八八　貞王比易…𦙃
三三八九　貞𠬝弗其以易𡆥
三三八九　…日…
三三九〇　…酉卜…貞…以易𡆥
三三九一　…殻…惟易…
三三九二　貞易…
三三九三　…茲易伯牛…勿…
三三九三　…戠𣳾…易…
三三九四　…㞢…
三三九五　乙丑卜爭貞𡧊伯…
三三九五　丙寅卜爭貞…
三三九五　庚午卜爭貞呼…
三三九六　丁卯…貞呼…甫伯…

三三九七　貞侑于…
三三九七　東妻告曰兒伯…
三三九八　…卜王令…子兒…月
三三九九　貞令兒來
三四〇〇　…勿呼兒…
三四〇一　壬子卜宁貞罢伯…
三四〇一　…王事五月
三四〇二　…罢
三四〇三　…罢…
三四〇三　…罢…
三四〇四　…罢
三四〇五　辛丑卜王…𢀛伯弗…
三四〇六反　翌…白
三四〇七正　貞…于𦾔伯
三四〇七反　…白
三四〇八　…白
三四〇九正　…亥卜亘貞𠬝…爵…子伯
三四〇九反　…固曰𠬝…
三四一〇　丁亥卜…子伯癸…毓不伯
三四一一　…小䮾…子伯…不白…
三四一二　…伯不…
三四一三　貞伯…因
三四一三　…亥卜王余令…㞢…朕惟…
三四一四　伯…其有祝
三四一四　…弗…
三四一五　…亥卜王伯…曰…𣏟循其受有祐
三四一六正　貞𢼸以省伯由
三四一六反　…于…丁…
三四一六反　貞…
三四一七　壬寅卜…貞由…郭往…㞢…
三四一八　壬子卜伯禹其啓七月　二告
三四一九　戌…
三四一九　庚子卜土伯禹
三四二〇　丁酉卜曰伯禹凡㠯…眉
三四二一　丁酉卜曰伯禹凡㠯?其眉
三四二二　…伯禹入八月
三四二三　…伯禹其…
三四二四　貞惟伯禹
三四二五　…勾伯禹…
三四二六　…禹吼…
三四二七　…禹六旬…
三四二八　癸亥…禹…
三四二九　乙丑于來…
三四二九　…禹…
三四三〇　乙卯卜王…禹艮…

三四三〇　二告
三四三一　…王…禽…龠…□…
三四三二　…王…禽…十月
三四三三　…子…禽…保
三四三四　…禽…呼…□
三四三五　…曰禽…
三四三六　丙午卜王…禽不惟…
三四三七　…御…禽
三四三八甲　貞師禽其有𡆥
三四三八甲　貞斦…
三四三八乙　…卜爭貞師禽無𡆥…月
三四三九　…伯𣎴…
三四三九　…伯弘…
三四三九　丁巳卜呼…啓弘…
三四四〇　…伯弘…
三四四一　丁巳卜呼…啓弘
三四四二　…呼凡…
三四四二　貞呼伯…
三四四二　…凡…
三四四三　貞…伯…月
三四四四　王…令出伯
三四四五　…比…伯
三四四六　庚申…貞伯…無…
三四四七反　貞…伯…
三四四八　癸亥卜…貞伯…
三四四九　…子…何…□…白…
三四五〇　…𡧊伯
三四五一　貞男不其
三四五二　…貞…雀男…受…
三四五三　…卜殻翌甲辰侑上甲男…
三四五四　…允…辛巳…男十月
三四五五　…不其…受男…
三四五六　壬戌…貞…其…
三四五六　…男…
三四五七　…卜鳥…男克…
三四五八正　庚申卜殻貞我有作𡆥
三四五八正　庚申卜殻貞我無作𡆥
三四五八正　貞亦尹祟王
三四五八正　貞亦尹弗祟王
三四五八正　不延雨
三四五八正　貞王自余入
三四五八正　貞翌己未王步
三四五八正　辛酉王自余入
三四五八正　不惟𡆥　二告
三四五八正　王夢不惟𡆥
三四五八正　貞燎于河

三四五八反　…奠…在襄
三四五八反　…庚…殻
三四五九正　貞勿告于亦尹八月
三四五九反　…以…
三四六〇正　貞…于岳
三四六〇正　貞侑于黃尹
三四六〇反　戊午卜亘
三四六一　丁巳卜穷侑于大…
三四六一　丁巳卜内侑黃尹宰
三四六一　侑于黃尹四牛
三四六一　丁巳卜侑于黃三牛六月
三四六二　貞侑于黃尹宰
三四六三　貞侑于黃尹
三四六四　乙…貞…來…
三四六四　…𠕋
三四六四　…侑黃尹
三四六四　乙…貞…來…
三四六五　癸丑卜穷貞侑于黃尹二月
三四六五　…蜀…
三四六五　…射…
三四六六　貞勿侑于黃尹
三四六六　貞侑于黃尹
三四六七正　己酉卜殻貞侑于黃尹五月
三四六七正　貞侑于黃尹宰
三四六七正　侑于黃尹
三四六七正　貞侑于黃尹三牛
三四六七臼　…寅婦…示三屯　岳
三四六八　…貞祉截不□
三四六八　…侑于黃尹
三四六九　貞弗…乙
三四六九　貞勿侑于黃尹
三四六九　…勿𠦪于
三四七〇　…卜爭貞侑于黃尹
三四七一　貞呼…見…
三四七一　…爭…黃…父…虫…
三四七二　貞勿侑于黃尹
三四七三　…固曰其有鼙其惟庚吉其惟…
三四七三　王固曰其于黃尹告
三四七四　…貞勿侑于黃…
三四七五　丁亥卜𠦪…黃尹
三四七五　惟丁丑酚
三四七五　…酚
三四七六　…𠦪黃尹
三四七七正　…貞燎…黃尹…豖
三四七七反　…小𣪘
三四七八　…卯勿酚黃尹

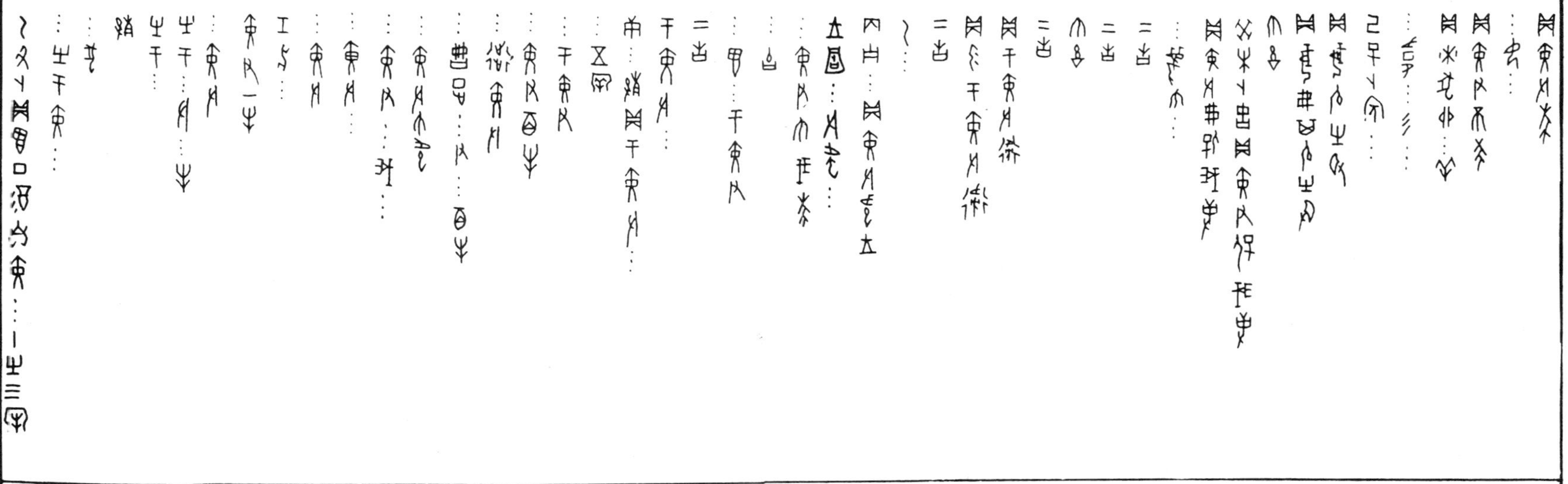

三四七九正	貞黄尹祟
三四七九反	…女…
三四八〇正	貞黄尹不祟
三四八〇反	貞燎犬卯…羊
三四八〇反	…韋…彡…
三四八〇反	己巳卜穷…
三四八一	貞𢦏以有取
三四八一	貞𢦏弗其以有取
三四八一	不告
三四八一	癸未卜古貞黄尹保我史
三四八一	貞黄尹弗保我史
三四八一	…㦰不…
三四八一	二告
三四八一	二告
三四八一	不告
三四八一	二告
三四八二正	貞于黄尹衛
三四八二正	貞勿于黄尹衛
三四八二正	二告
三四八二反	乙…
三四八三正	丙子…貞黄尹壱王
三四八三反	王固…尹壱…
三四八四	…黄尹不我祟
三四八四	…由
三四八五	…翌…于黄尹
三四八六正	二告
三四八六反	于黄尹…
三四八七正	庚…𣪘貞于黄尹…
三四八七反	…五宰
三四八八	…于黄尹
三四八九	…黄尹百牛
三四九〇	…衎黄尹
三四九〇	…冊正…尹…百牛
三四九一	…黄尹不壱
三四九二	…黄尹…我…
三四九三	…黄尹…
三四九四正	…黄尹
三四九四反	壬申…
三四九五	黄尹一牛
三四九六	…黄尹
三四九七正	侑于…尹…牛
三四九七正	侑于…
三四九七反	𣪘
三四九八	…犬
三四九八	…侑于黄…
三四九九	乙丑卜貞翌丁彡自黄…十又三宰

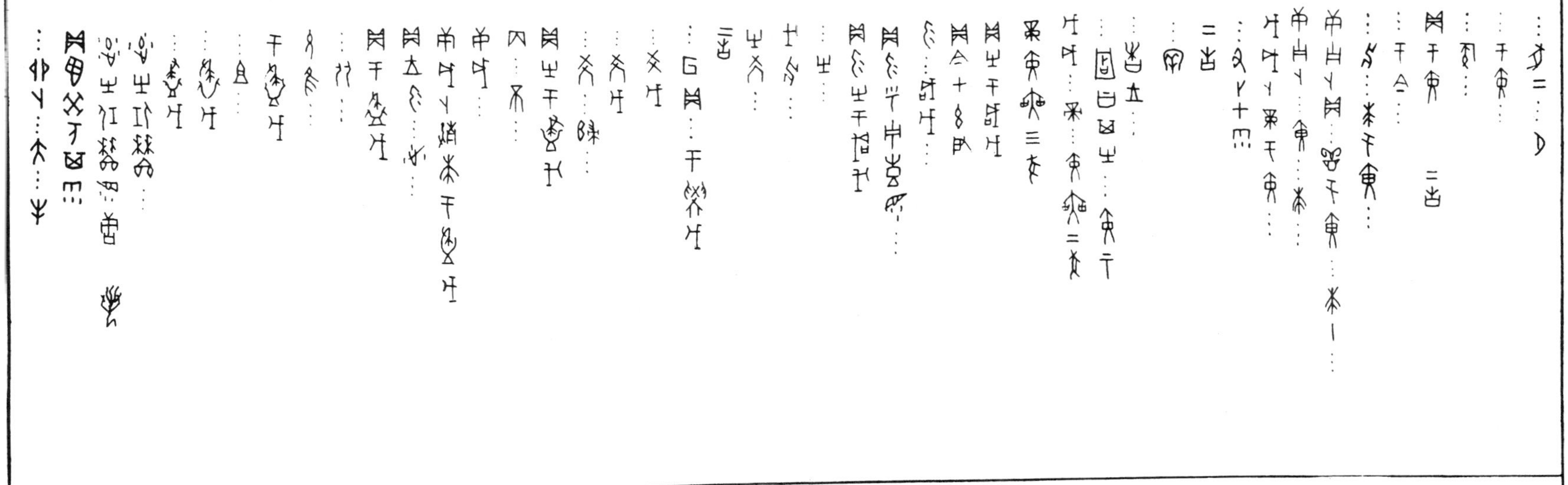

三四九九	…豛二…月
三五〇〇	…于黄…
三五〇〇	…侯…
三五〇一	貞于黄　二告
三五〇一	…于今…
三五〇二	…申…𠦪于黄…
三五〇三	庚子卜貞…□于黄…𠦪十…
三五〇三	庚子卜…黄…𠦪…
三五〇四	戊戌卜帝于黄…
三五〇四	…丑卜甲雨
三五〇四	二告
三五〇四	…宰
三五〇五正	…□王…
三五〇五反	…固曰其有…黄示
三五〇六	戊戌…帝…黄奭二犬
三五〇六	帝黄奭三犬
三五〇七	貞侑于咸戊
三五〇七	貞今甲午啓
三五〇八正	勿…咸戊…
三五〇八反	貞勿呼宁鼓暨…
三五〇九正	貞勿侑于咸戊
三五〇九正	…㞢…
三五〇九反	戊申…
三五一〇	侑學…
三五一〇	二告
三五一一	…亘貞…于學戊
三五一二	…學戊
三五一三	…學戊
三五一四	…學…歸…
三五一五	貞侑于盡戊
三五一五	丙…不…
三五一六	庚戌…
三五一六	庚戌卜𣪘𠦪于盡戊
三五一七	貞王勿…沚…
三五一七	貞于盡戊
三五一七	…比…
三五一八	允惟…
三五一八	…祖…
三五一八	于盡戊
三五一九	…盡戊
三五二〇	…盡戊
三五二一正	□㞢任𥃲…
三五二一正	□㞢任𦆫暨唐　若
三五二二正	貞翌癸亥其雨
三五二二正	…卯卜…大…牛

三五二一正　…勿田
三五二一正　自今至于己酉不雨
三五二一正　貞燎
三五二一正　丙午卜…貞…未…
三五二一正　貞翌丁未不其暘日　二告
三五二一正　壹戊祟王
三五二一正　壹戊弗祟王
三五二一正　貞疾惟壱
三五二一正　㞢侑妣壬瞽…
三五二一正　㞢侑妣壬瞽暨唐若
三五二一正　貞勿令旨比𠂤　二告
三五二一反　貞勿…祖丁
三五二一反　𦣞入一
三五二一反　勿取
三五二一反　取…于戈
三五二一反　…祖…
三五二一反　王固…
三五二二正　貞我家舊𡆥臣無壱我
三五二二反　…在…
三五二三　…昔我舊…之齒今…
三五二四　…昔我舊…王齒今…齒三旬又六日
…罙方允…
三五二五　戊戌卜…
三五二五　戊戌卜殻貞…
三五二五　戊戌卜殻…
三五二五　戊戌卜殻…
三五二六　庚辰卜殻貞…
三五二六　庚辰卜殻貞…
三五二六　…殻貞在…
三五二六　…貞…
三五二七　癸酉卜殻貞惟…
三五二七　戊辰卜殻貞王勿…
三五二七　己巳卜殻貞沚戠…
三五二七　戊辰卜殻貞王…
三五二七　癸酉卜殻貞…
三五二八正　…午卜殻貞…
三五二八正　…卜殻…
三五二八反　…叀
三五二九　甲寅卜…
三五二九　辛亥卜殻貞…
三五二九　…亥卜殻貞…
三五二九　…貞…
三五三〇正　辛酉卜殻貞王…
三五三〇正　丁巳卜殻貞…
三五三〇反　…固曰…
三五三一　癸亥卜殻

三五三一　戊申卜殻
三五三二　辛丑卜殻貞翌乙…
三五三二　…卜殻貞…
三五三三　乙巳卜殻貞…
三五三四正　…子卜殻貞侑于…
三五三四反　貞…
三五三四反　…入
三五三五正　壬戌卜殻貞…
三五三五反　婦…
三五三六　庚辰卜殻貞甾…
三五三七正　壬寅卜殻貞
三五三七正　今夕其…疾
三五三八正　…己其惟…
三五三八反　癸亥卜殻貞…
三五三八反　…殻貞翌…
三五三八反　…王…
三五三九　戊辰卜殻貞翌辛…
三五四〇　壬申卜殻貞…
三五四〇　二告
三五四一　…辰卜殻貞…之…
三五四二　壬申卜殻貞其不…
三五四三　己巳卜殻貞不其…
三五四四正　丁卯卜殻貞…
三五四四反　蕈…
三五四五　庚子卜殻貞呼…
三五四六　己卯卜殻貞…庚…
三五四七　乙未卜殻貞王…十一月
三五四八正　庚申卜殻貞…
三五四八反　…茲…
三五四九正　丁巳卜殻貞呼…
三五四九正　貞…
三五五〇　壬戌卜殻貞來乙…王…
三五五一　…卜殻貞…
三五五一　乙卯卜…
三五五二　壬申…殻貞卒其…
三五五三　丁巳卜殻貞自…
三五五三　貞…
三五五四　癸巳卜殻貞…
三五五五正　丁亥卜…
三五五五正　庚申卜殻貞…
三五五五反　…王固…
三五五六　乙酉卜殻貞…
三五五七　戊戌卜殻貞…
三五五八　…殻貞彡…
三五五九　…殻貞卒…
三五六〇　…卜殻貞…毋二月

三五六一　戊戌卜㱿
三五六二　…午卜㱿貞…我侑…
三五六二　戊…
三五六三　…㱿貞…
三五六四　…㱿貞…𠂤呼…
三五六五正　…㱿貞…𡆥曰…
三五六五反　…允不…
三五六六　戊辰卜㱿…翌辛未…
三五六七正　癸丑卜㱿…無…
三五六七反　…其有來…丙戌允有…王𡆥曰…
三五六八甲　丙辰卜㱿…
三五六八乙　丙辰卜㱿…
三五六九　戊…㱿貞…乙…
三五六九　己…貞…子…
三五七〇正　…㱿貞…不
三五七〇反　…曰惟…
三五七一反　戊申卜㱿…
三五七二　…卜㱿…
三五七三正　庚午…㱿貞其…
三五七三反　…惟余…日…
三五七四　…㱿貞今夕…
三五七四　…㱿貞…
三五七四　…貞今…
三五七四　…㱿…
三五七五　…㱿貞惟…
三五七六　…㱿…其…祐　三月
三五七七正　…卜㱿…
三五七七反　…𡆥曰獲…
三五七八　…㱿貞…
三五七八　…貞為…
三五七九　…丑卜㱿今日…　二告
三五八〇　壬子卜…
三五八一　…卜㱿…寅呼　二告
三五八二　…卜㱿…爯冊呼
三五八三　壬戌卜㱿…贏卣惟?…
三五八四正　…卜㱿…
三五八四反　…𠂤…
三五八五正　…卜㱿貞…未𡆥…
三五八五反　惟…其有來…
三五八六正　…子…㱿貞
三五八六正　乙卯…
三五八六正　乙卯…
三五八六反　…易…
三五八六反　王𡆥…若
三五八七　…㱿…

三五八七　…貞旬…
三五八八　己…㱿…牧…其…
三五八九正　…㱿…
三五八九正　辛…得…
三五八九反　…肇…
三五九〇　癸…㱿…
三五九一　…午卜㱿…
三五九二正　…卜㱿…呼…
三五九二反　…王…
三五九三　…㱿…方…不其…
三五九三　…舞…
三五九四　…㱿…立…
三五九五正　…其…
三五九六正　癸巳卜㱿貞…
三五九六正　癸未卜宕貞王…
三五九七　丙午卜宕貞侑于…
三五九七　乙未卜㱿貞曰祉…
三五九八　癸卯卜㱿…
三五九八　癸未卜宕…
三五九九　丁卯卜宕貞比…
三五九九　壬辰卜㱿貞我…
三六〇〇　癸丑卜爭貞婦…
三六〇〇　…卜㱿貞燎于…
三六〇一　乙未卜㱿貞公人…
三六〇一　乙未卜爭貞邑…
三六〇一　甲午卜爭…
三六〇一　乙未…
三六〇二　壬辰卜爭貞…
三六〇二　…卜㱿貞事…
三六〇三　乙巳卜㱿貞…
三六〇三　…午卜爭貞戌…
三六〇四　甲午卜爭貞王…
三六〇四　乙未卜㱿…
三六〇五正　…㱿貞…
三六〇五正　…卜爭貞…
三六〇五反　…𡆥曰吉…
三六〇六　…卜亘貞呼…
三六〇六　…卜㱿貞…
三六〇七　丁酉卜永貞呼賓?
三六〇七　…卯卜㱿貞今…王…
三六〇七　不告黽
三六〇七　貞犬延…其…
三六〇七　二告
三六〇八　甲寅酌于…
三六〇八　癸丑卜永貞翌…

三六〇八　癸丑卜殸貞我…
三六〇八　乙巳卜殸貞…
三六〇八　癸丑卜殸貞…
三六〇九正　庚子…
三六〇九正　己亥卜殸貞…
三六〇九正　己亥卜殸貞…
三六〇九正　己酉卜葡…
三六〇九正　貞方…
三六〇九反　…㞢
三六一〇　癸巳卜殸𫹉貞旬無𡆥
三六一〇　…𫹉貞旬無𡆥
三六一一正　我…孽
三六一一反　殸…
三六一二　…殸…
三六一三　…殸…
三六一四　…殸…
三六一五　…殸…
三六一六　…殸…
三六一七　…殸…
三六一八　…殸…
三六一九　…殸…
三六二〇正　戊辰…其…
三六二〇正　…殸…
三六二〇反　…王…
三六二一　…殸…
三六二二　…殸…
三六二三　…殸…
三六二四　…殸…
三六二五　…殸…
三六二六　…殸…
三六二七　…殸…
三六二七　貞…
三六二八　…殸…
三六二八　貞…
三六二九　…殸…
三六三〇　丁酉…
三六三〇　…殸…
三六三一　…殸…
三六三一　貞…
三六三二　丁巳…貞…
三六三二　…殸…
三六三三　…殸…
三六三四　…殸…
三六三四　貞…
三六三五　庚…

三六三五　…殸…
三六三六　…殸…
三六三七正　…殸…
三六三七反　貞惟…
三六三八　…殸…
三六三九　…殸…
三六四〇　殸
三六四一　殸
三六四二正　…不…
三六四二反　殸
三六四三正　…貞…我不…
三六四三反　殸
三六四四　殸
三六四五　…殸…
三六四六　殸
三六四六　殸
三六四七　辛亥卜穷…
三六四七　戊申卜穷…不其惟…
三六四七　戊申卜　二告
三六四八　甲子卜穷貞卓…
三六四八　乙丑卜…
三六四八　乙丑卜穷貞惟…
三六四八　丙辰卜穷貞…
三六四八　丙辰卜穷…
三六四九　己亥卜穷貞…日允…
三六四九　壬戌卜穷貞…
三六五〇正　庚子卜穷貞…不…
三六五〇反　乙…貞酢于…
三六五一正　己丑卜穷…
三六五一臼　利示十屯…
三六五二　癸酉卜穷貞翌…
三六五三　乙卯…貞
三六五三　…穷…
三六五三　…穷…
三六五四　…卜穷…王𡆥…
三六五五　…亥…賓…
三六五五　…戌…
三六五六　…辰卜穷貞祉…
三六五七正　壬寅…穷…
三六五七臼　…未…爭…
三六五八　…卜穷…
三六五八　…㞢…
三六五九正　戊子卜穷
三六五九正　二告
三六五九反　勿侑于河

三六五九反　……年……
三六六〇　癸卯卜宾貞子……
三六六一　……卜宾……方其有……
三六六二　乙亥卜宾……翌丙子……
三六六三正　……宾貞……
三六六三反　辛巳婦……
三六六四　貞……比……
三六六四　辛卯卜宾
三六六四　……比……
三六六五正　壬寅卜宾貞用朕……
三六六五反　……二十
三六六六　……卜宾貞……人𡿧……二月
三六六七　……卜宾……至于……
三六六七　貞……丁……
三六六八正　貞……無其來告……
三六六八反　……卜宾……
三六六九正　辛巳……宾貞……
三六六九反　……十二月
三六七〇　癸丑卜宾貞……
三六七一　丙午……宾貞……
三六七一　……貞帝……
三六七二　……卜宾貞帝弗……
三六七三　……宾貞……告子……
三六七四　辛未……宾貞自今至……
三六七五　辛巳卜宾貞……
三六七六　……巳……宾貞……
三六七六　癸未……宾……
三六七七　乙亥……宾……翌……酌……犬……
三六七八　辛巳卜宾……王出……
三六七九　戊辰卜宾貞……其有出
三六八〇　庚午……宾寧……
三六八〇　……宾……
三六八〇　……寧……
三六八一　……卜宾……女　二告
三六八二　……卜宾……聽……
三六八二　己……用……
三六八三　乙……宾……亥……保
三六八四　……卜宾……子……骨
三六八五　……亥……宾……言……遘……
三六八六　……卜宾貞……入……
三六八七　丙寅卜宾
三六八八　辛卯……宾
三六八九正　……宾……至……
三六八九反　……牛……
三六九〇正　……宾……
三六九〇反　……舄

三六九一正　己……貞……
三六九一正　……宾……
三六九一反　壬……
三六九二正　貞勿……
三六九二反　……宾……
三六九三　……宾……
三六九四　……卜宾……
三六九五正　……卜韋貞不……我　一告
三六九五反　……寅卜宾……
三六九六正　乙亥卜宾貞……
三六九六正　丙辰卜爭……
三六九六正　乙亥卜宾貞……
三六九六正　……宾……
三六九六正　二告
三六九六反　……其雨吉
三六九七正　壬戌卜宾貞惟……
三六九七正　……午卜爭……乇于……
三六九七臼　爭
三六九八　……卜亘貞呼
三六九八　……宾貞……其……
三六九九　戊寅卜𢀛貞……
三六九九　丁酉卜宾貞……
三六九九　戊戌卜宾……
三七〇〇　癸亥卜宾[illegible]貞……
三七〇一正　貞王……从勿……
三七〇一正　……王于
三七〇一正　小告
三七〇一反　……宾……
三七〇二　戊寅卜爭貞……
三七〇三　戊午卜爭貞侑大丁
三七〇四　癸酉卜……
三七〇四　癸未卜……
三七〇四　癸未卜爭貞
三七〇四　癸巳……
三七〇四　癸卯……
三七〇四　癸卯卜爭貞旬……
三七〇四　癸亥卜……
三七〇五　庚辰卜爭貞……
三七〇五　甲申卜爭貞……
三七〇五　乙酉卜爭……
三七〇五　丁亥卜爭貞今夕……
三七〇五　辛丑卜爭貞王……
三七〇五　壬午卜爭貞王……
三七〇五　癸未卜爭貞……
三七〇六　丁未卜爭貞……

三七〇六 戊申卜爭貞…以黎
三七〇六 不舌黽
三七〇七 庚戌卜爭貞于…
三七〇七 乙卯卜爭貞今日…
三七〇七 不舌黽　二告
三七〇七 二告
三七〇八 庚戌卜爭貞…
三七〇八 乙卯卜爭貞…
三七〇九 …貞勿…
三七〇九 …卜爭貞…望…
三七一〇 …丑…爭…
三七一〇 …冊…舞…
三七一〇 癸…官…惟…
三七一一正 …卜爭貞…叙…
三七一一反 …甲…
三七一二 甲午卜…
三七一二 …未卜爭貞…
三七一二 壬寅…
三七一二 …貞惟王今…
三七一二 …女其來…
三七一三 丙戌卜爭貞今𡆥…
三七一三 …爭貞今日我其…
三七一四 丁酉卜爭貞…辛弗其…
三七一五正 甲午卜爭貞…
三七一五正 不舌
三七一六反 王固…
三七一六 …巳卜爭貞王訊…
三七一七 丁酉卜爭貞…
三七一八 戊寅卜爭貞翌其…尤
三七一八 貞不其…
三七一九 …卜爭…𣄨…
三七二〇 …戊卜爭貞今𡆥…
三七二一 辛卯卜爭貞惟…
三七二二正 …卜爭貞…
三七二二反 丙辰乞自…
三七二三 丙子卜爭貞師…
三七二四 甲戌卜爭貞今日侑…
三七二五正 戊辰卜爭貞…
三七二五反 …之日…
三七二六 …卯卜爭貞…疾…暨…
三七二七 …子卜爭貞…
三七二七 翌癸丑勿…婦往于…
三七二八 庚辰卜…貞正
三七二九 丁未卜爭貞惟之…
三七三〇 …卜爭…𡆥九月

三七三〇 …事…旬無…
三七三一 癸亥卜爭貞侑于…
三七三二正 …卜爭…齒
三七三二反 …示二十屯
三七三三 甲辰卜爭…茲…
三七三三 貞茲…惟…　告
三七三四 甲申…爭貞…
三七三四 貞得…其…
三七三五正 乙亥卜爭貞戠…
三七三六正 辛亥卜㱿貞…
三七三六反 㱿
三七三七正 …爭貞翌…
三七三七反 …㞢…
三七三八 …酉卜爭…旬有…不…
三七三九正 …卯卜爭貞以內…
三七三九反 …王固曰…
三七四〇 …寅卜爭…穷…
三七四一 …卜爭…
三七四二 …卜爭…日不…
三七四三 …我…
三七四三 甲…爭…作…
三七四四 …爭…𤆍…
三七四五正 戊寅…爭…翌…
三七四五反 庚…亦…
三七四六 壬…爭…于…桼
三七四七正 貞自…翌…于…
三七四七反 辛巳…爭…
三七四八 …卜爭…川…
三七四九 …爭…司…
三七五〇 …卜爭…專…
三七五〇 …于…廼…
三七五一 …爭…取…
三七五二 …爭…多…呼…
三七五三正 …卜𠙵貞于翌…
三七五三正 …子卜亘貞永
三七五三正 丙申卜貞戌其…
三七五三反 王固曰吉永
三七五四 戊寅卜亘貞呼取
三七五四 壬子卜爭貞…
三七五五 癸巳卜爭貞旬無𡆥甲午𡆥乙未𦺇
韋𠧢在瀧十月
三七五五 癸未卜爭𡧊貞旬無𡆥
三七五六 …爭𡧊貞旬無𡆥壬辰雨
三七五六 …𡧊貞旬無𡆥丁未雨己酉…
三七五七正 …立肇…乂

三七五七反	爭
三七五八正	貞不其…
三七五八反	丁丑…
三七五九正	…四十 爭
三七五九反	…允其…
三七六〇正	貞婦…不卩…惟有…
三七六〇反	爭
三七六一正	癸巳卜亘…
三七六一正	癸巳卜亘貞…
三七六一反	王固曰其雨惟…
三七六二	…卜亘貞…有壱
三七六二	不舌黽
三七六三	甲戌卜亘貞翌…
三七六三	甲戌卜…
三七六四	壬午卜亘貞
三七六四	小告
三七六五	癸亥卜亘貞翌乙丑…乙丑用
三七六五	貞翌乙丑…
三七六六	癸卯卜亘貞于… 二告
三七六七	丙寅卜亘貞𣪕于父…
三七六八	己丑卜亘貞侑于祖…
三七六八	貞…妣…
三七六九	…卜亘貞…來
三七六九	…其…
三七七〇	乙酉卜亘貞翌丁亥…
三七七一	戊子卜亘貞今十月…
三七七一	戊子卜…
三七七一	王固曰其…妾惟示…
三七七二	…卜亘貞翌己亥…
三七七二	…戊卜亘貞翌乙亥…
三七七三	壬午卜亘貞告…
三七七三	丙子卜…
三七七三	己卯…
三七七四正	…戊卜亘貞豐…
三七七四正	貞豐…
三七七四反	王固曰其有…
三七七五	戊寅卜亘貞令…
三七七六	…子卜亘貞…往出…
三七七七	庚子卜亘貞王…
三七七七	小告
三七七八正	戊午卜亘貞…㞢…
三七七八正	不舌黽
三七七八反	…寅卜…
三七七八反	戊寅卜㱿…
三七七九	…亘貞翌丁亥…

三七七九	丁…
三七八〇	…亘貞…衛
三七八一	…卜亘貞…王出
三七八二	甲午…
三七八二	…卜亘貞…固曰㞢…
三七八三正	…亘貞…
三七八三反	[illegible]示…
三七八四	…亘貞…延…
三七八五	貞…
三七八五	…亘貞勿…友
三七八六	乙亥卜亘…弗…左
三七八七	…酉卜亘…我弗…𢦏
三七八八	庚辰卜亘…
三七八九正	…亥…亘貞…卯…
三七八九正	小告
三七八九反	貞侑…
三七九〇正	戊申…亘貞…
三七九〇反	…穷…
三七九一正	…亘貞…
三七九一反	丁丑邑…
三七九二	辛卯卜亘貞不雨
三七九三正	…卜亘貞…
三七九三反	…其…
三七九四正	…丑卜亘…今日其…
三七九四反	…允…、
三七九五	…亘貞…𡧊…
三七九六正	乙亥卜亘…来…
三七九七	丙戌卜亘貞…
三七九七	貞…作…
三七九七	不舌黽
三七九八正	…日不
三七九八正	貞…日不…
三七九八反	…寅卜亘…
三七九九正	…亘貞…[illegible]…
三八〇〇正	己酉…
三八〇〇正	乙酉卜亘…
三八〇一正	甲寅卜亘貞…
三八〇二	…亘…
三八〇二	…戊…
三八〇三	戊午卜亘…
三八〇三	…卜𠷎貞婦…
三八〇三	丙辰卜…
三八〇三	貞翌…
三八〇三	貞翌…
三八〇四	…卜亘
三八〇四	…𠷎…㞢…牛

三八〇四　二告
三八〇四　甲午…
三八〇五正　庚子卜亘貞
三八〇五正　壬寅卜永貞我…
三八〇五反　丙其雨不…日
三八〇六　…亘…戈
三八〇六　…辰卜…
三八〇七　…卜…疾…尋…
三八〇七　…禦…妃
三八〇八正　亘
三八〇八正　貞…若
三八〇八反　…宋亘…
三八〇九　乙…盟…王…
三八〇九　貞亘…不其雨
三八一〇　丙貞今日…
三八一〇　貞㪟
三八一一　…寅卜內貞…
三八一二　庚子卜內貞我…
三八一三　庚辰卜內…其有遘
三八一三　貞…
三八一四　…亥卜內…二月　奴
三八一五　內…占…
三八一六　乙巳卜內…鼓無…
三八一七　癸卯卜古貞…賓
三八一七　不舌黽　二告　二告　二告
三八一八　…古貞令…
三八一八　二告
三八一九　癸亥…
三八一九　癸亥卜古貞…
三八一九　…貞盟乙…
三八二〇　…酉卜古…王曰侯…
三八二一正　戌…卜古貞不…
三八二一反　王固曰…無其…
三八二二　戊子…古貞…
三八二三　…未卜古貞…令…易𠂤呂
三八二四　戊戌卜古貞甲其侑
三八二五　乙卯卜古貞…不其…
三八二六　癸巳卜古貞彡令…
三八二六　貞勿…
三八二七　…古…
三八二八　丁未卜古貞𤰈…自…
三八二九　癸未卜古貞我不…
三八二九　甲戌卜古貞其有出
三八三〇　甲戌卜古貞其有出
三八三一正　…古貞…

三八三一反　…亥𦎫…
三八三二　庚戌卜古貞…
三八三三　癸丑…貞…無…八月
三八三三　癸…卜古…旬無…七月
三八三四正　…卜古…往于…
三八三四反　…示…
三八三五　癸…卜古貞…羸
三八三六　…以…
三八三六　己酉…古…羸
三八三七正　…古貞…
三八三七反　…來
三八三八正　…古貞…
三八三八反　…乞
三八三九正　…卜古…我…
三八三九反　[illegible]
三八四〇　…卜古貞…無壱
三八四一　…古…來我…
三八四二　今…
三八四二　…古…比…
三八四三正　…丁日…
三八四三反　…古…
三八四四正　貞又㞢…
三八四四反　…古…
三八四五　壬戌卜𦎫貞今…
三八四六　癸巳…𦎫貞…
三八四七　辛酉…𦎫貞…有言妣…
三八四八正　辛亥…𦎫貞…
三八四八正　…[illegible]
三八四八反　癸未[illegible]…
三八四九　癸卯卜𦎫貞今一月…
三八四九　…中
三八五〇　己卯卜𦎫貞…
三八五一正　小告
三八五一反　癸未卜𦎫…
三八五二　甲午卜𦎫貞丙申…
三八五二　丁酉卜㗊貞伐…百千…
三八五三　…卜𦎫貞…冊…
三八五三　不舌黽
三八五四　…𦎫貞率不…
三八五五正　…𦎫貞…
三八五五反　…自…
三八五六　…𦎫貞亦…
三八五六　不舌黽
三八五七　…卜𦎫…呼…
三八五七　…黽
三八五八　…辰卜𦎫…羸…

三八五八 ……示……
三八五九 ……韋貞……
三八六〇 ……卜韋……[illegible]……
三八六一 辛巳卜韋……有來……
三八六二 丙子卜吕……取于……
三八六三正 ……卜吕貞……呼先……
三八六三反 ……以……
三八六四 庚申卜吕貞奴牛……
三八六四 二告
三八六四 二告
三八六五 己丑卜吕貞有來……
三八六六 乙卯卜吕……王固曰其……
三八六七 ……高……
三八六七 乙卯卜吕
三八六八正 甲寅卜吕貞呼婦……
三八六八反 王固曰……
三八六八反 [illegible]
三八六九正 甲午卜吕翌……
三八六九反 ……翌乙……侑……
三八七〇正 癸未卜吕貞呼比……
三八七〇正 貞勿……
三八七〇反 辛巳……
三八七一正 己亥卜吕
三八七一反 ……中……
三八七二正 ……貞……女其……日
三八七二反 ……戌……吕……
三八七三 戊寅……吕……今日……
三八七四 ……吕……
三八七五 癸丑卜允貞翌乙卯王……于……
三八七五 ……子……
三八七六 癸未卜允貞今夕……
三八七七正 癸卯卜允貞今夕……
三八七七反 ……自……
三八七八 ……卜𢀛貞……丁卯……于黄……
三八七八 ……丑卜允貞……無囚
三八七九 ……𢀛……王庚申……
三八八〇 ……巳卜史貞今日不……
三八八一 甲戌卜史貞今夕……
三八八一 ……貞……
三八八二 乙巳卜史貞……
三八八三 辛巳卜史貞……
三八八四 ……卜史……無……十一月
三八八四 ……貞……無……
三八八四 癸亥……貞旬……囚

三八八五正 乙巳卜史貞……
三八八五反 ……三十……
三八八六正 丁酉卜永貞今……
三八八六反 示四十……
三八八七 庚辰卜永貞若
三八八八 戊子卜永貞王往……
三八八九正 ……午卜永貞卒……
三八八九反 ……易……
三八八九反 ……羸
三八九〇正 辛未卜永……比……
三八九〇正 貞……冊……乙……
三八九〇反 ……固曰……
三八九一 辛……卜永貞呼取……
三八九二 ……永貞矢……
三八九二 ……永貞……
三八九三 ……貞不唯……
三八九三 ……卜永貞令……
三八九四正 戊寅……永貞……呼……
三八九四臼 允
三八九五正 ……永貞王勿
三八九五反 ……人
三八九六 ……卜永……畀……
三八九七正 貞勿今……
三八九七反 ……午卜永……
三八九八正 庚申卜永……
三八九八反 ……比生……
三八九九 壬子……永貞……今……
三九〇〇正 ……翌乙巳……
三九〇〇反 ……午卜永……
三九〇一正 ……永貞……
三九〇一反 ……聽……
三九〇二正 癸丑卜葡貞……
三九〇二反 ……固曰……
三九〇三 ……卜葡……
三九〇三 ……卜葡……
三九〇四 丁丑卜……
三九〇四 丁丑卜葡貞祀……
三九〇四 丙午卜殸……
三九〇五 癸卯卜葡貞其侑……王……祝
三九〇六 ……葡貞……
三九〇七正 ……卜葡貞……呼……
三九〇七反 ……自㝅……
三九〇八正 ……葡貞……[illegible]丁亩……
三九〇八反 ……丁卯乞……方
三九〇九 庚卜葡貞役……

三九一〇 …止…葡…雍
三九一一 癸…
三九一一 甲午…葡貞…
三九一一 乙酉…
三九一二正 癸酉卜㞢貞…
三九一二正 癸未卜㞢貞旬…
三九一二反 丁巳有火歲…
三九一三 癸…
三九一三 癸亥…
三九一三 …㞢貞旬…
三九一四 …噭貞…
三九一五 …卜…土
三九一六 戊辰卜㪅貞今夕不雨
三九一六 貞…
三九一七 …㪅…
三九一八正 …貞…
三九一八反 …㪅
三九一九 …寶…㪅…
三九二〇 …㪅
三九二一 㪅
三九二二 㪅
三九二三 貞…
三九二三 …寰…丁巳…㪅
三九二四 㪅
三九二五 㪅
三九二六 丙戌…貞…夕無囚
三九二七 癸亥卜𠂤貞今夕無囚八月
三九二八 庚辰卜貞今夕不雨
三九二八 庚辰卜畀貞今夕無囚
三九二九 …畀貞…戈𢦏壬…疾無…
三九三〇 己丑卜畀貞今夕…
三九三一 …卜畀…日延…
三九三二 …畀貞…日雨
三九三三 乙酉卜出貞今夕…
三九三四 壬午卜出貞今夕無…
三九三五 …偁貞…陝…
三九三六正 貞…
三九三六正 …𣏟貞…無囚
三九三六反 …示二十
三九三七 己未卜寍貞今夕無囚五月
三九三八 丙辰卜…貞今夕無囚五月
三九三九 癸亥…寍…夕…囚
三九三九 …卯卜…
三九四〇 丁巳卜寍貞今夕無囚五月
三九四一 貞翌…子桒…牛十一…羊十二

三九四一 癸卯卜耴貞其桒…
三九四二 庚子卜耴貞疾不𢦔
三九四三 乙酉卜卯貞今日其…
三九四四正 癸未卜豖貞旬無囚
三九四四反 婦井示…
三九四五正 戊寅卜殼貞雷鳳其來
三九四五正 戊寅卜殼貞沚戠其來
三九四五正 貞沚戠不其來
三九四五正 雷鳳不其來
三九四五反 王固曰戠其出惟庚先戠至
三九四五反 王固曰鳳其出其惟丁丁不出其有疾
三九四六正 戊寅卜殼貞沚戠其來
三九四六正 戊寅卜殼貞雷其來
三九四六正 貞戠不其來
三九四六正 貞雷不其來
三九四六反 王固曰戠其出惟庚其先戠至
三九四六反 王固曰鳳其出惟丁丁不出其有疾弗其
凡
三九四七正 戊寅卜殼貞沚戠其來
三九四七正 戊寅卜殼貞雷鳳其來
三九四七正 貞鳳不其來
三九四七正 沚戠不其來
三九四七反 王固曰鳳其出惟庚先戠至
三九四七反 王固曰鳳其出其惟丁丁不出其有疾
三九四八 貞勿令沚戠歸
三九四八 貞令沚戠歸六月
三九四九 …沚戠…歸
三九五〇 己卯卜王貞余勿比沚戠戠六…
三九五〇 余比…
三九五一 …貞惟桒沚戠…
三九五二正 貞令比沚戠示左七月
三九五二反 庚戌卜穷
三九五三正 …沚戠…廼…于丁
三九五三反 丁…
三九五四正 貞沚戠其作王八月
三九五四反 八月
三九五五 貞沚戠…豐…其…
三九五六正 貞…勿孽沚戠…
三九五六反 …不…
三九五七 貞不若
三九五七 貞王吉沚戠若
三九五八 甲午卜殼貞沚戠
三九五八 乙未卜殼貞沚戠
三九五八 …下上若受…
三九五九正 貞沚戠…

三九五九反　貞…
三九六〇　壬戌…貞王…沚戠…
三九六一正　貞…令…延…
三九六一正　…勿令沚戠…九月
三九六一反　…丑…步
三九六二　…沚戠…其…
三九六三正　…卜㱿貞沚戠
三九六三反　…固曰甲午其有…吉
三九六三反　…其惟甲余臧
三九六四　…申卜沚戠…惟…
三九六五　癸…貞沚戠…
三九六六　…卜爭…甶沚…
三九六七正　勿呼沚
三九六七反　…其雨其惟…
三九六八　…暨沚
三九六九正　…貞勿…沚用
三九六九反　…沚…
三九七〇正　沚來
三九七〇反　王固曰…其惟…其…
三九七〇反　乙…登…大…
三九七一正　貞沚弗其…
三九七一反　…我…
三九七三　貞沚…
三九七三　不舌黽
三九七三　二告
三九七四　癸未…貞今日…戠步
三九七五　貞于凡…令戠…
三九七六　貞翌庚
三九七六　丙戌卜…貞呼…戠告…
三九七七　貞戠其來…不其…
三九七八　…戠不其來　二告
三九七八　…囚七月
三九七九正　丙戌卜㱿貞戠其來
三九七九正　丙戌卜㱿貞戠允其來十三月
三九七九正　丙戌卜㱿貞戠不其來
三九七九正　貞戠允其來
三九七九正　貞戠不其來
三九七九正　貞戠允其來
三九七九正　貞戠不其來
三九七九反　𢀛入五
三九七九反　王固曰甲申戠無…來
三九七九反　丁…妾…
三九八〇　…戠歸
三九八一　…戠歸
三九八二　貞惟災

三九八二　貞王其毀戈
三九八三　貞…
三九八三　勿令
三九八三　貞肇戠
三九八三　貞令…必
三九八四　…卜…貞戠…肇
三九八五　…戠…自…囚
三九八六　…貞今日…戠于…
三九八七　丁未卜亘貞其有曰戠
三九八八　王…
三九八八　…勿…戠
三九八九反　丙…卜…
三九八九反　…不龍…戠
三九九〇正　貞勿…玉…戠
三九九〇反　…彡十㱿
三九九一　甲辰…戠…其…
三九九二　…戠啓
三九九二　…午…
三九九三　…于戠
三九九四　令望乘
三九九四　…乘
三九九五　辛巳卜𡧊貞今𢆶勿望乘
三九九六　…勿…望乘
三九九七　…望乘
三九九八　甲午…貞望乘…暨…
三九九九　…望乘
三九九八　…𢆶…其…事…
四〇〇〇　勿…望…
四〇〇〇　望乘
四〇〇一正　…㱿…及…乘…歸
四〇〇一反　循步…㞢…
四〇〇二　…㱿…令…乘…先歸九月
四〇〇三正　丁巳卜…令𢀛…朕示…㞢邑…𢀛…
四〇〇三反　…亥…
四〇〇四　…𡧊貞翌丁亥令𢀛
四〇〇五　貞牢
四〇〇五　…戠于…令𢀛
四〇〇六　…卜韋貞令𢀛祟𠂤觀…
四〇〇七　丁…
四〇〇七　貞勿令𢀛
四〇〇七　勿禦
四〇〇八　…翌…未…𢀛…令
四〇〇八　貞…
四〇〇九　庚戌卜爭貞…呼見…𢀛
四〇一〇　庚寅卜…𢀛省在…十一月

四〇一一 …□…得
四〇一二 貞□弗其率以…
四〇一三 …辰卜貞…□于…二牢
四〇一四 …令…往…師
四〇一四 …□…歸…乃…示
四〇一五 貞□無壱
四〇一六 …人□…無災
四〇一七 貞□不其…
四〇一八正 …□弗…
四〇一八正 二告
四〇一八反 …賓…
四〇一九 貞□弗其
四〇二〇 …□…足…自東
四〇二一正 …卜㱿貞侑于…
四〇二一正 丁卯卜𢀛貞□…
四〇二一正 丁卯卜𢀛…
四〇二一正 小告
四〇二一反 王固曰吉…
四〇二一反 …呼…
四〇二二 …午卜…□…
四〇二三 貞…□…
四〇二四正 …巳卜㱿…□
四〇二四反 庚戌惟…
四〇二五 乙卯卜貞惟□令比㱿受𠭰
四〇二五 乙卯卜貞惟卓令比㱿…
四〇二五 貞勿敂戠
四〇二五 …勿…□
四〇二五 …翌…未…其…日…
四〇二六 …巳…爭…□
四〇二七 …□…來…
四〇二八 …□□十月
四〇二九 貞□…旅…
四〇二九 貞禦于…
四〇三〇 …未卜…□…延…四月
四〇三〇 貞王…□…
四〇三一 …㞢…
四〇三一 …未卜㱿…令□…奴…于…
四〇三二 …□比…
四〇三三正 戊子…
四〇三三反 甲戌卜㝱貞□…
四〇三四正 …申□…龍允…
四〇三五 壬申卜爭貞…
四〇三六 …未卜爭貞王迄令卓…
四〇三六 …貞惟令十月令卓
四〇三七

四〇三七 …出復有行十月
四〇三八 …令卓…
四〇三九 …卜王…令卓
四〇三九 …𣪕…二…王…彡…
四〇四〇 …惟卓令…
四〇四一正 小告
四〇四一正 小告
四〇四一反 庚辰卜㝱
四〇四一反 貞令卓不惟嬉
四〇四二 貞勿惟卓令
四〇四三 …丑卜…貞惟令卓
四〇四四 …甲子戠
四〇四四 惟卓…
四〇四五 …呼卓
四〇四六 呼卓
四〇四六 二告
四〇四六 …卓　二告
四〇四七正 小告
四〇四七反 貞惟卓呼侑上甲
四〇四八 丙申卜貞翌丁酉卓侑于丁一牛
四〇四九正 丙申卜貞翌丁酉卓其侑于丁
四〇四九反 …午乞十…　中
四〇五〇 …卜貞翌丁丑卓其侑…
四〇五一 庚辰卜爭貞卓侑于丁宰
四〇五二 …卜㝱…卓侑于丁
四〇五三 乙未卜…貞卓…于丁
四〇五四正 貞呼卓…侑丁
四〇五五正 貞翌辛未暘日
四〇五五正 甲午卜㱿貞呼卓先禦燎于河
四〇五五正 乙丑卜爭…于…
四〇五五反 翌辛…不其…
四〇五五臼 壬午…
四〇五六 癸巳…
四〇五六 甲辰卜㱿貞翌乙…
四〇五六 …戌卜㱿貞戌獲…
四〇五六 …卜㱿貞呼卓先禦燎…
四〇五七 …禦燎于河…羌
四〇五七 …卓往禦燎
四〇五七 …卓先禦燎…
四〇五八 …卜爭貞翌辛巳呼卓酚燎于方…
四〇五九正 乙巳卜㝱貞翌丁未酚卓歲于丁尊
有玉　二告
四〇五九正 貞翌丁未勿酚歲
四〇五九臼 耴
四〇六〇 丁未卜王貞呼卓…

四〇六〇　貞今日往于…
四〇六一　…宰
四〇六一　癸巳卜貞翌丁酉酌卑奉于丁
四〇六一　…人
四〇六一　貞…旬…族…
四〇六二　…卑告于丁
四〇六三　庚寅…穷貞…用卑…牛…祖乙
四〇六四　…午卜穷貞翌丁未羔卑來祭于曾…用
四〇六五　…勿…八
四〇六五　貞勿侑六月
四〇六五　貞卑勿犬事
四〇六六　丁卯卜往
四〇六六　貞卑往先
四〇六七　丁卯卜貞卑往先
四〇六八　丁卯卜貞卑往先
四〇六八　貞勿先九月
四〇六九　貞令卑往
四〇七〇正　丁丑卜穷貞卑往六月
四〇七〇正　丙辰卜穷貞于生八月酌
四〇七〇正　貞燎于丁五牛
四〇七〇臼　癸酉卑示十屯
四〇七一　…丑卜争貞卑往六月
四〇七一　…惟…往
四〇七二　丙子卜貞…卑其往于…
四〇七二　…侑…河…宰
四〇七三　庚…
四〇七三　貞…令遘九月
四〇七三　貞其有左十二月
四〇七三　庚辰卜貞…往…十二月
四〇七四　惟卑往延
四〇七五　貞卑勿往
四〇七六正　…翌…戌卑勿往歸
四〇七六反　…戌…雨
四〇七六反　…來二十
四〇七七　歸…卑…
四〇七七　方其
四〇七七　我無囚
四〇七七　于曰牛
四〇七八　癸卯卜穷貞卑由來歸丁若十三月
四〇七九正　貞卑其來歸
四〇七九反　…叙
四〇八〇　貞卑其來
四〇八〇　卑
四〇八一　己亥卜穷…卑入…
四〇八二　…未卜穷貞…禦卑…
四〇八三正　乙丑卜穷貞卑其有壱三月

四〇八三反　…乞十…
四〇八四正　…勿…
四〇八四正　貞惟壱
四〇八四反　…卑…
四〇八五　惟丁壱卑
四〇八六　…二牛
四〇八六　貞卑有災
四〇八七　壬午貞卑無災
四〇八八　壬午…卑…災
四〇八九　壬子卜貞自今六日有至自束
四〇八九　貞卑無其工
四〇九〇　癸丑卜…貞呼…目卑孽
四〇九〇　癸丑卜穷貞惟旬令目卑孽
四〇九〇　…丑卜穷…郭…
四〇九一　貞勿祀目卑…
四〇九二　…五月
四〇九二　貞勿…卑…西
四〇九三　癸卯…爭貞余…卑…方
四〇九四　…惟卑…承
四〇九五　…貞…麦…婦
四〇九五　癸亥…卑…
四〇九六反　貞今日…卑其…
四〇九六反　貞今日不…
四〇九七正　卑
四〇九七正　無揖四月
四〇九七正　…小宰
四〇九七反　王…曰…
四〇九八正　十二月
四〇九八反　…卯卑…
四〇九九　丙…貞…卑…于…
四〇九九　…卜貞…子…二十
四一〇〇　戊…殼貞…惟王…
四一〇〇　貞勿…卑…弗…
四一〇一　…丑卜…翌辛…卑其…
四一〇二　戊寅卜殼貞卑有剢
四一〇三　甲…殼貞卑不其…
四一〇四　貞令卑
四一〇四　…于翌癸卯…觀
四一〇五正　二告
四一〇五正　二告
四一〇五反　卑…
四一〇五反　卑弗其來
四一〇六　卑…來…往…
四一〇七　卑以…
四一〇八　癸酉卜貞令…

四一〇八　癸酉卜王令雀…
四一〇八　乙巳…殻貞…雀…
四一〇八　貞…
四一〇九　呼雀立于
四一〇九　王于尋蔑
四一〇九　商㞢…
四一一〇　…呼雀
四一一一　辛酉…呼雀…
四一一二　辛未卜爭貞翌癸酉呼雀燎于岳
四一一二　貞禦于祖辛
四一一二　我有亡于…庚…之用
四一一二　小告
四一一二　…殻…
四一一三　乙卯卜爭貞雀以𠂤
四一一四　…王貞…
四一一四　禦雀于父乙
四一一五　戊子卜禦雀父乙
四一一六　丙午卜勿禦雀于兄丁
四一一六　…于父乙冊窜禦…
四一一六　…酉卜…貞…孽
四一一六　…日酉
四一一七　…禦雀于…
四一一七　…余…
四一一八　…夕勿酌…母庚雀…贏
四一一九　癸…卜爭貞雀…
四一一九　癸…卜爭…唐…
四一二〇　…雀來…
四一二一　甲辰卜㱿貞今日勿呼雀…　二告
四一二一　甲辰卜㱿貞…　二告
四一二一　甲辰卜貞今日…
四一二一　甲辰卜㱿…
四一二二　其令…
四一二一　不告
四一二二　…巳卜㱿貞雀無…
四一二二　丁未卜㱿貞雀無𡆥
四一二三　…卜殻貞雀無…
四一二三　壬申卜爭貞雀…
四一二三　二告
四一二四　丁酉卜殻貞雀無𡆥
四一二四　…畀…米…
四一二五　…雀有芒　二告
四一二六　貞雀有保
四一二七　貞雀其有凡
四一二八　丙午卜貞王曰雀凡…贏
四一二九　乙亥卜貞…雀…
四一三〇　…雀…于…

四一三一　庚寅…貞雀弗其…
四一三二　丙…雀…
四一三三　…王…雀…
四一三四　乙…雀不其…
四一三五　子
四一三五　貯
四一三五　雀
四一三五　雀
四一三六　貯
四一三六　雀
四一三六　雀
四一三七　乙巳卜…令雀…
四一三七　…卜…
四一三八　貞…弗…甲大…
四一三八　乙亥卜𠂤令雀呼…出
四一三九　辛亥卜…貞允尋…雀牛𤕫…侑十…
四一四〇　辛丑…翌甲…雀敗?…
四一四一　乙亥卜內翌辛丑呼雀酌河…
四一四一　壬寅卜王
四一四一　乙亥卜…
四一四一　我舞
四一四一　辛…呼…酌…二十…酌…
四一四一　翌乙巳侑于祖乙
四一四一　翌甲辰于上甲一牛
四一四一　…于上甲一牛
四一四一　不其雨
四一四一　貞窜于上甲　二告
四一四一　侑
四一四一　勿舞　二告
四一四一　侑
四一四一　貞…
四一四一　翌辛丑呼雀酌河三十…
四一四二　貞庚酌
四一四二　戊戌卜殻…呼雀…燎十…十…十牛
四一四三　…伯𢀛其…
四一四三　…𢀛
四一四三　庚戌卜雀于舂出
四一四四　己酉卜王雀有來今…
四一四五　…雀有來
四一四六　丙午卜己酉雀至
四一四七　…雀允至
四一四七　…大戊…
四一四八　…雀…又…
四一四九　…雀…弗保
四一五〇　貞父乙其芒雀

四一五一　乙酉卜貞雀弗其囚…
四一五二　…卜王…方
四一五二　雀曑
四一五三　丁卯…
四一五三　…雀…桒
四一五四　雀于寤
四一五五　戊…鳴
四一五五　己丑卜王雀受…
四一五六　己卯卜王貞雀受⿰牜龍…
四一五七　丁…卜…來…
四一五七　…未…殻…雀…
四一五七　…乎
四一五八　…卜勿…弜…戠…雀
四一五九　丁亥卜雀…百…
四一六〇　…雀…
四一六〇　…及…
四一六一　…雀…馬
四一六二　…雀…畓雨…中…
四一六三　…其受祐
四一六三　癸亥卜王貞雀…屮五月
四一六三　五月
四一六四　…雀𢹎…
四一六五　…卜王貞雀弗其…
四一六六　…申卜…貞雀…不
四一六七　壬辰…雀…
四一六七　雀…其…
四一六八　…雀…呼…
四一六九　…雀…唐
四一七〇　…雀…毋三月
四一七〇　…㚔…
四一七一正　雀…
四一七一反　…二百
四一七二　壬戌卜…貞雀…
四一七三　…王勿曰…惟望…雀…
四一七四甲正　貞王勿曰𢀛正化來…
四一七四甲正　二告
四一七四甲正　貞…
四一七四甲正　貞𢀛…來復　二告
四一七四乙正　…來復
四一七四甲反　…固曰…
四一七五　𢀛正化…
四一七六　𢀛正…
四一七七　𢀛正化其…
四一七八正　…未卜旁貞曰𢀛正…
四一七八正　…勿曰𢀛正化…
四一七八正　二告

四一七八反　…酉來…
四一七九　丁未卜爭貞𢀛正化無囚
四一七九　貞𢀛正化無…
四一八〇　…化…
四一八一　…化…　二告
四一八二　…化…來
四一八三　甲午卜貞惟翌令𢀛…
四一八四　辛…令𢀛
四一八四　…呼多…
四一八五　甲申卜旁貞呼𢀛𡧊
四一八六　…戌…𢀛𦍒…王固…
四一八七　…子…商…
四一八七　…𢀛
四一八七　…貞呼…十月
四一八八反　貞呼𢀛…
四一八九　戊子卜爭貞呼𢀛…
四一八九　…囚…
四一九〇正　…卜韋…呼𢀛…妻
四一九〇反　…其惟二𢀛…
四一九一　貞呼𢀛…
四一九二　…旁貞𢀛其呼…
四一九三　貞呼𢀛…
四一九四　貞勿呼𢀛歸
四一九四　貞其𦎫有囚
四一九四　…卜殻…
四一九五　𢀛不其呼來
四一九五　乙亥卜爭
四一九六　貞今丙辰雨
四一九六　貞𢀛不其呼來
四一九七甲正　貞𢀛不呼來
四一九七乙正　庚辰卜永…𢀛其…
四一九七甲反　…
四一九八正　…孽喪𢀛
四一九八反　…腸
四一九九　𢀛受祐
四二〇〇　…旁貞…用𢀛
四二〇〇　…旁…
四二〇一　呼𢀛
四二〇二　貞…𢀛…其…
四二〇三　…史𢀛…
四二〇四　庚午卜…貞𢀛…
四二〇五　貞…𢀛…
四二〇五　…卜殻…呼利
四二〇六　𢀛…
四二〇七　…卜殻…𢀛…
四二〇八　…𢀛…

四二〇九 戊申卜殼貞王勿酐□□
四二〇九 戊申卜殼貞王𠦪□□
四二〇九 惟子芭令比□□
四二〇九 …子…令…□
四二〇九 …商
四二〇九 二告
四二一〇正 …惟…
四二一〇正 貞其…其震…
四二一〇反 …□友延…
四二一一正 …邑
四二一一反 □友延…
四二一二 庚寅□…
四二一三 貞令師般从東
四二一三 …上甲…
四二一三 貞…
四二一四 貞令師般
四二一四 貞…東…
四二一五 貞令師般
四二一六 癸巳卜貞惟乙未令師般
四二一七 貞勿令師般
四二一八 貞勿令師般
四二一九 貞勿惟師般令
四二二〇 貞惟卑呼
四二二〇 茲雨惟庚
四二二〇 貞呼師般
四二二〇 …見…般
四二二一 貞呼見師般
四二二二 于…
四二二二 師般見瀟呼…
四二二三 庚午卜韋貞呼師般…侑五？于…
四二二四正 …亘貞…
四二二四反 …呼師般斫
四二二五 貞…般…㞢…
四二二五 貞今二月師般至
四二二六 貞師般其有囚
四二二七 貞師般弗侑…
四二二八 …師般…其？及
四二二九 師般蔑…
四二三〇 師般無…
四二三一 師般…
四二三二 …師般…
四二三三 貞…師…其…
四二三三 師般其侑…
四二三四 …永…師般
四二三五 …酉令師般

四二三六 貞勿…般…橐
四二三六 勿…
四二三七正 貞勿師般…
四二三七正 貞…
四二三七正 小告
四二三七反 …貞…子…
四二三八 …卜㝑…師般…田…
四二三九 貞勿惟師…
四二三九 貞…
四二四〇 惟韓呼往
四二四〇 惟師令比□
四二四一 惟師令…
四二四一 惟韓呼…
四二四二 …師令弋微
四二四三 …未卜王勿令師…朕□㞢四月
四二四四 …卜殼貞呼師…
四二四四 …師…
四二四五 辛丑卜今日步
四二四五 …暨…師步
四二四六 貞師無其工
四二四七 貞師無其工
四二四七 貞師其…工
四二四八 貞奠于丘剢
四二四八 不啎黽
四二四八 二告
四二四八 丙辰卜爭貞師有剢
四二四八 貞…土…
四二四九 丙子卜爭貞師無囚十一月
四二五〇 …殼貞師…有囚
四二五〇 貞…
四二五一 貞師其侑…
四二五二 貞令般
四二五三 …未卜㝑貞令般受…
四二五四 貞惟般令
四二五四 癸…
四二五五 貞惟般令
四二五五 癸…
四二五六 貞惟令般
四二五六 …酉卜…貞…無…
四二五七 勿令般
四二五八 今夕…囚
四二五八 …之奠…呼般在□
四二五八 …十三月
四二五九正 戊午卜古貞般往來無囚 二告
四二五九正 貞般往來其有囚
四二五九反 王固曰吉其…

四二六〇 貞惟般呼茲在…
四二六一 …卜穷…故…姘…
四二六一 乙…
四二六一 丁丑…貞于…般
四二六一 …用…牛
四二六二 貞般…
四二六三 辛…般…凡…
四二六四正 戊午卜古貞般其有囚
四二六四正 戊午卜古貞般無囚 二告
四二六四反 王固曰吉無囚
四二六五 般
四二六六 戊戌卜…貞…般…
四二六七 己亥…貞…若
四二六七 …穷…般…
四二六八 乙亥卜永貞令戉來歸 三月
四二六八 二告
四二六八 二告
四二六九 貞勿令戉
四二七〇 貞呼戉
四二七一 …亘…
四二七一 甲寅卜亘貞戉其有剢
四二七二 丁亥卜㱿貞戉其有剢
四二七三 貞戉無其剢 二告
四二七四 戉無其剢
四二七四 丙申卜古
四二七四 辛丑卜古
四二七五正 小告
四二七五反 戉…
四二七五反 戉其有彔無…惟…
四二七六 其至
四二七六 戉其有工
四二七六 其先行至自戉
四二七六 戉其有工
四二七六 其先戉至自行
四二七七 …卜爭貞𢓊…
四二七七 …卜㱿貞戉比…
四二七七 …亘貞侑于…
四二七八 癸…于…寅…大…
四二七八 …卜貞令…比戉
四二七八 …寅卜…𤉲…有囚…六月
四二七九 貞戉其呼來
四二七九 …來
四二八〇 戉其來
四二八〇 戉不其來
四二八〇 戉其來
四二八〇 …不…

四二八一 戉無災
四二八一 其有災
四二八二 戊辰卜穷貞戉無囚
四二八二 貞戉其有囚
四二八三 貞
四二八三 呼[illegible]妻
四二八三 呼戉往弋祉
四二八三 賓[illegible]
四二八四 貞勿惟甲申步
四二八四 辛亥卜㱿貞呼戉往弋祉
四二八四 貞我在祉無其剢
四二八四 辛亥卜㱿貞呼歙[illegible]妻不橐六月
四二八四 貞翌甲申步 小告
四二八四 小告
四二八四 小告
四二八五 戉受祐
四二八六正 二告
四二八六正 二告
四二八六反 戉弗其魚
四二八七 …申戉…其…
四二八七 …不…
四二八八正 辛卯卜亘貞呼惟…
四二八八正 癸巳卜㱿貞有…
四二八八正 己亥卜古貞戉…
四二八八反 王固曰有祟嬉其惟丙不吉
四二八九 貞戉…
四二九〇 …穷貞戉…宮惟…
四二九一 貞…
四二九一 貞呼…
四二九一 …戉…
四二九二 丁酉…貞戉…庶一…
四二九三 丙申卜㱿貞戉…
四二九三 丁酉…
四二九四 …申卜㱿貞戉其…于…
四二九五 貞…
四二九五 …亥卜㱿…曰戉…
四二九六 貞…好…于…
四二九六 …其…戉…
四二九七 …戉…
四二九七 貞…
四二九八 丙辰卜…
四二九八 貞惟商令
四二九八 …戉…
四二九九正 貞勿呼商…𢆶?
四二九九反 …享
四三〇〇正 貞呼商…

四三〇〇正　貞勿呼商…
四三〇〇正　壬寅卜古貞方邑…
四三〇〇正　貞方邑其有…
四三〇〇正　二告
四三〇〇正　二告
四三〇一　貞呼商比兮□
四三〇一　乙亥卜㱿貞呼商比兮□
四三〇二　…卜…
四三〇二　庚子卜…貞令黄
四三〇三　貞勿令王惟黄
四三〇四　貞勿令壬惟黄
四三〇四　甲午卜爭貞令壬惟黄一月
四三〇五　…午卜勿…暨雀先來
四三〇五　壬戌卜𢀛不其…
四三〇五　…歸
四三〇六　貞衛弔于兄丁
四三〇七正　…㱿貞自王令…
四三〇七正　…㱿貞曰□歸叀來我…
四三〇七正　貞勿自王令𢀛…
四三〇七正　二告
四三〇七正　…比爯
四三〇七反　王固曰吉其呼…凶
四三〇七反　…固曰有祟嬉…無終□
四三〇八　令𢀛
四三〇九　…王…令𢀛十一月
四三一〇　…卜王勿令𢀛…□
四三一一　貞呼𢀛
四三一二　…呼𢀛步又…
四三一三　癸丑卜𢀛比目…
四三一四　…弗…朕事…𢀛…
四三一五　…辰卜翌…𢀛田…啓…雨
四三一六　乙丑
四三一六　…勿…𢀛…田…
四三一七　…𢀛…見…二月
四三一八　癸未卜王朁允來即𢀛
四三一八　…卜王來呼□□
四三一九　丙寅卜𢀛弗其遘…
四三二〇　…戊卜庚…𢀛㞢…來
四三二一　癸…
四三二一　…卜王𢀛…今日前…一月
四三二二　𢀛出
四三二三　辛未卜大甲保𢀛
四三二四　…亥卜禦𢀛大甲窜
四三二四　丁亥卜禦𢀛大乙窜
四三二四　壬寅卜侑父甲
四三二四　…寅…侑…甲

四三二五　乙亥卜于大乙大甲卯𢀛五窜
四三二五　辛…
四三二五　生二月尸?不其戠
四三二六　丙子卜用…
四三二六　壬申卜王禦𢀛于祖乙…
四三二七　惟母…允不…
四三二七　…祖…𢀛
四三二八　戊…卜王…其𢀛…亦…
四三二九　…申…王…𢀛…受…
四三三〇　癸酉卜…𢀛𡆥…六月
四三三一　壬申卜貞𢀛其有𡆥不其𡆥
四三三二　…余曰𢀛…
四三三三　…王貞𢀛…羌
四三三四　…亥卜王…𢀛…余…
四三三五　辛卯卜王貞𢀛□…
四三三六　…卜王貞…𢀛其…
四三三七　貞惟競令八月
四三三七　…惟…令
四三三八　貞競弗□
四三三八　…□
四三三九　貞…競…
四三四〇正　辛未卜凶貞令攸令…□
四三四〇正　…卤
四三四〇正　貞…
四三四〇臼　壬午邑示八屯小㱿
四三四一正　丙辰卜爭貞□…
四三四二　戊戌…二月…
四三四二　王…□
四三四三　貞勿令疾…禦
四三四三　貞令疾
四三四四正　二告
四三四四反　勿惟疾
四三四五　貞勿呼疾人□十三月
四三四六　…呼疾…
四三四七　貞勿呼疾弗…
四三四八　…疾婦…出
四三四九甲正　貞疾𡆥弗其克
四三四九乙正　…疾𡆥…
四三四九甲反　…曰…
四三五〇　…惟疾…□
四三五一　貞疾㞢…
四三五二　貞疾…
四三五三　…疾…其…
四三五四　…疾…其…
四三五五　王固曰疾…

四三五六　甲戌卜亘貞呼往見于河傋至
四三五七　…戌卜穷貞王入
四三五七　貞令四月傋至
四三五七　貞王勿衣入
四三五八　貞傋…
四三五八　二告
四三五九　…傋…禾
四三六〇　…王傋
四三六〇　癸…
四三六一正　小告
四三六一正　小告
四三六一正　不吉黽
四三六一反　貞…
四三六一反　貞傋毋其…
四三六二　傋
四三六三正　…傋…
四三六三正　…不…
四三六四正　貞傋…
四三六四反　王固曰…
四三六五　五宰
四三六五　惟傋
四三六六　貞…
四三六六　貞令…𢓊遘…㐭…𦉢侯比凶川…
四三六六　貞…在㐭九月
四三六七　令𢓊
四三六七　令𢓊
四三六七　貞弗其獲
四三六七　令𢓊
四三六八　貞黄尹不壱
四三六八　𢓊得
四三六八　貞黄尹壱我
四三六八　貞𢓊弗其得
四三六九正　壬申卜㱿貞𠦪…
四三六九正　貞𢓊…其亞
四三六九反　丁…
四三七〇　貞…其㞢…
四三七〇　貞𢓊王…無囚
四三七〇　…王…𩏑…戠
四三七一　…貞𢓊弗…多
四三七二　…𢓊…呼…𠂤
四三七三　…𢓊㞢友
四三七四　…月
四三七四　貞𢓊
四三七五　貞…
四三七五　…𢓊…

四三七六　…今庚寅…𢓊…不…
四三七七　…𢓊
四三七八　…卜古…旃…
四三七九　己酉卜旃出
四三八〇　庚…貞…旃…
四三八〇　…友…歸
四三八一　…子卜爭貞旃…災
四三八二　旃十一月
四三八三正　…旃…
四三八三反　己巳…
四三八四　…旃…
四三八五　…卜…旃…
四三八六　…卜令並…今夕用
四三八七　…崇王遣並十月
四三八七　…吉王永于並
四三八八　癸、酉…亥王…
四三八八　五月
四三八八　甲戌卜穷貞翌乙亥並告王其出于…
四三八八　…闌…
四三八九　丁…刣…並…
四三九〇　…並于丁七月
四三九一　乙巳…翌丙…並侑…丁
四三九二　庚寅卜…貞並左惟辛卯用
四三九三正　…上甲…
四三九三反　丙子並示…
四三九四　…並來歸惟侑示…
四三九五　貞並來…
四三九六　貞惟並往
四三九七　…卜貞…惟並自…往
四三九八　貞並
四三九八　…有災
四三九九正　貞並…今…
四三九九反　…其用豕…婦…
四四〇〇　…並…卯…
四四〇一　辛…貞…並…無…
四四〇二正　貞…
四四〇二反　…並…受…
四四〇三　癸亥卜貞並…
四四〇四　貞勿…並
四四〇五　（僞刻）
四四〇六　壬…卜…四月木不其至
四四〇七　…弗…來…木…
四四〇八　…令…異
四四〇九　…貞…異…帝

四四一〇　…韋貞異…
四四一一　…商…異…
四四一二　…異…
四四一三　…令夫…
四四一四　…卯卜王勿令夫…受…
四四一四　癸…
四四一五正　貞…示…
四四一五正　貞勿曰示□
四四一五正　二告
四四一五正　辛巳卜貞令昃□𢊁甫韋疾族五月
四四一五臼　…永…作…
四四一六　貞勿令…
四四一六　貞呼見𢀜
四四一七　甲子卜貞呼𢀜
四四一八　貞暨𢀜來歸十月
四四一九　…示𡚦…
四四二〇　丁酉卜𡚦由
四四二一　貞禦于㞢妣
四四二一　惟㞢妣□
四四二一　貞惟㞢祖□
四四二二正　庚…
四四二二正　…穷貞…□
四四二二反　…目…
四四二三　…雍…□
四四二四　庚午…𧰨…至
四四二五　丙…𧰨□…至
四四二六　…申卜王甲…至
四四二六　…乙𧰨至
四四二七　…𧰨延…
四四二八　…𧰨…
四四二九　…子…王于…𧰨…
四四三〇　…巳卜貞𧰨
四四三〇　…巳卜…𧰨
四四三一　辛巳…𧰨…
四四三二　…午…𧰨…其…
四四三三　…𧰨其…
四四三四　庚午…𧰨…
四四三五　貞今…𧰨…
四四三六　貞𧰨…
四四三七　…余…𧰨…其…
四四三八　…王…𧰨
四四三九　…𧰨
四四四〇　辛丑…王𧰨…
四四四一　…𧰨允亦…伐…
四四四二　…丙子…𧰨…

四四四三　…𢀛…□
四四四四　貞𢀛不其呼來
四四四五　貞𢀛…
四四四六　貞𢀛…
四四四七正　…于…甲
四四四七反　…呼𢀛王比…
四四四八　乙酉卜…貞□往來無囚允無…
四四四九正　貞令□…□羽
四四四九反　癸未…
四四五〇　…令徉
四四五一　貞…
四四五一　貞勿令徉
四四五二正　甲申卜殻貞自今至…
四四五二正　丁卯卜亘貞戍其…
四四五二正　小告
四四五二正　二告
四四五二反　□來
四四五三正　…方囚
四四五三正　□來
四四五三反　四月
四四五四正　辛亥…韋貞…
四四五四正　…□
四四五四反　癸未□…
四四五五正　…冊…□…
四四五五反　…□…
四四五六正　…羌…
四四五六反　…□…二…
四四五七　己未□…
四四五八　□
四四五九　□
四四六〇　…□
四四六一　…□
四四六二正　貞…其…
四四六二反　□
四四六三　庚子卜…貞□呼…
四四六四正　丁酉卜爭貞呼□疾克
四四六四正　二告
四四六四正　貞呼□疾克
四四六四正　呼□疾克
四四六四反　二告
四四六五正　奠來寧
四四六五正　…令召□無囚
四四六五反　二告
四四六六　…國曰吉
　　　　　貞惟邑令…我

四四六七　貞邑來告
四四六七　貞邑不其來
四四六七　…兄…來
四四六八正　…彈
四四六八反　丁巳卜…貞…邑…
四四六九正　…亥卜殼…
四四六九反　乙酉邑…
四四七〇正　…卜殼貞…祖…
四四七〇反　辛丑邑…
四四七一正　…來于…
四四七一反　丁巳邑…
四四七二　丁亥邑…
四四七三　…侯及邑
四四七四　…兄…壱
四四七四　邑弗其
四四七五　…呼…內邑
四四七六　…卜韋貞…三月邑…
四四七七甲正　貞有疾𢀛弗…
四四七七乙正　貞有疾𢀛其…　二告
四四七七甲反　…殼…
四四七八　貞禦𢀛于妣…
四四七九　壬辰卜惟𢀛令
四四七九　…王…
四四八〇　庚寅卜𢀛令𢀛
四四八〇　…丑…
四四八〇　…賜…
四四八一　辛亥卜亘貞用…
四四八一　貞光不其來
四四八一　…卜㝑貞光來
四四八二　貞光…
四四八二　貞告…
四四八三正　乙未卜殼貞光有…
四四八三正　貞…
四四八三反　殼
四四八四　貞光其貢
四四八五　…未…光甲…
四四八五　己…王…𢀛呼…
四四八六　…光
四四八七　貞光…
四四八八　癸酉卜王命田告
四四八九　丙寅卜令命比元…
四四八九　…令…
四四九〇　…缶
四四九〇　…不…命…
四四九一　貞惟𢀛令伐
四四九一　貞…

四四九二　惟𢀛…卑
四四九三　貞惟聞呼
四四九三　貞于庚辰𣪘…八月
四四九四　丁未卜…貞𨸏田…
四四九四　貞𨸏…田…
四四九五　…令𦉪暨戋
四四九六　…𦉪…
四四九七　𦉪…
四四九八反　貞𦉪其用
四四九八反　𦉪不…
四四九九甲正　貞卬弗其以有正
四四九九甲正　貞其𣪊
四四九九乙正　…午卜爭貞…
四四九九乙正　丁亥卜殼貞卬以有正　二告
四四九九乙正　…王作令𢀛不𣪊　二告
四四九九乙正　王固曰…其
四四九九乙正　翌…酉…
四四九九乙反　貞王令𢀛有壱比…
四四九九乙反　…勿…
四五〇〇　貞卬其有冊
四五〇一　貞卬不…
四五〇二正　小告
四五〇二正　二告
四五〇二反　貞𢀛
四五〇三甲　癸卯卜…眉勿…崇𢀛…
四五〇三乙　癸卯…王眉…
四五〇四　癸亥…王眉…以…
四五〇五　…令𡍩　二告
四五〇六　戊…貞…𡍩…田
四五〇七　貞…𡍩…田
四五〇八　…𡍩…
四五〇九　貞勿令𩵋比…弗其受…
四五一〇　乙酉…貞令𩵋不…
四五一〇　…𩵋…
四五一一　貞…令…比𢀛弗其…
四五一二　…啓惟有得
四五一三　…呼啓田
四五一四　…卜缶不…豕
四五一五　貞呼喜…
四五一六　喜
四五一七　貞禦唐于母己
四五一八正　壬申卜亘貞其有…
四五一八正　小告
四五一八正　小告
四五一八反　王固曰其有來𡆥

四五一八反　…東來
四五一九　言無遘
四五一九　辛巳卜內言其有遘
四五二〇　…貞言…無遘
四五二一　貞言暨…
四五二一　…貞蒖…
四五二一　貞…
四五二二　…言…□三月
四五二三　…貞…其…
四五二三　…言其…
四五二四　…丑卜…勿…令
四五二四　貞惟□暨…
四五二五　貞惟□令取…宁三…
四五二五　…聽…丝延
四五二五　二告
四五二六　乙…卜…呼𠭰往
四五二七正　正
四五二七反　…不來
四五二七正　貞其克呼
四五二八　…卜自今戊至…克不其至
四五二九　癸未卜內貞克無囚
四五二九　貞…
四五二九　…無囚
四五三〇正　貞□甾
四五三〇　…甾不…辛□
四五三〇反　…固曰甾…
四五三一　乙未爭貞呼□暨曼八月
四五三二正　一月
四五三二反　…子□…
四五三三正　…翌乙…
四五三三反　…寅敞…
四五三四　辛…敞弗其…
四五三五正　翌乙酉敞至于…
四五三五正　貞…
四五三五正　不舌黽
四五三五正　二告
四五三五正　不舌黽
四五三五反　甲申卜呼…
四五三五反　王…
四五三六　…敞…其…
四五三七　…敞韋裘往…
四五三八　…敞…其…
四五三九　…敞…
四五三九　…呼𠭰…
四五四一　貞勿…

四五四一　貞…□…
四五四二　貞□弗其入見五月
四五四二　貞令□
四五四四　…比盡
四五四五　…卯卜…盡其…允…
四五四六　…□來
四五四六　二告
四五四七　…卜殼貞𡿪妻…
四五四八　貞王勿令絴…
四五四九　癸酉卜王貞絴大…
四五五〇甲正　貞絴在王…
四五五〇乙正　貞絴不在…
四五五〇乙反　丁酉卜殼…
四五五一　…萬望人并
四五五一　…三絴…事…王…保…
四五五二　癸巳卜王貞譸往來無…
四五五三　辛亥卜殼貞惟□呼
四五五四　…𠂤勿…
四五五五　貞…
四五五五　貞呼比微告取事
四五五六　貞…微…
四五五七　…㞢微…惟㞢…
四五五八　貞微…不…
四五五九正　…殼…囚
四五五九反　…王微…日
四五六〇　微…不…延
四五六一　…微…㞢…
四五六二　乙未卜王令微
四五六三　…卜㝉貞象…
四五六三　…卜爭貞侑縠…
四五六三　…貞令微
四五六四正　貞微其喪
四五六四正　貞今乙…
四五六四反　□示…爭
四五六五　貞微不喪
四五六五反　微無囚
四五六六　貞微無囚
四五六六　貞不其延雨
四五六六　貞延雨
四五六七　…卜爭貞微無囚
四五六八　微…有囚
四五六八　…呼…牛于…
四五六九正　…未卜爭貞微其有囚四月
四五六九正　貞…率
四五六九臼　戊…
四五七〇　貞不其□

四五七〇　今丙午不其延雨
四五七〇　微其有田
四五七〇　貞今丙午延雨
四五七〇　…獲…
四五七一　微其有田
四五七一　貞其有册
四五七二正　…貞微…
四五七二正　…貞…
四五七二反　…其…
四五七三　曰微不…
四五七四　壬午卜穷…令先…聞王十三月
四五七五正　…其一十二月
四五七五正　貞在…令先十一月
四五七五反　乞自…
四五七六　不缶黽
四五七六　辛未卜亘貞呼先官
四五七六　貞…
四五七六　乙亥卜韋貞盟戊…
四五七七正　二告
四五七七反　…午卜爭貞呼先
四五七八　貞呼先
四五七八　貞…于…
四五七九　貞先其㞢…
四五七九　勿取
四五八〇　丁酉卜…貞…
四五八〇　貞曰戠
四五八〇　貞勿呼□
四五八〇　…曰戠
四五八一正　貞呼□
四五八一反　壬寅卜…
四五八二　貞□…
四五八三　…□不…
四五八四　…□
四五八四　庚辰卜令□于戍
四五八五　…卜王惟…乙□…
四五八六　□
四五八七　令䄠往于□
四五八七　卯…十…
四五八八　己亥卜…貞…䄠…
四五八九正　小告
四五八九反　䄠呼望
四五九〇　…䄠…執…
四五九一　戊…貞…䄠…于…
四五九一　…卜…惟…用十月
四五九二　…䄠…甫
四五九三　丁酉卜…

四五九三　貞惟虎从微奴侑示三
四五九三　…未…
四五九四　己…
四五九四　甲寅
四五九四　貞勿令䃾
四五九四　貞不若
四五九五　丙申卜…貞曰戌…䃾…其
四五九五　…其…
四五九六　…穷貞麋告曰方由今春凡受有祐
四五九七　乙酉卜爭貞麋告曰方由今春凡受有
祐
四五九八　…卜爭…麋𩰫…由今…受…
四五九九　…麋告曰方…
四六〇〇　甲申…貞令…以麋…于…
四六〇一　…以麋…
四六〇二　…牛…
四六〇二　…申卜…令…麋…
四六〇三正　呼…麋…告…丁
四六〇三正　貞呼見于□二月
四六〇三正　…燎…五…
四六〇三反　丙午卜…
四六〇四　…盟甲…敵…其至
四六〇五正　…甲…敵…
四六〇五正　貞今日敵不其至
四六〇六　壬寅卜貞今日敵至十月
四六〇六　貞不其至
四六〇六　貞…媗
四六〇七　貞惟敵令…方
四六〇八　…于上甲二月
四六〇八　…觀獻以敵
四六〇九　…惟象…
四六〇九　…勿惟象…
四六一〇　貞惟…令
四六一一正　貞令象亢目若　二告
四六一一正　貞生…月象至
四六一一正　不其至
四六一一正　二告
四六一一正　貞王田異其疾不贏
四六一一正　貞弗…田
四六一一反　文入十
四六一一反　貞…不
四六一二　…貞象呼…
四六一二　…呼…
四六一三　…㬜象…
四六一四　…勿象光…無曰𦀚…于…
四六一五　令象

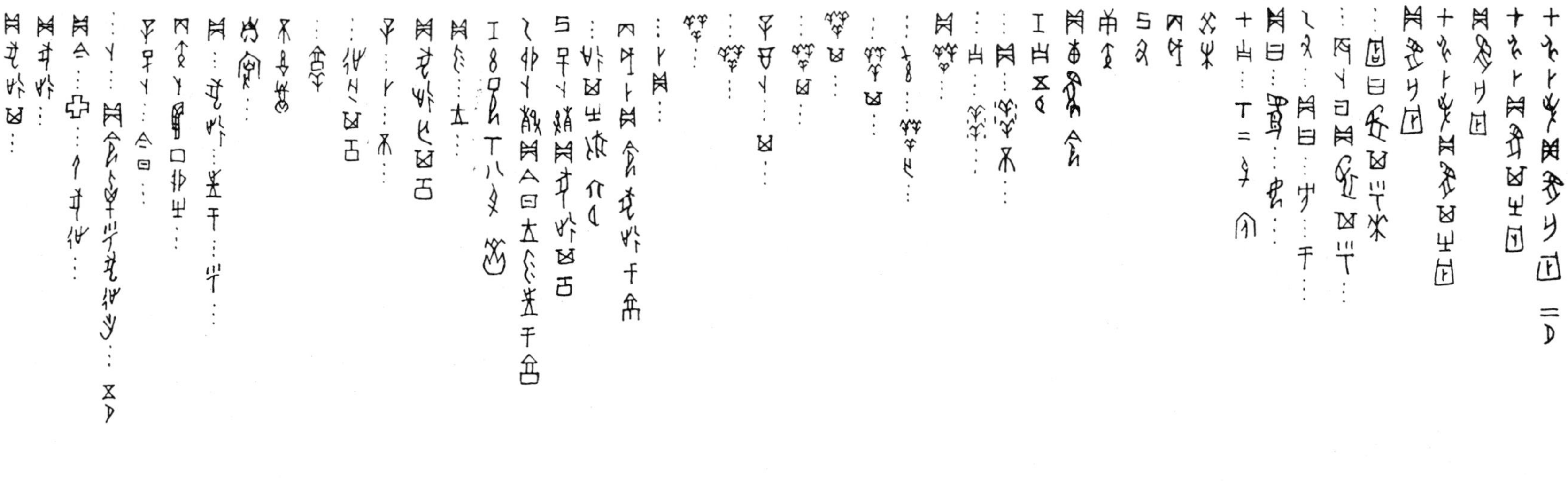

四六一六 甲申卜爭貞象無囚二月
四六一七 甲申卜貞象其有囚
四六一七 貞象無囚
四六一八 甲申卜爭貞象其有囚
四六一八 貞象無囚
四六一九 ：固曰象其呼來
四六一九 ：辰卜亘貞象其呼：
四六二〇正 乙丑：貞曰：方：于：
四六二〇正 貞曰：虎：女：
四六二〇臼 甲子：示二屯 賓
四六二一 癸未
四六二一 丙戌
四六二一 己丑
四六二一 庚寅
四六二一 貞惟□令
四六二一 壬子五月
四六二二 ：貞：漼不：
四六二三 ：子：漼：
四六二四 貞𦿯：
四六二四 ：幼：𦿯無：
四六二五 ：𦿯其：
四六二六 𦿯其：
四六二七 ：𦿯其：
四六二八 辛酉卜：其：
四六二八 ：𦿯：
四六二九 𦿯：
四六三〇 ：卜貞：
四六三〇 丙戌卜貞令犬延于京
四六三一 ：延其有刹六月
四六三二正 己巳卜殸貞犬延其工
四六三二正 乙卯卜殸貞今日王勿往于享
四六三二臼 壬午邑示八屯 岳
四六三三 貞勿：王：
四六三三 貞犬延無其工
四六三四正 辛：卜：不：
四六三四正 ：延無其工
四六三四正 ：敦
四六三四正 不舌黽
四六三四反 自宊：
四六三五 貞：犬延：往于：呼：
四六三六 丙寅卜翌丁卯㞢：
四六三六 辛巳卜：今日：
四六三六 ：卜：貞令卓呼犬延作：五月
四六三七 貞今：亞：人犬延：
四六三八正 貞犬延：
四六三八正 貞犬延其：

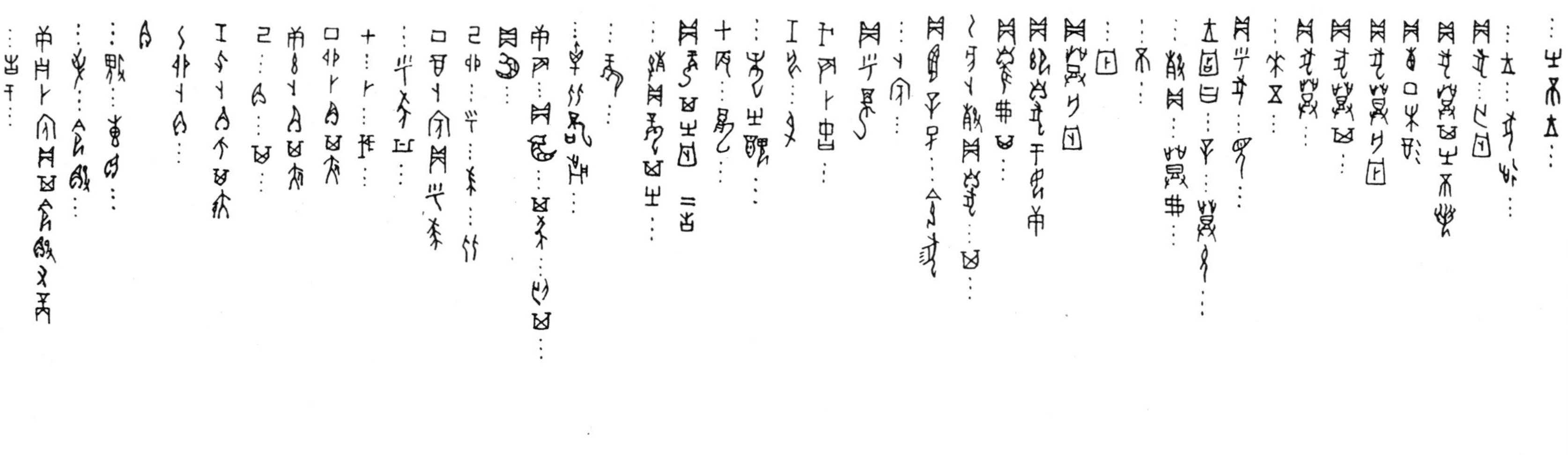

四六三八反 ：㞢不王：
四六三九 ：王：犬延：
四六四〇 貞犬：無囚
四六四一 貞犬登其有不若
四六四一 貞惟丁未酌
四六四二 貞犬登無囚
四六四三 貞犬登其：
四六四四正 貞犬登：
四六四四反 ：來五：
四六四五 貞呼犬：見：
四六四六 王固曰：辛：登允：
四六四七正 ：殸貞：登弗：
四六四七反 ：不：
四六四八 ：囚
四六四八 貞登無囚
四六四九 貞禦臭于母庚
四六五〇 貞臭弗其：
四六五一 乙亥卜殸貞臭：其：
四六五二 貞翌辛巳：令□
四六五三正 ：卜穷：
四六五三正 貞呼龍
四六五三反 戊辰卜古：
四六五三臼 壬申：屯
四六五四 ：龍：㞢醜?：
四六五五 甲辰：龍：
四六五六 貞龍其有囚 二告
四六五七 ：殸貞龍其有：
四六五八 ：龍：
四六五九 ：卓比嚨□：
四六六〇 庚辰：貞龐：其祟：勾其：
四六六一 貞龐：
四六六二 己卯：呼：祟：比
四六六三 丁酉卜穷貞呼蔡
四六六四 ：呼蔡其：
四六六五 甲：卜：我：
四六六五 丁卯卜角其夾
四六六五 庚午卜角其夾
四六六六 己：角：其：
四六六六 壬申卜角不其夾
四六六七 乙卯卜角：
四六六八 角
四六六九 ：畏：惟角：
四六七〇 ：爭：令彀：
四六七一 庚子卜穷貞其令彀祐商
四六七一 ：告于：

四六七一　貞…㱿…商…祖乙
四六七二　…春令㱿…商十三月
四六七三　乙卯…冓其來
四六七五　…冓…其
四六七五　丁亥卜貞冓…
四六七六　丁巳卜冓不…
四六七六　…即中
四六七七　貞商
四六七七　貞惟旬令
四六七七　勿獲
四六七八正　辛酉卜亘貞生十月旬不其至
四六七八臼　己丑…乇小㱿
四六七九　…亥卜…貞今十二月旬至
四六八〇正　…卜𡆥…
四六八〇反　旬
四六八一　丁亥旬…
四六八二　旬…
四六八三　旬
四六八四　…旬十二月
四六八五　…㚔
四六八五　旬
四六八六　旬
四六八七正　…卜貞…來…子十三月
四六八七正　戊…貞
四六八七正　…貞…旬…于…
四六八七反　…貞…王…
四六八八　旬其…
四六八九　旬…其虫…
四六九〇　丁亥…
四六九〇　勿呼…
四六九〇　辛…貯
四六九一正　辛巳…貯其有囚
四六九一正　辛巳…㱿貞貯…囚
四六九一反　…固曰…
四六九二　己亥貯受祐
四六九三　丁巳貞貯…杈
四六九四　癸丑卜…貞貯…杈
四六九五　…貯…杈
四六九六　…辰卜…貯…甾
四六九七　貯…
四六九八　貯…
四六九九　己亥…爭…
四六九九　貯…
四七〇〇　貯…
四七〇一　貯…
四七〇二　…貯…

四七〇三　乙…貯…
四七〇四　貯
四七〇五　貞貯步若
四七〇六　壬午卜…貯…
四七〇七　丙午…𣥺…呼…
四七〇七　己未卜貞惟
四七〇八　辛巳…貞令宁
四七〇九　丁…貞…庚
四七〇九　…五牛
四七〇九　…惟…令…宁
四七一〇　…告…宁…好…
四七一一　貞宁無…
四七一二　…翌丁巳宁其…虫…
四七一三　…巳夕…宁告
四七一四　…阜…餗…王十月
四七一四　…旁貞…宁…示…呼…
四七一五　…貞惟宁鼓…其侑于…
四七一六　…宁…𡆥
四七一七　己丑卜…宁…
四七一七　庚寅卜貞旬無…
四七一八　…丑…羊…宁
四七一九　…酉…
四七一九　貞惟得令
四七一九　癸…
四七二〇　𢦏王事
四七二〇　庚子卜爭貞令買取𦍌于龠
四七二一　貞惟令鳴　十三月
四七二二　貞…比…
四七二二　呼鳴比戉事𡆥
四七二二　貞勿呼鳴比戉事𡆥
四七二二　貞于𥎦
四七二二　貞于敦
四七二二　…㱿…由
四七二三　貞呼鳴比戉
四七二三　呼鳴比戉事𡆥
四七二三　貞勿呼鳴比戉
四七二三　貞于𥎦
四七二三　貞于敦
四七二三　貞王遣…
四七二四　癸卯卜…鳴令
四七二五　辛未卜鳴獲井鳥
四七二五　…鳴不其…井鳥
四七二五　丁…
四七二六　…卜…霾辛巳…夕饗
四七二六　癸五卜王隹不𣳫暨…

四七二七　己未卜…我入…無…
四七二七　癸亥卜雚其凡惟捍其…
四七二七　辛…呼…五…
四七二七　…惟…
四七二八　…雚…
四七二九　雚不其…
四七二九　…雚…
四七三〇正　…卜…呼…依雚
四七三〇反　王固曰其呼雚
四七三〇反　勿呼依雚
四七三一　…王…雚…
四七三二　雚
四七三三　貞呼丘彈
四七三四　丘彈𢽽…
四七三五正　壬戌卜𡧊□其有𡆥
四七三五正　壬戌卜𡧊貞□無𡆥
四七三五正　貞告子其有𡆥
四七三五正　貞告子無𡆥
四七三五正　二告　二告　二告
四七三五反　王固曰吉無𡆥
四七三五反　𠦪入三十
四七三六　…其比…□
四七三七　…令子…豕□…□
四七三八　…□
四七三九　勿呼□于…自□
四七三九　…三月
四七四〇　…□
四七四〇　商
四七四〇　…□
四七四〇　商
四七四一　令甫比及余不橐
四七四二　…比析
四七四三　勿呼利
四七四四　庚午卜𡧊貞令…竹歸于…
四七四四　…卜…貞…
四七四五　庚…貞…令…竹…
四七四六　…酉卜…令…竹
四七四七　…邑
四七四七　辛…爭貞…竹歸
四七四八　貞不…竹
四七四八　貞…羌…
四七四九　貞…竹…
四七五〇　丁亥卜…允…唐

四七五〇　…申卜…王…竹…正…
四七五一　…卜…乙竹
四七五二　…辰…至自…竹
四七五三　…巳卜王…□…竹
四七五四　丙辰竹
四七五四　丙辰竹
四七五五正　貞竹勿…
四七五五反　…在□
四七五六　癸…貞…多…竹
四七五六　…酉卜…祟…□
四七五七　癸…貞…多…竹
四七五七　…無…𠦪…十月
四七五八正　貞戋□
四七五八正　小告
四七五八正　不舌黽
四七五八正　不舌黽
四七五八正　二告
四七五八正　不舌黽
四七五八正　不舌黽
四七五八反　…之
四七五九　庚戌卜爭貞令戋歸暨㞢示…
四七六〇　癸未…貞…
四七六〇　…酉卜史貞…令戋…□乃衛…
四七六〇　丁酉卜貞惟十牛用
四七六一　壬申卜令…冢印六旬…
四七六二　庚戌卜𡧊貞惟戋呼…戠
四七六二　癸…貞…畀…
四七六三　庚寅卜𡧊貞戋有擒
四七六四　…辰卜…貞…戋…
四七六五　…□戋…暨多…
四七六六　丁亥…𡧊…戋…
四七六七　…丑卜貞翌…
四七六七　…貞…無…
四七六七　貞…戋…
四七六八　貞…丁…十…
四七六八　…戋…用一月
四七六九正　丙辰卜殼貞今□我其自來
四七六九正　丙辰卜殼貞今□我不其自來
四七六九反　王固曰吉其…來
四七六九反　…惟百
四七七〇　…亥卜𡧊貞令弜于戋
四七七一　勿呼弜□…
四七七二　弜…
四七七三正　貞王令陮敵若

四七七三反　…卜…來…
四七七四　甲戌
四七七四　乙亥
四七七四　貞惟陟令
四七七四　甲戌…
四七七五　庚寅卜爭貞惟陟[illegible]八月
四七七六　…陟步
四七七七　貞陟…得…
四七七八　貞陟不其…
四七七九　…亥卜…陟…
四七八〇正　…燎
四七八〇反　…友陟…
四七八一　…陟…其…
四七八二　…卜…队…
四七八三　…王…陟…奠…
四七八四　…陟…亦…
四七八五　陟弗其…
四七八六　束無其囚
四七八七　貞勿祟矢束　二告
四七八七　不舌黽
四七八七　二告
四七八七　辛酉卜亘貞呼祟矢束
四七八八　貞牢新束…
四七八九　惟…束無…
四七八九　…不…惟…
四七九〇　貞…
四七九〇　…剛小…族…束
四七九一　…卜穷貞…束
四七九二　束
四七九三　…爭…束㞢…不于…囚
四七九四　貞惟叀令…王
四七九五　戊申…叀比…
四七九六正　貞叀其有囚十一月
四七九六正　…不…
四七九六反　…呼…
四七九七　…申卜王…叀其…允…
四七九八　…穷…其…
四七九八　貞叀無…
四七九九　貞…令…弜…工…各…惟…
四八〇〇　貞…于…庚
四八〇〇　呼弜
四八〇一　呼弜
四八〇二　…暨…呼弜
四八〇三　庚子卜其呼弜
四八〇四　貞勿呼弜
四八〇五正　呼弜鼓正

四八〇五反　呼弜…正
四八〇五反　…㞢…
四八〇六　丁丑卜…貞酢…弜
四八〇七　…申卜穷…弜
四八〇八　癸未…弜…疾
四八〇九　貞于弜…
四八一〇　乙卯卜貞弜無囚
四八一一　乙…卜穷…
四八一一　貞勿呼比弘
四八一二　貞弘不其獲…
四八一三　丁巳卜穷貞呼弘宊[illegible]夸弗枽
四八一四　…辰卜爭…剃無不若
四八一五　貞剃暨‖…弗其比
四八一六　剃
四八一七　貞惟‖令八月
四八一八　庚申卜穷貞令‖[illegible]多宁[illegible]…
四八一九　丁巳卜穷貞呼[illegible]若
四八一九　貞…
四八二〇　丁巳…貞[illegible]若
四八二一　…丑卜爭貞呼…前于…
四八二二　貞勿呼[illegible][illegible]…
四八二三正　貞勿…[illegible]
四八二三反　…乞自…
四八二四　…爭貞惟畀…
四八二四　…[illegible]丘䨻…
四八二四　…[illegible]㞢…
四八二五正　貞翌…
四八二五正　癸…翌…
四八二五反　癸…卜殻貞甗…
四八二六　壬…貞…丁…十…
四八二六　…貞…以…暨甗
四八二七　甲辰…貞甗…逆…
四八二八　丙寅…甗…
四八二九　…貞卜有獲
四八二九　…令甗…
四八三〇　…甗
四八三〇　乙丑卜…
四八三一　…卜爭…無囚
四八三一　甗
四八三二　乙卯卜…貞…
四八三二　甗
四八三三　貞惟鑊
四八三三　令比微
四八三四　貞鑊比次𢦏羌…有…
四八三五　…惟奠呼…

四八三六 …莫呼…
四八三七 …今來…莫于…隹
四八三八 貞莫得
四八三九 貞莫不其得
四八四〇 貞勿…莫告…攺
四八四一正 貞鼓呼來
四八四一反 …百…
四八四二正 勿呼鼓
四八四二反 …固曰…
四八四三 令…歸
四八四三 令鼓歸
四八四三 乚
四八四三 燎
四八四三 令鼓歸
四八四四 …無…
四八四四 …來
四八四四 …鼓其…
四八四五 乙…貞鼓…無若
四八四六 …午…貞…鼓…尋…
四八四七 鼓
四八四八 …先鼓來
四八四九正 …永貞…牧子…
四八四九反 …〼…
四八五〇 …〼…
四八五一 〼…其…
四八五二正 …春…
四八五二反 …〼…
四八五三 庚辰卜⿱宀方貞令去門暨〼暨商采…
四八五四 貞…去門…〼
四八五五 貞𡿧⿴囗卜…
四八五五 貞𡿧⿴囗卜元沚
四八五五 貞𡿧弗⿴囗卜元沚　二告
四八五五 貞𡿧⿴囗卜元沚
四八五五 𡿧弗其⿴囗卜元沚
四八五五 貞𡿧⿴囗卜元沚
四八五五 貞𡿧弗其⿴囗卜元沚
四八五六 貞令比〼
四八五七 貞乞令郭暨…十三月
四八五七 十三月
四八五七 …卜貞勿…
四八五八 …貞令郭暨…
四八五八 …衣翌日…
四八五九 壬申…郭若
四八六〇 …卜㞢…告…婦…
四八六〇 辛丑卜貞郭…⿴囗卜

四八六一 貞郭無⿴囗卜
四八六一 …曰…往六月
四八六二 …郭…戠…亦…
四八六三 甲子…甾郭
四八六四 …子卜貞…郭…十月
四八六五 …寅貞郭…
四八六六 郭
四八六七 …郭
四八六八 郭
四八六八 不告黽
四八六八 二告
四八六九 …辰卜王令啚…
四八七〇 呼啚
四八七〇 …戌…
四八七一 壬戌…
四八七一 丁未卜…貞啚…
四八七二正 壬辰卜㱿
四八七二正 貞亩弗其…　二告
四八七二反 甲…戠…
四八七三 辛巳卜…㱿…
四八七三 …啚無…
四八七四 庚戌卜王…呼嗇…于…
四八七五 …嗇弗…
四八七六 癸巳卜…貞呼比…暨…
四八七六 貞…
四八七六 …允…
四八七七 …令…比…啚
四八七七 …令雍
四八七八 …子卜…貞〼…不惟雍…⿴囗卜
四八七九 …夫…
四八七九 貞勿禦賓于母庚七月
四八八〇 …禦賓…母…
四八八一 …令周…〼…
四八八二 乙巳卜王貞〼
四八八三 勿令周往于〼
四八八三 甲午卜⿱宀方貞周乞牛多…
四八八四 壬戌卜令周宅若
四八八五 …卜王令周七月宅㞢
四八八六 …呼周…
四八八七 辛亥卜古貞令遘以…禦方于陟…鑿
四八八八 貞令遘以文取大任亞
四八八九 貞勿…人十月
四八八九 …勿…十月
四八八九 …勿令…比挖
四八九〇 令遘

四八九〇 乙未
四八九一 呼遣絲望吕
四八九一 ⋯遣絲望吕 二告
四八九二 貞勿呼遣見捍
四八九二 ⋯巳⋯田⋯
四八九三 貞勿呼遣
四八九三 ⋯呼⋯
四八九四 乙亥卜王⋯遣十一月弗⋯
四八九四 ⋯受有祐
四八九五 乙亥卜⋯遣弗⋯
四八九五 㞢⋯
四八九六正 令行
四八九六反 令行
四八九七 令行
四八九八 呼令行
四八九八 二告
四八九八 二告
四八九九 貞⋯祟
四八九九 ⋯爭貞⋯呼行比⋯戠前肘
四九〇〇 貞⋯行勿比⋯四月
四九〇一 貞令⋯行⋯比⋯
四九〇一 ⋯曰⋯
四九〇二 貞⋯行⋯
四九〇二 貞行有卷
四九〇二 貞勿⋯行以
四九〇三正 ⋯卜殻貞⋯告
四九〇三正 貞⋯父⋯
四九〇三反 ⋯行取⋯
四九〇四正 不告黽
四九〇四正 二告
四九〇四反 貞寠⋯行
四九〇五 貞行
四九〇六 ⋯行⋯
四九〇六 ⋯冊我⋯岳
四九〇七正 貞⋯
四九〇七正 二告
四九〇七正 行以㪤 二告
四九〇七正 二告
四九〇七正 二告
四九〇七反 ⋯令侑南庚盟⋯勿子⋯令
四九〇七反 母庚⋯
四九〇七反 ⋯冊王用
四九〇七反 ⋯卯⋯
四九〇八 ⋯衛至
四九〇九正 貞勿牽十二月
四九〇九工 戊⋯卜貞令衛取犯

四九〇九反 自東
四九一〇 壬申⋯貞令衎
四九一一正 丙申卜貞令永
四九一一反 ⋯未乞⋯
四九一二 ⋯未⋯宰
四九一二 貞令永⋯妥⋯
四九一二 ⋯比[illegible]
四九一二 ⋯比敦
四九一三 辛⋯不永不⋯
四九一三 小告
四九一四 癸丑卜貞勿䇂令逆比盡于[illegible]
四九一五 丙寅卜貞令逆比盡于[illegible]六月
四九一五 貞⋯逆⋯
四九一六 丙寅卜貞勿䇂令逆比盡于[illegible]
四九一七 丙寅卜貞令逆比盡于[illegible]⋯月
四九一七 二告
四九一七 丁丑卜令來乙酉侑于成五宰七月
四九一八 丙寅卜貞勿䇂令逆比盡于[illegible]六月
四九一八 庚子⋯侑子⋯
四九一八 庚⋯
四九一九 貞勿呼⋯
四九一九 貞呼逆
四九一九 ⋯僕⋯
四九二〇 貞呼逆
四九二一 ⋯逆⋯㞢⋯
四九二二 貞逆不其⋯
四九二三 壬申呼衛
四九二三 壬申呼比
四九二三 辛未卜王婦
四九二三 辛未卜王勿帚
四九二四 貞勿令舟比母㱿
四九二五 貞勿令舟
四九二五 ⋯不⋯受⋯
四九二六 癸酉卜貞舟若
四九二七 貞于⋯貞比⋯舟⋯
四九二八甲 甲辰卜𡧊貞舟龡
四九二八乙 貞舟龡不其受⋯
四九二九 ⋯丑卜王⋯舟龡
四九三〇 ⋯舟龡
四九三一 ⋯中示逗⋯
四九三二 貞呼印戲
四九三三 ⋯呼㫃
四九三四 ⋯毌⋯㫃
四九三四 丁未卜⋯卤暨⋯
四九三五 丁未卜卤暨⋯

四九三六　四九三七　四九三七　四九三八　四九三八　四九三九　四九三九　四九四〇　四九四一　四九四二　四九四三　四九四四　四九四四　四九四五　四九四六　四九四七　四九四八　四九四九　四九四九　四九五〇　四九五一　四九五二　四九五三　四九五四　四九五五正　四九五五正　四九五五反　四九五六　四九五七　四九五八正　四九五八反　四九五九　四九六〇　四九六一　四九六二　四九六二　四九六三　四九六三　四九六四　四九六五正　四九六五正　四九六五反　四九六六正　四九六六反　四九六七　四九六八

戊辰卜𠂤允…
庚辰卜内貞𠂤無遘
辛…𠂤…
…𠂤無遘
…遘
…𠂤…
…卜宊…𠂤無遘
…𠂤…遘
…𠂤無其…
…午…令𠂤比𠂤
癸未卜令…比𠂤
甲申卜勿令𢼸比𠂤
貞…令…𠂤
…𠂤…有祐
…王𠂤…㞢…
…卜王翌…𠂤…
丙申…𠂤…
丙申…
…子卜翌…丑勿…𠂤十月
戊午卜貞𢦏不其骨凡
貞…良…
惟良…
貞令良取何
…呼良
…勿牛
壬…
…申…良㞢…
貞衣無囚
…𠂤往來…
…十
貞惟卯令
丙辰卜爭貞呼卯…
丙申卜宊貞𢀛其凡
…未…無囚
…丑小𠤕…
…卜…貞…無…來
…小𠤕…囚七…
…岳
甲戌…貞…
丁亥…貞岳…
岳…
貞弗其獲
岳
岳
…乞岳

四九六九　四九七〇　四九七一　四九七二　四九七三　四九七四

…岳
…岳
岳
…之岳…
小叡

甲骨文合集摹釋

第三册 四九七五—五〇八一

四九七五 貞其于一人四月
四九七五 …專…
四九七六 貞其于一人囚
四九七六 癸巳卜貞旬無囚
四九七六 …卜…囚
四九七七 貞其…一人十一月
四九七八 乙亥卜爭貞王求有祟不于…人囚
四九七九 癸酉卜貞旬有祟不于一人…
四九八〇 癸未卜…旬有祟…一人囚八月
四九八一 貞…㞢…
四九八一 …卜貞…鳴不…一人囚
四九八一 …一人六月
四九八一 丙…
四九八二 癸…貞…祟…
四九八二 貞不于一人
四九八三 …亥卜…貞旬…祟無…于一人…
四九八四 …卜爭…一人…𠂤…
四九八五 …貞…一人…
四九八六 壬午卜王余…告
四九八七 壬申卜王余勿戠朕…
四九八八 …卜王余…惟辛…出入…
四九八九 戊午卜王余…
四九八九 …王…克…
四九九〇 癸巳…王余…二人…
四九九〇 …卜…
四九九一 …王余𦥑…
四九九二 …余…亥出入…于暘…尤
四九九三 …貞余曰…無其…
四九九四 丁亥卜王貞余勿于曹…
四九九五 …卯…余勿…
四九九五 …卯…亥…
四九九六 甲子卜王貞余令…
四九九七 …戊卜亘貞余弜祟…
四九九八 貞余㞢不其…
四九九九 癸卯卜王…余㞢…二告
五〇〇〇 …王貞余㞢…
五〇〇一 辛未余其…月
五〇〇二 庚子卜王貞余無巷
五〇〇三 …余…巷…
五〇〇四 …余…聞旨…

五〇〇五 貞余…五月
五〇〇六 貞余酌…九月
五〇〇七 辛酉卜王貞…余卸
五〇〇七 …十月
五〇〇八 …丑卜…貞余…衛…
五〇〇九 …貞…其…余…
五〇一〇 庚…余…
五〇一〇 …七月
五〇一一 …亥…余其…丕…今日…
五〇一二 …余不…
五〇一三 …余…亦…
五〇一四 …余…五…
五〇一五 壬…正…朕…匚…
五〇一六 …朕…
五〇一七 …不…朕…
五〇一八 …貞朕…于…
五〇一九 …弗…朕…
五〇二〇 辛未卜…我其…
五〇二一 …我其…
五〇二一 …弗其…
五〇二二 惟…辛…㞢…
五〇二二 …我弗…父?…
五〇二三 …貞我…
五〇二四 …我不… 不告黽
五〇二五正 …貞今我…弗…
五〇二五反 …二月
五〇二六正 …貞我在…
五〇二六反 …寅卜…
五〇二七正 …我…在茲…
五〇二七反 …古?…
五〇二八 …貞我…
五〇二八 …其…缶
五〇二九 癸未卜…侑小王
五〇三〇 …卜王貞凡小王
五〇三一 辛酉…酌…
五〇三一 戊辰…小王
五〇三一 …卜王…丑…父…
五〇三二 …㴩…
五〇三二 …小王…
五〇三三 …大…小王…之日…
五〇三四 貞…于…
五〇三四 貞王大令
五〇三四 貞王大令
五〇三五 …王大令
五〇三六 丙午卜殻貞…
五〇三六 貞王勿大令

五〇三六　戊午卜穷貞令…
五〇三七正　戊寅ㄏ㱿貞王…令…
五〇三七反　…惟…其…
五〇三八　丙辰卜王令
五〇三九　辛酉卜王令…之…
五〇四〇正　貞王令…
五〇四〇反　壬午卜妣…窜
五〇四一　…卜王令
五〇四二　貞惟王令
五〇四二　…令…
五〇四三　貞…王令惟黄
五〇四四　甲午卜㱿貞令壬惟黄
五〇四四　甲午卜㱿貞惟王令惟黄
五〇四五　貞勿惟王令
五〇四六正　戊子卜爭貞王勿令酌　二告
五〇四六正　…惟…屯…
五〇四七　…子卜王勿令
五〇四八　己巳卜王呼犬捍我
五〇四九　己未卜貞王呼从河
五〇五〇　乙丑卜㱿貞王勿呼…
五〇五一　貞王出
五〇五二　…卜亘貞…王出
五〇五三　…貞…出…
五〇五三　…舌…戕…
五〇五四　庚子卜穷貞…不…　小告
五〇五四　貞王出
五〇五四　…王出
五〇五四　不告黽
五〇五五　貞王往出
五〇五六正　癸酉卜穷貞王…出从…
五〇五六正　貞在庚酌
五〇五六臼　癸酉卣示…永
五〇五七甲　…㱿貞示若王其出五月
五〇五七乙　弗若王…出　二告
五〇五七甲　丁酉卜古貞
五〇五七乙　丁酉卜古貞…
五〇五八　…㱿貞令𡆥王出
五〇五九　貞令𡆥王勿出
五〇六〇　貞令…王出
五〇六一　…子卜王…出自…比…
五〇六二　…卜王…出今日…六月
五〇六三　己巳卜亘貞翌庚午王出王固曰不…
五〇六四　壬戌卜韋貞翌乙丑王勿出王固曰乙余…
五〇六五　…王勿…日夕出
五〇六六　…貞王勿出
五〇六七　…王勿出戠

五〇六八　…卜㱿…王于…出…
五〇六八　…卜㱿…王勿出戠二月
五〇六九　貞惟王往　二告
五〇六九　三告
五〇七〇　癸卯卜…
五〇七〇　乙卯卜…
五〇七〇　貞惟王往
五〇七一　貞惟王往
五〇七一　…翌乙…不…暘日
五〇七二　貞惟王往
五〇七三　貞惟王往
五〇七四　乙未卜㱿…
五〇七四　乙未卜㱿貞惟王…
五〇七五　王惟往　二告
五〇七六　辛酉卜…貞王往…
五〇七七正　二告
五〇七七正　小告
五〇七七反　…貞于…
五〇七七反　…貞王…往…
五〇七八　…貞王…往
五〇七九　…王往…旃
五〇八〇　癸亥…貞王卜…
五〇八〇　…王往…
五〇八一正　…貞翌乙…王往…
五〇八一反　…𡆥…
五〇八二　…貞王…往…以…
五〇八三　…卜𠷎…王往…翌…雨…
五〇八四　…卜…王往…
五〇八五　戊子卜貞王往从…
五〇八六　壬午卜貞王往从…
五〇八七　…穷貞…往从…之日王…
五〇八七　…遘…八月
五〇八八　乙卯卜㱿貞惟王往酌…
五〇八八　戊午卜㱿貞戌…
五〇八九　己未卜古貞王往…
五〇八九　…㚸…
五〇九〇　…㱿貞王勿往
五〇九一　…今日…王勿往于…
五〇九一　…勿往
五〇九二　…貞王勿往…
五〇九三　…申卜…貞勿…王往
五〇九四正　…勿惟王往
五〇九四反　…以…
五〇九五　壬辰…貞王…勿往　二告
五〇九六正　貞王往出示若

五〇九六正　貞王勿出
五〇九六正　貞若王
五〇九六正　弗若王
五〇九六正　貞衛出　二告
五〇九六正　貞勿衛出
五〇九六正　王夢惟囚
五〇九六正　王夢不惟囚
五〇九六反　奠入二十
五〇九七正　甲午卜宾貞王往出
五〇九七臼　：子婦：五屯　㱿
五〇九八　貞王往出：
五〇九八　庚：
五〇九九　：王往出
五〇九九　出
五〇九九　貞：告：祖辛：
五一〇〇　貞：以：
五一〇〇　：申卜亘貞：往出
五一〇一　：王：往出
五一〇二　王往出
五一〇二　不：
五一〇三　：亥：王往：
五一〇四　：貞：往出
五一〇四　：不戠二月
五一〇五　：往出去
五一〇五　：貞王往去
五一〇六正　：王往出
五一〇六反　：固曰吉
五一〇七　己丑卜：王往：
五一〇七　貞王：往出：
五一〇八　：貞王往出
五一〇九正　小告　二告
五一〇九反　：箙骨：
五一〇九反　：王往出：
五一一〇正　：勿：
五一一〇正　貞王惟丁亥出
五一一〇正　貞王勿往出
五一一〇正　：申卜吕貞：勿出
五一一〇正　不告黽
五一一〇反　：貞王往出
五一一一　貞盟：申呼：好往：㣥
五一一一　丁卯卜㱿貞王勿往出
五一一一　貞自今至于庚戌不其雨
五一一二正　貞盟癸丑王勿往省从：
五一一二反　：叀來：
五一一三正　二告　二告
五一一三反　丁酉

五一一三反　貞王其往出省从西告于祖丁
五一一四　貞王往：从西：
五一一五　：王往省从南：
五一一六　：自：小告
五一一六　丁酉卜古貞王往省从西大：　小告
五一一七　王往省从北
五一一八　：王：省从名
五一一九　貞侑于祖乙
五一一九　王往省从蠢
五一二〇　：貞王：省：
五一二一　王往出省：
五一二一　貞王勿出：
五一二二　貞王往出省：
五一二三　：卜宾貞王往省：
五一二三　：卜宾貞自今至：
五一二四正　：省从：　不告黽
五一二四反　：侑于：
五一二四反　：侑于：
五一二五　：辰卜㱿貞：勿往省于：
五一二六　：王勿：省：
五一二七　乙巳卜爭貞侑于王亥
五一二七　丁未卜爭貞王往去束于敦
五一二八　貞王去束于敦
五一二九　貞于𦉢
五一二九　貞王去束于甘
五一二九　壬寅：㱿：
五一三〇正　甲午卜爭貞王往去束若
五一三〇臼　：示一屯　岳
五一三一正　貞王往去束：
五一三一反　：[illegible]：不：
五一三二　：圉：
五一三二　王：去束
五一三二　：往去束
五一三三　：貞王往去束不：
五一三四　甲午卜宾貞王往出去：
五一三四　乙未卜㱿貞王其去束告：
五一三四　：戌卜爭貞征呼來四：
五一三五　貞王去束
五一三五　貞：束
五一三六　貞王去束
五一三七　：弗：疾：
五一三七　貞王去束
五一三七　貞王勿去：
五一三七　貞無其來自西
五一三八　貞王去束
五一三九　：王去束：弗左：

五一四〇　…王去朿示弗…
五一四一　…王去…
五一四一　…貞今日夕彰…
五一四二　…王去…
五一四三正　小告
五一四三反　…去朿
五一四四　…貞…去朿…于祖…
五一四五　貞…盟…申…
五一四五　貞王勿去朿
五一四五　…漁…
五一四六　貞王勿去朿
五一四六　…循…有祐
五一四七正　…告
五一四七反　癸卯…勿…朿
五一四八反　…盟癸…王…去…
五一四九　貞…去…
五一四九　貞去
五一五〇　貞有去
五一五〇　…于…
五一五一　貞有去
五一五二　貞…丁酉…有去
五一五三　…其去
五一五四　貞…
五一五四　…其去
五一五五　貞…去
五一五五　貞無其去
五一五六　…盟癸卯王勿去
五一五七　…亥卜…王朿…祟…山…
五一五八甲　…觀河…
五一五八甲　…受…
五一五八乙　…貞…土受年
五一五八乙　貞王其往觀河不若
五一五九　貞王觀河若　二告　不吾黽　小告
五一六〇　…貞今六月…入于…
五一六一　貞王于生七月入
五一六一　貞王于生七月入
五一六一　…王于…七月入　二告
五一六二　貞王于生七月入
五一六三　貞王于生七月入
五一六三　其侑…燎…
五一六四　貞生七月王入
五一六五　乙亥卜爭貞生七月王勿衣入戠
五一六五　壬辰卜爭貞王于八月入
五一六六　…王于八月入
五一六七　乙酉卜殼貞王于八月入
五一六七　丙戌卜殼貞王于八月入

五一六八　貞來…巳…入
五一六八　丁丑卜入　二告
五一六八　庚…卜…
五一六八　王于八月入
五一六九　…貞王于…入于…
五一七〇　…爭…乙…王…入
五一七〇　來乙巳王勿入
五一七一　乙未卜爭來乙亥王入
五一七一　…來乙…王…入
五一七二　來辛丑王勿…　不吾
五一七二　…巳…入　二告
五一七三　…亥卜穷…盟丁丑王入
五一七四　貞盟乙亥王勿衣入遘
五一七四　…王…
五一七四　二告
五一七五　貞辛亥王入
五一七五　于癸丑入
五一七五　于甲寅入
五一七五　于乙卯入
五一七六　貞王入
五一七六　…王…衣…
五一七七正　己卯卜韋貞王入
五一七七臼　戊寅羌目示三屯　㱿
五一七八　…王入
五一七九　丙午卜穷貞王入若
五一八〇正　貞王…
五一八〇正　…貞王入知…出若三月
五一八〇反　…殼…
五一八一　…王入衣廼叹…
五一八二　…卜貞王入禦
五一八三　辛未…王入…
五一八四　…王入…自…
五一八五　…辰卜王勿衣…
五一八六　辛未…爭貞王勿衣…
五一八七　貞王勿衣入
五一八八　貞王勿衣入
五一八八　貞王勿入
五一八九　壬寅卜…乙巳彰…王疋…
五一九〇　王疋
五一九一　…殼貞王歸
五一九二　…貞王歸
五一九三正　…午卜穷貞…
五一九三正　貞王歸
五一九三反　壬辰…其…
五一九三反　…王固曰…
五一九四　…丑卜…貞王歸若

五一九五正　貞王歸
五一九五正　：卜殻：
五一九五反　甲申子：
五一九六　己酉卜殻貞王：歸
五一九七　：貞王：歸：
五一九八甲　貞王勿从歸
五一九八乙　貞王从歸
五一九八乙　：卜殻貞王从歸
五一九九　丁卯：爭貞王歸：
五一九九　辛酉：王至：𦰩：
五二〇〇　：癸酉王步
五二〇一　翌：亥：
五二〇二　王賓魯
五二〇二　于翌甲子步
五二〇二　翌癸亥王步
五二〇三　于翌甲子步
五二〇三　王賓魯
五二〇三　翌癸亥王步
五二〇四　于翌甲子步
五二〇四　王賓魯
五二〇四　：令：戊
五二〇五　丙午卜殻貞翌丁未步
五二〇五　：日丁未王勿步
五二〇六正　貞翌丁亥王步
五二〇六反　丁未：
五二〇七　：申卜翌己酉王步
五二〇八　翌甲戌王步
五二〇八　于：子：于：
五二〇九　己酉卜王其步：
五二一〇正　：貞翌：王步：　小告
五二一〇反　：丁：示：
五二一一　乙：王：步
五二一一　：翌：巳：步
五二一二　貞于甲子步
五二一二　甲辰卜爭：
五二一二　翌癸亥王步
五二一二　：王：
五二一三正　丁丑卜殻貞王延步　小告
五二一三反　：示三屯
五二一四　：貞：王自：步
五二一五　：◎：
五二一五　：王：步：不：
五二一六　：日乙：王步：
五二一六　：步：
五二一七正　丁巳卜古貞王勿步
五二一七反　：燎三百：

五二一八　：王：惟：
五二一八　乙卯卜今乙王勿步
五二一九正　翌壬午王勿步　不告黽
五二一九反　：㞢：
五二二〇　貞翌乙巳王勿步八月
五二二一　貞翌辛巳王勿步
五二二二　翌丁丑王勿步
五二二三　：王勿于辛亥步
五二二四　：王勿步
五二二五　壬辰其涉河：暘日
五二二六　：涉河王：生七：
五二二七　：午王涉歸
五二二七　：王涉歸
五二二七　：出：
五二二七　二告
五二二八　：王：涉于：
五二二九正　：寅卜：王：涉：
五二二九反　：囿：
五二三〇正　丑：穷貞：王涉：
五二三〇反　：旋入：
五二三一　己亥卜殻貞翌庚子王涉歸
五二三二正　貞翌辛卯王涉歸
五二三二反　：丑婦：
五二三三　辛卯卜爭貞翌甲午王涉歸　二告　二告
五二三四　：卯卜爭：翌甲午：涉歸
五二三五　癸未：貞翌丁亥王涉：　小告
五二三六　惟王饗
五二三六　：王：
五二三七　庚午卜爭貞惟王饗𢦏
五二三八　：惟：自饗
五二三九　王：出：
五二三九　貞王勿去朿
五二三九　王自饗
五二三九　王自饗
五二四〇　：其來王自饗
五二四一　：勿惟王：饗
五二四二　王饗
五二四二　貞王勿饗
五二四二　不其受
五二四三　王勿：
五二四三　勿自饗
五二四三　：往：
五二四四　惟：
五二四四　貞勿惟王自：
五二四四　貞勿惟王自饗
五二四五　：饗

五二四五	惟王饗
五二四五	貞勿惟王自饗
五二四六	…殸…
五二四六	…戊卜爭…
五二四六	貞勿惟王自饗
五二四七正	…其…年
五二四七正	己…貞…黍…饗不…豆…
五二四七反	…卜殸…
五二四八	丙子大…饗吉旬…不…
五二四九	…其饗…不…
五二五〇	癸酉卜…其饗…巫?
五二五〇	貞王宊惟吉不遘雨
五二五一	…王宊…遘…
五二五二	戊寅卜史貞王宊惟吉
五二五三	辛巳卜貞王宊惟吉
五二五四	貞王宊惟吉
五二五四	甲寅卜史貞王宊惟吉
五二五五	…史…田…𢀛…用
五二五六	乙酉卜史貞王宊惟吉
五二五七	丙戌卜史貞王宊惟吉
五二五七	庚戌卜…貞王宊惟吉燕
五二五八	…貞…惟…
五二五九	貞王宊惟吉
五二六〇	貞王宊惟吉
五二六一	戊子卜史貞王宊…
五二六二	壬申卜…王宊…
五二六二	…卯卜史貞王宊惟吉十月
五二六三	…惟雨
五二六三	…王…吉十月
五二六四	…卜史…宊…吉
五二六五	庚辰…貞王…惟吉
五二六六	…亥卜史…貞宊惟吉
五二六六	…辰卜史貞宊惟吉
五二六七	戊子…貞王宊…吉
五二六八	…貞…宊惟吉𢦏用
五二六九	…宊惟吉𢦏用
五二七〇	…吉𢦏用五月
五二七一	…王賓…宊…𢦏…
五二七二	…貞…惟吉
五二七二	…月…宊…
五二七三	…貞奏…宊…吉
五二七四	…貞…吉
五二七四	…史…宊…吉一月
五二七五	…惟吉
五二七五	…𠕚…
五二七六	…貞…甲…惟吉
五二七七	乙…貞…宊…
五二七七	…子卜…惟吉
五二七八	…丑卜…宊…吉
五二七九	…卜史…宊惟…
五二八〇	壬子卜史貞王宊惟吉燕八月
五二八〇	…貞…
五二八一	…卜史貞王宊惟吉燕之日…
五二八一	…吉燕八月
五二八二	…貞…吉
五二八二	辛未卜…貞惟…燕
五二八三	…貞惟吉燕
五二八四	辛…貞惟…燕七月
五二八四	…衣…雨
五二八五	…貞惟吉燕
五二八六	…貞惟吉燕
五二八七	…燕…
五二八七	…貞惟…燕
五二八八	…貞…惟…
五二八八	…惟燕
五二八九	甲午…貞惟…燕
五二九〇	…無延…燕…惟若…
五二九一	庚午卜史貞禫宊惟…
五二九一	…未卜…貞…惟…
五二九二	…勿…宊…
五二九三	…貞今…宊…
五二九四	乙卯…宊用十月
五二九五	…戌卜…王往…燕無…
五二九五	…王允…無災
五二九六	…往…宊…
五二九七	庚戌…貞王心若宊其惟孽三…
五二九八正	貞王聽惟𡆥
五二九八正	貞王聽不惟𡆥
五二九八反	庚戌卜…
五二九八反	雀入二百五十
五二九九正	乙未卜亘貞王聽不惟𡆥
五二九九反	乙巳妥…屯…亘
五三〇〇正	…王聽…惟𡆥
五三〇〇反	…爭…
五三〇一	…聽…𡆥 二告
五三〇二	…聽…𡆥
五三〇三	…聽其…𡆥
五三〇四	…聽…
五三〇五	癸亥…殸貞聽惟壱
五三〇六	丙…
五三〇六	丁卯卜王聽惟有壱
五三〇七	…卜王聽…惟壱

五三〇八 …王聽…由
五三〇九 乙丑卜㱿貞王聽惟…不…子…
五三一〇 貞王聽…
五三一〇 貞于…
五三一一 貞王聽…
五三一一 …貞…王…
五三一二 …王聽…㞢…
五三一二 …㹜…
五三一三 …貞王聽不…
五三一四 …貞王聽…
五三一五 …亘貞王遣若
五三一六 …貞王遣若
五三一七 …貞王遣…
五三一七 …古…
五三一八 乙亥卜…貞遣…
五三一九 乙丑卜王貞嗇有…
五三一九 己巳…貞惟吉
五三二〇 壬戌卜王貞…令…乎…
五三二〇 辛未卜內貞惟𡆥六月
五三二一 己卯卜王貞…
五三二二 …王貞我…弜受…
五三二三 …王貞…其受…祐
五三二四 辛卯卜王貞羸
五三二五 庚寅卜貞…
五三二五 …酉卜王貞…
五三二六 …寅卜王貞…彭三宰…丁…
五三二七 …卜王貞…逆…七月
五三二八 丁丑…王貞…
五三二九 甲午卜王貞…其…
五三三〇 …未卜王貞三卜大…
五三三〇 …卜王貞…其…
五三三一 辛亥卜王六月
五三三二 壬辰卜王… 二告
五三三三 壬子卜王一月
五三三四 癸卯卜王于甲辰酉?
五三三五 …庚…
五三三五 乙亥卜王…
五三三六 癸亥卜王侑…己
五三三六 …王…
五三三七 …卜王…
五三三八 …寅卜王…人?…
五三三八 壬申…壬…
五三三九 辛酉卜王𢦏…冎…
五三三九 …卜王…
五三四〇 …辰卜王…雫…
五三四一 己卯…

五三四一 …卜…王…中…雫有若
五三四二 …酉卜王…于八…
五三四三 辛丑卜貞王酉七月
五三四三 辛丑卜王勿酉
五三四四 …卜王…㞢…惟…
五三四五 己亥卜王𢀛…
五三四六 …卜王…悤…自…
五三四七 癸亥卜王其凡惟…
五三四八 …卜王…凡惟…
五三四九 庚子卜爭貞王凡其遘之日凡遘雨五月
五三五〇 庚午…王取𢀛…
五三五一 …王𥎦曰…
五三五二 …𢀛固曰…
五三五三 …丑卜…貞王𥎦…
五三五四 辛未卜㱿貞王有不正
五三五四 貞王無不正
五三五五正 …戌卜…貞王…正
五三五五反 …吉正
五三五六 甲午卜爭貞王宿師不無…三月
五三五六 …卜…侑…丁
五三五七 丙寅…貞王…衣…
五三五七 丙寅…貞王…宿
五三五八正 乙亥卜爭貞王…
五三五八反 …𣪊…
五三五九 …亥卜…貞王往于…
五三六〇 …戌卜…貞王有𡆥?…
五三六一 壬子…貞王賓夕…
五三六二 …貞王…降多…壱
五三六三 甲戌卜㱿貞王不役在…
五三六四 …貞王用
五三六四 二告
五三六五 …貞王勿…于之…羽
五三六六 丁巳…王…
五三六六 …申卜…貞…惟…
五三六七 辛未…貞王…衣…
五三六八 戊子卜…貞王…方…
五三六九 …貞王南
五三七〇 壬子…爭貞王𪓐惟有壱
五三七一 甲戌卜…貞王延
五三七二 …王延
五三七三 癸酉卜爭貞王腹不安無延
五三七四 …勿…
五三七四 貞王…言妣庚若
五三七五 壬辰卜貞王…区
五三七六正 丁酉…㱿貞…王惟…
五三七六反 …有告三日…

五三七七　戊申：貞王其：訊
五三七八　：貞王其：
五三七九　癸未：王：其：眹不：
五三八〇　：貞翌辛：王其：
五三八一正　弗其：　二告
五三八一正　：王：　不告
五三八一正　：王：又：
五三八一反　辛：于：
五三八二　丁巳卜㱿貞有令于弘
五三八二　：貞王其有𠧟正
五三八三　：辛王：其：昌：
五三八四　：辰卜：貞不：
五三八四　：卯王其乞𠤬：
五三八五　貞王有：𠂤：
五三八六　：不惟：王：有左
五三八七　：王：　二告　小告
五三八七　：貞王出：　二告
五三八八　甲戌卜㱿貞今六月王：
五三八九　己酉卜今十月王勿：
五三八九　：燎：甲：
五三九〇　丁亥王：
五三九〇　：戍：又不用：日八月
五三九一正　丁酉卜爭貞今日王：
五三九一反　：惟：㞢：
五三九二　甲：貞：王：于
五三九二　壬子卜穷貞辛亥王：
五三九三　：雨：
五三九三　丙戌卜爭貞翌丁亥王其益：暘：不：
五三九四正　貞翌辛卯王勿：
五三九四正　：弗：獲
五三九四反　：丑卜㱿：
五三九四反　：逐：
五三九五　辛卯卜穷貞翌乙未王：
五三九六正　：出王勿：有祐
五三九六反　：再以：
五三九七　辛未：貞王勿：
五三九八　乙亥：貞我：
五三九八　：丑卜爭：王勿：
五三九九　丙寅卜㱿：王于：
五三九九　丙寅卜㱿貞王勿：
五四〇〇　：貞王勿于：
五四〇〇　：貞王：
五四〇一　庚辰：王勿：𦎫：
五四〇二　：王勿：有剢：
五四〇三反　貞勿惟王：
五四〇四　：惟王：

五四〇五　：貞：乙：王
五四〇六　：申卜古貞弗：王
五四〇六　：左
五四〇七　癸未卜㱿貞惟王自：
五四〇八　貞王勿复：
五四〇九　己巳卜爭貞王复涉：
五四一〇　癸未卜㱿貞王豕：若
五四一一　：余其有：王允：有三：饗：
五四一二正　：旨：行
五四一二正　：貞：王：匚
五四一二反　：龜：
五四一三　：卜爭貞王乞：曰翌：庚：囲：
五四一四　丁未卜：
五四一四　辛：茲其：專王固：余受：
五四一四　：衆：
五四一五　：貞王：
五四一五　：貞：
五四一五　：貞：
五四一五　：王：
五四一六　：王：
五四一七　壬辰卜穷貞王于：
五四一七　：酚：𨞖：入
五四一八　王从：𢦏：王：从：
五四一八　：卜：月
五四一九　戊寅卜爭貞翌庚辰王：
五四二〇　：王：羊：从：
五四二一　：王：囚
五四二二　：王：卬：𩵦：
五四二三　：學：王：允：衣
五四二四　庚：告王：
五四二五　辛亥卜㱿貞于：日王：
五四二五　：王：
五四二六　：午：令往𧇡
五四二六　：庚：
五四二七　壬：王：
五四二七　：王：惟丙祖：
五四二八　幽王
五四二九　：夲：勿惟王：
五四三〇　壬辰：在：王：于
五四三〇　：王：于：
五四三一　：亥卜王貞：王山來：白𦄂：
五四三二正　貞：
五四三二正　：壱：
五四三二反　貞王：
五四三二反　：固：
五四三三　辛丑卜王出?止：弜：

五四三四正　…王…
五四三四正　二告
五四三四反　茲…
五四三五　癸丑…王固…
五四三五　…貞…
五四三五　…不…
五四三五　…貞壬子蘩…
五四三五　…貞…𡆥…
五四三六　…王…井…
五四三七　丁酉…王于…來…乎…
五四三八　貞勿…于…
五四三八　…王…
五四三九正　癸亥卜爭貞𢓊疋化無𡆥𢦏王事
五四三九正　貞𢓊疋化無𡆥𢦏王事
五四三九正　𢓊疋化其有𡆥
五四三九正　貞𢓊疋化無𡆥𢦏王事十月
五四三九正　𢓊疋化其有𡆥
五四三九正　貞王入無𡆥
五四三九正　貞其有𡆥
五四三九正　甲子卜㱿貞今…至
五四三九正　今夕不至
五四三九正　貞…于…
五四三九正　勿…于…
五四三九反　蔑來四在徃
五四四〇正　乙巳卜㱿貞𢓊疋化𢦏王事
五四四〇正　乙巳卜㱿貞𢓊疋化弗其𢦏王事七月
五四四〇反　王固曰其惟…
五四四一　…巳卜㱿貞𢓊疋化…其𢦏王事
五四四二　…宀貞…疋𢦏…
五四四三　…不𢦏王…
五四四四　貞晶不我多肬臣永…
五四四四　…辰卜令雀往𢦏王事　一告
五四四五正　丁酉卜亘貞吾𢦏王事
五四四五正　貞王曰吾來　二告
五四四五反　王固曰吉其曰吾來
五四四六正　丁亥卜㱿貞旃無𡆥𢦏王事
五四四六正　貞旃…
五四四六反　王固曰有…
五四四七丁　…申卜㱿貞旃…𢦏王事
五四四七乙　貞旃暨㱿弗…𢦏王事　二告
五四四七乙　貞祖乙…
五四四七乙　貞王有遣祖乙弗佐王　二告
五四四七乙　貞王…
五四四七乙　貞王自遣祖乙佐…　二告
五四四七丙　貞王有遣…
五四四七甲　貞旃暨㱿其有𡆥

五四四七丙反　王固曰…
五四四七乙　二告
五四四八　戊辰卜爭貞□無𡆥𢦏王事　二告
五四四八　貞□其有…其𢦏王事
五四四九正　…亶𢦏王事
五四四九正　貞…事
五四四九反　貞其…羊…
五四五〇　丁巳卜允貞令王…□…
五四五〇　辛未
五四五〇　貞惟…聿令比亩□𢦏王事
五四五〇　貞惟多子族令比亩□𢦏王事　二告
五四五〇　貞弗作王若
五四五一　乙…貞…㞢…惟…
五四五一　…令多子…比…亩□…王…
五四五二　甲子…
五四五二　乙丑卜允貞令羽暨鳳以束聿比亩□
　　　　　𢦏事七月
五四五二　貞三牢
五四五三　…貞…族比…𢦏王事
五四五四　貞行𢦏王事
五四五四　貞行弗其𢦏王事　二告
五四五四　貞行𢦏
五四五四　丁未卜
五四五四　戊申卜
五四五四　…卜穷貞惟…
五四五五　丁未卜
五四五五　戊申卜
五四五五　貞行𢦏王事
五四五五　行𢦏
五四五五　貞惟戌
五四五五　貞𢍰及寢□
五四五五　貞舞有雨
五四五五　…惟…
五四五六　丁未…
五四五六　戊申卜
五四五六　貞行𢦏王事
五四五六　行𢦏
五四五六　貞惟戌
五四五六　貞𢍰及寢□
五四五六　貞舞有雨
五四五七　貞行其𢦏王事
五四五七　丁未卜
五四五七　…申…
五四五八　甲戌卜穷貞益□啟𢦏王事
五四五八　二月
五四五九　貞疾惟…來

五四五九　庚申卜殸貞𡚸載王事
五四五九　…龍…
五四六〇正　…貞𡚸…載王事
五四六〇反　丁巳婦𡚸示四…
五四六一　貞𡚸載王事王固曰吉惟茲曰[illegible]
五四六二　貞𡚸弗其載…
五四六二　…𢀛…人
五四六三　貞免不…
五四六三　貞𡚸載王事
五四六三　…王…
五四六三　王固曰吉
五四六四　…古貞…
五四六四　貞𡚸載王事
五四六五　…𡚸…王事
五四六六　…師…載王事
五四六六　…子…獲…
五四六七　…師般弗載王事
五四六八正　貞…
五四六八正　貞翌己巳围
五四六八正　貞翌己巳围
五四六八正　貞無𡆥
五四六八正　貞無𡆥
五四六八正　癸酉卜古貞師般載王事
五四六八正　…勿…
五四六八正　二告　不舌黽　二告　二告
五四六八反　戊辰卜亘…
五四六八反　王固曰無𡆥
五四六八反　王固曰…
五四六九　…般載…事
五四七〇　…酉卜犬…其載王事嬴
五四七一甲　貞卯弗其載王事
五四七一乙　…卯…載王…
五四七二正　…卯…王事
五四七三正　庚…貞陕…王事
五四七三正　庚申卜殸貞陕弗其載王事
五四七三反　貞㛤…有克
五四七三反　貞㛤…無其克
五四七三反　…王…亘…
五四七三反　王自癸巳囚有由…
五四七四　貞隣…載王…
五四七四　…弗…
五四七四　不舌黽
五四七五　辛亥卜穷貞刃載王事
五四七五　刃載王事　二告
五四七五　…刃弗其載王事
五四七六　丙戌卜爭貞𢀛不作孽載王事二月

五四七六　貞…取…旅
五四七七正　貞鑊其有疾
五四七七正　貞鑊…
五四七七正　令呂比𣎴載王事
五四七七正　貞惟邑令比𣎴
五四七七正　貞惟𢦏𠧪王
五四七七正　貞不惟𢦏𠧪王
五四七七正　𢀛無其𡆥來自南允無𡆥
五四七七正　勿燎
五四七七反　壬…
五四七八正　貞旨載王事
五四七八正　丙午卜穷貞旨弗其載王事
五四七八正　貞惟𩋶呼往于𡆥
五四七八正　二告　二告
五四七八臼　婦辛示?…　穷
五四七九　貞旨載王事
五四七九　丙午卜穷貞旨弗其載王事
五四七九　貞惟𩋶令往于𡆥
五四七九　貞循
五四七九　不舌黽　二告
五四八〇正　甲寅卜穷貞我載王事　不舌黽　二告
五四八〇正　貞我弗其載王事
五四八〇正　貞𢀛載王事　二告
五四八〇正　貞𢀛弗其載王事
五四八〇反　疾人惟父乙𡆥
五四八〇反　不惟父乙𡆥
五四八〇反　貯入二十…
五四八〇反　殸
五四八一　貞我弗其載…
五四八二　…載王事
五四八三正　…比克田弗其載王事　二告
五四八四正　…載王事
五四八四反　…其…𠬝
五四八五　貞…載王事
五四八六　…載王…
五四八七　…爭…載王…
五四八八　辛…貞乞今…殸…由…載…事
五四八九　…其載王事
五四九〇　…載…事
五四九一正　貞…其載王事在享京
五四九一反　…𣪊
五四九二　貞弗其載王事
五四九二　癸未
五四九二　…亥
五四九三　貞弗其載王事
五四九三　庚辰…
五四九四　癸亥卜有王事四月

五四九四　……保……戠……
五四九五　癸酉……侑兄……
五四九五　甲戌卜王余令角婦戠朕事
五四九六　……朕事
五四九七　壬戌……王緈戠朕事三月
五四九七　……𩠹？……
五四九八　……伐……戠朕事
五四九九　……寅卜王……弜弗其戠朕事其潪余
五五〇〇　戊……令……
五五〇〇　……戠朕事于……
五五〇一　……旨……戠朕……
五五〇一　……朕事延伐……
五五〇二　貞弗……戠……
五五〇三　貞勿令戠
五五〇三　貞……雨
五五〇四　乙未……貞立事……南又……中从……㲋左……从
曾
五五〇四　……卜貞……百……
五五〇四　……于……
五五〇五　貞勿……沈五月
五五〇五　貞𢀛立事于𫳅侯六月
五五〇六　壬辰卜穷貞立三大史六月
五五〇七　乙亥……貞立二……史有殺舟……
五五〇八　……王……立……史
五五〇九正　丙申卜㱿貞立事呼取……　不𢆶黽
五五〇九正　丙申卜穷貞今夕其……　二告　二告
五五〇九反　丙申卜㱿……
五五一〇正　甲子卜亘貞立事　二告
五五一〇正　貞呼取丘𡿧……　不𢆶黽
五五一〇臼　……二屯
五五一一正　二告　告
五五一一反　……㠯貞立事于𡆥
五五一二　丙戌……勿……惟我三有不若十二月
五五一二　乙未卜……𢀛立事……有从我从㲋左从
……十二月
五五一二正　貞不其𡆥
五五一二正　貞勿立事于南
五五一二臼　庚辰乞自雩十屯
五五一三　丙辰卜㱿立𡆥事
五五一四　貞立𡆥事
五五一五　丙辰卜……𢀛延……立人三百……
五五一六　壬辰卜爭貞其𪓿獲九月
五五一六　壬辰卜爭貞其𪓿弗其獲　二告
五五一六　……惟翌甲申立人
五五一六　……卜穷貞勿惟翌甲申立人　二告

五五一六　辛巳……穷貞立人　二告
五五一六　辛……穷貞勿立人
五五一七　……辰……王貞……立人……其……
五五一八　燎……岳
五五一八　使人于岳
五五一八　入若
五五一八　……今……雨
五五一九　貞……于……
五五一九　貞使人于岳
五五一九　入若
五五二〇　其亦出
五五二〇　貞舌方不亦出
五五二〇　貞使人于岳
五五二〇　貞勿使人于岳
五五二〇　使人于岳
五五二一　使……于……
五五二一　貞使人于岳
五五二一　貞勿使人于岳
五五二一　貞王勿入
五五二一　……告舌方于上甲
五五二二正　己卯卜穷貞取岳
五五二二正　甲申……王……
五五二二正　乙酉卜穷貞使人于河沈三羊册三牛三月
五五二二臼　……屯
五五二三　乙酉卜……丁亥……人于河
五五二四　受年
五五二四　不其受
五五二四　貞使人于𢀛
五五二四　弗其擒
五五二四　……在……鹿……
五五二五　丁丑卜韋貞使人于我
五五二六　乙……卜亘貞使人于我
五五二七正　得
五五二七正　貞束得
五五二七正　丁丑卜㠯貞使人于我
五五二七正　二告　不𢆶黽　不𢆶黽　不𢆶黽　不𢆶黽
五五二七反　貞勿使人于我
五五二八　貞使人于新
五五二八　……穷……
五五二九　……卜……使人于𢀛
五五三〇甲　……勿……
五五三〇甲　……子商有𡧊
五五三〇甲　王勿使人于沚……
五五三〇乙　貞子商……
五五三〇乙　王使人于沚若

五五三一甲正　貞…聽不…
五五三一甲正　…使人于戠
五五三一甲正　…有壱
五五三一乙　貞王…聽惟…
五五三一甲反　□入…
五五三二正　貞其有來嬄自沚
五五三二正　貞無來嬄自沚
五五三二正　貞王肱贏　二告
五五三二正　貞王肱不…贏
五五三二正　南庚□父乙壱王
五五三二正　貞南庚弗□父乙壱王
五五三二正　貞使人于婁
五五三二正　貞祖丁□父乙
五五三二正　貞允舌王
五五三二正　…王…壱
五五三二正　二告　二告
五五三二反　呼婦好令…
五五三二反　貞…
五五三三　貞…于祖丁
五五三三　貞侑
五五三三　貞使人于卒
五五三三　貞王循若
五五三四　…戌…其…
五五三四　貞使人于卒
五五三五　…使人于望
五五三六　貞使人于□
五五三七　癸巳卜殻貞使人于□其有曰三…
五五三八　…巳卜殻…使人…□其有曰…
五五三九　貞…使…于□
五五四〇　王…沚…
五五四〇　貞勿使人于□
五五四一　貞…勿…沚戠
五五四一　貞勿使人于□
五五四一　王比沚戠
五五四二　貞勿使人…□
五五四三　戊辰卜穷貞使…□
五五四四　貞…于…
五五四四　貞侑于唐
五五四四　貞使人往于唐
五五四五正　乙巳卜亘貞使人于…
五五四五正　乙巳卜亘貞有去
五五四五臼　甲辰婦㮙示二屯　岳
五五四六　甲子卜穷貞使人…
五五四七　…使人于…
五五四八　貞使人…沈三…𠕁…惟…
五五四九正　戊…卜穷貞使…

五五四九反　…乇…
五五五〇正　…于…
五五五〇正　不𢆶黽　二告
五五五〇反　…勿使人于…
五五五一正　丁丑卜穷貞勿使人…
五五五一　壬午卜𠭰貞尹其有𡆥
五五五一臼　辛未婦汝示…　㱿
五五五二正　貞勿使…于…
五五五二反　婁入…
五五五三正　二告
五五五三反　貞…
五五五三反　…呼…
五五五三反　貞勿使人…
五五五四　…勿使人于…
五五五五　…貞勿使人…
五五五六　…使人…
五五五七　…使人…
五五五八　貞呼𢏚入御事
五五五九　…□冤
五五五九　呼次…御事
五五六〇　貞呼旬暨㳄入御事
五五六〇　…呼…入…事
五五六一　丙子…
五五六一　貞勿…山入御事
五五六二　貞…
五五六二　…山入御…十一月
五五六三　…□御事
五五六四　丙寅…御事
五五六五　辛丑卜爭貞呼取禦…
五五六五　…史
五五六六　癸巳卜古貞令師般涉于河東
五五六六　…□于…奴王臣四月
五五六七　貞□弗其以王臣
五五六八正　…惟王臣…茉…
五五六九正　…殻…王以…臣正…
五五七〇　貞西方
五五七〇　…令…小王…臣…
五五七一正　貞勿惟僔令
五五七一反　…小臣卒…
五五七二正　貞不惟
五五七二正　…弗…
五五七二反　小臣卒…
五五七三　…臣卒…
五五七四　…乞自□二十屯小臣中示…𢆶
五五七五　丙子小臣中…
五五七六正　…小臣□?…來嬄自…

五五七六反　：殻貞旬：
五五七七　：逐自：小臣鬼：于：
五五七八　小臣妥
五五七九正　：今夕雨
五五七九正　：史貞今夕無囚
五五七九正　羌其陷麋于斿
五五七九正　：于斿
五五七九反　：允十屯小臣从示
五五八〇　：二十屯小臣：
五五八一　貞惟在茲小臣令甶？
五五八二　貞小臣允有　二告
五五八二　貞小臣無
五五八三　王疾夕告：小臣若
五五八四　貞小臣戌？𨚔王：
五五八五正　丁：爭：于丁
五五八五正　：貞：舟：呼小臣：
五五八五反　：未：
五五八六　戊午：貞：
五五八六　：卜殻：小臣：
五五八七　：其：小臣：
五五八七　七月
五五八八　：小臣：豕：
五五八九　貞小臣：
五五九〇正　：卜：貞：雨：芍
五五九〇反　：寅小臣：
五五九一　甲寅：小臣：
五五九二　貞媚：王于小臣：
五五九三　：小臣：
五五九四　：小臣：
五五九五　己巳：無小臣其取又
五五九六　□小臣其有邑
五五九六　：呼？：邑
五五九七　壬辰卜貞商牧
五五九七　貞勿商牧六月
五五九七　壬辰
五五九七　壬辰
五五九七　貞惟𡆥呼眾人臣
五五九八正　己巳卜亘貞王夢珏不惟循小臣牆
五五九八反　惟循小臣牆
五五九八反　告于高：妣庚：
五五九九正　：呼：小臣牆：
五五九九反　：五十：
五六〇〇　貞茲旬雨　二告
五六〇〇　貞不其受年
五六〇〇　貞小臣牆得
五六〇〇　二告

五六〇一正　：小臣牆不其得
五六〇一反　：王固曰：
五六〇二　：小丘臣
五六〇三　己亥卜：觀耤：
五六〇三　己亥卜貞令𡆥小耤臣
五六〇四　己亥卜：令𡆥：耤臣
五六〇五　甲戌：貞：畯：
五六〇六　：貞令：𦎫畯：于：
五六〇七　：畯：
五六〇七　：旬：囚
五六〇八　畯
五六〇九　：卜爭：畯：
五六一〇　：貞：畯：
五六一一正　丙子卜韋貞我受年　二告
五六一一正　丙子卜韋貞我不其受年
五六一一正　貞王其有曰多：　二告
五六一一正　貞勿曰多尹
五六一一正　貞王其有曰多尹若
五六一一正　貞禦　二告
五六一一正　貞使
五六一一反　王固曰巳珏
五六一一反　王固曰賓
五六一一反　王固曰若
五六一一反　王固曰禦
五六一一反　貞：
五六一一反　三十
五六一二　庚辰貞不于多尹囚
五六一三　：令多尹敝
五六一四　：暨侑：尹斫：
五六一五　己卯：穷：尹：來：
五六一五　：無匄
五六一六　：呼尹：
五六一七　呼多束尹次于教
五六一七　王族
五六一八　貞：伐：戌：
五六一八　辛卯卜貞令周比永止八月
五六一八　貞勿令
五六一八　癸巳卜貞將𢀛壴
五六一八　甲午卜貞呼束尹有禽
五六一八　：三宰
五六一九　丙午卜：甲：
五六一九　：辰束尹：有禽
五六二〇　乙卯卜貞束尹
五六二一　：卯卜貞束尹無囚
五六二二　丁未卜爭貞令郭以有族尹𠂤有友五月
五六二二　：貞翌：令𡆥：子方：友戠王事

五六二二　：貞：多：侑：牛：宰
五六二二　：無：王：
五六二三　丁亥卜穷貞令龔高有尹工于亦…
五六二四　：未卜：貞盧㚔…
五六二四　龔房有尹工
五六二四　乙未卜爭貞嚄王呼曰宓
五六二五　：卜穷：告：食：牛
五六二五　丁卯卜貞令追高有尹工
五六二五　戊辰卜穷貞王…
五六二五　貞省牧
五六二五　：高：乇
五六二六　：尹工
五六二六　用
五六二六　惟用
五六二七　：貞惟：令：尹工：二月
五六二八正　壬辰卜貞惟呂令司工…
五六二八正　壬辰卜盟甲午…
五六二八臼　甲辰乞自：十屯…
五六二九正　：史：
五六二九反　王固：
五六三〇正　己酉史：
五六三〇反　壬：
五六三一　：史：
五六三二　：中：使
五六三三　：王：使
五六三四　貞惟大史夾令七月
五六三四　貞：呼：𢀛：
五六三四　貞勿：伐：無：在聽
五六三四　：周
五六三五甲　：卜亘貞：東使來
五六三五乙　：東使：來
五六三五甲　：貞：
五六三六　貞：方：惟：
五六三六　貞我西使無囚
五六三六　：弗：
五六三七正　庚子卜爭貞西使旨無囚𢦏
五六三七正　庚子卜爭貞西使旨其有囚　二告
五六三七正　貞西使旨無囚𢦏
五六三七正　西使旨其有囚
五六三七正　貞旨無囚　二告
五六三七正　旨其有囚
五六三七正　旨無囚
五六三七正　其有囚　不𡆥
五六三七正　旨無囚　不𡆥
五六三七正　其有囚
五六三七反　婦姘來
五六三七反　王固曰其惟丁弘𢦏

五六三七反　暘入二十
五六三八正　貞其有囚
五六三八正　貞無囚
五六三八正　貞：無：
五六三八正　貞其有囚
五六三八正　貞惟弜令比史：兕
五六三八正　貞：史：
五六三八反　犨入四十
五六三九正　：于𦎫𢦏
五六三九正　卓使𦎫
五六三九正　貞𥘅：大：三：三牛
五六三九反　：𢦏惟：
五六三九反　：宰
五六四〇　：使享兕：
五六四一　：貞勿：至使
五六四二　貞惟使
五六四二　：使
五六四三　：呼：于：使
五六四四　庚午：貞其：伊使
五六四五　：惟：
五六四五　：疾：興：使
五六四六　：使：南：
五六四七正　壬辰卜亘貞有冊巫呼取以
五六四七臼　㪅
五六四八　丙戌卜：貞巫曰㪅貝于婦用若　五？月
五六四八　丁亥卜貞盂于㚸
五六四九　丙戌卜：巫曰禦：百：于師：六月
五六五〇　丁亥卜殼貞巫妟：
五六五一　丙申卜巫禦不禦
五六五一　：衮：
五六五二　貞翌乙亥侑于父乙牛：婦
五六五二　貞巫妝不禦
五六五三　乙巳卜：貞其：新巫：
五六五四　禦于妣己
五六五四　翌壬申其雨
五六五四　貞周以巫　二告
五六五五　：以巫
五六五六　：以巫
五六五七　[illegible]巫八月
五六五八正　甲子卜殼貞妟以巫　二告
五六五八正　貞妟不其以巫
五六五八正　貞伐：巫以
五六五八正　貞妟以巫
五六五八正　王固曰不吉其以齒
五六五八正　惟：

五六五八正	不隹
五六五八正	侑河
五六五八正	勿侑　二告
五六五八正	丙寅卜爭貞今十一月帝令雨　二告
五六五八正	貞今十一月帝不其令雨　二告
五六五八正	大敳敹次
五六五八正	勿衣敳敹次　二告
五六五八正	羌甲祟王
五六五八正	南庚祟王
五六五八正	翌己巳燎一牛　二告
五六五八正	貞延雨
五六五八正	不其延雨
五六五八正	丙…卜…貞…惟弘呼田
五六五八反	甲子卜殻
五六五八反	甲子卜爭
五六五八反	呼…
五六五八反	作册西
五六五八反	王固曰令
五六五八反	燎東黃鷹
五六五八反	侑父乙
五六五八反	呼惟御事
五六五九	…酉卜王貞…巫縛三…鳳一
五六六〇	…貞…巫…
五六六一	…巫…
五六六二	…帝東巫
五六六三	貞多…其及…□
五六六三	貞多犬弗其及𤰈□
五六六三	貞多犬及𤰈□
五六六三	勿燎
五六六三	…牛
五六六四	丁丑卜貞…
五六六四	己卯卜貞令…
五六六四	己卯卜貞盟辛…多犬罝…
五六六四	…辰卜貞令…
五六六四	庚辰卜貞…
五六六四	…卜貞…
五六六五	己酉卜亘貞呼多犬衛
五六六五	戊午卜㝉貞令戌…
五六六六正	…戌…永貞令旨以多犬衛比多…壟
五六六七	貞呼犬兹于京 羊…比□…
五六六八	貞令…犬…喦…受…
五六六九正	…犬…弗其…
五六六九反	…𠬝?入十…賓
五六七〇	貞犬…無其…
五六七一	丁巳卜…貞犬…曾庚自大示

五六七二	貞…犬…
五六七二	…及…
五六七三	壬寅卜…貞令申犬…
五六七四正	己卯犬…惟…
五六七四反	…吉…
五六七五	…犬于…
五六七六	…貞…犬…㞢…
五六七七	庚辰卜令多亞弜犬
五六七八	戊…貞其…多亞若
五六七九	…沚?…寇…亞雀
五六八〇	…卜貞…亞克…
五六八一	…貞盟庚…亞延…左
五六八二	亞材夢有𡆥
五六八三	…禦亞立事
五六八四	貞…鼓…
五六八四	丁未卜貞亞勿往庚在茲祭
五六八四	貞勿呼伐舟惟𠃬?用
五六八四	貞勿呼涉河
五六八五正	己未卜貞盟庚申告亞其入于…丁一牛
五六八五反	…肇亞十…
五六八六	…亞其…又…
五六八七	貞盟庚申亞先告
五六八八	貞盟…未…亞…惟…卯…
五六八九	…巳卜…令…以…亞…南
五六九〇	甲申卜…貞亞無不若十二月
五六九一	貞其亞無若
五六九二	…卯卜貞…亞無𡆥
五六九三	…亞其…𡆥
五六九四	…子卜…子…其…亞…北…
五六九四	乙…㝉…射…
五六九五	己丑卜爭…寅亞…左…
五六九六	…卜…惟…亞…
五六九七	…卜㝉…亞以…子…
五六九八	…酉…亞…見…
五六九九	貞其矢
五六九九	貞亞不矢
五七〇〇	丁未…月…亞…
五七〇一正	…殻貞…亞…己…
五七〇一反	壬寅…
五七〇二	…亞…入…
五七〇三	…亞…
五七〇三	貞…
五七〇四	…卜…亞…豕…
五七〇四	丙子…王…
五七〇五	…亞…
五七〇六	…亞…

五七〇七 庚辰
五七〇七 庚…
五七〇七 辛巳卜…馬亞…
五七〇七 辛巳卜貞…
五七〇七 辛
五七〇八正 貞勿省在南亩
五七〇八正 乙亥卜貞令多馬亞𢓊遘𧡊省陮亩
至于冒侯从𫶧川比𡉥侯九月
五七〇八臼 癸亥示十屯
五七〇九正 乙亥卜…多馬亞…𧡊省陮…至于冒…
五七〇九臼 癸亥…十屯
五七一〇 貞多馬亞其有囚
五七一〇 貞…
五七一一 丁亥卜貞侑于丁宰
五七一一 …寅…
五七一一 癸卯…爭貞…告王…
五七一一 庚戌卜古貞令多馬衛無盖?
五七一一 貞令多馬衛于北
五七一一 貞令畀崇奠十二月
五七一一 …申…爭…工
五七一二 …卜㱿貞…遘以多馬衛𢆶
五七一三正 …貞…
五七一三正 …貞于多…衛…
五七一三反 …𠈇以…
五七一四 …貞…馬衛…
五七一五 癸巳卜㱿貞多馬遘戔
五七一五 癸亥卜㱿貞令𨸏…京
五七一六 甲申…貞…𠬝…
五七一六 丁亥卜貞多馬从戔
五七一七正 丁亥卜㱿貞惟𦐒呼小多馬羌臣十月
五七一七臼 丁亥乞自雩十屯作示 㱿
五七一八 …多馬羌臣…
五七一九 令多馬
五七一九 貞王勿𨈏比沚或
五七二〇 己丑卜㱿…令多馬…
五七二一 甲戌卜貞…多馬…
五七二二 戊戌卜…貞翌己亥多馬無…月
五七二二 乙亥貞王卜…
五七二三 貞崇馬雍呼多馬
五七二四 …卜爭…勿祀…多馬…𢀛十月
五七二五正 …启若
五七二五正 貞化…
五七二五反 …固曰…多馬…惟…
五七二五反 王…
五七二六 貞勿先馬

五七二七 …先馬…
五七二八 甲申…爭…勿…
五七二八 惟族馬令往
五七二九 丙辰卜…貞𡿬…馬…白
五七三〇 …王呼馬…雚
五七三一 …令…馬…
五七三二 壬辰卜貞勿告一月
五七三二 貞…牛翌辛卯酌三月
五七三二 乙酉卜㱿貞有𦎫王
五七三二 貞勿令歸十二月
五七三二 貞無其畀
五七三二 貞惟多射令一月
五七三二 …貞…東…
五七三三 …亥卜…其侑于…告于…一牛二月
五七三三 乙亥卜爭貞勿令多射二月
五七三三 壬辰卜㱿貞于乙未用二月
五七三三 …爭…勿…郭
五七三四正 貞翌己未勿令多射暨𢀛…
五七三四反 戊戌迄自…
五七三五 …卯卜㱿貞翌己未令多射暨𢀛…于…
五七三六 壬子卜㱿貞令戔暨多射
五七三七 貞令甲申…以多射…
五七三八 乙酉卜爭貞今夕令𢀛以多射先陟…
五七三八 …爭…凡…
五七三九 貞入
五七三九 貞入
五七三九 勿衣入
五七三九 取唐𢽕
五七三九 …不其呼多射𫇧獲
五七四〇 …貞呼多射𫇧獲
五七四一 …寅…勿…多射…
五七四一 貞…雀…七月
五七四二 …多射奴人于皿
五七四三 …令𢀛…多射…
五七四四 …多射…从…八月
五七四五 貞翌乙亥錫多射𢍰
五七四五 貞…
五七四六 …令郭以多射衛示呼𢀛六月
五七四七 …未卜㚔…令多射衛一月
五七四八 癸亥卜貞呼多射衛
五七四九 貞令射𡿬歸
五七四九 勿令射𡿬歸
五七四九 …午卜古貞…望木
五七五〇正 貞射𡿬其有來…
五七五〇反 …示…
五七五一 射𡿬無其刿
五七五二 射…無…刿

五七五三 貞呼取…
五七五三 …不其獲…
五七五三 貞射㳄獲…
五七五四 貞呼宅…
五七五五 丙戌卜㝑貞射㳄…
五七五五 惟乙…
五七五五 貞惟乙亥用射㳄…
五七五五 …貞子灋…
五七五五 二告
五七五六 貞曰…阜…追…
五七五六 …呼取射…
五七五七 …取射于…
五七五八 甲午卜㱿…取射
五七五八 …令取射子…
五七五八 …惟皂令取射
五七五八 …取射…
五七五八 …未卜㱿貞雀…
五七五八 …㱿貞雀無囚
五七五九 貞㦰取射
五七六〇正 丙午卜永貞㝬射百令䎽…
五七六〇正 甲戌卜㝑貞攸侯令其㗊舌曰…若之
五月
五七六〇 …㗊…
五七六〇 三告 小告 二告不舌黽 小告
五七六〇反 …奔
五七六一 甲午卜亘貞王往出
五七六一 癸丑卜爭貞𠂤以射
五七六二 王往出
五七六二 貞王勿往出
五七六二 貞𠂤以射
五七六三正 …㱿貞𠂤以射
五七六三反 …夕…
五七六四 貞…示…甲…
五七六四 貞𠂤不其以射
五七六四 不其受年
五七六四 …告
五七六五 癸巳卜…王大…以射
五七六五 …三月
五七六六 貞…令…
五七六六 辛未卜貞令𢀛以射以𪉖…方我
五七六七 …ㄓ以射先…月
五七六八 貞…不其以射八月
五七六九正 …𢌡于母庚 二告
五七六九正 …勿…𣪘 二告
五七六九正 貞𡆥

五七六九正 …以三百射
五七六九正 貞勿令阜以三百射 二告
五七六九正 貞𢍰以巫
五七六九正 貞弗其以巫
五七六九正 貞王往斿
五七六九正 貞其…
五七六九正 貞勿肖 二告
五七六九正 二告
五七六九反 …𢌡于…一牛
五七六九反 辛丑卜㝑王固曰吉
五七六九反 雀…克…
五七七〇甲 癸巳卜㱿貞令阜盖射
五七七〇乙 癸巳卜㱿貞惟𢍰令盖射
五七七〇甲 貞惟𢍰令盖射
五七七〇丁 …勿惟𢍰令盖…
五七七〇丙 …令阜盖三百射
五七七〇戊 貞勿令阜盖三百射
五七七一乙 癸巳卜㱿貞令𢍰盖三百射
五七七一丙 …貞…盖…射
五七七一甲 貞惟𢍰令盖三百射
五七七一甲 貞令阜盖三百射
五七七一丁 貞…𢍰…
五七七二 癸巳卜㱿貞令阜盖射
五七七二 癸巳卜㱿貞惟𢍰盖射
五七七二 貞惟𢍰令盖射
五七七二 貞勿…𢍰令
五七七二 貞令阜盖三百射
五七七二 貞勿令阜盖三百射
五七七三 …射三百
五七七四 …三百射呼…
五七七五正 癸卯卜爭貞王令三百射弗告十?示王囚惟之
五七七五正 貞王囚不惟之弗告三百射
五七七五正 癸丑卜㱿貞旨戈有盅…
五七七五正 旨弗其戈有盅翟 二告
五七七五正 㳄疋化戈 二告
五七七五正 㳄疋化弗其戈 二告
五七七五正 貞王骨贏
五七七五正 王骨不其贏
五七七五正 貞有來自南以…二告
五七七五正 貞至于庚寅㪅迺既若
五七七五正 勿至于庚㪅不若
五七七五正 貞𣓌有鹿
五七七五正 呼多馬逐鹿獲
五七七五正 𣓌有鹿 二告
五七七五正 呼多馬逐鹿獲
五七七五八 戊子卜爭己丑雨

五七七五反　王固曰戠惟庚不惟庚惟丙
五七七五反　婦妌
五七七五反　夒來…
五七七六正　王往入
五七七六正　王勿往入
五七七六正　戊辰卜𢀛貞肇凷射
五七七六正　勿肇凷射　二告
五七七六正　貞肇凷射三百　二告
五七七六正　…肇凷射三百
五七七六反　唐來四十…
五七七七　…貞冒三百射呼…
五七七七　…亘貞令侯𡿫…
五七七七　…惟犯令
五七七八正　二告　小告　二告　告鼅
五七七八反　貞冒…射
五七七九　…令射…
五七八〇　丑卜殻…令射…
五七八一　…令射
五七八二　…卜…馬?
五七八二　庚戌呼射𠙵
五七八三　…呼…射…
五七八四　…𠦪…
五七八四　…貞取…新射…
五七八五　…戈…
五七八五　貞呼子𡧊以[illegible]新射
五七八五　允其敦
五七八五　貞師般以疫又
五七八五　…舌…
五七八五　二告
五七八六正　貞…呼…中多…新射…
五七八六反　癸酉乞自…
五七八七　…新射于斵
五七八八　…昌…
五七八八　…取阦射…
五七八九　庚…貞…
五七八九　乙亥卜勿粤?射
五七八九　…呼…
五七九〇　丁未卜…畬射…
五七九一　貞…奠…
五七九一　乙…延…雈
五七九一　…令…射…人…寧…
五七九二　丙午卜貞伊射戠
五七九二　貞勿…伊…
五七九三　癸未卜…雀不其來射
五七九三　癸未卜今一月雀無其至　二告

五七九四　…未卜…雀…射
五七九五正　…來射
五七九五反　…𡿧…
五七九六正　貞…射
五七九六反　…馬?…
五七九七　貞…射
五七九八　…射
五七九九　…酉卜…其令…射…
五八〇〇　…射…
五八〇一　…射…
五八〇二　…貞勿奴多葡…
五八〇三　…奴多葡…
五八〇四　…多葡…
五八〇五　丙午卜殻貞勿呼師往獻有師　二告
五八〇六　…殻貞勿呼𠂤獻有師
五八〇七　…亥卜爭貞旬無𡆥王固曰有祟旬壬申
中師繩四月
五八〇七　癸酉卜爭貞旬無𡆥
五八〇七　癸未卜爭…　不告鼅
五八〇八　…卜㝊貞王入
五八〇八　貞剢邑于祖乙
五八〇八　貞曰師毋在茲延
五八〇八　貞王取唐䊺
五八〇九　丙辰卜爭貞師無其戋
五八一〇　丙戌卜貞𢆶師在𡿨不水
五八一〇　丁亥…𡧊…
五八一〇　…斧
五八一一　…卯卜貞…旬鑿…三丁?
五八一一　…午卜㝊貞呼涉𡗜師
五八一二　戊辰卜貞翌己巳涉師五月
五八一二　癸卯…貞亞…
五八一三　丙午卜貞師于𠂤次十二月
五八一四　己卯卜…貞𡿧…師次…坟自…凡…[illegible]…
五八一五　乙亥卜亘貞其玉
五八一五　乙亥…貞其…師不…
五八一六　…師其…
五八一六　…日…夕…
五八一七正　…辰卜…貞王…師于…惟𡆥
五八一七反　…貞…岳
五八一八　師告
五八一八　師告
五八一九　貞从…歸…
五八二〇反　…冊…師…于[illegible]京
五八二一　乙巳卜…王呼取…旅
五八二二　…三千登旅…受…
五八二三　…卜王旅…[illegible]

五八二四 …貞我…旅在…
五八二五 丙申卜貞肇馬左右中人三百六月
五八二五 己亥
五八二六 …穷…勿肇多人三百…
五八二七 …肇惟…人…百…
五八二八 甲戌…
五八二八 甲戌卜內盟正有直執陟…
五八二八 甲戌卜內盟丁丑雀女其㚔
五八二八 乙亥卜內盟庚辰雀弗…
五八二九 丁酉卜呼雀疋束㚔
五八三〇 貞雀其㚔
五八三一 …龍…
五八三一 貞𢀛不龍㚔
五八三一 …卜永…山賓…燎
五八三二 貞𢀛㚔
五八三三正 …戊卜韋貞…
五八三三正 小告
五八三三反 貞𢀛㚔
五八三四 乙卯卜永貞𢀛弗其㚔于二月
五八三五 貞𧀹弗其㚔…
五八三六 貞𧀹…㚔多…
五八三七 甲申卜…亦㚔…水…
五八三八 …亦㚔…
五八三九正 貞商㚔
五八三九正 …陷弗…骨凡有疾
五八三九反 …陷有祟
五八四〇正 壬午卜㱿貞尹㚔𦉪王固曰其㚔七日戊
…尹允㚔
五八四〇臼 …婦妥…屯
五八四一 庚午…貞𢀛…㚔
五八四二 𢽊率㚔
五八四三 貞…
五八四三 貞舟弗其㚔
五八四三 既伐大啟
五八四四正 壬午卜爭貞舟㚔𦉪 小告
五八四四正 壬午卜爭貞… 二告
五八四四正 貞…
五八四四反 …王聽惟壱
五八四五 丁未卜穷貞㚔
五八四五 …卜龍…今生三月
五八四五 二告 不𠯑黽 二告 不𠯑黽
五八四六 癸巳卜㱿貞㚔
五八四七 …卜㱿…㚔
五八四八 …亥卜㱿貞…惟有祐㚔
五八四九 …貞㚔
五八五〇 壬寅卜古貞㚔

五八五一 …㚔
五八五二 …于…㚔二月
五八五二 …㚔
五八五三 …內㚔
五八五四 戊戌卜穷貞受一?㞢取…𡧊于伲㚔
五八五五 …㚔之日王允往…
五八五六 …以侑元臣
五八五六 …允㚔
五八五七 乙酉卜甫允㚔沚
五八五八 …𧇛…允㚔
五八五九 …固曰…既之…㚔…
五八六〇 戊申…千盟…𡘋…戔東廼…自西从…于之
㚔
五八六一正 …𢀛㚔
五八六一反 …固曰…
五八六二 …㚔羌
五八六二 丁丑卜…中人…
五八六三正 …㚔
五八六三反 …往…
五八六四 …壬㚔不…
五八六四 …㚔…
五八六五 …㚔…
五八六六 …卜…子?…固曰…㚔…丁
五八六七 壬午卜爭…王固曰其㚔惟…乙酉永允
…
五八六八正 …嬰五…
五八六八反 …㚔…
五八六九 …其㚔权
五八七〇 甲午卜…权?其㚔
五八七一 …貞其㚔
五八七一 …兀…
五八七二 …其㚔
五八七三 其㚔允弗及
五八七四 以子寢巫
五八七四 弗其㚔三月
五八七四 …㚔
五八七五 貞弗其㚔
五八七六 弗其㚔
五八七七 貞弗其㚔
五八七八 貞史?…弗其㚔
五八七九 …卜王弗…㚔
五八八〇 貞…弗其㚔
五八八一正 貞弗其㚔
五八八一正 …其…
五八八一反 …自宊
五八八二 …不㚔

五八八二 ：步：
五八八三 ：呼：奉
五八八四正 丙午卜古貞旬寧囚
五八八四正 貞勿旬 二告
五八八四反 其奉
五八八四反 不奉
五八八四反 㝉
五八八四反 衣入五十
五八八五 王執
五八八五 王執
五八八五 □?
五八八六 王執
五八八七 ：亥卜㝉：卒：執
五八八八 丙子：令：執
五八八九 ：令執
五八八九 ：戌：
五八九〇 貞勿令執三月
五八九一 貞勿：執
五八九二 貞勿執
五八九三 貞勿執
五八九四 ：勿執
五八九五 貞：執
五八九六 ：卯卜殼貞執
五八九六 ：爭貞：
五八九六 二告
五八九七 貞執取：
五八九八 貞執由
五八九八 貞奉無其：
五八九八 貞翌乙巳無其至
五八九九 丁未卜爭貞令執甴甫呼徵戈執：
五九〇〇 丁未卜爭貞令執甴甫呼徵戈執：
五九〇〇 ：叀
五九〇一 ：爭貞：執甴：
五九〇二 ：卜㝉：甴執：衣
五九〇二 ：以多：濼
五九〇三 ：執凷
五九〇四 貞執示受㞢
五九〇四 貞勿見
五九〇五 貞執示受㞢
五九〇五 貞勿見
五九〇六 戌：貞：女：人：
五九〇六 癸丑卜貞執古子
五九〇七 貞執望
五九〇八 丙子殼：禦婦媒：庚：冊：
五九〇八 丙子卜殼貞勿禦婦媒于庚：
五九〇八 貞王其有望 二告

五九〇八 勿其生?
五九〇八 貞執𠂆
五九〇八 貞勿執𠂆
五九〇八 兄丁壱王 二告
五九〇八 冊：庚三宰
五九〇八 勿：三宰
五九〇八 ：冊：庚：宰
五九〇八 二告
五九〇九 執
五九〇九 貞勿執
五九〇九 甲辰卜貞勿酥夂十一?月
五九〇九 甲辰
五九〇九 貞勿執黃：
五九〇九 己酉
五九一〇 ：惟：執𡿺?
五九一一 ：執：
五九一二 ：有執
五九一三正 乙酉：執：
五九一三反 丁?：
五九一四 ：執
五九一五 ：𠂤：執 二告
五九一六 ：川?執
五九一七 ：出?：執
五九一八 ：無：執十三月
五九一九 ：執
五九二〇 ：執
五九二〇 ：其執
五九二一 ：執
五九二二 貞：㚇徺
五九二三 ：㚇：
五九二四 貞：取㚇
五九二五 ：執
五九二六 壬午：執
五九二七 ：犬執
五九二七 勿侑于：
五九二八 ：兄貞：龔執：
五九二九 貞遘不執：
五九三〇 貞王固曰遘勿執
五九三〇 貞王入若
五九三〇 其勿出
五九三〇 ：勿：人：岳
五九三一正 不執
五九三一反 ：固曰勿執
五九三二 ：執：延：八人
五九三三 ：㒼災：虎執
五九三四 ：得?執

五九三五	…貞執…光…執…得?…
五九三六	…來…𢀛不…執
五九三七	貞𢀛…執
五九三八	…執
五九三九	貞…執…
五九四〇	貞…執…
五九四一	…執…
五九四二	…卜內…執…
五九四二	…卜內…執…其…
五九四三	…侯…執…
五九四四	乙巳卜王貞中?其執盧妣壬六月允執
五九四五正	辛未卜貞…四月 不𠮮 二告
五九四五正	…卜貞白戠…典執四月 不𠮮
五九四五反	丁?
五九四六	…申卜…惟?□令執
五九四七	…申黽□執
五九四八	…鼓戠…執
五九四九	…我王…祀…執白紳…乙亥山…曰紳…
五九五〇	…戌卜…貞今日…王…執…
五九五一正	貞勿呼逆執習 不𠮮黽 二告 小告
五九五一反	癸卯卜韋…
五九五二	…貞享…執
五九五三	…𢦏執
五九五四	子今執三日乙丑旬無𡆥
五九五五	癸酉卜貞來自西曰既執…亦…
五九五六	…其…執…于…
五九五七	…未卜…貞…執…
五九五八	…惟…執…
五九五九	…有執…
五九六〇正	不𠮮黽
五九六〇反	貞…執…
五九六〇反	…惟不之…
五九六〇反	…勿侑
五九六一	貞…執…
五九六二	…卜殻…執…
五九六三	…執?…
五九六四	…其㛸…允…
五九六五	…令㛸…
五九六五	…且…
五九六六	乙未卜爭貞呼㛸…
五九六七	…㛸…
五九六八	…㛸…
五九六九	…執…
五九六九	…貞勿…自…
五九六九	…韋…
五九七〇	丙辰…勿執
五九七一	辛巳卜…王勿執
五九七二	…大…其遘圉辛至…
五九七三	壬辰卜貞執于圉
五九七四	…令?□…奠…侑…圉
五九七五	…圉
五九七六	…貞…
五九七六	延于□京圉
五九七六	于□麓
五九七七	丁丑卜𡧊貞圉
五九七七	貞…圉
五九七七	貞勿呼婦姘先
五九七七	貞不其受年
五九七七	…呼…田…□
五九七八	壬…卜殻?…
五九七八	貞燎五牛
五九七八	貞圉
五九七八	貞勿圉
五九七九	貞勿圉
五九七九	丁丑卜𡧊貞圉
五九八〇	…呼省圉
五九八一	…圉 二告
五九八二	…呼…圉
五九八三	貞圉戌二月
五九八四	…□圉□雀
五九八五	…圉不若 小告
五九八六	…圉
五九八七	…多…圉
五九八八	…□?…圉
五九八九	…圉
五九九〇	惟辛𡨦
五九九一	…□…三月
五九九二	戊午…𡧊…𡧊貞…
五九九二	…𡧊貞翌乙丑…敎不…
五九九三	…勿…于…執?…
五九九四	…侑…刖…
五九九五正	貞…舌于咒廼復循 二告
五九九五正	…無舌告于妣庚惟羊用
五九九五正	貞呼刖 二告
五九九五正	不若
五九九五反	雀入二百五十
五九九六	…寅…貞…□
五九九六	…□?…
五九九七	…□
五九九八	…□
五九九九	…□
五九九九	貞…于?…

六〇〇〇正 二告
六〇〇〇反 戊辰卜吕…
六〇〇〇反 貞留牛五十
六〇〇〇反 貞其刖…
六〇〇〇反 貞黄尹祟…
六〇〇一正 丁巳卜亘貞刖若
六〇〇一正 貞勿?中方
六〇〇一反 …五 殻
六〇〇二正 勿侑于多介父犬
六〇〇二正 戊寅卜爭貞于羌甲… 小告
六〇〇二正 乙酉卜殻貞刖…
六〇〇二反 王固曰…
六〇〇三 …寅卜殻貞其有刖…
六〇〇四 …其…刖…囚
六〇〇五 …卜亘貞…刖其囚
六〇〇六 …刖…
六〇〇七 辛卯卜殻貞刖
六〇〇七 丁酉卜吕貞巷王
六〇〇七 貞不巷
六〇〇八 …午…刖…
六〇〇九 …刖…
六〇一〇 …刖
六〇一一 子…有从
六〇一一 子漁有从
六〇一一 庚申卜宕貞戠
六〇一一 …貞?于…工?
六〇一二 …卜…貞戠
六〇一三 …戠…
六〇一四 貞戠
六〇一五 …勿戠
六〇一六正 己丑卜爭貞王其戠
六〇一六正 貞勿戠
六〇一六正 貞禦于妣庚
六〇一六正 貞其呼麥豕从北
六〇一六正 戊戌卜爭貞王歸奏玉其伐
六〇一六正 其侑硪得 二告
六〇一六正 庚申卜爭貞旨其伐有蠱羅
六〇一六正 旨弗其伐有蠱羅 二告
六〇一六正 貞雍芻于秋
六〇一六正 貞雍芻勿于秋
六〇一六正 王从龟
六〇一六正 翌…
六〇一六正 翌…丁…
六〇一六反 貞目其祟疾
六〇一六反 貞目不祟疾
六〇一六反 王固曰吉其伐惟丁

六〇一六反 庚入十
六〇一七正 …古貞戠若
六〇一七反 …日庚申夕㞢…
六〇一七反 …西…
六〇一八 …戠…
六〇一九 …戠…
六〇二〇 …戠…
六〇二一 …戠…雀…
六〇二二 …戠…
六〇二三 …戌…戠…
六〇二四 …永…戠…
六〇二五 貞…
六〇二五 辛酉卜爭貞䜭…于鼓西惟…雨
六〇二六 癸…貞…
六〇二六 …卜…䜭…
六〇二七 …勿䜭…
六〇二八 …爭貞…令途…
六〇二八 九月
六〇二九 …卜宕…令…途…又
六〇三〇 …貞…途…
六〇三一 **貞王途首勿**
六〇三一 二告
六〇三二正 甲戌卜殻貞翌乙亥王途首無囚
六〇三二正 貞禦子[illegible]于父乙 二告
六〇三二正 貞惟父乙咎婦好 二告 小告
六〇三二正 貞不父乙咎婦好 二告
六〇三二反 甲戌卜王固吉其禦
六〇三二反 不惟多妣
六〇三二反 惟多妣
六〇三二反 貞疾惟父乙巷
六〇三二反 不惟父乙巷
六〇三二反 王固曰惟父乙咎
六〇三二反 丙子…不?賓
六〇三二反 …爭
六〇三三正 …王…途首
六〇三三正 丙戌卜韋貞令役往于黽 二告
六〇三三正 丙戌卜韋貞勿令役于黽 二告
六〇三三正 王聽惟囚
六〇三三正 王聽不惟囚
六〇三三正 二告
六〇三三正 二告
六〇三三反 貞翌庚辰王往途首
六〇三三反 翌庚辰王往途首
六〇三三反 貞王夢玉惟囚
六〇三三反 貞王夢玉不惟囚

六〇三四正　貞勿呼途祉
六〇三四反　：勿侑：
六〇三四反　：無其王：
六〇三四反　：其㞢：
六〇三五　貞：
六〇三五　翌甲辰酌禦㞢十𦍌
六〇三五　：射：沘：途：
六〇三六　：途：
六〇三七正　貞翌庚申我伐暘日庚申明霧王來途
首雨
六〇三七正　貞翌庚申不其暘日
六〇三七正　：雨
六〇三七正　翌乙：不其雨　二告
六〇三七正　：壱　二告
六〇三七正　：壱　二告
六〇三七正　貞祀有若
六〇三七正　：惟：
六〇三七正　：不惟：
六〇三七正　：己：　二告
六〇三七反　翌其明雨
六〇三七反　不其明雨
六〇三七反　乙未卜殸
六〇三七反　：固曰暘日其明雨不其夕：
六〇三七反　喪雨
六〇三七反　夕雨
六〇三七反　王固曰其雨
六〇三七反　甲子卜爭
六〇三七反　：明：
六〇三七反　丙寅：
六〇三七反　貯？：
六〇三八正　：日丁卯：曰途若：無囚
六〇三八反　：寅婦：示：
六〇三九正　：ⓔ？：
六〇三九反　：途：
六〇四〇正　貞：途：無：
六〇四〇正　貞途其有災
六〇四〇正　辛亥卜韋貞于：
六〇四〇正　丙辰卜㱿貞告于祖乙
六〇四〇正　不舌黽
六〇四〇臼　戊申婦喜示四屯　亘
六〇四一　甲：㱿：于：
六〇四一　：卜：貞：黃：途：
六〇四二正　：勿：途：
六〇四二正　貞我：在祉事：不以嬉
六〇四二反　：示十屯
六〇四三正　：乙：用

六〇四三正　貞茲囚
六〇四三正　貞：勿呼：途：
六〇四三正　貞：
六〇四三反　：不？：囚
六〇四四　壬申卜爭貞惟弋令途：肇：
六〇四四　貞勿令邁途役
六〇四五　丙申
六〇四五　丙申
六〇四六　貞令冓：途：𦬹
六〇四七　貞惟陟令途𢦏八月
六〇四八　：卜㱿：令貯：途𢦏五月
六〇四九　：戊卜㱿貞令旛途：
六〇四九　：卜㱿貞令𡿧途𢦏
六〇四九　：㱿貞令戠酉子貯八月
六〇五〇　貞惟陟令途𢦏　二告
六〇五〇　癸酉卜㱿貞令旛途𢦏八月
六〇五一　癸巳卜㱿貞令伐途𠂤師
六〇五一　乙未卜㱿貞令永途子央于南
六〇五一　乙：貞：弗：
六〇五一　：貞令：鼓：雍：呂：𠂤
六〇五二　：于：禦：𦉪逐？
六〇五三　丙辰：貞：
六〇五三　貞惟𢀛令途子妻
六〇五三　貞三宰
六〇五四　貞令翌稱：其大：在：用？
六〇五四　：疾：
六〇五四　貞：途：侯
六〇五五　貞惟𢀛令途啓于并
六〇五六　戊寅卜㱿貞令䧹途啓于并八月
六〇五七正　癸未卜殸：
六〇五七正　癸巳卜殸貞旬無囚王固曰有祟其有來嬉迄至五日丁酉允有來嬉自西沚戠告曰土方征于我東鄙𢦏二邑吾方亦侵我西鄙田
六〇五七正　癸卯卜殸貞旬無囚王固曰有祟其有來嬉五日丁未允有來嬉飲禦自𠬝圉六月
六〇五七正　王固曰有祟其有來嬉迄至七日己巳允有來嬉自西𢀛友角告曰吾方出侵我示𣃚田七十人五
六〇五七正　：奉：
六〇五七正　：五月
六〇五七反　王固曰有祟其有來嬉迄至九日辛卯允有來嬉自北奴妻安告曰土方侵我田十人
六〇五七反　：有來：有來：呼：東鄙𢦏二邑王步自𨗦于𠂤司：夕𢀛壬寅王亦

終夕囚
六〇五八正　癸未：
六〇五八正　癸巳卜永貞旬無囚：惟丁五日丁酉允
有：于我東鄙：
六〇五八正　**二告**
六〇五八正　二告
六〇五八反　王固曰其有來：
六〇五九　：戠告曰土方：侵我西鄙：
六〇六〇正　癸巳卜：來艱迄至：戠告曰土：𢀛方
亦：
六〇六〇反　：東鄙：日辛丑夕𡆥：
六〇六一　：告曰土：亦：
六〇六二　：自西：𢀛方征我：㝵亦𢦔𠂤：
六〇六三正　：旬無囚王固曰有祟其有來艱：
六〇六三正　：允有來艱自西𠂤告曰：[illegible]夾方㚒
二邑十三月
六〇六三正　貞旬無囚
六〇六三正　：無囚丙戌甗侜[illegible]二月
六〇六三正　己丑甚囚
六〇六三正　：囚：
六〇六三反　：自[illegible]友唐𢀛方征：𢦔𠂤示易戌
申亦有來：自西告牛家：
六〇六三反　辛未有鑿新星
六〇六四正　癸巳卜爭：無囚四日丙：有來艱：𠂤告
曰：方𢦔：夾：
六〇六四反　𢦔：入于岳：告?：唐：
六〇六四反　：出：
六〇六五　：旬無囚：有祟[illegible]其有：允有來艱：
唐?𢀛方征?：
六〇六六正　：酉夕：
六〇六六　：貞：無囚　小告
六〇六六反　：五日丁未允有來：告曰𢀛方征于我
：三邑
六〇六七　：嬉[illegible]：𢀛征于我：辰亦有來：曰告
：四：
六〇六八正　癸未卜永貞旬無囚七日己丑[illegible]友化呼
告曰𢀛方征于我奠豐七月　二告
六〇六八反　王固曰有祟其有來艱其惟丙不吉其惟：
不：
六〇六八反　其惟丙：
六〇六九　：辰允有：𢀛方征：邑以：
六〇七〇正　：己：𢀛方征：八百
六〇七〇反　癸亥卜㱿貞：
六〇七〇反　癸亥卜：
六〇七〇反　癸未卜㱿：
六〇七〇反　：丁卯：

六〇七一　**貞𢀛：亦征：**
六〇七二正　：告曰：𢀛方亦：征以我：牛五十
六〇七二正　：來：
六〇七二反　乙酉：
六〇七二反　：古：
六〇七三　癸丑卜𡧊貞今春商𣪊舟由
六〇七三　**乙未卜𡧊貞𢀛方其亦征十一月**
六〇七四　貞𢀛方不亦征
六〇七五正　：其惟壬有祟：呼告𢀛方𢦔：
六〇七五反　：戌?卜：九：
六〇七六　：爭貞有聞曰𢀛：
六〇七七　貞翌甲午勿侑于祖乙
六〇七七　：翌：午侑于祖乙
六〇七七　貞翌甲午勿侑于祖乙
六〇七七　其有聞
六〇七七　貞𢀛方無聞
六〇七八　：般：
六〇七八　貞：允：
六〇七八　乙巳卜𡧊貞𠂤呼告𢀛方其出允：
六〇七八　[illegible]
六〇七八　貞使于𠂤
六〇七九　貞：允出?
六〇七九　乙巳卜𡧊貞𠂤呼告𢀛方出允其：
六〇七九　師般
六〇七九　：[illegible]：
六〇八〇　貞惟祖：
六〇八〇　惟祖乙
六〇八〇　貞于黄尹
六〇八〇　貞王曰𠂤𢀛方其出不冊
六〇八〇　貞王：曰：
六〇八一　貞：𠂤𢀛方其出不：
六〇八一　貞王勿曰𠂤
六〇八一　貞惟㚔呼取
六〇八二　：呼甾𢀛方：夕無囚
六〇八三　貞曰[illegible]侯出步
六〇八三　貞𢀛方出惟黄尹壱
六〇八三　己亥卜𡧊貞惟之
六〇八三　：伐?受：有祐
六〇八三　：戌：
六〇八四　：不：囚
六〇八四　𢀛方不惟囚
六〇八五　：𢀛：出不：我囚
六〇八六　貞𢀛方出惟我有作囚
六〇八六　不惟我有作囚
六〇八六　貞不允出
六〇八六　允出

六〇八七正　壬子卜殼貞舌方出惟我有作囚
六〇八七正　壬子卜殼貞舌方出不惟我有作囚五月
六〇八七正　乙卯卜爭貞沚馘稱冊王比伐土方受有祐
六〇八七正　貞王勿比沚馘
六〇八七反　：庚其有鼙吉受祐其惟壬不吉
六〇八八　惟囚
六〇八八　奴人
六〇八八　貞舌方出不惟囚我在囚
六〇八九　：方出不惟囚我在囚
六〇九〇正　庚午卜殼貞舌方來惟鵬惟我囚
六〇九〇反　：二日：
六〇九一　丁未卜亘貞舌方出惟我囚：月　小告　小告
六〇九二　癸卯卜穷貞舌方出惟有作囚
六〇九三正　癸巳卜殼貞有犬：
六〇九三正　癸巳卜殼貞敝人：
六〇九三正　：卜亘貞五月
六〇九三正　：卜亘貞勿五月
六〇九三正　庚子卜亘貞：
六〇九三正　：貞舌方出帝不惟：
六〇九三正　：𢀛貞舌方出帝：
六〇九三正　小告
六〇九三反　王固曰其有來艱迄至：卜其惟甲有至吉
其：其惟戊亦不吉：
六〇九三反　：貞于𠈌己侑：
六〇九三反　：貞不：叀
六〇九四正　：舌方出不：
六〇九四正　：舌方出惟：
六〇九四反　：受令𢦏
六〇九五　貞不惟夋
六〇九五　貞舌：出王勿饗十一月
六〇九五　：王饗
六〇九六正　壬子卜穷貞舌方出王觀五月
六〇九六臼　叙
六〇九七　甲午卜𢀛貞舌出：惟：
六〇九七　甲午卜𢀛貞侑于岳
六〇九八　己卯卜殼貞舌方出王自正下上若受我：
六〇九九　：沚馘：舌方出：王自：
六一〇〇　貞舌方：叹：出：
六一〇一　：舌方出：望：
六一〇二正　：舌方出：
六一〇二反　：由卜：
六一〇三正　：舌方出
六一〇三反　：固曰：
六一〇三反　庚寅邑示：
六一〇四　：貞舌方：
六一〇四　舌方其出惟：

六一〇五　：舌方其出不：
六一〇六　貞舌方其出
六一〇七　貞舌：其出
六一〇八正　貞舌方其出　二告
六一〇八臼　：示十屯：永
六一〇九　貞：方不：出
六一〇九　貞舌方其出
六一〇九　貞侑于父：
六一一〇正　不[illegible]
六一一〇正　其有來自西
六一一〇正　貞無其來自西
六一一〇正　舌方其出
六一一〇反　王固曰：
六一一一　：𦳢貞舌方其出
六一一一　：申卜𦳢貞雨
六一一一　：不其雨
六一一二　甲申卜：貞舌方其出
六一一三　：用三小宰于母己
六一一三　：舌：允出
六一一三　貞：𢀛：
六一一四　貞舌方不：出
六一一四　：其亦出
六一一五　貞舌方不允出
六一一五　貞父乙不壱
六一一五　貞父乙壱
六一一五　貞勿往省
六一一五　往省
六一一六　舌：其亦出
六一一六　貞舌方不出
六一一六　貞雨
六一一六　：舌：其：
六一一七　：午：貞舌：亦出十月
六一一八　貞舌方其亦出
六一一八　：姘受黍年
六一一九　貞舌方其亦出
六一二〇正　貞小疾勿告于祖乙
六一二〇正　告于祖乙
六一二〇正　貞舌方不亦出
六一二〇正　：方：亦：
六一二〇反　邑：
六一二一　貞：
六一二一　貞惟黃：
六一二一　往出狩
六一二一　貞舌方不亦出
六一二二　其出
六一二二　貞舌方不亦出

六一二二　貞上甲祟王
六一二三　：侑于唐至于大甲
六一二三　貞舌方不亦出
六一二四　貞舌方不：出
六一二五　貞舌方不亦：
六一二五　貞：
六一二六　貞舌方不亦：
六一二六　其出
六一二七　：舌：不亦出
六一二八　乙丑卜㱿貞曰舌方其至于□土其自：
六一二九　：丑卜㱿貞：曰舌：其至于□：有：
六一三〇正　乙丑卜㱿貞曰舌方其至于：
六一三〇正　貞曰侯：㱿：
六一三〇臼　：子𡚤示：屯　宕
六一三一正　：舌方于示壬
六一三一正　壬午卜亘貞告舌方于上甲
六一三一正　：于上甲
六一三一正　：㱿貞王往次于沱
六一三一正　：卜㱿貞舌方其至于□
六一三一反　：固曰己其有孽
六一三一反　：吉匚乙：
六一三二　貞于匚乙告舌方
六一三二　：舌方其至于□
六一三三　貞于河告舌方
六一三三　告于上甲
六一三三　貞王比沚馘
六一三四　貞舌方出惟王：
六一三四　貞告舌方于上甲
六一三四　貞沚馘爯册告于大甲
六一三五　貞王勿比沚馘
六一三五　貞王比沚馘
六一三五　貞于唐告
六一三五　貞告舌方于上甲
六一三六正　：告舌方：上甲
六一三六反　：示：
六一三七　貞：大甲告
六一三七　：告：方：上甲
六一三七　告于黄尹
六一三八　貞告舌方于唐
六一三九　貞于大甲告
六一三九　貞于唐告舌方
六一三九　貞于大丁告舌
六一三九　貞勿：大：
六一四〇　貞勿﨑告舌：于唐
六一四〇　：寅：
六一四一　貞翌庚子侑：

六一四一　貞于大甲告舌方
六一四一　：翌：
六一四二　告舌：于黄尹
六一四二　貞告：
六一四二　貞于大甲告舌方出
六一四三正　貞：甲告舌方：
六一四三反　：屯
六一四四　貞侑：祖丁
六一四四　貞侑于羌甲
六一四四　呼□取
六一四四　貞于大甲告舌：
六一四五　呼：往
六一四五　告舌方于祖乙
六一四五　乙酉卜㱿
六一四六　貞于黄尹告舌方
六一四七　貞告舌：于
六一四七　貞勿于黄尹告
六一四八　令望乘
六一四八　比望乘
六一四八　貞于唐告
六一四八　：舌：于：
六一四九　貞告舌方：
六一五〇　貞舌方不惟有□
六一五〇　勿往
六一五一正　二告　小告　二告
六一五一反　貞舌方有：
六一五一反　王固曰無保
六一五二　癸未
六一五二　貞舌方于河匄
六一五三　乙未古：
六一五三　庚子卜㱿貞匄舌方于好□
六一五四　戊子卜㱿貞匄舌方于：
六一五五　：于受令
六一五五　匄舌方于受令
六一五五　貞于受令匄
六一五五　：令
六一五六正　乙卯卜爭貞于令匄舌方：八月
六一五六正　壬午卜
六一五六正　貞匄舌方
六一五六正　貞匄舌方
六一五六正　貞侑于祖乙五宰
六一五六正　貞于岳
六一五六正　貞燎于西邑
六一五六正　二告　二告　不告黽　不告黽
六一五六臼　戊寅婦汝示二屯　㱿
六一五七　：呼暨：

六一五七 ……王亥匄舌……
六一五七 ……翌乙未圛暘日
六一五七 ……未圛……
六一五八 貞惟舌方呼㯥
六一五八 ……王勿……沚𢦏
六一五九正 貞于羌甲有……
六一五九正 嘉
六一五九正 于王曰匄舌方畀
六一五九正 貞翌乙未暘日
六一五九正 貞翌乙……不……日
六一五九反 ……巳卜𢀛……
六一六〇 ……沚𢦏稱册𠕁舌方……王比下上若受我……
六一六一 ……沚𢦏稱册𠕁舌……其敦𦎫王比下上若
受……
六一六二 ……沚𢦏稱册𠕁舌……敦𦎫王比受有祐
六一六三正 ……貞沚𢦏稱册……敦𦎫王比受有……
六一六三正 ……𢦏稱册王比伐舌……
六一六三反 ……曰吉不
六一六四 ……貞沚……稱册……比伐舌方……
六一六五 ……王比……
六一六五 ……册𠕁舌……受……
六一六六 ……册𠕁舌……王比我受……
六一六六 ……稱册王……
六一六七 貞翌甲午勿侑于祖乙
六一六七 貞翌甲午侑于祖乙
六一六七 貞翌甲午侑于祖乙
六一六七 貞舌方無聞
六一六七 貞𢀛人五千呼視舌方
六一六七 貞勿𢀛人五千
六一六八 貞于大甲
六一六八 貞𢀛人三千呼伐舌方受有祐
六一六八 貞勿呼伐舌方
六一六九 己亥卜爭貞勿呼依敦
六一六九 庚子卜穷貞勿𢀛人三千呼舌方弗受有祐
六一六九 ……敦
六一七〇正 ……卯卜殻貞𢀛人三千呼……
六一七〇正 壬辰卜殻貞勿𨙶𢀛人……舌方……
六一七〇反 王固曰有祟四祟丩正……
六一七一 戊寅卜殻貞𢀛人三千呼伐舌方弗……
六一七二 丁卯卜殻貞翌辛未令……受……
六一七二 癸巳卜殻貞収人……舌方受有祐
六一七二 丙午卜殻貞翌丁未酚……
六一七二 丙午卜殻貞𢀛人三千呼……
六一七三 癸巳卜殻貞収人呼伐舌……受……
六一七三 ……殻貞翌辛未令伐舌……
六一七三 ……貞翌丁未酚仲丁暘日

六一七三 ……三千呼伐舌方受……
六一七四 癸巳卜殻貞収人呼伐舌……受有……
六一七四 ……人三千呼伐舌方受有……
六一七四 ……卜殻貞翌辛未令伐舌方受……
六一七四 ……卜殻貞翌丁未酚仲丁暘日
六一七四 二告
六一七五 ……貞収人呼視舌……
六一七五 ……人四千呼以……
六一七六 ……三千……伐舌……
六一七七正 戊辰卜穷貞𢀛人呼往伐舌方
六一七七臼 丙寅婦妥示五屯　㱿
六一七八 乙巳……
六一七八 貞舌方弗𢀛人敦沚呼伐……　二告
六一七八 貞勿𢀛人呼伐舌方弗其受有祐　二告
六一七九正 ……𢀛人……舌弗……
六一七九反 ……亘
六一八〇 𢀛人呼伐
六一八〇 貞舌方弗敦沚
六一八一正 ……貞𢀛人呼……舌方……
六一八一反 ……曰吉
六一八二 貞勿𢀛人呼望舌方
六一八三 ……𢀛……呼……舌……
六一八四 壬申卜殻貞収人呼……舌……
六一八五 戊寅卜殻貞勿呼師般比罞
六一八五 庚寅卜殻貞勿冒人三千呼望舌……
六一八六 貞呼望舌方
六一八六 貞……望……
六一八七 壬……
六一八七 貞呼望……方
六一八八 ……取𪊨𢦏呼望舌……
六一八八 丙申卜爭……
六一八八 若
六一八九 庚……暘……
六一八九 貞勿呼望舌方
六一八九 ……翌？……辰……
六一九〇 乙……酚……
六一九〇 庚子暘日
六一九〇 貞勿呼望舌方
六一九一正 貞勿呼望舌方
六一九一正 貞翌庚辰不雨
六一九一正 ……勿侑……河
六一九一反 ……既不……
六一九二 貞勿呼𢀛望舌方
六一九三 貞呼見……𢦏
六一九三 貞呼見舌𢦏
六一九三 貞呼見舌𢦏

六一九三
六一九四
六一九五
六一九五
六一九五
六一九六
六一九六
六一九七
六一九七
六一九八
六一九八
六一九九
六一九九
六二〇〇
六二〇〇
六二〇一
六二〇二
六二〇三
六二〇四正
六二〇四反
六二〇五
六二〇六正
六二〇六反
六二〇七
六二〇八
六二〇八
六二〇九
六二〇九
六二〇九
六二〇九
六二〇九
六二一〇
六二一一
六二一一
六二一一
六二一二
六二一二
六二一三

卜囗
貞呼目舌方
…燎
…呼…舌…
貞呼目舌方
貞呼目舌方
貞甫弗其遘舌方
其㞢…
辛丑卜㱿貞霝妃不㞷　小告
辛丑卜㱿貞舌方其來王勿逆伐
辛丑卜㱿貞霝妃不㞷
辛丑卜㱿貞舌方其來王勿逆伐
辛丑卜㱿貞霝妃不㞷
辛丑卜㱿貞舌…
癸酉卜爭貞王勿逆伐舌方下上弗若不我其
受
癸酉卜爭貞王勿逆伐舌方下上弗若不我…
壬申卜㱿貞于河匄舌方
辛未卜㱿貞王勿逆伐舌方下上弗若不我
其受祐六月
壬申卜㱿貞于河…舌方
…于…匄
…戌卜亘貞舌方…逆伐受有祐
㱿　…王往伐舌方
貞…王往…舌方我不其…祐
…往伐舌方…
…伐舌方不受我…
貞惟子妻呼伐
貞勿𢦔于黃尹
貞𢦔于黃尹
貞循侑于黃尹
貞惟師般呼伐
貞惟㠯呼伐舌
貞…王往伐舌方
貞惟王往伐舌
貞惟𢀛呼伐舌
惟庚兹用
貞惟王往伐…
貞…
貞惟王往伐舌受有祐
貞婦…

六二一四
六二一五
六二一六
六二一七
六二一八
六二一八
六二一九
六二二〇
六二二〇
六二二一正
六二二一
六二二一反
六二二二
六二二三
六二二四
六二二四
六二二五
六二二六
六二二六
六二二六
六二二六
六二二七正
六二二七正
六二二七臼
六二二八
六二二九
六二二九
六二三〇
六二三〇
六二三一
六二三二
六二三二
六二三二
六二三二
六二三三
六二三三
六二三三正
六二三三正
六二三三臼
六二三四正
六二三四反
六二三五
六二三五
六二三六
六二三六

乙巳卜爭貞惟王往伐舌方受有…
乙巳卜㱿貞惟王往伐…方受…
…王往伐舌…方受…
…王往…
貞勿惟王往伐舌方弗其…
貞…伐…
辛亥卜爭貞勿惟王往伐舌方弗其…有…
辛亥卜㱿貞勿惟王往伐舌方
貞勿惟王往伐舌方下上弗若不我其受
祐
…卜㱿…惟…
…勿惟王往伐舌方下上弗若不我其受…
…㱿貞王…舌方下上若…
…有盤其惟丁
甲午卜古貞王伐舌方我受祐
貞王伐舌方受有祐
貞王有曰于之㞢…
…王伐舌方受有…
丁巳卜亘貞刖牛爵
庚申卜爭貞呼伐舌方受有祐
貞勿令我使步
…方…
丁巳卜…貞…
庚申卜爭貞呼伐舌方受有…
…葡
庚申卜…貞呼伐舌方受有…
辛酉卜爭貞呼伐舌方受有…
貞勿𢦔于九示
貞勿𢦔于九示
辛酉卜爭貞呼伐舌方受有…
…未卜…呼伐舌…受…
辛未卜㝑貞呼伐舌方受有祐
癸丑卜㝑貞今至于丁巳追
貞不亦雨
貞…
二告　不𠂤黽
貞呼伐舌方受有祐　五月
貞勿呼伐舌方受…
己丑婦姘示二屯自𡆥…
…卜爭…呼伐舌方受有祐　二告
…王自饗
貞呼伐舌方受有祐
貞惟王往伐舌…
翌丁卯令步
貞呼伐舌方受有祐

六二三六　貞勿呼伐舌…
六二三七　貞呼伐舌方…有祐
六二三七　丁卯令
六二三八　貞呼伐舌方
六二三八　貞呼伐舌…受有祐
六二三九　…呼伐舌方受…
六二四〇　庚午卜亘貞呼伐舌方受…祐
六二四一　貞…呼伐舌…
六二四一　貞呼伐舌弗其受有祐
六二四一　貞于庚午令步
六二四二正　貞勿…舌…
六二四二正　貞呼伐舌方
六二四二正　貞翌庚午不其暘日　不舌黽
六二四二正　不舌黽　小告　二告　不舌黽
六二四二反　辛未卜韋…
六二四二反　貞勿令…
六二四二反　…勿…
六二四三　勿…伐…方
六二四三　貞呼伐舌方
六二四四　…受…禾?
六二四四　…方…一牛
六二四四　貞呼伐舌方
六二四五　貞呼伐舌方
六二四六　戊辰卜亘貞呼伐舌方…
六二四七　…子卜永貞呼伐舌方…
六二四八　…貞王舌來…
六二四八　…爭貞呼伐舌…
六二四九　…丑卜殻貞翌丁…呼伐舌方…
六二五〇　…呼…舌…
六二五〇　呼伐舌方
六二五〇　貞勿呼伐
六二五〇　貞呼伐舌方
六二五〇　…勿…伐…
六二五〇　勿告于大甲
六二五〇　告于大甲
六二五〇　勿告于唐
六二五〇　貞告于唐
六二五一　呼伐舌
六二五一　貞…十一月
六二五一　…其雨
六二五二　貞呼伐舌人在…
六二五二　貞勿人在
六二五二　辛亥卜古貞于…
六二五三　貞…伐…
六二五三　貞呼伐舌
六二五四　貞呼伐舌

六二五五　勿…
六二五五　貞呼伐舌
六二五六　貞呼伐舌
六二五六　勿呼伐舌
六二五六　效不其…
六二五七　辛酉卜穷貞勿于九示奉
六二五七　貞勿呼伐舌方弗其受有祐　二告
六二五七　貞勿呼以□
六二五八　己丑卜殻貞勿呼伐舌…
六二五八　辛亥卜殻貞勿伐…
六二五九　甲辰卜穷貞勿呼伐舌弗其受有祐
六二五九　乙巳卜殻貞我…其受…
六二六〇　貞勿呼伐舌方
六二六〇　…翌…
六二六一　貞勿呼伐舌
六二六一　…午…
六二六二　貞勿呼伐舌方
六二六三　貞勿呼伐舌…
六二六三　…伐…方
六二六四　貞勿呼伐舌…
六二六五　貞勿呼伐舌方
六二六六　…爭貞勿呼伐舌…
六二六七　…勿呼伐舌方
六二六八　勿呼伐舌
六二六九　…伐舌
六二六九　勿呼伐舌
六二七〇正　辛亥卜殻貞伐舌方帝受…
六二七〇正　貞帝不?其…
六二七〇臼　庚戌婦女示…
六二七一　辛亥卜殻貞伐舌方帝受…
六二七一　貞帝不我其受祐
六二七二　惟阜
六二七二　貞勿伐舌帝不我其受祐
六二七二　…呼師般伐舌
六二七二　…舌…
六二七三　…伐舌方帝受我祐
六二七四　…伐舌…
六二七五　…伐舌方受有祐一月
六二七六　貞今𣌭伐舌方受有祐
六二七七　貞伐舌方受有祐
六二七八　貞伐舌方受有祐
六二七九　…伐舌受有…
六二七九　…允…
六二八〇　貞多…不其循伐舌方
六二八一　…循…舌方
六二八二　貞伐舌方𢦏

六二八二　貞：𢀛方弗其受有祐
六二八三　貞伐𢀛方𢦏
六二八三　：方：祐
六二八四　：卯卜㱿貞惟卓：
六二八四　：卜㱿貞伐𢀛方：
六二八四　：寅卜㱿貞戉：
六二八五　貞：其伐𢀛方
六二八五　：𢀛：
六二八六　：伐𢀛方
六二八七正　貞勿：伐𢀛：弗其：
六二八七臼　丙寅：乇
六二八八　：伐𢀛：
六二八九　：卓：伐𢀛：無囚
六二九〇　：伐𢀛方
六二九一正　戊寅卜爭貞乞令：伐𢀛受有：
六二九一反　：三　亘
六二九二　戊子卜宾貞卓迄步伐𢀛方受有祐十二月
六二九二　貞：
六二九三　癸酉卜貞六月卓𢦏𢀛方
六二九三　癸酉卜貞六月卓𢦏𢀛方
六二九四　丁未卜㱿貞勿令卓伐𢀛弗其：
六二九四　戊申卜㱿貞勿惟王往
六二九四　貞：王：
六二九五　戊申卜㱿貞勿惟王：
六二九五　貞勿令卓伐𢀛弗其：
六二九六　丁未卜宾貞勿令卓：𢀛方
六二九七　丁未卜宾貞勿令卓伐𢀛方弗其受有祐
六二九八　貞戉：
六二九八　貞惟卓伐𢀛方
六二九九　：惟卓呼伐𢀛：
六三〇〇　貞勿呼：𢀛：　不𠰻黽
六三〇〇　：卜㱿：
六三〇〇　：卜爭：呼馘𢀛方
六三〇一　貞呼馘𢀛方
六三〇一　壬申卜㱿貞于唐告𢀛方
六三〇二　：呼馘𢀛：
六三〇三　丙子卜古貞呼馘𢀛：　不𠰻黽
六三〇三　貞勿呼馘𢀛方　不𠰻黽
六三〇四　：馘𢀛方
六三〇五　貞呼征𢀛方受：
六三〇六　貞呼征𢀛方
六三〇六　貞伐
六三〇六　貞來
六三〇七　貞呼征𢀛方
六三〇八　貞呼征𢀛方
六三〇八　允𢦏

六三〇九　允𢦏
六三〇九　貞呼征𢀛方
六三一〇　貞勿呼征𢀛方　：
六三一〇　貞呼征𢀛方
六三一〇　允𢦏
六三一一　貞勿呼征：方
六三一二　貞勿呼征：方　不𠰻黽
六三一三　貞惟王征𢀛方
六三一三　：卜爭貞：以多冒：
六三一四　貞勿惟王征𢀛方下上弗若不我其受祐
六三一五　：丑卜㱿貞勿惟王征𢀛方下上弗若不我其受：
六三一五　：惟王征：方下上弗若：我其：祐
六三一六　癸丑卜㱿貞勿惟王征𢀛方下上弗若不我其：
六三一六　癸丑卜㱿貞勿惟王征𢀛方下上弗若不我其受祐
六三一七　癸丑卜㱿貞勿惟王征𢀛方下上弗若不我其受祐
六三一七　貞勿惟王征𢀛方下上弗若不我其受祐
六三一八　：申卜㱿：王勿：𢀛方：弗若不我：受祐
六三一九　庚申卜㱿貞王勿征𢀛方下上弗若不：
六三二〇　庚申卜㱿貞王勿征𢀛方下上弗若不我其受祐　二告
六三二一　庚申卜㱿貞王勿征𢀛方下上弗若不我其受祐　二告
六三二二　乙酉卜貞王征𢀛方下上若受我祐一月
六三二二　貞勿征𢀛方下上弗若不我其受祐
六三二三　：弗：征𢀛方
六三二四　：卜宾貞：征𢀛：
六三二五正　貞惟王征𢀛：
六三二五反　：婦古
六三二六　：𦥑惟王征𢀛：
六三二七正　：𦎫？：
六三二七反　：𦥑征𢀛方
六三二八　貞弗其獲征𢀛：
六三二八　：獲？：
六三二九正　貞我弗其獲征𢀛：
六三二九反　：田韋？：
六三三〇正　乙丑卜㱿貞于保𢀛方𢦔
六三三〇正　：方？：牛
六三三〇反　：王固曰吉其奉？：
六三三〇反　：𠷎乞
六三三一　甲申卜宾貞其酌匚于河：來辛丑：
六三三一　壬子：貞：𢦔𢀛：
六三三二　貞戠啓王其奉𢀛方

六三三三　乙酉卜爭貞往復从臬幸𢀛方二月
六三三三　丙戌卜…旬于…
六三三四正　貞我弗其羍𢀛方　二告
六三三四反　…貞侑…
六三三四反　…勿侑…
六三三四反　己酉卜殻…牛?…
六三三五　貞…及?𢀛…
六三三五　貞呼伐𢀛方
六三三五　貞呼師般比䍃
六三三五　貞祖丁壱
六三三六　貞侑于祖丁
六三三六　貞勿呼伐𢀛方
六三三七正　貞弗…
六三三七正　丁卯卜爭貞翌辛未其敦𢀛方受有祐
六三三七反　丙…卜…
六三三八　丁卯卜爭貞翌辛未其敦𢀛方受有祐
六三三九　貞我及𢀛方
六三四〇正　己酉卜古貞我及𢀛方
六三四〇臼　…六屯　㪅
六三四一　癸丑卜爭貞㚔及𢀛方
六三四一　癸丑卜爭貞𢀛方弗戋
六三四二　癸丑卜殻貞㚔及𢀛
六三四二　癸丑卜殻貞𢀛方其戋
六三四三　庚寅
六三四三　壬辰
六三四三　貞惟𢀛方㪅伐戋
六三四三　勿呼王族凡于疢
六三四三　…庚勿令
六三四四　甲申卜殻貞勿呼婦姘以𡆥先于䩵　二告
六三四四　乙酉卜殻貞𢀛方衛王其勿告于…乙
六三四五　甲申卜殻貞勿呼婦姘以𡆥先于…
六三四五　乙酉卜殻貞𢀛方衛率伐不王其征勿告
于祖乙…
六三四六　…方衛率伐…
六三四六　…姘…
六三四七　…殻貞𢀛方衛率伐不王其征告于祖乙旬
祐
六三四七　…殻貞𢀛方衛率伐不王告于祖乙其征
旬祐七月
六三四七　…殻貞呼婦姘以𡆥先于䩵
六三四八　貞…方…衛
六三四九　貞𢀛方衛勿告于祖乙
六三四九　貞告𢀛方于祖乙
六三四九　呼婦先
六三四九　…酉…殻…
六三五〇　…𢀛方衛…
六三五一　…貞𢀛方衛…

六三五一　…貞𢀛…
六三五二　戊寅卜宕貞今秋𢀛方其征于𣏟
六三五二　…宕…食惟…囚?
六三五三　己巳…貞翌…爭?𢀛…其征…
六三五四正　壬辰卜殻貞今𡆥王循土方受有…
六三五四正　癸巳卜殻貞今𡆥王循土方受有…
六三五四正　辛丑卜爭貞曰𢀛方凡𠂤于土…其敦𡆥
允其敦四月
六三五四反　…固曰其衛于黄示
六三五四反　王固曰其有𡧊其惟丙不…其惟壬亦不…
六三五五　…受有祐…月
六三五五　…曰𢀛…凡𠂤…其敦𡆥…
六三五六　…貞曰𢀛方…𡆥允其…
六三五七　貞呼子…
六三五七　貞使人于沚
六三五七　貞使人于沚
六三五七　貞𢀛方弗𡆥西土
六三五七　…𢀛…其𡆥西土
六三五八　貞今𡆥𢀛方其敦　小告
六三五九　…𢀛…其敦𦉫
六三六〇　…申卜古貞𢀛…其戋?
六三六一　侑于唐
六三六一　侑于唐
六三六一　𢀛方
六三六一　𢀛方…戋
六三六二　貞𢀛…弗戋
六三六三正　貞呼…伐不…左
六三六三正　貞𢀛方其戋不
六三六三反　…申…
六三六四　…弗其戋不
六三六五　…葡貞𢀛方其…
六三六六　戋
六三六六　𢀛方其戋
六三六六　…方…
六三六七　弗其戋
六三六七　戋
六三六七　𢀛弗戋
六三六七　…𤎲…
六三六八　戋𢀛
六三六八　戋
六三六八　貞…𤎲…癸
六三六九　貞…出
六三六九　貞王出
六三六九　𢀛允戋戍
六三六九　…𢀛…戋…
六三七〇　…卜殻貞…方…允…戍十月　二告
六三七一　己巳卜殻貞𢀛方弗允戋戍十月　不𠰼黽

六三七二　…允戠戌十月
六三七三　…卜㱿貞舌方允戠戌
六三七四　貞戠…舌其…戌有…
六三七四　…媗…
六三七五　…貞其…
六三七五　丁亥卜亘貞…戠戌二月
六三七六　貞戌弗其伐舌方
六三七七　貞戌弗其伐舌…
六三七八　貞戌弗其…
六三七九正　…丑卜㱿貞令戌來…戌㝬伐舌方…七月
六三七九正　小告
六三七九反　貞惟媗…不…
六三八〇　…戌弗…伐舌方
六三八一　…土方出
六三八二　…來…土…出…㦸…
六三八三正　…酉卜㱿…土方…
六三八三反　…固曰…
六三八四　受…擒
六三八四　受有擒
六三八四　貞告土方于上甲
六三八四　貞告土方于上甲
六三八五正　癸巳卜爭貞告土方于上甲四月
六三八五臼　己丑羌立示四屯　岳
六三八六　受有擒
六三八六　…受…擒
六三八六　貞告土方于上甲
六三八七　貞弗其受有擒
六三八七　…有擒
六三八七　貞告土方于唐
六三八八　貞告土方于唐
六三八八　貞方不…衛…
六三八九　貞王勿循土方
六三八九　貞王循土…
六三八九　王比戠
六三九〇　庚申卜爭貞王循土方
六三九一　貞…
六三九一　貞用
六三九一　貞勿用
六三九一　勿用
六三九一　貞告
六三九一　貞王循土方
六三九二　…循土方
六三九二　…勿循土方
六三九二　…稱冊王勿䓃
六三九三　…王…土…
六三九三　貞王循…方

六三九四　貞…
六三九四　勿自饗
六三九四　王自饗
六三九四　王自饗
六三九四　其敦
六三九四　貞王勿循土方
六三九五　貞王勿循土方
六三九五　貞…勿…
六三九六　…王…土…
六三九六　貞循土方
六三九六　王比戠
六三九七　…循土…
六三九七　…土…
六三九八　庚申卜㱿貞伐土方受…
六三九八　庚申卜㱿貞今𡆥王循土方…有…
六三九九　庚申卜…貞今𡆥…循…
六三九九　庚申卜㱿貞今𡆥王循伐土方
六四〇〇　…王循伐土方受…
六四〇〇　…日其雨
六四〇一　…㱿貞沚戠稱冊王勿𩛥比五月
六四〇一　…貞沚戠稱冊王比伐土方…有…
六四〇二正　乙卯卜…貞沚戠稱冊王比伐土方受有祐
六四〇二臼　壬子邑示一屯　小㪇
六四〇三　…辰卜…沚戠…冊王…伐土方受…
六四〇四正　…舌王比伐受…
六四〇四正　…沚戠…𠎝土方
六四〇四反　余臓
六四〇五正　…戌…㱿貞…戠稱冊𠎝土…王比…
六四〇五反　…惟庚…不…
六四〇六　…貞沚戠尋稱…土方我受有…
六四〇七　…𡚬人三千呼伐土方…
六四〇七　…衣敦…
六四〇七　…土…
六四〇八　…貞…𡚬…征土…受…
六四〇九　丁酉卜㱿貞今𡆥王奴人五千征土方受有祐三月
六四一〇　丁酉卜㱿貞今𡆥…人五…征…
六四一一　…人…征土…有…
六四一二　辛巳卜爭貞今𡆥王奴人呼婦好伐土方受有祐五月
六四一三　辛巳卜㱿貞今𡆥王比…乘伐下危受有祐十一月
六四一三　…㱿貞今𡆥奴征土方
六四一四　貞勿奴人伐土…
六四一四　七月
六四一五　丁巳卜㱿貞王惟沚戠比伐土…
六四一六　丁巳卜㱿貞王惟沚戠比伐土方

六四一七正 戊午卜宕貞王比沚馘伐土方受有…
六四一七臼 丁酉子…示六屯…
六四一八 辛巳卜㱿貞今𡆥王惟馘比伐土方下上若受…
六四一九 貞王比沚馘伐土方…
六四二〇 …比沚…伐土方受祐四月
六四二一 辛酉卜㱿貞王比沚馘伐土…
六四二二 …比伐土…受有祐
六四二三 貞勿比馘伐土方
六四二三 貞不…
六四二四 丙戌卜𠧪貞若 不𠰼黽
六四二四 乙酉卜貞今𡆥勿比馘伐土方… 二告 不𠰼黽
六四二五 …貞今…王𢦔伐土方受…
六四二六 …㱿貞今𡆥王伐土方受…
六四二六 …貞今𡆥王惟下危…
六四二七 …㱿貞今𡆥王伐土方受有…
六四二七 …貞今𡆥王惟下危伐受…
六四二八 …𡆥王…伐土…下上若…我…
六四二九 …卜…𡆥王…伐土…
六四三〇 …㱿…𡆥王…土方受有祐十二月 二告
六四三一 …㱿貞侑于黃尹
六四三一 …貞呼覘𢦏九月
六四三一 …貞我受𠯑方祐
六四三一 …王伐土方受有祐 自𠤳
六四三二 …伐土方受有祐
六四三二 貞弗其受方祐
六四三三 …伐土方受有祐
六四三三 己巳卜爭…伐土方…
六四三四 …㱿貞沚馘…伐土…
六四三五 辛巳卜爭貞…伐土方受…
六四三六 …束…
六四三七 …伐土方…有…
六四三七 …戌卜爭貞令三族…沚馘…土…受…
六四三八 貞勿…
六四三八 …土方…𢦏
六四三九 …土…𢦏
六四四〇正 …冊十月
六四四〇反 戊午卜㱿貞今𡆥王征土方
六四四一 王固曰甲申其有𣪊吉其惟甲戌有𣪊于東
六四四一 …甲戌有𣪊…
六四四二 乙卯卜㱿貞王惟土方征
六四四三 乙卯卜㱿貞王惟土方征
六四四四 貞王勿惟土方征
六四四五正 貞王勿惟土方征
六四四五臼 奠示十屯一屯 凹

六四四六正 貞勿惟土方征
六四四六臼 奠示…
六四四七 貞勿征土方
六四四八 貞勿征土方
六四四八 貞…中
六四四九 貞立中
六四四九 貞勿立中
六四四九 貞勿征土方
六四五〇 貞于生…耏…丁…
六四五〇 六四五〇 貞弗其擒土方 貞叉目卒考
六四五一正 貞獲征土…
六四五一正 貞弗其獲征土方
六四五一正 壬戌卜爭貞侑于妣癸
六四五一正 𣪊
六四五一臼 庚午婦寶示三屯 岳
六四五二 甲寅卜…貞戉其獲征土方
六四五二 乙丑卜亘貞弗其…
六四五二 一月
六四五三 …貞…旨…余今𡆥…
六四五三 …余其征土方…以…侖…
六四五四 …卜𠧪貞侑…
六四五四 …㱿貞土方衛…伐受…
六四五五 見尸
六四五六 …尸方不出
六四五七正 丁巳卜…其…
六四五七正 貞王勿比沚馘 二告
六四五七正 貞王惟沚馘啓比… 二告
六四五七正 …勿比侯告…
六四五七正 …侯告征尸
六四五七反 庚…
六四五七反 王固曰…比侯告
六四五七反 王固…上下…
六四五七反 爭
六四五八 …寅卜王今來…辰出征尸…月
六四五九 壬午卜卜宕貞王惟婦好令征尸
六四五九 癸未卜宕貞王惟婦好…
六四六〇正 辛亥卜㱿貞王惟易白蔟比
六四六〇正 辛亥卜㱿貞王勿惟易白蔟比
六四六〇正 貞王惟侯告比征尸 六月
六四六〇正 貞王勿惟侯告比
六四六〇正 己巳卜㱿貞我受年
六四六〇正 貞我不其受年
六四六〇反 呼雀往于𡆥
六四六〇反 勿呼雀往于𡆥
六四六〇反 …來十

六四六一正　呼比尋妖　二告
六四六一正　貞戠在茲示若
六四六一正　庚寅卜穷貞今𢆶王其步伐尸
六四六一正　庚寅卜穷貞今𢆶王勿步伐尸
六四六一正　辛卯卜穷貞沚戠啓𢀛王勿惟之比
六四六一正　辛卯卜穷貞沚戠啓𢀛王惟之比　五月
六四六一反　甲子卜穷
六四六一反　甲子卜穷戠在茲示若
六四六一反　王固曰吉沚戠…
六四六一反　王固曰吉惟有呼己其伐其弗伐不吉
六四六二　丙子卜…其伐尸…于…
六四六三　勿呼敦尸
六四六三　甲…
六四六四　…卯卜惟…寅征…尸𢦏
六四六五　今𢆶王勿旋尸
六四六五　…丙?…
六四六六　…子卜方…𢦏尸
六四六七　貞我収人伐𢀛方
六四六八　丙申卜殻貞戠稱…𢀛　二告
六四六八　丙申卜殻貞戠稱冊…呼比伐𢀛
六四六九正　…沚戠伐𢀛
六四六九反　…酉卜殻…
六四七〇正　…子卜爭…今𢆶王…伐𢀛
六四七〇反　…尸?…
六四七一正　甲午卜穷貞沚戠啓…王比伐𢀛方受
有祐
六四七一正　甲午卜穷貞沚戠啓王勿比弗其受…
六四七一正　二告
六四七二正　…啓𢀛方王勻于…
六四七二反　…殻…
六四七三正　庚辰卜爭貞爰南單
六四七三正　辛巳卜穷貞燎
六四七三正　貞王惟沚戠比伐𢀛方帝受我祐
六四七三正　王勿惟沚戠比伐𢀛方帝不我其受祐　二告
六四七三正　二告
六四七三正　二告
六四七三正　二告
六四七三反　王固曰吉…
六四七三反　若
六四七三反　…曰吉其受…
六四七四　貞王比戠伐𢀛帝受祐
六四七四　貞王勿比戠伐𢀛
六四七四　今…不其來
六四七四　王勿比鬼
六四七四　…歸𢆶女來余其比
六四七四　…歸
六四七五正　貞王比沚戠伐𢀛
六四七五正　王勿比沚戠伐𢀛
六四七五正　王往出
六四七五正　王勿往出　小告
六四七五正　翌乙巳侑祖乙
六四七五正　貞降
六四七五正　貞…牛…　二告
六四七五正　二告
六四七五正　二告
六四七五正　二告
六四七五正　二告
六四七五正　二告
六四七五反　貞侑于祖辛五伐卯三宰
六四七五反　侑母己十𢀛侑卯宰
六四七五反　疾身不禦妣己贏
六四七五反　貞王惟人正
六四七五反　王勿惟人
六四七五反　王固曰有戠
六四七五反　殻
六四七六　辛酉卜爭貞王比望乘伐下危
六四七六　辛酉卜爭貞王勿惟望乘比
六四七六　…望…伐下危
六四七六　王惟望乘比
六四七六　王勿惟望乘比
六四七六　惟乘比
六四七六　勿惟乘比
六四七六　貞王惟沚戠比伐𢀛方　二告
六四七六　貞王勿惟沚戠比…
六四七六　王惟沚戠比
六四七六　…勿惟沚比　二告
六四七六　王…沚戠比伐𢀛
六四七六　王勿比沚戠伐
六四七六　王惟沚戠比
六四七六　勿比戠
六四七六　貞王惟沚戠比
六四七六　王勿惟戠比
六四七六　王惟沚戠比
六四七六　王勿惟戠比
六四七六　貞王惟尸卟征
六四七六　貞王勿惟尸征　二告
六四七六　貞王惟龍方伐
六四七六　王勿惟龍方伐
六四七七正　癸丑卜亘貞王比奚伐𢀛
六四七七正　癸丑卜亘貞王惟望乘比伐下危　小告
六四七七正　丙辰卜亘貞禦身…南庚　二告

六四七六正　貞戠于戚…
六四七七正　貞王往于𦎫京
六四七七正　貞王勿往于𦎫京
六四七七正　貞呼逐比萬獲王固曰其呼逐獲
六四七七正　貞王有取不若
六四七七正　貞王有取若
六四七七正　貞王往于𦎫京
六四七七正　貞王勿步于𦎫京
六四七七正　貞惟祟
六四七七正　…于𦎫京　二告
六四七七正　小告
六四七七反　其有令殸
六四七七反　勿令
六四七七反　呼子䀠涉
六四七七反　勿呼子䀠涉
六四七七反　翌乙酉王往途無…
六四七七反　王勿比奚伐下…
六四七七反　勿比奚呼…
六四七七反　令子衛涉涉
六四七七反　勿令子衛涉其…
六四七七反　惟百…
六四七七反　貞燎伐燎
六四七七反　勿燎
六四七七反　貞…
六四七七反　翌于…
六四七七反　侑于祖庚甲…
六四七七反　貞翌乙酉往途若
六四七七反　勿往不…
六四七八正　貞來乙亥侑于祖乙　二告
六四七八正　貞來乙亥勿侑于祖乙
六四七八正　翌庚申暘
六四七八正　侑于祖辛
六四七八正　…令比沚戓伐𢀛方受有祐　二告
六四七八正　貞王勿惟…婦好比沚戓伐𢀛方弗其受有祐　二告
六四七八反　翌卯侑…
六四七八反　翌卯勿侑
六四七八反　辛未卜𡧊…
六四七八反　…㞢…
六四七八反　般入十　爭
六四七九正　壬申卜爭貞令婦好比沚戓伐𢀛方受有祐
六四七九臼　…婦羊示…　古
六四八〇　辛未卜爭貞婦好其比沚戓伐𢀛方王自東𠭯伐𢦏陷于婦好位
六四八〇　…婦好其…戓伐𢀛方王勿自東𠭯伐𢦏陷于婦好立

六四八〇　貞王惟而白□比伐…方…
六四八〇　貞王勿惟而白□伐…
六四八〇　貞王令婦好比侯告伐尸…
六四八〇　貞王勿令婦好比侯…
六四八〇　貞王…比伐…
六四八〇　貞王勿…乘比…下危
六四八一　…爵惟婦…伐𢀛方…祐
六四八二正　辛酉卜㱿貞今𢆶王比望乘伐下危受有祐
六四八二正　辛酉卜㱿貞今𢆶王勿比望乘伐下危弗其受有祐
六四八二正　辛酉卜㱿貞…
六四八二正　貞王勿比沚戓
六四八二正　辛酉卜㱿貞王惟…戓…
六四八二正　辛酉卜㱿貞王勿惟戓比
六四八二正　貞有犬于父庚卯羊
六四八二正　貞𥘅以之疾齒鼎贏
六四八二正　疾齒贏
六四八二正　不其贏
六四八二反　惟父甲
六四八二反　…甲
六四八二反　惟…
六四八二反　不惟父庚
六四八二反　不…父…
六四八二反　夂冂入二在𢎪
六四八三正　辛酉卜㱿貞今𢆶王比望乘伐下危受有祐
六四八三正　辛酉卜㱿貞今𢆶王勿比望乘伐下危弗其受有祐
六四八三正　辛酉卜㱿貞王比沚戓　二告
六四八三正　辛酉卜㱿貞王勿比沚戓
六四八三正　辛酉卜㱿貞王惟沚戓比
六四八三正　辛酉卜㱿貞王勿惟沚戓比
六四八三正　貞有犬于父庚卯羊
六四八三正　𥘅以之疾齒鼎贏　小告
六四八三正　疾齒贏
六四八三正　不其贏
六四八三正　惟父甲
六四八三反　不惟父甲
六四八三反　惟父庚
六四八三反　不惟父庚
六四八三反　惟父辛
六四八三反　不惟父辛
六四八三反　惟父乙
六四八三反　不惟父乙

六四八四正　辛酉卜㱿貞今𡆥王比望乘伐下危受
有祐
六四八四正　辛酉卜㱿貞今𡆥…勿比望乘…下危弗
受有祐
六四八四正　貞王比沚馘
六四八四正　貞王勿比沚馘
六四八四正　辛酉卜㱿貞王惟沚馘比
六四八四正　辛酉卜㱿貞王勿惟沚馘比
六四八四正　貞有犬于父庚卯羊
六四八四正　祝以之疾齒鼎贏
六四八四正　疾齒贏
六四八四正　不其贏
六四八四反　惟…
六四八四反　不惟父甲
六四八四反　惟父庚
六四八四反　不惟父庚
六四八四反　惟父辛
六四八四反　不惟父辛
六四八四反　惟父乙
六四八四反　不惟父乙
六四八四反　王…曰其惟戊有鑿不吉
六四八四反　…其有鑿
六四八五正　辛酉卜㱿貞今𡆥王比望乘伐下危受
有祐
六四八五正　辛酉卜㱿貞今𡆥…勿比望乘伐下危
弗其受有祐
六四八五正　辛酉卜㱿貞王比沚馘
六四八五正　辛酉卜㱿貞王惟沚馘比
六四八五正　貞有犬于父庚卯羊
六四八五正　祝以之疾齒鼎贏
六四八五正　疾齒贏
六四八五正　小告
六四八五反　惟父甲
六四八五反　不…
六四八五反　惟父庚
六四八五反　不惟父庚
六四八五反　惟父辛
六四八五反　不惟父辛
六四八五反　王固曰丁丑其有鑿不吉其惟甲有鑿吉
其惟辛有鑿亦不吉
六四八六正　辛酉卜㱿貞今𡆥王比望乘伐下危受
有祐
六四八六正　辛酉卜㱿貞今𡆥王勿比望乘伐下危
弗其受有祐
六四八六正　貞王比沚馘
六四八六正　貞王勿比沚馘
六四八六正　辛酉卜㱿貞王惟沚馘比
六四八六正　辛酉卜㱿貞王勿惟沚馘比
六四八六正　貞有犬于父庚卯羊
六四八六正　祝以之疾齒鼎贏
六四八六正　疾齒贏
六四八六反　惟父甲
六四八六反　…惟…甲
六四八六反　惟父庚
六四八六反　不惟父庚
六四八六反　惟父辛
六四八六反　不惟父辛
六四八六反　不…
六四八七　…𠀠入二在𣪕
六四八七　…巳卜爭貞今𡆥王比望乘伐下危受
有祐十一月
六四八七　辛巳卜爭貞今𡆥王勿比望乘伐下危
弗其受有祐
六四八八　辛巳卜㱿貞今𡆥王比望乘伐下危受
有…
六四八九　庚申卜爭貞今𡆥王比望乘伐下危受
有祐
六四九〇　庚申卜爭貞今𡆥王比望乘伐下危受
有祐　二告　不𣎆鼄
六四九一　庚申卜㝉貞今𡆥王比望乘伐下危受
…
六四九二　庚申卜㝉貞今𡆥王…望…伐下…受…
六四九三　庚申卜…今𡆥王…望…下危受有…
六四九四　…申卜㱿貞今𡆥王比望乘伐下危…
若…我…
六四九五　…𡆥王比望乘伐下危…若不我…
六四九六　丙戌卜爭貞今𡆥王比望乘伐下危我
受有祐　二告
六四九六　丙戌卜爭貞今夕有雨
六四九七　…王比望乘伐下危受有…
六四九七　…勿比望乘伐下危弗…
六四九七　…我其巳㝉作帝降若
六四九七　…我勿巳㝉作帝降不若
六四九八　…卜㱿貞王比望乘伐下危受祐
六四九八　…貞王勿比望乘伐下危不受祐
六四九八　…卜㱿貞我其巳㝉作帝降若
六四九八　…㱿貞我勿巳㝉作帝降不若
六四九九　…𡆥惟…王比望乘伐下…受有祐
六五〇〇　…貞今𡆥王勿比望乘伐下危弗其受
祐

六五〇一　…伐下危弗其受有…
六五〇二　貞今𢀛王勿比望乘伐下危
六五〇三　…穷貞今𢀛王勿…伐下危
六五〇四　…𢀛王…望乘伐下危
六五〇五正　…作比望乘伐下危下上弗若不我其
受祐
六五〇五臼　家入五…
六五〇六　貞今𢀛王勿作比望乘伐下危下上弗若
不我其受祐　二告
六五〇七　戊午卜㱿貞…
六五〇七　戊午卜㱿貞王勿…
六五〇七　壬戌卜㱿貞王比望…
六五〇七　貞王比望乘伐下危　二告
六五〇七　貞王勿比望乘
六五〇七　貞呼取A
六五〇七　勿…
六五〇七　貞有來自北
六五〇八　…比…乘…危受有祐
六五〇八　勿…
六五〇八　二告
六五〇八　不告黽
六五〇九　貞王勿比望乘伐下…
六五一〇　貞王…望…伐…
六五一〇　…取…
六五一一　…貞王取…
六五一一　…望乘伐下危…
六五一二　卯…貞王…下危…伐…
六五一三　丙申卜㱿貞今𢀛王勿伐下危其受有祐
六五一四　貞今𢀛王勿伐下危弗其…
六五一五正　…今𢀛王惟…危伐…有…
六五一五反　…入…
六五一六　乙卯卜㱿…比望乘伐下危弗其受…
六五一七　庚午卜亘貞…比伐下危…
六五一八　辛丑卜㱿貞今𢀛勿呼比望乘伐下危
弗其受有祐
六五一九　辛丑卜㱿貞今𢀛呼比望乘伐下危受
有祐
六五二〇正　辛巳卜穷…
六五二〇正　辛巳卜穷貞今…伐下危受祐
六五二〇正　…黽
六五二〇反　…王勿比沚或
六五二一　歸田九月
六五二一　…伐下危
六五二二　…伐下危
六五二三　…伐下危受有祐

六五二三　…丯…
六五二四正　辛丑卜穷貞令多紃比望乘伐下危
受有祐
六五二四正　貞婦好不惟庚…
六五二四反　…來…無…
六五二四臼　庚子婦妹…
六五二五正　辛丑卜穷貞令多紃比望乘伐下危受
有祐二月
六五二五正　貞…
六五二五臼　…子…
六五二六　…王其…征…危…
六五二七正　丁巳卜穷貞燎于王亥十卤卯十牛三㲉
告其比望乘征下危
六五二七臼　奠示十屯又一　永
六五二八　貞勿曰…田弗其卒
六五二八　…爭貞王曰…田…其卒
六五二八　…王征下危受有祐
六五二九　…十卤卯十牛…望乘征下危
六五二九　…告其比望…
六五二九　…勿禦通
六五三〇正　甲申…貞興方來惟囚余在囚　二告
六五三〇正　…興方來不惟囚余在囚　二告
六五三〇正　…王比興方…下危
六五三〇正　貞…比興方伐下危　二告
六五三〇正　二告
六五三〇正　二告
六五三〇正　二告
六五三〇正　二告
六五三〇反　王固曰其有鼙其惟…
六五三〇反　癸酉卜亘爭
六五三〇反　…入二十
六五三一　…貞王比興方伐…
六五三二正　甲辰卜穷貞中方其稱惟捍十月
六五三二臼　乙丑示五屯
六五三三　貞中方不稱
六五三四　…卜㱿貞今𢀛王循中方受有…
六五三四　…弗…受…　小告
六五三五　…王循中方受
六五三六　…卯卜㱿貞犬延其有禍
六五三六　…㱿貞犬延無禍
六五三六　…卜㱿貞王次于曾廼呼𢦏中…
六五三七　…㱿貞犬
六五三七　…㱿貞王次…𢦏中…
六五三八　…王次…𢦏…
六五三九　…王伐中…
六五三九　…五千呼…

六五四〇 …貞今𢀛王伐中方
六五四〇 …人五千呼斿…
六五四一 貞勿燮人五千
六五四一 貞弗其受有祐
六五四一 受祐
六五四一 貞勿伐中方
六五四一 貞王伐中方受有祐
六五四一 …辰…
六五四二 …爭貞今𢀛王伐中方受…
六五四二 …伐党方帝受我…
六五四三 …午卜殻貞王伐党帝受我祐一月
六五四三 壬寅卜爭貞今𢀛王伐中方受有祐十三月
六五四四 …伐中方…
六五四四 …旋党…
六五四五 …𢀛…循伐党…
六五四六正 …循…党…七月
六五四六正 貞克…
六五四六反 …來二十在敦
六五四六反 …四日癸…
六五四七 貞王勿狩
六五四七 貞王勿伐党
六五四八 …貞…伐党
六五四九 …王伐党帝…
六五五〇 己丑卜殻貞今𢀛王伐党方受有祐十三月
六五五〇 己丑卜殻貞今𢀛王惟征受有祐
六五五一 …貞來党方伐
六五五一 …貞…𤆍…
六五五二正 己巳卜…貞犬…其有…
六五五二正 辛巳卜殻貞王惟冐…伐党…受…
六五五二臼 乙未婦妹示屯 爭
六五五三 貞今…比冐侯虎伐党方受有祐
六五五四 貞今𢀛…比冐侯虎伐党方受有祐
六五五四 貞勿比冐侯
六五五五 貞勿伐党方
六五五五 惟祐
六五五五 …伐…
六五五六 惟祐
六五五六 惟祐
六五五六 呼䵼党
六五五六 勿取唐䵼
六五五七 …余循𢀛惟…
六五五八 …辰卜王…余伐𢀛…
六五五九 己卯卜王于來春伐𢀛
六五六〇 己卯卜王于來春伐𢀛
六五六一 丁酉卜令豙征𢀛戈
六五六二 …豙伐𢀛戈

六五六三 己亥卜惟四月令豙步…𢀛
六五六三 …卜…
六五六四 癸未…令豙伐𢀛入無不若允戈
六五六五 …王…舀…呼凡𢀛戈
六五六六正 壬辰卜殻貞戍戈𢀛方
六五六六正 甲午卜穷貞光其有𡆥
六五六六正 …午卜穷貞光無𡆥
六五六六正 …固曰…
六五六六反 王固曰有希茲𠬝執光
六五六六反 王固曰惟既
六五六七 丙戌卜葡貞其用正
六五六七 丁亥卜亘貞呼取呂
六五六七 貞勿呼取呂 王固曰吉其取
六五六七 …貞受王
六五六七 …貞戍其伐𢀛方戈…
六五六七 貞戍弗其戈𢀛…
六五六七 二告
六五六七 二告
六五六七 小告
六五六七 小告
六五六七 二告
六五六八正 壬戌卜殻貞戍戈𢀛方
六五六八正 貞戍弗其戈𢀛方
六五六八正 …卜殻貞呼比…𢀛𢀛…
六五六八正 殻貞婦好使人于眉…
六五六八正 …貞王曰無其疾
六五六八正 …貞光其戈…
六五六八正 …固不惟既…
六五六八正 …舌黽
六五六八正 不舌黽
六五六八正 二告
六五六八反 …固曰茲饗不惟既惟其不…無惟克…
六五六九 己未卜殻貞吴克𢀛
六五七〇 乙酉卜內貞子商戈基方四月
六五七〇 丙戌卜內我作基方作…
六五七〇 二告
六五七一正 辛丑卜殻貞今日子商其□基方缶戈 五月
六五七一正 辛丑卜殻貞今日子商其□基方缶弗其 戈
六五七一正 壬寅卜殻貞自今至于甲辰子商弗其… 基方
六五七一正 壬寅卜殻貞自今至于甲辰子商戈基方
六五七一正 壬寅卜殻貞尊雀惟𠷎□基方
六五七一正 壬寅卜殻貞子商不舀戈基方
六五七一正 壬寅卜殻貞曰子商□癸敦五月

六五七一正　貞自今壬寅至于甲辰子商𢦏基方敦內
六五七一正　甲辰卜殼貞翌乙巳子商敦至于丁
未𢦏
六五七一正　曰子商于乙敦
六五七一正　曰甲
六五七一正　貞曰子商至于㞢丁作山𢦏
六五七一正　勿曰子商至于㞢丁作山𢦏
六五七一反　我來貯骨
六五七二　辛巳卜爭貞基方：捍
六五七二　癸未卜內貞子商𢦏基方缶　二告
六五七二　癸未卜內貞子商弗其𢦏基方缶
六五七二　癸未卜內貞子商有保
六五七二　癸未卜內貞子商無其保
六五七二　戊戌卜內[歺寸]三牛
六五七二　戊戌卜內呼雀[歺寸]一牛
六五七二　戊戌卜內呼雀[歺寸]于出日于入日宰
六五七三　甲戌卜殼貞雀及子商徒基方克
六五七三　乙亥卜：
六五七三　：𢦏：
六五七四　：示子：𢦏基方
六五七五　：卜王：基：祼：
六五七五　：酉卜：伐：方
六五七六　丙戌卜殼貞我：基方：弗：𢦏
六五七七　乙亥卜內貞今乙亥子商𢀛基方弗其𢦏
二告
六五七七　乙亥：貞：乙：
六五七七　乙亥卜殼貞雀有作𡆥
六五七七　乙亥卜殼貞雀無作𡆥
六五七七　今乙亥子商𢀛基弗：𢦏
六五七七　二告
六五七八　丙午卜𣎳貞翌丁未子商𢦏基方
六五七九　己卯卜殼：
六五七九　貞：井：𢦏
六五七九　：子：弗：𢦏：方
六五七九　：其：基：
六五八〇　乙亥卜殼貞子商弗：𢦏：
六五八一　己卯卜殼貞基其捍
六五八二　癸卯：貞有啓龍王从受有祐
六五八二　貞有啓龍王勿从　二告
六五八三　貞王比望乘伐
六五八三　王勿比望乘伐
六五八三　自成告至于丁
六五八三　勿自成告
六五八三　王惟𨑒戠
六五八三　勿惟𨑒戠

六五八三　告于上甲暨成
六五八三　勿告
六五八三　王惟尸征
六五八三　勿惟尸征
六五八三　王惟龍方伐
六五八三　勿惟龍方伐
六五八四　甲辰：惟婦姘伐龍𢦏：
六五八五正　貞勿呼婦姘伐龍方
六五八五反　：五
六五八六　貞：𢦏：龍：
六五八七　：呼師般取龍
六五八八　：卜韋：
六五八八　：古貞：般取：龍
六五八九正　不希
六五八九正　貞卢希
六五八九正　貞爵示
六五八九正　貞勿爵示
六五八九正　貞呼取龍
六五八九正　貞其亦烈雨
六五八九正　貞不亦烈雨
六五八九反　丁丑卜穷
六五九〇　己酉卜殼：令般取龍
六五九一　：呼：龍
六五九一　：于岳
六五九一　：龍
六五九二　貞及龍方
六五九二　丁未卜貞媚侑于丁
六五九三　癸丑卜貞𢀛往追龍从𣎳西及
六五九四　癸丑卜貞𢀛往追龍从𣎳西及
六五九五　：貞呼行取龔友于卬[火月]以
六五九六　貞有來羌自西
六五九六　貞：方其昌
六五九六　：昌
六五九七正　骨呼宅凡
六五九七正　貞其有來羌自西
六五九七正　：未侑于父乙宰
六五九七反　甲戌卜穷：
六五九八　乙丑：羌其：狙：
六五九九　甲辰卜王：羌弗𢦏：朕事二月
六六〇〇　：弗其遘羌
六六〇一　：遘羌
六六〇二　己丑卜貞今出羌無囚　二告
六六〇二　二告
六六〇三　戊子：呼：
六六〇三　：卜貞：羌：囚
六六〇四　己丑卜貞：出羌無囚

六六〇五 乙丑卜今出羌有獲征七月
六六〇五 乙…今…有…
六六〇五 二告
六六〇六 乙丑卜今出羌有獲征七月
六六〇七 …卜今出羌有…
六六〇八 …曰其獲征羌…
六六〇九 …殻…
六六〇九 貞…𢦔…羌…
六六一〇正 貞侑于祖乙告
六六一〇正 貞桒戊于祖乙
六六一〇正 戊有蔑羌
六六一〇反 …辰…殻…
六六一一 貞燎三豖
六六一一 貞戊無其蔑羌
六六一二 戊辰…貞翌庚…甾子…禦羌于…十三月
六六一三 …羌…十三月
六六一三 …殻…
六六一三 …殻貞呼𡚬禦…
六六一三 …殻貞呼禦羌…
六六一四正 戊午卜殻貞勿呼禦羌于九𩁹弗其…
六六一四臼 …婦𡚬示十…四
六六一五 戊午卜殻貞勿呼禦羌于九𩁹弗其獲
六六一六正 丙辰卜殻貞禦羌于河
六六一六臼 …井示…殻
六六一七甲 王往…狀羌…
六六一七乙 …往南…狀…
六六一八正 貞射伐羌
六六一八正 貞𩫖…
六六一八反 貞
六六一九 貞…人呼𢧵伐羌
六六一九 …勿登人呼伐羌
六六一九 翌甲辰暘日 二告
六六二〇 壬辰卜爭貞我伐羌
六六二一 …又一日戊…羌有來…
六六二一 …旨十二月
六六二一 …角…
六六二二 …取…
六六二二 戊寅…羌有來…
六六二三 癸卯卜穷貞惟圓呼令沚𢀛羌方七月
六六二四 乙卯卜爭貞王…伐馬羌…
六六二五 貞北羌有告曰捍
六六二五 …于…
六六二六 己酉卜殻王惟北羌伐
六六二六 貞惟䵼

六六二七 乙酉卜殻貞王惟北羌伐
六六二八 …北羌伐
六六二八 …𢦔…
六六二九 𡚬在羌…
六六三〇正 …戌卜殻貞𡚬𢦔羌龍
六六三〇反 …示十屯 岳
六六三一 貞𡚬𢦔羌龍十三月
六六三二 …𢦔羌龍
六六三二 …卒往…
六六三三 貞𡚬弗其𢦔羌龍
六六三四 貞𡚬弗其𢦔羌龍
六六三五 貞𡚬弔羌龍 二告
六六三六正 丙辰卜殻貞𡚬弔羌龍
六六三六反 …示十…
六六三七正 貞𡚬弗其弔羌龍
六六三七反 …𤕌
六六三八 …羌龍
六六三九 己未卜殻貞王㪤三千人呼伐𢀛方𢦔
六六四〇 己未卜殻貞王㪤三千人呼伐𢀛方𢦔
六六四一 己未卜殻貞王㪤三千人呼伐𢀛方𢦔
六六四二 己未…貞王㪤三千人呼伐𢀛方𢦔
六六四三 己未卜殻…王㪤三千人呼伐…𢦔
六六四四 …呼伐𢀛
六六四五 …伐𢀛
六六四六 …𢀛方𢦔
六六四七正 甲戌卜穷貞今日先牛翌乙亥用祖乙
六六四七正 乙亥卜爭貞王往于敦 二告
六六四七正 貞侑于魯甲父庚父辛一牛
六六四七正 貞勿侑于魯甲父庚父辛一牛
六六四七正 戊戌卜爭貞𤕌方匄射惟我囚五月
六六四七正 貞𤕌方匄射不惟我囚
六六四七正 貞王夕出 二告
六六四七正 貞王勿…出
六六四七正 之日用戊寅竹侑
六六四七正 …正
六六四七反 貞王出
六六四七反 貞王勿出
六六四七反 壬申卜爭
六六四七反 翌乙亥用…于祖乙
六六四七反 乙亥用…
六六四七反 乙卯…侑…今丁丑…祖…
六六四七反 壬辰卜穷
六六四七反 貞日用好
六六四七反 子入
六六四八正 乙丑卜古貞…𢦔 二告 告
六六四八正 乙丑卜古貞旨弗其𢦔 二告

六六四八正　庚寅卜殻貞𢀛化𤴓𢦏𢦏叟惟　二告
六六四八正　貞沚化𤴓弗其𢦏
六六四八正　貞王無壱
六六四八正　王固曰惟既三日戊子允既𢦏𢦏方
六六四八反　王固曰惟既
六六四八反　王固曰惟既
六六四八反　我奻來
六六四八反　妻來二十
六六四八反　勿□人
六六四九甲正　…叟睢
六六四九甲正　貞𢀛𤴓化弗𢦏　二告
六六四九甲正　…𤴓化𢦏叟暨睢　二告
六六四九甲正　貞沚𤴓化弗其𢦏
六六四九甲正　王固曰吉𢦏之日允𢦏𢦏方十三月　二告
六六四九甲正　貞…不其受年　二告
六六四九乙正　…𢀛𤴓化𢦏叟…
六六四九乙正　辛酉卜宾…
六六四九甲正　二告　二告
六六四九甲正　二告　二告
六六四九甲反　王固曰惟既惟乙見丁丁□
六六四九甲反　疾齒不惟嬉
六六四九甲反　疾齒…
六六四九甲反　貞伐
六六四九甲反　周入
六六五〇正　…卜古貞沚化𤴓受有祐三旬又…日戊
子卒𢦏𢦏方
六六五〇正　…辰卜古貞沚𤴓…弗其受祐
六六五〇正　貞沚𤴓化其有囚
六六五〇正　二告
六六五〇甲反　…其…
六六五〇乙反　…來…
六六五一　…𤴓化𢦏叟暨…
六六五二　…丑卜爭…沚𤴓化…𢦏叟…
六六五三正　甲午卜殻貞王奏茲玉成佐
六六五三正　甲午卜殻貞王奏茲玉成弗佐
六六五三正　乙未卜殻貞其有稱婦好□
六六五三正　貞無稱婦…□
六六五三正　貞王有匚于蔑惟之有?心?
六六五三正　貞祖丁若小子□
六六五三正　祖丁弗若小子
六六五三正　翌庚子有伐　二告
六六五三正　翌庚子勿有伐
六六五三正　翌乙巳侑祖乙宰有牝
六六五三正　貞勿有牝惟牡

六六五三正　令戋徒卯
六六五三正　惟圍令…
六六五三正　辛酉卜殻貞沚𤴓化𢦏敏
六六五三正　貞沚𤴓化弗其𢦏敏
六六五三反　丙子卜殻
六六五三反　甲辰卜殻
六六五三反　王固曰惟既
六六五四正　貞沚𤴓化弗其𢦏叟　二告
六六五四正　辛酉卜宾貞沚𤴓化𢦏叟
六六五四反　蒷來十
六六五五正　…卜宾貞叟𢦏沚𤴓化
六六五五正　…沚𤴓化弗𢦏叟
六六五五正　…卜殻貞王夢惟徵
六六五五正　貞王夢不惟徵
六六五五正　貞沚𤴓…來　二告
六六五五正　貞沚𤴓化來
六六五五反　王固曰其有徵
六六五五反　王固曰惟捍
六六五五反　婦妾來
六六五六　甲辰卜…
六六五六　庚戌卜殻貞…𤴓化𢦏叟…王固曰惟
乙其…惟甲申□?
六六五六　…災
六六五七正　丙辰卜宾貞王惟周方征
六六五七正　貞王勿惟周方征　二告
六六五七反　…勿…祖乙
六六五七反　…于祖乙
六六五八　貞勿…遘…兆方…
六六五八　…册…
六六五九　…𢦏刃方
六六六〇　…弗𢦏刃…
六六六一　壬午卜王取□方
六六六二　…貞曰戊侑硊方午?…弗其伐
六六六三　硊…二告
六六六四正　甲申卜…貞惟…乙…𡿧
六六六四正　貞不惟…乙…𡿧
六六六四正　乙酉卜爭貞惟父乙降𡆥
六六六四正　貞不惟父乙降𡆥
六六六四正　甲辰卜爭貞我伐馬方帝受我祐一月
六六六四正　辛亥卜王貞𠕋父乙百宰十一月
六六六四正　戊午卜爭貞惟王自往陷十二月　二告
六六六四正　…卜殻…侑于示壬
六六六四正　貞侑于上甲三宰告我匚衛
六六六四正　貞一宰于上甲告我匚衛
六六六四正　豖二、上甲

六六六四正　…不…獲　二告
六六六四正　二告
六六六四反　甲辰卜
六六六四反　侑于成
六六六四反　貞龍無囚
六六六四反　貞牧于…
六六六五正　癸未卜貞旬無囚
六六六五正　三日乙酉有來自東妻呼中告旁捍
六六六五正　…囚
六六六五臼　宾
六六六六　庚午卜宾貞旁方其圍作捍
六六六七　…卜爭貞以伐衣于…餗王十一月
六六六七　…貞令望乘暨輿途虎方十一月
六六六七　…輿其途虎方告于大甲十一月
六六六七　…輿其途虎方告于丁十一月
六六六七　…輿其途虎方告于祖乙十一月
六六六七　…虎方十一月
六六六八正　貞無來艱自方
六六六八正　貞無來艱自方
六六六八正　貞旬無來艱自方
六六六八正　貞旬無囚
六六六八正　…旬…囚
六六六八反　…爭
六六六九　貞旬…來艱…方
六六七〇　貞旬…來艱…方
六六七〇　…貞…
六六七一　乙亥卜允貞自方…
六六七二　己酉卜宾貞有來告方征于尋禘夕告于丁
六六七二　…宾貞…侯又…
六六七三　庚寅卜今生一月方其亦有告
六六七四　方其亦有告
六六七四　貞方…
六六七五　癸未卜貞方允其啓二月
六六七六　壬申卜王方其啓…征八月
六六七七　…丑卜王方其征于商十月
六六七八　…其征茲邑
六六七九　…方征我…
六六八〇　貞方不我征
六六八一　貞乙未方其征
六六八二　貞丁酉方其征
六六八三　貞方不亦征
六六八四　…方…征
六六八五　…卜方…征
六六八六正　貞今…多…
六六八六正　貞方允其出从…
六六八六反　己卯卜…

六六八六反　…征…
六六八七　貞方不允出…
六六八八　貞方不允出从…
六六八八　…勿…
六六八九　丁巳卜今𡆥方其大出四月
六六九〇　…今𡆥方其大出
六六九〇　…今𡆥方不大出
六六九〇　丙寅…有降
六六九一　乙亥卜今𡆥方其大出
六六九二　丙戌卜今𡆥方其大出五月
六六九二　戊子卜于多父壬
六六九二　庚…壬…惟…
六六九三　…𡆥方其大出　二告
六六九四　辛巳卜方其大出
六六九四　…𡆥…
六六九五　壬申卜方其大出
六六九六　戊午卜方其大出九月
六六九七　庚申卜方其大出
六六九七　方不大…
六六九七　…羊…
六六九七　…□
六六九八　癸…宾…方其大出
六六九九　…其大出
六七〇〇　甲寅…方其…出十月
六七〇一　甲寅…不大…
六七〇一　壬戌卜方其大…
六七〇二　己卯卜…貞令…歸□
六七〇二　貞勿令方歸八月
六七〇二　貞勿示　二告
六七〇二　丙子卜宾貞方其大出七月
六七〇二　貞方不大出
六七〇二　壬午
六七〇三　…方大出
六七〇四正　貞勿…
六七〇四正　貞方不大出十三月
六七〇四反　敝…
六七〇五　丁巳卜方不大出
六七〇六　…方其亦出
六七〇七　…子方亦…
六七〇八　丁亥卜今𡆥方其出
六七〇八　…不…
六七〇八　告
六七〇九　戊寅卜今𡆥方其出
六七一〇　壬寅卜今𡆥方其出
六七一一　癸丑卜貞方其出一月
六七一二　…今𡆥方其…

六七一二 …出
六七一三 …巳卜貞方其出
六七一四 辛酉卜…其出
六七一四 辛酉卜方不出
六七一五 辛卯卜…方其出…唐
六七一五 …卜雨
六七一六 辛卯卜貞…不出于唐…月
六七一六 …貞令…于…
六七一七 壬午卜殻貞曰方出于□允其出十一月
六七一八 …方出尋…
六七一九 方…侯其…
六七一九 辛亥…　二告
六七一九 戊午卜方出其受侯祐　二告
六七一九 不其雨
六七一九 丙寅卜生十月雨
六七二〇 …方出…
六七二一 丁卯卜宾貞方不出
六七二二 丙寅…貞方…出
六七二三正 …方不出
六七二四 …貞…方…出
六七二四 …貞…
六七二五 己卯…庚…
六七二五 今□方不…
六七二六 …方其來王自…
六七二七 庚子卜方其來
六七二八 貞翌癸丑暘…
六七二八 不其來
六七二八 其來
六七二八 方不其來
六七二八 不其來
六七二八 方其來于沚
六七二八 貞方其來于沚　二告
六七二八 貞呼往征　不舌黽
六七二九 戊子卜方其來
六七三〇 癸卯卜方不來五月
六七三一 …方不來…
六七三二 丁卯卜…
六七三二 …生九月方不至
六七三三正 …亥卜爭貞王循伐方…
六七三三反 …貞王循伐方受有…
六七三四 王循方帝□王
六七三四 貞帝弗其…
六七三五 …循方帝□…
六七三六 …今□王循方帝…我祐
六七三七 …午卜殻貞今□王循方帝受我…
六七三七 …又一牛

六七三八 貞王勿循方
六七三八 貞王循方…
六七三八 貞王…
六七三九 貞勿循方
六七三九 循
六七四〇正 辛巳卜古貞呼覘方六月
六七四〇正 辛巳卜古貞勿呼覘…
六七四〇臼 戊戌雩示九屯　㪥
六七四一 …寅…勿…覘方　二告
六七四二 丁未卜貞令立覘方一月
六七四三 …覘方于□
六七四四 …丑卜…貞方惟聞
六七四五 癸卯…貞令…□方無…
六七四六 貞方𢦏征微人
六七四六 貞不惟帝令作我囚
六七四六 …帝令
六七四六 訊
六七四六 訊
六七四七 …今□…奴…征…方
六七四七 貞…王…犬…
六七四八 己…殻貞…獲征…方
六七四八 …䎽…
六七四九 …酉卜…貞弜侑𣏟獲征方
六七五〇 …獲征方
六七五一 …獲征方
六七五二 癸亥卜惟㽙其征方
六七五二 戊…
六七五三 …取劦以有示…廼征方
六七五四 辛亥卜貞毋其取方八月
六七五五 …弗取方
六七五六 壬子卜…令…途…方
六七五七 …爭貞我…𢦏…方
六七五八 …弗…𢦏…方
六七五九 …春微馬…以禦方
六七六〇 …禦方
六七六一 …寅卜宾貞令多馬羌禦方　二告
六七六二 貞…光…
六七六二 貞…
六七六二 勿令多馬羌
六七六二 …令…歸
六七六三 貞令多馬羌
六七六三 貞勿令多馬羌
六七六三 …往伐…
六七六四 戊戌卜殻貞戌得方𢦏　𢦏
六七六五 戊戌卜殻貞戌得方𢦏…
六七六六 …方𢦏

六七六七　丙寅卜㱿貞勿曰祟方我
六七六七　貞勿曰祟方我
六七六八正　貞…
六七六八正　丙子卜宾貞其大出七月
六七六八正　貞方不大出
六七六八正　貞勿令方歸　二告
六七六八正　貞勿令　二告
六七六八正　癸未卜宾貞令鳴暨方八月
六七六八臼　甲寅犬見皁示七屯　允
六七六九正　貞…
六七六九正　貞勿令八月
六七六九正　貞勿令方歸八月
六七六九正　癸未卜宾貞令鳴暨方
六七六九臼　甲寅犬見皁示七屯
六七七〇正　…貞于好…
六七七〇正　…方畀我…五月
六七七一正　丁未卜爭貞㞢正化受祐
六七七一正　丁未卜爭貞㞢正化弗其受祐
六七七一正　貞方其戠我史
六七七一正　貞方弗戠我史
六七七一正　貞我史其戠方
六七七一正　我史弗其戠方　二告
六七七一正　貞卯無囚
六七七一正　卯其有囚
六七七一正　往西多𦎫…王伐
六七七一反　王固曰吉惟其無工舌惟其循
六七七一反　王固曰惟戊戠
六七七二　…卜王…戠…史
六七七三　乙酉卜方弗戠望十二月
六七七三　…方…望…
六七七三　二告
六七七四　乙酉…戠望
六七七五　…未卜…貞方弗戠利
六七七六　貞方弗戠我
六七七七　貞方…戠
六七七八正　癸酉卜宾貞旬無囚
六七七八正　癸未卜宾貞旬無囚
六七七八正　癸巳卜宾貞旬無囚
六七七八正　癸卯卜宾貞旬無…方征于雍啟…
六七七八正　癸丑卜宾…㚔之日正…延𦣞…亦𢀛…
六七七八正　…己…
六七七八反　…固曰有祟其有來迄至無我…
六七七八反　王固曰若
六七七八反　四月癸未
六七七九　…雍…戠…
六七八〇　…敦雍…　二告

六七八一　…方敦商
六七八二　…方敦周
六七八三　癸亥卜王方其敦大邑
六七八四　貞…弗…
六七八四　貞方敦𠂤
六七八四　貞燎…
六七八五　…卜方…敦雚
六七八六　庚申…方…敦見何十一月
六七八七　…辰卜方…敦見何
六七八八　…辰卜曰方其敦見何允其敦
六七八八　…方…𢀛…東…
六七八九　貞方其敦見何
六七八九　壬辰卜方其敦見何
六七九〇　壬辰卜方弗敦見…
六七九一　…曰方…其敦
六七九二正　…卜永貞方其敦
六七九二反　己亥…
六七九三　丙申卜方其敦
六七九四　…戌卜…貞翌…方敦
六七九五　…方惟敦
六七九六　…辰卜宾貞方夲井方…
六七九七　…二百人…之日昷方夲…
六七九八　…大方伐…㱿二十邑庚寅雨自南二…
六七九八　…西…
六七九九　…余…幺𢀛…
六七九九　…王…獲…任…方…
六八〇〇　貞遘于樂方
六八〇〇　貞…冊…
六八〇一　…卜貞…工樂方五月
六八〇一　…𢀛…
六八〇二　貞弗其伐…方
六八〇三　貞…方于…
六八〇四　貞…方出勿自見下上…
六八〇五　…爭…方出…
六八〇六　…方出…
六八〇七　…貞…𢀛…受…方
六八〇七　…伐…方…
六八〇八　…今…王征…方
六八〇九　辛…卜…勿…
六八〇九　…卜貞…方…亦…征
六八一〇　…貞勿畀…
六八一〇　…王出…征…方
六八一一　…卜㱿…方戕…惟王…
六八一二正　貞…
六八一二正　癸酉
六八一二正　己卯

六八一二正　己卯卜允貞令多子族比犬侯寇周　載王事五月
六八一二正　貞勿呼歸五月
六八一二正　五牛
六八一二臼　⋯四
六八一三　乙⋯貞⋯出⋯惟⋯
六八一三　貞令多子族比犬暨亩古載王事
六八一三　貞令多子族暨犬侯寇周載王事
六八一三　丙寅卜爭貞呂凡肱暨余⋯
六八一三　令夢歸于有師𢦔
六八一四　癸未卜爭貞令旅以多子族寇周載　王事
六八一五　癸未卜⋯令旅⋯族寇周載王事
六八一六　⋯貞令旃比冒侯寇周
六八一六　⋯允貞令冀由敦
六八一七　⋯以多⋯冒侯⋯寇周載王⋯
六八一八　⋯比冒⋯周載⋯
六八一九　⋯酉⋯令⋯上絲⋯侯二⋯周
六八二〇正　貞令⋯族暨⋯侯⋯周載⋯
六八二〇反　⋯其⋯
六八二一　⋯⋯令⋯侯寇周五月
六八二二　⋯五月
六八二二　貞惟⋯令比寇周
六八二二　貞惟山五月
六八二三　⋯王其令⋯寇周不⋯史骨四月
六八二四　⋯未卜⋯弗敦周八月
六八二五　⋯毌弗𢦏周十二月
六八二六正　貞勿呼伐𡆥
六八二六正　貞王夢不⋯
六八二六正　⋯其⋯
六八二六正　⋯來⋯
六八二六正　二告
六八二六反　婦姘來
六八二七正　辛酉卜古貞旨𢦏羅
六八二七正　貞旨弗其⋯白
六八二七正　貞旨弗其伐𡆥白⋯
六八二七正　⋯其鹿⋯
六八二七正　⋯冒⋯
六八二七反　王固曰伐⋯𢦏
六八二七反　貯入⋯
六八二八正　貞今日其雨
六八二八正　貞今日不其雨　二告
六八二八正　庚寅卜爭貞旨征妻
六八二八正　貞旨征不其妻
六八二八反　王固曰⋯
六八二八反　⋯妓⋯

六八二八反　⋯妻⋯
六八二九　⋯伐缶
六八三〇　壬子卜殼貞⋯弗其𢦏缶
六八三〇　壬子卜殼⋯𢦏缶王固曰吉𢦏旬又三日　甲子允𢦏十二月
六八三〇　⋯殼⋯來⋯
六八三一　⋯缶
六八三二　癸丑卜內我弗其𢦏缶
六八三三　⋯缶⋯于𢦏
六八三四正　壬子卜爭貞自今日我𢦏缶
六八三四正　貞自五日我弗其𢦏缶
六八三四正　癸丑卜爭貞自今至于丁巳我𢦏缶王固　曰丁巳我毋其𢦏于來甲子𢦏旬又一日　癸亥車弗𢦏之夕皿甲子允𢦏
六八三四正　癸丑卜爭貞自今至于丁巳我弗其𢦏缶
六八三四正　庚申卜王貞余伐不三月
六八三四正　庚⋯卜王貞余勿伐不　二告
六八三四正　庚申卜王貞余伐不
六八三四正　庚申卜王貞余勿伐不
六八三四正　⋯申卜貞獲缶　二告
六八三四正　庚申卜王貞雀弗⋯獲缶
六八三四正　雀弗其獲缶
六八三四正　辛酉卜殼翌壬戌不至　二告
六八三四正　癸亥卜殼貞我使𢦏缶　二告
六八三四正　癸亥卜殼貞我使毋其𢦏缶　二告
六八三四正　翌乙丑多臣𢦏缶
六八三四正　翌乙丑多臣弗其𢦏缶
六八三四正　乙丑卜殼貞子商弗其獲先　二告
六八三四正　丙寅卜爭呼龍⋯侯專祟权
六八三四正　貞弜弗其載王事　二告
六八三四反　辛酉卜殼貞我無囚
六八三四反　辛酉卜殼貞⋯囚
六八三四反　殼
六八三五　徵人三千伐翌𢦏
六八三六　⋯余𢦏翌
六八三七　⋯弗其𢦏翌
六八三八　勿伐翌
六八三九　壬寅卜雀侯弗𢦏眣
六八三九　⋯雀侯⋯𢦏
六八四〇　癸亥卜⋯侯其𢦏眣
六八四一　貞侯弗敦眣
六八四二　甲申卜王貞侯其𢦏祟
六八四三　⋯戋其大敦祟
六八四四　貞伐祟
六八四五　辛卯卜白⋯寐

六八四五 ……白禺弗𢦏寇

告

六八四六 丁亥卜禺其敦寇五月

六八四七 禺弗敦寇

六八四七 ……于……

六八四八 乙丑卜禺其戋暨缶

六八四九 壬辰卜禺……戋暨缶

六八五〇 ……□其……暨徒……

六八五一 ……卯卜禺……戋缶

六八五二 ……亥卜禺敦

六八五三 辛酉卜我伐禺

六八五四 壬戌卜……伐禺……𢦏二月

六八五五正 壬子卜争貞惟戌……暨□

六八五五正 貞惟韓令旋畏微

六八五五反 丁卯婦□示一屯 永

六八五六 貞惟韓令旋畏微

六八五六 壬子卜争貞惟戌呼暨……

六八五七正 貞惟師呼暨□

六八五七反 ……飢……

六八五八 ……寅卜殻……奴人……蜀

六八五九 ……寅卜殻……王奴人……蜀

六八六〇 丁卯卜殻貞王敦缶于蜀

六八六一 丁卯卜殻貞王敦缶于蜀

六八六二 丁卯卜殻貞王敦缶于蜀 二告

六八六三 丁卯卜殻貞王敦缶于蜀二月

六八六四正 庚辰卜殻貞王敦缶于……

六八六四反 ……蜀二月

六八六五 ……蜀二月

六八六六 ……于蜀

六八六七 丁酉卜殻貞王惟……敦缶𢦏三月

六八六八 ……敦缶……

六八六九 辛巳……敦缶……

六八七〇 ……呼……我……𢦏缶

六八七〇 ……翌戊……基……貯……

六八七一 ……伐缶……

六八七二 ……捍缶

六八七三 ……𨚕追……缶𢦏

六八七四 ……寅……殻……令?……

六八七四 ……追……缶……

六八七五 雀弗其卒缶

六八七六 雀……缶

六八七七正 庚申卜殻貞伐唬□𢦏

六八七七正 ……卜……令……伐……

六八七七反 ……寅乞自……

六八七八 貞王伐唬□𢦏

六八七九 貞王伐唬……𢦏

六八八〇 ……伐唬□……

六八八一 ……殻……衛不……我𢦏

六八八二 壬……內貞……衛其來征我于茲□

六八八三 辛未卜殻貞王捍衛受祐

六八八四 辛未卜殻貞王捍衛……

六八八五 辛未卜殻貞王捍衛……

六八八六 辛未卜殻貞王捍衛受祐 二告

六八八七 ……申卜殻貞大丁呼王敦衛

六八八七 ……無囚

六八八七 ……囚己巳雨一月

六八八七 庚申……

六八八七 ……敦衛

六八八七 ……敦……

六八八八 ……子……內貞我其捍衛

六八八九 ……貞……捍衛十二月

六八九〇 庚子卜殻貞我勿捍衛十一月

六八九一 今十二月勿捍衛

六八九二正 甲辰卜殻貞今我其卒衛不……𢦏于𢧀

六八九二反 ……五……

六八九三 ……辰卜殻……今我其……衛其……

六八九四 乙未卜殻……翌庚子𢍰于……示四牛

六八九四 乙亥卜……貞我𢦏衛……

六八九四 ……上甲一月

六八九五 辛丑……內貞我𢦏衛于𢧀

六八九六 ……酉卜殻貞我𢦏衛于𢧀一月

六八九六 ……我在……

六八九七 ……殻貞我𢦏衛在𢧀

六八九八 辛……王貞……𢦏……在𢧀

六八九九 ……衛……我在𢧀

六九〇〇 ……貞衛其……𢧀

六九〇一 ……貞衛……𢧀

六九〇二 ……卯……咸𢦏……在𢧀王……尊王循于?……若

六九〇三 癸……咸𢦏……𢧀……尊征?……

六九〇四 辛亥卜争……翌壬……

六九〇四 ……卜殻……其……𢧀

六九〇四 ……卜殻……弗……𢧀

六九〇四 壬子卜殻貞王呼雀復若

六九〇四 癸丑卜……

六九〇四 貞亘卒

六九〇五 壬寅卜見弗獲征戋

六九〇五 乙巳卜丁未𢀛不其入不

六九〇五 婦梓娩不其嘉

六九〇五 不吉

六九〇六 庚戌卜王貞𢀛其獲征戋在東一月

六九〇七 ……我𢦏戋

六九〇八 甲午卜殻貞我獲□

六九〇八 ：其：
六九〇九 辛未卜殻貞我獲□十月
六九〇九 ：卯卜：貞翌乙丑：
六九一〇 癸酉卜穷貞我卒□
六九一一 貞我：卒：
六九一二 ：酉卜殻貞：無卒
六九一三 貞我捍□
六九一四 貞今𢀛勿伐：我：
六九一五 貞戠：無其：𠧟征：我：
六九一六 ：戰我：弗其𢦏：
六九一七 我𢦏
六九一八 我𢦏
六九一九 我𢦏
六九二〇 ：呼取我
六九二一 貞：取我
六九二二 ：伐□：作捍
六九二三 貞□歸其作捍
六九二四 ：王往：伐□
六九二五 ：酉卜：貞：伐：
六九二五 ：貞：王：□
六九二六 乙丑卜王貞余伐□
六九二七 乙丑卜王貞余伐□
六九二八正 帝令惟□：
六九二八正 帝令
六九二八正 甲申卜王貞余征□六月
六九二八正 乙酉：亘旬癸巳𡆥甲午雨
六九二八正 丙戌卜爭貞王有心正：
六九二八正 惟子商令
六九二八正 惟子效令西
六九二八正 貞惟王自往西
六九二八反 ：祖丁：
六九二八反 ：祖乙：
六九二八反 庚申卜爭
六九二八反 雀入三十
六九二九 癸酉卜爭□貞旬無囚
六九二九 丁丑卜殻貞我伐□
六九三〇 ：自征□
六九三一 庚寅卜殻貞呼雀伐□
六九三二 ：殻貞：伐□
六九三三 ：貞：多：呼伐□
六九三四 乙卯卜：貞惟：□伐□
六九三五 ：伐□
六九三五 ：□
六九三六 ：不：𢦏□
六九三七 乙酉卜：貞呼𠭯比沚伐□
六九三八 貞𠭯不𦎫𢦏□
六九三八 ：今秋勿捍至翌：
六九三九 癸巳卜爭貞𠭯𢦏□八月

六九三九 ：爭貞曰雀翌乙酉至于□
六九三九 ：戈□亘𢦏
六九四〇 ：𠭯：□𢦏
六九四一 貞：𠭯：□：𢦏
六九四二 貞□伐棘其𢦏
六九四三 丁未：王貞余獲□六月
六九四三 壬申卜殻貞亘捍其𢦏我
六九四三 壬申卜殻貞亘捍不我𢦏七月
六九四三 貞戠弗其取
六九四三 其取
六九四三 貞戠其取
六九四三 癸酉卜殻貞𠭯由
六九四三 癸酉卜殻貞令多奠衣朿郭
六九四三 癸：卜：貞：其：
六九四三 甲戌卜殻貞我馬及𢦔
六九四三 乙酉卜殻貞呼圉尜侯
六九四三 貞勿呼圉尜侯
六九四三 辛亥卜爭貞今來乙卯侑于成十牛
六九四三 于下乙侑
六九四三 辛酉卜殻貞自今至于乙丑其雨壬戌雨
乙丑不霧不雨 二告
六九四三 辛酉卜殻貞自今至于乙丑不雨
六九四三 辛酉卜殻貞乙丑其雨不惟我囚
六九四三 貞乙丑其雨惟我囚
六九四三 辛：
六九四三 癸酉卜殻貞𠭯無在亘
六九四三 貞弗其及𢦔
六九四四 ：中卜殻貞亘捍不惟我□其終于之
六九四四 ：貞亘捍惟：
六九四五 壬午卜殻貞亘允其𢦏鼓八月
六九四五 壬午卜殻貞亘弗𢦏鼓
六九四五 壬午卜殻貞亘允其𢦏鼓
六九四五 壬午卜殻貞亘弗𢦏鼓
六九四五 兄丁壱王
六九四五 貞：丁：壱：
六九四五 兄丁壱亘
六九四五 兄：弗壱亘
六九四五 癸未卜殻燎黃尹一豕一羊卯三牛𠕋五十
牛
六九四五 呼我人先于□
六九四五 勿呼我人先于□
六九四五 不惟丁入□
六九四五 壬寅卜爭：
六九四五 乙巳卜殻貞侑于祖乙一牛用
六九四六正 戊午穷貞呼雀往于□
六九四六正 戊午：穷貞勿呼雀往于□ 不舌

六九四六正 己未卜爭貞黄尹壱王
六九四六正 己未卜爭貞黄尹弗壱王
六九四六正 庚申卜殻貞呼王族延比□
六九四六正 庚申卜殻貞勿呼王族比□
六九四六正 甲子卜爭雀弗其呼王族來
六九四六正 甲子卜爭雀弗其呼王族來
六九四六正 雀其呼王族來 二告
六九四六正 貞呼雀征目
六九四六正 貞呼王⋯
六九四六正 貞勿⋯
六九四六正 貞犬追亘有及
六九四六正 犬追亘無其及
六九四六正 丁卯卜爭貞呼雀□捍執 二告
六九四六反 丁巳卜殻
六九四六反 ⋯自危⋯
六九四七正 辛亥卜爭貞翌乙卯雨乙卯允雨
六九四七正 貞翌乙卯不其雨 二告
六九四七正 丁巳卜爭貞戠無囚
六九四七正 戊午卜殻貞雀追亘⋯
六九四七正 戊午卜殻貞雀追亘有獲
六九四七正 戊午卜爭貞曹𢦏□
六九四七正 貞⋯弗其𢦏□
六九四七正 戊午卜爭貞呼雀弜戠
六九四七正 貞勿呼雀弜戠
六九四七正 貞雀以成
六九四七正 雀不其以成
六九四七正 己未卜殻令□往沚 二告
六九四七正 己未卜殻勿令□往沚
六九四七正 辛酉卜爭貞今日侑于下乙一牛冊十勿牢
六九四七正 貞侑于下乙牢冊十勿牢
六九四七正 侑下乙一牛
六九四七正 𠦪于上甲成大丁大甲下乙 二告
六九四七正 庚午卜爭貞亘𠦪 二告
六九四七正 庚午卜爭貞亘不其𠦪 二告
六九四七正 貞亘𠦪
六九四七正 貞亘不其𠦪
六九四七正 貞亘其𢁒隹執 二告
六九四七正 貞亘不𢁒隹執
六九四七正 貞妥以羊
六九四七正 妥以□
六九四七正 貞⋯
六九四七反 己未卜王
六九四七反 有保四
六九四七反 無保其四
六九四七反 ⋯自之
六九四八正 辛丑卜殻貞王夢㫃隹祐

六九四八正 壬寅卜殻貞婦好娩嘉壬辰𠂤癸巳娩 惟女
六九四八正 貞婦好娩不其嘉
六九四八正 癸卯卜殻貞呼雀衍伐亘𢦏十二月
六九四八正 勿呼雀衍伐亘弗其𢦏
六九四八正 貞翌丁未王步 二告
六九四八正 丁未卜殻貞⋯日𠦪于⋯祖乙⋯辛⋯
六九四八正 于⋯庚侑
六九四八正 勿⋯于⋯
六九四八正 辛亥卜殻鼓⋯
六九四八正 貞⋯先
六九四八正 勿⋯雀⋯
六九四八反 甲辰卜穷
六九四九正 呼□獲豕
六九四九正 □不其獲豕 二告
六九四九正 貞今十二月我步
六九四九正 貞于生一月步
六九四九正 ⋯殻貞呼雀衍伐亘
六九四九正 壬寅卜殻貞勿呼雀衍伐亘 二告
六九四九正 貞雀無囚
六九四九正 ⋯無囚
六九四九正 今⋯𢼄牛于祖辛 二告
六九四九正 于翌辛𢼄牛于祖辛
六九四九正 貞𠦪于祖辛
六九四九正 貞王惟翌乙巳步
六九四九正 勿𠦪于祖辛 二告
六九四九正 ⋯亥⋯殻⋯我⋯獲𢦏亘
六九四九正 壬寅卜爭貞翌⋯未⋯勿⋯𢦏亘
六九四九正 ⋯我⋯其⋯
六九四九正 二告
六九四九反 ⋯入
六九四九反 壬寅⋯
六九四九反 ⋯未⋯
六九五〇 ⋯亘⋯□⋯戌
六九五一正 丁酉卜殻貞雀⋯
六九五一反 ⋯戌卜穷貞戈𠦪亘
六九五二正 己亥卜爭貞令弗其獲執亘
六九五二正 ⋯獲執亘 二告
六九五二正 ⋯亥卜殻⋯雀⋯獲亘 二告
六九五二正 ⋯獲亘
六九五二正 辛丑卜殻貞⋯不其獲⋯
六九五二正 ⋯獲亘
六九五二正 乙巳卜爭貞雀獲亘
六九五二正 乙巳卜爭貞雀弗其獲亘 二告
六九五二正 貞望漾若启雀
六九五二正 望漾弗其若启雀 二告

六九五二正　貞雀以石伐?　二告
六九五二正　雀不其以石
六九五二正　貞戊獲
六九五二正　貞雀𢦏戊𢦏?
六九五二正　丙午卜㱿貞翌丁未王步
六九五二正　貞翌丁未王勿步
六九五二正　丁未啟
六九五二正　…有來
六九五二正　…貞無其來　一告
六九五二正　…日…
六九五二正　二告
六九五二反　丁未
六九五二反　侑于大甲祖乙祖辛…
六九五二反　惟…祟?
六九五二反　㱿…
六九五二反　…來三
六九五三　貞雀弗其夲亘
六九五四　辛亥卜…貞自今…乙卯雀…亘
六九五五　…夲亘
六九五六　…弗…夲亘…　二告
六九五六　…冊…侑…祖…
六九五七　…卜爭…亘其…雀…
六九五八　…令雀敦亘
六九五九　辛巳卜㱿貞呼雀敦桑
六九五九　辛巳卜㱿貞呼雀敦鼓
六九五九　辛巳卜㱿貞雀得亘我
六九五九　辛巳卜㱿貞雀弗其得亘我
六九五九　辛巳卜㱿貞呼雀伐□
六九五九　辛巳卜㱿貞勿呼雀伐□
六九五九　辛巳…
六九五九　乙未卜㱿貞□戈
六九六〇　壬子卜王令雀□伐畏十月
六九六一　…□伐畏
六九六二　勿呼雀伐畏
六九六三　甲辰卜王雀獲…侯□…
六九六三　…□□?…史…
六九六四　貞雀𢦏祭方
六九六四　…惟牛
六九六五　…雀𢦏祭…
六九六六　…申卜…貞雀…祭
六九六七　乙…其□…雀…
六九六八　…卜王…取雀…敦
六九六八　…丑卜…雀…凡
六九六九　…雀…𢦏…
六九七〇　…雀…𢦏…
六九七〇　丙…

六九七一　丁巳…貞毌弗𢦏雀…五月
六九七一　…卜…□?…喪…
六九七二　庚子卜…毌弗…雀
六九七三　…毌…其捍…
六九七四　…毌其𢦏□
六九七五　…毌其…□
六九七六甲　…毌…□
六九七六甲　…貞…
六九七六甲　…尊…侯
六九七六乙　…其𢦏□一月
六九七六　…毌其…一月
六九七七　…□…途□
六九七八　…令…□…途□
六九七九　己酉卜貞雀往征犬弗其擒□十月
六九七九　…擒…
六九八〇　…雀其𢦏□
六九八一　庚…雀弗其𢦏陟
六九八一　庚…雀…𢦏陟
六九八二　貞雀…𢦏陟?
六九八三　癸巳卜㱿貞呼雀伐望戉
六九八三　…束…
六九八四　己亥…其𢦏望…十月
六九八五　…微…大出…
六九八六　貞雀弗其獲征微
六九八七正　貞呼取微白
六九八七正　貞勿取微白　二告
六九八七正　…卜㝊貞步
六九八七正　二告
六九八七反　丙…貞…至…
六九八八　…午…取雀…　二告
六九八九　…卜㱿貞缶其𢦏雀　二告
六九八九　…往…廼…
六九九〇乙正　…□…
六九九〇甲正　丙子卜永貞王□人三千呼…𢦏□
六九九〇甲反　…吉
六九九〇乙反　…骨…
六九九一　…𢦏□
六九九二　癸卯卜貞執其捍沚
六九九三　辛酉…其征沚六月
六九九四　…羴其捍…暨沚
六九九四　…弗…
六九九五　沚其捍羴
六九九六　沚弗捍羴
六九九七　癸…捍羴
六九九八　癸丑卜今日…
六九九八　癸丑卜沚其□捍羴

六九九八　…□?方…于戌
六九九九　辛卯卜…其敦
六九九九　…祉其…□
七〇〇〇　…祉不捍目□
七〇〇一　…祉不捍目□　二告
七〇〇一　見何方
七〇〇二　…□弗𢦏□一月
七〇〇二　…劦母巳于□
七〇〇三　□捍不
七〇〇四　…未卜□其捍□
七〇〇五　…辰卜□…捍□
七〇〇六　…卜王□…婦允其捍
七〇〇七　辛巳卜…婦不捍于□
七〇〇八　…卜王貞□…捍于祝?
七〇〇九　…□其𢦏蚰…□
七〇一〇　庚午卜缶弗𢦏蚰…
七〇一一　…卜…貞…
七〇一一　貞伐…𢾅…
七〇一二　…𢾅…𢦏
七〇一二　貞羌其…
七〇一三　貞…稱…伐…燎…受…
七〇一四　乙卯卜王貞余呼□敦□余弗□□
七〇一四　…歸…
七〇一五　…乙酉…□
七〇一五　…戊卜…□𢦏…
七〇一五　…𢦏□
七〇一六　…貞□𢦏□
七〇一七　丙子卜□𢦏□
七〇一七　…□…
七〇一八　貞余勿呼…敦□□…既
七〇一九　…巳卜…余…□𢦏…其…
七〇二〇　乙卯卜王咸𢦏□余曰雀㫎人伐圍…
七〇二〇　癸未卜甲申侑?大甲
七〇二一　貞我…咸𢦏…
七〇二二　壬戌…令□…取□二月
七〇二三正　己酉卜穷貞肇□　二告
七〇二三正　二告
七〇二三正　二告
七〇二三正　二告
七〇二三正　二告
七〇二三反　貞不…白五
七〇二三反　女由五…
七〇二三反　戠來四十
七〇二三反　㱿
七〇二四　乙卯卜作□□
七〇二四　貞□不亦來

七〇二四　癸丑卜□其克□□
七〇二四　…未…□暨…不…
七〇二五　貞□其𢦏□
七〇二六　丁丑卜侑祖辛宰冊十宰九
七〇二六　戊…卜□…其𢦏□
七〇二七　庚申卜…無其…□允捍
七〇二七　己巳…𢦏往…無囚
七〇二八　…酉卜□其亦敦□
七〇二八　…亦…□…
七〇二九　…敦□
七〇二九　□遘…
七〇三〇　…勿取□
七〇三〇　丁卯卜…弗…
七〇三一　庚子卜…貞取□勿?…往…
七〇三二　…貞我…惟□敦
七〇三三　丙…卜王惟□敦
七〇三四　…□敦
七〇三四　十一月
七〇三五　…□𢦏
七〇三六　丙…□𢦏
七〇三七　…午卜殻貞…𢦏□
七〇三八　…弗𢦏□
七〇三九　…𢦏…伐□?…允…
七〇四〇正　貞弗其𢦏□取…
七〇四〇反　…屯乞自…
七〇四一　貞惟□衎伐…
七〇四二　…伐利
七〇四三　貞二伐利
七〇四四　貞三伐利
七〇四五　貞三伐利
七〇四六　癸酉…三…妥允…伐獲?…矢
七〇四七　貞…洎…
七〇四七　貞衣敦郭
七〇四七　…□…于…
七〇四八　…其敦叀
七〇四九　丁卯卜曰𦯢任有征歸允征
七〇四九　…歸人征𦯢任
七〇四九　…邑…不…受…
七〇四九　…寅…雀…□…年十二月
七〇五〇　…征于…嬉十二月
七〇五一　…亥卜王…征罷
七〇五二　丙子卜征…
七〇五二　王呼…
七〇五三正　壬寅…殻貞…征玉
七〇五三反　王固…來三百…
七〇五四　壬寅卜…貞令?…逆□…征□…

七〇五五　戊申…千延…捍牽一月
七〇五六　己未卜徒鼗暨㑒一月
七〇五六　…勿…鼗…㑒
七〇五六　…其…
七〇五七　…㞢…
七〇五八　…砓捍…荌…
七〇五九　貞勿呼商取逆
七〇五九　貞…
七〇六〇　貞呼…取丘…
七〇六一正　…戒取宁
七〇六一正　貞自…于…不…
七〇六一正　貞呼取亳宁
七〇六一正　帝令至于…
七〇六一正　…寅…
七〇六一反　王固曰其令…
七〇六二　…卜王令…取…宁
七〇六二　…其令…十一月
七〇六三　壬子卜取雍
七〇六三　壬子卜勿取雍
七〇六三　卣來
七〇六四　貞呼取罝册
七〇六四　辛丑卜亘貞呼取彭
七〇六五甲　貞勿呼…罝…
七〇六五甲　不舌黽
七〇六五甲　不舌黽
七〇六五甲　不舌黽
七〇六五乙　…未卜穷貞呼取罝…
七〇六六　辛亥卜穷…取臭…
七〇六六　貞勿取臭暨…
七〇六七正　貞…取…陝若
七〇六七反　…固曰吉
七〇六八　…取…陝…不…
七〇六九　…取亩…
七〇七〇　貞其敦邑七月
七〇七一　…𢦏望乘邑
七〇七二　…勿呼…取有邑
七〇七三正　…取三十邑…彭龍　小告
七〇七三反　貞…于…
七〇七三反　…勿…
七〇七四　貞呼比冀取炋奠啚三邑
七〇七四　貞翌甲申不其暘日
七〇七四　貞翌甲申暘日
七〇七四　翌丙戌尋
七〇七四　貞翌…
七〇七五正　庚戌卜亘貞王呼取我夾在𠂤啚若于㞢
王固曰…若

七〇七五正　庚戌卜亘貞王呼取我夾…𠂤啚不若
…𡆥…
七〇七五正　帝若　二告
七〇七五正　…若　二告
七〇七五正　貞散無囚
七〇七五正　貞立明事　二告
七〇七五正　貞惟王往陷
七〇七五正　癸亥卜㱿貞侑于祖丁
七〇七五正　…以…
七〇七五正　二告
七〇七五正　二告
七〇七五反　侑于祖辛
七〇七五反　辛丑其…
七〇七五反　…父…
七〇七五反　㞢…
七〇七五反　王固曰吉散無囚
七〇七五反　王固曰吉帝若
七〇七五反　癸酉貞子㚔…逐鹿
七〇七五反　王固曰茲𢆶
七〇七五反　…惟…
七〇七六正　己巳卜爭妻呼來
七〇七六正　貞今辛侑于上甲
七〇七六正　今辛亥勿侑于上甲
七〇七六正　今辛亥侑于上甲用
七〇七六正　今…子…
七〇七六正　癸丑…貞…其獲…惟…執…
七〇七六正　癸丑卜㱿…兕…其獲…萤…雀…
七〇七六正　甲寅卜爭貞曰雀來复
七〇七六正　貞勿曰雀來复
七〇七六正　貞尋
七〇七六正　曰雀勿伐　二告
七〇七六正　曰雀伐
七〇七六正　貞我弗其𢦏婦其蓺　二告
七〇七六正　貞我𢦏蓺
七〇七六正　弗其𢦏蓺　二告
七〇七六正　雀𢦏卤
七〇七六正　貞弗𢦏
七〇七六正　雀弗其𢦏
七〇七六正　其𢀛延
七〇七六正　其𢀛咢
七〇七六正　其𢀛雀𢦏
七〇七六正　其先雀𢦏
七〇七六正　雀克入卤邑
七〇七六正　雀弗其克入
七〇七六正　貞允其啓妹
七〇七六正　貞不其啓妹

七〇七六正　有來自南以龜
七〇七六正　不其以　二告
七〇七六正　戊午卜內貞呼射井羌
七〇七六正　貞亘獲
七〇七六正　戊午卜殻貞戎及𢀛
七〇七六正　戊午卜殻貞弗其及𢀛
七〇七六反　壬子卜殻
七〇七六反　翌甲申其雨
七〇七六反　不雨
七〇七六反　今壬勿桒
七〇七六反　癸丑
七〇七六反　我𢦏…令…敦𢦏𡚸不其𢦏
七〇七七　翌癸…雀弗其𢦏缶邑
七〇七八　…雀…𢦏缶邑
七〇七八　辛…步…
七〇七九　…雀…缶…
七〇八〇　…缶…　二告
七〇八一正　貞翌庚午不…晹…
七〇八一正　甲寅卜𡧊貞王往征西…
七〇八一反　貞不其嘉
七〇八一臼　丁亥婦妸示三屯　亘
七〇八二　…𡧊伐西土
七〇八三　癸丑卜王敦西今曰戈
七〇八三　癸丑…
七〇八三　丙寅卜…
七〇八四　貞令𠦪伐東土告于祖乙于丁八月
七〇八五　…子卜殻貞其…自商王固…𡟰迄至…
有來…壬申
七〇八六　…亥卜殻貞…鼓自商…其…
七〇八七　…有來𡟰自𠬪?
七〇八八　貞無其來𠦪自…
七〇八九　…卜𡧊…旬有…其有…𡟰自東二月
七〇九〇　…來𡟰自東十二月
七〇九一正　…𡟰自東…
七〇九一反　…百?…自…
七〇九二　貞其有𡟰自南
七〇九二　…東
七〇九三　貞無來𡟰自南
七〇九四　貞其有來𡟰自西
七〇九四　…北
七〇九五　…有來𡟰…西
七〇九六正　…有祟…有來𡟰…𣅜…其…
七〇九六反　丙申…有來𡟰自…
七〇九七正　…來𡟰自西七月
七〇九七反　…自𠭰
七〇九八　王固曰…𡟰茲至…𡟰自西…

七〇九九正　貞無來𡟰自西　二告
七〇九九正　…有來…　小告
七〇九九反　貞呼…犬?…
七〇九九反　…寅貞𠕋其專…曰其…
七一〇〇　…𡟰自西戌…
七一〇一　…王…其有來…又八日…
七一〇二　…𡟰…𡟰自西…征我…
七一〇三正　貞有來自西　二告　小告
七一〇三正　…無其來自西　二告
七一〇三正　癸酉卜岳八月
七一〇三反　婦丙示四
七一〇三反　見入九以
七一〇四　…其有來…西
七一〇五　其有來自西
七一〇六　其有來自西
七一〇七　…有來自西
七一〇八　…有來自西
七一〇九　貞有來自西
七一一〇　有來自…
七一一〇　有來自西
七一一〇　無…
七一一一　癸巳卜𡧊貞翌庚有至
七一一一　貞無其來自西
七一一二　丙申卜古貞有來自西
七一一二　貞無其來自西
七一一三　貞無其來自西
七一一四　…來自西
七一一五　…來自西
七一一五　…有來自西
七一一六　…自西
七一一七　…自西
七一一八　貞其有來𡟰自北四月
七一一九　…王不其…北有…𡟰
七一二〇　貞今…其有…自北
七一二一正　…韋貞有來自北
七一二一反　…祉?…
七一二二　…有來自北
七一二三　…其有…自北
七一二四　…𡟰自…
七一二五　…午卜有…𡟰自…
七一二五　…午卜無來𡟰…
七一二六　…𡟰自…
七一二七　貞…𡟰自…
七一二八　癸酉…貞旬…其自…來…
七一二八　癸酉…貞旬…其…
七一二九正　…無…來自…

七一二九反　…惟…
七一三〇　甲午…今…有來自…
七一三一　貞…來…自…
七一三一　…無…嬄…
七一三二　…旬…丁卯允有來自…
七一三三　貞其有來嬄…
七一三四　癸卯卜王貞其有來嬄
七一三四　…卜…貞…允貞
七一三五正　貞其有來嬄
七一三五反　…？…
七一三六正　貞…有來嬄
七一三六正　…卜
七一三六反　…其…
七一三七　壬戌卜殻貞今十月其有來嬄
七一三八正　…其…來…
七一三八正　貞其有來嬄
七一三八反　…翌乙酉…
七一三九　…爭貞旬無𡆥王固曰有祟…有來嬄𨑖
戠呼告曰…
七一三九　癸丑卜爭貞旬無𡆥…有祟嬄九日辛…
七一三九　癸亥卜爭貞旬無𡆥…嬄五日丁卯王狩
…亦𢦏在…
七一四〇　貞其有來嬄
七一四一　…曰其有來嬄迄至…
七一四二正　…貞旬無𡆥
七一四二反　王固曰其有來嬄…
七一四二反　…迄至九日…妾…
七一四三正　…𡆥王固…來嬄六日…有來嬄𨑖戠呼
…吾…
七一四三正　…旬…
七一四三反　…九嬄…
七一四四正　癸未…王固…嬄迄…丙戌
七一四四反　…來嬄迄至…
七一四五　…嬄迄至…有來嬄卓…子娸…有…
𨑖曰…
七一四六正　癸亥…貞旬無𡆥
七一四六反　…來嬄迄至…
七一四七正　癸丑卜…貞旬無𡆥王固曰有…其有來
嬄迄至三日乙卯允…來嬄…
七一四七臼　壬…邑示八屯　小𡧊
七一四八　王固曰吉其去
七一四八　…曰其有來迄至…
七一四九正　…永貞旬…𡆥…固曰其有來嬄…丙戌
允有來嬄…𠍮…己…
七一四九正　二告
七一四九正　二告

七一四九反　…固曰有祟回
七一五〇正　…未卜…曰有祟四日…𢊁𠍮昝…
七一五〇反　…乃茲有祟其…允有來嬄…有壂…
七一五一正　…來嬄…呼告曰…豐七月
七一五一反　…告曰…辰亦…
七一五二正　…無𡆥王固…來嬄…
七一五二反　…其惟𡆥
七一五三正　王固曰有祟其有來嬄八日庚…雉有昝
曰昝
七一五三正　…固曰途若茲鬼陰在廳
七一五三正　王固曰有祟…
七一五三正　…固曰有…
七一五三正　…娕子𡆥一月
七一五三反　癸酉…來…
七一五四　…貞旬無…固曰有…有來…
七一五五　…有…來嬄…
七一五六正　…不…受…
七一五六正　癸未
七一五六正　…丑…
七一五六反　王固曰有祟
七一五六反　…吉其有來嬄
七一五六反　王固曰有祟…
七一五七正　小告
七一五七正　小告
七一五七反　…有來嬄其惟…
七一五八　王固曰辛其有來嬄
七一五九正　癸…茲有祟…吉
七一五九正　癸未
七一五九反　…固曰其有來嬄其惟丙不吉
七一六〇正　…卜永貞…
七一六〇正　…永貞…
七一六〇反　…嬄其惟…吉
七一六一正　丁未…有來不…嬄丙其…王固曰…
七一六一臼　己巳𠂤示一屯　殻
七一六二正　…吉其…
七一六二反　…來嬄…丙不吉…
七一六二反　…丙…
七一六三　…貞旬…固曰有…嬄其惟…不吉其…
子羽…辰子…
七一六四正　癸卯卜…王固曰…
七一六四正　癸未卜殻貞旬…三月
七一六四正　…其…
七一六四反　…有來嬄
七一六五正　小告
七一六五正　小告
七一六五正　小告

七一六五正　二告
七一六五正　二告
七一六五反　…侑于?…
七一六五反　…二有來嬉…
七一六六正　癸卯
七一六六正　癸亥
七一六六反　…有來嬉…
七一六七　…其有來嬉…
七一六八　其有來嬉凡…
七一六九　…嬉…
七一七〇正　…卜…壬?…
七一七〇正　…卜…大…
七一七〇反　…固曰…來嬉…
七一七〇反　…于…
七一七一反　…來嬉
七一七二　…來嬉
七一七三　…來嬉
七一七四　…有來嬉
七一七五正　…其…來嬉
七一七五反　…庚?…
七一七六　…無來嬉
七一七七正　…無來嬉
七一七七反　…日…
七一七八　…無…嬉
七一七八　貞無來…
七一七九　…勿…入呼…嬉…
七一八〇　…來入嬉惟…嬉迄至…
七一八一　…寅卜殼貞其…入嬉…
七一八二　壬午卜…貞王心無嬉入…
七一八三正　二告
七一八三反　丁巳卜…戌往…有嬉
七一八四　貞戌無嬉
七一八五　貞…有嬉
七一八六　…有嬉
七一八六　貞□若
七一八七正　貞…甲辰其有至嬉
七一八七正　…貞…
七一八七反　辛丑□…
七一八八　庚戌卜貞羽不作嬉
七一八八　…貞…迄母…
七一八九正　…有祟嬉有見…
七一八九反　己酉卜亘貞…
七一九〇　…有祟嬉□…
七一九一　…卜古…有祟…嬉…
七一九二　…嬉…
七一九三　…固曰嬉…
七一九四　王固曰嬉…

七一九五　貞…惟…
七一九五　貞允惟嬉
七一九五　貞不惟嬉
七一九六　貞惟…
七一九六　貞不…嬉
七一九七　…其…嬉
七一九八　甲子卜穷貞勿至翌日…
七一九八　…嬉
七一九八　…勿…多…興…
七一九九　…弗嬉
七一九九　甲…見…
七二〇〇　…弗嬉五月
七二〇一　…以嬉
七二〇二　…殼貞…其有來…
七二〇三　…允有來…
七二〇四　甲子卜…貞出兵若
七二〇五　甲…貞勿出兵…
七二〇六　…允出…
七二〇七　…未?…大出
七二〇八　貞曰阜…女令
七二〇八　貞不大出
七二〇八　十二月
七二〇九　其亦出
七二一〇　…衛王…
七二一一　…方衛…
七二一二　…闌…
七二一三　…昔闌…
七二一四　乙亥卜穷貞有闌允其…
七二一五　…寅卜爭貞呼婦…
七二一五　…貞有闌曰…
七二一六正　不舌黽
七二一六反　…有闌其惟丙不…
七二一七　貞無其去
七二一七　貞惟王
七二一七　貞勿惟王自望…
七二一八　貞徽人惟王自望捍
七二一八　貞勿…王自望捍
七二一九　…呼望…
七二二〇　辛卯…貞王…望…
七二二〇　…惟…
七二二〇　…惟…令…
七二二一　…望…
七二二二　…望…
七二二三　小告
七二二四　庚申卜循若
七二二五　…王循若

七二二六 王循若 二告
七二二六 不若
七二二七 庚戌卜…無其…循于南
七二二七 庚戌…允其…循于…□及五月
七二二八 …爭貞王循于…
七二二九 丙戌卜爭貞王循伐
七二三〇 …貞今𠂤王循伐
七二三一 …𣪘貞…王循征…
七二三二 …王循…方
七二三三 …循…
七二三三 …王勿循
七二三四 …循
七二三四 貞王勿循
七二三四 其雨
七二三五 丁巳卜貞欠于…王循入
七二三六 …王勿循入
七二三七 …捍不喪循
七二三八 …王勿奏循馭…循于…
七二三九正 己卯卜𣪘貞有奏循下上若
七二三九正 己卯卜…貞有奏循下上弗若 二告
七二三九正 貞𦥑不其禦
七二三九正 …有其… 小告
七二三九正 令彌祟奠目 二告
七二三九正 勿令…
七二三九反 彙入三十
七二三九反 貞執…
七二三九反 貞王…
七二三九反 殸
七二四〇 貞戚喪有…有循
七二四一 貞弗其以
七二四一 貞以
七二四一 貞竝以
七二四一 貞庚申…王循出
七二四一 貞庚申勿循出
七二四二 戊寅卜貞令甫比二侯及暨元王循于
之若
七二四二 己卯…
七二四二 二告
七二四三 …子卜元…王循
七二四四 …子卜爭…
七二四四 貞不其□循
七二四五 己亥卜永貞□循
七二四五 …子卜爭…
七二四六正 貞□…循
七二四六反 …無若…
七二四七 貞其循
七二四八 貞…其循

七二四八 …循
七二四九 貞不其循
七二五〇正 小告
七二五〇反 …其循
七二五〇反 …受年
七二五一 貞人不其循
七二五二 貞不其循三月
七二五二 貞…
七二五三正 二告
七二五三正 不舌黽
七二五三反 貞循不其循
七二五四 …循不其…
七二五五 …循不其…
七二五六 貞…有循…若王
七二五七 …朕循…有夅
七二五八 庚子卜王貞…循朕允于…
七二五八 …禦…
七二五九 貞循
七二五九 貞勿循
七二五九 貞侑
七二六〇 乙巳卜亘貞勿循侑于黃尹
七二六一 甲戌卜爭貞循 不舌黽
七二六二 …卜韋貞循
七二六三 循
七二六三 貞勿循
七二六三 …循
七二六四正 貞…循
七二六四反 …王固… 岳
七二六五 貞勿衣循捍戠
七二六六 …寅卜王貞…衣循捍戠
七二六六 …侑…祖…
七二六七正 …循从之若 二告
七二六七反 …吉于之若
七二六八 …循于之…
七二六九正 …爭…
七二六九正 貞…循之…省从名
七二六九反 丁酉婦…
七二七〇 …辰卜…循雈…
七二七一 …复循
七二七二 …循雈…
七二七二 …㞢…
七二七三 …王…循
七二七四正 …循羊…燎…
七二七五 …卜亘貞循侑于…
七二七六 貞自兹…稱…循…
七二七七 丙子卜韋貞王収人

七二七八 貞王奴人十一月
七二七八 丁亥…
七二七九 王奴人十一月
七二七九 貞王勿奴人
七二八〇正 …卜殸…翌乙…
七二八〇正 貞今[illegible]王勿奴人征…
七二八〇正 …其…
七二八〇反 …弗…
七二八一 貞今…王奴…呼…
七二八二 貞王勿奴人
七二八二 貞自…至于乙…不其雨
七二八二 …㞢…
七二八三 甲申卜殸貞呼婦好先奴人于龐
七二八四 乙酉卜殸貞勿呼婦好先于龐奴人
七二八五 乙酉卜殸貞勿呼婦先于龐奴人
七二八六 乙酉…貞勿呼婦先于龐奴人
七二八七 丙戌卜殸貞勿呼婦好先奴人于龐
七二八七臼 婦好示十屯 爭
七二八八 乙酉卜爭貞呼婦好先奴人于龐
七二八九 乙酉卜爭貞勿呼婦好先…人于龐
七二九〇 …好先于龐奴… 二告
七二九一 …呼婦好先奴人于…
七二九二 …奴…于龐
七二九三 …好先奴人…
七二九四正 …丑卜殸…
七二九四正 貞令在北工奴人
七二九四反 庚子婦…
七二九五正 貞勿令在北工奴人
七二九五反 辛丑卜…自𠂤乞…
七二九六正 二告
七二九六正 不吉黽
七二九六反 …翌癸巳…令奴人
七二九六反 貞其…
七二九七正 …受有祐 二告
七二九七反 貞翌癸巳令奴人
七二九七反 貞其得
七二九八 貞奴人
七二九九 貞奴人
七二九九 貞翌丁未不其暘日
七二九九 …未令…
七三〇〇 貞勿奴人
七三〇〇 貞奴人
七三〇一 五窜
七三〇一 三窜
七三〇一 𦩋人
七三〇一 貞侑于父乙

七三〇二 丁未卜方貞今…
七三〇二 丁未卜方貞…
七三〇二 辛亥卜爭貞奴人
七三〇二 小告
七三〇二 小告
七三〇二 小告
七三〇三 …奴人…
七三〇四 貞勿奴
七三〇四 不吉黽
七三〇五 貞勿奴人
七三〇五 …呼…奴…
七三〇六 貞勿奴人
七三〇七 貞其雨
七三〇七 貞不其雨
七三〇七 貞勿奴人
七三〇八 …令奴東土人
七三〇八 …方不大出
七三〇九 貞勿奴旨…
七三〇九 …呼旨…
七三一〇 貞𢼸…𢼸…
七三一一 貞…其侑
七三一一 貞勿侑于乙
七三一一 貞令…𢼸下危…呼盡伐…受有祐
七三一一 …王固曰其…
七三一二 …殸貞有去
七三一二 貞𢼸人五千惟王自…
七三一三 …去
七三一三 …五千惟…
七三一三 …壬…
七三一四 丁酉卜爭貞今[illegible]王…人五千…方
七三一五 貞勿𢼸人五千
七三一五 貞弗其受有祐
七三一六 …午卜爭貞𢼸…五千五月
七三一七 …人五千呼…
七三一八 貞𢼸人三千…
七三一九 貞𢼸人三千呼…來令…古…
七三二〇 庚午卜爭貞翌辛
七三二〇 辛未圍允…
七三二〇 丙戌…
七三二〇 癸巳卜殸貞…
七三二〇 貞涉澡 二告
七三二〇 貞𢼸人三千 二告
七三二〇 …敦…
七三二一 …𢼸人三千呼伐…
七三二二正 己巳卜…貞𢼸…三千…
七三二二臼 壬辰邑示一屯 岳

七三二三　甲午卜殻貞勿侑于王…
七三二三　丁酉卜殻貞勿燩人三千
七三二四　貞勿燩人三千…益邑…其
七三二五　呼祋…人三千…
七三二六正　…殻貞今…燩人三千呼…
七三二六反　…允惟我…聞
七三二七　…日庚戌…九旬又…惟丙不…三千呼…
七三二八　…人三千呼伐…
七三二九正　庚寅卜韋貞燩人三千…　二告
七三二九正　小告
七三二九正　不告黽
七三二九反　…今丙…尋州
七三二九反　…勿惟…
七三三〇　…寅卜穷貞燩千
七三三〇　甲寅卜穷貞勿燩…
七三三〇　…穷貞燩…
七三三〇　燩人
七三三〇　…受年一月
七三三〇　不受年
七三三〇　二告
七三三〇　二告
七三三一　…燩人…
七三三一　…殻貞…
七三三一　…殻…
七三三二　己巳卜…貞燩…
七三三三正　…貞燩人…
七三三三正　…鑿其…
七三三三反　…貞其有鑿不…
七三三四　…酉卜殻貞燩人
七三三五　貞燩人
七三三五　貞勿燩人
七三三六　…貞…燩人…伐…弗…
七三三七　己…穷貞使人于[illegible]
七三三七　己巳卜殻貞燩千呼見…
七三三八　…祖…百…
七三三八　…方燩…
七三三九　貞惟…丁…
七三三九　…小羌…其燩人…數?…
七四〇　…燩人呼…
七三四一反　…五…勿…燩…
七三四一反　殻
七三四二　辛酉卜貞今[illegible]燩人呼伐…
七三四二　貞侑于祖辛
七三四三　…卜穷貞牧稱冊…燩人敦…
七三四三　…穷貞惟今秋…牧啓奉自…
七三四四　貞勿冒人三千

七三四五　…寅卜[illegible]貞冒三千人伐…
七三四五　…酉卜殻貞翌乙亥不其暘日
七三四五　…卜穷貞羌舟啓王[illegible]
七三四六正　…冒…百…
七三四六反　癸…侑于…
七三四七　…冒…五…
七三四八正　二告
七三四八反　貞惟[illegible]令
七三四八反　貞冒人三百…歸
七三四八反　…勿侑…
七三四九　…貞冒…
七三五〇正　癸巳卜殻貞侑…
七三五〇正　癸巳卜殻貞燩…
七三五〇正　甲午卜亘貞奴馬呼[illegible]…
七三五〇正　小告
七三五〇正　小告
七三五〇正　小告
七三五〇正　二告
七三五〇正　二告
七三五〇正　二告
七三五〇反　丙申…
七三五〇反　…虫…
七三五一　乙未卜殻貞王次
七三五一　乙未卜殻貞今日王…　二告
七三五一　乙未卜殻貞王惟…日往
七三五一　貞王不惟今日往
七三五一　于翌庚申
七三五一　勿于翌庚申
七三五二正　乙未卜爭貞王亥祟我
七三五二正　貞王亥不我祟
七三五二正　惟子不呼陷
七三五二正　勿惟子不呼
七三五二正　惟子商呼
七三五二正　勿惟子商呼
七三五二正　惟王往
七三五二正　勿惟王往
七三五二正　貞王于龔…
七三五二正　勿于龔次
七三五二正　貞我其有囚
七三五二正　貞我無囚　二告
七三五二正　…王往
七三五二正　勿惟王　二告
七三五二正　今夕雨
七三五二正　今夕不其
七三五二正　斲

七三五二正
七三五二正
七三五二正
七三五二正
七三五二正
七三五二正
七三五二正
七三五二反
七三五二反
七三五二反
七三五二反
七三五二反
七三五三
七三五四
七三五五
七三五五
七三五六
七三五七正
七三五七反
七三五八
七三五九
七三五九
七三五九
七三五九
七三五九
七三六〇
七三六一
七三六二
七三六三正
七三六三正
七三六三正
七三六三正
七三六三正
七三六三正
七三六三反
七三六四
七三六四
七三六四
七三六四
七三六五
七三六六
七三六七
七三六八
七三六九
七三六九
七三七〇
七三七〇

勿于
乙未卜殻貞我于雉次　二告
貞勿于雉次
…卜殻貞…□…
貞□弗其
惟王
勿惟
翌辛酉其侑
其啓
于枇己禦
勿于枇
奠…
乙巳卜殻貞王勿次于曾
…巳卜殻貞王次于曾七月
…卜殻貞王勿于鼓次
…西次
貞王往次□
…享
貞余于龐次八月
呼…暨…
燎于土宰
曰□次于龐
…巳卜爭…鑿?告于上甲
…卯…翌戊…六牛
…次
貞亦…師般在□呼次在之奠
…卜亘貞呼収□次
辛卯卜永貞王惟中立若
癸丑卜永貞旬…五日丁巳子□□
不告黽
不告黽
不告黽
不告黽
庚寅卜永貞王惟中立若
癸未貞旬無囚
庚寅卜永貞王惟中立若十一月
癸巳貞旬無囚
王固曰吉
…卜爭貞王立中
…爭貞王立中
己亥卜爭貞王勿立中　不告黽
乙亥卜爭貞王勿立中　不告黽
丙子其立中無風八月
…無風暘日
…酉卜穷貞翌丙子其…立中允無風
…亘貞翌丁亥暘日丙戌雹…亥圉于

七三七一
七三七一
七三七二正
七三七二正
七三七二正
七三七二反
七三七三
七三七三
七三七三
七三七三
七三七四
七三七四
七三七五
七三七六
七三七七正
七三七七正
七三七七反
七三七八
七三七九正
七三七九反
七三八〇正
七三八〇臼
七三八一正
七三八一臼
七三八二正
七三八二反
七三八二臼
七三八三正
七三八三正
七三八三臼
七三八四正
七三八四正
七三八四臼
七三八五正
七三八五正
七三八五正
七三八五反
七三八六
七三八六
七三八七
七三八七
七三八七
七三八七
七三八八正
七三八八正

磬…
…無風暘日
…子其立中無風
己巳…貞…無…剢…
…方…
…其…
…自□…□…辰…來五…立中
癸酉卜殻貞…
丙子立中
二告
不告黽
貞勿立中
…今□勿収人
…中
…立中
貞來乙…其立中
…有正
…呼女…
…其作中
貞沚戠稱册于大…
…示二十…
丁酉卜殻貞沚戠稱册王比六月
癸巳羌宫示二屯　㱿
丁酉卜殻貞沚戠稱册王比
己丑史示三屯　岳
戊子卜殻貞沚戠稱册王比六月
貞…方…上甲…
丁亥□示…屯　小㱿
戊午卜殻貞沚戠稱册王比
貞勿比
戊戌羌徙示七屯　㱿
戊午卜殻貞沚戠稱册王…
貞呼登覌戋
癸巳婦笶示五屯　小㱿
乙未卜殻貞王…
…卯卜殻貞沚戠稱册王…
…爭貞王往出?
王固曰吉其去
…酉卜殻貞沚戠稱册王比
…爭貞沚戠稱册王比
丁酉卜殻貞沚戠稱册王比
…有从雨
呼往比
…無比
…卜殻貞沚戠稱册王…
…方允其…

七三八八反 癸未卜…其惟丙敦不…
七三八九 …㱿貞沚𢦏稱冊王…
七三八九 …貞沚𢦏稱冊…
七三九〇 …㱿貞沚…冊王比
七三九一正 …貞沚…稱…王比
七三九一臼 岳
七三九二 …𢦏稱冊王…
七三九三 …沚𢦏稱冊王比
七三九四正 甲戌…王貞…𢦏稱冊余…八月
七三九四反 …在…癸宗…岳
七三九五 …貞沚…稱…多…
七三九六 癸卯卜㱿貞…
七三九六 …貞沚𢦏稱…
七三九六 …沚𢦏稱冊…
七三九七 …貞沚𢦏稱…有祐
七三九八 乙未卜㱿貞沚𢦏稱冊…
七三九九正 辛卯卜㱿貞沚𢦏稱冊…
七三九九反 …大甲白牝
七四〇〇 …貞沚𢦏稱…
七四〇一 …𢦏稱…
七四〇二 …㱿貞沚𢦏稱冊…
七四〇二 …貞沚𢦏稱冊王…
七四〇二 …卜㱿貞沚𢦏稱冊…
七四〇三 …卜㱿貞沚𢦏稱冊王…
七四〇三 …㱿貞沚𢦏稱冊…
七四〇三 …我祐王固曰其…丙不吉旬…六月
七四〇四 …貞沚𢦏稱…
七四〇五正 …𢦏稱…
七四〇五反 …𪓐其衛…
七四〇六 …王𡕬𢦏稱…
七四〇七甲正 貞王𡕬𢦏帝若 二告
七四〇七甲正 …王比从
七四〇七乙正 貞王勿比𢦏帝若
七四〇七乙正 貞𢦏稱冊王𡕬帝若
七四〇七甲反 乙亥卜亘
七四〇七乙反 …㱿…
七四〇八 己巳卜爭貞侯告稱冊王勿衣歲
七四〇八 庚午卜爭貞王歲 二告
七四〇八 二告
七四〇九 …爭貞…稱冊…歲
七四一〇 己巳卜爭貞侯告稱冊王勿衣…
七四一〇 庚午卜爭貞王惟昜白歲
七四一一 己巳卜爭…侯告稱…王勿衣…
七四一一 庚午卜爭貞王惟昜白𦎫歲
七四一二 己巳卜爭貞侯告稱冊…衣…
七四一二 庚午卜爭貞王惟昜白𦎫歲

七四一三 …昜白𦎫歲
七四一三 …稱冊王歲
七四一四 …申卜…貞侯…稱冊…
七四一五正 …卯卜宂貞舟稱冊商若十一月
七四一五正 甲寅卜…貞…
七四一五臼 …乞自…十屯
七四一六 貞商…舟若
七四一七 貞…師㱿…商稱冊…
七四一八 貞勿令𠂤甾比我稱冊十月
七四一八 …侑于祖乙…午…
七四一九 …勿令𠂤甾比我稱冊
七四一九 貞丙肇古
七四二〇 貞勿…𠂤甾…我…冊
七四二〇 …宂…侑…丁
七四二一 …稱…𠕋…羌…比…
七四二一 …壬…六月
七四二二 壬申卜㱿貞…田稱冊呼比 不吿黽
七四二三 …令師㱿比…
七四二三 …在北稱冊…
七四二四 丁亥卜…貞牧…稱冊𠕋…
七四二四 …今…稱…三…延…
七四二五 …稱冊…
七四二五 貞…
七四二六正 貞興稱𠕋呼歸
七四二六正 …呼歸
七四二六正 …人…
七四二六正 二告
七四二六正 二告
七四二六正 二告
七四二六正 二告
七四二六正 二告
七四二六正 二告
七四二六正 二告
七四二六反 貞…
七四二六反 貞王循戠不若
七四二六反 不若
七四二六反 惟之呼犬…固…𦎫于…征
七四二六反 王固曰吉其呼
七四二六反 貞呼及以
七四二六反 貞王以之
七四二六反 王固曰其勿以
七四二六反 …牛矢…
七四二六反 貞門𠱠
七四二六反 允循
七四二七正 貞其循…
七四二七正 貞…
七四二七正 貞毌稱𠕋𦎫…

七四二七正　貞無來自西　二告
七四二七正　：來嬉自西
七四二七正　今日來惟父乙
七四二七正　今日來不惟父乙　二告
七四二七正　己巳卜爭貞王往若　二告
七四二七正　貞王勿往不若
七四二七反　勿侑于祖庚
七四二七反　庚子：殸：
七四二七反　九月
七四二七反　王固：
七四二八　：稱冊王比下上若受我祐
七四二九　：稱冊王比：
七四三〇正　：冊王比：
七四三〇反　：冊：
七四三一　：稱冊：受我：
七四三二　：稱冊王：惟我：
七四三三　：巳卜：稱：勿：
七四三三　丙：冊：
七四三四　：稱冊
七四三四　貞宰又一牛
七四三五　：稱冊：
七四三五　：王摯?：
七四三六　：乞稱冊：
七四三七　貞勿呼見啓于㞢
七四三八　：㞢啓：之：一月
七四三九　貞𡿨肇我啓
七四三九　：先：
七四四〇正　丙辰卜爭貞王往省从西若　二告
七四四〇正　貞王勿往省不若　二告
七四四〇正　丙辰卜爭貞沚戠啓王比帝若受我祐　二告
七四四〇正　貞沚戠啓王勿比帝弗若不我其受祐
七四四〇正　八月　二告
七四四〇反　二告
七四四〇反　：田：
七四四〇反　：婦：來：
七四四〇反　王固曰吉帝其：余：
七四四〇反　唐入十
七四四〇反　殸
七四四一正　：亥卜殸貞：
七四四一正　貞沚戠啓王比
七四四一正　：比沚戠
七四四一反　：固：
七四四二　貞呼：戠啓：
七四四三　貞翌乙亥令黃尹
七四四三　貞勿令
七四四三　貞戠啓不其載

七四四三　癸酉十一月
七四四三　己卯
七四四四　貞王比沚戠
七四四四　貞王勿比沚戠
七四四四　王比
七四四四　辛巳卜殸
七四四五正　勿出
七四四五正　貞王比沚戠
七四四五正　二告
七四四五反　：于：乙：
七四四六　貞王比沚戠
七四四六　比沚戠
七四四七　貞王勿比沚戠
七四四七　貞王比沚戠
七四四七　貞王勿比沚戠
七四四七　乙亥卜殸
七四四七　貞弗其受有祐
七四四八　：比：
七四四八　貞王比沚戠
七四四八　：王：戠
七四四八　貞王：
七四四九　貞王比沚戠
七四四九　：王比：
七四五〇　貞王比沚戠
七四五〇　：比：戠
七四五一　：比：戠
七四五一　貞王比沚戠
七四五二　王比沚戠
七四五三　貞王比沚戠
七四五三　貞王比沚戠
七四五三　告于上甲
七四五四　王比沚戠
七四五四　貞王勿比沚戠
七四五四　：勿：人?：
七四五五　王比沚戠
七四五五　呼伐
七四五五　貞翌乙巳勿酌桒
七四五五　：勿：
七四五六　：沚：
七四五六　乙未卜殸
七四五六　王比沚戠
七四五七　受年十一月
七四五七　不其受年
七四五七　王比沚戠五月
七四五七　：㞢：
七四五八　：殸貞王比沚戠
七四五九　貞：勿：

七四五九 王比沚戠
七四六〇 貞王勿比沚戠
七四六〇 王比沚戠
七四六一 王比沚戠
七四六一 貞王勿比沚戠
七四六一 …王…沚…
七四六二 王比沚戠
七四六二 貞王勿比沚戠
七四六三 貞王勿比沚戠
七四六三 貞王…沚…
七四六四 貞王勿比沚戠 小告
七四六四 …自饗
七四六五 王比…
七四六五 貞王勿比沚戠
七四六六 貞王勿比沚戠
七四六六 …王比…
七四六七 貞王比沚戠
七四六七 貞王勿比沚戠
七四六七 貞王勿比沚戠
七四六八 貞王勿比沚戠
七四六九 貞王勿比沚戠
七四七〇 貞王勿比沚戠
七四七〇 貞王勿比沚戠
七四七一 貞王勿比沚戠
七四七一 于大甲告
七四七二 貞王勿比沚戠
七四七三 貞王勿比沚戠
七四七三 貞王勿去束
七四七四 貞王勿比沚戠
七四七四 …比…戠
七四七五 貞王勿沚戠
七四七六正 貞王勿比沚戠
七四七六正 貞王勿比沚戠
七四七六反 貞…比…戠
七四七七 王…
七四七七 貞王勿比沚戠
七四七七 辛巳卜殻
七四七八 貞王勿比沚戠
七四七九 貞王勿比沚…
七四七九 乙巳彭桒
七四七九 …巳…
七四八〇 貞勿令多馬?…
七四八〇 貞王勿比沚戠
七四八一 貞王勿比沚戠
七四八二 貞王勿比沚戠
七四八三 王勿比沚戠

七四八三 戊…
七四八四 王勿比沚戠
七四八五 貞惟王比沚戠
七四八五 …比…
七四八六 比望乘
七四八六 貞勿比望乘
七四八六 王勿比望
七四八六 令望乘
七四八六 王惟沚戠比
七四八七 王惟沚戠比
七四八七 比望
七四八八 辛卯卜爭貞勿令望乘先歸九月
七四八八 壬辰卜爭貞王惟沚戠比
七四八九 …辰卜爭…王惟…戠…
七四八九 辛卯卜爭貞勿令望…
七四九〇正 辛卯卜殻貞勿令望乘先… 二告
七四九〇正 壬辰卜殻貞王勿惟沚戠比九月 不𠙵黽
七四九〇正 二告 不𠙵黽
七四九〇正 貞…
七四九〇反 貞𦣞…
七四九〇反 勿乎…
七四九一 貞惟沚戠比
七四九一 …桒于…
七四九二 辛卯卜殻貞勿令望乘…
七四九二 壬辰卜殻貞王勿惟沚戠比
七四九三 辛卯卜殻貞勿…望乘先…
七四九三 壬辰卜殻貞王勿惟沚戠比九月
七四九四 貞勿比沚戠
七四九四 貞王比沚戠
七四九四 貞勿惟王比戠
七四九四 惟王比
七四九五 王比沚戠
七四九五 貞勿惟王比戠
七四九五 …爭…彳?…
七四九六 貞王勿惟沚戠
七四九七正 乙酉卜殻貞今𠂤王勿比沚戠伐…
七四九七正 貞王勿比沚戠
七四九七臼 𢼄
七四九八 …午…貞王比沚戠伐…
七四九九 …卜王貞余比沚…
七五〇〇 …沚戠…比伐…
七五〇一 …惟婦好令比沚戠若
七五〇二 己巳卜殻貞勿…好呼比沚戠…下上若受
我…
七五〇三正 貞…來
七五〇三正 貞有來
七五〇三正 惟沚戠比

七五〇三正　勿惟戠比
七五〇三正　貞無其來
七五〇三正　勿延
七五〇三正　惟𦉪侯比
七五〇三正　勿惟𦉪侯比
七五〇三反　癸卯卜：
七五〇四　惟戠比
七五〇四　勿惟沚戠比
七五〇四　勿惟𦉪侯：
七五〇四　有來
七五〇四　貞：
七五〇五　正
七五〇五　正
七五〇五　貞正
七五〇五　王比
七五〇五　貞勿比沚戠
七五〇五　：王：
七五〇六　貞：比：戠
七五〇六　貞勿比沚戠
七五〇七　貞呼往：比沚戠：
七五〇八　：比沚戠四月
七五〇九　貞：比：戠
七五〇九　比沚戠
七五一〇　呼比沚戠
七五一〇　七五一一　：：比望乘　殻：王人：比沚：
七五一二　貞王比沚：
七五一三　貞王比沚：
七五一四　貞王勿比沚：
七五一五　王勿比沚
七五一五　：勿：望：
七五一五　：貞今：
七五一六　王比：戠
七五一六　：比：戠
七五一六　己丑卜殻
七五一七　王：戠
七五一七　王比戠
七五一八　王比戠
七五一九　王比戠
七五二〇　王比戠
七五二一　王比
七五二一　王勿：戠
七五二二　貞王勿比戠
七五二二　：勿：
七五二二　：比：
七五二三　比戠
七五二四　比戠

七五二五正　：有祐五月
七五二五反　貞比戠
七五二六　今𡆥王比望乘伐：
七五二七　貞今𡆥王比望乘：
七五二八　丁未卜爭貞勿惟王自比望乘：往：
七五二八　丁巳卜爭貞勿惟王自比望乘呼：
七五二八　：見：
七五二九　：勿惟王自比望乘：
七五二九　：王自比望乘呼：
七五三〇　：勿惟王自：乘呼往
七五三〇　：比望乘呼往八月
七五三一　貞惟王比望乘
七五三一　貞勿惟王比望乘
七五三一　丁卯卜穷
七五三一　：舞：雨
七五三二　貞王惟望：下上若受我：
七五三三　：貞：王比望乘：
七五三四　勿惟：
七五三四　貞王勿比望乘：
七五三五　：𡆥王：望：
七五三六正　貞今𡆥王勿比望乘
七五三六反　：五　殻
七五三七　貞𤇳于王亥告其比望乘
七五三七　貞疾止嬴
七五三八　貞今𡆥呼比望乘伐：弗：
七五三九　：𡆥：比：乘：弗：其祐
七五四〇　：比望乘：
七五四〇　：貞：乘?：
七五四一　呼比沚：
七五四一　呼比望乘
七五四二　呼比望乘
七五四三　貞比望
七五四三　勿比望
七五四四　貞勿蕚
七五四四　惟望乘比
七五四五　辛酉卜：貞惟望乘比九月
七五四六　王：沚：
七五四六　王勿比望乘
七五四六　：貞：乘?：
七五四六　二告
七五四七　：勿比望：十月
七五四八　：來𡆥：比望：
七五四九　貞勿比望：
七五五〇　：王比：
七五五一　：今𡆥王比：
七五五二　：王比：下：

七五五二 ……卯……其……
七五五三 辛巳卜爭貞王比……
七五五四 ……殻貞今𡆥王勿比……弗其受有祐七?月
七五五五 ……殻貞……王比……
七五五六 ……爭貞今𡆥王勿比……弗其受有祐
七五五七 貞王勿比
七五五八正 ……受有祐
七五五八正 貞弗其受有祐
七五五八正 貞王勿比
七五五八反 王固曰其有鑿其……
七五五九正 貞王勿比……
七五五九反 ……今卒子鑿……
七五六〇 貞王勿比
七五六一 ……王勿呼比……
七五六二正 ……勿比……
七五六二反 ……今卒入……
七五六三 貞𠈷于穆衛一月
七五六三 ……用
七五六三 二月
七五六四 貞戠勿……衛……𢀛……
七五六四 ……穷……受……
七五六五正 壬寅卜穷貞祟牛
七五六五正 貞呼衛从𥏻北
七五六五正 貞勿呼衛
七五六五正 王比
七五六五正 貞王勿比沚戠
七五六五反 甲辰卜殻
七五六五臼 ……羌□?示三屯
七五六六 貞呼衛从𥏻北
七五六六 ……王比
七五六七正 貞呼……从𥏻北
七五六七正 貞勿呼衛
七五六七正 王比　二告
七五六七正 貞王勿比沚戠
七五六七反 甲辰卜殻……
七五六八 貞勿令𢦔衛
七五六八 貞令𢦔
七五六九正 貞惟來令衛一月
七五六九正 ……受……二月
七五六九反 ……中示……
七五七〇正 壬辰卜殻貞……
七五七〇正 癸巳卜殻貞今𡆥……
七五七〇反 王固曰其衛
七五七一正 甲申卜亘貞侑微王衛　二告
七五七一正 ……微……
七五七一正 侑微王勿衛

七五七二 ……衛小不……
七五七三 ……侑衛……延……
七五七四 貞……
七五七四 ……令……衛
七五七五 ……𠤕兄衛
七五七六 王逆伐
七五七七 貞舌方其……
七五七七 王勿逆伐
七五七八 貞王及伐
七五七九 ……王……伐
七五八〇正 ……惟王往伐
七五八〇正 ……殻貞……
七五八一 貞惟王……伐
七五八一 二告
七五八二 貞惟王往伐
七五八三 ……惟王往伐
七五八三 ……王乞令……
七五八四正 乙未卜穷貞翌庚……王其伐若
七五八四正 貞……
七五八四正 ……其……　二告
七五八四反 王固……
七五八五 貞今𡆥王伐
七五八六 貞王勿……
七五八六 貞王勿伐
七五八七正 ……貞王伐
七五八七反 ……酉……
七五八八 乙酉卜殻……王比伐
七五八九 貞王勿伐
七五八九 ……申卜韋貞……奴多……
七五九〇 ……我……伐……
七五九一 癸酉……爭……令……伐……
七五九二 辛……貞……比……伐
七五九三 貞勿惟師般呼伐
七五九四 貞勿惟呂呼伐
七五九四 ……遣
七五九五 呼伐……
七五九五 呼伐呂
七五九五 ……舌……
七五九六 ……勿呼麇伐……
七五九七 呼雀伐……
七五九八 丁酉卜亘貞呼伐其祐
七五九九 ……申卜殻……呼伐……
七六〇〇 ……卜殻貞……呼伐……
七六〇一 貞方……女……
七六〇一 貞勿呼伐……
七六〇二 貞呼伐……在□?

七六〇三正 戊子卜穷貞戉其尋伐
七六〇三反 ……饗……
七六〇四 ……曰旨其有……
七六〇五甲 ……殻貞曰旨其有伐
七六〇五乙 ……貞旨弗其伐
七六〇六 辛酉卜內貞旨其伐……
七六〇七 貞戉允其伐
七六〇八 貞勿伐
七六〇九 ……勿……伐
七六一〇 貞余……曰伐……
七六一一 ……戊……丁卯其伐
七六一二 貞庚申伐
七六一二 二告
七六一三 ……徹伐
七六一四 ……殻……伐……
七六一五正 二告
七六一五正 二告
七六一五正 二告
七六一五正 二告
七六一五反 庚寅
七六一五反 勿……䵼
七六一五反 ……□䵼
七六一六 貞……正
七六一六 貞惟王正
七六一六 貞勿惟王正
七六一七 ……王貞余正
七六一八 ……惟王……自正
七六一九 ……巳卜殻貞王勿入正
七六一九 ……午卜殻貞王……
七六一九 ……丑卜殻貞勿……
七六二〇 貞勿……
七六二〇 ……勿入正
七六二一正 貞王……正……
七六二一反 ……婦……
七六二二 ……告于……王其正
七六二三 ……正受有祐
七六二四 ……王不正
七六二五 ……勿正
七六二六 ……屯禹……征
七六二七 ……𦎫
七六二八 ……卜穷……翌乙亥𦎫……征受雀祐
七六二八 ……征受雀祐
七六二九正 癸亥卜亘貞王有……吉……
七六二九正 壬戌卜亘貞𦎫其亦有征
七六二九臼 婦井示十屯 穷
七六三〇 戊午卜……豙弗其……邑征……

七六三〇 戊午……王豙……邑征……
七六三一 貞翌甲……子大……征𠙵
七六三二 ……呼雀征……
七六三三 ……卜王勿……既征……
七六三四正 乙亥……殻貞……㲋既征
七六三四反 王固……㲋惟既征
七六三五 乙亥卜弜獲征
七六三六 丁卯卜內……征獲不其百
七六三七 ……征獲不其百
七六三八 ……無……獲征
七六三九 ……獲征
七六四〇正 弗其獲征
七六四〇正 貞……
七六四〇反 ……不吉
七六四一正 貞……以
七六四一正 貞以
七六四一正 ……獲征
七六四一正 弗其獲征
七六四一反 ……獲征其惟丙……
七六四二 乙丑獲……
七六四二 乙丑征
七六四三 ……征獲……百四十……
七六四四 ……丑卜王……其征
七六四五 ……其征
七六四六 ……不狙征八月
七六四七 王……不化……征
七六四八 ……允……征
七六四九 ……弗……征
七六五〇 戊寅……征
七六五一 ……征
七六五一 十二月
七六五二 ……王……征
七六五二 ……正五月
七六五三 ……家于……征一月
七六五四 丙寅……征
七六五五 ……卜……日不征
七六五六 戊……征
七六五七 ……其徒
七六五八 ……爭貞徒
七六五九 癸未徒
七六六〇 ……申卜殻貞告?……
七六六〇 ……一史以……
七六六〇 ……王敦……
七六六〇 ……再允……
七六六〇 ……呼王敦……
七六六〇 ……呼王……

七六六〇　：呼：
七六六一　：殼貞王敦：
七六六二　：我敦：十一月　二告
七六六三　甲辰卜王貞于戊申敦
七六六三　：大：牛大甲：大：二牛祖乙牛
七六六三　：巳：內：一牛：一牛
七六六四　：午：王貞今：其敦二月
七六六五　戊申：其大敦
七六六五　戊申卜不大敦
七六六六　戊子：其大敦
七六六七正　：丑卜穷貞：允其敦
七六六七反　：方其往其啚
七六六八　：大出敦
七六六九　：其惟丙敦不吉
七六七〇　丙辰卜敦戋
七六七一　：敦戋
七六七二　己未卜敦：不其：
七六七三　：辰：我戋：
七六七四　：戌：貞翌：亥我弗其戋
七六七五　貞我弗其戋
七六七六　貞我弗其戋十一月
七六七六　：黄：
七六七七　：內貞我弗其戋
七六七八　貞雀弗其戋
七六七八　乙巳卜：貞曰：
七六七九　卑戋
七六八〇　貞卑弗其戋
七六八一　戊戌卜：今一月□：戋
七六八二正　庚戌卜殼貞□弗其戋
七六八二反　：□：五十在䜌
七六八三　：□弗：戋
七六八四　貞戌弗其亞
七六八五　丙午卜殼貞戌其有戋
七六八六　貞戌既戋
七六八七　呼戌弘戋
七六八八　貞：來：立：
七六八八　：來：辰：中
七六八八　戌戋
七六八九　貞戌戋
七六八九　貞今十二月無其来
七六九〇　五牛
七六九〇　貞舞有雨
七六九〇　貞舞無其：
七六九〇　貞戌戋
七六九一　貞：弗：戋
七六九一　貞戌戋
七六九一　貞戌弗其戋

七六九一　貞戌戋
七六九一　貞受王
七六九一　：戌：戋
七六九二　貞來甲辰立中
七六九二　：爭貞戌戋
七六九三　勿呼比弘□
七六九三　：呼：弘：□
七六九三　使人于眉
七六九三　貞戌戋
七六九四　丙申卜爭貞戌有石一橐其戋
七六九五正　貞戌有石：
七六九五反　：惟茲：益媗：
七六九六　：申卜爭：戌有：橐：戋
七六九七　貞戌有石一橐：
七六九八　貞戌其戋
七六九八　：戌有石一橐弗其：
七六九九正　貞：比：
七六九九正　戌：其戋
七六九九正　：令：
七六九九反　貞王曰無其：
七七〇〇　貞戌其戋
七七〇一　：殼貞戌其戋
七七〇一　甲戌卜爭貞：卯𦍒一王固：茲：
七七〇一　二告
七七〇二　貞戌弗其戋三月
七七〇二　貞于㞢事
七七〇二　不舌：
七七〇三　戌其戋
七七〇三　戌弗其戋
七七〇四　戌弗其戋
七七〇四　戌無其剢
七七〇四　：申卜古
七七〇五　貞戌不其戋二月
七七〇五　貞：
七七〇六　貞永
七七〇六　貞永
七七〇六　貞戌無其戋
七七〇六　貞戌不其戋
七七〇六　貞于翌癸：
七七〇六　貞于翌癸卯
七七〇七　丙午卜殼貞王𦥑曰戌其有：
七七〇七　丙午卜殼貞戌無其：
七七〇八　：殼貞王𦥑曰戌其有：
七七〇八　：酉卜殼貞戌無其戋
七七〇九正　：延：
七七〇九正　貞延雨

七七〇九正　貞雨
七七〇九正　敝弗其𢦏
七七〇九正　𢦏
七七〇九正　小告
七七〇九反　甲午卜…之夕允雨
七七一〇　貞䑣弗其𢦏
七七一一正　貞犬延無其𢦏…月
七七一一正　…勿豊…
七七一一反　…殸…敦…
七七一二　貞…往舌?
七七一二　…戊不…𢦏二月
七七一三　…卜王…既𢦏
七七一三　…申…殸…
七七一四　…惟既獲…今十月𢦏
七七一四　…其惟今十月𢦏
七七一五正　辛巳卜亘貞𢦏
七七一五正　甲…
七七一五反　王固曰吉其𢦏
七七一六　…其𢦏
七七一七　…其𢦏
七七一八　…其𢦏十一月
七七一八反　己…其𢦏…
七七一九　…卜內貞…其𢦏
七七二〇正　…其有𢦏
七七二〇反　…曰…
七七二一　貞𢦏其有…
七七二二　…弗𢦏
七七二三　貞弗𢦏十一月
七七二四　…弗𢦏
七七二四　…中…
七七二五　貞弗其𢦏
七七二六正　…弗其𢦏
七七二六反　…𢦏
七七二七　…弗其𢦏
七七二七　貞勿
七七二七　…令…
七七二八正　辛亥卜殸貞弗其𢦏
七七二八反　…婦井…
七七二九正　…酉卜殸貞弗其𢦏
七七二九反　…婦井…
七七三〇　貞…弗其𢦏
七七三一　…弗其𢦏
七七三二正　貞弗…𢦏
七七三二反　丁巳乞自…
七七三三正　戊子卜爭…
七七三三反　…勿𢦏丁其…
七七三三反　…异𢦏…

七七三四　…殸貞及…
七七三五　…及勿…
七七三六正　…獲惟□?…不其及
七七三六反　…巳…
七七三七　…勿…比及…
七七三八　庚寅…及以?…
七七三九　貞弗其及
七七四〇　貞其有來捍
七七四〇　…卜…今…無…
七七四一　…來捍
七七四二　…有告𢦔…
七七四三　庚…王…
七七四三　…丑卜王…人來…𢦔弗…
七七四四　…未卜㝑貞呼峴𢦔…
七七四五　勿呼峴𢦔
七七四五　呼峴…
七七四六　…貞我捍…
七七四七　丁巳卜王貞弜其令?𢦔…
七七四八　戊其捍
七七四八　…戊…不惟
七七四九　貞…㞢…以…
七七四九　戊其捍
七七四九　…雨
七七五〇　辛卯卜其…作𢦔
七七五一　其捍
七七五二　戊戌卜其捍
七七五三　庚寅…其捍
七七五四　…其捍暨…
七七五四　丁丑…
七七五四　告
七七五五　…惟捍
七七五六　…勿捍…
七七五七正　己未…𢦏在?…□…捍…
七七五七正　…卓…
七七五七反　…王…其亞…允…岳
七七五八　…爭…
七七五八　貞…儱…捍…
七七五九　…未卜王…弗捍…允…
七七六〇　貞不…捍…
七七六一　…捍…
七七六二　…勿肇
七七六三　貞內肇
七七六三　貞勿令十月
七七六四　貞內肇
七七六四　貞勿令
七七六四　…多大…
七七六四　…惟…

七七六五正	…卜宊貞…乞自…
七七六五反	…卜宊貞令…
七七六五反	…卜宊貞肇…
七七六六	庚午…宊貞…于…示…
七七六六	丙申卜貞勿延戔師令
七七六七	甲申卜宊貞卩戈…
七七六八	癸酉卜㱿貞雀惟今日𢦏
七七六八	癸酉卜㱿貞雀于翌甲戌𢦏
七七六八	癸巳卜㱿貞今日其雨
七七六八	癸巳卜㱿貞今日不雨允不雨
七七六八	王聽孽
七七六八	王聽勿孽
七七六八	王有
七七六八	王無
七七六八	甲子…
七七六八	貞勿?…
七七六九	…捍?余呼御
七七七〇	…午卜…勿[illegible]
七七七一	…八日辛亥允戈伐二千六百五十人在[illegible]…
七七七一	甲…丁?己?…

甲骨文合集摹釋

第四冊　七七七二—一二四七九

七七七二正　貞王有匚在𡧊㕣
七七七二正　貞王有匚在𡧊勿㕣　二告
七七七二正　貞王入于商其有作囚
七七七二正　庚戌卜內貞王入于商無作囚
七七七二正　翌庚戌王入　二告
七七七二正　翌庚戌王勿入　二告
七七七二正　翌乙卯王入不冓
七七七二正　其冓
七七七二正　貞翌辛亥王入
七七七二正　翌辛亥王勿入　二告
七七七二正　不冓
七七七二正　其冓
七七七二正　今辛未王夕步　二告
七七七二正　今未勿夕步
七七七二正　貞王复
七七七二正　貞王勿复
七七七二正　丙午卜穷貞𠾂
七七七二反　庚戌卜爭
七七七二反　甲寅卜爭
七七七二反　貞王歸
七七七二反　王…歸隹…
七七七二反　…卯田…勿令…
七七七二反　…勿呼…田
七七七二反　貞…
七七七二反　…不其…
七七七三　貞王…省…
七七七三　勿省南不若　二告
七七七三　其入商
七七七三　…徹弗…商　二告
七七七三　貞我…凡牛束羊　二告
七七七三　不豕束
七七七四　辛酉卜㱿貞今二月王入于商
七七七五　甲戌卜㱿貞今六月王入于商
七七七六　辛未卜爭貞王于生七月入于商
七七七六　辛未卜爭貞王…
七七七六　…于生…
七七七七　辛未卜爭貞王于生七月入于商
七七七七　辛未卜爭貞王勿衣…
七七七八　辛未卜爭貞王于生七月入于商
七七七八　辛未卜爭貞…
七七七九　…子卜㱿貞王入于商

七七七九　…丑卜㱿貞…
七七七九　…子卜㱿貞生七月王入于…
七七八〇正　戊寅卜㱿貞生七月王入于商
七七八〇正　辛巳卜㱿貞王于生七月入…
七七八〇正　甲申卜㱿貞王于八月入于商
七七八〇正　…㱿貞生七月王入于…
七七八〇正　…貞王入于商
七七八〇正　…王入于商
七七八〇反　…卜有以歲母庚
七七八一　…卜㱿貞王于生七月□
七七八一　…㱿貞王于生七月入
七七八一　…㱿貞生七月王勿衣入
七七八一　乙亥卜㱿貞生七月□　二告
七七八一　己卯卜㱿貞生七月…
七七八二　己卯卜㱿貞生七月…
七七八二　乙亥卜㱿貞生七月□
七七八二　甲戌卜㱿貞王于生七月入于…
七七八二　…㱿貞生七月王入于…
七七八二　…卜㱿貞生七月王勿衣入
七七八二　…貞王于生七月入
七七八三　貞王…生七月…于商
七七八三　…卜爭…勿…入
七七八四　…王于生七月入于商
七七八四　…卜…
七七八四　…卜庚辰
七七八五　貞…
七七八五　辛卯卜㱿貞今七月王入
七七八五　癸巳卜㱿貞來乙巳卜勿入于商
七七八五　貞王勿…商
七七八六　辛卯卜㱿貞今七月王入
七七八六　癸巳卜㱿貞來乙巳王勿入于商
七七八六　…商
七七八七　貞王于七月入于商
七七八七　辛卯卜㱿貞來乙巳王勿入
七七八七　貞今七月王入于商
七七八八　乙未卜㱿貞來乙巳王入于商
七七八八　…七月…入于商
七七八九　乙未卜㱿貞來乙巳王入于商
七七八九　貞今七月王入于商
七七九〇　貞王小生七月于商
七七九一　貞王小生七月入于商
七七九二　貞王…八月入…商
七七九三　貞王于生八月入于商
七七九三　…商
七七九三　…示有…伐七月

七七九三　貞…
七七九四正　…貞來乙巳王入
七七九四反　戊子卜㱿…
七七九四反　丙戌…
七七九五　…王…商
七七九五　己丑卜㱿貞來乙巳王入于商
七七九五　庚寅卜㱿貞來乙巳王入于…
七七九六　辛卯卜㱿貞來辛丑王入于商
七七九六　…來乙巳王入于商
七七九六　…王入于商
七七九七　…于商
七七九七　…㱿貞來乙巳王入于商
七七九八　…乙巳王入于商
七七九八　貞來辛丑王勿入
七七九八　貞來乙巳王勿入
七七九八　…來乙巳王勿入于商
七七九九　…卜㱿貞來乙巳王勿入于…
七八〇〇　…于商
七八〇〇　…勿入于…
七八〇一　…貞來…巳…入…商
七八〇一　…入…商
七八〇二　…商
七八〇二　…今六月…入于…
七八〇三　乙未卜爭貞王其入于商
七八〇三　庚午卜爭貞呼子商…
七八〇三　甲戌卜爭貞翌乙亥…
七八〇三　庚辰卜爭貞…自成一牛
七八〇三　**惟宰**
七八〇四　…王其入于…
七八〇五　…王…
七八〇五　…商其有…王入
七八〇六　貞…入于商有…
七八〇七　乙酉卜入
七八〇七　甲申卜入
七八〇七　壬午卜入
七八〇七　庚辰　二告
七八〇七　…王于…入…商
七八〇七　**甲**…
七八〇八　貞我…入商
七八〇九　癸酉卜…貞㪔…尋入商九月
七八〇九　貞㪔其尋入商有…
七八一〇　…**貞㪔其**…**入商有**…
七八一一　…**卜**…**貞王于**…**其有**…
七八一二　貞王于…月…
七八一二　貞…王…商

七八一三　…戊…于商
七八一四正　丙戌卜爭貞在商無囚
七八一四反　己卯圉牝在庙
七八一五　貞…
七八一五　貞在商…
七八一五　勿于敦
七八一五　…步伐舌…受有…
七八一六　…至于商婦妌…大不…
七八一七　…至于商…若
七八一八　貞不至于商五月
七八一九　…辰…貞令…商歸　小告
七八一九　丁未…貞執…
七八二〇　貞歸
七八二〇　貞勿歸
七八二〇　貞勿歸于商
七八二一　辛酉來商
七八二一　于盟用
七八二一　…王賓祭
七八二二　…㞢…于…
七八二二　辛酉貞
七八二二　惟…奠…商
七八二二　…敀一牛
七八二三　…辰卜古貞商魯　二告
七八二三　二告
七八二四　…商若
七八二五正　…正…商甾…其㞢…
七八二五反　…其
七八二六　貞商其…
七八二七　貞…商…㝬…
七八二八　…卜㱿貞…日商…
七八二九正　戊戌卜㱿貞有商
七八二九反　…示五
七八二九反　…國曰惟…終
七八三〇　…古貞商…
七八三一　貞商
七八三二　貞…大…商
七八三三　辛…貞…商
七八三四　…商…伐…
七八三五　…卜㝊…王…伐…商
七八三六　貞商
七八三六　…令…以…令…
七八三七　…勿于中商
七八三八　甲午卜燎于丘商
七八三九　…方…人其丘商
七八四〇　…卯入商

七八四一
七八四二
七八四三
七八四四
七八四五
七八四六
七八四七
七八四八
七八四九
七八五〇
七八五〇
七八五〇
七八五一正
七八五一正
七八五一正
七八五一反
七八五二正
七八五二正
七八五二正
七八五二正
七八五二正
七八五二正
七八五二正
七八五二正
七八五二反
七八五三
七八五三
七八五三
七八五三
七八五四正
七八五四正
七八五四反
七八五五
七八五五
七八五六甲
七八五六乙
七八五七
七八五八
七八五九正

貞于亳
…捍弗戕在冥
丁酉卜殼貞來乙巳王入于冥
丁酉殼貞來乙巳王入于冥
…來乙巳入冥
乙丑…殼貞王入…冥
辛…燎…牛…
…卜…乙…王…冥
丁酉卜殼貞翌庚子王勿…冥
…來…冥
龍…出…
不其白
貞冥無囚
惟之人
不惟之人
己丑卜穷貞惟冥人
貞不惟冥人
告
貯…十示
貞[?]女呼于敦　二告
勿于敦　二告
勿…
貞茲邑其有降囚　二告
戊戌卜穷貞茲邑無降囚　二告
貞…毋于敦　二告
貞茲邑其有降囚　二告
貞我無捍　二告
貞侑于父…
壴入十
…卜爭貞洹其作茲邑…
癸亥卜爭貞洹弗…
…王…其作…
…貞洹弗作茲邑…
…殼貞呼吳取囚任伐以
乙酉卜殼貞勿呼吳取囚任伐弗其以
…殼貞洹其作茲邑囚
甲子卜殼貞婦𡡆娩嘉四月
…作洹惟有[?]勿惟洹惟有乂災
茲邑…
貞茲邑…其…
貞茲…
…茲邑
…殼貞茲邑
貞惟[?]令
其作茲邑囚四…

七八五九正
七八五九正
七八五九正
七八五九正
七八五九正
七八五九正
七八五九正
七八五九反
七八六〇
七八六〇
七八六〇
七八六〇
七八六〇
七八六〇
七八六〇
七八六一
七八六一
七八六一
七八六一
七八六一
七八六一
七八六一
七八六一
七八六一
七八六二
七八六二
七八六二
七八六二
七八六二
七八六三
七八六三
七八六四正
七八六四反
七八六五
七八六六正
七八六六反
七八六七
七八六八
七八六九
七八七〇
七八七一
七八七二
七八七三

洹弗作茲邑囚
貞惟阜山令
貞允惟阜山令
貞婦𡡆娩不其…
貞勿告
貞呼吳取囚任
…婦示
王固曰以
貞惟[?]令
其作茲邑囚四月
弗作茲邑囚
貞惟阜山令
貞允惟阜山令
貞婦𡡆娩不其嘉
貞勿告
貞王去束于敦
貞于𢓊
貞以惟
貞不其以
惟茲邑寵不若
燎于土
無若
…婦好…惟…受…
貞望乘…
侑于父戊咸…
貞侑于父甲父庚父辛
貞于[?]
勿于[?]
惟茲邑寵不若
無若
…王固…燎于…
西邑害
貞于西邑
我…
貞侑于西邑
侑于黃尹
四邑
[?]
…貞邑隶
貞邑…
…歸…于有邑
…令…邑
…卜王余…邑
[?]畐
…盧畐…

七八七四
七八七五
七八七六
七八七七
七八七八
七八七八
七八七九
七八八〇
七八八一
七八八一
七八八二
七八八二
七八八三正
七八八四
七八八四
七八八五
七八八五
七八八五
七七八六
七八八六
七八八七
七八八八
七八八九正
七八九〇
七八九一
七八九二
七八九三
七八九四
七八九五
七八九六
七八九七
七八九八
七八九九正
七八九九反
七九〇〇
七九〇一
七九〇二
七九〇三
七九〇三
七九〇四
七九〇五
七九〇六
七九〇七
七九〇八正
七九〇九
七九一〇

……畓
……曰……惟㞢……畓惟……
貞今日勿步于奠
庚午……奠……
貞……
己酉卜穷貞令受奠
甲子卜貞丁惟我其奠……
貞奠不其……
貞祖……
貞……人率奠于……
甲寅……奠……其……
……卜王……不作束……
……奠……
貞勿遣在南奠
遣
……殻貞在南奠
……殻貞我受……
貞在南奠
……不其……南奠
……商……
庚寅卜貞于亘十月
癸丑卜殻貞師往衛無囚
衛
衛
婁人
婁人
庚申卜㕣貞兒人……
貞其雨十月在甫魯
貞其雨……在甫魯
貞今……其雨在甫魯
乙亥貞其召衣于亘遘雨十一月在甫魯
己卯卜……令……于夫……于宋……
貞……取……于攸
庚子……
……往……
雇
……王往
貞夫勿……小告
……貞夫……于不舌黽
貞翌庚子勿……二月在祭
……壬祭
……替惟替……
不惟替囚
……在虘十二月
虘
……王翌乙丑……一月在虘

七九一一
七九一一
七九一二
七九一三
七九一四
七九一五
七九一六
七九一七正
七九一七反
七九一八
七九一九正
七九一九反
七九二〇
七九二〇
七九二〇
七九二〇
七九二一
七九二二
七九二三
七九二四
七九二四
七九二五
七九二六
七九二七
七九二八反
七九二九正
七九二九正
七九二九反
七九二九反
七九三〇
七九三一
七九三二
七九三三
七九三四
七九三四
七九三五
七九三六
七九三六
七九三六
七九三七
七九三八
七九三八
七九三九
七九四〇
七九四〇

翌……
……往……祈
……于祈十一月
……祈人……
……祈七月
……之……啓……祈
……貞勿……祈
……㞢……祈……
百
……祈十一月
乙亥卜穷貞燎于祈三豕
貞勿燎
貞……小宰
貞惟小宰
貞侑于祈
其……
……裘往裘往……
……裘往裘往……
……折暈……
在折……
在……
……折
貞……辛……膏
貞膏
……卜穷貞……于[illegible]……十二月
……至令于八……出燎
告
……令……囚
王固曰……其賜……
乙酉卜殻貞勿呼婦先于龐
庚子……入……
……王往……弓于……喪之日王……弓于……
……喪……
……洹喪……
惟往
翌丙……步……襄
貞其……稌
庚寅
……卯
……戠雍……一宰
丙子卜雍……利
雍于萬
……彭雍……易……
出于敦
貞王勿出于敦

七九四一正	壬辰卜亘貞王往出于敦
七九四一臼	庚寅婦姛示三屯　小㱿
七九四二	貞于庚申出于敦　二告
七九四二	勿于庚申出
七九四二	貞王今丁巳出
七九四二	貞勿惟今丁巳出
七九四二	丁巳卜穷貞王出于敦
七九四二	：貞王勿出于敦　二告
七九四三	貞王往出于敦
七九四三	貞王勿往出于敦
七九四四	：王：出：敦
七九四五	乙丑卜韋貞：
七九四五	丁卯卜爭貞王往于敦不左
七九四六	丙辰卜亘貞𦨶無災　二月　不𠰷黽
七九四六	貞：無：
七九四六	戊辰卜亘貞王往于敦
七九四七	：往于敦之：
七九四八	貞王往于敦
七九四九	：王往于敦
七九五〇	：勿：戌：　二告
七九五〇	：卜㱿：往于敦
七九五一正	貞勿往于敦
七九五一反	：婦：
七九五二	貞今日勿往：敦
七九五三正	貞勿往于敦
七九五三反	：五十
七九五四	乙卯卜亘貞今日王至于敦夕𫹉子央
	侑于父乙
七九五五正	：夕往于敦
七九五六	庚：貞翌辛：至于敦奏于：
七九五七	辛酉卜爭貞今日王步于敦無𢦏
七九五八	：翌甲：步：敦
七九五九	：五：
七九五九	：卜在敦乙巳：
七九六〇反	在敦
七九六一	貞在敦
七九六一	貞
七九六二	癸：貞：
七九六二	：敦
七九六二	：于：
七九六二	：在敦
七九六三正	：貞勿令：
七九六三反	：在敦
七九六四正	：在敦
七九六四反	：㱿：
七九六五	在敦
七九六六正	貞：
七九六六正	：羌六月
七九六六正	貞于敦去山六月
七九六六反	中：
七九六七	：于敦
七九六八正	貞辛：于敦：其
七九六八正	：若
七九六八反	：自[illegible]：
七九六九	：巳：敦：
七九七〇	：卜貞：于敦
七九七一	于敦
七九七二	乙酉：以州：
七九七二	：州：敦
七九七三正	庚辰：貞王：
七九七三反	：敦：
七九七四	：貞：王：茲敦：無：
七九七五	丁：敦：
七九七六	：敦七月
七九七七	：敦
七九七八	：㞷：無災
七九七九	望缶
七九七九	二牛其：
七九八〇	缶
七九八一	庚：貞：丑：
七九八一	：酉卜：貞子：遣：[illegible]
七九八二	弗及
七九八二	戊申卜㱿貞惟黄呼往于[illegible]
七九八二	戊申卜㱿貞惟師呼往于[illegible]
七九八三正	貞：[illegible]：弗及
七九八三正	：及
七九八三反	在：
七九八四正	：[illegible]
七九八四反	：㚔：
七九八五	：彭：
七九八六正	：从：
七九八六正	二告
七九八六反	王：
七九八六反	戌：[illegible]
七九八六反	癸：卜：無𡆥
七九八六反	：其：不吉
七九八七	：勿惟王自[illegible]：
七九八八反	癸：貞：
七九八八反	：[illegible]
七九八九	：[illegible]：
七九九〇正	癸：卜：貞：
七九九〇正	癸卯卜爭貞旬無𡆥

七九九〇正 癸卯卜爭貞旬無囚
七九九〇正 ：子：
七九九〇反 ：自西□呼告
七九九一 ：卜貞毌弗受：
七九九二 ：貞毌弗：
七九九三 ：毌弗：
七九九四 毌：
七九九四 ：毌：方：
七九九五 ：卜毌：㞢：
七九九六甲 ：無：
七九九六甲 貞□不隹孽
七九九六甲 乙未卜爭貞翌丁酉王步丙申屮：
七九九六甲 乙未卜爭貞翌庚子王步
七九九六甲 ：壴往祉無囚
七九九六甲 不延雨
七九九六甲 ：雀
七九九六乙 乙未：貞□
七九九七 ：于祉
七九九七 ：呼：兄：祉：得
七九九八 乙酉：貞：于祉：子：
七九九九 ：于祉
八〇〇〇 ：酉卜王：人于祉
八〇〇一正 貞：
八〇〇一正 貞今日不其延雨
八〇〇一正 貞王往于甘
八〇〇一正 ：今日：雨
八〇〇一反 ：卜韋：
八〇〇二 ：王往出于甘
八〇〇三 ：往出于甘
八〇〇四 ：羊于甘
八〇〇五正 ：于甘
八〇〇五正 ：祖
八〇〇五正 辛：
八〇〇五正 ：每于甘
八〇〇六 戊子卜令發往雀師
八〇〇六 戊：
八〇〇七 癸卯：于雀：廼令：豕：
八〇〇七 其禦羊豕
八〇〇七 ：卜：
八〇〇八 甲申卜㱿貞雀受祐
八〇〇九 ：雀
八〇一〇 ：酉：勿：雀：
八〇一一 ：卜□：雀：允：
八〇一二 ：戌：王：雀
八〇一三 勿曰雀：
八〇一三 ：于□

八〇一四 貞：惟：在：
八〇一四 ：卯卜：貞：祟：在丹
八〇一五 貞：
八〇一五 ：卜古貞□在唐麓 二告
八〇一六 ：□于唐
八〇一七 ：王聽不惟于唐：
八〇一七 ：不：
八〇一八反 ：于唐
八〇一九 ：曰：
八〇一九 ：于唐
八〇二〇 ：唐
八〇二一 乙卯卜□貞王往捍
八〇二二正 ：王：往出：□
八〇二二反 ：示：
八〇二三 ：婦妌先于□
八〇二四 ：于捍
八〇二五 ：曰吹：出□
八〇二六 ：□七月
八〇二七 ：彡
八〇二七 ：彡：□
八〇二八 呼先于□
八〇二八 貞勿呼
八〇二八 ：桼
八〇二九 ：□
八〇三〇 ：□：从：八月
八〇三一 ：在□
八〇三二 癸酉□于磬十牛□
八〇三三 ：亘貞：于磬：
八〇三四 ：貞其圍于磬京不：
八〇三五 貞翌辛亥呼婦妌圍于磬京
八〇三六 ：磬京
八〇三七 ：磬京
八〇三八 ：又：磬京
八〇三九 乙卯卜穷貞王往于□若六月
八〇三九 ：卜□京
八〇三九 ：暘日
八〇四〇 甲戌：貞：敦
八〇四〇 丁：卜：告从：
八〇四〇 ：□京
八〇四一 庚辰卜卜亘貞□：于□
八〇四一 ：申卜穷：無其：來自：
八〇四二 ：□
八〇四三 ：見婦好在□一月
八〇四四正 ：呼婦好往于□
八〇四四反 ：呼：
八〇四五 貞翌：允：于□

八〇四六　……敦
八〇四六　……在[?]
八〇四七正　……乞呼卯……[?]……祀
八〇四七反　……[?]
八〇四八　貞勿于[?]用
八〇四九　……[?]
八〇四九　……[?]
八〇五〇　……[?]五月
八〇五一　……王勿……[?]
八〇五二　……呼
八〇五二　……[?]
八〇五三　……[?]
八〇五三　……[?]
八〇五四　……貞王往于[?]
八〇五五　……貞[?]
八〇五六　在……
八〇五七　……[?]
八〇五七　……[?]
八〇五八　……入五在[?]
八〇五九　……于[?]
八〇六〇　……[?]
八〇六一　……[?]
八〇六二　……[?]
八〇六三　貞惟今日往于[?]
八〇六三　……于……已……用
八〇六四　……申卜……貞王往于[?]
八〇六五　貞……[?]……
八〇六五　……[?]……燎
八〇六六　……步……[?]
八〇六七正　……卜呼从……
八〇六七正　在[?]
八〇六七反　丙……
八〇六八　……[?]
八〇六九　……[?]
八〇七〇　癸……卜……
八〇七〇　貞呼奴在[?]
八〇七〇　貞呼奴在[?]人
八〇七〇　貞其有去受
八〇七〇　……十月
八〇七一　雚
八〇七二　勿往徹京五月
八〇七三　……徹京……受……
八〇七四　……已惟……十二月在徹
八〇七五　……七月……徹
八〇七六　……王往……徹
八〇七七　辛亥……王往……徹一月

八〇七八　貞王勿往于京
八〇七九　……勿往……京
八〇八〇　癸……殻貞……于京雀
八〇八一正　貞勿……京于……
八〇八一反　……卜韋……
八〇八二　……己卜……[?]㞢……惟我……茲……京
八〇八三　戊午……王……从……京
八〇八三　貞其……日
八〇八四　貞不[?]涉一月在𩫖
八〇八四　貞惟[?]令比[?]二月
八〇八五　貞……宗
八〇八五　貞于庚寅酌𠦪
八〇八五　乙酉卜貞于𩫖𠦪
八〇八五　貞戠羞我人甾
八〇八六　……品其……
八〇八六　……𩫖
八〇八七　……𩫖
八〇八八正　癸未……㞢……
八〇八八反　……在庭……
八〇八八反　……四日丙申……冉……
八〇八九　乙酉卜王在庭
八〇九〇　……勿……壬……于庭　二告
八〇九一正　……貞于庭……
八〇九一反　……缶……
八〇九二　貞惟鼓令見于[?]
八〇九三　……[?]貞呼取令于[?]
八〇九三　……翌丁亥惟上甲祝用
八〇九三　……取令于[?]
八〇九四　己卯……今日……用
八〇九四　……㝑……庚……[?]
八〇九五　己丑卜㝑……今……[?]
八〇九六　……未卜……[?]
八〇九七　……秋
八〇九七　……方……[?]
八〇九八　……貞並……于[?]
八〇九九　……令……[?]
八一〇〇　……其……[?]
八一〇一　……[?]
八一〇二　……申卜爭貞……[?]
八一〇三　……囚
八一〇三　……㝑……惟……于囚
八一〇四　……貞其雨
八一〇四　貞不若五月在明
八一〇五正　甲辰……貞
八一〇五正　貞勿酌戠九月在[?]

八一〇五反　：殻
八一〇六　辛卯卜貞今夕囚十月：殻
八一〇七　：勿步：月在殻
八一〇八　貞：用：
八一〇八　貞勿令九月在殻
八一〇八　：眸：九月：行
八一〇九正　：有至自奚
八一〇九反　：王固曰：
八一一〇正　：自奚：
八一一〇反　：來：
八一一一　：徝往于奚
八一一二　：于□
八一一三　丁：貞：辰：不：
八一一三　：受：禱
八一一四　乙：貞：受：
八一一五　：周取巫于□
八一一六　乙丑卜貞王：于□
八一一七　：允往：□
八一一八　：□二告
八一一九正　貞呼宅□丘
八一一九反　：翌其：□丘
八一一九反　翌己：
八一二〇　：卜：旬：十月在□　告
八一二一　：九月在□
八一二一　：鑿：
八一二二　壬：日：□
八一二二　貞：
八一二三　貞：
八一二三　：□
八一二四反　：克爭女□
八一二五　：至于□
八一二六正　：惟之：
八一二六反　：于尋司：
八一二七　庚辰：殻貞今日步于尋
八一二八　己卯
八一二八　辛巳
八一二八　貞：令
八一二八　貞于尋
八一二九正　貞：
八一二九反　勿于尋
八一二九反　女：
八一三〇　勿于尋
八一三一　：往：于宿
八一三二　：己卯鬥：
八一三二　戊：二牛
八一三三　：出在朱
八一三四　：非：田壱：在朱

八一三五　翌癸：不步于非
八一三六　癸卯卜貞敉非：歸
八一三七正　貞不其雨
八一三七反　：申在并：
八一三八正　貞其役行：
八一三八正　其：
八一三八反　癸酉：
八一三九　貞王不役在行
八一四〇　：正：
八一四〇　：在：
八一四一正　：勿往：□
八一四二　丁卯：貞：□
八一四二　：大出十二月
八一四三　貞允：來自□
八一四三　壬寅：無其來自□五月
八一四三　□
八一四四　壬：
八一四四　：子卜：有禱
八一四四　：寅卜：□：□
八一四五　：□
八一四六　：□
八一四七　：□
八一四八　：申：尊：□
八一四九　：□
八一五〇　：□
八一五一　：□
八一五二　：史□
八一五三　：呼□：□人：
八一五四　甲辰卜貞宰
八一五四　：午卜爭貞：王往休
八一五五　庚子卜穷貞王往休無：
八一五五　丙辰：貞：㞢：
八一五五　：未：
八一五五　：卜穷：未：
八一五六　壬：穷貞王往休
八一五七　辛丑卜貞王往休
八一五七　：辰卜：翌：巳：□
八一五八　壬：貞：往：
八一五八　庚子卜貞王往休
八一五九　庚辰卜：貞王往：之日王：休从：
八一六〇　貞王往休無災
八一六一　：王往：延休
八一六二　壬寅卜古貞往休
八一六二　：卜：惟牛用
八一六三　：□

八一六三　…申卜…王…休
八一六四　…貞勿往休二月
八一六五　…卜古…王…休
八一六六　…貞…往休
八一六七　…休
八一六七　…以休
八一六八　…宥
八一六九　在宥
八一七〇　…勿于休
八一七一　…于休…豹…有祐
八一七二　…王貞呼…于𣏟
八一七三　…貞…師般入…䜌
八一七四　…𠦝令…䜌
八一七四　…尋方至
八一七五　…五十在䜌
八一七六　…貞曰…以…至䜌
八一七七　…䜌
八一七八　…亘貞王首出于䜌五月
八一七九　貞䜌
八一八〇　貞惟𠦝令𡨄…䜌
八一八一　辛巳卜殻貞商不…
八一八一　甲申卜殻貞在春圍…𩫖
八一八二　…令…往…尋
八一八二　貞令往鬱
八一八三　…穷貞王往椒
八一八三　…王…允…
八一八四　…午卜王…在雚
八一八五正　貞王勿往于莫
八一八五正　貞婦姘無其賓
八一八五正　…貞…
八一八五反　…惟
八一八五反　戊辰卜…𡨄乞…
八一八五反　…凹
八一八六正　貞勿燎十二月
八一八六反　…百在橐盧
八一八七　…橐盧
八一八八　丙辰卜爭貞惟庚申步自剢
八一八九　壬申卜貞呼禦在鼻…在𢧐
八一九〇正　癸卯貞呼呼往西至于衣
八一九一　…史…
八一九一　在衣
八一九二　在𥁕
八一九三　…自𥁕
八一九四　…自𥁕
八一九五　貞商至于奏十月在[illegible]
八一九六　…出…奏…[illegible]

八一九七　…龖…
八一九八　…至龏
八一九九　…王呼希方…龏
八二〇〇　己亥…亦…
八二〇〇　…卜…余…龏…占
八二〇一　…龏
八二〇二　…𠱠其呼取…龏友朿
八二〇三　己卯卜戚于[illegible]
八二〇四　…于虎
八二〇五　貞…𪋆…
八二〇六　…于𪋆　二告
八二〇七　貞惟王自虎[illegible]皿
八二〇八　辛巳卜穷貞王勿往馬
八二〇九　…卜…令[illegible]于徫
八二一〇　…其㞢…衛…
八二一一　…在㕧豕…
八二一二　貞自[illegible]…人于河
八二一二　…災
八二一三　…利在[illegible]
八二一四　…允…十月在[illegible]
八二一五　己丑…[illegible]
八二一六　貞勿…往于[illegible]
八二一七　丁卯貞于[illegible]若
八二一八正　…爭貞在[illegible]蒖
八二一九甲　…妻來…
八二一九甲　殻貞王往于庙師
八二一九乙　…妻弗…
八二二〇正　貞…出于庙…
八二二〇反　…殻…新…
八二二一　貞…
八二二一　貞王于庙
八二二二　…于庙
八二二三　貞…往…
八二二三　貞王于庙
八二二四　…貞燎…茲庙
八二二五　…二在庙
八二二六正　…亥卜古貞…
八二二六反　…在庙
八二二七　…庙
八二二八　…庙
八二二九　…盖宅唐
八二三〇　…唐
八二三一　…惟王往[illegible]在庙
八二三二　…廼　二告
八二三二　往庙
八二三三　…永貞翌丁酉…圍于麆…𡆥曰其有…

八二三四　：往于：□…
八二三五　貞于辛亥步
八二三五　貞翌庚戌步于□
八二三五　癸酉卜貞燎于丁五小宰卯五牛
八二三五　貞羽暨郭弗其以有取
八二三六　癸卯：王固曰：四日丙午：友唐告…
　　　　　入于□
八二三七　：于鳴：
八二三八　：往鳴
八二三九　：㽞友□于鳥
八二四〇正　不吿黽
八二四〇反　：取㽞友于□…
八二四一正　己亥卜㝉貞牧匄人肇
八二四一正　貞翌甲寅侑于上甲七月
八二四一反　：自□
八二四二　：自𢌿…
八二四三　：在姿
八二四四　貞于□
八二四五　：□
八二四六　：爭貞王往于□
八二四七　己亥卜殻貞王往于□
八二四八　貞王勿往于□
八二四九　貞勿往于□
八二五〇正　：亦刖在激允…
八二五〇正　己：
八二五〇反　貞：
八二五〇反　貞：
八二五一正　：固曰吉奴：曰往仌：毓：子入
八二五一正　貞：㞢：
八二五一反　今：
八二五一反　：羊
八二五二　：在□
八二五三　貞：
八二五四　：啓：
八二五五　：于□
八二五六　：衛：十月在□
八二五七　：惟：其：十月在□
八二五八　：弗其：十月在□
八二五九　：于□
八二六〇正　貞：羊于庚
八二六〇正　弗其獲
八二六〇反　：無壱
八二六〇反　□：
八二六一　□
八二六二反　貞勿往豐
八二六三　貞其：在

八二六四　：在□十二月
八二六五　：庚申貞：不其得十二月在□
八二六五　：卜翌丁卯王勿步…
八二六六　丁：
八二六六　貞耑受
八二六七　：耑
八二六八　辛：陷
八二六八　：其：
八二六九正　：羊勿：□
八二六九反　：自辥：
八二七〇　：步于廼
八二七〇　：雨
八二七一　：于廼
八二七二正　：自旅
八二七三　：于寧
八二七四　庚辰卜王貞余从：步：寧
八二七五正　：㞢：十牛于□
八二七六　：于犾
八二七七　癸丑貞于依八月
八二七八　貞勿牛
八二七八　貞呼見于□二月
八二七八　：卯：□：告
八二七九　：于□望
八二八〇正　：于□
八二八〇正　甲：
八二八〇反　：㝉：
八二八一　貞翌庚子：于：
八二八一　貞翌：
八二八二　甲午卜貞呼□比王：
八二八二　辛：貞：惟：
八二八二　貞呼□于□
八二八二　：羽：肇：
八二八二　貞令往尋
八二八三　貞勿令師般取：于彭龍
八二八四　癸未卜㝉貞王往于□
八二八五　：卜：于□
八二八六　：耑　二告
八二八七　：貞：□：
八二八八　貞在永：其㞢：
八二八九正　貞郭無其：在鼓
八二八九反　：骨
八二九〇　：自：鼓
八二九一　貞翌：卯王步于鼓十二月
八二九二　：在：
八二九三　：于杰
八二九四　：友于□

八二九五	辛丑卜…貞从…
八二九五	允从西
八二九六	…在𡿧
八二九七	貞勿于𢇛
八二九八	𢍊庚凡
八二九九	辛…貞…畀…
八二九九	…貞不…
八二九九	立于旋
八三〇〇	貞…往…利
八三〇〇	…王…往…利
八三〇一	…貞王勿葡出…
八三〇一	…般…
八三〇二	…婦窜在徹
八三〇三正	…㱿貞今日…王步
八三〇三反	…步于單
八三〇四	…學于入…若
八三〇五	貞于入
八三〇六	貞…
八三〇七	…入自…𢼸
八三〇七	貞不在入有不…
八三〇八	貞在我
八三〇八	貞于蔑
八三〇九	…于我師…
八三一〇正	丁亥卜古貞𡆥𢦏于滴
八三一〇正	𡆥不𢦏于滴
八三一〇反	貯入十
八三一〇反	王固曰勿𢦏
八三一一	…未卜…不惟滴令𠨘方
八三一二	…滴
八三一三	…鬱…滴
八三一四	…从滴
八三一五	丙寅卜洹其盜
八三一五	丙寅卜洹勿不…
八三一六正	…午卜穷貞洹不…
八三一六反	…入百 賓
八三一七	洹不盜
八三一八	貞洹…
八三一九	…洹其…
八三二〇	…不惟…洹
八三二一	…洹…
八三二二	…卜㱿貞…涉河…我以…
八三二三	…涉河…其…
八三二四	貞勿于河
八三二五	貞…令…
八三二五	…卓…河東
八三二六	呼目于河有來
八三二七	𩰫于河
八三二八	…𩰫于河允無…
八三二九	壬子卜㱿貞商
八三二九	乙亥暘日
八三二九	貞正
八三二九	貞吉印
八三二九	貞翌乙丑侑于祖乙
八三二九	己巳卜亘貞燎于□
八三二九	貞往于河有雨
八三三〇正	呼卓往于河
八三三〇正	惟禘岳㹤
八三三〇反	乙巳…
八三三一	貞往于河
八三三二正	乙未卜古貞舌畀㲋 二告
八三三二正	不…
八三三二正	二告
八三三二反	貞翌丁卯呼往于河有來
八三三三	往…河…
八三三三	貞禦于羌甲
八三三三	勿禦
八三三三	往于河無…从雨
八三三四	…在沘
八三三五	貞無…在沘
八三三六正	…𢦏…有祐在沘
八三三六反	…入…
八三三七	…有祐在沘
八三三八	…祐在沘
八三三九	貞有不若在沘
八三四〇	…不若在沘
八三四一	…若在沘
八三四二	…在沘
八三四三	…令沘
八三四四	…呼…冈…沘
八三四五	貞我勿涉于東沘
八三四六	庚子…穷貞…涉于東沘
八三四七	…𣿽…擒十二月
八三四八	…王…𣿽…
八三四九	…其往…𣿽
八三五〇	…未卜古…𢼸…𣿽
八三五〇	…黍
八三五〇	…于斿
八三五一	…無災在□
八三五二正	…印…邁…師
八三五三	…卜穷貞卓其往萬
八三五四	…無災在灉

八三五五　：在灉
八三五六　戊：貞翌己：王步于灉
八三五七　：遘：方：
八三五七　戊申卜貞：于灕：方
八三五八　：于彡尋
八三五九　：尸𡧊：㮚
八三六〇　：于㳄
八三六一　：涂
八三六二　：不：𦍒：涂
八三六三　：于洲
八三六四　：在：
八三六五　：酉：㯥：
八三六六　：囚
八三六七　：汜：
八三六八　貞王：出𡆥：
八三六八　：𦍒八月
八三六九　貞：𡆥：
八三七〇　：唯：𡆥
八三七一　：卜：𡆥
八三七二　：好：𡆥
八三七三正　：卜：婦：𡆥
八三七三反　：穷：
八三七四正　：㐱：
八三七五　：卜：自𡆥：吅：無災
八三七六　：卜：來有于及：西𡆥
八三七七正　：圉
八三七七反　：𡆥：
八三七八　：𡆥：
八三七九　：允得：
八三八〇正　貞十少方
八三八〇反　：帝：
八三八一　：丘处：
八三八二　：丘不：：
八三八三　：丘：傳：
八三八四　：丘：㐭：
八三八五　貞：于：㯥：
八三八五　丘其易：
八三八六　：雨柔：
八三八七　：宅丘王：
八三八八　乙巳卜古貞丘出：
八三八九　：貞：我保：丘
八三九〇　丙戌卜：貞令：衣丘
八三九一　勿于：
八三九二反　：王：岳：
八三九三　貞令：往：師
八三九四　乙未卜：翌丙：衛：

八三九五　：申卜穷：在谷：𠬝：婦：
八三九五　：子卜穷貞：婁：其：般
八三九六　丙寅卜𣎵于四戈
八三九七　貞：戈：
八三九七　貞惟黃令戈方二月
八三九八正　乙酉卜穷貞翌丁亥𡬠于丁十一月
八三九八正　己丑卜穷貞翌庚寅令入戈人
八三九八正　卯：
八三九八正　癸：
八三九八正　貞翌辛卯㚔弜𡴂令
八三九八臼　甲申乞自雩十屯：㪉
八三九九　庚寅：令入戈人步
八四〇〇　貞呼戈人𡈼𠔿
八四〇一　乙卯卜貞𡿧有擒
八四〇一　貞：
八四〇一　丁未卜爭貞勿𨟻用
八四〇一　貞呼戈人𡈼𠔿
八四〇二　貞將戈人
八四〇三　：戈人
八四〇四　辛亥卜貞呼戈人𡴂敦
八四〇四　壬子：
八四〇五　癸巳卜爭貞呼戈：
八四〇五　庚辰卜爭貞：
八四〇六　：古貞：于戈
八四〇七　：戈其囚
八四〇八　：卯卜貞：多方示：作大：
八四〇九　：虎：方其涉河東洮其：
八四一〇正　己丑卜貞今夕無囚
八四一〇反　：東尸有曰屯：余：
八四一〇反　：𣪘四
八四一一　乙巳卜爭貞𢀛其𠭋
八四一一　貞𢀛方不其𠭋　二告
八四一二　不舌
八四一二　：穷貞：𢀛方
八四一三　：㔾方：
八四一四　：𢀛方：
八四一五　：𢀛方：
八四一六　：庚辰：貞王：芫方：
八四一七正　貞：
八四一七正　貞匄：芫：方：于：大甲
八四一八　貞勿：芫方：
八四一九　：貞：芫方受祐
八四二〇正　：芫：使：
八四二〇反　弗其：
八四二〇反　王固曰吉：正
八四二一　：往：芫：

八四二二 ：：茓：
八四二三 ：貞：不賓：
八四二四 貞千弗其作𢀛方𡆥
八四二五 壬辰卜酉𢀛方大甲
八四二五 壬：卜：岦方大：
八四二六 辛巳卜王𢀛弗受朕：祐
八四二七 ：巳卜王𢀛其：
八四二八 ：巳卜王：豙：𢀛至：𡆥
八四二九 豙：三月：𢀛
八四三〇 ：𢀛
八四三一 ：𢀛
八四三二 𢀛其：
八四三三 ：凡
八四三四 ：旨：方
八四三五 旨犬
八四三六 旨
八四三六 旨
八四三六 旨
八四三七甲正 勿衣：曰旨：來尊：
八四三七乙正 ：曰旨：來尊：若
八四三七乙反 辥
八四三八 ：卜殻：旨受：
八四三八 貞：
八四三九 己卯卜爭貞今日旨：
八四四〇 貞：古貞𦝠旨：
八四四一正 貞：召王：勿比：
八四四一反 貞翌：
八四四一反 翌甲：不：
八四四二正 丙午卜殻貞翌丁：旨
八四四二正 貞：
八四四二反 ：王：
八四四二反 ：乂：師
八四四三 貞胥召：
八四四四 ：卯卜殻：基方：不：其：
八四四五 貞基方缶
八四四五 貞基方不其弐
八四四五 ：疾：內
八四四六 ：卜殻：基方：弗：
八四四七 基：不：
八四四八 基缶
八四四九 基
八四五〇 ：于基
八四五一 ：若蠢：方　二告
八四五二 ：周允：申夕㞢：旬有：其𡆥
八四五三正 丙午卜亘貞周弗：
八四五三反 㞢：乞：

八四五四 甲申卜王貞：卯：周：若
八四五五 貞勿令弘
八四五五 貞勿令
八四五五 ：寅卜：貞：弓：周
八四五六 ：殻貞周：
八四五七 丁卯卜貞周其有𡆥
八四五八 ：周無：
八四五九正 ：貞周弗其：
八四五九反 ：惟：
八四六〇正 丑卜：貞周弗：𡆥
八四六一 ：周㱿：
八四六二 貞：屯：
八四六二 ：卜穷：周：取
八四六三 曾于：塈周：
八四六四 ：卜：貞勿：周囚：
八四六五 ：周弗我：
八四六六正 ：周：
八四六六反 ：亥：
八四六七正 ：周：雨
八四六八 ：貞周：其：
八四六九 ：周：壴
八四七〇 貞：取
八四七〇 貞畀：周：
八四七一 ：周：
八四七二甲正 ：周方弗其有𡆥
八四七二乙正 ：周方弗無𡆥
八四七二乙正 貞周：
八四七二丙正 ：周方無𡆥
八四七二丙反 貞不惟：
八四七三 己卯卜𠬝貞今夕無𡆥七月
八四七三 貞今夕其雨
八四七三 貞今夕不雨
八四七三 貞其鼓：月
八四七三 丙子卜古貞：人
八四七三 貞：
八四七三 貞今夕其雨
八四七三 ：卜古貞：丁丑：至于夕：
八四七三 貞：令：
八四七三 丙子卜古貞令孟方歸
八四七三 ：古貞：
八四七三 貞今夕其雨七月
八四七三 貞今夕不其雨
八四七三 ：卜史貞今夕無𡆥
八四七三 貞今夕其雨
八四七三 貞今夕不雨

八四七三　戊…卜古貞今夕無囚
八四七四　…土方弗其受有祐
八四七五　貞…土方…受有…
八四七六　…土方其受有…
八四七七　貞…土…受有…
八四七七　貞我受土方祐
八四七八　來于黄尹
八四七八　來…黄尹
八四七九　貞我受土方祐
八四八〇　丁亥卜爭貞我受土方…
八四八一　貞弗其受土方祐
八四八二　…弗其受土方祐
八四八三　貞我弗其受土方…十一月
八四八四正　…五…
八四八四反　入在
八四八五　貞王勿土方其受…
八四八六正　貞曰土方…允…
八四八六反　…惟…
八四八七　…土方…
八四八八　貞土方…
八四八九　…土方
八四九〇正　貞土方…貝　二告
八四九〇臼　婦井…乚　殻
八四九一　…丑卜…土方…
八四九二　己酉卜殻貞危方無其囚五月
八四九二　己酉卜殻貞危方其有囚　二告
八四九三　…下危…受…
八四九四　…王其…下危受…
八四九五　…危弗其受有祐
八四九六　…卜今…下危…
八四九七　貞…下危…
八四九八　…危下上若
八四九九　…寅…告下危…
八五〇〇　…下危…
八五〇一正　…殻貞我受舌方祐
八五〇一正　…我受舌方祐
八五〇一正　貞弗其受
八五〇一反　…𢀛其惟庚我受有祐其惟…
八五〇二　貞弗其受有祐
八五〇二　貞我受舌方祐
八五〇二　乙酉十一月
八五〇二　…弗…受…方…
八五〇三　貞我受舌方祐
八五〇四　庚午卜爭貞我受舌方…
八五〇五　貞我弗其受舌方祐
八五〇五　我受舌方祐

八五〇六　…穷貞我弗…舌方祐
八五〇七　貞我弗其受舌方…
八五〇八正　貞弗其受舌方祐　二告
八五〇八反　丁卯卜殻…
八五〇九　貞弗其受舌…
八五一〇　乙巳卜殻貞弗其受舌…
八五一〇　貞翌甲寅不其暘日
八五一一　乙巳卜殻貞弗其受舌方祐
八五一一　貞…
八五一一　貞翌丙辰其雨
八五一二　貞翌…不…
八五一二　庚辰卜昷貞今日其雨　二告
八五一二　乙巳卜殻貞弗其受舌方祐
八五一二　貞翌甲寅不其暘日
八五一三　乙巳卜殻貞弗其受舌方祐
八五一四　丁亥卜爭貞勿…
八五一四　貞我弗其受舌方…
八五一五　貞…其受舌方…
八五一五　弗其受有…
八五一六　貞…其…舌…祐十三月
八五一七　貞…舌祐
八五一八　…舌…受有祐
八五一九　…舌方受有祐五月
八五二〇　…方受有祐
八五二一　…舌…受有…
八五二二　…舌方弗其…
八五二三　…呼祈…
八五二三　…舌方祐
八五二四　…𢦏…王…舌…受…
八五二五　丙戌卜貞今春舌方受有祐
八五二六　乙巳…殻貞舌方尋…
八五二七　己未卜殻貞舌方弗允…
八五二八　己巳卜殻貞舌方弗允…
八五二九　甲戌卜昷貞舌方其…𠀠冊
八五三〇正　…殻貞舌…
八五三〇反　…不吉
八五三一　戊子卜爭貞舌其…
八五三二　…貞舌方其…
八五三二　…貞至令于…
八五三二　…卜穷貞…
八五三三　…舌方其來王…
八五三四　…申戌…
八五三四　…舌方…
八五三四　…方…
八五三五　…舌方
八五三六　庚戌卜穷貞舌…

八五三七　：卜殻貞舌方允
八五三八　貞舌方：
八五三九　貞舌方不：
八五三九　：其出：自：
八五四〇　：祖：弗壱
八五四〇　：王勿：舌方
八五四一　貞舌：
八五四二　癸丑卜：
八五四二　：舌方：
八五四三正　：勿呼：舌方
八五四三及　：卜古：
八五四四　：庚：貞：
八五四四　：呼：舌方五月
八五四五　：卜爭貞：舌方：允：
八五四六　：貞：
八五四六　：翌甲午：舌方于：
八五四七　貞：呼：
八五四七　：貞勿：舌方
八五四八　貞舌方其：
八五四八　：貞：于華不：
八五四九　貞舌方：疾于祖：
八五五〇　丙辰：殻：舌：
八五五〇　：呼：　小告
八五五一　：卜亘貞：帝：舌：勿：
八五五二　：寅卜殻貞舌方：
八五五三　貞呼般舌方
八五五三　：㓷：
八五五四　：宾貞：告曰舌：
八五五四　癸酉卜宾貞：七日㒸己卯：
八五五四　癸未卜宾貞：
八五五五正　甲午卜殻貞：舌方：
八五五五反　：复：
八五五六　：殻貞舌方：
八五五七　貞舌暨：
八五五七　：王比：
八五五八　：舌：作：
八五五八　：舌：惟：有作囚
八五五九正　癸丑卜貞旬無囚
八五五九正　癸卯卜貞旬無囚
八五五九正　：卯：旬：
八五五九反　告舌方：
八五六〇正　二告
八五六〇反　舌方：
八五六一　：舌方：甾：
八五六二　辛：貞勿：王往：舌：
八五六三　：衣今：暨土：舌：出：

八五六四　貞：登：㪅：舌
八五六四　：申：
八五六四　：月
八五六五　：我祐：若
八五六五　：舌：五月：
八五六六正　：上甲：舌方
八五六六反　：采：
八五六七　：丑：屮王：舌方：出：六月
八五六八　貞：
八五六八　貞于河
八五六八　：王：舌：
八五六九正　：宾貞：曰出：
八五六九正　：舌方：
八五七〇　貞曰：人：
八五七〇　翌：令：
八五七〇　辿戠：舌：
八五七一　貞：舌：于岳：
八五七二　貞：
八五七二　：舌方得
八五七三正　：舌方：
八五七四　戊午卜：貞舌方：
八五七四　：十一月
八五七五　：寅卜：舌：
八五七六　貞：不：
八五七六　：舌：不：
八五七七　：我：
八五七七　：舌：
八五七八　舌：無：
八五七八　：舌：
八五七九　：舌方：惟：
八五七九　：舌方：囚
八五八〇　：貞：曰舌：
八五八一　己未：舌：不：
八五八一　：惟小宰
八五八二正　貞今春舌方：
八五八二反　：小𠭯
八五八三　惟舌方來
八五八三　：循方于：
八五八四　貞舌方辿自：
八五八五　：卜：貞舌：乞𡆥
八五八六　：我其𢀛舌
八五八七　舌：
八五八七　舌無囚
八五八七　舌：
八五八七　舌無：
八五八八　：午卜爭：舌方：馬：于唐

八五八八　乙…貞…㞢…
八五八九　…王…舌…無…若
八五九〇　…貞勿…王…舌…
八五九一　己酉卜㝐貞勿衣呼比丘㑷…
八五九一　己酉卜㝐貞…
八五九一　己酉卜㝐貞鬼方昜無𡆥五月　二告
八五九二　己酉卜内…鬼方昜…𡆥五月　二告
八五九三　…𣪊貞呼龍田于…
八五九三　…卜𣪊貞鬼方昜…
八五九三　…申卜𣪊貞…
八五九三　…子卜…
八五九四正　貞羌于東𠦪
八五九四正　貞不…　二告
八五九四反　…曰其出疾…吉惟有由𠃌往…
八五九四反　…其于之出…
八五九五　…羌于西
八五九六　丙申卜貞𦍌其有災
八五九六　貞𦍌無…六月
八五九七　癸卯…爭…丁弗…二月
八五九七　甲辰卜…翌乙…𢼄…來豕…丁在…
八五九七　貞…曰…于亞
八五九七　貞郭弗其專入𦍌
八五九八　辛亥卜亘
八五九八　舌…其以𦍌方
八五九九　癸…𦍌…
八六〇〇　…丑…郭…𦍌
八六〇一　…多…令…羌…㞢…
八六〇一　貞…以…父…新…伐…受…
八六〇二　貞…羌…不惟…
八六〇三　乙…貞…不其…
八六〇三　丁亥…羌…
八六〇四　…龍…
八六〇五正　貞王…龍方…惟𣶒…
八六〇五反　…岳…
八六〇六　…貞龍㞢…
八六〇七　…丑卜王…龍…
八六〇八　…勿…龍…
八六〇九　丁未卜爭…告曰馬…東…
八六一〇正　丙辰卜𣪊貞曰舌方以𠫑方敦…允…
八六一〇正　…酌…　小告
八六一〇反　…固曰…
八六一一　舌…以…方敦…
八六一二　𠫑方…
八六一三　…㝐貞王磬…二月
八六一三　…受𦣻方祐
八六一三　…受𦣻方…

八六一三　…惟丙戌𢦏…其有𡏵其惟…吉
八六一四　…貞…弗其…𦣻方…
八六一五　貞戌弗其…𦣻方…
八六一五　…受…
八六一六　貞戌受祐
八六一六　貞戌弗其受𦣻方祐
八六一七　貞戌受𦣻方祐
八六一八　…貞戌受𦣻方…
八六一九　…[illegible]…
八六二〇　…曰𦣻妥…
八六二一　貞𦣻其有𡆥
八六二二　…𦣻方…
八六二三　庚…
八六二三　…旁…摛…
八六二四　丙…旁…月
八六二五　…中…
八六二六　貞弗其骨凡有疾允…
八六二六　貞方不至于中方七月
八六二六　貞勿𠂤侯七月
八六二六　貞…正…沚…
八六二七　…卜…春…中方
八六二七　…惟…攺…
八六二八　…罙方…
八六二九　貞我…媢…
八六三〇　…保𢾅
八六三一　貞媢其夙
八六三二　貞𢾅不其…于雀
八六三三　…媢受…
八六三四　…媢…
八六三五　貞其…媢…
八六三六　…卜惟呼𡞟
八六三六　…惟呼𡞟
八六三七　庚…𡞟
八六三八　辛…巜…
八六三八　…卜王…曰…方…鬱
八六三九　…巜…方…
八六四〇　…方…巜鬱
八六四一　…㝐…𢦏祟…方至于…
八六四一　…方
八六四二　…卜爭貞𠂢…方其…
八六四三　…方其受有祐
八六四四　癸巳卜方其受祐五月
八六四四　方不受…
八六四五　…弗其受方…
八六四六　…子卜貞方其受…
八六四七　…方受有祐

八六四八正　癸酉卜亘貞生月多雨　二告
八六四八正　貞今日雨
八六四八正　…其…
八六四八正　貞方于苑　二告
八六四八正　貞方勿于苑　二告
八六四八正　貞㒸惟自呼比
八六四八正　貞令㠱
八六四八正　貞雨
八六四八正　不其雨
八六四八正　今日不其雨
八六四八反　王固曰其雨
八六四八反　貞雨
八六四八反　丙子卜入…
八六四八反　王固曰其惟庚戌雨惟庚…雨
八六四八反　壬申…
八六四九正　…申…我…方祐
八六四九反　…帝
八六五〇　…受…方祐
八六五一　…方弗…祐
八六五二　癸亥卜…翌乙…方其…無𡆥…
八六五三正　…惟方囚
八六五三正　…惟方囚其…
八六五四　癸卯卜殼貞方于…
八六五五　丙戌卜方
八六五六正　庚子卜貞曰侯𢀛出自方　小告
八六五六正　庚子卜貞呼侯徒出自方
八六五六正　貞今癸卯㱿娥小宰
八六五六反　王固…
八六五六反　貞…
八六五七　癸亥…貞無…
八六五七　辛未卜㝉貞今日令方歸…月
八六五七　…虎
八六五八　癸…
八六五八　…戌卜古…令…有人…方于…
八六五九　辛未卜貞惟翌癸酉令方歸
八六五九　貞…
八六五九　…之日…喪…雉十又一
八六六〇　己丑…之…
八六六〇　丙戌卜方其𩙡
八六六一　丙子卜殼貞…方𩙡
八六六一　丙子卜殼…方𩙡
八六六二　壬戌卜方其凡
八六六三　戊申方…
八六六四　…方其…
八六六五　壬戌卜…方其…
八六六六　…方其帚…

八六六七　己亥…令…及…婦…方…
八六六八　…未卜有其…
八六六九　…方無聽…
八六七〇　…方無…𢦏…十月
八六七一　…擒…
八六七二　丙…貞…犬登…稟…方…
八六七三　貞方不…
八六七三　…得…
八六七四　貞方…
八六七四　…自…
八六七五　…子卜…貞方…
八六七五　貞令方…𪓐邑…
八六七六　…𣄰…于方
八六七七　…旬…于方…畀
八六七八　乙未…呼方…于…
八六七八　…卜…翌…出…辛…
八六七九　貞我侑丁不惟呼方…
八六七九　勿…
八六八〇　…呼…方
八六八一　…辰卜…方來…余…
八六八二　…雨
八六八二　…𩀚…方…臣…牧
八六八三　…卜殼…
八六八三　…酌…
八六八三　大告方
八六八四　甲…兹…
八六八五　甲寅…方…人…月
八六八六　勿…方…余
八六八六　…二月
八六八七　貞方…
八六八七　貞歪…
八六八八　…方…自…來…
八六八九　貞不其至十月
八六八九　癸酉卜允貞…方
八六九〇　貞…不舌黽
八六九〇　…惟…方…
八六九〇　貞勿…
八六九〇　二告
八六九一　…方弗…
八六九二正　貞…方…保…
八六九二反　㓷
八六九三　…咼…方
八六九四　…其有捍
八六九四　貞…方
八六九五　…辟…方

八六九六　貞惟𢀛有若
八六九六　：惟其來方
八六九七　：方：
八六九八　貞：方：于：
八六九九　貞今日用方
八七〇〇　貞：方：惟：
八七〇一　貞我：方：
八七〇二　：方：㚔：
八七〇三　：方：在：千：
八七〇四　：申卜：方：不：
八七〇五　：方：盡：人：
八七〇六　：午卜㝴：方由：追：
八七〇七　：鳴：
八七〇七　：令：犬：方
八七〇八　：方：
八七〇九　：古：方：見：
八七一〇　貞：獲：方：亦：
八七一〇　：多：冥：
八七一一　貞：敁：
八七一一　：酌：方：牛
八七一二　：卜：貞翌庚：𡰥方：
八七一三　：僤：
八七一四　貞勿呼𠦪人
八七一四　：勿：嚚：人
八七一五　貞：乙：勿：
八七一五　：萬人：般：
八七一六　：𢦏人：
八七一七　翌：令：人
八七一七　：令：
八七一八　：王貞：脀人：
八七一九　：卯卜王：我脀：
八七二〇正　貞允其入：二告
八七二〇正　貞𡘋𤏲
八七二〇正　貞奴雈人呼宅雈
八七二〇正　弗其以有取
八七二〇反　王：
八七二〇反　不惟：
八七二〇反　勿：
八七二一　：自四方：
八七二二　：于東：西
八七二三　貞：于東：于西
八七二三　貞正
八七二三　貞燎五牛正
八七二三　貞正
八七二四　呼師般：
八七二四　貞方告于東西
八七二四　呼師般取
八七二四　貞方告于東西
八七二四　呼師般取
八七二五　貞侑于河
八七二五　其有左[illegible]
八七二五　于西南
八七二六　：[illegible]
八七二六　于西南
八七二七　：于東：
八七二八　：未卜：方其：于東：留
八七二九　：在東：
八七三〇　：卜爭：从東
八七三一　乙卯：惟𠂤令从東：
八七三一　：㝴貞：[illegible]
八七三二　：教東：
八七三三　：自東：
八七三四　：東：獲：
八七三五　甲寅貞：
八七三五　惟東土：十一月
八七三六　：貞東土：
八七三七　：其：
八七三七　：牛于茲東：
八七三八　甲申卜㝴貞勿于東于：
八七三九　乙卯卜：來：南：
八七四〇　：南來：
八七四〇　：南：
八七四一　丙寅：
八七四一　：于南以：
八七四二　：南
八七四三　：卜貞：不其：南
八七四四　：雉來自南：
八七四四　：來𢍰王：
八七四五　：南方：十一月
八七四六　侑于南方
八七四七　：有歸南
八七四八　：南土
八七四九　貞：南土
八七五〇　：曰：有禍：在西
八七五一正　貞今七月：生自西
八七五一反　癸丑：㝴：
八七五一反　：呂：
八七五二　：三：有：卯允：自西：
八七五三　戊寅貞呼西
八七五四正　辛卯卜古貞呼西
八七五四臼　㪅：
八七五五正　貞有：

八七五五正　貞呼𢀛于西
八七五五反　戊戌卜殻…
八七五六　癸卯卜亘貞呼往西
八七五七　…西其有…
八七五八　惟𤆌令西
八七五九　貞西…不其…　二告
八七六〇　貞从西…
八七六一正　…𡆥…自西告牛…
八七六一反　…丑𥄎…
八七六二正　癸未…勿𢦏…西桼
八七六二正　貞…來…
八七六三　…西…將河
八七六四正　小告
八七六四反　貞侑元…西
八七六五　…西…
八七六五　…不…
八七六六　三日庚…西
八七六七　甲…唐…方自西來
八七六八正　不𠰥鼁
八七六八反　…亥…西來…
八七六九　…至…西王…
八七七〇　…于王…告其…大…于西
八七七一　貞勿于西
八七七二　…我…西…𡆥
八七七三　…有…于西
八七七四　…惟西土
八七七五　庚申…西土…其受…
八七七六　貞西土不…
八七七七　王…方…
八七七七　貞呼獻羊于西土由
八七七七　…㞢…
八七七八　在北
八七七九　…南…敎北…
八七八〇　貞今乙酉有至自北
八七八〇　貞今乙酉無其至
八七八〇　貞翌丙戌有至
八七八〇　貞翌丙無其至
八七八〇　…王…于…
八七八一　…于北
八七八二　…犬…于北
八七八三　貞呼牛于北土
八七八三　貞今癸酉燎于妣己羊
八七八三　…子…
八七八四　于…
八七八四　貞𤉲…
八七八四　于北

八七八四　貞𡆥介
八七八四　…㞢…
八七八五　…王从㯃北
八七八六　…北…受一月
八七八七　貞北…其受…
八七八八　…北𣪊…用
八七八九　…延…北
八七九〇　…其有…北
八七九一　癸…貞…𢓴…土
八七九一　…卜…貞…北
八七九二　…北土
八七九三　貞…土…
八七九四　…土方
八七九五　貞我至于…土延無𡆥
八七九六正　丁酉卜殻貞方𡆥馬　二告
八七九六正　取呼御史
八七九六正　貞勿呼取方𡆥馬
八七九七正　…辰卜古貞呼取馬于𡆥以三月　二告
八七九七反　…已王示殻二屯　㱿
八七九八　貞取馬…
八七九九　…貞…取牛…
八八〇〇　…人取…牛
八八〇一　…呼取牛
八八〇二　取牛
八八〇二　取牛
八八〇三　戊寅卜亘貞取牛不齒
八八〇三　貞延雨
八八〇三　不延
八八〇四　貞…取牛…以
八八〇五　貞勿…取牛弗其以　二告
八八〇六　貞勿呼取牛
八八〇六　貞我不其受年
八八〇六　…呼…牛…𡗕…
八八〇七　貞…
八八〇七　…牛呼取
八八〇八正　貞呼取牛　二告
八八〇八正　呼于唐　二告
八八〇八正　無𡆥
八八〇八反　貞來丁巳侑祖丁
八八〇八反　…來…
八八〇八反　…來…
八八〇九　貞…𡆥…于𠧟…其…
八八一〇正　戊寅卜穷貞呼取牛
八八一〇正　甲午卜亘貞𢓊𢦏來…
八八一〇臼　丁丑婦姘示一屯　岳　㱿

八八一一正　貞呼宄取羊不于龜
八八一一反　：惟囚
八八一二正　不舌黽
八八一二正　不舌黽
八八一二正　不舌黽
八八一二正　小告
八八一二正　二告
八八一二正　二告
八八一二正　二告
八八一二反　呼取羊弗[木壴]
八八一二反　：示：呼：
八八一二反　：羊：
八八一三正　小告
八八一三正　二告
八八一三正　小告
八八一三反　貞呼取羊
八八一三反　貞勿呼取
八八一四　貞呼取豕
八八一五　貞呼取
八八一五　：戌：
八八一六　庚：卜殻貞呼取
八八一七　辛：卜永貞呼取：
八八一八　貞呼取：
八八一八　貞燎十牛
八八一八　貞燎五牛
八八一八　于南蒷
八八一八　貞不□
八八一九正　庚寅卜殻貞勿呼：
八八一九反　呼取
八八二〇正　呼取　二告
八八二〇正　二告
八八二〇正　二告
八八二〇反　：省圉：
八八二一　辛丑：姘受：
八八二一　呼取
八八二一　：癸巳勿燎
八八二二　：呼取：
八八二三　貞呼取：
八八二四　：呼取：
八八二五　貞呼取
八八二五　：午易：
八八二六　：呼取：
八八二七　：貞呼取：
八八二八正　貞翌：辰王：衣入
八八二八正　呼取
八八二八反　：卜王固：

八八二九　貞呼取：
八八三〇　：呼取
八八三一正　：呼取：
八八三二　乙巳卜爭貞呼取在西十月
八八三三　貞呼取斨
八八三三　：王：狩
八八三四　甲寅取戠：
八八三四　甲寅：取：
八八三五　：呼取于：
八八三六　戊辰卜穷貞呼師般取于夫　不舌黽
八八三七正　貞呼師般取：　不舌黽
八八三七正　乙丑：韋貞：
八八三七反　：韋婦姘：
八八三八　貞：師般取：
八八三九　貞勿呼師般取：
八八四〇　桒：
八八四〇　呼師般取
八八四〇　：王夢：蘖
八八四一　貞：呼師般取
八八四二　貞：
八八四二　呼矣取
八八四三　貞：辛未彭岳
八八四三　呼矣取
八八四三　貞惟辛未彭岳
八八四四　：卜穷貞呼矣取阦
八八四四　：巳卜亘貞不其凡
八八四五　：勿呼矣取
八八四六　貞：固
八八四六　呼萬取
八八四六　：惟：甲
八八四七　貞勿呼戠取
八八四八　：呼祝取
八八四九　癸酉卜惟阦取
八八五〇　惟阦呼取
八八五一　呼逆取
八八五二正　貞：其：
八八五二正　貞牛：
八八五二正　己卯卜亘貞彭：　二告
八八五二正　甲子卜穷貞呼叹取
八八五二正　不舌黽
八八五二反　貞用正
八八五二反　貞彭
八八五二臼　岳
八八五三　丁卯卜：呼：叹
八八五四　丙寅卜内令周取
八八五五　：未卜殻：惟□令取

八八五六　貞行取不…嬉
八八五七正　丙子卜…盡虘
八八五七反　…行取
八八五八　貞勿呼取
八八五九正　貞勿呼取
八八五九反　…靃…
八八六〇　貞勿呼取
八八六一　不其受
八八六一　勿呼取
八八六二正　貞勿呼取
八八六二反　…自㚇…
八八六三　…卜爭貞令亥取
八八六四　壬午卜惟取
八八六四　…巳卜令取
八八六五　勿令…
八八六五　令取
八八六六　貞不作十月
八八六六　貞勿取十月
八八六七　貞勿取
八八六七　…卜爭…勿…弓…十一月
八八六八　貞協勿取
八八六九　勿取
八八六九　…唐…
八八七〇　王固曰弗其取
八八七一　不取
八八七二　丁…取
八八七三　貞取
八八七四正　…雉取…
八八七五　…取牛
八八七六　癸…取…允…从…
八八七七　…貯…□…取
八八七八　…卜取羊
八八七九　己未…貞…取…
八八七九　…辰卜穷…王…
八八八〇　丙午…貞…
八八八〇　…取白…
八八八一　…王…得…
八八八二正　貞奚得有牛
八八八二正　貞侑于祖乙
八八八二反　…卯…
八八八三正　貞商其得
八八八三反　…曰…
八八八四　丁丑卜穷貞束得王固曰其得惟庚其惟丙
其齒四日庚辰束允得十二月
八八八五正　…固曰吉其得惟甲
八八八五反　癸卯…

八八八六正　貞□其得　小告
八八八六反　癸卯…
八八八七正　不告黽
八八八七反　…穷得…
八八八八正　…貞甘得　二告
八八八八反　王固曰得
八八八九正　丁巳卜殻貞□得
八八八九反　…五殻
八八九〇　…□得…受…
八八九一　貞陜…得
八八九二　不…以…
八八九二　其呼希得
八八九二　不其…
八八九三正　呼希得
八八九三反　王固曰…
八八九四正　不告黽
八八九四反　丁未…古貞有得
八八九四反　…曰…
八八九五正　貞得
八八九五正　其得
八八九五反　…王固…
八八九六　其得
八八九七　其得
八八九八正　貞其得
八八九八反　王固…
八八九九　得
八八九九　弗其得
八八九九　貞得
八八九九　弗其得
八九〇〇　王固曰得
八九〇一　…得…其…
八九〇二　戊寅卜得
八九〇三　…貝得
八九〇四　…甗得
八九〇五　貞得　不告黽
八九〇六　…得　二告
八九〇七　…得
八九〇八　…之夕…得
八九〇九　…得
八九〇九　…不其得
八九一〇　貞不其得
八九一一　不其得
八九一一　…用
八九一二正　貞受不其得　二告
八九一二正　…弗…以

八九一二反　：三日甲子允得
八九一二反　王固曰吉
八九一二反　壬戌卜古：
八九一二反　：囗
八九一三反　令不其得
八九一四　貞令十一月先不其得
八九一五　貞不：得
八九一六正　不其得
八九一六反　：肇：
八九一七正　不其得　一告
八九一七反　貞父不：
八九一七反　：固曰
八九一八　不其得
八九一九正　貞不其得
八九一九正　：其：
八九一九反　韋：
八九二〇正　不其得
八九二〇反　：在㞢
八九二一　貞不其得
八九二二　貞不：得
八九二二　貞：
八九二三　不其得啓
八九二四　庚子勿步
八九二四　貞弗其得
八九二五正　婦其無得子
八九二五反　：雨
八九二六　弗其得
八九二七　貞弗其得
八九二八　貞弗其得三月
八九二九　：不其得
八九三〇　：不㱿：得
八九三〇　：卜勿令：夒：
八九三一　不得
八九三二　：卜古貞：
八九三二　：卜古貞呼奴牛
八九三三正　貞盟乙亥令易
八九三三正　貞奴牛
八九三三正　貞不其暘日
八九三三反　乙亥：于：允：
八九三三反　甲戌卜永
八九三四　貞奴牛于朱
八九三四　：牛
八九三五正　貞奴牛于朱
八九三五正　貞勿侑于祖乙
八九三五正　貞無其來
八九三五正　：于祖乙三宰

八九三五正　貞：見：河有來：　不舌黽
八九三五正　：取：莫
八九三五反　辛未卜穷
八九三五反　王固曰：
八九三六　貞盟庚寅：　告
八九三六　丙：
八九三六　貞奴牛于奠
八九三七　貞呼吳奴牛
八九三八甲　貞勿呼奴牛多奠
八九三八乙　戊申：亘貞：呼奴牛多奠
八九三八乙　穷
八九三九　癸酉卜王呼乃奴牛
八九四〇　：呼米从奴牛
八九四一　貞疾奴牛
八九四一　：𣪘：
八九四二　：奴貯：牛：父：
八九四三　貞令魰又奴左牛
八九四四　貞令魰又奴左牛
八九四五　貞奴雀𢿦牛
八九四六　：有惟：大甲奴牛在：　二告
八九四七正　：亥卜𣪘貞王其呼奴尋伯出牛有正
八九四七正　貞勿呼奴尋伯出牛不其正
八九四七正　二告
八九四七反　：侑妣庚
八九四七反　：于：
八九四七反　：庚
八九四八　庚辰：永貞：奴羊
八九四九　勿呼奴羊
八九四九　貞侑于祖丁
八九五〇　貞勿呼奴羊
八九五〇　貞勿燎于河
八九五〇　貞㞢：轂
八九五一　貞奴豕：祭
八九五二　：𣪘貞：克奴百：
八九五三正　不舌黽
八九五三反　希得
八九五四　：奴：
八九五四　貞：
八九五五　丙子卜弜羊令奴⿱宀凶
八九五六正　乙酉卜穷貞呼卓奴于占由
八九五六反　⿰龜殳
八九五七　貞嫂牛：
八九五七　貞今日其雨
八九五八　癸亥卜爭貞勿：
八九五八　癸亥卜爭貞燎于：

八九五八 燩：牛
八九五九 ：：燩羊三百
八九五九 ：：[illegible]
八九六〇 ：：燩羊
八九六一甲正 ：：般勿呼：
八九六一甲正 不其以馬
八九六一乙正 ：：陕从：：闌羽：
八九六一乙正 子商獲：
八九六一乙正 甲申卜殻貞以馬
八九六一乙反 勿獲
八九六二 貞：
八九六二 ：：其以馬
八九六三正 貞以馬
八九六三反 ：：陕
八九六四 戊戌卜貞令𦔻以有友馬衛：
八九六五 ：：以牛四百
八九六六 ：：以百牛
八九六七 貞以牛五十
八九六七 貞婦姘桼惟：
八九六八正 貞以牛五十
八九六八正 貞于祖丁禦
八九六八正 貞侑于母庚二牛
八九六八正 ：：䖍見
八九六八反 王固曰無其來
八九六九正 我勿以戠牛
八九六九正 ：：牛　一告
八九六九正 其有囚
八九六九正 ：：囚：
八九六九正 卜丙𡆥王
八九六九正 貞卜丙弗𡆥王
八九六九反 庚辰卜爭婦妥來
八九六九反 婦妥
八九六九反 辛未卜古
八九七〇 辛未卜永貞追以牛
八九七一 ：：以牛
八九七二 ：：以牛
八九七三 貞：
八九七三 貞王以勿牛四于用：
八九七三 ：：若
八九七四 ：：以我牛
八九七五 辛：貞：于：五月
八九七五 ：：未卜貞[illegible]以牛
八九七六 ：：王貞：以：其十：二牛
八九七七正 ：：臭取[illegible]宕牛以
八九七七反 ：：曰以：惟其：
八九七八 ：：女以羊

八九七九 ：：兹以二百犬：易
八九八〇 ：：以百犬
八九八〇 ：：牛
八九八一 貞呼[illegible]曰毋以豕
八九八二 庚子卜王：以[illegible]：
八九八三 ：：穷貞：以象侑祖乙
八九八四 戊辰卜雀以象
八九八四 戊辰卜雀不其以象十二月
八九八四 戊辰卜雀以象
八九八四 戊辰卜雀不其：
八九八四 己巳卜雀以猱十二月
八九八四 己巳卜雀不其以猱
八九八四 己巳卜雀取以馬
八九八四 ：：[illegible]以馬自薛十二月
八九八四 允以三丙
八九八四 庚午卜于羌甲
八九八四 庚午卜于羌甲
八九八四 庚午于父辛
八九八四 癸亥卜王侑大甲十一月
八九八四 癸亥卜王余：成惟之
八九八四 癸亥卜王戈受年十二月
八九八五正 癸巳卜韋貞行以有師暨邑　告
八九八五正 貞行弗其以：眾邑　二告
八九八五反 王固曰其：
八九八六正 小告
八九八六正 小告
八九八六反 乙卯卜穷貞曰以乃邑
八九八六反 [illegible]
八九八七 貞行以有師暨有邑
八九八七 壬辰卜亘貞弗其以冒[illegible]　二告
八九八八 癸丑卜貞不其于多子囚
八九八八 ：：亥：王貞[illegible]弗其以雍暨奠四月
八九八九 ：：[illegible]：以：啚：
八九九〇正 以二告
八九九〇正 弗其以
八九九〇正 ：：申卜殻貞侯弗以　二告
八九九〇反 ：：申卜殻
八九九一正 貞勿呼婦姘以[illegible]先于[illegible]
八九九一正 己巳卜殻貞勿呼婦姘：[illegible]：
八九九一臼 己卯[illegible]示二屯自古乞小㱿
八九九二 貞：告：
八九九二 貞呼婦姘以[illegible]
八九九二 貞告舌方于祖乙
八九九二 乙酉卜殻：
八九九三 壬申卜殻貞：婦姘以[illegible]先：
八九九三 婦姘以[illegible]先：

八九九四　不其南
八九九四　貞龜以
八九九五正　丙申卜㱿貞龜以
八九九五臼　婦祀示有七屯　穷
八九九六正　冊…辛…
八九九六正　貞…來王…惟來五…允至以龜龜八
龜五百十四月
八九九六正　貞呼以象郭
八九九六正　貞呼凡左子　二告
八九九六正　勿于…
八九九六反　王固曰惟來
八九九六臼　…邑
八九九七　…曰吉…方至允…八龜…
八九九八正　貞備不其以龜
八九九八正　貞燎…牛…五
八九九八反　丁丑卜㱿…
八九九九　貞旬不其…龜
九〇〇〇　壬辰貞旬…龜
九〇〇一　…用龜一月
九〇〇二　貞壴以斫
九〇〇二　貞壴不其以斫
九〇〇二　乙丑卜穷貞壴以斫
九〇〇二　壴不其以斫　二告
九〇〇三　…其以□　不告
九〇〇四　…以□
九〇〇四　…奏
九〇〇五　丙…目…庚…王…
九〇〇五　…丑貞…以…蕢
九〇〇六　貞呼大…以多…
九〇〇七　…卜爭…以多…
九〇〇八　…我以…
九〇〇九　…我以…
九〇一〇　…我以…
九〇一一正　貞不其鳥
九〇一一反　…千…
九〇一二正　不𡆥龜
九〇一二正　小告
九〇一二正　小告
九〇一二反　我以千
九〇一二反　…示百㱿
九〇一二反　…□于大甲…于大…
九〇一三正　戊戌卜亘貞…龜…
九〇一三正　不𡆥龜
九〇一三正　不𡆥龜
九〇一三正　二告
九〇一三反　我以千

九〇一三反　婦丙示百　㱿
九〇一四　…以千…
九〇一五　…千
九〇一六　…千…田
九〇一七正　…小…□…嬴
九〇一七反　…千
九〇一八　…卜永貞我以…其八百
九〇一九正　…叀□…
九〇一九正　…固曰…
九〇一九反　□…
九〇二〇　惟阜以
九〇二一正　貞阜…以…有…
九〇二一正　…取…
九〇二一正　…若
九〇二一正　惟其至
九〇二二反　…辰卜…阜以…
九〇二三　…阜以…
九〇二四　貞阜弗其以
九〇二五　貞阜弗其以
九〇二六正　貞…以
九〇二六正　貞阜弗其以
九〇二六反　癸亥卜爭
九〇二六反　…未…卜永
九〇二七正　戉其捍
九〇二七正　貞戉不其…
九〇二七正　貞王其有曰𡗗以
九〇二七反　辛
九〇二八　…㱿貞…𡗗以…
九〇二九　…𡗗以…
九〇三〇　…亘貞…𡗗以
九〇三一　貞𡗗弗其以
九〇三二正　小告
九〇三二反　…□不其以
九〇三三　…雀以
九〇三四　貞乞…雀以
九〇三五　…亥卜…雀以
九〇三六　貞燎于…
九〇三六　貞戉以
九〇三七　行以
九〇三七　…行…其…
九〇三八　行以
九〇三九　貞翌…卯牛…示…
九〇三九　庚辰卜穷貞行…
九〇三九　貞行弗其以
九〇四〇正　貞備以　不𡆥龜
九〇四〇正　庚辰卜穷貞丁亥其雨

九〇四〇正　貞翌丁亥不雨　二告
九〇四〇反　王固曰其雨…
九〇四一正　庚…
九〇四一正　貞留牛百　不告黽
九〇四一正　不其以　不告黽
九〇四一正　貞僃以
九〇四一反　貞…
九〇四一反　…曰以
九〇四二　…僃以
九〇四三　貞弗其以
九〇四三　己未卜亘貞僃以
九〇四四正　貞僃以
九〇四四反　…曰惟…
九〇四五　貞戌來
九〇四五　僃其以
九〇四六　貞僃弗其以
九〇四六　…羊
九〇四七　貞僃弗其以
九〇四七　貞今日其雨
九〇四八　貞其有告
九〇四八　僃弗其以
九〇四九正　貞勿呼…㞢…　二告
九〇四九反　僫以百
九〇五〇正　貞俔暨𥝢以有取
九〇五〇正　貞…
九〇五〇反　…殼…
九〇五一　俔以
九〇五一　貞俔弗其以
九〇五二　…俔以　不告黽
九〇五三正　…弗以
九〇五三正　…衛以
九〇五三反　…曰其以
九〇五四正　丙…爭貞𢀛方其…　小告
九〇五四正　…率…以…弗…
九〇五四反　…卜古貞俔弗以
九〇五五　甲申卜爭貞俔弗其以
九〇五五　甲申卜爭貞俔弗其以
九〇五五　不告黽
九〇五六正　貞…其…
九〇五六正　…勿往
九〇五六反　邑以
九〇五七正　辛丑卜古貞邑以
九〇五七反　庚子卜…
九〇五八　…邑…其以…
九〇五九正　甲…貞…
九〇五九正　…雨不

九〇五九反　…邑以
九〇六〇正　貞…
九〇六〇正　…禾　小告
九〇六〇反　…邑以
九〇六一　貞兒以有…人…
九〇六二　庚戌卜貞般圉以
九〇六三　貞般圉以
九〇六四　貞…以
九〇六四　貞般圉以
九〇六五正　貞侑于大甲　小告
九〇六五正　貞般圉以
九〇六五臼　示二屯
九〇六五臼　宕
九〇六六　貞示…皿以
九〇六六　貞…
九〇六七　戊戌卜爭貞殼其…
九〇六七　貞殼不以
九〇六八　甲子卜殼黽以𢀛…以…
九〇六八　甲子…殼黽其以𢀛
九〇六八　…敦
九〇六八　…敦
九〇六八　二告
九〇六九　壬辰卜爭𡕰弗…
九〇六九　…王…
九〇六九　…勿往
九〇六九　𡕰弗其以有取
九〇七〇　甲…雀…
九〇七〇　𡕰以有取
九〇七一　…辰卜…𡕰…
九〇七二　𡕰…其…有…
九〇七二　𡕰弗其以…　二告
九〇七三　𡕰…有…
九〇七四正　…殼貞𠦪…
九〇七四正　…卜殼貞𠦪以
九〇七四正　殼
九〇七四反　婦好…
九〇七五　…卜殼貞妥以有取　不告
九〇七五　貞妥弗其以有取
九〇七六　貞龍來以
九〇七六　…來…
九〇七七正　小告
九〇七七反　…龍…以
九〇七八　貞惟般令取以
九〇七八　貞有…不…
九〇七九　…白…百以
九〇八〇　貞莫以

九〇八一	…甲以
九〇八二	戊戌卜貞毋其以方…
九〇八三	貞川以
九〇八四	己未卜𤼷以
九〇八四	辛未卜惟戠
九〇八五	…發以
九〇八六	乙亥卜𪗇以
九〇八七正	…于…　二告
九〇八七反	…以
九〇八八	…以
九〇八九正	甲辰…有雨
九〇八九正	…卯…其暘日
九〇八九反	癸卯允…𤆍以
九〇九〇正	一告
九〇九〇正	二告
九〇九〇正	二告
九〇九〇反	曰戈惟以
九〇九一正	…殼…
九〇九一正	貞弗𢦏
九〇九一反	…以
九〇九二	…勳…其以…
九〇九三	…允以
九〇九四	貞彈其以
九〇九五	…旬以自…
九〇九六	…䝷以
九〇九七	…𢾅允以
九〇九八	…𢾅弗…以不…
九〇九九	丙辰…𡆥允以
九一〇〇	…傳以血…匎聞曰𣪊…子
九一〇一正	貞勿侑
九一〇一反	…䍙以
九一〇二正	貞勿侑
九一〇二正	…䍙以
九一〇三	…王𦣞…以…
九一〇三	…冢
九一〇四	…酉卜…以
九一〇五正	告
九一〇五正	告
九一〇五反	貞並弗其以有取
九一〇六	…午卜弜不其以…
九一〇七正	貞…其…
九一〇七正	貞不其唐
九一〇七反	…以自…
九一〇八正	…龜…其…
九一〇八反	…以自…
九一〇九	貞子其以有…

九一一〇正	貞勿…于…乙
九一一〇反	…以…
九一一一正	貞王…
九一一一反	…以…
九一一二正	…其有…工六月
九一一二反	…宿以…
九一一三正	貞…
九一一三正	…𠓗…
九一一三反	…以
九一一四正	庚…告王…
九一一四反	王固曰以惟…
九一一四反	…有來告
九一一五	乙亥卜殼貞王曰…以
九一一六正	貞戠以
九一一六正	…婋
九一一六反	…固曰以
九一一六反	…允…
九一一七	…固…其以
九一一八	貞呼以
九一一八	貞呼以
九一一九	…其以…固曰其…允四十
九一二〇正	…𠣪…令…以
九一二〇反	…子…
九一二一	壬申…其以
九一二一	…貞…
九一二二	其以
九一二三	其以
九一二四	庚戌卜其以
九一二五	…其…以…取
九一二六	…史以有取
九一二七	…以有取
九一二八	…取以
九一二九	…取以
九一三〇	…殼貞戠取以
九一三一甲正	…以不其告曰…有…
九一三一甲反	…來…
九一三一乙正	…寅卜亘貞以
九一三一乙正	…曰㞢…
九一三一乙正	貞…
九一三一乙反	殼
九一三二	其于庚以
九一三三	貞不其以
九一三四	…不其以
九一三五	不其以
九一三六正	不…以
九一三六正	告

九一三六反　：取
九一三七　貞不：
九一三七　：弗其以
九一三八　貞：弗其以
九一三九正　貞弗其以
九一三九反　岳
九一四〇　丙子卜亘貞弗其以
九一四〇　：羍：
九一四一正　小告
九一四一正　二告
九一四一反　貞：于：翌：
九一四一反　：弗其以：㞢：
九一四二　丙寅：歸：
九一四二　貞弗其以
九一四三　弗其以　不舌鼁
九一四四　甲申卜爭貞弗其以
九一四五正　貞弗其以
九一四五反　亘
九一四六　弗：以　不舌鼁　二告
九一四七正　小告
九一四七反　勿以：
九一四八正　貞：
九一四八反　勿以
九一四九　勿以
九一五〇　：朕以
九一五一正　：翌：卯王：以
九一五一反　：固：
九一五二正　：以
九一五二反　貞夅：
九一五三　：以　二告
九一五四　：巳卜：貞：以：侯：刃
九一五五　：以：允：六月
九一五六正　壬寅卜亘貞：
九一五六反　：以：
九一五七　：卜穷貞：以　不舌鼁
九一五八　庚戌：以：六月
九一五九　壬辰：
九一五九　：寅卜：以：允：　二告
九一六〇　：以
九一六一正　壬申卜：呼多：
九一六一反　：以
九一六二　貞：以今日用
九一六三　辛未卜穷貞以
九一六四　：以南
九一六五　戊：卜：弗其：
九一六五　：卯卜：𠂤以

九一六六正　：正以
九一六七　：土
九一六七　：上甲：用：以
九一六八　：[illegible]以
九一六九　貞惟虎九月
九一七〇　：周以
九一七一反　：周以
九一七二正　癸未卜亘貞妻來馬
九一七二正　乙卯卜𠭘貞王：勿：
九一七二臼　癸婦𠬝　二屯　㱿
九一七三　壬辰貞來
九一七三　貞不其來馬
九一七四　乙未卜丙：曰巛來馬
九一七五　：巛來馬承
九一七六正　貞戠不我其來白馬
九一七六反　王固曰丏入十
九一七七正　貞今丙戌姣奻有从雨
九一七七正　貞奻無其从雨　二告
九一七七正　甲辰卜殻貞奚來白馬：王固曰吉其來
九一七七正　甲辰卜殻貞奚不其來白馬五
九一七七正　于翌庚奏
九一七七正　勿于庚奏
九一七七正　舞岳侑
九一七七正　勿舞
九一七七正　惟己丑奏
九一七七反　王固曰惟翌丁不：
九一七七反　庚：
九一七七反　有：
九一七七反　戊
九一七七反　爭
九一七八甲　貞：
九一七八甲　貞今𡆥奚來牛五月
九一七八乙　貞今𡆥奚不其來牛
九一七八乙　二告
九一七九　：奴：
九一七九　：女其來牛
九一七九　貞：
九一八〇　：未：來牛
九一八一正　：牛百：　小告
九一八一反　于來：
九一八二正　：翌乙丑：
九一八二反　：龜五
九一八三　：龜五
九一八四　：龜：
九一八五　戊戌卜殻貞弜祀六來秋災
九一八六　戊戌卜殻貞弜祀六來秋：

九一八七　…我𪓑五十…
九一八八正　…囚一月
九一八八反　𠬝百…來十
九一八九正　…其來…
九一八九反　…五…
九一九〇　…𡗜來…
九一九一　奠來十
九一九二　奠來…
九一九三　婁來…
九一九四反　婁來十三在𢽾
九一九五　婁來…
九一九六　婁來…
九一九七正　貞無囚
九一九七反　婁來…
九一九八　…曰丮丙…
九一九八　婁來…
九一九九正　…無丰
九一九九反　婁來
九二〇〇正　庚辰卜内貞呼𢆶
九二〇〇正　貞勿呼𢆶
九二〇〇正　勿…
九二〇〇正　貞弗其戈
九二〇〇正　…囚
九二〇〇反　我來三十
九二〇〇反　婦姼來…
九二〇一　…我來…
九二〇二　…我來…
九二〇三正　甲寅卜貞今夕無…
九二〇三反　…我來…
九二〇四正　不征
九二〇四反　鼓來十
九二〇五正　癸…貞…
九二〇五反　…來…
九二〇六正　貞勿…于王…曰
九二〇六反　…邑來
九二〇六反　…𠂤…
九二〇七正　貞…正
九二〇七反　甸來
九二〇八正　…不𡆥
九二〇八反　…來百
九二〇九正　…取
九二〇九反　…來百
九二一〇正　貞不惟…𡆥
九二一〇反　…來五十
九二一一　…來五十
九二一二　…來…

九二一三正　…貞…自惟…
九二一三反　…來二
九二一四　貞百牛至
九二一四　貞百牛毋其至十月
九二一五　丙…殻貞…入𠬝
九二一六正　…卜…取
九二一六反　…商入四十
九二一七正　…祖辛禦
九二一七反　子商入十…
九二一八　子商入一
九二一八　爭
九二一九正　二告
九二一九反　𡗜入…
九二二〇正　貞其…侑于…乙告于丁宰
九二二〇反　…𡗜入二十
九二二一正　…翌丁丑酚
九二二一反　𡗜入十
九二二二　𡗜入…
九二二三正　…翌乙巳…用勿…
九二二三反　吕入十
九二二四　𢀛入十
九二二五　今𢀛入…
九二二六正　貞不…
九二二六正　其…
九二二六反　𩰲入五
九二二七正　乙丑卜永貞…
九二二七反　婁入百
九二二八　婁入二…
九二二九　婁入二在高
九二三〇　婁入…
九二三一　婁入…
九二三二正　…左…
九二三二反　婁入…
九二三三正　…永貞囚有衛　二告
九二三三正　…永貞囚無其衛
九二三三反　雀入二百五十
九二三四正　壬子卜殻貞今𢀛王惟…
九二三四正　壬子…殻貞今𢀛…
九二三四反　貞今𢀛王勿比沚或
九二三四反　貞今𢀛…
九二三四反　雀入二百五十
九二三五正　二告
九二三五正　二告
九二三五反　雀入二百五十
九二三六反　雀入二百…
九二三六正　告

九二三七 雀入二百五十

九二三八 雀入二百…

九二三九正 …其率…

九二三九反 …入二百…

九二四〇 雀入…

九二四一 雀入百

九二四二正 丁酉卜内貞… 不吿 不吿

九二四二反 雀入…

九二四三 雀入…

九二四四正 …貞翌…

九二四四反 鳳入…

九二四五 鳳入百

九二四六 鳳入十

九二四七 並入十

九二四八 並入…

九二四九正 …六月

九二四九反 貯入一

九二五〇 㐭入十

九二五一正 翌辛其雨

九二五一正 翌辛不雨

九二五一正 𠤳

九二五一反 𠤳入…

九二五二正 二告

九二五二正 二告

九二五二反 …卜爭…丁巳…于循…王固曰…

九二五二反 貞…

九二五二反 鼓入十

九二五三 鼓入四十

九二五四 鼓入十

九二五五 鼓入二

九二五六 鼓入二

九二五七正 癸酉勿燎 二告

九二五七反 鼓入…

九二五八 鼓入…

九二五九 鼓入五

九二六〇 鼓入五

九二六一正 …卜穷

九二六一反 忌入百

九二六二 忌入百

九二六三正 …侑于…

九二六三反 忌入百

九二六四 忌入百

九二六五 忌入百

九二六六 …入…

九二六七 庭 見入三

九二六八正 …人廼步七月

九二六八反 文入…

九二六九 唐入二 廳

九二七〇 …入百

九二七一 …入百五十

九二七二 …入百

九二七三正 貞勿祟

九二七三反 虎入百

九二七三反 …其

九二七四正 二告

九二七四反 豕入三帚示十 㱿

九二七五正 貞王囚無由

九二七五反 豕入十

九二七六正 貞今夕雨

九二七六反 卢入三在…

九二七七 畄入三

九二七八 田入二在…

二二七九正 貞

九二七九反 朩入四十

九二八〇正 …來…

九二八〇反 陜入十

九二八一正 壬申卜穷…

九二八一反 臧入二

九二八二 …入二在郭

九二八三正 貞其…彈在…

九二八三反 巾入

九二八四 𡆥入…

九二八五 …入

九二八六正 …王…不…祈

九二八六反 …入百

九二八七正 …不惟…

九二八七反 …入二十

九二八八 旬入二十在…

九二八九 亘入十

九二九〇 …入四

九二九一 …入三

九二九二 …入…

九二九三正 …其…

九二九三反 𠂇入一

九二九四正 㱿貞…

九二九四反 品入…

九二九五 王固曰…

九二九五 …五百

九二九六正 貞延不禦

九二九六反 …二百穷

九二九七正 …不我…

九二九七反 …二百穷

九二九八正　貞岳…
九二九八反　…百三十
九二九九正　辛巳卜亘貞…
九二九九反　…百二十在敦…
九三〇〇正　…其酋…
九三〇〇反　…入百二十
九三〇一　…入百
九三〇二正　…卜…自今…于…
九三〇二反　百
九三〇三　百
九三〇四　百岳
九三〇五正　貞…大…
九三〇五反　…百…
九三〇六　…入五十
九三〇七正　貞不其若
九三〇七反　…入五十
九三〇八正　弗其…
九三〇八反　…五十
九三〇九　…入四十
九三一〇　四十
九三一一　四十
九三一二　四十
九三一三　四十
九三一四　…四十
九三一五　…三十
九三一六　…三十
九三一七　…三十
九三一八　…入十
九三一九　穷入十㱿
九三二〇　…入十
九三二一正　…巳卜…歲…
九三二一反　…入十
九三二二正　…其□
九三二二正　貞…
九三二二反　…入十
九三二三　…入十
九三二四正　…酉…其…□
九三二四反　…入十在…
九三二五　…入十
九三二六　…入十
九三二七　…入十
九三二八正　…爭…
九三二八反　…入四在…
九三二九　…入三王□
九三三〇　…入三
九三三一　□入…

九三三二　□入
九三三三　□…
九三三四　弜入二百二十五
九三三五　□入…
九三三六　□入…
九三三六　…出
九三三七　貞今夕其雨五月
九三三七　旻入二
九三三八　…工甲…□…彡不…亦告入…
九三三九　壬子卜沚以狄啓獲入罡
九三四〇　…至五月…入
九三四一　弜入
九三四二　弜入
九三四三　弜入
九三四四　弜入
九三四五　弜入
九三四六　…疾…
九三四六　弜入
九三四七　弜入
九三四八　弜入
九三四八　庚…
九三四九　弜入
九三五〇　弜入
九三五一　弜入
九三五二　貯入
九三五二　…□…
九三五三　冊入
九三五四　冊入
九三五五　冊入
九三五六　冊入
九三五七　冊入
九三五八　冊入
九三五九　吹入
九三六〇　吹入
九三六一　吹入
九三六一　…鹿不…十月
九三六二　吹…
九三六三　吹入
九三六四　…宁…秫…从…五…
九三六五　□入
九三六六　□入
九三六七　□入
九三六八　…又…宋…豕
九三六八　…不…
九三六八　□入
九三六九　甫入

九三六九　九三七〇　九三七一　九三七二　九三七三　九三七三　九三七三　九三七三　九三七三　九三七四　九三七四　九三七五　九三七六　九三七七　九三七八　九三七九　九三八〇　九三八〇　九三八一　九三八二　九三八三　九三八四　九三八五　九三八六正　九三八六反　九三八七正　九三八七反　九三八八　九三八九　九三八九　九三九〇　九三九一　九三九二　九三九三　九三九四正　九三九四反　九三九四反　九三九五　九三九六　九三九七　九三九八　九三九九　九四〇〇　九四〇一

……又……
[illegible]……
[illegible]入
[illegible]入
戌申卜
……卜勿……
……申勿……
……戌卜……
……戌卜……
[illegible]入
……卜王……獲
[illegible]入
次王入
聽出入
𣶒入
犬句……
堯入
……宁
𢦏入
……郭[illegible]入
……㱿乞自𨸏……
……㱿乞自……
……㱿乞……
自㱿乞十
辛……
壬子㱿乞自……
……大甲
……古乞……
……古乞……
……子帚井乞自……
……戌帚井乞……
……骨又三十
帚井乞自……
帚井乞自……
帚井乞自……
……自帚井……
貞……惟豕……卯呼……見……
庚戌
……乞自帚井乞……
……入五……帚井乞[illegible]自……七月十五
……自𨸏五十屯
……自𨸏五十屯
……自𨸏五十屯
丁丑[illegible]乞于𨸏示十屯　[illegible]
乙……邑乞自𨸏五屯十二月
……乞自𨸏在……

九四〇二　九四〇三正　九四〇三反　九四〇四　九四〇五　九四〇六正　九四〇六反　九四〇六反　九四〇七　九四〇八　九四〇九　九四一〇正　九四一〇臼　九四一一　九四一二正　九四一二臼　九四一三　九四一四　九四一五　九四一六臼　九四一七　九四一八　九四一九正　九四一九反　九四二〇　九四二一　九四二二　九四二三正　九四二三反　九四二四　九四二五　九四二六正　九四二六反　九四二七　九四二八　九四二九　九四三〇　九四三一　九四三二　九四三三　九四三四　九四三五　九四三六正　九四三六反　九四三七正　九四三七反

……乞自𨸏……
貞……不……
……𨸏乞……
……自𨸏……
……自𨸏……
……[illegible]……
……自𨸏乞……
……[illegible]……
……[illegible]乞……
己丑乞自缶五屯後示三屯　岳
丁亥乞自雩十屯𠣞示　㱿
癸亥卜𡧊貞翌丁卯彡彈牛百于……
癸亥𠣞乞自雩十屯　𠂤
庚……乞自雩十屯　㱿
來丁未出……丁……
癸亥𠣞自乞雩十屯
……乞自雩……屯　㱿
……𠣞入……
……𠣞……屯……
丁亥乞自雩允十屯𠣞示
……乞自雩……屯𠣞……
……雩十……
癸丑卜……唐[illegible]……鼎
……亥乞自𦉥十
……自𦉥十……
……乞自𦉥十……
……𦉥十……
貞不入……
……𦉥五……
……𦉥……
……乞自𦉥……
……令……先……八月
……卯乞自𦉥……
……先獻……乞自𦉥……
……自𦉥……
……自𦉥……
……乞自𦉥……
……自𦉥……
……乞自[illegible]二十
……允乞自[illegible]二十
……[illegible]乞二十
……[illegible]二十……
……卜爭貞舟……
商……
㱿
……自衛……

九四三八　…乞自…
九四三九正　貞父…
九四三九反　…貞我…
九四四〇正　…不其…
九四四〇反　…自…四十
九四四一　自开乞
九四四二　…乞自…屯…
九四四三　…乞自…
九四四四　…新束三十屯
九四四五　…自新束三十乞…
九四四五　丁巳…
九四四六　…自新束三十
九四四七正　…比…
九四四七反　…乞自…
九四四八正　貞不其來
九四四八反　…卯乞自…
九四四九正　癸丑卜穷貞…
九四四九正　癸卯卜穷貞…無…
九四四九反　…乞自…屯永…旬
九四五〇　辛丑乞自…
九四五一正　…有不若
九四五一反　…乞自…
九四五二正　貞不其…
九四五二反　…乞自…
九四五三　…乞自…
九四五四　…午乞自…
九四五五　…乞自…
九四五六正　甲申…
九四五六正　丙戌…
九四五六正　…辰…
九四五六反　…未乞三十…
九四五七　…乞三十…
九四五八正　貞今夕…
九四五八反　…乞三十…
九四五九正　…卜午…
九四五九反　…寅乞二十…
九四六〇　…亥乞二十…
九四六一正　甲寅卜…
九四六一正　丁巳卜…
九四六一正　告
九四六一反　乙亥乞二十屯　兕
九四六二正　甲戌卜…
九四六二正　辛巳卜…
九四六二正　壬子卜…
九四六二反　壬寅乞二十…
九四六三正　丁巳卜穷貞惟師…用

九四六三反　…無乞…
九四六四正　己酉卜亘貞賜
九四六四正　勿賜
九四六四反　王固曰吉賜
九四六四反　穷
九四六五　貞賜牛
九四六五　貞賜牛
九四六五　乙卯卜亘貞勿賜牛
九四六五　貞翌丙辰其雨
九四六五　貞翌丙辰不雨
九四六五　…史步…舌方…
九四六六反　…于南賜羊
九四六七　…丑…勿令賜
九四六八　貞勿賜黃兵
九四六九　丁酉…
九四六九　…丁…賜…兵
九四七〇　…𣪘…其叡…易…
九四七一　貞忌師般龜
九四七二正　令尹作大田
九四七二正　勿令尹作大田
九四七二正　貞我史工
九四七二正　貞我史無其工
九四七二正　貞我史其𢦏方
九四七二正　貞我史弗其𢦏方
九四七二正　往西多𦃹其以伐
九四七二正　貞方其𢦏我史
九四七二正　貞方弗𢦏我史
九四七二正　貞𢓊征化無囚
九四七二正　其有囚
九四七二正　丁未卜𣪘貞𢓊征化受祐
九四七二正　丁未卜𣪘貞𢓊征化弗其受祐
九四七二反　王固曰惟…舌惟往不往
九四七二反　…以
九四七三　癸卯…穷貞…𠦪坚田于京?
九四七四　…貞…
九四七四　…令𠦪坚…無囚三日八…
九四七五　貞勿令𠦪坚田
九四七六　戊辰卜穷貞令泳坚田于蓋
九四七七　…泳坚田于蓋
九四七七　…卜穷…令多羼…𢦏…𢦏
九四七八　壬申卜貞槃師般婦
九四七八　貞朮坚…衛
九四七九　戊子卜穷貞令犬延族坚田于虎
九四八〇　…卜…貞翌𡚤有正乃坚田
九四八〇　…卜穷…十一月

九四八一　…㝑…令…坚…
九四八二　乙丑…㝑…令…坚
九四八三　…坚…
九四八四　…亡坚…
九四八五　…子卜…令…坚…
九四八六　癸…貞…令𠬝坚…于…侯十二月
九四八七　…田…
九四八八　…酉卜…貞翌…王往圃無…
九四八九　癸卯卜亘貞呼圃惟之
九四八九　貞王往出
九四九〇　貞…卯…
九四九〇　…𢦏…王往圃
九四九一　…圃
九四九二　其弗蓺
九四九三　…王…蓺…三十
九四九四　貞…蓺
九四九四　…未…亥雨
九四九五　…卜爭…令得…蓺…十二月
九四九六　貞惟得示蓺…
九四九七　…蓺
九四九八正　…五日…亦奴…
九四九八反　…蓺…皀
九四九九　丙…貞…有…于…
九四九九　貞惟辛亥𦥑田十二月
九四九九　…乃奠十二月
九五〇〇　庚子卜貞王其觀耤惟往十二月
九五〇一　己亥卜貞王往觀耤延往?
九五〇一　貞…往
九五〇二甲　…明
九五〇二甲　…耤…
九五〇二乙　…耤于…
九五〇三正　王有𡆥
九五〇三正　貞王無𡆥
九五〇三正　貞祖乙于尋有
九五〇三正　勿于尋有
九五〇三正　令執从曺
九五〇三正　勿令執从曺
九五〇三正　…𦉭耤在名受有年
九五〇三正　…𦉭弗其受有年
九五〇三反　乙卯卜㱿
九五〇四正　貞有𡆥自示
九五〇四正　貞無𡆥自示
九五〇四正　貞妣己𡆥…
九五〇四正　貞妣己弗…王
九五〇四正　貞呼曺歸田　二告
九五〇四正　貞勿呼曺歸田

九五〇四正　…貞…
九五〇四正　…貞
九五〇四正　甲午卜㱿貞翌乙未侑于祖乙
九五〇四正　貞翌乙未…侑于祖乙
九五〇四正　丙申卜古貞呼見𢀛𦭢𦤟𢷎　二告
九五〇四正　丙申卜古貞呼見𢀛𦭢𦤟弗其𢷎　二告
九五〇四正　丙辰卜爭貞呼耤于陮受有年
九五〇四正　丙午卜㝑貞王往出田若
九五〇四反　敦
九五〇四反　王固…
九五〇四反　般入四
九五〇五　貞惟大𤣩…
九五〇五　己卯卜㱿貞雷耤于名享不𣿌
九五〇五　…貞不呼…囚
九五〇六　丙子卜葡貞曰…執自于入𢦏?
九五〇六　丙子卜呼…耤受年
九五〇七正　貞…雀…
九五〇七正　貞令雀于…
九五〇七正　貞勿令…
九五〇七正　…其受年
九五〇七正　…㱿貞自…其雨
九五〇七正　癸卯卜㝑貞侑𡚱執我𢊁戕
九五〇七正　貞今我耤受有年　二告
九五〇七正　癸卯卜㝑貞…𢊁…
九五〇七正　…來…不其…
九五〇七反　庚午卜㱿
九五〇八正　貞…
九五〇八正　壬午卜㱿貞呼𦌓耤
九五〇八反　…夕雨
九五〇九　…弗…
九五〇九　呼耤于㐭北洮不…
九五一〇正　貞呼耤…
九五一〇正　…豕
九五一〇反　王固曰…
九五一一　告攸侯耤
九五一二　貞…我…
九五一二　…不…耤
九五一三　…耤
九五一四　壬申卜
九五一四　…耤…
九五一五　…耤
九五一六　…㱿貞王其桼
九五一七　庚戌卜…貞王呼桼在始受有…
九五一八　…寅…
九五一八　丁酉卜爭貞今春王勿桼

九五一八　今春王黍于南…于南沘
九五一九　循交方
九五一九　丁酉卜爭貞今春王勿黍
九五一九　…春王…南…人…南沘
九五二〇　乙卯卜殼貞立來
九五二〇　貞王勿立來
九五二〇　貞王咸酌蒸勿宁翌日
九五二〇　甲辰卜殼貞勿宜翌日
九五二〇　甲辰卜殼貞王入
九五二〇　甲辰卜…貞王勿…于秎入
九五二一　乙卯卜殼貞王立來若
九五二一　貞王勿立來
九五二一　甲辰卜殼貞王宜翌日
九五二一　貞王咸酌蒸勿宜翌日
九五二二　貞王立來若
九五二二　貞王勿立來
九五二二　貞王衣宜翌日
九五二二　貞王咸酌蒸勿宜翌日田
九五二二　甲辰卜殼貞王入
九五二二　甲辰卜殼貞王勿衣入于秎入
九五二三　乙卯卜殼貞王立來
九五二三　貞王勿立來
九五二三　貞王宜翌日
九五二三　貞王咸酌蒸勿宁翌日
九五二三　甲辰卜殼貞王入
九五二三　甲辰卜殼貞王勿衣入于秎入
九五二四　乙卯卜…貞王立來
九五二四　貞王勿立來
九五二四　貞王衣宜翌日
九五二四　貞王咸酌蒸勿宜翌…
九五二四　甲辰卜殼貞王入
九五二四　甲辰卜殼貞王勿衣入于秎入
九五二五正　貞婁來牛
九五二五正　弗其來牛　二告
九五二五正　貞王立黍受年一月
九五二五正　立黍弗其受年
九五二五正　貞婁來牛
九五二五正　貞婁弗其來牛
九五二五正　庚戌卜殼貞王立黍受年
九五二五正　貞王勿立黍弗其受年
九五二五反　戌…卜殼
九五二六正　惟甫立
九五二六正　…子甫立
九五二六正　…壱
九五二六正　…壱

九五二六反　今日庚不…
九五二六反　今日庚其…
九五二七　貞自今丁未侑
九五二七　貞呼王𠀠出黍
九五二八　甲申…遘…
九五二八　我其積
九五二九　貞…?…
九五二九　…貞婦姘呼黍于丘商受…
九五三〇　辛丑卜殼貞婦姘呼黍丘商受…
九五三〇　己亥卜爭貞鼓侑于祖…
九五三〇臼　岳
九五三一正　…其以有取
九五三一正　…于乙酉…婦姘往黍
九五三一正　…未卜殼貞…申呼婦…
九五三一反　不其…
九五三二　…勿令…婦姘黍
九五三二　其…
九五三三　貞呼婦姘往黍
九五三四正　…姘往黍若
九五三四反　岳
九五三五　貞…其…年
九五三五　貞呼黍于北受年
九五三六　貞呼黍于𠀠受年
九五三七　…穷貞呼黍于敦圃受…
九五三七　戊戌卜穷貞我受年
九五三八　庚辰卜爭貞黍于龔
九五三八　…黍于龔
九五三九　貞呼黍不其受年
九五四〇　貞呼伐𢀛方
九五四〇　貞呼黍受年
九五四一正　貞呼黍…有年
九五四一反　庚…
九五四一反　王固曰…有至自…
九五四一反　癸卯卜
九五四二　貞呼黍
九五四三　勿呼黍
九五四四正　壬戌卜古貞呼𤰔州黍　二告
九五四四反　王固曰吉其𤰔
九五四四臼　庚申婦示八十屯　古
九五四五　…貞呼…于黍
九五四六　丙午卜…令…黍…囧
九五四七　庚辰卜穷貞惟王𢦔南囧黍十月
九五四八　庚戌…古貞…其黍
九五四九　丁…

九五四九 貞不其黍
九五五〇 貞呼追其黍
九五五一 己丑卜貞𦎫于…享二月
九五五二 丁亥卜…岳石有从雨
九五五二 貞…茉石有从雨…雨
九五五二 乙未卜貞黍在龍囿㐭受有年二月
九五五三正 …呼麥…
九五五三反 …古…
九五五四 …㞢…
九五五五 …㞢不其生
九五五六 乙卯貞呼田于𣘼受年一月
九五五七正 丁丑卜㱿貞王往立稈延比沚戠
九五五七反 …次…步于𠂤…允…
九五五八 貞王往立稈黍于…
九五五九 …在…
九五五九 丁未卜貞惟王稈黍
九五六〇 貞其从王古
九五六〇 貞燎于岳三小宰卯三宰
九五六〇 甲午卜宾貞燎于岳二小宰卯二宰
九五六〇 壬午卜宾貞禦𡆥于日
九五六〇 戊子卜宾貞𡆥㣇在疾不从王古
九五六〇 己丑卜宾貞今𢀛商稈
九五六〇 丁巳卜宾貞令𠧢暘乞食乃令西史三月
九五六〇 貞今𢀛不稈
九五六〇 貞于婦禦𡆥三月
九五六一 …𢀛
九五六一 …卜宾…翌商…稈
九五六二反 …商人稈
九五六三 甲子卜𠂤稈𪏿
九五六三 …燎…黃…
九五六四 貞…
九五六四 …稈黍
九五六五 辛亥卜貞咸稈來
九五六六 貞…
九五六六 …稈…
九五六七 貞不其稈三月
九五六八正 …次…稈…
九五六九 …稈黍…月
九五七〇 甲子卜允貞于翌乙丑⿸尸彡𢀛乙丑允⿸尸彡
𢀛不…
九五七一 …翌乙…⿸尸彡𢀛…⿸尸彡𢀛不遘…
九五七二 貞不𦔻十三月
九五七二 庚辰貞翌癸未⿸尸彡西單田受有年十三月
九五七二 戊子卜宾貞王逐𢀛于沚無災之日王往
逐𢀛于沚允無災獲𢀛八

九五七二 貞…十三月
九五七二 …十三月
九五七二 貞其㞢二月
九五七三 …翌乙…⿸尸彡…乙丑…㠱…
九五七四 丙戌…争貞…方⿸尸彡…𢀛
九五七五 貞…
九五七五 癸酉卜争貞令多射衛
九五七五 庚寅卜争貞令登暨𢀛弜工衛有擒
九五七五 丙申卜争貞令𢓊⿸尸彡有田受…
九五七五 …衛
九五七五 …卜争…河婦暨…西…衛有𠬝
九五七六 貞令𡆥⿸尸彡有田
九五七六 …呼…
九五七七 壬寅卜宾貞有…
九五七七 癸卯卜争貞…
九五七七 …卜宾貞于丁有…九月
九五七七 …丁⿸尸彡有正二月
九五七七 …戊卜…貞…
九五七八 己…貞…子…
九五七八 …⿸尸彡有田
九五七九 貞勿令⿸尸彡…
九五八〇 乙丑㱿貞勿⿸尸彡…囿
九五八〇 …囿若一月
九五八一 庚寅卜蔔…⿸尸彡…
九五八二正 …丑卜…⿸尸彡…
九五八三 辛未…⿸尸彡…單…
九五八四 壬…古…令…⿸尸彡…𢀛…
九五八四 …卜宾貞…獲…令…射
九五八五 戊…争…令…⿸尸彡…
九五八六 …⿸尸彡…田余…有…
九五八七正 告
九五八七反 …⿸尸彡…雨
九五八八 貞…⿸尸彡…
九五八九 …⿸尸彡…
九五九〇 …萑黍廼…
九五九一 戊午卜宾貞王往萑…無…在…
九五九二 …于卜㱿貞王往萑…廼三月
九五九三 己酉卜…王…萑…廼
九五九四 年萑
九五九四 貞勿令𢀛歸
九五九四 …其…
九五九五 …申卜王…𥠀年萑
九五九六 …允貞婦姘年萑
九五九六 …貞不其萑
九五九七 貞年不其萑

九五九八
九五九九
九五九九
九五九九
九五九九
九六〇〇正
九六〇〇反
九六〇一
九六〇一
九六〇二正
九六〇二反
九六〇三
九六〇三
九六〇三
九六〇四
九六〇五
九六〇六
九六〇七正
九六〇七正
九六〇七反
九六〇七反
九六〇八正
九六〇八正
九六〇八正
九六〇八正
九六〇八正
九六〇八正
九六〇八反
九六〇八反
九六〇八反
九六〇八反
九六〇九
九六〇九
九六一〇
九六一〇
九六一一
九六一一
九六一二
九六一二
九六一三甲正
九六一三乙正
九六一三反

婦井黍萑
……□……
貞燎
乙未卜宂貞燎
婦井黍不其萑
貞燎
貞婦井黍其萑
……戌卜宂……黍萑
……自……
黍萑
……不……骨
辛卯卜宂貞黍萑
……女……
今告呼伐吾方
黍萑
……伐……方
……黍萑
貞……不其萑
……不……萑
……丑……貞婦妌田萑
貞婦妌田不其萑
……于……岳
勿……無……
貞……由于夒　二告
弗其及今四月雨　二告
貞及今四月雨　二告
甲戌……宂……在姐田萑　二告
……在姐……
其……
……庚丑
二告
丁丑卜爭
王固曰……雨
……爭
奠來……
辛酉卜葡貞在衛萑
貞在衛萑
貞王勿往省于敦
……卯卜古貞婦妌田……其萑
貞凡……
丙辰卜永貞呼省我田
貞不……
貞王勿往省黍
……王勿往省黍祀弗若
……往省黍祀若
奠來三十

九六一四
九六一五
九六一五
九六一五
九六一五
九六一六
九六一七
九六一八
九六一九
九六二〇
九六二〇
九六二〇
九六二〇
九六二〇
九六二〇
九六二一
九六二一
九六二二
九六二三
九六二三
九六二四
九六二四
九六二四
九六二五
九六二六
九六二七
九六二七
九六二七
九六二八
九六二八
九六二九
九六二九
九六二九
九六三〇
九六三一
九六三二
九六三三
九六三四
九六三五
九六三六
九六三六
九六三六
九六三七
九六三八
九六三八

癸酉卜古貞勿衛年
貞其侑于我祖……
貞今翌受……
……今秋星禾九……
……亥侑于……
……卜宂貞……惟醬
辛丑卜……醬穡
……不惟醬
貞今其雨不惟醬
庚子卜宂翌辛丑有告麥
……亥卜宂翌庚子有告麥允有告麥
……午卜宂……乙未……麥
……卜……內……麥
……其……
……有告……
己酉卜宂翌庚有告麥
翌己酉無其告麥
翌乙未無其告麥
翌丁無其告麥允無……
……無……告……
……其告麥
……麥
……午有告麥
……翌辛……無告麥
翌……無……麥
己丑……貞雍……呂……疾
貞今……般……冉
甲申卜宂貞告秋于河
丁丑……貞有……
丙辰卜宂貞其告秋于上甲不惟……惟……
乙未卜宂貞于上甲告秋爯
乙未卜……于……告秋爯
貞丁巳雨
貞于王亥告秋爯
丁巳……告秋……西……七月
乙未卜宂貞于……告秋……一月
貞……呼……醬
……醬……
壬……醬……
貞……
……南亩十二月
庚寅卜貞惟朿人令省在南亩十二月
……寅……惟朿……令省在南亩十二月
庚寅卜……郭……
己酉卜……旃……出

九六三八　己酉卜貞令□省在南亩十月
九六三九　乙未
九六三九　丙申
九六三九　己亥
九六三九　己亥
九六四〇　己亥卜貞惟並令省在南亩
九六四〇　甲午…酌…犬
九六四〇　…省…亩
九六四一　貞先省在南亩…月
九六四二　…南亩省十月
九六四三　…子…亩
九六四四　癸丑…爭…惟盟…步…用…亩…
九六四四　…冥…
九六四四　…卜爭…乙未…于河…宰
九六四五　…永…倉用…
九六四六　…今歲受…
九六四七　癸卯卜爭貞今歲受…
九六四八　癸卯卜貞今歲受年
九六四八　…洹…燎…
九六四九　貞今歲受年
九六五〇　乙丑卜王貞今歲受年十二月
九六五〇　丁卯卜王貞卓鼓骨凡有疾十二月
九六五一　…歲受年
九六五二　壬子…貞今屯受年九月
九六五三正　貞今來歲…年
九六五三正　貞…
九六五三反　彡
九六五四　貞今來歲我不其受年九月　二告
九六五四　戊戌卜…我…年
九六五五　癸酉卜穷…今來歲我受年
九六五六　…來歲受年
九六五七　…歲受年
九六五八正　辛巳卜亘貞祀岳桒來歲受年　二告
九六五八正　貞來歲不其受年　二告
九六五八正　二告
九六五八正　不舌黽
九六五八正　不舌黽
九六五八正　不舌黽
九六五八反　在庿
九六五八反　奠來…
九六五九　甲子卜來歲受年八月　二告
九六五九　來歲不其受年
九六六〇　貞來春不其受年
九六六〇臼　…示…
九六六一　癸卯卜爭貞今歲商受年
九六六二　癸卯卜爭貞今歲商受年

九六六三　庚子卜㱿貞疾异惟我正侑…
九六六三　庚子卜㱿貞令凡舌侑父…
九六六三　辛丑卜古貞商受年十月
九六六三　甲寅卜亘貞呼…
九六六四　甲辰卜商受年
九六六五　…商受…
九六六六　貞商其受年三月
九六六七　…歲我受年七月
九六六八正　貞…無囚
九六六八正　貞今辛亥王…出若
九六六八正　丙寅卜爭貞今歲我受年
九六六八正　…寅卜爭貞今歲我不其受年在□十二月
九六六八正　二告
九六六八正　告
九六六八正　二告
九六六八反　…曰…來…
九六六八反　王固曰吉
九六六八反　…龜
九六六九　癸卯卜葡貞我受年十一月　二告
九六六九臼　…辰婦妸示屯一丿　葡
九六七〇　癸卯卜㱿貞我受年
九六七一正　辛卯卜古貞我受年　二告
九六七一正　貞我不其受年　小告
九六七一正　貞王聽惟孽
九六七一正　貞王聽不惟孽
九六七一反　癸未
九六七一反　𡦂入十
九六七一反　婦㗊示
九六七二正　丙午卜爭貞我受年一月
九六七二反　…示三十
九六七三　…卜韋貞我受年
九六七四　辛丑卜爭貞我受年
九六七四　…卜爭貞我受年
九六七四　二告
九六七五　…呼卒…
九六七五　…寅卜爭貞我受年
九六七六　…貞我受年四月
九六七七　壬子卜穷貞我受年
九六七七　二告
九六七八　…子卜內貞我受年
九六七九　貞…辛…壱
九六七九　貞祖辛壱
九六七九　甲子卜古貞我受年三月
九六八〇　不舌
九六八〇　貞我受年

九六八〇
九六八一正
九六八一正
九六八一正
九六八一正
九六八一反
九六八二
九六八三
九六八四正
九六八四反
九六八五
九六八六
九六八七
九六八八
九六八九
九六八九
九六八九
九六九〇正
九六九〇反
九六九〇反
九六九〇反
九六九一
九六九二正
九六九二正
九六九二反
九六九三
九六九三
九六九三
九六九三
九六九三
九六九四
九六九五
九六九六
九六九七
九六九八
九六九九
九六九九
九六九九
九七〇〇
九七〇〇
九七〇一正
九七〇一反
九七〇二
九七〇三正
九七〇三正

二告
貞我受年
戠其來
…受年
戊申卜夫受年
…卜…　二告
戊子卜殻…商以十又…
乙丑卜韋貞我受年　二告
…我受年一月
乙酉卜殻貞我受…
…惟終
貞我其受年
貞我受年
貞我受年　二告
貞我受年
勿伐
我受年
我受年
貞我受年一…
壬子不…
…不吉其惟丁雨𣶒…
…不吉其惟甲雨亦…
…爭貞我受…
貞我受年
弗其受年　二告
壬子…王…
貞受黍年
貞我受年
貞呼婦好往若
貞呼婦好往若
貞呼婦好往若
辛亥卜㝊貞我受…
…卜貞我…年
…未卜殻貞我受年
丙申…旬我…年
…酉卜…我受…
貞勿呼伐
我受
貞呼…
庚午卜殻貞我受年
戊戌卜葡貞翌己…
貞我受年
㝊
…戌卜㝊…我受…
今來歲我不其受…
…殻…王…

九七〇三反
九七〇三反
九七〇四
九七〇五
九七〇五
九七〇六
九七〇七
九七〇八
九七〇九
九七〇九
九七一〇
九七一一
九七一一
九七一二
九七一二
九七一三
九七一四
九七一五
九七一五
九七一六
九七一七正
九七一七正
九七一七反
九七一八
九七一九
九七二〇
九七二一
九七二一
九七二二
九七二二
九七二三臼
九七二三
九七二四
九七二四
九七二五
九七二五
九七二六
九七二七
九七二七
九七二八
九七二九
九七二九
九七三〇
九七三〇
九七三一正
九七三一正

…卜…
…卜…
貞我受…
貞我不其受年
…受年
…我不其受年
貞我不其受年
貞我不其受年
翌丁丑其雨
貞我…其…年
癸卯卜殻貞我不其受年
貞我受…
貞我不其受年
我不其受年
…我不其受年
貞我不其受年
…我不…受年
…卜㝊貞…呼…吾捍
乙巳卜殻貞我不其受年十一月　不𠮷黽
…卜殻貞我不其受年一月
己卯卜殻貞婁
…雨我不其受…
…曰其…允雨
…殻貞我不其受…
…我不其受年
貞我不其受年一月
貞…
貞我不其受年
丁丑卜亘貞我不其受…
殻
貞我不其受…
貞我不受年　二告
二告
貞我不其受年
…日…
…我不其受年
…我…其…年
貞王…亘…
甲申卜貞我弗其受分…
…卜我弗…受年
…受年
貞…岳…
貞我受[illegible]
己卯卜㝊貞自今至于癸…
…雈…

九七三一正　……殼……上甲……勿𡿧……不雨帝……受我年二月
九七三一反　……不其……
九七三一臼　丁丑邑……
九七三二　……我年
九七三三正　癸巳卜宂帝……其既入邑摧　二告
九七三三反　癸巳卜爭東土受年
九七三三反　癸巳卜爭自今五日雨
九七三三反　癸巳卜爭
九七三四　貞不其受
九七三四　貞北受年
九七三四　貞不其受一月
九七三四　貞東土受年
九七三五　甲午卜延貞東土受年　二告
九七三五　甲午卜延貞東土不其受年　二告
九七三六　……東土受年
九七三七　……南土受年
九七三八　甲午卜亘貞南土受年
九七三八　甲午……
九七三九　貞不……受
九七三九　貞……南……受年
九七四〇　乙酉卜……貞呼……涉𠂤……
九七四〇　……西……受年
九七四一正　丁未卜殼貞𦬊受年　二告
九七四一正　貞𦬊不其受年三月
九七四一正　葡受年　告
九七四一正　不其受年
九七四一正　姢受年　二告
九七四一正　姢不其受年　二告
九七四一正　貞西土受年
九七四一正　貞西土不其受年　二告
九七四一正　于尋司　二告
九七四一正　勿于尋司
九七四一正　貞勿姣
九七四一正　㦰不其來　二告
九七四一正　貞祖乙其㞢王
九七四一正　貞祖乙弗㞢王三月
九七四一正　癸丑卜宂貞惟囚　二告
九七四一正　貞不惟囚
九七四一正　呼取女
九七四一正　呼取女于林　二告
九七四一正　二告
九七四一反　今日雨
九七四一反　丁未卜我……
九七四一反　我來十
九七四一反　戊申卜爭
九七四一反　王惟侑

九七四一反　貞不惟侑
九七四一反　貞……若
九七四一反　……我……
九七四二正　甲午卜宂貞西土受年
九七四二正　貞西土不其受年　二告
九七四二正　二告
九七四三正　甲午卜㽙貞西土受年
九七四三正　甲午卜㽙貞……土不其受年
九七四三反　殼
九七四四　乙巳卜殼貞西土受年三月
九七四四　貞……其……
九七四五　甲午卜宁貞北土受年
九七四五　甲午卜宁貞北土不其受年　二告
九七四六　……卯卜北受年
九七四七　……北土受年　二告
九七四七　……敚……人
九七四八　丙寅……北土……年
九七四九　北土不其受年
九七四九　不其雨
九七五〇甲　……我北田不其受年
九七五〇乙　貞我北田受……
九七五一甲正　……北不其……　二告
九七五一乙正　二月
九七五一乙正　……受年
九七五一反　王固……
九七五二　貞北……其受……十一月
九七五三　……土受年
九七五四　癸……爭貞……土……年
九七五五　辛酉卜宂貞婦妌受……
九七五五　貞惟祖辛……
九七五六　貞婦妌不受年
九七五七　貞……曰……
九七五七　貞婦妌不其受年
九七五七　貞今日雨
九七五七　受年
九七五七　貞雨
九七五七　……出……
九七五八正　庚子卜𢀛受年　二告
九七五八正　庚子卜𢀛受……　不𠮵
九七五八正　二告
九七五八反　丁……
九七五九　……𢀛受有年
九七六〇　……卜雀……入受年
九七六一　……雀不……年
九七六二　……卜雀……年
九七六三　……雀受年

九七六四　…萛受…
九七六五　…萛受…
九七六六　…萛受年
九七六七　癸…
九七六七　貞我萛受年
九七六八　…萛不其受年
九七六八　…我受年王固曰受…惟不魯
九七六八　…萛受年
九七六八　…其受年
九七六九正　甲子卜…
九七六九反　貞在萛不其…年
九七七〇　…卜古貞我在萛从龔受年
九七七一　…龐不其受年
九七七二　丙子卜貞舟龍受年
九七七二　…王…十月
九七七三　…未卜…龍受…
九七七四正　侑犬于黃奭卯三牛
九七七四正　惟豚卯三牛
九七七四正　勿侑犬
九七七四正　勿侑豚
九七七四正　貞戔受年
九七七四正　貞戔不其受年　二告
九七七四正　貞罗受年
九七七四正　貞罗不其受年
九七七四正　癸丑卜㱿貞遘受年　二月
九七七四正　貞遘不其受年
九七七四正　貞用小宰于出
九七七四正　貞勿用小宰于出
九七七四正　勿…于洹
九七七四正　改豕于洹
九七七四正　壬子卜㱿戠于丘商
九七七四正　勿戠于丘商
九七七四反　雀入𫹉五百
九七七五正　辛巳卜爭貞戔不其受年
九七七五正　貞罗不其受年二月　二告
九七七五正　二告
九七七六　貞戔不其受年　二告
九七七六　貞䖵受年
九七七七　…戔不…年
九七七八　…爭…甫不…
九七七九　…甫弗其受年
九七八〇　…貞旬…
九七八〇　…敦受年
九七八〇　…于羽受年
九七八一　丁巳卜敦…
九七八二　貞敦受年

九七八二　…我受…
九七八二　二告
九七八二　…黽
九七八三正　甲寅卜穷貞　小告
九七八三正　甲寅卜穷貞不其…　小告
九七八三正　乙卯卜穷貞𨽥受年
九七八三正　乙卯卜穷貞敦受年　小告
九七八三反　王固…
九七八四　…㱿…在春…田高受年
九七八四　貞商不…
九七八五　高受年
九七八六　貞高不其受年
九七八七　…年
九七八八正　甲午卜𦎫貞亞受年　告
九七八八正　甲午卜𦎫貞不其受年　告
九七八八反　㱿
九七八九　乙巳卜㗊貞羽受年
九七八九　不舌黽
九七八九　小告
九七九〇正　貞今夕其雨　二告　不舌黽
九七九〇正　貞今夕不雨　二告　不舌黽
九七九〇正　貞尹弗其㞢子　二告　不舌黽
九七九〇正　甲申卜爭貞尹以㞢子
九七九〇正　乙巳卜亘貞羽不其受年
九七九〇正　二告
九七九〇正　二告
九七九〇臼　癸卯…井示四屯自𡆥
九七九一正　貞夊不其受年　二告
九七九一正　貞凿不其受年　二告
九七九一反　雀入二百五十
九七九一反　貞夊受年
九七九一反　貞凿受年
九七九一反　…夊…
九七九二　丁亥卜亘貞米受年　小告
九七九二　丁亥卜亘貞米受年　小告
九七九三　辛酉貞犬受年十一月
九七九四　辛酉貞犬受年十一月
九七九五　…工…年
九七九六　…工受年
九七九七　貞𠂤受年
九七九八　戊午卜雍受年
九七九九　辛酉卜雍受…
九八〇〇　貞𠂤受年
九八〇〇　…𠂤不其…
九八〇一　…亥卜貞𠂤其受…

九八〇二 貞卒受年
九八〇二 ：年 二告
九八〇二 乙酉卜㱿不其受…
九八〇三 乙酉卜㱿受…
九八〇四 ：凤受年
九八〇五 ：凤受年
九八〇六 貞戈受
九八〇七 戊弗其受…
九八〇八正 ：受年
九八〇八反 ：卜咼：
九八〇九 庚：貞：令：
九八〇九 貞令𡧊歸
九八〇九 ：受年
九八一〇正 庚辰卜亘貞𠷎受年二月 二告
九八一〇正 貞𠷎不其受年
九八一〇反 雀入一：
九八一〇反 王固曰亩秜惟不：
九八一〇反 惟良見
九八一〇反 婦羊來
九八一一正 甲辰卜𡧊貞我奴人 二告
九八一一正 貞我勿奴人 二告
九八一一正 二告
九八一一正 貞婁受年 二告
九八一一正 戊午卜古貞婁受年 二告
九八一一正 貞鼓其有𡆥 二告
九八一一正 ：卜貞：𡆥 二告
九八一一正 貞于从北 二告
九八一一正 二告
九八一一正 二告
九八一一反 唐入十
九八一二 ：寅卜萬受年
九八一三 ：邑受年
九八一四 ：日雨小：暘日三月
九八一四 ：方受有祐：受年十三月
九八一五 ：教：蔑丁十一月
九八一五 ：王𡧊于[illegible]：受年
九八一六正 己亥卜示受年
九八一六反 壬寅卜王貞翌甲辰日𥘅啓允：十一月
九八一七 貞㱿咼弔：于敎祀若：黍年
九八一七 ：其受黍
九八一八 ：辰卜𡧊貞王今日往啓祝
九八一八 ：辰卜𡧊貞受有年
九八一八 戊：貞：其：
九八一九 ：卯卜：𠂤有：受有年
九八二〇 ：受年
九八二〇 ：其受年

九八二〇 不舌黽
九八二〇 小告
九八二一 令：般
九八二一 受年
九八二一 ：師：
九八二二 王往
九八二二 受年
九八二三 受年
九八二三 受年
九八二四 受?年
九八二四 受黍年
九八二四 貞勿𢿌人
九八二四 受年二月
九八二四 𢿌人
九八二四 貞不其受年 二告
九八二五 受年
九八二六 丁丑卜𡧊貞受年
九八二七 貞呼𡗜取弓
九八二七 受年
九八二七 貞呼𡗜取弓
九八二七 受年
九八二七 貞呼𡗜取弓
九八二七 貞侑于父辛
九八二七 貞侑于父庚
九八二八 受年
九八二九 受年 二告
九八二九 壬：惟：
九八三〇 受年
九八三〇 壬：惟：
九八三一 ：受年：月
九八三二 受年
九八三三 ：申卜：受年
九八三四 受年
九八三五 受年十月
九八三六正 ：受年
九八三六反 ：小𢿌：
九八三七 ：受年
九八三八 ：受年
九八三九 ：其受年 小告
九八四〇正 ：永：受年一月
九八四〇反 ：卯：
九八四一 受年
九八四一 ：其受年
九八四二 貞其受年 二告
九八四三 ：受年
九八四四正 貞： 不舌黽

九八四四反 ：受年
九八四五 ：受年
九八四六 ：受年 小告
九八四七 王固曰：：受年
九八四八 貞王循：
九八四八 婦好：受年
九八四九 ：受年
九八五〇 ：吉受年
九八五一 不其受年
九八五二 貞不其受年
九八五三 貞不其受一月
九八五四 貞不其受年二月
九八五四 ：以：于：
九八五五正 不其受年
九八五五反 ：子卜：
九八五五反 辛：
九八五六 貞不其受年
九八五六 貞勿侑于黃尹
九八五七 貞：不其受：
九八五八 貞不其受年
九八五九 ：不：受年
九八六〇 貞不其受年
九八六一 貞勿侑于祖丁
九八六一 貞侑于祖丁
九八六一 貞不其受年
九八六二 貞勿侑于祖丁
九八六二 貞侑于祖丁
九八六二 貞不其受年
九八六三 貞：
九八六三 貞侑于羌甲
九八六三 令
九八六三 ：不：受年
九八六四 ：其受年十二月
九八六五 ：受年
九八六六 癸未：貞受年
九八六七 貞受年
九八六八 ：受年
九八六九 勿尊
九八六九 受年
九八七〇 ：受年
九八七一 ：受年 二告
九八七二 ：辰卜受年二月
九八七三 貞受年
九八七四 ：受年
九八七五 ：戌：受年
九八七六 ：其受年

九八七七正 貞受年：月
九八七八正 受年
九八七八正 不其受年
九八七八正 癸未
九八七八正 癸丑
九八七八反 ：固曰有祟
九八七九正 二告
九八七九正 小告
九八七九反 貞勿禦于：
九八七九反 其：年
九八七九反 不其受年
九八八〇 貞不其受年
九八八一 貞：于：
九八八一 貞侑于祖辛
九八八一 貞不其受年
九八八二 貞不其受年九月
九八八三 貞不其受年
九八八四 不其受年
九八八五 貞不其受年九月
九八八五 ：午：
九八八六 ：不其受年
九八八七 不其受年
九八八八 不其受年
九八八九 貞受年
九八八九 貞不其受年
九八九〇 貞不其受年
九八九一 貞不其受年
九八九二 貞不其受年：月
九八九三 不其受年
九八九四 ：其受年
九八九五 ：其受年
九八九六 ：其受年
九八九七 貞其受年十一月
九八九八 ：其受年
九八九九 ：受年
九九〇〇 ：受年
九九〇一 ：有[illegible]：年
九九〇二 ：未卜：年
九九〇三 ：年于：
九九〇四 己卯：
九九〇四 ：年
九九〇五 貞：丁：
九九〇五 ：年：
九九〇五 貞惟戊寅
九九〇五 三：亞：祖乙䕫

九九〇六　貞古…年　不吿
九九〇七　乙…
九九〇七　癸丑
九九〇七　貞惟…
九九〇七　…惟…年
九九〇八　…年一月
九九〇九　貞…丁…餗
九九〇九　…受有年十月
九九一〇正　…貞不…惟丁…
九九一〇反　…年七月
九九一一　勿令田于凸
九九一一　…受年
九九一二　貞…年
九九一二　…卜…不…有…二月
九九一三　…年
九九一三　用牛小宰
九九一四正　…受年
九九一四反　…午不…
九九一五　…其…年
九九一六　貞…受…
九九一六　二告
九九一六　二告
九九一七　…年
九九一八　…年
九九一九正　貞帝不我…
九九一九反　…卜韋…年
九九二〇　…年
九九二一　…不…年十月
九九二二　…年
九九二三正　…其…年二月
九九二三反　…𢽊
九九二四　…年
九九二五　…年
九九二六　…大…年
九九二七　…受…一月
九九二八　…其受…十三月
九九二九　貞…我年
九九三〇　…弗其…有年
九九三一　…年
九九三一　…王…擾…
九九三二　…隻…年
九九三三　…申卜亘貞雨　二告
九九三三　王固
九九三三　受黍年
九九三三　王固
九九三三　丙申卜亘貞入　二告

九九三三　二告
九九三三　不舌黽
九九三四正　癸卯卜古貞王于黍侯受黍年十三月　小告
九九三四正　癸卯卜古貞王勿于黍侯…
九九三四正　王固曰吉我受黍年丁其雨吉其惟乙
雨吉　二告
九九三四正　侑祖丁　二告
九九三四正　貞丁亥…
九九三四正　…吾往…丘以
九九三四正　不舌
九九三四正　二告
九九三四正　二告
九九三四正　二告
九九三四正　二告
九九三四正　二告
九九三四正　二告
九九三四反　…吉
九九三四反　丁丑…祖…
九九三四反　…侑于祖辛…
九九三四反　…曰吉其有禦
九九三四反　王固曰惟母
九九三五　勿焚…
九九三五　貞我受黍年
九九三六　貞我受黍年
九九三七　…貞我受黍年
九九三七　…戌卜㱿貞燎于岳小宰
九九三八正　…寅卜穷…我受黍…
九九三八臼　…豐示二屯…
九九三九　我受黍年
九九四〇　我受黍年
九九四一　貞我受黍…
九九四一　𣪊弔
九九四二　戊戌卜…貞我受黍年
九九四三　戊戌…貞我…黍年
九九四四　貞我受黍年
九九四五　己巳…貞我…黍年
九九四六甲正　己巳卜㱿貞我弗其受黍年
九九四六甲正　勿奉于妣庚
九九四六甲正　…弗…受𠀠年
九九四六乙正　己巳卜㱿貞我受黍年…彭
九九四六乙正　…受𠀠年
九九四六乙正　貞我受𠀠年在彭
九九四六乙正　…弗其受𠀠年
九九四六乙正　貞盤有伐　二告
九九四六乙正　勿盤有伐
九九四六反　王固曰…

九九四七　貞祖丁
九九四七　貞祖丁　二告
九九四七　癸未卜内貞我受黍年　二告
九九四七　貞我不其受黍年　二告
九九四七　：不：
九九四七　二告
九九四八　貞我受黍年
九九四八　：于唐
九九四八　：[illegible]：
九九四九　庚申卜貞我受黍年
九九五〇正　丙辰卜殻貞我受黍年
九九五〇正　丙辰卜殻貞我弗其受黍年四月
二告
九九五〇反　王固曰吉受有年
九九五一　癸卯卜亘貞我受黍年
九九五二　：戌卜：我受黍年
九九五三　癸亥卜殻：我黍：
九九五四正　丁丑卜穷貞我受黍：
九九五四反　：示
九九五五　：我：黍年
九九五六　九牛　二告
九九五六　貞我不其受黍年　不𠮡黽
九九五六　九牛　不𠮡黽
九九五六　：黍年
九九五七　：我受黍：
九九五八　：茲：西：
九九五八　貞今日其雨
九九五八　貞今日不其雨
九九五八　貞我不其受黍年
九九五九　㞢：
九九五九　貞我不其受黍年
九九六〇　甲申卜穷貞我不其受黍年
九九六一　：卜穷：我不：黍年
九九六二　貞我黍弗：
九九六三　我弗其受黍年
九九六四　：卜我弗其受黍年
九九六五　貞：
九九六五　貞婦妌黍受年
九九六五　甲午卜𠭴貞侑于黃尹
九九六五　：雚：
九九六六　侑于河
九九六六　貞侑于河
九九六六　甲午卜亘貞我受黍年
九九六六　丁巳卜穷貞婦妌受黍：
九九六七　：𦎫貞我黍受：
九九六七　：婦妌受黍

九九六七　二告
九九六八正　貞：黍：
九九六八正　二告　不𠮡黽
九九六八正　甲寅卜古貞婦妌受黍年
九九六八反　不：黍：
九九六八臼　仲示
九九六九　甲：𦎫貞婦妌受黍年
九九七〇　貞婦妌黍受年
九九七〇　：邑：以
九九七一　貞婦妌黍受年
九九七二　貞婦妌受黍年
九九七二　受有祐
九九七二　：妌受黍年
九九七三　貞：
九九七三　婦妌受黍年
九九七三　受有祐
九九七三　：黍年
九九七四　呼：于：
九九七四　貞婦妌黍受年
九九七四　呼田于牛
九九七五正　：婦妌黍不：
九九七五反　：獲：
九九七六正　癸亥卜古貞翌甲子邑至　二告　不𠮡黽
九九七六正　癸酉卜殻貞婦妌不其受黍年二月
九九七六臼　壬申婦喜示一丿小𣪊　内
九九七七　：不橐：黍：
九九七八　：婦：黍：
九九七九　：魯受黍：　二告
九九八〇　：漁：
九九八〇　京受黍年
九九八一　貞：受黍：
九九八一　：丑卜：貞：岳：
九九八二　：穷貞王入受黍年
九九八三　貞受黍年
九九八四正　丁卯卜韋貞來歲
九九八四正　辛卯：穷貞受黍年
九九八四反　王固曰其有：
九九八四反　：宰
九九八四反　穷
九九八五　甲申卜貞黍年
九九八六　受黍年
九九八六　受年
九九八七　貞受黍年
九九八八　惟黍年受
九九八八　：其：十一月

九九八八　貞：禦：
九九八九　貞不其受黍年
九九九〇　癸亥卜殸貞于出酌
九九九〇　貞不其受黍年二月
九九九一正　貞不其受黍年
九九九一正　貞：
九九九一反　：入百　亘
九九九一反　：雨暘日
九九九二　貞不其受黍：
九九九三　：弗其受黍年
九九九四　：受黍年三：
九九九五　：未卜亘貞：黍年
九九九六　：受黍年
九九九七　貞：黍年
九九九八　戊午：貞黍：
九九九九　受黍年
一〇〇〇〇　：受黍年
一〇〇〇〇　王：即：
一〇〇〇一正　勿帝十二月
一〇〇〇一正　：貞：于：黍：十一月
一〇〇〇二正　：卜韋貞：
一〇〇〇二反　：黍年
一〇〇〇三　：乙九宰
一〇〇〇三　：黍年
一〇〇〇四　：黍：十二月
一〇〇〇五　：年
一〇〇〇六正　：受黍年
一〇〇〇六反　：井示：
一〇〇〇七正　：黍年
一〇〇〇七反　：酌河：用
一〇〇〇八　：受黍：
一〇〇〇八　貞：受：
一〇〇〇九　貞：黍年
一〇〇一〇　：受黍年
一〇〇一一　：令：黍受：
一〇〇一二　：黍年
一〇〇一三　貞：其受黍：
一〇〇一四　貞：黍：步：
一〇〇一五　：不：受黍年
一〇〇一六　：不：黍：
一〇〇一七正　貞：其：黍：
一〇〇一七反　：自翌：至：不：
一〇〇一八　：其：黍：
一〇〇一九　：午卜韋貞婦姘：黍：　小告
一〇〇二〇　庚申卜我受黍年
一〇〇二〇　庚申卜黍受年

一〇〇二〇　癸酉卜乙亥不風
一〇〇二〇　乙亥其風
一〇〇二〇　：卜我：其受黍年十二月
一〇〇二〇　：申：穡：
一〇〇二一　：我黍受年
一〇〇二二甲　甲戌卜穷貞甫受黍年
一〇〇二二甲　貞蟗受：
一〇〇二二甲　貞丝受年二月
一〇〇二二甲　二告
一〇〇二二甲　二告
一〇〇二二乙　貞甫不其：穡年
一〇〇二二乙　：不：年
一〇〇二二丙　甫弗其受來年　二告
一〇〇二二丁　：來年
一〇〇二三　貞甫弗其受黍：
一〇〇二三　：辰卜：
一〇〇二四正　庚申卜貞我受穡年三月
一〇〇二四反　壬戌
一〇〇二五　丙戌卜我受穡：
一〇〇二六正　乙酉卜韋貞我受穡年
一〇〇二六反　王固曰：
一〇〇二七　辛巳卜我弗其受穡年
一〇〇二七　己：
一〇〇二八　庚申：王弜：穡
一〇〇二九　乙亥卜𠂤受穡：二月
一〇〇二九　：雨
一〇〇三〇　：巳卜王貞受穡年
一〇〇三一　：王：穡：有年九受：
一〇〇三二　：受穡年
一〇〇三三　：受穡年
一〇〇三四　貞：其：
一〇〇三四　貞弗其受穡年
一〇〇三五　：辰卜：雀：朕：中二月
一〇〇三五　甲辰卜弗其受穡年
一〇〇三六　：黍年
一〇〇三七　貞肇：來：
一〇〇三八　：匕：穡年
一〇〇三九　癸巳卜：穡：
一〇〇三九　癸巳卜：穡：
一〇〇四〇　貞今歲我受萑年
一〇〇四一　戊戌卜殸貞我受萑年
一〇〇四二　甲子卜穷貞我受萑年
一〇〇四二　丁丑卜𠱠貞：𢓊往：
一〇〇四二　貞我不其受萑：
一〇〇四三　貞我受黍年
一〇〇四三　貞我不其受黍：

一〇〇四三　貞我不其受𦎫年
一〇〇四三　貞勿令𠂤侯歸
一〇〇四三　貞令𠂤侯歸
一〇〇四三　侑于妣庚
一〇〇四三　貞我受𦎫年
一〇〇四三　侑于妣庚
一〇〇四三　貞勿令𠂤侯歸
一〇〇四四　：爭貞我受𦎫年
一〇〇四四　：子卜穷貞呼𠭯韋　不舌黽
一〇〇四四　二告
一〇〇四四　二告
一〇〇四五正　戊戌卜殻貞我受𦎫年
一〇〇四五臼　利示六屯　爭
一〇〇四六　貞弗：
一〇〇四六　貞我不其受𦎫：
一〇〇四七　癸未卜爭貞受𦎫年
一〇〇四七　癸未卜爭貞受黍年
一〇〇四七　弗其受黍年
一〇〇四七　貞弗其受𦎫年二月
一〇〇四七　辛亥卜爭貞令暮日于夒一月
一〇〇四七　：爭貞：𠂇有子
一〇〇四七　：翌：以：
一〇〇四八　壬午卜穷貞翌丁亥呼𦎫彈
一〇〇四八　甲申卜穷貞其惟𦎫年
一〇〇四八　戊子卜貞翌庚寅延聽企束
一〇〇四八　壬辰卜穷貞王取祖乙𣪊
一〇〇四八　丁亥卜穷貞取祖乙𣪊
一〇〇四八　：貞：
一〇〇四八　貞：𢆶：麥：
一〇〇四八　乙酉卜貞惟𠬝令𡆥𢆶十一月
一〇〇四八　己卯卜穷貞今日弜𢆶令圂我于有師乃
奴有：
一〇〇四九正　貞□惟㞢
一〇〇四九正　貞□不惟㞢
一〇〇四九正　貞牛由　二告
一〇〇四九正　：牛無其：　二告
一〇〇四九正　貞王賓羌甲日　二告
一〇〇四九正　貞勿賓羌甲日
一〇〇四九正　受𦎫年
一〇〇四九反　丙寅卜爭
一〇〇四九反　貞燎
一〇〇五〇　：其：黍：
一〇〇五〇　受黍年
一〇〇五〇　貞不其受𦎫：
一〇〇五〇　貞我呼往于西
一〇〇五〇　貞：

一〇〇五一　貞不其受𦎫年
一〇〇五一　甲子卜殻
一〇〇五一　貞受黍年
一〇〇五二　貞不其受𦎫年
一〇〇五二　甲子卜殻
一〇〇五二　：受：年
一〇〇五三　己亥：𦎫：
一〇〇五四　貞：𦎫：
一〇〇五五　：令𠂤侯豹歸
一〇〇五五　：𦎫年
一〇〇五六　：□：
一〇〇五七　：甫
一〇〇五八　丙寅卜：桑束：
一〇〇五八　三月
一〇〇五九　：午卜王貞：黍年：
一〇〇六〇　甲申卜呼衛
一〇〇六〇　：卜：省于：□
一〇〇六一　：貞令□：‖：□：
一〇〇六一　：酒中：
一〇〇六二　辛酉卜穷：子酒𠦪年：牛□：至：
一〇〇六三　乙：
一〇〇六三　：□：□：
一〇〇六四　辛：自：□：二牢
一〇〇六五　：□：
一〇〇六六　：夒
一〇〇六六　：今歲：年
一〇〇六七　甲子卜爭貞𠦪年于夒燎六牛
一〇〇六七　丙午卜：貞：白虎：惟丁取：二月
一〇〇六七　癸未卜爭貞子央惟其有疾三月
一〇〇六七　：爭貞禦于：祖丁：十牛十：酒：
一〇〇六八　：辰卜：貞：年：夒：五牛
一〇〇六八　貞翌：用：
一〇〇六九　貞：年：岳：小宰卯：
一〇〇七〇　戊午卜韋貞𠦪年于岳
一〇〇七〇　己未：戊：
一〇〇七一　貞岳𠦪年
一〇〇七一　：□：
一〇〇七二　貞𠦪年：岳
一〇〇七三　癸亥：爭：無：五月
一〇〇七三　：岳：年
一〇〇七四　丙申：貞：丑：年：岳
一〇〇七五正　貞呼□龍　二告
一〇〇七五正　癸卯卜亘貞𠦪年于岳
一〇〇七五反　：㞢：
一〇〇七六　戊午卜穷貞酒𠦪年于岳河夒
一〇〇七六　乙卯卜穷貞□龜翌日十三月

一〇〇七七正　今…其…
一〇〇七七正　貞𢍉年于岳
一〇〇七七正　…𧳊…
一〇〇七七反　…㱿…
一〇〇七七反　王固…
一〇〇七八正　貞…年于岳
一〇〇七八反　…王…
一〇〇七九　貞𢍉年于岳一月
一〇〇七九　勿于岳𢍉
一〇〇七九　侑于黄尹
一〇〇八〇　貞勿惟𢓊𢦏比
一〇〇八〇　貞𢍉年于岳
一〇〇八〇　貞惟𢓊𢦏比
一〇〇八〇　𢍉年于河
一〇〇八〇　勿𢍉
一〇〇八〇　貞惟侯豹比
一〇〇八〇　貞勿惟侯豹比
一〇〇八一　…岳𢍉年
一〇〇八二　貞…受…
一〇〇八二　貞𢍉年于河
一〇〇八三　…受年
一〇〇八三　貞𢍉年于河
一〇〇八四　戊寅卜爭貞𢍉年于河燎三小宰沈三牛
一〇〇八四　辛…卜古貞𢍉年于岳燎三小宰卯三牛二月
一〇〇八四　乙亥卜爭貞彡危方…牛自上甲一月
一〇〇八四　丁未卜爭貞將東于𡆥母酘二月
一〇〇八四　…于聿田母…將東二月
一〇〇八四　…爭…羌奠…
一〇〇八四　…圂奠
一〇〇八五正　辛酉卜宾貞𢍉年于河
一〇〇八五正　貞𢍉年于夔九牛
一〇〇八五臼　丁亥邑示六屯　岳
一〇〇八六　𢍉年
一〇〇八七　貞…烄…𢍉…
一〇〇八七　貞𢍉年于河
一〇〇八八　貞…
一〇〇八八　…侯豹比…
一〇〇八八　…勿𢍉年
一〇〇八九　貞勿…年…河
一〇〇九〇　𢍉年于河
一〇〇九一　乙巳卜㱿貞于河𢍉年
一〇〇九一　庚戌卜㞢貞有兄
一〇〇九一臼　…巳邑示四屯　小㲋
一〇〇九二　乙巳卜㱿貞于河𢍉年
一〇〇九三　甲申卜亘貞奚以…

一〇〇九三　貞于河𢍉年
一〇〇九四正　…宾貞㪔人伐下危受有祐…月
一〇〇九四正　…㱿貞我受年
一〇〇九四正　…我受黍年二月
一〇〇九四正　…𢍉年于河燎三宰沈…卯三牛圂宰
一〇〇九四反　…甲其雨受年
一〇〇九五　丙申
一〇〇九五　壬寅
一〇〇九五　丙申卜宾貞于河𢍉年
一〇〇九五　…貞勿…𠬝甫
一〇〇九六　貞勿于河…年
一〇〇九七　自…至…甲戌不其雨
一〇〇九七　勿于河禦年
一〇〇九八　…巳卜宾貞𢍉年于𡆥五小宰圂二月
一〇〇九九　貞于𡆥𢍉年
一〇一〇〇　𢍉年于昌
一〇一〇〇　…受…年
一〇一〇一正　𢍉年…昌
一〇一〇一反　…丙申不吉
一〇一〇二　𢍉年于昌
一〇一〇二　…受黍…
一〇一〇三　…不其受年
一〇一〇三　…受年十二月
一〇一〇三　…年于昌
一〇一〇四　丙午卜宾貞𢍉年于甫
一〇一〇四　戊寅卜亘貞王循方
一〇一〇四　二告
一〇一〇四　二告
一〇一〇五　貞王饗
一〇一〇五　貞于王亥𢍉年
一〇一〇五　河
一〇一〇六　…無…
一〇一〇六　貞于王亥𢍉年
一〇一〇六　貞勿亞豕
一〇一〇六　…宾…旬…
一〇一〇七　庚…㱿貞于王亥𢍉年
一〇一〇八　貞于王亥𢍉年
一〇一〇九　勿𦎫年有雨
一〇一〇九　丁丑卜宾貞𢍉年于上甲燎三小宰卯三牛一月
一〇一〇九　丁酉卜宾貞翌庚子彡母庚宰
一〇一〇九　無…
一〇一一〇　…卯卜于上甲𢍉年…月
一〇一一一　甲子卜古貞𢍉年自上甲九月

10111 己巳卜古貞其…年…于上甲燎九月
10111 丁酉卜古貞大示五牛九月
10111 癸亥卜古貞𠦪年自上甲至于多毓九月
10111 …貞大示牛九月
10111 …古貞大示三宰九月
10111 …貞來乙亥𠦪其餗王若九月
10112正 貞𠦪年于示壬
10112反 …曰吉其…
10113 貞于示壬𠦪年
10114 貞侑于大甲𠦪年
10115 癸丑卜殻貞𠦪年于大甲十宰祖乙十小宰
10116 丁…卜爭貞𠦪年于丁宜十勿牛冊百勿牛
10117 貞𠦪年于丁宜三勿牛冊三十勿牛九月
10117 …十牛十月
10118 壬…
10118 …亘…丘…
10118 …𠦪年
10119 …貞𠦪年
10119 …翌辛未[illegible]…
10119 …貞洹…
10120 癸…貞…子…
10120 …貞取…𠦪年
10121 …殻…𠦪年
10121 …三月
10122 丙午卜…𠦪年
10123 𠦪年
10124正 貞惟帝𡆥我年二月
10124正 貞不惟帝𡆥我年　二告
10124反 王固曰不惟帝𡆥惟由
10125 庚子卜殻貞年有祐𡆥穀五月　二告
10125 侑于上甲五牛　二告
10125 己亥卜宾侑于上甲五牛
10125 庚子卜…年…
10125 貞雀載王事　二告
10125 貞令雀西延嬴
10125 勿𢆶十牛
10125 十牛
10125 宁
10126 壬申卜貞岳𡆥年
10127 貞勿祟年我
10127 貞𠦪年于
10127 貞惟禦作
10127 …祟…我
10128 貞勿于丁祟年𢦏
10128 …惟…有…
10129 癸卯卜殻貞祟年𢦏于河

10130正 貞于丁祟年𢦏
10130正 貞翌庚子侑于母庚宰
10130正 𠦪年于昌夕羊燎小宰卯一牛
10130反 乙酉
10131 貞兹風不惟孽
10131 貞役惟有不正
10132正 乙丑卜古貞婦妌魯于黍年
10132正 自𡆥
10132正 …壬…允雨
10132正 小告
10132正 小告
10132反 丙寅卜古貞凡多𠂤
10132反 …凡…𠂤
10133正 禦王𡆥于妣癸
10133正 勿禦王𡆥于妣癸
10133正 乙保黍年
10133正 乙弗保黍年
10133正 丁巳卜殻貞黍田年魯四月
10133正 貞取牛
10133反 婦好入五十
10133反 甲寅卜古
10133反 王固曰吉魯
10133反 王固曰吉保
10134正 …殻貞王…
10134正 …卜殻貞…
10134正 …卜殻貞…
10134反 …吉魯
10135 …貞今一月…魯于…
10136正 丙申卜殻貞婦好𢦏弗以婦𡚱
10136正 貞婦𢦏其以婦𡚱
10136正 乙亥卜爭貞在𡧦田有正雨
10136正 壬寅卜殻貞侑于父乙宰曰勿卯鼎
10136正 貞勿侑于父乙宰子𡭜嬴
10136正 …侑于妣己…𣪘卯牝
10136反 貯入四
10137正 辛未卜古貞黍年有正雨　二告
10137正 貞黍年有正雨
10137正 貞王歓有𡆥　二告
10137正 …歓無𡆥
10137正 二告
10137反 王固曰吉…丁
10137反 宁…
10137反 婦…
10138 己酉卜穧年有正雨
10139 勿侑于祖丁
10139 貞帝令雨弗其正年

一〇一三九 帝令雨正年
一〇一三九 貞𡆥年于岳
一〇一三九 …令𡆥年
一〇一四〇 貞𢓊以
一〇一四〇 貞茲雨不惟年
一〇一四一 貞…以
一〇一四一 貞茲雨不…年
一〇一四二 貞茲雨惟年囚
一〇一四二 …牛
一〇一四三 貞…受…
一〇一四三 貞茲雨不惟年囚
一〇一四三 呼婦姘黍
一〇一四三 …雨…年
一〇一四四 丙申卜爭貞…見𢀛…不雨…受年
一〇一四五 癸巳卜爭貞日若茲悔惟年囚三月
一〇一四六 己卯卜貞𥁕丁亥來
一〇一四六 癸未卜𡧊貞𠦝往田不來歸二月
一〇一四七 …戊…令𠦝往田…不…
一〇一四七 …戊…𠦝…
一〇一四八 己巳卜𡧊貞惟年𢀛用
一〇一四八 勿于丁
一〇一四八 貞勿令往田十一月
一〇一四八 …于…𡆥…
一〇一四九 貞…年
一〇一四九 …年…非…水…
一〇一五〇 癸…
一〇一五〇 貞其有大水
一〇一五一正 燎于有水惟犬
一〇一五一反 貯入十
一〇一五二 辛酉卜禦水于…
一〇一五三 丙辰…自戌…水…
一〇一五四 …寅卜爭…翌己卯其水
一〇一五五正 貞呼目于…有水
一〇一五五正 貞勿…目
一〇一五五反 …王…惟…
一〇一五六 乙卯卜貞今𡧊泉來水次五月
一〇一五七 …貞…水呼…
一〇一五八 貞…
一〇一五八 乙丑…貞洹水弗丁
一〇一五九 貞不來水
一〇一六〇 …茲邑…水…
一〇一六一 …丑卜水𢀛…
一〇一六二 貞…水…不…
一〇一六二 …余…無…
一〇一六三 …淄其來水…有𢀛舌五月
一〇一六四 辛丑…貞五…

一〇一六四 辛…貞…豕
一〇一六五正 …丑卜貞不雨帝惟𦰩我
一〇一六五反 庚戌…爭貞…雨帝…不我…
一〇一六六 …王固曰𠀠不𦰩
一〇一六六 …卜爭…上帝…降…𦰩
一〇一六七 …九月
一〇一六七 貞帝不降大𦰩九月
一〇一六七 貞勿𢾅…
一〇一六七 貞…有…
一〇一六八 丙寅…呼…𥁕…
一〇一六八 庚戌卜貞帝其降𦰩
一〇一六九 …曰帝…𦰩我
一〇一六九 …我…
一〇一七〇 …降我𦰩十二月
一〇一七一正 甲辰卜㱿貞我奏茲玉黃尹若 二告
一〇一七一正 貞我奏茲玉黃尹弗若 二告
一〇一七一正 戊申卜爭貞帝其降我𦰩一月 二告
一〇一七一正 戊申卜爭貞帝不我降𦰩
一〇一七一正 丙辰卜𡧊貞𢦏正化戠𢀛 二告
一〇一七一正 貞𢦏正化弗其戠𢀛 二告
一〇一七一正 貞呼般
一〇一七一正 甲辰卜𡧊貞呼凡丘 二告
一〇一七一正 貞惟𠈇呼凡丘
一〇一七一正 貞呼𢀛冊
一〇一七一正 貞勿𢀛呼𢀛冊
一〇一七一反 …卯卜…
一〇一七一反 王固曰惟𡍩
一〇一七一反 婦𡆥
一〇一七二 貞受年
一〇一七二 辛卯卜㱿貞帝其𦰩我三月
一〇一七三正 貞帝不我𦰩
一〇一七三正 戊戌…
一〇一七三反 王固曰吉
一〇一七四正 貞帝其𦰩我 小告
一〇一七四正 己酉卜亘貞帝不我𦰩 不啎黽
一〇一七四反 王固曰…
一〇一七五正 …帝不我𦰩
一〇一七五反 …泉入…犬
一〇一七六 丁巳…𡧊貞我其𦰩
一〇一七七 貞我𦰩
一〇一七八 …其𦰩
一〇一七八 貞我不𦰩一月 不啎黽
一〇一七九 辛卯卜內貞𦰩我
一〇一八〇 …寅卜我不𦰩

一〇一八一　貞其莫三月
一〇一八二　…其莫
一〇一八三正　貞不莫
一〇一八三正　貞不莫　二月
一〇一八三反　岳　卒　卒
一〇一八四　辛卯卜殻貞其莫三月
一〇一八四　辛卯卜殻貞不莫
一〇一八四　壬辰卜貞亘無囚
一〇一八四　貞亘其有囚三月　二告
一〇一八五　…北土…莫
一〇一八六　…西土無莫
一〇一八七　丁未卜…龍方…降莫
一〇一八七　戊…貞…
一〇一八八　不惟降莫
一〇一八九　丙戌卜爭貞不莫
一〇一八九　甲…貞…于…
一〇一九〇　…不莫
一〇一九一　…莫
一〇一九二　…莫
一〇一九三正　…莫…
一〇一九四　…惟…牛…三月
一〇一九四　貞督…莫…夫
一〇一九五　…丁亥莫丁惟醫亦…
一〇一九六　…日…狩克允獲虎二倗有疾戋友若
一〇一九六　丁丑…翌戊…狩…有祐…
一〇一九六　…狩斿允…無災…其…
一〇一九七　乙未卜今日王狩光擒允獲虎二兕一鹿二十一豕二麑百二十七虎二兔二十三雉二十七十一月
一〇一九七　乙未卜貞弗其擒　二告
一〇一九七　甲午卜不其擒二月　二告
一〇一九七　甲午…翌…
一〇一九七　…允…豕
一〇一九七　…二十…麋…
一〇一九八正　戊午卜殻貞我狩𢼄卒之日狩允擒獲虎一鹿四十狐百六十四麑百五十九𧊒赤又友三赤…
一〇一九八正　翌戊午焚卒　二告
一〇一九八正　貞翌辛亥王…
一〇一九八正　…卒
一〇一九八反　王固曰甲…不…
一〇一九八反　王固曰吉
一〇一九八反　貞…弗…
一〇一九八反　勿乙步
一〇一九八反　貞王…步
一〇一九八反　貞…

一〇一九八反　王固曰…
一〇一九八反　勿奏祖乙
一〇一九八反　…王…出
一〇一九八反　…固…吉
一〇一九九正　己巳卜古貞今二月雨
一〇一九九正　壬午卜㝠貞獲虎
一〇一九九臼　癸酉婦𡧊示一屯　永
一〇二〇〇　…狩獲虎一豕…又六…
一〇二〇一　己未卜雀獲虎弗獲一月在而
一〇二〇二　己未卜雀獲虎弗獲一月　二告
一〇二〇二　辛酉卜王獲不獲　二告
一〇二〇二　庚…王獲…逐弗…
一〇二〇二　癸…王…無…
一〇二〇二　…獲…獲…
一〇二〇二　壬戌…王…
一〇二〇三　…卯卜…
一〇二〇三　…獲虎…
一〇二〇四　…獲虎…
一〇二〇四　…貞…
一〇二〇五　…射…暨…
一〇二〇五　…惟獲虎
一〇二〇六　…祝…用
一〇二〇六　…濅虎…虓…
一〇二〇七正　貞呼罝…亩虎…
一〇二〇八　…豹其…禦
一〇二〇九　…虎其…
一〇二一〇　…宋…虎…
一〇二一一　…雈…虎…
一〇二一二　…虎…
一〇二一三　…狩…虎一…鹿…
一〇二一四　甲申…王其…擒…虎二…
一〇二一五　翌辛…王…在…虎…
一〇二一六　…殻貞…虎…
一〇二一七　…虎
一〇二一七　…旬…
一〇二一七　…犬…
一〇二一八　…虎…
一〇二一九　戊子卜…貞虎…
一〇二二〇　…王田…虎……
一〇二二〇　…王…
一〇二二一　己卯卜王逐虎
一〇二二一　弗擒
一〇二二二　…獲象
一〇二二二　…今夕其雨
一〇二二二　…其雨之夕允不雨

一〇二二三　甲午貞大方允出十二月
一〇二二三　辛丑卜于□□象
一〇二二四　……我……象……
一〇二二五正　……令象……
一〇二二五反　……有祟……
一〇二二六　……令象……
一〇二二七　乙丑卜亘貞往逐豕獲……往逐莫豕
允獲
一〇二二七　庚申卜穷貞呼取……
一〇二二八正　己未卜亘貞逐豕獲
一〇二二八臼　戊戌婦□示一屯　岳
一〇二二九正　辛酉卜韋貞今夕不其……
一〇二二九正　辛未卜亘貞往逐豕獲
一〇二二九正　二告
一〇二二九正　不舌黽
一〇二二九反　貞弗其獲
一〇二二九反　……日王往逐在罡豕允……九
一〇二三〇　甲辰卜王……
一〇二三〇　癸丑卜王其逐豕獲允獲豕
一〇二三一正　戊……貞……逐豕……擒
一〇二三二　……逐豕……獲
一〇二三三正　……逐……豕……
一〇二三四　往逐豕……
一〇二三五　貞卑……往……豕……
一〇二三六正　……惟父……
一〇二三六正　貞呼逐豕獲
一〇二三六正　……受……
一〇二三六反　……固……
一〇二三七　貞呼逐豕獲
一〇二三八　……獲豕四……
一〇二三九　貞有告□豕呼逐
一〇二三九　貞今癸巳勿燎
一〇二四〇　乙未……
一〇二四〇　……缶獲豕
一〇二四一　缶不其獲豕十月
一〇二四二　乙巳卜巛獲豕
一〇二四二　巛不其獲豕
一〇二四二　甲……
一〇二四二　戊……
一〇二四三　……邁允……豕
一〇二四四正　貞惟圅豕逐獲
一〇二四五　……獲一豕……
一〇二四六　無其來
一〇二四六　勿于河奉
一〇二四六　有來自西
一〇二四六　貞弗其獲豕
一〇二四六　……于……奉……

一〇二四七　……豕……弗……獲
一〇二四八　丙戌卜史貞今……射……淺
一〇二四八　……因
一〇二四九　乙酉卜‖豕……
一〇二四九　乙酉卜‖豕不其擒
一〇二五〇　……其……喪……豕
一〇二五一　戊戌卜貞王惟擒之日王允獲擒豕一鹿……
一〇二五二　貞我逐豕有祐
一〇二五三　癸亥卜貞……□……狐……
一〇二五四　……用狐于丁
一〇二五五　……用狐
一〇二五六　……用狐
一〇二五七　……卜□……狐……
一〇二五八　……狐
一〇二五八　……祟……
一〇二五九　……鹿七……百……
一〇二六〇　……甲……鹿六……麑
一〇二六一　……貞呼伲逐鹿
一〇二六二　貞伲不其獲鹿
一〇二六三　貞伲不其獲鹿
一〇二六四正　……伲……鹿……獲
一〇二六四反　貞……不
一〇二六五　……逐鹿獲
一〇二六六正　戊戌卜貞王往逐鹿
一〇二六六反　毕來……
一〇二六七正　貞……逐鹿
一〇二六七反　己未……
一〇二六八　……獲鹿
一〇二六九　其獲鹿
一〇二七〇　其惟生鹿
一〇二七一　……獲豕?
一〇二七二　貞弗其獲鹿
一〇二七三　……卜……貞……鹿……其今擒
一〇二七四　……卑……鹿獲……
一〇二七五正　貞多子獲鹿　二告
一〇二七五正　貞呼化……
一〇二七五正　勿禦南庚
一〇二七五正　鼓
一〇二七五正　二告
一〇二七五正　二告
一〇二七五正　二告
一〇二七五反　鼓
一〇二七五反　禦于父辛
一〇二七五反　勿禦于父辛
一〇二七六　呼射鹿獲
一〇二七六　……貞……彭

一〇二七七 ……于……鹿……十一月
一〇二七八 ……鹿
一〇二七八 乙卯……貞……去……
一〇二七九 貞允……罰
一〇二七九 戊……
一〇二七九 呼……鹿
一〇二七九臼 ……敵
一〇二八〇 ……貞于……鹿……
一〇二八一 ……有呼……鹿允……七豕二……
一〇二八二正 小告
一〇二八二反 貞呼……鹿
一〇二八三 貞……鹿
一〇二八四 ……鹿
一〇二八四 ……貞……乙未……樂……
一〇二八五 ……不……鹿
一〇二八六
一〇二八六 ……鹿……月
一〇二八七 ……鹿
一〇二八八 鹿……麋……
一〇二八八 鹿……麋……
一〇二八九 ……鹿十……
一〇二九〇 ……未卜……田獲鹿
一〇二九一 ……卜今夕……雨
一〇二九二 王其往逐䴠鹿獲
一〇二九二 王其逐䴠鹿……
一〇二九三 癸巳卜王逐鹿
一〇二九四 弗弗逐
一〇二九四 王不其獲鹿
一〇二九五 ……獲……不逐鹿四月
一〇二九六 庚辰卜王弗其執豕允弗執
一〇二九七 ……甲……喪
一〇二九七 ……無其鹿……弗……獲
一〇二九七 ……焚獲鹿
一〇二九八 貞王囚惟有𡆥
一〇二九九正 貞王囚不惟有𡆥
一〇二九九正 惟南庚𡆥王
一〇二九九正 不惟南庚𡆥王
一〇二九九正 貞王其逐鹿魯
一〇二九九正 貞……其……鹿　二告
一〇二九九正 貞……
一〇二九九正 壬寅
一〇二九九反 癸酉
一〇二九九反 丙戌……
一〇二九九反 ……寅……逐鹿獲
一〇三〇〇 ……貞余取
一〇三〇〇 ……弗……逐下……鹿十……其……
一〇三〇一

一〇三〇二甲正 丙辰卜殻王其逐鹿獲　二告
一〇三〇二甲正 貞不䶒之　二告
一〇三〇二甲正 五日甲子允酌有蠶于東
一〇三〇二甲正 來甲子勿酌大甲　二告
一〇三〇二甲正 貞多子逐鹿
一〇三〇二甲正 令亢往于𡜵
一〇三〇二甲正 呼良……
一〇三〇二甲正 勿呼良往夫
一〇三〇二乙正 來甲子勿酌大……
一〇三〇二丙正 貞來……子酌……大甲
一〇三〇二反 戊午卜內
一〇三〇二反 辛酉卜殻
一〇三〇二反 勿夕入
一〇三〇二反 庚申卜
一〇三〇二反 王入
一〇三〇三 壬子卜史貞惟其㙐鹿
一〇三〇四 丙戌……不其……鹿……
一〇三〇四 ……其……
一〇三〇五 ……鹿其……
一〇三〇六正 壬子卜爭貞侑于祖辛
一〇三〇六正 勿呼逐鹿
一〇三〇六正 勿呼多子逐鹿
一〇三〇六正 貞惟今……
一〇三〇六正 貞、無……
一〇三〇六正 ……其……
一〇三〇六正 ……今……
一〇三〇六反 ……不其獲
一〇三〇六反 ……來……
一〇三〇七 丁卯……狩正……擒獲鹿百六十二……百十
四豕……十旨一……
一〇三〇八 癸……
一〇三〇八 ……古貞燎于岳
一〇三〇八 ……殻貞今日我其狩盖
一〇三〇八 ……狩獲擒鹿五十又六
一〇三〇八 貞今日我其狩盖……
一〇三〇八 ……獲兕十一鹿……
一〇三〇九 乙未卜翌丙申王田獲允獲鹿九
一〇三〇九 乙未卜翌丙申啓
一〇三〇九 己酉……王往……
一〇三一〇 ……王……獲……
一〇三一〇 壬子卜王不其獲鹿
一〇三一〇 庚申卜王獲鹿允獲十　二告
一〇三一一 甲戌卜王征獲鹿不
一〇三一一 己……

一〇三一二　乙…卜…
一〇三一二　…戊卜王不其獲鹿
一〇三一三　…我獲鹿允獲
一〇三一四　呼子夵逐鹿獲
一〇三一五正　丁卯卜殸貞氺娟侑子
一〇三一五正　貞子商獲鹿
一〇三一五正　…祖丁弗
一〇三一五正　丙寅卜宾貞祖丁弗弗
一〇三一五正　不其獲鹿
一〇三一五正　貞受　二告
一〇三一五正　貞…子
一〇三一五正　不…
一〇三一五反　王固曰…
一〇三一五反　𠦪…
一〇三一六　貞子宜獲鹿𠦪于…
一〇三一七　…𠦪…其獲鹿允…
一〇三一八　辛丑…酌…今…
一〇三一八　…獲…鹿
一〇三一九　…卯卜王…其獲鹿
一〇三一九　…勿…南…
一〇三二〇正　貞…
一〇三二〇正　貞其射鹿獲
一〇三二〇反　…井示六
一〇三二一　…壴鹿…允壴三…獲鹿一…
一〇三二二　…獲…一鹿…
一〇三二三　…子卜宾貞…子…鹿…王固曰獲…弗
壴…
一〇三二三　…月
一〇三二四　…子卜亘…鹿
一〇三二五　…獲鹿
一〇三二六　…獲鹿
一〇三二七　戊申卜…鹿獲…
一〇三二八正　…其…鹿…
一〇三二八反　…曰無其…
一〇三二九　…其…鹿…
一〇三三〇　…申卜…喪有…鹿二…
一〇三三一　…鹿…
一〇三三一　二告
一〇三三二　…鹿
一〇三三三　父乙來惟…
一〇三三三　…鹿
一〇三三四　…鹿
一〇三三五　…鹿…由…
一〇三三六　…□…鹿…
一〇三三七　辛丑…效…鹿子…弗…
一〇三三八　…卜爭…

一〇三三八　呼…鹿…
一〇三三九　…其…鹿
一〇三四〇　…鹿…允…
一〇三四一　…鹿…子…
一〇三四二　…目鹿…
一〇三四三正　貞勿往逐麋于…
一〇三四三反　…酉…
一〇三四四正　癸丑卜殸惟兄丁　二告
一〇三四四正　癸丑卜殸不惟兄丁
一〇三四四正　貞擒麋
一〇三四四正　貞弗其擒麋　二告
一〇三四四正　王獲鹿允獲
一〇三四四正　王弗其獲兕
一〇三四四正　戊戌卜…𦥑
一〇三四四正　甲寅卜殸貞燎于有土
一〇三四四正　侑惟犬侑羊又一人晶
一〇三四四正　侑宰又一人　二告
一〇三四四正　王…黽
一〇三四四正　不其…
一〇三四四反　辛卯卜殸貞王入于商
一〇三四四反　辛卯卜殸貞王勿入于商
一〇三四四反　允獲麋四百五十
一〇三四四反　牛晶
一〇三四四反　…無…
一〇三四四反　今…
一〇三四四反　無囚
一〇三四四反　…亥有…
一〇三四四反　子…無囚
一〇三四四反　…日其雨
一〇三四四反　…獲不…
一〇三四五正　丙申卜爭貞王夢惟囚
一〇三四五正　丙申卜爭貞王夢不惟囚
一〇三四五正　丙申卜爭貞王步
一〇三四五正　丙申卜爭貞王其逐麋遘
一〇三四五反　蕈來五
一〇三四五反　貞…王有…
一〇三四五反　王侑
一〇三四六正　貞呼比
一〇三四六正　丙申卜殸貞我其逐麋獲
一〇三四六正　辛丑卜殸貞我無至嬉　二告
一〇三四六正　貞𠬝其有囚
一〇三四六正　貞𠬝無囚
一〇三四六反　蕈來五
一〇三四七正　貞王往逐麋獲
一〇三四七臼　內亘

一〇三四八　戊戌卜貞王往逐麋…

一〇三四八　…王…無…

一〇三四九　壬申卜殻貞甫擒麋丙子陷允擒二百又九一月？

一〇三四九　甲子卜殻貞王疾齒惟…昜…

一〇三五〇　…擒𢦏允擒獲麋八十八兕一豕三十又二

一〇三五〇　…貞…惟…子…

一〇三五一　甲子卜殻貞我呼來

一〇三五一　允呼來

一〇三五一　甲…殻…雀…

一〇三五一　其…麋

一〇三五一　弗擒麋

一〇三五一　…雀…

一〇三五一　…申卜…貞弗…獲

一〇三五二　壬戌卜穷貞雀擒麋

一〇三五三　…擒麋

一〇三五四　…獲麋

一〇三五五　己丑…貞…麋…獲

一〇三五六　獲麋

一〇三五六　貞惟　小告

一〇三五七　…逐麋獲王固曰其…

一〇三五八　…𢀛…麋獲…

一〇三五八　…王…

一〇三五九　…王允…麋獲…

一〇三五九　…王…

一〇三五九　…麋…

一〇三六〇　…畐射麋…麋…

一〇三六一　…王陷麋…

一〇三六一　…麋擒…吉擒…

一〇三六二　戊申…貞今日…陷麋…

一〇三六三　…于其陷麋

一〇三六四　…翌庚辰…𡨦麋…陷…

一〇三六五　…戊卜貞饗…麋歸

一〇三六六　乙亥…麋

一〇三六七　…其有麋…　不𠮷黽

一〇三六八正　…犬克…麋

一〇三六九　貞𣪠…麋我…

一〇三七〇　…十麋…十父乙…

一〇三七一　…未卜…陷…

一〇三七一　…不…兔

一〇三七二　…王執往麋…又九之日…雨風

一〇三七三　…執麋獲十…

一〇三七四　辛亥卜王貞呼𢦏狩麋擒

一〇三七四　辛亥卜王貞勿呼𢦏狩麋弗其擒七月

一〇三七四　庚…呼𢦏狩擒

一〇三七五　辛亥…𢦏…麋…

一〇三七六　…巳卜…夕…囚

一〇三七六　…麋…一月

一〇三七七　…亥卜王貞…狩麋不䚡擒七月

一〇三七八　我弗其征麋

一〇三七八　壬辰卜王貞翌癸巳…

一〇三七九　己巳…

一〇三七九　勿呼…麋

一〇三七九　…其…

一〇三八〇　…丑…王叀…麋…𢦏

一〇三八一　庚子…自上甲…至…余…

一〇三八一　…麋…

一〇三八一　…六…允…麋…

一〇三八二　乙卯…𢦏…麋…

一〇三八三　貞于…己巳陷麋

一〇三八三　庚…

一〇三八四　…麋

一〇三八五　庚…翌辛…田辛卯…往于田从…獲麑…

兕…

一〇三八六正　…多子逐麑獲　不𠮷黽　二告

一〇三八六正　二告

一〇三八六反　…惟無…

一〇三八七　…獲…麑…

一〇三八八　…惟獲…麑弗…

一〇三八九　甲午卜古貞令𢦏執麑十二月

一〇三八九　貞其雨

一〇三八九　貞今夕不雨

一〇三八九　甲午卜貞今夕無囚

一〇三八九　乙未卜貞今夕不雨

一〇三八九　貞其雨

一〇三八九　丙…卜貞今日不雨

一〇三八九　…酉卜…

一〇三八九　貞…雨

一〇三八九　貞今…不…

一〇三八九　貞其雨十二月

一〇三八九　…雨

一〇三八九　己…貞…

一〇三八九　貞…

一〇三九〇　…允往…獲…麑…

一〇三九一　…麑…

一〇三九二　…麑　小告

一〇三九三　…二麑…

一〇三九四　貞遘…兔…獲…

一〇三九五　…不…兔終…

一〇三九六　…兔…

一〇三九七　……卜爭……其逐兔……隹兕……惟……
一〇三九八　……卜亘貞逐兕獲……固曰其獲己酉王
逐允獲二
一〇三九八　……羌……
一〇三九九正　貞其逐兕獲
一〇三九九反　……丑卜㱿貞……夕㞢丁丑……
一〇四〇〇　……亥卜㱿貞其逐兕獲
一〇四〇一　癸卯卜㱿……
一〇四〇一　貞翌辛巳王勿往逐兕弗其獲
一〇四〇二　壬……卜……有……
一〇四〇二　辛卯卜貞其狩㚔擒
一〇四〇二　……子卜翌辛丑王逐兕
一〇四〇二　……日王……往……兕
一〇四〇三　乙……獲……
一〇四〇三　貞呼徙逐兕獲
一〇四〇四　……央……馬……
一〇四〇五正　癸酉卜㱿貞旬無囚王二曰匃王固曰艅有
祟有將五日丁丑王賓仲丁己陷在𢉜
阜十月
一〇四〇五正　癸未卜㱿貞旬無囚王固曰往乃茲有祟
六日戊子子彈𦎫一月
一〇四〇五正　己卯媚子寅入圍羌十
一〇四〇五正　癸巳卜㱿貞旬無囚王固曰乃茲亦有祟
若偁甲午王往逐兕小臣甾車馬
硪㝵王車子央亦墜
一〇四〇五正　癸巳一月
一〇四〇五正　……無……八日……來嬄
一〇四〇五反　癸亥卜㱿貞旬無囚王固曰……其亦有來嬄
五日丁卯子𠂤殲不𦎫
一〇四〇五反　王固曰有祟八日庚戌有各雲自東𠫤母𣅀
亦有出虹自北飲于河
一〇四〇五反　王固曰乃若偁
一〇四〇六正　癸酉卜㱿貞旬無囚王二……王固曰艅有祟
有將五日……王賓仲丁己陷在𢉜　二告
一〇四〇六正　癸未卜㱿貞……乃茲有祟……
一〇四〇六正　癸巳卜㱿貞旬無囚王固曰乃……祟若偁
甲午王往逐兕……馬硪㝵王車子
央亦……
一〇四〇六正　……子
一〇四〇六反　癸亥卜㱿貞旬無囚王固曰有祟……五日
丁卯子𠂤殲不𦎫
一〇四〇六反　王固曰有祟八日庚戌有各雲自東𠫤母
𣅀亦有出虹自北飲于……
一〇四〇七正　貞王狩擒
一〇四〇七正　貞禦于有妣　二告

一〇四〇七正　貞勿禦無疾
一〇四〇七正　……其……擒壬申允狩擒獲兕六豕十
又六兔百又九十又九
一〇四〇七正　壬申王勿……不其擒壬申……狩擒
一〇四〇七正　……有……
一〇四〇七反　……吉
一〇四〇七反　爭
一〇四〇七反　……曰……
一〇四〇七反　貞吉
一〇四〇八正　翌癸卯其焚……擒癸卯允焚獲……兕十一
豕十五虎……兔二十
一〇四〇八正　翌癸卯勿焚
一〇四〇八正　貞侑于學戊
一〇四〇八正　勿䶢侑于學戊
一〇四〇八正　己未卜㱿貞有豼
一〇四〇八正　貞于甲辰
一〇四〇八正　勿于甲
一〇四〇八正　于甲辰焚
一〇四〇八正　……焚
一〇四〇八正　貞侑祖乙十伐卯三牛　二告
一〇四〇八正　……祖辛
一〇四〇八正　……其……祖辛
一〇四〇八正　戊午卜㱿貞王夢惟妣戊
一〇四〇八反　隹己……其……
一〇四〇八反　貯入
一〇四〇九　甲子卜……
一〇四〇九　……獲兕五……于東十二月
一〇四一〇正　辛未卜王獲允獲兕一豕一
一〇四一〇正　……王獲兕允獲一
一〇四一〇正　……逐兕
一〇四一〇正　甲戌卜王獲允獲鹿五
一〇四一〇正　庚辰卜王……
一〇四一〇正　……午卜王……兕九……在大……𠂤　二月
一〇四一〇正　壬午卜王……
一〇四一〇正　辛巳卜王獲鹿允獲五
一〇四一〇正　甲申卜王獲……
一〇四一〇正　丙戌卜王獲
一〇四一〇正　庚辰
一〇四一〇正　辛巳
一〇四一〇正　壬午
一〇四一〇反　……祖乙䄉
一〇四一一　庚……
一〇四一一　庚午……王不其獲
一〇四一一　丙子卜王獲允獲兕一　二告
一〇四一一　戊寅卜王不其獲

一〇四一一　庚辰卜王獲鹿　二告
一〇四一一　辛巳卜王獲允獲鹿五
一〇四一二　己亥卜㝊王獲兕
一〇四一二　王弗其獲兕
一〇四一三　戊申卜㝊王獲兕允……
一〇四一四　丁未卜王獲兕……獲
一〇四一五　……王獲兕
一〇四一六　己亥卜……王其兕獲
一〇四一六　己亥卜殻貞弗……兕
一〇四一七　王其兕獲
一〇四一八　……三王……獲允獲兕……
一〇四一九　辛亥卜爭貞王不其獲肱射兕
一〇四二〇　貞王不其獲肱……
一〇四二一　……獲肱射兕
一〇四二二　……貞其惟王獲射兕一月
一〇四二三　……戊卜……貞王……兕……無災
一〇四二四正　甲午卜……貞王往……兕
一〇四二四反　……之日王……逐……
一〇四二五　戊……埶狩……三日庚辰……槀既雀……獲兕
……一豕……
一〇四二六正　貞子妻弗其獲兕
一〇四二六反　……亞麋……
一〇四二七　……來……允獲……二兕一
一〇四二七　……弗……獲……小告
一〇四二八　……有鹿……允獲兕
一〇四二九　有獲
一〇四二九　有獲
一〇四二九　有獲……兕
一〇四三〇　貞不獲父乙……
一〇四三〇　獲兕
一〇四三一正　……火……
一〇四三一正　……獲兕……
一〇四三一反　……辰……
一〇四三二　……啚……其獲……兕一月
一〇四三三　……子……啚獲兕
一〇四三四　……子卜……啚……獲……
一〇四三五　……辰……啚……弗其獲在……
一〇四三六　……令妻執兕若
一〇四三七　邑執兕七
一〇四三七　貞其雨
一〇四三八正　……執兕……
一〇四三八正　……告……
一〇四三九　……爭……兕擒……
一〇四三九　……獲……四……
一〇四四〇　……今……兕……擒兕……
一〇四四一　……擒……兕

一〇四四一　丙……惟……
一〇四四二　……亞兕
一〇四四三正　壬子……兕
一〇四四三反　……貞……
一〇四四四　……不其……兕……
一〇四四五　壬……卜……兕……羊……
一〇四四六　貞其雨
一〇四四六　……兕
一〇四四七　……虎卯……皋……一月
一〇四四八　……弗……兕……災……用
一〇四四九　……兕……
一〇四五〇　……于……兕……
一〇四五一　……兕……
一〇四五二　辛亥……兕……
一〇四五三　……翌庚申……兕……
一〇四五四　……酉卜……其獲……巳兕……啚獲
一〇四五五　……其兔……
一〇四五六　……有兔……子……
一〇四五七　……不其……兔……
一〇四五八　丙午卜彈延兔
一〇四五九　……不……三十……
一〇四五九　……其……不禦兔三十二
一〇四六〇正　二告
一〇四六〇反　……㲋
一〇四六一　甲戌……貞……㲋……
一〇四六一　……貞無……
一〇四六二　……㲋……固曰……弗……
一〇四六三　……㲋……令……
一〇四六四　……㲋
一〇四六五　……卜……㲋
一〇四六六　……吹……㲋……
一〇四六七　……酉卜角獲㲋
一〇四六七　角不其獲……一告
一〇四六八　……其獲猱
一〇四六九　……猱
一〇四七〇正　二告
一〇四七〇反　……兕……
一〇四七〇反　……惟……于酉……兕……
一〇四七一　癸卯卜㒸獲魚其三萬不……
一〇四七二　……卜貞㒸……魚……
一〇四七三　……卜貞㒸執……魚
一〇四七四　丁未……蓺呼……
一〇四七四　甲寅卜王惟蓺示𠂤五月
一〇四七四　……卜……㒸……集……[illegible]魚
一〇四七五　……王漁十月
一〇四七六　……子㝊……王漁十月

10477 ：魚九月
10478 丙戌：王余：鱶□
10478 ：亥卜王：㫚：伐一月
10479 ：鱶五月
10480 ：寅：狩：魚：
10480 ：申：
10481 ：亘貞我魚：井：
10482 ：酉卜吹：
10482 乙卯：魚
10483 ：魚
10484 ：魚不
10485 ：卯：沝：魚
10486 ：殸貞：魚：
10487 戊寅卜貞魚
10488正 貞王魚
10488正 ：魚 小告
10488反 ：狩：
10489 ：魚：
10490 甲辰：魚
10491 貞魚
10492 癸未卜：丁亥魚
10493 ：魚于：
10493 惟□
10494 乙未：□不：□
10495 ：王：日：
10495 ：往逐□
10496 辛巳：王于翌：往逐□不：
10497 ：燕
10498 ：燕
10499 ：燕獲□五十
10500 ：擒獲□十豕一麑一
10500 ：往逐磬□弗其擒
10501正 癸未卜殸貞多子獲□
10501反 ：母庚：不：四
10502 ：無災：往逐：九：□
10503 ：于祉：王往：□允：獲：
10504 ：□：
10505 癸巳多子：□
10506 癸未卜貞翌戊子王往逐□
10506 ：辰：
10506 ：人無：
10507 辛：王：□
10508 ：王：敉：□
10509 ：令：敉：□
10510 ：甲：惟：
10510 ：上甲：王賊：□

10511 ：□：往：雀
10512 ：其惟：鳥：
10513 ：雉：
10514 甲戌卜𢦏征擒獲六十八
10514 甲戌卜𢦏征不其擒十一月
10514 庚戌卜毌獲网雉獲十五
10514 庚戌卜□獲网雉獲八
10514 甲寅卜呼鳴网雉獲丙辰風獲五
10514 之夕風
10514 啓入
10514 ：惟：
10515 王往于田弗以祖丁暨父乙惟之
10515 王弗以祖丁暨父乙不惟之
10515 王弗以祖丁暨父乙惟之
10516 戊辰卜貞王往于田三月
10516 庚午卜爭貞自今至于己卯雨
10517 庚申卜貞翌辛酉王往于田
10518 癸卯：貞：
10518 貞王往于田
10519 癸未卜：
10519 乙酉卜爭貞王往于田之：
10520 庚寅卜爭貞翌丁酉𠦪于妣丁三牛
10520 己亥卜：貞王：于田
10520 戊申卜爭貞王往：
10521 壬寅：貞王：于田
10522正 壬戌卜爭貞王往于田若
10522反 ：王固曰吉允往：
10523 癸未卜穷貞王往田
10524 壬戌卜貞王往于田之：
10525 戊戌卜貞王往于田
10526 丙戌：貞取：事
10526 戊子卜貞王往于田
10526 ：亥卜穷貞：匄：毌：惟：
10527 壬戌卜：貞王：于田
10527 ：貞：于：丁：
10528 甲戌：王往：田
10529 壬寅卜古貞王往于田無災十月
10529 ：燎
10530 己酉卜貞王往于田無災
10530 ：亥：貞：
10531 戊：卜貞：王：往于田無災
10531 ：十二月
10532 壬戌卜貞王往田不雨
10533 ：王往田不雨
10534 王勿往田不：

一〇五三五 …兄…
一〇五三五 …不惟兄戊 二告
一〇五三五 …戠其…來…
一〇五三五 勿往田
一〇五三六正 貞勿往田延步
一〇五三六反 鼓
一〇五三七 貞王勿出田惟示…
一〇五三八 貞王勿出田惟示…
一〇五三八 勿呼奴
一〇五三八 貞…
一〇五三九正 …戊貞王往出于田不潤 二告
一〇五三九正 貞王勿往出于田 二告
一〇五三九反 貞其兹…
一〇五三九反 …入十
一〇五三九反 爭
一〇五四〇 …歸田
一〇五四一 辛未…貞翌…甲往田…有擒
一〇五四二 丁未卜王貞今日往于田
一〇五四二 貞呼阜酌…燎三…
一〇五四三 …申王田不其獲
一〇五四四 丑卜…王其田…白豕…
一〇五四五 …勿呼省田二月
一〇五四六 貞勿呼阜省田
一〇五四七 貞…多芻出田
一〇五四八 …王往…田从…獲
一〇五四九 …王翌…田獲
一〇五五〇 丙子…王貞…勿…田…中一月
一〇五五一 …卜㱿貞我田其…
一〇五五二 不[illegible]
一〇五五二 貞我田
一〇五五三正 …卜古貞…我田有來…
一〇五五三反 …來三十
一〇五五四 …多子…孫…田
一〇五五五 壬申卜翌…王田…啓
一〇五五六 辛酉…壬…啓…啓
一〇五五六 丙寅卜翌丁卯…田啓允啓
一〇五五六 丁卯卜翌丁卯…田啓允啓
一〇五五七 甲午卜翌…田啓允啓不往
一〇五五八 …㱿貞呼龍田于…
一〇五五八 …貞惟于來…比…
一〇五五九 戊寅卜呼侯敖田
一〇五六〇 己未卜貞王聽來…
一〇五六〇 貞呼田獲
一〇五六〇 貞…
一〇五六一 乙酉卜古貞呼田
一〇五六一 辛…樂…

一〇五六一 二告
一〇五六二 …呼田
一〇五六三 …呼田
一〇五六三 己巳…人…
一〇五六四 今日…田…令…
一〇五六五 …今日毋田
一〇五六六 …翌乙…入…禣…往…田
一〇五六六 …[illegible]束…庚束
一〇五六七 壬戌卜王貞其令雀田于…
一〇五六七 …祝于祖乙十一月
一〇五六八 …卜貞…兹…[illegible]…田
一〇五六九 …岳于兹田
一〇五七〇 貞其田…
一〇五七一 …白…田弗…
一〇五七二 …D?…田…
一〇五七三 …田
一〇五七三 …田
一〇五七四 …田
一〇五七五 …貞呼…田 不舌黽
一〇五七六 己…受…
一〇五七六 …田
一〇五七七 己…貞…不…取田…不其…
一〇五七八 貞…田…災…
一〇五七九 貞王狩
一〇五七九 勿狩
一〇五七九 貞呼𢀛途于娀來
一〇五七九 貞勿呼𢀛途于娀來
一〇五八〇 …麥…獲…
一〇五八〇 癸未卜㱿貞王狩
一〇五八一 …王狩
一〇五八二 王狩
一〇五八三 …王狩
一〇五八四 勿剢皂
一〇五八四 貞王狩
一〇五八四 …十月
一〇五八五 貞王卜…狩…來
一〇五八六 …卜…王…狩
一〇五八七 癸巳卜㱿貞…若
一〇五八七 …王狩
一〇五八八 …翌甲午其雨
一〇五八八 …王狩
一〇五八九正 乙卯卜爭貞王于丁巳狩惟…
一〇五九〇正 …申卜㱿…王其狩
一〇五九〇反 …卒…𢀛…
一〇五九一 癸酉卜爭…王其狩不…
一〇五九一 …呼…

一〇五九二	…申卜㱿貞其狩
一〇五九三	…卜爭…其狩其…九月
一〇五九三	貞…不…
一〇五九三	貞…
一〇五九四	貞翌己卯王勿令狩　二告　不啎鼄
一〇五九四	不啎鼄
一〇五九四	戊寅卜穷貞禦于父乙
一〇五九四	丙戌卜古貞燎于岳
一〇五九四	二告
一〇五九五正	貞翌甲寅王令…
一〇五九五正	貞
一〇五九五反	…入…
一〇五九六	貞王往狩
一〇五九七	翌…午…雨…
一〇五九七	往狩
一〇五九七	…祖?…
一〇五九八	…未卜爭貞往狩
一〇五九九	往狩
一〇六〇〇	壬?戌卜穷…翌丁亥…王狩擒
一〇六〇一正	…王往狩
一〇六〇一正	勿往狩
一〇六〇一正	貞父乙弗壱王
一〇六〇一反	王固曰不…
一〇六〇一反	…入百二十
一〇六〇二	貞…往…
一〇六〇二	丁亥卜穷貞王往涉狩
一〇六〇三	甲申卜㱿貞王涉狩
一〇六〇四	…涉狩
一〇六〇五	…涉狩
一〇六〇六	貞…涉狩若
一〇六〇六	貞勿?涉狩若
一〇六〇六	翌…燎…
一〇六〇六	貞…
一〇六〇七	…往出狩
一〇六〇七	…呼徵取麦…
一〇六〇八正	辛卯卜爭貞我狩下乙弗若　二告
一〇六〇八反	㱿
一〇六〇九	…狩下乙…
一〇六一〇正	甲申卜㱿貞王勿延南狩
一〇六一〇正	貞…
一〇六一〇反	己
一〇六一一	癸丑卜穷貞耏大甲告于祖乙一牛八月用
一〇六一一	王自往从狩九月
一〇六一一	貞大甲祏宗用八月
一〇六一一	…耏…

一〇六一二	己巳卜狩逐
一〇六一二	己巳卜狩弗其逐
一〇六一二	…勿…矢?豕…
一〇六一二	丙寅…翌丁卯…
一〇六一三正	貞呼取不
一〇六一三正	貞勿呼取
一〇六一三正	貞勿呼取
一〇六一三正	侑祖乙告王𡆥
一〇六一三正	勿侑禱祖
一〇六一三正	貞生五月陟至介𠧢　二告
一〇六一三正	貞多介𠧢
一〇六一三正	丁巳卜穷貞禱于祖乙告王𡆥
一〇六一三正	貞勿龠禱于祖乙告𡆥
一〇六一三正	示佐王
一〇六一三正	示弗佐
一〇六一三正	貞王不禱示左　二告
一〇六一三正	貞示弗佐王不禱
一〇六一三正	翌癸卯狩擒
一〇六一三正	翌癸卯勿狩
一〇六一三正	丁巳卜㱿貞告𡆥于祖勿有歲禱
一〇六一三正	…祖乙□不?□
一〇六一三反	王固曰兹鬼…惟…
一〇六一三反	王固曰吉
一〇六一三反	王固曰吉曰陟至
一〇六一三反	甲午卜穷貞
一〇六一三反	翌乙…祖乙用
一〇六一三反	己未卜穷
一〇六一三反	貯入
一〇六一四	勿狩
一〇六一四	狩　七月
一〇六一四	勿狩
一〇六一四	狩
一〇六一四	勿狩
一〇六一五反	狩不其…羌?…
一〇六一六	己亥…狩…其…
一〇六一七正	乙巳卜㱿貞…狩
一〇六一七反	…固曰…
一〇六一七反	…婦…犟…
一〇六一八	丁未卜…狩
一〇六一八	乙卯卜爭…庚申…其…
一〇六一九	己丑…
一〇六一九	…戌狩
一〇六二〇正	…丑卜…丁…狩
一〇六二〇反	…日…
一〇六二一	…今…日狩…啓

一〇六二二　：土
一〇六二二　狩
一〇六二三　貞：狩
一〇六二四　：狩：父：
一〇六二五　：狩：啓
一〇六二六　：癸，狩：
一〇六二七　：狩：
一〇六二七　：啓：
一〇六二八　貞：取：
一〇六二八　：有：丁：十月
一〇六二八　：狩：無：九月：在：
一〇六二九正　小告
一〇六二九反　勿狩
一〇六三〇　丁未卜穷貞父乙祟
一〇六三〇　：卜殻：勿狩
一〇六三一　：王往逐：往惟王：豕?：
一〇六三二正　壬戌：貞翌癸：王往逐：
一〇六三二反　婁來
一〇六三三正　：王曰惟：曰王逐兕?
一〇六三三反　：巳卜穷貞：羊：
一〇六三四　：往逐豕?獲允獲
一〇六三五　己亥卜王：其逐：告鹿：
一〇六三六　翌丙子王其逐：
一〇六三七　辛：貞：王：逐
一〇六三七　：王?：來
一〇六三八　：卯：貞：王：逐：不
一〇六三九　甲寅：貞王：逐：
一〇六四〇　：卜：貞：逐：無災
一〇六四一　：巳卜：往逐：無災
一〇六四二　：酉卜：其逐：
一〇六四三正　庚子貞：二告　不𠰜黽
一〇六四三反　呼逐獲
一〇六四三臼　戊戌羌㞢示十屯　小㪅
一〇六四四　貞勿呼逐不：
一〇六四四　：其獲
一〇六四五正　貞：
一〇六四五反　：不其：
一〇六四五反　呼子：逐：
一〇六四六　壬申：
一〇六四六　：卜翌：立逐：隼?
一〇六四七　：逐獲
一〇六四八正　癸未卜：乙：
一〇六四八反　：逐：
一〇六四九　：王勿：逐
一〇六五〇　逐：

一〇六五一　貞：允：逐
一〇六五二正　：逐：
一〇六五三　癸巳：逐：允逐：弗：
一〇六五四　：麋：
一〇六五五　己卯卜殻貞我其陷擒
一〇六五五　己卯卜殻貞弗其擒
一〇六五六　貞我其陷擒　二告
一〇六五六　己卯卜殻貞弗其擒
一〇六五七　：貞：今日陷：之日王：擒：有：
一〇六五八　：卜殻：
一〇六五八　：其：
一〇六五八　：丑卜：陷：弗：擒
一〇六五八　：弗其擒陷弗：
一〇六五九　貞令：陷
一〇六六〇　己卯卜：貞令：木陷
一〇六六一　甲戌貞惟丙子陷
一〇六六一　貞惟：陷
一〇六六二正　：戌：陷：擒
一〇六六二反　：㚔?：
一〇六六三　己卯卜：陷
一〇六六三　：卜：惟癸：陷：
一〇六六四　：陷：若　二告
一〇六六五　丙午卜古貞翌丁未陷
一〇六六五　其：于：冊：
一〇六六六　：巳卜古貞王陷：网鹿
一〇六六七　：午卜：翌：于：
一〇六六七　貞：癸：陷
一〇六六八　：陷：
一〇六六九　：呼：往：陷
一〇六七〇　：卜殻貞：子商陷
一〇六七一　：陷
一〇六七二　：陷八月
一〇六七二　：月
一〇六七三　庚：貞：㚔：
一〇六七三　惟辛未陷
一〇六七四　：史貞陷：
一〇六七五　貞令敦?：洮：陷：
一〇六七六　：亥卜：翌庚：陷：
一〇六七六　丁：翌：王：
一〇六七七　：余：焚
一〇六七七　：余：焚
一〇六七七　戈：三十：
一〇六七八　壬辰：宋焚：取?
一〇六七八　：戌卜：貞：勳?
一〇六七九　：丑：焚：复
一〇六八〇　：焚：魯：

10681 …已…勿…焚
10682 …惟今…丑…河
10682 貞焚…焚
10683 辛?…焚
10683 王無巷
10684 貞允焚
10685 貞…
10685 戊申卜焚
10686 辛…焚…
10687 …焚…
10688 …焚有…
10689 …焚
10690 …焚…
10691 …焚逐…乎師?…月
10692正 二告
10692正 二告
10692反 …射…獲于…
10692反 貞㞢
10693 壬戌卜射…獲…不
10694 射麑獲
10695 貞射…余不…獲
10696正 …寅卜㱿…王…射…
10696反 …固曰…
10697 甲午卜㱿貞…射…
10698 丁卯…貞㝉射
10698 貞弜
10699 貞于…射…五月
10700 …貞射…癸品?…
10701 貞□獲
10702正 …卜…□獲…王?固?…
10702反 …其…
10702反 …弗…
10703 貞勿令□
10703 貞勿令𢍰?比
10704 …𡆥貞□…
10705正 …□…
10705反 …不…受…
10706 …惟…□…
10707 甲午卜亘貞□不其…
10708正 不舌黽
10708反 □
10709 貞…□…
10710 …□…
10711 其贏
10711 勿□
10712 勿□

10713 …寅卜王勿呼戈□
10714 …□戈…
10715 …□戈…
10715 …㲋…
10716 壬戌…㱿貞…□
10717正 …□…其受…
10718 貞…大…
10718 …□…□?…
10719 …于卜貞今…王勿□歸九月
10720 甲子卜…□…
10721 壬…古…呼…□…
10722 …𦎫…比□…
10723 …□
10724 戊…佐…于…□…
10725 …□…
10726 …罝豕罝率…罠王固曰有…
10726 …□…
10727 …豕罝率罠王固曰有…
10728 罝率…在車…逐…
10729 …往罝…
10729 …莫罝…
10730 …卜亘貞王往罝…有豕?…
10731 …罝
10732 …罝
10733 …罝
10734 貞罝
10735 …寅卜…罝
10735 丁…鹿…
10736 …貞王往…罠…王往?…
10737 …不其罠在盖
10738 貞…率…罠…
10739 …貞…
10739 …□
10739 …□罠…
10740 甲申…貞麋…罠
10740 癸…貞…
10741反 貞…罠
10742 …罠
10743 …風?不…罠
10744 …呼取…罠
10745 …罠
10746 貞罠
10747 …罠
10748甲 …□
10748乙 …□
10749 …其…擒王固曰其罠

一〇七五〇　辛丑卜王翌：寅我冤：獲允獲
一〇七五一　：曰：网：
一〇七五二　：戊卜：网獲
一〇七五三　甲申卜：其网：
一〇七五四　：网：
一〇七五五反　：网
一〇七五六　貞不惟我有罝
一〇七五七　貞不惟我有罝
一〇七五八　貞不：我有罝
一〇七五九　：貞罞
一〇七六〇　癸酉：罞
一〇七六一　：貞勿狩：擒二百六十九
一〇七六二　：庚：擒：百：
一〇七六三　己卯：擒：百：
一〇七六四　：卜豢擒：
一〇七六五　：豢擒
一〇七六六　：貞祉戠擒有亦：
一〇七六七　貞：
一〇七六七　：亦正：我：令：擒：
一〇七六八　庚寅卜宾貞戋有擒
一〇七六九　乙丑卜殼貞僕：擒
一〇七七〇　：申卜：貞：
一〇七七〇　壬戌：貞雀：擒不：十月
一〇七七一　乙未卜爭貞剛無囚
一〇七七一　貞剛有擒
一〇七七二　戊寅卜爭貞遘有擒
一〇七七三　其[illegible]擒
一〇七七四　貞卓弗其擒
一〇七七五正　貞卓弗其擒十二月
一〇七七五正　貞惟：人：
一〇七七五反　：五在[illegible]
一〇七七六　丙辰
一〇七七六　甲子
一〇七七六　丙辰
一〇七七六　乙丑
一〇七七六　：延：擒
一〇七七七　貞苑擒
一〇七七八　其擒
一〇七七九　弗擒
一〇七八〇　辛卯卜擒
一〇七八一　有擒
一〇七八二　有擒
一〇七八三　其擒
一〇七八四　其無擒　小告
一〇七八五正　貞不其擒
一〇七八五正　其：

一〇七八五反　：來：
一〇七八六　貞弗其擒
一〇七八六　：方
一〇七八七　：擒十二月
一〇七八八　擒
一〇七八八　：弗其擒
一〇七八九　貞弗其擒
一〇七八九　丙午卜爭貞擒：
一〇七九〇　：丑卜王：不其擒：允不：
一〇七九一正　貞不其擒
一〇七九一正　：不其擒
一〇七九二　：其擒：獲？：
一〇七九三　貞：
一〇七九三　不其擒
一〇七九四正　：殼貞：
一〇七九四正　貞不其擒
一〇七九四正　其：不其擒
一〇七九四反　：婦好㞢：五十在鹿？
一〇七九五　勿擒
一〇七九五　：步
一〇七九六　：寅？：今日：擒：
一〇七九七正　：貞：擒：要：
一〇七九七反　：圄：祟：
一〇七九八　：午卜：擒：
一〇七九九正　貞：擒
一〇七九九反　：午乞自：
一〇七九九反　：卜亘：
一〇八〇〇　：有：令：途：擒
一〇八〇一　戊：貞有：惟孽
一〇八〇一　：擒
一〇八〇二　：擒
一〇八〇二　：甾
一〇八〇三　勿：
一〇八〇三　：擒：往：其：及
一〇八〇四　貞令擒
一〇八〇四　：翌癸卯[illegible]
一〇八〇五　：擒
一〇八〇六　甲寅：貞來：擒
一〇八〇七　癸：卜：貞：擒：來：
一〇八〇八甲　：擒不其得
一〇八〇八乙　丁亥卜宾貞擒
一〇八〇九　甲寅卜：翌乙：擒有：㞢？：
一〇八一〇　丙申卜貞丁酉擒其：
一〇八一一　戊辰卜爭貞卓擒
一〇八一二甲　庚寅卜貞卓弗其擒無[illegible]四：
一〇八一二甲　：令：

一〇八一二甲　王于出尋
一〇八一二乙　庚寅卜：阜擒無𡆥四月
一〇八一二乙　：至：乙未：啓
一〇八一三　癸酉：王勿：擒
一〇八一三　辛卯卜不雨
一〇八一四　：有𡴣不令：
一〇八一五　貞弗其擒
一〇八一六正　：出：
一〇八一六正　：隼
一〇八一六反　：婦妐：
一〇八一七　貞勿[illegible]隼
一〇八一八　：隼
一〇八一九　：隼　方
一〇八二〇正　：隼：月
一〇八二〇反　：申：
一〇八二一　：其：隼
一〇八二二　隼
一〇八二三　：叡
一〇八二四　：辛：
一〇八二五　辛：貞：有擒
一〇八二六　：殻貞：之：𢀛
一〇八二七　：𡆥：惟　不舌黽
一〇八二八　丙子：𡆥無：允無災：九月
一〇八二八　：日庚：
一〇八二九　丙戌卜勿：十月獲二百六十：
一〇八三〇正　：獲百：十又四十二月
一〇八三〇反　：有：
一〇八三一　：獲：六十又四
一〇八三二　戊：𢀛：𢦏
一〇八三三　壬子卜：馬逐：王固曰允獲五
一〇八三三　弗獲
一〇八三三　弜其獲
一〇八三三　貞弗其獲
一〇八三四　：允獲六
一〇八三五　庚申卜王：戈告豕巛獲：獲
一〇八三六　：巛不獲：
一〇八三七正　戊午卜方貞王獲
一〇八三七正　貞：
一〇八三七反　：入十
一〇八三七反　丁巳：
一〇八三八　惟王雀獲
一〇八三九　辛未卜王不其獲
一〇八三九　甲戌卜王獲
一〇八四〇　丁丑：王不其獲
一〇八四一　：王不其獲
一〇八四一　：子

一〇八四二　：辰卜王獲：在：
一〇八四三　貞不其獲
一〇八四三　遘獲
一〇八四四　宁不其獲
一〇八四五正　：犾獲
一〇八四五正　：要允：
一〇八四六　：卜呼：得獲
一〇八四七　：貞𡆥不其獲
一〇八四八　：子𡀔其獲　二告
一〇八四八　：子𡀔不其獲　二告
一〇八四八　：王：
一〇八四八　：王
一〇八四九　貞戌獲：
一〇八四九　貞光：
一〇八四九　：告：
一〇八五〇　戌獲
一〇八五一　貞戌不：獲
一〇八五二正　貞伲獲
一〇八五二反　伲獲
一〇八五三　貞伲獲
一〇八五四　：伲不其獲
一〇八五五　：正
一〇八五五　：申卜王雀獲
一〇八五六　：正不獲
一〇八五六　：申卜王雀獲
一〇八五六　庚申卜王雀獲
一〇八五七　：豖罷不其獲
一〇八五八　甲申：有：
一〇八五八　：酉卜：豖：獲
一〇八五九正　貞獲
一〇八五九正　貞豖弗其獲
一〇八六〇　豖不獲
一〇八六一　丁酉卜呼𠭯疋獲
一〇八六二　乙巳貞新𢀛獲
一〇八六三正　：獲
一〇八六三正　其延雨
一〇八六三正　辛卯卜爭貞豖獲
一〇八六三正　戠其啓雀　二告
一〇八六三反　：𢦏
一〇八六四　癸卯：殻燎：𡆥三月
一〇八六四　：𢀛獲三月　二告
一〇八六五正　己未卜爭貞亘獲
一〇八六五反　雀入五
一〇八六六　亘獲
一〇八六七　：多獲
一〇八六八　：多不其獲

10869 …而…允獲…
10870 壬子卜…
10870 …獲允獲 告
10871 …無災允獲五
10872正 其獲
10872反 …五百
10873 …酉卜…其惟…獲五
10874正 丙午卜㱿貞不其獲
10874反 …在[illegible]
10875 不其獲
10876 貞不其獲
10877 不其獲
10877 小告
10878正 二告
10878反 不其獲
10879 不…獲
10880 丙…貞不其獲
10881 …卜…有…
10881 丙…惟…考
10881 …不獲
10882 貞弗其獲一月
10882 辛…
10883 貞弗其獲
10884 貞弗其獲
10885 貞弗其獲
10886 貞弗其獲
10887正 貞弗其獲
10887反 …[illegible]
10888 貞弗其獲四月
10889 貞弗獲
10890 弗獲…
10891 …爭…勿獲…
10891 …呼…
10892 …卜㱿…勿獲…允…
10893 己亥卜㝹貞弗…
10893 己亥卜㝹貞其…獲
10894 辛巳卜…
10894 …寅卜…獲…
10895 …固…其獲…曰戊…
10896正 …登…獲…
10896反 辛…惟…
10897 戊辰獲
10897 戊辰不其…
10898 己巳卜…獲三…
10899正 …獲
10899反 …獲

10900 …允魯豕…獲八
10901 王从魯
10902 田从北西
10902 …田从東 二告
10902 咸戊壱王
10902 咸戊弗壱王
10902 丁未卜㝹貞允
10902 貞不允 二告
10903 貞…田…西
10903 貞呼田从北
10903 貞呼田从東
10903 貞呼田从南
10904 壬辰…王往…田若十月
10904 …之日王往于田从東允獲豕三十月
10905 …未卜貞从東
10906 壬寅卜㝹貞亦…東擒有兕之日王往…
10907 …狩…東…
10908 ……東兕…獲
10908 貞…
10909 …于東…逐…
10910正 貞有鹿
10910正 無其鹿 二告
10910正 貞無其鹿
10910正 焚于東有鹿
10910反 王固曰…有獲鹿一豕一
10910反 王固曰…
10911 丙申…陷在南麋
10912 丙申…貞陷…南麋
10912 …卜㝹…陷在…
10912 …侑丁…
10913 …告南鹿
10914正 癸亥卜爭貞戌友獲在西呼不？…月
10914反 …示十…
10915 …呼田…來…北
10916正 …寅卜㱿…獲
10916正 …馬…狩…北
10916反 …甲戌
10916反 …申？
10917 丁巳卜史貞呼任夕虎亞十月
10918 戊寅王狩膏魚擒
10918 庚辰步于母庚
10918 …辰…
10919 貞勿令阜田于京 二告
10920 辛未卜貞王从…京
10921 …之日王往于田从𣪘京允獲麑二雉十
七十月

一〇九二二 ：狩：衣：
一〇九二三 壬戌卜爭貞乞令𠭰田于𡴘侯十月
一〇九二四 ：于𠭰：北獲
一〇九二五 ：田𠭰令：二雍：
一〇九二六 辛：
一〇九二六 ：有𢦏
一〇九二六 ：狩𠭰擒　小告
一〇九二七正 ：呼遘逐鹿于喪獲
一〇九二七反 ：允獲鹿一
一〇九二八 貞呼：鹿于喪獲
一〇九二九 ：逐：喪：
一〇九三〇 戊申卜貞王往于盧从喪从：
一〇九三〇 ：貞：𡧊
一〇九三一 乙酉卜穷貞王往从喪
一〇九三二 ：三𤉲：往从：喪：
一〇九三三 ：往于喪：豕：
一〇九三三 勿往：
一〇九三三 ：从：獲
一〇九三四 貞呼取般狩
一〇九三五正 己丑卜穷貞𤞷有子
一〇九三五正 貞𤞷無其子　不舌黽
一〇九三五正 貞弗其獲
一〇九三五正 貞呼逐在𦎫鹿獲
一〇九三五反 婦姘示四十
一〇九三五反 我以千
一〇九三六正 呼从
一〇九三六正 呼出目
一〇九三六正 勿孽弗聞獲
一〇九三六正 惟妣壬　二告
一〇九三六正 不惟妣壬
一〇九三六正 呼司　二告
一〇九三六正 𦎫有鹿
一〇九三六正 于妥骨凡
一〇九三六正 貞婦好娩嘉
一〇九三六正 翌庚寅彡大庚
一〇九三六正 于祖丁
一〇九三六正 止毋尃
一〇九三六正 𢼊于甘
一〇九三六反 勿省
一〇九三六反 ：省
一〇九三六反 啓不其禦
一〇九三六反 ：于卿：侑：祖：
一〇九三六反 禦于王乆：乙惟：囚
一〇九三六反 惟：不𤰔：囚
一〇九三六反 勿禦史：羊令：祖：
一〇九三六反 勿于父庚

一〇九三六反 勿：
一〇九三六反 貞：惟：丹：
一〇九三六反 甲勿狩：
一〇九三六反 ：立：
一〇九三六反 ：王：羊：王：惟丁
一〇九三六反 ：伐
一〇九三七正 王其逐鹿于𦎫魯
一〇九三七正 勿逐鹿魯
一〇九三七正 呼陕貞沘　二告
一〇九三七正 勿呼陕貞不沘
一〇九三七反 雀入百五十
一〇九三七反 田：
一〇九三八正 禘于祖辛
一〇九三八正 父乙由𡆥王
一〇九三八正 父乙弗𡆥王　二告
一〇九三八正 母：𡆥：
一〇九三八正 貞翌庚申王令獲鹿于𦎫
一〇九三八正 貞：
一〇九三八正 ：呼：
一〇九三八反 ：王：由出：
一〇九三九 貞帝
一〇九三九 貞帝
一〇九三九 貞王往狩
一〇九三九 貞王勿往狩从𠦪
一〇九三九 王往狩
一〇九三九 貞王勿往狩从𠦪
一〇九四〇 翌庚午暘日
一〇九四〇 貞于岳出
一〇九四〇 貞王狩
一〇九四〇 貞王勿狩从𠦪
一〇九四一 ：狩从龜
一〇九四一 ：王勿狩
一〇九四二 ：王往狩𠦪土：
一〇九四二 ：穷貞有匚于河
一〇九四二 ：卯卜殻貞翌庚午其圍：午圍允暘：
一〇九四三 勿从𠦪
一〇九四三 貞茲：不惟：
一〇九四四 ：卜殻：狩：𠦪土
一〇九四五 子商弗其獲：萬
一〇九四六 ：午卜殻貞：逐鹿于萬執
一〇九四七 ：丑卜：狩萬：
一〇九四八正 呼子商从𤃨有鹿
一〇九四八正 勿禦：
一〇九四八正 勿于虎
一〇九四八正 勿疾身
一〇九四八反 貞：鹿

一〇九四八反　：有：妣：
一〇九四九　：涉狩于虎
一〇九五〇　甲：鹿獲允獲十：二月
一〇九五〇　甲子卜王不其獲鹿
一〇九五〇　：丑卜：其逐鹿獲
一〇九五〇　乙丑卜王不其獲鹿不往
一〇九五〇　乙丑卜王不其獲鹿不往
一〇九五〇　乙丑卜王不其獲鹿　二告
一〇九五〇　癸酉卜王其逐鹿
一〇九五〇　癸酉卜王不其獲鹿　二告
一〇九五〇　丁亥卜王我惟三十鹿逐允逐獲十六月
一〇九五〇　我惟七鹿逐七鹿不扁　不舌
一〇九五〇　丙戌卜王我其逐鹿獲允獲十：
一〇九五〇　戊辰卜王：逐：
一〇九五〇　丙戌卜王：不其獲鹿
一〇九五〇　我獲鹿：
一〇九五〇　我不其獲鹿
一〇九五〇　：獲：其獲
一〇九五〇　戊辰卜：獲：
一〇九五〇　己巳卜王獲在𣎳兕允獲
一〇九五〇　己巳卜王弗其獲在𣎳兕一月
一〇九五一　壬午卜王其逐在萬鹿獲允獲五
二告
一〇九五一　壬午卜王弗其獲在萬鹿
一〇九五一　壬辰卜王我獲鹿允獲八豕
一〇九五一　壬辰：不其：
一〇九五一　丁未卜王其逐在蚰鹿獲允獲七一月
一〇九五一　戊午卜雯陷擒允擒二：二月
一〇九五一　戊午卜雯陷弗其擒
一〇九五二　壬：卜王：雯：兕
一〇九五三　：逐𣎳鹿
一〇九五三　：酉：
一〇九五四　庚辰卜王往：𣎳鹿
一〇九五五　：𣎳鹿
一〇九五六　貞狩勿至于甚九月
一〇九五七　狩畐于？甶？
一〇九五八　惟般令？田于并
一〇九五九　惟般呼田于并
一〇九六〇　：卯卜：令田：𦎫十二月
一〇九六一　乙卯卜韋貞呼田于𣥂
一〇九六二　貞：畣？：
一〇九六三正　貞：狩：洮
一〇九六三正　：有雨王步
一〇九六三反　庚子：
一〇九六四正　辛亥卜内貞今一月𦔻正化其有至
一〇九六四正　貞𦔻正化其于生一月有至
一〇九六四正　貞令旃田于皿
一〇九六四正　勿令旃田于皿
一〇九六四反　王固曰今夕其有至惟女其于生一月㠯
一〇九六四反　貯入七十
一〇九六四反　辛：
一〇九六五　丙戌卜古貞燎于岳
一〇九六五　：寅卜殻貞今日我其狩盂
一〇九六六　戊寅：盂其：擒：鹿：十：
一〇九六七　貞弗其卒十月在盖
一〇九六八　于祖：
一〇九六八　貞呼婦姘田于穴
一〇九六八　：呼婦：于穴
一〇九六八　于祖辛禦
一〇九六九正　貞侑于盡戊
一〇九六九正　貞勿曹蔑
一〇九六九正　貞王狩于爻
一〇九六九正　貞王勿狩于爻
一〇九六九正　貞王狩于爻
一〇九六九正　：勿狩：爻
一〇九六九反　甲申卜爭
一〇九七〇正　乙丑：貞翌：卯王其：敝麓擒八月
一〇九七〇正　乙丑：貞翌丁卯其狩敝麓弗擒：
一〇九七〇反　三百
一〇九七一　壬寅卜貞翌癸卯王亦東麓出有兕
一〇九七二　：卜貞：狩：麓
一〇九七二　壬寅：貞翌：卯：步：
一〇九七三　：麓擒
一〇九七四　辛未卜㐁貞王从者：
一〇九七四　：惟？
一〇九七五　翌乙：王从：麓龟：
一〇九七六正　戊子卜：
一〇九七六正　辛未卜爭貞生八月帝令多雨
一〇九七六正　貞生八月帝不其令多雨
一〇九七六正　戊寅：内呼雀買
一〇九七六正　勿：雀買
一〇九七六正　壬戌卜殻貞呼多犬网鹿于蓐八月
一〇九七六正　壬戌卜殻貞取豕呼网鹿于蓐
一〇九七六正　丁酉雨至于甲寅旬又八日九月
一〇九七六正　貞：呼犬𣎳省从南
一〇九七六正　勿呼雀帝于西
一〇九七六正　貞惟令令叩疾
一〇九七六正　勿惟令令
一〇九七六正　壬寅卜爭？貞惟：令比　二告
一〇九七六正　己未卜内貞周留擒
一〇九七六正　己未卜内貞：留：
一〇九七六反　己巳卜爭

一〇九七六反　貞呼往蒷于雈
一〇九七六反　勿呼蒷于雈
一〇九七七　辛卯卜：…
一〇九七七　：于敉：
一〇九七七　己丑卜㱿在𦎫虎獲：
一〇九七八　貞：不：
一〇九七八　其獲
一〇九七八　田于鼎
一〇九七九　：卜王貞：
一〇九七九　：雀田：𠧞十一月
一〇九八〇　戊辰卜曰平田方丘：
一〇九八一正　貞：往田：㞢獲
一〇九八一反　：㛸：
一〇九八二正　貞呼田于𢀛　二告
一〇九八二反　子目嘉
一〇九八二反　：㞢：
一〇九八三　呼田于雈
一〇九八四　：田于洹
一〇九八五　丁：貞：
一〇九八五　：龍田于宮
一〇九八六　己巳卜：貞从：宮
一〇九八七　：往从：歸逐：在宮
一〇九八七　：月
一〇九八八　：田于：
一〇九八九正　貞在𣎵田武其來告
一〇九八九正　貞祟𣎵其來告
一〇九八九正　貞王固：㘸
一〇九八九正　貞而妣壬雨獲畀舟
一〇九八九反　丁未卜爭
一〇九八九反　癸亥卜㱿
一〇九九〇　：獲麋二百：在𠂤
一〇九九一　貞于乙酉陷𦎫麋在𠂤
一〇九九二　罝在𠂤
一〇九九三　：寅卜㱿：惟：
一〇九九三　：十月
一〇九九三　戊子卜爭貞勿步狩九月在鮻
一〇九九四　貞弗其擒九月在鮻
一〇九九五　貞弗其擒十月在覞
一〇九九六　貞：彡
一〇九九六　癸酉卜貞王衣：狩：
一〇九九七　：戊卜翌乙亥王狩㞢
一〇九九八正　：卜出不吉：戕三：來：
一〇九九八反　：卜𠭰貞王狩唐若
一〇九九八反　：古方其大：
一〇九九八反　辰：王固曰吉：
一〇九九九　：申卜貞从雈：

一一〇〇〇　：惟尸犬呼田
一一〇〇〇　：于唐
一一〇〇〇　貞來
一一〇〇〇　貞：
一一〇〇〇　貞令十三月婁呼來
一一〇〇〇　貞令十三月不婁：
一一〇〇一　壬午卜㱿貞勿呼田于𢀛
一一〇〇二　：貞：从牧　二告
一一〇〇二　貞乞：
一一〇〇三　癸酉卜古貞呼𢓊取虎于敉啚
一一〇〇四　壬辰：勿：𦎫：多：
一一〇〇四　：卜貞：比：牧：六月
一一〇〇五正　：史：从麥
一一〇〇五反　：卯：
一一〇〇六正　丙戌卜㱿貞燎王亥合
一一〇〇六正　貞勿合燎十牛
一一〇〇六正　丙戌卜㱿貞翌丁亥我狩寧
一一〇〇六正　貞翌丁亥勿狩寧
一一〇〇六正　貞王其舞若
一一〇〇六正　貞王勿舞
一一〇〇六正　丁亥卜爭貞王夢惟齒
一一〇〇六正　丙午卜貞𢦏疾𦎫自𠧞
一一〇〇六正　戊午卜爭貞先得
一一〇〇六正　貞：𠧞：自疾
一一〇〇六正　呼兹多子
一一〇〇六正　貞方其：我
一一〇〇六反　王固：得惟：
一一〇〇六反　丮入五
一一〇〇六反　王固曰：
一一〇〇六反　貞其：
一一〇〇七正　翌丁亥勿焚寧
一一〇〇七正　翌丁亥勿焚寧
一一〇〇七反　：河
一一〇〇七反　丮入五
一一〇〇八　：焚寧
一一〇〇九　：往：𩵦兕無災之日王往逐𩵦兕
一一〇一〇　貞：
一一〇一〇　王逐：兕
一一〇一一　：田：于敦
一一〇一二　：田：敦
一一〇一三　：未卜史：在：田：
一一〇一四　：比：見：田：
一一〇一五　己酉：
一一〇一五　：令：狩：𪏰
一一〇一六　：酉卜𠭰貞于矢先罝一月

一一〇一六　貞于[illegible]先罝一月
一一〇一七　其呼罝在…
一一〇一八正　禦宁…侑妣　二告
一一〇一八正　勿宁于侑妣
一一〇一八正　己巳卜爭貞方女于敦
一一〇一八正　貞方女勿于敦
一一〇一八正　惟娥
一一〇一八正　不惟…
一一〇一八正　貞𠦪以大
一一〇一八正　𠦪弗其以大　二告
一一〇一八正　貞侑于大甲　二告
一一〇一八正　貞今日侑于祖丁
一一〇一八正　貞王聽惟𡆥
一一〇一八正　貞聽不惟𡆥
一一〇一八正　呼伐取
一一〇一八正　…伐取
一一〇一八正　令[illegible]取大以　二告
一一〇一八正　呼取大
一一〇一八正　貞王目嬴
一一〇一八正　惟狄人
一一〇一八正　弗其以
一一〇一八正　王有夢惟𡆥
一一〇一八正　貞王有夢不惟𡆥
一一〇一八正　燎于土宰方帝　二告
一一〇一八正　王肘惟有壱
一一〇一八正　呼夕肘
一一〇一八正　貞我馬有虎惟𡆥
一一〇一八正　貞我馬有虎不惟…
一一〇一八正　貞其有…惟我
一一〇一八正　勿侑祖丁
一一〇一八反　庚午卜㱿
一一〇一八反　…卯卜用
一一〇一八反　庚辰卜爭
一一〇一八反　貞今日王出
一一〇一八反　王固曰勿出下上嬴有壱奴…
一一〇一八反　庚午…㱿
一一〇一八反　貞雨
一一〇一八反　其雨
一一〇一八反　不其雨
一一〇一八反　牝
一一〇一八反　庚午卜㱿
一一〇一八反　貞燎羊𠂤用
一一〇一九　…𡆥不我其…馬…　二告

一一〇二〇　…馬…北…
一一〇二一　貞馬其㞢?…
一一〇二二　貞…馬…其…
一一〇二三　庚…雀…內…遘…
一一〇二三　…馬其冓
一一〇二四　貞馬不冓
一一〇二四　…多侯…迺令…
一一〇二五　…馬不冓
一一〇二六　…卜㝐…馬其冓
一一〇二七　…卜…馬…冊
一一〇二七　…燎…
一一〇二八　貞…
一一〇二八　…茲…馬
一一〇二九　癸未卜…馬…其…
一一〇三〇　…馬
一一〇三〇　貞…左…
一一〇三一　貞告在馬
一一〇三二　…朿馬…
一一〇三三　…丵…馬…
一一〇三四　癸…馬
一一〇三五　貞好…馬
一一〇三六　辛亥…馬
一一〇三六　辛亥卜…其…
一一〇三七正　戊申卜貞馬[illegible]…
一一〇三七反　庚辰有…
一一〇三八　貞令?遘馬
一一〇三八　…一牛…凡…示五月
一一〇三八　…禦…
一一〇三九　…遘…馬…
一一〇四〇正　…生…
一一〇四〇反　…馬可…
一一〇四一正　貞翌…卯王…馬…
一一〇四一反　…王固…
一一〇四二　…卜㝐…馬…麋…
一一〇四三　…馬…
一一〇四四　…馬…
一一〇四五　…壬辰…貞…馬
一一〇四六　…蕭…馬…
一一〇四七　…勿…馬　二告
一一〇四七　二告
一一〇四八　…白馬…
一一〇四九　…卜…駜于…
一一〇五〇　…駜…
一一〇五一　…酉…[illegible]…
一一〇五二　…百…牛十二月
一一〇五三　…牛百…

一一〇五四　……牛……六十……
一一〇五五　……五十牛
一一〇五六反　……牛三十
一一〇五七　貞三十牛
一一〇五七　……牛
一一〇五七　二告
一一〇五八　……三十牛
一一〇五九　……三十牛
一一〇六〇　……十牛又五
一一〇六一　……十牛
一一〇六一　……十牛
一一〇六一　……河……
一一〇六二　丙辰……㱿貞乇于……十牛……十羊
一一〇六三　辛酉……
一一〇六三　……六牛
一一〇六四　……六牛
一一〇六五　貞五牛十羊又四
一一〇六六　……牛……五牛……
一一〇六七　……貞……于……五牛正九月
一一〇六八　……五牛
一一〇六八　……曹
一一〇六九　……五牛
一一〇七〇　……五牛
一一〇七一　……辰……于……五牛……
一一〇七二　丙辰卜……王四牛……黃……
一一〇七三　……四牛黃……
一一〇七四　……于……七……四牛
一一〇七五正　……貞……二牛……至……
一一〇七五正　……弗其……
一一〇七五反　……三牛
一一〇七六　……三牛
一一〇七六　勿……
一一〇七六　……祖……二牛
一一〇七七　貞……
一一〇七七　勿……
一一〇七七　貞三牛
一一〇七七　……旅……師
一一〇七八　辛……三牛
一一〇七九　……三牛
一一〇七九　……人……
一一〇八〇　……三牛十一月
一一〇八一　……三牛
一一〇八二　……侯……三牛
一一〇八三　……三牛
一一〇八四　……貞三牛……
一一〇八五　……㱿……三牛

一一〇八六　……三牛……月
一一〇八六　……于……九……
一一〇八七　……三牛……
一一〇八八　貞三牛
一一〇八九　……二牛
一一〇九〇　……二牛
一一〇九一　……二牛……
一一〇九二　貞二牛
一一〇九三　……午……
一一〇九三　……㱿……豕……二牛……
一一〇九四　……牛……子……二牛
一一〇九五　……一牛……一月
一一〇九六　……一牛
一一〇九七　貞……
一一〇九七　……一牛
一一〇九八　……允貞一牛
一一〇九九　……告……一牛
一一〇九九　……豕……
一一一〇〇　……一牛……
一一一〇一　一牛
一一一〇二　一牛
一一一〇三　一牛
一一一〇四　一牛
一一一〇四　不
一一一〇五　……一牛
一一一〇六　一牛
一一一〇七　丙……貞自……一牛
一一一〇八　……一牛
一一一〇九　……茲……一牛
一一一一〇　丙辰卜……貞翌……侑于……
一一一一〇　貞一牛
一一一一一　壬申卜惟大……一牛
一一一一一　貞惟三月
一一一一二　……卜……卯……四月
一一一一二　貞一牛五月
一一一一三　……又一牛十三月
一一一一四　……于……一牛
一一一一五　……辰卜㱿……一牛
一一一一六　貞……夫……于……一牛
一一一一七　……于祖……一牛
一一一一八　……令……歸……于……一牛
一一一一八　……商……
一一一一九　癸丑卜……翌乙卯……步……一牛
一一一二〇　……牛
一一一二一　戊寅……牛無……
一一一二一　……有……

一二二二　貞惟牛
一二二三　庚戌卜㝉貞盟辛亥…牛
一二二四　…𤆍二牛
一二二五　…告…牛…月
一二二六　…牛…二月
一二二七　…牛
一二二七　壬…卜…取…
一二二八　南牛
一二二九　貞牛
一二三〇　…牛
一二三一　…祖…牛
一二三二正　…呼…牛
一二三二反　王固曰惟…
一二三三　…牛
一二三四　丙…
一二三四　…宋…牛
一二三五　…午…束…牛
一二三六正　…告牛…
一二三六反　…大…唐…
一二三七　…牛
一二三八　癸…貞…
一二三八　…牛
一二三九　…角…牛…
一二四〇　…古貞…呂子…旬子…牛…
一二四一　…于…七八羊…牛…
一二四二　丁…多…呼…牛…
一二四三　…在北牛我羊…
一二四四　癸丑…貞其…
一二四四　…惟二牛
一二四五　…惟三牡…𢀛…
一二四六正　…牝
一二四七　貞牝…
一二四八　㞢在…
一二四八　…勿牝一…月
一二四八　…二宰…牝一…月
一二四九　…牝三牡…
一二五〇　…三十牡…
一二五一　…啚牡…
一二五二　丙寅…貞…牝…
一二五二　…卜…貞…曰…
一二五三　貞勿牛于敎
一二五三　庚子卜亘貞勿牛于敎　不吿黽
一二五四　庚子卜古貞勿牛于𨒥…
一二五五　庚子卜古貞勿牛于𨒥十三月
一二五六　允出

一二五六　祟勿牛
一二五六　祟湅牛
一二五六　…今…𦎫…
一二五七　貞…于…
一二五七　貞祟勿牛
一二五八　…其勿牛…
一二五九　惟勿牛
一二五九　…豖
一二六〇正　…惟…
一二六〇反　…勿牛…
一二六一　…勿牛十一月
一二六二　貞勿牛…
一二六三正　不吿黽
一二六三反　貞𠈉勿牛
一二六四　…勿牛…
一二六五　…牛
一二六六　戊…
一二六六　…有II…𦰩…牛…
一二六七　…黃牛
一二六八　…一白牛…
一二六九　癸卯卜…己…子…
一二六九　…白牛…宰…
一二七〇正　貞王勿往省牛十三月
一二七〇正　丙寅卜㱿貞王往省牛…
一二七〇臼　壬戌子央示二屯　小㱿
一二七一正　貞王勿往省牛十三月
一二七一正　丙寅卜㱿貞王往省牛于敦
一二七一正　貞凡多𡉚
一二七一正　不吿黽　二告
一二七一臼　壬戌子央示二屯　岳
一二七二　丙…貞…省牛…
一二七二　貞…
一二七三　丁…貞王…省牛…
一二七四正　…往省牛
一二七四反　…未示…
一二七五　貞…其…
一二七五　貞王往省牛
一二七六　貞王往省牛
一二七六　貞勿往省牛
一二七六　貞冒牛百
一二七七　丙午卜㝉貞呼省牛于多奠　…告
一二七七　貞勿呼省牛于多奠　不吿
一二七八　貞…省牛
一二七九　…卯卜㝉…省牛不橐
一二八〇　勿呼
一二八〇　貞勿往省牛

一二八一 去束
一二八一 貞冐勿牛
一二八一 王往省从西
一二八一 王往出省
一二八一 王去束
一二八一 王往省
一二八二正 …卜殻貞王往去…
一二八二正 …貞冐勿牛…
一二八二正 …王往…
一二八二反 …其往…
一二八三 …多羊
一二八四 …往…牛…羊五十…五十
一二八五 …凡允凡四羊
一二八六 …三羊…
一二八七 …丑羊…見…
一二八八 …羊圂…豕…
一二八九 不舌
一二八九 …允𡆥
一二八九 …羊…
一二九〇 戊戌卜惟羊
一二九一 惟羊
一二九二 …夕一豕二羊
一二九三 …夕羊…
一二九四 …卜亘…十…羊…牛
一二九五 …羊
一二九六 …⿰羊土
一二九七 乙…⿰羊土…
一二九八 貞…⿰羊匕…匕…
一二九九 戊午卜爭貞冐羊于夫
一二九九 辛丑殻貞今[illegible]勿…望…
一三〇〇 …九犬
一三〇一 …九犬九豕
一三〇一 …祖…
一三〇二 …三犬
一三〇三 …卯…于…五豕…犬
一三〇四 …犬…
一三〇五 …犬…
一三〇六 …壬…犬…
一三〇七 …犬…豚…
一三〇八 …一[illegible]…
一三〇九 甲申…有子…魯白犬
一三一〇 允來豕十
一三一一 …六豕
一三一一 …勿…
一三一一 貞…三豕…羊…
一三一二 辛…

一三一三 貞在…豕…正
一三一四 …貞王…豕…
一三一五 丁卯卜殻貞今翌王…豕…
一三一六 壬…告…豕
一三一七 貞…其…
一三一七 貞無其豕
一三一八 貞…無其豕
一三一八 貞用
一三一九 …庚豕
一三二〇 …白豕…
一三二一 …方…五十豕…于…
一三二二 …呼豕…
一三二三正 貞呼豕…
一三二三反 戊…
一三二四 丙戌…豕…今日…
一三二五 …毓有友…惟白彘
一三二六 …我…彘
一三二七 …彘…
一三二八 …允…彘
一三二九 貞…
一三二九 …有彘　二告
一三三〇 己丑卜殻貞…十豕十…　不舌黽
一三三〇 貞燎于…
一三三一 辛未…甲戌…四豕…卯…
一三三二 …卜殻…三豕三…
一三三三 …牛豕二豕二
一三三三 貞…羊…
一三三四 …二豕…
一三三五 …二豕
一三三六 貞…祏…豕三十…
一三三七 貞惟豕
一三三七 貞祈五月
一三三七 …㞢…
一三三八 …黑豕
一三三九正 …豕
一三三九反 殻
一三四〇正 貞…來…
一三四〇正 …于…豭…
一三四〇反 …[illegible]…
一三四一 癸丑…穷貞益豭三十九月
一三四二 …壬豭…
一三四三 …畓曰…乙…豭…禦
一三四四 …[illegible]…
一三四四 …⿰豕土…
一三四五 …惟⿰豕土

一二四六 辛…㲋…
一二四七 …卜㱿…無…刹…
一二四七 …賓…畄…
一二四八 …其刹
一二四九正 貞𠬝無…刹
一二五〇 王固曰其有刹惟…戎弗得旁…
一二五一 …㞢…惟庚…無刹…
一二五一 其…
一二五二 …方…刹…𣏟方…
一二五三 …戊卜…弜𣏟…有刹…
一二五四 癸亥…刹…𣏟…
一二五五 …王…刹…
一二五六 貞𢆶刹
一二五七 …㲋…
一二五七 庚…
一二五八 …𦾔…㲋…
一二五九 …卜爭…㲋…
一二五九 …𤸃…
一二六〇 …豖…
一二六一 …豖不…
一二六二 …丑…豖
一二六三 …三豚
一二六四 …亥卜…豚一羊…
一二六五 卯…于丁…
一二六六 豚…
一二六七 …東…其有𢦔
一二六八 …九㱿 二告
一二六九正 …四㱿
一二六九反 …三十…
一二七〇 …牛…三㱿
一二七一 …二㱿…
一二七二 乙巳…二㱿…
一二七三 …有㱿…
一二七四正 丙寅卜內翌丁卯王步暘日
一二七四正 翌丁卯王步不其暘日
一二七四正 貞呼作圃于專
一二七四正 勿作圃于專
一二七四正 丙寅卜爭貞我無囚
一二七四正 貞我無囚
一二七四正 貞翌己巳步于衣
一二七四正 貞衣無𢿨攡
一二七四正 貞翌戊辰王步翌日 二告
一二七四正 丁卯卜㱿貞我師無𢿨攡
一二七四正 貞于庚午步于衣
一二七四正 丙寅卜爭…
一二七四正 丙寅…爭…

一二七四正 翌戊辰勿步 二告
一二七四反 雀入十
一二七五 …無…自…圍
一二七五 …暘…
一二七六 貞于圍
一二七七 …于圍
一二七八正 丙戌卜…
一二七八正 …正…
一二七八反 …圍
一二七九 …來…圍
一二八〇 …𫹉惟…田遘…日…
一二八一 丁酉卜貞…十牢
一二八一 …卜…一牢
一二八二 五牢
一二八三 五牢
一二八四 …五牢
一二八五 …二牢
一二八六 貞牢
一二八七 牢
一二八八 …冉…
一二八八 貞牢又一牛
一二八九 …牢…一牛
一二九〇 …牢…一牛
一二九一 貞牢…牛
一二九二 …牢…一牛
一二九三 貞…至…冊…牢…牛
一二九四 …百宰…
一二九五 …大…冊…三十宰…
一二九六 貞三十宰…
一二九七 貞二十…二十…宰
一二九八 …十宰又五
一二九九 …卜爭貞…亥其…丁于…十宰
一二九九 …卜…今…有…
一三〇〇 …十宰
一三〇〇 …勿十…
一三〇一 惟五宰
一三〇一 惟十宰
一三〇二 …壬白…十宰…
一三〇三 …祖宰
一三〇三 …三宰
一三〇三 …十宰
一三〇四 …卯六宰
一三〇五 …六宰
一三〇六 …來…侑…乙…五宰
一三〇七 …于…丁未卯五宰
一三〇八 壬申…五宰

一三〇九　五宰
一三一〇　：五宰
一三一一　癸巳
一三一一　癸未
一三一一　丁卯
一三一一　貞五宰二月　二告
一三一一　丁亥
一三一二　：庚：五宰
一三一三　五宰
一三一四　五宰：用
一三一五　貞五宰
一三一六　五宰
一三一七　：庚四宰
一三一八　四宰
一三一九　癸丑：三宰
一三二〇　：三宰
一三二一正　二告
一三二一反　：三宰
一三二二　：未：丁：三宰三月
一三二三　三宰
一三二三　：森
一三二四　：無：
一三二四　：三宰
一三二五　甲午卜：三宰靫：
一三二六　：貞：侑三宰五月
一三二七　三宰七月
一三二八　勿：三宰
一三二九　：三宰
一三三〇　：卜：翌甲：三宰
一三三一　：三宰
一三三二　：三宰
一三三三　：允：三宰：
一三三四　貞勿：
一三三四　：乙二宰
一三三五正　（與一三三四重）
一三三五反　：不其：于：
一三三六　：二宰
一三三六　：王：十一月
一三三七　：于：伐二宰
一三三八　：二宰
一三三九　貞二宰
一三三九　：丁：戊：
一三四〇　己巳：貞：五：二宰：
一三四〇　：令：
一三四一　壬：一宰：

一三四二　：宰
一三四二　：宰
一三四三正　一宰
一三四三反　：伐：
一三四四　：一宰
一三四五　惟宰
一三四六　癸巳：貞：犬
一三四六　惟宰
一三四七　：穀：宰
一三四八　：宰
一三四九　：王：宰一月
一三五〇　貞鼎宰
一三五一　貞：于□：宰：
一三五二　：宰十月
一三五三　：二月
一三五三　：七：宰
一三五四　：宰：
一三五五正　：王于：□羊：宰
一三五五正　：亥：
一三五五反　：卜：
一三五六　：午：于：十宰于：
一三五七　：宰
一三五八　：宰
一三五九　：貞：宰：
一三六〇　貞勿宰
一三六一　乙丑卜：
一三六一　：曹：宰：
一三六二　丁未：宰
一三六二　：犬：豕羊：丁
一三六二　：牛：丁：
一三六三　：無：宰：
一三六三　：延：大：
一三六四　貞：于：
一三六四　惟內重用
一三六四　：宰：一牛
一三六五　丙申卜㝊貞宰又一牛丁?：
一三六六　丙寅卜貞宰又一牛九月
一三六七　：宰：一牛　吉
一三六八　：宰：一牛：丁：
一三六九　辛丑：父：
一三六九　：卯：宰
一三七〇　：百小宰
一三七一　：古貞：
一三七一　：卜古貞：衣：
一三七一　：丁五十小宰二月
一三七二　：午：庚：小宰

一一三七三　丁丑…六牢…
一一三七四　…王勿…
一一三七五正　…鼜…六牢…
一一三七五反　…四小牢
一一三七六　…于…二小牢…牛
一一三七六　…妣己…小牢…
一一三七七　…卜穷貞惟小牢　不吿黽
一一三七八　貞…
一一三七九　惟小牢
一一三八〇　…小牢
一一三八一　貞…小牢十二月
一一三八二　貞…小牢…牛
一一三八三　…于保…小牢…
一一三八四　小牢
一一三八五　…小牢
一一三八六　貞不雨
一一三八六　貞…小牢
一一三八七　…酉卜…小牢土
一一三八八　…爭…小牢
一一三八九正　貞…
一一三八九正　…于母…小牢
一一三八九反　…酉…
一一三九〇　己未…小牢
一一三九一　…小牢
一一三九二　…曾三…商今…乙…小牢
一一三九二　…辛…
一一三九三正　…不…
一一三九三反　…小牢
一一三九四　…小牢
一一三九五　貞于南敉
一一三九五　貞王聽不惟有祟
一一三九六　…聽惟有祟
一一三九七　令…敉于㠯不…
一一三九七　貞…敉…歸…
一一三九八　…呼…
一一三九八　…分…敉
一一三九九　貞…敉
一一四〇〇　貞王勿𢦔邑蒯牧子在朿
一一四〇一反　…牧
一一四〇一反　…牧
一一四〇二正　…遘…人…牧…
一一四〇二反　戊…
一一四〇三　…亥…牧旬…肇…惟…令…
一一四〇四　戊午…𢿱不…
一一四〇四　…寅卜𣪘貞戈于戊…𠬝

一一四〇五　…子卜𣪘貞娕娩
一一四〇六　貞…
一一四〇六　貞曰以來𢌰往于敉
一一四〇六　貞于敉大𠬝
一一四〇七　…卜亘貞曰…敉
一一四〇八正　貞𠬝于雲　不…
一一四〇八正　…莫弜𠬝于…
一一四〇八反　…牛
一一四〇九　…吿𠬝…
一一四〇九　…𠬝十一月
一一四一〇正　貞惟令𠬝
一一四一〇反　…酉乞…
一一四一〇反　…午卜…𠬝
一一四一一　…𠬝
一一四一二正　井
一一四一二反　…勿𠬝
一一四一三反　…亘貞禧曰毋𠬝…
一一四一四　…呼…𠬝
一一四一五　…𠬝
一一四一六　貞𠬝…
一一四一七正　貞𠬝…
一一四一七反　…自…
一一四一八　…𠬝…𠬝…
一一四一九　甲申貞𠬝
一一四二〇　…申卜…𠬝…
一一四二一正　…𠬝…
一一四二一正　…徙…率…十三月
一一四二一反　…其…
一一四二二正　丁未卜不…　小吿　不吿黽
一一四二二正　不𠬝
一一四二二　二吿
一一四二二　二吿
一一四二二正　二吿
一一四二二反　…辰不…
一一四二三　惟…吉其…
一一四二三正　癸未卜穷貞兹雹惟降囚　小吿
一一四二三正　癸未卜穷貞兹雹不惟降囚十一月　二吿
一一四二三正　貞雩丁其有𠭰　小吿
一一四二三正　甲申卜穷貞雩丁無𠭰　小吿
一一四二三正　…吿…望乘…　二吿
一一四二三正　…吿王勿望乘比　二吿
一一四二三正　不吿黽
一一四二三正　不吿黽
一一四二三正　二吿

一四二三正　一四二三反　一四二三反　一四二三反　一四二四正　一四二四正　一四二四正　一四二四反　一四二四反　一四二四反　一四二四反　一四二五　一四二六　一四二七　一四二八　一四二九　一四三〇　一四三〇　一四三一　一四三二　一四三三　一四三四　一四三五正　一四三五反　一四三六正　一四三七正　一四三七反　一四三八　一四三九　一四四〇　一四四一　一四四二　一四四三　一四四四　一四四五　一四四六　一四四六　一四四七　一四四八　一四四九　一四五〇　一四五〇　一四五一　一四五二正　一四五二正

小告
婦娘示三
王固曰吉：降囚
殼
貞惟咎
貞王有心：
貞王有心：惟
壬寅卜内
于母庚禦婦：
勿禦于母庚
勿尋：
：取有貝：
戊申卜殼貞：有其冓貝：
：有心：不吉黽
：陟貝：
貞：貝：丁：
：卯？：央：心：
：𢀛
：貝：
：戈允來：豕二貝：王：
：凶？：買：
：買：
：買：
：來：
：買一：
：買：
：惟：𠂤
庚戌：貞賜多女有貝朋
：朋無其賓
惟朋
：以？：朋
車不其以十朋
：肇多：十朋母
：受：十朋：凡：
：以十朋
：無囚王固曰有祟：敝𩡧車：車𨸏
馬：亦有夆：
：囚王固曰有：微：
：𨸏馬：
：日丁卯：𩡧車馬：
：𩡧車：有夆：
：日？王往虣虎允無災
：雍車馬：京
：日：車：允：
丙戌卜㗊：六車：
癸未卜穷貞取：七：

一四五二臼　一四五三　一四五四　一四五五　一四五六　一四五六　一四五七　一四五八　一四五九　一四五九　一四五九　一四五九　一四六〇甲正　一四六〇甲正　一四六〇甲正　一四六〇乙正　一四六〇乙正　一四六〇反　一四六〇反　一四六〇反　一四六〇反　一四六〇反　一四六一　一四六一　一四六一　一四六二正　一四六二正　一四六二正　一四六二正　一四六二正　一四六二反　一四六二反　一四六三　一四六三　一四六四　一四六五　一四六六　一四六六　一四六七　一四六八　一四六九　一四七〇　一四七一　一四七一　一四七二　一四七三

：巳冊示二屯　岳
：車：
：車：
：卜：余：車：
癸：
：車：二告
：車：不：囙
：車：斯
貞于：
貞于父乙禦
：惟南庚
：馬五十丙：
貞娩無來嬉
貞有擒不其得舟
貞疾口禦于妣甲
：卜爭貞擒得舟
：嬉
王固曰其來嬉
庚入十
貞勿入？
：乙：
：兕
貞曰之
貞勿曰之　二告
：來舟
丙子卜古貞今十月
貞呼
貞𢀛來舟　二告
𢀛不其來舟
不其雨
乙酉卜爭
我來十？殼
今日：巛：甲：
：舟五月
：舟十月
：舟執？：
：盇于東
辛酉卜方其盇東　二告
：申卜方其盇于東
：盇于東
：盇于：
己酉卜王：盇見：
庚：無：
：比盇：中十二月
戊申：王盇：千𦒿：行于：千坙行：

……梦

一二四七四 ……王……⿱亼止……

一二四七五 ……我……⿺乚止……

一二四七六 ……卜爭……⿺乚止子……

一二四七七 甲戌卜爭貞來辛巳其乇湔

一二四七八 ……王……湔……若

一二四七九 ……日……湔……

甲骨文合集摹釋

第五冊　一一四八〇——一四八二一

一一四八〇　貞日有食
一一四八〇　：于：酚：于
一一四八一　：食
一一四八二正　辛卯
一一四八二正　癸卯貞旬無囚
一一四八二正　癸丑貞旬無囚
一一四八二正　癸亥貞旬無囚
一一四八二正　癸酉貞旬無囚
一一四八二正　癸：旬：
一一四八二反　旬壬申夕月有食
一一四八三正　：爭貞翌甲申暘日之夕月有食甲霧不雨
一一四八三正　翌甲申不其暘日
一一四八三正　翌乙亥不其暘日
一一四八三正　：暘日
一一四八三反　之夕月有食
一一四八四正　：丑卜穷貞翌乙：黍蒸于祖乙：王固曰
有祟：不其雨六日：午夕月有食乙未酚
多工率𢓊遣
一一四八四正　貞正唐
一一四八四正　弗其正唐
一一四八四正　己巳貞勿酚蒸
一一四八四正　貞𣪘　二告
一一四八四正　弗其𣪘
一一四八四正　癸酉：殻：妣：及
一一四八四正　癸酉卜殻：于：
一一四八四正　侑及妣己穀
一一四八四正　勿侑妣己
一一四八四正　：于妣庚
一一四八四正　勿侑于妣庚
一一四八四正　于高妣
一一四八四正　勿于：
一一四八四反　惟：
一一四八五　癸亥卜爭貞旬無囚一月
一一四八五　癸未卜爭貞旬無囚二月
一一四八五　癸卯卜旬無囚二月
一一四八五　：卯貞：無：五月
一一四八五　癸未卜爭貞旬無囚三日乙酉夕月有食聞
八月
一一四八五　：未卜旬：囚
一一四八六　：囚三日：酉夕：食聞
一一四八七　：卜：食：我：其：

一一四八八　：貞：其：星
一一四八九　乙未：星：
一一四九〇　：星：
一一四九一　：星：
一一四九二　：星：
一一四九三　：翌庚戌步：囚蚀：星：
一一四九四　：星：七月
一一四九五正　貞翌壬辰：不其星
一一四九五反　辛：爭：
一一四九六正　貞翌戊申毋其星
一一四九七正　丁亥卜殻貞翌庚寅侑于大庚
一一四九七正　貞翌辛卯侑于祖辛
一一四九七正　侑于上甲
一一四九七正　丙申卜殻貞來乙巳酚下乙王固曰酚惟有
祟其有蠶乙巳酚明雨伐既雨咸伐亦雨𢼄
卯鳥星
一一四九七反　己丑有匚：伐：十
一一四九七反　乙巳夕有蠶于西
一一四九七反　丙午卜爭貞來甲寅酚大甲
一一四九八正　翌庚寅侑于大：
一一四九八正　翌辛：侑：
一一四九八正　丙申卜殻貞來乙巳酚下乙王固曰酚惟有
祟其有蠶乙巳明雨伐既雨咸伐亦雨𢼄鳥
星
一一四九八正　丙午卜殻貞王：惟囚
一一四九八正　：聽不惟囚
一一四九八正　丙午卜殻貞：羌多妣
一一四九八正　：上甲
一一四九八反　乙：夕有蠶于西
一一四九九正　：酚明雨伐：雨咸伐亦：𢼄卯鳥大啓
易
一一四九九正　癸卯卜爭貞下乙其有鼎王固曰有鼎惟大
示王亥亦：[illegible]
一一四九九反　貞無囚：
一一四九九反　貞呼：俘于：
一一四九九反　翌其有：
一一五〇〇正　翌乙未侑于下乙一牛：用
一一五〇〇正　：霋庚子蓺鳥星七月
一一五〇〇反　：卜：甲午：
一一五〇〇反　：十窜
一一五〇一　：采烙雲自北西單雷：[illegible]星三月
一一五〇二　：終夕：贏亦大星
一一五〇三正　癸：丙：吾：
一一五〇三正　癸丑卜：女：
一一五〇三反　七日己巳夕蚀有新大星並火
一一五〇三反　：吉：祟其有來嬄

一五〇四　……大星出……南
一五〇五　……貞王……曰先……大星……好……
一五〇六正　甲寅卜殻貞翌乙卯不其暘日
一五〇六正　貞翌乙卯暘日
一五〇六正　乙卯
一五〇六正　貞有疾自惟有𡆥
一五〇六正　貞有疾自不惟有𡆥
一五〇六反　王固曰
一五〇六反　王臣固……途首若
一五〇六反　王固曰之……勿雨……卯……明霧三乜食日大星
一五〇七　……五……戊申……有鑿……星
一五〇八　……酉卜貞今歲……
一五〇九　貞今歲我……
一五一〇　……來歲……
一五一一　……來歲　不吉
一五一二　……來歲受……
一五一三　辛未卜貞惟今[illegible]……
一五一三　壬申……
一五一三　壬申卜……
一五一四　……卜爭……今𣌾王……
一五一五　……卜殻貞今𣌾……
一五一六　丙寅卜今𣌾……
一五一六　……正
一五一七　戊午卜殻貞今𣌾……勿……
一五一八　……貞今𣌾令……
一五一九正　貞翌庚辰……
一五一九正　丙戌卜爭貞今𣌾王……
一五一九正　……爭貞今日我其……
一五一九反　……暘日
一五二〇　壬戌卜今𣌾……望……
一五二一　……貞今𣌾茲……
一五二二　……今𣌾……
一五二三　……卜惟九……
一五二三　……今𣌾……
一五二四　……𣌾……作……
一五二五　……今𣌾……作……
一五二六　戊午……來𣌾……
一五二六　甲……
一五二七　……卜爭貞……𣌾……茲……
一五二八　……𣌾……于……飯……
一五二九正　……𣌾王……
一五二九正　……王循……
一五三〇　……循今春……方
一五三一　……今春……
一五三二　……寅……今春……其至

一五三三　……春吉
一五三四　……午卜于來春呼……入
一五三四　甲……勿……
一五三五　……卜今秋……雨
一五三五　……今……
一五三六　……今秋
一五三七　癸未卜宀貞來歲……
一五三七　庚寅卜宀貞今秋王往……
一五三七　貞……
一五三八正　……今秋大……
一五三八反　……殻……
一五三九　壬子……貞……秋……
一五四〇　己未……宀貞……秋……
一五四一　貞勿秋……
一五四二　……秋……
一五四三　貞……秋……
一五四四　……秋……
一五四五　癸酉卜貞旬無囚三月
一五四五　癸未卜貞旬無囚
一五四五　癸卯卜宀貞旬無囚五月
一五四五　……丑卜宀貞旬無囚五月
一五四五　癸亥卜宀貞旬無囚二月
一五四六　癸酉卜爭貞旬無囚十月
一五四六　……無囚
一五四六　癸巳卜宀貞旬無囚十一月
一五四六　癸卯卜古貞旬無囚十一月
一五四六　癸丑卜𠬝貞旬無囚十二月
一五四六　癸酉卜𠬝貞旬無囚十二月
一五四六　癸巳卜古貞旬無囚十三月
一五四六　癸卯卜古貞旬……囚
一五四六　癸丑卜貞旬無囚
一五四六　癸亥卜古貞旬……囚
一五四六　癸酉卜古貞旬無囚二月
一五四六　癸未卜古貞旬無囚二月
一五四六　癸卯卜古貞旬無囚
一五四六　……卜古貞旬無囚
一五四六　癸亥卜𠬝貞旬無囚
一五四六　癸酉……貞旬無……四月
一五四六　癸巳卜古貞旬無囚四月
一五四六　癸卯卜古貞旬無囚五月
一五四六　癸丑卜古貞旬無囚五月
一五四六　癸亥卜先貞旬無囚五月
一五四六　癸……古……旬……囚
一五四六　癸亥卜古貞旬……囚
一五四七正　……今一月……二告
一五四七反　乞四一

一一五四八　貞今一月……
一一五四九　……一月……年……
一一五五〇　……于……火……一月
一一五五一　丁丑卜亘貞今二月……
一一五五一　貞今二月……
一一五五一　……晵　二告
一一五五二　……惟……于二月帝……
一一五五三　……今二月帝……
一一五五四　辛未卜……今二月……
一一五五五　……今二月……
一一五五六正　……二月……
一一五五六反　……來……
一一五五七　……二月……
一一五五八正　……㝰貞及今二月
一一五五八反　……固曰……
一一五五九　……卜殻貞及今二月
一一五六〇　癸未卜王……生二月
一一五六一正　二告
一一五六一正　小告
一一五六一反　……固曰吉
一一五六一反　貞生二月……
一一五六一反　貞其……
一一五六一反　……其令雨
一一五六二正　貞來生二月……今……
一一五六三　……及今三月至
一一五六四　……作囚三月
一一五六五正　……三月
一一五六五反　……其有……固……
一一五六五反　貞……王……
一一五六六　……二月
一一五六六　……三月
一一五六七　……三月
一一五六八　……翌……三月
一一五六九　……弗……
一一五六九　……弗其……三月至……
一一五七〇　貞……侑四月
一一五七一　……年四月
一一五七二　……勿……于……今四月……
一一五七三　貞……無……四月
一一五七三　……七月
一一五七四　……毁[illegible]……四月
一一五七四　不舌黽
一一五七四　不舌黽
一一五七五正　貞……惟……我四月
一一五七六　……禼母五月
一一五七七正　貞勿令五月

一一五七七反　……並……
一一五七八　貞……五月
一一五七八　……五月
一一五七九　貞……其……五月
一一五八〇　貞不……五月在……
一一五八一　……卜……旬……五月
一一五八二　貞余……五月
一一五八二　……于……不……
一一五八三　癸……貞……無
一一五八三　……爭……五月
一一五八四　……惟……寅五月
一一五八五　……勿……丁六月
一一五八六　貞其……𣏗六月
一一五八七　貞……祀……七月
一一五八八　……令……七月
一一五八九　……雈不……七月
一一五九〇　……月
一一五九一　……祖……七月
一一五九二　辛酉卜王貞……七月
一一五九二　貞王……生七月……于……
一一五九三　……子卜殻……惟八月
一一五九三　戊子卜殻貞惟七月
一一五九三　戊子卜殻貞惟八月
一一五九三　……辰卜……侑……以……
一一五九四　貞勿令八月
一一五九五　……申卜……今至……
一一五九五　……八月
一一五九六正　己酉……王……
一一五九六正　戊午卜貞……
一一五九六正　貞生八月不其……
一一五九六正　不舌
一一五九六正　二告
一一五九六反　戊申……
一一五九七　……亥卜㝰……勿暨……日九月
一一五九八　……無……九月
一一五九九　……申㞢……人……芉……九月
一一六〇〇　……今十月……
一一六〇一　庚申卜貞今十月……
一一六〇二　……貞今十月不其……
一一六〇三　丙戌卜……十月……
一一六〇四　……十月
一一六〇四　……寉十月
一一六〇五　貞不其……十月
一一六〇六　……茲……惟……十月
一一六〇七正　……勿令……十月
一一六〇七正　……十二月

一一六〇八　癸丑卜…
一一六〇八　癸丑卜…十一月
一一六〇九　辛未十一月
一一六一〇正　…左十…十一月在…
一一六一〇反　…延…
一一六一一　…十一月
一一六一二　…丼…㞢十一月
一一六一三　貞勿…十一月
一一六一三　貞惟令
一一六一四　…十一月
一一六一五　…舟十一月
一一六一六　…十一月
一一六一六　不吿黽
一一六一七　…逐㞢十一月
一一六一八　癸未…乙酉…延十二月
一一六一九　…受有祐十二月
一一六一九　…有祐
一一六二〇　貞勿令十二月
一一六二一　辛卯…貞弜…
一一六二一　丁酉…十二月
一一六二二　…貞…十二月
一一六二三　不用十二月
一一六二三　貞勿…
一一六二四　…十二月
一一六二五　貞…十三月
一一六二五　…惟…令十二月
一一六二六　…示若十二月
一一六二七　…十二月
一一六二八　…十二月
一一六二九　…㞢十二月
一一六三〇　子…生十二月…
一一六三一　…卜…貞…令十三月
一一六三二　…夕…十三月
一一六三三　…㞢…伐十三月
一一六三四　癸未…貞…酌…二月
一一六三四　…十三月
一一六三五　癸酉
一一六三五　癸酉
一一六三五　貞勿呼十三月
一一六三五　庚辰
一一六三六　貞勿惟十三月
一一六三七　…貞…其…我十三月
一一六三八　…貞惟…令十三月
一一六三九　…十三月
一一六四〇　…今旬十三月
一一六四一　…旬又一日…

一一六四一　二告
一一六四二　…又二日…其來…
一一六四三　…旬又二日辛…
一一六四四　…旬又六…
一一六四四　己…
一一六四五正　…以四旬…
一一六四五反　…王固…
一一六四六　又五旬…
一一六四六　…好…
一一六四七　…六旬…
一一六四八　…吾方…丙不吉其…九旬又一日丁…
一一六四八　…三日庚戌…
一一六四九　…卜㱿貞今日夕…
一一六五〇　丙寅…貞今日…日
一一六五一　貞今日夕企
一一六五二　…今日…至…日
一一六五三　貞今夕…
一一六五三　貞…之…
一一六五四　…勿…之夕…目于…
一一六五五　甲…不…之夕不…
一一六五六正　貞不…終夕…
一一六五六反　…敝…
一一六五七　…貞…及今…至…
一一六五八　…酉…今來…已…
一一六五九　庚戌…自今…
一一六六〇　丙申卜…自今丙…辛庚…其…
一一六六一正　丁…貞自今…五六日至壬辰有…
一一六六一反　…王固曰…其有…
一一六六二　丙辰卜…今五日…
一一六六三　壬申卜㝱貞自今至于…
一一六六四　…自今至于…
一一六六四　…㝱貞自今至于…
一一六六四　…呼取
一一六六五　貞于…自今至…
一一六六五　癸…不𡆥…寅各…
一一六六六　…自今至…
一一六六七正　己丑卜侑于祖…
一一六六七正　己亥卜自今己亥至于辛…
一一六六七反　甲寅…
一一六六八　…今至丁丑…
一一六六九　…今至丁巳…
一一六七〇　…自今至…
一一六七一　…卜爭…今至…丙子…
一一六七二　壬申…貞自…于…
一一六七二　貞自…至于…
一一六七三　乙巳卜王…自今…己…

二六七四正　…至于庚寅…
二六七四反　…不吉
二六七五　丁酉卜…其至…
二六七六　丁亥…于乙…酌奉…
二六七七　丙申卜殸貞翌丁…
二六七八　甲午卜…貞翌丁酉不…
二六七九　庚戌卜宕貞翌辛…
二六八〇　己卯卜貞翌丁亥其…
二六八一　丁巳卜爭貞翌戊午…
二六八一　戊午卜爭…
二六八一　二告
二六八二　壬戌卜…翌甲子…
二六八三　庚寅…貞翌丁…
二六八三　…卜…
二六八四　貞翌戊…不…
二六八四　貞翌戊…
二六八五　貞翌甲辰不其…
二六八六　戊午…己未…
二六八六　…來翌…酉卯…[illegible]…
二六八六　…以…
二六八七　乙卯…于庚…
二六八八　…戊卜翌乙巳…
二六八九　貞翌…卯…于…
二六八九　惟今…子眉…
二六九〇　…翌…
二六九一　乙未卜來乙巳惟…
二六九二　辛丑卜…來甲寅…
二六九三　…來丁巳翌于…
二六九四　乙酉卜貞來乙…
二六九五　貞來乙丑酌…
二六九六　庚寅…爭貞來乙未奉…
二六九七甲正　丁未…[illegible]…日…
二六九七甲正　…日…雨…
二六九七乙正　壬辰…殸…來甲寅酌…二旬又…
二六九七甲反　…惟…不…
二六九八　貞今來乙未…
二六九九反　…三日甲允…
二七〇〇　甲子…三日丁卯…
二七〇一　…貞今…三日壬…
二七〇二　癸巳卜殸貞旬無…
二七〇二　…無囚四日丙辰…
二七〇二　…囚王固曰有…
二七〇三正　…王固…四日…
二七〇三反　…王固…
二七〇四　…四日…
二七〇五　…四日…其…

二七〇六正　…固曰有…四日丙…
二七〇六反　…其惟辛…
二七〇七　…五日丁卯…
二七〇八正　…酌…明五日…宜…
二七〇八反　旬無…
二七〇八反　…無囚…吉…
二七〇九　…王固…六日…
二七一〇　…六日…
二七一一　…固…六日戊辰…子囚…
二七一二　…來…七日…
二七一二　小告
二七一二　告
二七一三　…巳…七日…
二七一四正　小告
二七一四反　…七日己巳…
二七一五正　戊…夕其…固曰…七日…
二七一五反　…不…多…
二七一六　…三日丙…允…
二七一六　…八日…
二七一七　…曰其…八日戊…
二七一八　…八日…
二七一九　…九日…吾…
二七二〇　…九日…酉…
二七二一　…百日…卣四日…丁巳…正…
二七二二正　…貞…好不…侑母…固曰有祟百日…
二七二二正　…辰…
二七二二反　…爭…
二七二二反　…曰…
二七二三　…百日…
二七二四　…百日…
二七二五正　…固曰…日壬申甲…
二七二五反　…王固曰…午惟…
二七二六　…大采…
二七二六　…采日…
二七二七　…貞…于祖…丑不…采日…
二七二八正　貞翌…
二七二八反　…其…于昃日
二七二九　丁卯卜貞昃…
二七三〇
甲子　乙丑　丙寅　丁卯　戊辰
己巳　庚午　辛…　甲戌　乙亥
丙子　丁丑　戊寅　己卯　庚辰
…　甲申　乙酉　丙戌　丁亥
戊子　己丑　庚…　甲午　乙未
丙申　丁酉　戊戌　己亥　…
甲辰　乙巳　丙午　丁未　戊申

一一七三一正　己酉：甲寅　乙卯　丙辰
丁巳　戊午　己未：
甲戌　乙亥　丙子　丁丑：
甲子　乙丑　丙寅　丁：甲子
乙丑　丙寅：甲戌　乙亥
丙：甲申　乙酉　丙戌：
甲午　乙未　丙：

一一七三一反　甲午：

一一七三二正　：申　乙酉　丙：壬辰　癸巳
甲午　乙未：子　辛丑　壬寅
癸卯　甲：：申　己酉　庚戌
辛亥　壬子　癸丑：戊午
己未　庚申　辛酉　壬：

一一七三二反　：丁卯　戊辰　己：庚：

一一七三三正　（習刻）

一一七三三正　：丙戌　丁亥　戊子　己丑
庚寅　辛卯　壬辰　癸巳：
壬子　癸丑　甲寅　乙卯　丙辰
丁巳　戊午　己：

一一七三三反　丁卯

一一七三三反　癸

一一七三三反　：卯　戊辰：戊寅　己：

一一七三四　丙寅迄壬：戊子迄丁酉迄辛：

一一七三五　癸卯

一一七三五　癸亥

一一七三五　癸酉

一一七三五　癸未

一一七三五　癸巳

一一七三六正　丙申　丁酉　戊戌　己亥　庚子
：丙午　丁未　戊申　己酉
庚戌　辛亥：

一一七三六反　甲子　乙丑　丙寅：甲戌
乙亥　丙子　丁丑：甲申
乙：

一一七三七　甲子　乙丑　丙：甲申　乙亥
丙：甲申　乙：丙戌：
甲：乙未　丙申：

一一七三八　甲子　乙丑　丙寅　丁卯　戊辰
己巳　庚午　辛未　壬申　癸酉

一一七三八　甲子　乙丑

一一七三九　辛：丁亥　己丑　壬辰　甲辰
：未：

一一七四〇　貞于春：

一一七四〇　丁亥　戊子　壬辰：

一一七四一　癸丑

一一七四一　丁未

一一七四一　戊申

一一七四二

一一七四二　（習刻）

一一七四三　癸：

一一七四三　癸未

一一七四三　癸：

一一七四三　癸卯

一一七四三　癸卯

一一七四三　：亥　二告

一一七四三　：亥　二告

一一七四四　甲寅：戊：

一一七四五　癸巳

一一七四五　丙午

一一七四五

一一七四六　：其惟丙：

一一七四七　：其惟丙：

一一七四八　：其惟丙：

一一七四九　貞不惟丁

一一七五〇　己：卜中：

一一七五〇　庚：雨

一一七五一正　乙：卜殼貞雨

一一七五二　丁巳卜殼貞雨

一一七五二　貞不其：

一一七五三　甲子卜殼貞雨

一一七五四　庚寅：殼貞雨

一一七五五　壬戌卜穷貞雨

一一七五五　貞：

一一七五五　：以：

一一七五六　己巳卜穷貞雨

一一七五七　甲寅卜穷貞雨

一一七五八　癸丑卜爭貞：雨

一一七五八　貞侑：

一一七五九　貞呼往

一一七五九　庚子卜韋貞雨

一一七六〇　庚午卜侜貞雨

一一七六一　乙巳卜征貞雨

一一七六二正　壬子卜古貞雨

一一七六二反　：雨

一一七六三　：韋雨

一一七六三　己：

一一七六四　：卜亘貞：雨

一一七六五　丁：其雨

一一七六五　貞癸未雨

一一七六六　貞雨

一一七六六　貞雨

一一七六六　貞雨
一一七六七　：卜貞：
一一七六七　：貞今雨
一一七六八　貞戊子雨
一一七六九　貞：雨在：
一一七七〇正　丙戌卜貞不雨
一一七七〇正　丙：貞：雨
一一七七一　乙酉卜史貞不雨
一一七七二　甲子貞不雨
一一七七三　貞：乙：不：
一一七七四正　貞甲午不雨
一一七七四反　：不雨
一一七七四反　丁亥：
一一七七五　：戌卜：貞：不雨
一一七七六　貞丁不雨
一一七七七　貞不雨
一一七七七　貞不雨
一一七七八　：不：
一一七七九正　貞自：至辛：
一一七七九正　貞不雨
一一七七九正　貞惟辛
一一七七九反　不雨
一一七七九反　：不：
一一七八〇　貞不雨
一一七八一　貞不雨
一一七八二　貞不雨
一一七八三正　貞暘
一一七八三正　：卜：
一一七八四　丁巳卜不雨
一一七八四　妣：
一一七八五　乙：雨：
一一七八五　己亥雨不
一一七八六　惟丙：庚不雨
一一七八七　己亥雨不
一一七八八　惟癸雨不
一一七八九　丙：丁雨不
一一七九〇　己卯雨不
一一七九一　貞呼婦：以：
一一七九一　乙亥不雨
一一七九一　：父：祟
一一七九二　：父乙：
一一七九二　：不雨
一一七九三　：不雨
一一七九三　不舌鼉
一一七九三　告

一一七九四正　貞其：
一一七九四反　貞丙辰：若
一一七九四反　不雨
一一七九五　貞：巳：其：
一一七九五　不雨
一一七九五　：雨
一一七九六　不雨
一一七九六　：夕雨
一一七九七　不雨
一一七九八　：其益：不雨
一一七九九　王固曰庚吉不雨
一一八〇〇　癸巳卜：秋：
一一八〇〇　癸巳卜貞入　用
一一八〇〇　不雨
一一八〇一　不雨：
一一八〇二　不雨
一一八〇三正　不雨
一一八〇三反　：不延
一一八〇三反　：燎：
一一八〇四　勿于：
一一八〇四　不雨
一一八〇四　其：
一一八〇四　二告
一一八〇五正　乙酉卜殼貞：日步不雨
一一八〇五反　：戌
一一八〇六　貞不雨
一一八〇六　：日：二月
一一八〇七　甲午卜王自今：
一一八〇七　丁不雨
一一八〇八　：往：不雨
一一八〇九　壬辰：貞：不：
一一八〇九　貞今：其：
一一八一〇　乙未卜于丙申雨
一一八一一　己丑卜壬辰雨
一一八一二　丙午：益：
一一八一二　丙午卜雨
一一八一二　丙午卜雨
一一八一二　：卜：乙
一一八一三　丙辰卜丁巳雨
一一八一三　：雨
一一八一四　庚申卜辛酉雨
一一八一四　：酉卜：戌雨：夕霧
一一八一五　甲：乙：
一一八一五　：子：己丑雨
一一八一六　丁未卜庚申雨
一一八一七　乙亥

12817 丙子雨
12818 甲戌卜雨
12818 其雨
12819 …卜内…戊雨
12820 甲申卜丙雨
12821正 貞…雨
12821反 …弗其…
12821反 癸未雨
12822 …今甲午…丙申雨
12823 乙亥雨 二告
12824 辛丑雨
12824 壬寅雨 二告
12825 癸亥雨
12825 …豕…
12826 庚午雨
12827 丁卯雨
12827 貞…庚午雨
12827 …午…
12828 辛亥雨
12829 庚寅雨
12829 壬午…
12830 戊辰雨
12830 …槱…
12831正 …于甲寅…申雨…雨
12832 戊寅雨
12832 己雨
12833 …寅雨
12834 癸未雨
12835正 于乙卯雨
12836 丁巳雨
12836 戊…
12836 …囚…
12837 癸未雨
12837 …不…
12837 允其征
12838正 乙未卜古貞…
12838反 己丙雨
12839 …勿丁卯…雀戊…弗雨
12839 中…
12840 …申雨
12840 …卜…丁雨
12841 …不雨
12841 …丁雨
12841 壬…
12842 貞…帝…百…
12842 丁雨

12843 …彡黍…雨
12844 …寅其雨王固…己雨…
12845 …庚…雨…于壬雨
12845 …于壬令…不雨
12845 …來…遘…
12845 …妣…
12846 …酉…雨不
12846 甲…不…
12847 …未雨
12848 …雨惟丁其惟…
12849正 …雨于乙其惟…
12849反 甲辰…
12850 庚辰卜韋貞其雨
12851正 …午卜殻貞我…固曰辛其雨…日辛丑允
雨…
12851反 …吉己…
12852 …卜𠂤貞…其雨
12853正 …卜内…不雨
12853正 丙午卜内貞其雨
12853正 庚戌…内貞不…
12853反 貞雨
12854 …未卜永貞其雨
12855 貞其雨
12856 …卯…貞…雨
12856 貞不其雨
12857 貞其雨
12858 貞…其雨
12858 貞夕示至
12858 …宕…勿…田之日…不
12859 貞翌…丑…雨
12859 貞其雨
12860 …貞…丁…其雨
12861 癸…史…今…
12862 貞其雨
12863正 貞…不…
12863正 貞其雨
12863反 庚…
12864正 貞其雨
12864反 …勿呼…
12865 貞其雨
12865 貞…
12866 貞其雨
12867 貞其雨
12868 貞其雨
12868 …酉卜貞…侑…
12869正 貞其雨

一一八六九反　：示：：
一一八七〇　貞其雨
一一八七一　貞其雨
一一八七二　貞其雨
一一八七三　貞其雨
一一八七四　貞今雨
一一八七四　貞其雨
一一八七五　貞其雨
一一八七六　貞其雨
一一八七七　貞其雨
一一八七八　貞其雨
一一八七九　貞其雨
一一八七九　甲寅
一一八八〇　貞其雨
一一八八〇　：卜：夕：：
一一八八一　：丁巳其雨
一一八八二正　貞盟丙：：
一一八八二正　丙申其雨
一一八八二反　：吉
一一八八三　己亥：其雨
一一八八三　庚：
一一八八四　癸卯其雨
一一八八五　丁巳其雨
一一八八六正　庚辰其雨
一一八八六反　不：
一一八八七　乙雨
一一八八七　辛雨
一一八八七　：卯其雨
一一八八七　：延：
一一八八八　：卜盟：來：
一一八八八　乙：其雨
一一八八九　其雨
一一八八九　：雨
一一八九〇　：之：庚：
一一八九〇　：其雨
一一八九一正　：自今至：
一一八九一正　惟庚：雨
一一八九一正　其惟：
一一八九一正　：有：
一一八九一反　：丁其雨惟庚其：
一一八九二正　乙未卜韋貞
一一八九二正　貞不其雨
一一八九二正　貞雨
一一八九二正　其雨
一一八九二正　貞其雨
一一八九二正　貞不其雨

一一八九二正　丁酉
一一八九二正　丁酉
一一八九二正　戊戌
一一八九二正　其雨
一一八九二正　己酉卜韋其雨
一一八九二正　不其雨
一一八九二正　庚戌卜韋其雨
一一八九二正　不其雨
一一八九二正　辛亥卜韋其：
一一八九二正　壬子卜其雨
一一八九二正　壬子卜不雨
一一八九二反　丙：卜韋：
一一八九三　丙申卜永其雨
一一八九三　不其雨
一一八九三　辛亥卜永其雨
一一八九三　不其雨
一一八九三　壬子卜永雨
一一八九三　：未卜永其雨
一一八九三　不其雨
一一八九四　壬寅卜其雨
一一八九四　癸亢：
一一八九五　：雨：其雨：其惟：
一一八九六　：辛其雨：
一一八九七　：惟：唐：雨
一一八九七　戊：其雨
一一八九八　己酉卜：
一一八九八　：內：雨
一一八九八　其雨　告
一一八九九　：其雨
一一九〇〇　：惟：其雨
一一九〇一　其雨
一一九〇二正　其雨
一一九〇三　丙戌：今日蓺：有雨
一一九〇四　其雨
一一九〇四　告
一一九〇五正　其雨
一一九〇五反　：享
一一九〇六正　其雨
一一九〇六反　其惟：女：
一一九〇七　其雨
一一九〇七　不其雨
一一九〇八　：今夕：
一一九〇八　：其雨
一一九〇九　乙卯卜㱿貞己以
一一九〇九　其雨
一一九一〇　：戠：其雨

一二九一一　其雨
一二九一二　其雨
一二九一三　…其雨惟…
一二九一四　其雨
一二九一五正　…雨惟甲其…
一二九一五正　…韋貞雨一月
一二九一五反　王固曰其雨…
一二九一六正　王固…其雨…
一二九一六反　…惟…
一二九一七　己卯卜殻貞有匚于…
一二九一七　己卯卜爭貞今夕…王固曰其雨之夕…
一二九一八　甲辰卜穷貞呼伐…
一二九一八　丙午…王固曰其雨二日戊申…
一二九一九　…固曰其雨…
一二九二〇　…古貞今…王固曰其惟…
一二九二一正　庚戌…爭貞不其雨帝異…
一二九二二　…卜穷貞不其雨
一二九二三　貞其雨
一二九二三　貞不其雨
一二九二三　丁酉
一二九二三　丁酉
一二九二四　庚寅…不其雨
一二九二五　貞不其雨
一二九二五　…不…雨
一二九二六　貞不其雨
一二九二七　貞不其雨
一二九二八　貞不其雨
一二九二九　貞不其雨
一二九三〇　貞不其雨
一二九三一　貞不其雨
一二九三二　貞不其雨
一二九三三　貞不其雨
一二九三四　貞不其雨
一二九三五　貞不其雨
一二九三六　丁…貞…
一二九三六　貞不其雨
一二九三七　貞不其雨
一二九三八　己…貞…
一二九三八　貞不其雨
一二九三八　…月
一二九三九　…卯卜…雨
一二九三九　貞不其雨
一二九四〇　貞不其雨
一二九四〇　二告
一二九四一　貞不其雨
一二九四二　丙辰卜亘…受祐
一二九四二　小告
一二九四二　貞不其雨
一二九四三　貞不其雨
一二九四四　貞不其雨
一二九四五　貞不其雨
一二九四六　貞雨
一二九四六　貞不其雨
一二九四七　貞不其雨
一二九四八　貞不其雨
一二九四八　…不…雨
一二九四九　貞不其雨
一二九四九　貞不其雨
一二九四九　貞…
一二九四九　…今夕…
一二九五〇　貞不其雨
一二九五一　貞不其雨
一二九五一　丁亥…貞…囚
一二九五一　辛…卜貞不…
一二九五二　貞不其雨
一二九五三　乙亥卜貞丁丑其雨不
一二九五四　壬子卜不其雨
一二九五四　壬子卜雨五日丁巳
一二九五四　告
一二九五五反　己巳卜不其雨
一二九五六　…不其雨
一二九五六　甲午
一二九五七　癸卯卜雨
一二九五七　癸卯卜不其雨
一二九五八　己丑卜庚雨
一二九五八　庚寅不其雨
一二九五八　二告
一二九五九　乙卯…不其…
一二九五九　惟…
一二九六〇　乙卯卜不其雨
一二九六〇　…舞雨
一二九六一　…寅不其雨
一二九六二　…穷貞呼…
一二九六二　…惟燎不其雨
一二九六三　…不其雨
一二九六四　癸不其雨
一二九六五　…不其雨
一二九六六正　小告
一二九六六正　二告
一二九六六反　不其雨
一二九六七　不其雨
一二九六七　卯

一九六八正 乙亥
一九六八反 不其雨
一九六九 不其雨
一九七〇 不其雨
一九七一正 不其雨
一九七一正 ：𢀛：
一九七一正 ：午：爭：翌：
一九七一正 ：申
一九七一反 ：曰：
一九七二 不其雨
一九七三 貞雨
一九七三 不其雨
一九七四 不其雨
一九七五 ：生：不其雨
一九七六 不其雨
一九七七 貞無其雨
一九七七 ：呼：
一九七八 乙亥：貞今：奏召
一九七八 乙：貞：無：雨
一九七九 貞無其雨
一九七九 羌：
一九八〇正 ：無其雨
一九八一 ：羌：無：雨
一九八二 貞勿往二月
一九八二 ：冊雨
一九八三正 甲寅：允貞今日雨
一九八三反 ：五
一九八四 甲辰卜允貞今日雨
一九八五 丁丑卜允貞今日雨
一九八六 壬戌卜史貞今日雨
一九八七正 甲午卜殻貞今日雨
一九八七正 丙：禦：不：
一九八七反 丙：祖辛：
一九八八正 ：亘貞今日雨
一九八八反 丙：
一九八九 ：卜𠷎：今日雨
一九九〇 丁：殻貞：日雨
一九九一 戊寅爭：今日雨
一九九二 甲申卜：貞今日雨
一九九二 ：爭：午：召：不：
一九九三 ：卯：今：雨
一九九三 ：寅卜卯今丁雨之：
一九九四 癸卯卜貞今日雨
一九九四 甲辰：貞翌：
一九九四 辛：貞：無：
一九九四 貞今夕雨

一九九五 己丑卜貞今日雨
一九九六 己巳卜貞今日雨
一九九七 甲辰卜貞今日雨
一九九七 ：貞：在：鹿：
一九九八 ：午卜貞今日雨
一九九八 貞不其雨
一九九九 ：寅卜：今日雨：月
一九九九 貞：有：
二〇〇〇 丁巳卜貞今日雨
二〇〇一正 甲午卜貞今日雨
二〇〇一正 甲午卜貞不其雨：月
二〇〇二 壬午卜：貞今：雨
二〇〇三 貞今日：
二〇〇四 辛亥：出比：
二〇〇四 貞今日雨
二〇〇四 貞不其雨
二〇〇五 ：卜：貞今：雨
二〇〇六 貞今己巳雨 二告
二〇〇六 二告
二〇〇六 不舌黽
二〇〇七 貞今甲寅雨
二〇〇八 壬辰卜今日雨
二〇〇九 乙酉卜今日雨
二〇一〇 庚：卜今日雨
二〇一一 丙：今日雨
二〇一一 丁酉雨
二〇一二 丁未：貞：不：
二〇一二 ：今日雨
二〇一三 ：亥卜：今日：雨
二〇一三 ：貞：翌：𨼟：
二〇一四 辛亥：今日雨
二〇一五 今日雨庚弘
二〇一六 今日雨
二〇一七 ：卜：今日：
二〇一七 戊申：貞：其：
二〇一八 ：今日雨
二〇一九 甲午卜自今：
二〇一九 不舌
二〇一九 ：丁雨
二〇二〇 ：酒：燎爯：日雨
二〇二〇 ：其有：月
二〇二一 壬寅卜今日壬雨
二〇二二 ：漁光丮今癸雨
二〇二二 癸酉亦：
二〇二三 癸酉雨
二〇二三 今日雨

一二〇二四　己酉…今雨
一二〇二五　癸酉卜貞今日不雨
一二〇二五　…冏
一二〇二六　…卯卜穷…今日不雨
一二〇二七　戊寅…貞今日不雨
一二〇二八　…未卜爭貞今日不…
一二〇二八　貞…其…
一二〇二九　丁巳卜貞今日不…
一二〇三〇正　貞今日不雨
一二〇三〇正　…祖…
一二〇三〇反　婦[女豐]…
一二〇三一　貞今日不雨
一二〇三二　貞今日不雨
一二〇三三　貞今日不雨
一二〇三四　貞今日不雨
一二〇三五　貞今日不雨
一二〇三六　貞其…七月
一二〇三六　貞今日不雨
一二〇三六　貞其雨
一二〇三七　貞…其…
一二〇三七　貞今日雨不
一二〇三八　貞今…不雨
一二〇三九　貞今…不雨
一二〇四〇　貞今…不雨
一二〇四一　貞…日不雨
一二〇四二　貞今庚戌不雨
一二〇四二　…卜殻…日王…
一二〇四三　貞今壬寅王步不雨
一二〇四三　貞…
一二〇四四　丙辰卜…日不雨
一二〇四五正　小告
一二〇四五反　今日不雨
一二〇四六　今日不雨
一二〇四六　己未卜…
一二〇四七　丁亥卜卯貞今日其雨
一二〇四七　貞…不…
一二〇四八　丙辰卜卯貞今日雨
一二〇四八　…戌卜…貞…日其雨
一二〇四九　庚午…卯貞今…其雨
一二〇五〇　戊辰卜卯貞今…其雨
一二〇五〇　…卜…來…入…亘…
一二〇五〇　己巳…
一二〇五一正　甲辰卜[亻冉]貞今日其雨
一二〇五一正　甲辰卜[亻冉]貞今日不其雨
一二〇五一正　甲辰卜[亻冉]貞翌乙巳其雨
一二〇五一正　貞翌乙巳不其雨

一二〇五一正　貞翌丁未其雨
一二〇五一正　貞翌丁未不其雨
一二〇五一正　貞呼祟先得
一二〇五一正　呼祟先得
一二〇五一正　呼祟先从東得
一二〇五一正　貞翌癸未燎五牛
一二〇五一正　翌癸未勿燎五牛
一二〇五一正　小告
一二〇五一正　二告
一二〇五一反　呼取
一二〇五一反　貞燎牛
一二〇五一反　勿燎
一二〇五一反　燎牛
一二〇五一反　燎牛
一二〇五一反　其侑于祖…
一二〇五一反　侑于祖…
一二〇五一反　殻
一二〇五一反　我來十
一二〇五二正　乙酉卜穷貞穷貞夢不惟之
一二〇五二正　戊申卜𠱠貞今日其雨
一二〇五二反　王…惟…
一二〇五三　己丑卜韋貞今日其雨
一二〇五三　貞今日不雨
一二〇五三　貞禦于母十宰
一二〇五四　…貞今日雨
一二〇五四　…卜穷貞今日其雨
一二〇五四　戊戌不雨
一二〇五五　甲寅卜穷貞今日其雨
一二〇五六　…貞今日其雨
一二〇五七　…午卜殻貞今…其雨
一二〇五七　辛…于…
一二〇五八　卜亘貞今日其雨
一二〇五八　…雨其惟…
一二〇五九　乙丑卜亘貞今日其雨
一二〇六〇正　貞今日其雨
一二〇六〇反　…卜亘…
一二〇六一　辛未卜貞今日其雨
一二〇六二　貞今日其雨
一二〇六二　貞于庚子
一二〇六三正　貞今日其雨
一二〇六三正　貞…
一二〇六三反　…雨
一二〇六四　貞今日其雨
一二〇六五　貞今日其雨
一二〇六六　貞今日其雨
一二〇六七正　小告

一二〇六七正　小告
一二〇六七反　貞今日其雨
一二〇六七反　…不
一二〇六八　貞今日不雨
一二〇六八　貞今日其雨
一二〇六九　貞今日其雨
一二〇六九　…延…
一二〇七〇　壬寅貞今…雨
一二〇七〇　貞今丁雨
一二〇七一　貞今…其雨
一二〇七二　貞今…其雨
一二〇七三　貞今…其雨
一二〇七四　貞今…其雨
一二〇七五　貞今辛丑其雨
一二〇七六　貞今壬申其雨
一二〇七七　貞今辛丑其雨
一二〇七七　甲寅不雨
一二〇七七　貞今日不雨
一二〇七七　甲寅其雨
一二〇七八　貞今癸卯其…雨
一二〇七九　貞…歸
一二〇七九　貞今壬申其雨
一二〇八〇　今丁卯其雨
一二〇八〇　…若
一二〇八一　今丙申其雨
一二〇八二　今辛…其雨
一二〇八三　辛…今辛…其雨
一二〇八四　今日其雨
一二〇八五正　今日其雨
一二〇八五正　…其…
一二〇八五反　貞惟…
一二〇八五反　…于土…婦用
一二〇八六　今日其雨
一二〇八七　今日其雨
一二〇八八　今日其雨
一二〇八八　貞…
一二〇八八　…不雨
一二〇八九　…日其雨
一二〇九〇　今三日雨
一二〇九一　…寅卜今五日雨
一二〇九二　…雨六日
一二〇九三　貞其雨
一二〇九三　貞今日不其雨
一二〇九四　貞今日不其雨
一二〇九四　…槷子…日于…乙
一二〇九五正　貞今日不其雨

一二〇九五正　…于…
一二〇九五反　…廿在…
一二〇九六　貞今日不其雨
一二〇九七　貞今日不其雨
一二〇九八　貞今…不其雨
一二〇九九　貞今日不其雨
一二一〇〇　貞…
一二一〇〇　貞今不其雨
一二一〇一　今丁卯不其雨
一二一〇一　勿侑…于…乙
一二一〇二正　貞今己亥不其雨
一二一〇二正　…卜爭…伐…
一二一〇二反　婁入百
一二一〇三　壬申卜今日不其雨
一二一〇三　…其雨
一二一〇四　…丑卜…雨
一二一〇四　今日不其雨
一二一〇五　辛亥卜史貞今夕雨
一二一〇六　辛酉卜史貞今夕雨
一二一〇七　乙酉卜貞今夕雨
一二一〇八　庚午卜葡貞今夕雨
一二一〇八　…今夕…
一二一〇九　乙巳卜貞今夕雨
一二一一〇　壬辰…貞今夕雨
一二一一一　乙酉卜穷貞今…雨
一二一一一　貞今…不…
一二一一二　庚戌…貞今夕雨
一二一一三　貞今夕雨
一二一一三　…卜…今…
一二一一四　貞今夕雨
一二一一四　…雨
一二一一五　丙…貞…
一二一一五　貞今夕雨
一二一一六　丙…貞…亥…
一二一一六　貞今夕雨
一二一一七　乙…貞…
一二一一七　貞今夕雨
一二一一七　…申…
一二一一八　貞今夕雨
一二一一九　癸…今…雨
一二一一九　貞今夕雨
一二一一九　貞不其雨
一二一二〇　…貞…囚
一二一二〇　貞今夕雨
一二一二〇　己酉…夕無…
一二一二一　貞今夕雨

一二二二二　貞今夕雨
一二二二三　貞今夕雨
一二二二三　…卜…夕…
一二二二四　貞今夕雨
一二二二五　貞今夕雨
一二二二六　貞今夕雨
一二二二七　貞今夕雨
一二二二八　貞今夕雨
一二二二九　貞今夕雨
一二二三〇　貞今夕雨
一二二三一　貞今夕雨
一二二三二　貞今夕雨
一二二三三　貞今夕雨
一二二三四　貞今夕雨
一二二三五　貞今夕雨
一二二三六　貞今夕雨
一二二三七　貞今夕雨
一二二三八　貞今夕雨
一二二三八　貞今夕不其雨
一二二三九　貞…夕雨
一二二四〇　貞今夕雨
一二二四一正　貞今…雨
一二二四一反　…弜…
一二二四二　貞今…雨
一二二四三　癸卯卜今夕雨
一二二四四　癸卯卜今夕雨
一二二四五　…今夕雨
一二二四五　…丑卜貞…夕無…十月
一二二四六　…今夕雨
一二二四七　…卜今夕雨
一二二四七　貞其雨
一二二四八　…今夕雨
一二二四九正　二告
一二二四九反　…今夕雨
一二二五〇　今夕雨
一二二五一　今夕雨
一二二五二反　今夕雨
一二二五三　今夕雨
一二二五四　今夕雨
一二二五五　今夕雨
一二二五六　今夕雨
一二二五七　…不雨
一二二五七　今夕雨
一二二五七　…戌卜…貞今…無囚
一二二五八　夕雨
一二二五九　夕雨

一二二五九　今丙寅…
一二二六〇　壬寅卜今夕雨
一二二六〇　貞弗其及今夕雨
一二二六一　癸丑卜古貞今夕不雨
一二二六二　乙亥卜貞今夕不雨
一二二六三正　貞…
一二二六三正　己丑卜爭貞今夕不雨
一二二六三正　…丑卜爭貞今夕…雨
一二二六三反　…固曰今夕不其雨其惟丙不吉丙…見癸
一二二六三反　雀入二百五十
一二二六四　丙子卜貞今夕不雨
一二二六四　貞冓不惟囚
一二二六五　庚辰卜貞今夕不雨
一二二六六　丁丑卜貞今夕不雨
一二二六七　辛卯卜貞今夕不雨
一二二六七　…囚
一二二六七　…夕…雨
一二二六八　辛亥卜貞今夕不雨
一二二六九　乙未卜貞今夕不雨
一二二七〇　…卯卜貞今夕其雨
一二二七〇　辛亥貞今夕雨
一二二七一　…卜貞今夕不雨
一二二七一　貞
一二二七一　貞…
一二二七二　貞今夕不雨
一二二七二　…寍…
一二二七三　貞今夕不雨
一二二七四　貞今夕不雨
一二二七五　貞今夕不雨
一二二七六　貞今夕不雨
一二二七七　貞今夕不雨
一二二七八　貞今夕不雨
一二二七九　貞今夕不雨
一二二八〇　貞今夕不雨
一二二八一　貞今夕不雨
一二二八二　貞今夕雨
一二二八三　貞今夕不雨
一二二八四　貞今夕不雨
一二二八五　貞今夕不雨
一二二八六　貞今夕不雨
一二二八七　壬子…貞…
一二二八八　貞今夕不雨
一二二八八　貞今夕不雨
一二二八九　貞今夕其雨
一二二九〇　貞今夕不雨
一二二九〇　貞今夕不雨

一二一九一　貞今夕不雨
一二一九二　貞今夕不雨
一二一九三　貞今夕不雨
一二一九四　貞今夕不雨
一二一九五　貞今夕不雨
一二一九六　貞今夕不雨
一二一九七　貞今夕：雨
一二一九八　貞今夕不雨
一二一九九　貞今夕不雨
一二二〇〇　貞今夕不雨
一二二〇一　貞今夕不雨
一二二〇二　貞今夕不雨
一二二〇三正　貞今夕不雨
一二二〇三反　：惟庚：
一二二〇四　貞今夕不雨
一二二〇五　貞今夕不雨
一二二〇六　貞今夕不雨
一二二〇七正　二告
一二二〇七反　：夕：雨
一二二〇七反　：不雨
一二二〇八　乙酉卜今夕：囚
一二二〇八　貞今夕不雨
一二二〇八　：今夕雨
一二二〇八　戊寅：貞：于田
一二二〇九　貞今夕不雨
一二二一〇　貞今夕不雨
一二二一〇　：雨
一二二一一　貞今夕不雨
一二二一二　貞今夕不雨
一二二一三　貞今夕不雨
一二二一四　貞今夕不雨
一二二一五　貞今夕不雨
一二二一六　貞今夕不雨
一二二一七　貞今夕不雨
一二二一七　：夕無囚
一二二一八　貞今：不雨
一二二一八　貞：
一二二一九　庚子卜貞今夕不雨
一二二二〇　貞今：不雨之夕：
一二二二一　貞今夕雨不
一二二二一　貞今夕無囚
一二二二二　：今己巳夕不雨
一二二二二　不舌黽
一二二二三　貞今壬子夕不雨
一二二二三　：殼：夕：
一二二二四　庚子卜今夕不雨

一二二二四　：夕：雨
一二二二五　今夕不雨
一二二二六　：今夕不雨
一二二二七　今夕不雨
一二二二八　：夕不雨
一二二二九　：今夕不雨
一二二三〇　今夕不雨
一二二三〇　貞：
一二二三一正　：今：不雨
一二二三一反　：夕允雨
一二二三二　丁卯卜貞今夕其雨
一二二三三　貞今夕其雨
一二二三四　癸亥卜貞今夕不雨
一二二三五　庚申卜貞今夕：雨
一二二三六　貞今夕其雨
一二二三六　貞翌丁：夕雨
一二二三六　：今咎王作比：
一二二三六　：我：
一二二三六　：見：
一二二三七甲　貞今夕：雨
一二二三七乙　貞今夕不雨
一二二三八　貞今夕其雨
一二二三九　貞今夕其雨
一二二四〇　貞今夕其雨
一二二四一正　己：
一二二四一正　己卯卜：王固曰其：
一二二四一反　王固曰其雨
一二二四一反　貞今夕其雨
一二二四一反　：夕：雨：
一二二四二　貞今夕其雨
一二二四三　貞今夕其雨
一二二四四　貞今夕其雨
一二二四五　貞今夕其雨
一二二四六　貞今夕其雨
一二二四六　今夕不其雨
一二二四六　貞：見：河佣：
一二二四七　己酉卜貞今夕其雨
一二二四七　不其雨
一二二四八　貞今夕其雨
一二二四八　：雨
一二二四九　貞今夕其雨
一二二五〇　貞今夕其雨
一二二五一　貞今夕其雨
一二二五二　貞今夕其雨
一二二五二　：雨
一二二五三　貞今夕其雨

一二二五三　二告
一二二五四　貞今夕其雨之…
一二二五五　貞今夕其雨
一二二五五　…貞…其…遘雨
一二二五六　貞今夕其雨
一二二五七　貞今夕其雨
一二二五八　貞今夕其雨
一二二五九　貞今夕其雨
一二二六〇　貞今…雨
一二二六〇　貞今夕其雨
一二二六〇　…雨
一二二六一　貞今夕其雨
一二二六二　貞今夕其雨
一二二六三　貞今夕其雨
一二二六四　貞今夕其雨
一二二六五　貞今夕其雨
一二二六六　貞今夕其雨
一二二六七　貞今夕其雨
一二二六八　貞今夕其雨
一二二六九　貞今夕其雨
一二二七〇　貞今夕其雨
一二二七一　貞今夕其雨
一二二七二　貞今夕其雨
一二二七二　…夕…
一二二七三　貞今夕其雨
一二二七四　貞今夕其雨
一二二七五　貞今夕其雨
一二二七六　貞今夕其雨
一二二七六　貞今夕…雨
一二二七七　貞今夕其雨
一二二七八　貞今夕其雨
一二二七九　貞今夕其雨
一二二八〇　貞今夕其雨之…
一二二八一　…今夕其雨
一二二八二　今夕其雨
一二二八二　貞…
一二二八三正　二告
一二二八三正　二告
一二二八三正　小告
一二二八三正　二告
一二二八三反　今夕不雨
一二二八三反　今夕其雨
一二二八三反　…燉…
一二二八三反　丙…
一二二八四正　今夕其雨
一二二八四反　…有來…

一二二八五　貞有子
一二二八五　…今夕其雨
一二二八六　今夕其雨
一二二八六　二告
一二二八七正　不舌鼉
一二二八七正　小告
一二二八七反　今夕其雨
一二二八七反　…贏
一二二八八　今夕其雨
一二二八九　今夕…雨
一二二九〇正　己未卜亘貞今夕不其雨
一二二九〇反　貞…
一二二九〇臼　己未女示
一二二九一　庚申…史貞今夕不其雨
一二二九二　…子卜貞今…不其雨
一二二九三　貞今夕不其雨
一二二九四　貞今夕不其雨
一二二九五　貞今夕不其雨
一二二九六　貞今夕不其雨
一二二九七正　小告
一二二九七正　小告
一二二九七正　小告
一二二九七正　小告
一二二九七反　貞今夕不其雨
一二二九七反　丁丑…
一二二九八　貞今夕不其雨
一二二九九反　貞今夕不其雨
一二二九九反　貞…
一二三〇〇　貞今夕不其雨
一二三〇一　貞今夕不其雨
一二三〇二　貞今夕不其雨
一二三〇三　貞今夕不其雨
一二三〇四　貞今夕不其雨
一二三〇五　貞今夕不其雨
一二三〇六　貞今夕不其雨
一二三〇七　貞今夕不其雨
一二三〇八　今夕不其雨
一二三〇九　甲子卜翌乙丑其雨
一二三〇九　壬戌卜今夕不其雨
一二三〇九　壬戌…雨允…
一二三一〇　…㱿貞自今…雨
一二三一一正　戊戌卜㱿貞自今至于壬寅…
一二三一一正　貞自今至于壬…雨
一二三一一正　貞今𢀛允子何
一二三一一正　勿令𢀛允子何　二告
一二三一一正　…禦婦好

一二三一一反　王固曰庚雨
一二三一二甲正　丁：卜穷貞：
一二三一二甲正　自今至于戊申不雨
一二三一二甲正　弗作王囚
一二三一二乙正　甲：卜：貞自今至于戊申雨
一二三一二乙正　：惟：
一二三一二乙正　：穷：帝：作王囚
一二三一二甲反　乙未𠂤入二
一二三一二甲反　：于兮：
一二三一二乙反　王固曰：惟：
一二三一三　甲戌卜穷貞自今至于戊寅雨
一二三一三　貞：子：于母：
一二三一三　：卜貞𣥚：
一二三一三　二告
一二三一四　癸巳卜亘貞自今五日雨
一二三一四　貞自今五日不雨
一二三一四　甲午雨
一二三一四　庚：亘
一二三一四　庚子：其雨
一二三一四　辛丑卜亘其雨
一二三一四　乙巳卜亘其雨
一二三一四　辛亥卜亘不雨
一二三一四　：雨
一二三一四　：亘貞雨
一二三一四　不其雨
一二三一四　：其：
一二三一五甲正　：自今至于：不其雨
一二三一五乙正　貞自今至于辛亥雨
一二三一五乙反　丁未卜永：
一二三一六　貞自今五日至于丙午雨
一二三一六　貞今五日至：
一二三一六　自今五日雨
一二三一六　自今五日不其雨
一二三一六　二告
一二三一七正　自今癸巳至于丁酉雨
一二三一七正　：今至：酉：雨
一二三一七反　王固曰其雨惟日
一二三一八正　庚子：今至于：辰雨
一二三一八反　：雨
一二三一九　庚子：自今至：甲辰：
一二三二〇　自今五：雨
一二三二一　甲午卜自今五日雨
一二三二二正　丁亥卜𠱦貞自今至己：不其雨
一二三二二反　二日庚：雨
一二三二三正　貞自：于庚：其雨
一二三二三反　[illegible]：

一二三二四正　丁巳卜亘貞自今至于庚申其雨
一二三二四正　貞自今丁巳至于庚申不雨
一二三二四正　戊午卜殻貞翌庚申其雨
一二三二四正　貞翌庚申不：
一二三二四反　以五十
一二三二四反　争
一二三二五　：貞自：曰其雨四日：
一二三二六　貞自今：其雨
一二三二七　貞：
一二三二七　王饗
一二三二七　貞侑于祖辛
一二三二七　：巳卜韋：自今至：酉其雨
一二三二八正　：自今戊：丁巳：其雨
一二三二八正　：月：
一二三二八反　：卜：
一二三二九　自今庚：至乙：其雨
一二三三〇　貞自今至于庚不其雨
一二三三一正　二告
一二三三一正　不舌黽
一二三三一正　不舌黽
一二三三一正　二告
一二三三一反　自至于戊寅不其雨
一二三三二　壬寅卜自：至壬午不其雨
一二三三二　：巳其雨
一二三三三正　丙戌卜貞自今日至：庚寅雨不
一二三三三正　丙戌：
一二三三三反　祖乙翌日
一二三三四　自今五日至于：
一二三三四　壬：卜：自今五日至于：不其雨
一二三三五　壬子卜亘貞至于丙辰雨
一二三三五　二告
一二三三六正　丙戌卜殻貞其至于丁亥雨
一二三三六正　貞惟：循有：
一二三三六正　：來：
一二三三六反　貞：衣：
一二三三六反　婦姘示　殻
一二三三六反　：不盐
一二三三七　庚申：至于：雨：
一二三三八　甲申卜今日三：至己：雨
一二三三九　壬午卜：貞翌：未雨
一二三四〇　庚辰卜穷貞翌辛巳雨
一二三四〇　庚子卜𢓊貞翌辛丑雨
一二三四一　貞翌辛丑不其雨
一二三四一　二告
一二三四一　貞翌癸卯不其雨
一二三四二　庚子卜永貞翌辛丑雨

一二三四二　貞翌辛丑不其雨

一二三四二　壬寅卜永貞翌癸雨

一二三四二　告

一二三四二　告

一二三四三　不其雨

一二三四三　丙申卜旬貞翌戊戌雨

一二三四三　己亥…旬貞翌庚子雨

一二三四四　癸未卜朿貞翌甲申雨

一二三四四　貞翌丙…雨

一二三四四　貞翌…巳…

一二三四五　庚子卜貞翌癸卯雨

一二三四六　…韋貞翌庚午雨

一二三四七　丙子卜韋貞翌丁丑雨

一二三四七　貞不其雨

一二三四八　甲…翌…暘…

一二三四八　乙丑卜㱿貞翌丙雨

一二三四八　不雨

一二三四八　甲戌卜貞翌乙暘日

一二三四八　不暘日

一二三四八　己卯卜翌庚暘日

一二三四八　甲申卜貞翌乙啓

一二三四八　不啓

一二三四八　啓

一二三四九　貞翌庚申雨

一二三四九　不其雨

一二三五〇　貞翌丙…雨

一二三五〇　戊辰卜…貞翌己…

一二三五一　貞翌庚寅雨

一二三五二　貞翌庚戌雨

一二三五三　貞翌丁亥雨

一二三五四正　貞翌乙亥雨王固…惟…來甲…申不…

一二三五四正　…父…

一二三五四正　貞…

一二三五四正　…高…

一二三五四正　二告

一二三五四反　…來…

一二三五五　貞翌辛卯其…

一二三五五　貞其…用辛…

一二三五六　貞翌乙巳…有去雨

一二三五七　不雨

一二三五七　茲御

一二三五七　戊子卜內翌己丑雨己執

一二三五七　翌己丑不其雨

一二三五七　…不其…

一二三五八　…巳卜貞翌甲午雨

一二三五八　二告

一二三五九　庚寅卜翌辛丑雨霧

一二三五九　…□

一二三六〇　…辰卜…翌戊…雨

一二三六〇　戊申…自今至…辛亥…

一二三六一　壬辰卜翌癸雨

一二三六一　…卜…貞…

一二三六二　翌乙巳雨

一二三六二　…雨

一二三六三　…翌丁戊雨

一二三六三　…卜翌庚…

一二三六四　…翌丁亥雨

一二三六五　…翌…子…雨

一二三六五　貞…

一二三六六　翌…酉雨

一二三六六　…其…

一二三六七　翌雨

一二三六七　戊…卜

一二三六八　己酉卜翌庚戌雨

一二三六八　…雨

一二三六九　癸丑卜爭貞翌丁巳不雨

一二三七〇　乙酉卜爭貞翌丁亥雨

一二三七〇　丁…貞…其…

一二三七一　…卜爭…翌丁亥不雨

一二三七二　…戊卜史貞…丁亥不雨

一二三七二　丁亥…貞…在…

一二三七三　己丑…允貞翌庚寅不雨

一二三七三　己酉…王…

一二三七四　…貞翌辛未雨

一二三七五　庚午卜㝉貞翌辛未不雨

一二三七六　壬申卜內貞翌乙…

一二三七六　壬申卜內貞翌乙亥不雨乙…

一二三七六　…勿…于…祖丁　告

一二三七七　乙未卜㱿翌丙申不雨

一二三七七　…雨

一二三七七　告

一二三七八　…丑卜㱿…卯不雨

一二三七九　乙亥卜品貞翌丁丑…

一二三七九　貞翌丁丑不雨

一二三八〇　甲辰卜…貞翌…巳不雨

一二三八一　丁亥卜貞翌戊…雨

一二三八二　貞翌庚…不雨

一二三八三正　貞翌丁未不雨

一二三八三反　…示入㱿

一二三八四　貞翌丁巳不雨

一二三八五　貞翌辛丑不雨

一二三八六正　貞翌辛丑不雨

一三三八六正　貞其有𡆥不若
一三三八六正　小告
一三三八六反　…其來
一三三八七正　貞翌丁卯不雨
一三三八七反　…百　爭
一三三八八　貞翌壬午不雨
一三三八八　貞翌癸未不雨
一三三八九　…翌丁未不雨
一三三九〇　貞翌庚子不雨
一三三九一　貞翌庚…其…
一三三九一　戊申卜亘
一三三九一　貞翌庚戌不雨
一三三九二　貞翌辛亥不雨
一三三九三　丁…不…
一三三九三　己卯卜
一三三九三　貞翌庚辰不雨
一三三九四　貞…戊…其…
一三三九四　貞翌己卯不雨
一三三九四　貞翌庚辰暘日
一三三九五　貞翌…不雨
一三三九五　貞翌…
一三三九六正　翌甲申不雨
一三三九六正　翌甲申雨
一三三九六正　甲申卜㱿貞若
一三三九六反　癸未卜穷
一三三九六反　𠂤入百
一三三九六反　王固曰惟今夕不雨…夕…不雨
一三三九七正　不告黽
一三三九七正　不告黽
一三三九七反　貞翌丁未不雨
一三三九八　翌乙未不雨
一三三九八　貞勿惟乙巳
一三三九八　乙巳
一三三九八　乙…
一三三九九　翌壬申不雨
一三四〇〇　翌甲戌不雨
一三四〇〇　翌甲戌其雨
一三四〇一　翌乙丑不雨
一三四〇一　…豕由
一三四〇一　二告
一三四〇二　翌乙巳不雨
一三四〇三　翌庚…不雨
一三四〇四　…卜疾…翌辛…不雨
一三四〇五　…卯卜翌…巳不…
一三四〇六　丙辰卜翌日不雨
一三四〇七　丁卯卜㱿貞翌戊辰其雨

一三四〇七　戊辰卜㱿貞翌己巳其雨
一三四〇八　甲辰卜㱿貞翌乙巳其雨
一三四〇九　…辰卜亘貞翌乙巳其雨
一三四一〇　戊辰卜韋貞翌己巳其雨
一三四一〇　…翌己巳不雨
一三四一一正　癸丑…貞翌…寅其雨
一三四一一正　二告
一三四一一正　辛…
一三四一一反　…夕…寅…雨
一三四一一反　…爭貞翌庚辰其雨
一三四一二　…雨有俄
一三四一三　貞翌丁亥其雨
一三四一三　翌庚辰其𡆥不其暘…
一三四一三　貞…乙…暘…
一三四一四正　貞翌乙酉其雨
一三四一四反　…鬼虫…
一三四一五　貞翌乙酉其雨　二告
一三四一五　…酉…執
一三四一六　貞翌乙未其雨
一三四一六　貞…丁…
一三四一七正　貞翌辛酉其雨
一三四一七正　庚…辛酉不其雨
一三四一七正　貞弗雨
一三四一七正　…卜…貞…
一三四一七反　…吉其…
一三四一八　貞翌乙巳其雨
一三四一九　貞翌甲辰其雨
一三四二〇　貞翌庚辰其雨
一三四二〇　貞歲其雨
一三四二一　貞翌戊申其雨
一三四二二正　貞翌辛丑其雨
一三四二二正　不告黽
一三四二二反　…丑
一三四二三正　二告
一三四二三反　貞翌甲寅其雨
一三四二四　貞翌庚辰其雨
一三四二四　貞翌庚辰不雨庚辰䨘大采…
一三四二五　貞翌庚辰其雨
一三四二五　貞翌庚辰不…庚辰…大…
一三四二六　貞翌甲申其雨
一三四二六　…翌甲申其雨
一三四二七　貞翌癸酉其雨
一三四二八　貞翌辛未其雨
一三四二八　貞…
一三四二九正　貞翌戊辰其雨
一三四二九反　…告曰既…

一二四三〇　貞翌庚子不雨
一二四三〇　貞翌庚子其雨
一二四三一　貞不雨
一二四三一　貞今甲…其…
一二四三一　貞翌乙丑其雨
一二四三一　貞不雨
一二四三一　貞翌丁卯其雨
一二四三一　…翌以…丁
一二四三一　貞惟𩆣
一二四三一　惟嬇
一二四三一　…𡛷
一二四三二　貞…夕…雨
一二四三二　貞翌戊申其雨
一二四三二　貞翌戊申不雨
一二四三二　貞今己酉步
一二四三二　…燎
一二四三三　貞今夕其雨
一二四三三　貞今夕不雨之夕不雨
一二四三三　貞翌戊申其雨
一二四三三　貞翌戊申不雨
一二四三四正　貞翌乙亥不雨
一二四三四正　貞翌乙亥其
一二四三四正　小告
一二四三四正　不舌黽
一二四三四反　向
一二四三五　貞翌庚戌其雨
一二四三五　…受…
一二四三六　戊子卜桒翌己丑不雨
一二四三六　戊子卜桒翌己丑其雨
一二四三六　己丑卜翌庚寅不雨
一二四三六　己丑卜桒翌庚寅其雨
一二四三六　庚寅卜桒翌辛卯不雨
一二四三六　翌辛卯其雨
一二四三七　壬申卜㱿翌甲戌其雨
一二四三七　壬申卜㱿翌甲戌不雨
一二四三八正　翌庚寅其雨
一二四三八正　翌庚寅不雨
一二四三八反　庚寅允雨
一二四三九正　…翌庚辰其雨
一二四三九正　貞翌庚辰不雨
一二四三九正　卓禦
一二四三九正　奠禦
一二四三九正　二告
一二四三九正　二告
一二四三九反　…曰吉惟…
一二四三九反　[illegible]入三十

一二四三九反　…屯
一二四四〇　翌庚辰其雨
一二四四一甲　翌癸卯不雨
一二四四一乙　翌癸卯其雨
一二四四一乙　不舌
一二四四一乙　二告
一二四四二　翌…
一二四四二　貞侑于魯甲
一二四四二　翌乙亥其雨
一二四四三　翌己巳其雨
一二四四三　翌己巳不雨
一二四四四　翌癸卯其雨
一二四四四　翌癸卯不雨
一二四四五正　翌乙亥其雨
一二四四五正　翌乙亥不雨
一二四四五正　翌…丑…雨
一二四四五正　貞作…
一二四四五正　…㝉…
一二四四五反　貞…大…
一二四四五反　…不…
一二四四六甲　翌庚寅不雨
一二四四六甲　翌辛卯不雨
一二四四六甲　翌癸巳…
一二四四六甲　翌甲…
一二四四六甲　翌…不雨
一二四四六乙　翌…未其雨
一二四四六乙　翌庚寅其雨
一二四四六乙　翌辛卯…
一二四四七甲　翌乙亥不雨
一二四四七甲　翌丙子不雨
一二四四七甲　翌丁丑不雨
一二四四七甲　…不
一二四四七乙　翌乙亥其…
一二四四七乙　…其雨
一二四四七乙　翌丙子其…
一二四四七乙　翌…其雨
一二四四七乙　翌庚辰其雨
一二四四八甲　翌癸巳雨不
一二四四八乙　翌癸巳其雨
一二四四八乙　癸巳
一二四四九甲　翌庚寅其雨
一二四四九乙　翌庚寅其雨
一二四四九乙　翌辛…
一二四五〇　貞㞢于祖辛
一二四五〇　翌辛卯不雨
一二四五〇　㞢于祖辛

一二四五〇　翌辛卯其雨
一二四五一　……穷貞翌戊寅不其雨
一二四五二　貞翌丁巳不其雨
一二四五三　貞翌辛未不其雨不雨
一二四五三　……不其雨
一二四五四　貞翌丁未不其雨
一二四五五　……卜內翌丁卯不其雨
一二四五六　……內……子……
一二四五六　丙戌卜內翌丁亥不其雨
一二四五六　……內……戊……雨……霧……
一二四五七　壬寅卜翌癸不其雨
一二四五八　翌辛卯不其雨辛……
一二四五九　戊子卜翌庚寅雨
一二四五九　戊子卜翌庚寅不其雨
一二四五九　庚寅卜翌癸巳雨
一二四五九　庚寅卜翌癸不其雨
一二四六〇　翌乙巳不其雨
一二四六〇　翌乙巳其雨
一二四六一　翌庚辰不其雨
一二四六二　翌甲不其雨
一二四六三　癸未卜來壬辰雨
一二四六四　癸未卜古貞來……寅……
一二四六四　貞來庚寅不其雨
一二四六五正　戊辰卜爭貞來乙亥不雨
一二四六五正　戊辰卜爭貞來乙亥其雨
一二四六五正　小告
一二四六五正　二告
一二四六五正　……黽
一二四六五反　……望
一二四六六正　貞有來……
一二四六六正　辛巳卜亘貞雨
一二四六六正　貞來乙酉其雨
一二四六六正　貞來庚寅不其雨
一二四六六正　貞來庚寅其雨
一二四六六反　……雨惟甲丁見辛己
一二四六七　貞來甲戌不其雨
一二四六七　不告黽
一二四六八　……戌卜……貞來……其雨
一二四六九正　貞侑……弗日……酉……
一二四六九正　貞來乙未不雨
一二四六九反　乙酉卜穷
一二四七〇　甲戌卜殻貞……之日……雨
一二四七一　貞……雨……之日……雨
一二四七一　貞……雨
一二四七二正　……于己……

一二四七二正　……雨
一二四七二反　之日雨
一二四七三　之日雨
一二四七四正　……其雨
一二四七四正　二告
一二四七四正　二告
一二四七四正　二告
一二四七四反　之日雨
一二四七五　之日雨
一二四七六　庚子卜穷貞今夕……
一二四七六　……戌卜……貞今……無囚……夕雨
一二四七七　丙……夕
一二四七七　壬寅卜貞夕無囚……雨
一二四七七　癸卯卜貞夕無囚之夕雨
一二四七七　戊申卜貞夕無囚
一二四七八　貞今夕……之夕雨
一二四七九　……其……之夕雨
一二四八〇　……殻貞自今旬雨
一二四八一　……今旬雨
一二四八一　己酉……
一二四八二　辛亥卜自今旬……壬子雨甲……丁巳允……己
未……
一二四八三　……今旬雨
一二四八四　己亥卜今雲雨
一二四八四　二告
一二四八四　戊戌……雲豕又豚
一二四八五　……今旬其雨
一二四八六　癸……
一二四八六　癸酉卜自今旬不其雨
一二四八六　……今……比……
一二四八七正　癸巳卜爭貞今一月不其雨
一二四八七正　癸巳卜爭貞今一月雨王固曰……丙雨
一二四八七正　旬壬寅雨甲辰亦雨
一二四八七正　己酉雨辛亥亦雨
一二四八七反　雀入二百五十
一二四八八甲　火今一……不其雨
一二四八八甲　……不其雨
一二四八八乙　火今一月其雨
一二四八八乙　己巳卜爭……火今一月其雨
一二四八八乙　壬寅卜穷貞以
一二四八九　貞今一月雨
一二四九〇　乙酉卜……貞今日其雨一月
一二四九〇　……宰一月
一二四九一　貞……雨一月
一二四九二　……一月雨
一二四九三　……雨一月

一二四九四 ：雨一月
一二四九五正 貞：
一二四九五正 今一月雨
一二四九五正 甲辰卜亘貞燎三宰
一二四九五正 今一月雨
一二四九五正 貞侑于父甲宰
一二四九五正 ：卜：貞今：雨
一二四九五反 王固曰其有賓無：
一二四九六 癸未：今一月：
一二四九六 ：卜今一月多雨辛巳：
一二四九七 不其雨一月
一二四九八 ：不雨一月
一二四九九 ：今夕：囚
一二四九九 丙戌：貞：
一二四九九 ：丑：今夕不雨一月
一二五〇〇 己酉卜穷貞今日王步：見雨無災一月
一二五〇〇 ：寅卜古：使人：婕：
一二五〇一 貞生一月不其多雨
一二五〇二正 貞甲寅雨二月
一二五〇二反 ：乞三十：
一二五〇三 貞翌戊寅雨二月
一二五〇四 貞其雨二月
一二五〇五 貞[illegible]雨二月
一二五〇五 ：父：雨
一二五〇六正 今二月雨
一二五〇六反 壬：卜：
一二五〇七 貞今二月不其雨
一二五〇八 ：好侑于父：
一二五〇八 丁未卜凿貞及今二月：王固曰吉其：
一二五〇八 二告
一二五〇八 不舌黽
一二五〇九 乙卯卜貞豙：二告
一二五〇九 辛酉卜今二月雨七日戊辰雨
一二五一〇 貞弗其及今二月雨
一二五一一正 己丑卜古貞翌庚寅帝其：
一二五一一正 丙申卜亘貞今二月多雨王固曰其惟丙：
一二五一一反 王固曰：虫來：
一二五一二 今日其雨二月
一二五一三 ：不其雨二月
一二五一四 ：戌允雨二月
一二五一五 ：我雨二月
一二五一六 ：其雨二月
一二五一七 ：翌丁亥其雨二月
一二五一七 ：翌丁亥不：允不：
一二五一八 貞惟：雨㳄二月
一二五一九 貞：之：雨二月

一二五二〇 ：令雨二月
一二五二一 貞：王：
一二五二一 今夕雨二月
一二五二二正 貞勿：
一二五二二正 貞無其从雨二月
一二五二二反 ：並示五十
一二五二三 貞惟燕吉
一二五二三 貞不雨在白二月
一二五二四 ：酉卜不：雨二月
一二五二四 丙：不：
一二五二四 ：莫
一二五二五 貞不其：
一二五二五 貞不：雨二月
一二五二六 ：弗：雨二月
一二五二七 戊子卜卯貞今丁雨三月
一二五二八 貞大今三月雨
一二五二八 ：侑：𣪊：四宰
一二五二九正 貞：
一二五二九正 大今三月不其雨
一二五二九反 癸巳：
一二五三〇 乙：卜穷貞及今三月雨王固曰其雨惟：
一二五三〇臼 婦井示四屯 殻
一二五三一 貞弗其及今三月雨
一二五三二正 ：貞：王固曰疑茲乞雨之日允雨三月
一二五三二反 王固曰其：
一二五三二反 在敫
一二五三三 ：今夕：之夕允雨三月
一二五三四 貞其雨三月
一二五三四 貞不其得三月
一二五三五 ：其雨三月
一二五三六 己酉自今旬雨三月
一二五三六 辛亥雨
一二五三七正 ：三月：令雨
一二五三八 貞今夕不其雨三月
一二五三九 貞不：雨三月
一二五三九 庚：卜：今：雨
一二五四〇 貞叀不以雨三月
一二五四一 今三月不雨
一二五四二 ：雨
一二五四二 乙丑不雨三月
一二五四三 ：其：三月
一二五四三 ：多：不：
一二五四四 ：雨三月
一二五四五 ：無其雨三月
一二五四六正 丙寅允雨四月
一二五四六正 貞𢀛彭河燎三牛沈三牛卯：

一二五四六反　…允雨
一二五四七　癸酉卜雨甲雨允雨四月
一二五四八　庚辰貞今…雨
一二五四八　貞其雨四月
一二五四九　甲…
一二五四九　貞其遘雨四月
一二五五〇　貞其遘雨四…
一二五五一　貞今夕雨四月
一二五五二　今丁…雨四月
一二五五二　丁巳卜不…
一二五五二　…巳…
一二五五三　…今丁…其雨四月
一二五五四　…其…
一二五五四　…雨四月
一二五五五　…雨四月
一二五五六　…雨四月
一二五五七　…雨四月
一二五五八　…翌…雨
一二五五八　…雨四月
一二五五九　…四月
一二五五九　…雨
一二五六〇　今夕雨四月
一二五六一　…來…
一二五六一　…夕雨四月
一二五六一　…有…
一二五六二　…雨之夕允不雨四月
一二五六三　丙寅…不其雨四月
一二五六四　…不盡四月
一二五六五　己巳卜穷貞雨五月
一二五六六　貞其雨五…
一二五六七　…今五月雨
一二五六七　二告
一二五六八　…雨五月
一二五六九　庚申雨五月
一二五七〇　丙寅卜允貞翌日卯王其爻不遘雨
一二五七〇　貞其遘雨五月
一二五七一　貞其遘…
一二五七一　貞不遘雨
一二五七一　貞其雨五月
一二五七二　…彭乘于河不遘雨
一二五七二　…丁穿…五月
一二五七三　…遘雨克衣五月
一二五七三　貞翌…王
一二五七四　…卜史…今夕…雨五月
一二五七五　貞今夕雨五月
一二五七六　貞今夕雨五月

一二五七六　貞今夕不其雨
一二五七七正　甲午卜穷貞今五月多…
一二五七七正　貞今五月不…
一二五七七正　二告
一二五七七正　不告
一二五七七反　…曰多雨
一二五七七反　辛…雨
一二五七八正　…之夕雨五月
一二五七八反　甲申有乂…
一二五七九　…卯卜…其受祐
一二五七九　貞蓺
一二五七九　…大雨五月
一二五七九　…五月
一二五八〇　…不雨五月
一二五八一　貞今…不其雨五月
一二五八一　…卜…
一二五八二　乙未卜允貞今日雨
一二五八二　貞今日不其雨五月
一二五八三　貞其雨六…
一二五八三　…白…
一二五八四　庚戌卜史貞今夕無囚
一二五八四　貞雨六月
一二五八四　…于…
一二五八五　…夕其雨
一二五八五　…六月
一二五八六　貞今夕不雨
一二五八六　貞其延六月
一二五八七　…申卜…六月雨多
一二五八八　…不雨
一二五八八　…六月
一二五八九　甲雨六月
一二五八九　甲…
一二五九〇　乙丑卜王即賓丁
一二五九〇　…二穿
一二五九〇　勿即賓丁雨六月
一二五九一　貞不雨六月
一二五九一　貞勿…
一二五九一　…翌壬子…雨
一二五九一　…雨
一二五九二　…不雨六月
一二五九三　貞其雨七…
一二五九四　貞其雨七月
一二五九五　…其雨七月
一二五九五　貞…翌乙丑…妣己其不遘雨乙丑…
一二五九六　…其雨七月
一二五九七　…其雨七月

一二五九八　貞今日其大雨七月
一二五九八　：不遘雨
一二五九九　貞其遘雨七月
一二六〇〇　：遘雨七月
一二六〇一　：雨七月
一二六〇二　：雨七月
一二六〇三　：雨七月
一二六〇四　：雨七月
一二六〇五　不雨七月
一二六〇六　丙戌卜貞今夕無囚七月
一二六〇六　貞今夕不雨七月
一二六〇七　庚辰卜允貞今夕無囚
一二六〇七　貞今夕其雨七月
一二六〇八　：其雨八月
一二六〇九　：雨八月
一二六〇九　貞：
一二六一〇　：雨八月
一二六一〇　貞其遘雨八月
一二六一一　戊子：貞今日其庸不遘雨八月
一二六一二　：夕允雨八月在：
一二六一三　其雨九月
一二六一四　今夕雨九月
一二六一四　乙：貞：無：
一二六一五　貞今夕不其雨九月
一二六一六　丁丑：史：不：
一二六一六　壬：卜史貞今夕無囚
一二六一六　貞今夕不雨九月
一二六一七正　庚戌卜弗其及今九月雨
一二六一七正　：今：
一二六一七反　甲申卜：九月
一二六一八　貞丁惟彫十月
一二六一八　：雨
一二六一九　貞其雨十月
一二六二〇　丙申：雨
一二六二一　辛巳卜今十月亦盧：
一二六二二　貞今夕雨
一二六二二　：十月
一二六二三甲　貞今：其：
一二六二三甲　貞今夕不雨
一二六二三甲　貞今：其雨
一二六二三甲　貞：
一二六二三甲　貞今夕其雨
一二六二三甲　：其雨
一二六二三甲　貞今夕其雨
一二六二三甲　：囚
一二六二三甲　：夕：九月

一二六二三甲　貞今夕不其啓九月
一二六二三甲　貞今夕其雨十月
一二六二三甲　貞今夕不雨十月
一二六二三甲　辛丑卜史貞今夕無囚
一二六二三甲　貞：夕其雨
一二六二三乙　甲寅卜史貞今夕無囚
一二六二三乙　貞今：不：
一二六二三乙　：戌卜：貞：夕：囚
一二六二三乙　：夕：雨
一二六二三乙　：今夕雨十月
一二六二三丙　己丑卜史貞今夕無囚
一二六二四　壬戌卜史貞王[illegible]惟雨十月
一二六二五　貞不雨十月
一二六二六　己巳：旬一日入：雨
一二六二六　：十月
一二六二七　及今：雨
一二六二七　貞弗其及今十月雨
一二六二七　勿侑于黃尹
一二六二七　貞勿桒于：
一二六二七　貞侑于黃尹
一二六二八　丙午卜韋貞生十月雨其惟雹
一二六二八　丙午卜韋貞生十月不其惟雹雨
一二六二九　癸亥卜殻貞旬無囚己巳雨十月
一二六二九　癸酉貞旬無囚：雨乙丙囚
一二六三〇　：亥：殻貞：十月雨
一二六三一　今夕雨十一月
一二六三二　貞其雨十一月
一二六三二　：侑于：宰用
一二六三三　：申卜：十一月雨
一二六三四　貞：雨十一月
一二六三五正　：巳卜殻貞今十一月不其雨
一二六三五反　奠來：
一二六三五反　己：
一二六三六　丁丑卜爭貞今十一月其雨
一二六三六　貞今十一月不其雨
一二六三七　己丑卜𠙵貞今十一月不其雨
一二六三八　貞其雨十二月
一二六三九　貞今夕其雨十二月
一二六四〇　：雨十二月
一二六四一　：不：盧：十二月
一二六四二　貞及：十三月雨
一二六四二　貞侑于多介
一二六四二　貞侑于大甲
一二六四二　呼吳取
一二六四二　：侑于：
一二六四三　丙午卜：貞翌丁未：用[illegible]歲：牛

二六四三　：未卜穷：崇雨：十三月
二六四四正　乙亥卜：十三月雨
二六四四正　貞弗：
二六四五　辛：貞：
二六四五　貞雨十三月
二六四六　：不其雨十三月
二六四七　今十三月雨
二六四七　：十月
二六四八　己未卜殻貞今十三月不其雨
二六四八　貞今十三月雨
二六四八　己未卜殻貞今十三月雨
二六四八　貞十三月不其雨
二六四八　貞今十三月不其雨　二告
二六四八　貞今十三月：
二六四八　貞今十三月不其雨
二六四八　今十三月不其雨
二六四八　今十三月雨
二六四八　惟上甲壱雨
二六四八　不惟上甲
二六四八　惟上甲
二六四八　不惟上甲　二告
二六四八　惟上甲
二六四八　不惟上甲
二六四八　惟上甲
二六四九　：雨：河：有雨
二六五〇　：河有雨
二六五一　貞其崇我于：有雨
二六五一　：崇我：
二六五二　貞其：
二六五二　勿：有雨
二六五三　貞：祀：
二六五三　：岳：有雨
二六五四　：惟：有雨
二六五五　：亦盧雨
二六五六　：亦盧雨
二六五七正　貞祓壱多：
二六五七正　貞亦盧雨
二六五七正　：乙：
二六五七反　壬申卜穷：
二六五八　侑于祖辛
二六五八　貞延雨
二六五八　貞亦盧雨
二六五八　貞不延雨
二六五八　貞不亦盧雨
二六五八　貞亦盧雨
二六五九正　貞今夕其亦盧雨

二六五九正　今夕不亦盧雨
二六六〇　：盧雨
二六六一　貞今日不其亦盧：　小告
二六六一　貞今乙丑亦盧：
二六六二正　：子卜：貞今：盧：
二六六二反　王固曰：雨
二六六三　貞不：盧：
二六六四　貞不：盧雨
二六六五　貞不其盧雨
二六六五　貞侑：上甲
二六六六　癸亥卜亘貞我：
二六六六　貞不其盧雨　二告
二六六七　：不：盧雨
二六六八　貞今：雨疾
二六六九　：夕：雨疾
二六七〇　貞：冓
二六七〇　貞今夕其雨疾
二六七〇　貞忍
二六七〇　：雨
二六七一正　貞今夕其雨疾
二六七一正　貞王往省
二六七一正　：牛
二六七一正　二告
二六七一反　貞弗其獲
二六七一反　戊辰卜争：
二六七一反　貞：
二六七二甲正　貞囚雨疾
二六七二乙正　：囚雨疾無：
二六七二甲反　：呼：
二六七三　：囚雨疾
二六七三　：雨
二六七四　今：不：雨疾
二六七五　：多冒
二六七五　：有从雨
二六七六　貞無其从：
二六七六　有从雨
二六七六　有从雨
二六七六　貞我不：
二六七七　有从：
二六七七　有从雨
二六七七　：我：其：桼：
二六七八正　：殻：我：有从雨
二六七八反　王：曰：
二六七九　有从雨
二六八〇　貞：
二六八〇　有从雨

一二六八一 貞勿之…四月
一二六八一 …午卜貞…辛未…其酻…有从雨
一二六八二正 …从雨
一二六八二正 …十二月
一二六八二反 …丁…盟…雨
一二六八三 丁…勿…禾…酻…
一二六八三 …卜貞…岳…从雨
一二六八四 …用茲侖…我桒方…从雨
一二六八五 …从雨
一二六八六 …卜今…从雨
一二六八七 貞無其从雨
一二六八七 …岳…雨我…
一二六八八 …無其从雨
一二六八九 貞…禾…酻
一二六八九 貞無从雨
一二六八九 …婁…
一二六九〇 …其从雨
一二六九一 …弗从雨
一二六九二正 …聾貞今夕多雨
一二六九三 戊辰卜…
一二六九三 庚午卜…申雨
一二六九四正 貞多雨 二告
一二六九四正 王固曰吉多雨
一二六九四反 貞…
一二六九五正 …多雨
一二六九五反 辛…
一二六九六 …多雨
一二六九七 …多雨
一二六九八 …多雨
一二六九八 …申…
一二六九九 …多雨
一二七〇〇 …雨多
一二七〇一 …多雨
一二七〇二 …未卜貞今夕雨多
一二七〇三 …申卜…貞…夕…雨
一二七〇三 丁…貞…多…
一二七〇四 丁…
一二七〇四 貞其疾六月
一二七〇四 貞其有大雨
一二七〇四 癸酉
一二七〇五 …大雨
一二七〇六 …遘大雨
一二七〇七 貞無其大雨
一二七〇七 丁午
一二七〇七 …酉
一二七〇八 …無大雨

一二七〇九 辛酉卜貞…今…雨
一二七一〇 貞…雨
一二七一〇 貞…不…
一二七一〇 丁…貞…
一二七一一 貞今夕小其雨
一二七一二 貞今夕不其小雨
一二七一三 貞其亦雨
一二七一三 貞夢三月
一二七一三 …衣…
一二七一四 …雨
一二七一四 …亦雨 二告
一二七一五 癸未卜殻貞旬無𡆥丁亥雨
一二七一五 癸未…旬無𡆥庚…雨
一二七一五 癸巳卜殻貞旬無𡆥丁酉雨丁雨庚亦雨
一二七一五 …辛…雨
一二七一六 貞今夕其亦雨
一二七一七 庚辰亦雨
一二七一八 …其亦雨
一二七一九正 …其亦雨
一二七一九正 不吿黽
一二七一九反 己丑卜令…
一二七二〇 …寅亦雨
一二七二一 …亦雨
一二七二一 …燎
一二七二二 …亦雨
一二七二三 …寅亦雨
一二七二三 …雨
一二七二四 貞不亦雨
一二七二四 貞其亦雨
一二七二四 貞有來自南
一二七二五正 …寅…爭貞其亦…雨
一二七二五反 㪔…
一二七二六 …雨丙子…日亦雨
一二七二七 貞今夕不其亦雨
一二七二八正 …雨不…亦…
一二七二八反 貞…
一二七二九正 …卜𠱧貞其及…雨
一二七二九反 丙…
一二七三〇 庚辰…貞今…不其亦雨
一二七三一 …及…雨
一二七三二 貞其遘雨
一二七三三 貞其遘雨在宮
一二七三四 貞惟…
一二七三四 貞其遘雨
一二七三四 貞雨
一二七三四 …雨

一二七三五　貞其遘雨
一二七三六正　貞其遘雨
一二七三六反　：示：
一二七三七　：遘雨
一二七三七　：雨
一二七三八　：卜：勿見：遘雨：克：
一二七三九　：雨吉
一二七四〇　：日：不：祝：遘雨
一二七四一　辛亥：貞王其衣不：雨之日學允不遘雨
一二七四二　丙戌卜：貞禘日于南：告：
一二七四二　：不遘雨
一二七四三　貞王央惟雨
一二七四四　：未：雨
一二七四四　貞王央：雨
一二七四五　貞央惟雨
一二七四六　：辰卜：央：雨　用
一二七四六　癸亥：貞：雨
一二七四七　己卯卜：貞王：惟雨
一二七四七　己卯卜：王：庚：
一二七四八　貞惟雨
一二七四八　：惟雨
一二七四九　貞惟雨
一二七五〇　貞惟雨
一二七五一　貞惟雨燕
一二七五二　貞惟雨
一二七五二　：雨
一二七五三　貞惟雨
一二七五四　貞惟吉燕
一二七五四　貞惟雨
一二七五五　貞惟雨
一二七五六　貞惟雨　用
一二七五七　己未：貞王央：
一二七五七　：惟雨
一二七五八　貞：其延雨
一二七五九正　貞其延雨
一二七五九反　癸亥乞：其宮：
一二七六〇　丁未卜：貞今夕：
一二七六〇　貞其延雨
一二七六一　貞：延雨
一二七六二　貞其延雨
一二七六二　己酉卜亘貞不惟：王固曰勿惟若
一二七六三　：丑卜亘貞其延雨
一二七六四正　貞：庚：𥎦：
一二七六四正　貞禦于祖辛　不告鼄
一二七六四正　丁丑卜亘貞延雨
一二七六四正　二告

一二七六四正　不告鼄
一二七六四臼　丙子[?]示一屯　穷
一二七六五　壬辰卜穷貞延雨
一二七六五　壬辰：穷：
一二七六六　貞延雨
一二七六六　不其延雨
一二七六七正　貞延雨
一二七六七正　：舌：
一二七六七反　：夕：
一二七六八　貞延雨
一二七六九　甲戌卜古：今日延雨
一二七七〇　癸酉卜貞今日延雨
一二七七一　己巳卜古貞今日延雨
一二七七二　：今日延雨
一二七七三　：亥卜：貞今：延雨
一二七七四　貞今：延雨
一二七七五　貞今丁巳延雨
一二七七五　不其延
一二七七五　：惟：
一二七七五　：王：十月
一二七七六　：延：之日：延雨
一二七七七　壬寅卜：貞今夕延雨
一二七七七　壬寅：貞：無：
一二七七八　貞今夕延雨：月
一二七七九　：戌卜：貞今：無𡆥三月
一二七七九　貞今夕雨延
一二七七九　貞：其：
一二七八〇正　：卯卜：延雨
一二七八〇反　王固：[?]夢：
一二七八一　：亥卜延雨
一二七八二　延雨
一二七八三　：延雨
一二七八四　：夕延雨
一二七八五反　延雨
一二七八六　貞今己亥不延雨
一二七八七　貞今夕不延雨
一二七八八正　貞今夕不延雨
一二七八八正　：好：
一二七八八反　：曰：
一二七八八反　：畝：
一二七八九　貞今夕不其雨延
一二七九〇　貞今：不延雨
一二七九一　貞不延雨
一二七九二　貞不延雨
一二七九三　貞不其延雨
一二七九四正　貞不其延雨

一二七九五　貞：無：
一二七九五　貞不其延雨
一二七九六　貞今夕延雨
一二七九六　貞不其延雨
一二七九七　王饗
一二七九八　貞不其延雨
一二七九八　貞不其延雨
一二七九八　：其：
一二七九九　貞不其延雨
一二八〇〇　貞不其延：
一二八〇〇　：盧：曰：雨
一二八〇〇　：卜盧：其延：
一二八〇一正　己亥：
一二八〇一正　不其亦延雨
一二八〇一正　小告
一二八〇一反　丁未
一二八〇二反　不其延雨
一二八〇二反　貞不若
一二八〇三　不其延雨
一二八〇四反　貞：
一二八〇四反　不其延雨
一二八〇五　己巳：條其：不延雨
一二八〇六　：酉雨不延
一二八〇六　：比：
一二八〇七　王固：明雨：
一二八〇八　：酉昃雨
一二八〇九　：不其：
一二八〇九　昃雨
一二八一〇　：大采雨王：
一二八一一　：采雨
一二八一二　：𢦏：我丁：大采：
一二八一三　辛：
一二八一三正　庚戌卜殻貞于母己禦子：
一二八一三正　辛亥卜殻貞勿：
一二八一三正　乙卯卜殻貞今日王往：之日大采雨王
不：
一二八一三正　小告
一二八一三正　二告
一二八一三正　不舌黽
一二八一三反　自室出
一二八一四正　辛亥卜殻貞：
一二八一四正　辛亥卜殻貞于乙門令
一二八一四正　辛亥卜殻貞勿于乙門令
一二八一四正　乙卯卜殻貞今日王往于敦：之日大采
雨王不：
一二八一四反　自室：

一二八一五　自室：
一二八一六　：乙：乙：乙亥不：雨
一二八一七正　貞雨其霾
一二八一七正　貞雨不霾
一二八一七反　：固曰：
一二八一八　丙辰卜貞今日奏舞有从雨
一二八一八　：雨
一二八一九　庚寅卜辛卯奏舞雨
一二八一九　庚寅卜癸巳奏舞雨
一二八一九　庚寅卜甲午奏舞雨
一二八一九　：辰奏：雨
一二八一九　：𠦪：乙：六⿰羊土
一二八二〇　乙未：東
一二八二〇　乙未卜今夕奏舞有从雨　二告
一二八二〇　辛未卜貞自今至乙亥雨一月
一二八二〇　二告
一二八二一　乙酉卜奏舞：
一二八二一　不雨
一二八二二　：卜奏舞雨
一二八二三　：奏舞雨
一二八二四　貞惟奏雨
一二八二五　：酉卜今日勿奏其雨
一二八二五　：勿：凡：
一二八二六　：舞：雨允：
一二八二七　：卯卜不其雨
一二八二七　：舞
一二八二七　丙辰卜今日奏舞有从：
一二八二七　不舞
一二八二八　戊申卜今日奏舞有从雨
一二八二八　：禦：
一二八二九　戊申：舞今：有从雨
一二八三〇正　：亥其壴：
一二八三〇反　乙未卜：舞今夕有从雨不
一二八三一正　辛巳卜𡧊貞呼舞有从雨
一二八三一正　貞呼舞有从雨
一二八三一反　之夕：雨
一二八三二　：申卜：貞舞有从雨
一二八三三　茲舞有从雨
一二八三四　：舞：雨
一二八三五　其舞有雨
一二八三六正　：有災其惟辛戠：
一二八三六反　：午亦：
一二八三六反　貞舞有雨
一二八三六反　貞戊其𢦏：
一二八三六反　：其𢦏：
一二八三七　舞有雨

一二八三七　其雨
一二八三八　貞舞雨
一二八三八　貞：
一二八三九　：雨庸舞
一二八四〇　甲子：曰：舞
一二八四〇　甲子：曰：舞
一二八四一甲正　貞勿舞無其从雨
一二八四一乙正　：無有从雨
一二八四一甲反　：寅歸：令：
一二八四二正　勿舞岳
一二八四二正　勿舞岳
一二八四二正　貞烄有雨
一二八四二正　勿烄無其雨
一二八四二反　：三十
一二八四三正　戊戌卜奏蔑
一二八四三正　戊戌卜惟豕又𣪘
一二八四三正　：卜：羊
一二八四三正　（習刻）
一二八四三正　（習刻）
一二八四三正　（習刻）
一二八四三正　（習刻）
一二八四三正　（習刻）
一二八四三正　（習刻）
一二八四三正　（習刻）
一二八四三正　（習刻）
一二八四三正　（習刻）
一二八四三正　（習刻）
一二八四三正　（習刻）
一二八四三正　（習刻）
一二八四三反　己亥卜我燎有雨
一二八四三反　己亥卜我燎無其雨
一二八四四　貞壱雨
一二八四四　不舌黽
一二八四五　：[illegible]雨
一二八四六正　：昌雨
一二八四六反　：往：
一二八四七　貞：虣：雨
一二八四七　：岳：
一二八四八　：雨土
一二八四九正　：爭：土：雨
一二八五〇　貞上甲：雨侑丁：
一二八五一　勿惟烄無其雨
一二八五二　：子卜爭：自今至：丙辰帝：雨

一二八五二　：舞岳
一二八五二　貞烄：
一二八五二　：烄無其雨
一二八五二　：申卜殼貞舞：
一二八五二　壬申卜貞來：岳
一二八五二　貞
一二八五三　壬午卜于河𡆥雨燎
一二八五三　：惟：
一二八五三　壬
一二八五四　：卜𡆥雨：河
一二八五五　：午卜方帝三豕又犬卯于土宰𡆥雨
一二八五五　庚午卜𡆥雨于岳
一二八五五　：雨
一二八五六　：卜：𡆥雨：岳
一二八五七　：三宰：𡆥雨：月
一二八五八正　壬寅卜貞：𡆥雨
一二八五八反　：上甲𡆥年
一二八五九　丁丑卜𡆥于夒雨
一二八五九　：卜：寅：
一二八六〇　丙寅卜王：螽𡆥雨
一二八六一　乙卯卜殼貞𡆥雨：上甲宰：
一二八六二正　庚辰卜穷貞祟雨我：
一二八六二正　：祟雨我弗其得
一二八六二正　二告
一二八六二反　：其受年
一二八六二反　不其受年
一二八六二反　：其：
一二八六三　丁未卜爭貞祟雨匄于河十三月
一二八六三　貞于岳匄
一二八六四　甲子卜穷貞于岳祟雨：
一二八六四　：二月
一二八六五　貞今日無：
一二八六五　：祟雨
一二八六六　：申卜穷貞祟雨匄：
一二八六七　甲子卜穷貞祟雨：于：
一二八六八　癸巳卜穷貞祟雨
一二八六九甲正　不其雨
一二八六九乙正　貞呼烄雨
一二八六九甲反　唐來：
一二八七〇甲　癸卯卜今日雨
一二八七〇甲　其自西來雨
一二八七〇甲　其自東來雨
一二八七〇甲　其自北來雨
一二八七〇乙　其自南來雨
一二八七一　：自南：雨
一二八七二　：來雨自西

一二八七二 …于…
一二八七三正 …自西不雨
一二八七三反 …有牛
一二八七四 …卜…旬雨…西
一二八七五 …丑卜王…呼追…雨自北西…
一二八七六正 …來雨…
一二八七六反 …卜古貞…
一二八七七反 …雨來在…不其囚
一二八七八正 …貞若茲不雨惟…有鬯于…
一二八七八反 …崇有鬯
一二八七九 其雨茲雨
一二八八〇 貞茲雨…
一二八八一 …茲雨惟囚
一二八八二 …多…雨惟囚
一二八八三 甲申卜爭貞茲雨惟囚
一二八八三 貞茲雨不惟囚
一二八八四 …茲雨惟囚
一二八八五正 二告
一二八八五正 不舌黽
一二八八五反 貞茲雨惟…
一二八八六 …雲…雨…惟囚
一二八八六 …雨…
一二八八七 貞不雨不惟囚
一二八八七 …壱
一二八八八 貞…雨不惟囚
一二八八九 貞茲雨不惟囚我
一二八八九 …卜亘…日…
一二八九〇 …茲雨不惟囚
一二八九一 貞雨不惟囚
一二八九二 貞茲雨惟孽
一二八九三 …雨不惟孽
一二八九四 貞茲雨不惟…
一二八九五 戊…穷…
一二八九五 己未卜穷貞蔑雨惟有壱
一二八九六 …茲雨以攉
一二八九七 …茲雨惟…
一二八九八正 癸亥卜永貞茲雨惟若
一二八九八正 癸…卜永…其… 不舌黽
一二八九八正 貞茲雨不惟若
一二八九八正 貞祀亦不以嬉 二告
一二八九八正 告
一二八九八正 不舌黽
一二八九八正 二告
一二八九八正 不舌黽
一二八九八反 王固曰以嬉
一二八九九正 丁未卜韋貞呼取

一二八九九正 戊申卜古貞茲雨惟若
一二八九九正 二告
一二八九九正 不舌黽
一二八九九正 二告
一二八九九反 貞茲雨不惟若
一二九〇〇 …疾雨無旬
一二九〇一 癸巳卜殻貞旬無囚丁酉雨
一二九〇二 …旬無囚丁卯雨庚午…
一二九〇三 辛酉卜…雨戊辰…
一二九〇四 …允雨
一二九〇五 戊戌雨允雨
一二九〇六 乙丑卜殻…卯其雨丁卯允雨
一二九〇七 辛…壬…風
一二九〇七 壬戌卜癸亥雨之夕雨
一二九〇七 癸亥卜甲子雨
一二九〇七 己巳卜庚午雨允雨
一二九〇七 庚午不其雨
一二九〇七 庚午卜辛未雨
一二九〇七 辛未不其雨
一二九〇七 辛…卜壬…雨
一二九〇七 壬申不其雨
一二九〇七 癸酉不其雨
一二九〇七 …不…雨
一二九〇八 庚午卜辛未雨
一二九〇八 庚午卜壬申雨壬申允雨
一二九〇八 …卜癸酉雨
一二九〇八 庚午 二告
一二九〇八 庚午 二告
一二九〇八 庚午
一二九〇八 …酉雨之夕㞢丁酉允雨
一二九〇八 …酉卜翌戊戌雨
一二九〇八 二告
一二九〇八 …卜乙…
一二九〇八 …月
一二九〇九正 乙卯卜丙辰雨不
一二九〇九正 丁…雨不
一二九〇九正 庚申卜辛酉雨允雨
一二九〇九正 壬戌雨不
一二九〇九正 癸亥雨允雨
一二九〇九正 …戌雨不
一二九一〇 丁未卜翌戊雨不
一二九一〇 己酉雨允雨
一二九一〇 辛…雨三月
一二九一一 …戊寅其雨戊寅允…
一二九一一 …翌己卯其雨
一二九一二 乙未其…夫允雨

一二九一三　貞丁雨丁允雨
一二九一四　…巳卜韋貞其亦多雨王固曰…丙午允雨
一二九一五　…雨之…㞢辛…允雨
一二九一六　貞…曰其雨允雨
一二九一七　…丙子允雨
一二九一八　壬寅…辛亥…允雨
一二九一九　庚不其雨允不…
一二九一九　辛酉不其雨
一二九二〇　癸卯卜不雨允不
一二九二〇　…午卜…
一二九二一正　辛卯卜㱿貞王往延魚若
一二九二一正　辛卯卜㱿貞王勿延魚不若
一二九二一正　貞翌壬辰不其雨
一二九二一正　壬辰卜㱿貞侑祖辛二牛
一二九二一正　侑祖辛二牛
一二九二一正　辛丑卜穷貞翌壬寅其雨
一二九二一正　貞…祖…
一二九二一反　…固曰…翌庚…
一二九二一反　侑祖辛
一二九二一反　王…
一二九二一反　壬辰允不雨風
一二九二一反　貯入二
一二九二二　辛亥卜貞今日雨允雨
一二九二三　壬子卜貞今日雨…日允…至于…雨
一二九二四　壬…貞今…延雨允雨
一二九二五　…日丁巳允雨不延
一二九二六　…日允雨乙巳…
一二九二七正　貞今乙亥其雨
一二九二七反　…日允雨小
一二九二八　…日允…小
一二九二九　貞翌…未雨
一二九二九　…其雨…日允…小
一二九三〇　…日允雨
一二九三〇　…雨
一二九三一　癸丑貞今夕雨
一二九三一　癸…允…
一二九三二　壬戌卜今夕雨允雨
一二九三三　貞今夕其…夕允雨…
一二九三四　…今夕允延雨
一二九三五　乙亥…
一二九三五　乙亥卜㱿貞…之日允雨
一二九三六　貞惟雨之日允雨
一二九三七　甲子卜貞𢦏吉
一二九三七　…之日允雨…明其酌于祖…
一二九三八　…遘雨…日允雨
一二九三九正　貞今日壬申其雨之日允雨

一二九三九正　貞今日壬申不其雨
一二九三九正　二告
一二九三九反　貞𢦏…子美…
一二九三九反　…子美…
一二九四〇　…雨之日允明…
一二九四〇　…巳卜爭貞…
一二九四一正　…之日允…
一二九四二　…之日允雨
一二九四三　庚辰…史貞今夕雨之夕…雨
一二九四四　貞今夕雨之夕允雨
一二九四四　…今夕…雨
一二九四五　…之夕允雨多
一二九四六　…雨之夕允雨
一二九四七　…雨…夕允延雨
一二九四八正　…卜㱿…勿令…河二月
一二九四八正　…子卜…貞王令…河沈三牛燎三牛卯五
牛王固曰丁其雨九日丁酉允雨　二告
一二九四八反　丁王亦固曰其亦雨之夕允雨
一二九四九　王固曰…之夕允雨
一二九五〇　…王固曰吉翌辛其雨之…允雨
一二九五〇　…岳
一二九五一　…今日不雨于丁之夕允雨
一二九五二　貞今…雨之…允…
一二九五三　貞…夕雨
一二九五三　…之…允…
一二九五四正　貞…之…
一二九五四正　…牢卯三㱿
一二九五四正　…出
一二九五四正　…今夕雨
一二九五四反　…之夕允雨
一二九五四反　…其…
一二九五四反　…曰…
一二九五五　之…允雨
一二九五五　之…
一二九五六　辛…其雨之夕允…
一二九五七正　二告
一二九五七反　…日允不雨
一二九五八　…之夕允不雨
一二九五九　…夕允不…
一二九六〇　貞今丙申不雨之…允…
一二九六一　貞今夕不雨之夕允不…
一二九六二　…卜爭…丁其惟庚…至于丁亥雨允…
一二九六二　…戌卜…

一二九六三正　貞𢀛來無𡆥
一二九六三正　貞自今五日雨五乙巳允雨　二告
一二九六四　甲辰卜王自今至己酉雨允雨
一二九六四　甲辰卜王翌丁未雨
一二九六五　……翌丁亥……允雨
一二九六六　……卜葡翌戊申雨
一二九六六　辛……卜葡貞翌壬子雨允雨
一二九六六　辛亥卜葡翌壬雨允雨
一二九六六　壬子卜葡翌癸丑雨允雨
一二九六六　癸丑卜葡翌甲雨甲允雨
一二九六六　乙卯卜翌丙雨
一二九六六　……乙雨
一二九六七　貞翌丁……雨惟丁辛……允雨丁……亦雨
一二九六八　己未……貞……
一二九六八　翌癸亥其雨癸亥允雨
一二九六八　酉𡧊祖乙
一二九六九　乙未……翌丙……步……不暘日丙……允雨
一二九七〇　翌甲辰雨允雨
一二九七一　壬辰卜內翌癸巳雨癸巳𪓰允雨
一二九七一　翌……不其……
一二九七一　二告
一二九七一　……內……
一二九七二正　壬子卜爭貞來　二告
一二九七二正　翌癸丑其雨　二告
一二九七二正　翌癸丑不其……
一二九七二正　貞來丁巳
一二九七二反　王固曰雨
一二九七二反　王固曰……其雨癸丑允……雨
一二九七三　辛酉卜殻翌壬戌不雨之日夕雨不延
一二九七三　辛酉卜殻翌壬戌其雨
一二九七三　壬戌卜殻翌癸亥不雨癸亥雨
一二九七三　……戌……殻……雨
一二九七三　癸亥卜殻翌甲子不雨甲子雨小
一二九七三　……子卜殻翌乙丑不雨允不……
一二九七三　……翌……雨……允不雨
一二九七三　……殻翌乙丑其雨
一二九七三　乙丑卜殻翌……寅其雨
一二九七三　丙寅卜殻翌丁卯不雨
一二九七三　丙寅卜殻翌丁卯其雨丁……雨
一二九七三　乙亥……殻翌丙子不雨　二告
一二九七三　乙亥卜……翌丙子其雨
一二九七三　丙子卜殻翌丁丑不雨
一二九七三　翌丁丑其雨
一二九七三　丁丑……翌戊寅既雨
一二九七四　丁丑卜翌戊寅不雨允不雨

一二九七四　翌戊寅其雨
一二九七四　戊寅卜爭翌己卯不雨
一二九七四　戊寅卜爭貞翌己卯其雨
一二九七四　翌……其……
一二九七五　翌己未不其雨允不
一二九七五　庚申不其雨
一二九七五　翌……不……允……
一二九七六　……固曰……雨四日甲午允雨
一二九七七　……其惟辛見七日甲允雨八日辛丑亦……
一二九七八　今日……辰雨
一二九七八　……允……
一二九七九　……有从雨戊……允雨
一二九八〇　父庚一豕
一二九八〇　庚祖惟牛
一二九八〇　貞舞允从雨
一二九八〇　其雨
一二九八一　……允雨小
一二九八二　……日甲……允雨
一二九八三　……益允雨
一二九八四　……卜王今雨……固曰兹見丁……允雨
一二九八五　……雨允雨
一二九八六正　……卜……允雨
一二九八六反　貞……㞢……
一二九八六反　……惟……祟
一二九八六反　……祟
一二九八七　……其……允雨
一二九八八　……受……允雨
一二九八九正　壬寅卜……
一二九八九正　……申卜……
一二九八九反　……雨惟……允雨
一二九九〇　……雨允雨
一二九九一　月雨
一二九九一　之日
一二九九一　允雨
一二九九二　允雨
一二九九三　允雨
一二九九三　兹用
一二九九四　允雨
一二九九五　……雨允不……
一二九九六　……其延允不延雨
一二九九六　……三月
一二九九七正　二告
一二九九七反　王固曰今夕㞢雨
一二九九八正　貞不其終夕雨
一二九九八正　……三月
一二九九八反　……曰其……

一二九九九 :雨庚:癸酉允終:
一三〇〇〇 丁卯卜貞惟其雨
一三〇〇一 :其正雨
一三〇〇二 乙未卜龍無其雨
一三〇〇三 辛巳卜貞卜其雨
一三〇〇三 貞卜不雨
一三〇〇四 庚辰卜貞王告
一三〇〇四 辛巳卜貞卜不雨
一三〇〇五 :申卜桼雨
一三〇〇六 :申卜:異:其:雨
一三〇〇六 貞:中:
一三〇〇七正 :卜:貞翌:甲申不雨癸雨
一三〇〇七正 甲:
一三〇〇八 :寅:⿱雨龜允:
一三〇〇九 :惟霍:
一三〇一〇 貞霖豕:
一三〇一一 貞不⿱网衣
一三〇一二 :鼜:雨
一三〇一三正 鼜雨
一三〇一四 丁亥貞衣洹
一三〇一四 :雨
一三〇一五 貞雨
一三〇一五 :雨
一三〇一六 丁亥卜㝊貞衣:往
一三〇一六 貞勿:一月
一三〇一六 丙申卜寧良
一三〇一六 貞雨
一三〇一七 貞雨
一三〇一七 貞止人于子
一三〇一七 :光:𡆥
一三〇一八 乙:貞:雨
一三〇一八 :貞:往:于:雨
一三〇一八 庚寅:今:延
一三〇一九 甲:貞:雨
一三〇一九 :史:惟吉二月
一三〇二〇 辛丑:史貞翌壬寅:三月
一三〇二〇 :卜:貞:雨
一三〇二一 :巳卜王壬申不䨓雨二月
一三〇二二 :卜:王:休:雨
一三〇二三 :京雨
一三〇二四 :辰:商:雨
一三〇二五 :己巳:雨
一三〇二六 貞無:王固曰雨
一三〇二七正 癸巳卜:小告
一三〇二七反 :固曰䰞其雨惟:
一三〇二八 甲:雨:不⿰酉彡　二告

一三〇二九 貞勿雨
一三〇三〇 乙未:貞:七月
一三〇三〇 :王其:歲:雨
一三〇三一 :王固:雨弘
一三〇三二 :雨
一三〇三三 丙戌:日雨:
一三〇三三 自今旬:
一三〇三四 :不令雨允:
一三〇三五 :雨惟:昏
一三〇三六 :翌:允:
一三〇三六 貞日中:于:雨
一三〇三七 癸酉卜:雨
一三〇三八 勿雨
一三〇三八 :蔑匄不祟
一三〇三九 :爭:雨
一三〇三九 乙巳:爭:寧:
一三〇四〇 貞其㞢:九月在:
一三〇四〇 勿雨
一三〇四〇 :寧:
一三〇四一 癸卯卜㝊貞其:雨
一三〇四二 :戌:見雨:人舌:
一三〇四三 己:其:雨
一三〇四三 :⿰酉彡:
一三〇四四 己巳卜王:酉雨之:
一三〇四五 乙亥卜:日⿰𠂤乚雨
一三〇四六 :暈終:惟甲子:暈延昏
一三〇四七 王固:其暈:正:
一三〇四八 :雨
一三〇四八 癸巳卜貞今其有𡆥
一三〇四八 甲午暈
一三〇四八 :雨在宁一月
一三〇四八 :卜貞今:有𡆥
一三〇四九 :酉暈延雨
一三〇四九 :惟:七月
一三〇五〇正 :巳:暈
一三〇五〇反 :凨:
一三〇五一 :未:暈:
一三〇五二 戊申卜㱿貞昏若
一三〇五三 :㝊貞昏若
一三〇五三 :㱿貞奴:
一三〇五四 貞昏
一三〇五五正 丙子卜亘貞昏
一三〇五五反 :四十屯
一三〇五六 貞昏　二告
一三〇五六 :昏
一三〇五六 二告

一三〇五七　戊：晵
一三〇五七　貞：
一三〇五八　貞：夕：囚
一三〇五八　辛亥：晵
一三〇五九　庚寅晵
一三〇六〇　甲晵　二告
一三〇六〇　戊：　二告
一三〇六一　其晵
一三〇六二　：其晵八月
一三〇六三　：其晵
一三〇六四　其晵
一三〇六五　：晵若八月
一三〇六六　貞不其晵九月
一三〇六六　貞不其晵
一三〇六七　貞不其晵
一三〇六八　乙亥不晵
一三〇六九　癸酉卜王：晵
一三〇六九　丁不晵
一三〇七〇　壬不晵
一三〇七一　不晵
一三〇七二　：八：辛：不晵之：
一三〇七三　：㝊翌癸卯暘日允暘日
一三〇七四甲　：㝊翌甲辰晵：晵
一三〇七四甲　甲辰卜㝊翌：其：
一三〇七四甲　：㝊：
一三〇七四甲　：晵
一三〇七四乙　：卜㝊：午其晵
一三〇七四乙　：卜：晵
一三〇七四乙　庚不其晵
一三〇七五　丁未卜𠷎貞今：晵
一三〇七六　不吿黽
一三〇七六　貞今癸卯晵
一三〇七七　辛丑：貞今：晵
一三〇七八　貞：
一三〇七八　貞惟庚
一三〇七九　貞戠
一三〇七九　貞今丁卯晵
一三〇七九　貞今：晵雨
一三〇八〇　貞今：晵
一三〇八一　：卜今丁晵
一三〇八二　：今日晵
一三〇八三　庚戌卜史貞今夕晵六：
一三〇八四　貞今夕晵
一三〇八五　貞今夕晵
一三〇八六　貞今夕晵
一三〇八七　貞今夕其晵
一三〇八八

一三〇八九　貞今：其晵
一三〇九〇　壬寅卜今夕晵
一三〇九一　今夕晵
一三〇九二　貞：其晵
一三〇九二　：今夕晵
一三〇九三　：今夕：囚
一三〇九三　：今夕晵
一三〇九四　今夕晵
一三〇九五　：夕：晵
一三〇九六　今夕其晵
一三〇九七　貞今夕不晵
一三〇九八　貞今夕不晵
一三〇九九　貞今夕不其晵
一三一〇〇　貞今夕不其晵
一三一〇一　貞今夕不其晵
一三一〇二　貞今夕不其晵不晵
一三一〇三　貞今夕不其晵
一三一〇四　貞今夕不其晵
一三一〇五正　丁未卜㱿貞翌辛亥晵
一三一〇五反　：曰：風壬：
一三一〇六　丙辰卜㝊翌丁巳晵
一三一〇七　：㝊翌己酉晵
一三一〇七　：翌庚戌晵
一三一〇八　乙：㝊翌：晵
一三一〇九　辛亥卜内翌壬子晵壬：
一三一〇九　癸丑卜内翌甲寅晵　二告
一三一〇九　甲寅
一三一〇九　：九月
一三一一〇　丙寅卜内翌丁卯晵丁晵
一三一一〇　戊：内翌：巳：
一三一一一　壬子卜内翌癸丑晵癸：
一三一一一　：辛亥：辛允：
一三一一二　乙丑卜爭貞今日其雨
一三一一二　今日不其雨
一三一一二　庚辰卜：翌辛巳晵
一三一一二　貞翌辛巳有晵
一三一一三　：翌辛未晵允晵
一三一一三　：翌癸酉不其晵
一三一一四　癸卯卜：貞翌甲：晵
一三一一五　貞翌乙：不：
一三一一五　貞翌丁丑晵
一三一一六正　貞翌乙未晵
一三一一六正　貞翌丙申晵
一三一一六反　：夕：
一三一一六反　貞：其：
一三一一七　貞翌庚子不其晵

一三一一七　貞若
一三一一七　貞翌庚子啓
一三一一七　貞若
一三一一七　貞翌庚子啓
一三一一七　貞若
一三一一八正　貞翌乙亥啓
一三一一八反　壬申
一三一一九　貞翌戊子啓
一三一二〇　癸巳：狩啓允啓十一月
一三一二〇　：翌丁未其啓
一三一二一　：翌：未：啓
一三一二二　丁巳卜爭翌戊午不其啓
一三一二二　戊午卜翌己未不其啓
一三一二三　：子卜：貞翌：丑：
一三一二三　：子啓
一三一二三　甲寅卜爭貞翌乙卯其啓　二告
一三一二三　暘日
一三一二三　啓
一三一二三　：日
一三一二四　癸卯卜內翌甲辰不其啓
一三一二四　癸卯卜內翌甲辰：
一三一二四　翌戊申不其：　二告
一三一二四　己酉：內翌：
一三一二五　翌丙午不其啓
一三一二五　：卜內翌乙：其啓
一三一二六　翌丁：不其啓
一三一二六　翌戊辰不其啓
一三一二六　翌己巳不其啓
一三一二六　翌辛未不其啓
一三一二六　：壬：
一三一二七　戊：啓
一三一二七　翌庚戌不其啓
一三一二八　翌：
一三一二八　翌丙寅不其啓
一三一二九　貞翌辛卯不其啓
一三一三〇　：翌：啓
一三一三〇　：不：啓
一三一三一　：夕啓：癸巳：延啓
一三一三二　貞延啓　不吿黽
一三一三三正　貞不其延啓六月
一三一三三反　：凹示：
一三一三四　貞不其延啓
一三一三五　：今夕：之夕：亦啓
一三一三六　辛亥卜癸啓允啓
一三一三七　貞翌壬寅啓允啓
一三一三八　翌乙：日啓：日允啓

一三一三八　：延雨
一三一三九　甲寅啓
一三一三九　甲寅啓允：
一三一四〇　甲子卜內翌乙丑：乙丑：
一三一四〇　乙丑卜內翌寅啓丙允啓
一三一四〇　丁卯卜內翌戊辰啓　二告
一三一四〇　辛未卜內翌壬申啓壬終日霧　二告
一三一四〇　翌：申不其啓
一三一四〇　壬：翌癸：啓
一三一四一　乙巳卜內翌丙午允啓
一三一四一　丁：啓：霧
一三一四二　：今夕啓允啓
一三一四三　：辛丑啓允啓
一三一四三　：寅卜：翌祉
一三一四四　貞：啓之：允：
一三一四五　：庚暘日
一三一四六　乙未貞暘日
一三一四七　貞伐暘日
一三一四八　乙卯卜亘貞
一三一四八　己未卜韋：
一三一四八　：㽙貞于辛酉出暘日辛：允：
一三一四八　不吿黽
一三一四九　甲申貞：日于：暘日
一三一五〇　甲子：暘：
一三一五〇　貞：
一三一五〇　：啓
一三一五一正　乙丑卜殻貞蠱雨
一三一五一正　貞暘日
一三一五一正　貞丁：㞢：
一三一五一反　戊辰
一三一五一反　王固曰有祟其：
一三一五二　癸未卜暘日
一三一五三　甲戌暘日
一三一五三　乙亥暘日
一三一五三　：黃：祟：
一三一五四正　：辛巳暘日
一三一五四反　：夕：
一三一五五　丁未
一三一五五　己酉暘日
一三一五五　：酉：入：
一三一五六　庚子暘日
一三一五七　：壬申暘日
一三一五八　甲戌暘日
一三一五九正　辛巳暘日
一三一五九反　：勿啓其：𢆶稚：稚：
一三一六〇　貞甲申暘：

一三一六〇	：暘日十二月　二告
一三一六〇	：霧
一三一六一	：不丁暘日一月
一三一六二	：暘日
一三一六三	：戚
一三一六三	暘日
一三一六四	：暘日十二月
一三一六五	：暘日丙戌雨：量：
一三一六六	：暘日
一三一六七正	二告
一三一六七反	：暘日
一三一六八	暘日
一三一六八	不暘：
一三一六九	暘日
一三一七〇	獲：
一三一七〇	：戊不暘日
一三一七一	：寅卜：己卯其各暘日
一三一七二	丑：貞
一三一七二	貞戠：辛暘日
一三一七三	：兮：其暘：
一三一七四	：日
一三一七五	乙亥不暘日
一三一七六	辛未貞暘不
一三一七七	貞不暘日
一三一七八	貞丁不暘
一三一七九甲	：其雨
一三一七九乙	：午：暘：
一三一八〇	不暘日
一三一八一	不暘日
一三一八一	其量不暘日
一三一八二	壬：癸：
一三一八三	不暘
一三一八三	貞：飲：
一三一八三	：卜甲戌不其暘日
一三一八四	貞甲戌暘日
一三一八五	壬子不其暘日
一三一八六	庚戌不其暘日
一三一八六	：乙未：
一三一八七	乙未不其暘日
一三一八八	：戊不其暘日
一三一八八	：午不其暘日
一三一八九	丁巳不其暘日
一三一九〇	：卯不其暘日
一三一九一正	乙亥不其暘日
一三一九一反	：勿禦：㪅
一三一九二	乙：不其暘日
一三一九三	丁亥其暘
一三一九三	二告
一三一九四	貞惟：取于：彭
一三一九四	貞不其暘日
一三一九五	貞：暘：
一三一九五	貞不其暘日
一三一九六	貞不其暘日六月
一三一九七	貞不其暘日六月
一三一九八	貞不其暘日十月
一三一九九	貞不其暘日十月
一三二〇〇正	貞畀：暘日
一三二〇〇正	貞不其暘：
一三二〇一	貞不其暘日
一三二〇二	貞：
一三二〇二	不其暘日
一三二〇二	：無：
一三二〇三正	不其暘日
一三二〇三反	王固曰有：
一三二〇四	不其暘日
一三二〇五	不其暘日
一三二〇六正	二告
一三二〇六反	：其暘日
一三二〇七	不其暘日
一三二〇七	：舌：
一三二〇八	不其暘日
一三二〇九	不其暘日
一三二〇九	：二月
一三二一〇	不其暘日
一三二一〇	暘日
一三二一一	：不其暘日
一三二一二	暘日
一三二一二	不其：
一三二一二	：日
一三二一三	：其暘日
一三二一三	：月
一三二一四	：其：嫚：暘日
一三二一五	勿令：
一三二一五	：禦：燎：
一三二一五	：其暘日
一三二一六正	癸巳卜殻貞翌甲午暘日
一三二一六反	：夕其雨
一三二一六反	：未：雨中日啓酌既
一三二一六反	：陟：蠱：
一三二一七	甲辰卜殻翌乙巳暘日
一三二一七	乙巳卜殻翌丙暘日
一三二一七	：卜殻：丁未：

一三二一七　辛：殸：
一三二一八正　：申卜殸翌乙酉暘日
一三二一八正　翌丙戌：
一三二一八反　：風
一三二一九　：殸：翌己丑：暘日己：圜：亦：
一三二二〇正　庚辰卜古貞翌辛巳暘日王固曰暘日
一三二二〇正　貞翌辛巳不其暘日
一三二二〇正　小告
一三二二〇正　貞卩有萬出
一三二二〇正　：卩：
一三二二〇反　：惟有：
一三二二〇反　有祟
一三二二〇反　燎
一三二二〇反　貞：巳土：
一三二二〇反　貞：辛其：
一三二二〇反　辛：
一三二二一　甲戌卜穷貞翌乙亥其：暘日
一三二二二正　：午卜穷貞翌乙未暘：
一三二二二反　王固曰吉暘：于庚：
一三二二三　：戌：穷貞翌丁亥暘日
一三二二三　：其：
一三二二四　甲子卜穷翌乙丑：日
一三二二五　癸酉卜吅貞翌：暘日
一三二二五　貞令：
一三二二五　：勿：于：之：
一三二二六　丙子卜永貞自今至于庚辰其雨
一三二二六　己卯卜吅貞翌庚辰暘日
一三二二六　貞：
一三二二七　：卯：翌庚辰暘：
一三二二七　：翌庚辰：
一三二二八　己卯卜亘貞翌：
一三二二八　己卯卜亘貞翌庚：日
一三二二九　：亘貞翌庚午暘日
一三二三〇　貞翌乙酉暘日
一三二三〇　：佣：
一三二三一　丙：貞翌庚：暘日庚：霧：
一三二三二　甲戌卜貞翌乙亥暘：
一三二三三　丙午卜翌丁暘日
一三二三三　：卜：
一三二三四　癸卯卜翌丁暘日
一三二三五　癸巳：翌甲：暘日
一三二三六　己酉卜翌庚：暘日
一三二三七　貞翌甲午暘日
一三二三七　：大：
一三二三八　貞：于：
一三二三八　戊寅

一三二三八　貞翌庚辰暘日
一三二三九正　貞翌乙未暘日
一三二三九正　：敚：
一三二四〇　癸未卜：乙酉其：
一三二四〇　貞翌乙酉不雨
一三二四〇　貞翌乙酉暘日
一三二四〇　貞翌乙酉不：暘日
一三二四一　貞翌癸未暘日
一三二四二　貞：不：
一三二四二　貞翌丁未：日
一三二四三正　貞翌己卯暘日
一三二四三正　：一月
一三二四三反　：熺其惟：亦：
一三二四四　貞：
一三二四四　壬午卜殸貞于罝
一三二四四　貞翌丁亥暘日
一三二四五　貞翌：卯暘日
一三二四六正　貞翌乙未暘：
一三二四六正　：侑：岳
一三二四六反　甲午卜吅
一三二四七正　貞翌乙巳暘日
一三二四七正　今夕其亦來
一三二四七正　貞翌乙巳：其：
一三二四七反　：未卜殸：
一三二四八　貞自今至于庚辰不：
一三二四八　翌甲申暘日
一三二四八　侑于：
一三二四八　貞翌甲申暘日
一三二四九　貞翌甲寅暘日
一三二五〇　貞：
一三二五〇　貞翌庚子暘：
一三二五〇　：未卜翌丙申：
一三二五〇　二告
一三二五一　貞翌庚子暘日
一三二五一　：子：
一三二五二　貞：庚：暘日
一三二五三　貞翌：暘日　二告
一三二五四　翌癸卯暘日
一三二五五　翌乙未暘日
一三二五六正　翌庚子暘日
一三二五六正　：庚：無其至
一三二五六正　貞乙巳有至
一三二五六正　貞：子無其至
一三二五六反　戊戌：
一三二五七　貞翌甲：
一三二五七　翌甲戌暘日

一三二五八正　…翌庚子暘日
一三二五九　翌日壬…暘日
一三二六〇甲　…㱿貞示若王
一三二六〇甲　甲子卜爭貞翌乙丑…其暘日
一三二六〇乙　貞翌乙丑王步暘…
一三二六一　癸酉卜爭貞翌乙亥不其暘日
一三二六二　壬辰卜永貞翌甲午不其暘日
一三二六三　乙酉卜穷貞翌丁亥不其暘日
一三二六四　辛丑卜㱿翌壬寅不其暘日
一三二六四　壬寅卜㱿貞翌癸卯不其暘日
一三二六五　…㱿翌…不其暘…
一三二六五　…翌庚…
一三二六六　壬子卜貞翌甲不暘日
一三二六七　貞翌丁未不其暘日
一三二六八　貞翌丁酉不其暘日
一三二六九　貞翌乙酉不其暘…
一三二七〇正　貞翌乙巳不其…日
一三二七〇反　…其先…
一三二七〇反　…示一…
一三二七一　貞翌甲戌不其暘日
一三二七一　翌甲戌暘日
一三二七一　乙亥暘日
一三二七二　翌庚子暘日
一三二七二　翌庚子暘日
一三二七二　…庚子暘…
一三二七二　貞翌乙巳不其暘日
一三二七二　乙巳暘日
一三二七三　貞翌乙亥不其暘日
一三二七三　貞有屯
一三二七三　…無…
一三二七四　貞翌乙巳不其暘日
一三二七四　…巳…日
一三二七五　貞翌丁亥不其暘日
一三二七六正　貞翌丁亥暘日
一三二七六正　貞翌丁亥不其暘日
一三二七六反　…卜㱿
一三二七七　其惟王往
一三二七七　貞翌乙未不其暘日
一三二七七　…侑于王亥
一三二七八　貞翌庚子不其暘日
一三二七八　庚子暘日
一三二七八　…子…日
一三二七九　貞翌甲戌不其暘日
一三二八〇　貞翌乙…不其暘…三月
一三二八一甲正　貞翌辛巳不其暘日　小告
一三二八一乙正　…翌辛巳…

一三二八一丙正　…翌辛巳暘…
一三二八一甲反　…隼己…
一三二八二正　…午卜穷貞翌丁未子[illegible]其祖暘日　小告
一三二八二正　貞翌丁未不其暘日　二告
一三二八二正　小告
一三二八二反　叜
一三二八三正　貞翌庚子不其暘日
一三二八三正　庚…日…啓勿…
一三二八三正　庚子啓之夕雨
一三二八三反　…侑…無…
一三二八四　貞翌丁酉不…暘…
一三二八五　貞翌乙酉不其暘…
一三二八六　貞翌甲戌不其暘日
一三二八七　貞翌甲午不其暘日
一三二八八　貞翌乙巳不其暘日
一三二八八　翌乙巳暘日
一三二八九　貞翌丁亥不…暘日
一三二九〇　貞翌…亥不…暘日
一三二九一　貞翌乙…不其暘…
一三二九二　甲申不其暘日
一三二九二　甲申暘日
一三二九二　甲申不其暘日
一三二九二　甲申暘日
一三二九二　翌甲申不其暘日
一三二九二　翌甲申暘日
一三二九二　…亘貞翌甲…暘日
一三二九二　貞翌丁亥暘日
一三二九三　…翌丁亥不其暘日
一三二九三　翌庚子不其暘日
一三二九四　翌壬子不其暘日
一三二九五　…暘日
一三二九五　二告
一三二九六　翌乙巳不其暘日
一三二九七　翌丁酉…其暘日
一三二九八　…翌乙…不其…日
一三二九九　…其…
一三二九九　翌甲子不其暘日
一三二九九　翌壬…不其…日
一三三〇〇　翌庚子不其暘日
一三三〇〇　…祟我
一三三〇一　…翌庚…不其…日
一三三〇二　貞…庚…
一三三〇二　翌庚…不…暘日
一三三〇三　…翌庚…不暘日
一三三〇四　…翌庚…不…暘…
一三三〇五　庚子不其暘…

編號	釋文
一三三〇五	貞來乙巳暘日
一三三〇六	乙酉卜㝵貞翌…丁亥允暘…　二告
一三三〇七	乙亥卜㝵貞翌乙亥酚茲暘日乙亥酚
	允暘日
一三三〇八	癸丑卜㝵貞翌乙卯暘日之…允…日
一三三〇八	戊…貞…毋…夫…
一三三〇八	辛…
一三三〇九	…庚子暘日庚…庚允…
一三三一〇	甲辰卜翌乙巳暘日乙巳允暘日
一三三一一正	癸酉卜爭貞翌甲戌暘日
一三三一一正	貞翌甲戌暘日甲戌允暘日十二月
一三三一一臼	小㪅
一三三一二	…爭貞翌乙卯其𦣼暘日乙卯𦣼允暘日
	昃霧于西六月
一三三一二	翌…不其…
一三三一二	貞…
一三三一三正	二告
一三三一三反	今己…
一三三一三反	…暘日
一三三一三反	…于…
一三三一四正	…子卜…貞…
一三三一四反	…允暘日不…
一三三一五	甲寅貞…暘日
一三三一五	…𣪊…
一三三一六正	翌丁丑其雨
一三三一六正	…翌丁丑不雨
一三三一六正	丙戌卜亘貞翌丁亥…
一三三一六正	貞我受…
一三三一六正	二告
一三三一六反	…丁亥允暘日
一三三一七	…庚允暘日
一三三一七	翌甲…暘…
一三三一八	…暘日
一三三一九	辛…步于…癸亥允步暘日
一三三二〇	…酉暘日允…日
一三三二一	壬午…酉暘…夕…
一三三二二	…告王其…五月
一三三二二	…暘…
一三三二三	…暘…
一三三二四正	貞…步…
一三三二四反	翌…暘…
一三三二五	…涉…暘…
一三三二六	貞…
一三三二六	…土于…暘…
一三三二七	丁巳卜貞王賓日不雨
一三三二八	…其入日侑…

編號	釋文
一三三二九	丙戌卜㝵貞告日有蝕于上甲三牛
一三三三〇	己丑卜㝵貞酌庚寅風　二告
一三三三一	戊寅卜爭貞…豕四兔七十又…
一三三三一	丙戌卜㝵貞…雨𠶷風不…
一三三三二	…戌卜㝵貞…風不步
一三三三三正	甲申卜㱿貞翌乙酉其風
一三三三三正	翌乙酉不其風
一三三三三反	雀入二百五十
一三三三四	翌壬戌其雨壬戌風
一三三三四	…卜㝵…雨
一三三三五	己酉風十月
一三三三六	…風
一三三三七	貞今日其延風
一三三三七	…巳…
一三三三七	…巳…
一三三三八正	…卜永貞今日其夕風
一三三三八正	貞今日不夕風
一三三三八正	不𠯑黽
一三三三八正	不𠯑黽
一三三三八正	小告
一三三三八正	告
一三三三八反	𡗕入五十
一三三三八反	婦巳示十　爭
一三三三九	丙子…方…今日…風
一三三四〇	…卜今日風
一三三四〇	…其風
一三三四一	…日風
一三三四一	…八月
一三三四二	…風
一三三四三	中日…風
一三三四三	至癸…
一三三四四	癸未卜㱿貞今日不風十二月
一三三四五	辛酉卜…貞今日不風
一三三四六正	丁未卜充貞今日不風
一三三四六反	戊…
一三三四七甲	今日其風
一三三四七乙	今日不風
一三三四八	己亥…貞今日不風
一三三四九	庚辰…
一三三四九	…日不風
一三三四九	…三宰
一三三五〇	庚子…之日風
一三三五〇	辛…
一三三五一	貞今夕雨之夕㫺風
一三三五二	…日風
一三三五三	…午卜…貞…乙…不…

一三三五三　…益…不遘風
一三三五四　貞翌丙子其有風
一三三五四　勿…
一三三五五　貞翌丙子其有風
一三三五五　癸酉…㱿
一三三五六　其有風
一三三五六　無風
一三三五七　癸卯卜爭貞翌乙亥…
一三三五七　癸卯卜爭貞翌丙子…
一三三五七　癸卯卜爭貞翌…中無風丙子…允
　　　　　　無…
一三三五七　告
一三三五七　小告
一三三五七　二告
一三三五七　有風
一三三五七　無風
一三三五八　…日無風之日𧻚雨
一三三五九　壬寅卜癸雨大驟風十月
一三三六〇　…丁酉大驟風十月
一三三六一　癸丑卜貞旬甲寅雨四月
一三三六一　癸酉…旬…雨四月
一三三六一　…亥卜…旬壬…驟風
一三三六二正　…大驟風…㞢乙巳疾執…人五月在
　　　　　　敦
一三三六二正　…固曰有祟七日己…
一三三六二反　…𢦏…亦征俘…六月
一三三六二反　…祟甲申夕㞢乙酉…鼓乞至
一三三六三　丁丑…二告
一三三六三　己卯卜貞…
一三三六三　癸未卜貞夕　二告
一三三六三　癸亥
一三三六三　乙丑卜貞夕
一三三六三　丙寅卜貞夕
一三三六三　丁卯卜貞夕之夕雨
一三三六三　癸酉
一三三六三　…丑貞夕庚寅大驟風
一三三六三　癸巳貞夕
一三三六三　癸巳
一三三六三　甲午卜貞夕
一三三六三　癸卯夕
一三三六四　…戊暘…驟風
一三三六五　…旬己亥驟風
一三三六六　乙巳卜王…燎三牛…于…不用四日…
　　　　　　驟風
一三三六七　戊寅…大風…惟…
一三三六八　…勿侑于…風

一三三六八　…河
一三三六九　丙午卜亘貞今日風𡆥
一三三七〇　…風不惟𡆥
一三三七一　…爭貞茲風…
一三三七二　癸卯卜穷貞寧風
一三三七三　貞其風
一三三七三　貞…
一三三七四　…卜翌…啓…風
一三三七五正　…鼓…壬其雨不…中麓允…辰亦…風
一三三七五反　…翌壬不雨壬其雨
一三三七六正　…之…鑿…
一三三七六正　癸…卜內貞旬庚丁…風
一三三七六正　…乙…告…雨
一三三七六反　…夕…
一三三七七　…七日…大采…風
一三三七八　…爭…風
一三三七九　…亥…風
一三三八〇　…風
一三三八一　…風　小告
一三三八二　…霧…風
一三三八三　甲子卜翌乙…啓乙…風
一三三八三　乙丑卜翌丙寅啓丙…
一三三八四　…酉卜古貞茲雲…
一三三八五　貞茲雲其雨
一三三八五　貞不其受年
一三三八六　庚寅貞茲雲其雨
一三三八七　貞茲雲其雨
一三三八七　…唐…酌
一三三八八正　貞茲雲…
一三三八八反　…雨
一三三八九　貞茲雲其伐
一三三八九　貞茲雲…伐
一三三九〇正　癸酉卜穷貞自今至于丁丑其雨
一三三九〇正　貞其𤕌牛㪅于唐
一三三九〇正　貞茲柴雲其雨
一三三九〇正　貞茲柴雲不其雨
一三三九〇正　二告
一三三九〇反　王固曰丁其雨
一三三九〇反　王固曰勿𢀛
一三三九〇反　父庚不𢀛王
一三三九〇反　父…𢀛…
一三三九〇反　庚申卜內…來
一三三九〇反　奠入十
一三三九一甲正　…茲雲其…
一三三九一乙正　貞茲雲其…降其雨
一三三九一乙正　…保…

一三三九一甲反	…五十
一三三九一乙反	殻…
一三三九二	…貞茲雲延雨
一三三九二	…侑于祖…
一三三九三	…茲雲雨
一三三九三	不其雨
一三三九四	…圓今茲雲
一三三九五正	…茲雲
一三三九五反	…固…
一三三九六	…雲…雨
一三三九六	…惟…
一三三九七	…未…雲…其…
一三三九八	乙酉卜貞…雲夕…
一三三九九正	己亥卜永貞翌庚子彰…王固曰茲惟 庚雨卜之…雨庚子彰三嗇雲蘇其既 祝啓
一三三九九反	王固曰茲惟庚雨卜…
一三四〇〇	乙卯卜殻…燎于雲…
一三四〇一	貞燎于四雲
一三四〇二	…燎…雲一羊…
一三四〇三	貞惟…啚雲
一三四〇三	貞惟…啚雲
一三四〇四	…若茲…六雲…其雨
一三四〇四	…不𡆥𩰯
一三四〇四	…暈既改牛…卯大集…二𠂤鼎列…
	雲大𠬝…啓
一三四〇五正	…王…賓…雲各自…自北唐…
一三四〇五反	貞…日…
一三四〇五反	己…翌…
一三四〇五反	…吾…
一三四〇六	癸巳卜古貞…雨雷十月
一三四〇六	…在…
一三四〇七正	告
一三四〇七反	乙巳…㝊貞茲雷其…
一三四〇八正	庚子卜貞茲雷其雨
一三四〇八反	王固…雨無…
一三四〇九	…雷其…
一三四一〇	貞雷祉于𩁹
一三四一一	…酉卜…雷…
一三四一二正	…雷…
一三四一二反	…來…
一三四一三	…卜貞…雷于河
一三四一四	雹
一三四一四	雹
一三四一四	雹
一三四一四	黍
一三四一五	…貞雷不惟囚
一三四一六	…亥…殻…𦊱
一三四一七	乙丑…生一月…其雨
一三四一七	七日壬申雷
一三四一七	辛巳雨壬午亦雨
一三四一七	乙…
一三四一八	…雲雷…
一三四一九	…卜貞今己亥雷不惟…
一三四二〇	己亥卜爭貞有羽土…
一三四二〇	己亥卜爭貞呼衣…
一三四二〇	…貞㪅…
一三四二一	有羽土于之
一三四二一	衣郭
一三四二二	壬子卜貞雍目有羽
一三四二三	癸酉…貞王延有羽
一三四二四	貞翌戊申有羽
一三四二五	…曰翌丁酉其有羽
一三四二六	己酉卜貞亞從有羽三月
一三四二七	…卜貞…茲三月…羽
一三四二七	丁…貞…
一三四二八	…羽十月
一三四二八	貞…
一三四二九	壬戌卜…比…
一三四二九	貞今…卯…羽
一三四三〇	貞無其羽
一三四三一	…卜…貞…𥄉…羽
一三四三二	貞羽
一三四三三	貞羽
一三四三三	勿侑
一三四三四	…卜貞…疾…羽…于…
一三四三四	勿…
一三四三五	翌壬…羽
一三四三六	…羽
一三四三七	貞…其…
一三四三七	…不…羽
一三四三八	貞…其…十二月
一三四三八	貞無…羽
一三四三八	貞無其羽
一三四三九	勿羽
一三四四〇	毋羽
一三四四一	…囚
一三四四二正	戊…佑王固…惟丁吉其…未允…
一三四四二正	允有蠶明有…雲…昃亦有蠶有出虹自 北…于河在十二月
一三四四二反	王固曰…
一三四四三正	庚寅卜古貞虹不惟年

一三四四三正　庚寅卜古貞虹惟年
一三四四三正　燎于河
一三四四三正　二告
一三四四三正　不告黽
一三四四三正　二告
一三四四三正　：告黽
一三四四三正　告
一三四四三正　不告：
一三四四三正　不告黽
一三四四三臼　婦杞示十屯又一（宾
一三四四四　：庚吉其：有鑿虹于西：
一三四四五　乙：爭翌丙午不其暘日
一三四四五　庚子卜爭貞翌辛丑暘日
一三四四五　辛丑卜爭翌壬寅暘日壬寅霧
一三四四五　壬寅：爭貞：癸：日
一三四四六　：丁亥雨
一三四四六　：不其雨戊霧不雨
一三四四六　：霧
一三四四七　丁酉卜宾貞今夕無囚霧
一三四四七　戊：宾：夕：之：
一三四四七　己亥卜宾貞今夕：囚
一三四四七　：卜今：
一三四四八　：日允雨乙巳霧
一三四四九　丁：翌：啓：
一三四四九　辛丑卜宾翌壬寅啓壬寅霧
一三四五〇　乙未卜王翌丁酉酌伐暘日丁明霧：大食：
一三四五一　：日其雨至于丙辰霧不雨
一三四五二　癸巳：翌甲啓甲霧六月
一三四五二　：六月
一三四五三正　貞茲：霧：
一三四五三反　：曰惟：
一三四五四　：酉卜王翌：戊啓：霧
一三四五四　：不：
一三四五五　：吉：霧
一三四五六　：囚：霧
一三四五七　丑卜：允霧
一三四五八　不雨：允不：霧六月
一三四五八　：于：冥
一三四五九正　：卜亘貞翌乙巳：乙：二月
一三四五九反　：惟丙不吉乙巳酌霧：不雨：其：
一三四六〇正　日：霧
一三四六〇反　王固：弗其：
一三四六〇反　：曰：勿：
一三四六一　：翌：雨：霧
一三四六二　：夕啓：霧
一三四六三　甲子卜：燎：步：大：霧

一三四六四　：終：霧
一三四六五　壬辰卜宾貞有巷
一三四六六　乙酉卜爭貞□惟有霾
一三四六六　癸卯卜：王固曰其：霾甲辰：
一三四六七　：其雨
一三四六七　貞王勿：
一三四六七　貞齒
一三四六七　貞茲雨不惟霾
一三四六七　貞：雨惟霾
一三四六八　貞翌丁卯酌丁霾
一三四六九　：惟霾：有作：
一三四七〇　貞霾
一三四七〇　勿丁六月
一三四七一　：丑卜殼貞：夕㞢丁丑雨：
一三四七二　：無囚乙：夕㞢丙辰：
一三四七三　：貞旬無囚之夕㞢甲子：
一三四七四　：三日丙申夕㞢
一三四七五　：辛：午夕㞢：王固：午歲：
一三四七六正　癸：夕㞢：庚：
一三四七六反　：固曰有祟：
一三四七七　：無災：之夕㞢
一三四七八　：夕㞢：其
一三四七九　：夕㞢
一三四八〇　戊：于：乇：
一三四八一　：夕㞢
一三四八二　貞己亥㞢庚子：二告
一三四八二　：酉㞢：丙戌王：
一三四八三　貞甲午㞢乙：王循：
一三四八四　六日己亥㞢庚子：
一三四八五　：㞢
一三四八六　乙卯
一三四八七　：㞢：辛：
一三四八八　：㞢：
一三四八八　：妣：㞢：冊：
一三四八九正　：㞢
一三四九〇　丙辰卜爭貞惟□令比□□
一三四九〇　貞勿惟□令比□□
一三四九〇　貞沚戠啓□王比
一三四九〇　貞王勿衣比
一三四九〇　令□比□□
一三四九〇　勿令□比□□
一三四九〇　貞王惟囚比
一三四九〇　勿惟囚比
一三四九〇　癸酉卜爭貞惟賓為
一三四九〇　貞勿惟賓為
一三四九〇　癸：爭貞我作邑

一三四九〇　癸酉卜爭貞我勿…
一三四九〇　貞王惟侯告比
一三四九〇　勿惟侯告
一三四九〇　貞惟䆿爲
一三四九〇　勿惟䆿爲
一三四九〇　…邑
一三四九一　勿作邑
一三四九一　壬子卜㱿貞我作邑
一三四九二　乙酉卜…作邑
一三四九二　壬寅…貞我作…
一三四九二　癸卯卜…我作邑
一三四九三　…未卜…
一三四九三　…未卜㱿貞我作邑
一三四九四　丁未卜㱿貞我作邑
一三四九五　甲寅卜㱿貞我作邑若
一三四九六　甲寅卜爭貞我作邑
一三四九六　丙辰卜爭…我作邑
一三四九七　…子卜㝔貞我作邑
一三四九八　作邑
一三四九八　…貞作邑
一三四九八　我作邑
一三四九八　作邑
一三四九九　…貞我作邑
一三四九九　…我作邑
一三四九九　…我作邑
一三四九九　…作邑
一三四九九　…邑
一三五〇〇　勿…
一三五〇〇　…㱿貞我作…
一三五〇〇　…卜㱿貞我…
一三五〇〇　…貞我…
一三五〇一　我…
一三五〇一　…我作邑
一三五〇一　…㱿貞我…
一三五〇一　…卜㱿貞我…
一三五〇一　㱿貞…
一三五〇二　貞我勿作邑
一三五〇三　…余其作邑
一三五〇四正　…亥…其有戠
一三五〇四反　…寅卜…
一三五〇四反　…寅卜永貞…王固曰…作大…
一三五〇五正　丁酉卜爭貞呼甫秜于娟受有年
一三五〇五正　…酉卜爭貞弗其受有…
一三五〇五正　甫耤于娟受年　二告
一三五〇五正　貞弗其受有年　二告
一三五〇五正　貞受年
一三五〇五正　弗其受年
一三五〇五正　受年
一三五〇五正　弗其受
一三五〇五正　戊戌卜㱿貞旃暨㱿無囚…
一三五〇五正　旃暨㱿無囚丂告
一三五〇五正　旃暨㱿
一三五〇五正　己亥卜內貞王有石在麓北東作邑于之
一三五〇五正　王有石在麓北東作邑于之
一三五〇五正　作邑于麓
一三五〇五正　貞𠦪于祖乙
一三五〇五反　王固曰…
一三五〇五反　乂入
一三五〇六正　貞令望𦬹歸　小告
一三五〇六正　貞勿令望𦬹歸　二告
一三五〇六正　貞令侯　二告
一三五〇六正　勿令侯
一三五〇六正　乙巳卜…　小告
一三五〇六正　貞王勿作邑　二告
一三五〇六正　二告
一三五〇六正　小告
一三五〇六正　二告
一三五〇六反　叀…
一三五〇七　…邑
一三五〇七　貞…王循磬若
一三五〇七　貞作邑
一三五〇七　貞…于昌
一三五〇七　…邑
一三五〇七　貞王夢惟…
一三五〇七　貞…
一三五〇七　…不惟之…
一三五〇八　…卜…作邑
一三五〇九　…作邑
一三五一〇　…作邑
一三五一一　戊午卜貞我…作…
一三五一二　丁未…貞勿作大…
一三五一三正　告
一三五一三反　貞作大邑
一三五一三反　…作大邑
一三五一四甲正　辛…卜㱿貞勿𪉖基方缶作郭子商
戈四月
一三五一四甲正　辛卯卜㱿貞勿𪉖基方缶作郭子商…
一三五一四甲正　辛卯卜㱿貞基方…作郭不𢦔弗𢀛四月
一三五一四甲正　辛卯卜㱿貞基方缶作郭不𢦔弗𢀛…
一三五一四甲正　辛…方…
一三五一四甲正　其以有取
一三五一四甲正　弗以　二告

一三五一四甲正　：取
一三五一四甲正　有取
一三五一四甲正　雀步于□
一三五一四乙正　：月
辛卯卜殻貞基方作郭其剢
一三五一四甲反　：龍：
一三五一五　己酉卜貞匄郭于丁不：二月
一三五一五　癸丑卜宾貞雀郭
一三五一五　：丑卜：貞匄郭于：
一三五一五　甲子卜貞：弗其有：
一三五一五　貞：雨：
一三五一五　：弗：有𡆥五月
一三五一五　貞侑：丁：
一三五一六　辛酉卜婦旋郭：
一三五一六　：卜：父：戠
一三五一七　：曰矢師在丕
一三五一七　癸巳：矢師在丕
一三五一七　曰：師
一三五一七　丁卯卜作宀于□
一三五一七　勿作宀于□四月
一三五一七　勿呼婦奏于□宅
一三五一七　呼婦奏于□宅
一三五一七　侑子：戠
一三五一八　：固曰其作：
一三五一九　弗作
一三五二〇　貞勿侑七月
一三五二〇　□呼作七月
一三五二一正　丁酉卜亘貞將□于豸
一三五二一臼　岳
一三五二二正　丁酉：貞：□：
一三五二二正　貞□若
一三五二二臼　叡
一三五二三正　癸卯卜宾貞將□郭于京
一三五二三正　癸卯卜貞彈□百牛百：
一三五二三臼　乙未匄乞自雩十屯　小叡
一三五二四　：土將敦：
一三五二五　甲戌卜爭貞我勿將自茲邑𢀛宾祀作若
一三五二六　甲戌卜殻貞我勿將自茲邑𢀛宾祀作
一三五二七　甲戌卜殻貞我勿將：茲邑𢀛：祀作
一三五二八　：卜殻：將：茲邑：
一三五二九　：爭：勿將：邑𢀛：作若
一三五三〇　貞我將自茲邑若
一三五三〇　勿將自茲邑
一三五三一　貞我將自茲邑若　二告
一三五三一　：勿：自：
一三五三二　貞于南方將河宗十月

一三五三三　：卩：商：舟：在丁宗
一三五三四　庚辰卜貞于丁宗：
一三五三五　：其告步丁宗
一三五三六正　癸：宾：無：
一三五三六正　貞我比
一三五三六正　：寅卜貞我：斲：
一三五三六正　王：戠
一三五三六正　貞成楚丁宗
一三五三六正　癸亥卜宾貞旬無𡆥
一三五三六正　癸酉卜貞旬無𡆥
一三五三六正　癸卯卜宾貞旬無𡆥
一三五三六正　：巳卜宾貞旬無𡆥
一三五三六正　癸未卜宾貞旬無𡆥
一三五三六正　癸巳卜貞旬無𡆥
一三五三六正　癸卯卜宾貞旬無𡆥
一三五三六反　：卜：若
一三五三七正　貞勿成楚丁宗其有來嬉
一三五三七反　辛丑：宗
一三五三八　乙酉卜宾貞：秋大爯：
一三五三八　乙酉卜宾貞丁宗無不若六月
一三五三八　：十月
一三五三九　乙酉卜宾：丁宗無不若六：
一三五四〇　：勿：丁宗十三月
一三五四一　壬申卜：貞丁宗：
一三五四二　甲子卜爭貞作王宗
一三五四三　丁酉卜□貞延吕宗無妣西甫
一三五四四　貞勿延吕宗無戠二月
一三五四五正　辛丑卜宾貞□宗
一三五四五臼　婦井示七屯　殻
一三五四六　：丑卜宾貞□宗
一三五四七　貞勿于新宗酻八月
一三五四七　丙午卜爭：翌丁未喪：
一三五四八　：爭貞：其酻：宗：上甲
一三五四九　貞于宗酻三十小宰九月
一三五五〇　：宗不惟𡆥八月
一三五五一　：宗：女：祏
一三五五二正　貞弜：宗
一三五五二正　：宗酻
一三五五二反　己丑並：
一三五五三　：卜宾：宗
一三五五三　：丁：在：
一三五五四　：貞：□：宗
一三五五五正　戊戌卜宾貞其受惟室　小告
一三五五五正　貞弗其受惟室　二告
一三五五五正　貞克　二告
一三五五五正　貞侑　二告

一三五五五正 貞燎
一三五五五正 燎牛
一三五五五正 燎五牛
一三五五五正 勿十牛
一三五五五正 不舌
一三五五五反 ：曰有壱燎：翌日：
一三五五五反 貞壱：步勿：
一三五五五反 貞：日：
一三五五六正 ：辰：
一三五五六反 ：東室：
一三五五七 ：子卜于南室酚匚
一三五五八正 貞：卯：
一三五五八反 ：南室：
一三五五九 壬辰卜貞鑿司室
一三五五九 丁亥卜永
一三五六〇 壬辰卜貞鑿司室
一三五六〇 丁亥：
一三五六一 貞鑿司室
一三五六一 ：巳：
一三五六二 貞翌辛未其侑于盟室三大宰九月
一三五六三 貞：羌：三牛
一三五六三 癸酉卜爭貞：羌：三牛
一三五六三 丁未卜貞今日王宅新室
一三五六三 貞勿宅三月
一三五六三 ：子卜：貞：令三月
一三五六三 ：令甫：于：肇：百：
一三五六四 ：子卜貞：匚于：室
一三五六四 丁：王：惟：
一三五六五 貞于室
一三五六六 隮室
一三五六七 ：室
一三五六八 辛丑卜貞王往步來麑不：
一三五六八 ：巳卜穷貞王去作寢
一三五六八 ：單
一三五六九 丁酉卜貞其多宁王爯
一三五六九 貞今二月宅東寢
一三五七〇 癸巳卜穷：惟今二月宅東寢
一三五七一 ：新寢一月
一三五七二 ：寢于□乃帝：受年
一三五七三 ：亥其寇：寢宰十二月
一三五七四 癸未卜寢無：十月
一三五七五 ：未卜穷貞：令：寢往：□
一三五七六 貞勿寢
一三五七七 貞寢
一三五七八 ：寢
一三五七九正 ：父乙家

一三五八〇 癸：卜：貞：
一三五八〇 丙寅卜王
一三五八〇 己酉貞于上甲家
一三五八一 貞其匚于上甲家其：
一三五八二 貞惟丁家𣏟
一三五八二 翌：至：
一三五八三 ：巳：丁家：
一三五八四甲正 ：王為
一三五八四甲正 ：貞侑：家祖乙弗佐王
一三五八四甲正 我家祖辛弗佐王
一三五八四甲正 戊：爭貞：粤兹邑
一三五八四乙正 戊午卜爭貞：其粤兹邑
一三五八四乙正 ：家祖辛佐王
一三五八四乙正 貞：家祖乙佐王
一三五八四甲反 王固：
一三五八四甲反 王固曰吉祖勿在佐：
一三五八四甲反 我來：
一三五八四乙反 癸：不
一三五八四乙反 惟癸
一三五八五正 貞勿侑
一三五八五反 戊家
一三五八六 臭取家
一三五八七 甲戌卜貞其有作先兹家
一三五八八 侑家
一三五八九 ：家枚：
一三五九〇 ：奏家
一三五九一 ：亥卜貞：禦：家
一三五九二 ：殼貞：家
一三五九三 ：勿：
一三五九三 ：家
一三五九四正 貞禦：
一三五九四反 ：家
一三五九五正 ：家
一三五九五反 ：㔾：
一三五九六正 丙
一三五九六反 ：亞五牛在戋戋
一三五九七 翌乙侑于亞
一三五九八 貞于甲令
一三五九八 貞于乙門令
一三五九八 貞于乙門令
一三五九八 貞勿于乙門
一三五九八 貞勿于乙門令
一三五九八 今日往于敦
一三五九八 ：犬：其：
一三五九九 貞：乙：令
一三五九九 貞勿于乙門令

一三五九九　貞勿于乙門令
一三五九九　：曰：
一三六〇〇　貞：
一三六〇〇　貞于乙門令
一三六〇〇　：勿：乙：令
一三六〇一　貞于甲令
一三六〇一　貞于乙門令
一三六〇一　貞于乙門令
一三六〇一　勿于乙門
一三六〇一　：勿：乙：
一三六〇二　貞自丁門二月
一三六〇三　貞于甲門令
一三六〇三　：于：
一三六〇四正　貞祖乙若王不𣥓　二告
一三六〇四正　貞祖乙若王不𣥓
一三六〇四正　貞奏父門
一三六〇四正　勿奏父門
一三六〇四正　貞祖乙若王不𣥓
一三六〇四正　二告
一三六〇四反　王：祖乙弗若：
一三六〇四反　：不：
一三六〇四反　丁卯□：
一三六〇四反　㱿
一三六〇四反　：不：
一三六〇五　：鑿門：七月
一三六〇六正　：子：河
一三六〇六正　：燎：宗
一三六〇六反　：亦門：門：
一三六〇七　：南門即美
一三六〇八正　：于門率
一三六〇八反　丁亥：
一三六〇九　：方：門
一三六一〇　：卜王：門
一三六一〇　己亥：余伐
一三六一一　門
一三六一二正　丁門：室：
一三六一二反　：呼：鼠：
一三六一二反　：旬：囚
一三六一三　旬有祟王疾首中日羽
一三六一四　貞子疾首：
一三六一四　貞：
一三六一五　：㱿貞有疾首：不：
一三六一六　：卜㱿：有疾首：
一三六一七　：疾首不惟丁
一三六一八　：疾首
一三六一九　丁亥卜㱿貞□享首□于：□：

一三六一九　癸巳卜㱿貞子漁疾目𥛱告于父乙
一三六一九　貞王𤕌循曰之
一三六一九　貞勿曰之
一三六一九　省
一三六二〇正　有疾目不延
一三六二〇正　有疾目其延
一三六二〇正　二告
一三六二〇正　二告
一三六二〇反　：不：
一三六二一　貞：無疾目
一三六二一　貞今一月魯于：
一三六二一　：疾二月
一三六二一　貞：
一三六二二　貞不惟目囚
一三六二二　：囚
一三六二三正　：戌卜爭：我為賓：
一三六二三正　貞王目贏
一三六二三正　王目毋其贏
一三六二三反　丁卯卜爭
一三六二四正　：旬：二：
一三六二四正　貞取岳
一三六二四正　于示壬
一三六二四正　禦王目于妣：宰于妣己：
一三六二四正　貞于成
一三六二四正　勿呼舞于敎
一三六二四正　呼舞于敎
一三六二四正　于車舞
一三六二四正　王其侑：
一三六二四反　：□：
一三六二四反　己：
一三六二五正　乙丑卜方貞𠂇我𢦔
一三六二五正　貞勿𠂇我𢦔　二告
一三六二五正　貞有疾目贏　二告
一三六二五正　貞有疾目不其贏
一三六二五正　丙寅卜古貞呼為凡果：
一三六二五反　亘入一：
一三六二六　：未卜爭貞告王目于祖丁
一三六二七　：疾目
一三六二七　：𧔗
一三六二八　貞疾目不𢨾
一三六二八　：勿：
一三六二九　：疾𠨘
一三六三〇　貞疾耳惟有壱
一三六三〇　不吉黽
一三六三一　：疋：疾耳惟有：　二告
一三六三二正　貞疾耳禦于：

一三六三二反　小叡
一三六三二反　…令…
一三六三三　貞婦好𡧊惟出疾
一三六三四正　甲辰卜古貞疾舌惟有壱
一三六三四臼　…戌羌𢓜…甲午叡
一三六三五　…大…
一三六三五　貞疾舌祟于妣庚
一三六三五　…日…
一三六三六　…疾言
一三六三七正　貞言其有疾
一三六三七反　…亟
一三六三八　…巳卜有疾言禦…
一三六三九　…疾言…于祖…
一三六四〇　疾言
一三六四一　…其…卄
一三六四一　…矣…
一三六四一　貞王砳疾惟有由
一三六四一　貞…
一三六四一　貞…妻
一三六四二　…惟…壱
一三六四二　…禱于羸甲
一三六四二　貞疾口
一三六四三　甲子卜殻貞王疾齒無易…
一三六四三　…卜…貞甫…其卒…
一三六四四　壬戌卜亘貞有疾齒惟有壱
一三六四四　貞令冐侯歸
一三六四四　貞令冐侯歸
一三六四四　貞…
一三六四五正　貞有疾齒惟壱　二告
一三六四五正　…惟…
一三六四五反　亘入二
一三六四六正　貞有疾齒不惟壱
一三六四六正　勿告于仲丁
一三六四六正　勿于大甲告
一三六四六正　勿于大戊告
一三六四六正　貞作禦婦好羸　二告
一三六四六正　貞兄戊無𠬝于王　二告
一三六四六正　二告
一三六四六反　母己不祐
一三六四六反　…入二在日
一三六四六反　勿…禦于…
一三六四六反　貞…禦勿…于…
一三六四六反　子…侑祖
一三六四六反　侑于…
一三六四六反　貞…
一三六四七正　貞惟之

一三六四七正　貞不惟之
一三六四七正　貞婦曰　二告
一三六四七正　婦勿曰
一三六四七正　疾齒惟有壱
一三六四七正　疾齒不惟有壱
一三六四七正　不惟父乙
一三六四七正　勿…　二告
一三六四七正　惟…
一三六四七反　貞…
一三六四七反　丁巳貞
一三六四七反　…穷貞…
一三六四八正　貞來庚寅其雨
一三六四八正　不其雨
一三六四八正　貞疾齒…
一三六四八正　貞疾齒不惟父乙壱　小告
一三六四八正　貞疾齒惟𠚕…
一三六四八正　貞疾齒不惟…
一三六四八正　小告
一三六四八正　小告
一三六四八反　庚辰卜殻…
一三六四八反　𣪕入五
一三六四八反　…殻…
一三六四九　貞疾齒惟父乙壱
一三六四九　癸…古貞茲雲其雨
一三六四九　王
一三六五〇　貞疾齒不惟…乙…
一三六五一　己丑卜爭貞有疾齒父乙惟有聞在洮
一三六五二　貞疾齒禦于父乙
一三六五二　勿禦
一三六五三　癸丑卜亘貞疾齒禦于示…
一三六五四　…齒禦于…
一三六五五　…齒…勿禦…
一三六五六正　貞畐其有囚
一三六五六正　貞…其…囚
一三六五六正　貞有疾齒惟有由
一三六五六正　貞有疾齒不惟有由　小告
一三六五六正　…高…𡉚…𠕋…
一三六五六正　二告
一三六五六反　不…
一三六五六反　惟伯…
一三六五七正　貞疾齒不惟有由
一三六五七反　卓入…
一三六五八正　甲子卜殻貞疾役不延
一三六五八正　貞疾役其延　二告
一三六五八正　甲子卜穷貞作侑于妣甲正
一三六五八正　…侑…甲宰　用

一三六五八正 奴：侑于：
一三六五八正 有疾齒惟蠱 小告
一三六五八正 不惟蠱
一三六五八正 虎
一三六五八反 王固曰余毋遘若茲卜不其惟：有祟：
一三六五八反 行取二十五
一三六五八反 婦井：
一三六五九 ：疾齒：災
一三六六〇 疾齒
一三六六〇 庚：于：
一三六六一 疾齒
一三六六二 ：禦：齒
一三六六二 ：勿：
一三六六三甲正 貞勿于甲禦婦嘉齒
一三六六三甲正 勿呼宅蟲
一三六六三甲正 貞令象
一三六六三乙正 貞呼宅蟲
一三六六三甲反 我來十
一三六六三甲反 其：
一三六六三甲反 不：
一三六六四 貞侑：齒不惟蠱
一三六六五正 齒蠱
一三六六五反 翌：于：
一三六六六正 貞不惟有𡆥
一三六六六正 疾身惟有𡆥
一三六六六正 不惟多父
一三六六六正 惟多父 二告
一三六六六正 疾身惟有𡆥
一三六六六正 疾身不惟有𡆥
一三六六六正 惟
一三六六六反 不惟：祖：
一三六六六反 惟祖：
一三六六六反 ：曰：
一三六六六反 貞今丁巳：
一三六六六反 丁巳其：
一三六六七 ：辛禦疾身
一三六六八正 貞禦疾身于父乙
一三六六八反 王固：于：
一三六六九 ：酉卜：身于南庚
一三六七〇 貞勿于父乙告疾□ 小告
一三六七一 ：疾：
一三六七二正 ：疾無：
一三六七二反 殻
一三六七三 貞疾□贏
一三六七四 丁卯卜爭貞有㳄贏 二告
一三六七四 貞有㳄不其贏

一三六七四 王：惟：
一三六七四 不：囚
一三六七五正 壬戌卜古貞禦疾□于妣癸
一三六七五正 禦疾□于妣癸
一三六七五正 貞勿禦于妣癸
一三六七五正 癸亥卜內貞呼般比戠
一三六七五正 勿呼般比戠
一三六七五正 呼般比戠
一三六七五反 雀入二百五十
一三六七五反 王固曰余惟：
一三六七六正 壬申卜穷：今日：
一三六七六正 貞惟父甲𡆥
一三六七六正 貞疾肘
一三六七六反 庚申婦□
一三六七七正 貞疾肘贏
一三六七八 ：疾肱
一三六七八 貞：
一三六七九 貞有疾肱以小乂禦于：
一三六七九 惟：
一三六八〇 甲子卜穷貞王惟肱
一三六八一 ：甾：肱
一三六八一 貞：刞：肱
一三六八二正 ：午卜殻貞有疾趾惟黃尹𡆥
一三六八二反 ：固曰其雨
一三六八二反 ：其雨
一三六八三 貞舌：
一三六八三 貞疾趾惟有𡆥
一三六八四 貞：循
一三六八四 貞疾趾惟有𡆥
一三六八四 貞：去
一三六八五正 貞疾趾
一三六八五反 ：省：
一三六八六 ：疾趾
一三六八七 辛未卜亘貞疾趾
一三六八七 ：爭貞呼：
一三六八八正 貞勿禦于父乙
一三六八八正 禦疾趾于父乙𦎫
一三六八八反 貞惟庚：
一三六八八反 ：固：不：
一三六八九 貞疾趾于妣庚禦
一三六八九 不其受年
一三六八九 ：舌：
一三六九〇 ：貞以：趾于：
一三六九〇 ：酉卜：貞婦：
一三六九一 ：惟㳄趾
一三六九二 貞不疾趾十二月

一三六九三 貞疾疋贏
一三六九四 貞疾疋
一三六九五甲正 貞𢓊疋化弗其𢦏敍
一三六九五乙正 ：疋化弗其𢦏敍
一三六九五乙正 貞𢓊疋化：敍
一三六九五乙正 甲寅卜内
一三六九五乙正 貞有疾：惟父乙：
一三六九五乙正 ：侑祖乙
一三六九五乙反 ：巳卜古：
一三六九五乙反 惟往呼：
一三六九六正 貞疾骨不惟：
一三六九六正 貞有疾骨惟：壱 二告
一三六九六正 二告
一三六九六正 貞盜𦥑
一三六九六正 不其𦥑
一三六九六反 彖入三十
一三六九六反 惟：有：
一三六九六反 爭
一三六九六反 ：午卜雨
一三六九六反 貞有疾骨惟：
一三六九六反 ：不惟：
一三六九七甲正 ：疾不惟大示
一三六九七乙正 不惟大示
一三六九七乙正 貞示弗佐
一三六九七乙正 貞示佐
一三六九七乙正 惟大示
一三六九七乙正 貞王疾惟大示
一三六九七乙反 ：申：無：
一三六九八 貞王：疾不惟妣：
一三六九九 貞：有：
一三六九九 ：祟王其疾
一三七〇〇 貞王：惟其疾囚
一三七〇一 ：王：疾：
一三七〇一 貞：
一三七〇二 ：王：疾：
一三七〇三 ：王疾有：
一三七〇四 ：王：有疾：
一三七〇五 ：王弜文馬無疾
一三七〇六正 ：王疾勿禦：
一三七〇六反 ：侑于祖丁
一三七〇七正 乙未卜古貞妣庚贏王疾
一三七〇七正 乙未卜殻貞妣庚贏王疾
一三七〇七反 ：旬：王：
一三七〇八正 貞高：己贏王疾
一三七〇八反 ：二十 殻
一三七〇九正 庚：克贏王疾

一三七〇九正 ：其克贏王疾
一三七〇九反 ：卜穷：
一三七一〇 ：王：疾：延
一三七一一 貞婦好不延疾
一三七一二正 ：貞：見：曰：又一日象
一三七一二正 丙辰卜殻貞婦好疢延贏
一三七一二反 王固：有：
一三七一二反 ：古乞：
一三七一三正 丁未卜穷貞雨呼 二告
一三七一三正 貞
一三七一三正 貞不
一三七一三正 貞有疾身禦于祖丁
一三七一三正 貞婦好其延有疾
一三七一三正 貞祖丁弗其專
一三七一三正 ：妣：禦
一三七一三正 疾趾
一三七一三正 ：侑于南庚
一三七一三正 二告
一三七一三正 貞：
一三七一三正 ：其：
一三七一三正 𢓊疋化弗其𢦏𣪘
一三七一三反 ：入二十
一三七一三反 ：酉辛亥
一三七一三反 ：辛
一三七一三反 辛：
一三七一三反 癸卯卜殻：
一三七一三反 ：古：叩：
一三七一四正 貞婦好有疾惟有壱
一三七一四正 貞婦：有疾
一三七一四反 甲子卜殻我：
一三七一五 ：丑卜王：鼠：有疾
一三七一六正 丁巳卜穷貞婦妹不𣎆疾
一三七一六正 貞婦妹其𣎆疾 小告
一三七一七 子疾不冉
一三七一八 貞婦井疾惟有壱
一三七一九正 貞：姘無疾
一三七一九反 ：曰殻：
一三七二〇 貞斲丁人嘉有疾
一三七二一 貞子商其有疾
一三七二一 貞子：無疾六月
一三七二一 小告
一三七二一 小告
一三七二一 小告
一三七二二 丁亥卜殻貞子漁其有疾
一三七二二 貞翌：凡勿：自：

一三七二三　丁…貞子漁無疾三月
一三七二四　己酉卜王子□囧田有疾
一三七二四　…有𡆥
一三七二五　…妻…疾
一三七二六　貞子束無疾
一三七二六　貞衩無疾
一三七二六　貞不…
一三七二六　戊申卜□貞呼子央有…
一三七二七　己未卜□子□無疾
一三七二八正　…亥吴…無疾
一三七二八正　…黍肇蠱
一三七二八正　…貞…呼…
一三七二八正　…母庚
一三七二八反　…子卜…
一三七二九　…央疾
一三七三〇　…昌…
一三七三〇　…子其疾
一三七三一　癸酉卜貞郭其有疾
一三七三一　貞郭無疾
一三七三二　…子𩫖有疾
一三七三三　壬辰卜貞□其有疾
一三七三四　…戌卜王奉其…疾
一三七三五　癸酉…穷貞卓無疾
一三七三五　有取
一三七三六　乙卯…卓疾延
一三七三六　…月
一三七三七　癸未
一三七三七　今秋其有降擭
一三七三七　貞□延有疾
一三七三八　乙巳卜古貞□疾…不…
一三七三九　癸亥…貞翌…丑…于…乙
一三七三九　…告□…疾…丁
一三七四〇　…有𡆥
一三七四〇　丙辰卜貞禘告□疾于丁…□
一三七四〇　貞于翌丁巳至□禦
一三七四〇　丙辰
一三七四〇　戊午卜貞今日至□禦于丁
一三七四〇　貞今生夕至…禦于丁
一三七四〇　…卜…禦□于婦三宰五月
一三七四一　貞無疾
一三七四一　貞夏其有疾
一三七四二　西甾其有疾
一三七四二　…侑…寅…
一三七四三　戊寅卜穷貞…
一三七四三　貞□無疾
一三七四四　貞□無疾

一三七四五　癸酉卜貞剛其有疾
一三七四五　貞無疾十二月
一三七四六　貞旬疾
一三七四七　貞□其有疾
一三七四八　乙未卜貞陕無疾
一三七四九　…尻無疾一月
一三七五〇正　…寅卜古貞尻其有疾　二告
一三七五〇正　貞尻無疾
一三七五〇正　二告
一三七五〇正　二告
一三七五〇反　貞祖乙壱王
一三七五〇反　…弗壱王
一三七五〇反　王固曰吉勿…壱
一三七五一正　三𠬝有三牛
一三七五一正　乙巳卜殻貞弜無…
一三七五一正　貞紟…疾
一三七五一正　戊貞五旬又一日庚申□□
一三七五一正　王固曰茲鬼魅
一三七五一反　勿…
一三七五一反　…牛
一三七五一反　燎五殻…牛
一三七五一反　二殻
一三七五一反　…殻
一三七五二正　貞弜其有疾王固曰弜其有疾惟丙不庚
二旬又七日庚申□□
一三七五二正　貞弜無疾
一三七五二正　王固曰…無疾…
一三七五二反　貞…𡆥
一三七五二反　…夕…
一三七五三　…申卜貞罷𡆥有疾旬又二日…未罷允
𡆥…日有七旬皿…寅罷…有疾…夕□丙…
一三七五四　壬子卜貞亞克興有疾
一三七五四　弗其克
一三七五五　貞…無疾
一三七五六　…未卜…夫…疾　二告
一三七五六　夏入
一三七五七　貞偁其有疾
一三七五七　貞偁…疾
一三七五七　貞曺其有疾　二告
一三七五七　貞曺無疾　二告
一三七五七　二告
一三七五八正　己巳卜爭貞作王舟…
一三七五八反　…□有老豖于…
一三七五八反　貞王其往田其雨
一三七五八反　己巳卜殻貞殻無疾
一三七五八反　…甲□□雀

一三七五九正　六月有來曰史有疾　二告
一三七五九反　壬辰卜貞：五月史有至
一三七五九反　其至今五月史無…
一三七六〇　壬戌卜王：羊
一三七六〇　…卜貞：角：疾
一三七六〇　…侯：其：
一三七六一反　…咒無疾
一三七六二　貞不惟其有…
一三七六二　惟其：災
一三七六二　貞甫其有疾
一三七六三　…有疾
一三七六四　旋無疾
一三七六四　貞：
一三七六五　…我：疾
一三七六六　貞：疾不惟…
一三七六七　…未卜㱿貞有疾惟其…
一三七六八　…疾：有壱
一三七六八　貞：惟：壱
一三七六九　貞：疾：惟：辛壱
一三七七〇　…㱿：
一三七七〇　貞有疾惟有壱
一三七七一正　戊子卜亘貞有疾惟有壱　二告
一三七七一反　…一日…
一三七七二　…疾…壱
一三七七三　…爭…疾…惟…
一三七七四　貞有疾惟…
一三七七五正　小告
一三七七五反　貞有…
一三七七五反　有疾
一三七七六　…酉卜㱿貞有疾
一三七七七　…其有疾
一三七七七　疾
一三七七七　…疾…
一三七七八　辛未卜㱿貞有疾告…
一三七七九　貞…曰有…有疾
一三七八〇正　貞有疾
一三七八〇反　王固曰丁…
一三七八一　…于丁五月
一三七八一　…有疾五月
一三七八二　其有疾
一三七八二　…不…
一三七八三　貞勿…
一三七八三　其有疾
一三七八四　貞其有疾
一三七八五　…其有疾
一三七八六　戊…有疾

一三七八七　…有疾
一三七八八　…爭…有疾
一三七八九正　…有疾
一三七八九反　貞…
一三七九〇正　貞其有疾
一三七九〇反　…子乞自…
一三七九一　…有疾
一三七九二　…子…有疾…之…
一三七九三正　癸亥卜穷…疾　不𣎆
一三七九三正　貞其有疾　小告　二告
一三七九三正　癸未卜亘貞婁無𡆥
一三七九三正　…𡆥
一三七九三正　癸未卜亘貞卑無𡆥
一三七九三正　貞卑有𡆥
一三七九三正　…征
一三七九三正　貞方…
一三七九三正　二告
一三七九三正　二告
一三七九三正　二告
一三七九三正　不𣎆
一三七九三正　二告
一三七九三正　不𣎆
一三七九三正　二告
一三七九三反　貞作𩁹雨不其…
一三七九三反　翌…
一三七九四　…午…貞…
一三七九四　有疾不冓
一三七九四　…並令
一三七九五　…丑卜有疾
一三七九五　…未卜…冓
一三七九六　有疾不蠱
一三七九七　…疾不蠱
一三七九八　…疾無由
一三七九九　貞…
一三七九九　貞無其疾
一三七九九　貞光不其𢦏
一三七九九　…光…
一三八〇〇正　貞無疾
一三八〇〇正　貞…
一三八〇〇正　…疾二月
一三八〇〇反　庚子卜
一三八〇一　癸亥…穷貞…無疾
一三八〇二　貞無疾
一三八〇三　…無疾
一三八〇四　…無疾
一三八〇五　…無疾…

一三八〇六正　…無疾
一三八〇六反　…五十
一三八〇七　…無疾
一三八〇八　貞…無疾
一三八〇九正　無疾
一三八〇九反　…入乡…
一三八一〇　貞弗疾
一三八一一　…弗疾
一三八一二　弗疾
一三八一二　…子允…
一三八一三　貞勿…疾婦…其…
一三八一四　貞不疾
一三八一五　貞疾…不瘳
一三八一六　貞不有疾八月
一三八一六　…有…
一三八一七　…卜貞不延疾
一三八一八　王固曰其疾不…
一三八一九　…戊卜貞其疾
一三八二〇　…疾
一三八二一　…其疾六月
一三八二二　…其疾
一三八二三　…鳴…疾…以…
一三八二四　…酉卜殻貞疾…惟首
一三八二五　戊寅…貞疾…于…
一三八二六　丁亥卜貞疾不瘳
一三八二七　…無疾呼[illegible]
一三八二八　…疾…禍…丁
一三八二九　戊…殻…疾
一三八三〇　…卯…疾
一三八三一　凡疾
一三八三二　…疾
一三八三三　…五月
一三八三三　…疾
一三八三三　二告
一三八三四　…疾
一三八三五　…疾
一三八三五　貞…
一三八三六正　二告
一三八三六反　貞惟…
一三八三六反　貞…疾
一三八三六反　…婦…
一三八三七　貞…凡…疾
一三八三七　…雨
一三八三八　…疾…南庚…
一三八三九正　…疾…
一三八三九反　…入一…

一三八四〇正　貞弗其獲
一三八四〇正　…疾
一三八四〇反　…甲妣己…
一三八四一　…疾其…
一三八四二　甲午…貞…于…
一三八四二　甲午卜貞有
一三八四二　…疾…苒
一三八四三　…卜宾…有祟…疾
一三八四四　…未卜…貞征…疾
一三八四五　貞[illegible]旁惟疾
一三八四六　貞疾…于…庚…
一三八四七　…高…疾
一三八四七　[illegible]
一三八四八　…辛告疾
一三八四八　…丁
一三八四八　…出
一三八四九　貞告疾于祖乙
一三八五〇　貞疾于祖乙…
一三八五一　貞于祖辛…疾
一三八五一　貞勿于祖…
一三八五二　貞作告疾于祖辛正
一三八五三　貞告疾于祖丁
一三八五四　…午…貞疾告…
一三八五四臼　丁卯婦…示二屯　岳
一三八五五　乙未
一三八五五　乙巳
一三八五五　庚戌
一三八五五　丁巳卜
一三八五五　貞無降疾
一三八五六　…卜
一三八五六　貞無降疾
一三八五六　庚…
一三八五七　…宾貞…禦疾…父…
一三八五八　…勿禦疾…
一三八五九　…惟…疾…
一三八六〇　…介疾
一三八六一　…[illegible]
一三八六二　…王…疾羸
一三八六三　…其疫羸
一三八六四　翌戊申王…
一三八六四　不惟田
一三八六四　今日疫…羸
一三八六五　己…貞好骨凡有疾
一三八六五　貞侑于…庚三十小宰
一三八六六　…嬇骨凡有疾
一三八六七　己未卜貞[illegible]女…凡…疾

一三八六八　己酉卜貞翌辛亥其雨
一三八六八　己…翌…
一三八六八　己酉卜貞今日延雨
一三八六八　己酉卜穷貞𡟱骨凡有疾
一三八六八　…寅卜…𡆥以新邑惟今夕
…于丁
一三八六八　二告
一三八六九　戊申卜貞崔骨凡有疾　六月
一三八六九　戊申卜貞崔弗其骨凡有疾
一三八六九　戊申卜貞崔骨凡有疾
一三八六九　己酉卜不其雨　二告
一三八六九　…夕允…雨
一三八六九　二告
一三八七〇　貞崔骨凡有疾
一三八七一　貞翌乙巳子漁骨凡賓侑祖戊
一三八七二　貞翌癸卯子漁不其骨凡
一三八七二　…乙…其暘…
一三八七三　…爭貞雨
一三八七三　…卜爭貞子…骨凡…王固曰…
丙…
一三八七四甲正　己卯卜穷貞子妝骨凡
一三八七四甲正　貞子妝骨凡有疾
一三八七四甲正　王固曰子…
一三八七四甲正　唐惟囚
一三八七四甲正　…囚…
一三八七四甲正　于
一三八七四乙正　…巳…弗其骨凡有疾
一三八七四乙正　…于…庚…
一三八七四乙正　貞往
一三八七四甲反　…燎…
一三八七四乙反　翌戊…風
一三八七四乙反　…三𡆥…
一三八七五　…子𦎫骨凡有…
一三八七六　…卯卜爭貞朱骨凡有疾　五月
一三八七六　乙卯…
一三八七六　…歲…婦…
一三八七七　乙卯…貞朱其骨凡有疾
一三八七八　乙丑卜古貞𡆥骨凡有疾
一三八七八　…丑卜…貞其…今翌雨
一三八七九　貞𡆥…其骨…疾
一三八八〇　壬午卜穷貞𡆥骨凡有疾
一三八八〇　…一月
一三八八一甲　莫弗其凡有…
一三八八一乙　貞莫其凡…
一三八八二　…對骨凡…

一三八八三　庚辰卜貞𢦚骨凡有疾
一三八八三　貞王惟內…
一三八八四　貞葡𡿨骨凡有疾
一三八八五正　貞凷骨凡有疾　小告
一三八八五反　…午卜爭…
一三八八六　貞…比…
一三八八六　戊寅卜㱿貞臾骨凡有…
一三八八七　乙卯卜爭貞呼陮往…
一三八八七　丙辰卜爭貞…
一三八八七　貞𡿨弗其骨凡有疾
一三八八七　貞取岳
一三八八八　辛卯卜㱿貞[illegible]骨凡有疾
一三八八九　…[illegible]骨凡…疾
一三八九〇　丁酉卜㱿貞杞侯𡚸弗其骨凡有疾
一三八九〇　貞子賓不延有疾
一三八九一　…沚…骨…有疾
一三八九二　…宰于…
一三八九二　庚寅卜勿崔于母庚禦
一三八九二　勿禦崔于母庚
一三八九二　弗其骨凡有疾
一三八九三　貞爭弗其骨凡有疾
一三八九四　…疾弗…凡有疾
一三八九五　貞弗其骨有疾
一三八九六　貞不其骨凡…
一三八九六　…其…
一三八九七正　不其凡有…
一三八九七正　…庚弗…
一三八九七反　…有疾
一三八九八　弗…凡…疾
一三八九九　貞…不其骨…
一三八九九　癸丑…貞率
一三九〇〇正　不…
一三九〇〇反　…骨凡有疾
一三九〇〇反　…其骨凡…疾
一三九〇一　…其…凡有疾
一三九〇二　…紟骨凡有疾
一三九〇三　…骨凡有疾
一三九〇四　…凡有疾
一三九〇五　…凡有疾
一三九〇六　…其骨凡有疾
一三九〇六　…貞…凡有疾
一三九〇六　…[illegible]…香…
一三九〇六　…不…惟…
一三九〇七　王固曰骨凡…
一三九〇七　戊咸…
一三九〇八　…𠦪…

一三九〇八　…其骨凡有

一三九〇九　…其…凡有…

一三九一〇　…周…凡…疾

一三九一一　貞…不…凡…疾

一三九一一　丁未卜貞衜

一三九一一　…喜…在…

一三九一二　貞黄不…骨凡…

一三九一二　…卯卜貞…骨凡…

一三九一三　…凡…疾

一三九一四　…凡…疾

一三九一五　…凡…疾

一三九一六　…𠂤…骨…疾

一三九一七　…弗…骨…

一三九一八　…寅卜…骨…有…

一三九一九　…凡…疾

一三九二〇　…婦

一三九二〇　骨凡

一三九二〇　貞…惟…

一三九二一　…骨…疾

一三九二一　…勿…

一三九二二　貞…王…凡…疾

一三九二三　丁未卜㱿貞骨凡

一三九二四　貞正

一三九二四　貞正

一三九二四　貞執凡生

一三九二五正　丁酉卜宕貞婦好有受生

一三九二五正　貞呼取雇伯

一三九二五正　貞…侯…

一三九二五正　不吉黽

一三九二五反　王固曰吉其有受生受…

一三九二六　庚子卜㱿貞婦好有子

一三九二六　辛丑卜㱿貞祝于母庚

一三九二七　婦好有子四月

一三九二七　婦好毋其有子

一三九二七　其作

一三九二七　其作

一三九二八　…卜㱿…婦好有子

一三九二九正　…好有子

一三九二九正　其作

一三九二九反　…爭

一三九三〇正　…辰…㱿貞婦好有子

一三九三〇反　王固…惟庚…

一三九三一　癸未卜㱿貞婦姘有子

一三九三一　貞婦姘毋其有子

一三九三一　…申卜爭貞婦好不延有疾

一三九三一　…婦好其延有疾

一三九三一　貞婦好不延有疾

一三九三一　婦好其延有疾

一三九三二　…宕…姘有子

一三九三三正　貞婦婐有子

一三九三三反　貞…

一三九三四正　貞呼取…

一三九三四正　二告

一三九三四正　不其獲

一三九三四正　貞婦敀有子

一三九三四反　…戌卜…

一三九三五　…卯卜婦𦯬有子

一三九三六正　壬辰卜㱿貞婦良有子

一三九三六正　貞婦良…其子

一三九三六正　貞侑奭多羌

一三九三六反　…固曰…

一三九三七　…㞢至于…允𢦏惟…妾執…有子

一三九三八　…日…子允…有妾執…

一三九三九　…午卜…有子

一三九四〇　…卜王…丁…有子

一三九四一　…有子

一三九四二　…不…庚寅婦好娩翌庚寅…

一三九四三　…爭貞…

一三九四三　…貞令鼓婦…

一三九四三　…王貞好娩…惟甲娩…

一三九四四　…巳貞今好娩　小告

一三九四五　貞婦好娩　二告

一三九四六正　…好娩

一三九四七正　…婦好不…生四月娩　二告

一三九四七反　戊戌…

一三九四八　戊…㱿貞…及…十三月娩

一三九四八　…宕…于…

一三九四九　…卯卜㱿貞婦姘娩王固曰惟戊娩不

…惟…

一三九五〇　貞婦姘娩

一三九五一　…婦姘娩

一三九五二　…娩…丑婦姘不…壬…

一三九五三正　貞婦姘娩

一三九五三反　辛丑…

一三九五四　丁卯卜王…𡛷娩

一三九五五　…婦婐娩允…

一三九五六　…婐娩

一三九五七　貞婦婐娩不其…

一三九五八　貞婦婐娩惟衣

一三九五八　婦婐娩

一三九五九　貞婦婐娩不惟衣

一三九六〇　乙酉卜王婦鼠娩其惟…

一三九六一正　…申…貞婦婡娩
一三九六一反　…今…茲…
一三九六二　…貞婦共娩不…
一三九六三　…卜王…有…
一三九六三　甲…妊娩
一三九六四　癸卯…取娩…固曰…
一三九六五　丙午卜王貞婦…三月甲辰娩惟…
一三九六六　…婦…娩
一三九六七正　…娩…吉其…甲亦…吉旬有…婦…
一三九六七反　…甲亦羸…
一三九六八　丁卯…婦…娩…其…
一三九六九正　…婦…娩
一三九六九反　丑牛…
一三九七〇　丁酉卜貞婦…娩
一三九七一　壬子卜貞婦…娩
一三九七二　…巳…盂娩
一三九七三　…卜爭貞盂娩…
一三九七三　…爭貞子不女…
一三九七四　…酉卜殼…呼…娩
一三九七五正　…殼貞子娩王固…惟丁娩…
一三九七五反　…允惟…
一三九七六　貞…其惟…娩
一三九七七　…卜殼…娩
一三九七八　…娩惟…
一三九七九　貞今…娩
一三九八〇　…娩
一三九八〇　及今一月娩
一三九八〇　娩
一三九八〇　及今一月娩
一三九八〇　貞王聽惟祖丁…
一三九八一正　…京…娩
一三九八二　…卜…娩…
一三九八三　…子卜…今夕…娩…
一三九八四　…夕娩
一三九八五　…旬有二…庚娩
一三九八六　…娩
一三九八六　…有災
一三九八七　…婦…娩十二月
一三九八七　貞甾
一三九八八　…娩不其…
一三九八九　不其娩
一三九八九　娩
一三九九〇　…娩不…
一三九九一　貞…娩不其…
一三九九二　…女娩
一三九九三　…亥…殼貞…娩

一三九九四　…亥卜女娩
一三九九五　翌…卯…其…
一三九九五　娩
一三九九五　翌辛卯出
一三九九五　…侑
一三九九六　丁酉卜穷貞婦好娩嘉王固曰其惟甲娩 有祟有…
一三九九六　戊戌卜穷貞…
一三九九七　壬戌卜穷貞婦好娩嘉
一三九九八　…殼貞…好娩…其嘉…五旬有…
一三九九九　…辰卜殼貞婦好娩嘉…囚
一四〇〇〇　貞婦好娩嘉
一四〇〇一正　壬寅卜殼貞婦…娩嘉王固曰其惟… 申娩吉嘉其惟甲寅娩不吉𠂤惟女
一四〇〇一正　壬寅卜殼貞婦好娩不其嘉王固曰丸 不嘉其嘉不吉于𠂤若茲廼𢦏
一四〇〇一反　…及
一四〇〇二正　甲申卜殼貞婦好娩嘉王固曰其惟丁 娩嘉其惟庚娩弘吉三旬又一日甲寅娩 不嘉惟女
一四〇〇二正　甲申卜殼貞婦好娩不其嘉三旬又一日甲
一四〇〇二正　寅娩允不嘉惟女
一四〇〇二正　二告
一四〇〇二正　二告
一四〇〇二反　王固曰其惟丁娩嘉其庚…吉
一四〇〇二反　壬戌不吉不
一四〇〇二反　…其𢦏
一四〇〇二反　…𢦏臣
一四〇〇二反　…有…
一四〇〇三正　戊辰卜殼貞婦好娩…嘉…月
一四〇〇三正　戊辰卜殼貞婦好娩嘉丙子夕𡆥丁丑娩
嘉
一四〇〇三正　大丁𡆥我
一四〇〇三正　大丁不我𡆥
一四〇〇三正　貞…潛…
一四〇〇三正　呼…于…不
一四〇〇三正　妥以
一四〇〇三正　弗其以
一四〇〇三反　王固曰其惟庚…
一四〇〇三反　壬…卜
一四〇〇三反　婁來二十
一四〇〇四　丁酉卜爭婦好娩其…
一四〇〇五　丁巳卜爭貞婦好娩不其嘉十月
一四〇〇六正　癸亥卜殼貞婦好娩其嘉
一四〇〇六正　…㚔𢦏
一四〇〇六正　…殷…吉…

一四〇〇六反　貞…
一四〇〇六臼　…宰
一四〇〇七　貞子不其有嘉
一四〇〇七　婦妌娩嘉
一四〇〇七　…子…其…
一四〇〇八正　丁未卜韋貞婦妌娩嘉
一四〇〇八正　貞疾…惟…
一四〇〇八正　不舌黽
一四〇〇八正　不舌黽
一四〇〇八反　貞我…
一四〇〇八臼　丙午…龐示十屯
一四〇〇九正　…卜爭貞婦妌娩嘉王固曰其惟庚娩嘉旬辛…婦妌娩允嘉二月
一四〇〇九正　…戊卜亘貞受…　二告
一四〇〇九正　小告
一四〇〇九正　…告
一四〇〇九反　…惟庚娩嘉
一四〇一〇正　…卜…娩…
一四〇一〇正　貞妌婦娩嘉
一四〇一〇反　…丑允不嘉
一四〇一一正　癸…貞婦妌娩嘉
一四〇一一反　貞惟父…
一四〇一二　…妌娩嘉
一四〇一三　乙卯卜殻貞婦妌娩不其…
一四〇一四　貞嬉
一四〇一四　貞婦妌娩嘉
一四〇一五甲　貞婦妌…不其嘉
一四〇一五乙　…卜殻貞…妌…
一四〇一六　…嬐娩不其嘉
一四〇一七正　…旬有二日辛未婦娕允娩嘉在桒
一四〇一七反　…固曰…娩吉…婦…
一四〇一八　丙午卜亘貞婦果娩嘉四月
一四〇一九正　丙戌卜爭貞婦媒娩嘉七月
一四〇一九正　侑兄戊
一四〇一九正　勿侑
一四〇一九正　侑父庚
一四〇一九正　勿侑
一四〇一九正　貞婦媒娩…其嘉
一四〇一九正　貞婦媒娩嘉惟衣　二告
一四〇一九正　二告
一四〇一九正　二告
一四〇一九反　王固曰其惟丁…二月
一四〇一九反　其…侑…
一四〇一九反　壬寅卜殻…來
一四〇一九反　貞…示
一四〇一九反　…示子婁父庚…

一四〇一九反　婦…
一四〇二〇　…婦鼠娩嘉五月
一四〇二〇　…卯夕㞢丙辰婦鼠…
一四〇二〇　…無𡆥
一四〇二一正　戊午卜爭…蛅娩嘉王…曰鯍三…婦
蛅娩嘉
一四〇二一反　…固曰鯍…嘉
一四〇二二正　貞婦鮈娩嘉
一四〇二二正　婦鮈娩不其嘉
一四〇二二正　貞涉心…狩
一四〇二二正　剮疾
一四〇二二正　剮疾　二告
一四〇二二正　貞若　二告
一四〇二二正　貞啓　二告
一四〇二二正　二告
一四〇二二正　二告
一四〇二二正　二告
一四〇二二正　二告
一四〇二二正　二告
一四〇二二反　王固曰其來
一四〇二二反　王固曰其惟甲娩嘉其惟…有祟
一四〇二二反　貞…其…
一四〇二二反　王固曰…吉用
一四〇二二反　貞其有來…自西
一四〇二二反　貞…王固曰于甲…
一四〇二三　癸亥卜爭貞婦寍娩嘉十二月
一四〇二三　貞田…北
一四〇二四　丁丑卜爭貞婦娈娩嘉惟…二月
一四〇二五　…婦娩…嘉
一四〇二五　…魯…
一四〇二六　貞汝娩不其嘉
一四〇二七　…姓娩其嘉
一四〇二八　…婦娩嘉
一四〇二九　…殻婦娩嘉
一四〇三〇　婦娩不嘉
一四〇三一　乙亥卜婦…娩…嘉
一四〇三二甲正　…卜殻貞子昌娩不其嘉
一四〇三二甲正　貞…其正
一四〇三二乙正　…卜殻貞子昌娩嘉
一四〇三二乙正　貞其有正
一四〇三二甲反　…婦好…
一四〇三二乙反　…不嘉其…
一四〇三三正　…亘貞亦…
一四〇三三正　貞取侑
一四〇三三正　勿取無比
一四〇三三正　甲辰卜貞子昌娩嘉惟衣

一四〇三三正	甲辰…爭貞…呂娩不…嘉女…五月
一四〇三三反	貞…不惟父…
一四〇三三反	…曰其有…
一四〇三四正	王其弋
一四〇三四正	二告
一四〇三四正	庚午卜穷貞子目娩嘉
一四〇三四正	貞子目娩不其嘉王固曰惟兹…嘉
一四〇三四反	貞勿…
一四〇三四反	弗…
一四〇三四反	不惟…之…囚
一四〇三五甲正	…子要娩不其嘉
一四〇三五乙正	…穷貞子要…
一四〇三五丙正	貞子要娩不其嘉　二告
一四〇三五丙正	…要娩嘉
一四〇三五丙反	…甲娩…嘉
一四〇三六	丁亥卜乙貞子…妥娩不其嘉
一四〇三七	辛丑卜爭貞小臣娩嘉
一四〇三七	甲辰卜…
一四〇三八	貞黃…
一四〇三八	…小臣…娩嘉
一四〇三九正	…卜亘貞…
一四〇三九反	…娩嘉
一四〇四〇	…娩嘉
一四〇四一	…娩嘉
一四〇四二正	…娩…
一四〇四二反	…卜…雨…不…今…
一四〇四三	…惟庚娩嘉
一四〇四四	…穷貞…娩嘉
一四〇四四	…貞…
一四〇四五正	…娩嘉　小告
一四〇四五正	二告
一四〇四五反	貞令歸…
一四〇四六正	…娩嘉
一四〇四六反	…吉…
一四〇四七	…固曰…娩嘉…百日有八…
一四〇四八	…固曰其…娩嘉…有祟…
一四〇四九	貞不惟孽　二告
一四〇四九	…娩…嘉
一四〇五〇	…娩不其嘉
一四〇五一	…娩不…嘉
一四〇五二	…娩不嘉
一四〇五三	貞娩不其嘉
一四〇五四	貞…
一四〇五四	…穷…好…不其嘉
一四〇五五	…婦好…不其嘉
一四〇五六正	二告

一四〇五六反	…婦井…嘉
一四〇五六反	貞…
一四〇五七正	…卜…婦姘…嘉
一四〇五八	…不其嘉
一四〇五九	…婦娘…嘉…保惟…戌…老
一四〇六〇正	…亥卜…婐…其嘉
一四〇六〇反	…嘉
一四〇六一	…婐…不…嘉
一四〇六二	辛…貞婦…
一四〇六二	癸…
一四〇六三	…貞…鼠…嘉
一四〇六四	貞婦娕嘉
一四〇六五正	…婦共其嘉
一四〇六五反	…不其至
一四〇六六	…嫜…
一四〇六六	癸未卜…貞婦…口…子
一四〇六七	丁卯…婦姪…嘉壬…
一四〇六八	乙…嘉
一四〇六八	丙子卜蝕婦妛嘉
一四〇六九	貞…𡛓…妥…
一四〇七〇	甲子…令…
一四〇七〇	…娠…其嘉
一四〇七一	貞婦…嘉無…
一四〇七二	…婦…嘉
一四〇七三	…婦…嘉…
一四〇七四	…子益其嘉
一四〇七五	丙戌卜王不其嘉
一四〇七六正	…午卜爭貞…嘉…亞惟丁不吉
一四〇七六正	丁…
一四〇七六反	王固曰亞…吉其惟…
一四〇七七	…嘉十二月
一四〇七八	貞其嘉
一四〇七九	其嘉
一四〇八〇	戊…卜…畄曰…乙…豭…嘉
一四〇八一	…嘉
一四〇八二	貞嘉
一四〇八三	辛亥卜永貞嘉　不舌黽
一四〇八四	…女嘉
一四〇八五	貞嘉
一四〇八六	…嘉戌寅…
一四〇八七	…婦…嘉…其…辛…
一四〇八八正	…嘉三月
一四〇八八反	婦姘…允…
一四〇八九	…嘉四月
一四〇九〇	…巳卜…貞嘉…自八月
一四〇九一	嘉十二月

一四〇九二　…旬有八…甲午允嘉

一四〇九三　…固…嘉

一四〇九四　嘉

一四〇九四　嘉

一四〇九五　嘉

一四〇九六　…卜嘉

一四〇九七　貞呼目

一四〇九七　嘉

一四〇九八　嘉

一四〇九八　丁…

一四〇九九　…嘉

一四〇九九　…雀…月

一四一〇〇　…嘉

一四一〇一　…其嘉

一四一〇二　…嘉

一四一〇三　…惟…中脉…亞…嘉二月

一四一〇四　…不其嘉

一四一〇五　不其嘉

一四一〇六　貞…不其…

一四〇九六　…六月

一四一〇七正　不其嘉

一四一〇七正　小告

一四一〇七正　不舌黽

一四一〇七正　小告

一四一〇七反　貞…

一四一〇七反　貞…

一四一〇七反　…巳…嘉…不其…

一四一〇七反　…庚…子…

一四一〇七反　庚…

一四一〇八　…不其嘉

一四一〇九正　不其嘉　二告

一四一一〇　貞女不其嘉

一四一一一　…娩不其嘉

一四一一二　…娩不其嘉

一四一一三　貞不其嘉三月

一四一一四　…不…嘉…女

一四一一五　戊辰卜王貞婦鼠娩余子

一四一一六　貞婦鼠娩余弗其子四月

一四一一六　壬申卜多冒舞不其从雨

一四一一七　己巳卜王婦鼠…余…

一四一一八　…亥…不…雨

一四一一八　禦婦鼠子于妣己允有龍

一四一一九　貞婦鼠子不𡚥

一四一二〇　庚申卜王余祐母庚…庚弗以婦鼠子用

八月

一四一二一　…婦鼠子

一四一二二　貞于𡿩…婦娘子

一四一二三　貞今五月…好毓…其嘉

一四一二三　…弗…

一四一二四　貞…好…毓…𠂆…

一四一二五　貞仲婦尊餗其用于丁…

一四一二五　貞子母其毓不𡚥

一四一二五　癸亥其奏罾子𠳋其…

一四一二六　…好…及…毓…

一四一二七正　貞帝其及今十三月令雷

一四一二七正　…帝其于生一月令雷　二告

一四一二七反　貞祖乙弗…

一四一二七反　貞祖乙…

一四一二七反　其不…

一四一二七反　…雨

一四一二八正　癸未卜爭貞生一月帝其弜令雷

一四一二八正　貞生一月帝不其弜令雷

一四一二八正　貞

一四一二八正　貞不其雨

一四一二八正　貞其禦　二告

一四一二八正　貞勿禦

一四一二八正　貞惟田

一四一二八正　…惟田

一四一二八正　貞呼𠂤比𠷎

一四一二八正　…呼𠂤比𠷎　二告

一四一二八正　二告

一四一二八正　二告

一四一二八正　貞…丙…酌王矢允酌

一四一二八正　丙戌卜爭貞婦𡛷嘉

一四一二八正　貞呼𠂤比亩　二告

一四一二八正　二告

一四一二八正　二告

一四一二八正　于來甲…

一四一二八反　鼓入一…

一四一二八反　庚子卜𡧊

一四一二八反　甲子…允來

一四一二八反　貞王…王固曰其惟…其惟庚…

一四一二九正　壬申卜古貞帝令雨

一四一二九正　貞及今二月雷

一四一二九正　…卜韋貞王往比之

一四一二九正　貞王勿往次□

一四一二九正　二告

一四一二九正　二告

一四一二九正　告

一四一二九正　二告

一四一二九正　二告

一四一二九反　王固曰帝惟今二月令其惟丙不吉其惟

一四二九反　庚…
一四二九反　…入二在麓
一四二九反　貞呼肇王…
一四三〇正　貞侑…于龐
一四三〇正　貞翌丁亥侑于祖丁
一四三〇正　貞翌丁亥勿侑于祖丁
一四三〇反　…帝其令雷
一四三〇反　甲申…
一四三〇反　…勿…
一四三一　雀入百
一四三二正　…令雷
一四三二反　貞今一月帝令雨
一四三三　王固曰…
一四三三　…今一月帝其…
一四三四　…今二月帝不…令雨　二告
一四三五正　不惟父甲崇王
一四三五正　貞今三月帝不其令雨　二告
一四三五反　王固曰羽　二告
一四三五反　我來三十
一四三六　…四貞今三月帝令多雨
一四三七　…三月帝…雨
一四三八　戊子卜殼貞帝及四月令雨
一四三八　貞帝弗其及今四月令雨
一四三八　王固曰丁雨不惟辛旬丁酉允雨
一四三九正　…子卜穷…帝其及…
一四三九反　乙…
一四四〇正　…帝令多雨
一四四〇反　…曰其…
一四四一　貞…
一四四一　…帝令雨正…
一四四二　…呼子…
一四四二　己巳…古…帝令雨
一四四三　…辰卜…帝令…
一四四三　…辰…令…雨
一四四四　…帝…雨
一四四五正　二告
一四四五反　…帝令雨
一四四六　…庚寅帝不令雨
一四四七正　庚寅雨
一四四七正　庚寅…
一四四七正　來乙未帝其令雨　二告
一四四七正　來乙未帝不令雨
一四四七反　…勿入
一四四七反　王固曰帝其令…
一四四八　…自今至于庚寅帝不其令雨
一四四八　…戊卜爭貞自今至于庚寅帝令…

一四四九正　戊申卜殼貞其有虎
一四四九正　戊申卜殼貞無其虎
一四四九正　癸…殼貞翌甲寅帝其令雨
一四四九正　癸丑卜殼貞翌甲寅帝…令雨
一四四九正　貞以戎
一四四九正　王惟令辛未步　不舌黽
一四四九反　牧入十在鮫
一四四九反　婦爨…
一四五〇　貞翌丁亥帝其令雨
一四五一　貞…羌…
一四五一　…自今至…庚寅帝不其令雨
一四五二　…帝不其令…
一四五三甲正　丙寅卜卯帝其令雨
一四五三甲正　丙寅卜卯帝不…雨允…
一四五三甲正　翌…帝其…
一四五三甲正　翌…不…
一四五三乙正　丁卯卜殼翌戊辰帝其令…
一四五三乙正　丁卯卜殼翌戊辰帝不令雨戊辰允霧
一四五三乙正　戊…卜殼…己巳帝…令雨
一四五三乙正　戊辰卜殼翌己巳帝不令雨　二告
一四五三乙正　己巳…
一四五三乙正　己…
一四五三乙正　辛未卜翌壬帝其雨
一四五三乙正　…未卜翌壬帝…雨壬暈
一四五三乙正　壬申卜翌癸帝其令雨　二告
一四五三乙正　壬申卜殼翌癸帝不令雨
一四五三乙正　甲戌卜殼翌乙亥帝其令雨
一四五三乙正　甲戌卜殼翌乙亥帝不令雨
一四五三乙正　乙亥卜殼翌丙子帝其令雨
一四五三乙正　乙亥卜殼翌丙子帝不令雨
一四五三乙正　丙子卜殼翌丁丑帝其令雨
一四五三乙反　龍
一四五三乙反　己巳帝允令雨至于庚
一四五四　…帝惟癸其雨
一四五五　癸丑卜古貞今日帝不其…
一四五六　丁丑卜爭貞不𩆜帝惟其…
一四五六　丁丑卜爭貞不𩆜帝不惟…
一四五六　小告
一四五六　小告
一四五六　小告
一四五六　小告
一四五六　二告
一四五六　二告
一四五六　二告
一四五七　己酉…貞有…
一四五七　庚戌卜貞有𠭰秋惟帝令伙

一四五七　壬子卜貞惟今日彡卯四月
一四五七　丙寅卜貞翌丁卯邑並其侑于丁宰又一牛
五月
一四五七　丙寅貞𦍌享
一四五七　戊辰卜貞日子…
一四五七　貞…田
一四五八　庚戌卜貞有𦎫秋告…丁四月
一四五八　…卜…秋…至…四月
一四五九　…辰卜宾貞惟丁令𢀛
一四六〇　庚子卜貞帝令…
一四六一正　于𠂤女　二告
一四六一正　勿于𠂤女　二告
一四六一正　二告
一四六一正　貞王入于𥄎束循
一四六一正　貞勿于𥄎束
一四六一正　翌甲午其雨
一四六一正　翌甲午其雨
一四六一正　…來𠚤
一四六一正　今五月無其𠚤　二告
一四六一正　…宾貞率𢼸…　二告
一四六一正　祖辛…若
一四六一正　祖辛…
一四六一正　丙子卜古貞帝令惟𪓐
一四六一正　貞帝弗令惟𪓐　二告
一四六一正　…來…
一四六一正　貞侑母庚毋𢀛王
一四六一正　二告
一四六一反　王固曰雨惟其不延
一四六一反　…五犬于…庚
一四六一反　…五犬…侑…
一四六一反　…七犬
一四六一反　貞祖辛
一四六一反　貞不
一四六一反　王固曰吉不…
一四六一反　王固曰…于辛雨…
一四六一反　王固曰雨翌…己丑…未…雨
一四六一反　…未卜爭貞得
一四六一反　庚戌貞侑…
一四六一反　貞…
一四六二　…翌辛…帝其令…
一四六三　…𦎫…
一四六三　庚子卜貞帝令…
一四六四　貞帝令…
一四六五　貞翌…令…王…帝…
一四六六　翌…帝…令…
一四六六　…其…

一四六七　…帝…令龍…
一四六八正　…帝不…令…
一四六八反　…酉卜…
一四六九　…至于庚…帝令…
一四七〇　貞帝…降邑…
一四七一　貞帝不惟降𦰩
一四七一　貞…帝惟降𦰩
一四七二　貞牢
一四七二　戊申卜貞𥁕彡
一四七二　貞帝不降𦰩
一四七三正　貞畏其有𡆥
一四七三正　…𡆥
一四七三正　甲寅卜殻貞…其…
一四七三正　…帝其降𦰩
一四七三正　…在沘
一四七三正　二告
一四七三反　王固曰有…
一四七三反　…羌
一四七三反　王固…
一四七三反　王固曰吉…不…
一四七四　壬申…貞帝…𦰩
一四七五　貞帝其…我𦰩
一四七六　…卯丁帝其降𡆥其㓞
一四七六　貞卯帝弗其降𡆥十月
一四七六　…不…四日…允
一四七七　貞…帝令降…
一四七八　…申…己帝其降𡆥
一四七九　…卜貞乙帝惟十月降…
一四八〇　…帝降…
一四八一　…五月
一四八一　…帝…𡆥　二告
一四八二　…帝其作王𡆥
一四八二　二告
一四八三　貞帝弗作王…　二告
一四八四　貞帝其作我孽
一四八五　己丑卜殻貞帝作伐…
一四八六　…卯卜帝其作…
一四八七　貞帝弗其𦟪王
一四八八　帝弗缶于王
一四八九　…帝弗保…
一四九〇　貞帝不我其受祐
一四九〇　…受祐
一四九一　貞帝不我其受祐
一四九二　貞…有祐
一四九二　…帝…有祐
一四九三正　丁未…帝若…

一四一九三反　貞我…

一四一九四　丙子卜爭貞帝弗…

一四一九五　…帝弗若七月

一四一九六　…帝弗若

一四一九六　貞…文…

一四一九六　小告

一四一九七正　貞勿舞河無其雨

一四一九七正　…帝弗若

一四一九七正　…夫弗…凡

一四一九七正　二告

一四一九八正　貞雨

一四一九八正　其…

一四一九八正　翌辛勿侑祖辛

一四一九八正　二告

一四一九八正　辛丑卜殻貞帝若王　二告

一四一九八正　貞帝弗若王　二告

一四一九八正　不告

一四一九八正　二告

一四一九八正　辛丑卜殻呼比來取侑兄以

一四一九八正　辛…以

一四一九八反　王固…勿延…于…

一四一九八反　王…娩

一四一九九正　己未…貞旨…千若于帝祐

一四一九九正　貞旨…千不…若于帝佐

一四一九九正　貞王夢惟大甲…

一四一九九正　貞王夢不惟大甲…

一四一九九正　貞…

一四一九九正　貞勿…

一四一九九正　貞𡆥弗其骨凡有疾

一四一九九正　二告

一四一九九反　𢦔于東

一四一九九反　勿𢦔于東

一四一九九反　…來…

一四一九九反　王固曰…

一四一九九反　癸…

一四一九九反　…旨循…咒若…帝…

一四二〇〇正　丁卯卜爭貞王作邑帝若我从之唐

一四二〇〇正　…邑帝弗若

一四二〇〇正　二告

一四二〇〇正　二告

一四二〇〇正　二告

一四二〇〇正　二告

一四二〇〇正　二告

一四二〇〇反　貞𡆥

一四二〇〇反　貞…

一四二〇一　貞王作邑帝若八月

一四二〇一　貞勿作邑帝若

一四二〇一　戊辰卜爭貞其雨

一四二〇一　貞不雨

一四二〇一　庚午卜丙貞王勿作邑𢀛茲帝若

一四二〇一　庚午卜丙貞王作邑帝若八月　二告

一四二〇一　庚午卜丙乇呼步八月

一四二〇二　…戊卜殻貞我作邑帝…

一四二〇三　貞王作邑帝若

一四二〇四　…王作邑帝若

一四二〇五　…卜爭貞王作邑帝…

一四二〇六正　壬子卜爭貞我其作邑帝弗佐若三月

一四二〇六正　癸丑卜爭貞勿作邑帝若

一四二〇六正　癸丑卜爭貞我宅茲邑大賓帝若三月

一四二〇六正　癸丑卜爭貞帝弗若

一四二〇六正　二告

一四二〇六正　二告

一四二〇六正　二告

一四二〇六反　王…比西

一四二〇六反　勿…西

一四二〇七正　侑于母庚

一四二〇七正　勿侑…

一四二〇七正　…庚彭河

一四二〇七正　勿…庚彭河

一四二〇七正　沈五牛燎三牛卯五牛

一四二〇七正　勿沈五牛燎三牛卯五牛

一四二〇七正　貞舞岳有雨

一四二〇七正　貞岳無其雨

一四二〇七正　旨以

一四二〇七正　弗其以　二告

一四二〇七正　癸丑卜…貞我作邑帝弗佐若　二告

一四二〇七正　癸丑卜…貞勿作邑…若　二告

一四二〇七正　二告

一四二〇七正　二告

一四二〇七正　二告

一四二〇七正　二告

一四二〇七正　二告

一四二〇七正　二告

一四二〇七正　二告

一四二〇七正　二告

一四二〇七反　丙申卜殻

一四二〇七反　王固…其有𡆥辛…

一四二〇七反　…爭貞我…立…帝…

一四二〇七反　…立…帝…

一四二〇七反　千用

一四二〇七反　鼓入二

一四二〇七反　己未卜爭…

一四二〇七反　己未卜爭
一四二〇八正　貞帝𢦏唐邑
一四二〇八正　貞帝弗𢦏唐邑
一四二〇八正　貞：取以：
一四二〇八正　勿：弜令
一四二〇八正　二告
一四二〇八正　二告
一四二〇八反　妻：三
一四二〇九正　丙辰卜殻貞帝惟其終茲邑
一四二〇九正　貞帝弗終茲邑
一四二〇九正　貞帝惟其終茲邑
一四二〇九正　貞帝弗終茲邑
一四二〇九正　翌庚申𢦔于黃奭
一四二〇九正　貞我舞雨
一四二〇九反　雀入百五十
一四二一〇正　丙辰卜殻貞帝惟其終茲邑
一四二一〇正　貞帝弗終茲邑
一四二一〇正　貞帝惟其終茲邑
一四二一〇正　貞帝弗終茲邑
一四二一〇正　翌庚申𢦔于黃奭
一四二一〇正　貞我舞雨
一四二一〇反　雀入百五十
一四二一一正　戊戌卜爭貞帝𢦏茲邑　二告
一四二一一正　貞帝弗𢦏茲邑
一四二一一正　二告
一四二一一反　王：有來艱：㞢
一四二一二　辛卯卜殻：帝𢦏茲邑
一四二一三　：𢦏茲邑
一四二一三　貞：
一四二一四　：𢦏茲邑
一四二一五　貞不其𢦏：
一四二一六　戊寅卜穷貞帝：
一四二一六　貞帝弗𢦏茲：
一四二一七正　：其：帝弗𢦏
一四二一七正　貞：
一四二一七反　：入百
一四二一八　：帝：𢦏
一四二一八　河𢦏：
一四二一九正　：固曰帝：茲邑
一四二一九反　：殻貞若：
一四二二〇　丙：子：
一四二二〇　丁丑：王其：比帝畀我：
一四二二一正　帝畀：
一四二二一反　：四十
一四二二二甲正　貞不惟下上肇王疾　二告
一四二二二甲反　：曰吉：肇余

一四二二二乙正　：帝肇王疾
一四二二二乙反　：余：
一四二二二丙正　貞惟帝肇王疾　二告
一四二二二丙反　己卯卜穷
一四二二三　其出
一四二二三　惟帝臣令出
一四二二三　貞王勿出
一四二二四　：惟帝：昌西
一四二二五　：于帝史風二犬：
一四二二六　二告
一四二二六　燎帝史風一牛
一四二二七　貞燎于帝雲
一四二二七　貞及今十三月雨
一四二二七　貞：于：
一四二二八正　貞帝官
一四二二八正　帝不官
一四二二八正　不舌黽
一四二二八正　小告
一四二二八正　不舌黽
一四二二八正　二告
一四二二八正　二告
一四二二八正　不舌黽
一四二二八正　不舌黽
一四二二八反　：爭
一四二二九正　：辰卜穷貞帝昔：
一四二二九正　小告
一四二三〇正　貞帝其：
一四二三〇反　岳
一四二三一　：帝其：
一四二三二　：帝其：
一四二三三　：帝無：
一四二三四　貞帝不：
一四二三五　丙辰帝不：
一四二三六　貞帝不：
一四二三七　貞帝弗：
一四二三七　不舌黽
一四二三八　癸：貞：
一四二三八　癸卯：爭貞帝弗钔酉卩
一四二三九　貞帝弗：
一四二四〇　：丑卜爭貞：來歲帝：
一四二四一　丁亥：殻貞惟帝：
一四二四二　：不惟帝曰
一四二四三　帝呼𢦏
一四二四三　：呼𢦏
一四二四四　貞來乙卯帝：
一四二四五　：爭：帝：

一四二四五　辛卯…爭…
一四二四六　貞…壬…帝…
一四二四七　…帝…
一四二四八　…王貞我…
一四二四八　貞…自…帝…
一四二四九　…[illegible]帝…西宅
一四二五〇　甲午卜殻貞帝…
一四二五〇　甲午卜殻貞[illegible]祖…
一四二五〇　戊午卜殻貞呼[illegible]…
一四二五〇　戊午卜殻貞惟岳…
一四二五一反　…于帝…
一四二五二　…帝…
一四二五三　辛…卜…冊…
一四二五三　…帝…余…
一四二五四　…立…帝…
一四二五五　…帝…宰
一四二五六　貞帝…
一四二五七　貞…丁未…其…
一四二五七　貞上子受我祐
一四二五七　貞上子受我祐
一四二五八　貞上子不我其受…
一四二五八　貞上子不…其…
一四二五九　…我…
一四二五九　貞上子不我其受祐
一四二五九　貞翌丁未不其暘日
一四二五九　…上…受…祐
一四二六〇　貞上子不我其受…
一四二六〇　貞上子不我其受…
一四二六〇　翌丁未不其暘日
一四二六〇　…上子受我祐
一四二六一　…沚戠…下上若
一四二六二　…午卜殻貞…比下上若
一四二六三　…下上若
一四二六四　貞…丁…下上若
一四二六五　…下上弗…
一四二六五　…三月
一四二六六正　…下上弗若不我其受祐
一四二六六正　不告黽
一四二六六反　…惟…
一四二六七　…下上…
一四二六八　…下上…在…月
一四二六九　貞下上敼示弗其若十三月　二告
一四二七〇　貞敼示畀…
一四二七一　…未卜王…[illegible]今日…示…鬼…
一四二七二　丁丑…作侑…延…鬼…戠…衣…
一四二七三　丁…鬼…

一四二七四　…其…出不…鬼…　小告
一四二七五　貞…鬼…其有…
一四二七六　…固曰鬼…
一四二七七　…鬼…蠱
一四二七七　二告
一四二七八　…鬼…不…
一四二七九　…鬼…
一四二八〇　…鬼…
一四二八一　…鬼…
一四二八二　貞…鬼…
一四二八三反　…鬼…
一四二八四　…鬼…
一四二八五　…鬼…
一四二八六　…多鬼…
一四二八七　庚…鬽…暘…
一四二八八　…卜…[illegible]
一四二八九　…卜貞…叀不…囚
一四二九〇　貞鬼
一四二九一　…辰卜其…來臾…聽…
一四二九二　…臾…
一四二九三正　貞…往不[illegible]臾日
一四二九三反　…暘…
一四二九四　東方曰析風曰[illegible]
一四二九四　南方曰[illegible]風曰光
一四二九四　西方曰朿風曰彝
一四二九四　…伏風曰役
一四二九五　王其往逐兔…[illegible]…
一四二九五　王其往逐兔于[illegible]不其獲
一四二九五　𢦏有聽
一四二九五　𢦏無其聽
一四二九五　惟尤
一四二九五　貞惟尤
一四二九五　辛亥卜內貞帝于北方曰伏風曰[illegible]𠦪…
一四二九五　辛亥卜內貞帝于南方曰微風夷𠦪年一月
一四二九五　貞帝于東方曰析風曰劦𠦪年
一四二九五　貞帝于西方曰彝風曰丰𠦪年
一四二九五　辛亥內貞今一月帝令雨四日甲寅夕…
一四二九五　辛亥卜內貞今一月…不其令雨
一四二九五　癸…內貞…無不若
一四二九五　貞豕其有不若
一四二九五　豕其有不若一月
一四二九五　二告
一四二九五　二告
一四二九六　貞勿侑
一四二九六　貞…帝…方…
一四二九七　…申…帝…方…

一四二九八　……卜爭……翌乙亥方帝十犬
一四二九九　……今丁酉夕……犬方帝
一四三〇〇　貞方帝卯一牛有穀
一四三〇〇　辛酉卜亘貞⿶凵侃
一四三〇一　乙亥卜貞方帝一豕一犬二羊……二月
一四三〇二　貞……方……
一四三〇二　貞方帝
一四三〇二　貞……其……
一四三〇三　貞方帝
一四三〇三　方帝
一四三〇四　壬午卜……方帝……
一四三〇五　……子……貞……
一四三〇五　貞燎土方帝
一四三〇五　……丁……
一四三〇六　……燎于土方帝
一四三〇七　勿方帝
一四三〇七　方帝
一四三〇八　勿方帝
一四三〇八　方帝
一四三〇九　勿……帝
一四三一〇　貞方帝
一四三一一　丁巳卜㱿貞奏茲于東　小告
一四三一一　貞勿奏茲于東　小告
一四三一一　……黽
一四三一二　……帝……東西
一四三一三正　貞帝于東埋囧豕燎三宰卯黃牛
一四三一三反　婦井示……
一四三一四　壬午卜㱿貞婦姘娩嘉
一四三一四　壬午卜爭貞婦姘娩嘉二月
一四三一四　癸未卜㱿貞燎犬卯三豕三羊
一四三一四　甲申卜㱿貞燎于東三豕三羊囧犬卯黃牛
一四三一四　不舌黽
一四三一四　三告
一四三一五正　貞𠦪于祖乙五牛
一四三一五正　貞其不多⿰卜示甗
一四三一五正　勿不多⿰卜示甗　二告
一四三一五正　貞燎東西南卯黃牛
一四三一五正　燎于東西有伐卯南黃牛　小告
一四三一五正　貞正祖乙
一四三一五正　貞不妣己祟　小告
一四三一五正　二告
一四三一五正　二告
一四三一五正　二告
一四三一五反　……于……示……
一四三一五反　貞囧虐由……

一四三一五反　貞……
一四三一六　……㱿貞燎于東五犬五羊五……
一四三一六　癸丑卜㱿貞我衣……
一四三一六　丁巳卜㱿貞……
一四三一七　若五月
一四三一七　貞燎……
一四三一七　貞燎于東
一四三一七　貞其……來……南
一四三一八　貞燎于東
一四三一八　……燎于東
一四三一九正　丙午卜㱿貞婦……
一四三一九正　辛巳卜㱿貞燎于東
一四三一九反　……宅
一四三二〇　貞帝于令
一四三二〇　貞勿燎于東
一四三二一　貞禦于南
一四三二二　……禦……南
一四三二三　帝于南犬
一四三二四　壬戌……于西……禦……
一四三二五　……褅于……西
一四三二六　勿褅
一四三二六　……褅……西……宰
一四三二七　……褅……西……
一四三二八正　己巳卜㱿貞褅于西
一四三二八正　貞勿褅于西
一四三二八正　貞勿惟羊
一四三二八反　……入四十
一四三二九正　父乙其𧻚王
一四三二九正　戊戌卜㱿貞王往……
一四三二九正　貞肇燎
一四三二九正　燎于西牛
一四三二九反　貞……勿……
一四三三〇　貞翌庚子暘日
一四三三〇　翌庚子不其暘日
一四三三〇　貞燎于西
一四三三〇　……勿……于……洮
一四三三一　……東囧……西囧犬燎白……
一四三三二　帝于北二犬卯……
一四三三三　……茲于北
一四三三四　貞弗其及
一四三三四　貞燎于北
一四三三四　……及……方
一四三三五　壬申卜貞侑于東母西母若
一四三三五　貞𡧊宰
一四三三六　貞……
一四三三六　貞于東母侑……

一四三三七正　己酉卜殼貞燎于東母九牛
一四三三七臼　辛未卜雩示一屯　岳
一四三三八　貞：
一四三三八　貞燎于東母三牛
一四三三八　貞禦囚于父乙
一四三三九　貞勿禦
一四三三九　貞燎于東母三牛
一四三四〇　己丑卜亘貞翌…
一四三四〇　貞燎于東母三豕…
一四三四一　…燎于東母…豭三豕三…
一四三四二　貞燎…東母…黃…
一四三四三　…于東母
一四三四四　貞侑于西母囚犬燎三羊三豕卯三牛
一四三四四　貞于西母酌帝
一四三四五　用
一四三四六　貞侑于杏
一四三四六　侑于‖
一四三四六　貞不其延雨
一四三四七正　貞：
一四三四七正　貞燎于槖
一四三四七反　…丁雨
一四三四八　乙卯卜殼貞于□示柰…
一四三四九　貞于□示柰…
一四三四九　…柰…于…
一四三五〇　…于□…
一四三五一　…□…
一四三五二　乙丑…貞令□…□示十二月
一四三五三　…宰□五宰屯示三宰八月
一四三五四　貞□…歲酌…十三月
一四三五四　貞元示五牛屯示三牛
一四三五五　…大…示
一四三五六　己亥卜宾貞不牛示齊黃
一四三五七　貞勿…
一四三五七　己巳卜亘貞呼…己曰惟告我…
一四三五七　庚午卜宾貞今…牧示濡…
一四三五七　辛未…
一四三五八　辛巳卜貞一牛示惟羊□惟㲋
一四三五八　柰自上甲一牛□…
一四三五九　…乙…勿…唐
一四三五九　乙…一牛…示…
一四三六〇　…一豕…
一四三六〇　貞帝鳥三羊三豕三犬
一四三六〇　丁巳卜貞帝鳥
一四三六〇　…勿…七月
一四三六一　侑…丁
一四三六一　侑于瀧

一四三六一　…肉…牛…肉…
一四三六二　戊午卜王燎于瀧三宰埋三宰
一四三六三　庚戌卜豹勿禘于瀧
一四三六三　…酉…雨
一四三六四正　庚戌卜殼翌辛亥燎于…
一四三六四正　壬子卜宾勿燎于□
一四三六四正　燎于□
一四三六四正　燎于□二月
一四三六四反　雀入百…
一四三六五　己…王…勿…
一四三六五　…□令…□…示
一四三六六　丙…貞…冓
一四三六六　…夒告…六月
一四三六七　…柰…夒…二月
一四三六七　…虎…
一四三六八　勿柰于夒三月
一四三六九　燎于夒六牛
一四三六九　乙亥卜宾貞王賓歲無巷
一四三六九　其受祐
一四三六九　弗其戈
一四三六九　侑父…卯…
一四三七〇甲　貞勿方帝
一四三七〇甲　…門…
一四三七〇乙　…爭…于河…沈…十月
一四三七〇乙　甲…貞…門…
一四三七〇丙　…申卜貞方禘寧攉九月
一四三七〇丙　…辰卜…貞來…酌…丁…
一四三七〇丁　貞…並…
一四三七〇丁　…酉翌…戌…
一四三七〇丁　…卜…今…方…
一四三七〇丁　…卜…呼…先…彔九月在唐
一四三七〇丁　…酌河燎…旬在門
一四三七〇丁　丙辰卜宾貞惟乎令燎于夒
一四三七〇丁　壬申卜貞旻…
一四三七一　…酉卜殼…
一四三七一　貞燎于夒
一四三七二　甲寅卜宾貞…
一四三七二　…燎于夒…宰…十月
一四三七二　貞…酌
一四三七三　貞燎…夒
一四三七三　壬…惟…酌
一四三七四　…于夒…
一四三七五　貞翌丁卯勿有戠
一四三七五　貞往于夒有从雨
一四三七五　貞翌丁卯呼子侑于丁三宰

一四三七五　貞惟辛巳酢
一四三七六　…豹…燮…比…
一四三七七　…子卜…燮…
一四三七八　…燮…受祐
一四三七八　己…
一四三七九　丁未卜古貞奠奏自燮
一四三七九　…卜…
一四三八〇　己亥卜宾貞王至于今水燎于河三小宰
沈三牛有雨王步
一四三八〇　辛酉卜宾貞燎于⿰夒戈…牛二月
一四三八〇　…卜…貞取岳
一四三八一　貞侑…⿰夒戈…燎…卯…
一四三八一　…宾…美…囚…有…
一四三八二　…未卜宾…于⿰夒戈…秋…
一四三八三　…⿰夒戈…
一四三八四　…⿰夒戈…
一四三八五　己未卜貞曰…
一四三八五　壬子卜貞于⿰夒戈…
一四三八六　…惟…⿰夒戈…
一四三八七　…⿰夒戈…
一四三八八　…惟…⿰夒戈…我…
一四三八九　…岳…
一四三八九　貞…⿰夒戈…雨
一四三九〇　貞呼剛目…玄河以…⿰夒戈洹
一四三九〇　貞…⿰夒戈…曰…
一四三九〇　…辛…其…河…□
一四三九一　…⿰夒戈…
一四三九二　貞于土奉
一四三九二　貞燎邑侑…
一四三九二　不舌黽
一四三九三正　…侑…
一四三九三正　翌辛亥燎
一四三九三反　…于…燎土不其介
一四三九三反　惟有雨
一四三九四　甲辰卜…貞燎土…牛
一四三九五正　甲辰卜爭翌乙巳燎于土牛
一四三九五正　貞宰
一四三九五正　燎于土惟羊有豚
一四三九五正　燎于蚰惟羊有豚
一四三九五正　燎于蚰一豚
一四三九五正　燎羊
一四三九五正　貞⿰車戈于南
一四三九五正　勿⿰車戈于南
一四三九五正　貞⿰車戈于西北
一四三九五正　勿⿰車戈于西北
一四三九五正　⿰車戈于東

一四三九五正　勿⿰車戈于東
一四三九五反　雀入百五十
一四三九六　…侑于大甲
一四三九六　貞燎于土一牛俎宰
一四三九六　壬戌卜爭貞既出⿰犭斤燎于土宰
一四三九七　貞燎于土
一四三九八　勿燎于土
一四三九八　貞燎于土
一四三九八　貞王舌岳
一四三九九正　癸未卜貞燎于土奉于岳
一四三九九正　…不…
一四四〇〇　今日勿燎于土
一四四〇一　貞勿燎于土
一四四〇二　勿燎于土
一四四〇三　…土祀
一四四〇四　…㱿貞…惟土…
一四四〇五　庚辰卜爭貞…土
一四四〇五　…貞…河…三宰
一四四〇六　…貞我…不𥁕…土…
一四四〇七　辛酉…禦…于…土宰
一四四〇八　辛酉…土…
一四四〇九　辛卯卜古貞侑于岳
一四四〇九　甲午卜…貞今□卒…
一四四一〇　貞…丙…
一四四一〇　貞今丙辰其雨
一四四一〇　貞惟般呼取
一四四一〇　貞侑于岳
一四四一〇　…㱿…
一四四一一　卓以
一四四一一　侑于岳
一四四一一　貞燎于岳
一四四一一　侑于岳
一四四一一　…三父卯羊
一四四一二　卓以
一四四一二　侑于岳
一四四一二　貞…于岳
一四四一二　侑于岳
一四四一二　貞侑豕于三父卯羊
一四四一三　貞…岳
一四四一三　貞侑于岳
一四四一四　貞侑于岳
一四四一五　貞侑于岳
一四四一六　丁…貞…商…
一四四一六　…侑…岳
一四四一七　乙亥…侑于岳

一四一八　貞侑于岳
一四一八　：尹：
一四一九　勿侑于岳
一四一九　：于：
一四二〇　貞：于岳有賓
一四二〇　：侑：雨
一四二一　無佐
一四二一　貞岳賓
一四二二　貞：圖
一四二二　貞岳賓我燎
一四二三　癸卯卜貞告：岳
一四二四　戊：貞桒：岳
一四二五　丁巳卜桒于岳
一四二六　：卯：
一四二六　：午卜穷：桒：岳
一四二七　桒：岳
一四二八　：岳桒
一四二九　：桒吾：岳
一四三〇　丙子：貞桒：方于岳
一四三一正　丁未卜㱿貞侑：自：
一四三一正　戊申卜㱿貞無囚
一四三一正　癸丑卜穷貞桒于岳
一四三一正　貞：
一四三一反　王固曰惟有囚
一四三一臼　：午婦畐示一屯　小㱿
一四三二　勿于岳桒
一四三二　甲：帝：
一四三三正　丁酉卜蔔貞燎于岳
一四三三正　貞今己亥不延雨
一四三三正　貞：亥：延雨
一四三三反　己亥卜韋
一四三三臼　丙申㱿示二屯　小㱿
一四三四　庚辰卜燎于岳
一四三五　癸卯卜貞燎于岳三宰
一四三六　叀
一四三六　癸亥卜貞今日勿韻令叀
一四三六　来
一四三六　癸酉
一四三六　癸酉卜貞燎于岳三小宰卯三宰
一四三六　丙子卜貞酌岳三小宰卯三宰
一四三六　貞三小宰卯三牛
一四三七　己丑卜㱿貞燎于岳
一四三七　貞燎五月
一四三七　貞于：燎
一四三八正　辛酉卜㱿貞燎于岳
一四三八臼　畐示：

一四三九　：酉卜㱿：燎于岳三豕：九：
一四四〇　貞：其：
一四四〇　甲午卜韋貞燎于岳
一四四一　：燎于岳
一四四二　貞燎于岳
一四四三正　貞燎于岳
一四四三反　甲申卜：不：
一四四四　辛卯卜燎于岳
一四四五　丙辰：貞燎：岳
一四四六　：月燎于岳雨
一四四七　貞：燎：岳宰呼歸
一四四八　庚子：貞往燎：岳
一四四九　癸卯：貞燎：岳
一四五〇正　貞勿
一四五〇正　貞于岳燎三月
一四五〇反　：示：
一四五一　：蔑：乞燎于岳十月
一四五二正　今日燎于岳犬
一四五二反　戊申十犬
一四五三　呼雀燎于岳　二告
一四五四　貞追弗其以牛
一四五四　貞勿燎于岳
一四五四　貞今日雨
一四五五　貞追以牛
一四五五　：于岳
一四五六正　貞勿燎于岳
一四五六反　：千：
一四五七　癸：貞：
一四五七　癸酉卜貞取岳延燎
一四五七　：亥：爭：
一四五八　：取岳
一四五九　貞：癸丑取岳
一四五九　癸丑卜旬無囚
一四六〇　取岳
一四六〇　取岳
一四六〇　河
一四六一反　取岳
一四六二　取岳雨
一四六三　貞惟岳取
一四六四　：取岳
一四六五　：戊卜取岳
一四六六　：午卜爭：取岳石：
一四六七　貞我岳：
一四六七　勿取岳
一四六八正　貞：盅雨　二告
一四六八正　不其亦雨　二告

一四四六八正　二告
一四四六八正　貞取岳有雨
一四四六八正　取無其雨
一四四六八正　二告
一四四六八正　貞…
一四四六八正　二告
一四四六八正　二告
一四四六八反　…㱿
一四四六八反　王固曰其雨…今丁…
一四四六八反　王固曰其惟盧雨
一四四六九正　癸亥…穷貞…
一四四六九正　甲子卜穷貞我…
一四四六九正　丙寅卜吕貞呼阜…
一四四六九正　小告
一四四六九正　小告
一四四六九正　二告
一四四六九正　小告
一四四六九正　小告
一四四六九正　小告
一四四六九正　二告
一四四六九正　二告
一四四六九反　王固曰其雨惟今日
一四四六九反　貞呼阜酌岳
一四四六九反　貞今日其有來媗
一四四六九反　…阜…
一四四六九反　貞…日…
一四四七〇正　貞…其…
一四四七〇正　貞方帝迺酌岳
一四四七〇正　貞自今庚申至于甲子雨
一四四七〇正　勿方帝
一四四七〇反　辛酉卜穷
一四四七一正　癸亥卜貞翌辛未酌岳三小宰卯三…
一四四七一臼　乙亥乞自雩五屯　㱿
一四四七二　甲辰卜爭貞我舞岳
一四四七三　勿舞岳
一四四七四正　壬戌卜穷貞𢦏燎于岳
一四四七四正　貞沈十牛
一四四七四正　貞使人于美
一四四七四正　不舌黽
一四四七四正　不舌黽
一四四七四正　不舌黽
一四四七四正　二告
一四四七四反　丙申…
一四四七四臼　丁巳邑示五屯　古㱿
一四四七五　貞奏岳

一四四七六　…囚岳
一四四七七　貞望…岳
一四四七七　貞祝岳
一四四七八　貞祝河
一四四七八　…祝岳
一四四七八　貞…
一四四七九　有从雨
一四四七九　貞盧岳
一四四八〇　丁酉…貞…岳…雨
一四四八〇　貞勿…
一四四八〇　…其…二月
一四四八〇　…爭…燎…三小宰…三牛
一四四八一　…貞…岳…雨
一四四八二　癸酉卜…寧雨…岳态
一四四八三　庚午卜貞…辛未奠…岳有…雨
一四四八四　…卜貞…岳…雨
一四四八五　…岳無其雨
一四四八六正　…岳有雨
一四四八六反　…曰惟壬…
一四四八七　…月
一四四八七　…卜㱿貞岳肇我雨
一四四八七　二告
一四四八七　二告
一四四八八　庚…爭貞岳壱我
一四四八八　庚戌卜爭貞岳不我壱
一四四八八　二告
一四四八九　貞岳不我…
一四四九〇正　不舌黽
一四四九〇正　不舌黽
一四四九〇正　不舌黽
一四四九〇正　不舌黽
一四四九〇正　二告
一四四九〇反　自…取…
一四四九〇反　于岳
一四四九〇反　于…
一四四九〇反　…二豕二…
一四四九一正　…于岳
一四四九一反　…以…
一四四九二　…有…岳…我
一四四九三　貞無其从
一四四九三　…岳…雨
一四四九四　貞無其从
一四四九四　…岳…
一四四九五　貞…惟岳
一四四九六　乙未卜穷…岳…秋…
一四四九六　貞勿…徲

一四四九七　貞燎于…桒…田
一四四九七　…岳
一四四九八　貞岳…
一四四九九　貞于…未𢦏…于岳
一四五〇〇　乙…卜…岳…自…
一四五〇一　…岳…
一四五〇二　貞岳
一四五〇二　貞佣
一四五〇三　…岳一豕
一四五〇四　…祀…
一四五〇四　惟岳
一四五〇四　…于王…十豕
一四五〇五　…岳…茲…三月
一四五〇六　…岳…其…
一四五〇七　…岳…
一四五〇八正　…殸…岳…
一四五〇八反　㱿…
一四五〇九　丁亥…日侑于…三豕
一四五〇九　丁亥卜侑于河二牛二宰
一四五一〇　丁亥卜貞侑于河
一四五一〇　丁…
一四五一一　貞侑于河
一四五一一　丁亥卜殸
一四五一二　丁巳卜殸貞侑于河
一四五一三　貞…
一四五一三　貞師…其…
一四五一三　甲辰卜亘貞侑于河
一四五一四　…內我…亦侑…河
一四五一五　貞…
一四五一五　…侑于河
一四五一六　于河侑
一四五一六　貞勿侑于河
一四五一七　貞…
一四五一七　貞于河侑
一四五一八　辛卯卜內…
一四五一八　勿侑于河
一四五一九　勿侑…風
一四五一九　…河
一四五二〇正　勿…
一四五二〇正　貞勿盧侑于河
一四五二〇正　…陟不蒙
一四五二〇反　卒來十
一四五二一　貞祟雨我于岳
一四五二一　乙未卜爭貞…有冊河三牛往…
一四五二一　…羽…
一四五二二　…丑卜㝑貞侑匚于河

一四五二二　…卯卜㝑貞翌乙巳暘日
一四五二三　貞王勿舌河弗其…
一四五二四　…卩禦于河
一四五二五　戊戌卜禦于河
一四五二六正　己丑卜爭貞𡆥…王…
一四五二六正　甲午卜殻貞呼卓先禦…于河
一四五二六臼　…婦井示…
一四五二七正　翌丁…不其…
一四五二七正　…不其…
一四五二七正　勿令禦燎　二告
一四五二七正　二告
一四五二七反　甲寅卜古
一四五二七反　…禦燎于河
一四五二七反　…曰…
一四五二八正　貞呼…酌我…匚于河
一四五二八反　…示十…小㱿
一四五二九　勿生匚于河
一四五三〇　…匚于河…酌…
一四五三一　…帝于河
一四五三二　…告…河…若
一四五三三　庚辰卜㝑貞告盤于河
一四五三四　辛巳卜貞告既燎于河
一四五三五　貞其登河…王賓…惟王禕…八月
一四五三六正　辛卯卜殻貞乞呼酌河不潛正
一四五三六正　辛…貞桒河燎五小宰沈五牛卯五牛圍宰
一四五三六正　貞子漁惟有壱
一四五三六正　貞子漁無壱
一四五三六反　…固曰吉…
一四五三七　辛亥卜桒河燎六牛…六牛圍八牛
一四五三八　貞桒于河
一四五三八　…受…
一四五三九　…桒…河燎…宰…
一四五四〇　…桒于河三宰寧…
一四五四一　桒河
一四五四二正　貞桒于河…
一四五四二正　…河…以一牛示
一四五四二反　…其惟甲雨
一四五四三　貞于河桒
一四五四四　…河桒
一四五四五　…桒于河
一四五四五　貞勿桒于河
一四五四六　貞勿桒于河
一四五四七　勿桒于河
一四五四八　無其來自…
一四五四八　勿于河桒
一四五四八　…來…西

一四五四九正　庚寅卜爭貞我其祀于河
一四五四九正　…[illegible]疋…不其蔞
一四五四九反　[忄宁]入二
一四五五〇　…祀河
一四五五一　丁丑卜爭貞呼雀祀于河
一四五五二　…卯卜內燎于河十牛圛十牛
一四五五二　燎…
一四五五三　乙未卜宾貞今丁其延雨
一四五五三　乙巳卜爭貞燎于河五牛沈十牛十月在門
一四五五三　…貞…臣…
一四五五四　甲子…南…酉…
一四五五四　庚…
一四五五四　乙巳…貞燎于河五牛沈十牛十月在門
一四五五五正　戊辰卜爭貞燎于河…豕三羊沈五牛圛…
一四五五五正　貞呼…
一四五五五反　…祖…㱿…
一四五五五反　…其…
一四五五六　丙申卜貞燎于河三宰沈三宰圛一宰
一四五五六　…戌卜…王…河…
一四五五七　丙午…貞燎…河三宰…
一四五五八正　貞燎于河…宰沈小宰卯三牛
一四五五八反　…酉卜…
一四五五九　燎于河一宰埋二宰
一四五五九　燎于河一宰埋二宰
一四五六〇　壬戌…貞燎…河一宰
一四五六一　甲辰卜內燎于河一羊一豕卯一牛
一四五六二　…燎于河…五…十月…門
一四五六二　貞並涉
一四五六三　…貞燎…河五…
一四五六四　貞…牛…一牛
一四五六四　貞…小宰…一牛
一四五六四　壬申卜宾貞燎于河
一四五六四　貞勿燎于河
一四五六五　燎于河
一四五六六　燎于河
一四五六六　…河燎
一四五六七　…宾貞燎…
一四五六七　…燎于河
一四五六八　丙…卜…
一四五六八　…燎…河
一四五六八　…其…
一四五六九　…亥卜爭…燎于河
一四五六九　不舌黽
一四五七〇　癸亥卜爭貞燎于河
一四五七〇　不舌黽
一四五七一　…其雨　二告

一四五七一　勿呼燎于河
一四五七二正　貞其燎于河
一四五七二正　貞勿衣燎于河
一四五七二正　…今日庚申其雨
一四五七二正　…庚申不其雨　二告
一四五七二反　貞王步
一四五七二反　…勿步
一四五七二反　王固曰不其…
一四五七二反　…正…
一四五七二反　乙未卜宾貞侑于王…
一四五七三正　貞惟犬
一四五七三正　…固曰其…
一四五七三反　丁亥卜宾貞以
一四五七三反　戊午卜亘貞燎于河
一四五七三反　…爭貞呼皁燎于河
一四五七四　庚申卜殻貞取河有从雨
一四五七五　貞無其爿
一四五七六甲正　貞勿取河
一四五七六甲正　貞翌癸卯其雨
一四五七六甲正　貞其有爿
一四五七六乙正　貞取河
一四五七六乙正　貞翌癸卯雨
一四五七六乙正　戔來
一四五七六甲反　己丑卜爭貞翌…卯酌河…三牛燎三牛…
一四五七七正　三牛
一四五七七反　王固…
一四五七七反　鼓入二十
一四五七八　貞…酌…三牛…三牛
一四五七九　甲子…河燎…三…卯…
一四五八〇　…貞…王乞令…酌河燎…
一四五八一　…大…七月
一四五八一　丙子卜宾貞翌辛酉酌河宰
一四五八一　…貞…比…取…白…
一四五八二　貞于來辛未酌河…七月
一四五八二　…貞…比…取…
一四五八三　…巳卜爭貞…丁未酌河…在門
一四五八四　乙巳卜貞惟辛亥酌河十月在門
一四五八五正　丙子卜殻貞勿艄酌河
一四五八五正　丙子卜殻貞呼言酌河燎三豕三羊卯五
牛…
一四五八五臼　㱿
一四五八六正　丙子卜殻貞勿艄酌河二月
一四五八六正　丙子卜殻…呼言…河燎三…
一四五八六臼　㱿
一四五八七正　丙子卜殻貞勿艄…河
一四五八七正　丙子卜殻貞呼言酌河燎…豕三羊…五牛

一四五八七臼	岳
一四五八八	丙子卜㱿貞𢦏珏酢河
一四五八八	戊寅卜古貞宜正
一四五八八	二告
一四五八九	…來辛亥酢河
一四五九〇	戊午卜爭貞今…辛酉呼酢河
一四五九一	癸亥卜爭貞翌辛未王其酢河不雨
一四五九一	貞其有災
一四五九一	貞…
一四五九一	貞今日其雨十月在甫魚
一四五九二	…卜爭…𢦏…三牛
一四五九二	戊戌卜貞翌甲辰酢河
一四五九二	癸…
一四五九二	庚…貞…令…
一四五九三	…惟辛…酢河
一四五九三	貞…途…
一四五九四	…酢河
一四五九四	…河
一四五九五	…酢河一月
一四五九六	酉…酢河
一四五九七	…酢河
一四五九七	…酢…
一四五九八正	二告
一四五九八反	貞…酢河
一四五九九	貞翌…卯勿酢河
一四六〇〇	…辛卯勿酢河
一四六〇一	…酢河
一四六〇一	…勿…宰
一四六〇二	…作㱿…酢河
一四六〇三	乙巳卜㱿貞舞河
一四六〇四	貞勿舞河
一四六〇五	癸亥卜勿奏河
一四六〇五	…勿…
一四六〇六正	奏河
一四六〇七	…辰卜㱿…于河…宰沈五…圍…月
一四六〇八	…河三…沈五…圍…
一四六〇九	…埋于河二宰四月
一四六一〇	…埋于河二宰四月
一四六一一	…埋于河四宰
一四六一二	甲申卜…
一四六一二	…埋于河
一四六一三	…燎于河…宰埋…
一四六一四	丙午卜爭貞…
一四六一四	丙午卜㱿…河弗若
一四六一四	己巳卜…
一四六一五	…午卜㱿貞河祟我

一四六一六	…河…我…
一四六一六	…河…我…
一四六一七	貞河祟惟龠㠯
一四六一八	貞河祟…
一四六一九	丁卯卜惟河祟
一四六一九	貞不壱
一四六一九	惟河…
一四六二〇	庚申卜永貞河壱雨
一四六二〇	貞河弗壱雨
一四六二一	丙申卜亘貞河以龜 二告
一四六二一	貞河以不其龜 二告
一四六二二	貞燎
一四六二二	貞燎
一四六二二	貞河其凡
一四六二二	二告
一四六二三	貞河不其凡
一四六二四	丙寅卜貞河其…
一四六二四	庚…
一四六二五	…卜爭貞…河豊其…惟…
一四六二五	庚子…侑于…于…率…
一四六二六	…貞令…逆河
一四六二七	…吕…河
一四六二八	…其…河新…陟
一四六二九	…卜先…王其…河新…不遘…
一四六三〇	…目于河
一四六三一	…卜…于河…
一四六三二	…卜貞…于河
一四六三三	…于河…侑五牛
一四六三四	…于河
一四六三五正	勿于…河
一四六三五反	…亥…其…
一四六三六	勿…于河
一四六三七	貞勿…于河
一四六三八正	貞翌甲戌河其令…
一四六三八正	貞翌…河不…令雨
一四六三八反	王固曰…其…庚吉…
一四六三九	貞惟河…
一四六三九	丁…
一四六四〇	壬午…貞呼…于河…雨
一四六四一	貞呼…河
一四六四一	…酉卜爭…勿畀…
一四六四二	…翌…丑…河
一四六四三	庚…貞…令…
一四六四三	…戌卜…翌…辰…
一四六四四	…辛…河
一四六四四	…𢦏…

一四六四五　……辛亥……河
一四六四五　……酌……甫……
一四六四六正　貞……河
一四六四六正　……五……
一四六四六反　……固曰……
一四六四六反　辛……
一四六四七正　……未卜韋貞呼……河以啓王固……其來之……
往見于……無來
一四六四七反　若
一四六四八正　不……
一四六四八正　……河
一四六四八反　……曰……
一四六四九　……河五十……
一四六五〇　夒羊有豚
一四六五一　貞侑于夒
一四六五二　……夒……
一四六五三　……午卜燎于……于夒
一四六五四正　己巳卜穷貞燎于夒
一四六五四正　勿侑于唐
一四六五四正　燎……
一四六五四臼　乙
一四六五五　貞……
一四六五五　己巳卜貞燎于夒
一四六五六　貞燎于夒
一四六五七　燎于夒
一四六五八　貞于東
一四六五八　貞令師般
一四六五八　貞于東
一四六五八　貞侑于岳
一四六五八　貞燎于夒
一四六五八　……女……
一四六五九　貞燎于夒
一四六五九　燎于夒一牛
一四六五九　勿燎于夒
一四六五九　惟宰
一四六五九　宰
一四六五九　三十牛于黃尹
一四六五九　侑于蔑
一四六五九　侑于……
一四六五九　侑示
一四六五九　侑……
一四六五九　勿燎于……
一四六五九　不舌
一四六五九　二告
一四六五九　二告
一四六六〇　……亥卜燎于夒𠕋二牛

一四六六一　貞燎于夒
一四六六一　燎于……
一四六六二正　癸亥卜穷貞燎于夒十二月
一四六六二正　二告
一四六六二臼　左
一四六六三　……燎……夒
一四六六三　于……
一四六六四　乙亥卜燎夒羊圉宰
一四六六四　……𠦪……
一四六六五正　二告
一四六六五反　貞燎于夒
一四六六六　乙卯卜殻貞燎于夒
一四六六七　己巳卜殻貞燎于夒
一四六六八　乙巳卜爭貞勿燎于夒
一四六六九正　二告
一四六六九反　貞燎于夒
一四六六九反　告
一四六七〇反　……燎夒
一四六七一　貞……
一四六七一　貞燎于夒
一四六七一　帝受我祐
一四六七一　……侑于……一月
一四六七二　……燎
一四六七二　貞于[illegible]東燎
一四六七二　燎于夒
一四六七二　勿燎……夒
一四六七二　燎于……
一四六七三　燎于夒
一四六七三　貞勿燎于夒
一四六七三　燎于[illegible]東
一四六七四　……福……夒
一四六七五　……于夒寧攉
一四六七六　……于夒
一四六七七　……于夒
一四六七八正　……夒
一四六七八正　庚……
一四六七八反　……曰今日……吉……
一四六七九　……夒……雨
一四六八〇　……夒西……
一四六八〇　……受……
一四六八一　……卯八牛𠦪……
一四六八一　……固曰……兒夒來……
一四六八二　……貞……冊……夒
一四六八二　……勿……大……于……河
一四六八三　己……夒
一四六八四　……申、亘……今日不其雨

一四六八四　…戌卜…貞侑…昌
一四六八五　…勿祐昌
一四六八六正　小告
一四六八六正　勿…于…庚
一四六八六反　勿燎帝于有昌
一四六八六反　…庚…
一四六八七　…昌
一四六八八　…卜惟魚冊昌
一四六八九　巳昌
一四六八九　丙申卜穷
一四六八九　巳昌
一四六九〇　貞亦燎于昌三牛
一四六九一　貞于昌燎八月
一四六九一　…翌…昜
一四六九二　貞于昌燎
一四六九二　…子卜亘貞今夕不延雨
一四六九三　…燎于昌
一四六九四　貞于昌燎
一四六九四　貞今乙…不…
一四六九五正　…酌燎于昌
一四六九六　貞…
一四六九六　貞于昌
一四六九六　…惟囚
一四六九七　今日燎于蚰豕
一四六九七　小牛
一四六九七　二告
一四六九八　今日燎豕于蚰
一四六九九　…癸…燎…蚰
一四七〇〇　…巳卜今…蚰
一四七〇一　庚午卜蚰其…
一四七〇二　壬辰卜翌甲午燎于蚰羊有豕
一四七〇三　辛卯卜燎于蚰
一四七〇三　壬辰卜翌甲午燎于蚰羊有豕
一四七〇四　辛卯卜燎于蚰
一四七〇五　辛卯卜燎于蚰
一四七〇五　壬辰卜翌甲午燎于蚰羊豕
一四七〇六　…燎于蚰
一四七〇七　庚戌卜㱿貞蚰壱我五月
一四七〇七　庚戌卜㱿貞蚰不我壱
一四七〇八　戊辰…貞…
一四七〇八　…王夨
一四七〇九　…侑于王夨…二豕
一四七一〇　貞侑于态
一四七一〇　貞侑于季
一四七一一　貞勿侑
一四七一一　貞侑于季

一四七一一　…侑…觳
一四七一二正　…侑于季
一四七一二反　…丑…
一四七一三　貞侑于季
一四七一四正　二告
一四七一四反　…侑于季
一四七一五　貞勿侑于季
一四七一六　…爭…
一四七一六　貞侑犬于季
一四七一七　…犬于季
一四七一八　貞惟季壱
一四七一九　…季弗壱王
一四七二〇　壬午卜穷貞桒…
一四七二〇　辛酉卜㗊貞季祟王
一四七二一正　貞自今至于戊寅不其雨
一四七二一正　辛亥卜古貞季弗祟王
一四七二一正　壬戌卜㱿貞我無來
一四七二一正　今癸亥燎一牛
一四七二一正　二告
一四七二一反　勿燎十牛
一四七二一反　[illegible]入五
一四七二二正　…季…
一四七二二反　…燎…
一四七二三　…其祐…季
一四七二四　貞侑于王亥惟三白牛
一四七二五　二豕二羊
一四七二五　五十牛于王亥
一四七二六　辛亥…四十牛
一四七二六　貞侑于王亥
一四七二七　…于王亥四十…
一四七二八　辛亥卜貞侑于王亥三…
一四七二九正　貞侑匚于王亥
一四七三〇　貞…于王亥五牛
一四七三一　貞…王…
一四七三一　貞侑于王亥
一四七三一　貞翌乙未不其暘日
一四七三一　貞翌乙未暘日
一四七三二　辛未卜內貞日惟羊六月
一四七三二　有來
一四七三二　辛未卜㱿今來甲戌酌王亥
一四七三二　辛未卜㱿王惟侑匚酌于王亥
一四七三二　侑于王亥
一四七三二　丙子卜內貞翌丁丑王步于豐
一四七三二　丙子卜內貞翌丁丑王勿步
一四七三二　丙子卜內翌丁丑其雨
一四七三二　翌丁丑不雨

一四七三二　之…雨　二告
一四七三二　二告
一四七三三　甲辰卜殻貞來辛亥燎于王亥三十牛二月
一四七三四正　…其盟　二告
一四七三四反　貞燎于王亥十牛
一四七三五正　甲申卜爭貞燎于王亥其玉
一四七三五正　甲申卜爭貞勿玉
一四七三五正　貞燎于王亥十牛
一四七三五正　貞勿十牛
一四七三五正　貞燎十牛
一四七三五正　燎…牛…日
一四七三五正　王亥牛
一四七三五正　…無囚
一四七三五正　…其…
一四七三五正　貞勿蒭三牛
一四七三五正　貞祟
一四七三五正　翌戊宁焚于西
一四七三五正　王往馬
一四七三五反　貞侑于父乙
一四七三五反　侑于…庚
一四七三五反　勿侑…
一四七三五反　蒦來二
一四七三六　燎于王亥十牛
一四七三七　貞燎于王亥九牛
一四七三八　…其惟…
一四七三八　…王亥九牛
一四七三九　貞燎…王亥五牛
一四七三九　有雨
一四七三九　貞戌…
一四七四〇正　貞燎于王亥五…
一四七四一　…酉卜…燎于…亥五…二月
一四七四二　…貞燎于王亥三…
一四七四三　甲申卜宾貞翌辛卯燎于王亥三牛
一四七四四　…燎于王亥四宰
一四七四五　…燎于王亥七月
一四七四六　…貞黄尹莧王
一四七四六　…宾貞燎于王亥
一四七四六　…侑…在…、
一四七四七　燎于王亥
一四七四七　貞若
一四七四八　貞帝于王亥
一四七四九正　燎于昌
一四七四九正　貞燎于王亥
一四七四九正　燎于昌
一四七四九正　貞燎于王亥
一四七四九正　貞燎于昌

一四七四九正　…亙
一四七四九反　丁卯卜宾
一四七五〇　甲申卜殻貞燎于王亥　二告
一四七五一正　酌王亥
一四七五一正　不其白
一四七五一反　…卜…
一四七五二　…酌王亥
一四七五三　既侑王亥告…
一四七五三　惟…
一四七五四正　貞于王亥…
一四七五五正　貞戠無囚在龠
一四七五五正　貞戠其有囚
一四七五五正　貞侑于父乙
一四七五五正　勿蒭于父乙
一四七五五正　貞翌丁卯奏舞有雨
一四七五五正　翌丁卯勿無其雨
一四七五五正　二告
一四七五五正　燎于大甲三豕三…
一四七五五正　貞有从雨　二告
一四七五五正　貞載王亥十牛
一四七五五正　貞于東
一四七五五正　貞囚允其耳女　不吉
一四七五五正　癸未卜宾貞戠無囚三月
一四七五五正　癸…宾貞周𢓊犬延滬
一四七五五正　…周弗其𢓊
一四七五五正　二告
一四七五五反　不其𢀛允不
一四七五五反　侑…于五日惟啓
一四七五五反　無𢦔…
一四七五五反　其比…于河
一四七五五反　侑比于河
一四七五五反　王固…乙
一四七五五反　王惟侑祖丁
一四七五五反　婁來十
一四七五六　己巳于王亥…
一四七五七正　…王亥…
一四七五七正　于河匄
一四七五七正　二告
一四七五七正　…卜…
一四七五七反　…卯…
一四七五八正　…王亥祟我
一四七五九　…惟王亥
一四七五九　貞…
一四七六〇　貞王恆賜…
一四七六一　貞王恆…
一四七六一　貞侑于東母

一四七六二　貞侑于王恆
一四七六二　癸丑卜㱿貞我不其受…
一四七六三　貞侑…王恆
一四七六四　…出…
一四七六四　貞勿呼取陵
一四七六四　貞侑于王恆
一四七六四　呼…陵
一四七六五　貞侑于…恆
一四七六六正　…羊九月
一四七六六反　貞于王恆侑
一四七六七正　貞侑于王恆…
一四七六七正　丁卯卜韋貞王…
一四七六七正　戊寅…
一四七六七正　癸…
一四七六七反　…吉其侑
一四七六八　貞…河…
一四七六八　貞勿侑于王恆
一四七六八　…卜…爵…卒…
一四七六九　…王恆
一四七七〇　癸未卜貞燎于凸十小宰卯十牛年用十月
一四七七一　辛卯卜燎于廿
一四七七一　辛卯卜燎于□
一四七七二　…丑卜古貞…于凸燎十…
一四七七三　戊申卜…貞…秋
一四七七三　貞帝秋于廿于土
一四七七三　…古…馬…涉
一四七七四　…卜貞燎…□
一四七七五　貞侑于萅
一四七七五　貞侑于⿰女幾
一四七七五　…般…彭龍
一四七七六　…侑…□
一四七七七　貞□…
一四七七八　貞侑犬于娥卯彘
一四七七八　…入…
一四七七九　…侑于母…娥禦婦…
一四七八〇　…酉…貞子漁侑𠕋于娥酌
一四七八一　…侑于娥正
一四七八一　…于…
一四七八二　…未卜㱿貞漁侑禦…娥
一四七八二　…夕…
一四七八三正　貞…衣
一四七八三正　貞于娥告
一四七八三正　貞至于敦勿侑
一四七八三正　…嚚
一四七八三止　不吿黽
一四七八三反　…囙…有祟…

一四七八四　貞…于…
一四七八四　貞侑彘于娥
一四七八五正　癸丑…貞旬…
一四七八五正　貞…娥
一四七八五正　…辰…㝉…于娥
一四七八五正　翌…巳…子…
一四七八五反　貞王…
一四七八五反　…貞王…
一四七八五反　…王…
一四七八六　貞惟娥
一四七八六　勿侑…
一四七八七正　不惟娥壱子㝉
一四七八七正　惟娥壱子㝉
一四七八七正　呼目于河有來
一四七八七正　二告
一四七八七正　二告
一四七八七反　侑于妣癸
一四七八七反　…于…
一四七八七反　勿侑…
一四七八七反　侑…
一四七八七反　己未卜犬…
一四七八八　…娥…
一四七八九　禦犬于娥
一四七九〇　…其凶娥
一四七九一　…㝑…午…要
一四七九一　…于…
一四七九二　貞勿率…
一四七九二　二告
一四七九二　要不陟丘
一四七九二　二告
一四七九三　…惟要
一四七九四正　…囚…不惟要
一四七九四反　井示
一四七九五正　…贏王…
一四七九五正　貞𡆥…戊要
一四七九五正　二告
一四七九五正　二告
一四七九五反　…亥卜韋貝𡆥午戊要…
一四七九五反　萬入
一四七九五反　…要
一四七九六　壬辰卜…要…
一四七九七　…要…
一四七九八　…要…
一四七九九　己…要…
一四八〇〇　…率…要
一四八〇一　辛酉卜㝑貞侑于蔑

一四八〇一　貞侑于蔑十[illegible]羊
一四八〇二　…侑于蔑
一四八〇三　…侑…蔑
一四八〇四　辛酉卜王燎于蔑
一四八〇五　…丑…蔑
一四八〇六　貞于蔑…
一四八〇七正　辛亥卜殻貞侑于⿰女幾召二犬册五牛
一四八〇七臼　丙寅羌徙示一屯　岳
一四八〇八　貞侑于蔑
一四八〇九正　…卜亘…侑蔑
一四八〇九反　…十…
一四八一〇　勿…
一四八一〇　勿舖侑于蔑
一四八一一　戊寅…余桒…允正
一四八一一　己卯卜余桒于蔑三牛允正
一四八一二正　二告
一四八一二反　…多妣…⿰女幾
一四八一三　貞于蔑
一四八一四　貞侑于龏司
一四八一五　…夕⿱屮豆…司龏…子…
一四八一六正　…卜殻…禦婦…于嬴甲
一四八一六反　…固曰…于…
一四八一七　…于嬴甲
一四八一八　…嬴甲不…
一四八一八　…不…
一四八一九　…午卜貞侑于㱿壬
一四八二〇　侑犬于㱿壬
一四八二一　…辰貞…勿惟㱿壬壱

甲骨文合集摹釋

第六冊　一四八二二—一九七五三

一四八二二　貞元示三牛二示三牛
一四八二二　貞卜歲曰酌十三月
一四八二二　壬午
一四八二三　貞勿肇…元示𢆶…
一四八二三　乙酉
一四八二四　己卯卜
一四八二四　辛巳卜…元示…十一月
一四八二五　辛巳…元示三…
一四八二五　己未
一四八二五　…五牛…三牛
一四八二六　…麑…
一四八二六　…元示三…
一四八二七　乙卯…貞𠦪…元示五月
一四八二八　…王侑元…
一四八二九　甲子卜爭貞來乙亥告𦎫其西于六元示
一四八二九　貞…卯…于…
一四八二九　丁卯卜貞…行若
一四八二九　貞以大庚
一四八三〇　…于六元示五…
一四八三一　貞惟子漁蒸于大示
一四八三二正　丁巳卜穷貞虘侑大示
一四八三二臼　…中…
一四八三三正　貞不惟大示𢦔王
一四八三三反　…囚?…
一四八三四　貞…
一四八三四　甲午卜穷貞大示三窜二月
一四八三四　貞牛…牝
一四八三五　小示卯惟羊
一四八三五　大示卯一牛
一四八三五　…翌辛…𡚬…𦎫令
一四八三五　不其𢦏…
一四八三六　甲戌卜…王固曰大示…
一四八三七　貞酌大示于丁
一四八三八　…大示…羊延…牛
一四八三九　大示六月
一四八四〇　…大示…
一四八四一　…大示…
一四八四一　…示…
一四八四二　…大示…
一四八四三　…伐…大示…
一四八四四　…卜貞…大示…

一四八四四　己…羞…小窜
一四八四四　…貞…侑…丁
一四八四五　…光…四大示
一四八四六　貞勿侑于四大示
一四八四七　貞禦王自上甲𣋡大示十二月
一四八四八　貞禦王自上甲𣋡大示
一四八四九　癸亥…貞蒸…大示…牛…惟…
一四八四九　…午卜…自上甲…𣋡惟…示…
一四八五〇　…大示…
一四八五一　庚子卜爭貞其𥙡于河以大示至于多毓
一四八五二　癸亥卜貞翌甲子…自上甲至于多毓
一四八五三　…自上甲至于多毓十三月
一四八五四　丁卯卜爭貞翌辛巳𢀛…自上甲至于多毓
一四八五四　…貞大貝…十二月
一四八五五　…貞…
一四八五五　癸丑卜爭貞有彳伐自上甲至于多…
一四八五五　…月
一四八五六　…卜穷…甲申…彳歲…至于多毓…丁
酌十三月
一四八五七　…多毓…二月
一四八五七　…于多毓…月
一四八五八　…至于…毓…
一四八五八　貞…大…
一四八五九正　癸酉卜爭貞來甲申酌大乙自上甲五月
一四八五九正　貞不…左…
一四八五九反　…中…
一四八六〇　乙亥卜穷貞作大禦自上甲
一四八六一　…卜古…翌…亥…卜…自上甲
一四八六二正　…自上甲…示…二告
一四八六二反　…吉其告
一四八六三　貞示…示…二示
一四八六三　貞曰酌
一四八六三　…午…
一四八六四　…翌…酌…二示
一四八六五　…貞二示
一四八六六　…惟酌于二示
一四八六六　甲…貞…卯…祖…
一四八六七　…亥卜貞二示禦大乙大甲祖乙五窜
一四八六八　己卯卜翌庚辰侑于大庚至于仲丁窜
一四八六九　…王…自祖乙至于父…九月
一四八七〇　…貞…于五示
一四八七一　丁丑卜翌甲申𠦪凡于…
一四八七一　…酌六示
一四八七二　己亥卜侑自大乙至仲丁示牛
一四八七三　丁巳卜𠦪于九示
一四八七四　貞𠦪于九示

一四八七五　貞𠦪于九示
一四八七五　貞𠦪于九示
一四八七六　勿…
一四八七六　貞…
一四八七六　…𠦪…
一四八七七　貞𠦪于九示
一四八七七　…𠦪于九示
一四八七八　…卯卜王…九示
一四八七九　庚子卜尊七月
一四八七九　…于大甲自九示…
一四八七九　庚子卜貞侑于成七月
一四八七九　庚子卜𠦪自上甲七月
一四八八〇　己巳…王…
一四八八〇　己巳卜𠦪于九示
一四八八一　乙丑…𠦪自大乙至丁祖九示
一四八八二　…勿告于九示
一四八八三　丙戌卜設貞于九示牛
一四八八三　勿侑于九示牛
一四八八三　貞…
一四八八四　戊辰卜設勿于九示
一四八八五　庚…九示
一四八八五　…酉卜…羊
一四八八五　…大…
一四八八六　十示有酢
一四八八七　貞…酢…示…若
一四八八八　貞…匚…
一四八八八　…商…
一四八八八　貞示弗佐王
一四八八八　丙申卜穷貞示佐王
一四八八八　貞弗…王
一四八八八　丙…卜設貞王若
一四八八八　貞王勿衣
一四八八九正　貞示弗若　二告
一四八九〇　弗其
一四八九〇　勿𠭯出　不𡆥
一四八九〇　示若
一四八九〇　示弗其…令六月入…
一四八九一　…午侑于示…
一四八九二　惟侑示…
一四八九三　…自𣪊…子…子…
一四八九四　…設…子…子…
一四八九四　丁酉
一四八九五　貞王勿𢦏告于示
一四八九五　…卜爭…辛丑…告于示
一四八九六　貞…𠭯示…
一四八九七　貞其…示…

一四八九八　大示三牢…示二牢小…牢
一四八九九　…示牢
一四九〇〇　…示二牛
一四九〇一　…示一牛
一四九〇二　…示一牛
一四九〇二　…大…牛
一四九〇三　…惟丁示
一四九〇三　貞…酢四…
一四九〇四　貞惟丁示
一四九〇五　…丁示
一四九〇六正　貞不惟丁示壱卑十月
一四九〇六反　…辰乞自…
一四九〇七　…不惟丁示壱
一四九〇八　貞勿以丁示
一四九〇九　…雍示
一四九〇九　…示
一四九一〇　…酉卜爭貞惟大…示
一四九一一　丙寅卜…
一四九一一　…卜穷貞㝬克般工示來取有…
一四九一一　…令得以王族比蜀載王事六月
一四九一二　…王亘于西六月
一四九一二　…示壬牢又一牛
一四九一二　…乙𠱠有斗歲七月
一四九一三　貞…
一四九一三　貞呼王族豎疾…
一四九一三　呼比
一四九一四　…王族
一四九一五　戊戌…貞令…
一四九一五　戊戌卜爭貞惟王族令戈
一四九一六　貞惟王族
一四九一六　己酉…卑…
一四九一六　…光…
一四九一七　…卯卜設貞…令…王惟…
一四九一八正　…貞亞以王族暨黃…王族出…𢓊亞夷…
一四九一八反　東𣎆在…
一四九一八反　亞…
一四九一九　庚辰卜爭貞呼王族先
一四九二〇　…戌卜王族令
一四九二一　貞…取…
一四九二一　貞王往…
一四九二一　惟束令暨多子族
一四九二二　貞侑…乙…
一四九二二　…子…囚…出…
一四九二二　…設…呼子族先
一四九二二　…暨雷…

一四九二三　…繹以…子族…比
一四九二四　…有子族
一四九二五　…子曰…
一四九二五　…曰…
一四九二六　…耳曰秝…
一四九二七正　戊寅卜宕貞王有匚若
一四九二八　…卜宕貞有匚…高先彫
一四九二九正　王有匚龜　不告
一四九二九正　不其龜　二告
一四九二九反　雀入二百五十
一四九三〇　…貞王…
一四九三〇　不其龜
一四九三〇　勿…
一四九三〇　二告　二告　二告　二告
一四九三一　甲午卜亘貞有匚…
一四九三一　甲午卜亘貞　二告
一四九三二　貞昊入王有匚于之亦鼓
一四九三三　貞有匚…
一四九三四反　貞有匚…
一四九三四反　貞…
一四九三五　癸…爭貞㱿有匚于…
一四九三六　貞酉…告
一四九三六　貞翌乙卯勿有匚
一四九三七　貞勿有匚
一四九三八　庚辰子紅有卜歲…
一四九三九　甲申有卜歲入
一四九四〇　…辰有爿歲…
一四九四一　…有卜歲于…
一四九四二　辛亥有爿歲…
一四九四三　…辰有卜歲…
一四九四四　乙酉有歲…
一四九四五　乙酉有歲…
一四九四六　…未卜宕貞有爿于…　二告
一四九四七　乙未…貞呼…有爿…
一四九四七　…卜…
一四九四八　…貞王有舌自
一四九四九　不其有舌　告
一四九五〇　…卜…丑有舌
一四九五一正　貞王曰之舌
一四九五一正　勿龠之舌若
一四九五一正　有黃牛惟𢆶牛
一四九五一正　…曰之…
一四九五一反　雀入二百五十
一四九五一反　王固曰吉
一四九五一反　王固曰吉其曰…

一四九五二正　小告
一四九五二反　…其亦有𠕋不之
一四九五三　…辛白…有𠕋…
一四九五四　有𠕋于王
一四九五五　…有衣
一四九五六　…有取
一四九五七　貞…有賓
一四九五八　…有賓
一四九五九　…繼…
一四九五九　…繼…
一四九六〇正　庚申…貞…
一四九六〇反　貞有繼…
一四九六〇反　…雨于…
一四九六一　…有繼…
一四九六二　王其有正
一四九六三　…有萑
一四九六四　…其有…
一四九六五　戊子卜亘貞侑
一四九六五　貞呼…
一四九六六　甲午…貞翌…未侑…祖…
一四九六六　…牧…啓…𠷎…
一四九六七　…戌卜亘貞侑…
一四九六八　壬申卜亘貞侑…
一四九六九　…㞢…
一四九六九　不𠰔黽　二告
一四九七〇正　辛巳卜㱿貞侑…
一四九七〇反　其一牛…
一四九七一　壬午卜…乙㞢…
一四九七二　惟乙…㞢…
一四九七三正　貞今…聽…㞢…
一四九七三正　己巳…㞢…
一四九七三反　王固曰…
一四九七四　丙午卜宕肩翌丁未㞢十…
一四九七四　…侑…來…
一四九七五　…貞侑…五…
一四九七六正　戊子…貞…侑母…
一四九七六反　…戌…才入?…
一四九七七正　…弗𢦏…　二告　二告　告　小告
一四九七七反　…卜貞侑…
一四九七七反　貞…
一四九七七反　貞…
一四九七八　…卜…于㞢…六月
一四九七九　貞翌…侑…辛八月
一四九七九　…辰卜…貞…七月
一四九八〇正　貞…
一四九八〇正　…夕…

一四九八〇正　貞侑…
一四九八〇反　…鼓示…
一四九八一　貞曰…無…
一四九八一　…㞢…
一四九八二　丁亥卜㱿…翌庚…㞢…
一四九八三　…㞢…效…
一四九八四正　癸亥卜穷翌乙丑㞢…
一四九八四反　…允…二宰…
一四九八五　…子卜古…㞢…
一四九八六　…戊…王…㞢…埶
一四九八六　…卜…㞢…
一四九八七　…貞…于…㞢…妣…無…
一四九八八　…翌…戊…㞢…
一四九八八　…七豕
一四九八九　…巳卜侑…惟…
一四九九〇　…貞勿…禽?…㞢…
一四九九一正　…燎宰…
一四九九一正　…南…
一四九九一反　…㞢…
一四九九一反　…侑王…
一四九九二　…侑大…叀…牝…
一四九九三　…六…東…㞢…
一四九九四　貞…用…
一四九九四　丁酉卜貞勿侑
一四九九四　…㞢…八月
一四九九五　…貞…㞢…酌…
一四九九六　貞有色…
一四九九七　辛酉卜…無…
一四九九七　辛酉卜貞其侑
一四九九八　辛丑卜…其侑大…
一四九九九　貞其侑…
一五〇〇〇正　…貞用…
一五〇〇〇反　…其侑…
一五〇〇一　貞勿侑十一月
一五〇〇一　辛丑
一五〇〇一　…酉
一五〇〇二　貞…
一五〇〇二　貞勿侑七月
一五〇〇三　乙未卜亘貞勿侑
一五〇〇四　己酉卜勿侑折豕…
一五〇〇五　貞勿…
一五〇〇五　貞勿侑
一五〇〇六正　貞勿侑
一五〇〇六反　…逆…
一五〇〇七　貞勿侑

一五〇〇七　貞惟小宰十一月
一五〇〇八正　貞勿侑
一五〇〇八反　…入百
一五〇〇九　貞…
一五〇〇九　貞勿侑
一五〇一〇　貞勿侑
一五〇一一　…勿侑
一五〇一一　…食…
一五〇一二　貞勿…呼侑
一五〇一三　貞毋其侑
一五〇一四正　貞𢀛弗其有白
一五〇一四反　己亥卜永
一五〇一五　…㞢…爻…
一五〇一五　…丑…㞢…
一五〇一六　乙…穷…侑于…㞢…
一五〇一七　貞翌辛卯侑于…
一五〇一七　…貞…無…
一五〇一八正　貞翌甲申勿侑于…
一五〇一八反　…宅…
一五〇一九　癸酉…貞侑…惟翌…酌
一五〇二〇反　貞…
一五〇二〇反　…戊…貞侑于
一五〇二一正　庚寅卜㱿貞侑于…
一五〇二一臼　…婦…
一五〇二二　戊…爭貞來甲…侑于…
一五〇二三　…其…侑于…祭其酌
一五〇二四　…貞…侑于…
一五〇二五　…侑于…甲十…五宰
一五〇二五　…于大…
一五〇二五　…于…
一五〇二六正　…壬…侑于…
一五〇二六反　王固曰其…
一五〇二七正　王固…
一五〇二七正　…翌…
一五〇二七反　…呼…惟侑…父甲…
一五〇二八　貞…
一五〇二八　…翌乙…侑于…乙…惟…祼
一五〇二九　乙卯卜貞侑于
一五〇三〇　癸卯…貞翌…侑于…
一五〇三一　…酉卜…貞侑于…一牛
一五〇三二　貞于母…
一五〇三二　貞來乙丑亦侑于…乙
一五〇三三正　己巳…龜…王…
一五〇三三反　…㞢…若…
一五〇三三反　…侑于…丙…

一五〇三四　癸卯卜：侑于大：
一五〇三四　癸卯
一五〇三五　：丑侑于大：牛
一五〇三六　：甾侑于大：
一五〇三七正　：五：
一五〇三七正　貞：侑于：
一五〇三七正　貞侑于：
一五〇三七正　：出：
一五〇三七反　亘：
一五〇三八正　：侑于：
一五〇三九　乙巳侑于：
一五〇四〇　：卜：辛：侑于辛
一五〇四一　：貞翌：巳侑于：御：
一五〇四二　貞來：丑子：侑于出：
一五〇四三正　二告
一五〇四三反　：降侑于：
一五〇四四　：侑于：不告
一五〇四五　：殻貞勿侑于：
一五〇四六　甲午卜：勿侑于：
一五〇四六　辛卯：
一五〇四六　甲寅卜貞阜不延五月
一五〇四七正　二告
一五〇四七反　不：
一五〇四七反　貞勿侑于：
一五〇四八　貞勿侑于黃牛
一五〇四九正　貞勿侑于：
一五〇四九反　：亘：
一五〇五〇　貞勿延侑于出：
一五〇五一正　辛巳卜殻貞勿[illegible]侑于：
一五〇五二　貞勿[illegible]侑于：
一五〇五三　貞[illegible]侑于癸
一五〇五四　貞侑：丁宰：十一月
一五〇五四　：用：
一五〇五五　：其侑：子：宰
一五〇五六　：翌辛：出：婦：宰
一五〇五七　辛亥卜：乙酉侑：六宰
一五〇五七　乙巳卜王：
一五〇五八　己丑：殻貞：三宰侑：人王：
一五〇五九　貞丁作囗
一五〇五九　：貞翌：侑：二宰
一五〇六〇　：卜王侑：一宰
一五〇六一　：翌甲：侑：宰牛
一五〇六二　丁亥：侑：宰
一五〇六二　：勿：亯：十三月
一五〇六三正　：宰又：
一五〇六三反　丙午乞：

一五〇六四正　：庚辰用二牛又：
一五〇六五甲　：翌乙卯：二告
一五〇六五乙　貞翌乙卯有一牛正
一五〇六六　：侑：祖：
一五〇六六　：勿：南：彰：
一五〇六七　：于：出：燎：有羊：卯：牡：
一五〇六八　癸酉卜有生豕
一五〇六九　：侑：豕：
一五〇七〇　勿侑：取南：
一五〇七一　：亥卜：豚：又：
一五〇七二　：有犬：惟龍
一五〇七三　有犬
一五〇七四　：侑：犬：惟：
一五〇七五　貞侑：三十一月
一五〇七六　貞勿有牝
一五〇七七　：卜穷：侑于：宰
一五〇七八　：侑于：宰：
一五〇七九　貞侑于：宰又：
一五〇八〇　貞勿：往暨：
一五〇八〇　貞翌丁卯侑于宰又一牛
一五〇八一正　：卜：貞翌：卯侑于：宰：
一五〇八二　庚辰卜：乙酉侑于：宰
一五〇八三　：侑于：乙宰
一五〇八四　貞：
一五〇八四　：丁未侑于：宰
一五〇八四　貞：
一五〇八五　乙：
一五〇八五　：侑于：宰
一五〇八六　侑于宰
一五〇八六　勿禦：
一五〇八七　：卯卜穷：侑于：一牛
一五〇八八　：貞翌：侑于：一牛
一五〇八九　一牛又：于：
一五〇九〇　甲：貞翌：侑于：勿牛：勿牝：十月
一五〇九一　：貞：父：有犬于：
一五〇九二　：巳侑于：
一五〇九二　貞今日有犬于：
一五〇九三　貞：王：
一五〇九三　：侑于：惟犬：用
一五〇九四　庚戌卜：貞其又：庚宓
一五〇九五　：申卜：貞：賓：
一五〇九六　戊戌：其：于：牡
一五〇九七　：勿：祭：南：
一五〇九七　：出：
一五〇九八正　貞𠂤

一五〇九八反　貞禦于…
一五〇九八反　丙辰卜宕貞禦王固曰吉其禦
一五〇九九　丁酉卜殼
一五〇九九　呼…康…
一五〇九九　…母歸禦
一五一〇〇　貞禦賓
一五一〇〇　…禦…
一五一〇一　貞禦
一五一〇一　…丙…冊…
一五一〇二　貞禦
一五一〇二　貞弗其克
一五一〇三　…卜殼…禦…
一五一〇四　…止?…禦…
一五一〇五　…首曰…禦
一五一〇六　…酉于…禦
一五一〇七　…午卜宕貞…禦…
一五一〇八　…禦…
一五一〇八　…辛…
一五一〇九　…卜禦…叀…
一五一一〇　…卜于…禦…
一五一一〇　…商叀?…
一五一一一正　…禦…贏
一五一一一反　…固曰侑丁
一五一一二　貞…庚禦…囚
一五一一三　…禦𠂤于…庚
一五一一四正　貞來…
一五一一四正　貞禦𠂤于妣…　二告
一五一一四反　…妣…
一五一一五正　于妣…禦…囚
一五一一六　…午卜殼…禦婦于…
一五一一七　癸巳卜惟戊禦婦子七月
一五一一八　…乙卯卜…貞禦子…
一五一一九　…禦子…
一五一一九　…于…
一五一二〇正　…庚禦子…
一五一二一　…糸禦…
一五一二一　癸亥…勿…
一五一二二　…[glyph]禦…
一五一二三　…卜于…己禦…𢓊…
一五一二四　…癸…司…商…禦
一五一二五　…貞勿…禦…　二告
一五一二六　貞勿禦九月
一五一二七正　…勿禦
一五一二八　勿禦
一五一二八　…婦…
一五一二九　貞勿禦

一五一三〇　貞勿大禦
一五一三一　貞勿艏禦…
一五一三二　丙戌…貞禦…于
一五一三二　…卜…惟…用
一五一三三　貞禦于…父?
一五一三四正　…禦于…乙
一五一三五　…禦于父乙　二告
一五一三六　…卜亘貞…禦于…甲
一五一三六　貞…冊丁…
一五一三七　…古貞…遘以…禦于…
一五一三八　戊寅…先…禦于…
一五一三九　禦于己正
一五一四〇　辛巳卜…貞我囚
一五一四〇　…敦?…
一五一四〇　…禦…于
一五一四一　…卜爭…禦于…
一五一四二　貞勿禦于庚　二告
一五一四三　…禦子…宰
一五一四三　貞…
一五一四四　甲寅卜禦…宰崙王
一五一四四　甲寅…
一五一四五　比妥
一五一四五　貞禦惟牛三百
一五一四六　惟…弗禦
一五一四七　…禦…生㲋
一五一四七　禦…
一五一四七　…仒女…三宰
一五一四八　…禦…㲋
一五一四九　禦王
一五一四九　禦王
一五一五〇　禦[glyph]
一五一五〇　禦…
一五一五一　貞不其禦
一五一五二　…示十…
一五一五二　貞不其禦
一五一五三　丁亥卜亘貞王舌
一五一五三　惟?于…
一五一五四正　貞…
一五一五四正　貞其…𡃤舌
一五一五四反　…婦…
一五一五五　…庚…舌
一五一五六　…舌
一五一五七正　…王勿…舌
一五一五七反　己卯卜爭…
一五一五八正　…王…賓　其…

一五五八反　…固…
一五五九正　…賓…出…
一五五九反　…小敽
一五六〇　…賓…圍無壱
一五六一　…亥卜亘貞…
一五六一　…卜亘貞王賓…
一五六二　…貞…日…允…
一五六二　…貞…賓…無…
一五六三　…賓…
一五六四　…賓…
一五六五　癸…卜貞…于…
一五六五　丁亥卜貞王賓酉無壱
一五六五　癸…貞…
一五六五　…寅…于…辰…人…
一五六五　甲辰…壱
一五六六　貞翌甲辰王賓…無壱
一五六七　戊子卜貞翌己丑王賓福無壱
一五六八　辛酉卜貞翌壬戌王賓…
一五六九　癸巳卜…貞斫…賓
一五七〇　…穷…
一五七一正　…其賓無…
一五七一反　…呼？…出…
一五七二　貞其賓
一五七三　…其賓
一五七四　不…
一五七四　…弗其賓
一五七五正　貞王勿賓夕
一五七五反　…婦…
一五七六　貞禦…賓…其…　二告
一五七七　弗賓
一五七八　貞王…賓無左
一五七九　丁卯…貞我惟穷為
一五七九　丁卯卜殸貞我勿為穷
一五七九　乙丑…貞我惟穷為
一五七九　乙丑卜殸貞我勿為穷
一五七九　丁未卜殸貞我為穷
一五七九　丁未卜殸貞勿為穷
一五八〇　貞我惟賓為
一五八〇　貞惟賓為
一五八〇　貞惟賓為
一五八〇　貞惟賓為
一五八一　…惟賓為
一五八二　丙申卜殸貞惟賓為
一五八二　丁酉卜殸貞惟賓為
一五八三　貞惟賓為
一五八四　乙丑卜殸貞我惟賓為

一五八四　丁未卜殸貞我為
一五八四　…殸貞我惟賓為
一五八五　貞我勿為…
一五八五　貞我勿為…
一五八五　貞我勿為賓
一五八六　貞勿為賓
一五八六　惟賓為
一五八七　貞勿為賓
一五八八　…勿為賓
一五八九　癸未卜殸貞王為祀若
一五九〇　貞弗…克賓…
一五九一　戊…卜殸貞我勿作賓
一五九二　辛卯卜殸貞祀賓若
一五九三正　辛卯…貞我祀賓若
一五九三臼　□
一五九四正　辛卯卜殸貞我祀賓若
一五九四臼　殸
一五九五　…我勿祀賓不若
一五九六　辛卯卜殸貞我勿祀賓不若
一五九六　祀賓
一五九七　己巳卜貞匚其…無尤
一五九八　甲子卜殸貞在西匚翌…
一五九九　貞…西匚…翌酌…
一五九九　…井…
一六〇〇　…戊卜貞匚…不…
一六〇一　庚…賓…匚…尤…
一六〇二　戊…貞…匚…黃…
一六〇三　…匚…□…
一六〇四　…匚…
一六〇五　…乙匚…
一六〇五　…侑于…
一六〇五　翌乙酉…
一六〇六　…至…匚…
一六〇七　…匚…
一六〇八　甲…貞…羊…匚…一月
一六〇九　甲…貞…羊…匚…
一六一〇　己…貞…侑…丁
一六一〇　…勿…報…十月
一六一一　…匚于…
一六一二　…匚三宰…一月
一六一三　…匚于…牛…月
一六一四　貞惟…
一六一五　…于祏
一六一六　己卯…祏…囚…
一六一七　…勿祏…

一五二一八　貞其示…七月
一五二一九　丙寅…王貞…示元…于及…
一五二二〇　丙…子…
一五二二〇　貞[朿卩]姓
一五二二〇　貞不惟示
一五二二一　乙卯卜…貞…燕皂于…曰…
一五二二一　貞勿示
一五二二一　…方…八月
一五二二二　貞…勿示　一告
一五二二二　…穷…
一五二二三　丁酉卜爭貞其告于…
一五二二四　壬申卜王…
一五二二四　…先…告…
一五二二五　…衣…告…
一五二二六　…酉卜穷…惟王…告
一五二二七正　不告鼅
一五二二七反　…貞…告
一五二二八　貞…勿…沚…
一五二二八　…貞告…于…
一五二二九　勿用
一五二二九　貞告
一五二三〇　貞…其…
一五二三〇　…告…惟…牛…湽
一五二三一正　…甲告于…
一五二三一反　癸巳…
一五二三二　貞[illegible]…其告
一五二三三　…午卜…告其…丁
一五二三四正　…子卜爭…勿告…羊　小告
一五二三四正　貞…丑…止…
一五二三五　貞勿告二月
一五二三六　貞勿呼五月
一五二三六　…卯…
一五二三六　貞勿用戠
一五二三六　貞勿告
一五二三七正　己酉卜亘貞…
一五二三七反　貞勿告…
一五二三七反　貞沚…
一五二三八　貞勿…蒦告…父乙
一五二三九　貞勿在…
一五二三九　貞勿呼告
一五二四〇　貞于…告三月
一五二四〇　乙亥
一五二四〇　辛巳三月
一五二四〇　癸卯…貞先…生月…大匚
一五二四一正　貞告廳企束于高…
一五二四一反　…示五

一五二四二　…卜穷…其延…告于…
一五二四三　貞告于…
一五二四三　…亥
一五二四四　…水告于…
一五二四五　貞告于…
一五二四六　…告于…
一五二四七　…午卜貞告于…
一五二四八正　告于…
一五二四八正　告于…
一五二四八反　…弗…
一五二四八反　…固曰…
一五二四八反　…龟…
一五二四九　…勿告于…亥
一五二五〇正　貞勿告于…
一五二五〇反　…南…隹…
一五二五一　…貞王勿…告于…　二告
一五二五二　貞勿告于…
一五二五三　…辰卜爭…令…
一五二五三　…翌…[illegible]…告于…一牛
一五二五四　…卜告豕其…王弗其…
一五二五五　庚寅卜爭貞今來乙未𠦪
一五二五五　丙戌卜爭貞于來…子…
一五二五六　庚寅…爭貞…來乙未𠦪
一五二五七　貞于來乙巳𠦪
一五二五七　辛卯卜…來乙巳…十又一…叀…
一五二五八正　甲辰…穷貞𠦪自…
一五二五八反　…白…奴?…
一五二五九　乙未卜…大…
一五二六〇　…𠦪…大…屮…
一五二六〇　…丁巳…于…牛
一五二六一　貞…𠦪…自…十一月
一五二六一　…王…十一月
一五二六二　…卜爭貞…庚寅𠦪自…至…
一五二六三正　告　二告　小告
一五二六三反　貞𠦪…暨…下…
一五二六四　癸丑卜穷貞𠦪…
一五二六四　…未…貞…彭…
一五二六五　…𠦪…
一五二六六正　…卯卜殻…𠦪婦…
一五二六六正　…固曰吉
一五二六七　貞鼎惟𠦪彭十三月
一五二六八　…寅卜…𠦪…
一五二六九　…貞…𠦪…
一五二七〇　…辰卜王于…乙𠦪…八月
一五二七一　𠦪于…大…
一五二七一　…辛暘…涉…二月

一五二七二	……卯卜殻……呼……
一五二七二	𡆥……于九……
一五二七三	……次……
一五二七三	……乙……牛𡆥
一五二七四	辛卯殻勿𡆥
一五二七五	戊……貞……甲……酌……
一五二七五	……卜爭……𡆥……三牛
一五二七六	丙……卜……
一五二七六	……卜……黄……二豕……𡆥……二牛
一五二七七	……卜……丁𡆥……羊……
一五二七八	貞惟王祝
一五二七八	己丑
一五二七九	……危……祝
一五二八〇	辛酉卜……貞惟……祝……正
一五二八一	……示祝
一五二八二	丁卯卜……勿祝……示
一五二八三	……來……甲……
一五二八三	翌乙巳勿祝于……
一五二八四	己……
一五二八四	……申卜王……羊祝……
一五二八五	……申卜今……祝……
一五二八六	……皿……言……
一五二八七	……畐……彡……
一五二八八	丁卯……畐匚……
一五二八九	……貞……其……
一五二八九	……畐……若
一五二九〇	……侑于……畐……翌……
一五二九一	貞先酌圅
一五二九一	……惟丬先酌
一五二九二正	先酌
一五二九二反	小告
一五二九三	貞先……[illegible]……
一五二九四	……辰卜其……先……發　告
一五二九五正	……先……
一五二九五反	……爭……
一五二九六	……戊卜……先……邑……
一五二九七	……人先……勿呼……
一五二九八	……先……勿……　不舌黽
一五二九九	……卜𠕋……十五
一五三〇〇	……卯卜……貞𠕋……壬……
一五三〇一	……惟王𠕋……
一五三〇二	……翌庚……酌……
一五三〇二	……𠕋……㞢……　告
一五三〇三	乙酉卜今日用丁𠕋……
一五三〇四	貞𠕋……
一五三〇五	……王二十……𠕋……

一五三〇六	……聽……𠕋……
一五三〇七	……𠕋……伐……
一五三〇八正	……𠕋……旬……
一五三〇八正	……亩……母……
一五三〇八反	……其于……
一五三〇九	……其𠕋……
一五三一〇	……𠕋卯……
一五三一一	惟乙亥𠕋册……多……
一五三一二	……于……宰
一五三一二	……𠕋……
一五三一三	……女……𠕋……
一五三一三	……不……
一五三一四正	己未卜亘貞……不𠕋
一五三一四臼	婦羊示十屯
一五三一五	貞勿𠕋
一五三一六	……卜殻……勿𠕋……
一五三一七	……勿𠕋……丁……
一五三一八	……東弗𠕋……
一五三一八	勿燎
一五三一九	……貞……册……
一五三二〇	……册七月
一五三二一	貞其册
一五三二二	……不册……
一五三二三	……三宰册……
一五三二四	惟……栅……
一五三二五	……卜……貞……𣴎……十月
一五三二六	……𣴎……
一五三二七	……𣴎……
一五三二八	若不𠕋
一五三二八	貞若不𠕋
一五三二八	貞侑
一五三二九	不𣴎
一五三三〇	不𣴎
一五三三〇	……卜貞……
一五三三一	不余𣴎
一五三三二	不余𣴎
一五三三三	不余𣴎
一五三三四	……中余不𣴎
一五三三五	……勿𣴎……元于……豕……
一五三三六	𠕋五十宰
一五三三七	……寅卜……侑祖……三宰𠕋十宰又九……
一五三三八	……盟牛……𠕋十……宰一月
一五三三九	……彀十……𠕋十宰
一五三四〇	……𠕋五宰
一五三四一	……𠕋三宰

一五三四二	…禦…宰冊…四月
一五三四三	…女…
一五三四三	…卜…冊宰
一五三四四	冊小宰
一五三四五	…冊…百牛
一五三四六	…冊…三豕九月
一五三四七	辛未…宰惟翌…冊百…
一五三四八	…冊十…鬯十…三十…
一五三四九	…卜…翌…卓…執…
一五三五〇	貞…執惟…
一五三五一	…貞執允往于叩其…
一五三五一	…雀…往…允…之…
一五三五二	…卜…王…執…
一五三五三	…貞翌丁…執…于…牛
一五三五四正	…貞執…
一五三五四反	癸巳…
一五三五五	…夙…
一五三五六	…夙…
一五三五七	…其夙…
一五三五八	辛酉…方其…夙…
一五三五九	…辰卜宕…丁祝…十三月
一五三六〇	貞…
一五三六〇	…爿…祝…
一五三六一	…宕貞…祝惟…
一五三六二	…宕…王譬…告…
一五三六三正	…以…陟…于…妣
一五三六三正	…翌甲…羌
一五三六三反	…卜…葡…
一五三六四	…午…我…陟…
一五三六五	…子…東…陟…二告
一五三六六	…人…陟…
一五三六六	…戠…
一五三六七	丙午卜…陟…大…五月
一五三六八	…陟…
一五三六九	丁丑卜…陟…今夕…
一五三七〇	…陟…
一五三七一	…陟…
一五三七二	…有陟…
一五三七三	己巳…貞今…陟…
一五三七四	…其陟用二…
一五三七四	…月
一五三七五	貞…陟…西…
一五三七六	…茲陟…
一五三七七	貞降陟十月
一五三七八	貞勿陟
一五三七八	惟用

一五三七九正	…其惟…
一五三七九反	陟于…于…
一五三八〇	…卜…
一五三八〇	…辛…丁…陟…
一五三八一	…其告…陟…
一五三八二	…子卜今日用
一五三八三	祉三月
一五三八三	…二牛三月
一五三八三	…用三月
一五三八四	今日用…
一五三八五	…卜疚…惟翌庚…用庚…允用
一五三八六	（與三二〇三重）
一五三八六	（與三二〇三重）
一五三八六	（與三二〇三重）
一五三八七	貞…于…
一五三八七	貞惟乙用
一五三八八	…乙…貞…
一五三八八	…卜爭…于乙…用…月
一五三八九	貞…來…用…來…
一五三八九	…勿…八月
一五三九〇	…司…癸用
一五三九〇	…至來…
一五三九一	貞…用
一五三九一	丙戌
一五三九二	貞惟…用暨…
一五三九二	丁酉卜…
一五三九三	…寅卜…貞用
一五三九四	…寅卜…禦…截用
一五三九五	翌甲戌用
一五三九五	翌甲戌用
一五三九五	于翌乙亥用
一五三九五	于翌乙亥用
一五三九六正	乙未卜𠂤貞惟…
一五三九六正	己亥卜殻貞燎十…
一五三九六正	無其來
一五三九六正	不告鼄　不告鼄　二告　二告　小告
一五三九六反	甲午卜殻貞于翌丙申用
一五三九六反	貞勿于丙申用
一五三九六反	‖光無屮
一五三九六反	‖光屮
一五三九六反	…于垷
一五三九六反	無其入
一五三九六反	其來
一五三九六反	勿…
一五三九六反	…四月

一五三九六反 …以…王固曰吉
一五三九七 貞惟用
一五三九八 …祝…用
一五三九九 貞…用
一五三九九 貞勿…先…
一五四〇〇 貞…用
一五四〇〇 貞用
一五四〇一 丙申卜戠弜用[illegible]大[illegible]
一五四〇二 …未卜用…
一五四〇三正 …左…八…
一五四〇三反 …用…
一五四〇四 …用…
一五四〇四 貞呼…
一五四〇五 貞用
一五四〇五 …有曰…用
一五四〇六 …王[illegible]…惟吉…用
一五四〇七 …以…用
一五四〇八 …循用…妣…若
一五四〇九 侑于妣用九月
一五四一〇 貞用宁
一五四一一 王用竹若
一五四一二 貞翌…用竹…
一五四一三 貞勿用[illegible]
一五四一四 貞翌甲辰勿用 不[illegible]鼄
一五四一五 勿用
一五四一五 貞告
一五四一六 貞勿用
一五四一七 貞…
一五四一七 貞勿用十二月
一五四一七 …午卜…[illegible]…旬…十二月
一五四一八 貞今丙…勿用
一五四一九 勿用
一五四二〇 貞勿用
一五四二〇 貞用
一五四二〇 貞用
一五四二一 …弗其用
一五四二二 貞弜[illegible]惟吉用
一五四二三正 告
一五四二三反 …勿[illegible]…用
一五四二四 辛巳…貞作…用于…四月
一五四二五 …甲…
一五四二五 …卣用
一五四二六 …不惟卣用
一五四二七 辛亥卜…[illegible]用百…牢用
一五四二八 辛亥卜[illegible]用百…

一五四二八 …丁…
一五四二九 …則用百…
一五四三〇 …癸…貞…古…
一五四三〇 …羞…用三十小宰
一五四三〇 …卜…翌…
一五四三一 貞三十…用
一五四三一 十…用
一五四三二 …用
一五四三二 …十牢十一月
一五四三三 其…
一五四三三 …牢…用
一五四三四 …宰用十二月
一五四三五 宰用九月
一五四三五 …卜…[illegible]…
一五四三六 …小宰…庚…用
一五四三七 …三十日用十牛
一五四三八 丁…一牛用…㞢…牢
一五四三九 …至…祖…一牛…
一五四四〇 …[illegible]用一牛殺…
一五四四一 …丁用…牛九月
一五四四二 貞…
一五四四二 …丁…用…牛
一五四四三正 癸…
一五四四三正 一月
一五四四三正 貞于翌庚戌用牛五十月
一五四四三反 中…
一五四四四 …丁…用…羊
一五四四五 …寅卜…用羊…兄
一五四四六 …子卜惟…羊…女
一五四四七 戊申卜用[illegible]
一五四四八 …用豕…
一五四四九 …丁用
一五四四九 貞…無…南
一五四五〇 …卜貞…用十…十犬…豕
一五四五一 辛…來…用…
一五四五二 …用白牛?…
一五四五三 …彡酌栖
一五四五四 貞惟彡[illegible]酌
一五四五五 庚寅卜貞…甲寅在…
一五四五五 …惟…十月
一五四五六 丁酉卜爭貞彡其酌鼓
一五四五六 癸巳…爭…其鼓…于…
一五四五六 己亥卜貞侑于高先…
一五四五七 貞彡酌…
一五四五八 王…衣…彡…

一五四五九　：：彡禦：：十二月
一五四六〇　壬戌卜古貞𡆥：：祀侑：：向五月
一五四六一　癸卯：：貞王：：彡：：八月
一五四六二　貞：：及：：甲彡：：
一五四六三　：：申：：翌：：彡于：：無壱
一五四六四　丙申卜古貞翌丁酉惟丁乞歲用三月
一五四六四　：：月
一五四六五　癸未：：歲：：㞢：：用
一五四六五　癸未卜：：惟甫：：陟：：
一五四六六　丙辰：：貞歲：：興：：旬：：月
一五四六七　丙午：：貞：：用子：：歲：：
一五四六八　：：卜爭：：用：：歲：：享京
一五四六九　癸未卜貞歲埶九月
一五四七〇　丙：：貞：：示：：王：：
一五四七〇　：：辰卜：：歲：：凡：：
一五四七一　：：㱿貞：：歲：：
一五四七二　：：歲用：：
一五四七三　貞翌：：寅歲：：
一五四七四　甲寅：：歲大甲：：
一五四七五　己：：
一五四七五　貞勿獲丁明歲
一五四七五　：：于：：
一五四七六　貞：：丁卯其尊𦉜
一五四七六　：：丘歲酒
一五四七六　不雨
一五四七七　弗其歲
一五四七八　貞：：歲于：：正
一五四七九　丙子：：呼：：歲于：：卯：：
一五四八〇　：：申卜：：貞歲：：𤘘
一五四八一　：：寅卜：：歲其：：牡
一五四八二　壬寅卜爭貞黃入歲翌癸：：用
一五四八三正　貞复先以歲
一五四八三反　甫
一五四八四　丁未卜爭貞勿复先歲𢽳在涂
一五四八五　丁丑卜穷貞勿自魚歲卜有祟𦥑用弗[illegible]
侑：：
一五四八六　丁丑卜穷貞勿自魚歲卜有祟𦥑：：
一五四八七　癸丑卜貞勿自魚羊惟牛
一五四八八　：：戌卜：：貞乙：：歲暨：：
一五四八九　庚子卜爭貞王祀：：月
一五四九〇　王祀：：
一五四九一正　祀于：：　二告
一五四九一正　勿祀于
一五四九一反　勿庚：：
一五四九一反　貞奏

一五四九二　：：祀若
一五四九三　：：惟祀
一五四九四正　貞祀若
一五四九四反　：：百束：：
一五四九五　王勿祀
一五四九六　癸酉卜勿曰比：：
一五四九六　癸酉卜王貞余勿祀我[illegible]惟：：用
一五四九七　：：貞勿祀：：至：：用
一五四九八　：：王：：蜀：：匚：：
一五四九九　貞翌乙巳其[illegible]無壱
一五五〇〇　：：貞王：：祀：：迺出
一五五〇一　：：勿夕：：[illegible]：：
一五五〇一　：：王
一五五〇二　：：勿[illegible]告：：
一五五〇三　貞延若
一五五〇四　貞延若
一五五〇五　貞延若
一五五〇六正　：：勿延若
一五五〇六反　：：卜岳：：
一五五〇七　貞其：：延：：
一五五〇八　貞伐勿延戠
一五五〇八　：：甲：：歲
一五五〇九　：：勿延戠　二告
一五五一〇　貞其延一月
一五五一一　甲：：貞：：延：：衣：：
一五五一二　庚子卜今夕不延：：
一五五一三正　貞不延
一五五一三反　㱿
一五五一四　貞翌癸未延酒三十牛八月
一五五一五正　庚午卜穷貞令：：延兹：：
一五五一五正　癸亥卜古貞肇丁用三月
一五五一五正　：：戌卜爭貞告于丁
一五五一五正　：：酉卜古貞肇：：庚：：
一五五一五正　丙午卜古貞令：：
一五五一五反　己酉[illegible]示十屯　允
一五五一六　其肇丁用
一五五一六　：：[illegible]：：
一五五一七　甲子卜貞今夕酒肇丁用十一月
一五五一八　丙辰卜：：貞：：不
一五五一八　：：戌肇丁十月
一五五一八　貞：：肇：：
一五五一八　：：酒禦：：
一五五一九　甲：：貞：：
一五五一九　肇丁小宰
一五五二〇　肇丁犬

一五五二一 ：于丁
一五五二一 貞其有宅十一月
一五五二一 貞肇丁用百羊百犬百豕十月
一五五二一 貞十牛
一五五二一 貞用于旨
一五五二一 貞勿告河
一五五二二 壬戌卜肇丁五十：五十：五十：
一五五二二 ：穷：
一五五二二 ：辰卜貞：
一五五二二 貞侑于
一五五二三 貞肇：三十：三十犬：豕
一五五二三 ：叀其：
一五五二四 貞勿伐戠十一月
一五五二四 庚辰卜貞方
一五五二四 ：卜：肇：三十：麁
一五五二五 ：十二月
一五五二五 庚辰卜貞勿肇受：
一五五二六 貞勿肇：戠：
一五五二七正 不告鼄 二告 二告 二告 二告
小告 告
一五五二七反 貞燎
一五五二七反 ：貞燎
一五五二七反 己：貞卒：
一五五二七反 翌：呼：井：
一五五二七反 翌：弗其：
一五五二七反 貞翌己未不：弗其：
一五五二八正 甲寅卜爭貞燎
一五五二八正 貞：以：
一五五二八臼 毌穷婦女
一五五二九 于甲子
一五五二九 貞于庚申燎
一五五二九 貞有贏
一五五三〇 ：燎
一五五三〇 ：龠：燎
一五五三一 ：戊卜：燎
一五五三一 貞勿燎 二告
一五五三二 ：辰貞燎
一五五三二 弋：令：
一五五三三 貞燎
一五五三三 貞勿燎
一五五三四 甲戌卜：貞夫：燎
一五五三五 ：又：燎：
一五五三六 甲子：令燎：
一五五三七 庚午卜永貞燎：
一五五三八 戊戌卜燎
一五五三九 戊：王：

一五五三九 貞：丁：
一五五三九 貞燎惟十
一五五三九 ：卜：吉
一五五四〇正 己亥卜殻貞侑
一五五四〇反 貞：
一五五四〇反 ：貞：不燎
一五五四一 貞燎
一五五四一 貞戊以：
一五五四二 ：庚：燎
一五五四二 ：乙： 二告
一五五四三正 貞若
一五五四三正 貞燎
一五五四三正 貞侑于
一五五四三反 王固曰
一五五四四 貞若
一五五四四 貞燎
一五五四四 貞侑于
一五五四五 ：乙燎
一五五四六 辛亥卜穷貞燎：
一五五四七正 貞不：
一五五四七正 燎
一五五四七反 不告鼄 二告 二告
一五五四八 ：冊?：
一五五四九正 ：田：
一五五四九反 ：燎：
一五五五〇正 ：[illegible]燎
一五五五一 乙：
一五五五一 ：[illegible]：
一五五五一 ：埋：燎
一五五五一 辛卯：
一五五五二 貞：
一五五五二 貞其燎
一五五五三 ：卜殻貞：告燎
一五五五四 今辛酉燎
一五五五五 貞今日燎
一五五五六 癸未卜穷貞今日燎 不告 不告 二告
一五五五七 貞今夕燎
一五五五八 ：夕燎
一五五五九 貞惟今來甲子燎
一五五六〇 丙戌卜爭貞于來乙巳燎
一五五六一 翌辛亥其燎
一五五六二正 庚子卜穷貞翌癸卯燎
一五五六二正 ：卯卜：貞：
一五五六二臼 戊寅：叀示一屯
一五五六三正 癸巳卜爭貞燎王其有曰若 二告

一五五六三正　貞勿燎　二告
一五五六四　貞翌甲午勿燎
一五五六五　貞勿燎
一五五六六正　勿燎　小告
一五五六六反　…家…
一五五六七　己丑…貞
一五五六八　甲寅卜爭貞勿燎
一五五六九　勿燎
一五五七〇　勿燎
一五五七一正　貞勿燎
一五五七一正　…从
一五五七一反　…毕子…
一五五七二　貞勿燎二月
一五五七三　勿燎
一五五七三　…爰…
一五五七四　貞翌甲辰勿燎
一五五七五　勿夕燎
一五五七六　貞勿𦞠燎
一五五七七正　貞勿𦞠燎
一五五七七臼　…
一五五七八　貞于燎
一五五七九　…于燎
一五五八〇　壬午卜亘貞燎于…　二告
一五五八一　丙午卜…貞呼…燎于…
一五五八二　貞…燎于…
一五五八二　貞翌庚申暘日
一五五八三　庚戌卜…燎于𨗥…月
一五五八三　…無…
一五五八四正　貞燎于…
一五五八四反　…殼…
一五五八五正　乙未卜…貞燎于…
一五五八五臼　…穷入…示…岳
一五五八六　貞…畀…
一五五八六　…燎…
一五五八七　…事…燎于…
一五五八八正　翌辛巳燎于而暮
一五五八八正　…劦…
一五五八八反　甲戌卜…
一五五八八反　六月
一五五八九正　二告
一五五八九反　貞燎于…
一五五九〇　…燎于…
一五五九一　…丑卜…燎于南…
一五五九二　…殼…燎于…
一五五九三　…貞…燎…　二告

一五五九四正　貞…
一五五九四正　貞勿燎于
一五五九四反　…其…
一五五九五　丙辰爭貞燎三宰
一五五九六　…卜韋…燎三宰
一五五九七　貞燎三宰
一五五九八　庚午…燎于…三牢
一五五九九正　貞燎三小宰三牛
一五五九九反　…午…
一五六〇〇　戊…殼…翌…
一五六〇〇　…燎于東三小宰囚犬
一五六〇一　燎宰埋二宰
一五六〇一　燎宰埋三宰　二告
一五六〇二　燎宰埋二宰
一五六〇二　…埋三宰
一五六〇三　貞…囚犬燎宰
一五六〇四　…辰卜…貞燎…宰
一五六〇五　貞燎于小宰九牛
一五六〇六　貞…燎于小宰…牛
一五六〇七正　貞勿燎小宰
一五六〇七反　…龐示…
一五六〇八　丁酉…殼今日勿燎宰
一五六〇八　…㞢…
一五六〇九　壬戌卜穷貞燎…牛
一五六一〇　貞…
一五六一〇　貞燎十牛
一五六一〇　貞燎五牛
一五六一〇　貞燎五牛
一五六一一　丙申卜穷貞燎十牛
一五六一二　辛亥…穷貞燎九牛
一五六一二　貞燎十牛
一五六一三　貞燎十牛
一五六一四正　丙子卜殼貞燎十牛
一五六一四臼　…示三屯小叡
一五六一五　…來丁卯燎…十牛彭…三十卯…又五…
一五六一六　癸巳卜殼貞燎勿牛又五鬯
一五六一七　貞小…龜…
一五六一七　貞燎十勿牛又五鬯
一五六一八　貞…
一五六一八　貞燎十勿…
一五六一九　貞翌庚子不其攺
一五六一九　貞燎九牛
一五六一九　貞勿燎九牛
一五六一九　庚子卜亘貞燎九牛
一五六一九　癸卯卜亘貞翌…辰…
一五六二〇　貞王出

一五六二〇　貞燎牛又三㲋
一五六二〇　貞王往出
一五六二〇　貞燎九牛
一五六二〇　…王往出
一五六二一　貞燎五牛
一五六二二　貞燎五牛
一五六二三　貞燎五牛
一五六二四　…燎五牛
一五六二五正　貞翌癸酉燎三牛
一五六二五正　貞…
一五六二五反　庚辰星…
一五六二五反　…自…乞…
一五六二六　…午卜…燎于…三牛…三宰
一五六二七　貞燎有二牛
一五六二八正　今己卯燎一牛　二告
一五六二九　…旨…
一五六二九　貞燎一牛
一五六三〇正　庚…卜殻貞燎牛
一五六三〇反　…翌…
一五六三一　貞于…燎三牛二㲋
一五六三二　…燎…牛四㲋
一五六三三正　貞侑于…犬燎…牛
一五六三三反　貞…于…壱
一五六三三反　…子…
一五六三四　燎一牛
一五六三四　燎一牛
一五六三五正　甲子卜…燎…牛
一五六三五反　王固曰…
一五六三六　燎…牛…又…
一五六三六　二告
一五六三七正　甲午…貞今燎牛
一五六三七反　王固曰酌
一五六三八　貞燎四羊四豚卯四牛四羊
一五六三八　…牛一㲋
一五六三八　己巳卜殻貞卯…
一五六三九甲　貞燎羊三犬三㲋
一五六三九乙　貞燎三羊…犬三豚
一五六四〇　燎…羊
一五六四一正　…于…乙未酌　二告
一五六四一正　貞勿…酉…酌用　二告
一五六四一正　戊戌卜…貞我…
一五六四一正　戊戌卜古貞我不其受…三月
一五六四一正　貞燎犬　二告
一五六四一正　五犬
一五六四一正　卌　小告　二告　小告
一五六四一反　…曰吉…

一五六四一反　…十…
一五六四二　…殻貞…
一五六四二　…辰卜殻貞…翦燎十豕…㣇卯…
一五六四三　辛未卜王燎四豕四羊王固曰…
一五六四四　貞燎于…三豕三羊
一五六四五正　貞今日燎三犬…豕
一五六四五反　…甲二十…牛…
一五六四六　庚戌卜燎于大乙三豕大…
一五六四七　…巳卜爭…
一五六四七　…卜爭燎…
一五六四七　甲申卜殻…燎二豕二…
一五六四七　貞勿…
一五六四八　貞燎二豕一羊
一五六四九正　小告
一五六四九反　貞燎…二豕…
一五六五〇　隹豕燎
一五六五一　…豕…
一五六五一　乙…燎…雨
一五六五二　…王燎南…甲…百又五十
一五六五三　…其燎㿝于…
一五六五四　今…燎…
一五六五四　燎㲋
一五六五四　一㲋
一五六五五　丙…
一五六五五　貞勿燎十…
一五六五六正　燎十冂
一五六五六正　貞取闌
一五六五六正　貞不…出
一五六五六反　…卜…
一五六五七　貞燎
一五六五七　隹我…入
一五六五八　…燎六…卯六…用
一五六五九正　丙…宓…燎五…五羊
一五六五九臼　…子婦…示一屯
一五六六〇　…妣己燎二…卯二宰
一五六六〇　…卜…出…
一五六六一　燎三
一五六六一　燎十
一五六六一　燎三
一五六六二　…卜…
一五六六二　貞㲋于…四宰
一五六六三　甲午卜㲋…辛
一五六六四　己…貞…丁…其…新…
一五六六四　甲辰卜宓貞集其疾陷
一五六六四　…卜爭…㲋…新…三宰
一五六六五　…入爻…自夏…庸至…新…

一五六六五　癸…貞…受…
一五六六六　…戌卜…新束…惟…
一五六六七　貞俞…文…祖…中…
一五六六七　…爭貞…熹
一五六六八　…翌庚子熹
一五六六九正　…翌庚子其熹
一五六六九反　…
一五六七〇　…其熹
一五六七一　王其喜
一五六七二　辛…貞…
一五六七二　甲…其鼓
一五六七二　…卯…
一五六七三　丁未…鼓…邁…
一五六七三　…未卜貞…春𢀛…
一五六七四　嘉
一五六七四　…炆…
一五六七四　貞勿炆無其从雨
一五六七四　貞炆有从雨
一五六七五　甲子卜貞炆…
一五六七五　…用…
一五六七五　…八㞢从…
一五六七五　貞…
一五六七五　貞…
一五六七六　…王…炆…
一五六七七　…翌庚…
一五六七七　…炆…
一五六七八　…炆…𣴎…
一五六七九　貞…炆…
一五六八〇　…炆…
一五六八一　…炆…
一五六八二　…𡆥卜…
一五六八二　…𣦼十月…
一五六八三　…𣦼鼓于…
一五六八四正　貞于翌丁巳用
一五六八四正　貞勿敝
一五六八四反　丁丑…豕𩈂…
一五六八五　…其取𦎫于示
一五六八六　今四月酚…匚自
一五六八七　乙未卜貞翌丁…
一五六八八　貞翌乙…酚匚于…
一五六八九　…子卜…酚匚…
一五六九〇　貞于𩈂酚匚
一五六九〇　…戌卜㱿…翌辛…酚旬…十月
一五六九一　…午卜貞惟…子酚𣎆
一五六九二　乙巳酚𣎆
一五六九三　丁亥卜于乙巳酚𣎆

一五六九四　…戊受…
一五六九四　…酚祀衣無壱
一五六九五正　壬子卜㱿貞其酚彡歲斫丁九月
一五六九五臼　己亥…隶十…
一五六九六　于甲寅酚禦
一五六九六　…令…
一五六九七正　惟丁酚
一五六九七正　…正
一五六九七正　貞…
一五六九七反　…東盧…岳
一五六九八　乙卯卜爭…
一五六九八　貞酚燎
一五六九八　貞酚燎
一五六九九　貞翌辛未酚　二告
一五七〇〇正　貞勿酚燎
一五七〇〇臼　龜示屯
一五七〇一　庚辰…貞翌…日酚𢼸三十…卯四宰
一五七〇二　…勿惟…酚歲
一五七〇三　貞翌丁酉勿酚帝
一五七〇四　…勿呼…
一五七〇四　…𨑥…酚有…祏
一五七〇五　庚子…貞翌丁…徹酚于…
一五七〇六　庚寅卜…貞翌其…酚于丁…尊鬲…
一五七〇七　乙卯卜爭貞翌甲辰…酚協…
一五七〇八　貞…酚協于多…
一五七〇九　…其酚…正…
一五七一〇　貞其酚彡勿鼓十月
一五七一一　…來乙…酚彡…
一五七一二　…于…祖…酚…彡…
一五七一二　…卜㱿…甲…㞢…
一五七一三　…貞酚彡無田若
一五七一三　…彡…
一五七一四　…卜…
一五七一四　己亥卜余…
一五七一四　庚寅酚…十彡九月
一五七一四　戊子卜
一五七一五　…寅卜亘貞翌己卯…允酚…
一五七一六　…㱿今酚…
一五七一六　…禦年…
一五七一六　…貞…
一五七一六　…𢦏…
一五七一七　乙巳卜㱿貞今日酚
一五七一八　于來己巳酚
一五七一九　貞惟今日酚
一五七一九　貞于來…巳酚
一五七二〇正　…申卜來乙亥酚…

一五七二〇反	：亥：戌：
一五七二一	癸酉卜爭貞來甲申酒大：
一五七二二	貞今來乙未酒
一五七二二	：于：乙：
一五七二三	：戌卜㱿貞來乙巳酒
一五七二四	戊申卜㱿貞：
一五七二四	乙巳卜㱿貞來辛亥酒
一五七二五	于：己：酒
一五七二五	于來己未酒
一五七二六	于來乙：酒
一五七二七	：來：巳酒
一五七二八	：卜爭：于來：卯酒
一五七二九	：來：酒：
一五七三〇	翌庚寅酒
一五七三〇	貞翌乙未酒戌：
一五七三一	丙申卜：翌丁：
一五七三二	甲戌卜貞翌乙：酒子：禦：
一五七三三	癸：爭：北：
一五七三三	惟𩫏般用
一五七三三	：翌：卯：酒
一五七三四正	貞翌庚申酒：
一五七三四臼	[illegible]示四屯又一骨　亘
一五七三五	己未：翌庚酒：庚𠕋：宰
一五七三六	貞翌：子曰：其酒：于：
一五七三六	：侑于：
一五七三七正	：翌：戌：酒
一五七三七反	：爭：
一五七三八	癸卯卜㱿于翌：酒
一五七三九	：酒：
一五七三九	：酒：
一五七四〇	丁丑卜翌：呼：酒
一五七四一正	：亥卜翌：酒：南：
一五七四一反	：𢦏：
一五七四二正	：卜永貞：酒
一五七四二反	：攺雨：
一五七四三	貞酒丁：禦于父：
一五七四四	：貞：酒：
一五七四五	：辰酒：王左：
一五七四六	貞：
一五七四六	貞勿卯
一五七四六	：丑卜貞：甲寅酒
一五七四七	：亥卜：酒：疋：
一五七四八	：酒：無壱
一五七四九	：未卜：酒：
一五七五〇	：祖[illegible]：日酒
一五七五一	：翌己：𩛥酒：于：己[illegible]：
一五七五二	貞：酒：
一五七五三	：于：大：勻：
一五七五三	：惟：乙：酒
一五七五四	：卜：辰：尋酒
一五七五五	：曰余：复：酒
一五七五六	：貞：酘：
一五七五六	：酒：方：牛：
一五七五七	貞酒：
一五七五七	貞酒：
一五七五八	乙：貞：方：侑于：
一五七五八	：貞：酒：其：
一五七五九	甲：王：酒：
一五七六〇	丙寅：貞：示：于：酒
一五七六一	己丑：𠱫貞：𢦏牛：酒
一五七六二	：酒
一五七六三	貞：酒五月
一五七六四正	庚子酒：圉王：子子：
一五七六四反	貞：圉：
一五七六五	乙巳卜：允：父：
一五七六五	丙午卜酒北：
一五七六六	：其酒
一五七六七	貞呼卓酒
一五七六八正	：呼卓酒　不𠮛鼄
一五七六八反	：曰吉其酒
一五七六九	：丑卜于[illegible]酒[illegible]
一五七七〇	：酒六月
一五七七〇	癸：貞：[illegible]：河
一五七七〇	：用
一五七七一	：酒于：
一五七七一	：于：
一五七七一	：巳卜：立[illegible]：
一五七七二	：酒于戌：
一五七七三	勿惟今乙未酒
一五七七四	庚申卜㱿貞惟今：乙酒
一五七七五	來乙巳勿酒
一五七七六	：貞來：勿酒：子：
一五七七七正	：翌乙：勿酒　二告
一五七七七反	：六百　亘
一五七七八	乙未貞：立：于：
一五七七八	勿酒
一五七七九	：卜勿：辛惟：酒
一五七八〇	：翌：酒：𠕋：宰：
一五七八〇	：𠕋立：
一五七八一正	不侑
一五七八一正	：勿酒
一五七八一正	辛酉勿𩛥侑

一五七八一反　…酉卜…
一五七八一反　…牛…
一五七八二　庚戌卜丙酚十宰于日
一五七八三　有二宰
一五七八三　勿五宰
一五七八三　酚六宰
一五七八三　酚…宰
一五七八四　…滴…北…
一五七八四　貞來乙巳勿酚五宰
一五七八五　…三十宰
一五七八五　…酚宰
一五七八六　…于妣辛…酚九牛三月
一五七八七　惟辛卯
一五七八七　惟庚酚五牛
一五七八八　戊申…貞侑…剢…
一五七八八　…貞…翌…酚…彘
一五七八九　貞…皀…
一五七八九　辛…事…
一五七九〇　庚子…于丁…
一五七九〇　…今日…竝新皀
一五七九一　貞…皀…祖…卯…
一五七九二　庚申…貞…一牛暨皀
一五七九三　…冊十…皀十…三十
一五七九四　…皀二月
一五七九五　皀一卣
一五七九六　…其皀
一五七九七　…皀…
一五七九八　…皀…
一五七九九　庚…貞…𤉲…
一五八〇〇　…畐若
一五八〇一　…王…畐若
一五八〇二　貞…
一五八〇二　貞畐惟侑
一五八〇三　乙…卜…今日…畐…
一五八〇三　貞…日…其…
一五八〇四　…亥…畐王…其卜止…
一五八〇五　丙戌宗貞丁亥王益畐
一五八〇六　…寅尊彡…
一五八〇七　…未…廼雨…尊囲…磬…
一五八〇八　貞尊…
一五八〇九　丙申卜…尊…
一五八一〇　…𥛚…
一五八一一　丁酉…尊于…
一五八一二　庚…卜…尊…
一五八一三　…其尊…
一五八一四　庚辰卜王…尊…酚

一五八一五　貞呼不莫
一五八一六　丁酉卜爭貞來丁未酴王
一五八一七　…辰卜宗…乙酴…
一五八一八　癸未卜貞酴豊惟有酒用十二月
一五八一九　貞勿酴執
一五八二〇　貞…丁…
一五八二〇　…餗…
一五八二一　戊子其圂惟䵼用十月
一五八二二　…子其圂惟䵼用…
一五八二三　貞…圂三宰箙一牛
一五八二四　…未卜…𡿧…
一五八二五　貞益…
一五八二六　貞勿小益二牛用
一五八二六　庚戌卜宗貞翌辛亥…用…咸…
一五八二七正　貞益豕百九月
一五八二七反　…嫁…
一五八二八　…𢀛…
一五八二八　…古…自…牛…
一五八二九　庚午卜史貞禕𠬝橐
一五八二九　…未卜…貞…橐
一五八三〇　戊…貞…禾…
一五八三一　貞…辛…禕…
一五八三一　…寅卜…貞禕…橐
一五八三二　…卜…貞…禾…吉
一五八三二　其…
一五八三三　辛巳貞禕…二月
一五八三四正　丙子卜…貞王往…夕禕…遘雨
一五八三四正　貞夕禕無囚
一五八三四反　…無囚
一五八三五　…十又二…
一五八三六　甲午卜貞今日夕福毀…
一五八三七正　…王福…裴左…十又…
一五八三七反　…王福…于人…
一五八三八　…井…
一五八三八　丙午卜𣅀貞翌丁未…
一五八三九　貞…其…禕…
一五八四〇　貞𢼄…其往福告
一五八四一　貞福告
一五八四二　…禕告…室其…
一五八四三　…宗…禕…
一五八四四　貞今福于殷闢…
一五八四四　戊辰卜貞翌己巳福…
一五八四五　…呼…
一五八四六　…禕…
一五八四七　壬午卜㕯辰𡆥于…

一五八四八　貞…彖…楢…
一五八四八　貞翌…
一五八四九正　二告
一五八四九反　…亦楢…亦…
一五八五〇　…楢來丁丑有一牛
一五八五一　…䳭…楢于…五…
一五八五二　…千…楢…
一五八五四正　癸卯卜亘貞…
一五八五四反　…楢于茲…余…
一五八五五　丙辰…楢…夫…于…
一五八五五　貞子𩫖侑于…
一五八五五　庚戌卜貞翌辛亥用𢀛歲
一五八五六　…妄𧾷囚…十牛十二月在…
一五八五七　…子卜貞…烝豚…韋…
一五八五七　勿正…卒…
一五八五八　來乙酉…烝…
一五八五九　貞…徽用…
一五八六〇　貞…徽…
一五八六一　…徽…
一五八六二正　…徽生…　二告
一五八六二反　…其惟丙…鑿不吉
一五八六二反　…吉
一五八六二反　…吉
一五八六二反　…其惟丁…
一五八六二反　貞…若…其…
一五八六三　…烝…
一五八六四　壬寅…貞勿…登…
一五八六五　貞翌丁巳有㞢歲于丁侑…
一五八六六　貞翌乙…㞢…𣳾…唐
一五八六六　…乙…白…
一五八六七　己丑…卩…
一五八六七　…王…
一五八六八　己未…侑妣…呼…
一五八六八　…不…羊…
一五八六八　…庚…卩…王…
一五八六九　癸…貞…
一五八六九　…其乂…𣳾…
一五八七〇　…乂十豕
一五八七一正　戊寅卜貞𡨦…
一五八七一反　…二十…
一五八七二　…日𡨦
一五八七三　…呼…出日𡨦
一五八七四　…丙…夫…屯
一五八七四　…唐…𡨦
一五八七五　…爭…𡨦…行…
一五八七六　…𡨦十三月
一五八七七　…𡨦
一五八七八　…𡨦
一五八七九　…𡨦
一五八八〇　貞…𡨦
一五八八一　貞勿令…𡨦旨…
一五八八二　…醬…呼…　二告
一五八八三　…𠥓…左𡨦
一五八八四　貞𢾅…
一五八八五正　…𡨦
一五八八五反　…告
一五八八六　…癸祭…無…在…
一五八八七　…祭𢼄…
一五八八八　己丑卜㱿貞翌庚寅其圂不其暘日
一五八八八　甲戌卜亘貞翌…日乙亥圂…
一五八八九　丙子卜古貞王往…
一五八八九　辛巳卜穷貞…于𣂈?…
一五八九〇　壬寅卜㱿貞于翌乙卯圂
一五八九〇　貞…
一五八九一　己亥卜爭貞翌庚子其圂…
一五八九二　貞翌丁卯其圂侑…
一五八九三正　…卜…貞翌…圂無…
一五八九三反　…圂…
一五八九四　貞翌庚午圂…
一五八九五　…貞…圂…若…
一五八九六　…翌乙卯其圂弗其…
一五八九七　貞…圂…追…
一五八九八　癸…桒…圂…
一五八九九　…牛…圂無…追…
一五九〇〇　…其圂…
一五九〇一正　丙戌貞其圂曰…
一五九〇一反　…示…
一五九〇二正　…卜穷圂于…
一五九〇二反　…屯…
一五九〇三　…辰…
一五九〇三　貞…辛…圂…
一五九〇四　貞我…圂…
一五九〇五　…圂…四…河…
一五九〇六　…爭…其圂…
一五九〇七正　丙…貞翌…其圂…屯…
一五九〇八　貞勿十…翌甲戌圂…
一五九〇八　貞翌…酉勿…
一五九〇九　…田圂𠃬示十…
一五九一〇　…宰…
一五九一〇　…圂…三小宰

一五九一一 …五牛…圍二月
一五九一二 …五牛圍…
一五九一三正 二告
一五九一三反 …圍牛
一五九一四 貞于…數…十三月
一五九一四 …勿…
一五九一五 …數…
一五九一六 …貞數…
一五九一六 …卜穷…知…王
一五九一七 …王勿…唐數…
一五九一八 壬寅卜殻貞數兕…
一五九一九 …數兕…
一五九二〇正 貞數兕于且…
一五九二〇反 …曰…
一五九二〇反 …豐示十
一五九二一 癸卯卜貞數…慶…
一五九二二 …丙卜…[illegible]…
一五九二二 勿羊十二月
一五九二三 …呼…[illegible]…
一五九二四 …卜貞…彝…
一五九二五 …彝…
一五九二六 乙巳卜貞王畀…
一五九二七正 卜古…王畀…
一五九二八 …惟𠦪…畀…中…婦
一五九二九 貞牛畀𢀛 二告
一五九三〇正 貞呼…作… 二告
一五九三〇反 舌…
一五九三一 丙辰…牛
一五九三一 貞呼畀… 二告
一五九三二 …貞乙畀…又…
一五九三三 呼畀…
一五九三三 貞惟阜畀
一五九三四 貞惟取畀
一五九三四 甲戌卜盟…貞今…比…
一五九三四 己卯卜永貞畀…[illegible]…
一五九三五正 戊寅婦𡛷示二屯
一五九三五臼 …子卜王…畀…
一五九三六 …帝有畀…
一五九三六 …己…
一五九三七正 …四十…
一五九三七反 …子…子…畀…
一五九三八 貞…畀…
一五九三九 貞丁畀我束
一五九四〇正 貞勿肇阜
一五九四〇正 …自…
一五九四〇反 …步…

一五九四一 貞…畀彘
一五九四二 貞惟畀彘
一五九四三 …卜貞…白彘…子出…
一五九四三 戊寅卜貞[illegible]畀彘
一五九四三 庚午卜貞盟辛未侑于祖辛
一五九四四 甲…穷…嶲…
一五九四四 …巳卜…令…方…絆
一五九四五 貞惟嶲
一五九四六正 …嶲…
一五九四六反 …嶲…
一五九四七 貞…嶲…
一五九四八 辛丑卜殻貞勿惟王匿缶
一五九四九 …惟匿缶
一五九四九 貞…
一五九五〇 貞涉帝于東
一五九五一 …帝…
一五九五二 …殻…帝…
一五九五三 …己…
一五九五三 …帝…
一五九五四正 …帝…
一五九五四反 …[illegible]…
一五九五五 甲…
一五九五五 …子卜…帝…
一五九五六 …古貞帝…
一五九五七 …卜貞…帝…
一五九五八 …帝…
一五九五九正 壬辰卜王余禘茲無祀六月
一五九五九反 丁丑卜王茲…器于…六月
一五九六〇正 小告 小告
一五九六〇正 二告 二告
一五九六〇正 不舌黽
一五九六〇反 貞勿呼…
一五九六〇反 貞勿禘
一五九六〇反 丙寅卜𠱠貞禘
一五九六一 …帝…
一五九六二 貞…帝…
一五九六三 …帝…
一五九六三 …帝…
一五九六四 貞…甲…勿…于…
一五九六四 …帝…
一五九六五 甲…[illegible]…
一五九六五 …子卜…帝
一五九六六 …有疾禘…
一五九六七 …酉卜帝既于…豕三羊
一五九六八 …帝…茲…
一五九六九 貞禘匚…

一五九七〇 ：：禘于：又一：：
一五九七一 ：：戌卜我：于帝
一五九七二正 ：：禘于：：
一五九七二反 ：：于：：
一五九七三 癸卯卜帝自入十月
一五九七四 其禘
一五九七五 勿禘
一五九七五 有囚
一五九七六 貞勿禘
一五九七七 勿禘
一五九七七 貞勿酒
一五九七八 勿禘
一五九七九 貞勿禘
一五九七九 貞：
一五九八〇 勿禘于：
一五九八一 貞禘惟羊
一五九八一 惟牛
一五九八一 貞婦好：
一五九八二 丙辰貞惟豕禘
一五九八三 貞方：
一五九八三 丙戌卜貞惟犬又豕禘
一五九八四 甲戌：勿禘犬
一五九八四 貞勿畀 十二月
一五九八五 ：王禘：
一五九八六甲 弗其：
一五九八六甲 取鼓
一五九八六乙 取鼓
一五九八七 ：鼓：
一五九八七 貞其出：
一五九八八 ：鼓于：
一五九八九 ：爭：其鼓于：
一五九八九 貞弗：其大：
一五九八九 ：歸：
一五九九〇 丙午：貞翌：其觀于：惟：
一五九九一 ：觀無囚
一五九九二 貞：觀：
一五九九三 ：卜爭：不遘：庸：
一五九九四 貞惟辛庸用
一五九九五 ：卜殸：舞：
一五九九六 己未卜殸貞我舞
一五九九七 己未卜殸貞我舞
一五九九八 己未卜殸貞我舞
一五九九九 ：殸貞我其舞有：
一六〇〇〇 己未卜今日舞有：
一六〇〇〇 己未卜今日舞無有：
一六〇〇一 ：卜今日舞有：

一六〇〇二 今日舞有：
一六〇〇三 癸：舞：亥：其正：
一六〇〇三 癸卯
一六〇〇四正 ：舞：
一六〇〇四反 庚申卜古貞呼舞
一六〇〇五 ：舞：
一六〇〇六 貞舞：
一六〇〇六 ：舞：
一六〇〇七 貞舞：
一六〇〇八 ：令：舞：
一六〇〇八 ：戌卜：翌：
一六〇〇九正 不舌黽
一六〇〇九反 勿舞
一六〇一〇 勿：
一六〇一〇 ：子卜：舞：至丙：
一六〇一一 惟豕舞
一六〇一一 勿舞
一六〇一二正 甲：勿：舞
一六〇一二正 ：卜：奏六月
一六〇一二正 ：無：
一六〇一二反 ：受[illegible]：
一六〇一三 王固曰其有雨甲辰：丙午亦雨多：
一六〇一三 癸卯卜㗊貞呼多老：
一六〇一三 貞勿呼多老舞
一六〇一四 ：申卜穷：令老山：古：十二月
一六〇一五 丙：惟：老：
一六〇一五 ：卜：出：
一六〇一五 甲申：不獲
一六〇一六 ：戠既：用于：老：疾：
一六〇一七 貞王奏茲：
一六〇一七 ：卜爭貞告：
一六〇一七 庚寅卜穷貞雨
一六〇一七 甲寅卜：
一六〇一八 貞奏父丁三十：
一六〇一九 貞于庚
一六〇一九 貞勿侑
一六〇一九 貞惟今日奏
一六〇二〇 ：今我：奏：
一六〇二一 ：卜爭：奏：至：
一六〇二二 ：翌丁未：奏婦：以出：三月
一六〇二三 ：貞：奏：
一六〇二三 ：丑卜爭：有亻：自：至：多：
一六〇二四 ：卜穷貞：奏：二月
一六〇二五 ：奏：
一六〇二六正 貞奏[illegible]

一六〇二六正　惟奏
一六〇二六反　：翌乙：穷
一六〇二七　：未卜：丁奏：
一六〇二八　：延以：上甲奏：
一六〇二九　庚戌：奏舞今
一六〇二九　勿奏舞今
一六〇三〇　己未：奏舞：
一六〇三一　乙亥：奏舞：
一六〇三二　：卜翌：子奏：
一六〇三三　壬子卜：奏舞：
一六〇三四　勿：賓：妣：
一六〇三四　勿奏
一六〇三五正　勿奏：乙　二告
一六〇三五反　：不：于：酌：
一六〇三六　勿奏舞
一六〇三七　勿奏舞今夕
一六〇三七　：月
一六〇三八　翌己酉奏三牛
一六〇三九　辛未卜以父京旬：
一六〇四〇　：于叀以老
一六〇四一　：其以老
一六〇四二　：以老一月
一六〇四三　：寅卜穷：翌丁卯魚饗多：
一六〇四三　貞不其魚
一六〇四四　：饗：
一六〇四五　丁酉：饗：
一六〇四六　：饗十月
一六〇四七正　：交無：允無：饗
一六〇四七正　貞交：
一六〇四七反　：未卜：
一六〇四八正　丁酉：貞饗于：六月
一六〇四八反　丁酉：貞饗：六月
一六〇四九正　不舌黽　二告
一六〇四九反　：勿：饗于祖：
一六〇五〇　：甲：勿丁：饗：
一六〇五一　庚寅卜爭貞饗
一六〇五二　：爭：饗七月
一六〇五三　：饗：酌：燎：
一六〇五四　：貞：其既：
一六〇五五　貞不其既
一六〇五六正　：亥卜㱿貞石：
一六〇五六反　：固：惟既：工：
一六〇五七　：明霧既圍：
一六〇五八　壬寅卜：曰惟既：

一六〇五九　辛丑：
一六〇五九　弗[illegible]：
一六〇六〇　辛酉卜史貞：來：曾用：丁用
一六〇六一　甲申：爭貞：勿曾用：望：一
一六〇六二　：貞勿取曾王于：
一六〇六三　：卜貞：牛用：智：
一六〇六四　王于出尋
一六〇六五　戊戌：貞：辛巳：步：囧：
一六〇六五　：尋：
一六〇六六　乙未卜㱿貞尋
一六〇六七　癸巳：尋：
一六〇六八　：今癸：尋：歲：
一六〇六九　貞尋
一六〇七〇　：亦：尋㞢：
一六〇七一　：尋禦
一六〇七二　：尋禦
一六〇七三　丙辰卜穷貞尋告攉于：一月
一六〇七四正　：尋不：
一六〇七四反　：入于：
一六〇七五　戊午：貞尋：于：
一六〇七六　：卜㱿：尋燎：
一六〇七七　貞勿弘廼尋
一六〇七八　貞勿尋六月
一六〇七九　尋[illegible]
一六〇八〇　：爭：其：
一六〇八〇　：卜爭：興：㞢：
一六〇八一　貞：司：興：于：
一六〇八二　：翌：興十二月
一六〇八三　貞勿呼興五月
一六〇八三　：一牛
一六〇八四　：豐：
一六〇八五　：丙：弗：豐：
一六〇八六　：奏玉：
一六〇八七　：我玉：
一六〇八八　：穷鼎：侑于：
一六〇八九　貞二牛告于丁一牛
一六〇八九　：玉：牛
一六〇九〇　：我珏
一六〇九一　：丑：貞于：申酌：珏
一六〇九二　：貞：珏
一六〇九三　：珏
一六〇九四　：惟：之：衣：
一六〇九五　：午卜：衣呼：
一六〇九六　：貞：衣：
一六〇九六　：其：

一六〇九七　……衣……告……
一六〇九八　……貞衣……戠……
一六〇九九　……貞勿衣……
一六一〇〇　……其來余勿衣
一六一〇一　貞邑有𢦏
一六一〇一　貞勿衣歸戠
一六一〇二　貞……
一六一〇二　貞勿衣歸戠
一六一〇三正　貞勿衣歸戠
一六一〇三正　……其……
一六一〇三反　自……
一六一〇四正　貞勿衣歸戠
一六一〇四反　自……
一六一〇五　貞王勿衣入戠
一六一〇六　庚申卜……勿衣……戠十三月
一六一〇七正　貞王勿往出由協
一六一〇七反　王固曰有祟
一六一〇八　戊子卜殻貞王勿由協往出
一六一〇九　貞……
一六一〇九　……王其……協
一六一一〇正　貞令……
一六一一〇正　貞協其……
一六一一〇反　……示……
一六一一一　貞……
一六一一一　己亥卜殻六月
一六一一一　王入協酚
一六一一一　……勿……
一六一一二　……殻貞王于協
一六一一三　王勿于協酚入
一六一一三　貞沈十牛
一六一一四正　丁未……勿……舌……
一六一一四反　……
一六一一五　戊……貞……
一六一一五　……寅卜……旬自……乙……
一六一一六　貞今日……旬……三牛
一六一一七甲正　貞今夕囚其靁
一六一一七甲正　壬辰卜穷貞率攺
一六一一七乙正　乙巳卜穷貞今夕囚不靁
一六一一七乙反　王固曰
一六一一八　……王率……用于……
一六一一九正　貞率用
一六一一九反　……牛……
一六一二〇　戊……貞我……率吉……惟徚……
一六一二一　貞惟……
一六一二一　……率……多……

一六一二二　癸未……貞率……多……
一六一二三　貞率惟……
一六一二四正　……戌卜……不舌黽
一六一二四反　……吉……品率……
一六一二五　貞率
一六一二六　貞勿率用
一六一二七　……酉……率……卷……
一六一二八　壬寅卜卯十牢
一六一二九　……卯十宰
一六一三〇　……穷貞……人伐……卯宰……
一六一三一正　貞翌癸丑其雨
一六一三一正　翌甲寅其雨
一六一三一正　王……若乙丑允伐右卯暨左卯惟牝牛
一六一三一正　……其雨
一六一三一正　不雨
一六一三一正　貞使阜
一六一三一正　……勿呼……
一六一三一正　……橐……
一六一三一反　……固曰癸亥卜雨
一六一三一反　癸丑其雨
一六一三一反　王固曰其夕雨丮明……允雨
一六一三一反　……貯……
一六一三二　……卯十牛
一六一三三正　王其侑丁允羸
一六一三三反　……卯十牛
一六一三四　……貞……亥三……三羊卯九牛
一六一三五　……羊卯……五牛
一六一三六　……牛卯五牛
一六一三七　……卯……牛……
一六一三八　丁未……卯……牛
一六一三九　……旣侑……于二……申卯……三牛
一六一四〇　貞……乙……
一六一四〇　……卜貞……卯……又羊
一六一四一　……卯……三?十牛
一六一四二　……卯惟牛卯惟羊
一六一四三　……羊侑……卯……豕……
一六一四四正　二告
一六一四四反　……東?二豭……卯豭……
一六一四五　卯六……
一六一四六　……卯……彘……
一六一四七　……卯……三豰……羌
一六一四八　卯……豰……
一六一四九　……亥卜……九卯九……
一六一五〇　癸酉……五……卯五……
一六一五一　乙……
一六一五一　……寅卜……卯于……

一六一五二正　戊寅卜爭貞𢼊王循于之若　二告
一六一五二正　貞勿𢼊不若　二告
一六一五二正　：河：　二告
一六一五二反　貞勿𠂤𢼊
一六一五二反　勿𢼊
一六一五二反　：凡：
一六一五三　貞于翌丙申𢼊
一六一五四　其𢼊正　小告　不𡆥黽
一六一五四　弗其：正　二告　小告
一六一五五　貞𢼊　二告
一六一五六　辛酉：貞：𢼊
一六一五七　貞：豕：中：
一六一五七　：𢼊：𠀠：十三月
一六一五八　癸亥卜古貞旬無囚之夕𠁁甲子𡧊𢼊王
一六一五九正　：賓：𢼊
一六一五九反　：延：𢼊
一六一六〇　吉四日丙：𢦏有𢼊
一六一六一　：𢼊：次：獲
一六一六二正　癸酉卜爭貞翌乙亥𢼊
一六一六二反　：丑：貞：
一六一六三　：𢼊：卯二宰
一六一六四　貞：㞢：
一六一六四　貞于：入：
一六一六四　：貞翌：𢼊：以：丁
一六一六四　牛：禦：丁隹：
一六一六四　：未卜：
一六一六五　：祝：𢼊：
一六一六六　貞𢼊
一六一六七　癸：
一六一六七　：隹𢀛：𢼊
一六一六八　：𥸨𢼊：
一六一六九　：𢼊
一六一七〇　：𢼊
一六一七一　：勿𢼊
一六一七二　勿𢼊戠
一六一七三　己亥卜㝊𢼊三十牛
一六一七三　丙：
一六一七四　：𢼊十牛
一六一七五正　貞𢼊牛
一六一七五正　：勿：
一六一七五反　己巳卜亘
一六一七六　：𢼊：牛
一六一七七　：𪏂牛：延：𢼊
一六一七八　：𢼊：乙：羊
一六一七九　戊寅卜貞𢼊十豕于：
一六一八〇正　貞𢼊：馬：

一六一八〇反　：禽：
一六一八一正　：戠貞茲：
一六一八一反　：定：
一六一八二　庚辰𪚠：
一六一八三　：勿𪚠：
一六一八四　：簸：㞢：卜曰：允：
一六一八四　癸：旬：囚：
一六一八五　己酉卜：告𠦪：令：三宰𦬫一牛
一六一八六　沈三宰
一六一八七　貞沈十牛
一六一八八　勿：
一六一八八　貞沈九牛
一六一八九　：三牛沈三牛卯三牛
一六一九〇　勿：
一六一九〇　：卜：五小：沈：牛
一六一九一　貞沈十羊十豕
一六一九二　貞沈戌：十牛
一六一九三　：沈三：卯三：
一六一九四　：沈：卯五宰
一六一九五　沈：小告
一六一九六　：埋五宰
一六一九七　庚辰卜爭貞翌辛巳王往
一六一九七　辛巳卜㱿貞埋三犬燎五犬五豕卯三牛一
月
一六一九八　：埋于：四牛圍：三豕
一六一九九　：埋：祖十：
一六二〇〇　：埋：
一六二〇一　壬戌卜王陷侑于：
一六二〇二　：貞茲：其𢓊
一六二〇三　甲申卜不其網魚
一六二〇四　：辰卜㱿貞戠犬：
一六二〇四　：卯卜㱿貞侑于王：
一六二〇五　：余戠：山：
一六二〇六　：戠：乙
一六二〇七　：戠：
一六二〇八正　貞戠：大：　二告
一六二〇八反　：嫩?：
一六二〇九　：戠：大：
一六二一〇　：戠：𢧢：
一六二一一　甲子：㱿：戠于：大：
一六二一二　貞戠于𡉚豕又：
一六二一三　辛酉：貞于啓戠：
一六二一四　癸丑卜戠于西
一六二一五　丁巳卜：王戠四宰
一六二一六　今乙尃雨?

一六二一六　…中…䢅…
一六二一七　貞不其專彭
一六二一七　…貞…夕…囚
一六二一七　今夕
一六二一八　甲戌穷貞不專示
一六二一九　貞乎專牛
一六二二〇　…冊…
一六二二〇　…尹𢦏冊十宰
一六二二一　…㲋翌辛…㞢宰
一六二二二　…貞㞢…宰于…乙…
一六二二三正　貞勿侑
一六二二三正　丙午卜穷貞㞢八羊暨彭三十牛八月
一六二二三反　…自犬…
一六二二四　貞𢦏…十二月
一六二二五　丁酉…𢦏勿…蠱十月
一六二二六　庚辰卜…余𢦏…
一六二二七　壬子…貞…令…
一六二二七　…𢦏于…入自…𨑊…遘…
一六二二八　己卯
一六二二八　貞𢦏
一六二二九　癸巳
一六二二九　貞令衛𢦏
一六二三〇正　己卯卜穷貞勿步𢦏十一月
一六二三〇正　壬寅卜穷貞令犬
一六二三〇臼　…亥乞自雩…㲋
一六二三一　…寅卜穷…勿…𢦏
一六二三一　…宰…
一六二三二　…𢦏不步
一六二三三　甲午卜…王…其以…
一六二三三　庚子卜…王…𢀛以…不…㞢…
一六二三四　…于…品…𢆶…
一六二三五　…𢀛…兹
一六二三五　…今𢀛…兹
一六二三五　乙酉卜㲋
一六二三六　庚…貞勿…兹
一六二三七　己丑卜…令…兹…
一六二三八　…午卜㲋…令…兹盂
一六二三九　丁亥
一六二三九　…卜𢀛…專人…兹盂
一六二四〇　貞今𢀛兹
一六二四〇　旨
一六二四一　貞令兹三百犬…
一六二四二　…卯卜爭貞王乞正河新𡆥允正十一月
一六二四三　庚戌卜爭貞王乞正河新𡆥允正十?月
一六二四三　今…

一六二四四正　辛卯…貞勿…正𢦏…𠂤犬…五豕…四㝬
卯…
一六二四四正　辛卯卜㲋…又一…
一六二四四反　其…
一六二四四反　己巳卜
一六二四五　…于丁正
一六二四六　…無其𢀛正我
一六二四七　貞其克呼
一六二四七　…正
一六二四八　弗其正
一六二四八　…正
一六二四八　貞正
一六二四九　甲申卜穷貞正
一六二五〇正　貞…正
一六二五〇正　…今屯…不…
一六二五〇反　…𡕥…
一六二五一　甲午…用正…
一六二五一　翌…
一六二五二　…正
一六二五二　今…其…來…
一六二五三正　貞…正…
一六二五三反　王…吉正…
一六二五四　己…㲋貞…正
一六二五五　…其正
一六二五五　貞…惟…
一六二五六　…其正
一六二五七　癸酉…令…正…立…
一六二五八　弗正
一六二五八　弗正
一六二五九　貞左弗正
一六二六〇　貞弗其正　不告黽
一六二六一正　貞弗其正
一六二六一反　…丁…
一六二六二　貞弗其正八月
一六二六三　…𠂤犬燎…
一六二六四　…𠂤犬…二豕…羊
一六二六五　癸酉卜爭貞翌甲戌夕十羊乙亥彭十…十
牛…
一六二六六　癸酉卜…貞翌甲…夕十羊乙亥彭…牛
一六二六七　…寅卜…王其…求…
一六二六八　庚…今日…
一六二六九正　…丁宰
一六二七〇　丁丑卜穷貞…𢀛庶以…
一六二七一　…庶牛于…

一六二七二	貞…庶…
一六二七三	其受有祐
一六二七三	受有祐
一六二七四	受有祐
一六二七五	受有祐
一六二七六	受有祐
一六二七七	今𢀛王受有…
一六二七八	…弗其受有…　不舌黽
一六二七九	貞弗受有祐
一六二八〇	…卜殻貞弗其受有祐
一六二八一	…貞…
一六二八一	乙巳卜貞弗其受有祐
一六二八二	貞弗其受有祐
一六二八二	…月
一六二八三	壬子
一六二八三	貞弗其受有祐
一六二八三	丁未勿彡
一六二八四	貞弗其受有祐
一六二八五	貞弗其受有祐
一六二八六	貞弗其受有祐
一六二八七	…弗其受有祐
一六二八八	…弗其受有祐
一六二八九	…弗其受有祐
一六二九〇	貞弗其受有…
一六二九〇	…有祐
一六二九一	…弗其受有…
一六二九二	…我弗其受…祐
一六二九三正	…我弗…受…
一六二九三反	…酉…
一六二九四	…大弗…受祐
一六二九五	己丑…弗受…
一六二九五	…見…
一六二九六正	…若不我其受有祐　二告
一六二九六反	惟王正
一六二九七	…弗若不我受…
一六二九八	不其受…
一六二九九	貞…不其受…
一六三〇〇正	…其受…
一六三〇〇反	…
一六三〇一	辛丑卜我受…
一六三〇一	…我…受…徙…
一六三〇二反	…受余祐
一六三〇三	…婦受…
一六三〇四	…白受…
一六三〇五	…受祐五月
一六三〇六	…受祐…

一六三〇七	…古貞…受…
一六三〇八	…有祐三月
一六三〇九正	…有祐九月
一六三〇九反	…戋…
一六三一〇	…啓…有祐
一六三一〇	…其…有祐
一六三一一	…卜史貞…不?遘吉二月
一六三一二	…不吉其惟丁吉其…
一六三一三	…吉
一六三一三	…有獻其惟戊不
一六三一四	…惟丙不吉
一六三一五	惟辛不吉其惟丙…
一六三一六	…其惟…不吉
一六三一七	…曰不吉
一六三一八正	…惟…
一六三一八反	…不吉
一六三一九	…不吉
一六三二〇	…不吉
一六三二一	貞惟吉
一六三二二	…惟吉六月
一六三二三	…宁…𢀛若
一六三二三	…往令…曰吉若
一六三二四	…若
一六三二四	…若
一六三二五正	二告
一六三二五反	…曰吉若…
一六三二六	辛未…貞吉…
一六三二七正	貞…禦…
一六三二七正	
一六三二七反	…吉勿…
一六三二八	…吉…曰戊…女一月
一六三二九	…吉其…弘吉…見…
一六三三〇	…其…吉…允…
一六三三一正	…不其…
一六三三一反	…吉其…
一六三三二	…吉…王…四月
一六三三三正	…吉…
一六三三三反	…于…
一六三三四正	…足…其…
一六三三四反	…吉…
一六三三五正	庚子卜古貞王若　小告
一六三三五正	戊寅卜王貞
一六三三五正	貞禦
一六三三五反	王固曰𣅀不其吉在茲
一六三三六	貞王人于𠂤若
一六三三七	…卜殻…曰王…若

一六三三八　…貞王不若
一六三三八　…王若
一六三三九正　甲子卜穷貞王有若于…
一六三三九反　…婦…
一六三四〇　壬子卜王…若三月
一六三四一　貞王不若
一六三四二　壬…王…
一六三四二　…不若
一六三四三　貞王不若
一六三四四　…卯卜殼…王無不若
一六三四五正　…王…無不若
一六三四五反　…以…
一六三四六　…酉卜爭…今夕…子無不若
一六三四七　丙子卜貞毋無不若六月
一六三四八　…無不若在二月
一六三四九　…無不若
一六三五〇　…賓…土骨…不若
一六三五一　貞我…不若
一六三五二　…豕…不若
一六三五二　…王勿
一六三五三　貞毋…往不若
一六三五四　…京…不若
一六三五五正　…有取…不若
一六三五五反　…父…
一六三五六　貞其有不若九月
一六三五七　丙…殼…㚔…
一六三五七　己卯卜貞侑父
一六三五七　貞不若
一六三五八　貞不若
一六三五八　貞勿呼二月
一六三五九　己…亘貞…若
一六三五九　有各五月
一六三五九　貞不若
一六三六〇正　…不…
一六三六〇正　貞不若
一六三六〇反　…百　㪔
一六三六〇反　…永…
一六三六〇反　…固曰吉
一六三六一　貞不若
一六三六二　貞不若
一六三六三　貞不若八月
一六三六四　貞不若
一六三六四　…不…
一六三六五　…子…来…
一六三六五　…㞢…不若　二告
一六三六六　…不若

一六三六七正　不若
一六三六七反　…午…
一六三六八　…不若
一六三六九　…不若
一六三七〇　貞不其若九月
一六三七一　…弗…若
一六三七二　…弗…若
一六三七三　…夕…丁巳…中…
一六三七三　若
一六三七三　弗其若
一六三七四正　貞…
一六三七四正　…有不若
一六三七四反　…受祐
一六三七五正　辛未卜穷貞有若田
一六三七五反　…五穷…
一六三七六正　…若田
一六三七六反　…龜…
一六三七七　…貞…其止…令若
一六三七七　…其受…□…
一六三七八　…翌丁…令若　不舌黽
一六三七八　五…
一六三七九正　…未…貞乞…遘若
一六三七九反　…
一六三八〇正　貞有二田不惟若七月
一六三八〇反　…卜殼…
一六三八一　貞惟若
一六三八一　貞惟若
一六三八一　不惟若
一六三八二　不惟若
一六三八三　己酉卜亘貞惟若
一六三八四　…亥卜…貞惟若　二告
一六三八四　貞其…㞢…
一六三八五　…夋惟若
一六三八六　丙寅卜殼貞其歸若
一六三八七　貞…
一六三八七　壬午卜殼貞翌乙未用若
一六三八八　…亞其用若八月
一六三八九　…呼往…若
一六三九〇　…其呼出?…若
一六三九一　…日庚…若
一六三九二　…雚若
一六三九三正　二告　二告　二告　小告
一六三九三反　…丙…允若
一六三九三反　貞…
一六三九三反　貞…
一六三九四　…若

一六三九五　……勿延……若
一六三九六　戊申……之若
一六三九七　……于之若五月
一六三九八　己丑卜宕貞若
一六三九八　癸未卜爭貞勿……于……
一六三九九　癸未……貞……于……
一六三九九　……卜宕……若
一六四〇〇　辛未卜永貞若　不吿鼃
一六四〇一　己亥卜永貞若
一六四〇二　己巳卜貞……若
一六四〇二　……妣一月
一六四〇三正　貞若
一六四〇三反　其……無……
一六四〇三反　王固曰若
一六四〇四　……貞戊……若王……
一六四〇四　丁……王𠬝……于祖……
一六四〇五　辛亥卜……貞……若
一六四〇六　……作教于……若
一六四〇七　……凡若　不吿……
一六四〇八　戊子……𠂤……若
一六四〇九　……貞……保……若
一六四一〇　庚寅卜
一六四一〇　貞若
一六四一〇　戊午
一六四一〇　……翌丁……勿……
一六四一一　……𢀛若
一六四一二　……囧……若
一六四一三　……祖……若
一六四一三　乙……暘……　二吿
一六四一四　貞受……見……
一六四一四　……正……丁若
一六四一五　……在……六……其凡……若
一六四一六　……若
一六四一七　……弗往……示……若
一六四一八正　……若
一六四一八反　……不入……
一六四一九　……問……若
一六四二〇　貞……若
一六四二一正　戊……
一六四二一正　二吿　二吿
一六四二一反　……若
一六四二二　……𢦏若
一六四二三　癸亥卜宕貞……雍保王……囚
一六四二三　……亥卜……貞作……
一六四二四　……卯卜爭貞……戊無保……
一六四二四　戊……卜……

一六四二五　戊申卜宕貞有保……啓　二吿
一六四二六　……卜……無……于……
一六四二六　……惟……
一六四二六　……有保……
一六四二七　……十……
一六四二七　……有保……
一六四二八　……貞……有十保……
一六四二九　……酉卜貞……保……
一六四三〇　……弗保……
一六四三一　……大……保……
一六四三一　己亥
一六四三二　……弗佐我……
一六四三二　……王于上甲……
一六四三三　乙亥……弗佐……
一六四三四　貞不其惟祐……
一六四三五　丁卯卜王囚元……
一六四三六　……日戊……王囚……
一六四三七　丙辰……弗……王囚……
一六四三八　……寅卜𡆥……其……囚……
一六四三八　丙……
一六四三九　……王貞……其囚……
一六四四〇　……貞大囚吿二月
一六四四一　癸巳卜
一六四四一　壬寅卜殼貞惟囚
一六四四一　王固曰惟……
一六四四二　甲寅卜亘貞惟囚
一六四四二　……于……
一六四四三　貞其于……
一六四四三　貞惟囚十二月
一六四四三　……五十……
一六四四四　……惟囚
一六四四五　戊申其惟囚
一六四四五　甲午
一六四四六　……酉卜殼貞……不惟囚
一六四四七　辛未卜丙貞不惟囚
一六四四八　貞不惟囚
一六四四八　……糾……
一六四四九　貞不惟囚
一六四四九　……貞翌……巳……不雨
一六四五〇　庚戌卜貞並
一六四五〇　貞不惟囚
一六四五一　貞不惟囚
一六四五二　不惟囚
一六四五二　……不……
一六四五三　……卜宕……
一六四五三　……惟……不……囚……

一六四五四　不告黽
一六四五四　不告黽
一六四五四　不告黽
一六四五四正　二告
一六四五四正　貞王惟…
一六四五四反　貞令
一六四五四反　不其雨
一六四五四反　王固曰勿惟𡆥
一六四五五　惟我𡆥一月
一六四五六　不惟我𡆥
一六四五六　惟我𡆥一月
一六四五六　貞雨
一六四五六　貞雨
一六四五七　壬辰卜爭貞…
一六四五七　…我𡆥…
一六四五八甲　…𧍕咎王不我…
一六四五八乙　貞𧍕咎王我𡆥
一六四五九　…我在𡆥…
一六四五九　…我在𡆥…
一六四六〇　癸未卜不𡆥
一六四六〇　勿羽告
一六四六一　貞祟…不𡆥
一六四六二　…享…
一六四六二　…不…𡆥
一六四六二　小告
一六四六三甲　乙卯卜丙貞祀作王𡆥
一六四六三乙　…貞祀作…
一六四六四　丙寅其惟婦作𡆥
一六四六五　…作𡆥
一六四六六　…作𡆥
一六四六七正　二告
一六四六七反　…若
一六四六七反　…作𡆥
一六四六八　壬申…剛
一六四六八　壬申[illegible]
一六四六八　辛未卜貞其及…十月
一六四六八　辛未卜貞其作𡆥十三月
一六四六九　…其作𡆥…
一六四七〇正　貞我無作𡆥
一六四七〇正　貞我有作𡆥
一六四七〇反　庚申…
一六四七一　己巳卜爭貞我有作𡆥
一六四七二正　貞…不惟我有作𡆥
一六四七二反　…我…
一六四七三　王…祉…
一六四七三　不惟我有作𡆥

一六四七四　…無作𡆥
一六四七五　戊申卜白降𡆥
一六四七五　戊申卜白降𡆥
一六四七六　…降𡆥
一六四七七　癸亥卜王…無降𡆥
一六四七七　…獲…
一六四七八　…需無其降𡆥
一六四七九　壬辰卜宕貞無降
一六四八〇正　貞勿降九月
一六四八〇正　貞勿…
一六四八一　戊辰卜王不其降
一六四八二正　貞不其降
一六四八二反　…享…
一六四八三　…酉卜宕…其降
一六四八四　貞不其降
一六四八五　貞…其降
一六四八六　貞…茲有…其至𡆥
一六四八六　…告…㞢御…卩…
一六四八七　…至𡆥
一六四八八　貞其于…先𡆥十月
一六四八九　貞…往…
一六四八九　…㞢…不…中…𡆥
一六四九〇　…酉卜王…鼓弗…𡆥
一六四九一　…貞𢦏…𡆥
一六四九二　…貞…𡆥
一六四九三　己亥
一六四九三　貞其𡆥
一六四九三　庚子
一六四九三　辛丑
一六四九四　…𡆥
一六四九五　貞…
一六四九五　…卜…𢦏…王…有𡆥
一六四九六　丁巳卜貞虎其有𡆥
一六四九七　…其有𡆥　二告
一六四九七　…無𡆥　二告
一六四九七　貞我其有𡆥　二告
一六四九七　今夕不其雨
一六四九八　貞其有𡆥
一六四九八　…丑卜…今夕…𡆥
一六四九八　貞…于…雨
一六四九九　貞今夕有雨
一六四九九　…其…𡆥
一六五〇〇　貞今夕不雨
一六五〇〇　貞其有𡆥
一六五〇一　壬子卜貞今…不雨
一六五〇一　戊午卜貞今夕…

一六五〇一　貞其有囚
一六五〇二　貞今：雨
一六五〇二　貞：雨
一六五〇二　貞其有囚
一六五〇三　貞其雨
一六五〇三　貞其有囚
一六五〇四　貞不雨
一六五〇四　貞其有囚
一六五〇四　：卜：夕：
一六五〇五　貞其有囚
一六五〇五　：殻：
一六五〇六正　貞其有囚
一六五〇六正　：弗：
一六五〇六反　辛亥乞自：
一六五〇七正　貞其有囚
一六五〇七反　：以自：
一六五〇八　貞其有：
一六五〇八　貞其有囚
一六五〇九　貞其有囚
一六五一〇　貞其有囚
一六五一一　貞其有囚
一六五一二　貞其有囚
一六五一三　貞其有囚
一六五一四　：其有囚
一六五一四　勿：
一六五一五　：其有囚
一六五一六正　：有囚
一六五一六反　：吉：
一六五一七　：弗𡉚有囚用十三月
一六五一八　乙巳卜貞今夕：有囚
一六五一九正　：囚
一六五一九正　乙未卜貞今夕其有囚
一六五一九正　甲午卜貞今夕：
一六五一九正　：夕：
一六五一九反　甲午册：惟：
一六五二〇　癸卯卜貞今夕其有囚
一六五二一　壬：貞今：無：
一六五二一　壬：夕：
一六五二一　乙卯卜貞今夕其有囚
一六五二一　乙卯卜貞今夕無囚
一六五二一　癸：
一六五二一　：告：
一六五二二　丁酉卜今夕其囚
一六五二二　：囚
一六五二三　：逐：獲六十月

一六五二三　貞虎無其囚
一六五二四　：卜貞：虎無囚
一六五二五　庚申卜王貞往來無囚
一六五二五　弜其禽
一六五二五　丙：禽：
一六五二六　：來無囚七月
一六五二七　：來無囚：
一六五二八　壬寅卜古貞無囚
一六五二九　癸未：爭貞無囚
一六五三〇　：酉卜：貞無囚
一六五三一　：卯卜殻𡆥貞無囚　二告
一六五三二　：卜史：無囚
一六五三三　己未卜貞無囚
一六五三四　壬申卜貞無囚
一六五三四　壬申其
一六五三四　：卜：無：
一六五三五　：貞來乙巳：無囚
一六五三五　：穷貞翌乙：
一六五三六　：辰卜：貞：王：無囚
一六五三七　：卯：八月
一六五三七　貞：今無囚
一六五三七　貞惟商令
一六五三八正　不吉黽
一六五三八反　貞無囚
一六五三九　：無囚三月
一六五四〇　：齒：無囚
一六五四〇　：又豕：
一六五四一　：而：
一六五四一　貞無囚：
一六五四二　：無囚：
一六五四三　：貞：
一六五四三　：未貞無囚
一六五四四　：卜：貞無囚四月
一六五四五　：剸二十：無囚
一六五四六　：巾：無囚
一六五四七　貞：無其囚
一六五四八　辛酉卜貞今夕無囚四月
一六五四九　壬午卜史貞今夕無囚五月
一六五五〇　乙亥卜王貞今夕無囚
一六五五〇　乙未卜王貞今夕無囚五月
一六五五一正　其：
一六五五一正　癸未卜貞今夕無囚八月
一六五五一正　貞今夕不雨
一六五五一正　貞其雨七：
一六五五一反　壬午：

一六五五二　戊午卜史貞今夕無𡆥十月
一六五五三　癸酉卜貞今夕無𡆥十月
一六五五四　貞今夕無𡆥十三月
一六五五五　…今…無𡆥九月
一六五五六　貞今夕𡆥三月
一六五五六　貞今夕不雨
一六五五六　貞其雨
一六五五七　…卜史…夕…𡆥四月
一六五五八　…午卜…貞今夕…𡆥五月
一六五五九正　辛巳卜王貞今夕無𡆥
一六五五九正　丁亥卜貞今夕無𡆥
一六五五九正　…未卜王貞
一六五五九反　…大…小臣中…
一六五六〇　乙丑卜宾貞今夕無𡆥
一六五六一　辛…宾…夕…
一六五六一　乙巳卜宾貞今夕無𡆥
一六五六一　丙午卜貞今夕…
一六五六一　…宾…夕…
一六五六二　…夕…
一六五六二　甲辰卜宾貞今夕無𡆥
一六五六二　辛亥卜貞今夕無𡆥
一六五六二　乙…宾…今…無…
一六五六二　癸卯卜宾貞今夕無𡆥
一六五六二　壬寅卜宾貞今夕無𡆥
一六五六二　庚戌卜宾貞今夕無𡆥　二告
一六五六三　己酉…貞今…無𡆥
一六五六三　…巳卜宾貞今夕無𡆥
一六五六四　丁酉…貞今…無𡆥
一六五六四　己亥卜爭貞今夕無𡆥允無…
一六五六四　…子卜…貞今…
一六五六五　辛巳…貞今夕不雨
一六五六五　辛巳卜古貞今夕無𡆥
一六五六六　壬午卜古貞今夕無𡆥
一六五六七　丙辰卜貞今夕無𡆥十月
一六五六七　…夕…
一六五六八　戊戌卜殼貞今夕無𡆥之月
一六五六八　壬寅卜殼貞今夕無𡆥
一六五六八　辛丑卜殼貞今夕無𡆥
一六五六八　戊申卜殼貞今夕無𡆥
一六五六八　壬子卜殼貞今夕無𡆥　二告
一六五六八　辛亥卜殼貞今夕無𡆥
一六五六八　己酉卜殼貞今夕無𡆥
一六五六九　丁酉卜…貞今夕無…
一六五六九　戊戌卜殼貞今夕無𡆥之…
一六五六九　庚子卜殼貞今夕無𡆥
一六五六九　辛丑卜殼貞今夕無𡆥　二告

一六五六九　壬寅卜殼貞今夕無𡆥
一六五七〇正　庚午卜昷貞今夕無𡆥
一六五七〇反　乙亥
一六五七一　癸亥卜昷貞今夕無𡆥
一六五七二　貞…
一六五七二　辛卯卜昷貞今夕無𡆥
一六五七三　丙申卜昷貞今夕無𡆥
一六五七三　貞今夕不雨
一六五七四正　丙辰卜昷貞今夕無𡆥
一六五七四反　…屯又…
一六五七五正　己未卜昷貞今夕無𡆥
一六五七五反　…五十屯…
一六五七六　…丑卜…夕…
一六五七六　乙丑卜允貞今夕無𡆥
一六五七六　戊…
一六五七七　辛巳卜允貞…夕無…
一六五七八　甲午卜允貞今夕無𡆥
一六五七九　辛亥卜允貞今夕無𡆥
一六五八〇　癸卯卜允貞今夕…
一六五八一　…丑卜貞今夕…
一六五八一　丙辰卜貞今夕…
一六五八二　壬辰卜昷貞今夕無𡆥
一六五八三　己未…貞…不…
一六五八三　…卯卜昷貞今夕無𡆥
一六五八四　丙寅卜史貞今夕無𡆥
一六五八四　…夕…
一六五八五　戊辰卜史貞今夕無𡆥
一六五八六　庚午卜史貞今夕無𡆥
一六五八七　壬申卜史貞今夕無𡆥
一六五八八　戊寅…貞今…雨
一六五八八　…卜…貞…夕…𡆥
一六五八八　戊寅卜史貞今夕無𡆥
一六五八八　丁卯卜…貞來…不…
一六五八九　己卯卜史貞今夕無𡆥
一六五九〇　庚辰卜史貞今夕無𡆥七…
一六五九一正　辛丑卜史貞今夕無𡆥
一六五九一反　…有祐
一六五九二　丙申卜史貞今夕無𡆥
一六五九三　丁未卜史貞…夕無…
一六五九四　…不…
一六五九四　丁巳卜史貞今夕無𡆥
一六五九五　…卯卜史…今夕無𡆥
一六五九六　…史貞今夕無𡆥
一六五九七　…月…六月
一六五九七　…卜史…今夕無𡆥
一六五九八　…卜史…今夕…𡆥

一六五九九　：卜史：今夕：𡆥
一六六〇〇　壬寅卜㱿貞今夕：𡆥
一六六〇一　甲子卜貞今夕無𡆥
一六六〇二　乙丑卜貞今夕無𡆥
一六六〇三　乙丑卜貞今夕無𡆥
一六六〇四　：巳卜：
一六六〇四　丙寅卜貞今夕無𡆥
一六六〇四　：之夕不：
一六六〇五　戊辰卜貞今夕無𡆥
一六六〇六　辛未：貞今夕無𡆥
一六六〇七　庚辰卜貞今夕無𡆥
一六六〇七　貞：不雨
一六六〇八　乙酉卜貞今夕無𡆥
一六六〇九　乙酉卜二貞今夕無𡆥
一六六一〇　貞其有𡆥
一六六一〇　丙戌卜貞今夕不：
一六六一〇　丙戌卜貞今夕無𡆥
一六六一一　甲申卜貞今夕無𡆥
一六六一二　壬辰：
一六六一二　丁亥卜貞今夕無𡆥
一六六一二　辛卯卜貞夕無𡆥
一六六一三　乙未卜貞今：無：
一六六一三　甲午卜貞今夕無：
一六六一三　：辰：貞：夕：
一六六一四　戊戌卜貞今夕：𡆥
一六六一五　庚子卜貞今夕無𡆥
一六六一六　甲：卜：今：無：
一六六一六　癸：
一六六一六　辛丑卜貞今夕無𡆥
一六六一六　：寅卜：夕：𡆥
一六六一六　：寅：今：其：
一六六一六　辛丑卜貞今夕：
一六六一六　壬辰：貞今：其：
一六六一七　：丑卜：
一六六一七　辛丑卜貞今夕無𡆥
一六六一七　貞：無：
一六六一七　：丑卜：夕：
一六六一八　甲辰卜貞今夕無𡆥
一六六一九　甲辰卜貞今夕無𡆥
一六六二〇　乙巳卜貞今夕無𡆥
一六六二一　乙巳卜貞今夕無𡆥
一六六二二　戊申卜貞今夕無𡆥
一六六二二　：其：
一六六二三　己酉卜：貞今夕無𡆥
一六六二四　甲子：貞今夕無𡆥
一六六二四　：子卜：今日：

一六六二五　戊申：夕無：
一六六二五　丁未卜貞：夕無𡆥
一六六二五　丁巳卜貞今夕無𡆥七月
一六六二五　乙卯卜貞夕：
一六六二六　己：
一六六二六　戊子卜貞今夕無𡆥
一六六二六　丁巳卜貞今夕無𡆥
一六六二六　丙：貞：𡆥
一六六二六　丙：𡆥
一六六二七　己未卜貞今夕無𡆥
一六六二八　乙丑卜貞今夕其有：
一六六二八　癸亥卜貞今夕其有𡆥
一六六二八　癸亥卜貞今夕無𡆥
一六六二八　甲子卜貞今夕無𡆥
一六六二八　甲：卜：今：其有𡆥
一六六二八　：𡆥
一六六二八　：鳳：
一六六二九　辛酉卜貞今夕無𡆥
一六六三〇　：貞：用：牛：
一六六三〇　：今夕無𡆥
一六六三一　：貞今夕無𡆥
一六六三二　：貞今夕無𡆥
一六六三三　：今夕無𡆥
一六六三四　丁未卜：今夕：𡆥
一六六三五　：今夕：𡆥
一六六三六　：其：
一六六三六　癸酉卜貞夕無𡆥
一六六三七　癸丑卜貞夕無𡆥
一六六三七　：無：
一六六三八　癸未卜呼：
一六六三八　辛：卜：貞：𡆥
一六六三九　癸酉卜爭貞旬無𡆥一月
一六六三九　癸未卜爭貞旬無𡆥
一六六四〇　癸巳卜史：
一六六四〇　癸巳卜史貞旬無𡆥五月
一六六四〇　癸酉卜貞旬無𡆥一月
一六六四一　癸酉：貞：𡆥一月
一六六四一　癸未卜爭貞旬無𡆥
一六六四一　癸卯卜爭貞無：
一六六四一　癸：卜：旬：
一六六四二　：旬：𡆥
一六六四二　癸卯卜史貞旬無𡆥一月
一六六四二　：無：
一六六四三　癸丑：貞旬：
一六六四三　癸丑卜穷貞旬無𡆥一月
一六六四四　癸丑卜穷貞旬無𡆥一月

一六六四四 ：亥卜：貞：無𡆥
一六六四五 癸：
一六六四五 癸丑卜：貞旬：𡆥一月
一六六四六 癸：子：
一六六四六 癸亥卜爭貞旬無𡆥一月
一六六四六 癸酉卜爭貞旬無𡆥
一六六四七 癸亥卜宾貞旬無𡆥一月
一六六四七 癸巳卜宾貞旬無𡆥十月
一六六四八 癸卯卜：貞旬：𡆥：
一六六四八 癸酉卜宾貞旬無𡆥一月
一六六四八 癸亥卜宾貞旬無𡆥一月
一六六四九 癸酉卜宾貞旬無𡆥
一六六四九 癸巳卜宾貞旬：𡆥二月
一六六四九 癸：宾：旬：二月
一六六四九 癸未卜宾貞旬無𡆥二月
一六六五〇 癸亥：旬無：
一六六五〇 ：酉卜：貞旬：五月
一六六五〇 癸未卜史貞旬無𡆥二月
一六六五一 癸：宾：旬無𡆥
一六六五一 癸卯卜宾貞旬無𡆥二月
一六六五一 癸巳卜宾貞旬無𡆥二月 二告
一六六五一 癸丑卜宾貞旬無𡆥二月
一六六五二 癸卯卜爭：旬無：二月
一六六五三 癸丑：史：旬：𡆥二月
一六六五四 癸：宾：
一六六五四 癸亥卜宾貞旬無𡆥二月
一六六五四 癸亥卜貞旬無𡆥二月
一六六五五 癸卯：貞：無：
一六六五五 癸酉卜古貞旬無𡆥三月
一六六五五 癸巳卜古貞旬無𡆥
一六六五六 癸巳卜貞旬無：
一六六五六 癸酉卜貞旬無𡆥三月
一六六五六 ：未卜：貞：無：
一六六五七 癸酉卜宾貞旬無𡆥
一六六五七 癸巳卜宾貞旬無𡆥三月
一六六五七 癸丑卜宾貞旬無𡆥
一六六五七 癸未卜宾貞旬無𡆥三月
一六六五七 癸酉卜宾貞旬無𡆥
一六六五七 癸亥卜宾貞旬無𡆥三月
一六六五八 癸卯卜貞旬無𡆥
一六六五八 癸未卜貞旬無𡆥三月
一六六五九 癸巳卜史貞旬無𡆥三月
一六六五九 ：史：無：
一六六五九 癸：
一六六六〇 ：宾：無：
一六六六〇 癸亥卜充貞旬無𡆥

一六六六〇 癸卯卜宾貞旬無𡆥三月
一六六六〇 癸酉卜宾貞旬無𡆥四月
一六六六〇 癸未卜宾貞旬無𡆥四月
一六六六一 癸卯卜宾貞旬無𡆥二：
一六六六一 ：卜：旬：二月
一六六六一 癸丑卜宾貞旬無𡆥二月
一六六六二 癸未卜史貞旬無𡆥四月
一六六六三正 癸亥：旬無：
一六六六三正 癸未卜凸貞旬無𡆥四月
一六六六三正 ：卜：月
一六六六三反 ：示十：
一六六六四正 癸巳卜貞旬無𡆥四月
一六六六四正 ：旬：𡆥
一六六六四反 ：史：
一六六六五 ：𡆥
一六六六五 癸丑：宾貞旬無𡆥四月
一六六六五 癸巳卜宾貞旬無𡆥四月
一六六六五 癸亥卜宾貞旬無𡆥五月
一六六六五 ：未卜：貞：𡆥：月
一六六六五 癸未卜宾貞旬無𡆥三月
一六六六五 癸卯卜貞旬無𡆥四月
一六六六六 癸酉卜貞旬無𡆥五月
一六六六六 癸：古：無𡆥
一六六六六 癸亥卜古貞旬無𡆥四月
一六六六六 癸丑
一六六六六 ：𡆥
一六六六七 癸亥：史貞旬無𡆥四月
一六六六八 癸丑卜宾貞旬無𡆥四月
一六六六八 癸酉卜宾貞旬無𡆥五月
一六六六八 ：卜：旬：
一六六六八 癸亥卜宾貞旬無𡆥四月
一六六六八 癸未卜宾貞旬無𡆥
一六六六九 癸亥卜：貞旬無𡆥四月
一六六七〇 癸：
一六六七〇 癸酉卜𠙶貞旬無𡆥
一六六七〇 癸酉卜𠙶貞旬無𡆥
一六六七〇 癸酉卜𠙶貞旬無𡆥
一六六七〇 癸酉卜𠙶貞旬：
一六六七〇 癸酉卜𠙶貞旬無𡆥
一六六七〇 癸酉卜𠙶貞旬無𡆥
一六六七〇 癸酉卜𠙶貞旬無𡆥
一六六七〇 戊寅卜：嘉二月
一六六七一 癸巳卜貞旬無𡆥
一六六七一 癸亥卜貞旬無𡆥 二告
一六六七一 癸丑卜貞旬無𡆥五月
一六六七一 癸酉卜貞旬無𡆥五月

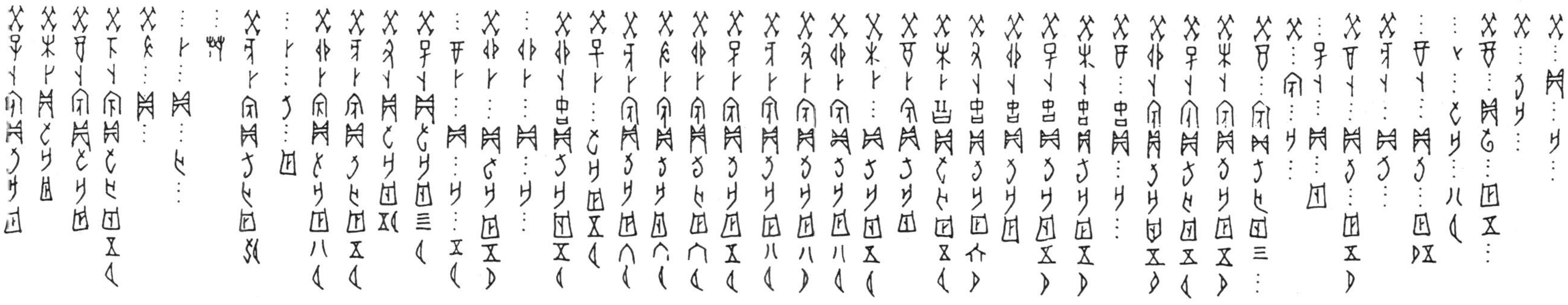

一六六七一　癸：貞：無：
一六六七一　癸：旬無：
一六六七二　癸酉：貞旬：囚子：
一六六七二　：卜：旬無：八月
一六六七三　：酉卜：貞旬：囚五月
一六六七四　癸亥卜：貞旬：
一六六七四　癸酉卜：貞旬：囚五月
一六六七四　：巳卜：貞：囚
一六六七四　癸：宾：無：
一六六七五　癸酉：宾貞旬無囚三：
一六六七五　癸未卜宾貞旬無囚五月
一六六七五　癸巳卜宾貞旬無囚五月
一六六七五　癸卯卜宾貞旬無囚五月
一六六七六　癸酉：古貞：無：
一六六七六　癸未卜古貞旬無囚五月
一六六七六　癸巳卜古貞旬無囚五月
一六六七六　癸卯卜古貞旬無囚
一六六七六　癸丑卜古貞旬無囚六月
一六六七七　癸未卜𠧴貞旬無囚五月
一六六七八　癸酉卜宾貞旬無囚
一六六七八　癸未卜：貞旬無囚五月
一六六七九　癸卯卜宾貞旬無囚八月
一六六七九　癸丑卜宾貞旬無囚八月
一六六七九　癸亥卜宾貞旬無囚八月
一六六七九　癸巳卜宾貞旬無囚五月
一六六七九　癸卯卜宾貞旬無囚六月
一六六七九　癸丑卜宾貞旬無囚六月
一六六七九　癸亥卜宾貞旬無囚六月
一六六八〇　癸巳卜：旬無囚五月
一六六八一　癸卯卜古貞旬無囚五月
一六六八二　：卯卜：貞：無：
一六六八二　癸卯卜：貞旬無囚五月
一六六八二　：酉卜：貞：無：五月
一六六八三　癸巳卜貞旬無囚四月
一六六八三　癸丑卜貞旬無囚五月
一六六八四　癸亥卜宾貞旬無囚五月
一六六八四　癸卯卜宾貞旬無囚八月
一六六八四　：卜：旬：囚
一六六八四　癸亥卜宾貞旬無囚九月
一六六八四　：門
一六六八四　：卜：貞：無：
一六六八五　癸丑：貞：
一六六八五　癸亥卜宾貞旬無囚五月
一六六八五　癸酉卜宾貞旬無囚
一六六八五　癸未卜貞旬無囚
一六六八五　癸巳卜宾貞旬無囚

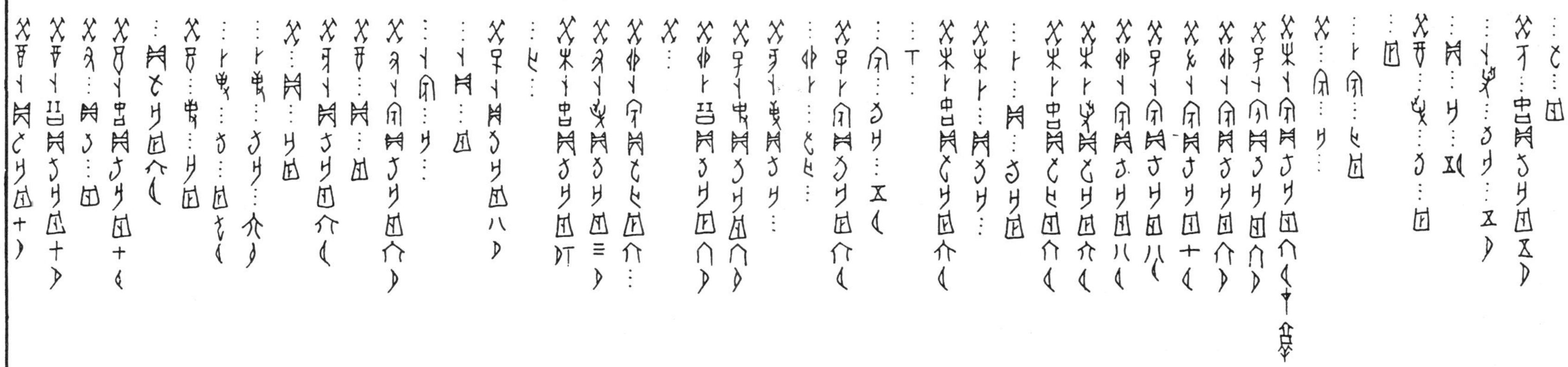

一六六八五　：旬：囚
一六六八六　癸亥：古貞旬無囚五月
一六六八七　：卜爭：旬無：五月
一六六八八　：貞：無：五月
一六六八八　癸酉：爭：旬：囚
一六六八八　：囚
一六六八八　：卜宾：無囚
一六六八九　癸：宾：無：
一六六八九　癸未卜宾貞旬無囚六月在敦
一六六八九　癸巳卜宾貞旬無囚六月
一六六八九　癸卯卜宾貞旬無囚六月
一六六八九　癸丑卜宾貞旬無囚七月
一六六八九　癸巳卜宾貞旬無囚八月
一六六八九　癸卯卜宾貞旬無囚八月
一六六九〇　癸未卜爭貞旬無囚六月
一六六九一　癸未卜古貞旬無囚六月
一六六九一　：卜：貞：旬無囚
一六六九二正　癸未卜：貞旬無：
一六六九二正　癸未卜古貞旬無囚六月
一六六九二反　：示：
一六六九三　：宾：旬無：五月
一六六九三　癸巳卜宾貞旬無囚六月
一六六九三　：卯卜：旬無：
一六六九四　癸亥卜史貞旬無：
一六六九四　癸巳卜史貞旬無囚六月
一六六九五　癸卯卜𠧴貞旬無囚六月
一六六九五　癸：
一六六九六　癸卯卜宾貞旬無囚六：
一六六九六　癸丑卜爭貞旬無囚三月
一六六九六　癸未卜古貞旬無囚十一月
一六六九六　：無：
一六六九七　癸巳卜貞旬無囚八月
一六六九七　：卜貞：囚
一六六九七　：卜宾：無：
一六六九七　癸丑卜宾貞旬無囚六月
一六六九七　癸酉：貞：囚
一六六九八　癸亥卜貞旬無囚六月
一六六九九　癸：貞：無囚
一六六九九　：卜史：旬無：六月
一六六九九　：卜史：旬：囚九月
一六六九九　癸酉：史：無囚
一六七〇〇　：貞旬無囚六月
一六七〇一　癸酉卜古貞旬無囚七月
一六七〇二　癸丑：貞旬：囚
一六七〇二　癸酉卜𠧴貞旬無囚七月
一六七〇三　癸酉卜貞旬無囚七月

一六七〇四　癸…爭…旬…囚五…
一六七〇四　癸未卜爭貞旬無囚七月
一六七〇五　…未卜古…旬無…七月
一六七〇六　癸…爭…旬…囚
一六七〇六　癸巳卜爭貞旬無囚七月
一六七〇六　癸亥卜爭貞旬無囚九月
一六七〇七　癸丑卜宾貞旬無囚
一六七〇七　癸卯卜宾貞旬無囚七月
一六七〇七　…無囚
一六七〇八　癸…宾…旬…
一六七〇八　癸丑卜宾貞旬無囚七月
一六七〇八　…亥卜…貞…無囚
一六七〇九　癸巳…貞…無…五…
一六七〇九　…丑卜史…旬無…七月
一六七一〇　癸亥卜史貞…無囚七月
一六七一〇　癸酉卜貞旬無囚
一六七一〇　癸未卜史貞旬無囚七月
一六七一〇　…巳卜…旬無…六月
一六七一一　癸亥卜宾貞旬無囚七月
一六七一二　癸未…貞…無囚
一六七一二　癸亥卜貞旬無囚七月
一六七一二　癸酉卜宾貞旬無囚
一六七一二　告
一六七一三　癸亥卜貞旬無囚七月
一六七一四　癸未卜宾貞旬…
一六七一四　…宾…旬無…七月
一六七一四　癸卯…貞…無…
一六七一五　癸酉卜古貞旬無囚八月
一六七一六　癸酉卜宾貞旬無囚八月
一六七一六　癸亥卜宾貞旬無囚七月
一六七一七　癸酉卜…貞旬無囚八月
一六七一八　癸酉卜…貞旬無囚…月
一六七一九　…宾…旬…囚
一六七一九　癸巳卜宾貞旬無囚八月
一六七一九　癸丑卜宾貞旬…　二告
一六七一九　癸亥卜…貞旬…囚
一六七二〇　癸巳卜宾貞旬無囚八月
一六七二〇　…月
一六七二一　…古…旬…囚…月
一六七二一　癸巳卜古貞旬無囚
一六七二一　…卯卜…貞旬…囚
一六七二二　癸…卜…貞…
一六七二二　癸酉卜貞旬無囚
一六七二二　癸未卜貞旬無囚十月
一六七二二　癸巳卜古貞旬無囚八月
一六七二二　癸丑卜貞旬無囚

一六七二三　癸卯卜貞旬無囚八月
一六七二三　…卜史…旬無…十三月
一六七二三　…十月
一六七二四　…卜宾貞旬無囚
一六七二四　癸卯卜貞旬無囚
一六七二四　癸丑卜宾貞旬無囚八月
一六七二四　小告
一六七二五　癸卯…古貞…無…八月
一六七二五　癸丑卜古貞旬無囚八月
一六七二五　癸酉卜古貞旬無囚九月
一六七二五　癸未卜古貞旬無囚九月
一六七二五　…巳卜古貞旬無囚十月
一六七二六　癸丑…貞旬…囚八月
一六七二六　…無囚
一六七二七　癸…
一六七二七　癸…貞…
一六七二八　…卜史…旬無…八月　二告
一六七二八　癸丑…殻…旬無…
一六七二八　癸巳卜殻貞旬無囚
一六七二八　癸巳卜殻貞旬無囚八月
一六七二九　癸丑…旬無…
一六七二九　…卯卜貞旬…囚八月
一六七三〇　癸未卜古貞旬無囚
一六七三〇　癸酉卜古貞旬無囚九月
一六七三一　癸酉卜古貞旬無囚九月
一六七三一　癸巳卜貞旬無囚
一六七三一　癸丑卜貞旬無囚
一六七三一　癸酉卜貞旬無囚
一六七三二　癸亥卜宾貞旬無囚八月　告
一六七三二　癸酉卜宾貞旬無囚九月
一六七三二　癸亥卜宾貞旬無囚六…
一六七三二　癸丑卜宾貞旬無囚…月
一六七三二　癸…
一六七三三　癸酉卜貞旬無囚九月
一六七三三　癸卯卜貞旬無囚八月
一六七三四　癸未卜…貞旬無囚九月
一六七三五　癸卯卜晋?貞…
一六七三五　癸…晋…旬
一六七三五　癸未卜…貞旬無…九月
一六七三六　癸丑卜宾貞旬無囚九月
一六七三七　癸丑卜宾貞旬無囚九月
一六七三七　…宾…無…
一六七三八　癸…宾…旬…囚
一六七三八　癸丑卜宾貞旬無囚九月
一六七三八　癸亥卜宾貞旬無囚九月
一六七三八　癸酉卜宾貞旬無囚十月

一六七三九　癸卯：貞：無：三月
一六七三九　癸亥卜吕貞旬無𡆥
一六七三九　：九月
一六七三九　：史：無：
一六七四〇　癸：宾：旬：𡆥
一六七四〇　癸亥卜宾貞旬無𡆥九月
一六七四一　癸巳卜宾貞旬無𡆥
一六七四一　癸卯卜宾貞旬無𡆥
一六七四一　癸丑卜宾貞旬無𡆥
一六七四一　癸亥卜宾貞旬無𡆥九月
一六七四一　癸未卜貞旬無𡆥九月
一六七四一　：卜：𡆥
一六七四二　癸：貞：
一六七四二　癸酉卜古貞旬無𡆥十月
一六七四三　癸酉卜宾貞旬無𡆥十月
一六七四四　癸巳：宾貞：無𡆥
一六七四四　癸未卜宾貞旬無𡆥十月　告
一六七四五　：卯卜：貞：無：六月
一六七四五　癸丑卜貞旬無𡆥十一月
一六七四五　癸未卜貞旬無𡆥十月
一六七四六　癸巳卜貞旬無𡆥十月
一六七四六　：𡆥
一六七四七　癸：貞：九：
一六七四七　癸巳卜古貞旬無𡆥
一六七四七　癸卯卜古貞旬無𡆥十月在[illegible]
一六七四七　癸丑卜貞旬無𡆥十一月
一六七四七　：卜古：旬無𡆥七月
一六七四八　癸丑卜古貞旬無𡆥十月
一六七四八　癸亥卜古貞旬無𡆥十一月
一六七四八　癸酉卜古貞旬無𡆥十一月
一六七四八　癸未卜貞旬無𡆥十一月
一六七四八　癸巳卜貞旬無𡆥
一六七四八　癸卯卜古貞旬無𡆥十二月
一六七四八　癸丑卜古貞旬無𡆥十月
一六七四九　癸未：貞旬：
一六七四九　癸亥卜史貞旬無𡆥十一月
一六七五〇正　癸丑卜古貞旬無𡆥
一六七五〇正　癸酉卜古貞旬無𡆥十一月
一六七五〇正　：六月
一六七五〇反　：並示：
一六七五一　癸丑：古貞：無𡆥雍出
一六七五一　癸亥卜古貞旬無𡆥十一月
一六七五一　癸酉卜古貞旬無𡆥十一月
一六七五一　癸未卜古貞旬無𡆥十二月
一六七五一　：巳卜古貞旬無𡆥十二月
一六七五二　癸巳：古：無：

一六七五二　癸卯卜古貞旬無𡆥十月
一六七五二　癸丑卜古貞旬無𡆥十月
一六七五二　癸酉卜古貞旬無𡆥十一月
一六七五二　癸：
一六七五三　癸酉卜古貞旬：𡆥一月
一六七五四　癸：貞：𡆥
一六七五四　癸酉卜貞旬無𡆥十一月
一六七五四　癸未卜貞旬無𡆥
一六七五四　癸巳卜貞旬無𡆥
一六七五四　癸卯卜貞旬無𡆥
一六七五四　癸丑卜貞旬無𡆥
一六七五四　：亥卜貞旬無：十月
一六七五四　二告
一六七五五正　癸酉卜宾貞旬無𡆥
一六七五五正　癸巳卜宾貞旬無𡆥十二月
一六七五五正　癸卯卜宾貞旬無𡆥十二月
一六七五五正　癸丑卜宾貞旬無𡆥十二月
一六七五五正　癸亥卜宾貞旬無𡆥
一六七五五正　癸巳卜宾貞旬無𡆥：月
一六七五五正　：旬：𡆥
一六七五五反　癸巳：
一六七五六　：旬
一六七五六　癸巳卜：貞旬無𡆥
一六七五六　癸未卜古貞旬無𡆥十一月
一六七五七　：旬：𡆥
一六七五七　癸未卜貞旬無𡆥十一月
一六七五八　癸：貞：𡆥
一六七五八　癸未卜貞旬無𡆥十月
一六七五九　癸巳卜争貞旬：𡆥十一月
一六七六〇　癸酉：貞：𡆥
一六七六〇　：卜争：旬無：十一月
一六七六〇　：巳：争貞：無𡆥十二月
一六七六一　：貞旬：𡆥十一月
一六七六二　癸巳卜貞旬無𡆥十二月
一六七六二　癸未卜貞旬無𡆥十二月
一六七六三　癸未卜貞旬無𡆥十一月
一六七六三　癸亥卜史貞旬無𡆥九月
一六七六三　：卜：旬：九月
一六七六四　癸：宾：
一六七六四　癸巳卜宾貞旬無：
一六七六四　癸巳卜宾貞旬無𡆥十二月
一六七六四　癸：貞：無：
一六七六五　癸巳卜古貞旬無𡆥十二月　告
一六七六六　癸巳卜貞旬無𡆥十二月
一六七六七　癸丑：貞旬無𡆥

一六七六七 癸酉卜貞旬無囚
一六七六七 癸巳卜…旬無…十二月
一六七六八 癸…穷…旬無囚
一六七六八 癸巳卜穷貞旬無囚十二月
一六七六八 癸卯卜穷貞旬無囚十二月
一六七六八 癸…卜穷貞旬無囚十二月
一六七六八 二告
一六七六九 …貞…月
一六七六九 癸卯卜凷貞旬無囚十二月
一六七六九 癸未卜古貞旬無囚六月
一六七七〇 癸卯卜史貞旬無囚十二月
一六七七〇 癸亥卜史貞旬無囚十三月
一六七七〇 癸未…貞…無…
一六七七一 癸未卜貞旬無囚
一六七七一 癸卯卜貞旬無囚十二月
一六七七一 癸酉卜貞旬無囚十三月
一六七七一 癸巳卜貞旬無囚十月
一六七七一 癸丑卜貞旬無囚
一六七七一 癸卯…貞旬…十月
一六七七二 …囚三月
一六七七二 癸丑卜史貞旬無囚十二月
一六七七三 癸…卜…貞…無…
一六七七三 癸丑卜貞旬無囚十二月
一六七七三 …卜…貞…無…十三月
一六七七三 癸卯卜…貞旬…
一六七七四 癸亥卜…貞旬…囚十二月
一六七七五 癸…爭…無…
一六七七五 …爭…旬…囚十二月
一六七七六 癸酉卜古貞旬無囚十三月
一六七七六 …卜古貞旬…一月
一六七七七 …酉卜史…旬…囚十三月
一六七七七 …十月
一六七七八 癸酉卜…貞旬無…十三月
一六七七八 …未卜…貞旬無…
一六七七九 癸卯卜史貞旬無囚十三月
一六七七九 …丑卜…貞旬…囚十月
一六七八〇 癸巳…旬無…
一六七八〇 癸丑卜貞旬無囚十三月
一六七八〇 癸亥卜貞旬無囚十三月
一六七八〇 …卜…囚…月
一六七八一 …貞旬無囚十三月
一六七八一 …貞旬無囚十三月
一六七八一 …貞旬…無囚一月
一六七八一 …月
一六七八二 …貞…無…

一六七八二 癸卯卜穷貞旬無囚
一六七八二 癸亥卜貞旬無囚
一六七八二 癸酉卜貞旬無囚
一六七八二 癸未卜穷貞旬無囚
一六七八二 癸酉卜穷貞旬無囚
一六七八二 …貞旬無囚
一六七八三 癸酉卜穷貞旬無囚
一六七八四 癸酉卜穷貞旬無囚
一六七八五 癸亥…穷貞…無囚
一六七八五 癸酉卜穷貞旬無囚
一六七八六 癸酉卜㱿貞旬無囚
一六七八七 癸酉…内貞旬無囚
一六七八八 …亥…
一六七八八 癸卯卜亘貞旬無囚
一六七八八 癸酉卜古貞旬無囚
一六七八九 癸酉卜古貞旬無囚
一六七九〇 癸丑卜爭貞旬無囚
一六七九〇 癸酉卜爭貞旬無囚
一六七九一 癸酉卜爭貞旬無囚
一六七九一 癸未卜爭貞旬無囚
一六七九一 癸卯卜爭貞旬無囚
一六七九二 癸酉卜爭貞旬無囚
一六七九三 癸酉卜爭貞旬無囚
一六七九三 癸…卜爭貞旬無囚
一六七九四 癸卯卜爭貞旬無囚
一六七九四 癸未卜爭貞旬無囚王固曰不吉
一六七九四 癸酉卜爭貞旬無囚
一六七九五 癸酉卜爭貞旬無囚
一六七九五 癸丑卜爭貞旬無囚
一六七九五 癸亥…貞旬無囚
一六七九六 己巳無囚?
一六七九六 癸丑卜爭貞旬無囚
一六七九六 癸亥卜爭貞旬無囚
一六七九六 癸酉卜爭貞旬無囚
一六七九六 癸巳…爭貞旬無囚
一六七九六 …爭…無…
一六七九七 …亥卜爭…旬無囚
一六七九八 癸…史…旬…
一六七九八 癸酉卜允貞旬無囚
一六七九八 …酉卜…貞旬…囚十一月
一六七九九 癸…爭…旬…囚
一六七九九 癸酉卜貞旬無囚
一六七九九 …囚
一六八〇〇 癸…穷…無…
一六八〇〇 癸酉卜貞旬無囚 二告
一六八〇〇 …未…穷…無…

一六八〇一　癸酉貞旬無𡆥
一六八〇二　癸酉卜貞旬無𡆥
一六八〇二　：未卜貞旬無𡆥
一六八〇三　：酉卜：貞旬無𡆥
一六八〇四　癸酉卜貞旬無𡆥
一六八〇四　癸亥卜貞旬無𡆥
一六八〇四　：酉卜：無：
一六八〇五正　癸酉卜：旬無：
一六八〇六正　癸酉卜貞旬無𡆥
一六八〇六正　：酉卜貞旬：𡆥
一六八〇六正　癸未：
一六八〇六反　：吉：自：
一六八〇七　癸：穷：無：
一六八〇七　癸未卜穷貞旬無：
一六八〇七　：貞：無：
一六八〇八　癸未卜穷貞旬無𡆥
一六八〇九　癸未卜殻貞旬無𡆥內：　二告
一六八〇九　：𡆥戊午風　二告
一六八〇九　：無𡆥
一六八一〇正　：卜：貞旬無𡆥
一六八一〇正　癸未卜殻貞旬：𡆥
一六八一〇反　王固曰其㞢：
一六八一一　癸卯卜殻貞旬：
一六八一一　癸未卜殻貞旬無𡆥
一六八一二　癸未卜殻貞旬無𡆥
一六八一二　癸卯卜殻貞旬無𡆥
一六八一三　癸未卜內貞旬無𡆥
一六八一四　癸：卜爭貞旬無𡆥
一六八一四　癸未卜爭貞旬無𡆥
一六八一四　癸巳卜爭貞旬無𡆥
一六八一四　癸卯卜爭貞旬無𡆥
一六八一四　：丑卜：貞旬：𡆥
一六八一五　癸未卜爭[illegible]貞旬無𡆥
一六八一六　癸未卜爭[illegible]貞旬無𡆥：告
一六八一七　癸未卜爭[illegible]貞旬無𡆥
一六八一八　癸未卜古貞旬無𡆥
一六八一八　癸亥卜：貞旬：𡆥　三告
一六八一八　二告
一六八一八　癸卯卜古貞：
一六八一八　癸巳卜古貞旬：
一六八一九正　癸未卜古貞旬無𡆥
一六八一九反　癸：
一六八二〇　癸未卜亘貞旬無𡆥
一六八二一　癸：史：𡆥
一六八二一　癸未卜史貞旬無𡆥

一六八二二　癸亥：旬無：
一六八二二　癸未卜史貞旬無𡆥
一六八二二　：酉卜：貞旬：五月
一六八二三　癸未：史：旬無：
一六八二三　：卜：無：月
一六八二四　癸未卜永貞旬無𡆥
一六八二五正　癸未卜永貞旬無𡆥
一六八二五反　：五日丁未允：示有𡆥
一六八二六　癸亥：貞旬：𡆥
一六八二六　癸未卜貞旬無𡆥
一六八二六　癸丑卜貞旬無𡆥
一六八二七　癸：卜：旬：
一六八二七　癸卯卜貞旬無𡆥
一六八二七　：酉：貞：無𡆥　二告
一六八二七　：亥：貞：無𡆥　二告
一六八二七　癸未卜貞旬無𡆥
一六八二七　癸：卜：旬：
一六八二七　癸：卜：旬：
一六八二八　癸未：古：無：
一六八二八　：亥卜：貞：
一六八二八　癸未卜貞旬無𡆥
一六八二八　癸：
一六八二九　癸：爭：旬：𡆥
一六八二九　癸未：貞旬：𡆥
一六八二九　：貞：十月
一六八三〇　癸：卜：貞：無𡆥
一六八三〇　癸丑：爭貞：無𡆥
一六八三〇　癸未卜貞旬無𡆥
一六八三〇　癸：卜：旬：
一六八三一　：𡆥
一六八三一　：酉卜貞旬無𡆥
一六八三一　癸未卜貞旬無𡆥
一六八三一　癸卯卜卯貞旬無𡆥
一六八三二　癸巳卜殻貞旬無𡆥
一六八三三　癸巳卜巳卜穷貞旬無𡆥
一六八三四　癸巳卜穷貞旬無𡆥
一六八三五　癸巳卜穷貞旬無𡆥
一六八三五　癸卯卜貞旬無𡆥
一六八三五　癸丑卜貞旬無𡆥
一六八三五　癸酉卜穷貞旬：
一六八三五　：成
一六八三五　不舌黽
一六八三六　癸巳卜穷貞旬無𡆥
一六八三六　：卯卜：貞：𡆥
一六八三七　癸巳卜穷貞旬無𡆥
一六八三八　癸巳卜爭貞旬無𡆥

一六八三九　癸…卜…貞…無…
一六八三九　癸巳卜爭貞旬無𡆥
一六八三九　…卯…爭貞旬無𡆥
一六八四〇　癸…貞…無…
一六八四〇　癸巳卜爭貞旬無𡆥
一六八四一　癸丑卜貞…
一六八四一　癸巳卜爭貞旬無𡆥
一六八四一　癸…爭貞…
一六八四二　癸巳卜爭貞旬無𡆥
一六八四二　…亥卜…貞…無…十三月
一六八四三　癸巳卜古貞旬無𡆥
一六八四四　癸巳卜古貞旬無𡆥
一六八四五　癸巳卜吅貞旬無𡆥
一六八四六　癸丑卜永貞旬無𡆥
一六八四六　癸巳卜永貞旬無𡆥王固曰有祟
一六八四六　癸卯卜永貞旬無𡆥
一六八四六　癸亥卜永貞旬無𡆥
一六八四六　癸酉卜永貞旬無𡆥王固…率□于卜
一六八四六　癸巳卜永貞旬無𡆥
一六八四六　癸丑貞旬無𡆥　二告
一六八四六　二告　二告
一六八四七　癸巳卜□貞旬無𡆥
一六八四七　…卜□貞旬無…
一六八四八　癸未卜貞旬…
一六八四八　癸巳卜充貞旬…
一六八四八　二告
一六八四九　癸巳…充…旬…𡆥
一六八五〇　癸巳卜吕貞旬無𡆥
一六八五〇　癸…貞…
一六八五一　癸巳卜史貞旬無𡆥
一六八五一　…卜…無…
一六八五一　…鬥…十月
一六八五二　癸…貞…
一六八五二　癸巳貞旬無𡆥
一六八五三　癸巳卜貞旬無𡆥
一六八五四　癸巳…貞…無…
一六八五四　癸卯卜貞旬無𡆥
一六八五五　癸未卜穷貞…
一六八五五　癸卯卜穷貞旬無𡆥十一月
一六八五五　…穷…𡆥
一六八五六　癸卯卜穷貞旬無𡆥
一六八五七　癸卯卜穷貞旬無𡆥
一六八五七　癸卯卜穷貞旬無𡆥
一六八五七　癸巳卜穷貞旬無𡆥
一六八五八　癸…貞…

一六八五八　癸亥卜穷貞旬無𡆥
一六八五八　癸卯卜穷貞旬無𡆥
一六八五八　癸未卜穷貞…
一六八五八　三告
一六八五九　癸…卜…貞…
一六八五九　癸卯卜爭貞旬無𡆥
一六八五九　…卜…旬…𡆥
一六八六〇　癸卯卜爭貞旬無𡆥
一六八六〇　…貞…無…
一六八六一　癸卯卜爭貞旬無𡆥
一六八六二　癸卯卜爭□貞旬無𡆥
一六八六三　癸卯卜史貞旬無𡆥
一六八六四　癸卯…史…旬…
一六八六四　…卜史…旬無…
一六八六五　癸卯卜㱿貞旬無𡆥
一六八六六　癸卯卜㱿貞旬無𡆥
一六八六六　…卜…無…
一六八六七正　癸酉…貞旬…
一六八六七正　癸卯卜亘貞旬無𡆥
一六八六七反　癸卯…
一六八六七反　貞…弗…
一六八六八　癸卯卜永貞旬無𡆥
一六八六八　癸未
一六八六九　癸未
一六八六九　癸卯卜永貞旬無𡆥
一六八六九　癸酉卜永貞旬無𡆥
一六八七〇　癸亥　二告
一六八七〇　癸巳
一六八七〇　癸卯卜□貞旬無𡆥
一六八七一　癸未…貞旬…𡆥
一六八七一　癸卯卜貞旬無𡆥
一六八七一　…卜…貞…無…十一月
一六八七一　…隸…
一六八七二　癸卯卜貞旬無𡆥
一六八七三　癸卯…旬無𡆥…曰不…戌…
一六八七三　戌…曰不…
一六八七四　癸卯卜貞旬無𡆥
一六八七四　…𡆥
一六八七五　癸卯卜貞旬無…
一六八七六　癸卯卜貞旬無𡆥
一六八七六　癸亥…㱿貞…無𡆥
一六八七七　癸…習…旬…
一六八七七　癸卯卜習貞旬無…
一六八七七　癸…二告
一六八七七　二告
一六八七七　…卜古…無𡆥　二告

一六八七七	癸…無囚
一六八七八正	癸丑…殻貞旬無…
一六八七八正	…已…殻貞旬無囚
一六八七八反	…嬉…
一六八七九正	癸丑卜殻貞旬無囚
一六八七九正	…酉卜…貞旬無囚
一六八七九反	…固曰…鼜
一六八七九反	王固曰有祟
一六八八〇	癸丑卜殻貞旬無囚
一六八八〇	癸巳卜貞旬無囚
一六八八〇	癸巳
一六八八〇	癸卯
一六八八一	癸丑卜殻貞旬無囚
一六八八一	癸未卜殻貞旬無囚
一六八八一	…卯卜殻貞旬無囚
一六八八一	癸巳卜殻貞旬無囚
一六八八一	…旬…
一六八八二	癸卯卜…貞旬無囚
一六八八二	癸酉卜殻貞旬無囚
一六八八二	癸亥卜殻貞旬無囚
一六八八二	癸丑卜殻貞旬無囚
一六八八二	王固曰茲鬼…祖…
一六八八二	癸未卜殻貞旬無囚
一六八八四	癸酉卜…貞旬無…
一六八八四	癸丑卜穷貞旬無囚
一六八八五	癸丑卜穷貞旬無囚
一六八八五	癸丑卜穷貞旬無囚
一六八八六	癸丑卜穷貞旬無囚
一六八八六	癸亥卜穷貞旬無囚
一六八八七	癸亥卜穷貞旬無囚
一六八八七	癸丑卜穷貞旬…囚
一六八八八	癸丑卜爭貞旬無囚
一六八八八	己未…
一六八八九	癸…爭…旬…囚
一六八八九	癸丑卜爭貞旬無囚
一六八九〇正	癸…
一六八九〇正	癸丑卜爭貞旬無囚
一六八九〇正	癸亥卜爭貞旬無囚
一六八九〇正	癸卯卜爭貞旬無囚
一六八九〇反	…四日壬辰亦有來…
一六八九一	癸丑卜爭𤇾貞旬無囚
一六八九二正	癸亥卜永貞旬…囚
一六八九二正	癸丑卜永貞旬無囚
一六八九二反	…自…來…
一六八九三	癸丑…旬無…
一六八九三	癸卯卜貞旬無囚八月
一六八九三	癸丑卜史貞旬無囚六月
一六八九四	癸亥…旬無…
一六八九四	癸丑卜史貞旬無囚
一六八九五正	癸丑卜古貞旬無囚
一六八九五反	癸卯…
一六八九六正	…丑卜穷貞旬無囚
一六八九六反	…五…
一六八九七	癸丑…貞旬無囚
一六八九八	癸丑卜貞旬無囚…月
一六八九八	癸丑卜貞旬無囚
一六八九八	癸丑卜貞旬無囚
一六八九九	癸…卜貞旬無囚
一六八九九	癸…卜貞旬無囚
一六八九九	癸…卜貞旬無囚
一六八九九	癸…卜貞旬無囚
一六九〇〇正	癸亥卜穷貞旬…
一六九〇〇正	癸未卜穷貞旬無囚
一六九〇〇正	癸巳卜穷貞旬無囚
一六九〇〇正	癸卯卜穷貞旬無囚
一六九〇〇正	癸丑卜穷貞旬無囚
一六九〇〇正	…無囚
一六九〇〇反	王固曰有祟
一六九〇〇反	王固曰…
一六九〇〇反	貞…
一六九〇一	癸酉卜爭貞…
一六九〇一	癸亥卜穷貞旬無…
一六九〇一	癸未卜貞旬無囚
一六九〇一	癸巳…無囚
一六九〇二	癸亥卜穷貞旬無囚
一六九〇三	癸亥卜殻貞旬無囚
一六九〇三	…無…
一六九〇四	癸亥…殻貞…無囚
一六九〇四	…酉…殻…旬…囚
一六九〇五	癸…貞…
一六九〇五	癸丑卜貞旬無囚
一六九〇五	貞勿令
一六九〇五	癸亥卜古貞旬無囚
一六九〇六	癸亥卜内貞旬無囚
一六九〇六	…宋
一六九〇六	癸亥不…夕㞢…
一六九〇七正	癸亥卜吕貞旬無囚
一六九〇七正	…象…

一六九〇八　癸亥卜史貞旬無囚
一六九〇八　：卜：旬：囚
一六九〇八　：漁
一六九〇九　癸亥卜：旬無：
一六九一〇正　癸：
一六九一〇正　癸亥卜貞旬無囚
一六九一〇正　二告
一六九一〇反　王固曰有祟：其：
一六九一〇反　王：不：
一六九一〇臼　癸巳邑示三屯　㱿
一六九一一　癸亥：貞旬無囚
一六九一二　：貞：囚
一六九一二　癸亥卜貞旬無囚
一六九一三正　癸：貞：無：
一六九一三正　癸亥卜貞旬無囚
一六九一三正　：巳
一六九一三反　：祟其㞢：
一六九一四　：無：
一六九一四　癸巳卜貞：
一六九一四　癸亥卜貞旬無囚
一六九一四　：貞旬：囚
一六九一五　癸卯卜古貞：
一六九一五　丑卜：旬：囚
一六九一六　：卜古：旬無囚
一六九一七　：旬：囚
一六九一八　：穷貞旬無囚
一六九一九正　癸：卜穷：旬無囚
一六九一九反　王固：
一六九二〇　癸：貞旬：囚：
一六九二〇　癸卯卜爭貞旬無囚
一六九二一　癸：卜爭貞旬無囚
一六九二一　：旬無囚
一六九二二　：卜史：旬：囚
一六九二三　：內貞旬無囚
一六九二四　：貞旬無囚：入
一六九二五　：貞旬無囚
一六九二六　癸酉
一六九二六　癸未
一六九二六　貞旬無囚
一六九二六　癸：
一六九二七　貞非囚
一六九二八　：非囚
一六九二九　：非囚
一六九三〇　：卜爭：昔：囚
一六九三一　貞旬有不𢆶有祟

一六九三二　貞其有尤十月
一六九三三　貞：
一六九三三　丁亥卜貞其有尤
一六九三四　貞旨無尤十一月
一六九三五正　癸卯卜㱿貞旬無：
一六九三五正　癸丑卜㱿貞旬無囚
一六九三五正　癸未卜㱿貞旬無囚王固曰有祟三日乙
　酉莫有攺
一六九三五反　貞：
一六九三五反　癸丑卜貞旬無囚
一六九三六正　：貞旬無囚
一六九三六正　癸未卜㱿：曰有祟其有：
一六九三六正　癸亥卜㱿：曰有祟
一六九三六正　：㱿貞：
一六九三六反　：曰有祟亟其㞢：
一六九三六反　王固曰有祟其㞢：
一六九三七　癸：爭貞旬無囚王固曰有祟：旬壬申
　争：
一六九三八正　癸巳卜亘貞翌：
一六九三八正　甲申卜㱿貞
一六九三八正　甲申卜：
一六九三八反　：固曰吉亦惟有祟率：
一六九三九正　癸：卜：
一六九三九正　癸巳卜貞旬無囚
一六九三九正　癸巳
一六九三九正　癸卯
一六九三九正　癸丑卜貞旬無囚
一六九三九正　貞旬無囚
一六九三九正　癸亥
一六九三九反　王固曰有祟六日戊午夕㞢己未：
一六九四〇　王固曰有祟六：舟龍：有：
一六九四〇　：來婦㞢：
一六九四〇　：來甲：
一六九四一　癸酉：旬無：曰有祟：見五日：寅月
　：卯：
一六九四二　：旬無囚：王固曰有祟
一六九四二　：有孽
一六九四三正　癸巳
一六九四三正　癸亥卜爭貞旬無囚一月
一六九四三正　癸酉卜爭貞旬無囚
一六九四三反　王固曰有祟
一六九四三反　王：
一六九四四正　：酉卜穷：旬無囚
一六九四四反　王固曰有祟
一六九四五正　二告
一六九四五反　王固曰有祟

一六九四五反　：有祟
一六九四六正　二告
一六九四六反　：固曰有祟
一六九四七　：固曰有祟
一六九四八正　癸酉
一六九四八正　癸未
一六九四八反　王固曰有祟其：
一六九四九正　：王入自：
一六九四九正　癸卯
一六九四九反　：固曰乃茲有祟
一六九五〇　癸亥卜古貞旬有祟其有來：自：
一六九五一　癸酉卜𡧊貞旬有祟
一六九五二　癸巳：𡧊：有祟
一六九五三　貞卜有祟其于：
一六九五四　貞卜有祟無𡆥
一六九五五　己亥貞夕有祟
一六九五五　貞王：壱
一六九五六　癸卯卜：旬無𡆥：有祟：㞢：
一六九五七　：曰其有：有祟：
一六九五八　：有祟：有來：
一六九五九正　二告
一六九五九反　：曰有祟其來：
一六九六〇正　小告
一六九六〇正　小告
一六九六〇反　：有祟
一六九六一反　：有祟
一六九六二　辛：貞：有祟
一六九六二　：卜：貞王：犇：告
一六九六三　：無祟
一六九六四　：無祟
一六九六五正　：祟
一六九六五正　：不祟
一六九六五反　王固曰其：
一六九六六正　貞：丁不祟
一六九六六反　戊辰寧：
一六九六七　：不祟
一六九六八　：王：祟
一六九六九　貞惟不祟我
一六九七〇　貞：不：我祟
一六九七一　其祟我于：
一六九七一　辛：出：
一六九七一　：祟我：

一六九七三　庚子卜貞祟霝娥
一六九七三　丁酉卜：貞
一六九七三　：酉：曰：
一六九七四　貞祟我羊
一六九七五　貞：
一六九七五　：祟我羊
一六九七六正　貞祟王于鼓
一六九七六正　癸亥卜：貞祟：
一六九七六臼　丁未邑示四屯　㱿
一六九七七　戊：貞妣：祟
一六九七八　：父不：祟左：
一六九七九　：貞：目
一六九七九　：婦：祟：
一六九八〇　：祟：王固曰：辛丑允：
一六九八一　：夏：祟：
一六九八二　：亦：祟：
一六九八三正　貞：祟：不：
一六九八三反　：王：不：
一六九八四正　：祟
一六九八四正　二告
一六九八四正　二告
一六九八四反　王固曰有：
一六九八四反　：祖：
一六九八四反　：祖：
一六九八五正　癸未卜貞旬無𡆥
一六九八五反　：祟
一六九八六　：[illegible]：[illegible]？：祟：
一六九八七　：祟：
一六九八八　：祟：
一六九八九　壬子卜爭貞王有壱
一六九九〇　戊：卜王有壱
一六九九一　王有壱
一六九九二　王有壱
一六九九三　貞王其有壱
一六九九四　甲寅卜𡧊貞王惟有壱六月
一六九九四　甲寅：𡧊貞王無壱十月
一六九九四　：日：
一六九九五　惟壱王
一六九九六　：王：弗壱：母：
一六九九七　：寅蛊惟：有壱
一六九九八正　：蛊惟有壱
一六九九八正　：蛊不惟有壱
一六九九八反　：永：罒
一六九九九　貞：匚：
一六九九九　貞：惟有壱

一六九九九	：佾于
一七〇〇〇正	：卒：
一七〇〇〇正	貞惟有壱
一七〇〇〇反	己巳
一七〇〇一正	：今：
一七〇〇一正	癸：
一七〇〇一反	：惟有壱
一七〇〇二	：惟有壱
一七〇〇二	貞有壱
一七〇〇二	：北：其：若
一七〇〇三	：惟有壱
一七〇〇四反	：囚惟有壱
一七〇〇五正	：囚不惟有壱
一七〇〇五反	：奠：
一七〇〇六	：囚不惟有壱
一七〇〇六	：步：
一七〇〇七	貞：
一七〇〇七	貞囚不惟壱
一七〇〇八	貞不惟有壱
一七〇〇九	貞不惟有壱十二月
一七〇一〇	貞不惟有壱
一七〇一一	：不惟壱
一七〇一二正	：不惟：壱
一七〇一二反	：舟入：
一七〇一三	：惟多：壱
一七〇一四	貞不多：壱
一七〇一五	貞：惟：壱
一七〇一六	：庚：壱
一七〇一七正	乙亥：殺貞：
一七〇一七正	小告
一七〇一七反	貞惟：庚壱
一七〇一八正	貞惟：庚壱
一七〇一九反	：缶乞：
一七〇一九	辛：惟：壱
一七〇一九	弗壱
一七〇二〇	不惟：辛壱
一七〇二一	：壱我：
一七〇二二	：貞用：壱我：不：
一七〇二二	貞：
一七〇二三	貞不其：六月
一七〇二三	貞其有壱六月
一七〇二四	貞其有壱
一七〇二五	貞其有壱
一七〇二五	壬：
一七〇二六	癸亥卜：貞多：有壱：

一七〇二七正	乙亥：有壱　二告
一七〇二七正	
一七〇二七反	：叀何：
一七〇二八正	：有壱：七日己丑：
一七〇二八反	：惟有壱
一七〇二八反	乙：
一七〇二九	：有壱
一七〇三〇正	：七日：辰：
一七〇三〇反	：有壱
一七〇三〇反	：缶
一七〇三一	：有壱：自□
一七〇三二	：三：
一七〇三二	貞有壱
一七〇三三	：有壱
一七〇三四	：有壱
一七〇三五	貞王無壱
一七〇三六正	貞王無壱
一七〇三六反	：衛：
一七〇三七	貞王無壱　不舌黽
一七〇三七	：王：壱
一七〇三八	貞王無壱
一七〇三九正	庚子：王貞余無壱
一七〇三九反	：喜：
一七〇四〇正	小告
一七〇四〇反	王固曰無壱
一七〇四〇反	：出：
一七〇四一	貞王：
一七〇四一	：無壱
一七〇四二正	甲辰卜：無壱
一七〇四二反	王固：
一七〇四三	：丁：出：
一七〇四三反	：出：無壱
一七〇四四	有壱
一七〇四四	無壱
一七〇四五	貞無壱
一七〇四六	貞惟無壱
一七〇四七	貞：
一七〇四七	貞惟：壱
一七〇四八正	不壱
一七〇四八反	丁巳在見：
一七〇四九正	不壱
一七〇四九反	：取：
一七〇五〇	貞其有作壱
一七〇五一	：貞：它：九月
一七〇五一	：其：壱
一七〇五二	貞翌：其告：壱

一七〇五二　…㞢…婦…
一七〇五三　…毓芒
一七〇五四正　…□…
一七〇五四反　己…芒
一七〇五五正　己卯卜㱿貞…
一七〇五五正　丙午卜㱿貞呼師往見有師王…曰惟老
惟人途遘若…卜惟其匄二旬又八日□
壬…師夕死罷
一七〇五五反　王固曰惟老惟人途遘…茲卜惟其匄
一七〇五六　…曰惟…惟其匄二旬…師夕死罷
一七〇五七　…六日壬…夕死罷
一七〇五八正　…𪓿不…十月
一七〇五八反　…祟
一七〇五九　己酉卜王𠂤不惟死
一七〇六〇　己酉卜王𠂤…惟死九月
一七〇六一　…婦姘…冓
一七〇六一　…丑…㱿…
一七〇六二　…婦姘其冓
一七〇六二　…燎…
一七〇六三　…好…冓
一七〇六四　…好其冓
一七〇六五正　二告
一七〇六五正　二告
一七〇六五正　二告
一七〇六五反　…其…不冓
一七〇六五反　…□…
一七〇六六　…貞旬無𡆥旬□壬申…𡘬火婦姓子冓
七…
一七〇六七　…旬無𡆥旬…火婦姓子冓…
一七〇六八正　貞婦娕子其冓
一七〇六八反　…果…
一七〇六九　壬申…龔…子冓
一七〇七〇　貞子□不冓
一七〇七一　貞子□不冓
一七〇七二　貞子□不冓
一七〇七二　貞今茲雲雨
一七〇七三　…卜㝑貞子□不冓　二告
一七〇七三　貞帝…二告
一七〇七四正　乙卯卜…貞今…往…
一七〇七四正　乙卯卜爭貞子䶂不冓
一七〇七四臼　…
一七〇七五正　貞正…不舌𪓿
一七〇七五正　乙卯卜爭貞子䶂不冓
一七〇七五正　乙卯卜爭貞今日王往于敦
一七〇七五反　王固曰毋宿
一七〇七五臼　己…

一七〇七六　癸丑卜㱿貞旬無𡆥王固曰有祟五丁巳
䶂冓
一七〇七六　癸卯卜㱿貞旬無𡆥
一七〇七七正　癸丑卜㱿貞旬無𡆥王固曰有…日丁巳
子䶂冓
一七〇七七正　癸卯卜㱿貞旬無𡆥
一七〇七七反　王固曰有祟…來…
一七〇七八正　癸巳卜爭貞旬…甲午有聞曰戊…史春
复七月在…鼓冓
一七〇七八正　癸卯卜爭貞旬…
一七〇七八正　癸丑卜爭貞旬…五日丁巳子䶂…
一七〇七八正　…亥卜爭貞旬…
一七〇七八反　…嬉其有來齒
一七〇七八反　壬申夕□癸酉…
一七〇七九正　貞其有來
一七〇七九正　貞無其來
一七〇七九正　貞其…
一七〇七九正　…𡆥
一七〇七九正　貞…羊用…
一七〇七九正　貞子𡚬不冓
一七〇七九正　子𡚬其冓
一七〇七九正　二告
一七〇七九正　二告
一七〇七九反　…丑卜…
一七〇七九反　丙寅卜…
一七〇七九反　王固曰吉勿不惟…
一七〇七九反　貞其有…
一七〇七九反　貞惟…
一七〇七九反　貞…
一七〇八〇正　癸酉卜旬無𡆥
一七〇八〇正　癸未卜永貞旬無𡆥
一七〇八〇正　癸亥…貞旬…有祟…子□…冓
一七〇八〇反　六日戊寅子冓一月
一七〇八一　雀不冓
一七〇八一　雀其冓
一七〇八一　貞雀不冓
一七〇八一　貞雀其冓
一七〇八二　…辰卜㝑…□不冓
一七〇八三正　…㝑貞□不冓
一七〇八三反　…㝑貞□…
一七〇八四　貞凡不冓
一七〇八四　貞凡其冓
一七〇八五正　貞…王固曰…冓　二告
一七〇八五正　貞允其冓
一七〇八五正　王固曰吉…冓

一七〇八五正　丁卯卜穷貞凡不𡆥　二告
一七〇八五正　貞凡其𡆥
一七〇八五反　並入十
一七〇八六　乙酉卜亘貞作禦斵庚不𡆥
一七〇八七　…申卜古貞斵庚不…
一七〇八八　貞賓不𡆥
一七〇八九正　貞凷不𡆥
一七〇八九反　貞…冊乞…
一七〇九〇　癸酉卜古貞武…不𡆥
一七〇九一　…葡…不𡆥
一七〇九一　…惟…未…
一七〇九二　…葡…不𡆥
一七〇九二　貞…子…其…
一七〇九三　…冊…不𡆥
一七〇九四　…邑不𡆥
一七〇九四　…兔罷…
一七〇九五　…黃𡆥
一七〇九六正　…亥卜貞不𡆥印不…
一七〇九六正　…卜王…
一七〇九六反　癸亥受…
一七〇九七　…暨…古小𢏚𡆥…
一七〇九八　貞其…嬉二日…小𢏚𡆥…八月
一七〇九九　貞逆其𡆥
一七一〇〇　甲辰卜爭貞缶其𡆥
一七一〇一　貞𢦏其𡆥
一七一〇二　…𣥺其𡆥
一七一〇三　貞𢼄其𡆥
一七一〇四　…子卜…兂…不𡆥
一七一〇五甲正　…兂其𡆥
一七一〇五甲正　戊辰…爭…
一七一〇五乙正　王固…勿𡆥
一七一〇五乙正　…不𡆥
一七一〇五甲反　婦女…
一七一〇六　辛卯卜爭貞啇允𡆥
一七一〇六　…殸…
一七一〇七　貞疋允囚
一七一〇八　癸亥卜…呼凸吼…旅母…吼延𡆥
一七一〇九　貞其𡆥
一七一〇九　…肇…㞢
一七一一〇正　丁酉卜爭貞其𡆥四月　不𦥑黽
一七一一〇反　…岳
一七一一一　貞…其𡆥
一七一一二　貞其𡆥
一七一一三　…其𡆥
一七一一四　貞惟翌甲其𡆥
一七一一五　…骨…其𡆥十一月

一七一一六　…其𡆥　二告
一七一一六　二告
一七一一七　…其𡆥
一七一一八　貞其𡆥十二月
一七一一九　貞…
一七一一九　貞其𡆥
一七一一九　告
一七一一九　…循…弜…
一七一二〇　…庚午有𡆥
一七一二〇　…王固…
一七一二一　貞有𡆥
一七一二二　…有𡆥
一七一二三　…允…有𡆥
一七一二四　…族…延𡆥
一七一二五　…母弗𡆥
一七一二六　…弗𡆥
一七一二六　…比…
一七一二七　貞其𡆥
一七一二七　乙酉卜貞不𡆥
一七一二七　…酉卜…其匃…不…
一七一二八　貞不𡆥
一七一二八　壬寅卜…先…
一七一二九　貞不𡆥
一七一三〇　貞不𡆥
一七一三一　不𡆥
一七一三二正　己巳卜穷貞…
一七一三二正　…不𡆥　二告
一七一三二反　…卜…
一七一三三　貞不𡆥
一七一三四　…貞…㞢…不𡆥
一七一三四　丙午…貞…
一七一三五　…不𡆥
一七一三六　…老…不犬其…丁不𡆥…曰有𡆥…不?…
一七一三七　乙亥卜貞不其𡆥
一七一三七　乙亥卜貞其𡆥
一七一三八　…不其𡆥
一七一三九　…亥卜貞…𡆥印…
一七一四〇　己…㱿…身…𡆥
一七一四一　…㱿…𡆥丁…我…
一七一四二　…𡆥
一七一四二　小告
一七一四二　…以…母…
一七一四三　…𡆥
一七一四三　…喜…
一七一四三　貞…呼…方…
一七一四四　癸卯卜㱿貞卜伐

一七四五　……𡆥
一七四五　……止……𡆥
一七四五　……卜㱿貞……有聞曰……𡆥
一七四六　貞今……
一七四六　……疋……𡆥　二告
一七四七　貞𡆥
一七四八正　……王……惟今乙……𡆥惟……
一七四八反　……
一七四九正　……囚……坐……𡆥
一七四九正　……不其……
一七四九反　貞勿禦
一七五〇　……不𡆥四月
一七五一　……立……𡆥　二告
一七五一　戊子……貞……不……
一七五一　……午卜……貞……酌……
一七五二　……旬有六日……𡆥
一七五二　己……
一七五三　……𡆥
一七五四　……勿步……今日……𡆥
一七五四　今日勿步
一七五五　貞……𡆥
一七五六　……𡆥
一七五七　……小……𡆥
一七五八　丙……[illegible]……𡆥
一七五九正　……翌乙亥……其
一七五九反　……婦吼延𡆥
一七五九反　……㞢……旅……
一七六〇　丙戌侯……無囚……王……
一七六〇　癸酉……𡆥
一七六〇　二告
一七六一　其𡆥
一七六二　……不𡆥
一七六三　……降……𡆥
一七六四　……止……𡆥
一七六五正　……𡆥不……
一七六五反　……我以……
一七六六正　壬申卜爭貞……一人……繼
一七六六正　……卜爭貞……𡆥多……
一七六六反　己巳……
一七六七　……卜爭……旬……人……𡆥
一七六八　丙子卜㱿貞令𢀛囧我于有師骨告不𡆥
一七六八　……十二月
一七六八　貞于……方……至……涂……遘
一七六九　丙子……貞令……我于有師骨告不𡆥
一七七〇　貞𢀛不其骨告其𡆥十一月
一七七一　乙亥卜爭貞惟邑並令囧我于有師十一月

一七七二　……卯……𡆥……于有師……
一七七三　……卯卜爭……𡆥……無野……
一七七四　庚子……貞𡆥……
一七七五　……卜……𡆥……
一七七六　己卯卜貞……㢸比……𠨘……𡆥……𦵫……
一七七七正　貞呼……比延……囚……
一七七七反　己酉卜……
一七七八　……囚……不……
一七七九　貞……老……囚……
一七七九　……子……
一七八〇正　……囚……師……四月　二告
一七八〇反　貞……師……雨……
一七八一　貞……囚……
一七八二　……其𡆥……其……
一七八三　貞有災不惟蠱
一七八四　貞惟蠱　二告　不𠰻黽
一七八四　不惟蠱
一七八四　……卜爭貞禦……
一七八四　貞有來自南
一七八四　二告
一七八四　二告
一七八四　小告
一七八四　小告
一七八五正　癸亥……㝐貞𢀛
一七八五正　貞不其𢀛
一七八五正　貞允惟蠱至……　二告
一七八五正　貞不惟蠱至……　小告　不𠰻黽
一七八五反　王固曰其來……
一七八六　貞不惟蠱
一七八七　……不惟蠱虐?
一七八八　……㞢𠂤……
一七八九　……友于蠱
一七九〇　……蠱……
一七九一　……其蠱
一七九二正　貞弔……
一七九二正　……王……事?……
一七九二正　貞今夕其虐
一七九二反　壬戌卜……
一七九二反　……㞢……祖……𡴀……
一七九三　貞……惟虐
一七九三　……不……
一七九四　……戌王往从
一七九四　壬戌卜㝐貞王無災
一七九五　庚戌……貞王其有災九月
一七九五　庚……貞王其無災

一七一九六　戊子卜貞王無災
一七一九七　：貞王無災
一七一九八　：王允無災
一七一九八　：若
一七一九九　丙子卜：貞王：災
一七二〇〇　貞：丁：
一七二〇〇　：午卜：王：災
一七二〇一　：母三十以：婦災
一七二〇二　貞往其有災
一七二〇三　貞其有災一月
一七二〇四　貞其有災
一七二〇五　貞其有災
一七二〇六　貞其有災
一七二〇七　貞其有災
一七二〇八　貞其有災
一七二〇九　：亥卜：無：
一七二〇九　：其有災
一七二一〇　：有災
一七二一一　：有災
一七二一一　貞：
一七二一二　：之夕亞：無災
一七二一三　無災遘
一七二一三　無災徙
一七二一四　貞：
一七二一四　：貞于翌：戊步：災在：
一七二一五　貞其：丁災
一七二一六　貞：其：災
一七二一六　：出
一七二一七　：卜方貞：災六月
一七二一八　貞：出：
一七二一八　：貞勿：令：十月
一七二一八　貞：災
一七二一九　：卜：災
一七二二〇　：災
一七二二一　貞王囚惟眉：
一七二二一　王囚：
一七二二二　丁卯卜殼貞王囚：人
一七二二三　貞王囚：
一七二二三　貞：
一七二二四　貞王囚其虐
一七二二四　：王：多：
一七二二五　貞禦王囚：
一七二二六　：王囚：
一七二二七正　二告
一七二二七反　：王囚：
一七二二八　：王囚：

一七二二九　：貞：至于：未王囚：七月
一七二三〇正　貞王往走戈至于家剛
一七二三〇正　戊子卜殼貞王囚嬴　二告
一七二三〇正　二告
一七二三〇反　殼
一七二三一　囚不其嬴
一七二三一　貞王囚嬴
一七二三二　王固曰嬴
一七二三二　囚嬴
一七二三三　貞囚嬴
一七二三四　貞我有祟
一七二三四　貞王有壱
一七二三四　貞有囚嬴
一七二三五　：卜殼：囚有嬴
一七二三六正　：爭貞囚不其嬴
一七二三六反　：鼓：
一七二三七　貞囚不其嬴
一七二三八　：子卜永貞囚其延　二告
一七二三九　貞不延囚
一七二三九　小告
一七二四〇　：貞告：囚：于：
一七二四一　貞囚
一七二四二　：囚不：
一七二四三　：囚惟：
一七二四四　：囚：
一七二四五　惟囚
一七二四六　：囚惟有由
一七二四七　乙亥：貞：丁：告：囚
一七二四八　貞勿奴
一七二四八　貞奴
一七二四八　惟冎我在囚
一七二四九　惟冎：
一七二五〇　己丑卜殼貞王嬴
一七二五〇　貞：
一七二五一正　：婦：嬴
一七二五一反　：固曰：
一七二五二　壬：卜方貞帝
一七二五二　貞不其嬴
一七二五二　貞不其嬴
一七二五二　貞嬴
一七二五二　貞婦好嬴
一七二五三正　貞婦延嬴　二告
一七二五三正　貞不其延嬴　二告
一七二五三正　二告
一七二五三正　二告
一七二五三正　小告

一七二五三反　王固曰其…
一七二五三反　王固曰…
一七二五四　…其延嬴
一七二五五正　…其嬴
一七二五五反　…申…王固…吉
一七二五六　貞不其嬴
一七二五七正　貞呼五日
一七二五七正　貞不其嬴
一七二五七正　二告
一七二五七反　丙辰卜爭…
一七二五七反　不其…
一七二五七反　…王固…商…茲…
一七二五八　于甲子
一七二五八　貞于庚申燎
一七二五八　貞有嬴
一七二五九　…無嬴
一七二六〇　…卜其嬴王…
一七二六一正　貞丩…賓齒嬴
一七二六一反　王固…
一七二六二　庚子卜穷貞嬴
一七二六三　乙巳…貞…嬴廼…父…
一七二六四　…嬴
一七二六四　丁丑…卯…
一七二六四　丙戌…殸…
一七二六五正　…告…　二告
一七二六五反　…嬴㞢…
一七二六六　不其嬴
一七二六六　不其嬴
一七二六六　貞嬴
一七二六七　…卜…嬴
一七二六七　…𠂤…
一七二六八　貞嬴
一七二六九　…子亦…有鼜…
一七二七〇　丁巳卜穷貞鼜惟囚
一七二七一正　鼜惟囚　二告
一七二七一正　…寅卜古貞鼜不惟囚　二告
一七二七一正　二告
一七二七一正　告
一七二七一反　王固曰吉勿惟囚
一七二七一反　…王疾…于斲
一七二七一反　…疾…斲
一七二七二　癸丑卜殸貞旬無囚庚申有鼜千啓三月
一七二七二　癸酉卜殸貞旬無囚
一七二七二　癸…
一七二七二　癸亥…

一七二七二　癸卯卜王固曰…
一七二七三　丙辰有鼜四月
一七二七三　癸…無…犬?…
一七二七三　癸丑…貞旬…囚
一七二七三　癸未卜殸貞旬無囚丁亥雨
一七二七三　癸亥卜殸貞旬無囚
一七二七四　…曰內其有鼜
一七二七五正　…在我…
一七二七五反　…吉其惟內有鼜有祟
一七二七六正　…貞惟…
一七二七六反　…有鼜其惟庚…
一七二七七　…其有鼜…其惟壬…
一七二七八　…王固曰其有鼜
一七二七九　…固曰有鼜其…方…我…
一七二八〇　…允有鼜九月
一七二八一　貞…蒸?…
一七二八一　貞不惟…有鼜…乇?
一七二八二　…鼜于東
一七二八二　…有鼜不…
一七二八二　…鼜于…
一七二八三正　…卜殸貞…受祐…
一七二八三正　…殸貞曰…
一七二八三反　…有鼜其…
一七二八四　…其侑…有鼜…
一七二八四　…受祐
一七二八五　有鼜
一七二八六　有鼜
一七二八七　…鼜…出…
一七二八八　…鼜吉…
一七二八九　…日甲…鼜
一七二九〇　己卯…鼜
一七二九一　…鼜…
一七二九二　貞鼜不惟…
一七二九三　…鼜
一七二九四　…鼜
一七二九五　貞…比…不惟…
一七二九五　貞王…戜其…惟齒
一七二九六　…酉卜殸貞有齒不…
一七二九七　…禾婦…有降齒…
一七二九八　…齒七月　二告
一七二九八　…卜…
一七二九九　癸未卜爭貞旬無囚王固曰有祟三日乙酉
一七二九九　夕盟丙戌允有來入齒
一七三〇〇正　…商…允有來齒自商
一七三〇〇反　…其有來…自…

一七三〇〇反　…無其…
一七三〇〇反　…允…
一七三〇一正　乙未貞其有…齒
一七三〇一正　貞無來齒　二告
一七三〇一正　貞…
一七三〇一反　勿祟于酉
一七三〇一反　貞勿…王固曰吉無來齒
一七三〇一反　貞…王其入…
一七三〇二　貞侑于機
一七三〇二　貞商其以齒
一七三〇三正　二告
一七三〇三反　…曰阜來其以齒
一七三〇四　…以齒
一七三〇五正　…殺貞旬無…祟其有來…允有來…
一七三〇五反　…吉其以齒
一七三〇五反　…其惟…
一七三〇六正　辛卯卜爭貞…
一七三〇六反　…其以齒
一七三〇七正　不舌黽
一七三〇七正　二告
一七三〇七正　貞曰戈以齒王
一七三〇七反　己巳…雨
一七三〇八　己亥卜殺貞曰戈以齒王
一七三〇八　曰戈以齒王
一七三〇八　曰戈以齒王
一七三〇八　貞…龤衜…黃尹
一七三〇九　…弗婦王
一七三一〇　…酉卜…告王…墜…
一七三一一正　貞王有昌不之
一七三一一正　貞王有昌允之
一七三一一反　王固曰惟…
一七三一二　辛…雩…其降昌
一七三一三　貞無昌
一七三一四　甲辰卜殺貞今春貞不昌
一七三一五　…其昌
一七三一六　…亘…昌
一七三一七　貞昌
一七三一八　貞無敗
一七三一九正　不舌黽
一七三一九反　王固曰其由
一七三二〇　貞惟由
一七三二一　…惟由
一七三二二　貞有由
一七三二三　…有由
一七三二四　不惟有由
一七三二五正　二告

一七三二五反　…無由
一七三二六正　小告
一七三二六反　庚戌…貞由
一七三二七　庚子…由
一七三二八　貞呼…
一七三二八　…由
一七三二九　貞…由
一七三三〇　…勿見其有梌無旬
一七三三〇　…□不大…
一七三三一　丙子…貞…惟…
一七三三一　…無旬
一七三三二　貞其有旬
一七三三二　辛卯
一七三三二　戊申
一七三三三　貞…其有旬
一七三三四　辛卯卜貞其入摧
一七三三四　辛卯
一七三三四　癸巳
一七三三四　己亥
一七三三五　其有入摧
一七三三六　貞無…摧
一七三三六　貞其有降摧
一七三三七正　貞我…降摧
一七三三七正　…降摧八月
一七三三七反　…固曰其有降大摧
一七三三七反　…勿
一七三三八　庚…弗其孽王
一七三三九　…弗其孽…
一七三四〇　丙…爭…令作孽
一七三四一　…其亦…作我孽
一七三四二　貞曰其孽
一七三四三　…申…惟孽
一七三四四　…惟孽
一七三四五　丁卯…茲…惟孽
一七三四六　貞不惟孽
一七三四六　…雨…
一七三四七　貞不惟孽
一七三四八　貞不惟孽
一七三四九　貞告不惟孽
一七三四九　…惟…
一七三五〇　…不惟孽
一七三五一　貞不惟孽
一七三五二　貞勿孽…
一七三五三　勿孽
一七三五四　勿孽

一七三五四　孽
一七三五五　…寅卜貞…孽其…引…
一七三五六　…非叀…
一七三五七　貞王惟茕孽　二告
一七三五七　小告
一七三五七　小告
一七三五八　我其有幾
一七三五八　…其…幾
一七三五九正　貞無其蔑　不吿黽
一七三五九反　…婦…
一七三六〇正　乙丑卜殼貞茲邑無震
一七三六〇正　己卯卜殼貞吾方不至于…𠂤
一七三六〇正　二告
一七三六〇正　二告
一七三六〇正　二告
一七三六〇臼　…戌婦𡧊示三屯　㱿
一七三六一　貞茲邑其有震
一七三六一　吾…其…于…
一七三六二　吾…其…于…
一七三六二　貞茲邑其有震
一七三六二　貞吾茕我
一七三六三　…寅卜爭貞茲邑…震…月
一七三六四正　…殼…惟震
一七三六四正　…有夢
一七三六四反　貞…
一七三六五　…夕…無震
一七三六六正　庚申卜殼貞王勿…
一七三六六反　…之日夕有鳴鳥
一七三六七　丁巳…貞…鳴…𡆥
一七三六七　…卜…取…自…
一七三六八　貞…鳴…祟鄉…十一月
一七三六九　丁酉卜…𠬝…
一七三七〇　…𠬝…于…
一七三七一　…𠬝…
一七三七二　王夢不惟𡆥
一七三七三甲　貞王…不惟…乙
一七三七三乙　貞…
一七三七三乙　癸丑卜殼貞王夢惟祖乙
一七三七四正　王夢不惟祖乙
一七三七四反　…入十…
一七三七五　辛亥𡆥壬子王亦夢父勿有若…于父乙
示余見茕在之…
一七三七五　…𡆥辛亥王夢我大𢿤…
一七三七六　王夢…父乙
一七三七七正　王夢惟妣己
一七三七七反　…惟妣…

一七三七八　辛未卜殼貞王夢兄戊何比不惟𡆥四月
一七三七九　貞王夢不惟兄戊
一七三八〇　貞王夢婦好不惟孽
一七三八一　貞王夢婦…不…
一七三八二　貞…
一七三八二　…生…其…不…娩…二月
一七三八二　丙子卜殼貞王夢敏不惟…
一七三八二　…勿…
一七三八三　貞王夢多子𡆥
一七三八四　…王夢子無疾
一七三八五正　貞王夢疾齒惟…
一七三八五反　王固曰勿…
一七三八六　乙未卜貞王夢孽不惟𡆥
一七三八六　貞女禦齒
一七三八六　勿女禦齒
一七三八七　貞…丁…
一七三八七　…翌丁巳其雨
一七三八七　貞王夢擒不惟𡆥
一七三八八　乙巳卜宕貞王夢葡…惟孽
一七三八九　…爭貞王夢惟𠂤
一七三九〇甲正　𢀛不其降
一七三九〇乙正　貞王夢惟𢀛　二告
一七三九〇乙正　王固曰吉無茕　二告
一七三九〇乙正　無茕
一七三九〇乙正　𢀛降
一七三九〇乙正　二告
一七三九〇乙正　二告
一七三九〇乙正　…叀
一七三九〇乙反　…寅…
一七三九〇乙反　…望…七…
一七三九〇乙反　…羌…
一七三九〇甲反　…𢿤…
一七三九〇甲反　不其…
一七三九一正　貞婦好𡆥大疾延鼓齒
一七三九一正　貞王夢有改㲋十惟十一不惟𢦔…𢦔
一七三九二正　…丑卜貞王夢有𢦔大虎惟…
一七三九二反　…固曰…羊…
一七三九三正　庚子卜宕貞王夢白牛惟𡆥
一七三九三臼　己亥婦龐示二屯　宕
一七三九四　…巳卜…貞王夢玉惟…
一七三九五正　貞王夢無其來…
一七三九五正　貞勿…
一七三九五正　…妣
一七三九六　王固曰吉勿惟𡆥

一七三九六　丙辰卜穷貞乙卯㞢丙辰王夢自西
一七三九七正　貞王夢不惟有…　不吉
一七三九七正　貞王夢不惟有祐　二告
一七三九七正　貞𤉲有匚正　二告
一七三九七正　貞𤉲有匚弗其正　二告
一七三九七正　貞…惟西土　二告
一七三九七正　貞𠭯不惟西土　二告
一七三九七正　貞王夢不惟若　小告
一七三九七正　貞王夢惟若　二告
一七三九七正　二告
一七三九七反　王固曰吉勿…有祐
一七三九七反　辛卯卜穷
一七三九七反　𤉲以四十
一七三九八　貞王夢不惟有不若
一七三九九　癸…穷…戌…元…
一七三九九　…有夢…不若…
一七三九九　…辰…羌…自…
一七四〇〇正　丙午…殻貞王夢惟囚
一七四〇〇反　…雨…
一七四〇一　王夢惟囚
一七四〇二　王夢惟囚
一七四〇三　貞王有疾惟囚
一七四〇三　庚戌卜殻貞王有夢不惟囚
一七四〇四　貞王夢不惟囚
一七四〇四　貞王往…
一七四〇五正　貞王夢不惟囚
一七四〇五反　𤉲入十
一七四〇六　戊戌卜殻…王夢不…囚八月
一七四〇六　…殻…
一七四〇七正　壬戌卜爭貞王夢惟囚
一七四〇七正　壬戌…王夢不惟囚
一七四〇七正　王勿耤…
一七四〇七反　婦姘…
一七四〇八正　貞王夢惟囚　二告
一七四〇八正　貞王夢不惟囚　二告
一七四〇八正　貞…上甲…　二告
一七四〇八正　貞侑于父…
一七四〇八反　壬戌卜穷
一七四〇九正　壬午卜殻貞王有夢其有囚
一七四〇九正　…卜殻…王有夢無囚
一七四〇九正　祖丁崇王
一七四〇九正　祖丁弗崇王
一七四〇九正　貞王有夢其有囚
一七四〇九正　貞王有夢無囚
一七四〇九正　王囚
一七四〇九正　王囚

一七四〇九正　祖辛崇王
一七四〇九正　祖辛弗崇王
一七四〇九反　𤉲入十
一七四一〇正　壬…呼臣…
一七四一〇正　辛亥卜古貞王夢有舌惟之
一七四一〇正　…戌卜穷…有去五月
一七四一〇反　王固曰其有去
一七四一一　壬戌卜𠭯貞王夢惟之　二告
一七四一一　貞王夢不惟之
一七四一二正　貞勿…
一七四一二正　貞用
一七四一二正　貞王夢惟之孽　小告
一七四一二正　…王…孽　不舌黽
一七四一二反　…固曰不…之孽　二告
一七四一三　丁亥卜爭貞王夢惟之
一七四一四　…殻…王夢大…惟…
一七四一五　…申卜殻…王夢惟之蠱
一七四一五　貞…㞢…
一七四一六　壬午卜…貞王夢惟…
一七四一七正　貞王夢不惟鼓
一七四一七反　…五…
一七四一八　…子卜殻貞王夢惟…
一七四一九　丙戌…殻貞王有夢示不…呼…
一七四二〇正　貞王夢
一七四二〇正　貞王夢有…
一七四二〇正　…未…殻…
一七四二〇正　丙…
一七四二〇反　…令…
一七四二〇反　婦好…以婦…往…
一七四二〇反　婦好不…其以…災
一七四二一　丁亥卜亘貞王夢…
一七四二二　丁…爭貞王夢不…
一七四二三正　癸丑卜穷貞惟…
一七四二三正　貞王夢…
一七四二三反　王固曰…
一七四二四正　丁酉卜穷貞王夢…
一七四二四臼　壬午邑示八屯　𠭯
一七四二五正　貞王有夢…惟…　二告
一七四二五正　…卜爭…十月　二告
一七四二五正　二告
一七四二五反　貞翌乙亥暘日
一七四二五反　貞翌乙…不…暘…
一七四二五臼　…午邑…三屯
一七四二六　丁丑卜王夢
一七四二七　…亥卜…貞王夢其…
一七四二八　貞王夢不御

一七四二九　貞王夢不…
一七四三〇　貞王夢不…
一七四三一　…王夢…不…
一七四三二　…王夢…　二告
一七四三三　…貞王夢…惟…
一七四三四　貞王夢…
一七四三五　貞王夢…
一七四三六　…王夢…
一七四三七正　…王夢…
一七四三七反　…[illegible]…
一七四三八　王夢…
一七四三九正　…王夢…
一七四三九反　…四十
一七四四〇　…子…㞢…
一七四四〇　丙辰卜王貞余有夢惟循永余…
一七四四一　余有夢勿…
一七四四二　癸未卜王貞畏夢余勿御
一七四四三　己亥卜爭貞有夢王無囚
一七四四三　乙丑卜爭貞…不𢦏
一七四四三　…卜爭…亞多鬼…
一七四四四　…戌卜穷貞…夢東𡙇…
一七四四五　甲戌…貞有夢東𡙇在中宗不惟囚八月
一七四四五　翌…
一七四四五　辛巳…貞…毋…
一七四四六　己巳卜貞有夢王𠬝八月
一七四四七　己亥卜爭貞王無不若六月
一七四四七　甲寅卜…亞多…夢不若
一七四四七　貞…
一七四四八　貞亞多鬼夢無疾四月
一七四四九　…酉卜爭…亞多鬼…
一七四五〇　貞多鬼夢惟…見
一七四五〇　貞多鬼夢惟言見
一七四五〇　庚辰卜貞多鬼夢惟見
一七四五〇　辛巳卜貞今夕無囚
一七四五一　庚辰卜貞多鬼夢不至囚
一七四五一　…卜…今夕…囚
一七四五二　貞勿令
一七四五二　己亥卜爭貞𠂤有夢勿祟有匄無匄十月
一七四五二　癸巳卜貞犬延…𢀛
一七四五三　壬寅…𤔲夢八月
一七四五四　貞…夢我不惟囚
一七四五五　…貞…夢集…鳥…
一七四五五　丁…舌于丁四月
一七四五六　…夢大虎惟…
一七四五七　…夢惟有齒

一七四五八　…卜…夢…疾…
一七四五九　…貞夢…惟囚
一七四六〇正　…有夢惟囚
一七四六〇反　…[illegible]…
一七四六〇反　…㱿…
一七四六一　…夢…
一七四六一　貞其惟囚
一七四六二　…夢不惟囚
一七四六三　…穷貞…夢…惟…孽
一七四六四　癸巳…貞…往…糾…
一七四六四　…卜穷…夢…孽
一七四六五　…古…翌…未…
一七四六五　…夢不惟孽
一七四六六　…卜爭…凡又…
一七四六六　…史貞…夢…于…若
一七四六七　貞夢其有匄
一七四六八　貞有夢囚[illegible]
一七四六八　辛…
一七四六九正　癸丑卜爭…
一七四六九正　…有夢八月
一七四六九反　…
一七四七〇　…酉卜爭…見夢
一七四七一　己卯…穷…夢…父…來…
一七四七二　…寅卜…夢…大…惟…
一七四七三　…夢步…
一七四七四　戊申卜穷貞…
一七四七四　貞…夢…
一七四七五　戊…夕…夢…
一七四七五　…[illegible]…穷
一七四七六　貞…夢　二告
一七四七七正　…夢…
一七四七七反　…酉…
一七四七八　…夢…
一七四七九　丁酉…夢…
一七四七九　己亥…
一七四八〇正　…夢…
一七四八〇正　…生…其…
一七四八〇反　婦…
一七四八一　王…惟…
一七四八一　貞…夢…
一七四八二　…夢…
一七四八三　辛亥…夢…
一七四八四　王固…𤔲夢…
一七四八五　…羌入…
一七四八五　婦井示三十…
一七四八六　婦井示三十…

一七四八七　一七四八八　一七四八九　一七四九〇　一七四九一　一七四九二　一七四九三　一七四九四　一七四九五　一七四九六　一七四九七正　一七四九七臼　一七四九八正　一七四九八反　一七四九九正　一七四九九反　一七五〇〇正　一七五〇〇反　一七五〇一　一七五〇二　一七五〇三正　一七五〇三反　一七五〇四　一七五〇五正　一七五〇五反　一七五〇六正　一七五〇六臼　一七五〇七　一七五〇八正　一七五〇八臼　一七五〇九　一七五一〇　一七五一一正　一七五一一臼　一七五一二　一七五一三　一七五一四　一七五一五　一七五一六正　一七五一六反　一七五一七正　一七五一七臼　一七五一八　一七五一九　一七五二〇

…井示三十…
…井示三十…
婦井示二十
婦井示十屯　殼
婦井示五屯　亘
甲午婦井示三屯　岳
婦井示…
婦井示…　韋
婦井示…
婦井示…
癸巳卜穷貞雨
婦井示　岳
…卜穷貞…
婦井示十屯
貞翌日出有…
婦井示…
…若
婦井示…
…井示…
戊辰…井示…　殼
貞多…寢得…
…井示…
婦井…
貞…凡…
…蒸…
婦井…
辛丑卜爭貞…大…
婦井…屯　爭
…巳婦妄示五屯　小㱿
甲申…爭貞…呼…般…四月
乙丑婦妄示一屯　小㱿中
…婦妄…屯　㱿
甲子婦妄示四屯　小㱿中
…酉卜殼…侑于…父…牛
壬寅婦寶示三屯　岳
庚午婦寶示三屯　㱿
壬寅婦豐示二屯　岳
自宰己未婦豐示…屯　㱿
…申婦豐示…屯　岳
貞不其妻
…豐示…
癸卯…貞…二月
辛丑婦喜示四屯
癸未婦喜示二屯　古
…婦喜…　岳
…喜示十…

一七五二一　一七五二二正　一七五二二反　一七五二三正　一七五二三正　一七五二三臼　一七五二四　一七五二五　一七五二六　一七五二七　一七五二八　一七五二九　一七五三〇正　一七五三〇反　一七五三一　一七五三二正　一七五三三臼　一七五三三正　一七五三三正　一七五三三臼　一七五三四　一七五三五正　一七五三五臼　一七五三六正　一七五三六正　一七五三六反　一七五三七正　一七五三七反　一七五三八正　一七五三八臼　一七五三九　一七五四〇正　一七五四〇臼　一七五四一　一七五四二正　一七五四二正　一七五四二臼　一七五四三正　一七五四三臼　一七五四四　一七五四五　一七五四六　一七五四七正　一七五四七臼　一七五四八　一七五四九

…喜示…
…卜韋…
…壴示十…
壬申卜韋貞允…惟…
貞呼往若
辛未婦寶示三屯　㱿
…婦杏…三屯
婦杞示七屯又一（　穷
婦杞示…
婦良示…　古
婦良示十屯…六）
婦丙示…
…未卜穷…
婦丙示…
婦𡚬示二屯　穷
戊辰…穷貞…己巳…
戊戌婦妸示二屯　韋
貞豐雀
壬寅卜穷貞今春其…
壬戌婦妸示三屯
戊子婦畐示二屯　㱿
己丑卜爭貞𡆥…自…
戊子婦畐示四屯　岳
貞不…
…貞𡆥…谷
…畐示…
庚子卜古貞王叩逆…
…畐示二十…
丁酉卜殼貞我受…
乙丑婦畐示四屯　小㱿
庚申婦畐示…屯
己卯卜殼貞于㞢有匚于…
丙寅婦蛊示二屯　㱿
戊戌婦蛊示二屯　㱿
丙戌卜殼貞　二告　不𠮩黽
小告　不𠮩黽
…婦蛊示…屯自𡆥…
戊午卜穷貞…于…
…婦蛊示一屯爭自𡆥
…婦龍示…　㠯
…龐示四…
…龐示…
庚寅卜殼貞侑于…
…戊婦…示五屯　亘
…戊婦…示三屯　…
甲子婦…示二屯
壬寅婦…

一七五五〇 癸酉婦…示三屯
一七五五一正 乙亥其雨
一七五五一臼 辛卯婦…示二屯 穷
一七五五二 …婦…七屯 亘
一七五五三臼 …婦…十屯 穷
一七五五四 婦…爭
一七五五五正 己亥卜穷貞禦…
一七五五五正 乙丑卜…子央…
一七五五五臼 戊戌婦…示二屯 永
一七五五六正 貞翌癸…
一七五五六正 壬辰卜殼貞…
一七五五六反 …邑示十屯 殼
一七五五六正 己亥卜殼貞不惟我…
一七五五七正 勿禦
一七五五七反 癸巳邑示八屯…
一七五五七反 己亥卜殼…
一七五五八正 丁酉卜穷貞王夢…
一七五五八臼 壬午邑示八屯 吕
一七五五九 壬午邑…八屯 岳
一七五六〇反 …㞢…五…
一七五六〇臼 壬…邑示八屯
一七五六一 己未邑示四屯 岳内
一七五六二 己未邑示四屯 岳内
一七五六三正 戊寅…永貞…于祖乙…
一七五六三臼 丁丑邑示四屯 耳
一七五六四正 辛丑卜韋貞今夕其雨
一七五六四反 …不…
一七五六四臼 乙未邑示四屯 㱿
一七五六五 癸巳邑示…屯 㱿
一七五六六正 癸巳…貞其…
一七五六六臼 丁卯邑…三屯 小㱿
一七五六七 壬申邑示三屯 岳
一七五六八 壬申邑示三屯 㱿
一七五六九正 癸卯卜亘貞呼賓攸令 不舌黽
一七五六九臼 辛丑邑示二屯 小㱿
一七五七〇正 貞我…其受…
一七五七〇臼 癸亥邑示二屯 㱿
一七五七一 乙亥邑示二屯 小㱿
一七五七二 辛丑邑示二屯 㱿
一七五七三 壬戌邑示二屯 小㱿
一七五七四 戊寅小邑示二屯 岳
一七五七五正 丁卯…穷貞…于祖…
一七五七五臼 …邑示… 小㱿
一七五七六正 貞惟…王自…
一七五七六反 …邑示…
一七五七七王 …州…

一七五七七反 …子邑…
一七五七八正 …勿酒…
一七五七八反 庚辰卒示…
一七五七九 古示十屯又一乚 殼
一七五八〇 古示十屯又一ㄑ 古
一七五八一 古示十屯又一亅 穷
一七五八二正 …月
一七五八二反 戊寅出示…
一七五八三 婁示十又…
一七五八四反 …邑…
一七五八四臼 婁示四屯 殼
一七五八五 婁示四屯 亘
一七五八六正 丙午卜韋貞取
一七五八六正 辛亥卜奴貞…
一七五八六臼 乙巳陟示屯二 岳
一七五八七 …□示…
一七五八八正 …八月
一七五八八正 …用
一七五八八反 雍示十屯
一七五八九正 …屯…
一七五八九反 …雍示…
一七五九〇正 貞亩…
一七五九〇正 貞惟王往
一七五九〇反 …龜示三十
一七五九一 壬申龜示四屯 岳
一七五九二正 貞翌甲申…
一七五九二反 …龜示…
一七五九三正 貞…用
一七五九三正 …㞢曰…用
一七五九三反 …央示…
一七五九四 …漁示五…
一七五九六 丁酉子…示六屯 小㱿
一七五九五 丁酉子…示六屯
一七五九七 …□?示六…
一七五九八 …我?入六十在…
一七五九八 丙寅冊示四屯
一七五九九正 …允貞令
一七五九九正 貞…
一七五九九反 …二十屯□示 犬
一七六〇〇 …□示…
一七六〇一 …□…
一七六〇二 丁丑雩示二十屯 岳
一七〇〇三 戊戌雩示九屯
一七六〇四 丁丑雩示四屯 小㱿
一七六〇五 己卯雩示三屯 岳

一七六〇六　：寧示三：　㪇
一七六〇七　：未寧示三屯　小㪇
一七六〇八正　己酉：貞：東：
一七六〇八反　：寧示：　㪇
一七六〇九　：寧示：　小㪇
一七六一〇　㓞示三屯又：　殸
一七六一一　㓞示三屯又一丿　穷
一七六一二　㓞示三屯又一丿　穷
一七六一三正　：永貞：允其：
一七六一三臼　㓞示一（　殸
一七六一四　㓞示：
一七六一五正　不舌黽
一七六一五反　貞侑于妣己
一七六一五臼　辛酉屆示六屯　㪇
一七六一六　壬戌屆示三屯　岳
一七六一七　：卯示：屯　㪇
一七六一八　：𠂤示：
一七六一九　：犬示：
一七六二〇　：𢀛示六：
一七六二一正　己亥卜：貞遣：
一七六二一臼　戊戌羌𣪊示七屯　㪇
一七六二二　戊戌羌𣪊示七屯　㪇
一七六二三　丁丑𣪊示三屯　小㪇
一七六二四　丁丑𣪊示一屯　岳
一七六二五　丁丑𣪊示一屯　小㪇
一七六二六　：羌𣪊：屯　岳
一七六二七正　己卯卜：貞：
一七六二七臼　帚：五屯　皿
一七六二八　帚示四屯又一骨　：
一七六二九　乙酉帚二屯　古自匱三
一七六三〇正　壬申卜：因𢦏：
一七六三〇臼　帚示二屯　古
一七六三一　己巳帚示一屯　殸
一七六三二　：帚示：
一七六三三正　戊申卜穷貞出保：啓　二告
一七六三三臼　丙申帚示：屯　穷
一七六三四　丙子保固示三屯　㪇
一七六三五正　乙亥：殸貞：比：
一七六三五臼　丁巳：示一屯　岳
一七六三六正　貞：
一七六三六正　丙申：貞勿：馬
一七六三六臼　丁亥：十屯　㪇
一七六三七　：示：　小㪇
一七六三八　庚午示三屯　岳
一七六三九　：五十屯
一七六四〇　：三十殸

一七六四一正　辛未：亘貞王：
一七六四一反　：三十殸
一七六四二正　：婦：不：
一七六四二反　：三十殸
一七六四三正　：不惟：
一七六四三反　：示三十：
一七六四四　：我二十往：
一七六四五　：亥：示十：
一七六四六　：十殸
一七六四七正　貞：
一七六四七正　小告
一七六四七反　：示十：
一七六四八　：示五：
一七六四九正　甲辰卜穷貞侑　二告
一七六四九臼　癸卯帚：五屯　葡
一七六五〇正　貞：于兄丁小宰
一七六五〇反　：示四　亘
一七六五一　：示三屯
一七六五二　：其出：示三：
一七六五三　甲午：示三屯　小：
一七六五四　：三屯
一七六五五　：示三：　㪇丁
一七六五六正　：爭：
一七六五六臼　丙寅：二屯
一七六五七　辛丑：二屯　内
一七六五八　壬寅：示二屯
一七六五九　：示二：
一七六六〇正　丙戌卜史貞今夕無囚二月
一七六六〇反　：屯：
一七六六一　：屯　岳
一七六六二　甲子帚：三屯
一七六六三　：示五屯又一（　亘
一七六六四　：一）　穷
一七六六五正　貞勿呼以啓
一七六六五臼　：示：
一七六六六　乙酉
一七六六六　丁酉
一七六六六　丙午卜其用龜
一七六六六　貞惟用暨
一七六六七　丙午卜其用龜
一七六六七　：貞：不：
一七六六八　丁卯享見：雨虎：
一七六六九　王固曰惟二卜：
一七六七〇　：固曰二卜：不：利：
一七六七一　：卜王：兹二卜：呼勿：四月

一七六七二 …貞二卜…固曰角…
一七六七三 貞三卜
一七六七四 …之…茲卜…
一七六七五 王固曰見辛…女不…
一七六七六正 …土
一七六七六正 丁巳亘貞王固曰惟出
一七六七六反 王固曰惟咸
一七六七六反 貞祖…
一七六七六反 貞…
一七六七七正 貞若
一七六七七反 王固曰若
一七六七七反 其㞢…無…
一七六七八 …固曰吉若
一七六七九正 二告
一七六七九正 …告
一七六七九反 王固曰吉惟若
一七六七九反 勿燎于之
一七六八〇正 …固曰…今夕…惟若
一七六八〇正 己亥…夕允…
一七六八〇反 …來…
一七六八一正 丙午卜…王固曰…邁若
一七六八一反 王固…茲…
一七六八二正 …曰吉…邁…
一七六八二正 …其…不…
一七六八二反 王…羊…
一七六八三正 王固曰吉無作囚
一七六八三正 …𡿧…
一七六八三反 …其…
一七六八四 戊子卜穷…正王固曰吉…
一七六八五正 乙酉卜…敎…
一七六八五反 王固曰吉
一七六八六正 貞不惟茲無若
一七六八六反 …殻…王固曰吉
一七六八六反 …賓…其…
一七六八七正 …子卜殻貞…
一七六八七反 王固曰吉…其今日…
一七六八八 王固曰吉
一七六八九 王固曰吉
一七六九〇 王固曰吉
一七六九一正 二告
一七六九一反 王固曰吉…又䏾…
一七六九二正 …戠…
一七六九二反 王固…吉
一七六九三正 不告　二告
一七六九三反 …固曰吉…勿…
一七六九四 …固曰吉…比…

一七六九五正 …齒
一七六九五正 二告
一七六九五反 …固曰吉
一七六九六正 …無舌
一七六九六反 …固曰吉…舌
一七六九七正 貞…囚
一七六九七正 …永…
一七六九七反 …其㞢…生其…吉
一七六九七反 王固曰…
一七六九八 …固曰吉…其…
一七六九九 王固曰其吉以…　二告
一七七〇〇正 …不吉…亦不…申不…
一七七〇〇反 …出王固…其惟…
一七七〇一 …固曰其有囚…惟
一七七〇二正 丁巳…穷…
一七七〇二反 王固…得惟…壱
一七七〇三 王固曰惟既
一七七〇三 王固曰有祟茲𦣞…
一七七〇四 王固曰惟既
一七七〇五正 貞王若
一七七〇五正 …𣪊…有若
一七七〇五反 王固曰酌
一七七〇六 王固曰邑七介
一七七〇七 王固曰彈允…
一七七〇八正 …穷貞…王固…二告
一七七〇八反 貞役惟…
一七七〇八反 王固曰余…
一七七〇九正 貞王曰
一七七〇九反 王固曰其侑
一七七〇九反 不其…
一七七一〇 …無囚四日𢀛有降…
一七七一〇 …囚王固曰㞢…
一七七一一 …示四…
一七七一一 王固曰㞢…
一七七一二 王固曰辛至
一七七一三 王固曰…旬…未…
一七七一三 王固曰…
一七七一四 貞勿呼婦…
一七七一五 丁丑卜亘貞…王固曰其…
一七七一六 …王固曰…侑牛…
一七七一七正 王固曰其惟甲㞢…
一七七一七反 …雍…田…
一七七一八正 …帀王…弗
一七七一八反 王固曰…
一七七一九 王固曰…

一七二〇正　甲申：不：
一七二〇反　王固曰：
一七二一正　乙酉：王固曰：
一七二一反　：允勿：
一七二二　：王固：甲：
一七二三　王固：𧁩夢：
一七二四　：王固：若茲：
一七二五　：王固：
一七二六　王固：子㞢：
一七二七　王固：亞旬：
一七二八　：王固曰其：惟己：祝丁：
一七二九正　：貞：
一七二九正　今夕：
一七二九反　乙未卜：王：曰其：
一七二九反　：王：曰：疾：
一七三〇　：固曰其䄃
一七三一正　庚午：未王：
一七三一反　王固曰：
一七三二　：勿：
一七三三　王固曰其不：其：
一七三四　：固曰其：之夕：
一七三五正　癸未貞旬無𡆥
一七三五反　王固曰其有來：
一七三六　：固曰：
一七三六　丁：貞：
一七三七正　丁亥卜㱿：固曰：
一七三七反　：固曰其：其：
一七三八　：固曰：
一七三九　辛：貞：固曰其：
一七四〇正　：固曰：受：
一七四〇反　：庚：三屯：
一七四一　：固：𢓊：
一七四二　：固：
一七四三正　不舌黽
一七四三反　庚戌卜爭：
一七四四　：惟：午：伐：　不舌黽
一七四五　不舌黽
一七四五　不舌黽
一七四五　不舌黽
一七四五　不舌黽
一七四六正　貞我：人又：　不舌黽
一七四六反　：夒：
一七四七正　不舌黽
一七四七反　：其：無：其：𢀛
一七四八正　不舌黽
一七四八反　：又三日：𡧊：

一七四九　不舌黽
一七五〇　不舌黽
一七五一正　不舌黽
一七五一反　：取：
一七五二　不舌黽
一七五二　不舌黽
一七五三　不告
一七五四　不告
一七五五　不告
一七五六　不告
一七五七正　：告　不舌黽
一七五七反　丙：婦：
一七五八　：㞢：　二告　不舌黽
一七五九正　貞：
一七五九正　二告　不舌黽
一七五九正　二告
一七五九正　二告
一七五九反　：延雨
一七六〇　二告　不舌黽
一七六一　二告
一七六一　貞今：
一七六一　不舌黽
一七六一　二告
一七六二　二告　不舌黽
一七六二　二告
一七六三　二告　不舌黽
一七六四　二告　不舌黽
一七六四　二告
一七六四　不舌黽
一七六四　二告
一七六五　不舌黽
一七六五　二告
一七六六正　二告　不舌黽
一七六六反　：㝏：無：
一七六七　不舌黽
一七六七　不舌黽
一七六七　二告
一七六七　二告　不舌黽
一七六七　二告
一七六七　二告
一七六八　二告　不舌黽
一七六九　二告
一七六九　二告　不舌黽
一七六九　不舌黽
一七七〇　二告　不舌黽

一七七七一	二告　不舌黽
一七七七二	二告　不舌黽
一七七七三正	二告　不舌黽
一七七七三反	：不芞
一七七七三反	：芞
一七七七三反	：不于：
一七七七四	二告　不舌黽
一七七七四	不舌黽
一七七七五	：变?：月
一七七七五	二告　不舌黽
一七七七六正	二告
一七七七六反	：王：
一七七七七	二告　不舌黽
一七七七八	二告　不舌黽
一七七七八	二告　不舌黽
一七七七九	二告
一七七八〇	二告　不舌黽
一七七八〇	二告　不舌黽
一七七八一正	二告　不舌黽
一七七八一反	貞：
一七七八二正	：告　不舌黽
一七七八二正	二告　不舌黽
一七七八二反	乙巳
一七七八三	二告　不舌黽
一七七八三	二告　不舌黽
一七七八四正	不告
一七七八四正	二
一七七八四正	二
一七七八四反	：貞：于：弗：
一七七八四	：貞婦：丁：虫
一七七八五	二告　不舌黽
一七七八六正	二告
一七七八六正	丙：
一七七八六正	勿于內：　二告
一七七八六正	不舌黽
一七七八六正	二告
一七七八六反	：其嬴
一七七八七	二告　不舌黽
一七七八七	小告
一七七八八	二告　不舌黽
一七七八八	二告
一七七八八	小告
一七七八九	不舌黽
一七七八九	小告
一七七八九	二告
一七七八九	二告
一七七八九	二告
一七七八九	小告
一七七八九	小告
一七七九〇	二告　不舌黽
一七七九〇	小告
一七七九一正	小告
一七七九一正	二告　不舌黽
一七七九一反	貞：
一七七九二	不舌黽
一七七九二	不舌黽
一七七九二	小告
一七七九三	小告
一七七九三	不舌黽
一七七九四正	：盟：于：我：　不舌黽
一七七九四正	小告
一七七九四正	小告
一七七九四正	小告
一七七九四正	不舌黽
一七七九四反	：固曰惟既惟丙?
一七七九五正	癸：爭貞旬：
一七七九五正	癸丑卜爭貞旬無囚
一七七九五反	：固曰凡有告
一七七九六正	：寅：
一七七九六正	二告
一七七九六正	二告
一七七九六反	
一七七九七正	二告
一七七九七正	不：　二告
一七七九七反	不其降
一七七九八	二告
一七七九八	二告
一七七九九	貞勿：
一七七九九	二告
一七八〇〇	二告
一七八〇一正	二告
一七八〇一反	：呼魚：
一七八〇一反	：妣：
一七八〇二	二告
一七八〇三正	二告
一七八〇三正	二告
一七八〇三反	：申：
一七八〇四	：斿：　二告
一七八〇五正	二告
一七八〇五反	：巫：
一七八〇六	二告

一七八〇七正	二告
一七八〇七反	…祟…
一七八〇八正	二告
一七八〇八反	…㞢…
一七八〇九	二告
一七八一〇正	癸卯
一七八一〇正	二告
一七八一〇反	…迄至…其㞢…
一七八一一	…弗…二告
一七八一二	二告
一七八一二	二告
一七八一二	二告
一七八一三	二告
一七八一四正	二告
一七八一四正	二告
一七八一四反	戊午…祟
一七八一五	二告
一七八一五	二告
一七八一五	二告
一七八一五	二告
一七八一六	二告
一七八一六	二告
一七八一六反	…㞢
一七八一六	…又…二告
一七八一七	二告
一七八一七	二告
一七八一八	二告
一七八一九正	二告
一七八一九正	貞勿…
一七八一九正	勿…
一七八一九反	…出燎
一七八二〇	二告
一七八二一	二告
一七八二二正	二告
一七八二二反	貞樂囚…
一七八二三正	二告
一七八二三反	…羊…
一七八二四正	二告
一七八二四反	…王…
一七八二五正	癸卯…
一七八二五正	癸…貞…
一七八二五正	己亥卜…母…
一七八二五正	壬寅卜…貞不…
一七八二五正	二告
一七八二五正	二告
一七八二五正	二告

一七八二五正	小告
一七八二五正	小告
一七八二五反	癸卯…其…
一七八二五反	
一七八二六	乙亥
一七八二六	二告
一七八二六	小告
一七八二六	小告
一七八二七正	小告
一七八二七正	二告
一七八二七反	王固曰有…
一七八二七反	…有我無…
一七八二八	小告
一七八二八	二告
一七八二九	三告
一七八三〇	三告
一七八三一正	小告
一七八三一反	…示惟…
一七八三二	小告
一七八三三	小告
一七八三三	小告
一七八三四正	…告
一七八三四正	小告
一七八三四正	貞…囚
一七八三四正	小告
一七八三四反	…不…
一七八三五正	小告
一七八三五反	貞…人…𡆥…
一七八三六正	貞王…入…
一七八三六正	…王于…小告
一七八三六反	…㝊…
一七八三七	貞勿…小告
一七八三八	小告
一七八三九正	小告
一七八三九反	…呼…自卣…
一七八四〇正	小告
一七八四〇正	小告
一七八四〇反	…令雨
一七八四一	小告
一七八四一	小告
一七八四二	…告
一七八四三正	…告
一七八四三反	…弗允…
一七八四四	貞今…寅…
一七八四四	…告

一七八四五正	…王…
一七八四五反	…王出于…
一七八四六反	…侑于…子…
一七八四七反	…惟甲午…
一七八四七反	…其惟庚…
一七八四九	虎
一七八五〇	兕
一七八五〇	癸…貞…
一七八五〇	…癸卜…無…
一七八五一	貞…兕…
一七八五二	兕
一七八五三	…王…虎…
一七八五四	…貞…王…
一七八五四	貞…丁…兕…
一七八五五	兔
一七八五六	龟
一七八五七	…得罠
一七八五八	…
一七八五九	馬
一七八五九	…告
一七八六〇	貞馬…
一七八六一	馬…馬…
一七八六二	二月
一七八六三	兕
一七八六四	鳥
一七八六五	…古貞鳥不…
一七八六六正	…鳴鳥
一七八六七正	…貞…集…
一七八六七反	…戌…
一七八六八	…丑…黽…
一七八六九	…吉不𤛡其衛…
一七八七〇正	…田
一七八七〇反	…在廳…高…
一七八七〇反	…三日乙丑…𢀛𢀛…田㞢…
一七八七一	…䧹…其…
一七八七二	…㞢…
一七八七三	…㞢…
一七八七四	丁卯　二告
一七八七五正	貞五…
一七八七五反	己酉…
一七八七六	…又四十…五…二月
一七八七七	…乞…五人若
一七八七八正	二告
一七八七八反	貞𢽤若
一七八七九	…十四
一七八八〇	…十…
一七八八一	癸…于…三十…
一七八八二	貞…三十…十…
一七八八二	…勿…
一七八八三	貞…
一七八八三	…五十…于…
一七八八四	…五十…
一七八八五	…未…五十…于…
一七八八六	…五十…
一七八八七	…歸…五十…
一七八八八	貞不…六十…
一七八八九	癸…肇…百…百…
一七八八九	…寅卜…女…盂…十二月
一七八九〇	…申卜穷…㱿…丁百…
一七八九一	…百…
一七八九一	王固曰其…
一七八九二	…百…
一七八九三	…入百…
一七八九四	…百…遘…自…
一七八九五	貞勿…百…戠…
一七八九六	丙辰…貞…百…于…
一七八九七	…其…百…
一七八九八	…百…自…
一七八九九正	…百…
一七八九九反	…其…
一七九〇〇	…其…百…
一七九〇一正	貞…勿…
一七九〇一反	…百…
一七九〇二	…亞…三百…
一七九〇三	…土三百…
一七九〇三	…𦰩五月
一七九〇四	貞丁未三百
一七九〇五	…三百…
一七九〇六	…三百…
一七九〇七	貞…三百…
一七九〇八	…尤百…
一七九〇九	…千…七…白…
一七九一〇	…卜無…千…其…
一七九一一	…千人
一七九一二	…災…三千…
一七九一三	…六千
一七九一四	戊…萬…
一七九一五	…萬…
一七九一六	丁卯卜多肮…
一七九一七	戊…𢦏…惟曰…
一七九一八	…惟…

一七九一八	貞十人
一七九一八	貞…
一七九一九	庚午…殼貞…㲋其…望
一七九一九	貞雩㲋無其望
一七九二〇	戊寅卜內貞呼…□任…
一七九二一	…□…
一七九二二	…□…
一七九二三	貞呼…望…
一七九二四	戊…貞…望…
一七九二五	戊…保…
一七九二五	…呼…又…犬…
一七九二六	…未卜…貞又…兄…庚…
一七九二七	…未卜…翌丁亥惟□
一七九二八	…王…□…若
一七九二九	…□…
一七九三〇	…比…□…
一七九三一	丙…□…
一七九三二	…未卜…□…
一七九三三	…□…
一七九三四	…其…以…次…
一七九三五	…次…
一七九三六	…執…
一七九三七	…□日乇
一七九三八	貞…戊…羞…
一七九三九	丙子卜古貞禦役
一七九四〇	貞王…役
一七九四一	貞…敝
一七九四二	…夕…敝…
一七九四三	貞于丁未□
一七九四四	…卜貞…□…
一七九四五	…敝…㞢…
一七九四六正	貞不羸
一七九四六正	貞不惟虐
一七九四六正	…不…
一七九四六反	…卜…穷…若…
一七九四七	…搬…□…
一七九四八	辛亥…酘…人…
一七九四九	貞…
一七九四九	…□…
一七九五〇	…□…
一七九五一	…不眉
一七九五二	丁酉…□…不其…
一七九五三	…侸不其…黽
一七九五四	戊子卜戠…
一七九五四	…囚
一七九五五	貞叀倗…
一七九五六	…貞…倗…
一七九五七	壬…貞我…傷…
一七九五八	…爭貞…傷…
一七九五九	…勿…□…
一七九五九	…其…不…
一七九五九	…其…
一七九六〇	…□…
一七九六一	…僕卜…
一七九六二	貞…□…六…
一七九六三正	貞非…不令…
一七九六三反	王固…
一七九六四	…□…
一七九六五	丙戌…隹…
一七九六五	□
一七九六六	…寅卜王…□…子…取…
一七九六七	己巳…□…
一七九六八	乙…
一七九六九	…□…
一七九七〇	丁丑卜…□于…
一七九七〇	…亥卜…貞元…有祟
一七九七一	丙申…貞…□…
一七九七二	呼□
一七九七三	庚午…貞其…
一七九七四	…辰卜衍…
一七九七五	…壬…
一七九七六正	…卜爭…□…
一七九七六反	…固曰…
一七九七七	…曰惟…□…
一七九七八	貞身…
一七九七九	…□…
一七九七九	…其□…
一七九八〇	貞身…其…
一七九八一	…勿…□…
一七九八二	戊…□…
一七九八三	…不…人…無…
一七九八四	貞不□十二月
一七九八五	貞于…朕天…
一七九八六	…其夾…
一七九八七	…羊…允…五月
一七九八八	…疋任…于…㚔…
一七九八九	…呼…□…币…
一七九八九	…□…
一七九九〇	…弜…惟…牛…
一七九九一	…帝…爽…
一七九九二	…異…

一七九九三	：走：
一七九九四	：：走：
一七九九五正	：酉卜殼：𦜠子：
一七九九五正	：王：伐舌：
一七九九五反	：九百：十：
一七九九六	：申卜先貞告王𦜠于祖乙：妣
一七九九七正	貞侑于父：
一七九九七正	貞𦜠不𠕋
一七九九七反	婦井示：
一七九九八	：爭貞來：王呼于父：
一七九九九	貞子：𦜠：
一八〇〇〇	貞呼：不惟：
一八〇〇一	庚辰：侑于：呼：
一八〇〇二	：□：
一八〇〇三	壬辰卜貞惟岀敏：
一八〇〇四	：惟㞢：□：
一八〇〇五	：□：
一八〇〇六	貞野：□：
一八〇〇六	貞無作死
一八〇〇七	：死：截：
一八〇〇八	：丑卜：死：
一八〇〇九	貞：呼：
一八〇〇九	：㚇：
一八〇一〇	：吹：
一八〇一一	貞吹：
一八〇一二	既雨
一八〇一三	：既：
一八〇一三	二告
一八〇一四	：午卜：飲：
一八〇一五	：歃：于：
一八〇一六	：□：
一八〇一七	：子卜：□：
一八〇一八	：□：
一八〇一九	王：曰：□：
一八〇二〇	：埶：
一八〇二一	：卜□：□六：月：
一八〇二二	：有不□：
一八〇二三	：饗雨
一八〇二四	：饗：
一八〇二五	貞□：
一八〇二六	：
一八〇二七	：□：
一八〇二八	庚子：貞埶：內：
一八〇二九	：卜：埶：
一八〇三〇	：辰：貞翌：其酉卯：□：

一八〇三一	：亥卜王貞：乙酉𠃬：
一八〇三二	：𠃬：
一八〇三三	：勿：□：
一八〇三四	丁：卜：姮：
一八〇三五	貞：□：不惟𡆥
一八〇三六	：好：
一八〇三七	：□：□：于：
一八〇三八	：丑卜：□丁：
一八〇三九	：好：弗：至：
一八〇四〇	：姘無：
一八〇四一	貞于：妏：
一八〇四二	：㝉：子㞢：丁用日妏：
一八〇四三	：午卜：絡：犬
一八〇四四	壬：絡：
一八〇四五	：妊：
一八〇四六	：姅我：
一八〇四七	：□：
一八〇四八	壬辰卜：惟嬺：
一八〇四九	：嬺：
一八〇五〇	：妼
一八〇五一	：我：妹：
一八〇五二	：王：姓：
一八〇五三	：卯卜：□：
一八〇五四正	貞：若
一八〇五四反	：□、
一八〇五五	乙亥：娙：
一八〇五六	：子：人□：
一八〇五六	二告
一八〇五七	：娥：齒：
一八〇五八	：東：
一八〇五九正	貞：雨
一八〇五九反	：□：
一八〇六〇	：王婦：
一八〇六一	：婡：
一八〇六二	：賓：安：
一八〇六三	：妝：
一八〇六四	其閔：
一八〇六五	：□：
一八〇六六	：貞翌：戌：㚸于：㞢：
一八〇六七	：妙
一八〇六八	丁卯：□：
一八〇六八	戊戌：
一八〇六九	：□：
一八〇七〇	：亢：帚：女：

一八〇七一　…□…
一八〇七二　貞…叀于…□…
一八〇七二　…于…
一八〇七三　…叀…四月
一八〇七四　…目…
一八〇七五　…見大…
一八〇七六　…告
一八〇七六　冥日…不…
一八〇七六　冥日…
一八〇七七　…兔…
一八〇七八　辛…今…□…五月
一八〇七九　…其惟要…
一八〇八〇　…允…□…
一八〇八一　…小暨…
一八〇八二　…王…朕…
一八〇八三　…蠱…月
一八〇八四　…□…
一八〇八五　…□…
一八〇八六正　庚寅…貞王…
一八〇八六正　…自嬴
一八〇八六反　…自□乞…
一八〇八七　…貞□獲…
一八〇八八　…耳…
一八〇八九　…聞
一八〇九〇　…爭…耶…□…
一八〇九一　…弗其…十月…□…
一八〇九一　貞…于…
一八〇九二　…□…
一八〇九三　…□…
一八〇九四　…聖…□…丸…
一八〇九五　…内吼□…
一八〇九六　…吼…
一八〇九七　…唐…
一八〇九八　…敵…
一八〇九九　辛卯…婦無耶十一月
一八〇九九　…每…其…□…
一八一〇〇　…其…□…
一八一〇一　…□…
一八一〇二　…丑卜…其…區…
一八一〇三　…今丙…尋…州…惟…
一八一〇四　…遣…
一八一〇五　…□…
一八一〇六　…卜殻…呼□…
一八一〇七正　…舌…
一八一〇七反　癸…

一八一〇八　…不其魯
一八一〇九　…耶…
一八一〇九　…耶…魯…
一八一一〇　…魯
一八一一一　…不魯
一八一一二　…不魯
一八一一三正　癸…貞旬…𡆥
一八一一三正　…㞢…
一八一一三反　…曰…□…
一八一一四　貞…□…
一八一一五　…□…
一八一一六　…□…
一八一一七　…□…
一八一一八正　貞勿…□…
一八一一八反　…邑…
一八一一九　己巳…□…□…
一八一二〇　…□于…
一八一二一　…□…
一八一二二　…□…
一八一二三　…□
一八一二四　…貞翌庚午…未迺侑于…
一八一二五　貞…
一八一二五　…勿…迺…
一八一二六　…迺…
一八一二七　…□…
一八一二八　貞□…無𡆥
一八一二九　…卜□…旬…𡆥
一八一三〇　…古貞…骨…
一八一三一　…古…
一八一三二正　癸丑卜貞旬無…
一八一三二正　癸…
一八一三二正　…卯…
一八一三二反　癸…□□…
一八一三二反　…□…
一八一三三　…亥…□…
一八一三四　…九
一八一三四　…九□…
一八一三五　…惟…
一八一三六　貞…婦…
一八一三六　貞有□
一八一三七　…□…
一八一三八　…□…
一八一三九　貞…齒…
一八一四〇　…齒…

一八一四一	：辛：齒：
一八一四二	庚子卜貞其羅：東于：
一八一四三	：敀：
一八一四四	：友：
一八一四五	：友：
一八一四六	：羞：
一八一四七	貞勿羞：用：月
一八一四八	：爭：羞：辜：
一八一四八	：告
一八一四九	：羞：
一八一五〇	：為：
一八一五一	辛：貞：為：
一八一五一	丙申
一八一五一	：亥：
一八一五二	：為：
一八一五三	：申卜夒：
一八一五四	：乇：
一八一五五	：：
一八一五六	：子卜：子㞢：秉弗：
一八一五七	庚：貞其畐秉惟今夕：
一八一五七	：卜：
一八一五八	：酉卜：今：秉：
一八一五九	：王：权：
一八一六〇	：戌卜：其敕：
一八一六〇	：卜：
一八一六一	貞令：
一八一六一	：今夕：斫：
一八一六二	癸巳卜：貞斫：
一八一六二	：穷：
一八一六三	：曲：
一八一六四	己卯致：
一八一六五	：衩：
一八一六六	：：囚
一八一六七	：惟叹：祝：
一八一六八	丁巳卜：
一八一六八	：叹：
一八一六九	：呼來：叹：
一八一七〇正	：勿
一八一七〇正	：人
一八一七〇正	二告
一八一七一	戊寅：有啓：
一八一七二	：啓：
一八一七三	：不：敵：
一八一七四	：曰宊：
一八一七五	：宊：

一八一七六	戊戌：
一八一七六	辛丑：：
一八一七七甲	：今：月
一八一七七甲	：七月
一八一七七甲	：弗：
一八一七七乙	：亥卜殻貞今六月
一八一七八	：寅卜穷：夒：秋：
一八一七九正	：辰卜殻貞：
一八一七九反	：穷：
一八一八〇	：：
一八一八一	：：
一八一八二	：辛：权：呼：
一八一八三	癸丑：史貞旬：
一八一八四	：：
一八一八五正	庚子：
一八一八五正	：暘：
一八一八五正	：卜：
一八一八五反	：：
一八一八六	：辰卜穷：呼竟：奴：
一八一八七正	：囙：麗：
一八一八七反	：去：
一八一八八正	：午卜：
一八一八八反	：鼉：
一八一八九	：圾：
一八一九〇	：卜殻：殻：
一八一九一	貞殻：
一八一九二	：勿：殻：
一八一九三	庚辰：𡜊：
一八一九四	：𡜊：
一八一九四	庚：貞
一八一九四	王固曰：
一八一九五	：畏：
一八一九六	：畏：
一八一九七正	不舌黽
一八一九七反	：勿畏：
一八一九八	：畏：八月
一八一九八	：畏：
一八一九九	：弗：畏：
一八二〇〇	：亥：畏：
一八二〇一	：：
一八二〇二	：：
一八二〇三	貞：：㞢：
一八二〇四	癸卯卜貞：于：
一八二〇五	：卜王：乙：

一八二〇六 丁酉卜王…人𡧍…月

一八二〇七 癸亥卜…𡧍…

一八二〇七 …出日𡧍…

一八二〇八 …卯卜…

一八二〇九 …豖惟…

一八二一〇 戊…餗…負…

一八二一一 …其…負…

一八二一二 …敹…

一八二一三 丁卯卜…貞來…嵒…萳…

一八二一四 王固曰𪓰…

一八二一五 …𦣞…

一八二一五 …黽…

一八二一六 乙亥…嚚…

一八二一七 …其侑于…血嚚…

一八二一八 …其有不…十?月

一八二一八 貞惟㲋王𡍭

一八二一八 丁酉

一八二一八 辛酉

一八二一八 丙…

一八二一九 丙午卜古貞令唱𡍭㲋王

一八二二〇 貞惟㲋王𡍭

一八二二一 貞…𣪊…𡍭…

一八二二一 貞…

一八二二二 …㪅…止…

一八二二三 …㪅…

一八二二四 貞…敞…

一八二二五 …𣪊…𩰫…

一八二二六 …儆…

一八二二七 …儆…

一八二二八 …敎…

一八二二九正 貞勿令敎…

一八二二九反 …寅卜㝎…

一八二三〇 乙…

一八二三〇 壬子卜…

一八二三〇 己未卜王…敎…

一八二三一 …行史…𢀛　二告

一八二三一 …于…

一八二三二正 …出…五月

一八二三二反 …𢦔婦…在…

一八二三二 壬…貞…

一八二三三 …午…貞翌乙未…𣪊…日之…

一八二三四 …疋…其…

一八二三五 …逆…

一八二三六 …逆…

一八二三七 …𢆶…

一八二三八 …𠂤…

一八二三九 …王呼𣥂…

一八二四〇 …魯甲…　二告

一八二四一正 …不…

一八二四一正 …雚…

一八二四一反 …宁…

一八二四二 壬戌…貞…

一八二四三 …其…𣎆…

一八二四四 …𣎆…

一八二四五 …𣎆…六月

一八二四六 …呼…⿱山冂…

一八二四七 戊…壴…

一八二四八 丁亥卜疋…

一八二四九 …丑卜…王…災

一八二四九 貞弗其壴十二月

一八二五〇 貞…肉…壴…

一八二五一 不其壴

一八二五二 貞…壴…

一八二五三 …未…𡨥…再…

一八二五四 …止…

一八二五五 …奉…中…

一八二五五 …并…苜…今夕…

一八二五六 壬…不…

一八二五六 …多…苜…

一八二五七 庚午…震日不…

一八二五七 …丑卜王…

一八二五八 乙…㝎…

一八二五八 …勿𠂤…𣅀…

一八二五九 貞…疋…

一八二六〇 …𠂤…用

一八二六一 …令𠂤…友十三月

一八二六二 貞𠂤…用…

一八二六三 壬申卜貞勿𠂤

一八二六四 …亥…𩰫…

一八二六五 …申…正…

一八二六六 …征…司…無…伐…

一八二六七 …𠂤…

一八二六八 貞…四十…

一八二六九 …子卜…𡧍…丁…

一八二七〇 …𦥑…

一八二七一 …鷐…𩰫…白…

一八二七二 …王役…𡆥…口…

一八二七三 戊…貞…

一八二七三 …𡧍…𡧍…

一八二七四　乙…貞…
一八二七四　黃牛…
一八二七五　…幽牛…
一八二七五　…幽牛…黃…
一八二七六　…遷…
一八二七七　己…貞…遷…
一八二七八　…卜…王…𠂤…
一八二七九　丙戌卜…貞王…𠂤…
一八二八〇　…𠂤王…
一八二八一　丁酉卜殼貞王勿𠂤曰…
一八二八二　…勿𠂤比八月
一八二八三　…𠂤比五月
一八二八三　…五月
一八二八四　貞勿𠂤令…
一八二八五　貞勿𠂤令
一八二八六　…午卜貞勿𠂤令…于…
一八二八七　丙…殼貞…黃…
一八二八七　貞勿𠂤于…八月
一八二八八　…勿𠂤…
一八二八九　…卜…勿𠂤…
一八二九〇　…勿𠂤…
一八二九一　丁亥…勿𠂤…妣…
一八二九二　貞勿𠂤…
一八二九三　庚寅卜勿𠂤…
一八二九四　…亥卜殼…勿𠂤于…
一八二九五　…𠂤于…
一八二九六　…勿𠂤…
一八二九七　…弗𠂤…
一八二九八　乙…貞…𠂤…六月
一八二九九　…𠂤…十…
一八三〇〇　…𠂤…母…
一八三〇一　…卜爭…𠂤戈…
一八三〇二　…卜…𠂤…
一八三〇三　…𠂤…
一八三〇四　……
一八三〇五　……
一八三〇六　…豚…
一八三〇七　…又…豕…
一八三〇八　……
一八三〇九　…
一八三一〇　…
一八三一一　…虎…
一八三一二　己丑…唬…受…
一八三一三正　貞豹…王…
一八三一三反　辛卯…

一八三一四　…豹…
一八三一五　…㲋…
一八三一六正　貞㲋…
一八三一六反　…
一八三一七　…㲋其…
一八三一八　……
一八三一九　…虎…
一八三二〇　貞…
一八三二一　貞夏…
一八三二二　貞王…午余……
一八三二三　…𢆶…示…
一八三二四　癸…貞…
一八三二四　…三…丙戌…允……
一八三二五　…無……
一八三二六　…隹…
一八三二七　貞……
一八三二七　丁未卜…
一八三二八　…皀…
一八三二九　…兵雈…
一八三三〇　乙酉……牛勿…
一八三三一　…隹…
一八三三二　…貞…其騳？…
一八三三三　辛未…集…
一八三三四　…雉…
一八三三五　…未…雉…
一八三三六　……
一八三三七　……災
一八三三八　辛巳卜古貞鼓…
一八三三八　…丑卜貞…矢……
一八三三八　丁丑卜…貞……
一八三三九　……不…
一八四〇　貞勿……惟…
一八三四一　…辰卜爭貞令亳宁鷄見……
一八三四二　丁丑…貞…
一八三四二　貞惟
一八三四三　…鳳…
一八三四四　…惟…鳥…
一八三四五　…卯王…逐…不？…子己…
一八三四六　…卜殼…翌…
一八三四六　……騢…
一八三四七　…我鵬于…
一八三四八正　丁卯卜韋貞
一八三四八臼　戊戌卜㱿貞…葡…
一八三四九　…羽…
一八三五〇　…酉…

一八三五一　：：□：戠：龍：：
一八三五二　：：□：夕王：：
一八三五三　庚申卜㝑貞惟□
一八三五三　庚申卜㝑貞勿惟□　二告
一八三五四　貞□
一八三五五　貞□㞢：：
一八三五六　：：盧：：
一八三五七　：：盧：二月
一八三五八　：：㝑：囚：盧：：
一八三五九　：：並：□：：
一八三六〇　：：□：豕：：
一八三六一　：：龜祝：：
一八三六二　：：龜：：
一八三六三　：：弗其：龜：：
一八三六四　貞龜由：：
一八三六五　：：申：龜：：
一八三六六　：：匄：龜：：
一八三六七　：：□：：
一八三六八　：：
一八三六九　：：龜：：
一八三七〇　：：狽：：
一八三七一　：：狽：：
一八三七二　：：惟狽：兹：京
一八三七三　癸：：
一八三七三　甲戌狽：：
一八三七四　：：㞢：狽：：
一八三七五　：：令：狽：：
一八三七六　：：翌丁酉：狽十二月
一八三七七正　：：豹貝：女事：受：：
一八三七七臼　甲子卜：：
一八三七八　：：□：犬：：
一八三七九　：：戝：：
一八三八〇　：：王□：□：：
一八三八一　：：申卜：□：：
一八三八二　：：□：于：：
一八三八三　乙未卜：貞惟：：
一八三八三　：：□：呼：：
一八三八四　貞王：叀：來：自：：
一八三八五　貞惟：不惟：□：：
一八三八六　乙卯卜貞：□□：：
一八三八六　：：呼：：
一八三八七　：：殺：解：：
一八三八八　：：酉卜：羊解：：
一八三八九　：：□：：
一八三九〇正　：：其□：　二告
一八三九〇反　貞：：

一八三九一　：：其：□：：
一八三九二　：：蠱：：
一八三九三　貞余：□：：
一八三九四　：：蔿：：
一八三九五　：：蔿：：
一八三九六　庚：王：萬：：
一八三九七　：：呼：萬：：
一八三九八　乙酉：禾：：
一八三九九　乙：卜：來：：
一八三九九　：：□：□：：
一八四〇〇　：：弗：□
一八四〇〇　：：天豕：：
一八四〇一　癸丑：利：：
一八四〇二　：：子：□：：
一八四〇三　：：□：：
一八四〇三　：：亥卜：王：：
一八四〇三　癸：：
一八四〇四　：：□：：
一八四〇五　二告
一八四〇五　貞不其□
一八四〇六　：：朮：：　二告
一八四〇七　：：小甲一牛
一八四〇八　：：卜：小甲：：
一八四〇九　：：貞：楙：任：于：：
一八四一〇　：：相：無囚　二告
一八四一一正　：：桓：不：：　小告
一八四一一反　：：用：：
一八四一二　：：桓：不：：
一八四一三　：：桓：：
一八四一四　甲辰：：
一八四一四　：：析其：：
一八四一四　：：其：：
一八四一五　：：析：：
一八四一六正　：：□：：
一八四一六反　：：
一八四一七　：：乙：□：：
一八四一八　：：林：：
一八四一九　：：野：：
一八四二〇　：：王余：□：：
一八四二一　：：木：陟：：
一八四二二　：：□：：
一八四二三　：：勿：□：：
一八四二四　：：曰：□其：不？比
一八四二五　：：子：□：：
一八四二六　：：□：三月
一八四二七　：：□：：

一八四二八	丁卯……
一八四二八	……巳卜旁……其悔
一八四二九	……□……
一八四三〇	……王貞𦬁……
一八四三一	……𦬁不……惟……月
一八四三二	戊寅……爭貞……萑……
一八四三三	……笛……
一八四三四	……□……
一八四三五	……由……
一八四三六	丙戌……貞……丁……㞢……
一八四三六	……申……令……□……取……
一八四三七正	……呼……田……
一八四三七反	……□……
一八四三八	……亥卜……□……
一八四三九	……卜……盧……庚……
一八四四〇	丁卯……妣丁盧……
一八四四一	……□盧……
一八四四二	……春……
一八四四三	……又……□……
一八四四四	貞……
一八四四四	……未……貞……
一八四四四	……□……牛……
一八四四五	貞……殺逆……
一八四四六	……卜……
一八四四六	……祟……
一八四四七	……母亘……于……□……四月
一八四四八	……寅……□……
一八四四九	甲辰……于……告□……步……
一八四四九	……㞢……
一八四五〇	……□……
一八四五一	庚戌……貞今日……十月
一八四五一	……□……
一八四五二	壬寅……貞□……
一八四五三	壬辰……貞……丁……剛……
一八四五三	……卜穷……多……
一八四五四	……寅卜……貞剛……
一八四五五	……貞……無……
一八四五六	……妡嬴
一八四五七	戊午卜……析……
一八四五八	庚寅……
一八四五八	……卜……㞢……析……
一八四五九	……□……析……
一八四六〇正	……呼……□……勿……□……
一八四六〇正	二告
一八四六〇反	……
一八四六一	乙巳卜……貞□其……

一八四六二	……弗羌……
一八四六三正	……其綿……
一八四六三反	……弟……
一八四六四正	……羌……
一八四六四反	……至……
一八四六五	……宁□……
一八四六六	芺步……
一八四六六	貞勿芺步……
一八四六七	不惟芺
一八四六八	……惟……□……
一八四六九	……函……災
一八四七〇	……□……
一八四七一	……令……□……之日……
一八四七二	……吹……
一八四七三	……□……
一八四七四	己亥……貞……
一八四七四	……截……
一八四七四	……□……
一八四七五	……□……
一八四七六	……婦侑于……
一八四七七	……作彈……
一八四七八	貞……亙……
一八四七九	……□……
一八四八〇	……□……
一八四八一	……衣……歲……
一八四八二	……□……
一八四八三	癸酉卜……□……□……
一八四八四	……旁……告……
一八四八五	……□……
一八四八六	……□……
一八四八七	……□……
一八四八八	……卜……貞……旁……又……
一八四八九	貞……□……
一八四九〇	貞……
一八四九〇	……惟癸……陷……
一八四九一	……□……
一八四九二	……□舌……
一八四九三	癸未……貞匿……
一八四九四	……□……
一八四九五	……□……
一八四九六	貞……㞢……
一八四九六	……専……弗……
一八四九七	……専……不其……
一八四九八	……□……
一八四九九	……卜……□……不□
一八五〇〇	貞……□

一八五〇一　甲辰……貞其橐
一八五〇二正　……橐……
一八五〇二反　……止……
一八五〇三　庚戌卜東……
一八五〇四　貞惟量……𡗨……月
一八五〇四　貞……
一八五〇五　貞……□……量……
一八五〇六　……延呼……量……
一八五〇七　……我量……
一八五〇八　……呼……量……
一八五〇九　……不□……
一八五一〇　……惟力……
一八五一一　……貞勿……
一八五一一　……
一八五一二　貞□……其
一八五一三　……東……
一八五一四正　……刺……
一八五一四反　……
一八五一五　……滕……
一八五一六　……婦……
一八五一七　……酉卜㱿貞……乙卯……□丁……
一八五一八　庚……貞……□……
一八五一九　……□……
一八五二〇　貞放……
一八五二一　辛巳卜㱿貞□于……
一八五二二　……不□……
一八五二三　乙……□□……
一八五二四　……盥……
一八五二五　……益……
一八五二六　……益……五十……
一八五二七　……□……允……
一八五二八　……□……于……
一八五二九　……□……
一八五三〇　……盥……
一八五三一　……盥……
一八五三二　貞……盥……
一八五三三　……盥……
一八五三四　……勿盜即……
一八五三五　貞……用……
一八五三五　……不其……□……
一八五三六　貞惟……呼盖……
一八五三七　貞……盖……大……十月
一八五三七　……不……
一八五三八　……令……□……
一八五三九　……卯卜……□……
一八五四〇　……盡……

一八五四一　……寅……
一八五四二　貞……益……
一八五四三　辛……貞……益……□……
一八五四四　貞……益……日……
一八五四四　……王……益……
一八五四五　……不……□……
一八五四六　……子卜……今日……□……
一八五四六　貞……日……
一八五四七　……□……
一八五四八　……□……
一八五四九　……□……
一八五五〇　壬戌……㠯……日
一八五五一　……□出……勿……小七月
一八五五二　甲……敦……□……□……
一八五五三　……廼……會用……
一八五五四　……勿……𧄍……
一八五五五　……䣺……
一八五五六　……□
一八五五七　貞……□……
一八五五八　乙丑卜……□□……
一八五五九　……壴……
一八五六〇　……豕……
一八五六〇　……豕……
一八五六〇　……壴……
一八五六一　……壴……
一八五六二　……亢弗……□……
一八五六三　貞惟……貞……
一八五六四　……旁貞……□……
一八五六五反　……□……
一八五六六　……□……
一八五六七　甲寅……□……日……
一八五六八　……□取……
一八五六九　……□……
一八五七〇　……卜……□畢……人……
一八五七一　貞……畢……
一八五七二　……畢……
一八五七三　戊午卜古貞……
一八五七三　……畢……骨……
一八五七四　……畢……
一八五七五　……惟……畢……
一八五七六　……巳……
一八五七七　……又畢……
一八五七八　……𥝩畢……
一八五七九　……畢……凡……
一八五八〇　……畢……
一八五八一　……未卜今……于……蒸……

一八五八二　…叙…
一八五八三　貞…丁…餗…
一八五八四　…食…
一八五八五　…食，其…
一八五八五　二告
一八五八六　…□…
一八五八七　…寅卜貞…乙卯…用其…人豆…
一八五八八　…豕…告
一八五八八　…□…
一八五八九　…尋鼓…
一八五九〇正　貞…
一八五九〇正　…安…
一八五九〇反　…豐…
一八五九一正　…亥卜…豐…
一八五九一反　…固曰…
一八五九二　…勿…剛…
一八五九二　…豐…夫…
一八五九三　…豐…女…
一八五九四　…鼓…
一八五九五　…爰…
一八五九六　貞勿商殺由戠
一八五九七　癸丑…貞翌…⿰阝尊新鼓示
一八五九八　…王…絎…
一八五九九　貞…絎…
一八六〇〇　…緜?…
一八六〇一　貞…□…
一八六〇二　…□…不…
一八六〇三　…□…
一八六〇四　…惟辛…呼…賓…
一八六〇四　弜□
一八六〇五　…未卜…貞又…
一八六〇五　…□…
一八六〇六　貞…□曰…
一八六〇七　…□…
一八六〇八　貞…□…
一八六〇九　貞…賓…
一八六一〇　貞…㞢賓…
一八六一一　…王…賓…
一八六一二　…□貞…及□…賓…
一八六一三　庚…賓…
一八六一三　…卜…貞…
一八六一四　…賓…
一八六一四　…□?…十二月
一八六一五　戊…㝑…賓…畀…
一八六一五　…卯…貞…
一八六一六　貞…

一八六一七　貞口…其安…
一八六一八　辛…卜…
一八六一九　…□…其…
一八六二〇　…卜貞…□…于…
一八六二一　…寅…寑…
一八六二二　…暨□…災
一八六二三　…寶…
一八六二四　…□…
一八六二五　戊寅卜…□…
一八六二六　…□…二月
一八六二七　貞惟□
一八六二八　…□□…呼…
一八六二九　…宕…
一八六二九　…曰…
一八六三〇　…宗…
一八六三一　…享…
一八六三二　…鬐…
一八六三三　…□…多…牛…
一八六三四　…其…□…豆…大…
一八六三五　…貞…□…
一八六三六　…□…
一八六三七　…□…
一八六三八　…辰卜…曹…
一八六三九　…往?曹…受…
一八六四〇　…用…从…
一八六四〇　…曹…
一八六四〇　…□…
一八六四一　貞不其曹
一八六四二　貞弗曹
一八六四三　…丑卜…無□…子…
一八六四四　…曰囚…
一八六四五　…中…
一八六四六　…雍…
一八六四七　貞…雍…
一八六四八　…勿…器…
一八六四九　…器…
一八六五〇　…□…冐
一八六五一　…平…
一八六五二　…令?匡…
一八六五三　…
一八六五四正　己酉卜㝑貞有疾□出
一八六五四臼　奠示十屯
一八六五五　…今夕…卟…
一八六五六　…夢…
一八六五七　貞…㪔…

一八六五七　…雨…
一八六五八　…疾…龐
一八六五九　…午卜…木…
一八六六〇　貞㞢夢…
一八六六一　甲申…屮勿…六月在…
一八六六一　…啓…
一八六六二　…廣若
一八六六三正　戊卜韋…廣若
一八六六三反　…六七…
一八六六四　…永…倉用…
一八六六五　…闢…
一八六六六　…惟…尋…
一八六六七　…㒸…
一八六六八　…吕…
一八六六九　丙戌…貞…丁亥…
一八六七〇　…貞…
一八六七〇　…𢓊…
一八六七一　…貞…
一八六七二　貞出…𪏉
一八六七三　壬申卜貞更…
一八六七四　…舟…日…
一八六七五　…昭…
一八六七六　…不𫹲八月
一八六七七　…卯…其用…雨…
一八六七八　…井…
一八六七九　壬午卜…惟…䓞…
一八六七九　…王…于…
一八六八〇　…旁…
一八六八一　貞…學…不…
一八六八二　…文…
一八六八三　…卜爭…文…
一八六八四　…曰告…夔…
一八六八五　…戊卜翌…𢦏…
一八六八六　…今夕…又…
一八六八七　…亥…爭…
一八六八七　…古…𡆥…
一八六八八　貞…宗衣…
一八六八九　…夕𠖥毓…
一八六九〇　貞龠…
一八六九一　辛酉卜…呼不…
一八六九一　…卜…其…
一八六九一　…惟…乇𠂆…
一八六九二　…齊…𩫖…
一八六九三　貞…𪰇…
一八六九四　…育…
一八六九五　…𢓊…

一八六九六　乙巳…余呼…𢓊…
一八六九七　…𢓊…
一八六九八　…酉…𢓊…叀…母…
一八六九九　壬午…𢓊…獲…
一八七〇〇　貞𢓊婦…
一八七〇一　貞𢓊…無其…
一八七〇二　…受𢓊…
一八七〇三　貞徙…
一八七〇四　甲戌卜翌乙…行衣不…不…
一八七〇四　庚子卜
一八七〇四　庚子卜翌…
一八七〇五　…秝畀…
一八七〇五　乙…
一八七〇六　…𪚲…若…
一八七〇七　丙寅卜…令往…𢆶…
一八七〇八　…豊…𢓊…
一八七〇九正　…南…凡車…
一八七〇九反　…𤉲…
一八七一〇　…南…
一八七一一　…寅卜…南…
一八七一二　貞…
一八七一二　勿𢓊
一八七一三　…斷…
一八七一四　…斷…
一八七一五　…斷…
一八七一六　甲子卜…㞢甲…不惟…
一八七一七　…茲旬…
一八七一八　…春…弗其…
一八七一九　貞…昭…
一八七一九　貞…王…
一八七二〇　…貞㞢…
一八七二一　戊午卜爭貞令𠂤𢀛…九月
一八七二二　甲申卜㱿貞令家𠂤保…
一八七二三正　…㞢…𠂤…己
一八七二三反　…
一八七二四　…𢦏…
一八七二五　…古貞…明…
一八七二六正　壬申卜貞明…
一八七二六反　…父…
一八七二七　…亦…𦝠…
一八七二七　癸…㱿…旬…囚
一八七二八　…月
一八七二九　…旬…
一八七三〇正　茲𢓊
一八七三〇反　壬…卜…

一八七三〇正　二告
一八七三〇反　…未…
一八七三一　…𢀛…土…
一八七三二　…爭…侚…
一八七三二　…百十月
一八七三三　…臺…
一八七三四　…偡…
一八七三五　…偡…
一八七三六　…卜…罗…
一八七三七　…炯…
一八七三八　…呼…𠂤…
一八七三九　庚…熹…
一八七四〇　庚…㕚…
一八七四一　…宀…
一八七四二　…般衛…徵二月
一八七四三　…𢀛…
一八七四四　戊戌…炯…
一八七四五　…不…永…㞢…于…
一八七四六　…𠓛…
一八七四七　…𡆥曰…元曰…
一八七四八　己酉卜亘貞𨸏…
一八七四九　…王…河…
一八七五〇　…王…河…
一八七五一　貞…𨸏…
一八七五二　…曰墜…
一八七五三　…陕…
一八七五四　…官…
一八七五五　…𨸏𢦏…
一八七五六　…無降疾
一八七五六　戊…
一八七五六　…止…
一八七五七　…于𦎫…
一八七五八　…曰𦎧…曰戠…十㞢來…𡉚…
一八七五九　戊…貞…殸…
一八七六〇　…酉卜…殸…
一八七六一　…卜燎…新…
一八七六二　貞…于…
一八七六三　癸巳…貞…
一八七六三　…王…𠂤…
一八七六四　…𠂤豐…𢀛…
一八七六五　…未卜貞…夕𠛱…有由
一八七六六　乙卯…𦌚…獲…𢀛…
一八七六七　戊…貞…乙…𢀛…之…
一八七六八　…侚方…
一八七六九　…𢀛…

一八七七〇　…百洪…
一八七七一　丁卯…𣶒…其…
一八七七二　貞…甲午…三月
一八七七二　貞擢其大泉
一八七七三　…亦…泉
一八七七四　…河…
一八七七五　…亥卜河…𢀛…允…
一八七七六　…于㳄…
一八七七七　貞…㳄…
一八七七八正　…㴱…十月
一八七七八反　…婦井示…
一八七七九　…濠…
一八七八〇　癸…𤊙…
一八七八一正　不告黽
一八七八一正　二告
一八七八一反　…貞作汝…
一八七八一反　…娩
一八七八二　癸亥卜貞…杯…
一八七八三　…𠆢…
一八七八四　…川…
一八七八五　…司…豕…
一八七八五　…酉卜…王…上甲…
一八七八六　…令…叀…
一八七八七　癸亥卜㱿貞旬…𡆥一日𢆶甲子…
一八七八八　…卜古貞旬無…𢆶甲子㞢…
一八七八九　…旬無𡆥九日𢆶辛…有災王墜自…
一八七九〇　…有五…𢆶戊…小子…一月
一八七九一　…貞…卯…一日𢆶丁亥王…
一八七九二　癸…旬無𡆥…㞢…𢆶己卯…日𢆶…雨
一八七九二　…𢆶…秋…爯至…商六月
一八七九三　癸亥卜史貞旬無𡆥一日𢆶甲子夕燮大
爯至于相…
一八七九三　…事…旬無𡆥二月
一八七九四　…未卜…貞…無…
一八七九四　癸…旬…𢆶…二告
一八七九五　…亥…貞旬無…𢆶…侯…
一八七九六　…一日𢆶…
一八七九七正　…五…𢆶…
一八七九七反　…惟…
一八七九八　…貞旬有…嬉自…𢆶…
一八七九九　…𢆶…
一八八〇〇　貞𤕌其魚𢀛
一八八〇〇　貞𤕌不魚𢀛
一八八〇〇　貞𤕌其魚𢀛
一八八〇〇　貞𤕌不魚…

一八八〇〇　貞雍其魚𢀛
一八八〇〇　貞雍不魚……
一八八〇一　己巳卜貞翌庚午魚益桒之日……
一八八〇一　……丑卜……貞……不……
一八八〇一　己巳卜貞今日益桒不雨
一八八〇一　丁……貞……
一八八〇二　……大……午魚益……之日允……六月
一八八〇二　……方庸……
一八八〇三　貞丁㝉戶戩無匄
一八八〇三　貞來丁巳暘日十月
一八八〇三　貞翌丁卯魚益嚣
一八八〇三　貞……丁卯不其魚之㫚允不……
一八八〇四　貞翌……申……
一八八〇四　辛未卜貞今日魚庸十二月在甫
一八八〇四　……卜……今日……雨
一八八〇四　……今日……㞢……子……
一八八〇五　己卯……祉不受年
一八八〇五　庚辰卜貞宁戋魚朿不冎在兹
一八八〇六　……寅卜㝉……翌丁卯……饗多……
一八八〇六　貞不其魚
一八八〇七正　丙寅……允……日延……之……延……魚……
一八八〇七正　貞不其魚……之……允……
一八八〇七反　……申乞……
一八八〇八　貞不其魚
一八八〇九　乙酉卜貞惟辛卯酌用
一八八〇九　……不……魚
一八八一〇正　丙……貞……魚……
一八八一〇反　……其……享……
一八八一一　癸……翌……王……河……
一八八一一　貞弗其魚𩠘舌方
一八八一一　……勿……
一八八一三　……魚……
一八八一三　貞……遘……
一八八一三　貞不其……
一八八一三　……不……衣……其……七月
一八八一四　庚申……古貞翌辛……魚……
一八八一二　癸丑卜㝉貞郭魚降比陟
一八八一五　……不……魚……
一八八一五　……辰卜古……翌乙……魚……
一八八一六　貞……魚……
一八八一七　貞……魚……
一八八一八　……丑卜……日魚……
一八八一九　甲寅卜……貞翌……卯魚……學黃……曰允……學……
一八八二〇　辛亥卜貞今日……
一八八二〇　……魚益……日之……允魚

一八八二一　壬寅……貞……乙……魚……舌……
一八八二一　……貞……于河……以……
一八八二二　……雍……魚桒……
一八八二三　貞……其魚……月
一八八二三　……今日……益……
一八八二四　……魚益嚣之日允魚
一八八二五　庚辰……魚桒……
一八八二六　……其魚……
一八八二七　……魚……
一八八二八　……其魚……
一八八二九　亩妣……
一八八三〇　……其……于隹……所……
一八八三一　……矣……
一八八三二　……𠂢……
一八八三三　……𠃊……
一八八三四　貞……
一八八三五　……𡆥……
一八八三六正　……㝉王弗……
一八八三六反　……囚……二月
一八八三七　……㝉……骨……不……㞢……
一八八三八　庚……于……𠀠……
一八八三八　……宰妣甲
一八八三八　……己……于……
一八八三九　……田……𠂤十……
一八八四〇　甲子……貞有毌
一八八四一　乙亥卜粤……
一八八四二　……于乙卯……粤
一八八四三　貞𢦏……
一八八四四　……𠂤……
一八八四五　……
一八八四六　……笣……
一八八四七　……不𠬝……
一八八四八　……取𦥑……
一八八四九　……𡴕……
一八八五〇　乙卯……令……𠂤……十二月
一八八五〇　……貞……盖……
一八八五一　庚午卜爭貞令翌比遘
一八八五一　貞㫚酌翌
一八八五一　……爭……令……由……
一八八五二　辛……爭……㞢……
一八八五二　……光……卓……七月
一八八五三　……無……
一八八五四　……于……𠚤……
一八八五五　己卯……貞……𠂤……
一八八五六　……山……

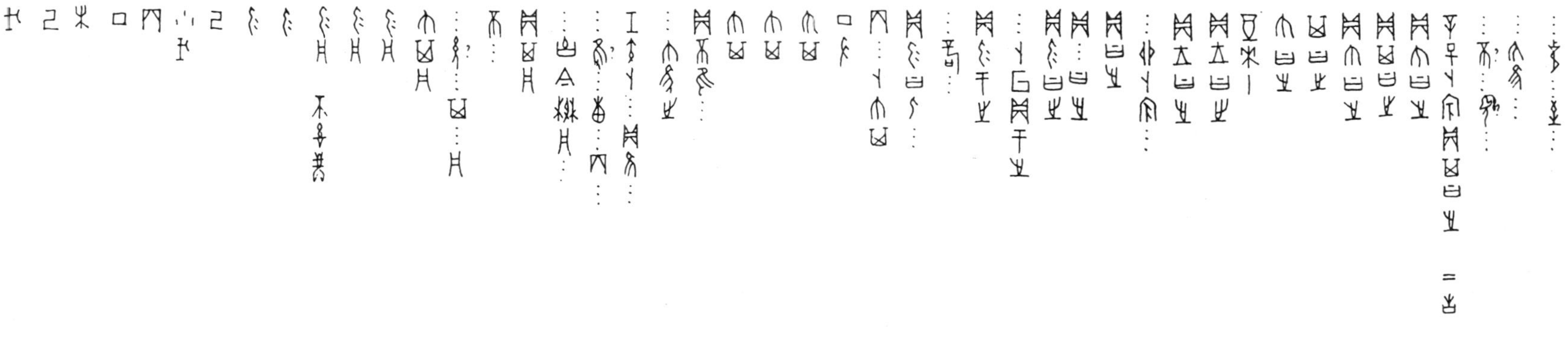

一八八五七	…至…
一八八五八	…不惟…
一八八五九	…不…？…
一八八六〇正	辛巳卜㱿貞其曰之 二告
一八八六〇正	貞不曰之
一八八六〇正	貞其曰之
一八八六〇正	貞不曰之
一八八六〇正	其曰之
一八八六〇反	不曰之
一八八六一	冀來十
一八八六二正	貞王曰之
一八八六二正	貞王曰之
一八八六二反	…卯卜㱿…
一八八六三	貞曰之
一八八六四	貞…曰之
一八八六五	貞勿曰之
一八八六六	…卜亘貞于之
一八八六七正	貞勿于之
一八八六七反	…畜…
一八八六八	貞勿曰妣…
一八八六九	丙…卜不其
一八八六九	丁丑
一八八七〇	不其
一八八七〇	不其
一八八七〇	不其
一八八七一	貞不惟…
一八八七二	…不惟之
一八八七三正	壬寅卜…貞惟…
一八八七三反	…獲…惟…丙…
一八八七四	…由今日春凡…
一八八七五	貞其凡
一八八七五	不…
一八八七六	…㞢…其…凡
一八八七七	不其凡
一八八七七	勿凡
一八八七八	勿凡
一八八七八	勿凡 不舌黽
一八八七九	勿
一八八七九	勿
一八八八〇	己
一八八八〇	小戊
一八八八〇	丙
一八八八一	丁
一八八八一	未
一八八八一	己
一八八八一	戊

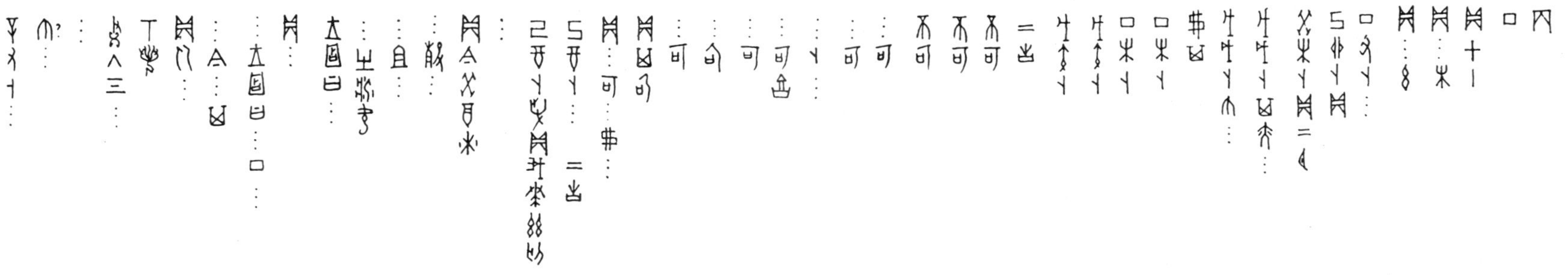

一八八八一	丙
一八八八二	丁
一八八八二	貞七十
一八八八二	貞…未
一八八八二	貞…午
一八八八三	丁丑卜…
一八八八三	己卯卜貞
一八八八三	癸未卜貞二月
一八八八四	戊戌卜其亦…
一八八八四	戊戌卜不…
一八八八五	弗其
一八八八五	丁未卜
一八八八五	丁未卜
一八八八六	戊寅卜
一八八八六	戊寅卜
一八八八七	二告
一八八八八	不可
一八八八九	不可
一八八九〇	不可
一八八九一	…可
一八八九一	…可
一八八九二	…卜…
一八八九三正	…可享
一八八九三反	…可
一八八九四	…可
一八八九五	…可
一八八九六	…可
一八八九七	貞其可
一八八九八	貞…可…弗…
一八八九九正	乙酉卜… 二告
一八八九九正	己酉卜爭貞我奏茲旬
一八八九九反	…
一八九〇〇正	貞今癸酉燎
一八九〇〇反	…㱿…
一八九〇一	…祖…
一八九〇二	…有疾壱
一八九〇二	王固曰…
一八九〇三	貞…
一八九〇三	…王固曰…丁…
一八九〇四	…今…其
一八九〇五正	貞河…
一八九〇五正	示若
一八九〇五反	婁入乞…
一八九〇六	…
一八九〇七	不…
一八九〇八	辛丑卜…

一八九〇九
一八九一〇正
一八九一〇正
一八九一〇正
一八九一〇正
一八九一〇正
一八九一〇正
一八九一〇正
一八九一〇正
一八九一〇正
一八九一〇正
一八九一〇正
一八九一〇正
一八九一〇正
一八九一〇反
一八九一〇反
一八九一〇反
一八九一〇反
一八九一〇反
一八九一〇反
一八九一〇反
一八九一〇反
一八九一〇反
一八九一一正
一八九一一正
一八九一一正
一八九一一正
一八九一一正
一八九一一正
一八九一一反
一八九一一反
一八九一二
一八九一二
一八九一三
一八九一四
一八九一四
一八九一五
一八九一六
一八九一七
一八九一七
一八九一七
一八九一八
一八九一八
一八九一八
一八九一九
一八九二〇

：固曰：
（習刻）
（習刻）
（習刻）
（習刻）
（習刻）
：子卜殼貞王：麋
（習刻）
（習刻）
（習刻）
（習刻）
（習刻）
（習刻）
（習刻）
（習刻）
（習刻）
（習刻）
（習刻）
（習刻）
（習刻）
（習刻）
（習刻）
（習刻）
壬午卜韋貞
貞小告
貞二告
二告
小告
二十
永入十
婦丙來　穷
辛亥貞無囚
：戌卜：于：
貞其：于上甲𠰻?：
己丑：貞：
：囚
壬申卜川邑羊
：血：
貞呼：今：
貞王勿比望乘
貞呼奴次
：□：
貞有疾
貞：
弗其：與疾
貞母：

一八九二一
一八九二二
一八九二三
一八九二四
一八九二五
一八九二五
一八九二五
一八九二六
一八九二七正
一八九二七反
一八九二八正
一八九二八正
一八九二八反
一八九二八反
一八九二九
一八九二九
一八九二九
一八九二九
一八九三〇
一八九三〇
一八九三一
一八九三二
一八九三三
一八九三三
一八九三三
一八九三三
一八九三四
一八九三五
一八九三六正
一八九三六反
一八九三七
一八九三八
一八九三八
一八九三九
一八九四〇
一八九四一正
一八九四一臼
一八九四一臼
一八九四二
一八九四三正
一八九四三正
一八九四三正
一八九四三正
一八九四三正
一八九四三正

：不其受：
：卯卜貞：
：壴：廾：
：子：□：合：
辛酉卜殼：
：卜爭貞：
：殼貞：
己巳卜爭貞比伐土方
：貞：吉惟茲：
：𢀛方弗其：
乙巳卜：
：寅卜穷貞燎：
甲子卜：
：祖乙：
：貞：無囚
：未：貞：無：
癸酉卜貞旬無囚
癸亥卜貞旬無囚
癸：卜穷貞旬無：
：卜：貞：無：告
庚子：勿：□：
：丁用燎：
癸：貞：囚
癸未卜古貞旬無囚三月
癸子卜古貞旬無囚三月
：亥卜：貞旬：囚四月
：庚：其：禫：
：歲我不：
：亥：目：
：其：
己亥卜爭貞龢龍：
辛：畢：其屮：
：牧：羊：
惟戌有作囚
壬寅卜殼貞旬無囚
甲戌卜穷貞辛?
敝
：中：敝：
（習刻）
（習刻）
（習刻）
（習刻）
（習刻）
（習刻）

一八九四三反	（習刻）
一八九四三反	（習刻）
一八九四三反	（習刻）
一八九四三反	（習刻）
一八九四四正	（習刻）
一八九四四正	（習刻）
一八九四四正	（習刻）
一八九四四正	（習刻）
一八九四四正	（習刻）
一八九四四正	（習刻）
一八九四四正	（習刻）
一八九四四反	（習刻）
一八九四四反	（習刻）
一八九四四	（習刻）
一八九四四	（習刻）
一八九四五	（習刻）
一八九四五	（習刻）
一八九四五	（習刻）
一八九四六正	（習刻）
一八九四六正	（習刻）
一八九四六正	（習刻）
一八九四六正	（習刻）
一八九四六正	（習刻）
一八九四六反	（習刻）
一八九四六反	（習刻）
一八九四七	（習刻）
一八九四八正	（習刻）
一八九四八反	（習刻）

一八九四九	…卜貞…人…一月
一八九五〇	貞…乙…其…
一八九五〇	…卜…貞…㞢…□…人…
一八九五一	庚子卜…其从
一八九五二	貞無其从
一八九五三	貞無其从
一八九五三	…卜貞…有从
一八九五四	…叀…从十三月
一八九五五	…孜…从…
一八九五六	弗其从
一八九五七	…黄…不…叡从…勿…
一八九五八	有从
一八九五九	…惟出…从…
一八九六〇	…从…
一八九六一	…弜亥犬…
一八九六二	…余林…弜…
一八九六三	…午卜…保…
一八九六四	丁巳…令…保…
一八九六五	…未卜…貞其…于保…
一八九六六	…卜貞…兄…
一八九六六	己亥…惟…保…
一八九六七	…保于…八月
一八九六八	…保…
一八九六九	戊辰…保…
一八九六九	…呼…保…
一八九七〇	…亥卜…保…
一八九七〇	癸亥…子□…日亦…
一八九七一	貞…
一八九七二	…□…甲…
一八九七三	…老…夕子…
一八九七四	…循…望…
一八九七五	…王…于…
一八九七五	…□…二月
一八九七六	戊子卜…食丙申…
一八九七六	戊子卜…其及…十一月…
一八九七七	…及…永先…
一八九七八正	…午卜…喪…及…
一八九七八反	…固…
一八九七九	…庚□…用
一八九八〇	…卜…貞…先…
一八九八一	…多…□…
一八九八二	辛丑…貞今…企…
一八九八三	…企…
一八九八四正	…不其…
一八九八四反	…企寅…

一八九八五 丙…貞…
一八九八五 貞[illegible]無…
一八九八五 …羌…
一八九八六正 …弗…亦…羌…
一八九八六反 …庙…
一八九八七 …巳卜…丮羌…曰其…
一八九八八 …呼比羌
一八九八九 …勿惟羌
一八九九〇 …王其羌
一八九九一正 …寅卜爭…乙…其…羌
一八九九一反 辛亥穷…
一八九九二 雨
一八九九二 癸卯卜古貞無羌口
一八九九三正 不舌黽
一八九九三正 不舌黽
一八九九三反 貞羌…祟
一八九九三反 …侑于…
一八九九四 丙午…貞…羌…自…
一八九九四 …貞…方…
一八九九五 …于百…羌…
一八九九六 …日…庚…固曰羌…其…
一八九九七 …令多…羌…多…
一八九九七 …大…
一八九九八 …多羌…惟王終八月
一八九九九 …羌…
一八九九九 …二牛
一九〇〇〇 …羌十牢
一九〇〇一 …吉…我…
一九〇〇一 …兹…羌
一九〇〇二 …[illegible]…允…[illegible]羌
一九〇〇三 …酉卜…王…不其…
一九〇〇三 …羌…
一九〇〇四 …其量?…羌…
一九〇〇五 …其…羌…
一九〇〇六 …危…羌惟…大甲?…
一九〇〇七 惟羌
一九〇〇八 …亞…羌…
一九〇〇九 …羌…五月
一九〇一〇 …易…羌…
一九〇一一正 …申卜…羌…
一九〇一一反 …曰其…
一九〇一二 …亥卜…羌于…甲…
一九〇一三 貞…羌不…入…
一九〇一四 貞…㞢…羌
一九〇一五 …我…中…羌…
一九〇一六 …巳卜殻貞勿…羌

一九〇一七 戊寅…貞勿…羌…大…
一九〇一八正 小告
一九〇一八反 …羌
一九〇一九 …羌
一九〇二〇 …羌
一九〇二一 …羌
一九〇二二 …羌
一九〇二二 貞…
一九〇二三 …羌…于…
一九〇二四 貞…羌…
一九〇二五正 …伐小往…羸
一九〇二五反 …乙亥卜…
一九〇二六 …𢀛?易暨眉以戴…惟…山…
一九〇二七 …十介今夕…
一九〇二八 貞㞢…七介…
一九〇二九 …王元
一九〇三〇 …王勿元
一九〇三一 貞…今…
一九〇三一 …元…十月
一九〇三二 壬辰…貞元…
一九〇三三 …雀任…受…
一九〇三四 …丑…多任…
一九〇三五 …任…
一九〇三六 癸丑
一九〇三六 …卜…貞…目其㓹…惟…戋…
一九〇三七 丁丑卜穷貞旬𢀛?何㞢?…
一九〇三八 丁丑卜…貞令…以…
一九〇三九 …子…貞呼以…
一九〇四〇 …未卜…貞以…子…
一九〇四一 …以王…
一九〇四二 貞勿以…暨王十月
一九〇四三正 …卜亘…于以…王…
一九〇四三反 …示…
一九〇四四 …允…曰…眉?…
一九〇四五 …允吸…
一九〇四六 己未卜…允其…
一九〇四七 丁酉…貞…允…
一九〇四七 …寅卜…貞…㞢…不…
一九〇四八 丙申卜…翌辛丑大…
一九〇四九 甲子卜亘貞
一九〇四九 …大…
一九〇五〇 …天…
一九〇五一 …大…
一九〇五二 丙…大…
一九〇五三 己未…亦…
一九〇五四 …壬…亦…

一九〇五四　：令：亦：
一九〇五五正　貞不亦：
一九〇五五反　：左：
一九〇五六　：舞于丙？：
一九〇五七正　二告
一九〇五七反　：立齒：
一九〇五八　乙巳卜：貞立：
一九〇五九　：勿立：其：
一九〇五九　：其：牛：
一九〇六〇正　戊申卜爭貞：往立眉？若
一九〇六〇反　：示：王固：
一九〇六一　：日：
一九〇六一　：日：
一九〇六一　今日：立：囚
一九〇六二正　小告
一九〇六二正　二告
一九〇六二反　：立多：
一九〇六三　戊：犬：一：父：
一九〇六三　壬子卜：丙王：
一九〇六四　庚：卜：子：㞢：
一九〇六四　：卜：妣
一九〇六五　壬子：出：□？：
一九〇六六　：其：毓：
一九〇六六　：殼：
一九〇六七　：女：令：
一九〇六八　：酉：反□及不
一九〇六八　：其：□：
一九〇六九　：卜：辰：不：
一九〇七〇　：反：及：不：
一九〇七一　：令：印：
一九〇七二　辛：□：茲：
一九〇七三正　：令：人：七月
一九〇七三反　：酉：
一九〇七四　丁巳：令：□：
一九〇七五　：貞：令見：
一九〇七五　：亙：
一九〇七六　己卯：令：暨：
一九〇七六　：犬：
一九〇七七　己酉：令：暨：
一九〇七八　：合令：枚：
一九〇七九　貞：令：
一九〇七九　：酉卜：貞：喪：
一九〇八〇　貞：無：戴：
一九〇八〇　：令：
一九〇八〇　貞令丁令多步

一九〇八一　貞令丁：令多：步：
一九〇八二　：酉卜爭貞：令多：往：
一九〇八三　甲：宾：乙：㞢：
一九〇八三　：令闌：多：
一九〇八四　甲子：貞令：往：京
一九〇八五　：卜內：令：□：
一九〇八六　：令：用？畚
一九〇八七　貞：惟：令：
一九〇八七　：我：令：
一九〇八八　貞勿：
一九〇八八　：惟：令：□：十二月
一九〇八九　乙：貞：
一九〇八九　貞惟□
一九〇八九　貞惟：令：
一九〇九〇　貞惟：令：
一九〇九〇　：啇：
一九〇九一　勿：
一九〇九一　：惟令歸子
一九〇九二　貞惟臣舌戈令□
一九〇九二　：往：攸：十二月
一九〇九三　：丑卜王：缶令：尹邑：臣：
一九〇九四正　：邑令不冊：
一九〇九四反　：吉：
一九〇九四反　貞：來：
一九〇九五正　貞子：
一九〇九五正　丁丑卜爭貞令門量曾：
一九〇九五反　：六：
一九〇九六正　二告
一九〇九六正　小告
一九〇九六反　貞疾勿：
一九〇九六反　貞令戳
一九〇九七　戊：戊：令：
一九〇九七　：惟震？：十二月
一九〇九八　辛未卜貞：令：
一九〇九八　：十月
一九〇九九　：卯卜：令：□：其：
一九一〇〇　：子卜貞：令：十三月
一九一〇一　乙亥卜宾：
一九一〇一　壬午卜宾貞令：
一九一〇二　甲午卜：貞令：
一九一〇三　戊子卜爭貞令：
一九一〇四　己丑卜殼貞翌庚寅令
一九一〇五　癸亥卜貞勿令
一九一〇五　：于：
一九一〇六　甲午卜殼貞勿令壬：

一九〇七　甲午卜殻貞勿令壬…
一九〇八　丁丑卜爭貞勿令…
一九〇九　…卜㝬…勿令十二月
一九一〇正　貞勿令
一九一〇正　弗…
一九一〇反　…八月
一九一一　戊子…
一九一一　貞勿令
一九一二　貞勿令
一九一三　己亥卜殻貞翌庚子勿令　二告　不舌黽
一九一三　二告
一九一三　己亥卜殻…
一九一三　甲…
一九一四　貞勿令
一九一四　貞雚…
一九一四　戊…人…
一九一五　貞…
一九一五　貞勿令
一九一六　…羽五…
一九一六　貞勿令
一九一六　…勿…
一九一七　勿令…宊夸…
一九一八正　貞勿令
一九一八反　…乞自…
一九一九　…貞令…𠂤…
一九二〇　勿令
一九二一　貞…惟…
一九二一　貞…疾弗…其次…㞢囚
一九二二正　…粤…
一九二二反　…女…
一九二三　貞女…
一九二四　…疋…女…束黽…
一九二五正　…訊其有舌　二告
一九二五反　…之乇
一九二六　貞勿訊
一九二六　…惟翌…告于…
一九二七正　庚戌卜㝬貞其訊
一九二七反　…止…
一九二八　…訊…匃…
一九二九　…訊惟…
一九三〇　貞勿訊
一九三一　…訊曰…
一九三二　…訊循
一九三三　…用訊
一九三四　婦好有訊循
一九三五　…有訊

一九三六　辛…訊
一九三七　貞妹惟使弗其子六…
一九三八　…妹…炇…
一九三九　甲辰卜…貞凡
一九三九甲　甲辰卜殻貞肇我妹
一九三九甲　…雀…大…
一九三九乙　貞肇我妹
一九四〇　…丑…妹
一九四一　丙…子…
一九四一　壬…
一九四一　貞鄭姓
一九四二　貞鄭姓
一九四二　貞不惟于
一九四三　…㝬…姓
一九四三　…王…災
一九四四　丙寅…呼見…暨…
一九四五　勿呼見
一九四五　貞呼見
一九四六正　…呼見
一九四六反　…惟人…
一九四七　貞率…有見…
一九四八　貞勿見…
一九四九　庚子卜殻貞…
一九四九　…子卜殻貞呼見　二告
一九五〇　勿呼見
一九五一　貞勿呼見
一九五二正　貞…止?…
一九五二正　丁卯卜貞戠
一九五二正　…惟祖…取…九月
一九五二正　貞勿呼見
一九五二正　…九月
一九五二正　貞勿見[illegible]九月
一九五二反　…囚惟三十…
一九五三　貞…
一九五三　貞勿呼見
一九五四　…比…見…用?
一九五五　貞…見…
一九五六　…見…
一九五七　…翌辛亥…呼…
一九五七　貞允見無…其酌…
一九五八　…其見…
一九五九　…其見…
一九六〇　…不見
一九六一　貞…見…不…
一九六二　貞…益…見…　二告
一九六三正　…申卜…貞…見…

一九一六三正 ：多：
一九一六三反 ：一日：其惟：方：
一九一六四 甲辰：貞：見
一九一六五 ：眉：百無：
一九一六六 ：戌卜穷：翌丁亥：
一九一六六 ：罽：
一九一六七 癸巳卜貞其有：自：
一九一六八 ：子卜自九：
一九一六九 ：亘貞自：
一九一七〇 貞：自：毋：
一九一七一 貞自：其惟：
一九一七二正 ：自：
一九一七二反 ：曰：囚
一九一七三 ：闌：
一九一七四 ：酉：貞：闌有舌
一九一七五 癸亥卜：歸其有聽
一九一七六 貞弗其聽
一九一七六 ：聽
一九一七七 貞弗其聽
一九一七八正 ：午卜：貞兹聽：囚
一九一七八反 ：其：囚
一九一七九 ：穷貞王取
一九一八〇 ：酉卜殸：王取
一九一八〇 ：毋：㞢：
一九一八一 辛未王取
一九一八二 貞王其有取
一九一八三 戊辰：取：
一九一八四正 ：王曰旨：仲丁雨：五：
一九一八四反 癸：爭：
一九一八五 戊寅：貞旨：惟：
一九一八六 ：王惟：克：
一九一八六 ：于：
一九一八七正 ：其克
一九一八七反 ：三十
一九一八八反 ：其克：
一九一八九 ：其克
一九一九〇 翌戊：弗其克雍?入
一九一九一 壬申卜貞惟弗其克
一九一九二 ：惟其弗克
一九一九三 壬申：惟克：[illegible]：
一九一九四 ：申卜殸：克?：
一九一九五 貞勿惟：告：令：
一九一九六 ：寅卜：告：
一九一九七 ：喪：
一九一九八 ：日：亦喪：
一九一九九 ：由卜：喪㞢：

一九二〇〇 丙寅
一九二〇〇 癸酉
一九二〇〇 貞惟子：令：啇
一九二〇一 壬子卜：戴：
一九二〇二 ：卜：𠂢：受：[illegible]
一九二〇二 ：受：戴：
一九二〇三 貞：戴：
一九二〇四 ：惟：戴：
一九二〇五 ：戴：
一九二〇六 ：[illegible]舌：
一九二〇七 貞惟㞢中令司乂十一月
一九二〇八正 ：貞惟：司：
一九二〇八正 二告
一九二〇八正 二告
一九二〇八反 ：不無：
一九二〇九 ：于：㞢：
一九二〇九 ：惟豖司
一九二一〇 ：羊豖司
一九二一一 ：惟：司
一九二一二 ：惟豖司衍[illegible]?
一九二一三正 丁未卜穷貞燎
一九二一三正 貞司無囚
一九二一三反 ：侑于妣：
一九二一四 ：卜王：弗其：司侑其：
一九二一五 ：酉卜殸：兕由：
一九二一五 貞：
一九二一五 ：曰皀：惟：惟：圍
一九二一六 ：㞢：[illegible]：女：
一九二一七 ：婦：[illegible]：
一九二一八 己未卜：由在：
一九二一九 壬戌卜：由
一九二二〇 乙卯多宁其延陟：翌丁巳多宁其延：
㞢：
一九二二一 癸丑卜貞翌丁巳多宁：
一九二二一 甲寅卜貞惟㚔又多宁二月
一九二二二 癸丑卜貞翌乙卯多宁其延陟邑自：
一九二二三 ：子卜貞：以多𩛥：于：
一九二二四 ：多：
一九二二五 貞：不：
一九二二六 ：穷：有正
一九二二六 ：尹三十：多：
一九二二七 ：多：
一九二二八 己卯：多：
一九二二九 ：多：惟：
一九二三〇 不惟多

一九二三一　……惟多
一九二三二　……其史……
一九二三三　乙未……不其……
一九二三三　……畀……㞢
一九二三四正　貞其妻
一九二三四反　……其……
一九二三五　……貞……土……
一九二三六　……卜……其……鬥……
一九二三七　癸卯……辛……若……
一九二三七　癸卯……辛……勿……
一九二三八　呼爰
一九二三八　呼爰
一九二三八　呼爰
一九二三八　勿呼爰
一九二三八　勿呼爰
一九二三八　勿呼爰
一九二三九　貞惟爰……八月　二告
一九二四〇　貞呼爰
一九二四一　……夢？……受……㞢……
一九二四二　……惟……其受……
一九二四三　貞于……友帝……
一九二四四　貞……
一九二四四　貞允惟逆
一九二四五　……丑卜允不……逆
一九二四六　甲子卜……貞……
一九二四六　……勿步
一九二四七　貞惟乙亥步
一九二四八　乙酉……殻貞今夕無……
一九二四八　貞己亥步
一九二四八　貞今……無……
一九二四九　壬……殻……夕無……
一九二四九　貞于庚子步
一九二四九　……子卜……貞……步
一九二五〇　貞今己酉夕步
一九二五〇　……爭……
一九二五一　貞于庚戌步
一九二五一　貞今夕其雨
一九二五一　貞今夕不雨
一九二五二　乙未卜殻貞今日步
一九二五三正　丁未卜亘貞今日呼步
一九二五三臼　……殻
一九二五四　貞于翌乙亥步
一九二五五　貞翌丁未步
一九二五五　癸卯貞今……
一九二五六　乙未
一九二五六　……殻……翌辛……步

一九二五六　……步
一九二五七　貞翌……
一九二五七　貞翌庚子步于巛
一九二五八　……今甲申勿步
一九二五九　庚午卜……貞勿……
一九二五九　……步……
一九二六〇　貞今日勿步
一九二六一　貞翌甲寅勿步
一九二六一　……于……
一九二六二　戊辰……翌己巳……步……
一九二六三　己亥卜亘貞㞢……
一九二六三　貞以……
一九二六三　庚子卜古貞率……
一九二六三　己酉卜亘貞翌辛亥勿步
一九二六四正　貞翌……辰勿步
一九二六四反　……自……
一九二六五　貞翌……勿步
一九二六六　貞茲夸……我……步
一九二六七　……貞……步無災
一九二六八　貞乞……步無災十一月
一九二六九正　辛巳卜殻貞今衛
一九二六九正　辛巳卜殻貞今十二月……
一九二六九反　龍取……
一九二七〇　……戌……西衛
一九二七一　辛巳……衛
一九二七二　……西衛
一九二七三　……殻……于……衛
一九二七四　……衛……𢦏……
一九二七五甲　貞子衛……
一九二七五乙　……衛……
一九二七六　……其徏……
一九二七七　……王貞……𡆥乙……弗……衛……
一九二七八　庚……翌辛……衛其……
一九二七九　貞惟……涉……
一九二七九　……惟……其……
一九二八〇　己酉卜爭貞令涉歸
一九二八一　貞涉
一九二八一　……高……
一九二八二　乙亥卜殻貞于辛丑涉
一九二八三　辛……殻貞……乙未……涉……
一九二八四　乙……禦……
一九二八四　……涉……
一九二八五　……卜貞勿涉
一九二八五　貞……呼……
一九二八六　貞于丁延涉

一九二八六　貞于乙巳享用
一九二八七　：豕：
一九二八七　庚申卜：涉
一九二八八　貞勿于翌丁亥往
一九二八九　：戊卜㕣貞：往于之
一九二九〇　甲辰：貞今：往于：
一九二九一　：子卜：于：祝往：
一九二九二　貞：往之：
一九二九三　癸卯：往三山
一九二九四　：令往若十月
一九二九五　甲子卜：貞：宰：
一九二九五　：爭：往
一九二九六　貞：往：
一九二九六　：㞢：不：中：田
一九二九七　：㞢：
一九二九八正　貞今丁：　二告
一九二九八正　二告
一九二九八　貞：
一九二九八　貞：往
一九二九九　戊：往
一九三〇〇　：翌戊辰往
一九三〇一　貞勿往
一九三〇一　貞往
一九三〇二　貞勿往
一九三〇三　貞勿往
一九三〇四正　貞勿往
一九三〇四反　：子：
一九三〇五　貞勿往
一九三〇五　：母
一九三〇六　乙酉卜勿往
一九三〇七　貞翌乙：勿往
一九三〇八　：勿往
一九三〇九正　癸亥卜：
一九三〇九反　：固曰往乃兹：
一九三一〇　：卜：往乃：
一九三一一　貞雀：
一九三一二　：追：祖母：
一九三一三　：甲：今日出：延日：
一九三一四　乙：卜：寧：
一九三一四　：辰卜：允出
一九三一五　貞翌：日出㞢：
一九三一六　：于辛酉出：以：
一九三一六　：雨
一九三一七反　貞：于：
一九三一七反　：于辛酉出
一九三一八　：王：

一九三一八　癸巳卜惟今六月出
一九三一九　：今六月出　二告
一九三二〇　：出
一九三二〇　：出
一九三二一　其出
一九三二二　壬戌卜㕣貞其有出
一九三二三　貞其出
一九三二四　：其出雨
一九三二五正　：其出
一九三二五反　：示十：
一九三二六　：日：有出：飲于：
一九三二七正　庚子：貞曰出自：
一九三二七正　癸卯
一九三二七正　二告
一九三二七反　貞：
一九三二七反　：無：
一九三二八正　：有出：無：
一九三二八反　：告：
一九三二九正　：出从：
一九三二九反　：
一九三三〇　：往出于：
一九三三一　辛：往出
一九三三二　貞有刞其从之出
一九三三三　戊：貞不出
一九三三四　丙寅
一九三三四　壬子
一九三三四　丙辰
一九三三四　：子
一九三三四　貞不出
一九三三五　丙寅
一九三三五　壬子
一九三三五　貞不出
一九三三六　貞勿：出：
一九三三七正　：衣彡：勿出
一九三三七反　：白：
一九三三八　貞延羽出
一九三三九　不至
一九三三九　貞勿出
一九三三九　：出
一九三四〇　：其正日
一九三四一　貞：子：其正
一九三四二正　不舌黽
一九三四二正　不舌黽
一九三四二反　貞惟：

一九三四二反 …正…
一九三四三 …卜…貞正…日…
一九三四四 弗正
一九三四四 弗正
一九三四五 戊戌卜宾…災之日王…
一九三四六正 …惟之
一九三四六反 …子卜…我
一九三四七 惟其不祉
一九三四八正 乙未卜殻貞曰祉
一九三四八正 丙午卜宾貞侑于…
一九三四八正 不舌黽
一九三四八反 貞勿曰祉
一九三四九 乙酉卜爭貞从之贏
一九三五〇 癸丑…爭貞从之贏
一九三五一正 貞从之…
一九三五一反 …𠂤…
一九三五二 …从之…
一九三五三 甲…不…之夕…不…
一九三五四 …复…無囚
一九三五五 貞…复…往…
一九三五六 貞勿…入复…若二月
一九三五七 …勿复
一九三五八 貞戌勿复
一九三五九 …冡…
一九三六〇 …𣎵牛于…雷…
一九三六〇 小告
一九三六一 丙戌卜…惟己丑…
一九三六一 丁酉卜更來…豕弗其腐在…
一九三六一 …征…
一九三六二 …𡧊…㞷…
一九三六三 乙未卜…至于…𥢶…于…
一九三六四 …丙午…龟
一九三六四 …六月
一九三六五 丁亥
一九三六五 …虎…
一九三六六正 貞不惟…
一九三六六反 …示…
一九三六七正 貞于…
一九三六七反 …惟己…
一九三六八 …子…雈…
一九三六九 癸酉卜…獲…
一九三六九 甲戌…允…暘日
一九三七〇 貞…翌…
一九三七一 …酉…其…贏
一九三七一 …卜王…
一九三七二 …魯…在…

一九三七三 戊戌卜宾貞今十二月其來
一九三七四 貞不其來
一九三七五 …多…其來…
一九三七六 …其來之…
一九三七七正 其來
一九三七七正 不其來
一九三七七正 小告
一九三七七反 …人
一九三七七反 …四十…
一九三七七反 …來惟其…
一九三七八 …允其來五月
一九三七九 …未卜王…允來…其…
一九三八〇 癸酉卜…其自來…
一九三八一 有來
一九三八一 有來
一九三八一 其來
一九三八二 丙…
一九三八二 丁丑
一九三八二 戊寅
一九三八二 貞我其有來
一九三八二 癸未卜入
一九三八二 甲申卜入
一九三八三正 癸酉
一九三八三正 …未
一九三八三反 …其有來
一九三八四 二告
一九三八四 二告
一九三八四 貞其有來…
一九三八五 貞其有來…
一九三八五 貞無來…
一九三八六正 貞其有來
一九三八六正 不舌黽
一九三八六反 王固曰其有…
一九三八六反 …今五月呼…
一九三八七 丁丑
一九三八七 戊寅
一九三八七 貞其有來
一九三八七 …卜…
一九三八八正 二告
一九三八八正 不舌黽
一九三八八反 …其有來
一九三八九 …酉卜史…其有來
一九三八九 …有…
一九三九〇 …有來
一九三九〇 …無其來

一九三九一正	貞有來
一九三九一反	…曰其來
一九三九二	…丑有來
一九三九三	…有來…允…
一九三九四	丁未卜…有來不…鼓丙其…王固曰…
一九三九五	…曰壬…有來
一九三九六正	貞來
一九三九六正	貞不其來
一九三九六反	王固曰…
一九三九七	…固曰不其來
一九三九八	…無其來
一九三九八	…有祟　二告
一九三九八	二告
一九三九九正	丙申卜亘貞無其來
一九三九九反	…告曰示五…
一九四〇〇	…弗來
一九四〇一	辛亥…貞…來𢦏…
一九四〇二	…來見王
一九四〇三	…來見
一九四〇三	…不
一九四〇四	…來見
一九四〇五	庚…有來艱
一九四〇六	貞無來艱
一九四〇七	…其先鼓來
一九四〇八正	貞…母…來
一九四〇八反	戊申…
一九四〇九	…來…
一九四一〇	己未卜…來…
一九四一一	…明…來…
一九四一二	…老…來…
一九四一三	丁……來…
一九四一四正	…來…
一九四一四反	王固曰…自…
一九四一四反	庚…
一九四一五	貞來
一九四一五	貞來
一九四一五	貞旬來
一九四一五	乙巳卜今日來…
一九四一五	…王貞…惟…
一九四一六	貞來
一九四一七	貞旬來
一九四一八	乙未卜今日來…
一九四一八	…王貞…不惟…
一九四一九	貞來
一九四一九	…子…自…至…
一九四一九	…二月

一九四二〇	…卯卜…貞來…其…
一九四二一正	…來…
一九四二一反	…人…
一九四二二	貞來…
一九四二三	…今夕…林甲…取…
一九四二四	貞其有生
一九四二五正	貞不其生
一九四二五反	…
一九四二六	…生…
一九四二七正	貞…
一九四二七反	…田?…
一九四二八	…甫弗…其…
一九四二九	貞…惟…甫…
一九四三〇	辛未卜…甫
一九四三〇	庚辰
一九四三〇	壬申
一九四三一	…甫作…
一九四三二	…卯卜…自工…
一九四三三	甲寅…史貞多工無尤
一九四三四	…多工…尤
一九四三五	…多工…
一九四三六正	貞…其有工
一九四三六反	…惟…
一九四三七	有工
一九四三七	…來
一九四三八	…午卜…有工
一九四三八	無其工
一九四三九	中
一九四四〇	…曰庚…曰惟…工王…涉其…
一九四四一	癸巳卜爭貞旬有祟不于…工囚
一九四四二	癸巳…貞寅…
一九四四二	…貝…
一九四四三	…于新…
一九四四四	…告祈…
一九四四五	貞…今…
一九四四五	…斷…
一九四四六	…子…子…畀…
一九四四六	…戠…
一九四四七	貞不其畀…
一九四四八	…不其畀…
一九四四九	…九日廼至
一九四四九	…今日…
一九四五〇正	貞今日至
一九四五〇反	戊午婦…
一九四五一	貞翌戊寅立至

一九四五二 ：至三月 小告
一九四五三 ：至十三月
一九四五四 戊申卜貞今六月至
一九四五四 ：卜：
一九四五五 己亥：今至
一九四五六正 ：八月
一九四五六正 ：申卜：今至：
一九四五六反 ：固曰：告丙：
一九四五七 丙：貞：
一九四五七 戊午至
一九四五七 ：貞：㞢：自：
一九四五八 壬午至
一九四五八 ：貞：㞢：
一九四五九 貞來庚戌有至
一九四六〇 ：辰卜殻貞無：
一九四六一 庚申卜：不至：之：
一九四六二 貞卜：茲㞢：其至囚
一九四六二 ：告：有衛：凡：豕：八月
一九四六三 癸亥卜貞無其至一月
一九四六四 無至
一九四六四 ：子卜：其至：
一九四六五 丙：貞：
一九四六五 貞不其至
一九四六六 貞不其至
一九四六七 ：不其至
一九四六七 ：生：
一九四六八 貞不其至
一九四六九 貞不其至
一九四七〇 丁酉卜不其至
一九四七一 貞比：至于：
一九四七二 ：至丁母：
一九四七三 貞惟射
一九四七四 ：惟射：
一九四七五 ：射：其：伐：
一九四七六 ：惟：其射
一九四七七 壬子：貞祖辛其射
一九四七八 ：弗其射
一九四七九正 貞勿射
一九四七九正 無囚
一九四七九反 ：古：
一九四八〇 ：弗：年：六：
一九四八一 ：戊卜貞：弗亦：
一九四八二正 二告
一九四八二反 ：翌：受：戌：
一九四八三 ：六月

一九四八三 ：𠦪肇：
一九四八四 丙：𠦪：
一九四八四 辛卯：畏至不
一九四八五 ：虎卯：𠦪：一月
一九四八六 癸未卜：惟幺：凶：
一九四八七 貞惟子：禘
一九四八八 ：子其專
一九四八九 ：寅卜貞翌辛卯在：㞢：
一九四九〇 ：卯卜殻：月在：
一九四九一 貞虎：在茲：
一九四九二正 ：卜宾：丁巳豕：于
一九四九二反 ：睩：
一九四九三 ：臣彔：
一九四九四 丙：貞：斿：
一九四九四 ：于：囚
一九四九五 ：盟己：宰于：
一九四九六 ：惟：卣：
一九四九七 ：以□：
一九四九八 ：廼：用
一九四九九 丁：七：酉：
一九五〇〇 貞岳：我鼎：
一九五〇一 丙辰：享：
一九五〇二 貞：子：鼓：
一九五〇三 丁卯卜宾貞勿食
一九五〇四 ：弗其比食
一九五〇四 ：十一月
一九五〇五 ：亥卜：□：食
一九五〇六 貞：令：敎凶：允令：
一九五〇六 癸巳卜王貞令：敎：令夫：延戦
一九五〇七 己酉卜歸
一九五〇八 甲：乙：
一九五〇八 貞庚：歸人：
一九五〇九正 ：㞢：
一九五〇九正 ：五丙：
一九五〇九反 ：翌：
一九五一〇 ：多：歸：
一九五一〇 ：午卜呼：歸歲：于：嘉：歲：
一九五一一 貞翌丁巳往歸
一九五一二 ：□：
一九五一二 貞：歸勿：复：
一九五一三 ：歸：
一九五一四 ：卜：歸曰：
一九五一五 ：歸：不其：
一九五一六 壬午卜宾貞翌酉：歸：
一九五一七 ：祝：歸：

一九五一九　…告…祖乙…用…
一九五二〇　貞兹…不…
一九五二一　貞兹…雷不…若
一九五二二正　貞翌庚午其有…其…
一九五二二反　…來…
一九五二三　…酉…
一九五二四　…安…無…
一九五二四　癸丑…
一九五二五　…勿廳…
一九五二六　…廳丁…
一九五二七　貞…
一九五二七　貞龐有蠱
一九五二七　癸丑…殻貞師…㞢…
一九五二八　庚辰…
一九五二九正　…旨…人宅…
一九五二九反　二告
一九五三〇　…人宅…
一九五三一　…宅…𢀛…
一九五三二　…專宅…止暨…
一九五三三　…寅卜王貞…丙…宅㞢…
一九五三三　…子宅…
一九五三四　…壬寅卜王凡…北示…宅…
一九五三五　…穷…王其…翌丙辰…
一九五三六　乙酉卜穷貞…秋大爯惟…
一九五三六　…六月
一九五三七　…秋不爯寂…
一九五三八　…兹…其爯…
一九五三九　…爯日…
一九五四〇　…貞惟高…
一九五四一正　…高…
一九五四一反　…乇…
一九五四二　癸…貞…高…
一九五四三　…亦嗇…又…
一九五四四　貞…
一九五四四　己…于…
一九五四五　…勿呼…不…　不𠮠黽
一九五四五　貞不其遘
一九五四六　…卯卜…貞不其遘
一九五四七　丙寅…弗其遘
一九五四八　…戊卜貞…其遘二月
一九五四九　…𠭯貞…𢦔…其遘二月
一九五五〇　…宁…惟遘
一九五五一　…無遘　二告
一九五五一　…言…
一九五五二　…貞言無遘

一九五五三　貞…其…日…
一九五五三　…日…遘…血…
一九五五四　貞𢦏…不其…
一九五五五　貞無佐
一九五五五　…于丁…
一九五五五　丁…
一九五五六　…亥…貞…
一九五五六　貞…土酉…
一九五五七　…令…將…莫…賓…
一九五五八　貞令…將…莫于…
一九五五九　…其將平…
一九五六〇　甲午卜貞將平鼓
一九五六一　貞…
一九五六一　…貞…𢀛受…丁…
一九五六一　貞其有將若
一九五六二　貞…
一九五六三　貞將平鼓
一九五六三　…酉卜穷貞告𢀛受令于丁二宰𠕋牛
一九五六四　…子貞…月…來子…
一九五六四　貞惟辛卯酢
一九五六五　貞…將…
一九五六五　癸…貞…將…
一九五六六　…寅卜…勿…甫…
一九五六六　貞…將…
一九五六七　…惟…將…
一九五六八　…晉將…
一九五六九　…晉將…
一九五七〇　貞…寅…告…
一九五七〇　…翌…于…將…無…
一九五七一正　…將多…
一九五七一反　…臣…
一九五七二　…將…六月
一九五七三　戊子…貞將…追…
一九五七四　貞惟辛卯酢十三月
一九五七四　貞勿將
一九五七四　貞惟雨來
一九五七四　甲申
一九五七五　丙戌
一九五七五　貞勿將
一九五七六　己亥…貞…
一九五七六　貞勿將十月
一九五七七　貞勿將
一九五七八　貞勿將
一九五七九　…勿將
一九五八〇正　…之啓來

一九五八〇正	…惟…
一九五八〇反	…來…日…
一九五八一	…啓惟…
一九五八二	貞…畀啓…
一九五八三	貞今…宿于…翌癸…
一九五八四	…宿無…
一九五八五	…寍…月
一九五八六	辛…宿…
一九五八七	…宿…
一九五八八	貞…
一九五八八	貞勿商…
一九五八九	…循…
一九五九〇	癸…貞…午…其延…
一九五九〇	…卯…
一九五九一	…不其延凡
一九五九二正	…其延…
一九五九二反	…大田…
一九五九三	丁卯…貞…
一九五九三	…先延…
一九五九四	丙子…貞…㞢…無…
一九五九四	…午卜…貞…癸未…延…
一九五九五	辛巳…延…二告
一九五九五	貞辛…延…
一九五九五	小告
一九五九六	…延…
一九五九七正	…之日…大𠊛…延若
一九五九七反	…祟…
一九五九八	…延…于…
一九五九九	貞不延爿
一九五九九	小告
一九六〇〇	…永…
一九六〇一正	…南…
一九六〇一反	…爨…
一九六二二正	…曰乙…
一九六〇二正	…勿…
一九六〇三反	貞侑…四日庚…
一九六〇四	…日…其遘
一九六〇五	…日侑三…
一九六〇六	…明…
一九六〇七	…永…明
一九六〇八	…乃作…明…弗…
一九六〇九	貞今夕其㞢…
一九六〇九	壬…卜…今…
一九六一〇	…午…今夕…壴…
一九六一一	乙亥…穷…今旬…㞢…
一九六一二	癸亥卜貞旬之月…

一九六一二	丁丑卜…
一九六一三	…友…
一九六一三	…夕㞢…惟其…夫…
一九六一四	壬辰…夕…
一九六一四	…自…
一九六一五	貞夕…田…
一九六一六	…翌…名…次…
一九六一六	叀其名
一九六一七	叀其名
一九六一七	…名…
一九六一八正	…今…卯…土…伐…
一九六一八反	…宅…
一九六一八反	…叀…土示…成𢀛…若…
一九六一九正	…呼…不…
一九六一九反	…惟…火…
一九六二〇	己卯…貞…令…
一九六二一	…穷貞…‖伐…山…
一九六二二	…壴…[illegible]…
一九六二三	…[illegible]…山
一九六二四	貞…其…
一九六二四	…山一月
一九六二五	辛…貞…山…从…
一九六二六	貞…降…
一九六二七	…有其…降…
一九六二八	…降…
一九六二九	…不降
一九六三〇	…不降
一九六三一	…午…固曰…
一九六三一	丁…
一九六三二	…有蒸…師州…
一九六三三	…卜…惟…
一九六三三	…師…
一九六三四	…其…于…
一九六三五	…𢍰王…
一九六三六	…方…大…豭…
一九六三六	貞惟珏…
一九六三七	…卯…玉…
一九六三八	…父…
一九六三八	…雷…
一九六三九	…其呼…[illegible]…
一九六四〇正	…辰卜爭貞勿呼比
一九六四〇反	…三百…
一九六四一	貞呼…人之…
一九六四二正	…呼元…
一九六四二反	…爭…

一九六四三 …小…呼亦…
一九六四四 乙亥卜殸…
一九六四四 呼比
一九六四四 …弗…又…
一九六四五 …呼…
一九六四五 …呼…
一九六四六 …戌卜呼告
一九六四七 …其…呼告
一九六四八正 貞勿呼告
一九六四八正 貞勿在…
一九六四八反 …自𠕋 殸
一九六四九 丁亥…呼…聽享…
一九六五〇 貞呼…往于…
一九六五〇 …其…
一九六五一 貞呼往
一九六五二 貞惟往呼…
一九六五三 …巳卜…勿呼…𠀠…
一九六五三 己巳卜貞…
一九六五三 …六月
一九六五四 貞勿呼出
一九六五五 壬申卜…貞…惟呼…𡳿…
一九六五六 …十一月
一九六五六 貞…惟…呼…
一九六五六 貞…
一九六五七 …日…呼摧…雷…
一九六五八 貞…其呼來
一九六五九 貞鼓…其呼來
一九六六〇 丁卯…有來自…呼來
一九六六〇 …旬…
一九六六一 甲申…企享…呼祟…
一九六六二 辛…殸貞呼取陵于…方畀
一九六六三 貞惟𢦏呼…雍
一九六六三 …𢦏呼…
一九六六四 …呼彈…
一九六六五 貞勿禦
一九六六五 貞勿呼专
一九六六六 貞呼…在…
一九六六六 貞…在…呼…
一九六六七 丁…
一九六六七 癸巳…𨗩呼…
一九六六八 …𨗩呼…
一九六六九正 貞勿呼…蒸…
一九六六九反 戊寅…
一九六七〇 …東…呼…衛…
一九六七一 …日…呼…
一九六七二 貞呼…曰…

一九六七三 貞其呼…于克…
一九六七四正 …殸貞呼…于…
一九六七四反 …婦…
一九六七五正 貞呼有龍𡆥…
一九六七六 …禦呼…
一九六七七 貞勿…𡆥不…
一九六七八 …旁貞…勿呼…
一九六七九 貞惟…呼…
一九六七九 …𡆥…
一九六八〇 貞惟…呼…
一九六八一正 貞丙?…不惟…戌?…
一九六八一正 …旁貞呼石比…
一九六八一反 …固曰吉…其石…郭…
一九六八一反
一九六八二 貞惟…矢呼…
一九六八三 …之日…于𡳿…呼屆…
一九六八四 …子卜古…
一九六八四 …寅卜…貞呼…
一九六八五 貞呼…
一九六八六正 貞戌不其呼…
一九六八六反 …呼…
一九六八七 貞勿呼
一九六八七 癸巳卜爭
一九六八七 …示?上甲…
一九六八八 …丑卜爭…勿呼
一九六八九 貞勿呼
一九六八九 …勿步
一九六九〇正 二告
一九六九〇反 貞勿呼
一九六九〇反 …多雨?…
一九六九一正 貞勿呼…二月
一九六九一反 丙…
一九六九二 …于…巳…呼…
一九六九三 …殸貞呼…
一九六九三 …貞習…
一九六九四 …旁貞呼子?
一九六九四 …子卜爭貞呼…
一九六九五 貞呼…
一九六九五 …旋…
一九六九六 戊子卜呼…
一九六九七 …其上…
一九六九八 …方…
一九六九九 …卯卜…貞于…鼎…
一九七〇〇 貞…不…骨
一九七〇一 貞不其…

一九七〇二 …翌乙…不…
一九七〇三正 …㱃…
一九七〇三正 …㱃…
一九七〇三反 貞…惟不…
一九七〇四 …卯…貞…子…𣎵…不…
一九七〇五 貞…不其…
一九七〇六 …翌庚寅不其…
一九七〇七 貞不其…
一九七〇八 貞…不…
一九七〇八 …日…
一九七〇九 丁卯…十月
一九七〇九 丙寅…不…十月
一九七一〇 貞勿禘…
一九七一〇 …雨
一九七一一反 乙卯…
一九七一一反 …𡿧…
一九七一二 …申…翌…燎…
一九七一三 貞…
一九七一三 貞惟弋…
一九七一四 貞中其…
一九七一五 …中…日…
一九七一六 …呼…
一九七一六 貞其凡
一九七一七 …殻貞凡羊…
一九七一八正 …卜𡧊貞…凡…
一九七一八反 …午…
一九七一九 …翌甲戌勿凡
一九七二〇 貞凡弗其…
一九七二一正 …凡…月
一九七二一反 …其弗…虎…
一九七二二 丁丑…貞𦣻…于大…
一九七二二 …亏…
一九七二三 丁酉卜王…𦣻
一九七二四正 …子卜殻…
一九七二四正 己酉卜…𦣻
一九七二四反 …勿惟…
一九七二五 …來入…
一九七二五 …來…
一九七二六 …其入…于八…
一九七二七正 貞不其入
一九七二七正 …勿…
一九七二七反 …戔來…
一九七二八 貞皀…
一九七二八 …勿惟辛…入
一九七二九 貞勿入

一九七三〇 庚辰卜入
一九七三一 甲申卜史…今日…
一九七三二 貞…不…
一九七三二 …不…介…
一九七三二 …亥卜…今日…
一九七三三正 貞今日…勿企…
一九七三三反 壬寅…
一九七三四 貞…終…
一九七三五 …惟終…
一九七三六 …不終…
一九七三七 貞䌛
一九七三八正 …㞢…作霓
一九七三八反 …
一九七三九 …其作…九月
一九七四〇 貞…不惟尣…
一九七四一 壬寅卜…無其…
一九七四二 貞婦…無其…
一九七四三 丙子…羋…允無在…
一九七四三 庚…
一九七四四 癸…爭…無…
一九七四四 …申卜…貞…無…十三月
一九七四五 癸卯…貞…無…七月
一九七四六 癸…貞…無…
一九七四七 …卜史…無…八月
一九七四七 貞…囚
一九七四八 丁亥…貞…無…
一九七四九 戊子卜…無其…
一九七五〇 …屯…允…不…
一九七五一 壬午…貞…其…
一九七五一 己巳卜殻貞勿…無…
一九七五二 貞…彈…羊…
一九七五三 貞…
一九七五三 乙…貞…滕…

甲骨文合集摹釋

第七冊　一九七五四——二三五三六

一九七五四　己未卜留貞医獲羌
一九七五五　：有行：得复：其：涉：
一九七五五　：印既獲涉三羌
一九七五五　妣𠈌令：
一九七五六　丙寅卜有涉三羌其留至師印
一九七五六　丙寅卜有涉三羌其得：印
一九七五七　：寅卜：羌其留涉：印：不留
一九七五八　壬子卜王：羌其：于：
一九七五八　壬子卜王：羌：于：
一九七五九　申：王貞：奈魚羌
一九七六〇　：申卜羌：及父乙
一九七六一　癸丑卜王𠂤二羌祖乙
一九七六一　丁卯卜王兄戊惟牛
一九七六二　：羌：用：
一九七六三　：王：羌于母乙用
一九七六四　庚申：用羌：父：用丁：
一九七六五　癸卯卜侑：祖乙：
一九七六五　：祖乙以羌：
一九七六五　：奈以羌芒
一九七六五　癸丑卜奚祖乙卯：
一九七六六　：王貞：有：
一九七六七　：午卜：今：
一九七六八　丁巳卜侑羌：
一九七六九　：羌：壬寅𠭯：
一九七六九　風：化惟：北西：大雍己：
一九七七〇　乙：今日有：奚：
一九七七〇　：祖乙：
一九七七一　癸亥卜王貞勿酌翌𢦏于黄尹戠三月
一九七七一　癸亥卜王侑大甲
一九七七一　乙丑卜王侑三奚于父乙三月延雨
一九七七一　：侑：父：
一九七七二　：卜：乙丑：
一九七七二　父乙三奚□
一九七七二　戊辰卜雨自今三日庚雨小
一九七七二　癸酉卜甲：
一九七七二　：日雨
一九七七三　己巳卜𢦔侑大丁三十：
一九七七三　庚午卜侑奚大乙三十
一九七七三　乙：
一九七七三　庚戌卜令比□伐□
一九七七三　甲辰

一九七七三　戌
一九七七三　庚寅
一九七七四　乙丑卜留祖丁留：用二及卯一：
一九七七五　丁卯卜用及今丁于兄己
一九七七五　□：羊
一九七七六　丁卯卜用今及于兄己
一九七七七　己巳卜王有及司以冎
一九七七七　己巳卜：
一九七七七　己巳卜：
一九七七七　庚午卜王方至今日
一九七七七　：卜□不其：雨□印延雨執
一九七七八　：未卜□：旬十二月
一九七七九　：卜告
一九七七九　：貞：牛在：弗克以印其克以執三月
一九七七九　丙辰卜丁巳其陰印允陰
一九七八〇　丙辰卜丁巳其陰印允陰
一九七八一　戊辰卜王：犬允惟：印
一九七八二　戊戌卜弜：追：印
一九七八三　：有囚印無囚執九月
一九七八四　：惟：□：執不印九月
一九七八五　：己□
一九七八六　：己卯：不見雲
一九七八六　：啓
一九七八六　己巳：缶：豚：印十月
一九七八七　：王令印：
一九七八八　丙午卜王：其以執印
一九七八九　甲辰卜王用二婦兀：□：年
一九七九〇　：妣丁：吼：
一九七九〇　：王貞韋：凡：
一九七九一　：王貞韋：屯
一九七九一　：貞印：大夕屯
一九七九二　己酉卜：貞于：屯
一九七九三　癸丑卜：凡伐：三月
一九七九四　癸丑卜王：翌日甲：伐：
一九七九五　癸丑：王貞：不其：
一九七九五　庚子卜：夕侑伐：
一九七九六　：伐
一九七九七　庚戌卜□夕侑般庚伐卯牛
一九七九八　癸卯卜𠂤貞克妾一宰：羊：日：
一九七九九　丁未卜𠂤王令亞呼□甫曰來二月
一九七九九　：未卜王：延二人：示□：
一九七九九　丁未卜王：延二人：示：二月
一九八〇〇　丙申卜王貞勿餡陷于門辛丑用十二月
一九八〇一　：卜：貞：女：力四月
一九八〇一　姣姅：

一九八〇二　甲辰卜：烄𡨦…
一九八〇二　丁未卜…
一九八〇二　…丁…
一九八〇三　戊申卜于庚戌…于𫇩用
一九八〇四　庚寅卜燎…
一九八〇四　甲午卜王上甲𠭯九示…
一九八〇五　…酉上甲
一九八〇六　辛丑卜王三月侑示壬母妣庚豕不用
一九八〇六　辛丑卜王：上甲示壬…酢河
一九八〇七　…𢆶：自…
一九八〇八　…酢上甲牛…用
一九八〇九　庚辰卜王余酢𣪘于上甲八月
一九八一〇　…卜：酢…盟…
一九八一一正　戊…卜…壬…
一九八一一反　…上甲匚乙匚丙匚丁示…
一九八一二正　甲戌卜王祖甲侑十…侑丁…妣…
一九八一二正　丙子卜王有…
一九八一二正　辛巳卜王上甲燎十豕侑丁𣪘兄丁令…
惟止用
一九八一二正　丙辰卜王侑祖丁
一九八一二正　王侑示癸
一九八一二反　甲戌卜：侑祖辛
一九八一二反　庚辰卜王侑祖丁宰
一九八一二反　甲申卜王侑…
一九八一二反　癸卯卜王侑…癸一牛
一九八一三正　庚寅卜𢆶二牛示壬
一九八一三正　辛卯卜𢆶示壬二牛
一九八一三正　丙申卜𢆶𢼸𤞷馬大丁用
一九八一三反　庚…卜𢆶示壬歲一牛
一九八一三反　庚寅卜𢆶示壬歲三牛
一九八一四　辛巳卜王貞余…酢…我𣪘…三匚…十二月
一九八一四　…庚…十二月
一九八一五　甲午卜…有𠂤歲大乙呼
一九八一六　甲申卜…用四宰大乙盟乙酉用
一九八一七　乙巳卜𢆶侑卜丙…
一九八一七　乙巳卜𢆶侑大乙母妣丙牝
一九八一七　…卜𢆶侑…宰不
一九八一七　…𢆶…一牛用
一九八一七　…呼兄…
一九八一七　丙午卜𢆶侑大丁𦍩用
一九八一八　乙巳侑…宰大乙…
一九八一九　…侑大乙
一九八一九　…卜…
一九八二〇　甲子王自大乙祝至祖…
一九八二一　…卜侑乙大三牛
一九八二二　庚午卜令雀㒸量唐

一九八二三　…貞…𠂤…
一九八二三　壬戌…余…唐
一九八二四　乙丑卜王于唐告
一九八二四　…卜…二月
一九八二四　甲戌…賜日乙亥
一九八二四　甲戌卜賜日丙子五月
一九八二五　…卯…賜日
一九八二五　己卯卜侑大丁二牛大甲…牛
一九八二六　…今日…五月
一九八二六　…余…庚
一九八二六　…于大丁一月
一九八二七　…大丁…
一九八二八　壬申卜侑大甲三十宰甲戌
一九八二九　…申卜王𠬝九大甲降
一九八二九　癸亥卜王…
一九八三〇　…㚇大甲侑
一九八三一　辛未卜侑大庚三宰庚辰
一九八三一　…侑…庚…
一九八三二　丙午卜王侑大戊豚用
一九八三三　…祝大戊侑宰
一九八三四　丙午卜酢大…卯三牛正
一九八三四　丁卯卜延冊𦎫大戊戊辰
一九八三五　癸未卜…㚇…仲丁…延步…七…在攸
一九八三六　辛亥…仲…
一九八三七　…于乙亥侑祖乙
一九八三八　辛酉卜侑祖乙二十宰
一九八三八　辛酉卜侑祖乙三十宰
一九八三八　辛酉…侑祖…
一九八三八　甲子酢大戊𣪘
一九八三八　甲子卜酢丁仲𣪘
一九八三八　甲子卜𢆶酢卜丙𣪘
一九八三八　癸未𢆶酢𣪘父甲
一九八三八　甲申…多尹若田
一九八三九　侑祖乙三宰
一九八四〇　辛巳卜酢𡴎祖乙
一九八四〇　…用丁巳
一九八四一　…祖乙衣無…
一九八四二　…祖乙…
一九八四二　…用…辛…
一九八四三　…日自今…乙𣪘
一九八四四　…酢祖乙𣪘十牛五月
一九八四五　…貞…余…祖乙…
一九八四六　…子卜𠂤…祖乙…𠂤曰…
一九八四六　…𠂤侑…
一九八四七　甲子卜𢆶𣃔馬至祖乙

一九八四七 壬寅：甲：奉：
一九八四八 甲子卜侑祖乙二羊
一九八四九 ：惟：祝用戌：歲祖乙二宰勿牛白豕：示
一九八四九 鼎三小宰卯于祝歲
一九八五〇 ：祖乙
一九八五一正 邑征
一九八五一正 祖乙允饗
一九八五一反 ：酉雨
一九八五一反 祖乙允饗
一九八五二 癸亥卜往衛祝于祖辛
一九八五二 辛丑卜勿呼雀山雀取侯𡏳
一九八五二 ：于祖丁
一九八五三 癸卯：𢦏祖辛九：六月
一九八五三 ：庚：十人：
一九八五四 辛巳：
一九八五四 辛巳：祖辛：
一九八五五 ：彝：我用
一九八五五 祖辛：即：
一九八五六 甲：
一九八五六 祖辛
一九八五七 ：賓祖辛
一九八五七 ：用
一九八五八 ：寅：曰禦示祖辛
一九八五九 ：祖辛：
一九八六〇 乙丑卜祖辛𢦏：
一九八六〇 ：戌：
一九八六一 丙子卜侑祖丁
一九八六二 ：申卜王侑祖丁：不侑
一九八六二 ：酌
一九八六三 癸卯卜今日侑司羌用七月
一九八六三 癸丑卜侑祖丁豕用宰
一九八六三 丙辰卜侑祖丁豕用宰
一九八六三 癸酉貞旬八月
一九八六四 庚：王：曰禦
一九八六四 庚辰：王：𩵦
一九八六四 弜：𩵦
一九八六五 丙寅王酌祖丁奉侑四：
一九八六五 庚午王：
一九八六六 ：侑歲
一九八六六 ：寅卜王𡆥祖丁
一九八六六 丁酉卜王侑乙母妣己
一九八六七 丙申卜王侑祖丁宰
一九八六七 ：卜：貞勿：用：妣辛：用
一九八六八 侑祖丁牢
一九八六九 ：巳卜王洚祖丁𢦏食庚
一九八七〇 丙寅卜𢦏：祖丁四牛

一九八七一 ：申卜王侑祖丁
一九八七一 ：亥卜王酌禦：
一九八七一 戊子：父乙三：
一九八七一 ：王：
一九八七二 ：彡祖丁
一九八七二 ：不：
一九八七二 癸卯：酌三：
一九八七三 己丑卜王祖庚用：夕卯亦：
一九八七四 ：卜：酌燎：𢆶兄：祖戊：
一九八七五 甲辰：用十月
一九八七五 乙巳侑祖戊十月
一九八七五 乙巳卜：𣪘祖戊弘敕
一九八七五 丙午卜大
一九八七五 ：申卜：旋：克
一九八七五 ：申：丙：豕
一九八七五 ：卜：十月
一九八七六 乙巳：侑祖戊
一九八七七 ：句：祖戊豕
一九八七八 癸丑：𢦏亦：侑祖：𣪘祖：
一九八七九 己酉：侑祖：豕用
一九八八〇 丙子：貞王勿𩛥侑祖：
一九八八一 ：卜：妣：祟：臣：
一九八八二 戊午卜𢦏侑妣己
一九八八二 戊午：𢦏侑：
一九八八三 乙：𢦏侑妣己二羊二豕不
一九八八四 己卯卜𠂤侑妣己
一九八八四 ：羊惟豕司用
一九八八五 壬辰己妣禦
一九八八五 壬辰冊雨
一九八八六 甲申卜王于妣己禦占𩜨十月
一九八八七 呼妣己用
一九八八八 ：妣己：其禦：
一九八八九 ：妣己：不：
一九八九〇 辛酉卜王祝于妣己迺取祖丁
一九八九〇 辛酉卜王勿祝于妣己
一九八九〇 甲子卜：二牛祖：
一九八九〇 辛巳：王侑：
一九八九〇 戊子卜𠂤侑母呼
一九八九〇 辛卯卜𠂤王侑母壬
一九八九一 丙午卜王余𥛱𢦏妣己食勿𩛥𢦏食
一九八九一 丙午卜王：卜丙：八月
一九八九一 庚戌卜王貞𡚦：𢦏八月
一九八九二 ：犬：妾：己一月
一九八九二 ：妣己
一九八九二 戊：辛：

編號	釋文
一九八九三	：妣庚禦：
一九八九三	：禦用宰：惟在万
一九八九四	癸：王：兄：
一九八九四	：酉卜：其禦：妣庚：家
一九八九五	：妣庚：師：貝：見
一九八九六	壬午𠂤妣辛
一九八九七	辛丑：妣辛用
一九八九七	癸：㞢：
一九八九七	：母：牝
一九八九八	戊戌卜：不：妣辛
一九八九八	戊戌卜：
一九八九九	：卜歲：妣辛豝
一九九〇〇	辛亥卜𠂤惟羊妣壬不
一九九〇一	：妣壬：龜
一九九〇一	庚：卜：
一九九〇二	：妣壬：無：
一九九〇二	：貞：
一九九〇三	侑卜丙：
一九九〇三	侑妣癸不
一九九〇四	：尞侑妣癸不：
一九九〇五	丁酉卜𠂤用羊豕妣：
一九九〇五	辛：侑：
一九九〇五	：牛：
一九九〇六	：侑六妣𣪘不
一九九〇六	：六妣即日用
一九九〇七	乙亥尞用巫今興母庚允使
一九九〇七	丙子卜尞兄丁二牛
一九九〇七	丙：
一九九〇七	壬午卜尞酌魯甲
一九九〇七	丙戌卜尞宰兄丁
一九九〇七	丙戌卜尞一牛兄丁
一九九〇七	丙戌卜尞令伐祟軥母
一九九〇八	壬未卜尞一牛侑魯甲[illegible]歲
一九九〇九	：魯七牛
一九九一〇	己卯卜王令：
一九九一〇	己卯卜王：余禦魯：
一九九一一	癸卯卜王惟勿牛用魯：
一九九一二	：王：魯：
一九九一二	己巳：侑：庚：
一九九一三	癸巳卜王侑父甲
一九九一四	辛亥卜王貞：父甲禦：冊二百：
一九九一四	辛亥卜王勿弘侑冊：宰
一九九一五	癸巳卜王：父甲羊不
一九九一六	：般庚：
一九九一七	：卜侑般庚百宰

編號	釋文
一九九一八	：般庚：
一九九一九	癸未：貞翌：侑于：庚
一九九一九	：亥：烝：翌日：庚
一九九二〇	庚戌卜㞢侑父辛
一九九二一	乙巳卜尞侑子宋
一九九二一	庚辰卜王祝父辛羊豕迺酌父：
一九九二二	：卜卩：惟：羊：豕：父辛
一九九二三	：卯卜王告父辛大甲盟酌三十：
一九九二四	：戌王貞：無吕父辛
一九九二五	：辰卜王：父辛
一九九二六	：父辛
一九九二六	辛：尞：勿：匚乙
一九九二七	：卯卜：父辛：
一九九二八	甲申卜貞侑父乙一牛用八月
一九九二九	丁未卜王卧惟：
一九九二九	：弜：用人
一九九二九	：侑父乙牛
一九九三〇	：午：王侑：父乙：
一九九三一	戊午卜尞侑祖乙
一九九三一	：侑祖：
一九九三一	：父乙
一九九三二	乙卯卜𠂤一羊父乙不
一九九三二	二羊父乙不五月
一九九三二	癸亥
一九九三二	乙丑卜𣪘父：
一九九三二	癸：
一九九三三	戊申卜王禦奴父乙庚戌卢奴八月
一九九三四	：父乙
一九九三五	庚：告：父乙
一九九三六	：父乙
一九九三六	丁丑卜王：衛父：
一九九三七	：父乙：一牛
一九九三八	：卜：父乙豕
一九九三八	：卜：
一九九三九	甲寅：餕：父乙
一九九三九	：寅：三月
一九九四〇	：侑于乙父
一九九四一	甲辰貞豈母：不疾十月
一九九四一	甲辰卜祐妣：豕
一九九四一	于父乙祐豕
一九九四二	庚戌卜：見：來：黃：
一九九四二	：父乙：見：
一九九四三	：父乙羊不
一九九四四	：午卜王：父乙：
一九九四五	甲戌：

一九九四五 ：丁：惟翌父乙次
一九九四六正 丁巳卜侑咸戊
一九九四六正 癸亥卜王曰惟祖：
一九九四六正 乙丑卜受王祐
一九九四六正 ：卜千受王祐
一九九四六正 ：弜：千：
一九九四六正 庚午貞王冒無网在：
一九九四六正 辛未酉大乙執火其：
一九九四六正 ：戕屮宁
一九九四六正 甲戌：𡗜于來丁酉父乙次
一九九四六正 丙子卜乘侑大丁
一九九四六正 ：巳卜貞父：
一九九四六反 壬子卜貞在六月王在厰
一九九四七 ：侑父癸
一九九四八 辛：卜侑：父：
一九九四八 ：侑：于：
一九九四九 辛巳卜王侑父：羊：
一九九五〇 庚申卜侑父：
一九九五一 ：東：父：母：
一九九五二 己巳卜：母丙：
一九九五二 ：侑：
一九九五三 庚辰卜：侑母己豕用
一九九五三 庚：惟：用
一九九五四 ：三月
一九九五四 己卯卜用豕二母二戊
一九九五五 戊：母：
一九九五六 癸酉：
一九九五六 庚午卜侑妣母甲盧豕
一九九五六 癸：弜
一九九五六 癸酉卜足于果匕：入圍从比
一九九五六 足弜：
一九九五六 鹿
一九九五七正 辛未王令弜伐先咸：
一九九五七正 壬寅卜王令征伐：于衛：
一九九五七正 壬寅：捍我：衛：
一九九五七正 壬寅：征伐：衛捍：
一九九五七反 壬辰卜侑母癸盧豕
一九九五七反 癸巳卜侑母甲盧豕
一九九五七反 甲午卜侑母乙盧豕
一九九五七反 甲午
一九九五七反 乙未卜侑母盧豕
一九九五七反 盧
一九九五七反 鹿
一九九五八 ：卜侑妣母己盧豕
一九九五八 丙寅卜侑妣母：盧：

一九九五八 庚：妣：
一九九五九 ：寅卜侑母己
一九九六〇 ：屮母己呼：
一九九六一 庚寅卜王侑母庚
一九九六二 ：侑母庚豕鼎用
一九九六三 ：未卜惟侑母庚呼母
一九九六四 戊午卜王于母庚祐子辟
一九九六四 ：惟豕兄：
一九九六五 ：𡗜：母庚用
一九九六五 ：惟其疾一月
一九九六六 ：母庚：
一九九六六 ：未卜：其擒
一九九六七 ：辰卜御侑母庚
一九九六八 甲：母庚：
一九九六九 ：有來
一九九六九 ：母壬
一九九七〇正 ：卜侑母壬盧豕
一九九七〇正 ：申：侑母癸：丙牛：
一九九七〇反 ：子：
一九九七〇反 ：皿：
一九九七一 甲申卜王大衛于多母
一九九七一 ：侑妣壬豕
一九九七二 ：侑大母牝用
一九九七三 ：辛丑見母
一九九七四 ：王：母：牝
一九九七五 ：卜禦：癸母：王：
一九九七六 ：禦母：母：
一九九七七 ：侑母：河：
一九九七八 ：寅卜呼：侑母
一九九七八 ：寅卜呼巛：甲申侑母：父隹
一九九七九 壬申卜侑母
一九九七九 壬申卜：
一九九七九 壬：貞：豛
一九九八〇 ：庚：母：大：用三十：
一九九八一 ：酉：王貞：豕母
一九九八二 ：㠯取𡿧母
一九九八三 丙申卜余勹母畀：二月
一九九八三 丙申卜余克勹不
一九九八三 丙申貞祟二月
一九九八四 庚：
一九九八四 ：丁：母
一九九八五 ：子：母
一九九八六 戊寅卜禦子：于婦鼠虹六月
一九九八七 甲申卜禦婦鼠妣己二牝牡十二月
一九九八七 一牛一羊禦婦鼠妣己
一九九八七 一牛禦婦鼠妣己

一九九八八　甲申卜槃婦鼠于妣己二……
一九九八九　……惟……槃婦鼠
一九九九〇　……卜自……婦鼠……辟槃……
一九九九一　……亞豸婦鼠曾……
一九九九二　己未卜貞婦鼠……歲……母庚
一九九九二　癸亥……侑……用
一九九九三　……婦鼠……
一九九九四　己酉卜貞取婦婈
一九九九五　甲辰卜王婦……
一九九九五　……呼……牟……
一九九九六　丁丑卜婦女有囚
一九九九六　……丑卜婦女有囚
一九九九七　戊戌卜……五月
一九九九七　……弜……？……盆婦子
一九九九八　甲申卜貞婦好母……八月
一九九九九　……午卜王侑……白豕
一九九九九　……卜自……庚……婦……
二〇〇〇〇　戊子……貞余子婦娘……
二〇〇〇〇　……午卜……追……
二〇〇〇一　……貞……母癸祟囚今八月既九月
二〇〇〇二　……未卜……甫其擒
二〇〇〇二　……侑……子……人……
二〇〇〇三　戊……惟……識……婁……
二〇〇〇四　……宀不鼉
二〇〇〇五　甲寅……貞……婁……
二〇〇〇六　……卜……示……奴……
二〇〇〇七　……乙未……用
二〇〇〇七　……于大丁……若一月
二〇〇〇七　丁丑卜侑兄丁羊惟今日用五月
二〇〇〇八　甲午卜王羊豕兄丁……
二〇〇〇九　……侑兄丁不
二〇〇〇九　……王槃戊……
二〇〇一〇　……惟兄丁瓮
二〇〇一一　……自……兄丁……
二〇〇一二　壬午卜侑兄丁……
二〇〇一三　……卜自……兄丁
二〇〇一四　……寅兄丁歲丁己牢……乂歲
二〇〇一五　己未卜王侑兄戊羊用
二〇〇一六　……子卜㞢……兄戊
二〇〇一七　乙丑卜尖……使人
二〇〇一七　乙丑卜尖由來
二〇〇一七　丁卯卜尖王聽父戊
二〇〇一七　丁卯卜王聽兄戊
二〇〇一七　……卜王……
二〇〇一七　……午卜尖令……
二〇〇一七　……卜尖令葦……辛敕白牀……

二〇〇一八　乙……卜……
二〇〇一八　……兄庚卣……
二〇〇一九　……寅卜卩……侑……辛
二〇〇一九　癸酉……惟羊……兄……
二〇〇二〇　乙卯卜祀畀……子任
二〇〇二〇　乙……母其……辛
二〇〇二〇　癸亥侑兄……
二〇〇二一　……卜王貞……工小王
二〇〇二二　戊午卜卩侑小王
二〇〇二三　槃子辟中子不
二〇〇二三　己未卜槃子辟小王不
二〇〇二三　槃……辟……月
二〇〇二四　戊午卜王勿槃子辟
二〇〇二四　戊午卜王上祟子辟我
二〇〇二四　于仲子祐子辟
二〇〇二四　俟咋來
二〇〇二五　乙亥卜自于中子……牛不
二〇〇二五　……子……
二〇〇二六　……卜王己……大子……橐
二〇〇二七　己亥卜子商
二〇〇二八　癸卯卜畓槃子夵……父……
二〇〇二八　癸卯卜畓槃子夵于……乙……月
二〇〇二九　……戊卜侑龔司槃子夵
二〇〇二九　壬……
二〇〇三〇　癸卯卜……妣己槃子夵
二〇〇三〇　惟一牛𠕋窜
二〇〇三一　……于……戊槃子夵八月
二〇〇三二　壬戌卜侑……
二〇〇三二　丙子……侑子宋六……
二〇〇三三　……卜卩……子宋……犬
二〇〇三四　丁亥……侑……
二〇〇三四　乙巳卜王侑子宋
二〇〇三五　……祐子宋
二〇〇三五　……祐子……
二〇〇三六　辛卯卜王甲午日雨不
二〇〇三六　訊入
二〇〇三六　……戊卜貞不束余奠子戠十月
二〇〇三七　乙丑卜王勿龠侑子戠
二〇〇三八　辛卯卜王弜入
二〇〇三八　……卜王……入
二〇〇三八　辛……
二〇〇三八　丁酉卜戊戌雨
二〇〇三八　戊……
二〇〇三八　丁酉卜于己亥雨
二〇〇三八　己亥不雨
二〇〇三八　丁酉卜于庚子雨

二〇〇三八 庚子不雨
二〇〇三八 丁酉：于辛丑雨
二〇〇三八 丁酉：辛：雨
二〇〇三八 ：不雨
二〇〇三八 丁酉卜于壬寅雨
二〇〇三八 戊戌卜于辛丑雨
二〇〇三八 辛丑：禦子妥多妣
二〇〇三八 乙未卜王入今夕
二〇〇三九 丁酉卜于辛丑雨
二〇〇三九 己：妣：
二〇〇三九 辛丑卜禦妥
二〇〇三九 ：卯：
二〇〇四〇 ：子其彈
二〇〇四一 ：子弦：囧
二〇〇四二 ：寅甫令：子弦：
二〇〇四三 子屌：
二〇〇四四 ：癸巳曰子寢無：
二〇〇四五 藢祖乙五宰
二〇〇四五 ：祖乙：
二〇〇四五 子杈出
二〇〇四六 辛卯卜王侑子：
二〇〇四七 ：子：延：
二〇〇四八 ：偕貞效：
二〇〇四九 甲申卜：延：
二〇〇四九 甲申：乙：
二〇〇五〇 壬戌：子：無：
二〇〇五一 ：不：子呂：曰弜：列
二〇〇五二 ：子：自：犕：犕：
二〇〇五二 壬：翌：用
二〇〇五三 ：戊卜𠓞：子戍：釓
二〇〇五三 弜來
二〇〇五四 ：唐子：郭：
二〇〇五五 ：辰卜王貞旬于多子
二〇〇五五 癸未卜：翌丁亥酌兄丁一牛六月用
二〇〇五六 戊申卜侑中子
二〇〇五七 丙寅卜王貞侯光若：往□嘉：侯光：
二〇〇五八 ：卜：般：侯告
二〇〇五九 ：令雀：侯告
二〇〇六〇 令貯比侯告
二〇〇六一 戊：侑侯：囙仲：
二〇〇六一 ：田：
二〇〇六二 ：呼侯：
二〇〇六三 ：卜：甫：侯：
二〇〇六三 庚：
二〇〇六四 ：寅卜王逆入使五月
二〇〇六四 丙寅：貞王兹循：余：
二〇〇六四 ：未卜王：𠂤取：侯
二〇〇六五 ：酉：九示自大乙至丁祖
二〇〇六五 其比侯尊
二〇〇六六 乙巳卜𠓞贏侯敳
二〇〇六六 ：一月
二〇〇六六 己亥：
二〇〇六七 甲子卜：
二〇〇六七 戊寅允來
二〇〇六七 ：侯：來
二〇〇六七 ：巳：侯：
二〇〇六八 ：卜王侯弗若循
二〇〇六八 壬寅：王：惟：
二〇〇六九 ：戍：令匕侯：有匕：
二〇〇六九 己：令：
二〇〇七〇 戊戌卜我勿侯及
二〇〇七〇 癸卯卜王曰祟其□
二〇〇七〇 貞余勿呼延尊畓曰吉其呼尊
二〇〇七一 ：既：侯：冒：十二月
二〇〇七二 丁：貞：□囚告
二〇〇七二 戊子卜丁貞弗來
二〇〇七二 貞化來
二〇〇七二 ：南日告先：來告：允先
二〇〇七二 ：來告馬：
二〇〇七二 ：卜𠓞：妥：子庚
二〇〇七二 ：來化：
二〇〇七三 戊午卜不：侯
二〇〇七三 ：侯
二〇〇七四 ：河暨：
二〇〇七四 ：令周侑無：
二〇〇七四 ：□侯今生月于□：
二〇〇七四 ：衛無囚比東衛：
二〇〇七五 己卯卜王貞鼓其取宋伯歪鼓囚戴朕
　　　　 𡚁宋伯歪比鼓二月
二〇〇七六 戊戌：伯歪：其□：鼓：
二〇〇七七 ：王余歪：
二〇〇七七 癸酉：王：
二〇〇七七 ：戍：
二〇〇七八 ：王令有伯
二〇〇七九 有伯告八月
二〇〇八〇 壬寅卜𠓞令婦有伯
二〇〇八〇 ：父乙㠯
二〇〇八〇 不㠯
二〇〇八一 ：婦伯：㞢：無：
二〇〇八二 戊子：婦伯：聞扔：固

二〇〇八二	⋯乙⋯
二〇〇八三	⋯午卜王貞惟丁巳⋯婦伯于大丁⋯
二〇〇八四	壬子卜貞光伯[illegible]無疾
二〇〇八四	貞⋯狩⋯
二〇〇八五	甲申卜惟伯子
二〇〇八五	⋯馬⋯
二〇〇八六	癸酉貞
二〇〇八六	乙亥卜[illegible]貞伯弘十一月
二〇〇八六	⋯亥卜大叫亩人十一月
二〇〇八七	壬子卜貞⋯伯商無⋯
二〇〇八八	庚申卜王惟余令伯⿰糸尹史旅
二〇〇八八	⋯酉卜王
二〇〇八八	⋯寅卜⋯
二〇〇八九	⋯史旅
二〇〇九〇	癸未卜王⋯伯⿰糸尹⋯七月
二〇〇九一	⋯王勿禦伯⿰糸尹史⋯
二〇〇九二	貞⋯⿰糸尹史⋯
二〇〇九二	⋯⿰糸尹史⋯
二〇〇九三	⋯卯卜王⋯⿰糸尹來征十月
二〇〇九四	庚⋯扶王⋯惟王⋯⿰糸尹⋯
二〇〇九五正	白朱
二〇〇九五反	⋯百宰
二〇〇九六	己丑卜侑黃尹⋯
二〇〇九六	⋯牛
二〇〇九七	甲午⋯酢⋯伐⋯
二〇〇九七	⋯卜⋯
二〇〇九八	壬寅卜扶司惟羊不
二〇〇九八	⋯不
二〇〇九八	丁未卜扶侑咸戊學戊呼
二〇〇九八	丁未⋯扶侑咸戊牛
二〇〇九八	丁未卜扶咸戊
二〇〇九九	甲戌⋯侑咸⋯
二〇一〇〇	⋯未卜扶侑學戊
二〇一〇一	丁巳卜⋯侑學⋯
二〇一〇二	癸卯卜扶⋯子⋯
二〇一〇三	丁卯卜扶一月
二〇一〇四	己巳卜扶一月
二〇一〇五	壬子卜⋯惟⋯
二〇一〇五	⋯申卜⋯
二〇一〇五	⋯勿⋯司⋯
二〇一〇五	⋯卜扶⋯犬⋯不
二〇一〇六	⋯卯卜扶⋯扶⋯
二〇一〇七	⋯扶王⋯毋
二〇一〇八	⋯扶⋯
二〇一〇八	己⋯
二〇一〇九	辛⋯扶⋯毋

二〇一一〇	⋯扶子癸⋯
二〇一一一	⋯卯卜扶貞
二〇一一二	壬申卜扶呼
二〇一一二	癸酉卜扶有火
二〇一一三	丁酉⋯扶五月
二〇一一三	丁卯卜扶五月
二〇一一三	丁酉卜余[illegible]八月
二〇一一四	乙未卜扶一月
二〇一一五	丁亥卜扶夕舌二月
二〇一一六	⋯酉卜扶⋯
二〇一一六	⋯酉
二〇一一六	⋯貞⋯
二〇一一七	壬辰卜扶圃弜弓
二〇一一八	⋯午卜扶叀步
二〇一一九	⋯卜扶⋯不
二〇一一九	⋯闢
二〇一二〇	己⋯扶⋯
二〇一二一	丙申卜扶侑⋯
二〇一二二	乙⋯卜扶⋯
二〇一二三	丙申扶
二〇一二四	⋯卜扶⋯仲⋯
二〇一二四	丁巳卜扶⋯
二〇一二五	庚⋯扶⋯
二〇一二六	丁卯卜扶⋯
二〇一二七	⋯扶侑⋯
二〇一二八	⋯扶史⋯百十二月
二〇一二九	壬辰⋯王侑⋯妣⋯
二〇一二九	⋯卜扶⋯
二〇一三〇	⋯申卜扶⋯
二〇一三一	⋯戌卜扶⋯丁自⋯
二〇一三二	⋯卜扶大⋯
二〇一三三	戊申卜扶卯于⋯
二〇一三四	⋯扶⋯
二〇一三四	己巳⋯食⋯[illegible]⋯
二〇一三五	⋯扶⋯囲⋯
二〇一三五	⋯侑⋯
二〇一三六	⋯扶貞⋯師不
二〇一三七	⋯卯卜扶⋯
二〇一三八	己卯卜扶取子
二〇一三九	甲申卜扶⋯
二〇一四〇	丁亥卜扶⋯
二〇一四〇	⋯子卜夕
二〇一四〇	辛卯卜[illegible]夕
二〇一四〇	⋯日⋯
二〇一四一	癸巳卜扶丁示⋯
二〇一四二	⋯卜[illegible]王⋯即甫⋯

二〇一四三 庚：卜：貞：

二〇一四三 癸丑一〓貞〓

二〇一四四 ：亥卜〓：呼：

二〇一四五 ：申卜〓：〓

二〇一四五 貞：

二〇一四六 ：〓：令：〓：二月

二〇一四七 ：卜〓勿：即

二〇一四八 己酉卜〓侑：庚

二〇一四九正 辛巳卜甾入令並葡

二〇一四九正 並由

二〇一四九正 辛巳卜：古葡十月

二〇一四九反 癸酉卜不其雨

二〇一五〇 丁巳卜甾甫

二〇一五一 ：卜甾：丙步

二〇一五二 ：卜甾巫：至：曰巫：

二〇一五三 戊子卜甾：亦有聞：甾固曰聞

二〇一五三 ：㝱

二〇一五四 ：酉卜甾：

二〇一五四 ：甾：囚：曰

二〇一五五 ：子卜甾

二〇一五五 ：卜即：卯于：

二〇一五六 癸：〓：無：婦十月

二〇一五六 ：卜王告

二〇一五六 ：貞：無：九月

二〇一五七 ：卜徣：旬七：

二〇一五八 戊子：衔：

二〇一五八 ：延：

二〇一五九 ：徣：弜：師四月

二〇一六〇 己未：徣弜：〓勅

二〇一六〇 ：未卜：弜：

二〇一六一 ：卜徣：于

二〇一六一 ：不

二〇一六二 ：卯：延：徣：

二〇一六二 ：延：

二〇一六三 丁丑卜徣令：

二〇一六三 ：丑卜徣令：延至庚辰不

二〇一六四 ：申卜徣令吴比：侯：

二〇一六五 己：子：

二〇一六五 庚午卜王勿：

二〇一六五 戊戌卜徣延令夫〓爰

二〇一六六 ：卯卜王：令夫：爰：

二〇一六七 丁丑卜森曰雀緇

二〇一六八 丁巳卜：雀：戎：

二〇一六九 壬：卜令雀：

二〇一七〇 ：無囚：罟二月

二〇一七〇 貞雀凡囚在罟二月

二〇一七一 丁巳卜令雀即雀在罟二月

二〇一七一 戊午卜呼戈比：在罟二月

二〇一七二 乙亥卜惟雀呼

二〇一七三 ：丑卜令：匕目

二〇一七三 癸丑卜令雀匕目

二〇一七四 甲寅卜王即雀

二〇一七四 己卯：王：

二〇一七五 癸丑卜雀亘受：九月

二〇一七五 癸：雀：

二〇一七六 ：伐：

二〇一七六 辛：雀：

二〇一七七 戊戌卜：貞曰〓：其比：〓：

二〇一七八 壬申卜〓貞〓勿：戠

二〇一七九 壬申：貞〓：步：

二〇一八〇 壬戌卜王貞〓無其剢

二〇一八〇 丁卯

二〇一八一 壬戌卜王貞〓侑剢

二〇一八二 ：貞〓：剢

二〇一八三 ：貞：𢦏

二〇一八三 乙丑：王余：〓：

二〇一八四 丁亥：貞〓：雍：

二〇一八五 丁亥卜𠂤貞〓其：

二〇一八五 丁亥：貞：

二〇一八五 二告

二〇一八六 ：余〓：〓岳：

二〇一八七 ：〓夾伐

二〇一八八 ：卜禦〓：

二〇一八九 ：未卜〓：啓

二〇一九〇 甲申卜𠂤王令匠人日明〓于亳

二〇一九一 辛未卜王貞惟匠其受祐今來捍

二〇一九二 丁卯卜王呼匠〓

二〇一九二 ：王：

二〇一九三 ：王：

二〇一九三 辛丑卜王匠其：

二〇一九三 辛丑：取

二〇一九三 ：辰卜：呼〓：

二〇一九三 ：辰卜：作：即：令

二〇一九四 甲寅卜𠂤：惟匠令

二〇一九五 ：丑卜呼：匠于：出三月

二〇一九六 甲戌卜〓〓其戠卜卩

二〇一九六 ：不其戠

二〇一九六 甲午卜〓令匠〓有立呼衣田十二月

二〇一九七 乙卯：匠延：月

二〇一九七 丙辰卜：曰辰三月

二〇一九八 丁未卜令匠：

二〇一九八　……卜……其……
二〇一九九　辛酉卜医其惟……囚
二〇二〇〇　辛酉卜医其惟……三月
二〇二〇一　甲……自……南……
二〇二〇一　丁巳……医……
二〇二〇二　辛酉卜惟方医
二〇二〇三　乙……医……獲……
二〇二〇四　丙辰……医祟……戌
二〇二〇五　……酉……貞……医……
二〇二〇六　……王貞……医……比……
二〇二〇七　……衛……医……
二〇二〇八　丁巳卜自医……
二〇二〇九　丙……医……
二〇二〇九　……卜……于妣……
二〇二一〇　……卜貞医……
二〇二一一　……自……医……
二〇二一一　……巳……貞……
二〇二一二　……医……
二〇二一三　丙子……豕……先……
二〇二一三　……妣……月
二〇二一四　丁卯卜王……豕以師……
二〇二一四　……卜……汰……
二〇二一五　……巳……豕……在……
二〇二一六　……豕……
二〇二一七　……甫……
二〇二一八　乙……余……使……
二〇二一八　……丑卜……令……甫大……祟戋
二〇二一八　……甫無囚
二〇二一九　……囚
二〇二二〇　……酉卜……甫毋……甫
二〇二二一　……令甫复止
二〇二二二　庚申卜令缶豕遣……
二〇二二三　丁亥卜……貞王……
二〇二二三　辛卯卜……令缶豕
二〇二二四　辛丑卜曰缶無以……
二〇二二五　庚子卜曰缶弗……
二〇二二六　……惟……不……
二〇二二七　丙申……光
二〇二二八　戊子令史……
二〇二二八　缶……
二〇二二九　……卜……聽竹取……固惟……
二〇二三〇　庚戌……入
二〇二三〇　庚……令……衛……
二〇二三〇　壬申卜……令竹……官十月
二〇二三〇　壬……
二〇二三一　貞……妣……于唐邑……克龔王……十月

二〇二三一　……卯罕其龔王追執猶卯罕龔王追
二〇二三一　令……𨺅凡……方其……王追十月
二〇二三二　戊辰卜王貞㚔田圉有事
二〇二三三　己卯卜王余……
二〇二三三　……令㚔复止宋……
二〇二三四　丁未卜甫令㚔
二〇二三五　辛巳卜王勿呼甫即㚔令戠十月
二〇二三六　庚子卜……令㚔興考
二〇二三七　……並十月
二〇二三八　丙戌卜……令……
二〇二三八　……
二〇二三九　……令何……
二〇二四〇　丙子貞丁囚呼告日
二〇二四〇　令𠂤往宋
二〇二四一　……吼……羊……喪……
二〇二四二　庚寅王令……
二〇二四二　……侑生……
二〇二四三　王令大谷……
二〇二四三　……出……示
二〇二四四　丁亥……
二〇二四四　丁亥卜王令……
二〇二四五　丙申卜王令火戈考
二〇二四五　……北……
二〇二四六　戊寅……令……告
二〇二四七　貞令
二〇二四七　……無貝……月
二〇二四八　……卜惟令匕有祐十月
二〇二四九　……寅卜……令人方
二〇二五〇　戊寅……皿令……百……
二〇二五一　……寅……令貞比百……
二〇二五二　……申……令……祖……
二〇二五三　……丑卜貞王呼萬戒……九月
二〇二五四　……王呼……兕……
二〇二五四　甲辰……余……我……
二〇二五五　丙……
二〇二五五　貞令……豕
二〇二五五　辛亥卜……貞王曰……
二〇二五六　丙辰卜自貞王曰……我侑我……束延……
二〇二五六　……午……于
二〇二五七　辛巳卜乙酉……出
二〇二五八　……卜……出
二〇二五八　甲子
二〇二五八　丁卯
二〇二五九　己丑卜……王从出
二〇二六〇　丁亥卜王出今五……

二〇二六〇　：亥：出
二〇二六〇　𠂤丁
二〇二六〇　：牛二示羊六示：
二〇二六一　：亥若出
二〇二六一　于己卯出王：
二〇二六二　戊：卜：不雨
二〇二六二　己：乙：不
二〇二六二　丙申卜王入乙巳
二〇二六三　：巳卜：申王步暘日
二〇二六三　：午卜：未：步暘日
二〇二六三　丙戌：步：
二〇二六三　：王：暘日
二〇二六三　丁：
二〇二六四　丁未卜戊申啓
二〇二六四　：己酉步暘日
二〇二六四　不暘日
二〇二六五　丙戌：丁亥步暘日十月
二〇二六六　：卜：步暘日
二〇二六六　癸：王：辛：
二〇二六七　丙辰：步：王𡆥：暘日
二〇二六八　庚子卜𡗕惟癸步
二〇二六九　于丙步
二〇二六九　于丁步
二〇二七〇　于生月
二〇二七〇　：月
二〇二七〇　王于：比師：其至：
二〇二七一　辛未：癸酉王不步
二〇二七一　壬申卜王陟山𠂤癸酉暘日
二〇二七二　庚寅卜王滳辛卯暘日
二〇二七三　辛未卜今日王滳不風
二〇二七四　：卜王惟：正商：允魯
二〇二七五　王作：卩于：牛
二〇二七五　貞：
二〇二七六　庚寅卜衔王品司癸巳不二月
二〇二七七　庚申卜王雍九月
二〇二七七　：卜：侑：
二〇二七八　：酉卜𡗕王宛𢀛
二〇二七八　何
二〇二七九　乙巳卜王貞取終夕
二〇二七九　乙巳：貞：
二〇二七九　貞宁無戠
二〇二七九　丙：卜王貞：巫終夕
二〇二七九　癸：王貞：衰：
二〇二八〇　辛亥：桒：無𠱩：
二〇二八〇　壬子卜𠂤貞王勿𦩡：酌：癸允：
二〇二八〇　：子卜：王于：老：

二〇二八一　己巳卜王：贅
二〇二八一　：于：燎贅
二〇二八二　：丑：王取：
二〇二八三　：王取暨伇：𠧢𠂤王：
二〇二八四　：王酉：
二〇二八五　：王酉：
二〇二八六　：王酉：由：父：
二〇二八七　辛亥王卜：夕：
二〇二八七　辛亥王卜：日：
二〇二八七　：卜：
二〇二八八　乙巳：
二〇二八八　：寅卜王：二月
二〇二八九　：巳卜王貞：宁：甲：
二〇二九〇　辛巳：王貞：羊：𡧊：
二〇二九一　癸亥：王貞：令：望：
二〇二九二　：王貞：𠳋：
二〇二九三　乙巳卜王貞冂：田止老無：
二〇二九四　：邑
二〇二九四　戊寅卜王貞：
二〇二九五　丰：王不𡆥
二〇二九六　乙：王：
二〇二九六　乙丑卜火龐
二〇二九六　：戊卜：
二〇二九七　辛酉卜王貞妣弗𠆢
二〇二九七　癸酉：王[⿰征]征：毌二月
二〇二九八　癸酉卜[⿰犬]：犬王𠆢
二〇二九九　：卜弜二羊：王𠆢：京
二〇三〇〇　：辰卜王：千作
二〇三〇一　：卜王：
二〇三〇一　丁：
二〇三〇二　辛巳貞卜王不：
二〇三〇三　癸丑王：
二〇三〇三　：王：
二〇三〇四　：王：中：
二〇三〇五　：保𡢟王：
二〇三〇六　：卯卜王無𠆢
二〇三〇六　：卯卜王衛：
二〇三〇七　：戠不祝王：
二〇三〇八　：王弋：𠀠：
二〇三〇九　：王：
二〇三一〇　己巳余缶往：
二〇三一一　：王貞余無：
二〇三一二　：王余令：
二〇三一三　丙申卜余令𡨦
二〇三一四　甲子卜貞余令：
二〇三一五　乙卯卜余呼复

二〇三一五	丙辰卜王曰辰
二〇三一六	……王貞余呼珏……
二〇三一七	……卜王余呼龝
二〇三一八	……申卜……貞余……妣亢……
二〇三一八	壬……自……
二〇三一九	……余不冊川
二〇三二〇	乙……卜王……余……省
二〇三二〇	乙亥卜王貞勿艏
二〇三二〇	……巳卜……貞余……妣……北
二〇三二一	壬午卜……余……惟……
二〇三二二	……王貞余……□于示……我祐
二〇三二三	乙酉卜王貞余惟□餞，豕
二〇三二三	……子卜……□
二〇三二三	……子卜……
二〇三二三	庚子
二〇三二三	庚……
二〇三二三	庚
二〇三二三	丙寅
二〇三二三	辛……
二〇三二四	……余有……
二〇三二五	貞……余
二〇三二六	……王余呼……□延
二〇三二七	甲申……余宅……朿
二〇三二七	卜，
二〇三二八	……余一人……
二〇三二九	丙……余……取……
二〇三三〇	庚午卜王余……示□于甫……囗終
二〇三三一	貞余不吉
二〇三三二	乙卯卜于日它
二〇三三二	……于立典紟丙……
二〇三三三	丁丑卜王貞令竹祟亢于□戴朕事
二〇三三三	丁丑卜王貞余勿衣占余戠三月
二〇三三三	丁丑……貞余……
二〇三三四	……卜自……弗其戴……事弗……侑取
二〇三三四	壬子……戴朕……
二〇三三五	……卜余……朕……
二〇三三六	庚子卜朕禦缶……王……
二〇三三七	……卜貞朕甾
二〇三三八	……耳……以……冊……
二〇三三八	……炊……茲曰……
二〇三三八	……豕……啓……
二〇三三八	……卜炊……□以……
二〇三三八	……朕余曰咋……
二〇三三八	……曰……茲……
二〇三三九	……朕……令……
二〇三四〇	庚申朕米

二〇三四一	……朕……
二〇三四二	癸未卜王余使人于……
二〇三四三	……炊貞……人于……戠
二〇三四四	……人于曾……若
二〇三四五	己未卜王使出
二〇三四五	……來使人……
二〇三四五	……無侑……
二〇三四六正	辛丑卜炊戠弜使人祉
二〇三四六反	……凡复止
二〇三四七	……亞于父乙
二〇三四七	今夕有事
二〇三四七	庚不
二〇三四七	今夕弜木
二〇三四七	庚……
二〇三四八	乙亥卜生四月妹有事
二〇三四八	乙亥卜有事
二〇三四八	弗及今三月有事
二〇三四九	乙有事今八月刀
二〇三四九	乙有在多亞
二〇三五〇	今夕無事
二〇三五〇	于九月有事
二〇三五一	壬子貞無至
二〇三五二	……禦事受……
二〇三五三	乙卯卜自禦事
二〇三五三	乙卯卜自禦事
二〇三五四	庚申卜炊令小臣取丁羊鳥
二〇三五四	甲乙丙丁戊己庚辛壬癸
二〇三五四	子丑寅卯辰巳午未申酉戌……
二〇三五四	甲子　乙丑　丙寅　丁卯
二〇三五五	……臣貞……
二〇三五六	臣無尤
二〇三五七	……多尹……于商
二〇三五八	……朿尹
二〇三五九	……捍紳
二〇三六〇	……申呼尹……
二〇三六一	……午……史……
二〇三六二	……庚史……
二〇三六三	……史……乙翌……亦延……
二〇三六四	乙巳卜巫由瀘……
二〇三六五	辛……巫示……庚允……
二〇三六五	……巫……
二〇三六五	甲戌……執王惟巫……母庚
二〇三六五	甲戌……王……
二〇三六六	……巫□
二〇三六六	……冉允執

二〇三六六 ：妣若
二〇三六七 癸：大侑：
二〇三六七 甲戌卜𠂤司犬
二〇三六八 貞曰犬：來
二〇三六九 允雈其：
二〇三七〇 辛酉卜令犬不壬戌侑
二〇三七一 丙申貞來：曰亞其：爵：
二〇三七二 ：卜𡘋執戍
二〇三七三 ：𡘋王執𢽳
二〇三七四 ：不：令：執：
二〇三七五 ：執：步：
二〇三七六 ：婦：令史執：月
二〇三七七 辛酉卜貞有至今日執無：
二〇三七八 乙巳：貞惟：效：左：執無𡆥
二〇三七九 奞亘
二〇三七九 奞：
二〇三七九 弗奞
二〇三七九 弗奞
二〇三七九 弗奞
二〇三七九 弗奞
二〇三七九 弗奞
二〇三七九 弗：
二〇三七九 奞亘
二〇三八〇 丁巳卜𠂤貞戊午敎
二〇三八一 庚子：執：人于：弗及
二〇三八一 甲寅：□惟：今日延：□允延：
二〇三八二 弗執
二〇三八二 不：
二〇三八三 癸：
二〇三八三 癸亥卜亘弗□雈
二〇三八三 乙丑卜
二〇三八四 丁卯卜雈獲亘
二〇三八四 辛亥貞雈執亘受祐
二〇三八四 ：亥卜：亘：
二〇三八五正 ：貞：止：雈
二〇三八五正 在𦉪
二〇三八五反 乙未卜□缶二月允□
二〇三八五反 己未卜弗□缶
二〇三八六 ：盟
二〇三八六 己：立中
二〇三八七 ：𠂤：
二〇三八七 ：𠂤不其：三月
二〇三八八 ：𠂤：己丑來：庚：
二〇三八九 己丑𠂤：今日來
二〇三八九 ：戊辰：刀：
二〇三九〇 ：令□隹師

二〇三九一 乙酉卜王貞𠂤不余其見二月
二〇三九二 甲子卜王貞土方其敦呼
二〇三九三 癸亥卜亘其征雈：月
二〇三九三 癸亥卜日弗：
二〇三九三 辛未：王步：
二〇三九四 ：征亘
二〇三九四 ：今夕不：征亘
二〇三九四 ：其征亘
二〇三九四 ：亘
二〇三九四 ：征亘
二〇三九四 ：亘
二〇三九四 ：今日暘日
二〇三九五 ：今夕：
二〇三九五 ：步：暘：
二〇三九六 ：無征亘
二〇三九六 ：亘其：
二〇三九七 ：壬：有雨今日小采：允大雨延佀：
𥄫日惟啓
二〇三九七 ：亥卜王令：𢀛方□：
二〇三九八 不其：
二〇三九八 戊寅卜于癸舞雨不
二〇三九八 辛巳卜奏岳比不比
二〇三九八 乙酉卜丙奏岳比用不雨
二〇三九八 乙未卜于丁出舞
二〇三九八 乙未卜翌丁不其雨允不
二〇三九八 乙未卜丙舞
二〇三九八 乙未卜其雨不四月
二〇三九八 丙申卜比岳
二〇三九八 辛丑卜奏𦔻比甲辰卩雨少四月
二〇三九八 丁未卜令征征□□
二〇三九八 丁未卜奏：
二〇三九八 癸丑卜侑小卜辛羊豕
二〇三九八 惟今日用小卜辛羊
二〇三九八 癸丑侑小卜辛羊豕
二〇三九八 惟豕
二〇三九八 癸丑卜侑小卜辛
二〇三九八 正日侑小卜辛羊豕
二〇三九九 乙巳卜：□暨雈伐羌𡆥
二〇四〇〇 辛丑卜步豪伐𢀛五月
二〇四〇一 丁未卜王貞余惟羌循
二〇四〇一 戊：呼：
二〇四〇二 辛丑卜王貞：□：伐羌
二〇四〇二 癸：我：
二〇四〇三 惟雈伐羌
二〇四〇四 甲午卜甾羌𢦏弜𢦏

二〇四〇五　辛丑卜用…
二〇四〇五　…羌…至商…征二月
二〇四〇六　其伐羌有田
二〇四〇六　庚…
二〇四〇七　…王貞馬方…不陟口喪印…五月
二〇四〇八　壬申…自貞方其征今日…
二〇四〇八　癸酉卜自貞方其征今日夕
二〇四〇九　丙子卜方至今不
二〇四〇九　丙子卜方…
二〇四一〇　乙巳卜今日方其至不
二〇四一〇　丙午卜方其征今日
二〇四一〇　…卜…至…余曰…五日…方…
二〇四一一　癸酉卜貞方其征今夕印不執余曰方其
征允不…
二〇四一二　丙午卜巫由…
二〇四一二　丁未…今日方征不
二〇四一二　甲子卜今旬不征
二〇四一二　乙丑卜…
二〇四一二　…征方…
二〇四一二　壬申卜自今三日方不征不
二〇四一二　壬申卜曰今五…方其征不
二〇四一二　壬申卜方…
二〇四一二　…今日不
二〇四一二　丙申卜自今五日方衣不征衣
二〇四一二　…方…多子
二〇四一二　…酉卜方…今…
二〇四一二　…酉卜今…方…
二〇四一三　丁巳卜匿其見方弗遘戊
二〇四一三　丁巳卜翌其征不
二〇四一三　庚申卜方其征今日不征
二〇四一四　辛酉卜方其征今日不
二〇四一四　方于癸征
二〇四一四　方于甲…
二〇四一四　…乙征
二〇四一五　戊申卜方知自南其征印
二〇四一五　戊申卜方叶自南不其征印
二〇四一六　丁酉…來己…日雨
二〇四一六　丙子卜借丁丑啓允啓
二〇四一六　…卜方其征今乇雨
二〇四一七　乙…方…其…征…南…
二〇四一七　丙辰卜重其見方二月
二〇四一七　**丙**
二〇四一八　…王貞…翦令匕…丙午至于戊戌曰方
其征…朕禦
二〇四一九　戊午卜自貞方其征今日不二月
二〇四一九　辛酉卜自貞方其征今日…風…

二〇四二〇　丁卯卜自貞方其征今日不
二〇四二一　乙巳卜今日方征不六月
二〇四二一　壬申卜今日方征不昃雨自北
二〇四二二　辛亥卜方征不
二〇四二三　壬午卜王貞畓曰方于甲午其正七…
二〇四二三　…戌…
二〇四二四　丁巳卜方其亦征
二〇四二五　戊子卜王…方其征
二〇四二五　…王貞…無災
二〇四二六　庚子卜自貞辛丑方不其征十二月
二〇四二七　…𢦔印弗征方…
二〇四二八　…卜自…其征…一月
二〇四二八　己…貞…征
二〇四二九　…貞…婦…方其征…北…
二〇四三〇　…五日…方征…
二〇四三一　…卜夾…征今…
二〇四三二　…征不
二〇四三二　…今夕…
二〇四三三　…征今日不…月
二〇四三四　方…征…
二〇四三五　…卜王貞…日方…征
二〇四三六　戊寅卜夾方于己征
二〇四三七　乙未卜…其雨
二〇四三七　方于…征
二〇四三八　…方…征
二〇四三九　…廼征方
二〇四三九　取劦以有示
二〇四四〇　…亥卜夾方征商…
二〇四四〇　允𦥑祝降
二〇四四一　…今丁方征…
二〇四四二　辛卯卜王貞令其戦方
二〇四四三　己亥卜弜戦方
二〇四四三　己…卜…兄…
二〇四四四　壬寅卜匿于無征方戦二月
二〇四四五　…方戦
二〇四四五　…不雨
二〇四四六　…戦方
二〇四四七　…午叱酉行來…方不獲…
二〇四四八　…方不…
二〇四四九　壬寅卜夾缶比方執四日丙午不獲方允
遘不獲
二〇四四九　癸卯卜王缶…蔑征蔑執弗其羌印三日丙…
二〇四五〇　壬午卜自貞王令多冒禦方于…
二〇四五〇　丁巳卜貞豕有其…執
二〇四五〇　壬午卜…呼禦方于商
二〇四五一　丁巳卜王貞四卜呼比征方允獲

二〇四五一 己卯卜王令禦方
二〇四五二 乙丑…禦方
二〇四五二 戊子卜王翌辛少𢦏其征…
二〇四五三 …巳卜王貞于中商呼…方
二〇四五三 壬…貞…
二〇四五四 …卜王貞…逆…方
二〇四五四 己…勿…方
二〇四五五 …循…
二〇四五五 …方…
二〇四五六 戊申…匿弗…及方…三月
二〇四五七 癸丑卜王貞𢦏其及方
二〇四五七 …卜王…賜…于…
二〇四五八 …卜王…追…𢦏弗其…獲征…弗及方
二〇四五九 …辰卜𠂤…追方…及
二〇四六〇 …卜
二〇四六〇 …三月
二〇四六〇 戊戌卜𠂤步今日追方…
二〇四六一 …令匿追方
二〇四六二 丁未卜王令…凡…日
二〇四六二 …申卜王…追方
二〇四六二 …申卜王酉兄戊…
二〇四六二 …酉兄丁…追…
二〇四六三正 甲戌
二〇四六三正 丙子王卜妣
二〇四六三正 丙子
二〇四六三正 丁酉侑父乙
二〇四六三反 己巳卜示無囚
二〇四六三反 己…卜史人婦伯綆
二〇四六三反 乙亥卜令虎追方
二〇四六三反 貞
二〇四六三反 甲
二〇四六三反 三十羊
二〇四六三反 疾
二〇四六三反 疾
二〇四六四 壬辰卜𠂤執今勿入不涉
二〇四六四 甲午卜𠂤令去𢀛祟方
二〇四六五 …祟方
二〇四六六 己亥卜王祟方我
二〇四六七正 己…弗執大…方
二〇四六七反 王
二〇四六八 …卜…九月
二〇四六八 …辰卜王…大方…羊印不執
二〇四六八 庚…
二〇四六九 丁酉卜王令𢦏祟方
二〇四七〇 丙午卜其生月雨癸丑允雨
二〇四七〇 丙寅卜令…有…

二〇四七〇 丁卯卜今日𢀛至
二〇四七〇 庚午卜不至方至
二〇四七〇 …惟不…雨
二〇四七〇 …甾…其…昃…雨…雨
二〇四七〇 …于小方
二〇四七一 丁卯卜…妣于…禦小方七月
二〇四七二 戊辰卜徃呼𢀛祟小方我七月[illegible]
二〇四七二 …婦其嘉
二〇四七三 丁丑卜…小方其征今八月不…
二〇四七四 …卜小方…征…八月…
二〇四七五 丙子卜小方不其征
二〇四七五 今八月…方…不
二〇四七五 辛酉卜七月大方不其來征
二〇四七六 癸亥卜七月六日…其征
二〇四七六 …小方不…征今…印…
二〇四七七 戊申卜𠂤余令方至不
二〇四七七 貞…牛無𢀛方
二〇四七八 丁亥卜𠂤余令日方其至
二〇四七八 丁亥卜𠂤方至
二〇四七九 辛酉卜王貞方其至今八月乙丑方…
二〇四七九 癸…
二〇四八〇 辛酉卜王貞方不至今八月
二〇四八〇 …申…其…
二〇四八一 庚子卜方至自今五…
二〇四八一 …二月
二〇四八二 …師貞自…至于…方其…不
二〇四八三 癸亥卜𠂤方至今日
二〇四八四 乙巳方至…
二〇四八五 戊寅卜方至不之日出日方在雈曾
二〇四八六 …貞…方…其至…
二〇四八七 …方于戊至
二〇四八七 …方…
二〇四八八 …方其來
二〇四八八 …辰卜王…方來…余…
二〇四八九 …𠂤…方九日方不…
二〇四九〇 …余曰無𡆥…三月
二〇四九一 允無…不見…方
二〇四九一 庚…貞方…二告
二〇四九二 乙巳卜王…方有人…
二〇四九三 …及方𢀛
二〇四九三 丁巳卜步今日比…三月
二〇四九四 戊午…比…
二〇四九四 …𢀛…
二〇四九五 癸…
二〇四九五 甲寅…𠂤方…十月
二〇四九五 允田

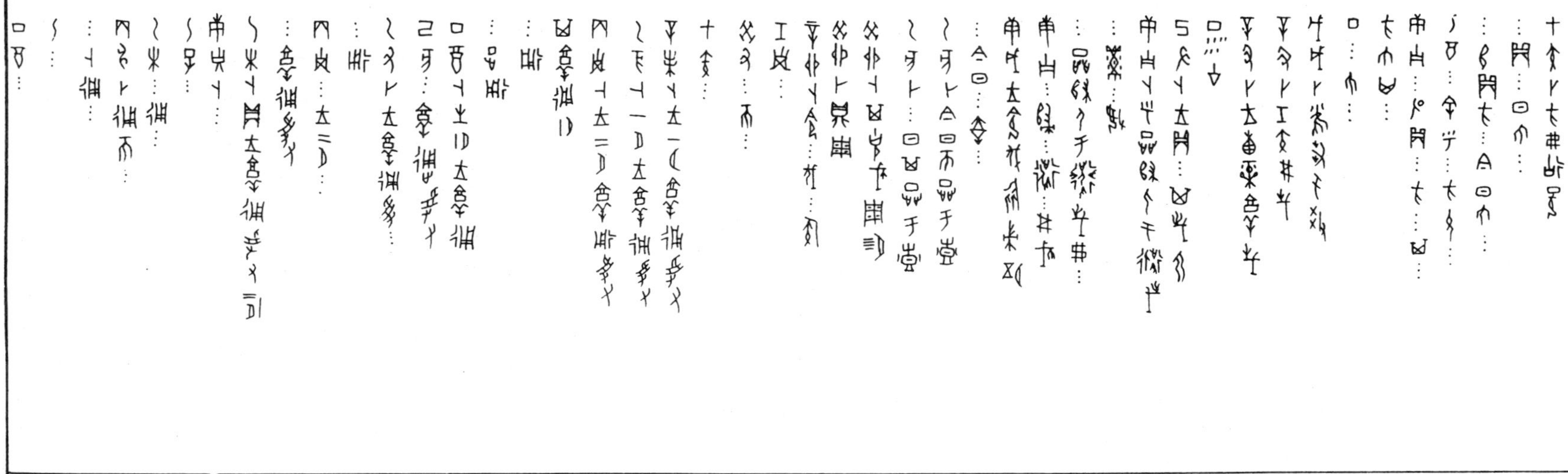

二〇四九五	甲寅卜方弗[illegible]邑
二〇四九六	：貞：日不：
二〇四九六	：師貞方：今日不：
二〇四九七	乙酉：余呼：方允：
二〇四九八	庚子：卜貞：方：其：
二〇四九九	方不其：
二〇四九九	丁：不：
二〇五〇〇	戊戌卜雀骨于教
二〇五〇〇	辛丑卜壬寅弗𢦏
二〇五〇〇	辛丑卜王惟[illegible]敦𢦏
二〇五〇〇	丁雨，災
二〇五〇一	己丑卜王貞：其𢦏𢆶
二〇五〇二	庚子卜呼征歸人于衛𢦏
二〇五〇二	：[illegible]：嘉
二〇五〇三	：征歸人于衛𢦏弗：
二〇五〇四	庚子：歸：衛：弗𢦏
二〇五〇五	庚戌王令伐旅婦五月
二〇五〇六	：今日：執：
二〇五〇六	乙亥卜今日不征于鼓
二〇五〇七	乙亥卜：日其征于鼓
二〇五〇八	癸卯卜其克𢦏周四月
二〇五〇八	癸卯卜貞周
二〇五〇九	辛卯卜令：伐：侯
二〇五一〇	壬子：
二〇五一〇	癸丑：不：
二〇五一〇	甲寅：
二〇五一〇	辛巳卜王一月敦偁受祐
二〇五一〇	乙亥卜一月王敦偁受祐
二〇五一〇	丙子卜王二月敦偁受祐
二〇五一一	其敦偁十月
二〇五一一	：偁
二〇五一一	：征偁
二〇五一二	丁酉卜生十月王敦偁
二〇五一三	己亥：敦偁受祐
二〇五一四	乙丑卜王敦偁受：
二〇五一四	：偁
二〇五一四	丙子：王二月
二〇五一五	：敦偁受祐
二〇五一六	乙未卜貞王敦偁受祐十二月
二〇五一六	庚子卜：
二〇五一六	乙巳：
二〇五一七	乙未：偁：
二〇五一七	丙申卜偁不：
二〇五一七	：卜偁：
二〇五一八	乙：
二〇五一八	丁酉：

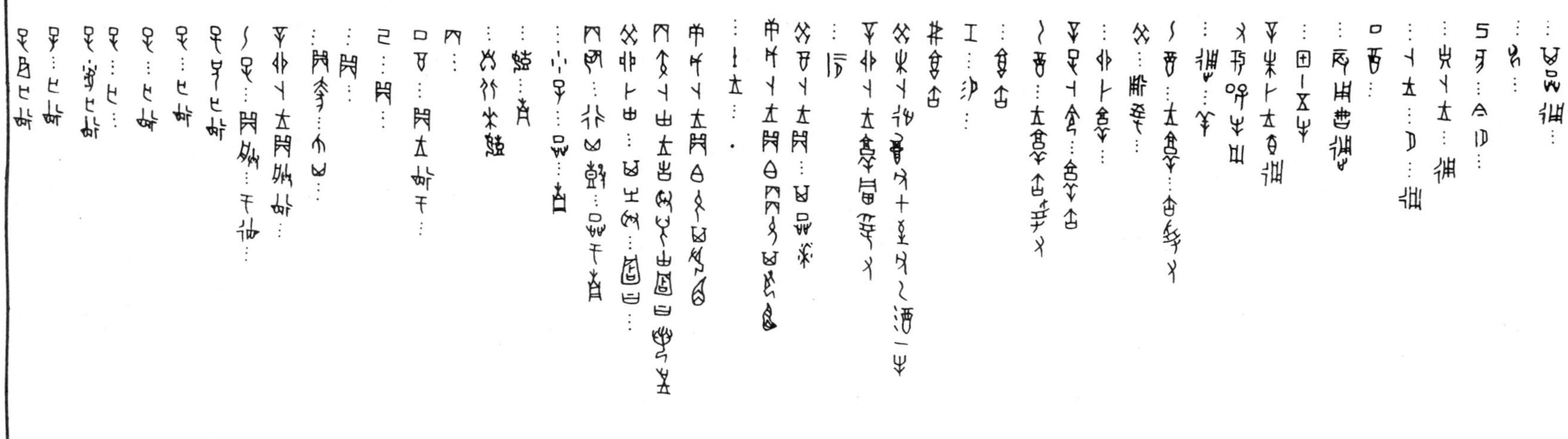

二〇五一八	：其征偁：
二〇五一八	：申：
二〇五一九	己亥：今十月：
二〇五一九	：于卜王：偁
二〇五二〇	：卜王：夕：偁
二〇五二〇	丁酉：
二〇五二一	：辰用冊偁
二〇五二一	：上甲十五牛
二〇五二二	辛未卜王執偁
二〇五二三	侑于子丁牛用
二〇五二三	：偁：羊
二〇五二四	乙酉：王敦：缶受祐
二〇五二五	癸：偁受：
二〇五二五	：卯卜敦：
二〇五二六	辛巳卜令：敦缶
二〇五二七	乙酉：王敦缶受祐
二〇五二八	：執缶
二〇五二八	壬：暘：
二〇五二九	弗執缶
二〇五三〇	癸未卜延酉父甲至父乙酒一牛
二〇五三〇	辛卯卜王敦畐受祐
二〇五三〇	：十二月
二〇五三一	癸酉卜王貞：其征稽
二〇五三二	庚戌卜王貞伯䍃允其及角
二〇五三二	：午王：
二〇五三三	庚戌卜王貞伯允其及角
二〇五三四	丙寅卜戴王告取兒甾固曰若往
二〇五三五	癸卯卜戴：其有取：固曰：
二〇五三六	丙辰：行其鼓：征于南
二〇五三七	：少子：征：南
二〇五三八	：嬉：南
二〇五三九	：自北來嬉
二〇五四〇	丙：
二〇五四〇	丁酉：貞王循于：
二〇五四〇	己：貞：
二〇五四〇	：貞：
二〇五四〇	：貞豢：不其：
二〇五四一	辛卯卜王貞朕循：
二〇五四二	乙巳：貞朕：于循：
二〇五四三	子兄無循
二〇五四三	子：無循
二〇五四三	子：無循
二〇五四四	子：無：
二〇五四四	子凪無循
二〇五四四	子：無循
二〇五四四	子骨無循

二〇五四五 ：雍：循
二〇五四六 ：丑卜王貞余作：循于之矢
二〇五四六 ：巳卜王壬：不䲭雨二月
二〇五四七 庚辰卜王貞朕循夅六月
二〇五四八 ：酌：
二〇五四八 己巳卜：其循降六月
二〇五四九 ：三月
二〇五四九 ：耆
二〇五四九 丙寅卜王貞勿呼：
二〇五四九 弗：𢦔：及：
二〇五五〇 壬申卜王貞：及𢦔
二〇五五一 辛丑卜王貞余曰大𢦔不
二〇五五一 ：其邑
二〇五五一 侑大：告𢦔：至幺：
二〇五五二 𢦔：
二〇五五三 ：祟𢦔：二月
二〇五五四 ：貞巛其遘𢦔
二〇五五五 ：目燎曰庚其𢦔
二〇五五六 ：卜徃：其比：征四月
二〇五五六 ：卜徃：涉自東四月
二〇五五七 辛未卜[illegible]勿呼彈征二月
二〇五五八 乙酉戒
二〇五五八 ：戒
二〇五五八 ：先征
二〇五五九 乙亥卜：貞征：
二〇五五九 乙亥卜：貞弗：
二〇五六〇 ：惟庚征
二〇五六一 辛卯：貞征：余：
二〇五六一 ：卩：豕：
二〇五六二 ：貞：征：巛：
二〇五六三 ：生：征
二〇五六三 ：逆：[illegible]：
二〇五六四 ：示：征
二〇五六四 丙申：
二〇五六五 庚寅王伐無囚
二〇五六六 ：申卜：貞來：我：
二〇五六六 壬子：其戕：
二〇五六七 乙卯卜有于戕
二〇五六八 ：弗戕
二〇五六八 其：
二〇五六九 ：戕：在[illegible]
二〇五七〇 ：令取郭：
二〇五七一 ：未卜[illegible]：王令：取郭
二〇五七二 丙子卜弗其克允不
二〇五七三 丙子卜其克今以不
二〇五七四 乙亥卜今日克以

二〇五七四 ：克十一月
二〇五七五 宇口
二〇五七五 貞追凡
二〇五七五 ：穀
二〇五七五 禾
二〇五七五 貞凡追
二〇五七五 日林
二〇五七六正 女
二〇五七六正 ：在南土：告事
二〇五七六正 ：弜克貝雀南封方
二〇五七六正 乙未卜惟：方其克：弜：南
二〇五七六正 己未卜貞：在南土
二〇五七六正 ：無囚在南土
二〇五七六正 庚申：貞雀無囚南土囚告事
二〇五七六正 庚申卜貞雀無囚南土囚告事
二〇五七六正 庚申卜貞雀：囚骨告事
二〇五七六正 ：南土骨告
二〇五七六正 庚：
二〇五七六正 辛酉卜貞雀無囚南土囚告事
二〇五七六正 辛酉卜貞雀無囚南土囚告事
二〇五七六正 ：貞雀無囚骨告事
二〇五七六正 ：史
二〇五七六正 ：南土
二〇五七六正 壬戌卜侑母壬盧犬
二〇五七六正 壬戌卜：母壬盧豕
二〇五七六正 壬戌：侑母癸盧犬
二〇五七六正 壬戌卜侑母癸盧豕
二〇五七六正 壬戌：母：
二〇五七六正 壬戌卜：
二〇五七六正 ：壬盧：
二〇五七六正 癸亥卜：庚盧犬
二〇五七六正 癸亥卜侑母庚盧豕
二〇五七六正 癸亥卜侑母：盧
二〇五七六正 ：亥卜侑雀：母盧
二〇五七六正 癸未卜侑：盧
二〇五七六正 奉
二〇五七六反 辛巳𡊄祖辛父
二〇五七七 丁未卜貞何骨告：
二〇五七七 丁未卜貞[illegible]骨告王
二〇五七八 乙酉卜王入商
二〇五七八 庚寅卜王入
二〇五七八 辛卯卜王入
二〇五七八 弜入
二〇五七八 于三月
二〇五七八 不：

二〇五七八　弜…
二〇五七八　于妥不𢓊
二〇五七八　其𢓊
二〇五七八　弜…
二〇五七八　告
二〇五七八　二十人
二〇五七八　卜貞王在𬢾無囚
二〇五七九　在𬢾雨
二〇五八〇　乙丑卜于𪚹
二〇五八一　…于商…
二〇五八二正　…商
二〇五八二反　甲申王至于…三戊𢀛四…
二〇五八三　辛亥…人入商…
二〇五八四　癸亥卜貞商
二〇五八四　…在𡚻
二〇五八四　…無囚在𡚻
二〇五八四　癸…貞…
二〇五八四　癸巳…在𡚻
二〇五八四　…卯…貞…
二〇五八四　…在蛊
二〇五八四　癸酉卜貞旬無囚
二〇五八四　…無囚
二〇五八四　癸卯卜貞旬無囚
二〇五八五　癸卯卜王入于商…
二〇五八六　辛卯卜王入商
二〇五八七　…巳卜冎…
二〇五八八　庚辰卜冎中商
二〇五八八　…卜王…暨…茲邑…砓
二〇五八九　甲寅…王貞…不…
二〇五八九　出
二〇五九〇　由邑
二〇五九〇　…邑
二〇五九一　…無…
二〇五九一　其邑
二〇五九二　…羊有…
二〇五九二　丙…王…告…
二〇五九二　丙午卜王令𢀛臣于兒六月
二〇五九二　…杲…侯…六月
二〇五九二　己酉…之…
二〇五九二　庚戌卜王…令…貞
二〇五九三　辛亥𠂤…
二〇五九四　…巳卜…在攸
二〇五九四　…卜…歸在呼…
二〇五九五　…在杞…
二〇五九五　丙午卜王貞𠂇…惟…在京
　　　　　　…貞…

二〇五九六　…□
二〇五九七　…惟祖…
二〇五九八　…無囚在罟
二〇五九八　…罟
二〇五九九　戊辰卜…𢀛允…
二〇六〇〇　…令阜𠂤
二〇六〇一　丁亥…
二〇六〇一　…取𠂤
二〇六〇二　…□…𤔲…
二〇六〇三　甲子卜…𡆥甲子…惟…
二〇六〇四　…益…巛…十二月
二〇六〇五　…□廟
二〇六〇六　丁丑卜在尤缶一月
二〇六〇六　無囚
二〇六〇七　…𢀛…叀陕…
二〇六〇八　甲辰…無…
二〇六〇八　乙巳卜師貞王弗其子辟
二〇六〇八　乙丑卜王貞惟方其受巛祐
二〇六〇九　癸酉卜…貞旬在…三月
二〇六〇九　…卜曰…商左…交
二〇六一〇　…行東至河
二〇六一一　庚午…日…雨
二〇六一一　庚午卜𠂤貞弜衣□河無若十月
二〇六一二　惟尸方受祐
二〇六一二　…燎𪚰…二牛
二〇六一二　今日其雨
二〇六一三　乙酉卜王貞余乎朕老工延…𦎫貞允
　　　　　　惟余受馬方祐…其…弗執方祐二月
二〇六一四　…甾…
二〇六一四　貞丁…馬方…
二〇六一五　丁巳𢀛方巛
二〇六一五　己酉
二〇六一六　…卜受方祐
二〇六一六　…卜弗受方…
二〇六一六　…一月
二〇六一七　…子卜…其不…
二〇六一七　…辰卜王貞…午…獲…方
二〇六一八　…令獲…方
二〇六一八　貞…
二〇六一九　甲戌卜□貞方其□于東九月
二〇六二〇　丙寅…方…
二〇六二一　癸巳卜王方…
二〇六二一　…戈…月
二〇六二二　壬戌卜酉…𢀛方大…
二〇六二三　…酉𢀛方大丁
二〇六二四　乙丑王方蔑𤇈

二〇六二四　乙丑王𢦏𠦪方
二〇六二四　…辰卜王𢆶有聽
二〇六二四　己巳卜王方征
二〇六二五　…方𠦪
二〇六二六　…𠦪方…一月
二〇六二七　…卜夶…口𢆶南土
二〇六二八　丙辰卜王貞余…西土侑十一月
二〇六二九　戊…呼…
二〇六三〇　壬戌卜王貞令陕取馬于涉
二〇六三〇　…貞…暇…八月
二〇六三一　…弗其取馬…以在易
二〇六三二　…卜夶…
二〇六三二　己未卜王惟医令取
二〇六三二　…呼…往…光…
二〇六三二　…延…不…
二〇六三三　…午卜…呼…复…取
二〇六三四　…貞…取…無…
二〇六三五　貞余得
二〇六三五　丁…
二〇六三六　…卯卜…有…𡚱…
二〇六三六　…卯卜…得
二〇六三七　貞呼…奴生于東
二〇六三八　丁…貞…以…魚…
二〇六三八　…印
二〇六三九　己卯卜夶惟甘以
二〇六三九　己卯卜夶甘以十月
二〇六四〇　其…
二〇六四〇　…卜…以
二〇六四一正　…貞…𡧊…以…
二〇六四一反　…人…
二〇六四一反　戊…
二〇六四二　丁巳…貞…以…𣎴…鳴
二〇六四三　…午卜王貞取…尸自…來…日…
二〇六四三　丁卯…惟…
二〇六四四　己未卜貞…在…
二〇六四四　其入山
二〇六四五　𠂤入
二〇六四六　丁丑㝬入七
二〇六四七　…未…暘…𡚱
二〇六四八　丁卯卜王…𤰔…
二〇六四八　丁卯卜王…𤰔
二〇六四九　庚辰卜王惟往𢓊受年一月
二〇六四九　…𩈡左…桒…比…而…曰不…
二〇六五〇　丁丑…貞商…受年
二〇六五〇　弗受有年
二〇六五〇　戊申卜王貞受中商年…月

二〇六五〇　…卜王…不既…于侯侯…有祐
二〇六五一　辛卯卜夶受年商
二〇六五二　…卜王…比西暨南比…年北暨東不
受年
二〇六五二　丁丑卜王貞鄙…
二〇六五二　丁…王…
二〇六五三　…丑卜弜田東…鼻受年一月
二〇六五三　…十一月
二〇六五四　丁未卜王商其櫜不其受年
二〇六五五　丙寅…東…年
二〇六五五　…年
二〇六五六　…自翌受年
二〇六五六　…有…十二月
二〇六五七　庚申…
二〇六五七　庚申…貞…不…
二〇六五七　…受年
二〇六五八　辛丑…貞惟…其…
二〇六五八　壬寅卜王貞年有惟雨
二〇六五九　甲午…桒年…三牛
二〇六五九　…侑…三牛
二〇六六〇　丙午卜…貞步…医…
二〇六六〇　…甾貞…水
二〇六六一　戊申卜不水
二〇六六二　一白𢀛
二〇六六二　…往
二〇六六三正　…庚十牛
二〇六六三反　…其…
二〇六六四　…乙十牛
二〇六六四　…庚…酉…
二〇六六五　…卜…至壬…歲…酓…五牛
二〇六六五　甲子卜甾…甾曰不我…
二〇六六六　…三牛
二〇六六七　…卜夶…牛八月
二〇六六八　辛未卜…牛
二〇六六九　…牛
二〇六七〇　…牡
二〇六七〇　癸…
二〇六七一　…惟牝
二〇六七一　庚…夶…
二〇六七二　…牪
二〇六七三　庚戌卜…貞勿…曰…
二〇六七四　己未…五十羊
二〇六七四　甲戌…
二〇六七五　…卜𠬝…羊
二〇六七六　丁未卜王貞用不惟喪羊甾若
二〇六七七　…惟羊中…

二〇六七七　：羊中：惟犬
二〇六七七　：惟：
二〇六七八　一羊
二〇六七九　惟彘羊豕
二〇六八〇　：羊
二〇六八〇　：奴豕：妣丁
二〇六八一　己卯：父：羊犬
二〇六八一　庚：
二〇六八二　：于：犬
二〇六八三　：勿于：犬
二〇六八三　：犬
二〇六八四　：父：豕
二〇六八五　母豕
二〇六八五　：羊
二〇六八六　丙子卜囚豕
二〇六八六　丙子力
二〇六八六　：在：十二月
二〇六八七　：其：一豕：
二〇六八八　：彘：
二〇六八九　：毓有友：惟白彘
二〇六九〇　：彘
二〇六九〇　：彘
二〇六九一　丁：彘
二〇六九二　子豕
二〇六九三　：王：母：豕
二〇六九四　丙辰卜白由豕
二〇六九五　：貞：豕十二月
二〇六九六　豕匕
二〇六九七　虎
二〇六九七　豕土
二〇六九八　馬旋
二〇六九九　：五百宰
二〇七〇〇　乙丑卜先：呼盧犬[illegible]至二牢
二〇七〇一　：庚：三宰
二〇七〇二　：三宰五月
二〇七〇三　：庚：
二〇七〇三　甲子：宰
二〇七〇四　：子：宰
二〇七〇四　：乙十牛
二〇七〇五　：入：牛
二〇七〇六正　：王貞勿疋在妊虎獲
二〇七〇六反　庚寅卜王貞用豕母庚今日
二〇七〇七　壬午卜遘虎
二〇七〇七　其獲虎
二〇七〇七　：卜：
二〇七〇七　甲申卜曰貞：往：來

二〇七〇七　：十月
二〇七〇八　癸亥卜虎：九月
二〇七〇八　：其[illegible]執
二〇七〇九　庚辰卜藝比[illegible][illegible]虎
二〇七〇九　弗鼎：
二〇七一〇　甲：燎于[illegible][illegible][illegible]虎
二〇七一一　：虎
二〇七一二　：卜王：虎
二〇七一二　：王貞：師匕：允：
二〇七一二　丁亥：
二〇七一三　辛卯卜王：呼虎：
二〇七一三　：十一月
二〇七一四　癸巳：有來：
二〇七一四　：告鹿：獲：
二〇七一五　己：貞：
二〇七一五　辛巳卜白貞甫往兔虎鹿不其：
二〇七一五　二告
二〇七一六　丙子：甫往：鹿：
二〇七一七　：其不明陰印
二〇七一七　：鹿
二〇七一八　：啓不：
二〇七一八　：鹿
二〇七一九　：在鹿：不：
二〇七二〇　：鹿
二〇七二一　：鹿
二〇七二二　：鹿
二〇七二二　丙：
二〇七二三　：麋七十彘四十麑百
二〇七二四　乙卯卜：麑不雨
二〇七二五　丁：[illegible]：
二〇七二五　：畜兕：
二〇七二六　丁亥卜：日：[illegible]兔：獲允獲終：
二〇七二七　戊：卜：于：獲：允獲
二〇七二八　：子卜：子：兔：
二〇七二八　己：有：
二〇七二九　：卜王令：[illegible]：兔終：
二〇七三〇　：鷹：
二〇七三一　庚戌卜㫗惟翌步射兕于
二〇七三二　：缶獲兕
二〇七三三　：亦凸：凸
二〇七三三　：卜王：獲兕之日獲
二〇七三[illegible]　弜入
二〇七三四　：兕：
二〇七三四　：兕：
二〇七三五　甲申：貞：弜：

二〇七三五　：：我麑：：
二〇七三六　：：王亼擒豕允擒
二〇七三六　：：𤉲：：豕：：獲：：允獲
二〇七三七　辛巳卜侑于忠三𢑚有擒
二〇七三八　乙卯卜內豢出魚不沁九月
二〇七三九　丁亥卜王：：豢獲魚：：獲
二〇七四〇　甲寅卜翌：：巛田：：啓雨
二〇七四一　：：𤉲令宁
二〇七四一　丙午卜𤉲令龍以隹示𡆥八月
二〇七四一　丁酉卜𤉲衛田九月
二〇七四二　𡿪母田于田
二〇七四三　庚子卜王令𠂤田𤰈九月
二〇七四三　壬辰卜王妣有：：十月
二〇七四四　：：未卜：：畋：：
二〇七四五　丙辰卜王貞畋無：：
二〇七四五　：：妣：：
二〇七四六　丁亥卜𤉲畋：：尹：：
二〇七四七　：：卜王其：：狩擒：：
二〇七四八　丙寅：：鹿：：人
二〇七四八　：：王：：狩：：南：：
二〇七四九　丁巳卜：：令甫狩：：丁丑啓
二〇七五〇　丁卯卜徣令狩
二〇七五〇　：：卜：：狩：：其：：
二〇七五〇　：：父：：
二〇七五一　乙未：：呼豢：：狩而：：
二〇七五一　：：九月
二〇七五二　：：巳卜：：甫狩：：獲鹿：：虎十：：
二〇七五三　：：未卜王：：狩不其啓
二〇七五三　貞：：令：：狩有啓
二〇七五四　：：丑：：狩不其啓十一月
二〇七五五　壬子卜于：：
二〇七五五　壬辰卜今日狩有啓
二〇七五六　庚戌卜今日其擒狩
二〇七五七　己亥卜不雨狩𢦏印
二〇七五七　：：于辛：：狩𢦏：：取
二〇七五七　庚子卜丁于：：步
二〇七五七　庚子卜不：：步鬼
二〇七五七　庚子卜：：不：：于狩𢦏
二〇七五七　庚子卜狩𢦏不遘日
二〇七五七　辛丑卜狩𢦏其：：
二〇七五七　辛丑卜：：狩𢦏其遘：：
二〇七五七　庚戌卜今日狩不其印
二〇七五八　：：狩𢦏：：在：：
二〇七五九　丙子：：𢦏不：：
二〇七六〇　庚子卜狩辛丑步不雨允不：：九：：
二〇七六一　：：步辛狩：：取

二〇七六二　：：午卜𢓊：：令巛狩𢓊
二〇七六三　：：寅卜：：狩獲：：
二〇七六四　：：戌：：王狩：：
二〇七六五　戊戌卜盧𧆨己：：
二〇七六六　丁亥卜己𧆨不雨
二〇七六六　丁亥：：戌：：不雨
二〇七六七　：：往：：𧆨：：
二〇七六八　甲辰卜翌：：令盧𧆨：：邁豚
二〇七六八　不至：：
二〇七六九　甲辰卜乙其𧆨侑𢆶在風印小風延陰
二〇七七〇　：：燎：：自入至𤰈門不往陰十一月
二〇七七一　戊寅陰不
二〇七七二　丁丑卜今日令𨸏罝不𤰈魄允不兔十：：
二〇七七三　丙子卜：：罝：：獲十：：
二〇七七四　：：罝
二〇七七五　甲戌卜翌乙亥征罝不往罝
二〇七七五　：：戠：：
二〇七七六　兕
二〇七七七　：：𨸏：：其擒：：
二〇七七八　丙戌：：先擒：：
二〇七七九　壬午卜有甫在斷東北獲
二〇七七九　乙酉：：丙戌：：步：：
二〇七七九　井獲不暘日
二〇七八〇　：：卜𤰈曰五作其獲：：月
二〇七八〇　己巳：：王貞惟：：
二〇七八一　：：㽙獲：：
二〇七八一　：：㽙：：
二〇七八二　壬辰：：獲：：豕：：
二〇七八三　戊：：貞：：丙：：田：：
二〇七八三　：：卜王：：獲：：
二〇七八四　己卯：：獲：：不獲
二〇七八五　：：豕獲少：：
二〇七八六　乂幺
二〇七八六　不獲
二〇七八六　獲
二〇七八七　己酉：：子：：
二〇七八七　：：獲：：
二〇七八八　：：丑卜𢀛：：獲：：不：：
二〇七八九　：：獲：：
二〇九〇　：：巳卜侑大乙
二〇七九〇　癸巳卜往馬三十
二〇七九〇　丙：：
二〇七九一　：：壬雨至：：十二月
二〇七九一　：：延：：旬：：食：：

二〇七九二
:戊申　己:　甲寅　乙卯　丙辰
丁巳:　庚申　辛酉　壬戌　癸亥
甲子:　:辰　己巳　庚午　辛:
:酉　甲戌:

二〇七九三
:辛酉　壬戌　癸亥　甲子　乙丑
丙寅　丁卯　戊辰　己巳　庚午
辛未　壬申　癸酉　甲戌　乙亥
丙子　丁丑　戊:

二〇七九四　:壬戌　癸亥　甲子:

二〇七九四　:戊　癸亥　甲子:

二〇七九五　癸丑貞二歲其有囚

二〇七九六　辛未卜:自今三歲:毋執:

二〇七九七　戊午:貞子:子不:一月

二〇七九七　:不一月

二〇七九八　:贏一月

二〇七九九　:卜不交:

二〇七九九　:月

二〇八〇〇　:留貞:小采:毋:二月

二〇八〇一　丙午卜今二月毋至

二〇八〇二　丙辰卜方今三月:

二〇八〇二　丙辰:今:

二〇八〇三　:至四月

二〇八〇三　丙:

二〇八〇四　:伐三月

二〇八〇五　戊午卜[illegible]甲子五月

二〇八〇五　壬申卜[illegible]弜侑其[illegible]印十月

二〇八〇六　癸亥卜王貞[illegible]旬五月

二〇八〇七　:左七月

二〇八〇八　:八月

二〇八〇九　戊午卜今九月事

二〇八一〇　:卜:九月:杞

二〇八一一　:九月

二〇八一二　于九月侑

二〇八一二　惟十又:

二〇八一三　庚子:今九月:

二〇八一四　己巳卜翌庚:

二〇八一四　庚午:有:九月

二〇八一五　:[illegible]敃九月

二〇八一六　乙亥:

二〇八一六　無至九月

二〇八一七　戊申:十月

二〇八一八　辛亥卜:

二〇八一八　:無至囚

二〇八一八　甲申卜:月

二〇八一八　:今十一月:

二〇八一九　戊申卜貞翌己酉令:十一月

二〇八二〇　:北

二〇八二〇　:未卜王:十二月

二〇八二〇　壬申卜貞辟

二〇八二一　戊辰卜貞:

二〇八二一　:日十二月

二〇八二二　辛未卜于乙亥□

二〇八二二　:未:□今十二月:

二〇八二三　乙亥卜弗其:

二〇八二三　:十二月

二〇八二四　辛未卜万

二〇八二四　:爭十二月

二〇八二五　:十二月由

二〇八二六　:十月:受:

二〇八二七　丁酉卜今日不其:

二〇八二八　:𠂤:征今:采日:

二〇八二八　:𠂤貞:今日:

二〇八二九　癸卯:自今:毋:

二〇八三〇　丙子卜今日:

二〇八三一　壬子:今日

二〇八三二　:貞今日:

二〇八三三　:翌丁:

二〇八三四　戊:自今:至:

二〇八三五　辛卯卜𠂤:自今辛卯至于:

二〇八三六　戊:

二〇八三六　己:

二〇八三六　壬辰卜今有:

二〇八三七　壬寅卜[illegible]缶:四日丙午遘:

二〇八三八　自卜三日[illegible]己卯有來:二日庚辛有曰方至田

二〇八三九　辛卯:旬:

二〇八三九　:卜:四丙申:

二〇八四〇　甲戌卜貞田至五日戊:

二〇八四一　:五日己:[illegible]:自:

二〇八四二　癸酉卜七日己卯爵:叙

二〇八四三　:行:在:

二〇八四三　:望五百四旬七日至丁亥比在六月

二〇八四四　癸未卜:有八日:

二〇八四四　:卯:

二〇八四五　乙丑不:

二〇八四六　丙午卜:

二〇八四七　甲:

二〇八四七　丁卯何:酉不:

二〇八四八　丁卯:

二〇八四八　:巳卜:

二〇八四九正　辰

二〇八四九正　辰

二〇八四九正　有囚

二〇八四九反 辰
二〇八四九反 午
二〇八五〇 辛未
二〇八五一 壬申
二〇八五二 壬申卜…
二〇八五二 乙亥
二〇八五二 乙酉
二〇八五二 用
二〇八五三 丙子卜貞黽凡
二〇八五三 …母
二〇八五四 丁丑卜翌戊寅…
二〇八五五 己卯卜…
二〇八五六 壬午卜大酉北
二〇八五七 甲申卜貞子
二〇八五八 丁亥…
二〇八五九 丁亥…妣…
二〇八六〇 庚寅…丂其…
二〇八六一 辛卯至
二〇八六二 辛卯卜…
二〇八六二 癸…
二〇八六三 丁亥…
二〇八六三 壬辰卜…
二〇八六三 …壱
二〇八六四 癸巳
二〇八六五 丙申卜…
二〇八六六 丙申貞…
二〇八六七 庚子卜王…
二〇八六八 辛丑卜…
二〇八六八 辛丑卜…
二〇八六八 辛丑卜…
二〇八六九 辛…
二〇八七〇 辛丑卜弜
二〇八七〇 …丑卜弜莧
二〇八七〇 甲乙
二〇八七〇 …卜貞…
二〇八七一 其有𣥂
二〇八七一 …𡗜
二〇八七二 壬寅…
二〇八七三 壬寅…
二〇八七三 丙午不無…
二〇八七三 丙午卜甾
二〇八七四 丙午卜來…告
二〇八七四 丙午卜萬
二〇八七五 …尊
二〇八七五 庚戌…
二〇八七六 癸丑…

二〇八七七 庚戌…
二〇八七八 戊
二〇八七八 乙卯卜貞丙
二〇八七九 丁巳卜令甫？…
二〇八八〇 惟丁巳…多…
二〇八八一 …巳卜…月
二〇八八二 己未…
二〇八八二 …𨓼…止…
二〇八八三 …貞…不…
二〇八八三 丙…庚…
二〇八八四 辛酉卜宋…自…
二〇八八五 壬戌…母…
二〇八八六 …寅卜貞…
二〇八八七 庚…卜…
二〇八八七 庚…卜…
二〇八八八 戊…己…
二〇八八九 …卯…于…
二〇八九〇 癸…
二〇八九〇 …止
二〇八九〇 …甲…止
二〇八九一 戊…
二〇八九一 己…ㄐ…
二〇八九一 今庚…
二〇八九一 …至
二〇八九二 …惟今夕至
二〇八九三 …王貞…雨
二〇八九四 己巳卜王貞…雨
二〇八九五 …人…弜…壬子雨
二〇八九六 甲辰卜惟不…
二〇八九六 …戊…雨…雨
二〇八九七 …七月…雨
二〇八九八 丁巳卜王曰庚…其雨…其雨不雨啓
二〇八九八 …卜夨曰乙丑其雨允其雨
二〇八九八 戊午卜曰今日啓允啓
二〇八九八 戊午卜翌己未令盧即…
二〇八九九 戊寅貞翌己雨
二〇八九九 癸未卜雨今…
二〇九〇〇 …丑貞允雨不
二〇九〇一 庚午卜夨日雨
二〇九〇二 辛未…曰雨今日
二〇九〇三 乙亥…翌丙雨
二〇九〇三 乙亥卜今日雨三月不
二〇九〇三 …翌…
二〇九〇三 …寅…雨不
二〇九〇三 …卯卜…雨

二〇九〇四 乙酉卜不其雨允不惟…
二〇九〇五 …卜今日不其雨允不
二〇九〇六 辛亥卜𠂤不雨
二〇九〇七 己未卜今日不雨在來
二〇九〇八 乙卯…丙辰…余…人雨…[illegible]…
二〇九〇八 戊寅卜…其雨今日…
二〇九〇九 丙子卜今日雨不
二〇九一〇 …不雨今日
二〇九一一 來日雨豕
二〇九一二 庚…卜卩惟辛巳其雨…雨少
二〇九一二 庚辰卜卩今夕其雨允雨少
二〇九一三 己卯卜今夕雨
二〇九一四 乙酉卜雪今夕雨不…四月
二〇九一五 今夕其雨
二〇九一六 …今夕雨…不雨
二〇九一七 今夕雨
二〇九一八 癸巳卜于甲午酉…
二〇九一八 甲午卜乙未夕雨
二〇九一八 甲午…
二〇九一八 壬寅卜方其征翌癸…
二〇九一九 辛酉卜貞自今五日至乙丑雨
二〇九一九 …自今辛…至于乙…
二〇九二〇 辛亥…自…二日雨
二〇九二〇 辛亥卜𠂤自今三日雨
二〇九二〇 辛亥卜𠂤自今五日雨
二〇九二一 己丑卜徣自今五日至…癸巳其雨…雨癸…
二〇九二二 癸卯貞旬甲辰雨乙巳…丙…啓
二〇九二三 癸卯卜𠂤自今至于乙巳日雨乙霧不雨
二〇九二三 癸巳夾有[illegible]
二〇九二三 …丑…自今至于乙巳…雨
二〇九二四 庚…翌…雨
二〇九二四 庚辰卜今日延…
二〇九二四 壬午卜自今日至甲申日其雨一月
二〇九二五 于今日雨
二〇九二五 于七日雨
二〇九二五 于八日雨
二〇九二六 己丑卜…酉桒啓
二〇九二六 甲不雨
二〇九二七 癸…其雨
二〇九二七 癸丑卜甲寅不其雨允…
二〇九二七 …曰…
二〇九二八 辛酉…
二〇九二八 辛酉卜…于…雨
二〇九二九 甲子卜乙丑雨
二〇九二九 …于丙寅雨
二〇九三〇 于…雨

二〇九三〇 于丙寅雨
二〇九三一 癸亥卜丙寅雨
二〇九三二 甲寅…于丁雨
二〇九三二 癸亥卜…
二〇九三二 癸…
二〇九三三 丁卯雨
二〇九三三 壬…雨
二〇九三四 于戊辰雨
二〇九三五 …今日戊…雨
二〇九三六 乙巳卜丁未雨
二〇九三七 戊申…
二〇九三七 …丁…雨
二〇九三八 乙巳卜于丁酉雨
二〇九三九 …至辛酉雨
二〇九三九 己卯不…
二〇九四〇 …巳卜…午至庚申雨
二〇九四一 …申卜𠂤…辛酉雨
二〇九四二 …丁亥取辛卯雨終日
二〇九四二 至壬雨少三月
二〇九四三 …亥卜…霝
二〇九四三 庚寅…
二〇九四三 壬辰卜五月癸巳雨乙巳亦雨
二〇九四四 癸丑…今九…
二〇九四四 癸…王…
二〇九四四 …九月…以在…
二〇九四四 …自東
二〇九四四 …卜王…九月…日雨
二〇九四五 …卯卜王…旬五月…大雨
二〇九四六 于四月其雨
二〇九四六 …夕其雨
二〇九四六 弗…[illegible]…
二〇九四七 …辛亥…無[illegible]…
二〇九四七 …雨
二〇九四八 …不雨乙兹雨少
二〇九四九 …雨少
二〇九四九 …卜…雨…
二〇九五〇 …寅卜卩其于乙日衛…癸卯羊…今日
雨至…不雨
二〇九五一 己巳卜畓示其衛雨
二〇九五二 乙未卜…延在…
二〇九五二 乙未…
二〇九五二 …未…申
二〇九五二 丙申…祝…曰在白…
二〇九五三 庚午…夾曰…[illegible]雨多
二〇九五四 丙戌卜貞婦

二〇九五四 婦
二〇九五四 …醫于今夕雨
二〇九五四 母…
二〇九五五 戊午…使涉雨
二〇九五六 壬午食允雨
二〇九五六 …途…
二〇九五七 己亥卜庚有雨其多允雨…
二〇九五七 …于辛雨庚多…雨辛啓
二〇九五七 日大啓昃亦雨自北…昃…
二〇九五八 …不雨六月
二〇九五九 …卜…子風…采雨…六日戊…
二〇九六〇 丙午…今日其雨大采雨自北延𢦏少雨
二〇九六〇 丁…兄…
二〇九六〇 …雨…𠂤夕雨允雨
二〇九六〇 壬
二〇九六〇 …北雨允雨
二〇九六〇 丙寅卜今日…其至不
二〇九六一 丙戌卜雨今夕不
二〇九六一 丙戌卜三日雨丁亥隹大食雨
二〇九六二 癸亥貞旬甲子…方有曰尸…在邑南…乙
丑雨…昃雨自北…丙寅大…一月
二〇九六二 …丑…允…
二〇九六三 乙…雨自東
二〇九六四 多卯卜貞旬四月乙巳雨
二〇九六四 癸丑卜貞旬五月庚申㾓人雨自西夕既
二〇九六四 …彔
二〇九六五 丁酉卜今日雨余曰戊雨昃允雨自西
二〇九六六 癸丑卜王貞旬八庚申㾓人雨自西少夕
既五月
二〇九六六 癸亥卜王貞旬八日庚午有祝方曰在…
二〇九六六 癸…王…九…羌六月
二〇九六六 …旬甲子祝…方…月
二〇九六六 癸酉卜王…四日丙子夕雨自北丁…雨…日陰
庚辰…
二〇九六六 …王旬二月三日丙申昃雨自東小采既
丁酉至東…夕…
二〇九六六 …王…告…卜…比…少
二〇九六七 甲子卜翌丙雨乙丑昃雨自北少丙寅…
二〇九六七 甲子卜乙丑雨昃雨自北少
二〇九六七 …友　二告
二〇九六八 丙戌卜…日彡𡆥…牛…昃用
二〇九六八 …雨…雨之夕…北往一月
二〇九六九 …于三日…雨…己…允雨自北
二〇九七〇 戊申卜𤎫…舞蚰从…
二〇九七一 庚午卜貞呼征舞从雨
二〇九七二 …弜舞今日不其雨允不

二〇九七三 丙子卜今日雨舞
二〇九七四 乙酉…雨[illegible]…雨…各…雨
二〇九七四 丙戌卜…𢀛舞雨不雨
二〇九七四 丙戌卜于戊雨
二〇九七四 丁亥卜舞[illegible]…今夕…雨
二〇九七五 庚辰…王弗疾朕天
二〇九七五 壬午卜𤎫奏山日南雨
二〇九七五 己丑卜舞羊于庚雨今夕允雨
二〇九七五 己丑卜舞庚从雨允雨
二〇九七六 壬戌卜…[illegible]…日…癸雨
二〇九七七 壬子…舞…
二〇九七七 …不其允啓
二〇九七八 丙…王…羊…舞…雨
二〇九七九 …王舞…允雨
二〇九七九 甲…
二〇九八〇正 丙申卜王侑祖丁
二〇九八〇正 丁酉卜𤎫㸒山羊𡉚豕雨
二〇九八〇正 …禦十宰
二〇九八〇反 …羊雨
二〇九八一 …羊雨
二〇九八二 …雨
二〇九八二 今…
二〇九八三 …戊卜𤎫雨今日
二〇九八四 辛未…𤎫令…暈凡…鬼
二〇九八五 癸丑…無…
二〇九八五 …雲…出亘…雨暈
二〇九八六 …不暈
二〇九八六 巳弜…暈…
二〇九八七 …亦…暈…
二〇九八八 戊戌卜令𩃬…
二〇九八八 戊戌卜其陰印翌啓不見雲
二〇九八九 庚申卜翌辛酉甫有啓
二〇九八九 辛酉卜翌壬戌啓
二〇九九〇 丁未陰
二〇九九〇 戊申卜己其雨不雨啓少…
二〇九九〇 戊申卜己啓允啓
二〇九九一 己丑卜翌庚啓允夕…
二〇九九二 …允啓
二〇九九三 …允丁啓大采…
二〇九九四 甲寅卜…無囚乙啓
二〇九九四 …北…
二〇九九四 …今…
二〇九九五 …啓明陰迺步
二〇九九六 乙卯卜翌丁己令…
二〇九九六 …啓…令…
二〇九九七 壬…卜…啓

二〇九九八　：山啓：步：
二〇九九九　壬戌卜𠂤惟啓
二一〇〇〇　：丑貞庚翌雨
二一〇〇〇　乙丑貞雨日歲：雲：其不：十二月
二一〇〇〇　：獲：兕：
二一〇〇一　庚子卜辛丑雨
二一〇〇二　：折：
二一〇〇二　丙戌：
二一〇〇二　丁亥卜用
二一〇〇三　甲：有：
二一〇〇三　暘日
二一〇〇四　不暘日
二一〇〇五　癸未卜雨不暘：
二一〇〇六正　其遘雨
二一〇〇六正　丁未卜：
二一〇〇六正　于庚戌：
二一〇〇六正　癸亥卜乙丑不暘日
二一〇〇六反　庚寅：示五
二一〇〇七正　旬：
二一〇〇七正　旬馬
二一〇〇七正　癸卯卜延雨允雨
二一〇〇七正　辛酉卜乙丑暘日
二一〇〇七正　癸亥卜暘日乙丑
二一〇〇七正　癸亥卜不暘日乙丑
二一〇〇七正　乙丑不暘日
二一〇〇七反　𠬝
二一〇〇八正　不暘日
二一〇〇八正　不：日
二一〇〇八正　不暘日
二一〇〇八反　庚午
二一〇〇九　：貞翌己巳：以：暘
二一〇一〇　：壬申：雨大：霎：寅大啓：卯大風
：自北以：
二一〇一〇　風：自北：入日
二一〇一一　：酉卜：貞：一月
二一〇一一　：采各雲自：延大風：自西：㓝：女：
二一〇一二　乙卯卜翌丁巳其大風
二一〇一三　：丙：惟大：雨自北以風：雨戊寅不雨
二一〇一三　𢓊日延雨：采𢀛：日陰：庚雨
二一〇一三　庚：不：
二一〇一三　：月
二一〇一三　：二月
二一〇一三　昃卜
二一〇一三　丁：卜翌日雨小采雨東：
二一〇一四　庚午：其雨：庚午：風：夕：
二一〇一五　：田今日不：惟：不：

二一〇一六　癸亥卜貞旬乙丑夕雨丁卯夕雨戊小采
日雨風己明啓
二一〇一六　：大：惟自北
二一〇一七　丙申卜令多伐雨𡆥不風允不六月
二一〇一八　己：卜：
二一〇一八　辛丑卜：
二一〇一八　辛丑：不：
二一〇一九　辛未卜王貞今辛未大風不惟𡆥
二一〇一九　：亥卜𠂤以：疋其喪
二一〇二〇　：亥卜𠂤以：疋不喪：月
二一〇二一　癸未卜貞旬甲申𠂤人雨：雨：十二月
二一〇二一　今日方其征不征延雨自西北少
二一〇二一　癸丑卜貞旬甲寅大食雨：北乙卯小食大
啓丙辰：日大雨自南
二一〇二一　癸亥卜貞旬一月昃雨自東九日辛未大采
各雲自北雷延大風自西㓝雲率雨毋
𩰫日：
二一〇二一　癸酉卜貞旬二月
二一〇二一　癸巳卜貞旬二月之日子：延雨少
二一〇二一　：大采日各雲自北雷惟茲雨不延惟毋：
二一〇二二　戊申卜翌己：
二一〇二二　戊申卜貞翌己酉大啓
二一〇二二　戊申：今：大：
二一〇二二　各雲不其雨允不啓
二一〇二二　雲其雨不雨
二一〇二二　己酉卜㬪：其雨印不雨𡆥啓
二一〇二三　庚子卜壬寅雨
二一〇二三　甲辰卜雪
二一〇二三　甲辰雨
二一〇二三　丙子雨
二一〇二四　雪
二一〇二五　：九日辛亥旦大雨自東少：虹西：
二一〇二六　：中日羽
二一〇二七　：作示十在豕：
二一〇二八　戊戌：貞：宋闢茲𢦏丁家
二一〇二八　：今夕：寅牛：
二一〇二九　：大：在方
二一〇三〇　：𠂤王：門于：般凡：
二一〇三〇　丙戌：
二一〇三一　貞𢀛
二一〇三一　：惟其不宅
二一〇三二　乙亥卜：三十：
二一〇三二　庚：己妣：
二一〇三二　：母：
二一〇三二　：其延：
二一〇三二　：其疾

二一〇三三　……卜侑……己
二一〇三三　……卜王侑……庚
二一〇三三　……疾
二一〇三四　……有疾庚子征見十月
二一〇三五　……丑卜令……其骨凡有疾允不　告
二一〇三五　……令伐祉
二一〇三六　辛丑卜𠂤貞子辟𩃬……巳不其骨凡目印
骨凡目三月
二一〇三六　……有
二一〇三七　丙申卜毋……犬祝吏……
二一〇三七　戊戌卜貞丁目不喪明……六月
二一〇三七　……喪明
二一〇三八　貞毋𡆥疾
二一〇三九　辛卯卜貞𡆥……
二一〇三九　丙申卜疾其入丁……十二月
二一〇三九　丙申卜作土丁
二一〇四〇　……庚……小宰
二一〇四〇　丁……疾……
二一〇四一　貞丁勿……呼……允大……
二一〇四二　乙酉卜……丑衛……疾
二一〇四三　癸亥……曰……缶……
二一〇四三　乙……卜……卜……五月
二一〇四三　不……疾
二一〇四三　……至……
二一〇四三　……辰卜曰……旬方……不……五月
二一〇四四　……午卜……乞……疾……
二一〇四五　戊戌卜貞有其疾
二一〇四六　……未……月
二一〇四六　乙……其疾
二一〇四七　貞無疾
二一〇四八　……敗……疾印無……
二一〇四九　……毋……奏……豕……疾
二一〇五〇　癸未卜𡉚貞𢀛弗疾有疾骨凡
二一〇五〇　癸未……禦令鮮妣石禦有𣎆友
二一〇五一　辛酉卜……貞刃不……其……無……
二一〇五二　癸酉卜貞万𠮛骨凡有𣎆十二月
二一〇五二　癸酉卜自今至丁丑其雨不
二一〇五二　自今至丁丑不其雨允不
二一〇五三　辛亥卜貞犬𡆥凡　印一月
二一〇五四　……卯卜𠂤貞𡆥安
二一〇五四　……凡𣎆四日……未夕𡆥老
二一〇五五　……己巳以
二一〇五五　……作……之夕衣……骨凡
二一〇五五　……來……不……
二一〇五六　癸巳卜子……骨𡆥
二一〇五六　癸亥……

二一〇五七　……子卜禦……　……母……
二一〇五七　……羊……母……
二一〇五八　……夢……子……骨凡
二一〇五九　不……屮
二一〇五九　……辰卜……𠂤生妣己……婦……
二一〇六〇　……卜貞婦……有子
二一〇六一　乙……有子……今日……
二一〇六二　乙丑貞余子……
二一〇六三　己巳卜王……子
二一〇六四　壬午卜來乙酉雨不雨
二一〇六五　己亥卜王……余弗其子婦姪子
二一〇六五　庚子卜侑……父乙……羊……旬……
二一〇六五　癸巳卜王……受
二一〇六六　……旬壬……婦姪……嘉七月
二一〇六六　乙丑卜貞占娥子余子
二一〇六七　己酉卜王占娥娩允其于壬不十一月
二一〇六八　戊戌卜𣎆占嘉
二一〇六九　癸巳卜令教𩃬
二一〇六九　癸巳卜自惟……今日嘉
二一〇七〇　……亥卜𠂤貞王曰有孕嘉𣎆曰嘉
二一〇七一　……王曰嘉
二一〇七二　丙寅卜……弜……糾……囚
二一〇七三　丁卯卜貞……無……
二一〇七三　……無……
二一〇七三　庚午卜惟斧爯呼帝降食受祐
二一〇七三　庚午……呼……令……食……
二一〇七四　……巫帝一犬
二一〇七五　壬午卜燎土延巫帝
二一〇七六　庚……巫帝二犬
二一〇七七　……帝三犬
二一〇七八　乙丑卜丙寅奏岳司燎雨
二一〇七八　壬午卜巫帝
二一〇七八　壬午卜燎土
二一〇七八　巫帝一犬一豕
二一〇七八　燎土
二一〇七九　丙寅卜王己巳步往……暘日
二一〇七九　于乙丑帝
二一〇七九　帝
二一〇七九　羊犬
二一〇七九　犬豕
二一〇八〇　帝風九犬
二一〇八〇　壬……
二一〇八一　戊子……王貞生十二月帝……雨二旬又六日……
二一〇八二　庚戌……三示𣦼雨

二〇八三 …燎雲不雨

二〇八四 甲辰卜帝于東九月

二〇八五 己巳卜王燎于東

二〇八五 己巳卜王于征辟門燎

二〇八六 …東…酉…

二〇八六 …東…今…月

二〇八七 …王帝…東羊一…豚？一犬…三月

二〇八八 …帝…

二〇八九 戊寅卜九犬帝于西二月

二〇九〇 …于中土燎…

二〇九一 壬申卜奏四土于[illegible]…

二〇九二 …申…鬼…來

二〇九三 …于卜…母…來四月

二〇九四 庚申卜取不剌？母…

二〇九五 丁未卜今[illegible]火來母

二〇九五 丁未…今[illegible]火來母

二〇九六 甲申卜衛侑[illegible]甲

二〇九六 惟羊妣己

二〇九六 惟牛妣己

二〇九七 …龍？…

二〇九八 壬午…燎罟…

二〇九九 癸未卜不雨允不

二〇九九 …午…今…人…不

二〇九九 乙未卜呼人先[illegible]人暘日

二〇九九 乙未卜呼人先今夕[illegible]

二〇九九 辛丑卜亞祈方人

二〇九九 今夕亞戋

二〇九九 辛丑卜燎瀧戋三牢

二〇九九 …丑卜[illegible]…耳…龍

二一〇〇 癸巳卜燎罟

二一〇一 甲子卜甾燎于夒

二一〇二 庚子卜母…

二一〇二 癸卯卜貞夒

二一〇三 …辰卜…燎土一牢

二一〇三 甲戌…土燎牢

二一〇四 …土燎…豕

二一〇五 …燎…土…牢

二一〇六 …卜[illegible]…土…祖…一牢

二一〇七 …戊卜…生月…其土三十…

二一〇八 戊戌今…其土三十…

二一〇九 癸卯卜今田征祈戋？

二一〇九 叀今暘日

二一〇九 乙卯卜燎岳今…舞…

二一〇九 丙辰卜…

二一〇九 丁巳卜…

二一〇九 …弗卯…

二一一〇 丙燎岳矢山

二一一〇 燎巳

二一一〇 …貞燎巳

二一一〇 …未

二一一一 癸…娥…今日…

二一一一 …今方…羊

二一一二 …燎河九…二豕其…

二一一三 丁…

二一一三 戊戌卜亞于河祀

二一一三 …豕

二一一四 丙…惟…

二一一四 丙辰…[illegible]…其…

二一一四 丙辰卜不惟余于妣辛…

二一一四 丙辰卜𠂤戠惟牢

二一一四 庚午卜王燎河谷于[illegible]

二一一五 癸巳…巫寧…土河岳…

二一一六 …卜壂告…

二一一七 壬申卜侑季…七月

二一一七 …季…惟三牛

二一一八 …其…季舌…

二一一九 …惟季夂

二一二〇 戊戌卜[illegible]侑季牛

二一二一 …至娥…橐八…

二一二二 …辰卜獲有…

二一二三 乙亥卜有曰子[illegible]…

二一二四 癸未…貞旬…[illegible]

二一二四 …蕪…自涉…

二一二五 辛亥卜步今日若

二一二五 …子卜今日步若

二一二六 …皿…若

二一二七 …若

二一二七 …[illegible]若

二一二八 …若

二一二九 若

二一三〇 癸亥卜𠂤[illegible]…甲…不

二一三〇 壬戌…有…

二一三一 有入用

二一三一 …丰…

二一三二 癸亥…今日至甲有…

二一三三 …王貞…辟骨…有…

二一三四 癸丑卜有…

二一三五 癸巳…有…

二一三六 …有…

二一三七 庚…王侑歲…

二一三八 …辰卜王…[illegible]禦…鼎有…

二一三九 辛巳…有…

二一三九　辛巳：𤆍：[illegible]：[illegible]
二一三九　：九月
二一四〇　：王有卜：
二一四一　乙巳王侑
二一四二　：有燎：
二一四三　甲申卜有禦：
二一四三　：祖：
二一四四　：侑：父：
二一四五　庚辰卜田：
二一四五　辛未卜侑歲：
二一四五　羊宰商
二一四六　：有：从：
二一四七　壬：有：
二一四八　己卯卜王：
二一四八　：母庚侑牛
二一四九　：有[illegible]鷹？：
二一五〇　：王：
二一五〇　：彡有：
二一五一　丁巳：有：子：
二一五二　戊寅：祐：
二一五三　庚午卜祭：弜惟：
二一五三　壬申祐步弜：今丁未冊：
二一五三　丙戌卜祐及啚追比：
二一五三　丁亥卜：从：
二一五三　：亥卜丙寅其喪：丙寅㚒
二一五三　丁亥卜余不：逐：喪
二一五三　：卜：五月其：弜喪：
二一五三　丁：不：史眉于：祐：
二一五四　：卯卜祐：子于：母鼎
二一五五　壬寅示：侑父歲：羊于壬：用
二一五六　壬申：衠：侑：犬
二一五七　甲：侑：一牛
二一五八　：丑：王貞：牛
二一五八　戊：禦：
二一五九　：㸚：禦：母：
二一六〇　：卜：丁禦：商逐？：
二一六一　己巳：乙亥告：
二一六一　無災
二一六一　己巳卜：貞于丁禦王十二月
二一六二　：元禦
二一六三　乙未：禦
二一六三　乙未卜王弋
二一六四　壬申：其禦：毀：
二一六五　：其禦：
二一六六　己巳：禦：
二一六七　丙戌：禦高？：

二一六八　甲：翌日：允：征
二一六八　：未卜：禦：京
二一六九　戊申：禦
二一六九　：子：
二一七〇　：卜禦：小宰
二一七一　乙：禦：王[illegible]：
二一七二　庚辰卜王尸見亞禦[illegible]生：十月
二一七二　：卜卩：生月：禦[illegible]
二一七三　乙卯卜王禦：
二一七四　癸丑：甲：
二一七四　：午貞不帝[illegible]
二一七四　：午：帝[illegible]：其：
二一七五　：巳卜𤆍帝：
二一七六　：缶：
二一七六　：有告
二一七七　丁卯卜𤆍：𠦪
二一七八　乙未卜𤆍𠦪：
二一七九　己丑卜𠦪啟庚寅
二一八〇　：卜𠂤貞：惟𠦪：于：
二一八一　己亥卜王貞[illegible]不次：
二一八二　辛卯卜王貞：乙盟？：卯：宰
二一八三　己卯：冊：牛：
二一八四　：辰卜：有：冊宰
二一八四　戊：
二一八五　壬戌卜買[illegible]不潛十二月
二一八五　：十二月
二一八六　：𠂤貞：允典
二一八七　丁卯卜𤆍[illegible]豭羸
二一八八　甲戌卜王弜令[illegible]戠于若
二一八九　：酉卜[illegible]：鳳：迺：宋：
二一九〇　丁卯：于：祝
二一九一　：彡祀[illegible]
二一九一　：[illegible]弗：
二一九一　丁亥：
二一九二　：乙歲羊
二一九三　丙子卜王貞乙：歲：
二一九四　：夕歲：祐
二一九五　：丑歲牛大：
二一九六　癸丑卜王貞：暨祀：茲：
二一九七　乙丑：今日燎
二一九七　：雲：
二一九八　：未卜：翌丙申惟燎
二一九九正　：燎中田
二一九九正　：[illegible]
二一九九反　：祖乙勿：
二二〇〇　甲辰：燎五：羊于：

二二〇一　乙巳…燎于…白豕…
二二〇二　癸丑卜𠂤王燎于…羊豕…豕三月
二二〇二　…丑…豕…豕
二二〇三　…𧻚…
二二〇三　…宁…
二二〇三　丙…癸未…
二二〇四　…祖宰
二二〇四　…燎羊
二二〇五　癸巳卜王燎…
二二〇六　…大燎…留圂曰…
二二〇七　𦥑…孕六月
二二〇七　不示
二二〇七　庚亞喜
二二〇七　不喜
二二〇七　見
二二〇八　…伊酌彡…
二二〇九　…丑卜侑…癸
二二〇九　惟庚…酌…
二二一〇　丁卯卜庚…酌桒木…
二二一一　丙辰…酌朕…
二二一一　…王貞…丁…
二二一二　…卜…酌…
二二一二　…酌二十…
二二一三　…酌自…至于…
二二一三　戊…于…酌禦…
二二一四　…曰…翌其…酌我…
二二一五　…于…來…酌…二宰…
二二一六　庚子卜王酌…
二二一七　辛巳卜酌人…
二二一八　…酌左…兄…
二二一九　…宰
二二二〇　貞酌…
二二二〇　辛丑卜于一月辛酉酌稽蒸十二月
二二二一　辛丑卜衍酌稽蒸辛亥十二月
二二二一　𠂤入
二二二一　貞…卒…
二二二二　貞方侑𠂤
二二二二　貞今夕…來
二二二二　…大中…若
二二二三　…尊七月
二二二三　告
二二二三　丙啓
二二二四　…酉亞家
二二二五　…勿翌…蒸惟…
二二二六　丙…惟…丙…
二二二六　于翌日丁𣪊

二二二七　…鼓…
二二二八　…鼓入…
二二二九　辛…午…邑…辛…
二二二九　癸酉卜𠂤惟魔即鼓令取宋…歪二旬…
又…卯…
二二三〇　丙午…奏…在…
二二三一　…炎…
二二三一　歲…侑匚丙…
二二三二　辛酉卜惟…万奏一月
二二三二　…于…牛
二二三三　戊…𠨘
二二三三　…戊既…
二二三四　不潛
二二三四　衿…即…
二二三五　乙…往…競…
二二三五　丁亥卜弜…
二二三五　既…
二二三六　貞興…見…入…
二二三六　…正…丁若
二二三七　…㞷…妣…
二二三八　…余…
二二三八　辛酉…抳…余…
二二三九　壬…萬…‖…其…
二二三九　‖…不…丁…
二二三九　辛亥卜王朕𢦔𠂤…于曰…之…
二二三九　辛亥卜王朕𠂤不余…
二二四〇　…卜今日𢦏
二二四一　癸亥卜戠勿…來乙…
二二四二　戊…
二二四二　戠勿步
二二四二　步
二二四二　戠勿步
二二四二　壬寅…
二二四二　𠷎不占
二二四三　辛巳…貞余戠勿…妣
二二四四　…戠水
二二四五　…戠羽
二二四六　…言于盟…
二二四七　…酌禦百宰盟三宰
二二四八　己巳…盟…
二二四九　…盟…二十牛…不我
二二五〇　…盟不我
二二五一　…父庚不我
二二五二　庚辰卜𢦏囧不我
二二五二　…允捍
二二五三　…盟不我

二一二五四　丙午卜克賓
二一二五五　壬子卜束：惟不：九月
二一二五六　：涉束
二一二五七　丙：埋
二一二五七　：申卜今日埋
二一二五八　：宰埋
二一二五九　甲申：五宰
二一二五九　六宰
二一二六〇　：卜燎三宰
二一二六〇　二宰
二一二六〇　：埋
二一二六一　侑：三宰
二一二六二　乙酉卜侑三宰
二一二六三　：卜侑：庚三宰
二一二六三　丁未：
二一二六四　：盟其侑宰
二一二六五　庚申卜：侑牛：
二一二六六　：午卜𠂤：甫牛：祟：
二一二六六　：伐：𢀛九：
二一二六七　：一牛不用
二一二六八　：牛：戊：目：牛：用
二一二六九　：禦：㲋：
二一二六九　：寅卜：侑千？
二一二七〇　：用羌
二一二七一　：子：用羊：
二一二七一　：周：羊
二一二七二　丁亥卜王：
二一二七二　：羊
二一二七三　乙：卜王盟丙子：子：
二一二七四　：于：盧豕
二一二七五　乙卯今：用犬：
二一二七六　：卜𠭃：豚：
二一二七六　癸亥：惟：
二一二七六　：示：
二一二七七　己：
二一二七七　不用
二一二七八　丁酉：貞用
二一二七八　：酉卜：貞：𢦏人：
二一二七九　貞今日用方
二一二八〇　：十示又：酌
二一二八一　丁：卜：𢦏
二一二八一　辛：卜：餞
二一二八二　戊寅卜王貞：勿餡衛𠬝
二一二八二　：卜王貞于三示：十月
二一二八三　：卜：
二一二八三　：示：

二一二八三　：卜𠭃：三示祖：祖：
二一二八四　戊寅卜𠂤貞㚔弗其以有示𢿍二月
二一二八四　戊寅卜𠂤貞㚔其以有示𢿍
二一二八五正　己卯貞禦𠬝于二示
二一二八六　：用于入：
二一二八六　：示不用
二一二八七　己卯卜𢓊侑子族豕用
二一二八七　壬：王：
二一二八七　甲：宰：
二一二八八　：月
二一二八八　戊寅卜侑子族示不
二一二八九正　：卜侑子族𢀛：十𢀛：
二一二八九反　：興弗𢼂：
二一二九〇　惟母
二一二九〇　惟子
二一二九〇　乙卯卜𠂤：
二一二九〇　丙辰卜𠂤惟羊子：
二一二九〇　戊午卜𠂤：
二一二九〇　戊午卜𠂤侑子族　二告
二一二九〇　勿侑子族
二一二九〇　丁亥卜子：
二一二九〇　用子
二一二九一　丁卯
二一二九一　：巳卜王
二一二九一　：子：寅
二一二九二　無保
二一二九二　無保
二一二九三　弗子
二一二九四　：王貞：余囚
二一二九四　壬：
二一二九五　：辰卜王貞妣惟作余囚
二一二九五　癸巳卜：茲衛：
二一二九五　：未：
二一二九六　壬：卜王：娘：其：母：
二一二九六　：卜王：朕聽：余惟其：囚：月
二一二九七　：侑三示不惟囚
二一二九八　乙丑卜貞：有：不惟囚
二一二九九　辛亥卜王貞有作囚
二一三〇〇　辛亥卜王貞有其降囚
二一三〇〇　：缶二月
二一三〇一　：其有囚
二一三〇二　戊子卜貞今夕無：
二一三〇二　戊子卜今夕有囚
二一三〇二　己丑卜今夕無囚
二一三〇二　己丑卜今夕有囚

二一三〇二 庚寅雨中日既
二一三〇二 …十囗…
二一三〇三 …𡆥
二一三〇三 壬戌…有𡆥
二一三〇三 …𢆶
二一三〇四 丙子卜骨豕
二一三〇四 丙子…力…
二一三〇四 …豕
二一三〇四 乙酉…十二月
二一三〇五 …戊子…王見不允有考𡆥
二一三〇六甲 庚辰卜𠂤比糸賚
二一三〇六甲 辛卯卜啚其恙
二一三〇六乙 戊…出四月
二一三〇六乙 戊寅貞
二一三〇六乙 己…復…死四月
二一三〇六乙 庚辰貞𠂤比糸賚無𡆥四月
二一三〇六乙 辛卯啚不恙
二一三〇六乙 …甫…余…曰…
二一三〇六乙 笋比…尹…子
二一三〇六乙 媔往其有𡆥
二一三〇七 庚戌貞無𡆥
二一三〇八 …卜王𥄳…無𡆥
二一三〇九 癸酉卜貞旬
二一三〇九 六日
二一三一〇 癸未卜貞旬
二一三一〇 …夕既…
二一三一一 癸酉卜貞旬
二一三一一 癸未卜貞旬…月
二一三一一 癸巳卜貞…
二一三一一 癸卯卜貞…
二一三一一 癸丑…
二一三一二 癸亥…旬庚午…尸方…十月
二一三一二 …亥貞旬
二一三一二 …十月
二一三一二 癸未貞旬…月
二一三一二 …十一月
二一三一二 壬子…
二一三一二 癸卯…十二月
二一三一二 癸丑貞旬
二一三一三 癸未貞旬己卯師…
二一三一四 癸巳卜旬
二一三一四 …六月
二一三一四 …涉…
二一三一五 癸…貞旬無𡆥
二一三一五 癸巳卜…旬無…
二一三一五 貞…

二一三一六 癸巳卜貞旬十二月
二一三一六 丁…
二一三一七 癸巳…
二一三一七 …貞旬…老九月
二一三一八 …巳卜…旬六月
二一三一九 壬寅卜旬
二一三一九 …𡆥
二一三二〇 癸卯…貞旬十月
二一三二〇 …翌己其…印惟…
二一三二一 乙未吏…尸老…畋
二一三二一 癸卯…貞旬
二一三二二 癸丑貞…
二一三二三 癸亥卜貞旬九月
二一三二四 …貞雲
二一三二五 丙子卜…月
二一三二五 丁丑卜…
二一三二六 …巳夕
二一三二六 癸未夕
二一三二六 甲申夕
二一三二六 乙酉夕
二一三二七 庚…卜…月
二一三二七 壬子卜…賚…今夕…無𡆥
二一三二八 丙午夕
二一三二八 乙丑夕
二一三二九 丙午卜今夕無…
二一三三〇 甲寅…月
二一三三〇 甲寅…
二一三三一 甲寅卜…
二一三三一 乙卯…夕
二一三三二 丙辰…今夕無…
二一三三二 …𡆥
二一三三三 壬戌夕
二一三三三 壬戌夕
二一三三四 壬戌卜夕
二一三三五 …三日王夕
二一三三六 辛未卜夕
二一三三七 癸酉卜朿…旬
二一三三七 乙亥卜夕
二一三三七 丙子卜…
二一三三八 …三十…
二一三三八 丙…卜夕
二一三三八 丁卯卜夕
二一三三八 戊辰卜夕
二一三三九 戊辰…弜乃…
二一三四〇 己巳从升
二一三四〇 …未…夕

二一三四一　庚午卜夕
二一三四一　辛未从升
二一三四一　：夕
二一三四一　翌：从升
二一三四一　乙：卜：
二一三四二　庚从升
二一三四二　庚午：
二一三四三　丁未夕
二一三四三　翌丁：从升
二一三四四　丙辰卜夕
二一三四四　丁从升
二一三四五　癸酉：
二一三四五　乙亥卜夕
二一三四五　丙子卜夕
二一三四五　丁从：
二一三四五　：升
二一三四六　壬午夕
二一三四六　癸未夕
二一三四六　甲：
二一三四六　甲：夕
二一三四六　乙酉：
二一三四六　丙戌卜夕
二一三四七　癸巳卜夕
二一三四七　：从升
二一三四七　甲午卜夕
二一三四八　丙申卜夕
二一三四八　翌丁从升
二一三四九　己亥夕
二一三四九　庚从升
二一三五〇　己酉卜夕
二一三五〇　丁酉夕
二一三五〇　戊戌夕
二一三五〇　己亥卜夕
二一三五〇　庚从升延雨
二一三五〇　庚子夕
二一三五〇　辛丑卜夕
二一三五〇　壬寅卜夕
二一三五〇　辛从升
二一三五〇　癸卯卜夕
二一三五〇　翌庚：从：
二一三五〇　翌辛：升
二一三五〇　壬子卜[illegible]：
二一三五〇　：戊：夕
二一三五〇　：亥卜夕
二一三五一　乙巳夕

二一三五一　丙午夕
二一三五二　甲寅卜𠂤貞夕
二一三五三　庚戌卜夕
二一三五三　辛从升
二一三五四　：卜夕
二一三五四　庚申升
二一三五四　辛酉卜夕
二一三五四　辛从：
二一三五五　癸亥夕
二一三五五　甲从升
二一三五五　甲子夕
二一三五五　乙从：
二一三五六　翌庚从升
二一三五六　翌：升
二一三五七　己未：徃：从升
二一三五八　：卜：夕有[illegible]
二一三五八　今夕有[illegible]
二一三五九　癸巳卜王貞夕：壱
二一三六〇　壬戌卜王：有祟余：
二一三六一　壬辰卜：令：莫祟：我：毋陕：
二一三六一　：辰卜王令：舊友：祟：我：
二一三六二　貞余有夅二月
二一三六三　：父夅示
二一三六四　：丑妣：缶夅
二一三六五　：司：夅
二一三六六　：生夕：
二一三六六　：夅
二一三六七　乙巳卜[illegible]禦𢀛
二一三六八　：寅卜王：婦：子不𢀛一月
二一三六八　：婦妌：
二一三六九　乙：告出：祝：𢀛
二一三七〇　丁酉卜王貞勿𢀛[illegible]不其：
二一三七一　：王：叀：𢀛
二一三七二　：卜：[illegible]：不[illegible]
二一三七三　：亥卜[illegible]貞婦不[illegible]
二一三七四　貞尋不因辛[illegible]壬午王：
二一三七五　貞余于商疾
二一三七六　戊申卜𠂤：疾：有：惟：
二一三七七　己未卜惟父庚壱耳
二一三七七　：尊
二一三七八　己未卜惟父庚壱：
二一三七九　：貞：
二一三七九　其比推
二一三八〇　癸酉卜王疾豕惟示祟
二一三八一　：辰卜王貞：有疾：紳：永：
二一三八二　庚戌：王疾：

21383 ……卯卜……疾……惟……
21384 ……巳……既夢……作佣耳鳴終……大……
21384 ……巳……
21384 ……卯……
21385 丁丑卜王貞虎㞢
21385 ……辰卜……去?……師
21386 癸卯……王曰……其[illegible]……余呼延不九月
21386 癸亥卜令師虎今夕允[illegible]二旬壬午㞢
21386 丁巳九月
21386 ……唐……少凤臣……十冉……
21387 丁丑卜王惟豕羊用帝虎十月
21387 丁丑卜王勿帝虎十月
21387 ……丑卜王貞……日雨
21387 辛卯卜𠂤自今辛卯至于乙未虎㞢不十月
21387 ……乙未虎不其㞢允不
21387 丁酉卜𠂤自丁酉至于辛丑虎不……
21387 丁酉卜𠂤自丁酉至于辛丑虎不其㞢允不
21387 丁巳卜𠂤自丁至于辛酉虎㞢不十一月
21387 丁巳卜𠂤自丁至于辛酉虎不其㞢允……
21387 ……卜王……
21388 丙寅卜𠂤虎不其㞢今夕……
21388 丁卯卜𠂤虎㞢今夕……
21388 ……午卜𠂤虎其㞢今夕不……
21388 辛午卜𠂤虎㞢今夕……
21388 ……虎……
21389 ……虎不其㞢
21389 ……卜……虎……㞢……允……
21390 ……虎……不……六日壬午㞢
21391 戊寅卜……虎不㞢今夕……　二告
21392 ……虎……㞢……
21393 ……㞢今夕允㞢于勿……十月
21394 丙寅……今……不其㞢執
21395 乙酉卜[illegible]㞢今夕允㞢
21395 丁亥……[illegible]……
21396 ……王足……其㞢
21397 ……王……尸……取……
21397 丁……㞢
21398 ……有亦其㞢
21399 戊午……亦㞢……之夕㞢
21400 丙寅卜貞……[illegible]㞢……
21401 壬申卜……用一卜勿[illegible]辛卯𣎵……口?至十月
21402 ……卜王……茲二卜……呼勿……人四月
21403 ……辰卜……貞三卜……丙允王……
21403 ……旦……白……
21404 ……貞三卜……
21405 癸未卜示卜用

21405 癸未卜貞……
21406 ……月卜
21407 己未……
21407 辛酉卜七月卜
21408 ……卻止七月卜
21409 之……卜
21410 ……畄貞……畄囿……
21411 ……囚畄囿曰吉……
21412 ……卜畄埋……
21412 ……畄……
21412 ……畄囿曰……
21413 甲申卜貞
21413 甲申卜貞
21413 甲申卜貞
21414 丙……入……
21414 及……
21415 ……𠂤……其……沘?……
21416 [illegible]?東……
21417 ……[illegible]……
21418 乙亥卜[illegible]叫今……[illegible]
21419 癸酉卜
21419 ……[illegible]……貞?無?……唱六
21420 ……臬……勿……
21421 貞夕[illegible]
21422 ……辰……尸無……
21423 丙子卜貞[illegible]
21423 ……示……
21424 禾[illegible]
21425 ……惟缶
21426 ……[illegible]……母……
21427 ……面……
21428 ……面[illegible]……
21429 ……弜[illegible]
21430 辛……舟……橐……
21431 ……卯?……牛……牛
21432 ……凶止
21433 己卯卜[illegible]往爭乃
21434 ……酉卜寵……暨[illegible]
21435 壬子……豚……沇?
21436 ……子卜……惟祀
21437 丙午卜[illegible]翌戊申祖莽入不女
21437 ……王……
21438 ……戊卜……[illegible]弗……[illegible]……
21439 ……[illegible]……
21440 翌丁……
21441 ……[illegible]……

二一四四一 ……△……丁
二一四四二 ……示……貝?……
二一四四三 ……貞……子無吕
二一四四四 ……柬
二一四四五 丁……
二一四四六 日桝……肎……
二一四四七 癸巳武九……
二一四四八 戊辰……方?……
二一四四九 ……門丁……□……
二一四五〇 ……于鼎……
二一四五一 ……丁貞……
二一四五二 ……酉……
二一四五三 ……酉……毌……
二一四五四 ……丙……于……豆……
二一四五五 ……冒以
二一四五六 ……□
二一四五七 取單行女
二一四五八 ……□……
二一四五九 ……□……
二一四六〇 ……己未……□
二一四六一 ……卜……
二一四六一 ……闌……
二一四六二 ……遙……
二一四六三 ……元有……
二一四六四 ……矣……
二一四六五 十又四
二一四六六 ……小月
二一四六七 丁未卜其□
二一四六八 乙未……不其畀
二一四六九 壬……夕……丁……
二一四六九 ……貞勿余……不槖
二一四七〇 乙亥卜即給不槖
二一四七〇 ……給其槖……立
二一四七一正 龍
二一四七一正 ……龍……克……
二一四七一反 ……未王……
二一四七一反 ……王……
二一四七二正 （習刻）
二一四七二正 （習刻）
二一四七二正 （習刻）
二一四七二正 （習刻）
二一四七二正 （習刻）
二一四七二正 （習刻）
二一四七二正 （習刻）
二一四七二正 （習刻）
二一四七二正 （習刻）
二一四七二正 （習刻）
二一四七二正 （習刻）
二一四七二正 （習刻）
二一四七二正 （習刻）
二一四七二正 （習刻）
二一四七二正 （習刻）
二一四七二正 （習刻）
二一四七二反 （習刻）
二一四七二反 （習刻）
二一四七二反 （習刻）
二一四七二反 （習刻）
二一四七二反 （習刻）
二一四七二反 （習刻）
二一四七二反 （習刻）
二一四七二反 （習刻）
二一四七三 ……舞今日从
二一四七三 己巳卜舞今日从
二一四七三 舞今日从舞
二一四七三 ……今日毀?
二一四七三 ……耳?从
二一四七四正 （習刻）
二一四七四正 （習刻）
二一四七四正 （習刻）
二一四七四正 （習刻）
二一四七四正 （習刻）
二一四七四正 （習刻）
二一四七四正 （習刻）
二一四七四正 （習刻）
二一四七四正 （習刻）
二一四七四反 （習刻）
二一四七四反 （習刻）
二一四七四反 （習刻）
二一四七四反 （習刻）
二一四七五正 （習刻）
二一四七五正 （習刻）
二一四七五正 （習刻）
二一四七五正 （習刻）
二一四七五正 （習刻）
二一四七五正 （習刻）
二一四七五正 （習刻）
二一四七五正 （習刻）
二一四七五反 甲午卜令欠

二一四七六	甲子卜及日卩死
二一四七七	至糾：至
二一四七八	辛未卜夕
二一四七八	：未：
二一四七九	丁酉卜呼多方勵丙
二一四八〇	令
二一四八〇	丁酉：
二一四八一	庚：
二一四八一	：卜翌：
二一四八二	辛酉卜王貞余丙示旋于征
二一四八二	辛酉卜王貞余桊…
二一四八二	：王：
二一四八二	：七月
二一四八三	：余：三十：七月
二一四八四	乙巳刀缶：缶
二一四八五	甲子：貞：入人：不
二一四八五	丙：庚：
二一四八六	貞朿：
二一四八七	：庚祟个：惟甲𢆶…
二一四八八	：卜：伐：伐
二一四八九	：翌：延：婦：
二一四九〇	貞余：問大：
二一四九一	癸巳卜大亦見：
二一四九二	乙卯：𠂤啓
二一四九三	：亥于大采克
二一四九四	：取保石：
二一四九五	：炆辰：呼：老
二一四九六	丁亥貞勿萬
二一四九七	丁亥卜：子妣：
二一四九七	：午卜：貞：
二一四九八	：戌：未：
二一四九八	：貞：子比：告：
一一四九九	：卯：妣丁：
二一五〇〇	戊戌曰：示于：
二一五〇一	：戌卜：貞丁未…
二一五〇二	：示𡆥
二一五〇二	：至于：
二一五〇三	：祊：示：
二一五〇三	辛：卜：
二一五〇四	甲戌：無斁…
二一五〇五	：往用
二一五〇六	癸丑卜弗午𢀛…
二一五〇六	丙辰卜：
二一五〇七	令官㫃
二一五〇八	：子其：
二一五〇九	：卜有：允丁至…

二一五一〇	[illegible]?
二一五一一	：午：乞卜：呼：
二一五一二	：𣪊：告：
二一五一三	：戌：大：方：
二一五一四	：示刀：及
二一五一五	：歸庚：月
二一五一六	丁丑卜：
二一五一七	：暨捍：
二一五一八	：[illegible]：禹：
二一五一九	丙辰：于：延：彝：
二一五二〇	丙子：𠭯于：示于：
二一五二〇	：豕：
二一五二一	：王：成𠂤：
二一五二一	：王貞：豕
二一五二一	庚：
二一五二二	：𢦔祝戌
二一五二三	：亥于翌戊𢁒
二一五二四	：省：鬥：
二一五二五	庚辰卜其作：
二一五二五	庚：
二一五二五	丁酉：𠆢：
二一五二五	：卯：貞：
二一五二五	弓
二一五二六	：戊子卜貞東克𢓊𠬝
二一五二七	：亥卜丁來人惟𠬝我
二一五二七	：子：呼：
二一五二八	：寅子：雈𠬝
二一五二九	：丑子卜：不𠬝
二一五三〇	：卜：丁𠂇：𠬝
二一五三一	貞：爯𡚖
二一五三一	𠬝
二一五三二	癸亥子卜多臣人呼田羌
二一五三三	：辰呼多臣：魚十三：
二一五三四	甲戌子卜我獲印直：
二一五三四	乙亥子卜貞䙱𡿺獲女
二一五三五	甲戌子卜我不印直：
二一五三六	：貞伐：丙午酢
二一五三六	庚：
二一五三七	癸巳卜：牢母庚
二一五三七	甲寅卜：伐：
二一五三八甲	：父甲三白豕至：
二一五三八甲	：般庚三牢𩰫：
二一五三八乙	：禦父庚三牢又𩰫二酢雈至：庚
二一五三八乙	禦小辛三牢又𩰫二酢雈至：
二一五三九	辛亥：卜其至三牢又𩰫二：
二一五四〇	：子卜：侑大甲母妣辛

二一五四〇 丁…
二一五四一 甲子卜我惟禦戠祖若
二一五四一 甲子卜我侑祖若
二一五四二 丁卯卜惟…
二一五四二 父…
二一五四二 己巳卜祖乙㞢
二一五四二 父辛㞢
二一五四三 辛…其至三…豕父甲豭…
二一五四四 惟禽用至小宰父戊
二一五四五 惟禽用至小宰父戊
二一五四六 己丑子卜小王亩田夫
二一五四七 乙亥子卜來己酚羊妣己
二一五四七 …惟若
二一五四八 甲寅子卜其至大宰…反妣己用豭一
二一五四九 戊申卜禦妣己
二一五四九 戊辰…
二一五四九 …卜余惟…
二一五四九 己丑卜崔…
二一五五〇 丙卯…豕妣庚…
二一五五一 丁…
二一五五一 庚申子…禦妣庚
二一五五二 丁巳…
二一五五二 辛巳卜啓有夂妣庚禽
二一五五三 辛巳卜…夕妣庚…
二一五五四 己巳卜夕酒…宰母庚
二一五五五 壬寅卜丁伐禽
二一五五五 …寅…伐禽
二一五五五 癸巳卜禦母庚宰
二一五五五 丁卯卜司妣㞢
二一五五五 …司…㞢
二一五五六 庚辰子…
二一五五六 壬辰子卜貞婦妊
二一五五七 丙辰呼婦妊
二一五五八 戊寅…婦妊
二一五五九 …妊
二一五六〇 丁丑…婦
二一五六〇 …丑卜…婦女…凡
二一五六一 婦良
二一五六二 庚辰令㚔惟來犬以龜二若令
二一五六二 …辰余卜貞妣乙…
二一五六二 戊…余卜貞㫚婦妥
二一五六三 癸…
二一五六三 乃惟妣丁…用在…
二一五六四 丁酉卜㚔貞…𢀛多子…
二一五六五 …貞中子肱疾呼田于凡
二一五六六 癸亥卜中子有往來惟若

二一五六六 甲子卜丁呼大禽五往若
二一五六七 丙子卜御貞乙用一牛
二一五六七 …卜子…子㚔
二一五六八 …巫㚔㚔
二一五六九 己卯子卜丁㚔㚔
二一五七〇 癸卯子卜…㚔往豕…
二一五七〇 …用一牛
二一五七一 丙辰卜㚔㚔丁
二一五七二 …令子崔…子
二一五七三 甲寅子卜酚至綠壬
二一五七三 …卯子卜來丁酚四宰…伊尹
二一五七四 己巳卜酚…子
二一五七四 癸丑子卜來丁酚伊尹至
二一五七五 辛亥卜至…伊尹用一牛
二一五七五 辛亥子卜至伊尹用一牛
二一五七六 …子卜來…伊尹
二一五七七 丙子子卜貞…于入各…
二一五七八 乙未子卜無疋
二一五七九 戊子卜子貞今翌啓因
二一五八〇 丙…子…
二一五八〇 戊
二一五八〇 …酉子卜貞丁言我
二一五八一 己卯子卜…
二一五八一 …凡…山日
二一五八二 庚午子卜貞弜酚于之若
二一五八三 己亥子卜貞我有呼出…
二一五八四 …申子卜…
二一五八五 …子卜貞…余
二一五八六 乙未余卜今八有事
二一五八六 …于…
二一五八六 乙未余卜于九月有事
二一五八六 于九…有事
二一五八六 若
二一五八六 …未子卜貞惟丁使…
二一五八六 …余卜貞…丙…
二一五八六 乙…余…今秋…
二一五八六 …余卜貞今秋…婦…
二一五八六 今秋…
二一五八六 乙…卜
二一五八六 今秋…婦
二一五八六 丙申余有召
二一五八六 丙…無老
二一五八六 丁酉卜御禦兄丁
二一五八六 丁酉余卜惟庚召
二一五八六 丁酉卜餕…召

二一五八六　丁酉余卜今八月有事
二一五八六　八月
二一五八六　惟八月有事
二一五八六　惟辛有召
二一五八六　有召
二一五八六　毋
二一五八六　丁酉余卜壬有事
二一五八六　于癸有事
二一五八六　：余卜：事：即
二一五八六　毋
二一五八六　㣊：無[illegible]
二一五八六　毋
二一五八六　丁酉：
二一五八六　：戊卜㣊貞來惟若以
二一五八六　惟以
二一五八六　己亥卜㣊禦妣己
二一五八六　不
二一五八六　惟大：丁巳
二一五八六　乙巳
二一五八六　己亥卜㣊貞來惟若
二一五八六　己亥卜㣊貞來惟使呂
二一五八六　己亥卜㣊：
二一五八六　己亥卜㣊：
二一五八六　己亥卜㣊禦小己若
二一五八六　：子卜我貞有事
二一五八六　庚子卜㣊貞翌又惟㣊人以
二一五八六　㣊
二一五八六　甲子卜我貞呼[illegible]獲[illegible]
二一五八六　[illegible]
二一五八六　甲子卜我貞：彡我：事
二一五八六　己巳卜我貞射麋
二一五八六　己巳卜我貞今夕無囚
二一五八六　己巳卜我貞使豕宁
二一五八六　庚午卜我貞呼[illegible]獲
二一五八六　庚午卜我貞呼[illegible]獲
二一五八六　庚午卜我貞：獲
二一五八六　：午子卜貞使人惟若
二一五八六　[illegible]獲不獲
二一五八六　宁不獲[illegible]
二一五八六　：貞：
二一五八六　丙寅卜我貞呼印取射麋
二一五八七　丙午子卜呼往來
二一五八八　：子卜：婦
二一五八九　：子卜：延呼

二一五九〇　：卜子：用：牢：壬：
二一五九一　壬▲丑[illegible]卜眞
二一五九二　子：甾：
二一五九三　：穷
二一五九三　子宀
二一五九三　子穷
二一五九四　：子：至：父：
二一五九五　：使于：
二一五九五　辛：貞：丙：
二一五九五　：我人：
二一五九五　辛未余呼[illegible]比：若
二一五九五　：丑卜我貞：永耤于：
二一五九五　弜
二一五九五　惟妣辛：
二一五九五　：妣辛[illegible]
二一五九五　：貞：歸
二一五九五　辛：貞受：
二一五九六　癸酉我卜貞：婦
二一五九六　癸酉我卜貞：臤
二一五九七　庚戌卜我貞以父乙：
二一五九七　庚戌：師：令若：
二一五九七　甲寅卜：貞：
二一五九七　：若
二一五九八　丁巳卜我貞今夕：
二一五九九　庚戌卜我貞：母：
二一五九九　：有：
二一五九九　：[illegible]
二一五九九　不獲
二一六〇〇　：戊卜我：[illegible]
二一六〇〇　：[illegible]：茲
二一六〇一　：卜我：來乙未：
二一六〇一　：令：肇
二一六〇二　：卜我：來：
二一六〇二　：貞：
二一六〇二　丙[illegible]：貞：自：
二一六〇三　：卜：夕：人
二一六〇三　甲：卜我若
二一六〇四　：我：己十：
二一六〇五　：貞：歸
二一六〇五　庚寅余卜我東
二一六〇五　不
二一六〇五　孤于戊至
二一六〇五　戊不至
二一六〇六　：卜我[illegible]
二一六〇七　：余卜貞：
二一六〇七　丙申卜貞㣊[illegible]

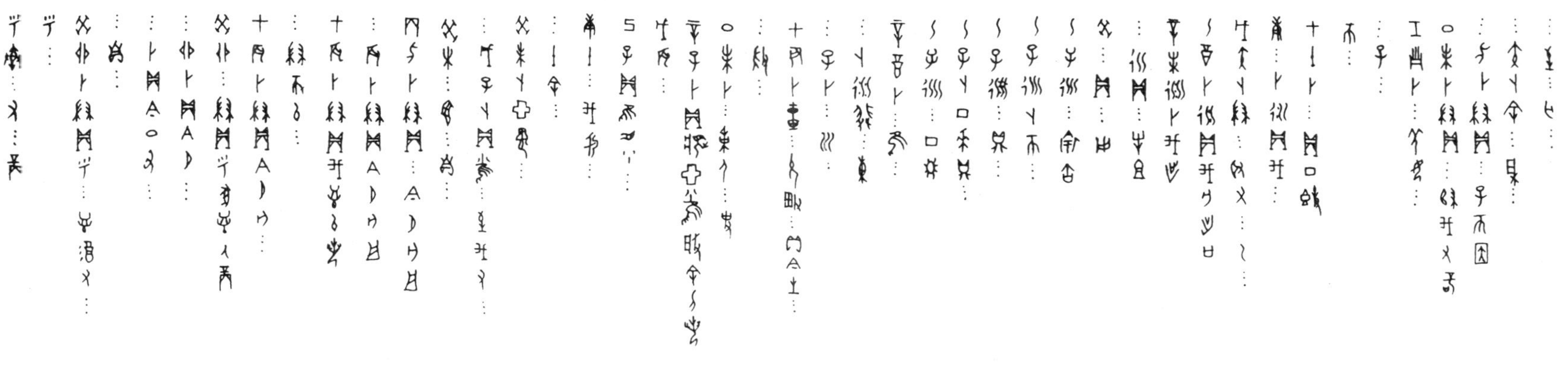

二一六〇七 ……至……無……
二一六〇八 ……寅卜余……𣎆……
二一六〇九 ……申卜扶貞……子不囚
二一六一〇 丁未卜扶貞……歸我有孽
二一六一一 壬子卜……羌母……
二一六一一 ……子……
二一六一一 不……
二一六一二 甲午卜……貞丁餕
二一六一三 庚……卜𢓊貞我……
二一六一四 戊寅卜扶……取有……乙……
二一六一五 乙酉卜𢓊貞我無作口
二一六一六 辛未𢓊卜我出
二一六一七 ……𢓊貞……牛祖
二一六一七 癸……貞……用
二一六一八 乙巳𢓊……俞缶
二一六一八 乙巳𢓊卜不……
二一六一八 乙巳𢓊……鼎……
二一六一八 乙巳卜丁來鼎……
二一六一九 乙巳𢓊……丁□
二一六二〇 辛酉卜……惟……
二一六二〇 ……卜𢓊𦙃……東
二一六二一 ……巳卜……川……
二一六二二 甲辰卜車……允畋……貞今生……
二一六二二 ……□……
二一六二三 丁未卜……□人……事
二一六二三 辛巳卜貞夢亞雀眡余刀若
二一六二四 戊辰……
二一六二四 己巳貞惟暨……
二一六二四 庚午……我于……
二一六二四 ……午余……
二一六二五 癸未卜亞□……
二一六二六 ……戊子卜貞雀……至我有……
二一六二六 癸未……望……自……
二一六二六 丙申卜扶貞……今夕無囚
二一六二六 ……辰卜扶貞今夕無囚
二一六二六 甲辰卜扶貞我□以若
二一六二六 ……扶不以……
二一六二六 甲辰卜扶貞今夕無……
二一六二六 癸卯……扶貞呼□□入商
二一六二六 ……卯卜貞今夕……
二一六二六 ……卜貞今丁丑……
二一六二六 ……自……
二一六二六 癸卯卜扶貞呼……□彭有……
二一六二六 呼……
二一六二六 呼執……有……商

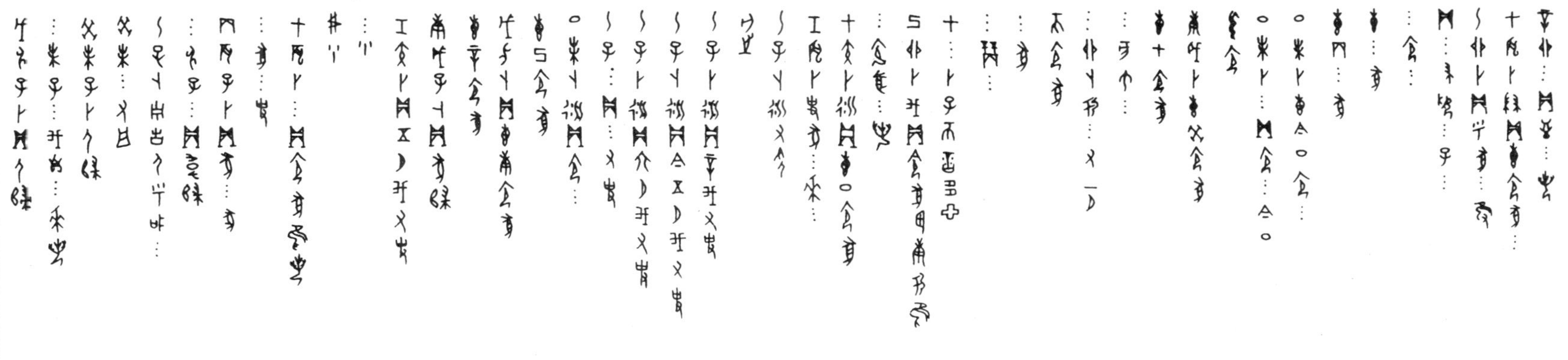

二一六二七 辛卯……貞□……若
二一六二八 甲辰卜扶貞惟令□
二一六二八 乙卯卜貞呼□……獲
二一六二八 貞……婦妥……于……
二一六二八 ……令……
二一六二九 惟……□
二一六二九 惟丙……□
二一六二九 丁未卜惟令丁令……
二一六二九 丁未卜……貞令……今丁
二一六二九 弜令
二一六二九 庚戌卜惟癸令□
二一六二九 惟甲令□
二一六三〇 ……亥不……
二一六三〇 ……卯卜于……又一月
二一六三〇 不令□
二一六三〇 ……□
二一六三一 ……商……
二一六三一 甲……卜子不言多亞
二一六三一 己卯卜我貞令□翌庚于惟
二一六三二 ……令□……若
二一六三三 甲寅卜𢓊貞惟丁令□
二一六三四 壬辰卜使豕……來……
二一六三五 乙巳卜𢓊有𡆥
二一六三五 無之
二一六三五 乙巳卜𢓊貞
二一六三五 乙巳卜𢓊貞今五月我有事
二一六三五 乙巳卜𢓊貞六月我有事
二一六三五 乙巳……貞……有事
二一六三五 丁未卜𢓊貞令……
二一六三五 惟己令□
二一六三五 戊申卜貞惟庚令□
二一六三五 惟辛令□
二一六三六 庚戌子卜貞豕歸
二一六三七 壬寅卜貞五月我有事
二一六三七 ……小
二一六三七 弗小
二一六三七 甲辰卜……貞令□惟若
二一六三八 ……□……事
二一六三九 丙辰子卜貞豕……𤝔
二一六四〇 ……申子……貞韋歸
二一六四一 乙巳卜宁告妣呼咔……
二一六四二 癸未……有囚
二一六四二 癸未子卜人歸
二一六四二 ……未子……戊自……來若
二一六四三 戊申子卜貞人歸

二一六四三 ……有曰……
二一六四四 戊申子卜人歸
二一六四五 戊辰子……人歸
二一六四五 戊辰子卜貞我亞
二一六四六 丁丑余卜貞人歸
二一六四七 癸酉卜扶貞今十月人歸
二一六四七 甲戌卜扶貞我允出南
二一六四七 南
二一六四七 甲……南
二一六四八 ……子卜貞……耳人歸
二一六四八 ……亥子卜貞人歸
二一六四九 丁丑余……貞人……
二一六五〇 ……子卜……人歸
二一六五一 ……子卜貞……萬人歸
二一六五一 ……貞其……十牢又二 如妣用牛一
二一六五二 ……翌癸……婦來歸
二一六五三 ……卯卜㣇貞彶五月呼婦來歸
二一六五四 ……貞……歸
二一六五四 丙有來
二一六五四 丁有來……
二一六五四 ……今夕……
二一六五五 己亥子卜貞人不歸
二一六五五 貞受歸
二一六五六 ……貞……
二一六五六 ……亥子卜貞……在川人歸
二一六五七 ……亥子卜貞人歸
二一六五七 人……
二一六五七 戊子卜貞……獲
二一六五八 丙子子卜……朕……
二一六五八 丁丑卜惟田獲
二一六五八 丁丑子卜無歸受
二一六五九 己未……貞申尹歸
二一六五九 禦舟婦
二一六五九 弓歸
二一六五九 乙丑子卜貞㣇歸
二一六五九 ……貞……至㲋
二一六六〇 壬子卜豕歸
二一六六一 戊寅子卜丁歸在師人
二一六六一 戊寅子卜丁歸在川人
二一六六一 癸巳卜于㲋夕有㕣
二一六六二 ……卯余卜貞……歸人
二一六六二 戊辰卜㣇貞我……
二一六六三 辛巳卜我貞我有事十月
二一六六四 壬午余卜于一月有事
二一六六四 ……于一月……
二一六六五 ……子卜貞……有事今一月

二一六六六 辛卯卜貞今四月我有事
二一六六六 無事
二一六六六 ……巳卜……
二一六六六 乙未卜夢妣丁𡆥
二一六六六 不𡆥
二一六六七 癸巳卜扶貞今四月……
二一六六七 癸巳卜扶貞……我有事
二一六六七 辛……卜扶貞……囚……有……
二一六六八 甲午卜貞今六月我有事
二一六六九 癸巳……今六……事
二一六七〇 甲申……貞今……我有事
二一六七一 戊辰子卜貞今我有事
二一六七二 丁未卜……有事
二一六七二 ……㲋……
二一六七二 貞……
二一六七三 庚申卜我今東有事
二一六七四 庚申……今東月……事
二一六七五 ……子……今東月……事
二一六七六 ……子卜……
二一六七六 ……未……貞……有事
二一六七七 丁卯卜扶貞庚我有事
二一六七七 丁卯卜扶貞我尤阫丁自庚
二一六七八 乙酉卜今夕……
二一六七八 辛我……事
二一六七八 乙酉……事
二一六七八 ……不……
二一六七九 辛酉子卜貞𪓐獲……丁
二一六七九 辛酉子……貞……有事
二一六八〇 庚寅卜扶貞辛我有事
二一六八一 辛巳卜貞乙我……事
二一六八一 辛巳卜貞……
二一六八一 辛巳卜……我有……
二一六八二 癸……我有……田……
二一六八三 辛……貞……我有……
二一六八四 ……卜㣇……東……我……事
二一六八五 甲申……我有……
二一六八六 ……貞……有……
二一六八七 ……于來辛丑有事
二一六八八 ……有事
二一六八九 壬寅……弗六……我有……
二一六九〇 ……不我有事
二一六九一 ……丁未有事惟司父……
二一六九二 ……卯余……人餕有事
二一六九三 ……卜扶貞㫃魚人
二一六九三 貞𢦏有事

二一六九四　己卯卜我貞叙夕　有事
二一六九四　戊：貞：
二一六九五　癸酉卜：事
二一六九五　辛亥卜貞丁今七月兹
二一六九五　辛亥卜貞丁餓今七月
二一六九六　辛亥卜我貞丁兹今來乙：月
二一六九六　己亥卜𠭘貞：來：惟从：事
二一六九七　己丑：自：事：我：
二一六九七　：丁自：
二一六九八　：啓入午事若十月
二一六九九　辛酉卜：事
二一七〇〇　（習刻）
二一七〇〇　（習刻）
二一七〇一　己亥卜𠭘：無事今來乙四月
二一七〇一　甲：貞：
二一七〇二　：貞：丁酉：
二一七〇二　：己卯無事
二一七〇三正　庚貞𦘒：
二一七〇三正　乙貞子不[illegible]
二一七〇三正　無事
二一七〇三正　無事
二一七〇三正　蟲出京
二一七〇三正　不允
二一七〇三反　：祝：
二一七〇四　丙子：多亞：
二一七〇五　癸：貞：作多亞
二一七〇六　乙巳：貞多亞
二一七〇七　：我作多亞
二一七〇八　壬辰余卜：至今
二一七〇八　癸巳余卜印執
二一七〇八　弗獲
二一七〇八　乙未余：執
二一七〇八　：余：執
二一七〇八　丙申余卜印執𤞷
二一七〇八　丁酉余卜執𤞷
二一七〇八　丁：亘：
二一七〇八　辛丑余卜印執𤞷
二一七〇九　癸巳：𢓊：𤞷
二一七〇九　：未：執
二一七〇九　丙申余卜𢓊執𤞷
二一七〇九　丁酉余卜執𤞷
二一七一〇　壬：余：
二一七一〇　壬辰余卜印執𤞷
二一七一〇　：未：卜執𤞷
二一七一一　：子卜𠭘：令𠬝執：

二一七一二　戊：甲：執
二一七一二　：令：聽：
二一七一三　乙亥子卜：𦉢囚入
二一七一三　乙亥子卜我有直自來惟若
二一七一三　：𠭘：
二一七一四　己未卜𠭘貞有𡧊我直今五月
二一七一五　庚午卜我貞今秋我入商
二一七一六　壬戌卜我：弗入商我有事
二一七一七　辛未𢓊卜我入商北我卩事
二一七一八　：丑卜婦：九月我入商
二一七一九　丙子：女入：在生月
二一七一九　：𠂔示商
二一七一九　：示：
二一七二〇　：𢓊卜：
二一七二〇　丙午𣃔卜我：入商
二一七二〇　丁：卜：
二一七二一　𦍒：𦉪貞：商
二一七二二　丁丑：商弔：
二一七二二　丁丑卜呼𠬝于喜休
二一七二三　癸酉卜我貞至𦉪無囚
二一七二四　癸酉卜貞至𦉪無囚余次
二一七二四　癸未卜貞至𦉪無囚
二一七二五　癸酉卜𢓊貞至𦉪無：
二一七二五　：在：𠦪婦𡚤妣壬
二一七二六　辛酉卜𠭘貞至𦉪無囚
二一七二七　庚申子卜貞惟以𡧊若直
二一七二七　弗以
二一七二七　乙丑子卜貞翌丁有來
二一七二七　乙丑子卜貞今丁有來
二一七二七　乙丑子卜貞庚有來
二一七二七　乙丑子卜貞自今四丁有來
二一七二七　乙丑子卜貞自今四丁有來
二一七二七　丙寅子卜貞庚有事
二一七二七　癸酉卜𦉪貞至𦉪無囚
二一七二七　癸酉卜𦉪貞至𦉪無囚
二一七二七　丙戌子卜貞我無作口
二一七二七　丙戌子卜貞丁不𦉢我
二一七二七　口𦉢
二一七二七　有
二一七二七　𦉪
二一七二七　壬辰子卜貞婦𡧊子曰戠
二一七二七　婦妥子曰𠷎
二一七二八　壬辰卜𠭘貞我入𠳿
二一七二八　弗入
二一七二八　壬辰卜𠭘貞：盧豕

二一七二八　癸巳卜𠂤貞至𢎘無…
二一七二八　癸巳卜𠂤貞今…盧
二一七二八　癸巳卜貞今六…有事
二一七二八　于七月有事
二一七二九　癸卯卜貞至𢎘無𡆥
二一七二九　癸卯…貞丁…單犬
二一七二九　癸卯卜…兄…
二一七二九　癸卯卜無𦔻丁…月
二一七二九　甲辰…無𦔻丁
二一七二九　…丁
二一七二九　…良?…夕…率?
二一七二九　…𠂤貞…今生…
二一七三〇　…卯卜𠂤貞至𢎘我有事
二一七三一　癸丑貞至𢎘無𡆥
二一七三一　癸丑貞至𢎘無𡆥
二一七三一　癸丑丁自口…
二一七三一　癸丑至
二一七三一　癸丑丁自來
二一七三一　…孕
二一七三一　不…
二一七三一　乙卯卜我貞𠂤來乙有來無來
二一七三一　乙卯貞𠂤婦…
二一七三一　戊…
二一七三一　…𡆥
二一七三一　…今夕…
二一七三二　…卯卜𢓊…至𢎘無𡆥
二一七三三　…巳卜𢓊…至𢎘…𡆥
二一七三四　乙巳𢓊卜丁來自正川子
二一七三四　丁…𢓊…
二一七三五　…巳𢓊卜…來自正…子
二一七三六　己酉…惟…
二一七三六　己酉子卜自正…我
二一七三七　癸酉卜𠂤貞丁丑來自丁
二一七三七　…弜使
二一七三八　癸未子卜自來
二一七三九　丙…我…茲
二一七三九　丙子𠂤卜我𦔻若茲
二一七三九　丙子𠂤卜無𢓊在來
二一七三九　丙子𠂤卜我無𢓊在來
二一七三九　戊寅卜𠂤我入惟𢓊
二一七四〇　丙子子卜惟丁作茲口
二一七四〇　…子卜…在師目…
二一七四一　乙卯貞在師…歸人
二一七四二　…申子…貞𡧊…在我
二一七四三　庚午子卜貞𠨘延在我

二一七四四　辛巳卜我貞于二月乇孽
二一七四四　辛巳卜我貞…二月…
二一七四四　己丑丁來于衛𦊓
二一七四五　壬戌貞有取
二一七四五　壬戌貞有取
二一七四六　…有取
二一七四七　…無取專興
二一七四七　己巳卜貞余受年
二一七四八　…午卜丁不…
二一七四九　丁亥子卜貞馬…
二一七四九　…無㞷馬
二一七五〇　…父惟㞷
二一七五一　…酉子卜…一牛…
二一七五二　…一牛又…用
二一七五二　甲戌…我自…
二一七五二　丙…
二一七五三　…子…來己…至羊…己
二一七五四　…卯子…惟豕…至羊…癸
二一七五五　丁亥子卜…己酉…至羊…
二一七五五　癸巳…惟羊…至…于取…
二一七五六　…王子…羊
二一七五七　癸丑…卜其…十…戌用
二一七五七　…巳卜貞…宰又龢
二一七五八　…亥卜…眉至四…豕十
二一七五八　…豕
二一七五九　壬申子卜延𠂤獲
二一七五九　壬申…卜延…南
二一七六〇　丙戌卜我貞我𠂤惟獲
二一七六一　甲子卜我貞𠂤獲
二一七六二　乙巳卜我貞𠂤獲
二一七六三　戊申卜我貞𠂤…
二一七六四　…卯卜𠂤…不…往…
二一七六四　…惟…
二一七六五　…午子…獲
二一七六六　…中…惟來…
二一七六七　…巳…惟…
二一七六七　…卜己亥…余夢亦…犇…占…
二一七六八　甲戌卜𦟒獲
二一七六八　甲戌卜𦟒印
二一七六九　辛丑…虎…
二一七七〇　癸巳鹿…
二一七七一　癸巳…𪋻
二一七七二　…卜余…左工…戊午…
二一七七三　丁未…一朋
二一七七四　二朋

21774 壬寅貞𣥂倪

21774 ：宰：夕卜

21775 丙午：賤：

21776 ：弗買：

21777 ：宁延馬二丙辛巳雨以雹

21777 癸：王：

21777 ：午：

21777 乙霧：

21778 ：卯：雨

21778 ：車：

21779 貞戊辰雨

21779 貞戊辰雨

21779 己巳

21779 己不雨

21780 ：東步

21780 ：雨

21780 庚子：：

21781 ：子：

21781 ：羽

21781 癸未：東：

21781 ：有：

21782 癸未卜貞戠不囚

21782 癸未卜東贏

21782 癸未卜東贏

21782 甲申貞：無囚

21782 戊子

21782 戊戌

21782 丙午卜

21782 丙午卜

21782 戊申貞東步

21782 ：羽

21782 戊申貞東步

21782 有羽

21783
：辛未 壬申 癸酉 甲戌 乙亥
丙子 ：丑 ：寅 己卯 庚辰
：巳 ：甲申 乙酉 丙戌 丁亥
戊子 己丑 庚寅 辛卯 壬辰
癸巳 甲午 乙未 丙： 丁酉
：戊 己： 庚子 辛丑 壬寅
癸卯 甲辰 乙巳 丙午 丁未
戊申 己酉 庚戌 辛亥 壬：
癸丑 甲： 乙卯 丙辰 ：戊：
己： ：申 辛酉 壬戌 癸亥

21783
：子 ：丑 ：寅 癸卯 甲辰
乙巳 丙午 丁未 戊申 己酉
：辛亥 壬子 ：丑 ：寅 乙
卯 丙辰 ：酉 壬戌 癸亥

21783
：戊辰 己巳 庚午 辛未 壬申
癸酉 ：乙丑 ：辰：

21784 ：己巳 庚午 辛未 壬申 癸酉

21784 甲戌 乙亥 丙子 丁丑 ：癸未

甲乙

21784 癸卯卜貞：

21784 ：爭：囚

21785 甲辰卜翌乙亥啓

21785 ：丁：入二月

21785 ：如：有娩：門二月

21786 庚辰卜貞𠬝：

21786 庚辰卜𢀛貞克女嘉：毓：嘉

21786 不：

21787 庚戌卜我貞婦鼓嘉

21788 ：亥子：貞婦：嘉一月

21789 辛丑：貞婦：豖嘉

21789 ：史

21789 不亩

21790 ：卜貞：喜嘉

21791 ：不彝：其得

21792 ：貞：嘉

21793 乙巳卜貞婦妥子無若

21793 辛亥子卜貞婦妥子曰觳若

21793 乙卯子卜貞其莧若

21794 貞婦庚有子今六月

21795 貞婦𠂤有子

21796 癸酉余卜貞雷婦有子

21796 甲戌余卜取司

21796 乙亥卜彡酌有事

21796 辛巳余卜今秋我步兹

21796 ：丁：

21797 癸酉余卜貞雷婦有子

21797 甲戌余取司

21797 ：卜彡酌有事

21797 辛：秋：

21798 甲寅：貞婦：有子今：

21799 辛卯子卜：婦鼓：子：

21800 乙巳卜貞婦：有子惟：

21801 乙丑子：川示：

21802 ：子卜其：魯：

21803 壬寅子卜用豖至宰妣：

21803 癸卯子卜至宰用豖尻

21804 戊辰卜𢓊貞酌盧豖至豖龍母

21804 戊辰卜𢓊貞酌小宰至豖司癸

21805 庚子子卜惟小宰𩁹龍母

二一八〇五 庚子子卜惟小宰尻司
二一八〇五 辛丑子卜貞用小牢龍母
二一八〇五 辛丑子卜貞用小宰尻司
二一八〇五 辛丑子卜其禦母司
二一八〇五 辛丑卜中母己鼎
二一八〇五 辛丑卜其禦母甲母己
二一八〇五 壬寅子卜禦母小宰
二一八〇五 癸卯子禦贏甲
二一八〇五 癸卯卜來其酢于司癸至…
二一八〇五 惟豕用至尻司宰
二一八〇六 乙亥、貞無囚
二一八〇七 丙子卜貞今夕…囚
二一八〇八 戊寅貞今夕無囚
二一八〇九 庚辰卜我貞今夕無囚
二一八一〇 …亥卜𢀛貞今夕無囚
二一八一一 丙…貞…
二一八一一 丁亥貞無囚
二一八一一 …無囚
二一八一一 …子…夅
二一八一二 癸巳卜𢀛貞今夕無囚
二一八一三 丁酉卜貞無囚
二一八一四 壬寅卜𢀛貞今夕無囚
二一八一五 甲子卜𢀛貞今夕無囚
二一八一六 丁未我貞今夕囚無
二一八一七 …囚
二一八一七 庚…卜貞今夕無囚
二一八一七 …戊卜今夕有囚
二一八一八 壬子卜…貞今夕…囚
二一八一八 …玆丁…月
二一八一八 壬子…貞丁今七月
二一八一八 壬子卜今來乙丁有𩁹
二一八一八 …于來…亥
二一八一八 壬子卜來乙丑有𩁹
二一八一九 癸丑貞今夕無囚
二一八二〇 丁未…𢀛貞今夕無囚
二一八二〇 …𢀛…
二一八二〇 …夕…
二一八二〇 …史
二一八二一 …𢀛…無…
二一八二一 …𢀛…今夕無…
二一八二二 …午貞今夕無囚
二一八二三 …𢀛…疒囚
二一八二三 …我…
二一八二四 …宓?不…中子壱囚
二一八二五 乙丑子…貞丁于…商執
二一八二五 戊寅子卜無它

二一八二五 戊寅子卜有壱
二一八二五 于乍有朿
二一八二六 癸酉子卜高作不若
二一八二六 …卜貞…圂
二一八二六 …戊子卜…作不若
二一八二七 目無不若
二一八二八 辛巳卜子貞我自玆惟若
二一八二九 …育…
二一八三〇 丁卯卜𢀛令育惟翌庚若
二一八三〇 庚申子…貞我自…惟若
二一八三一 庚…
二一八三一 辛酉子卜禦…惟一羊
二一八三一 己卯子卜貞盧以若
二一八三二 己卯子卜
二一八三二 敹
二一八三二 敹
二一八三三 …來以若
二一八三三 …歸…
二一八三四 貞育以若惟…
二一八三五 …卯子卜貞我無夅
二一八三六 庚子卜𢀛貞無夅
二一八三六 辛…貞…
二一八三七 辛卯亩夅有示
二一八三八 …子丁夅
二一八三八 庚…夅
二一八三九 戊申有夅
二一八三九 …歲妣有…
二一八三九 丙午…[illegible]…
二一八四〇甲 壬子御卜萑不受祐
二一八四〇乙 壬子御卜萑不受祐
二一八四一 …卜曰惟其受祐
二一八四二 …未子…不我祐
二一八四三 壬戌卜我貞呼…
二一八四三 …子卜我…受呼…
二一八四四 …亦…[illegible]…
二一八四四 …卜貞…
二一八四五 禦…
二一八四五 禦…
二一八四六 癸巳禦
二一八四七 …巳卜禦…壬
二一八四八 甲寅禦
二一八四八 …[illegible]?來
二一八四九 癸亥卜…貞…禦…
二一八五〇 庚子…埶歸…
二一八五〇 …御卜…人…

二八五一　：巳卜：蓺又
二八五二　：亥卜：貞辛：事
二八五二　不𢦏
二八五二　庚申卜緐貞乙丑丁𢦏
二八五二　𢦏
二八五二　：緐：丁：
二八五三　乙丑卜有吉
二八五三　辛巳貞𢀛其：
二八五四　：惟：𢀛
二八五五　貞我不受：
二八五六　弗河
二八五七　丙寅：自己入
二八五八　己巳：甲來
二八五九　壬午：于：
二八六〇　癸未子卜貞我不吉出
二八六一　：申子：缶我：
二八六二　甲辰：貞丁：
二八六三　乙卯卜望丁巳令庚步
二八六四　丙辰：
二八六四　甲子：
二八六四　：酉邑析：襲咎𠂤：
二八六五　庚：
二八六六　：宁至：六月
二八六七正　：今一月：
二八六七反　丙午卜：
二八六八　𠬝有：入
二八六八　弗左
二八六九　丙午𠚌惟甲：
二八六九　丙午𠚌惟今夕：
二八七〇　乙卯卜貞史入宁
二八七〇　：先婦：
二八七一　：巳卜王戊：九月
二八七一　弗〼
二八七二正　丁亥貞我多臣不見
二八七二反　：貞：𠚌
二八七二反　：貞：
二八七三　（習刻）
二八七三　（習刻）
二八七三　（習刻）
二八七三　（習刻）
二八七三　（習刻）
二八七三　（習刻）
二八七四　：于妣癸
二八七四　于妣辛
二八七五　己巳：禦妣

二八七五　己巳卜禦妣
二八七五　禦：
二八七五　辰：
二八七五　辰：午用：
二八七六　：酉己妣夰
二八七六　：酉丁妣夰
二八七六　壬寅：
二八七六　壬寅：
二八七六　丙午旬
二八七六　丙午豕
二八七六　丙：
二八七七　妣癸禦
二八七七　：禦
二八七七　：其：
二八七八　己酉丁妣夰
二八七八　辛亥丁子惟口夰
二八七八　辛亥丁妣惟夰
二八七八　辛亥己妣惟口夰
二八七八　辛亥庚妣惟口夰
二八七九　丁卯妣丁夰
二八七九　丁卯中母己夰
二八七九　戊寅卜于：
二八八〇　惟巫先
二八八〇　于母𠂤
二八八〇　：先
二八八一　辛亥惟：
二八八一　辛亥惟龍
二八八一　壬子子鼓
二八八一　壬子鼓
二八八二　癸丑貞庚入〼無女
二八八三　己㞢其女
二八八三　：女
二八八四　：酉：
二八八四　己：女：
二八八五　癸卯：𡊖：
二八八五　癸卯：𨓲𤆍
二八八五　癸卯：用犬
二八八五　丁未其侑子丁牛
二八八五　戊申其用禦
二八八五　戊申妣庚：惟：
二八八五　戊申其：石甲
二八八五　戊：惟豕：
二八八五　生月龠用
二八八六　壬戌貞商𢀛：

號	釋文
二八八六	癸亥貞：子允：
二八八七	：貞：冥
二八八七	戊戌：
二八八八	丁凡戊：
二八八八	：子：冥
二八八八	：祖己
二八八九	貞：
二八八九	：子：冥
二八九〇	：卯貞子母不佞
二八九一	丙寅
二八九一	丙寅
二八九一	丙寅
二八九一	丙寅
二八九一	戊戌禦𡆥子步
二八九一	：戊呼步
二八九一	自步𠂤
二八九一	丙：
二八九一	壬：
二八九二	癸酉
二八九二	旬無告
二八九二	戊戌：
二八九二	：女：宵：
二八九二	：今：卩
二八九二	：女：𢓊
二八九三	壬：貞𢆶
二八九三	惟壬：
二八九三	癸卯子涉
二八九四	乙：貞：
二八九四	壬申貞不𢆶
二八九五	：令弜祟：馬犬
二八九六	：辰卜貞𡧊：宁無若十三月
二八九六	辛巳卜雀：
二八九六	辛巳卜雀：
二八九七	辛巳卜貞雀受祐十三月
二八九七	辛巳卜弗受
二八九七	：卜戊缶：終十月三
二八九七	缶十四?月
二八九八	癸酉卜十三月
二八九八	辛巳卜弗受祐十三月
二八九八	辛巳：雀受：
二八九九	壬子雀不𠙵：
二九〇〇甲	戊子貞雀無：
二九〇〇甲	戊子貞井?允無若
二九〇〇乙	丙寅　丁卯　戊辰　甲戌　：子
二九〇〇乙	乙未　庚：　壬申　癸：
二九〇一	己丑王不行自雀
二九〇二	：貞章不：
二九〇三	丙午卜不𢆶
二九〇三	貞勿：
二九〇三	丙午卜勿：
二九〇三	貞：𢆶
二九〇三	丙：卜勿：
二九〇三	丙午卜：
二九〇四	癸卯𢆶：
二九〇五	：㣇父冊不：蚰戴我事
二九〇五	用王：衩：
二九〇六	：申：妣：禦：事無囚
二九〇七	辛未多犬：
二九〇七	：多：
二九〇八	壬子貞王𠬝
二九〇九	壬戌貞商執
二九一〇	乙丑卜
二九一〇	癸酉卜貞至𦉪無囚
二九一〇	：卜：𦉪：囚
二九一〇	癸未貞至𦉪：囚
二九一一	庚有事子：
二九一一	辛：不延
二九一一	：未：至𦉪：
二九一二	：事：不子丁在亞辛
二九一三	癸酉貞來以人
二九一三	癸酉：
二九一三	癸：
二九一三	不口田日
二九一四	癸酉貞：以人
二九一四	癸酉貞弜以：
二九一四	癸酉貞受：
二九一四	丁丑伐𡧊：
二九一五	：妣：來：若
二九一六	：卜無𡆥豕
二九一七	庚：
二九一七	庚寅貞
二九一七	皿至豕
二九一八	：羊
二九一八	：犬：
二九一九	己丑卜其𢦔：
二九二〇	戊辰卜𢼊牢燎：
二九二一	辛亥卜𩛥
二九二一	壬午貞至：惟牢
二九二一	：惟牢

二一九二一 貞…
二一九二一 貞䣓
二一九二一 …丙宰…
二一九二二 …囲
二一九二二 …六叀…壬…
二一九二二 𢀛壬…
二一九二二 …宰…
二一九二三 癸酉…茲方兄…
二一九二三 癸酉…不…
二一九二三 辛卯卜…子…夕
二一九二三 …卯卜惟北…
二一九二三 辛…貞…
二一九二三 …卜…
二一九二四 丁酉卜獲鹿
二一九二五 …酉卜其…鹿
二一九二五 …鳥獲…
二一九二六 …未不鳴惟雋
二一九二六 …𠬝…
二一九二七 …凡
二一九二七 …惟𡧊
二一九二七 …𠂤
二一九二八 庚…大…告來…妣生…
二一九二八 …亥…有…令…言…生…
二一九二八 言
二一九二八 自丁其逐冥
二一九二九 庚戌…
二一九二九 庚戌…𢼸不獲
二一九二九 獲
二一九三〇 庚戌卜獲
二一九三〇 庚戌卜又不其
二一九三一 …獲
二一九三二 …凡…
二一九三二 惟目…𢦏…目…
二一九三三 …南
二一九三三 …品三十
二一九三四 …巳其品三十
二一九三五 癸雨
二一九三五 甲午卜生…不合
二一九三六 癸丑貞…𠭯
二一九三六 癸丑卜伯率
二一九三七 （習刻）
二一九三七 （習刻）
二一九三七 （習刻）
二一九三七 （習刻）
二一九三七 （習刻）

二一九三八 （習刻）
二一九三八 （習刻）
二一九三八 （習刻）
二一九三八 （習刻）
二一九三八 （習刻）
二一九三八 （習刻）
二一九三八 （習刻）
二一九三八 （習刻）
二一九三八 （習刻）
二一九三九 （習刻）
二一九三九 （習刻）
二一九三九 惟…不…
二一九三九 …羌…
二一九四〇 …𡆥
二一九四〇 雨
二一九四〇 …之…惟…
二一九四〇 …惟…師
二一九四一 癸未貞不雨
二一九四二 辛丑卜雨
二一九四二 今雨
二一九四二 壬寅
二一九四二 癸雨即
二一九四二 𠃊
二一九四三 癸酉貞旬告
二一九四四 不暘日在門
二一九四五 …貞疾…無于…
二一九四五 …丁𡆥…
二一九四六 甲寅帝
二一九四七 …𡆥河若
二一九四八 庚…
二一九四八 不
二一九四八 有…人…死…
二一九四九 癸亥卜貞今夕無囚
二一九五〇正 貞…
二一九五〇反 …囚
二一九五〇反 …盧豕
二一九五一 辛亥無𡆥
二一九五一 辛亥惟示惟…
二一九五一 癸丑貞告河
二一九五一 …母…
二一九五二 戊申貞無𡆥
二一九五三 癸巳不…喜…
二一九五三 …𣪊
二一九五四 庚子不…
二一九五四 辛亥卜

二一九五四	丁…卜
二一九五四	庚辰卜貞□無若
二一九五四	庚辰卜貞男芍無□
二一九五五	惟白豕
二一九五五	惟剛
二一九五五	惟剛羊
二一九五六	癸酉彡
二一九五六	今庚…
二一九五六	癸酉
二一九五六	…于丁…尸羊
二一九五七	惟來彡子…
二一九五七	…卜…龍…
二一九五八	…壬…陟
二一九五九	甲子貞□無告
二一九五九	…卜貞…
二一九六〇	惟盡
二一九六〇	盡
二一九六〇	丙寅不千降
二一九六〇	丙寅降千
二一九六一	…辰…
二一九六一	…田子…
二一九六二	庚午卜辛…大…無左
二一九六三	辛未合
二一九六四	（習刻）
二一九六四	（習刻）
二一九六四	（習刻）
二一九六四	（習刻）
二一九六四	（習刻）
二一九六五	（習刻）
二一九六五	（習刻）
二一九六五	（習刻）
二一九六五	（習刻）
二一九六五	（習刻）
二一九六五	（習刻）
二一九六五	（習刻）
二一九六五	（習刻）
二一九六五	（習刻）
二一九六六	丁丑貞告?□
二一九六七	丁丑…告
二一九六八	辛巳…并宁𦔻不…
二一九六九	壬午…惟貝…受□
二一九六九	…寅有□
二一九七〇	壬午貞商
二一九七〇	□
二一九七一	癸未
二一九七一	壬…
二一九七一	庚
二一九七一	…丁
二一九七二	癸未…司犬…
二一九七二	癸未…夕…湔…即…
二一九七二	丙…
二一九七二	丙戌卜三十它
二一九七二	己丑
二一九七二	今□…若
二一九七三	己酉卜…
二一九七三	癸…
二一九七四	丁酉示…不…
二一九七四	…示…
二一九七四	…邑弗…
二一九七五	癸卯婦史
二一九七五	癸卯…
二一九七五	癸丑貞…□…
二一九七六	癸卯卜…
二一九七七	癸亥…
二一九七七	癸卯…
二一九七七	…王貞…
二一九七八	丙午卜東…西…月
二一九七九	戊申…白
二一九七九	…申貞…
二一九七九	戊申…
二一九七九	…酉…妣
二一九七九	…酉…
二一九八〇	…貞無…若
二一九八〇	戊…貞…
二一九八〇	己…惟…
二一九八〇	己酉…
二一九八〇	辛亥貞豕…
二一九八〇	辛亥…
二一九八一	己酉子…
二一九八二	…以□告…
二一九八二	辛丑□五…
二一九八二	辛亥貞，邑
二一九八二	貞疾
二一九八三	壬子…惟甲丙
二一九八三	貞…
二一九八四	辛寅…
二一九八五	丙辰…無若
二一九八五	惟…于…□
二一九八六	丁巳…
二一九八六	甫在…

二一九八七	丁巳惟…丁
二一九八七	戊午不…丫
二一九八七	戊午不祀示夗
二一九八七	戊午䙴惟夗
二一九八八	辛…巫…
二一九八八	庚申卜取旋…母以
二一九八八	庚…自…
二一九八九	…申貞…
二一九八九	癸亥貞宁
二一九八九	…羊…
二一九九〇	…寅卜…
二一九九〇	辛…
二一九九一	…寅…若
二一九九一	…出…若
二一九九二	…卯子…
二一九九三	…卯貞人…
二一九九四	…卯…于…
二一九九四	其…
二一九九五	…辰卜
二一九九五	…目
二一九九六	戊申貞…不亦…今…在…
二一九九七	辛酉子卜
二一九九七	丙子涉凡
二一九九八	…日…
二一九九八	辛…不
二一九九八	壬申
二一九九九	…戊卜田執
二一九九九	己亥卜貞…
二二〇〇〇	己…
二二〇〇〇	己…
二二〇〇一	己未無各若
二二〇〇二	…酉卜翌庚…
二二〇〇三	弗心
二二〇〇三	庚…六月
二二〇〇四	壬寅…令…侑丁…
二二〇〇四	癸…
二二〇〇四	惟其
二二〇〇五	癸
二二〇〇五	癸
二二〇〇五	…生…
二二〇〇六	…卜貞…貯
二二〇〇七	貞…口
二二〇〇八	戊…王…奴…令…今…
二二〇〇八	…子…茲…欒…終夕
二二〇〇九	…巳…王…人…令

二二〇一〇	…酉貞無咎
二二〇一一	…兄…
二二〇一二	…巳…鬼…不…
二二〇一三	惟止
二二〇一三	…歲兄…
二二〇一四	𪓐至
二二〇一五	其呼子…
二二〇一五	木母庚惟尸
二二〇一六	…卜貞…
二二〇一六	…皀
二二〇一七	戊乙惟皀
二二〇一七	…目…
二二〇一八	…妣丁…犬百…
二二〇一八	辛…
二二〇一八	…未…
二二〇一九	…丙
二二〇一九	…雨
二二〇二〇	…于…唎…
二二〇二一	…酉呼
二二〇二二	（習刻）
二二〇二三	…于…析…
二二〇二四	（習刻）
二二〇二四	（習刻）
二二〇二五	…不示…
二二〇二六	（習刻）
二二〇二六	（習刻）
二二〇二七	埶…
二二〇二八	乙…不…
二二〇二九	…翌喪…
二二〇三〇	不凡
二二〇三一	（習刻）
二二〇三二	（習刻）
二二〇三二	（習刻）
二二〇三二	（習刻）
二二〇三三	畀束
二二〇三三	母…
二二〇三四	…今惟
二二〇三四	…于…月…
二二〇三五	（習刻）
二二〇三五	（習刻）
二二〇三五	（習刻）
二二〇三六	…万…
二二〇三七	…無盜…
二二〇三八	（習刻）
二二〇三九	（習刻）

二二〇五九　（習刻）
二二〇四〇　貞…左
二二〇四一　于妣辛…
二二〇四一　…巳…
二二〇四二　…酉卜正
二二〇四二　乙…貞侑臣不
二二〇四二　丁未卜…正
二二〇四二　…子庚
二二〇四二　…巳
二二〇四三　丁未…禦
二二〇四三　丁未卜其禦
二二〇四三　丁未卜其奉
二二〇四三　丁未…不征翌庚戌
二二〇四三　丁未卜其征翌庚戌
二二〇四三　丁未卜貞令戉光有獲羌芻五十
二二〇四三　丁未卜田于西
二二〇四三　…未…貞其田…東
二二〇四三　…步…
二二〇四三　戊寅…步…
二二〇四三　庚戌卜往田于東
二二〇四三　庚戌卜貞余令陝比…田無囚
二二〇四三　庚戌卜往田東
二二〇四三　往㡀
二二〇四三　庚戌卜貞比羌西于田囚
二二〇四三　丙子卜貞
二二〇四三　癸水
二二〇四四　丁未卜凡祖妣于…
二二〇四四　往秋祖壬
二二〇四四　己酉卜惟牛于石甲
二二〇四四　己酉卜有歲于祖…
二二〇四四　己酉卜
二二〇四四　庚戌卜有歲于下乙
二二〇四四　庚戌卜貞多羌自涵
二二〇四四　庚戌卜貞于美
二二〇四四　辛亥卜興司戊
二二〇四四　辛亥卜興
二二〇四四　辛亥卜興祖庚
二二〇四四　辛亥卜興于庚
二二〇四四　辛…卜興司戊
二二〇四四　辛亥卜興祖庚
二二〇四四　辛亥卜翌用于下乙
二二〇四四　辛亥卜東羊
二二〇四四　丙辰卜
二二〇四四　丙辰卜貞
二二〇四五　戊子卜于來戊用羌

二二〇四五　惟今戌用
二二〇四五　庚子卜弜𠬝秋祖庚
二二〇四五　庚寅卜于妣乙用
二二〇四五　妣乙
二二〇四五　戊戌卜庶至今辛
二二〇四五　不至庶今辛
二二〇四五　戊戌卜侑…父戊牛一宫用
二二〇四五　弜用牛牡父戊
二二〇四五　惟牛牡父戊
二二〇四五　牢父戊
二二〇四五　牢父戊
二二〇四五　己亥卜至雍𠙵母
二二〇四五　己亥卜不至雍
二二〇四五　…卜至雍今己
二二〇四五　子竹犬
二二〇四六　戊子卜至…禦子庚…
二二〇四六　至…禦父丁…
二二〇四六　弜至
二二〇四六　戊子卜至子禦兄庚羌牢
二二〇四六　戊子卜至子禦父丁白豕
二二〇四六　戊子卜有久歲于父戊用今戌
二二〇四六　戊子卜惟今戌用
二二〇四六　戊子卜用六卜
二二〇四六　七日迺用
二二〇四六　壬辰卜日
二二〇四七　癸未卜卩余于祖庚羊豕𠬝
二二〇四七　于祖戊禦余羊豕𠬝
二二〇四七　于子庚禦余母宰又𠬝
二二〇四七　惟宰又𠬝
二二〇四七　有歲羊不
二二〇四七　弜有歲
二二〇四七　惟用?子戊不?惟父丁父戊
二二〇四七　丙
二二〇四七　戊
二二〇四七　辛
二二〇四七　辛
二二〇四七　壬
二二〇四七　壬
二二〇四七　壬
二二〇四七　壬
二二〇四七　壬
二二〇四七　壬
二二〇四八　壬寅卜令巳復出
二二〇四八　壬寅卜斦石禦于妣癸盧豕
二二〇四八　壬寅卜余斗直于父辛丁𠬝以戈

二〇四八　壬寅…今日壬雨
二〇四八　壬戌卜癸亥牛二于父戊
二〇四八　石禦于庚
二〇四八　來癸于妣癸侑及…歲
二〇四八　于妣癸盧豕石及
二〇四八　于妣盧豕
二〇四八　…亥卜侑于…雨
二〇四九　…午卜禦…
二〇四九　戊午卜貞妻有㱃今夕
二〇四九　戊午卜至妻禦父戊良有㱃
二〇四九　戊午卜禦卜戊及
二〇四九　戊午卜
二〇四九　貞不死
二〇四九　惟…
二〇四九　惟盧豕
二〇四九　至靁羊
二〇五〇　辛卯卜…無囚
二〇五〇　癸巳…余…于祖…
二〇五〇　癸巳卜石無[illegible]虫于母
二〇五〇　甲午卜燎于𦣻…若
二〇五〇　甲午…俞囚
二〇五〇　乙…余…[illegible]…朕…于…
二〇五〇　乙未卜于妣壬奏
二〇五〇　戊戌卜𢦔在甲…咎千不[illegible]
二〇五〇　戊…直于妣奏
二〇五〇　己酉于妣癸
二〇五〇　于妣辛
二〇五〇　于妣…生
二〇五〇　…八月
二〇五〇　于入戊
二〇五一　…祖戊矢用
二〇五二　…祖戊侑羊
二〇五三　…祖戊…
二〇五四　辛…天…牢
二〇五四　天戊五牢
二〇五五　丙辰卜歲于祖己牛
二〇五五　…入己…
二〇五五　癸…卜…歲…
二〇五五　…天…于囚
二〇五五　…于𦣻…𣪊牛
二〇五六　丙子卜于丁丑燎其…父丁[illegible]…
二〇五六　戊寅卜燎于祖己
二〇五六　戊寅卜不雨佳爵…
二〇五七　癸未卜惟大牢于四祖…
二〇五八　…小牢…祖…

二〇五九　…巳卜禦于祖…
二〇五九　辛…
二〇六〇　甲子卜其羊于入乙…用
二〇六一　于入乙禦
二〇六二正　丙戌卜𠦪于四示
二〇六二正　牢又芈于入乙
二〇六二反　乙酉卜𠦪于四示
二〇六二反　乙酉卜有芻
二〇六三　癸酉卜午入乙牢
二〇六三　…介以戌
二〇六三　…弗以戌
二〇六三　…卜聿午…入乙
二〇六四　…入乙…牛
二〇六五　戊午禦虎于妣乙惟盧豕
二〇六五　戊午惟彘妣乙
二〇六五　惟豕妣乙
二〇六五　惟豕
二〇六五　壬戌卜子夢見邑夆父戊
二〇六五　壬戌卜森侯…余仝呼見聿森侯印
二〇六五　甲子卜翌入乙有夕歲三牢
二〇六五　甲子卜用翌入乙　允
二〇六五　甲子卜三牢于入乙
二〇六五　甲子卜二牝入乙
二〇六五　甲子卜三牝入乙
二〇六五　甲子卜夕有歲父戊
二〇六五　甲子卜有歲…乙牛
二〇六五　用
二〇六六　乙未卜禦卜丙牛一
二〇六六　乙未卜禦于妣乙羊
二〇六六　乙未卜…彘…妣乙
二〇六六　乙未卜用彘于妣乙
二〇六六　惟彘于妣乙
二〇六六　…惟彘…妣…
二〇六六　弜用
二〇六六　惟至用丁…于…
二〇六六　…用…妣乙
二〇六六　惟羊有豕
二〇六六　…豕于父丁
二〇六六　丙申卜歲侑于父丁
二〇六六　惟豕于妣…
二〇六六　合
二〇六七　壬子卜貞有其歸婦無大吉
二〇六七　貞竹乇告不
二〇六七　貞子耆不無黑
二〇六七　甲寅卜侑妣乙

二〇二六七 甲寅卜侑食告
二〇二六七 ：禦：
二〇二六七 ：爵于：𤉲
二〇二六八 庚子卜
二〇二六八 庚子卜
二〇二六八 庚子卜：豕于：乙
二〇二六八 惟羊于妣乙
二〇二六八 庚子卜豕羊惟妣乙
二〇二六八 庚子卜惟𤉲有牛妣乙
二〇二六九 辛未卜貞有事今日無：
二〇二六九 甲戌卜貞有：
二〇二六九 甲：貞：事
二〇二六九 甲戌卜貞無事
二〇二六九 辛巳貞：于妣丁羊
二〇二六九 辛巳卜惟燎：于妣丁
二〇二六九 辛巳卜貞有事
二〇二六九 辛：今日無：
二〇二六九 ：今日：
二〇二六九 丁未卜貞無事
二〇二六九 辛亥卜有事
二〇二六九 辛：無：
二〇二六九 辛：卜惟：
二〇二六九 辛：卜惟羊于妣：
二〇二六九 丁巳卜禦司庚豕
二〇二六九 丁：卜：于妣乙犬
二〇二六九 ：犬用
二〇二七〇甲 壬午卜惟羊于妣丁
二〇二七〇乙 壬午卜：
二〇二七〇乙 ：妣丁羊
二〇二七一 禦妣辛：又一牢
二〇二七一 ：犬
二〇二七二 丙戌卜侑于父丁惟彘
二〇二七二 丙戌卜弜若
二〇二七二 受于宗北
二〇二七二 于𣶃敎巫示
二〇二七三 乙酉卜禦新于父戊白豕
二〇二七三 乙酉卜：新于：戊：
二〇二七三 乙酉卜禦新于妣辛白[illegible]豕
二〇二七三 惟小牢于父戊
二〇二七三 丙戌卜祖戊
二〇二七三 己丑卜禦于帝三十小牢己丑余至𤉲羊
二〇二七三 己丑卜歲父丁戊𠃬
二〇二七四 癸：來：歲：祖：
二〇二七四 癸巳卜有歲于祖戊牢
二〇二七四 癸巳卜牢五不用

二〇二七四 癸巳卜木于束延
二〇二七四 癸巳卜禦妣辛豕五
二〇二七四 癸巳：有歲：祖：牛
二〇二七四 甲午卜𠘧禦于入乙至父戊牛
二〇二七四 甲午卜禦于入乙
二〇二七四 甲午卜禦父己
二〇二七四 甲午卜𠘧禦于妣至妣辛
二〇二七四 乙未卜惟豼
二〇二七四 乙未卜禦于妣辛妣癸
二〇二七四 乙未卜弜
二〇二七四 乙未卜禦于妣乙
二〇二七五 乙卯卜有歲父己
二〇二七五 有歲于兄己
二〇二七五 有歲于[illegible]
二〇二七五 囚
二〇二七五 辛亥卜有歲于帝牢
二〇二七五 侑于受工牢
二〇二七五 甲戌卜余用于：
二〇二七五 乙亥卜我：酉：入[illegible]于嬴
二〇二七六 甲申卜惟彘于母戊
二〇二七七 壬辰卜禦母辛于妣乙彘
二〇二七七 己亥卜有歲于天庚于盧豕
二〇二七七 庚子卜貞母辛[illegible]禦無囚
二〇二七七 ：囚
二〇二七七 癸卯卜束彡
二〇二七七 ：卜燎于[illegible]
二〇二七八 甲子卜有歲于下乙牛
二〇二七八 余有歲于祖戊三牛
二〇二七八 ：四牢
二〇二七八 辛未卜惟庚辰用牛于子庚于□用
二〇二七八 辛未卜
二〇二七九甲 庚子卜有歲于庚祖
二〇二七九乙 ：于卜有歲于子庚
二〇二八〇 ：卜禦：于子庚犬一
二〇二八〇 丁巳：惟：往：
二〇二八一 ：卜禦于：
二〇二八一 于子庚禦
二〇二八二 ：巳卜：惟王出
二〇二八三乙 己卯卜陰用尹司于父乙無囚尹
二〇二八三乙 ：卯卜貞三缶父乙陰用無囚尹
二〇二八三甲 己卯卜陰用尹司于父乙無囚尹
二〇二八三甲 ：貞三缶：陰用無：尹
二〇二八四 庚：侑：
二〇二八四 庚寅卜：尹
二〇二八五 ：朕：尹

二〇八五　：宰
二〇八六　壬申卜内乙閑正示
二〇八六　壬申卜貞子：甾内乙無囚
二〇八六　壬申卜貞亞𠂤雀甾内乙囚
二〇八六　弜甾内乙無囚
二〇八六　内乙
二〇八六　壬午卜貞惟亞涉于𠂤
二〇八七正　：延于二祖歲
二〇八七反　内乙囚
二〇八八　壬申卜步
二〇八八　癸酉卜步：
二〇八八　甲戌步
二〇八八　步
二〇八八　丁丑卜步黃□
二〇八八　癸未卜有歲牛于下乙
二〇八八　癸未卜惟羊于下乙
二〇八八　癸未卜帝下乙
二〇八八　：酌：入乙
二〇八八　癸未卜惟羊于子庚
二〇八八　乙酉卜有歲于下乙
二〇八八　乙酉卜有歲于入乙
二〇八八　丙戌卜貞□至師無若
二〇八八　丙戌啓
二〇八八　庚寅卜貞
二〇八八　丙午
二〇八八　丙：
二〇八八　□于：
二〇八九　：亞：□：
二〇九〇　：有：□：以：
二〇九一甲　乙酉卜□：狩女：
二〇九一甲　乙酉卜禦家艱于下乙五牢鼎用
二〇九一甲　庚戌：于：
二〇九一甲　庚戌卜：于：余：孽
二〇九一甲　辛亥卜惟至嬉
二〇九一甲　不至
二〇九一甲　辛用
二〇九一甲　：乙
二〇九一乙　乙酉：□：□？于：
二〇九二　乙卯卜有歲于入乙小宰用
二〇九二　入乙用
二〇九二　乙巳卜貞于翌丙告人于亞雀
二〇九二　乙巳卜貞告人于亞雀
二〇九二　乙巳卜貞石：不延
二〇九二　其延
二〇九二　丙午卜惟若于□丁

二〇九二　丙午惟犬
二〇九二　犬
二〇九二　丁未卜有歲于□人牛
二〇九二　丁未卜□□：惟犬
二〇九二　戊申卜禦子于父戊
二〇九二　戊申卜禦于妣己
二〇九二　：申卜貞量延于□
二〇九三　癸卯卜量
二〇九三　丙午□卜有歲于父丁羊
二〇九三　天禦量十一月
二〇九三　石
二〇九三　十月
二〇九三　癸未　甲申　：　庚辰　辛巳　壬
午　：己：
二〇九三　甲子　乙丑　丙寅　丁卯　戊辰　己
巳　庚午　辛未　壬申　癸酉
二〇九三　戊申　己酉　庚戌　辛：　壬子　癸
丑　甲寅　乙卯　丙辰　丁巳　戊午
己未　庚申　辛酉　：　癸亥
二〇九四　辛丑：
二〇九四　辛丑卜乙巳歲于天庚
二〇九四　乙巳于天癸：
二〇九四　壬寅卜禦量于父戊
二〇九四　壬寅卜禦于量
二〇九四　壬寅卜禦石于：戊
二〇九四　禦石于安豕又十：
二〇九四　壬寅卜量無囚
二〇九四　壬：禦：
二〇九四　惟祖禦
二〇九四　其□？□
二〇九五　：貞：有：量：我：
二〇九六　：量：東：
二〇九七　惟□禦量于天庚允𠕋
二〇九八　丁亥卜□有疾于今三月弗水
二〇九八　丁亥卜貞□有疾其水
二〇九八　丁亥卜有歲于二示父丙父戊
二〇九八　：亥卜有歲于妣戊盧豕乙妻
二〇九八　癸巳卜甲午歲于入乙牛七月
二〇九九　庚戌卜朕耳鳴有禦于祖庚羊百有用
五十八侑母：□？今日
二〇九九　庚戌卜有：禦于妣辛暨父丁惟之有□
二〇九九　庚戌卜惟舊禦往
二〇九九　庚戌卜余自禦
二〇九九　丁巳卜至今：

二二〇九九	丁巳卜若翌吉子
二二〇九九	戊午卜貞婦石力十三月
二二〇九九	戊午卜婦石力
二二〇九九	戊午卜禦石
二二〇九九	戊午卜娘力
二二〇九九	戊午卜妥力
二二〇九九	戊午卜力妥
二二〇九九	戊午卜石腔疾𠂤不匀
二二〇九九	辛酉卜禦于有亘娶
二二〇九九	辛……于……禦……
二二〇九九	辛酉卜其禦娶
二二〇九九	辛酉卜娶豕有生
二二〇九九	……巳……
二二一〇〇	戊申卜豕生五妣于妣?……其……
二二一〇一	辛未卜卯于祖𡈼𡈼
二二一〇一	……未禦子……于父戊
二二一〇一	……自祖庚禦
二二一〇一	丁酉卜
二二一〇二	壬午卜魯不其嘉五月
二二一〇二	壬午卜魯嘉
二二一〇二	魯不其嘉
二二一〇二	魯嘉允嘉延𡆥
二二一〇二	壬午卜舌子嘉
二二一〇二	壬午卜舌子不其嘉允不
二二一〇二	舌子嘉
二二一〇二	舌子不其嘉
二二一〇二	弜入
二二一〇三	癸巳卜……天……直……巫……
二二一〇三	……今夕……㚒……直……天……于……
二二一〇三	甲午卜有𡆥
二二一〇三	甲午𡧊無𡆥八月
二二一〇四	甲辰卜貞……𦔻……之夕雨
二二一〇四	乙巳卜貞𡆥
二二一〇四	癸卯卜貞不步?……
二二一〇五	……卯卜……
二二一〇五	其雨
二二一〇五	……禦石……聞……
二二一〇六	庚……禦……㽙……
二二一〇七	戊子……禦……
二二一〇八	禦凡……惟牢
二二一〇九	弜禦……吉……
二二一一〇	……歲……牢
二二一一一	乙巳……牢
二二一一二	……己禦?牢
二二一一三	……午……牢
二二一一三	……步……
二二一一四	……牢
二二一一四	……循……若
二二一一五	……合
二二一一五	……𠂤……牢
二二一一六	甲寅卜禦石甲牢用五月
二二一一六	癸……
二二一一七	戊辰……
二二一一七	……卜……五月
二二一一八	甲午卜貞弜……
二二一一八	……禦……
二二一一九甲	乙未卜……𠂤石甲……馬
二二一一九甲	乙未卜……
二二一一九乙	丁酉卜步追……
二二一二〇	戊戌卜……無若
二二一二一	丙辰卜……于……
二二一二二	……于戊……
二二一二三	丙辰卜貞余用卜
二二一二三	惟牛
二二一二三	惟𤚃
二二一二四	丙辰卜凡有正
二二一二四	惟新言凡
二二一二五	……余……于司
二二一二五	……余禦……入三十……
二二一二六	……于……于……余其禦
二二一二七	……卜貞……師師無……
二二一二八	甲……卜……午……𠃊……
二二一二九	庚……𡆥……
二二一三〇	癸卯貞用及牢妣庚
二二一三〇	乙巳貞彫及妣庚
二二一三〇	丁巳卜及牢妣庚
二二一三〇	用……十……
二二一三〇	于來己……
二二一三〇	戊午卜用十……
二二一三〇	甲子卜𠤎乙𤘵
二二一三〇	甲戌卜侑妣庚
二二一三〇	乙𢦔
二二一三〇	……牢妣庚
二二一三〇	……妣庚
二二一三〇	妣庚用㸚羌
二二一三〇	亞束……
二二一三〇	……卜……
二二一三〇	祝亞束𢑌
二二一三〇	……𡆥……
二二一三一	妣庚惟㸚用羌

二二一三二 妣庚惟燚用羌

二二一三三 妣庚…燚羌用

二二一三三 …卜[illegible]乙豭

二二一三三 于來己

二二一三三 用豕中母

二二一三四 甲辰貞羌𩰫不冎

二二一三四 …冎

二二一三五 癸巳卜獲印

二二一三五 壬寅貞啓

二二一三五 貞啓弟

二二一三五 甲辰貞羌𩰫不冎

二二一三五 其冎

二二一三五 禦朿…

二二一三五 無禦

二二一三六 癸未卜禦庚妣伐二十其及茲

二二一三六 三十牢

二二一三七 丁酉卜來庚用禦及宰

二二一三七 貞畬

二二一三七 先亞朿豭

二二一三七 祝亞朿彘

二二一三七 祝亞朿…

二二一三八 羊祝

二二一三八 祝亞朿彘

二二一三九 丁酉卜來庚用禦及…

二二一三九 祝亞朿彘

二二一三九 貞畬

二二一四〇 …亞朿

二二一四一 …亞朿豭

二二一四二 …亞朿…

二二一四三 …卜及于高己妣

二二一四三 乙亥巫…母…

二二一四四 乙巳貞酌及妣庚

二二一四四 己巳卜及[illegible]

二二一四五 甲戌卜…亳…

二二一四五 夢禦…亳于妣乙…及鼎…

二二一四五 …子…犬

二二一四六 …及…午…母庚

二二一四七 癸巳卜妣妥

二二一四七 用

二二一四七 庚…

二二一四八 …戌曰…印

二二一四九 …卜貞…子…子…印

二二一五〇 庚寅卜…印

二二一五〇 …貞有…

二二一五一 …其告…

二二一五二 …有伐五羌…王亥?

二二一五三 …卜祀…岳

二二一五三 毀伐…不

二二一五四 壬辰卜貞伐其用[illegible]…

二二一五五 戊戌卜有伐[illegible]

二二一五五 …未…有伐[illegible]

二二一五六 …貞…中?…

二二一五六 伐

二二一五七 丁卯敓光

二二一五八 …敓…虎?…光

二二一五八 丁卯…

二二一五八 …惟…

二二一五八 …卜…

二二一五九 庚申卜酌自上甲一牛至示癸一牛自大乙

九示一牢𣐭示一牛

二二一六〇 戊戌…

二二一六〇 …上乙三…

二二一六一 于大丁…[illegible]…

二二一六二 癸酉…貞…

二二一六二 …曰𠓜日…大丁祟…

二二一六三 …卜來甲子…大甲

二二一六四 己酉卜來甲寅侑大牢大甲

二二一六五 …先大庚侑自仲丁…

二二一六六 …大庚…

二二一六七 …酉卜惟大庚…

二二一六八 …午卜…大庚呼

二二一六九 …大庚…用

二二一七〇 …禦…大…延…大…

二二一七一 …子卜侑仲丁自大…

二二一七二 乙丑歲祖乙…

二二一七二 …[illegible]囚禦…

二二一七三 癸未卜囚在我用惟祖乙盟口?

二二一七四 乙巳卜侑祖乙…

二二一七四 丁未卜光…六月

二二一七四 光匄[illegible]

二二一七四 …卜生口…月

二二一七五 甲寅卜侑祖乙三牢不

二二一七五 …巳卜…出

二二一七五 …用

二二一七六 乙丑…于下乙…

二二一七六 …侑于入乙…

二二一七七 甲戌卜侑下乙

二二一七七 侑…

二二一七八 …甲入乙伐㱿?…

二二一七九 庚寅…祖辛…庚𠂇…

二二八〇 ……祖辛不
二二八一 ……祖辛……牢辛卯……
二二八二 庚寅……祖辛……
二二八二 ……用
二二八三 祖辛𢼄牛
二二八四 丁未桒
二二八四 ……申卜于癸亥酌祖丁
二二八四 爵于祖丁
二二八四 己酉卜丁巳酌祖丁……祖辛二牛父己二牛
二二八四 壬子卜
二二八四 癸丑卜桒祖丁祖辛父己
二二八四 丁巳卜允見六月
二二八五 ……祖庚……羊百……
二二八六 壬申卜斫于𣞤午
二二八六 丙子卜桒年于祖庚
二二八六 己丑卜啓丁今
二二八六 辛卯卜翌步無囚
二二八七 乙亥……用𢀛妣乙不
二二八七 丁丑示卯𤻲𢀛祖庚至于父戊
二二八八 侑示于三祖庚
二二八九 ……子卜在祖一牛……𠱠
二二九〇 ……卜耳𢀛于祖……
二二九一 ……卜……禦祖辛祖戊口祖羊……牢
二二九一 ……牢
二二九二 于祖……禦……其……
二二九二 貞……
二二九二 （習刻）
二二九三 （習刻）
二二九三 （習刻）
二二九三 （習刻）
二二九三 （習刻）
二二九三 （習刻）
二二九三 （習刻）
二二九四 ……庚父辛父……
二二九五 貞日出
二二九五 曰入
二二九五 曰出
二二九五 貞
二二九五 父……小宰
二二九五 庚用
二二九五 父辛……
二二九五 弜來
二二九五 黃
二二九五 父……豕
二二九六 ……内……殳……

二二九六 惟兄己
二二九六 惟兄癸
二二九六 惟父丁
二二九六 子
二二九六 子
二二九六 貞秋……
二二九六 秋𠂤
二二九七 庚辰貞子
二二九七 ……父丁
二二九七 ……丁……父丁
二二九七 ……丁𧊒
二二九七 ……中母𧊒
二二九七 侑于丁
二二九七 有它
二一九八正 告
二一九八反 父丁不來……
二一九九 丁酉卜有歲……父丁
二二〇〇 戊戌卜王侑𣪠父乙
二二〇一 癸巳卜侑我父乙豕
二二〇二 ……寅卜無囚
二二〇二 ……祖……疾
二二〇二 ……辛卯用
二二〇二 ……于壬辰𣪠……在十二月
二二〇二 壬辰卜同父乙彭𢀛
二二〇二 甲午卜方捍……𣪠……東……我……
二二〇三 ……父戊……
二二〇三 有……
二二〇四 ……己……𠬝……火……
二二〇四 父旦惟卩
二二〇五 ……𢆶父酉……
二二〇六甲 甲戌貞妣辛
二二〇六甲 甲戌貞妣乙𠂤有歲
二二〇六甲 𠂤有歲
二二〇六甲 甲戌貞有妣己歲𠂤𠂤
二二〇六甲 甲戌貞𠂤妣癸有歲
二二〇六甲 甲酉……有……妣壬
二二〇六甲 丁……
二二〇六甲 ……貞𠂤……歲
二二〇六乙 甲……𠂤歲……母戊
二二〇六乙 ……母戊
二二〇七 ……妣戊
二二〇八 妣戊
二二〇八 受史……
二二〇九 ……妣戊至盧豕
二二〇九 妣戊盧豕

二二二〇九 妣戊
二二二〇九 丁：
二二二一〇 ：至盧豕
二二二一〇 妣戊盧豕
二二二一一 壬午卜
二二二一一 壬午卜
二二二一一 壬午卜
二二二一一 壬午卜
二二二一一 癸未卜
二二二一一 癸未卜
二二二一一 癸未卜
二二二一一 癸未卜
二二二一一 己丑卜夕禦馬妣己
二二二一一 己
二二二一一 庚
二二二一二 ：酉卜禦：妣己八：
二二二一三 戊戌祈侑宰
二二二一三 ：戌：己妣
二二二一四 戊辰卜其燎妣庚侑友羊
二二二一四 于乙亥用
二二二一四 戊寅卜侑妣己牝彘
二二二一四 癸巳卜今夕奴賁杞
二二二一五 壬寅卜貞四子以員
二二二一五 乙丑中母餕五子知員
二二二一五 于子餕五子
二二二一五 于己妣陵
二二二一五 于妣己陵
二二二一五 妣己豕
二二二一五 妣丁豕
二二二一五 妣己豕
二二二一五 癸丑卜往啓啇束小宰
二二二一五 貞婦婞
二二二一五 用今日
二二二一五 用今日
二二二一六 ：四子知員
二二二一七 ：四子知員
二二二一八 妣己：
二二二一八 妣己彘
二二二一八 庚羊
二二二一八 庚豕
二二二一八 妣丁彘
二二二一八 ：豕
二二二一九 戊子卜呼爰
二二二一九 癸巳卜亏循允
二二二一九 亏犇循

二二二一九 凡骨二告
二二二一九 乙未卜侑妣己
二二二一九 巜
二二二二〇 ：祝：己妣
二二二二一 辛酉卜侑妣庚
二二二二一 貞子
二二二二二 ：妣庚：羊
二二二二二 ：衣
二二二二三 ：妣庚：牝
二二二二四 ：妣庚：侑羊
二二二二五 ：妣庚
二二二二六 己未卜禦婦妣庚
二二二二六 禦婦妣庚
二二二二六 于亞束禦婦
二二二二六 妣庚宰束羊豕
二二二二六 妣口宰妣庚束
二二二二六 弜禦庚宰中妣小宰子小宰
二二二二六 酉妣庚
二二二二六 羊束
二二二二六 豕束
二二二二六 侑妣口彘
二二二二六 ：妣口彘
二二二二六 司賁豕
二二二二六 ：豚賁
二二二二六 司：豕
二二二二六 延賁獲
二二二二六 庚申卜至婦禦母庚宰束小宰
二二二二六 庚申卜禦束
二二二二六 ：囚
二二二二六 婦不？力
二二二二六 束魚
二二二二六 ：卯卜彡豕
二二二二七 戊寅卜貞：
二二二二七 乙丑酚禦于庚妣伐二十鬯三十
二二二二八 戊寅卜今庚辰酚盟三羊于妣：
二二二二九 ：來庚寅酚盟三羊于妣庚：冊伐二十其三十
宰三十及三卯
二二二三〇 ：來庚寅酚：羊于庚妣
二二二三一 甲寅卜貞三卜用盟三羊冊伐二十：三十宰
三十及三卯于妣庚
二二二三一 ：卯貞乂盧：于妣己廼冊：
二二二三二 ：及三卯于妣庚
二二二三三 癸酉：侑于庚：
二二二三四 ：妣：豕？
二二二三四 用今日

二二三五	㞢妣母牛
二二三六	…亥卜有…疋妣戊…
二二三七	…母庚三宰
二二三八	□
二二三八	乇彘小母用
二二三八	爿母庚
二二三八	…豕束用
二二三九	貞乇羊
二二三九	乇門
二二三九	爿母庚
二二四〇	貞豕母庚
二二四〇	母庚禦彘
二二四一	乇小母…
二二四一	乇彘小母
二二四一	乇彘小母用
二二四二	…其禦用小母彘
二二四三	…中母…
二二四三	癸酉卜…新[]…
二二四四	…中母
二二四四	于生…
二二四五	用禦母…
二二四六	辛丑卜呼爰妙乳
二二四六	貞婦多嘉
二二四六	庚戌卜貞無𡆥
二二四六	有𡆥
二二四六	癸丑卜貞子無𡆥
二二四六	有𡆥
二二四六	癸丑卜婦妙在老
二二四六	癸亥卜婦妙無囚
二二四六	婦妙子疾不延
二二四六	癸亥卜匄逆女
二二四六	匄娥
二二四六	匄屰[女皿]
二二四六	匄屰[女戠]
二二四六	匄何婌
二二四六	匄何婌
二二四六	匄屰娍
二二四六	先曰屰娥
二二四六	先曰何
二二四六	屰以往于…月
二二四六	使人
二二四六	帝乇燎門
二二四六	帝乇燎門
二二四六	甶禦三宰周妣庚
二二四六	彘妣辛母用

二二四六	乇丁
二二四六	告亞
二二四六	弜曰亞
二二四六	呼陟□延
二二四六	呼陟延
二二四六	□受禾
二二四六	弜受
二二四六	辛未卜作宀
二二四六	夕剌禦史受
二二四六	正受禾
二二四六	己丑卜侑妣庚牝
二二四七	辛…卜呼爰婦妙乳
二二四七	貞婦多嘉
二二四七	庚…貞…
二二四七	有𡆥
二二四七	癸丑卜貞子無𡆥
二二四七	…𡆥
二二四七	癸…卜婦妙…
二二四七	癸亥卜婦妙無囚
二二四七	…亥…
二二四七	匄屰娍
二二四七	匄何婌
二二四七	匄娥
二二四七	…娥
二二四七	匄□
二二四七	屰以往子
二二四七	使人
二二四七	帝…
二二四七	乇
二二四七	乇丁
二二四七	…午三宰用妣庚
二二四七	六宰妣庚
二二四七	□受禾
二二四七	正受禾
二二四七	弜爰
二二四七	…馬不冎
二二四七	辛未…作宀
二二四七	夕剌禦史受
二二四七	己丑卜侑妣庚牝
二二四八	癸未貞婦多…
二二四八	…□妣…小宰
二二四八	…啓…彘
二二四八	啓有□妣庚牡
二二四八	于子丁
二二四八	中母

二二三四八 癸巳卜貞婦𡚬無至口
二二三四九 辛巳卜啓有ㄓ妣庚彘
二二三四九 啓有ㄓ妣庚䍧
二二三四九 啓有…
二二三四九 貞婦…
二二三四九 貞…囚
二二三四九 不于…
二二三四九 于子丁
二二三四九 中母
二二三四九 癸未貞婦多
二二三四九 癸巳卜貞子䢅無囚
二二三四九 癸巳卜貞婦𡚬無至口
二二三四九 癸巳卜貞婦𡚬無疾
二二三五〇 …巳卜…婦𡚬…疾
二二三五一 癸未貞婦多
二二三五一 癸巳卜貞婦𡚬無至口
二二三五二 壬午貞婦多無囚
二二三五三 壬午貞婦多無囚
二二三五四 …婦姼…
二二三五四 …冎…
二二三五五 …姼…
二二三五六 婞…
二二三五六 …亦…大…
二二三五六 不…
二二三五七 …婞…侑…
二二三五八 丁亥卜酌禦妣庚寅宰
二二三五八 丁亥卜酌禦妣庚寅宰
二二三五八 辛卯卜今日侑汝…
二二三五八 辛卯卜侑𢀛彘
二二三五八 己亥卜求由今丁卩
二二三五八 其無求
二二三五八 己亥
二二三五八 辛丑卜貞疾徔無亦疾
二二三五八 延ㄓ丁彘
二二三五八 辛丑卜無疾
二二三五八 辛丑卜無口
二二三五八 辛丑卜中母禦小宰
二二三五八 丙午貞多婦無疾
二二三五八 丙午貞多臣無疾
二二三五八 丙午貞…
二二三五八 丙午貞婦𡚬
二二三五八 丙午貞啓弟
二二三五八 丙午貞啓
二二三五八 癸丑卜酉邑中母…有友

二二三五九 己巳貞婦婞𡆥無囚
二二三五九 貞姼無囚
二二三五九 祐侑母豕
二二三五九 己巳卜骨入
二二三五九 不骨入
二二三六〇 壬戌貞婦婞…
二二三六〇 壬…貞子
二二三六〇 于𠷎…婦
二二三六〇 …朿在商
二二三六一 己巳貞婦婞𡆥無囚
二二三六一 貞姼無囚
二二三六二 …婦婞
二二三六二 …母…
二二三六三 壬寅卜貞婞…
二二三六三 …巳卜用庚申禦…宰
二二三六四 貞婦周
二二三六四 甲申卜既𢀛此
二二三六四 母𢀛延
二二三六四 甲申卜…乙有…
二二三六四 甲申卜呼爵?延…
二二三六四 妣丁𠂤
二二三六四 妣丁𠂤
二二三六五 甲子卜貞婦周不延
二二三六五 甲戌貞無疾
二二三六五 甲戌貞旦
二二三六五 甲戌卜無口
二二三六五 甲戌卜無口
二二三六五 …寅貞…周𡘉延
二二三六五 不允
二二三六六 丁丑…婦…無…
二二三六六 …丑卜婦妥不囚
二二三六八 乙丑卜貞婦爵…
二二三六七 子無疾
二二三六八 …辰卜…婦…十豕…
二二三六八 酉至婦力中母豕
二二三六九 …辰卜…婦…口中母…
二二三六九 酉至中母力
二二三六九 𠬪母
二二三六九 …母祟
二二三七〇 乙丑卜婦無…
二二三七〇 癸巳卜母囚出
二二三七一 壬戌…亦…允…
二二三七一 …雉牢在𠂤用
二二三七二 其侑兄丁
二二三七三 …兄辛…奠

二二二七四 兄丁延三百宰雨[illegible]宗[illegible]
二二二七四 不雨
二二二七四 侑兄丁二宰不雨用延
二二二七四 侑兄丁宰
二二二七四 庚侑
二二二七四 庚侑
二二二七四 庚
二二二七四 甫乙丑
二二二七四 貞王無丁[illegible]
二二二七四 乙酉[illegible]丁無至辛巳允子無
二二二七四 凡牛入商
二二二七四 入商
二二二七五 …兄己
二二二七六 壬戌卜貞無[illegible]子亳
二二二七六 甲子卜無[illegible]效二豭二[illegible]
二二二七六 甲子卜效二豭二[illegible]于入乙
二二二七六 惟今癸用
二二二七六 于兄己效犬
二二二七七 丁丑卜子啓[illegible]無𡆥
二二二七七 …啓…
二二二七七 用今日
二二二七七 庚…無…
二二二七七 無𡆥
二二二七七 無𡆥
二二二七七 于…
二二二七七 中母…
二二二七八 丁丑卜子啓[illegible]無𡆥
二二二七八 貞婦[illegible]
二二二七八 壬寅卜貞…
二二二七八 于妣己酉…[illegible]
二二二七八 …妣…
二二二七九 …[illegible]…𡆥
二二二八〇 己巳卜貞啓延
二二二八一 庚申卜貞[illegible]
二二二八一 庚申卜…月
二二二八二 乙卯卜貞子啓無疾
二二二八二 …[illegible]
二二二八二 先[illegible]束
二二二八三 乙卯卜貞子啓無疾
二二二八三 乙卯卜貞[illegible]
二二二八三 乙卯卜貞[illegible]
二二二八三 甲子卜先[illegible]束
二二二八三 先妣牛
二二二八三 丁示
二二二八三 母

二二二八三 婦
二二二八四 乙卯卜貞子啓…疾
二二二八四 乙卯貞[illegible]
二二二八四 乙卯卜貞子[illegible]
二二二八四 甲子卜先[illegible]束
二二二八四 先妣牛
二二二八四 …示
二二二八四 束祟
二二二八四 祐中母[illegible]
二二二八四 祐妣庚豕
二二二八五 戊子卜先[illegible]束
二二二八五 祐三妣
二二二八五 豭三妣
二二二八五 丁示[illegible]
二二二八六 有祟
二二二八七 [illegible]束祟
二二二八八 乙卯卜貞子[illegible]
二二二八八 丁巳效兄豕
二二二八八 丁亥貞豐
二二二八八 貞水
二二二八八 [illegible]束祟
二二二八九 乙卯卜貞子[illegible]
二二二八九 丁巳兄[illegible]
二二二八九 示丁[illegible]不
二二二八九 丁亥貞豐
二二二九〇 …貞子[illegible]
二二二九〇 丁巳兄[illegible]
二二二九〇 丁示[illegible]不
二二二九〇 丁亥貞豐
二二二九〇 貞水
二二二九一 丁示[illegible]
二二二九一 …人
二二二九一 …[illegible]
二二二九二 庚子卜子狩…禣不中…
二二二九二 …夢…
二二二九三 甲子卜燎擒羊
二二二九三 甲子卜燎擒羊
二二二九三 囚
二二二九三 丙寅貞子弗[illegible]𡆥
二二二九三 丙寅貞宀
二二二九四 侑豕妣庚
二二二九四 戊申侑
二二二九四 小宰
二二二九四 乙卯卜由[illegible]用
二二二九四 由先[illegible]用

二二九四　惟櫱伐周
二二九四　惟櫱𠂤以
二二九四　惟西以
二二九四　惟餞
二二九四　丁巳卜櫱三宰妣庚
二二九四　己未卜往西子啇妣庚三宰
二二九四　己未卜貞酌三宰無囚
二二九四　侑牝
二二九四　己未卜西子凡酌
二二九四　不若
二二九四　貞若
二二九四　勺
二二九四　射
二二九四　勺
二二九四　……丑卜曾令歸
二二九四　乙丑卜婦入戊
二二九四　戊入
二二九四　乙丑卜婦惟己入
二二九四　惟丁入
二二九四　戊入
二二九四　己入
二二九四　酌西
二二九五　辛酉卜卯犬子庚
二二九六　癸酉卜侑子堯
二二九六　……宊……庚
二二九六　侑……
二二九七　……𦬸多子……其奴
二二九七　……奴
二二九八　丙子卜……子自子……
二二九九　壬午卜令般比侯告
二二九九　……𪓵……
二三〇〇　癸酉貞……
二三〇〇　乙亥卜𢆶……自白弘……十一月
二三〇〇　……十一月
二三〇一　辛丑卜酌𠦪壬寅
二三〇一　辛丑卜酌壬寅
二三〇一　母庚三宰
二三〇一　母庚豭
二三〇一　母庚豭
二三〇一　己酉卜亞賓其惟臣
二三〇一　……酉卜亞偁其惟臣
二三〇一　妣乙□
二三〇一　妣戊□
二三〇一　妣戊婭
二三〇一　妣戊□

二三〇一　妣辛蚀
二三〇一　妣癸□
二三〇一　妣辛□
二三〇二　甲辰卜亞𢓊用
二三〇三　丙辰卜亞伏一月至
二三〇四　丙午卜亞……
二三〇五　己卯卜櫱亞于多
二三〇六　庚子卜亞貞……
二三〇七　辛巳卜亞來乙酉般
二三〇八　壬子卜亞貞……
二三〇九　……亞……宰
二三〇九　……卜貞……入……亞……
二三〇九　乙酉卜貞夫無囚
二三一〇　丙申卜有歲于……牛羊一用
二三一〇　……卜……亞……
二三一一　櫱亞
二三一一　不雨
二三一二　櫱亞侑兄己自豕
二三一三　壬午卜亞……
二三一四　戊辰卜
二三一四　乙亥卜以貞
二三一五　……未卜令……先于……
二三一六　……卜子丁辛在示
二三一六　……癸……有事
二三一七　癸卯卜貞雀宊睪無囚
二三一八　癸卯卜……其有囚
二三一九　貞雀無囚
二三二〇　……雀其惟……在𪓵
二三二一　……亥卜惟奴令……
二三二二　辛酉卜妁囚出
二三二二　妁力
二三二二　乙丑卜侑堯丁妣
二三二二　有暨豚無口
二三二二　乙丑卜無𢆶
二三二二　戊寅卜侑妣庚牝
二三二二　甲申卜令宅豚正
二三二二　惟延宅正
二三二二　癸巳卜妁囚出
二三二二　……卒
二三二二　癸巳卜妁乇
二三二二　不乇
二三二二　妁師毓
二三二二　婦歸老
二三二三　辛酉卜妁囚出
二三二三　妁力

編號	釋文
二二三二三	乙丑卜侑𩰫丁妣
二二三二三	乙丑卜婦無獲
二二三二三	乙丑卜貞婦爵多子無疾
二二三二三	甲申卜令豚宅正
二二三二三	惟延宅正
二二三二三	有擒
二二三二三	妗師毓
二二三二三	烕師毓
二二三二三	歸老
二二三二三	烕師毓
二二三二三	歸老
二二三二四	辛酉卜妗囚出
二二三二四	妗乇
二二三二四	乙丑卜婦無𠬝
二二三二四	乙丑卜貞婦爵肉子無疾
二二三二四	戊寅卜侑妣庚牝
二二三二四	甲申卜令豚宅正
二二三二四	癸巳卜妗囚出
二二三二四	有擒
二二三二四	妗師毓
二二三二四	癸巳卜妗乇
二二三二四	不乇
二二三二五	：卜：令：
二二三二六	辛未卜：令：
二二三二七	：王入不：
二二三二八	貞余，：
二二三二八	貞，乇
二二三二八	：寅：
二二三二九	庚子：余克：
二二三三〇	：不往：
二二三三〇	：子：兮企：
二二三三一	丁丑卜饗
二二三三二	：貞：臣：
二二三三三	：六圍
二二三三四	癸未卜令：方𠁩九
二二三三五	：雷，火：有𡆥
二二三三六	惟正延
二二三三七	癸：弜伐：
二二三三八	庚：周：
二二三三九	：祖犬
二二三三九	：商
二二三三九	：商
二二三四〇	：無：在母有，：
二二三四〇	無
二二三四一	：𥃩：自：

編號	釋文
二二三四二	（習刻）
二二三四三	其甫缶：
二二三四四	：東：
二二三四五	：弗其受黍年
二二三四六	：子其桒年于河雨
二二三四七	：束：豕
二二三四八	：祖：三十：三十牛
二二三四九	壬寅卜暘牛五𤉲十牛示十千：𠄎今：
二二三五〇	：一牛
二二三五一	：牛一子祝
二二三五二	己未卜𢦔牛：
二二三五三	呼四犬
二二三五四	：犬
二二三五五	：六羊二十犬
二二三五六	：七豕𡆥四月
二二三五六	凡
二二三五六	：冊冊：
二二三五七	惟丙
二二三五七	不惟丙
二二三五七	：犬
二二三五七	：豕
二二三五八	丙豕
二二三五八	己豕
二二三五八	羊
二二三五八	豕
二二三五八	犬
二二三五八	豕
二二三五九	癸未：犬：
二二三六〇	：𧆞用
二二三六一	：𧆞：
二二三六二	𧆞
二二三六三	：𧆞社：
二二三六四正	丁卯卜：𠂤：
二二三六四正	：牢：牢：牢
二二三六四反	：惟逐：
二二三六五	：㝉㐭
二二三六五	五牢二爵
二二三六五	：祐
二二三六五	二牢：
二二三六五	：犬
二二三六六	：牢：
二二三六七	己巳王其𠂤
二二三六七	甲戌侑：祖牢：
二二三六八	：宰般爰：
二二三六九	丁卯六犬𠬪小宰

二三六九　丁卯曰其…
二三六九　戊戌…
二三七〇　乙…卜…
二三七〇　…八月
二三七〇　…未…魚…沁…卒
二三七〇　丁丑卜婦嫼力八月
二三七一　…王疾
二三七一　…狩無𢦏
二三七二　…狩
二三七三　辛未卜…
二三七三　壬申卜豕…
二三七三　…酉卜豕…
二三七四　丁未卜…比田無囚
二三七四　甲寅卜臣子來𢀛
二三七四　延…
二三七四　不乂妣庚侑人
二三七四　弜祐…妣人丁用
二三七四　[illegible]
二三七五　…子卜貞旬
二三七五　庚子…辛…二月
二三七六　…卜…刀
二三七六　…口…七月
二三七七正　（習刻）
二三七七正　（習刻）
二三七七正　（習刻）
二三七七正　（習刻）
二三七七反　（習刻）
二三七八　（習刻）
二三七八　（習刻）
二三七八　（習刻）
二三七八　（習刻）
二三七八　（習刻）
二三七八　（習刻）
二三七九　（習刻）
二三八〇　…申以于…
二三八〇　…來?戊午…
二三八一正　（習刻）
二三八一正　（習刻）
二三八一正　（習刻）
二三八一正　（習刻）
二三八一正　（習刻）
二三八一正　（習刻）
二三八一正　（習刻）
二三八一正　（習刻）
二三八一正　（習刻）
二三八一正　（習刻）
二三八一正　（習刻）
二三八一反
二三八一反　（習刻）
二三八二　己亥…
二三八二　己亥于…
二三八二　戊…
二三八三　癸酉貞翌辛…不其…
二三八三　…卜貞翌戊雨
二三八四　戊申有其新[illegible]惟止
二三八四　戊申其雨禦
二三八四　戊申惟己妣
二三八四　戊申不妣己
二三八四　戊申
二三八四　戊申
二三八四　戊申
二三八四　戊申
二三八四　戊申
二三八四　戊申
二三八四　己酉其侑庚
二三八四　己酉雨
二三八四　己酉
二三八五　癸丑卜不其雨
二三八五　…卯…
二三八六　于己亥
二三八六　于庚
二三八六　于…
二三八六　癸丑…
二三八六　…酉卜雨
二三八七　辛酉延雨
二三八七　辛…
二三八八　…寅卜…午雨…入…
二三八八　…足…[illegible]…圞…
二三八九　壬戌貞見…其疾…無…
二三八九　…疾其…囚
二三九〇　…卜…無入疾
二三九一　壬延
二三九一　壬延
二三九一　乙丑卜有[illegible]目今日
二三九一　甲午卜龍卒
二三九一　貞𠂤二月
二三九一　貞𠂤無疾其延
二三九二　壬寅卜無口
二三九二　疾無入

二三九二　朿羊
二三九二　…小宰
二三九三　…辰卜貞…啓…無疾
二三九三　…疾
二三九四　辛酉卜貞率
二三九四　辛酉卜貞日
二三九四　…啓無疾
二三九四　…惟允、
二三九四　…允
二三九四　…無疾
二三九四　無疾
二三九四　…貞翌彖中母
二三九四　…酉卜…日
二三九四　有圭…
二三九四　貞臣子
二三九四　…若
二三九四　𠂤…
二三九四　妣庚無立?
二三九五　丁卯貞婦凡子大?疾
二三九六　…自毓…
二三九七　奉衣執亘
二三九七　嘉
二三九八　有𡆥
二三九九　…𨸏食…
二三九九　…有𡆥
二四〇〇　…今夕有𡆥
二四〇一　…其有𡆥
二四〇二　…卜…夕网無…
二四〇二　…無𡆥
二四〇三　癸未卜貞旬無𡆥
二四〇三　癸巳卜貞旬無𡆥
二四〇三　癸…
二四〇三　癸…
二四〇四　己亥大雨
二四〇四　癸卯卜貞旬無𡆥一月
二四〇四　癸巳卜貞旬無𡆥二月
二四〇四　癸丑貞旬無𡆥
二四〇四　癸亥卜貞旬無𡆥
二四〇四　癸酉卜貞旬無𡆥
二四〇四　…丑卜…
二四〇四　癸巳卜貞旬無𡆥三月
二四〇四　辛卯貞旬無𡆥
二四〇四　癸丑貞旬無𡆥四月
二四〇四　癸亥卜貞旬無𡆥
二四〇四　…未卜貞旬無𡆥

二四〇四　…獲鹿
二四〇四　不獲
二四〇五　…無𡆥
二四〇五　貞勿熏多口無𡆥
二四〇五　多舌無𡆥
二四〇五　有作夆口十
二四〇五　弗吁
二四〇五　克叀
二四〇五　𢦏
二四〇六　…貞目?子無𡆥
二四〇六　癸卯…
二四〇七　…子卜貞…禦無𡆥
二四〇七　辛巳卜貞…無𡆥三月
二四〇八　…巳卜貞今夕無𡆥
二四〇九　甲辰…𡆥
二四〇九　…戌…𡆥
二四一〇　乙酉卜貞…奏不𡆥
二四一一　…若
二四一二　乙…貞鼓…無若
二四一三　…子卜余直若　吉
二四一四　…若冈
二四一五　癸…貞…不𣃔
二四一六　…蠱
二四一七　貞今夕無酉穷…王…
二四一七　…其…酉…芑
二四一八　…酉卜卩于大…
二四一九　…河岳岳[illegible]…
二四二〇　…犬?…矢…羌大示…
二四二一正　壬子卜甲寅燎大甲𢦏卯牛三…
二四二一反　己卯卜酉三匚至屮甲十示
二四二一反　己卯卜庚暘日
二四二一反　…𢓒
二四二二　己卯卜酉三匚至屮…
二四二二　己卯卜庚日
二四二二　…𢓒
二四二三　乙未卜至宂禦
二四二四　…余貞曰我禦其…
二四二五　邑無捍
二四二五　邑有捍
二四二五　貞今夕無黑
二四二五　其刑妣
二四二五　丁卯卜卩翌癸
二四二五　癸未貞自惟媢
二四二五　𡆥
二四二六　癸巳貞…

二二四二六　癸巳卜用庚申禦牢
二二四二六　羽…
二二四二七正　…禦…一月甘…
二二四二七正　…鬳來出
二二四二七反　丁未卜于…
二二四二八　…午子…禦妣…牢
二二四二九　丙辰卜…禦…
二二四三〇　…乙巳…戠
二二四三〇　…令暘𢓊…妣禦取…
二二四三一　于夭…禦
二二四三二　癸丑卜丁禦作
二二四三三　…卜…
二二四三三　…子貞…燎…
二二四三四　…戊卜燎豚
二二四三四　辛丑…
二二四三四　辛丑卜
二二四三五　丙寅貞無𡆥三月
二二四三五　…寅卜貞…
二二四三五　癸未卜貞…
二二四三五　庚寅卜貞𠂤…毌弓
二二四三五　庚寅貞…戊三歲
二二四三五　丙午卜歲用乇
二二四三六　庚辰卜見龕
二二四三六　庚申…見豭
二二四三七　癸亥貞叀盧豕用
二二四三七　己巳貞歲
二二四三八　癸酉卜延宂𠂤囚冂
二二四三八　盧豕二十
二二四三九　丙辰貞盧羊歲
二二四四〇　乙酉貞歲
二二四四一　…卜…歲臣來二剌
二二四四一　惟畝
二二四四一　…𡉚
二二四四一　己亥卜來戊申…石禦爵
二二四四二　（習刻）
二二四四二　（習刻）
二二四四二　（習刻）
二二四四二　（習刻）
二二四四二　（習刻）
二二四四二　（習刻）
二二四四三　（習刻）
二二四四三　（習刻）
二二四四三　（習刻）
二二四四三　（習刻）
二二四四四　貞惟甲辰…戠

二二四四五　乙亥彭餕
二二四四六　甲辰貞不用
二二四四六　用
二二四四七　弜用
二二四四八　…不見…
二二四四九　丁巳
二二四四九　…未貞…
二二四四九　二告
二二四五〇　甲辰…中來…
二二四五〇　…呼帝妣…𠂤
二二四五一　丙寅卜貞余無𨸏
二二四五一　丁卯卜𨸏…來…
二二四五二　…桒
二二四五二　…桒
二二四五二　母…犬
二二四五二　妣
二二四五三　戊…天…
二二四五三　辛酉卜天
二二四五三　甲子卜克女十一月
二二四五四　惟凷犬于天
二二四五五　…大…巫…
二二四五六　…卜…𠬝…
二二四五七　…每吺…
二二四五八　…未卜安…不…
二二四五九　壬…
二二四五九　貞妥
二二四五九　…自…
二二四六〇　…午貞妃力
二二四六一　不…
二二四六一　…𠂤…
二二四六二　…奴十四…
二二四六三正　…卜…侑…戊𡧊…
二二四六三反　丙…
二二四六四　癸卯己…
二二四六四　丁未于畋安
二二四六五　…安…
二二四六六　辛酉卜夂豕妣遘六月
二二四六七　工乙社
二二四六七　工乙…
二二四六七　…羊
二二四六八　丙午…丁丑三…允…
二二四六八　…三羊…用
二二四六九　丁丑貞暘…
二二四六九　…貞無立
二二四七〇　…□…

二二四七一　：犬方?：一妣惟：㚔?：
二二四七二　惟妣：
二二四七三　甲子：以𠂤：田：
二二四七四　庚無：刀人：
二二四七五　甲子
二二四七五　：戠人
二二四七六　：允戈一月
二二四七七　：卜戈：
二二四七七　戊寅卜朕出今夕
二二四七八　：戈
二二四七九　：卜：自：
二二四八〇　庚申：日：步?畀：不：
二二四八〇　：口夕茻：
二二四八一　辛：酉：
二二四八二　：丑卜弗克
二二四八二　盤
二二四八三　盤?
二二四八三　丁巳卜𡆥：
二二四八四　己未卜：
二二四八四　：盡
二二四八五　：邑：友：自：豕
二二四八六　：辛
二二四八六　乙丑呼降有宊
二二四八七　乙丑：弜
二二四八七　無工
二二四八七　丙午：
二二四八八　己：
二二四八八　丙辰：
二二四八九　：从
二二四八九　△：
二二四八九　壬午午九：
二二四九〇　丁酉卜
二二四九〇　：癸牢
二二四九〇　乙未
二二四九一　丁酉：
二二四九一　丁酉：
二二四九一　戊戌
二二四九二　己巳卜貞不延：
二二四九三　己卯卜今夕有：
二二四九四　己卯卜無：
二二四九五　己丑：月：帝?：
二二四九六　辛未：無我：
二二四九七　辛：惟王：
二二四九八　癸丑卜：口：
二二四九九　壬辰貞
二二五〇〇　癸卯卜貞王𠂤：

二二五〇〇　：卜：羸
二二五〇一　癸巳貞旬
二二五〇一　癸亥：
二二五〇一　（習刻）
二二五〇一　（習刻）
二二五〇二　（習刻）
二二五〇三　庚：
二二五〇三　癸：
二二五〇三　：□
二二五〇四　：亥貞受：
二二五〇四　：卜子：
二二五〇五　：千受：
二二五〇六　（習刻）
二二五〇六　（習刻）
二二五〇六　（習刻）
二二五〇六　（習刻）
二二五〇七　（習刻）
二二五〇七　（習刻）
二二五〇七　（習刻）
二二五〇七　（習刻）
二二五〇七　（習刻）
二二五〇七　（習刻）
二二五〇七　（習刻）
二二五〇七　（習刻）
二二五〇八　：酉卜貞子　有疾弗：
二二五〇九　：貞：□
二二五一〇　：匄逆
二二五一一　：子丁□
二二五一二　：卜：呼?：
二二五一三　：寅□：
二二五一四　：禦：妣：
二二五一五　：用禦：
二二五一六　：□：巳：丄：
二二五一七　：□：
二二五一八　□：
二二五一九　（習刻）
二二五一九　（習刻）
二二五二〇　以丂
二二五二一　丁亥卜示：
二二五二二　□：
二二五二三　□
二二五二四　□：
二二五二五　田
二二五二六　□
二二五二七　：□
二二五二八　（習刻）

二二五二九	（習刻）
二二五二九	（習刻）
二二五二九	（習刻）
二二五二九	（習刻）
二二五三〇	（習刻）
二二五三〇	（習刻）
二二五三〇	（習刻）
二二五三〇	（習刻）
二二五三〇	（習刻）
二二五三一	（習刻）
二二五三二	⋯□
二二五三三	（習刻）
二二五三三	（習刻）
二二五三三	（習刻）
二二五三三	（習刻）
二二五三四	（習刻）
二二五三四	（習刻）
二二五三五	⋯不雨
二二五三六	丙辰卜禾

甲骨文合集摹釋

第八冊　二二五三七—二六八七八

二二五三七　甲寅：出貞：伐：
二二五三七　甲子：貞𢓊涉以衆不喪衆
二二五三七　貞弗其伐
二二五三七　：嬉：
二二五三八　：子卜吳貞無來羌曰用學：
二二五三九　辛亥卜旅貞今夕不雨
二二五三九　壬子卜旅貞王賓日不雨
二二五三九　庚戌卜：貞𩅦來：
二二五三九　辛亥卜旅貞有來羌其用在四月
二二五三九　貞惟工令允：
二二五三九　：旅：射：
二二五四〇　貞其來羌
二二五四一　貞有來羌六月
二二五四二　貞从：二月
二二五四二　丙午卜即貞侑以羌翌丁未其用
二二五四三　：其𢀛𩰫于丁侑百羌卯十：
二二五四三　：有匚于丁于南室酌：
二二五四三　：巳暘日十月
二二五四四　：旅：上甲歲：于唐歲五：羌五十無尤
二二五四五　丙：出：禦王：五牛：羌五十：卯五十：
二二五四六　：出貞侑于唐三十羌卯三十牛
二二五四六　：呼𢀛𢀛二月
二二五四七　：于唐三十羌卯三十牛
二二五四七　：𢀛二月
二二五四八　庚辰卜大貞來丁亥寢寢侑䰜歲羌三十卯十牛十二月
二二五四九　丁巳卜𠂤貞王賓父丁彳伐羌三十卯五宰：尤：
二二五五〇　乙卯卜行貞王賓祖乙戠一牛
二二五五〇　乙卯卜行貞王賓𣪊無尤
二二五五〇　：卜行：王賓父丁：伐羌十又八：
二二五五一　甲：貞：宰
二二五五一　甲寅卜行貞王賓歲無尤在十月
二二五五一　乙卯卜行貞王賓祖乙彳伐羌十又五卯宰無尤在十二月
二二五五一　：卜行：賓：無尤
二二五五二　甲寅卜：上甲彳伐：羌十五：無尤
二二五五三　丁：貞：彳：羌十：五卯：宰
二二五五四　：丑卜即貞翌乙：𠂤于祖乙其遘侑：羌十卯五宰
二二五五五　：父丁歲：五宰羌十：無尤在：
二二五五六　：卜旅：翌乙𠂤祖乙其遘彳歲一宰羌十人

二二五五七　貞五人
二二五五七　貞十羌
二二五五八　癸亥卜旅貞翌甲子有彳歲上甲其有羌九：
二二五五八　：旅：子乞酌：
二二五五九　癸丑卜大貞子侑于𢏚羌五
二二五六〇　丁卯卜旅貞王賓小丁歲暨父丁彳伐羌五
二二五六〇　庚午卜旅貞王賓妣庚歲暨兄庚無尤
二二五六〇　：卜旅：歲延：
二二五六一　：卜旅：甲戌：彳歲五：羌五
二二五六二　貞五羌卯一牛十月
二二五六三　：旅貞五羌
二二五六三　己亥：賓：
二二五六四　貞五羌
二二五六四　貞：
二二五六五　貞其：㞢：三人
二二五六五　貞其：
二二五六五　貞五羌卯三宰
二二五六五　貞不其：
二二五六六　貞三宰羌五人
二二五六六　：亥：其：
二二五六七　：王：未其有彳伐于祖辛羌三人卯：十一月
二二五六八　丙戌卜：貞翌：凷于丁：羌三：
二二五六九　辛：貞：
二二五六九　甲午卜行貞王賓𢀛甲彳伐羌三人卯宰無尤
二二五六九　：午卜行：王賓：無尤
二二五七〇　：辰卜：貞王：父戊：羌三：
二二五七〇　戊：旅：賓：
二二五七一　：亥卜：翌甲子其有彳歲上甲其有羌：二月
二二五七二　甲申卜：貞翌乙：祖乙歲其有羌：
二二五七三　：未卜旅貞祖乙歲其有羌在六月
二二五七四　：彳歲毓祖乙有羌
二二五七五　丁卯：貞般：有羌：白牡：
二二五七六　：戊：彳歲于：有羌：
二二五七七　：兵：雨其：我妣：有羌
二二五七七　庚寅：兵貞今日無來艱一月
二二五七八　：貞：
二二五七八　：有羌
二二五七九　貞弜有羌
二二五七九　：辰卜：
二二五八〇　丙午卜出貞翌丁未其侑于丁勿有羌
二二五八一　丁未：貞惟：出于：用羌
二二五八一　：戌卜：其：兄庚：羊
二二五八二　：即貞王：彳伐羌：宰無：

二二五八三　乙：貞其：父丁：
二二五八三　丁巳卜即貞王賓妣歲無尤
二二五八三　乙卯：毓祖乙：羌
二二五八四　：伐羌：卯二宰：尤
二二五八五　己未王貞攸羌暨牛：
二二五八六　：貞：用：
二二五八六　：弜：羌
二二五八七　庚：羌
二二五八七　戊申卜中貞王賓延無尤
二二五八八　辛：祝：羌：卯三宰
二二五八八　貞不：受
二二五八九　：三皮母
二二五九〇　庚子卜出貞令印：允：
二二五九〇　：卜大：勿羊：
二二五九〇　：卜：
二二五九一　：戈文：印：
二二五九二　貞惟有執
二二五九二　壬午卜失貞卜有祟在茲入有不若
二二五九二　：其自：有來：若
二二五九三　：戊卜出貞：
二二五九三　：巳卜出貞多：
二二五九三　：貞奐往告執于：
二二五九四　丙戌卜大貞告執于河燎沉三牛
二二五九五　丙午卜：
二二五九五　貞其侑八月
二二五九五　：卜大：執：室：
二二五九六　壬：貞：競：
二二五九六　：卜大：王其：執：
二二五九七　：申卜：貞：寇：人
二二五九八　庚：貞：辛：
二二五九八　庚申卜王貞翌辛酉其隮饗
二二五九八　庚申卜王貞翌辛酉十人其隮
二二五九八　庚申卜王貞其五人
二二五九八　庚申卜王貞卯其隮
二二五九九　貞其梌
二二五九九　庚寅
二二五九九　辛卯
二二五九九　壬午卜大貞饗六人
二二六〇〇　庚辰卜出貞三十牛乞酌
二二六〇〇　：卜：貞饗六人
二二六〇一　：卜大：敚：人
二二六〇二　：午卜：貞饗：人
二二六〇三　甲：貞：日：尤
二二六〇三　：卜大：其敚：人
二二六〇四　：大：用于：人十二月
二二六〇五　己：其：

二二六〇五　貞毋祐七月
二二六〇五　貞毋在七月
二二六〇五　己巳卜行貞翌庚午其有ㄆ伐于妣庚羌三十其
卯三宰
二二六〇五　辛未卜行貞王出無囚
二二六〇五　：尤
二二六〇六　丙：貞：
二二六〇六　丙申卜行貞王賓伐十人無尤在師追卜
二二六〇六　丁酉卜行貞王賓禱無囚在師追：
二二六〇六　：行：賓：無：
二二六〇七　：尹：王賓：丁ㄆ伐：十卯三宰：尤
在十月
二二六〇八　：辰卜行貞王賓：ㄆ伐：三卯宰無尤
二二六〇九　己酉卜旅貞伐其延伐于兄己六月
二二六〇九　：卜：王：延其：
二二六一〇　丙午卜即貞翌丁未丁裸歲其有伐
二二六一一　丙子卜旅貞翌丁丑父丁告其有伐二月
二二六一二　丙申卜旅貞父丁歲：伐
二二六一三　：卜行貞：丁丑父丁：有伐：
二二六一四　：父丁：伐：尤
二二六一五　庚申卜：貞翌辛：禦伐執：
二二六一六　癸卯卜大：侑于京祖：
二二六一七　：翌甲：其遘有：歲于上甲其：
二二六一八　癸丑卜旅貞翌甲寅其侑于丁一牛
二二六一八　：侑：上甲：尤
二二六一九　：上甲：有祐
二二六二〇　丁巳卜出貞禦王于上甲十二月
二二六二〇　：于歔：
二二六二一　貞：
二二六二一　貞：
二二六二一　辛亥卜涿貞王賓翌祏自上甲衣至于毓無尤
二二六二一　：卜涿：賓祖辛：宰：無尤
二二六二二　癸卯卜：貞王賓祏自上甲至于多毓衣無乇
二二六二二　：王：ㄓ：小：
二二六二三　丁丑卜旅貞王賓：自上甲衣至于多毓無
尤在正月
二二六二四　壬申卜尹貞王賓父乙奏暨兄庚奏叙無尤
二二六二四　：戠：
二二六二四　：卜尹貞：賓上甲：大乙奏：
二二六二五　甲午卜行貞王賓歲無：在十二月
二二六二五　甲午卜行貞王賓叙無尤在十二月
二二六二五　乙未卜行貞王賓奏自上甲入乙多毓無尤
在十二月
二二六二五　：行：賓：
二二六二六　甲戌卜行貞王賓上甲ㄓ歲無尤：
二二六二六　：卜行：賓：尤：

二二六二七　…寅…王賓上甲叙無尤…月
二二六二八　甲午卜出貞王賓上甲祖丁?酒…宰…
二二六二九　…寅卜大…賓上甲…
二二六二九　…大…賓…無…
二二六三〇　甲戌卜出貞王賓上甲無囚
二二六三〇　甲戌卜出貞王賓夕禱無囚在六月
二二六三〇　乙亥卜出貞王賓大乙祭無囚
二二六三〇　貞無尤
二二六三〇　貞無尤
二二六三一　…戌卜行貞王賓上甲𠦪五牛無尤
二二六三一　庚寅…行貞…賓…
二二六三二　…祝上甲…
二二六三三　…午彡上甲…在十二月
二二六三四　癸丑…貞翌甲…彡于上甲…毓余…
二二六三五　…貞…上甲𠦪…
二二六三六　癸丑卜…貞翌甲…上甲彡𠂤…其告…
二二六三六　貞从告十月
二二六三六　…即…丁巳…蔑…
二二六三七　壬戌卜即貞上甲𠦪二牛
二二六三七　貞三牛
二二六三八　甲子卜…無囚
二二六三八　辛酉卜旅?貞…無囚
二二六三八　…戌卜…惟上甲…用
二二六三八　癸…貞…
二二六三九　…寅卜大…歲自上甲…卯三宰…
二二六四〇　…卜即…翌辛亥…上甲歲告…大乙衣…𡆥
八月
二二六四一　…上甲歲三牛…大乙歲三牛…尤在十月
二二六四二　…出貞…上甲翌…在八月
二二六四三　…上甲翌…無尤
二二六四四　甲午𣪘上甲遘示癸祭無囚
二二六四四　…卜旅…十二月
二二六四五　戊辰…王曰…酒
二二六四五　貞酒自上甲
二二六四六　庚戌卜王貞翌辛亥乞酒彡秅自上甲衣至
于多毓無𡆥在十一月
二二六四六　…卜…有…十一月
二二六四七　庚辰卜出貞翌辛巳乞酒秅自上甲衣至于
毓無𡆥在…
二二六四七　…卜出…
二二六四八　庚戌卜即貞翌辛亥乞酒彡秅自上甲衣至
于多毓無𡆥十月
二二六四九　癸丑…貞翌…乞酒彡…上甲…
二二六四九　…卜出…今夕…延…
二二六五〇　癸酉卜㴇貞翌甲戌乞酒𦣞自上甲衣…
于多毓…七月

二二六五〇　…𦣞…上甲…于多毓…
二二六五一　癸未卜…貞翌甲申乞酒𦣞自上甲衣至于
毓無…
二二六五二　…出貞…子乞酒𦣞自上甲衣至于毓…
二二六五二　…貞…癸…
二二六五三　…旅…戌乞酒𦣞自上甲…告十月
二二六五四　…亥卜…翌…劦于…至…毓…
二二六五五　癸亥…甲子乞酒翌自上甲衣至于多毓
無囚三月
二二六五六　…尹…子乞酒…自上甲衣至…毓無𡆥…
十二月
二二六五七　庚戌卜㴇貞翌辛亥乞酒彡乇自上甲衣至于
…毓…
二二六五八　癸丑卜…貞翌甲寅乞酒上甲…衣…
二二六五九　…戌乞酒…上甲…毓…
二二六五九　…翌…衣…無𡆥…
二二六五九　…毓無…
二二六六〇　…酉卜旅…翌甲戌…翌自…至于…無𡆥
…
二二六六〇　癸…貞…
二二六六一　癸…貞…乞酒…自上甲…至于…無…
二二六六二　庚戌…貞…乞酒…上甲至…多毓…𡆥
二二六六三　…乞酒翌自上甲衣至于毓無𡆥…
二二六六四　…酒…上甲衣…無𡆥
二二六六五　…乞…上甲…于…𡆥
二二六六六　…毓無𡆥十月
二二六六七　…毓無𡆥二月
二二六六八　…至于…毓…無𡆥在囚
二二六六九　癸卯…貞旬…甲辰…
二二六六九　癸丑卜王貞旬無囚在四月甲寅酒翌自上甲
二二六六九　癸亥卜王貞旬無囚乙丑翌于大乙在五月
二二六六九　…王…大丁?…
二二六七〇　…辰卜尹貞翌辛巳…酒翌秅…上甲…
二二六七一　壬子卜…貞翌甲…酒上甲…彳歲…
二二六七二　癸亥…貞翌…乞酒祭…上甲…三…
二二六七二　…旅…申…
二二六七三　…卜旅…先上甲酒
二二六七四　…上甲其…酒…
二二六七五　癸…貞旬無…在三月乙…𦣞小乙…父丁…
二二六七五　…貞旬無囚在四月甲戌工典其酒彡…
二二六七五　…囚…甲申…上甲…
二二六七六　癸酉卜即貞上甲彳歲其告丁一牛
二二六七六　貞…
二二六七七　癸丑卜大貞翌甲寅上甲彳歲…衣…
二二六七七　…母辛…
二二六七八　…上甲其告于丁

二二六七九　：貞酌：上甲：
二二六八〇　己巳：貞贏不既弜其亦奏自上甲其告于丁十二月
二二六八一　：于：上甲示壬示癸：大甲祖乙：十一月
二二六八二　甲申：貞王：上甲魯：在：
二二六八二　甲申卜行貞王賓叙無尤：
二二六八二　：卜行貞王賓匚乙魯無尤在：
二二六八二　：王賓：無尤在七月
二二六八三　：王賓上甲衣：
二二六八四　戊卜：翌辛：三：上甲衣：
二二六八五　魯自上甲衣：
二二六八六　：貞：尤
二二六八六　：其至：上甲：
二二六八七　：上甲九月
二二六八七　：九月
二二六八八　丁卯卜旅貞王賓匚丁彡無尤在七月
二二六八八　乙丑卜旅貞王賓匚乙彡無尤在七月
二二六八九　乙丑卜：貞王賓匚乙翌：
二二六八九　：行?：賓：尤
二二六九〇　：貞：祖乙：
二二六九〇　：貞王賓匚乙歲一牛無尤
二二六九〇　：王賓無尤
二二六九一　乙酉：貞王：叙：
二二六九一　乙酉：貞王：匚乙：
二二六九二　乙卯卜即貞王賓匚乙祭無囚
二二六九三　乙亥卜㑥貞王賓匚乙魯無尤
二二六九四　：卯卜旅：王賓匚乙魯無尤
二二六九四　：五牢在十月
二二六九五　：丑卜：賓匚乙：二牢：
二二六九六　：賓匚乙：無尤
二二六九七　：旅：王賓匚丙叙無尤
二二六九八　丙申卜旅貞王賓匚丙𩰫無囚
二二六九九　：申卜：貞王：匚丙：無：
二二六九九　：貞：尤
二二七〇〇　：匚丙：無：
二二七〇一　丁酉卜即?貞王賓父丁歲二牢暨匚丁歲：
二二七〇二　：父丁歲暨：匚丁歲無：
二二七〇三　丁：貞：匚丁：
二二七〇三　貞無尤
二二七〇四　：貞：匚丁：尤
二二七〇五　：貞匚丁：
二二七〇六　壬申卜：貞王賓示壬𩰫無囚
二二七〇七　：旅貞：賓示壬：彡：
二二七〇八　辛亥卜喜貞翌壬子示壬歲無尤十月
二二七〇八　：卜即：在祖乙：
二二七〇九　辛亥卜即貞翌壬子酌示壬歲無𡆥?
二二七一〇　壬戌：貞示壬翌：歲翌癸亥其延于示癸

二二七一一　：貞：示壬：無尤
二二七一二　：王?：壬：示壬：癸：十三月?
二二七一三　：貞：示壬𠦪：于示癸𠦪：十六月
二二七一四　壬申卜遂貞示壬歲其延于：癸
二二七一五　癸未：貞旬：在四：
二二七一五　癸巳卜王貞旬無囚在四月遘示癸彡乙：
二二七一五　癸卯卜王貞旬無囚在五月甲辰：彡妣甲：
二二七一五　癸丑卜王貞旬無囚在五月甲寅：彡戔甲：
二二七一五　：貞：
二二七一六　癸亥卜大貞王賓示癸日無尤
二二七一七　：旬無囚：示癸魯甲寅：小甲𩰫大甲：𩰫：
二二七一八　：卯卜大：示癸歲惟：𦫳酌：
二二七一九　癸亥：貞示癸：其延?：
二二七二〇　：貞：示癸：出：若
二二七二一　甲戌卜尹貞王賓𦎫禱無囚
二二七二一　甲戌卜尹貞王賓大乙彡夕無囚
二二七二一　乙亥卜尹貞王賓大乙酉無囚
二二七二一　貞無尤
二二七二一　貞無尤在十一月
二二七二二　癸亥卜行貞王賓：自大乙至于毓無尤
二二七二二　甲子卜行貞王賓歲無尤在正月
二二七二二　甲子卜行貞王賓叙無尤：
二二七二二　：卯卜行：王賓：歲牢𣪊?無尤：
二二七二三　乙巳卜尹貞王賓大乙彡無尤在十二月
二二七二三　丁未卜尹貞王賓大丁彡無尤
二二七二三　：卜：
二二七二三　甲寅卜尹貞王賓大甲彡無尤
二二七二三　庚申卜尹貞王賓大庚彡無尤
二二七二三　丁丑卜尹貞王賓仲丁彡無尤
二二七二三　乙酉卜尹貞王賓祖乙彡無：
二二七二三　辛卯卜尹貞王賓祖辛彡無尤
二二七二三　丁酉卜尹貞王賓祖丁彡無尤在二月
二二七二三　丁巳卜尹貞王賓父丁彡無尤在三月
二二七二四　辛未：貞翌：其有𠂇：于大乙：
二二七二五　癸卯：翌：王來：
二二七二五　癸卯卜王貞自大乙大丁大甲
二二七二五　：王：
二二七二六　乙未卜：貞王賓大乙：彡無尤
二二七二七　甲戌卜行貞王賓大乙彡夕無尤
二二七二七　：尤
二二七二八　：𠬝貞：大乙：彡：
二二七二九　貞叙：
二二七二九　辛卯卜行貞王賓祖?辛歲牢無尤
二二七二九　乙未卜行貞王賓大?乙歲牢無尤
二二七二九　：卜行：賓：無尤
二二七三〇　：卜旅：賓大乙：龠叙：

22731 癸亥卜：貞大乙歲一牛在八月
22732 甲戌：貞翌：翌于大乙無𡆥
22733 乙：貞：毓：無：
22733 ：王：大乙：叙：
22734 甲申：貞翌乙：魯于大乙無：在：
22735 庚申卜尹貞王賓歲叙無尤
22735 ：卜尹：大乙：
22736 ：旅貞：幼：大乙至：毓無尤
22737 丁酉：王賓：三宰：歲五：在三：
22737 ：卜尹：大乙：
22738 ：尹貞王：宰暨大乙：
22739 癸酉卜出貞侑于唐：
22740 癸酉卜出貞侑于唐惟乙酉：
22741 癸酉卜出貞侑于唐惟翌乙亥彡六月
22741 ：貞令
22742 癸酉卜出貞侑于唐惟翌乙亥彡六月
22742 貞：般：
22743 ：歲于唐其有：其遘有：乞彡：
22744 乙丑卜即貞王：唐叙無尤三月
22744 乙丑卜即：王賓唐：叙無尤
22744 貞毋
22744 乙丑卜即貞王賓唐翌無尤三月
22745 乙丑：貞王賓唐翌叙無尤
22746 丁酉卜大貞告其壴于唐衣無𡆥九月
22747 戊戌卜壴貞告自丁陟
22747 ：貞告自唐降
22748 甲寅：貞唐：歲其奏：
22748 ：丑卜：貞王：龠：無：
22749 辛亥卜出貞其鼓彡告于唐九牛一月
22750 辛亥：貞翌：唐：其：
22750 ：卜：貞：歲：
22751 甲子：翌：翌：
22751 甲子王卜曰翌乙丑其彡翌于唐不雨
22752 ：貞先：唐歲：
22753 甲午：貞：
22753 乙未卜喜貞唐歲其：祐：
22753 庚午？：喜：？：歲牡：
22754 ：旅：乞彡彡：唐衣：
22755 魯于唐其告于丁一牛
22755 ：丑？：
22756 癸丑：貞唐：从又：歲：
22757 癸：貞：其：
22757 ：又：唐其：大甲十二月？
22758 甲子卜：曰貞翌：咸毓祖乙：㞢方其：
22758 甲子卜王曰貞叙母㞢兹不用禦于雨
22758 甲子卜王㫃卜大㫃

22758 ：卜王：
22759 ：辰卜大：翌丁巳：于大丁：
22760 丁巳卜：貞其侑：大丁在：在師：
22760 丁巳卜行貞其侑于小丁一牛
22760 ：貞宰
22760 ：丁歲：
22761 ：巳卜行貞王賓大丁執禪無𡆥
22761 貞牝：
22762 ：貞：尤：十一月
22762 戊辰卜旅貞王賓大丁彡龠叙無尤在十一月
22762 ：王：𡆥
22763 庚辰卜尹貞王賓大庚魯無尤：
22763 丁卯卜尹貞王賓大丁魯無尤在九月
22763 ：九月
22764 丙子卜：貞翌丁丑翌于大丁無𡿧在三月
22764 癸未卜行貞翌甲申翌于大甲無𡿧在：
22764 ：在：
22765 丙子：貞翌丁：于大丁：
22765 丙子卜王貞其有𡆥在二月
22765 丙子卜王貞曰雨
22766 丙辰卜：貞翌丁：魯于大丁無𡿧
22766 ：卜尹：酉祭：
22767 丙子卜行貞翌丁丑祭于大丁無𡿧
22767 癸未卜行貞：
22767 ：丑卜行：
22768 丙寅：貞翌丁：于大丁：衣無𡿧在：
22769 ：卜尹貞：賓父丁歲：暨大丁彳：宰無尤
22770 ：父丁歲宰：暨大丁：歲五宰：無尤
22771 己：貞：曰商？：大？于大：若受之：
22772 丁卯：貞：大丁：不：
22772 ：喜：歲其：三月
22773 丁酉：大丁：祖辛：
22774 丁：貞：惟：
22774 ：大：歲：出：彡：
22775 貞妣甲歲惟豕
22775 貞涿
22775 癸酉卜行貞翌甲戌卜丙母妣甲歲惟牛
22775 ：宰
22776 乙酉卜尹貞王賓卜丙彡夕無𡆥十二月
22776 ：貞：尤
22777 丙午：貞王：卜丙：無：
22777 ：卜尹：賓：彡：尤十一月
22778 丁丑卜：貞王賓卜丙祖丁？無𡆥
22778 乙：貞：
22779 ：貞：王：
22779 癸酉卜王貞翌甲戌王其賓大甲[illegible]無𡿧

22779 丁亥卜王貞翌戊子王其賓大戊劦無巷
22779 甲辰卜王貞翌乙巳王其賓祖乙劦無巷
22779 …王…翌辛亥王其賓祖辛劦無巷
22779 丙…貞…王…
22780 …貞無尤
22780 …卜尹…賓…大甲大庚…尤
22781 丁丑…貞王…叙…在…
22781 甲申卜即貞王賓大甲翌無尤在四月
22782 甲午卜王貞無囚在八月大甲魯
22782 甲午卜王貞其有囚不兹在八月
22782 …午卜王貞曰雨吉告允雨
22783 甲寅卜…貞王賓大甲歲三宰無尤
22783 …寅卜行…王賓…
22784 辛巳…王…
22784 …大甲父丁…
22785 癸…王…申…大甲…在…
22785 乙亥卜王…
22786 翌甲…于大甲…巷在一…
22787 癸酉卜餡
22787 癸酉卜餡
22787 …大甲…
22787 癸…
22788 …乙巳…祭于祖乙
22788 …大甲…
22789 …大甲…無…
22789 …大甲彡龠叙無尤在十二月
22790 …戌卜…貞王…大甲…不…
22791 …夾…辰其有…于大庚三宰
22792 庚戌卜旅貞王賓大庚…酉…囚
22793 庚申卜行貞王賓大庚歲二牛無尤在…
22793 …卜行…王賓…無尤…二月
22794 …卜行…王賓大庚酉無囚
22794 貞無尤在十月
22795 …賓…無尤
22795 …喜…賓大庚…
22796 丙寅卜旅貞翌丁卯…
22796 己卯卜漧貞翌庚辰彡于大庚衣無巷
22797 己丑卜旅貞翌庚…大庚…
22797 …卜…其…
22798 己亥卜旅貞翌庚子魯于大庚無巷…八月
22798 …亥卜旅…
22799 …大庚歲…無尤
22800 …祭于大庚無巷在七月
22801 …亥卜喜…大庚戠秜于庚…
22802 己卯卜…翌庚…于大庚…巷在…
22803 庚…貞…大庚…無…

22803 …申卜行…賓…無…
22804 …庚…大庚無…
22804 …其…在三月
22805 壬辰卜…貞…大庚…
22805 …卜行…賓…無…
22806 …卜大…大庚…
22806 丁…
22807 …大庚無…
22807 …無巷在四月
22808 …喜翌…大庚…
22809 辛…大庚…
22809 …貞…無…
22809 …酚…
22810 甲寅卜…貞王賓小甲歲…
22811 甲申卜…貞王賓小甲祭…無尤
22812 …子卜尹貞王賓叙無尤
22812 甲戌卜尹貞王賓小甲魯無尤
22813 …卜涿…賓…無…
22813 …貞王賓叙無尤
22813 …貞…小甲翌…
22814 丙寅卜…翌丁…于…
22814 己巳卜行貞王賓雍己…歲宰劦…無尤
22815 甲申卜𢀛貞王賓叙無尤
22815 甲…貞…彡…
22815 己丑卜𢀛貞王賓雍己彡無尤
22815 己丑卜…王賓…無尤
22816 甲申…貞王…叙…
22816 己丑卜行貞王賓雍己彡無尤
22816 …卜行貞王賓妣甲無尤
22816 甲辰卜行貞王賓妣甲彡無尤
22816 …卜行貞王賓叙無尤在…
22816 甲寅卜行貞王賓祖辛爽妣甲彡無尤
22816 甲午卜行貞王賓…無尤在二月
22817 戊午…貞王…彡酉無尤
22817 戊午卜行貞王賓雍己彡夕無囚
22817 …行貞…龠…無…
22817 貞無尤
22817 貞無尤
22818 己亥…貞王…雍己…
22818 己亥…貞王…叙…
22819 己…貞…雍己…無…
22819 己巳卜行貞王賓雍己無尤
22819 庚午卜行…王賓…
22820 …貞王…兄己蒸…雍己…無尤
22821 …雍己…無…
22821 …翌…

二二八二二　丁酉卜行貞翌戊戌翌于大戊無壱在四月
二二八二二　丙午卜行貞翌丁未翌于仲丁無壱在四月
二二八二二　…行…賓…無…
二二八二三　甲戌卜出貞王䥫侑于大戊二月
二二八二四　甲戌卜出貞其侑于大戊宰
二二八二五　甲戌卜出貞翌戊寅侑于大…三宰
二二八二五　…䕨…河…
二二八二六　甲午卜喜貞翌乙…酌卯王…𣎵六月
二二八二六　丁丑卜喜貞翌戊寅其侑于大戊五月
二二八二七　戊辰卜行貞王賓大戊…
二二八二八　戊申…貞王賓大戊奉五牛…盅無尤在十月
二二八二八　…卜…王…月
二二八二九　戊申卜尹貞王賓大戊翌無尤
二二八二九　…叙…
二二八三〇　戊戌…貞王賓…
二二八三〇　戊戌卜旅貞王賓叙無尤
二二八三〇　…卜旅…賓大戊…無尤
二二八三一　戊…貞王…大戊彡…尤十月
二二八三一　…卜…貞王…叙…
二二八三二　丁巳卜…貞王賓大戊彡…
二二八三三　戊子卜旅貞王賓大戊歲三宰無尤
二二八三三　丁…貞…祖丁…
二二八三四　戊子…貞…大戊酌…在…
二二八三四　…貞無尤在八月
二二八三五　戊寅…𠬝貞…賓…無𡆥
二二八三五　戊寅卜𠬝貞王賓大戊戠無𡆥
二二八三五　貞無尤
二二八三五　…卜𠬝…賓…無𡆥
二二八三六　戊午卜尹貞王賓大戊魯無…
二二八三七　貞無尤
二二八三七　貞無尤
二二八三八　戊寅卜旅貞王賓大戊戠無𡆥
二二八三九　戊申卜尹貞王賓大戊祭叙無尤
二二八三九　…貞…尤…二月
二二八三九　戊寅卜旅貞王出無𡆥
二二八三九　貞無尤
二二八三九　貞無尤三月
二二八三九　戊子卜𠬝貞王賓大戊戠無…三月
二二八四〇　…尹…賓…無𡆥
二二八四一　戊子卜尹貞王賓大戊戠…
二二八四一　戊子卜旅貞…賓大戊戠…
二二八四二　戊…貞…
二二八四二　戊…貞王…大戊戠…
二二八四三　貞無尤在五月
二二八四三　戊戌卜貞王賓大戊戠無𡆥
二二八四三　貞無尤

二二八四四　戊申卜尹貞王賓大戊戠無…在七月
二二八四四　…無尤
二二八四五　貞無尤
二二八四五　戊申卜旅貞王賓大戊戠無𡆥
二二八四五　貞無尤在三月
二二八四六　戊申…旅貞王賓叙無尤
二二八四六　戊午卜旅貞王賓大戊戠無尤
二二八四六　…無尤
二二八四七　貞…
二二八四七　貞無尤
二二八四七　戊午卜𠬝貞王賓大戊戠無𡆥在十四月
二二八四七　戊午卜𠬝貞王賓大戊彳歲三宰無尤
二二八四七　…卜王…叙…尤
二二八四八　丁亥卜…貞翌戊子…其延彳…于大戊…
二二八四九　戊戌…貞王…大戊…
二二八五〇　壬…貞…大戊…
二二八五〇　…卜尹…賓…
二二八五一　…旅…戊戌…大戊無…
二二八五二　戊戌卜旅貞祖戊歲惟羊
二二八五二　戊…貞…
二二八五三　…貞祖戊歲惟羊
二二八五三　…貞訊…
二二八五四　丁酉卜尹貞王賓仲丁彡…無尤在…
二二八五五　…戌卜王貞王其賓仲丁彡龠無壱
二二八五五　𠬝
二二八五六　丁亥卜…貞翌…彡于仲丁…壱…
二二八五六　丙申卜行貞翌丁酉彡于仲丁無壱在九月
二二八五七　丙寅卜即貞其效羊盟子
二二八五七　…寅卜即貞歲惟今仲丁酌
二二八五八　…酉卜王貞酌仲丁彡無壱
二二八五九　貞仲丁歲惟蕽
二二八五九　貞于既日二月
二二八六〇　丙申卜即貞翌丁酉惟仲丁歲先
二二八六〇　…卜即貞惟父丁…出無…
二二八六一　丙申卜…貞翌丁酉其侑于仲丁…
二二八六一　…仲丁歲一牛
二二八六一　貞毋侑
二二八六二　丁丑卜尹貞王賓仲丁祭無𡆥
二二八六三　丙午卜行貞翌丁未祭于仲丁無壱
二二八六三　…賓…無尤
二二八六四　己巳卜旅貞王賓父己…叙無尤
二二八六四　丙寅卜旅貞翌丁卯魯于仲丁無…
二二八六四　庚戌…旅…
二二八六五　丙辰卜旅貞翌丁巳魯于仲丁衣無壱在八月
二二八六六　…旅…賓…不…
二二八六六　…卜…貞王…仲丁魯…雨

二二八六六　：于：

二二八六七　：仲丁袑：

二二八六八　丁丑：貞：仲丁：

二二八六八　：卜尹：賓祖辛：

二二八六九　：于仲丁無壱

二二八七〇　乙丑卜：貞王賓毓祖乙：無尤

二二八七一　癸卯：貞王：仲丁：妣癸：

二二八七一　：尹：賓：叙：

二二八七二　：仲丁無：

二二八七三　：旅：仲丁：無：

二二八七三　：貞：賓：叙：尤

二二八七四　：旅：丁酉：仲丁：在：

二二八七五　壬子卜行貞王賓卜壬彡：尤

二二八七五　：行：賓：無：

二二八七五　貞無尤在十一月

二二八七五　貞：

二二八七六　：貞：叙：

二二八七六　壬寅卜貞王賓卜壬翌無尤

二二八七六　：翌：尤

二二八七七　壬寅卜𠂤貞王賓卜壬𩁹：𡆥

二二八七八　壬申：貞王賓卜壬戠無：

二二八七九　癸酉卜：貞王賓：

二二八七九　：卜：王：卜壬：

二二八八〇　己卯：貞：兄己：叙：

二二八八〇　：尹：卜壬：無：

二二八八一　甲申：貞王：戔甲：無：

二二八八一　：尹：賓：無：六月

二二八八二　乙巳卜旅貞王賓戔甲彡龠叙：

二二八八三　貞無：

二二八八三　甲子卜行貞王賓戔甲彡酉無𡆥

二二八八四　辛酉卜王在四月

二二八八四　辛酉卜王

二二八八四　辛酉卜王

二二八八四　辛酉卜王

二二八八四　辛酉卜王

二二八八四　辛酉卜王

二二八八四　辛酉卜王

二二八八四　乙未侑歲于祖乙牡三十宰惟舊歲

二二八八五　癸未卜王貞無𡆥在八月甲申彡戔甲

二二八八五　：𡆥：甲：羌甲

二二八八六　甲寅卜旅貞翌乙卯其侑于祖乙宰

二二八八六　貞三宰

二二八八六　：三宰

二二八八七　癸卯卜即貞翌乙巳其侑于祖乙

二二八八七　：申：在四月

二二八八八　壬戌卜王貞其侑于祖乙在十一月

二二八八九　：卜旅貞翌辛亥其侑于祖乙一宰四月

二二八八九　：亥：勿牛

二二八九〇　：其侑：祖乙宰：一牛

二二八九一　己：曰貞：彡：

二二八九一　：王：惟左：祖乙：

二二八九二　乙卯王：大延

二二八九二　：貞侑：祖乙：壱：

二二八九三　壬戌卜：貞翌乙：祖乙：有歲：

二二八九四　乙巳卜旅貞王賓祖乙彡酉無𡆥

二二八九五　乙亥卜尹貞王賓祖乙彡無：

二二八九六　甲辰卜旅貞翌乙巳彡于祖乙其：

二二八九六　：巳：旅：

二二八九七　：卜王：旬：

二二八九七　：彡戔甲：彡祖乙：

二二八九八　乙亥卜行貞王賓祖乙翌無尤

二二八九九　：貞：叙：

二二八九九　乙酉卜行貞王賓歲自祖乙至于父丁無尤

二二八九九　乙酉卜行貞王賓叙無尤在八月

二二八九九　丙戌卜行貞王賓父丁夕歲無尤

二二八九九　：卜行：王賓：無尤

二二九〇〇　乙亥卜𠂤貞王賓祖乙歲宰無：

二二九〇一　辛酉卜：貞王賓祖辛歲：

二二九〇二　：卜尹貞王賓祖乙歲二宰

二二九〇三　辛亥卜：貞王賓祖辛歲叙：

二二九〇三　乙卯卜尹貞王賓祖乙彳歲無尤

二二九〇三　：賓：無尤在正月

二二九〇四　：王：乙丑其有彳歲于祖乙白牡三王在‖

卜

二二九〇五　：旅：賓祖乙：

二二九〇五　：旅：賓：叙：

二二九〇六　辛丑卜：貞𡧊：毋蒸：

二二九〇六　庚申卜行貞王賓歲無尤

二二九〇六　庚申卜貞王賓叙無尤

二二九〇六　：卜行：賓：尤

二二九〇七　：卜㕣：祖乙：

二二九〇七　：貞：

二二九〇八　甲寅：貞：

二二九〇八　：卜行：賓祖乙：暨小乙：宰無尤

二二九〇九　：卜旅：賓祖乙：無尤

二二九〇九　：宰：尤

二二九一〇　癸丑卜貞王賓：乇自：祖乙：

二二九一一　己丑卜大貞于五示告丁祖乙祖丁羌甲祖辛

二二九一一　己：曰：

二二九一二　辛酉卜出貞其帝新鬯陟告于祖乙

二二九一三　己未卜王貞乞有𠦪于祖乙王吉茲卜

二二九一四　甲：貞：彡于祖乙衣無壱

二二九一五 甲申卜旅貞今日至于丁亥暘日不雨在五月
二二九一五 ：旅：翌乙卯：翌于祖乙無壱在四月
二二九一六 ：其酚：翌于祖乙：衣無壱
二二九一七 甲戌：貞翌：祖乙：
二二九一七 貞：
二二九一八 ：廼于：祖乙
二二九一八 ：祖乙歲：
二二九一九 乙巳卜喜貞祖乙歲惟王祝：
二二九二〇 ：卯卜大：祖乙歲惟：祝：
二二九二一 戊辰卜即貞翌己巳弜延祖乙歲：
二二九二一 貞：七月
二二九二二 癸卯卜王貞乙巳其酚祖乙彡無壱在七月
二二九二三 ：卜：貞：酚歲：祖乙：
二二九二四 貞毋侑
二二九二四 ：祖乙丩：新鬯
二二九二五 貞：
二二九二五 貞其蒸鬯其在祖乙
二二九二五 癸亥卜吕貞其蒸鬯
二二九二五 丙寅卜吕貞其侑
二二九二六 甲午卜大貞翌乙未其蒸其在祖乙
二二九二七 ：卜王：翌乙酉：蒸于祖乙于毓祖乙
二二九二八 ：卜吕：其蒸：祖乙
二二九二八 貞：
二二九二九 ：卜吕貞：祖乙蒸：
二二九三〇 ：丩蒸于祖乙
二二九三一 甲戌卜行貞翌乙亥祭于祖乙無壱在八月
二二九三一 丙戌卜行貞翌丁亥祭于祖丁無壱在九月
二二九三二 乙巳：貞祭：祖乙其：毓祖乙
二二九三三 ：貞：祖乙祭：無囚
二二九三四 乙卯：貞王：祖乙祭：無：
二二九三五 ：未：貞王賓：魯：尤
二二九三六 甲子卜：貞翌乙：魯于祖乙：
二二九三七 甲申：貞翌：酉魯：祖乙：在：
二二九三七 ：卜尹：甲寅：無壱：八月
二二九三八 ：旅貞：魯于祖乙無壱在九月
二二九三八 ：九月
二二九三九 ：旅：丑其舌于祖乙其以毓祖乙
二二九四〇 ：旅：丑其舌于祖乙其以毓祖乙
二二九四一 乙酉：旅貞祖乙舌惟：
二二九四二 甲辰：貞翌：祖乙：
二二九四二 ：卜大：舌于父丁：今晝：
二二九四三 ：自祖乙祖辛毓祖乙父丁無尤
二二九四四 ：辰卜：貞乙巳：于祖乙：毓祖乙：
二二九四五 ：貞勿：丩：
二二九四五 ：卜即：翌乙亥：人于：祖乙又卯牝：
二二九四六 甲戌卜王

二二九四六 ：卜：貞祖乙：茲用
二二九四七 ：貞惟：剛祖乙：
二二九四八 ：巳：祖乙：勿：
二二九四九 ：行：乙丑：祖乙：在九月
二二九五〇 ：即貞祖乙：其豊：十?月?
二二九五一 ：卜大：乙巳：祖乙：于：八月
二二九五二 ：卜旅：祖乙：一牛
二二九五三 ：旅：巳：祖乙其：惟人：
二二九五四 ：惟：祖乙
二二九五四 貞不其暘
二二九五四 貞小：
二二九五五 庚：貞：祖乙：暨：
二二九五五 ：卜旅：賓：二宰：尤
二二九五六 ：王：祖乙：大：
二二九五七 ：祖乙：
二二九五八 ：貞：祖乙：丁：
二二九五九 庚：𢦏：其：
二二九五九 ：𢦏：于：高?祖乙：
二二九六〇 丙寅卜貞用雍歲：
二二九六〇 ：貞：亥侑于祖辛：八月
二二九六〇 甲：侑?：宰：
二二九六一 ：其侑于祖辛一牛
二二九六二 ：戌卜出貞龠侑于祖辛二月
二二九六三 庚申卜：貞其侑：在十月
二二九六三 庚申卜王貞無囚在十月
二二九六三 庚申卜王貞其侑于祖辛
二二九六四 辛巳卜王曰貞毋侑
二二九六四 辛巳：貞：杙：侑于祖辛在十一月
二二九六五 癸：大：王：叙：尤
二二九六五 ：未卜大貞侑于祖辛宰
二二九六六 辛亥卜王貞其侑于祖辛二宰
二二九六七 乙未：貞王賓歲無：
二二九六七 庚寅卜大貞翌辛卯其侑：祖辛：
二二九六八 庚戌卜王貞翌辛亥其侑：祖辛：
二二九六九 辛巳卜王貞其侑于祖辛
二二九六九 ：卯：
二二九七〇 ：酉：翌：侑：祖辛：
二二九七一 庚申卜王貞其侑于母辛十月
二二九七一 庚申卜王貞毋侑于祖辛于母辛
二二九七二 丁丑卜：貞王：叙無：
二二九七二 辛巳卜即貞王賓祖辛歲無尤
二二九七二 辛巳卜即貞王無尤
二二九七二 ：即：
二二九七三 辛巳卜行貞王賓祖辛歲宰
二二九七三 ：歲：尤
二二九七三 ：歲：

二二九七四	辛酉卜：貞王賓祖辛歲三宰
二二九七五	辛酉卜：貞王：祖辛歲宰無尤
二二九七五	辛酉卜行貞王賓叙無尤
二二九七六	：貞王：祖辛歲：
二二九七六	：卜：賓：無：
二二九七七	：卜貞：賓祖辛：叙無：在四：
二二九七八	己酉卜行貞王賓：祭無囚
二二九七八	：貞：祖辛叙：
二二九七八	：無：
二二九七九	辛巳卜：貞王賓祖辛戠一牛無尤
二二九八〇	庚戌卜：貞王賓祖辛：無：
二二九八一	辛丑卜即：王賓祖辛：
二二九八二	：卜旅：賓祖辛：無尤
二二九八三	辛巳：貞王：祖辛：無：
二二九八三	：尹：賓：無：在十三月
二二九八四	辛巳：貞祖辛：王祝：
二二九八五	辛丑卜旅貞祖辛歲惟勿牛：
二二九八六	庚辰：貞翌辛：翌于祖辛：壱在四月
二二九八六	：無：
二二九八七	：旅貞翌辛酉翌于祖辛無壱在四月
二二九八七	：日：丁亥：其至：
二二九八八	丙：貞翌丁卯：祖辛歲惟蔑：
二二九八八	己卯卜大貞盟子：牡：
二二九八九	辛丑：貞王：祖辛歲：無：
二二九九〇	庚：貞：歲：
二二九九〇	庚戌卜王曰貞弜延
二二九九〇	：卜王：祖辛歲：無：
二二九九一	貞弜：
二二九九一	貞弜侑
二二九九一	貞祖辛歲壱
二二九九一	：二壱
二二九九二	辛亥卜：貞先：歲妏：
二二九九二	：貞先祖辛歲妏
二二九九二	：卜行：王賓：禱
二二九九三	：旅：祖辛歲：無尤
二二九九四	庚午卜旅貞翌辛未祖辛歲勿：
二二九九五	：其延：彳歲于祖辛在四月
二二九九六	貞祖辛宰牡
二二九九六	貞宰牝
二二九九七	丙：貞祖：延于祖辛：
二二九九八	辛：貞祖辛：羊延：
二二九九九	：喜貞：其蒸：祖辛于：卯一牛
二三〇〇〇	：祖辛祭戠牛無尤
二三〇〇一	庚子：貞翌辛：魯于祖辛
二三〇〇一	丙午卜行：翌丁未：
二三〇〇二	己巳卜行貞王賓𬙊禱無囚

二三〇〇二	庚午卜行貞王賓𬙊禱無囚
二三〇〇二	貞無尤在十一月
二三〇〇二	貞無尤在十一月
二三〇〇二	庚子卜行曰貞翌辛丑其有彳歲于祖辛
二三〇〇二	貞翌辛丑其侑祖辛宰
二三〇〇二	貞翌辛丑祖辛歲勿牛
二三〇〇二	貞毋侑在正月
二三〇〇二	貞二宰
二三〇〇二	貞弜彳
二三〇〇三	庚：曰：無：
二三〇〇三	庚子王饗于祖辛
二三〇〇四	庚寅卜：貞翌辛卯魯于祖辛無壱在九：
二三〇〇四	丙申卜行貞翌丁酉魯于祖丁無壱
二三〇〇五	：翌于祖辛衣無壱在四月
二三〇〇六	：辰卜王：翌辛巳：戠于祖辛牝一
二三〇〇六	其延田無災
二三〇〇七	：妣：壬子：于祖辛
二三〇〇八	辛未卜：貞其：于祖辛
二三〇〇九	：祖辛：歲其勿牛：
二三〇一〇	甲子卜：貞王：兄己歲：無：
二三〇一〇	：冋：祖辛：無：
二三〇一一	：貞：祖辛：正：
二三〇一二	：貞：祖辛：子多：
二三〇一三	：卜尹：王：祖辛：
二三〇一四	：貞王：祖辛：
二三〇一五	丁：貞：
二三〇一五	辛卯卜旅貞王：祖辛：
二三〇一六	庚辰卜行貞翌辛巳彡于祖辛：
二三〇一六	丙戌卜行貞翌丁亥：于祖丁無：在十二月
二三〇一七	貞：自：八月
二三〇一七	貞弜延八月
二三〇一七	：祖辛：
二三〇一八	甲寅卜：貞其侑于羌甲羝
二三〇一八	貞惟牛在十一月
二三〇一八	：寅卜行：羌甲歲：在十一月
二三〇一九	甲辰卜行貞王賓羌甲：
二三〇一九	：卜行：王賓：無：
二三〇二〇	甲辰卜旅貞王賓羌甲歲宰無尤
二三〇二〇	辛丑卜旅貞王賓：
二三〇二一	貞宰九：
二三〇二一	甲申卜即貞羌甲歲二牛
二三〇二一	：母：九月
二三〇二二	：羌甲歲：無尤
二三〇二三	乙丑：貞王：羌甲彡：叙：
二三〇二三	：叙無：
二三〇二四	癸丑：貞王：羌甲魯：

二三〇二五 ⋯貞⋯叀妣甲劦⋯羌甲劦無尤
二三〇二六 甲子⋯旅貞⋯于羌甲⋯無⋯
二三〇二七 ⋯丑卜尹⋯有無⋯
二三〇二七 甲寅⋯于羌甲⋯妣甲⋯
二三〇二八 ⋯申卜⋯貞翌⋯酉其侑于祖丁宰
二三〇二八 丙申⋯貞翌丁酉其侑于祖丁⋯
二三〇二九 丙午⋯貞翌⋯其⋯侑⋯丁在⋯
二三〇二九 丙午卜旅貞翌丁未其侑于祖丁
二三〇二九 ⋯子⋯旅⋯
二三〇三〇 庚申卜⋯貞王賓⋯叙無尤
二三〇三〇 丁卯卜行貞王賓父丁歲宰暨祖丁歲宰無尤
二三〇三〇 ⋯叙⋯
二三〇三一 丙辰卜旅貞王賓祖丁歲無尤十二月
二三〇三一 ⋯旅⋯
二三〇三二 丁卯⋯貞王⋯祖丁⋯
二三〇三二 丁卯卜[illegible]貞王賓叙無尤
二三〇三三 ⋯[illegible]⋯夕⋯
二三〇三三 丁亥卜澫貞王賓祖丁歲無尤十月
二三〇三三 丁亥卜澫貞王賓叙無尤
二三〇三四 丁卯卜⋯貞王賓祖丁祭無囚
二三〇三四 貞無尤
二三〇三五 ⋯王⋯祭于祖丁⋯無𡆥在囚
二三〇三六 丁巳⋯貞王⋯祖丁⋯
二三〇三六 ⋯卜行⋯賓⋯彡⋯
二三〇三七 丙午⋯貞翌⋯祖丁歲⋯
二三〇三八 丁卯卜⋯貞王⋯祖丁𩱛⋯
二三〇三九 丙子卜尹貞翌丁丑劦于祖丁無𡆥在十月
二三〇三九 ⋯子⋯
二三〇四〇 旅⋯翌丁丑⋯于祖丁⋯𡆥⋯
二三〇四一 ⋯尹⋯丁巳⋯于祖丁⋯𡆥在正月
二三〇四二 甲⋯貞⋯
二三〇四二 丙⋯貞⋯
二三〇四二 ⋯祖⋯
二三〇四三 ⋯祖丁⋯𡆥在五月
二三〇四四 ⋯貞翌⋯于祖丁無𡆥在五月
二三〇四四 ⋯祖丁八月
二三〇四五 丙⋯旅⋯于⋯
二三〇四五 ⋯卜⋯其⋯祖丁
二三〇四六 丁卯卜⋯貞祖丁⋯[illegible]⋯
二三〇四七 丁巳⋯貞⋯祖丁⋯六⋯
二三〇四八 丁亥卜即貞其侑于小丁
二三〇四九 丁巳⋯貞⋯叙⋯
二三〇四九 丁巳卜行貞王賓歲暨小丁歲無尤
二三〇五〇 貞小丁歲其賓
二三〇五〇 貞不賓
二三〇五一 丙申⋯

二三〇五一 ⋯卜旅貞翌丁酉小丁歲王其賓
二三〇五二 丙子⋯貞翌⋯小丁歲𢀛酻
二三〇五三 丁巳卜行貞小丁歲暨矢歲酻
二三〇五三 貞⋯
二三〇五四 丁卯卜旅貞其𩱛于小丁四月
二三〇五四 ⋯旅⋯
二三〇五五 丁未卜行貞小丁歲宰
二三〇五五 ⋯貞小丁歲牡
二三〇五六 ⋯小丁歲宰
二三〇五七 ⋯其以⋯小丁⋯
二三〇五八 丁⋯貞⋯小丁惟羊
二三〇五九 丙⋯卜
二三〇五九 乙亥卜中貞曰其侑于丁惟三宰九月
二三〇五九 ⋯子卜
二三〇六〇 丙辰卜⋯貞翌丁巳侑于丁宰侑⋯
二三〇六〇 戊申卜⋯
二三〇六一 貞⋯毓⋯丁⋯
二三〇六一 甲戌王卜逐延
二三〇六一 ⋯卜喜⋯其侑于丁
二三〇六二 甲子卜貞王賓丁無尤
二三〇六二 貞無尤
二三〇六二 甲子卜貞王賓丁無尤
二三〇六三 ⋯酉卜出貞其⋯匚于丁三十⋯
二三〇六四 乙丑卜出貞大史弋酻先酻其有匚于丁三十
二三〇六四 牛七月
二三〇六五 ⋯酻大⋯牢
二三〇六六 甲子卜即貞告于丁酻無𡆥
二三〇六七 ⋯酉⋯今日⋯告⋯于丁
二三〇六八 ⋯貞⋯凡于丁
二三〇六九 ⋯丁歲⋯率⋯牛
二三〇六九 戊申卜即貞其延丁歲六月
二三〇七〇 貞⋯延⋯
二三〇七一 庚寅卜旅貞翌辛卯其[illegible]于丁
二三〇七一 丙寅卜即貞有一牛其用甾于丁
二三〇七二 ⋯貞⋯翌⋯
二三〇七三 貞今夕舌⋯丁二宰翌⋯
二三〇七四 ⋯卜大貞于丁⋯卯⋯
二三〇七五 ⋯戊卜即⋯辛亥⋯于丁
二三〇七五 丁⋯貞⋯叙⋯
二三〇七六 庚申卜[illegible]貞王賓南庚彡無尤
二三〇七六 庚申卜即貞王賓南庚祭無囚
二三〇七六 ⋯申卜即貞王賓⋯祭叙⋯
二三〇七七 貞無尤
二三〇七七 庚申⋯貞王⋯南庚⋯無⋯
二三〇七八 辛未⋯貞王⋯小辛⋯
二三〇七八 ⋯尹⋯王賓南庚⋯無尤

二三〇七九　：：卜尹：賓南庚：龠叙：尤
二三〇八〇　己卯卜旅貞翌庚：南庚歲其：
二三〇八一　：貞勿延歲于南庚
二三〇八二　庚：尹貞妣庚無尤
二三〇八二　：貞：南庚：尤
二三〇八三　：貞：南庚：無：
二三〇八三　：無尤正月
二三〇八四　：旅：南庚：無尤
二三〇八五　壬戌卜大貞王賓兄庚歲無尤
二三〇八五　癸亥卜大貞翌甲子其从侑于魯甲宰
二三〇八五　：卜大：
二三〇八六　甲申：王曰：其侑：魯甲：
二三〇八六　：卜：貞：酌：
二三〇八七　：貞弜賓九月
二三〇八七　甲子卜即貞王賓魯甲其無囚
二三〇八七　：無尤
二三〇八八　庚：貞：南：
二三〇八八　甲子卜：貞王賓：
二三〇八八　：子卜即：王賓魯甲：叙無尤
二三〇八八　貞無尤
二三〇八八　：尤
二三〇八九　乙亥卜旅貞王賓魯甲歲無尤
二三〇九〇　甲辰卜：貞王：魯甲：宰無：
二三〇九〇　：卜：貞：賓：尤
二三〇九一　甲戌：貞王：魯甲：無：
二三〇九一　：旅：賓：無：
二三〇九二　：貞毋侑
二三〇九二　魯甲歲：
二三〇九三　：魯甲彡：無尤：十二月
二三〇九四　：卜旅貞：魯甲：
二三〇九五　旅：魯甲：
二三〇九六　：戊卜大：惟魯甲：
二三〇九七　甲戌卜行貞歲其延于祖甲
二三〇九七　：弜：延
二三〇九八　：卜大：祖甲歲：牡：
二三〇九八　：貞：
二三〇九九　甲：貞：祖甲：無：
二三〇九九　：卜旅：賓：歲：九月
二三一〇〇　甲：貞：
二三一〇〇　：午卜即：王賓般庚：
二三一〇一　：丑卜行：王賓般庚：
二三一〇二　：辰卜行：王賓般庚：
二三一〇三　：卜：賓般庚：無尤
二三一〇四　：貞：蒸暨般庚彳：尤在十月
二三一〇四　：兄庚蒸：
二三一〇五　貞惟般庚

二三一〇五　丁丑卜大貞翌庚辰暘日
二三一〇五　：祖：
二三一〇六　庚辰卜：貞王：般庚彳：卯二宰
二三一〇六　庚辰卜行貞王賓叙無尤在六月
二三一〇六　辛巳卜行貞王賓小辛彳伐羌二卯二宰無尤
二三一〇七　辛巳卜：貞王：小辛彡：
二三一〇八　庚：貞翌：酉王賓小辛：
二三一〇九　庚午卜大貞其从侑于祖庚十二月
二三一〇九　：卜大：祖庚歲：
二三一一〇　庚辰：貞翌：巳其：小辛魯：
二三一一〇　：王：乙酉：小乙：無它
二三一一一　乙亥卜尹貞王賓小乙彡酉無囚
二三一一二　：尹：賓小乙彡龠叙無尤
二三一一三　甲戌卜即貞翌乙亥彡于小乙無壱在一月
二三一一三　：即：丑：無：正月
二三一一四　甲戌卜王貞其侑：在正：
二三一一四　甲戌卜王貞翌乙亥彡于小乙無囚在正月
二三一一四　：丁：
二三一一五　丁丑：貞：父丁：叙：
二三一一五　乙亥卜行貞王賓小乙歲宰無尤在二月
二三一一五　乙：貞：
二三一一五　：行：賓：無尤：二月
二三一一六　辛巳卜行貞王賓小乙歲：
二三一一六　癸未卜行貞王賓小乙歲宰無尤：
二三一一六　：卜行：賓：無尤
二三一一七　貞：
二三一一七　乙未卜行貞王賓小乙歲宰無尤
二三一一七　乙未卜行貞王賓小乙無尤
二三一一七　：卜行：王賓：無尤
二三一一八　乙亥：貞王：歲：無：
二三一一八　乙亥卜行貞王賓小乙歲宰無尤
二三一一八　：卜行：賓：尤
二三一一九　乙：貞王：父庚：
二三一一九　乙未卜行貞王賓小乙歲無尤
二三一一九　：卜行貞王賓叙無尤
二三一二〇　乙亥卜行貞王賓小乙魯無尤在十一月
二三一二〇　乙亥卜行貞王賓叙無尤
二三一二〇　丁丑卜行貞王賓父丁魯無尤
二三一二〇　丁丑卜行貞王賓叙無尤在十一月
二三一二〇　己卯卜行貞王賓兄己魯：
二三一二〇　己卯卜行貞王賓叙無尤
二三一二〇　：卜行：賓兄庚：無尤
二三一二一　乙丑：其舌于：
二三一二一　乙丑卜王曰貞十宰
二三一二一　乙丑卜王曰貞五宰
二三一二一　乙丑卜：貞王：小乙無尤
二三一二一　乙丑卜王曰貞翌丁卯：雨　丙：雨
二三一二二　甲午卜：貞翌乙：魯于小乙：無：

二三一二三 ：貞：[illegible]于小乙無壱在九月

二三一二四 ：卜旅：小乙翌：

二三一二五 甲寅：

二三一二五 甲申卜旅貞翌乙酉翌于小乙無壱

二三一二五 丁未卜王：

二三一二六正 ：翌于：壱

二三一二六正 甲申卜即貞翌乙酉翌于小乙無壱五月

二三一二六正 ：戌卜即貞翌：亥翌于：父丁無壱：

二三一二六反 ：旅：

二三一二七 ：[illegible]：小乙：壱：在六：

二三一二八 乙亥：貞翌乙巳祭于小乙無壱在九月

二三一二九 乙亥：貞王：小乙祭：無：

二三一二九 ：貞：

二三一三〇 丁：貞：父丁：無：

二三一三〇 ：酉卜：王：小乙：無：月

二三一三一 ：行：翌乙酉：于小乙無：在六月

二三一三二 甲戌卜王貞翌乙亥侑于小乙無：在九月

二三一三三 乙亥：貞王：小乙：

二三一三四 ：自小乙：兄庚無：月

二三一三五 乙亥：貞王：小乙：在：

二三一三五 ：即：

二三一三六 乙：貞：小乙：無：

二三一三六 ：卜尹：賓：戊：無：

二三一三七 乙亥卜：貞其侑：毓祖乙：六月

二三一三八 甲午：貞翌乙：其侑于毓祖乙：

二三一三九 ：毓祖乙：又一牛

二三一四〇 ：辛：侑于毓祖乙：

二三一四一 乙亥：貞王：毓祖乙彡無尤在正月

二三一四一 己卯卜旅貞王賓兄己彡無尤在正月

二三一四二 甲戌卜：貞翌乙亥彡于毓祖乙：

二三一四三 乙卯卜即貞王賓毓祖乙父丁歲無尤

二三一四三 ：賓：無尤

二三一四四 辛亥：貞：敹：

二三一四四 甲寅：貞王：歲：無：

二三一四四 乙卯卜行貞王賓毓祖乙歲宰無尤在九月

二三一四四 乙卯卜行貞王賓敹無尤

二三一四五 ：王：毓：三月

二三一四五 ：王賓：無尤

二三一四六 甲戌卜旅貞翌乙亥毓祖乙歲：牛七月

二三一四七 ：毓祖乙歲宰無尤在十月

二三一四八 癸丑卜行貞翌甲寅毓祖乙歲朝彫茲用

二三一四八 貞莫彫

二三一四八 癸丑卜行貞翌甲寅毓祖乙歲二宰

二三一四八 貞三宰茲用

二三一四八 ：用

二三一四九 ：毓祖乙：歲一牛

二三一五〇 貞：

二三一五〇 ：申：旅：毓祖乙歲：今：彫：

二三一五一 乙酉卜：貞毓祖乙歲牡

二三一五一 ：勿：

二三一五二 ：毓祖乙歲：無尤八月

二三一五三 庚申：貞毓：歲惟䕘彫

二三一五三 ：貞：祖乙歲：

二三一五四 丙子卜：貞王：毓祖乙：無囚

二三一五五 甲申卜行貞翌乙酉其侑：

二三一五五 貞弜侑

二三一五五 甲申卜行貞翌乙酉毓祖乙歲宰

二三一五五 貞宰

二三一五五 貞三宰

二三一五五 辛卯卜行貞翌日不雨

二三一五五 其雨

二三一五六 乙卯：貞王賓毓祖乙：無尤

二三一五七 乙丑卜𡧊貞王賓毓祖乙：

二三一五七 ：𡧊：

二三一五八 丁亥卜：貞王賓：歲：

二三一五八 ：卜旅：賓毓：

二三一五九 ：毓祖乙衣：乞彫彡：

二三一六〇 ：卜旅貞：賓毓祖乙：

二三一六一 ：翌乙未：告于毓祖乙：䕘彫

二三一六一 ：父丁：

二三一六二 丁卯卜：其延毓祖乙：十一月

二三一六三 ：貞毓祖乙古勿牛四月

二三一六三 貞弜勿

二三一六三 丁酉卜即貞毓祖乙古牡四月

二三一六三 ：賓：

二三一六四 甲午卜：貞翌乙：于毓祖乙：無：

二三一六五 ：百牛其用于毓祖乙戠

二三一六六 ：酉卜旅：亦弜：于毓祖乙：其𠂇：

二三一六六 己巳卜于父丁：

二三一六七 ：卜尹：毓祖乙：牡：

二三一六八 ：即：毓祖乙：十月

二三一六九 ：亥卜：毓祖乙：

二三一七〇 丁卯卜即：毓祖乙：

二三一七一 癸巳卜即貞翌乙未其侑于小祖乙

二三一七一 ：五月

二三一七二 癸：貞：父丁：

二三一七二 癸亥卜旅貞其侑：父丁

二三一七三 癸未卜即貞翌甲申其侑于父丁

二三一七三 ：母：三月

二三一七四 丙寅：貞翌：父丁䕘：其侑：在四月

二三一七五 辛未卜：貞其侑：父丁

二三一七六 癸亥卜旅貞其侑：父丁牛

二三一七七　丁卯卜大貞其侑于…父丁…
二三一七八　貞…
二三一七八　貞弜禦
二三一七八　貞于父丁禦
二三一七九　貞勿令三…
二三一七九　己巳
二三一七九　己卯
二三一七九　貞于父丁禦
二三一八〇　丁巳卜行貞王賓父丁祟十牛無尤
二三一八〇　貞…賓…
二三一八一　貞…賓…
二三一八一　丁酉卜行貞王賓父丁歲宰無尤
二三一八一　丁酉卜行貞王賓叙無尤
二三一八一　戊戌卜行貞今夕不雨
二三一八二　…其雨…六月
二三一八二　…貞…尤
二三一八二　丁未卜行貞王賓父丁歲宰…尤
二三一八三　…行…賓…
二三一八三　…叙…在…
二三一八三　丁未卜行貞王賓叙無尤在二月
二三一八三　庚戌卜行貞王賓父丁歲宰無尤
二三一八四　…行…牛…二月
二三一八四　丁酉卜行貞王賓父丁歲無尤在二月
二三一八五　丁酉卜行貞王賓叙無尤在二月
二三一八六　丁巳卜行貞王賓父丁歲宰無尤在四月
二三一八六　辛巳卜行貞王賓…禱無囚
二三一八六　庚辰卜行貞王賓父丁歲無尤在十二月
二三一八六　…無尤
二三一八七　貞無…
二三一八七　貞…在…
二三一八七　癸酉卜行貞王父丁歲三牛暨兄己一牛妣庚…無尤
二三一八七　乙亥卜行貞王賓妣庚…二宰叙…尤
二三一八八　丁巳…貞…歲…
二三一八八　丁巳…貞…
二三一八八　戊午卜行貞王賓父丁歲二牛叙無…
二三一八八　…申卜行…王賓…歲二宰…尤
二三一八九　丙戌卜行貞王賓父丁夕歲叙無…
二三一八九　…貞弜勿牛
二三一九〇　…貞…
二三一九〇　丁酉卜旅貞王賓父丁歲十牛無尤在…
二三一九〇　…卜旅貞王賓叙無尤
二三一九一　丁丑卜旅貞王賓父丁歲三宰無尤在…
二三一九一　…卜…貞翌…戊祭…大戊無…
二三一九二　丁卯卜旅…賓父丁歲…
二三一九二　庚午卜旅貞王…叙…

二三一九三　…歲…在…
二三一九三　乙丑卜涿貞王賓叙無尤
二三一九三　丁卯卜涿貞王賓父丁歲宰無尤
二三一九三　丁卯卜涿貞王賓叙無尤
二三一九三　己巳卜涿貞王賓叙無尤
二三一九三　…卜涿…賓歲…宰…
二三一九四　丁卯卜尹…賓父丁歲…
二三一九四　…貞…庚午…
二三一九五　丙午卜尹貞王賓父丁歲…
二三一九六　…卜尹貞王賓父丁歲三牛無…
二三一九七　壬午…貞…爽…
二三一九七　…貞…叙…
二三一九七　癸未卜行貞王賓夕禱無囚
二三一九七　丁亥卜貞王賓父丁歲五宰叙無尤
二三一九八　…貞王…父丁歲三宰無尤在八月
二三一九八　丙…卜…貞王賓父丁歲三宰叙無尤
二三一九九　…酉…王賓父丁歲二宰…無尤正…
二三二〇〇　壬戌卜…王賓父丁歲五牛…無尤
二三二〇〇　…叙…
二三二〇一　丁卯…父丁歲…勿牛…在正…
二三二〇二　乙丑卜貞王賓父丁歲無尤
二三二〇二　…卜尹…賓…尤
二三二〇三　丁…貞…
二三二〇三　辛亥卜貞王賓父丁歲…無尤
二三二〇四　…卯卜…貞王賓父丁歲暨…歲無…二?月
二三二〇五　癸卯卜…貞王賓父丁歲叙無尤
二三二〇五　…旅…
二三二〇六　丙辰卜尹貞翌丁巳父丁莫歲宰
二三二〇六　辛酉?卜尹貞…
二三二〇七　貞…在…
二三二〇七　貞三宰在正月
二三二〇七　丙午卜行貞翌丁未父丁莫歲牛
二三二〇八　丙戌卜…貞翌丁…父丁莫歲宰
二三二〇九　…旅貞…卯其有莫歲于父丁…二月
二三二一〇　…旅…父丁莫歲宰
二三二一一　…卜尹…父丁莫…宰
二三二一二　…卜…貞翌…巳…父丁莫歲牡…
二三二一三　…翌丁亥…父丁歲宰
二三二一四　己亥…貞…其…
二三二一四　貞弜勿?
二三二一四　己亥卜行貞父丁必歲宰牡
二三二一四　…宰
二三二一五　丙戌卜…貞翌丁…父丁歲三…
二三二一五　丙戌卜行貞翌丁亥父丁歲其勿牛
二三二一五　貞弜勿
二三二一六　丙申卜行貞父丁歲勿牛

二三三一六 貞弜勿
二三三一七 貞三宰
二三三一七 丙申卜行貞父丁歲勿牛在五月
二三三一七 貞弜勿
二三三一七 ：卜行貞庚必歲王其叡
二三三一七 ：弜：
二三三一八 貞二宰
二三三一八 貞三宰
二三三一八 貞翌丁亥父丁歲勿牛
二三三一八 ：弜勿牛
二三三一九 庚：貞：
二三三一九 丙寅卜貞翌丁卯歲勿牛
二三三二〇 丙午卜旅貞翌丁未父丁歲勿牛
二三三二〇 ：酉卜旅貞妣庚歲惟出攺
二三三二一 ：貞王：父丁歲三牛無：
二三三二二 ：貞王：父丁：歲：牛：
二三三二三 癸亥卜：貞父丁歲：牛：
二三三二四 ：貞子既父丁彳歲酌一?月
二三三二五 貞：
二三三二五 貞父丁歲牝
二三三二五 貞牝
二三三二六 ：巳卜旅貞父丁歲惟：酌
二三三二七 丙申卜即貞父丁歲有皂：
二三三二七 丙申卜即貞父丁歲皂一卣
二三三二七 ：卣
二三三二七 貞：九月
二三三二七 貞弜侑九月
二三三二八 ：子卜大：父丁歲：障：
二三三二九 ：卜即貞父丁歲其先祭
二三三三〇 貞惟父丁歲先：
二三三三一 癸巳卜：貞父丁歲其延
二三三三二 辛未：貞王：父丁歲：辛：尤
二三三三二 ：尤
二三三三三 乙酉卜行貞父丁夕歲叡：
二三三三三 貞：
二三三三四 丁巳：貞王：父丁歲：
二三三三四 ：巳卜即：貞王：賓：無尤
二三三三五 丁亥：貞王：父丁歲：
二三三三五 ：卜行：王賓：無尤
二三三三六 ：父丁歲無：
二三三三七 ：亥歲：父丁：
二三三三八 ：貞二牛：
二三三三八 ：卜：父丁歲：
二三三三九 甲辰：貞：父丁：
二三三三九 丙午卜行貞翌丁未彡于父丁無壱在正月
二三三四〇 丙子：王貞翌：丑彡于父丁無囚在正月

二三三四〇 丙子卜王貞其有囚在正月
二三三四〇 ：子卜：貞曰不：
二三三四一正 戊戌卜尹貞王賓兄己彡夕無囚
二三三四一正 戊戌卜尹貞王賓父丁彡龠無囚
二三三四一正 庚戌卜旅貞王賓蓺禫無囚
二三三四一正 庚戌卜：貞王賓蓺禫：
二三三四一正 庚戌卜旅貞王賓蓺禫無囚
二三三四一正 庚戌卜旅貞王賓蓺禫無囚
二三三四一正 庚戌：貞王：
二三三四一正 庚戌：王賓：囚
二三三四一正 庚戌卜旅貞王賓蓺禫無囚
二三三四一正 庚戌卜旅貞王賓蓺無囚
二三三四一反 甲子卜旅貞王賓蓺禫無囚
二三三四一反 乙丑卜：貞王賓蓺禫無囚
二三三四一反 乙丑卜旅貞王賓蓺禫無囚
二三三四一反 ：禫：
二三三四一反 彭
二三三四一反 貞無尤
二三三四一反 貞無尤
二三三四一反 貞無尤
二三三四一反 貞無尤
二三三四二 丁巳卜尹貞王賓父丁翌無尤
二三三四三 丙午卜行貞翌丁未翌于父丁無壱
二三三四三 甲辰：貞：巳：毓：壱
二三三四四 癸亥卜尹貞旬無囚在十二月𠂤翌乙丁卯翌父丁
二三三四四 ：囚在十二月
二三三四五 丁巳：貞于：父丁：尤在：
二三三四五 丁巳卜行貞王賓叡無尤
二三三四五 丁巳：貞王：父丁：
二三三四六 丁巳卜行：賓兄己：無尤
二三三四六 丁巳卜即貞王賓叡無尤
二三三四七 ：卜□：賓父丁：夕叡：尤
二三三四八 癸丑卜王貞翌甲寅王其賓父丁必
二三三四九 ：貞：叡：
二三三四九 丁巳卜行貞王賓父丁彳：在七：
二三三五〇 ：旅：人翌：巳其彳：于父丁
二三三五一 ：辰卜旅：王賓父丁：二牛無尤：十月
二三三五一 戊辰
二三三五二 丁巳卜旅貞王賓父丁：牛無：
二三三五二 ：申卜：
二三三五三 ：卜旅：王賓：
二三三五三 ：貞王：
二三三五四 甲申卜行貞王賓父丁：
二三三五四 ：卜貞：夕：囚
二三三五五 ：卜旅：賓：

二三二五六 貞从……七月
二三二五六 壬子卜即貞祭其彡奏其在父丁七月
二三二五七 ……辰卜……貞翌乙……父丁古一宰
二三二五七 ……一卣……
二三二五八 ……大……無壱……六月
二三二五八 ……魯……父丁……
二三二五九 甲子卜大貞告于父丁惟今曓彡
二三二五九 ……卜大……乙丑……彡于……告……
二三二六〇 丙戌……貞翌……父丁舌……
二三二六一 癸酉……貞翌……彡于……其古……父丁
二三二六二 丙子卜……貞其夕于父丁
二三二六二 貞毋舌
二三二六二 ……卜即……丑……父丁……
二三二六三 丙寅卜……貞其夕于父丁
二三二六四 甲……貞……彡……
二三二六四 ……卜行貞……父丁……
二三二六四 貞弜侑
二三二六五 ……卜……行……歲……
二三二六五 乙酉卜……貞暨……于父丁歉
二三二六六 貞于聽丁令九月
二三二六六 甲申……貞……賓……歲……
二三二六六 ……尹貞……父丁……暨……五宰
二三二六七 ……貞……父丁……宰無……在十二月
二三二六八 丙申……貞翌……父丁……宰……
二三二六八 貞二宰在十二月
二三二六八 ……行……王……人……
二三二六九 癸……貞王……父丁……𤔲……在……
二三二六九 ……辰卜……貞王……父丁……三宰……無尤
二三二七〇 丙……貞……兄庚……尤
二三二七〇 ……尹……父丁……二宰……
二三二七一 ……尹……父丁宰
二三二七二 ……大……奏……父丁牛
二三二七三 貞父丁……勿牛
二三二七三 貞弜勿牛
二三二七三 ……即……
二三二七四 貞毋……
二三二七四 貞父丁叀一牛
二三二七四 貞二牛
二三二七四 貞三牛
二三二七四 ……卜行……夕不……十一月
二三二七五 庚辰卜……貞父丁……王祝……
二三二七五 ……牛
二三二七六 ……子卜……貞……囚……七月
二三二七六 ……父丁……告……
二三二七七 丁……貞……彘……
二三二七七 ……卜大……甲寅……于父丁

二三二七八 丙午卜行貞翌丁未……于父丁……壱
二三二七九 貞……未……
二三二七九 ……即貞于父丁……祐十月
二三二八〇 ……即貞于父丁……
二三二八一 辛……
二三二八一 ……酉卜王……于父丁……
二三二八二 丁巳……貞王……父丁……尤
二三二八二 丁巳卜即貞王賓𤔲無尤
二三二八三 丙寅……
二三二八三 丙寅卜旅貞翌……父丁……
二三二八四 ……父丁十月
二三二八五 ……卜……貞王……父丁……無……
二三二八六 丁亥……貞王……父丁……
二三二八七 ……貞……父丁……在十一月
二三二八七 ……貞毋……
二三二八八 ……父丁……十一月
二三二八九 丁酉……貞王……父丁……
二三二八九 ……卜行……王賓……無尤在三?月
二三二九〇 貞弜勿牛
二三二九〇 ……行……父丁……
二三二九一 癸亥……貞父丁……
二三二九二 ……父丁
二三二九三 ……貞……父丁農……
二三二九四 癸……貞翌……其……父丁……
二三二九五 癸……王……
二三二九五 ……旅……父丁……祭……
二三二九六 ……賓……
二三二九六 ……父丁……
二三二九六 ……父丁……
二三二九七 ……卜……其侑……父丙……
二三二九八 ……卯卜旅……叀……父戊……
二三二九九 戊戌卜行貞父戊歲惟小宰在四月
二三二九九 ……王……
二三三〇〇 戊……貞……父……
二三三〇〇 ……貞……
二三三〇〇 貞父戊歲惟宰
二三三〇〇 貞惟小宰
二三三〇〇 貞惟大宰
二三三〇一 戊申……貞王……父戊……無……
二三三〇一 戊申卜旅貞王賓無……
二三三〇二 戊申……貞王……𤔲……
二三三〇二 庚戌卜旅貞王賓妣庚歲二宰𤔲無尤
二三三〇三 庚戌卜行貞王賓示壬奭妣庚……無……
二三三〇三 己亥卜旅貞王賓……奭妣己……尤……月
二三三〇四 ……旅……示壬奭妣庚……尤
二三三〇五 庚辰卜……貞三……示壬奭妣庚日

二三三〇五　…祖辛…無…
二三三〇六　…貞王…示壬爽…咎無…
二三三〇七　…王賓…咎…示壬爽…無尤
二三三〇八　…卜即…王賓示癸爽妣甲咎無尤
二三三〇九　…卜尹…王賓大丁爽…歲小宰無尤在三月
二三三一〇　戊午卜旅貞王賓大丁…
二三三一〇　…貞…
二三三一一　辛…貞…大甲…妣辛…小宰…
二三三一一　…卜…大庚…有歲…𣪊…尤
二三三一二　壬午卜尹貞王賓大庚爽妣壬翌…尤
二三三一三　壬子卜…貞王賓大庚爽妣壬𣪊無𡆥
二三三一四　甲…貞…祖辛…
二三三一四　己巳卜行貞王賓祖乙爽妣己咎…
二三三一四　…卜行貞王賓…無尤
二三三一四　丙…貞王賓大乙…妣丙咎無尤…在八月
二三三一四　辛未卜行貞王賓大甲爽妣辛咎無尤在八月
二三三一四　…貞王賓𣪊無尤
二三三一四　壬寅卜行貞王賓大庚爽妣壬咎無尤
二三三一四　壬寅卜行貞王賓𣪊無尤…
二三三一四　壬子卜行貞王賓大戊爽妣壬咎無尤
二三三一五　壬午…貞王…大庚爽…翌…尤
二三三一六　壬子卜𣲜貞王賓大戊爽妣壬咎無尤
二三三一七　壬寅…貞王…大戊爽妣壬歲無尤
二三三一七　…卜大…賓…禱…月
二三三一八　癸…貞…𣪊…
二三三一八　…卜行…王賓仲丁爽妣癸咎無尤
二三三一九　…爽妣壬翌無尤
二三三二〇　己未卜…貞王賓祖乙爽妣己歲…
二三三二一　己酉…貞王賓祖乙爽…彡…
二三三二二　己巳卜王曰貞其侑于祖乙爽…
二三三二三　…申卜尹貞王賓祖辛爽妣壬…
二三三二三　…貞…
二三三二四　庚申卜即貞翌辛酉…侑于祖辛…又爽…
二三三二五　庚辰卜…貞王賓羌甲爽妣庚咎無尤
二三三二六　己巳卜行貞翌庚午歲其延于羌甲爽妣庚…
二三三二六　貞于毓妣
二三三二六　貞妣庚歲並酌
二三三二六　貞弜並酌
二三三二六　貞妣庚歲惟莫酌先日
二三三二七　丁酉卜行貞王賓𣪊無尤
二三三二七　庚戌卜行貞王賓羌甲爽妣庚歲小宰𣪊無尤
二三三二七　…寅卜行…王賓歲…無尤在八月
二三三二八　庚…貞…
二三三二八　…卯卜尹貞王賓祖丁爽妣己咎無尤
二三三二九　丁…貞…歲…
二三三二九　…卜行貞王賓𣪊無尤

二三三二九　…卜…
二三三三〇　庚戌卜尹貞王賓小乙爽妣庚翌無尤
二三三三〇　己丑卜尹貞王賓祖丁爽妣己翌無尤
二三三三〇　癸酉卜尹貞王賓仲丁爽妣癸翌無尤
二三三三一　己卯卜…貞…兄庚…
二三三三一　…貞王賓祖乙爽妣庚歲伐于勿牛暨兄庚歲二宰無尤
二三三三一　…王賓…無尤
二三三三二　…卜…貞王賓祖乙爽妣庚翌無尤
二三三三三　…卜尹…王賓…爽妣甲翌無尤
二三三三四　…其延…其亦…爽…
二三三三五　戊戌…貞王…
二三三三五　貞無尤
二三三三五　…卜𣲜貞…爽…
二三三三六　…𣪊…
二三三三六　丙申卜即貞王賓妣丙歲𣪊無尤二月
二三三三七　甲子卜…貞歲妣甲…
二三三三七　…妣甲…
二三三三八　丁酉卜即貞其𢼸豕于妣丁
二三三三九　戊戌卜旅貞王賓妣戊歲宰無尤
二三三四〇　己丑…貞…庚…𣪊侑于妣庚五宰
二三三四〇　庚辰卜大貞來丁亥其𣪊丁于大室𠂤丁西
既
二三三四一　戊辰…貞…賓…妣戊…
二三三四二　戊申卜…貞翌己…王賓妣己彳歲無尤
二三三四二　…卜…
二三三四三　…卜尹…賓妣己…宰無…
二三三四四　己…貞妣…其賓
二三三四四　…弜賓
二三三四五　己巳卜尹貞翌庚午其侑于妣庚宰
二三三四六　庚子卜大貞其侑于妣庚…
二三三四六　…大…歲…七月
二三三四七　庚…
二三三四七　庚子卜王
二三三四七　庚子卜王
二三三四七　庚子卜王
二三三四七　庚子卜行貞其侑于妣庚牡
二三三四七　貞牝
二三三四八　庚…貞桼…歸…
二三三四八　貞于歸酌
二三三四八　庚申卜行貞其侑于妣庚在十一月
二三三四八　…母…在十一月
二三三四九　己未…貞翌…妣庚歲…
二三三四九　貞牝
二三三四九　…未卜行…翌庚申…侑于妣庚…
二三三五〇　乙巳卜尹貞王賓妣庚歲𣪊無尤
二三三五〇　貞無尤九月

二三五〇　：卜賓：禱：囚在：
二三五一　：貞：日無：
二三五一　庚辰卜貞王賓妣庚日叙無尤
二三五一　庚辰卜即貞王賓叙無尤
二三五二　庚辰卜旅貞王賓兄庚亻伐無尤
二三五三　庚午卜旅：賓妣庚歲無尤在九月
二三五四　：午卜旅：賓妣庚日：尤四月
二三五四　丙戌：貞王：叙：
二三五四　己丑卜行貞王賓兄己歲叙無尤二牛
二三五四　乙未卜行貞王賓妣庚歲宰無尤
二三五四　：貞王：尤：遘：
二三五四　戊戌卜：貞王賓：歲無尤
二三五四　庚子卜：王賓：尤：九：
二三五五　丁酉卜行貞王賓叙無尤
二三五五　丁酉卜行貞王賓：丁歲三宰：尤
二三五五　庚子卜：貞妣庚歲王其賓
二三五六　：弜賓
二三五六　貞：壱
二三五六　庚午卜大貞妣庚歲王其賓
二三五七　貞弜賓
二三五八　庚戌卜旅貞妣庚歲王其叙在一月
二三五九正　己丑卜：貞妣庚歲：牛
二三五九反　貞先妣庚歲
二三六〇　：卯
二三六〇　貞：並：
二三六〇　貞弜並酌
二三六一　貞妣庚歲惟蔑酌先日
二三六二　：子卜行貞妣庚歲王其叙在：
二三六三　：貞妣庚歲：勿牛
二三六四　己卯卜旅貞翌庚辰妣庚歲其勿牛
二三六四　庚申卜：貞妣庚歲其牡在七月
二三六四　貞牝在七月
二三六四　庚申卜王
二三六四　：卜：
二三六五　：寅卜：貞妣庚歲：牡在三月
二三六六　：卜尹貞妣庚歲一牛
二三六六　庚子卜：貞妣庚歲其勿牛
二三六七　貞弜勿
二三六七　庚子卜喜貞歲惟王祝
二三六七　惟叙
二三六八　己亥卜喜貞翌庚子妣庚歲其弘宰
二三六八　：叙：
二三六九　：蒸暨妣庚歲宰無尤
二三七〇　庚辰卜旅貞王賓妣庚：宰
二三七〇　己卯卜旅貞王賓：無尤
二三七一　庚辰卜尹：妣庚歲宰

二三七二　庚申卜旅貞往妣庚宗歲攺在十二月
二三七三　戊寅卜即貞王出無囚
二三七三　：卜即：歲：于妣庚
二三七四　：其：于妣庚歲：十月
二三七五　庚：貞于：妣庚歲：歲：無：
二三七五　：旅：賓：尤
二三七六　庚午卜：王賓妣庚：兄庚：尤
二三七六　：無尤
二三七七　：即貞妣庚王入自：其延攺
二三七八　庚寅：貞王：妣庚亻：羌：
二三七九　己卯卜：貞翌庚：古于妣庚
二三七九　：貞弜勿：九月
二三八〇　庚申：貞其：妣庚
二三八〇　：尤
二三八一　庚：貞：妣庚
二三八二　庚：貞：妣庚在三月
二三八三　貞王：庚：尤
二三八三　：妣庚：
二三八四　庚：貞：妣庚：兄庚：
二三八四　：卜：賓：尤
二三八五　庚：尹：王：妣庚：
二三八五　：卜尹：賓：無尤
二三八六　庚戌卜：貞王：
二三八六　：貞：妣庚：三牛
二三八七　己丑：貞翌：妣庚：
二三八七　：大：賓：囚
二三八八　：卜尹：翌：其：妣庚
二三八九　丁：貞：妣庚：母辛：
二三九〇　庚申卜旅貞惟元卜用在二月
二三九〇　：卜：妣庚：
二三九一　妣庚：宰
二三九一　：尤
二三九二　：卜行：王賓：無：八月
二三九二　：貞：妣庚：暨
二三九三　：尹：妣庚：
二三九四　：卜旅：賓：妣辛：尤
二三九五　：侑于妣辛冎歲至凡：祖四月
二三九六　妣辛冎歲其至凡：
二三九七　貞其侑妣辛宰
二三九七　庚辰卜𠂤貞其蒸于妣辛
二三九七　：蒸：
二三九八　：于：妣辛：二㞢：
二三九九　：其：
二三九九　丙辰卜𠂤貞其圉于妣辛：
二三九九　丙辰卜𠂤貞其圉于妣辛一牛
二三九九　：宰

二三四〇〇 庚申：貞翌辛：妣辛牢
二三四〇〇 貞其牢又一牛
二三四〇一 壬午卜𢀛貞：其蒸于妣癸
二三四〇二 ：旅：妣癸
二三四〇三 乙未：貞其侑于妣庚今入自禘告一月
二三四〇三 乙未卜旅貞侑以牛其用于妣惟今日
二三四〇四 ：卜貞：
二三四〇四 ：貞其侑于妣
二三四〇五 ：卜旅：又多：妣：
二三四〇六 己巳卜行貞王賓母己歲一牛㲋
二三四〇七 ：丑卜即：妣己歲：牢
二三四〇八 戊辰：貞其：母己
二三四〇八 貞弜侑十二月
二三四〇八 ：賓日：
二三四〇九 丙午：貞其：𢀛：母己：
二三四〇九 ：賓：無：
二三四一〇 貞：
二三四一〇 ：貞惟母己：
二三四一一 己亥卜行貞其侑于母辛母己牡
二三四一二 癸未卜旅貞：母庚
二三四一三 貞其侑：母辛惟：
二三四一三 貞惟牛六月
二三四一三 貞惟𢀛六月
二三四一三 壬寅卜王
二三四一三 ：卜王：
二三四一四 辛未卜：貞其侑于母辛：無：
二三四一五 ：其侑：母辛牢
二三四一六 ：卯侑：貞惟母辛：㞢：
二三四一七 壬申卜：貞惟今：侑于：母辛：
二三四一八 丁卯卜即貞其侑于母辛
二三四一九 己酉卜即貞告于母辛惟𦎫十月
二三四二〇 己酉卜：貞告于母辛惟𦎫
二三四二〇 ：酉卜：大貞母辛歲牛
二三四二一 辛巳卜：貞王賓母辛歲牢：
二三四二二 辛亥卜喜貞母辛歲其㲋
二三四二二 ：卜：貞：賓
二三四二三 辛巳：貞王：母辛歲
二三四二四 ：卜旅：母辛歲：𢀛：一牛
二三四二五 三牢：母辛歲：無：
二三四二六 辛卯：貞其：母辛：
二三四二六 ：卜：貞母辛歲惟今：：酌
二三四二七 ：母辛彳歲牢無尤
二三四二八 辛巳：
二三四二八 ：旅：
二三四二九 ：寅卜：貞𧾓有彡歲自母辛衣：
二三四三〇 ：卜祝貞：

二三四三〇 ：卜祝貞子母子：
二三四三〇 ：貞晉母辛：
二三四三〇 ：酉卜大貞今⿱㞢口：
二三四三一 ：奉亘一𡆠𢿱示不左十二月
二三四三一 ：母辛賓㲋：
二三四三二 ：保于母辛家宕酌：之日不魚六月
二三四三三 ：出：酌匚：室：母辛：
二三四三四 ：巳卜：貞五牢
二三四三四 ：出貞王：于母辛：百牢：盟：
二三四三五 ：辛丑呼：母辛牢一牛：六月
二三四三六 ：母辛：牢一牛
二三四三七 ：母辛：牢：
二三四三八 ：呂：于母辛：牛
二三四三九 ：並：母辛十月
二三四三九 ：永示並：惟有示十月
二三四三九 ：疾侑：七五：牢
二三四四〇 庚寅：貞翌：母辛：
二三四四一 ：出貞翌：于母辛：牛：人
二三四四二 丁卯卜即貞母辛：
二三四四三 甲：貞：母辛：
二三四四三 貞：牛
二三四四三 ：辰卜：王：旬：
二三四四三 ：其侑：
二三四四四 辛巳：貞母辛：
二三四四五 丁未：貞：母辛：
二三四四六 ：大：王：母辛：
二三四四七 ：母辛：在：己：
二三四四八 ：貞：歲于母辛賓酌
二三四四九 ：歲于母辛：
二三四五〇 翌：𢀛：母辛：
二三四五一 ：巳：貞母辛：王其：
二三四五二 ：惟：作：于母辛
二三四五三 ：母辛：
二三四五四 ：雨：母辛十二月
二三四五五 ：歲：
二三四五五 ：母壬歲：㲋無尤
二三四五六 ：卜旅：其效于：其暨母壬
二三四五七 壬寅：貞：母壬：無：
二三四五八 ：王：母壬：無：
二三四五九 ：貞：母壬：
二三四六〇 ：母壬：
二三四六一 乙：貞其：母癸：
二三四六二 ：午卜：貞其侑豕于三母今其夕：不羊
：三月
二三四六三 ：于母無巷在田在七月
二三四六四 貞：

二三四六四　貞母歲惟牡
二三四六四　貞惟牝
二三四六五　丁酉：貞其效㲋于母
二三四六六　辛卯：婦無聽十一月
二三四六六　：㲋：其：自：
二三四六七　己未卜尹貞王賓兄己蒸：
二三四六七　：卜尹：賓：無尤
二三四六八　丁未卜：貞王：叙無：
二三四六八　丁未卜：貞王：歲：
二三四六八　己酉卜行貞王賓兄己歲宰無尤
二三四六八　：戌卜行：王賓：歲宰：尤
二三四六九　戊午：貞翌：妣己：
二三四六九　貞二宰
二三四六九　：宰
二三四七〇　乙未卜㫃貞王賓：
二三四七〇　：㫃：兄己：
二三四七一　己卯：貞：賓：兄己歲：
二三四七一　：卜旅：賓：三宰：尤
二三四七二　甲寅
二三四七二　甲寅卜王曰貞其圍：兄己
二三四七二　：寅卜
二三四七三　貞䜣：
二三四七三　戊子卜即貞兄己𠧞一牛在六月
二三四七三　：貞其：
二三四七四　戊：貞翌：其：
二三四七四　貞毋𠧞在十月
二三四七四　：卜：兄己：羌：
二三四七五　：兄己惟蒦
二三四七六　：兄己：
二三四七六　：九月
二三四七七　癸亥：貞：兄庚歲：暨兄己惟：
二三四七七　癸亥卜貞：𣂔：
二三四七七　貞于廳
二三四七七　貞兄庚歲暨兄己其牛
二三四七八　己卯卜行貞王賓兄己魯：尤
二三四七八　己卯卜行貞王賓叙無尤
二三四七八　：卜行：賓兄庚：無尤
二三四七九　：戌卜旅：翌己亥：兄己：
二三四八〇　庚戌卜大貞其有歲兄庚
二三四八一　癸亥卜吳貞翌甲子其侑于兄庚惟王賓禱
𢼸：
二三四八二　己酉卜：貞王：于兄庚翌：
二三四八二　：賓：
二三四八三　：辰：貞王賓兄庚彡無尤在二月
二三四八三　：即：王賓叙無尤在二月
二三四八四　己未：貞王：翌：

二三四八四　乙未卜行貞王賓叙無尤
二三四八四　庚申卜行貞王賓兄庚翌無尤
二三四八五　丁丑：貞王：叙無：
二三四八五　戊寅卜即貞王賓叙無尤
二三四八五　己卯卜即貞王賓叙無尤
二三四八五　庚辰卜即貞王賓兄庚蒸暨歲無尤
二三四八五　：辰卜即：王賓：無尤
二三四八六　：旅：賓：叙：無尤
二三四八六　庚辰卜旅貞王賓兄庚彡無尤在二月
二三四八七　庚寅卜行貞兄庚歲先日
二三四八七　貞弜先
二三四八七　：賓：無：在：
二三四八八　庚午卜即貞王賓妣庚歲暨兄庚無尤
二三四八八　庚午卜即貞王賓叙無尤
二三四八九　：亥卜即貞兄庚歲：犬：
二三四八九　貞四
二三四九〇　庚戌：貞王：兄庚歲：
二三四九〇　庚戌卜即貞王賓叙無尤
二三四九一　庚午卜旅：兄庚歲：
二三四九二　己酉卜旅貞翌庚戌兄庚歲：
二三四九二　：旅：
二三四九三　庚寅卜貞：兄庚歲
二三四九四　乙亥卜旅貞：兄庚歲：
二三四九四　：兄庚：無：
二三四九四　：八月
二三四九四　：卜：
二三四九四　：旅：
二三四九五　庚申卜：王賓兄庚：
二三四九六　庚申卜：貞王賓兄庚：無：
二三四九七　己：貞：
二三四九七　：戌卜行：王賓妣庚：三卯：
二三四九八　：其：
二三四九八　貞二宰
二三四九八　己丑卜即貞兄庚𠧞牡六月
二三四九八　貞牝
二三四九八　：未卜即貞：今夕：六月
二三四九九　丙午卜王：
二三四九九　庚：
二三四九九　庚子：貞兄庚：牡：
二三五〇〇　：貞其：兄庚一牛
二三五〇〇　：宰
二三五〇一　己亥卜即貞翌庚子其有彳伐：
二三五〇一　貞毋侑六月
二三五〇一　庚戌：貞兄庚歲：其射
二三五〇一　庚戌：貞兄庚：牡
二三五〇二　辛亥卜旅貞其圍羊于兄庚

二三五〇二 ：卜旅貞歲其𢀛在十月
二三五〇三 庚午：貞其：于兄庚：羊一
二三五〇四 庚戌：貞其：兄庚：羊：
二三五〇四 ：卜大：賓：歲：尤
二三五〇五 己亥卜：貞其：
二三五〇五 尊于：一牛
二三五〇六 丁酉卜王
二三五〇六 丁酉卜王
二三五〇六 己亥卜行貞翌庚子其尊于兄庚惟羊
二三五〇六 貞惟牛
二三五〇七 庚午：貞王：兄庚蒸：
二三五〇七 ：旅?：賓：日：尤
二三五〇八 貞于：師酌
二三五〇八 貞惟兄庚：
二三五〇九 庚：貞：兄庚：仲：
二三五一〇 貞：
二三五一〇 壬戌周
二三五一〇 癸亥兄庚
二三五一〇 癸亥
二三五一〇 貞三牛
二三五一一 庚申卜：貞兄庚歲其：
二三五一二 ：王：兄庚：無尤：五月
二三五一三 庚辰：貞：兄庚：無：
二三五一三 庚辰卜[illegible]：王賓：無尤
二三五一四 丁亥：王：
二三五一四 ：占：兄庚：
二三五一五 庚子：貞兄庚：牡
二三五一五 丙午卜王：
二三五一五 庚：
二三五一六 ：兄庚：
二三五一七 ：遘：兄庚四?月
二三五一八 丙：貞：
二三五一八 庚午：貞王：兄庚：
二三五一八 ：毓：在五月
二三五一九 ：兄辛：日：
二三五二〇 甲申卜即貞其侑于兄壬于母辛宗
二三五二〇 壬申卜即貞兄壬歲惟農
二三五二〇 貞于宗七?月
二三五二〇 貞其[illegible]
二三五二〇 ：夕：
二三五二一 壬子?：即貞：兄壬惟羊
二三五二一 ：惟牛
二三五二一 ：貞：
二三五二二 ：卜：侑兄壬：尤?
二三五二三 壬：貞其：兄壬：
二三五二四 ：旅：于兄壬：

二三五二五 壬辰：貞翌：侑于兄：
二三五二五 庚子卜
二三五二六 ：午卜：貞禦于四兄：
二三五二七 乙未卜：貞其禦于多兄
二三五二七 ：卜旅：舌其率：
二三五二八 己卯：貞王賓：兄：
二三五二九 ：卜：其侑：子妻：牡：
二三五二九 ：卜旅：有子妻：
二三五三〇 貞惟：在：
二三五三〇 ：行：妻歲：
二三五三〇 貞惟：在：
二三五三一 己未卜出貞子㠯毋有疾不：
二三五三二 辛亥卜出貞今日王其水寢五：
二三五三二 癸亥卜出貞子㠯弗疾
二三五三二 丁卯子㠯有疾
二三五三二 丁卯卜大貞今日啓
二三五三二 ：其：
二三五三三 辛：出：其：
二三五三三 癸亥卜出貞子㠯疾
二三五三三 丁卯子㠯弗有疾
二三五三三 ：今：不?雨
二三五三四 ：大貞令抽子莫[illegible]：
二三五三四 ：大貞令賓比自：
二三五三四 ：貞：
二三五三五 ：㠯：来：
二三五三六 丙寅卜祝貞令子甗尊八月
二三五三七 ：卜出：子甗：
二三五三八 丁卯卜大貞王賓桒自上甲無：月
二三五三八 癸未：貞其：于子癸
二三五三九 ：卜：貞子利牡
二三五四〇 丙子卜大貞其叙四子
二三五四〇 貞于?翌丁丑
二三五四一 丙子卜大貞其叙四子惟今日四月
二三五四二 ：旅：多子：[illegible]?：
二三五四二 ：于禾：
二三五四三 ：卜即：饗多子：
二三五四四 己巳：旅：仲子：王其賓：
二三五四四 庚午卜王
二三五四五 辛丑卜大貞仲子歲其延酌
二三五四六 乙丑：貞歲：仲子
二三五四七 己酉卜：貞王：仲子歲：無尤
二三五四八 乙卯：貞仲子：其弜
二三五四九 ：貞惟仲子：
二三五五〇 己酉：貞歲：仲子：尤
二三五五〇 ：行：賓：尤?七月
二三五五一 丁酉：貞仲子：其：

二三五五一　……旅……仲子……王……賓……
二三五五二　貞……仲子……盟……
二三五五二　貞弜暨
二三五五三　……歲……酌
二三五五四　……酉卜……貞仲子……其……
二三五五五　……仲子……其……
二三五五六　……圉于仲子惟羊
二三五五六　戊申……貞其……仲子惟襲
二三五五六　戊申卜即貞翌己酉……盟子……
二三五五六　……申……
二三五五七　……卜……貞仲子……
二三五五八　……逐貞……[illegible]……惟㞢……工侯……允……
二三五五八　……令……其若
二三五五九　癸未卜矣貞王正不若[illegible]
二三五五九　乙……大貞……夕告……侯往……丁
二三五六〇　戊子卜矣貞王曰余其曰多尹其令二侯上
二三五六〇　絲暨[illegible]侯其……周
二三五六一　丁亥卜……貞伊……
二三五六一　……[illegible]……
二三五六二　甲午卜……貞十伊……
二三五六三　丙戌……貞伊……翌丁……
二三五六四　……黃尹……
二三五六五　丙寅……即貞……[illegible]……黃尹
二三五六六　……壬敚……歲……酘黃尹十一月
二三五六七　……大……丁巳……黃尹……
二三五六八　……卜喜……乙酉……黃尹……賓……
二三五六九　丁丑……貞其……黃尹……
二三五七〇　丁未卜……
二三五七〇　己酉卜大貞翌日……
二三五七〇　……惟……山……
二三五七一　戊寅……大貞……毀十一月
二三五七一　……未……
二三五七二　乙丑……大貞……[illegible]……障
二三五七二　……戊卜……貞翌……亥……來……
二三五七三　戊子卜大貞㞢[illegible]……
二三五七三　告
二三五七四　癸未卜……
二三五七四　庚寅卜大貞……
二三五七四　辛卯卜大……
二三五七五　癸卯卜大貞翌乙巳庚……日……
二三五七六　辛丑卜大貞翌乙巳……
二三五七七　丁丑卜大貞翌辛巳……
二三五七八　……申卜大……翌辛酉乞……
二三五七九　癸……
二三五七九　……丁酉……
二三五七九　……卜大……翌己亥……十二月

二三五七九　貞……惟……示
二三五八〇　庚申卜大貞……
二三五八〇　辛酉卜大貞今日延
二三五八〇　……[illegible]
二三五八一　癸未……貞……見……
二三五八一　癸未卜哭貞在匕見
二三五八二　……大貞今日延
二三五八三　……丁……大……日……
二三五八三　……申卜大……至于……日九月
二三五八四　辛酉卜大貞勿牛三
二三五八五　庚寅卜大貞今日……
二三五八六　……大貞作……
二三五八六　……貞……
二三五八七　癸……大……
二三五八七　……卜大……田
二三五八八　……卜大……不既……
二三五八九　癸巳卜矣貞……
二三五九〇　……卜矣貞……
二三五九一　貞勿？……
二三五九一　乙……卜矣貞……我……十月
二三五九二　……未卜矣……丁？旬？……
二三五九二　……貞……
二三五九三　……矣……其方……
二三五九四　丙申卜喜貞……
二三五九四　……卜矣……今夕……
二三五九五　甲寅卜[illegible]……
二三五九五　……[illegible]……
二三五九六　……卜[illegible]……
二三五九七　……卜[illegible]……今日……
二三五九八　癸未卜祝貞[illegible]？……
二三五九九　……卜祝貞惟……
二三五九九　乙未卜大貞……寧……
二三六〇〇　乙卯祝貞勿惟……
二三六〇〇　貞……㞢十一月
二三六〇一　癸卯卜祝貞
二三六〇一　癸丑卜祝
二三六〇一　癸亥卜祝貞
二三六〇一　……卜……貞
二三六〇二　丙辰卜即貞惟[illegible]出于夕禦馬
二三六〇三　……寅卜即……翌鼓……
二三六〇四　戊……即……戊……
二三六〇四　貞[illegible]十月
二三六〇五　貞毋……
二三六〇五　……卯卜即……允于……
二三六〇六　己卯卜喜貞惟朕
二三六〇六　……[illegible]？……
二三六〇七　戊戌卜喜……己亥丁……

二三六〇八	戊寅卜出貞其于…
二三六〇八	庚寅…
二三六〇八	庚子卜出翌丁未…
二三六〇八	戊申卜大貞翌…
二三六〇九	庚子卜喜貞…賓…
二三六〇九	…卜喜…
二三六一〇	庚寅卜出貞于翌乙未大醫
二三六一一	丁卯卜出貞今日魚…
二三六一一	癸巳卜大…
二三六一一	丁酉卜出貞其…
二三六一一	丁酉卜出貞…
二三六一二	…卜出貞龜旬不□不…
二三六一二	丙
二三六一三	丁酉卜…
二三六一三	癸巳
二三六一三	丁酉卜
二三六一三	丁酉卜
二三六一三	丁未卜出貞…巳…若
二三六一四	…卜…
二三六一四	己丑卜出貞昆日其𠂔丁牢
二三六一五	…子卜出…其㞢…龔…翌辛…
二三六一六	庚戌卜出貞翌辛亥其…
二三六一七	…巳?卜出…翌戊寅…□…
二三六一八	乙亥卜出貞來丁亥…
二三六一九	…未卜出…禦子…家盧…
二三六二〇	癸酉卜出貞…在…
二三六二一	…午卜喜?貞…惟牢…
二三六二二	…卜出貞…王庚?…
二三六二三	乙巳卜出貞王疋惟洲
二三六二四	…出貞…寢…𦞮…三十…十月
二三六二五	戊子卜出貞今…又…上?甲?…
二三六二六	…亥卜出…勿𩐀…大…
二三六二七	…巳卜出貞…
二三六二七	…見…𣪊不…十月
二三六二八	丁酉卜尹貞今夕至于…
二三六二九	…卜尹…今日至…庚辰…
二三六三〇	壬子卜尹貞壬戌羊
二三六三〇	…灑…
二三六三一	…卜尹…出…
二三六三一	甲午
二三六三一	甲辰
二三六三一	甲寅
二三六三二	癸…尹貞…無囚在…
二三六三二	…卜尹…囚
二三六三三	壬戌…𠂤貞…
二三六三四	庚午卜𠂤貞王又?…
二三六三五	壬?申卜𠂤…
二三六三六	…卜𠂤…言允…十月
二三六三七	…潽貞…夕戊…
二三六三八	癸酉卜旅貞翌甲戌…遘…又…
二三六三八	甲…
二三六三九	癸酉卜旅…翌甲戌…
二三六四〇	庚子…旅貞…辛丑…侑于…
二三六四〇	…卜旅…
二三六四一	癸丑…旅…在…
二三六四一	…卜旅…無…十二月
二三六四二	壬午…王…
二三六四二	…未卜旅…今日…在六月
二三六四三	癸亥…旅貞…無…
二三六四三	…旅…囚
二三六四四	…卜旅…攸𢀛…工其…
二三六四五	壬…旅…
二三六四五	…卜旅…上甲…
二三六四六	…貞…亞…
二三六四六	…旅…巳…
二三六四七	貞不其…
二三六四七	…旅…
二三六四八	庚子卜行貞惟?又…
二三六四八	…卜行…
二三六四九	…卜行貞…□無…
二三六五〇	癸酉卜中貞惟𦞮凡有尤
二三六五〇	…貞…
二三六五一	乙巳卜中貞卜若茲不𠧟其大不若
二三六五一	…其?…丑…
二三六五二	…卜中…日午…王囚…疋允…十三月
二三六五三	…卜中貞…賜…
二三六五四	癸亥…中貞…不…
二三六五五	…卜中…無…
二三六五六	癸巳…中…
二三六五六	…來…十月
二三六五七	…中…使…
二三六五八	…貞其…
二三六五八	…逐貞來…
二三六五八	…逐貞…
二三六五八	…逐…
二三六五九	…貞…
二三六五九	…逐貞…
二三六五九	…逐貞…
二三六五九	…卜出…
二三六六〇	…卜出貞其…
二三六六〇	…出貞來…
二三六六〇	…卜逐貞…

二三六六一　丁酉卜㞢貞…
二三六六一　丁酉卜㞢…
二三六六二　庚戌卜…貞王…
二三六六三　…永…賓…無…
二三六六四　貞出
二三六六四　貞出
二三六六四　貞永
二三六六四　貞出
二三六六四　貞出
二三六六四　貞出
二三六六四　貞出
二三六六五　乙酉…出貞…𠂤…
二三六六五　乙…出?…
二三六六六　己亥卜大貞呼般𠂤有衛
二三六六六　…呼…兮…
二三六六七　丙午王卜大延
二三六六八　丁酉卜出貞今夕無囗
二三六六八　貞惟立令
二三六六九　辛丑王…兵延
二三六七〇　…惟覓…至十月
二三六七一　…無尤
二三六七一　戊申卜旅貞王賓夕𥙊無囗
二三六七一　貞其…無尤
二三六七一　辛未卜行貞其呼永行有遘
二三六七一　貞無遘
二三六七一　…戊卜行…王賓…𥙊無囗
二三六七二　乙卯王卜兵延
二三六七三　貞妾其至在二月
二三六七三　…來…
二三六七四　貞…
二三六七四　己亥卜中貞惟𡕭丁令方𢓊
二三六七五　庚申卜出貞令冎並彭河
二三六七六　…卜旅…令何…衛
二三六七六　丁…旅…
二三六七七　…卜喜…王出…囗
二三六七七　惟見
二三六七八　惟見
二三六七九　惟…卜出…見其…
二三六八〇正　辛丑卜兵貞𣏟止曰王…
二三六八〇反　戊子羽…
二三六八一　…卜貞…見…
二三六八二　癸丑王…古令…
二三六八三　丙寅卜大貞惟留有保自右尹十二月
二三六八四　丁酉卜出貞令𥎦虫鳴友…
二三六八五　庚午卜大貞叀來惟今日呼延
二三六八五　辛…翌…丑…

二三六八六　…巳卜…貞其…呼𦍋…若
二三六八七　丙午卜旅?貞惟友…茲見
二三六八七　…王卜中延
二三六八七　丙…卜旅…中延
二三六八八　…丑卜尹…𢦔告曰…不…
二三六八九　…卯…卜出貞犬延
二三六九〇　己卯…貞…其…
二三六九〇　己卯卜旅貞又𠙵虎其用
二三六九一　…申卜喜…鳥…𦥑
二三六九二　丁未…貞嬴不…乍其亦桼惟…
二三六九三　…貞…
二三六九三　…貞惟告嬴令…
二三六九四　辛巳…貞嬴…
二三六九四　…巳卜旅貞嬴不即乍其亦尋來…惟丁亥
彭十一月
二三六九五　己巳…貞嬴…
二三六九五　…旅…即…
二三六九六　辛未卜旅貞嬴不既…
二三六九七　庚寅卜祝貞王惟豩𡧊…
二三六九八　乙酉卜…貞其…祟虎…
二三六九九　貞勿令弘
二三六九九　貞勿令
二三六九九　貞…弘…周
二三七〇〇　…其令…田來
二三七〇一　貞惟㳄令八月
二三七〇二　貞肙其入無尤
二三七〇二　…芦…
二三七〇三正　貞于入…自𥙊…
二三七〇三反　…旅…
二三七〇四　貞惟𡆥
二三七〇四　戊…
二三七〇五　甲子卜出貞𣎵侑以又于師歸
二三七〇五　貞衣㞢若無尤
二三七〇五　戊午
二三七〇五　己未
二三七〇六　貞惟有小獲…呼入禦事
二三七〇七　貞惟小…㠯二月
二三七〇七　…辰王…
二三七〇八　壬…
二三七〇八　丁酉卜祝貞惟𠂤老…以小𢍰其八月
二三七〇九　…午卜出貞…𦍋小𢍰有𢽠示呼見…大
…左…
二三七一〇　庚…貞𦍋…𢍰…
二三七一〇　貞…
二三七一〇　…卜出…
二三七一一　…祝貞…

二三七一一 …大貞來丁亥…
二三七一一 …大貞作喪小剢…
二三七一一 …大貞作尊小剢無棌
二三七一二 丙申卜出貞作小剢日惟癸八月
二三七一二 丁酉卜祝貞其品司在茲八月
二三七一二 貞其品司于王出
二三七一二 戊申卜…
二三七一三 丙申卜出貞作小剢惟癸八月
二三七一三 丁酉卜祝貞其品司在茲
二三七一三 貞其品司于王出
二三七一四 丙申卜出貞作小剢日惟癸八月
二三七一四 丁酉卜祝貞其品司在茲
二三七一四 貞其品司于王出
二三七一四 戊…
二三七一四 …卜…
二三七一五 丁酉卜大貞小剢老惟丁留
二三七一五 …不…丁…
二三七一五 丁未
二三七一五 己酉暘日
二三七一五 貞不其暘日
二三七一五 貞惟酉取于入酌
二三七一六 丁酉卜大貞小剢老惟丁留八月
二三七一七 己巳卜大貞翌辛未彘益醫
二三七一七 甲申卜出貞翌…巳呂其侑于妣辛冏歲其…
二三七一七 辛卯卜大貞洹弘弗敦邑七月
二三七一七 丁酉卜…小剢老八月
二三七一七 己酉卜祝貞𠦪年于高祖四月
二三七一七 …巳…
二三七一八 癸未卜大貞剢歲…
二三七一九 壬午卜大貞翌癸未侑于小剢三牢箙一牛
二三七一九 …剢…
二三七二〇 甲申卜喜貞惟多…妾毋用
二三七二一 己…曰…
二三七二一 己酉卜王曰貞惟…左自取祖乙𣪠于之若
二三七二一 …王曰…取祖乙…羌…田？…
二三七二二 丙戌…卜…室…翌丁亥…其令多…王令
…告？
二三七二三 癸卯卜即貞其令…來惟翌甲辰…
二三七二三 貞于翌乙巳令…
二三七二四 貞勿令十二月
二三七二五 …辰卜…貞勿…令八月
二三七二六 戊辰卜行貞王出無囚
二三七二六 …辰卜行…王出…囚
二三七二六 己巳卜行貞王賓歲？…無囚
二三七二六 貞無尤在七月
二三七二六 貞無尤在七月

二三七二六 貞無尤在七月
二三七二七 貞…無囚蓺…
二三七二七 辛未卜行貞王出無囚在六月
二三七二七 貞無尤
二三七二八 貞無尤
二三七二八 貞無尤在七月
二三七二八 壬申卜行貞王出無囚
二三七二九 貞…尤
二三七二九 貞無尤
二三七二九 壬申卜行貞王出無囚
二三七三〇 丙子卜行貞王出無囚
二三七三〇 貞無囚
二三七三一 甲申卜行貞王出無囚
二三七三一 貞無尤
二三七三一 …行…羌甲…囚
二三七三二 乙酉卜行貞王賓蓺禫無囚
二三七三二 貞無尤
二三七三二 貞勿牛
二三七三二 貞弜勿牛
二三七三二 丙戌卜行貞王出
二三七三二 貞…
二三七三三 丙戌卜行貞王出無囚
二三七三三 …卜…無…
二三七三四 貞…尤
二三七三四 貞無尤在七月
二三七三四 辛丑卜行貞王出無囚
二三七三四 壬寅卜行貞王賓伐無囚
二三七三四 貞無尤
二三七三五 貞…
二三七三五 丙申卜行貞王出無囚
二三七三五 …無…
二三七三六 貞…尤
二三七三六 丁未卜行貞王出無囚
二三七三七 …卯卜行貞王出無囚
二三七三八 貞…
二三七三八 …子卜行貞王出無囚
二三七三九 貞無尤在八月
二三七三九 貞無尤在…
二三七三九 …寅卜行…王出…囚
二三七四〇 …卜行…王出…囚
二三七四一 戊寅卜旅貞王出無囚
二三七四一 貞無尤在十二月
二三七四二 癸巳卜旅貞王出無囚
二三七四二 貞無尤七月
二三七四二 …無…月
二三七四三 戊…

二三七四三 貞無尤
二三七四三 ：申卜旅：王出無囚
二三七四四 ：卯卜旅：王出無：
二三七四五 ：卜旅：王出：囚
二三七四六 ：寅卜旅：出無囚
二三七四七 乙巳：貞王：無：
二三七四七 ：卜旅：出：囚
二三七四八 戊寅卜尹貞王出無囚
二三七四八 貞無尤在十月
二三七四九 戊午：貞今：無囚
二三七四九 戊辰卜尹貞王出無囚
二三七四九 ：無尤：七月
二三七五〇 戊：貞王：叡無：
二三七五〇 戊辰卜尹貞王出無囚
二三七五〇 ：無尤
二三七五一 戊：貞：
二三七五一 戊寅卜尹貞王出無囚
二三七五一 貞無尤
二三七五一 貞無尤在六月
二三七五一 ：尹：無囚
二三七五二 庚辰卜尹貞王出：
二三七五三 戊戌卜：貞王賓叡無尤
二三七五三 戊戌卜尹貞無囚
二三七五三 貞無尤
二三七五四 戊戌卜尹貞今夕無囚
二三七五四 戊申卜尹貞王出無囚
二三七五四 ：無：
二三七五五 ：貞：祭：
二三七五五 壬戌卜尹貞王出無囚
二三七五五 貞無尤
二三七五六 乙?丑卜尹貞王出無囚
二三七五七 ：卜尹：王出：囚
二三七五八 ：午卜尹貞王出：囚
二三七五九 貞：尤
二三七五九 ：辰卜尹：王出：囚
二三七六〇 壬?申卜即貞王出無囚
二三七六〇 貞無：
二三七六〇 貞無尤
二三七六一 貞無尤
二三七六一 ：卜即：王出：囚
二三七六二 ：酉卜即貞王出無囚在二月
二三七六三 壬申卜喜貞王出無囚
二三七六三 ：卜：貞王：無：
二三七六四 ：卜喜：王出：囚
二三七六五 ：巳卜喜?貞王出：
二三七六六 辛未：貞王出無囚

二三七六六 貞無尤在六月
二三七六七 丙子卜：貞王出無囚
二三七六八 戊寅卜：貞王出無囚
二三七六九 戊戌卜：貞王出無：
二三七六九 ：無：
二三七七〇 戊戌卜貞王出無囚
二三七七〇 貞無尤
二三七七一 丙：卜貞王出無囚
二三七七二 戊申卜：貞王出：囚二月
二三七七二 ：無尤
二三七七三正 戊申卜貞王出：囚
二三七七三正 戊申卜貞王出無囚
二三七七三正 貞無尤
二三七七三正 ：無：
二三七七三反 ：疾：
二三七七四 壬子卜貞王出無囚
二三七七五 辛卯卜貞王出無囚
二三七七五 貞：
二三七七六 丁巳：貞王出無囚
二三七七七 ：貞王出無囚
二三七七八 ：辰卜：王出：囚
二三七七九 庚：出：無：
二三七七九 ：卜：己：丑
二三七八〇 戊子卜□□九□
二三七八〇 ：卜出：無：
二三七八一 ：出：囚
二三七八一 ：出：□：
二三七八二 甲辰卜：貞王出：十二月
二三七八二 ：永：月
二三七八三 ：有：其叡：子王：出：
二三七八四 癸巳：貞王：夕?無囚
二三七八五 壬子卜旅貞王其往：
二三七八五 ：囚：
二三七八六 己卯卜出貞今日王其往河
二三七八七 丁亥卜貞王其往無：
二三七八七 ：卜：□：射：
二三七八八 戊午：出貞：往：災
二三七八九 ：卜灉：王：無：
二三七九〇 辛酉卜出貞翌壬戌王往：
二三七九一 壬辰卜大貞翌癸巳王往：
二三七九一 ：見小叡?
二三七九二 甲戌卜出貞王勿往
二三七九三 ：貞勿往一月
二三七九四 ：卜旅：其步：析無災
二三七九五 ：卜旅：其步：□：之甲：
二三七九六 ：卜出：步：□：無：

二三七九六　：貞：其：
二三七九七　：卜旅：其步：無災
二三七九八　：旅：申其延步無災
二三七九九　丙申卜：貞翌丁酉其步于：
二三七九九　：己：在十月
二三八〇〇　丙申卜：貞翌丁酉其步
二三八〇一　癸亥卜：貞今日：步
二三八〇二　：子卜行：王其步自：[illegible]無災
二三八〇三　：卜出：王步：有羽
二三八〇四　丙申：即貞：囚在四月
二三八〇四　丙申卜：其：祖：
二三八〇四　丙申卜旁：雨：
二三八〇五　王入：禱：
二三八〇五　丙寅卜：貞于祖乙禦其[illegible]若八月
二三八〇五　貞今日無來艱
丙寅卜吳貞卜竹曰其侑于丁宰王曰弜
[illegible]翌丁卯[illegible]若八月
二三八〇五　丁巳卜吳貞囚其入王曰入允入
二三八〇六　：王出：延步
二三八〇七　貞二宰
二三八〇七　貞三宰
二三八〇七　丙寅卜王
二三八〇七　丙寅卜王
二三八〇七　丙寅卜王
二三八〇七　丙寅卜王
二三八〇八　己未卜：貞小王：宰
二三八〇八　甲子卜王
二三八〇九　甲子卜王
二三八一〇　甲：
二三八一〇　甲子卜王在十一月
二三八一〇　甲子卜王在十一月
二三八一一　甲子卜王在十月
二三八一一　甲子卜王
二三八一一　甲子卜王
二三八一二　甲子卜王
二三八一二　：王
二三八一三　甲子：王
二三八一三　甲子：王
二三八一四　甲子卜王
二三八一四　甲：
二三八一五　乙丑卜王
二三八一五　乙丑卜王
二三八一五　乙丑卜王
二三八一五　：卜：
二三八一六　乙：
二三八一六　乙丑卜王

二三八一七　乙丑：
二三八一七　乙丑卜王
二三八一七　乙丑卜王
二三八一八　己巳卜王
二三八一八　己巳：
二三八一八　伊卜
二三八一八　乙丑卜王
二三八一八　乙丑卜王
二三八一八　乙丑卜王
二三八一九　乙丑：王
二三八一九　乙丑卜王
二三八一九　乙丑卜王
二三八一九　乙丑卜王
二三八二〇　乙丑卜王
二三八二〇　癸巳卜王
二三八二一　乙丑卜王
二三八二一　：卜王
二三八二一　乙丑卜王
二三八二一　：卜王
二三八二二　丙寅：在十一月
二三八二二　丙寅卜王
二三八二二　丙寅卜王
二三八二二　丙寅卜王
二三八二二　：卜王：
二三八二三　丙寅卜王
二三八二三　丙寅卜王
二三八二三　丙寅卜王
二三八二三　：寅卜王
二三八二四　丙寅卜王
二三八二四　：卜：
二三八二五　丙寅卜王
二三八二五　：寅卜王
二三八二六　丙寅卜：
二三八二六　丙寅卜王
二三八二六　丙寅卜王
二三八二六　丙寅卜行貞歲惟敹：
二三八二七　丙寅卜王
二三八二七　丙寅卜王
二三八二七　：卜王
二三八二八　丙寅卜王
二三八二八　丙寅卜王
二三八二八　：卜王
二三八二九　丙寅卜王
二三八三〇　丙寅卜：
二三八三〇　丙寅卜王
二三八三〇　：王

二三八三一　丙寅卜王
二三八三一　丁卯卜王
二三八三二　丁卯：王
二三八三二　丁卯卜王
二三八三三　丁：王
二三八三三　丁卯卜王
二三八三三　丁卯卜王
二三八三三　丁卯卜王
二三八三三　：卜：
二三八三四　：王
二三八三四　丁卯卜王
二三八三四　丁卯卜王
二三八三四　丁卯卜王
二三八三五　丁卯卜：
二三八三五　丁卯卜王
二三八三五　丁卯卜王
二三八三五　：卜王
二三八三六　丁卯卜王
二三八三六　丁卯卜王
二三八三六　：王
二三八三七　戊辰卜王在四月
二三八三七　戊辰卜王
二三八三七　戊辰卜王
二三八三七　戊辰卜王
二三八三八　丁卯卜王
二三八三八　：卜王
二三八三九　丁卯卜王
二三八三九　：卯？卜：
二三八四〇　戊辰卜：
二三八四〇　戊辰卜王
二三八四〇　：辰卜王
二三八四一　：辰卜：
二三八四一　戊辰卜王
二三八四一　戊寅卜王
二三八四二　戊辰卜王
二三八四二　戊辰卜王
二三八四二　：辰卜：
二三八四三　己巳卜王在六月
二三八四三　己巳卜王
二三八四三　己巳卜王
二三八四三　己巳卜王
二三八四四　己巳卜王
二三八四四　庚午卜王
二三八四五　庚午卜王
二三八四五　庚午卜王
二三八四五　庚午卜王

二三八四五　：王
二三八四六　：王
二三八四六　庚午卜王
二三八四六　庚午卜王
二三八四六　：卜：
二三八四七　庚午：王
二三八四七　庚午：王
二三八四八　庚午卜王
二三八四八　：午卜王
二三八四九　庚午：王
二三八四九　庚午卜王
二三八四九　：午卜：
二三八五〇　庚午：
二三八五〇　庚午卜王
二三八五〇　：卜：
二三八五一　庚午卜王
二三八五一　：甲？：
二三八五二　庚午卜王
二三八五三　庚午卜王
二三八五四　辛未卜王
二三八五四　辛未卜王
二三八五四　：申卜：
二三八五五　丁卯：
二三八五五　辛未卜王
二三八五六　壬申卜：
二三八五六　：卜王
二三八五七　癸酉：王
二三八五七　癸酉卜王
二三八五七　癸酉卜王
二三八五八　癸：王
二三八五八　癸酉卜王
二三八五八　癸酉卜王
二三八五八　：酉卜：
二三八五九　癸酉：王曰貞：
二三八五九　癸酉卜王
二三八六〇　：王
二三八六〇　癸酉卜王
二三八六一　甲戌卜王
二三八六二　乙亥卜王
二三八六二　乙亥卜王
二三八六三　乙亥卜王
二三八六四　甲戌？：王
二三八六四　乙亥卜王
二三八六五　乙亥卜：
二三八六五　乙亥卜王
二三八六五　乙亥卜王

二三八六五　乙亥卜王
二三八六五　乙亥卜王
二三八六五　乙亥卜王
二三八六五　乙亥卜王
二三八六五　乙亥卜王
二三八六六　乙…王
二三八六六　乙亥卜王
二三八六六　乙亥卜王
二三八六六　…亥卜王
二三八六七　乙亥…王
二三八六七　乙亥卜王
二三八六七　乙亥卜王
二三八六八　丙子卜王
二三八六九　丙子…王
二三八六九　丙子卜王
二三八六九　丙子卜王
二三八七〇　丙子…王
二三八七〇　丙子卜王
二三八七〇　…子卜…
二三八七一　丁丑卜王
二三八七二　丁丑卜王
二三八七二　丁丑卜王
二三八七三　戊…王
二三八七三　戊寅卜王
二三八七三　戊寅卜王
二三八七三　戊寅卜王
二三八七四　戊寅…王
二三八七四　戊寅卜王
二三八七四　戊寅卜王
二三八七四　戊寅卜王
二三八七五　己卯…在十？月
二三八七五　己卯卜王
二三八七五　己卯卜王
二三八七五　…王…
二三八七六　己卯卜王
二三八七六　己卯卜王
二三八七七　己卯卜王
二三八七七　己卯卜王
二三八七七　己卯卜王
二三八七八　己卯…兹毋…
二三八七八　己卯卜王兹毋…
二三八七八　己卯卜王
二三八七八　己卯卜王
二三八七九　己卯…
二三八七九　己卯卜王
二三八七九　己卯卜王

二三八八〇　己卯…
二三八八〇　己卯卜王
二三八八〇　己卯卜王
二三八八一　己卯…王
二三八八一　…卜王
二三八八二　己卯…王
二三八八二　庚辰卜王
二三八八三　丁丑卜王
二三八八三　庚辰卜王
二三八八四　庚辰卜王
二三八八四　…王
二三八八五　庚辰卜王
二三八八六　辛巳卜王
二三八八六　辛巳卜王
二三八八七　辛…王
二三八八七　辛巳卜王
二三八八八　壬…王
二三八八八　壬午卜王
二三八八八　壬午卜王
二三八八八　壬午卜王
二三八八九　庚申…貞王…
二三八八九　壬午卜王
二三八八九　…圉…
二三八九〇　壬…王
二三八九〇　壬午卜王
二三八九一　壬…王
二三八九一　壬午卜王
二三八九一　癸未卜王
二三八九二　壬午…在…月
二三八九二　癸未卜王
二三八九三　癸未卜…
二三八九三　癸未卜王
二三八九三　癸未卜王
二三八九三　癸未卜王
二三八九三　癸未卜王
二三八九四　癸…王
二三八九四　癸未卜王
二三八九四　癸未卜王
二三八九四　…未卜…
二三八九五　癸未卜王
二三八九五　癸未卜王
二三八九五　…未卜…
二三八九六　癸未卜王
二三八九六　癸未卜王
二三八九七　癸…貞…
二三八九七　癸未卜王在十月

二三八九七 ：未卜：
二三八九八 癸未卜：
二三八九八 甲申卜王
二三八九八 丙申卜王
二三八九九 甲申卜王
二三八九九 ：申卜：
二三八九九 丙戌?卜王
二三九〇〇 甲申：
二三九〇〇 甲申卜王
二三九〇〇 甲申卜王
二三九〇一 甲申卜王
二三九〇二 甲申卜：
二三九〇三 甲申卜王
二三九〇三 ：卜王
二三九〇四 甲申卜王
二三九〇五 甲申卜王
二三九〇五 ：申卜王
二三九〇六 甲申：
二三九〇六 甲申卜王
二三九〇六 ：既：觀：
二三九〇七 甲申：
二三九〇七 甲申卜王
二三九〇八 甲申卜王
二三九〇九 甲申：
二三九〇九 甲申卜王
二三九一〇 甲申卜王
二三九一一 乙酉卜王
二三九一二 乙酉卜王在十月
二三九一二 ：酉卜：
二三九一三 乙酉卜王
二三九一三 乙酉卜王
二三九一四 乙酉卜王
二三九一五 乙：王
二三九一五 乙酉卜王
二三九一五 丙戌卜王
二三九一五 ：戌卜王
二三九一六 丙戌卜王
二三九一六 ：卜：
二三九一七 丙戌卜王
二三九一七 ：卜：
二三九一八 丙戌：王
二三九一八 ：卜：吉
二三九一九 丁亥卜王
二三九二〇 丁亥：
二三九二〇 丁亥卜王
二三九二一 丁亥卜王

二三九二一 丁亥卜王
二三九二二 丁：
二三九二二 丁亥卜王
二三九二二 丁亥卜王
二三九二二 ：卜王
二三九二三 丁亥：王
二三九二三 戊子卜王
二三九二四 戊子卜王
二三九二四 戊子卜王
二三九二四 戊子卜王
二三九二四 ：卜：
二三九二五 戊子卜王
二三九二五 戊子卜王
二三九二五 戊子卜王
二三九二五 戊子卜：
二三九二五 ：子卜：
二三九二六 戊子卜王
二三九二六 戊子卜王
二三九二七 戊：卜：
二三九二七 戊子卜王
二三九二七 戊子卜王
二三九二八 戊子卜王
二三九二八 戊子卜王
二三九二八 戊子卜王
二三九二八 ：子卜：
二三九二九 戊子：王
二三九二九 戊子卜王
二三九二九 戊子卜王
二三九三〇 戊：
二三九三〇 戊子卜王
二三九三〇 戊子卜王
二三九三一 戊子卜王
二三九三一 戊子卜王
二三九三一 戊子卜王
二三九三一 戊子卜王
二三九三一 戊子卜王
二三九三二 戊子卜王
二三九三二 戊子卜王
二三九三三 戊：王
二三九三三 戊子卜王
二三九三四 己丑：
二三九三四 己丑卜王
二三九三四 己丑卜王
二三九三五 己丑：王
二三九三五 己丑卜王
二三九三五 己丑卜王

二三九三五　：丑卜：
二三九三六　庚寅卜王
二三九三六　庚寅卜王
二三九三七　己：
二三九三七　己丑卜王
二三九三七　己丑卜王
二三九三七　：丑卜王
二三九三八　己：
二三九三八　己丑卜王
二三九三八　庚寅卜王
二三九三九　庚：王
二三九三九　庚寅卜王
二三九三九　：寅卜：
二三九四〇　庚：王
二三九四〇　庚寅卜王
二三九四一　庚：王
二三九四一　庚寅卜王
二三九四一　庚寅卜王
二三九四二　庚寅卜王
二三九四二　：寅卜：
二三九四三　庚寅卜王在一月
二三九四三　：卜：
二三九四四　庚寅：王
二三九四四　庚寅卜王
二三九四四　庚寅：王
二三九四四　庚寅卜王
二三九四四　：寅：
二三九四四　庚：
二三九四五　庚寅：王
二三九四五　庚寅卜王
二三九四五　庚寅：王
二三九四六　辛卯卜王
二三九四六　辛卯卜王
二三九四六　：卯卜：
二三九四七　辛：王
二三九四七　辛卯卜王
二三九四七　辛卯卜王
二三九四七　辛卯卜王
二三九四八　辛卯卜王
二三九四八　：卯卜：
二三九四九　辛卯：
二三九四九　辛卯卜王
二三九五〇　辛卯：王
二三九五〇　辛卯卜王
二三九五一　辛卯卜王
二三九五二　辛卯卜王
二三九五二　：卯卜王
二三九五三　辛卯卜王

二三九五四　辛卯：
二三九五四　辛卯卜王
二三九五四　壬辰卜王
二三九五五　壬辰卜王
二三九五五　壬辰卜王
二三九五五　壬辰卜王
二三九五五　壬辰卜王
二三九五五　：卜王
二三九五六　壬辰：王
二三九五六　壬辰卜王
二三九五六　：王
二三九五七　癸：
二三九五七　癸巳卜王
二三九五七　癸巳卜王
二三九五七　癸巳卜王
二三九五八　癸巳卜王在：
二三九五八　癸巳卜王
二三九五八　癸巳卜王
二三九五八　癸巳卜王
二三九五八　：巳卜：
二三九五九　癸巳卜王在八月
二三九五九　癸巳卜王
二三九五九　癸巳卜王
二三九五九　癸巳卜王
二三九五九　癸巳卜王
二三九五九　癸巳卜王
二三九五九　癸巳卜王
二三九五九　癸巳卜王
二三九五九　癸巳卜王
二三九五九　癸巳卜王
二三九六〇　癸巳卜王
二三九六〇　癸巳卜王
二三九六〇　癸巳：王
二三九六一　癸巳卜王
二三九六一　：王
二三九六二　癸巳卜王
二三九六二　癸巳卜王
二三九六二　癸巳卜王
二三九六三　癸：
二三九六三　癸巳卜王
二三九六三　：巳卜王
二三九六四　癸巳卜王在九月
二三九六四　癸巳卜王
二三九六四　癸巳卜王
二三九六四　癸巳卜王
二三九六四　癸巳卜王
二三九六四　癸巳卜王
二三九六四　癸巳卜王

23964 癸巳卜王
23964 癸巳卜王
23964 甲午卜王
23964 甲午卜王
23964 甲午卜王
23964 甲午卜王
23965 甲午卜王
23965 甲午卜王
23965 ……卜行……[illegible]……丁其……巳……
23966 甲午……王
23966 甲午卜王
23966 甲午卜王
23966 甲午
23966 甲午卜王
23967 甲午卜……
23967 甲午卜王
23967 甲午卜王在三月
23968 ……午卜……
23968 甲午……王
23969 甲午卜王
23969 甲午卜王
23970 甲午卜王
23970 甲午卜王
23970 甲午卜王
23970 甲午卜王
23970 甲午卜王
23971 乙未卜王在二月
23971 乙未卜王
23971 乙未卜王
23971 乙未卜王
23971 乙未卜王
23971 乙未卜王
23972 甲午卜王
23973 甲午卜王
23973 乙未卜王
23974 乙未……王
23974 乙未卜王
23974 乙未卜王
23974 乙未卜王
23974 乙未……王
23974 乙未卜王
23975 乙未卜王
23975 ……卜王
23976 丙……
23976 丙申卜王
23976 丙午卜王
23976 ……卜王
23977正 乙未……王

23977正 乙未卜王
23977正 乙未卜王
23977正 乙未卜王
23977正 乙未卜王
23977正 ……卜王
23977正 乙未王
23977正 ……未卜……
23977反 ……[illegible]……
23978 丙申卜王
23979 丙申卜王
23979 丙申卜王
23979 丙申卜王
23979 丙申卜王
23979 ……申卜……
23980 丙申卜王
23980 丙申卜王
23980 戊戌……王
23980 戊戌卜王
23981 丁酉卜王
23981 ……卜……
23982 丁酉卜王
23982 ……酉卜……
23983 丁酉卜王
23983 ……酉卜……
23983 丁……王
23983 ……酉卜……
23984 丁酉卜王
23984 丁酉卜王
23984 丁酉……王
23984 丁酉卜王
23985 丁酉……王
23985 丁酉卜王
23985 ……王
23986 丁酉卜王
23987 戊戌卜王在二月
23987 ……戌卜……
23988 戊戌卜王
23988 戊戌卜王
23988 戊戌卜王
23988 戊戌卜王
23988 戊戌卜王
23989 戊戌卜王
23989 戊戌王
23989 ……戌卜……
23990 戊戌卜王

二三九九〇 戊戌卜王
二三九九一 戊戌卜王
二三九九一 ……十二月?
二三九九二 戊戌卜王
二三九九二 戊戌卜王
二三九九三 戊……王
二三九九三 戊戌卜王
二三九九三 ……卜……
二三九九四 戊戌……
二三九九四 戊戌卜王
二三九九四 戊戌卜王
二三九九五 戊戌卜王
二三九九五 戊戌卜王
二三九九五 戊戌卜王
二三九九五 戊戌卜王
二三九九五 ……王
二三九九六 戊戌卜王
二三九九六 戊戌卜王
二三九九六 戊戌卜王
二三九九六 戊戌卜王
二三九九七 己亥卜……
二三九九七 己亥卜王
二三九九七 己亥卜王
二三九九七 己亥卜王
二三九九七 己亥卜王
二三九九八 己亥……
二三九九八 己亥卜王
二三九九八 ……卜王
二三九九九 戊戌?……王
二三九九九 ……亥?卜……
二四〇〇〇 己……王
二四〇〇〇 己亥卜王
二四〇〇〇 己亥卜王
二四〇〇一 己亥卜王在二?月
二四〇〇二 己亥……王
二四〇〇二 己亥卜王
二四〇〇二 己亥卜王
二四〇〇二 己亥卜王
二四〇〇三 己亥卜王
二四〇〇三 己亥卜王
二四〇〇三 己亥卜王
二四〇〇四 己亥卜王
二四〇〇四 己亥卜王
二四〇〇四 ……王
二四〇〇五 庚子卜王在……
二四〇〇五 庚子卜王

二四〇〇五 庚子卜王
二四〇〇六 庚子……
二四〇〇六 庚子卜王
二四〇〇六 庚子卜王
二四〇〇七 庚……王
二四〇〇七 庚子卜王
二四〇〇八 庚子卜王
二四〇〇八 辛丑卜王
二四〇〇九 辛丑卜王在二月
二四〇〇九 辛丑卜王
二四〇〇九 ……丑卜王
二四〇一〇 辛……卜王
二四〇一〇 辛丑卜王
二四〇一一 辛丑卜王
二四〇一一 ……卜王
二四〇一二 辛丑卜王在正月在……
二四〇一二 辛丑卜王
二四〇一二 辛丑卜王在正月
二四〇一三 辛……卜……
二四〇一三 壬寅卜王
二四〇一四 壬寅卜……
二四〇一四 壬寅卜王
二四〇一四 壬寅卜……
二四〇一四 壬寅卜王
二四〇一四 ……寅……王
二四〇一五 壬寅卜王
二四〇一五 壬寅卜王
二四〇一六 壬寅卜王
二四〇一七 壬寅卜王
二四〇一八 辛……
二四〇一八 壬寅卜王
二四〇一八 壬寅卜王
二四〇一九 壬……
二四〇一九 壬寅卜王
二四〇二〇 壬寅……王
二四〇二〇 壬寅卜王
二四〇二〇 壬寅卜王
二四〇二〇 ……寅卜……
二四〇二一 壬寅……王……寮
二四〇二一 壬寅卜王
二四〇二一 壬寅卜王
二四〇二二 壬寅……
二四〇二二 壬寅卜王
二四〇二二 ……王
二四〇二三 壬寅卜……在二月
二四〇二三 壬寅卜王
二四〇二四 壬……王
二四〇二四 壬寅卜王

二四〇二四	癸卯卜王
二四〇二四	：卯：王
二四〇二五	癸卯卜王
二四〇二五	甲：
二四〇二六	癸卯卜王
二四〇二六	：又：
二四〇二七	癸卯卜王吉
二四〇二七	癸卯卜王
二四〇二七	癸卯卜王吉
二四〇二七	癸卯卜王
二四〇二七	癸卯卜王吉
二四〇二八	癸卯：王
二四〇二八	癸卯卜王
二四〇二九	癸卯卜王
二四〇二九	：卜：
二四〇三〇	癸卯：王
二四〇三〇	癸卯：王
二四〇三一	癸卯卜王
二四〇三二	癸卯卜王
二四〇三二	癸卯卜王
二四〇三二	：卜：
二四〇三三	癸卯卜王
二四〇三四	癸卯卜王
二四〇三四	癸卯卜王
二四〇三四	癸卯卜王
二四〇三五	癸卯卜王
二四〇三五	甲辰卜王
二四〇三五	：王
二四〇三六	：卜王
二四〇三六	甲辰：
二四〇三七	甲辰卜王
二四〇三七	：王
二四〇三八	甲：
二四〇三八	甲辰卜王
二四〇三八	：王
二四〇三九	甲辰卜王
二四〇三九	：卜：
二四〇四〇	甲辰：王
二四〇四〇	：巳卜：
二四〇四一	甲辰卜：
二四〇四一	：卜：
二四〇四二	乙巳卜王
二四〇四三	乙巳卜王
二四〇四四	乙巳卜王
二四〇四四	：卜王
二四〇四五	乙巳：王在：
二四〇四五	乙巳卜王
二四〇四五	乙巳卜王
二四〇四五	乙巳卜王
二四〇四六	：巳卜：
二四〇四六	乙巳卜王
二四〇四六	乙巳卜王
二四〇四七	乙巳卜王
二四〇四七	乙巳卜王
二四〇四七	：卜王
二四〇四八	乙：
二四〇四八	乙巳卜王
二四〇四八	乙巳卜王
二四〇四九	丙：王
二四〇四九	丙午卜王
二四〇四九	丙午卜王
二四〇四九	丙午卜王
二四〇四九	丙午卜王
二四〇四九	：午卜：
二四〇五〇	丁未卜王
二四〇五〇	丁未卜王
二四〇五〇	：卜王
二四〇五一	丙午卜王
二四〇五一	丙午卜王
二四〇五一	：卜王
二四〇五二	丁未卜王
二四〇五三	丁未：王
二四〇五三	丁未：王
二四〇五三	：卜王
二四〇五三	：未卜：
二四〇五四	丁未卜王
二四〇五四	：卜王
二四〇五五	戊：王：
二四〇五五	戊申卜王在十一月
二四〇五五	戊申卜王在十一月
二四〇五五	戊申卜王在十一月
二四〇五五	戊申卜王在十一月
二四〇五五	：卜行：
二四〇五六	戊申卜王
二四〇五六	戊申卜王
二四〇五六	戊申卜王
二四〇五六	戊申卜王
二四〇五七	戊申：王：
二四〇五七	：卜：
二四〇五七	：申卜：在四月
二四〇五八	戊：王

二四〇五八　戊申卜王
二四〇五八　：申：
二四〇五九　己酉卜王在九月
二四〇五九　己酉卜王
二四〇五九　己酉卜王
二四〇五九　：酉卜：
二四〇六〇　己酉：王
二四〇六〇　己酉卜王
二四〇六一　己酉卜王
二四〇六一　己酉卜王
二四〇六二　己酉卜王
二四〇六二　：王
二四〇六三正　庚戌卜王在三月
二四〇六三正　庚戌卜王
二四〇六三正　庚戌卜王
二四〇六三正　庚戌卜王
二四〇六三正　庚戌卜王
二四〇六三正　：戌卜：
二四〇六三反　口
二四〇六四　庚戌：
二四〇六四　庚戌卜王
二四〇六四　庚戌卜王
二四〇六五　：子卜：
二四〇六五　癸丑卜王
二四〇六六　癸丑卜王
二四〇六六　癸丑卜王
二四〇六七　癸丑卜卜王
二四〇六八　癸丑卜王
二四〇六八　癸丑卜王
二四〇六九　甲寅：王
二四〇六九　甲寅：王
二四〇七〇　甲寅卜王
二四〇七〇　：卜王
二四〇七一　甲寅卜王在四月
二四〇七一　甲寅卜王
二四〇七一　甲寅卜王
二四〇七一　甲寅卜王
二四〇七二　甲寅卜王
二四〇七三　甲寅卜王
二四〇七三　甲：卜：
二四〇七四　甲寅卜王
二四〇七四　甲寅卜王
二四〇七四　乙卯卜王
二四〇七五　乙卯：王
二四〇七五　丙辰卜王
二四〇七六　丁巳卜王

二四〇七六　丁巳卜王
二四〇七六　：巳卜王
二四〇七七　丙辰卜王
二四〇七八　丁巳卜王
二四〇七八　：王
二四〇七九　戊午卜：
二四〇七九　戊午卜王
二四〇七九　：卜王
二四〇八〇　戊午：
二四〇八〇　戊午卜王
二四〇八〇　戊午卜王
二四〇八〇　：午卜王
二四〇八一　戊午卜王
二四〇八一　戊午卜王
二四〇八一　：卜王
二四〇八二　戊午：在十?月
二四〇八二　戊午卜王在十一月
二四〇八三　戊午卜王
二四〇八三　戊午卜王
二四〇八四　戊午：
二四〇八四　戊午卜王
二四〇八四　己未卜王
二四〇八五　己未卜王在正月
二四〇八五　己未卜王
二四〇八五　：卜王
二四〇八六　己未卜王
二四〇八六　：卜：
二四〇八七　己未：在：
二四〇八七　己未卜王在正：
二四〇八七　己未卜王
二四〇八七　己未卜王
二四〇八七　己未卜王
二四〇八七　：未卜：
二四〇八八　己未卜王
二四〇八八　己未卜王
二四〇八八　己未卜王
二四〇八八　：未卜：
二四〇八九　己未卜王
二四〇八九　：卜王
二四〇九〇　己未卜王
二四〇九一　庚申：王
二四〇九一　：王
二四〇九二　庚申卜王
二四〇九二　庚申卜王
二四〇九二　庚申卜王
二四〇九二　庚申卜王

二四〇九二　庚申卜王
二四〇九三　庚…
二四〇九三　庚申卜王
二四〇九三　庚申卜王
二四〇九三　…王
二四〇九四　庚…王
二四〇九四　庚申卜王
二四〇九四　庚申卜王
二四〇九四　庚申卜王
二四〇九五　庚申卜王
二四〇九五　…申…
二四〇九六　辛酉卜王
二四〇九七　庚申卜王
二四〇九七　…貞牝
二四〇九八　辛…王
二四〇九八　辛酉卜王
二四〇九八　辛酉卜王
二四〇九八　辛酉卜王
二四〇九九　辛酉卜王
二四〇九九　辛酉卜王
二四〇九九　辛酉卜王
二四〇九九　…卜…
二四一〇〇　辛…在…
二四一〇〇　辛酉卜王
二四一〇〇　…酉卜…
二四一〇一　壬…王
二四一〇一　壬戌卜王
二四一〇二　辛…王
二四一〇二　壬戌卜王
二四一〇二　…王
二四一〇三　壬戌卜王在正月
二四一〇四　壬…王
二四一〇四　壬戌卜王
二四一〇四　…戌卜王
二四一〇五　壬戌…
二四一〇五　壬戌…王
二四一〇六　癸…王
二四一〇六　癸亥卜王
二四一〇六　癸亥卜王
二四一〇六　癸亥卜王
二四一〇六　…卜…
二四一〇七　癸…王
二四一〇七　癸亥卜王
二四一〇七　癸亥卜王
二四一〇七　…卜…
二四一〇八　癸亥卜王

二四一〇九　癸亥卜王在正月
二四一〇九　癸亥卜王
二四一〇九　癸亥卜…其…
二四一一〇　癸…王
二四一一〇　癸亥卜王
二四一一〇　癸亥卜王
二四一一〇　癸亥卜王
二四一一一　癸亥卜王在十月
二四一一二　壬?寅卜王在三月
二四一一三　…寅卜王在六月
二四一一四　…丑卜王在一月
二四一一五　丙戌日有…即王卜…
二四一一六　乙未卜出貞[illegible]戠王事不冓十二月
二四一一七正　乙巳王…饗卜凡
二四一一七反　…王固曰吉?
二四一一八　辛未卜…貞夕卜…同惟其…王固曰惟
…惟其未固…于癸…
二四一一九　…王…告曰…
二四一二〇　乙丑卜王曰貞叡母上?甲?在…
二四一二〇　辛…
二四一二一　壬午卜王曰貞弜先
二四一二一　…卜…
二四一二二　己丑…王曰茲卜…禦?
二四一二二　…卜王
二四一二三　壬午卜王曰貞有囚五月
二四一二三　…午卜王…貞有囚
二四一二四　…卜王曰貞于戊子上甲祖…
二四一二五　…巳王卜曰翌庚午…
二四一二六　戊寅卜王曰貞于庚辰…
二四一二七　壬辰…王曰貞…
二四一二八　辛未卜王曰來…亥…
二四一二九　辛卯卜翌…辰…
二四一二九　…酉卜出…王其允…不于…
二四一三〇　…酉卜尹…王其[illegible]…災在…
二四一三一　…寅卜即…王其[illegible]…
二四一三二　庚辰…貞王…正
二四一三二　辛巳卜兵貞惟王祝無壱
二四一三二　辛巳卜兵貞多君弗言余其侑于庚勾祝
九月
二四一三二　壬午卜兵貞于丁禱…之若
二四一三三　…大貞多君…𠕋冊惟…月
二四一三四　丁酉卜兵貞多君曰來弔以粤王曰余其
廩…王十月
二四一三四　…卜兵…茲…[illegible]…
二四一三五　辛未王卜曰…余告多君曰般卜有祟

二四三五 …有于方？…
二四三六 …巳卜吳貞…多尹于…毋癸燎…
二四三七 …未王卜…余告…君曰受…吉
二四三八 …卜王曰貞…小臣令…
二四三九 壬子卜王…貞惟小臣于…至
二四四〇 辛卯卜即…貞惟多生射
二四四一 貞毋…七月
二四四一 …子卜即…祖辛歲惟多生射
二四四二 …大庚…惟多生射
二四四三 …寅卜…翌辛…歲惟多生射
二四四四 …子王卜…多生？曰…暨…
二四四五 癸…卜…
二四四五 丁酉卜出貞卓肇舌方
二四四五 …寅卜…卓…舌…
二四四六 丙戌卜貞今日不雨
二四四六 癸丑卜出貞旬有祟其自西有來嬄
二四四六 …卜出…翌辛卯…喜餗…用允…用
二四四六 …卜…雨？
二四四七 …貞其自南有嬄
二四四七 …卯卜出…今日魚…之日…
二四四八 貞其自方有…
二四四九 壬午卜出貞今日無來嬄自方
二四五〇 貞其有來艱自方
二四五〇 …其在茲有艱二月
二四五一 …來艱自方
二四五二 貞其自方有…
二四五三 辛亥卜祝貞…日無來艱自…
二四五三 …日…艱…方
二四五四 …其…來祟…
二四五五 …亥…出貞…莫…七…
二四五五 …方
二四五六正 甲子卜出貞茲雨非囚
二四五六正 貞不其若
二四五六正 貞射幺戔方
二四五六正 貞射[illegible]戔方
二四五六反 貞…
二四五六反 …[illegible]…
二四五七 丁巳卜…貞惟王…典方…
二四五八 …有來艱
二四五九 …艱
二四五九 …有來艱
二四六〇 丁…出…日無…艱…
二四六一 甲子卜旅貞今日無來艱
二四六一 …寅卜旅…今日無來艱
二四六一 …貞今日延啓四月
二四六一 庚申卜旅貞翌辛酉不雨
二四六一 …貞…雨？

二四六二 甲子卜吳貞今日無來艱十月
二四六三 丁卯卜…貞今…無…艱
二四六四 戊寅…大貞今…無來…
二四六五 戊寅卜貞今日無來艱
二四六五 貞…
二四六五 …今日…雨
二四六六 己卯卜𠨷？貞今日無來艱
二四六七 辛巳卜…貞今日無來艱
二四六八 辛巳…貞今日…艱九月
二四六九 癸未…貞今…無來…
二四七〇 庚寅卜𠂤貞今日不雨
二四七〇 庚寅卜𠧢貞今日無來艱
二四七一 …貞…
二四七一 …貞…
二四七一 庚寅卜出貞今日無…艱
二四七一 …艱
二四七二 壬寅卜尹貞今日無來艱
二四七三 癸卯卜旅貞今日無來艱
二四七四 …貞…無…
二四七四 癸卯卜兄貞今日…來艱
二四七四 癸卯卜兄貞今日不雨
二四七五 丙午卜貞今日無來艱
二四七五 貞…來…
二四七六 丙午卜…貞今日無來艱
二四七七 丁未卜即貞今日無來艱
二四七七 …雨
二四七八 庚戌卜…貞今日無來…
二四七九 乙卯卜即貞今日無來艱
二四八〇 乙卯卜大貞今日無來艱
二四八〇 …不其雨
二四八一 乙卯卜…貞今日無來艱
二四八二 己未卜…貞…無…艱
二四八三 …酉卜出貞今日無來艱
二四八四 …酉卜即貞今日無來艱
二四八五 貞今日無來艱十？月
二四八五 貞…啓
二四八五 貞不其雨二？月
二四八六 …卜…貞今日無來艱
二四八七 …貞今日無來艱
二四八八 …貞今日無來艱
二四八九 …卜即…無來艱
二四九〇 弜以
二四九〇 …卜即…日無…艱
二四九一 …今日無來艱
二四九二 乙…旅…日無…艱
二四九三 …卜旅…日無…艱

二四一九四　…旅…今日無…艱
二四一九五　…卜出…日無…艱
二四一九六　…卜尹…日無…艱
二四一九七　…卜…日無…艱
二四一九八　…今日無…艱
二四一九九　…大…日無…艱
二四二〇〇　…日無來艱
二四二〇一　…辰…貞今…來艱
二四二〇二　庚子卜…貞今日…艱
二四二〇三　…今日…來艱
二四二〇三　…卜…
二四二〇四　…貞…來艱
二四二〇五　…卜旅…日無來…
二四二〇六　己巳卜…貞今夕無來艱
二四二〇七　…卜喜…今夕…來…
二四二〇八　…卜貞…夕無艱
二四二〇九　貞今夕無來艱
二四二一〇　…無來艱
二四二一一　…來艱
二四二一二　甲戌卜…貞…艱
二四二一三　…來艱
二四二一四　…旅…來艱
二四二一五　…丑卜大貞…
二四二一五　…卜有尤
二四二一五　…其有尤
二四二一五　…來艱
二四二一六　…卜出貞…王正…𠧟…
二四二一七　乙丑卜出貞翌丁卯…伐…
二四二一八　乙卯出貞王呼卒?…
二四二一九　貞惟戍…
二四二一九　…女…
二四二二〇　貞弜…
二四二二〇　…惟戍射在正?…
二四二二一　貞毋射二月
二四二二二　貞毋射
二四二二二　貞惟牛
二四二二三　…貞弜射
二四二二四　…卜旅…祖…射
二四二二五　…貞秋其至
二四二二五　庚申卜出貞今歲秋不至茲商二月
二四二二五　癸亥卜出貞今日延雨
二四二二六　…茲商…囚在…
二四二二七　乙酉…貞王…自商…無災
二四二二八　辛酉卜尹貞王步自商無災
二四二二八　辛未卜尹貞王其…于田無災八月
二四二二八　…三曰二癸…

二四二二八　…其…無…在師
二四二二九　辛…貞…步…宰…商…災
二四二二九　…卜出…王其…無…
二四二三〇　乙酉卜出貞翌丁亥侑于…惟…
二四二三〇　…十月
二四二三一　…在敦…
二四二三二　丁未卜王在十一月
二四二三二　丁未卜王在敦
二四二三二　丁未卜王
二四二三二　戊…貞…
二四二三三　丁巳…貞王…禱…
二四二三三　貞無尤在十二月
二四二三三　…無尤在十二月
二四二三三　戊戌卜行貞王賓禱無囚在□
二四二三四　辛卯卜行貞今夕無囚
二四二三四　壬辰卜行貞今夕無囚
二四二三四　癸巳卜行貞今夕無囚在十二月在□卜
二四二三四　…酉卜…今…無…十二月…□…
二四二三五　戊戌卜王在十二月在□
二四二三五　戊戌卜王
二四二三五　…卜…
二四二三六　…申卜行…賓禱無囚在十月在□…
二四二三七　甲午卜王在十二月在□卜
二四二三七　甲午卜王
二四二三七　甲午卜王
二四二三七　甲午卜王
二四二三七　甲午卜王
二四二三七　…午卜…
二四二三八　辛巳卜…貞王步自丹…災…
二四二三八　乙酉卜行貞王步自遺于大無災在十二月?
二四二三八　庚寅卜行貞王其步自…于□無災
二四二三八　…卜行…其步…
二四二三九　丙子卜王在夾卜
二四二三九　丁丑卜王在夾卜
二四二三九　丁丑卜王
二四二三九　丁丑…王
二四二四〇　丁丑卜王在夾卜
二四二四一　戊寅卜王在夾…
二四二四一　…寅卜…
二四二四二　辛巳…在夾…
二四二四三　戊寅卜王在夾卜
二四二四三　…寅卜…
二四二四四　甲申卜王在夾卜
二四二四四　…申卜…
二四二四五　…王在夾卜
二四二四六　貞無尤在十二月在□卜

二四二四七　丁巳……貞王……叙……在……
二四二四七　戊午卜行貞王賓歲無尤在十月
二四二四七　己未卜行貞王賓歲二牛無尤在十二月在亦卜
二四二四七　己未卜行貞王賓叙無尤在亦卜
二四二四七　庚申卜行貞王賓叙無尤在衣
二四二四八　癸丑卜行貞王其步自良于□無災
二四二四八　癸丑卜行貞今夕無囚在□
二四二四八　甲寅卜行貞王其田無災在二月在□
二四二四八　乙卯卜行貞今夕無囚在二月
二四二四八　乙卯卜行貞王其田無災在……
二四二四九　壬辰卜在師㚇
二四二五〇　……在師㚇
二四二五一　壬申卜……在師□
二四二五一　貞今……
二四二五二　癸巳卜行貞王賓叙無尤在師㚇
二四二五二　……行……賓……尤……二月
二四二五三　乙丑卜王在師允卜
二四二五四　……惟今日甲戌在□
二四二五五　王在師□衰
二四二五五　王在師□衰
二四二五六　庚午卜王在虞卜
二四二五六　庚午卜王
二四二五六　……午卜王
二四二五七　在師霝卜
二四二五八　……丑卜行……在莫
二四二五八　……行……父丁歲……
二四二五九　癸丑卜王在十一月在師莫
二四二五九　癸丑卜王
二四二五九　……丑卜王
二四二六〇　戊……貞王……無災
二四二六〇　丁卯卜尹貞今夕無囚
二四二六〇　戊辰卜尹貞今夕無囚
二四二六〇　己巳卜尹貞今夕無囚在十一月在師攸
二四二六〇　庚午卜尹貞今夕無囚
二四二六〇　辛未卜尹貞今夕無囚在師攸
二四二六〇　……尹……夕……
二四二六一　辛卯卜王
二四二六一　辛卯卜王在師□卜
二四二六二　甲寅……貞……于……丑……
二四二六二　庚申卜行貞王其往于田無災
二四二六二　貞毋往在正月在師□
二四二六二　……行……其往……無災……五月
二四二六三　戊午……貞王其……自今于……無災
二四二六三　……王其步……于析……在正月
二四二六四　……酉卜王……月在師般卜
二四二六五　……酉卜王……在師般
二四二六六　辛酉卜尹貞王賓歲無尤在四月在師非卜
二四二六六　辛酉卜尹貞王賓叙無尤
二四二六六　辛酉卜尹貞王賓叙無尤
二四二六六　辛酉卜尹貞王賓歲無尤在師般卜
二四二六七　己酉卜王在師逾卜
二四二六七　己酉卜王
二四二六八　……師逾卜
二四二六九　……巳卜旅貞王其步……
二四二六九　……卜旅……其步……逾……
二四二七〇　……在師木
二四二七〇　……在十月
二四二七一　丁亥卜王在十二月
二四二七一　丁亥卜王在師木
二四二七一　……卜王……
二四二七二　丁未卜行貞王賓歲無尤在師寮卜
二四二七二　丁未卜行貞王賓叙無尤在師寮卜
二四二七二　……父丁……無尤在……在師寮卜
二四二七二　丁未……貞王……伐十……尤……
二四二七三　癸巳卜王在師寮卜
二四二七三　……卜……
二四二七四　甲辰卜王在師寮卜
二四二七四　甲辰卜王
二四二七四　甲辰卜王
二四二七四　甲辰卜王
二四二七四　甲辰卜王
二四二七四　甲辰卜王
二四二七四　甲辰卜王
二四二七五　丙午……貞王……歲二牛……在二月
二四二七五　丙午卜行貞王賓叙無尤在師寮卜
二四二七五　……卜行……賓……人又三無……在師寮卜
二四二七五　……寮卜
二四二七六　壬寅卜行貞今夕無囚在二月在師褮……
二四二七六　癸卯卜行貞今夕無囚在師褮卜
二四二七六　甲辰卜行貞今夕無囚在二月在師褮卜
二四二七六　乙巳卜行貞今夕無囚在師褮卜
二四二七六　丙午卜行貞今夕無囚在二月在師寮卜
二四二七六　……卜行……夕……囚
二四二七七　……寮卜
二四二七八　癸……卜王在師寮卜
二四二七八　……卜……尤
二四二七九　庚寅……貞……
二四二七九　辛卯卜行貞王賓歲二牛無尤……
二四二七九　辛卯卜行貞王賓叙無尤在二月
二四二七九　辛卯卜行貞王賓……歲一牛無尤在十月在師寅……
二四二七九　……賓……尤……師寅……
二四二八〇　癸酉卜尹貞旬無囚甲戌彡祭于上甲在……
二四二八〇　……尹……在師鬲
二四二八一　戊戌卜王在一月在師羌……

二四二八二　庚午卜王在師𧚔卜
二四二八二　庚午卜王在三月
二四二八二　：午卜：
二四二八三　甲戌：王：𧚔：
二四二八三　甲戌卜王
二四二八三　：戌卜：
二四二八四　壬午卜王在師𧚔卜
二四二八四　壬午卜王
二四二八四　：卜：
二四二八五　丙戌卜王在師𧚔卜
二四二八五　丙戌卜王
二四二八六　庚寅卜王在師𧚔卜
二四二八六　庚寅卜王
二四二八六　庚寅卜王
二四二八六　庚寅：王
二四二八七　辛卯卜王在師𧚔卜
二四二八七　辛卯卜王在三月
二四二八七　辛卯卜王
二四二八七　：卯卜：
二四二八八　壬辰卜王在師𧚔卜
二四二八八　壬辰卜王
二四二八八　：卜：
二四二八九　甲午：王在𧚔：
二四二八九　甲午卜王
二四二九〇　癸巳卜王
二四二九〇　：巳卜：
二四二九〇　癸巳卜王在師𧚔：
二四二九一　辛丑卜王在師𧚔：
二四二九一　：丑：王
二四二九二　：王在師𧚔卜
二四二九二　丙午卜王
二四二九三　己：王：𧚔：
二四二九三　己酉卜王
二四二九三　：酉卜：
二四二九四　壬子卜王在師𧚔卜
二四二九四　壬子卜王
二四二九五　甲寅卜王在師𧚔卜
二四二九五　甲寅卜王
二四二九五　：卜：
二四二九六　乙卯卜：在師𧚔：
二四二九七　：戌卜王：師𧚔：
二四二九八　己未卜王在師𧚔卜
二四二九九　癸亥卜王在二月
二四二九九　癸亥卜王在𧚔卜
二四三〇〇　：寅卜王：師𧚔卜
二四三〇一　：王在師𧚔卜

二四三〇二　：王在師𧚔卜
二四三〇三　乙丑卜王
二四三〇三　：丑卜王在師衣卜
二四三〇四　庚寅卜王
二四三〇四　：王：𧚔卜
二四三〇五　丁卯卜行貞王賓祖丁歲暨父丁歲二宰無尤在
二月
二四三〇五　丁卯卜行貞王賓叙無尤在師𧚔：
二四三〇五　丁卯卜行貞王賓大戊歲二牛無尤在二月
二四三〇六　壬申：貞王：叙：在：
二四三〇六　壬申卜行貞王賓歲五牛：尤：𧚔：
二四三〇七　貞無尤在師𧚔卜
二四三〇七　：尤：𧚔：
二四三〇七　癸丑卜行貞王賓夕福無𡆥在二月
二四三〇八　壬：貞：
二四三〇八　壬子卜行貞王賓叙無尤在師𧚔：
二四三〇八　甲寅卜行貞王賓歲三牛無尤在師𧚔茲
不雨
二四三〇八　：卜行貞王賓叙無尤在二月
二四三〇九　戊：貞今：無𡆥：
二四三〇九　己未卜行貞今夕無𡆥在二月
二四三〇九　庚申卜行貞今夕無𡆥在師𧚔卜
二四三〇九　：卜行：今夕：𡆥在：𧚔：
二四三一〇　甲子卜行貞王賓：福祭在：𧚔：
二四三一一　貞：在師𧚔：
二四三一一　：申卜：貞翌：父丁莫：王賓
二四三一二　戊午卜行貞王賓福無𡆥
二四三一二　：卜行：賓：𡆥
二四三一二　貞無尤在𧚔：
二四三一三　丙辰卜：貞：賓：二牛：尤
二四三一三　：賓：𧚔：
二四三一四　辛丑卜行貞今夕無𡆥在師𧚔卜
二四三一五　：丑卜：貞今：無𡆥在師𧚔：
二四三一六　甲寅卜旅貞今夕無𡆥在二月在師𧚔卜
二四三一六　辛：貞：
二四三一七　：辰卜旅貞翌丁巳：吳至：在師𧚔：
二四三一七　：來：自吳師：
二四三一八　貞無尤在師𧚔卜
二四三一八　庚午卜行貞王賓：福：𡆥：
二四三一九　貞：
二四三一九　貞無尤在師𧚔卜
二四三一九　：卜行：王賓：無𡆥
二四三二〇　：福：
二四三二〇　貞無尤在師𧚔卜
二四三二〇　：卜行：王賓：福無：

24321 …無尤…師裳…
24322 …尤…裳卜
24323 辛丑…在師裳…
24324 …在師裳卜
24325 …在師裳…
24326 …卯卜…在師裳卜
24327 …在師裳…
24328 …師裳卜
24329 …勿…師裳卜
24330 …在師裳…
24330 …師寮…
24330 …在…裳卜
24331 …無囚…師裳
24332 …行…夕…裳卜
24333 乙丑卜…曰貞今日…于翌不雨
24333 貞其延雨
24333 乙丑延雨至于丙寅雨裳
24333 乙丑…王
24333 乙丑卜王
24334 …裳…
24335 戊子卜…在師濤…
24336 戊子卜王在師濤卜
24336 戊子卜王
24336 戊子卜王
24336 戊子卜王
24336 戊子卜王
24337 戊子卜王在師濤卜
24337 戊子卜王
24337 戊子卜王
24337 戊子卜王
24337 …子卜…
24338 丁亥卜王
24338 …其…
24338 …在師喜卜
24339 甲戌卜王在師澅卜
24339 甲戌卜王在五月
24339 甲戌卜王
24339 …戌卜…
24340 在師澅卜
24340 在師滴卜
24340 …五月
24341 乙亥卜尹貞王賓禱無囚在五月
24341 貞無尤
24341 乙…卜尹貞王賓夕禱無囚在五月
24341 貞無尤在師澅卜
24341 丙子卜尹貞王賓禱無囚
24341 貞無尤在五月

24341 丁丑卜尹貞王賓禱無囚
24341 貞無尤
24341 貞無尤在…
24341 貞無尤
24341 …子卜尹…王賓…無囚…五月
24342 王在師非彘
24343 己亥卜行貞王賓父丁歲宰無尤在壴
24343 己亥卜行貞王賓敹無尤在二月
24344 …卜行…王賓…尤在師…
24345 癸…貞王…
24345 貞無尤在四月
24345 甲寅卜尹貞王賓禱無囚
24345 貞無尤在師丙卜
24345 甲寅卜尹貞王賓夕禱無囚在四月
24345 貞無尤在師獲卜
24346 乙卯卜尹貞王賓禱無囚
24346 甲寅卜王
24346 甲寅卜王
24346 乙卯卜王
24346 乙卯卜王曰貞翌丙辰王其步自獲
24346 乙卯卜王曰貞于丁巳步
24347 辛丑卜行貞王步自𠦪于雇無災
24347 癸卯卜行貞王步自雇于勭無災在八月在
師雇卜
24347 己酉卜行貞王其步自勭于來…無災
24348 丙寅卜行貞翌丁卯父丁莫歲宰在三月在
雇卜
24349 貞無尤在十二月在泏卜
24349 …貞…禱…
24350 癸酉卜王在攸
24350 癸酉卜王
24350 癸酉卜王
24350 甲戌卜王在攸
24351 丁卯卜王在泏卜
24351 丁卯卜王
24351 丁卯卜行貞惟右用在十一月
24351 …惟左
24352 庚午卜王在𠤎卜
24352 庚午卜王在十二月
24352 庚午卜王在十二月
24352 庚午卜王在十二月
24352 庚午卜王
24352 庚午卜王在十二月
24352 庚午卜王在十二月
24352 庚午卜王
24353 戊…貞…夕禱…
24353 貞無尤在十一月

二四三五三　在□…

二四三五四　□

二四三五四　…貞…

二四三五五　…卜王在十二月…□卜

二四三五六　戊辰卜王曰貞其告其陟在□阜卜

二四三五六　…卜…曰貞…□…

二四三五七　…辰卜…在十一月…□卜

二四三五八　癸亥卜出貞旬無𡆥

二四三五八　癸酉卜出貞旬無𡆥

二四三五八　旬有祟之日𩕢祉夕有兕在𣏟八月

二四三五九　庚申卜王在𣏟卜

二四三五九　…申卜王在正月

二四三五九　庚…王

二四三五九　庚申卜王

二四三五九　庚申卜王在正月

二四三五九　庚申卜王在𣏟

二四三五九　…賓…無尤…月在𣏟

二四三六〇　貞無尤在𠂤卜

二四三六〇　辛未卜行貞王賓禱無𡆥

二四三六一　癸亥卜行…今夕…𡆥…正月

二四三六一　甲子卜行貞今夕無𡆥在正月在□卜

二四三六一　丙寅卜行貞今夕無𡆥

二四三六一　丁卯卜行貞今夕無𡆥在□

二四三六一　戊辰卜行貞今夕無𡆥在□

二四三六一　己巳卜行貞今夕無𡆥在□

二四三六二　己巳卜…貞王賓禱無…

二四三六二　貞無尤在正月在𠂤卜

二四三六二　庚午卜行貞王賓禱無𡆥

二四三六二　貞無尤在𠂤卜

二四三六二　庚午卜行貞王賓夕禱無𡆥在𠂤卜

二四三六二　貞無尤在正月

二四三六三　甲申…貞…

二四三六三　…巳卜貞…毌弗捍

二四三六三　甲申…允…𠂤…

二四三六四　…卜行…今夕無…在正月在雷…

二四三六四　…在雷…

二四三六五　貞其雨在□卜

二四三六五　…行…夕…雨

二四三六六　壬午卜王在合卜

二四三六七　壬午卜行貞今夕無𡆥在正…在丘雷卜

二四三六七　癸未卜行貞今夕無𡆥在正月在丘雷卜

二四三六七　甲申卜行貞今夕無𡆥在𠛎卜

二四三六七　…酉卜行…今夕無…在𠛎卜

二四三六八　…貞其雨在涫卜

二四三六八　…卜行…王賓…

二四三六九　壬寅卜王…

二四三六九　貞弜惟

二四三六九　癸卯卜行貞風日惟巷在正月

二四三六九　甲…貞□…在涫

二四三七〇　戊寅卜王在□卜

二四三七〇　戊寅卜王

二四三七一　…在十月在𣏟

二四三七一　…王…無災十月

二四三七二　…□

二四三七三　…寅卜旅…翌乙卯…歲卯三宰…三十八月

…在唐

二四三七三　…五宰…五十

二四三七四　…貞…在唐…三月

二四三七五　甲申…貞翌…羊在唐…步…

二四三七六　貞翌…申…

二四三七六　辛未卜貞今日𩵼庸十二月在甫魚

二四三七六　…寅卜…今日雨

二四三七六　…巳…其㞢…今日…出…

二四三七七　壬子卜…貞今夕…七月在臭

二四三七八　…卜行…在□

二四三七八　…步…

二四三七九　…在□

二四三八〇　…出貞…于呂…于…

二四三八一　…呂…彡衣…尤十二月

二四三八二　壬辰卜出貞今夕無𡆥十月在鮻

二四三八三　…貞…雨…在鮻卜

二四三八四　…貞…酒…漁…

二四三八五　貞無…在十月在舟…

二四三八六　己卯卜王在舟

二四三八七　癸未卜王在豐貞旬無𡆥在六月甲申…工

典其酒彡

二四三八七　…卜王…無𡆥在…午酒…

二四三八八　…在兮…

二四三八九　…王在梠

二四三九〇　…在□

二四三九一　癸未…

二四三九一　癸未卜王曰貞有兕在行其左射□

二四三九二　己丑卜…貞…

二四三九二　…丑卜即…王賓…

二四三九二　貞無…在□

二四三九三　…卜行貞今夕無𡆥在二月在壴卜

二四三九四　壬申今夕在西大…

二四三九四　癸酉卜中貞二牛

二四三九五　…其田無災…在危

二四三九六　…在南…

二四三九七　壬寅卜祝貞王往休十月在…

二四三九七　己…王…冢

二四三九八　甲…王…
二四三九八　甲寅…
二四三九八　甲寅卜王曰貞王其步自丙有去自雨在三
月在…
二四三九八　貞不其去
二四三九九　癸未卜…貞王其步自尋無災
二四三九九　…巳卜…貞王…步自…無…在…
二四四〇〇　丁酉卜出貞于徉京品
二四四〇一　丙…行…丁酉…歲…
二四四〇一　…于廳…三月
二四四〇二　辛卯…
二四四〇二　乙未卜王曰貞其田茲用
二四四〇二　…曰貞祝于廳茲不用
二四四〇二　曰貞
二四四〇三　…卜即貞𠬝…于㞢四月
二四四〇四　…于麥…來無災在六月
二四四〇五　辛未…貞王…麥…
二四四〇六　丙辰卜…貞翌…𠦪惟…
二四四〇六　…惟來…方呼…
二四四〇六　貞于入自日
二四四〇七　貞于入十月
二四四〇八　…貞其…不…若在…
二四四〇八　入…
二四四〇九　貞于…竹酉…
二四四一〇　乙…貞…于…
二四四一〇　辛…貞其…
二四四一〇　辛未卜㳄貞其田…旃…
二四四一〇　乙亥卜㳄貞王其田…無災
二四四一一　…卜行…其步…其…在…
二四四一一　癸亥卜行貞王其步自其于𣎳無災在…
二四四一一　乙丑卜行貞王其步…𣎳于𡉚無災在正月
二四四一二　…祝貞二示祟王遣並十月
二四四一二　…貞翌辛卯侑于母辛
二四四一二　…有示十月
二四四一二　…于並
二四四一三　…卜出貞…侑于洹九犬九豕
二四四一三　…益…
二四四一四　丁未卜…貞其…于妣?丁
二四四一五　癸…貞…
二四四一五　𢦏在灉
二四四一六　…在灤?卜
二四四一七　乙丑卜…貞于岳?即
二四四一七　乙丑卜…其暨…
二四四一八　…旅…游…白延…
二四四一九　…繽
二四四二〇　…貞…無…

二四四二〇　壬戌卜行貞今夕無囚在河
二四四二〇　…卜行…無…雇
二四四二一　…𠕋
二四四二一　于潜
二四四二二　…丑卜…在潦
二四四二三　丙戌卜王在潦
二四四二三　丙戌卜王
二四四二四　…旅…翌戊寅…𠂤?于…又一牛
二四四二五　庚子卜王
二四四二五　壬寅卜旅貞王其往觀于𩦔無災
二四四二六　丁未…貞王…于田…在…
二四四二六　己酉卜行貞王其觀于㞢泉無災在瀍
二四四二六　…卜行…王其往…田無災…子?…延往
二四四二七　癸卯卜大貞今歲商受年七月
二四四二八　壬辰卜出貞商受年十月
二四四二八　己亥…貞今…其交…雨之…
二四四二九　辛丑卜大貞今歲受年二月
二四四二九　癸卯卜大貞南土受年
二四四二九　貞不其受…
二四四三〇　癸巳…曰…
二四四三〇　…巳卜王…南年
二四四三一　貞于弗令…歸若九月
二四四三一　癸卯卜大貞今歲受黍年十月
二四四三二正　…丑卜出貞翌甲寅…
二四四三二正　…出貞今歲受年
二四四三二正　…大貞見新𥢶翌…
二四四三二反　己酉史?…
二四四三三　…大貞延辛…
二四四三三　…卜大貞其侑于…
二四四三三　…歲受年二月
二四四三四　…卜王曰…歲受年
二四四三四　…其酌翌日…
二四四三五　甲戌卜出…𢀛?𥢶受…
二四四三六　丙申卜大…我年
二四四三七　…其奠省田藉?入無…
二四四三八　丁丑…貞…其有…水…月
二四四三九　庚辰卜大貞無來大…
二四四三九　…貞…有犬?水
二四四四〇　月一正曰食麥　甲子　乙丑　丙寅　丁卯
戊辰　己巳　庚午　辛未　壬申　癸酉
甲戌　乙亥　丙子　丁丑　戊寅　己卯
庚辰　辛巳　壬午　癸　甲申　乙酉
丙戌　丁亥　戊子　己丑　庚寅　辛卯
壬辰　癸巳　二月父𢀛　甲午　乙未
丙申　丁酉　戊戌　己亥　庚子　辛丑
壬寅　癸卯　甲辰　乙巳　丙午　丁未

二四四四一 戊申　己酉　庚戌　辛亥　壬子　癸丑
甲寅　乙卯　丙辰　丁巳　戊午　己未
庚申　辛酉　壬戌　癸亥
二四四四二 ：其災：
二四四四三 ：卜即：其中：水
庚：貞：水：
二四四四四 ：未卜出貞王狩木于？之日王：狩木：衆
十：鹿
二四四四四 庚：
二四四四五 乙巳卜出：王行逐：
二四四四五 乙巳卜出貞逐六衆擒
二四四四六 ：自：延田于：障京獲豕：鹿二
二四四四六 ：京：王田至：臣獲豕五雉二在四月
二四四四七 ：巳卜：延：
二四四四七 ：鹿：
二四四四八 ：貞：
二四四四八 癸卯卜王曰貞獲
二四四四八 甲辰卜王
二四四四九 癸未卜王
二四四四九 癸未卜王曰貞弗其？獲茲用
二四四五〇 貞弗其獲
二四四五一 癸亥卜大即：王其田：
二四四五二 戊戌卜行貞王其田于囚無災
二四四五二 ：申卜行貞王其田于：
二四四五三 ：障：無：八月
二四四五三 ：王其田于障往來無災
二四四五四 戊戌：貞王：障：
二四四五四 ：丑卜行貞王其田：障無災
二四四五五 辛丑：尹貞：其田于障：
二四四五五 ：尹貞：
二四四五六 戊寅卜旅貞王其田于障：在：
二四四五六 ：卜旅：田于：災
二四四五七 戊午卜旅貞王其于阯無災
二四四五七 戊辰卜旅貞王其田于阯無災
二四四五七 戊寅卜：貞王其：阯無災在四月
二四四五七 ：尤
二四四五八 庚寅卜尹貞：其田于米無災在一？月
二四四五九 戊辰卜：貞王其田于劀無災
二四四五九 ：無：
二四四六〇 壬辰卜出貞王其田：劀無災
二四四六一 戊子卜旅：王其田于：災
二四四六一 戊：貞：劀：
二四四六二 辛：貞王：于：在：
二四四六二 乙酉卜？貞王其田宮無災在五月
二四四六二 ：卯卜？：王其田：災
二四四六三 ：尹：宮往來無災在六月

二四四六四 丁：貞：于：
二四四六四 ：戊卜出：王其：于？：災
二四四六五 ：酉卜？：王其田：？無災
二四四六六 ：卜？：王其田：？無災
二四四六七 ：巳卜：王其田：禮無：
二四四六八 辛卯：王其田于：無災
二四四六九 ：貞辛：田？：有：擒：
二四四六九 ：王其田：屯日：
二四四七〇 ：卜尹：其田于：往來無：
二四四七一 庚：曰：亥其田：惟彡衣：在二月
二四四七一 甲寅卜王曰貞翌乙卯其田無災于谷
二四四七二 丙辰卜：貞王其步于良無災
二四四七二 丁巳卜行貞王其田無災在正月
二四四七二 ：卜行：其步：良于米
二四四七三 戊寅：貞王其：衣？：無：
二四四七三 己卯卜行貞王其田無災在杞：
二四四七三 庚辰卜行貞王其步自杞于：無災
二四四七三 ：卜行：無災：
二四四七四 甲午：貞：災：
二四四七四 乙未卜行貞王其田無災在二月在慶卜
二四四七四 丙申卜行貞王其田無災在慶
二四四七五 戊戌卜出貞王其田無災
二四四七五 戊申：出貞：其田無災
二四四七五 戊申卜出：田：
二四四七五 戊午卜出貞王其田無災
二四四七五 戊午卜：王其田：災
二四四七六 乙亥卜尹貞王其田無災
二四四七六 ：其自：商：
二四四七七 己：貞王：自：于：
二四四七七 ：尹：其田：無災一？月
二四四七八 辛亥卜行貞今夕無囚
二四四七八 壬子卜行貞王其田無災在二月
二四四七八 ：卜行：無囚
二四四七九 戊：貞王：無：
二四四七九 戊申卜旅貞王其田無災
二四四七九 ：午卜旅：其田無：
二四四八〇 乙卯卜出貞王其田無災在：
二四四八〇 ：出貞王：災
二四四八一 ：戊卜尹貞王其田無災
二四四八二 乙亥卜：貞王其田無災在六月
二四四八三 己卯卜貞王其田無災
二四四八四 ：亥卜出貞王其田無災
二四四八五 庚午卜出貞王其田無：
二四四八五 辛未卜：貞王其：
二四四八六 乙亥：貞王：于田無：在：
二四四八七 乙酉卜行貞王其田無災在：之？：

二四四八七　…于…遘…彡龠…
二四四八七　…其田…
二四四八八　…無災八月
二四四八九　壬寅卜貞王其田無災
二四四九〇　丁卯卜…貞王…來…
二四四九〇　庚午…王其田…往…災
二四四九一　辛酉卜尹貞王其往
二四四九一　…卜尹…其往于…無災在八月王田于𢀛
二四四九二　戊寅卜行貞王其往于田無災在十二月
二四四九二　…行…十二月
二四四九三　…未卜行…王其往…無災在十月
二四四九四　…于田…災在十二月
二四四九五　戊申卜王往田藪
二四四九六　庚午卜出貞翌辛未王往田…
二四四九七　乙酉卜出貞王往于田…
二四四九八　…旅…于田無災
二四四九九　乙…貞…無災
二四四九九　丙戌卜貞翌不
二四四九九　丁亥出魚…
二四五〇〇　乙卯卜…貞王田往來…
二四五〇〇　…卜貞…田無災
二四五〇一　丁丑卜王曰貞翌戊寅…其田無災…往不
遘雨
二四五〇一　丁丑…曰貞…
二四五〇一　庚寅卜王…
二四五〇一　庚申卜王…貞翌辛酉其田無災
二四五〇一　…卜王曰…田辛…
二四五〇二　庚午卜王曰貞翌辛未其田往來無災不遘
因茲用
二四五〇二　庚午卜王曰貞毋田
二四五〇二　…卜…翌…其田…用
二四五〇三　丁亥卜出…王無災
二四五〇四　己亥卜王…貞毋田…
二四五〇五　…不田…
二四五〇六　庚戌…貞…田…
二四五〇六　庚戌卜王曰貞其爵用
二四五〇六　庚戌卜王曰貞其剢右馬
二四五〇六　庚戌卜王曰貞其剢左馬
二四五〇六　…王…馬
二四五〇七　…貞有…馬其…不…
二四五〇八　乙卯卜出貞五十牛一月
二四五〇九　貞…
二四五〇九　貞六牛
二四五一〇　貞五牛
二四五一一　丁巳…三牛
二四五一二　…三牛

二四五一三　戊戌…貞告…
二四五一三　貞三牛
二四五一四　丙…貞…
二四五一四　…大…二牛
二四五一五　貞一牛
二四五一六　貞一牛
二四五一七　貞…
二四五一七　…又一牛
二四五一八　…旅…妣一牛
二四五一九　貞惟牛
二四五二〇　貞…歲…
二四五二〇　貞惟牛
二四五二一　貞惟…十月
二四五二一　貞惟牛十月
二四五二二　辛巳卜王…貞惟牛…
二四五二二　壬午卜王
二四五二二　…旅…
二四五二三　貞牢
二四五二三　貞…
二四五二三　貞牛
二四五二四　貞其于…惟牛
二四五二五　…羌…牛
二四五二五　甲寅卜王
二四五二六　丙…大…今夕…牛
二四五二六　…王…
二四五二七　…牛祖辛
二四五二八　…貞惟牛
二四五二九　貞弜勿牛
二四五二九　…獲…
二四五三〇　貞弜勿牛
二四五三一　貞弜勿牛
二四五三二　丁…貞
二四五三二　貞弜勿牛
二四五三三　貞…勿…
二四五三三　貞牝
二四五三三　…丑卜…
二四五三四　貞弜…七月
二四五三四　貞牝七月
二四五三五　庚…即…巳…
二四五三五　貞牝八月
二四五三六　丁巳…貞牝
二四五三七　貞牝
二四五三七　…子卜王
二四五三八　貞牝
二四五三九　癸…貞…
二四五三九　貞弜侑

二四五三九 貞牝
二四五四〇 貞牝
二四五四〇 …壬…
二四五四一 貞牝
二四五四二 …貞…
二四五四二 貞勿牛
二四五四三 貞勿牛
二四五四四 貞弜勿
二四五四四 貞…
二四五四五 …弜勿
二四五四五 貞…
二四五四六 辛卯卜王曰貞勿用
二四五四七 庚…貞…
二四五四七 …勿…不用
二四五四八 …王…勿…不用
二四五四九 …勿…于丙寅…茲不用
二四五五〇 貞勿酔…
二四五五一 丁卯卜…貞入亥凡于妣?亥?若
二四五五一 貞勿凡
二四五五二 癸…貞…其…
二四五五二 貞勿延在十一月
二四五五二 …𠂤?…
二四五五三 貞勿
二四五五四 貞勿
二四五五四 …𠂤?追…
二四五五五 貞勿
二四五五五 …得
二四五五六 庚…貞勿…若…艱…
二四五五六 …酉王…大…
二四五五七 己丑…
二四五五七 己丑卜王曰貞于甲辰
二四五五七 己丑卜王曰貞勿牡
二四五五八 貞…牡
二四五五八 …牝
二四五五九 貞毋…牡
二四五五九 …牝
二四五六〇 貞…牝
二四五六〇 …宰
二四五六一 …惟羊
二四五六二 癸亥…貞…羊
二四五六三 貞牝
二四五六四 貞…
二四五六四 …牝
二四五六五 貞…
二四五六五 貞惟宰
二四五六六 貞毋
二四五六六 惟小宰

二四五六七 惟小宰
二四五六八正 貞弜勿
二四五六八正 …惟小宰
二四五六八反 …旅…
二四五六九 貞五宰在三月
二四五七〇 …子卜王…五宰
二四五七一 …巳卜…三宰無…
二四五七一 …五宰卺…
二四五七一 …五宰暨…
二四五七一 …王…囚
二四五七二 …五宰
二四五七三 …三宰…四月
二四五七四 貞五宰
二四五七五 貞二宰
二四五七五 貞三宰
二四五七五 貞勿牛
二四五七五 貞弜勿
二四五七六 貞三宰
二四五七六 …弜…
二四五七七 貞三宰
二四五七八 貞三宰
二四五七九 貞三宰
二四五七九 …勿
二四五八〇 貞…
二四五八〇 貞三宰
二四五八〇 貞勿牛
二四五八〇 …弜勿
二四五八一 …三宰
二四五八二 貞二宰
二四五八二 貞三宰
二四五八二 …牛
二四五八三 貞…
二四五八三 貞三宰
二四五八四 …三宰在…
二四五八五 …三宰
二四五八六 …卜王貞三宰
二四五八七 貞二宰
二四五八八 貞二宰…六月
二四五八八 …王…
二四五八九 丙…貞…
二四五八九 貞二宰在…
二四五八九 …二宰
二四五九〇 貞二宰
二四五九一 貞二宰
二四五九二 貞二宰
二四五九三 貞其宰又一牛

二四五九三　：宰
二四五九四　貞宰
二四五九四　：宰：一牛
二四五九五　貞宰：
二四五九五　：牡
二四五九六　：大：宰三月
二四五九七　貞宰
二四五九八　丁卯卜：貞今：于翌：辰：
二四五九八　：惟：宰
二四五九九　貞：
二四五九九　：宰
二四六〇〇　貞：祖：宰
二四六〇一　己：
二四六〇一　：宰
二四六〇二　：宰：尤
二四六〇三　貞乳
二四六〇三　貞勿
二四六〇四　丙：
二四六〇四　貞惟彘川乳
二四六〇五　貞：今：示：三：
二四六〇五　貞五：豕十二月
二四六〇六　貞惟豕
二四六〇七　：其于：以社：
二四六〇八　：丑卜行貞王其尋舟于滴無災在八月
二四六〇八　：舟：
二四六〇九　乙亥卜行貞王其尋舟于河無災
二四六〇九　：災
二四六一〇　：大貞于來丁亥有匚于丁：
二四六一〇　：戌卜出貞自今十年又五王豐：
二四六一一　乙酉卜大貞今歲秋二月
二四六一二　卜出：自今：歲王：
二四六一三　：在正月
二四六一四　：尤：正月
二四六一五　：祝：惟：
二四六一五　：不：亾：一月
二四六一六　：出：勿：祝：
二四六一七　：日：豆：二月
二四六一八　貞：
二四六一八　貞無二月
二四六一九　：巳：
二四六一九　貞毋二月
二四六二〇　貞弜三月
二四六二一　：卜：貞曰：四月：
二四六二二　：今日：在四月
二四六二三　：夕其：四月
二四六二四　貞：

二四六二四　甲申卜：貞翌：翌：
二四六二四　：在四月
二四六二五　貞勿：皿：四：
二四六二五　：五月
二四六二六　貞在五月
二四六二七　：其延：
二四六二七　：其：五月
二四六二八　貞毋在五月
二四六二九　：五月
二四六三〇　：在五月
二四六三一　貞毋：六月
二四六三二　貞其延不在六月
二四六三三　：其先?于：在六月
二四六三四　：辰卜：貞：日不：六月
二四六三五　貞其：
二四六三五　：遘：六月
二四六三六　壬子卜：貞惟?：其：七月
二四六三七　貞毋在八月
二四六三八　癸丑：貞：
二四六三八　貞弜甬八月
二四六三九　貞弜正日八月
二四六四〇　：觀：囚：八月
二四六四一　貞無尤：九月
二四六四二　貞弜：九月
二四六四三　壬申：貞今：無：九月
二四六四三　：今：
二四六四四　貞弜侑河九月
二四六四五　惟六月
二四六四五　至十月
二四六四五　乙巳王卜
二四六四六　貞毋十月
二四六四七　貞毋在十一月
二四六四八　：卯卜：王在十一月
二四六四九　：大：卯其：其𠬝：十二月
二四六五〇　癸丑：出：旬有：不在：
二四六五一　癸卯：貞旬：𣪘：
二四六五二　戊：出：不：之日：
二四六五三　貞之日：
二四六五四　丙寅卜：貞翌丁卯：
二四六五五　辛酉卜：貞翌癸：其作：二月
二四六五六　丙子：翌丁丑：
二四六五六　：卜：貞：酉：
二四六五七　：貞于：自今至：見癸：惟：寅允：
二四六五八　辛亥卜王貞：夕：至：癸丑：
二四六五九　甲子：王貞：有囚在十月
二四六五九　甲子卜王貞曰雨

二四六六〇 庚午：王貞：囚在：
二四六六〇 庚午卜王貞曰雨
二四六六一 甲戌卜王貞曰雨
二四六六二 貞不：
二四六六二 戊午卜尹貞雨
二四六六三 丙：王：有：十月
二四六六三 丙申卜王貞曰雨
二四六六四 己巳卜王貞無囚在九月 三告
二四六六四 己巳卜王貞其有囚
二四六六四 己巳卜王貞曰雨在九月
二四六六五 癸未卜王在四月
二四六六五 癸未卜王
二四六六五 癸未卜王
二四六六五 癸未卜王
二四六六五 癸未卜王
二四六六五 癸未卜王
二四六六五 癸未卜王
二四六六五 癸未卜行貞今日至于翌甲申不雨
二四六六五 貞其雨
二四六六五 癸未卜王
二四六六五 癸未卜王
二四六六五 癸未卜王
二四六六六 丙申卜王貞其有：
二四六六六 丙申卜王貞曰不雨
二四六六七 ：曰貞不雨
二四六六七 丁丑卜王
二四六六七 ：丑卜：
二四六六八 丁丑卜旅貞曰不雨
二四六六八 ：旅：
二四六六九 屯日不雨
二四六七〇正 ：卜行貞：甲彡：
二四六七〇反 ：戌卜行：今日不雨
二四六七〇反 壬申：貞今：不
二四六七一 ：申卜王：丁酉不：酉允不雨
二四六七二 ：允不雨
二四六七三 ：寅卜大：翌丁卯不雨
二四六七四 丙辰：貞翌丁：不雨
二四六七五 ：卜大：翌丁：不雨
二四六七六 ：不雨四月
二四六七七 貞其：十二月
二四六七七 ：不雨
二四六七八 貞不雨
二四六七九 丁丑：貞：
二四六七九 貞不雨
二四六八〇 ：不雨
二四六八一 貞不雨

二四六八一 ：其：
二四六八二 ：卜：貞：雨：不雨
二四六八三 ：出貞：不：雨
二四六八三 丙：大：庸：遘：
二四六八四 ：夕不：之夕允不雨
二四六八四 ：其雨
二四六八五 丙寅：貞翌：不：
二四六八五 ：卜尹：翌戊：王其：雨
二四六八六 ：卜王曰貞其雨
二四六八七 貞其雨在正月
二四六八七 ：師褮：其雨
二四六八八 辛：貞：
二四六八八 貞其雨三月
二四六八九 貞其雨在四月
二四六九〇 貞其雨五月
二四六九〇 ：旅：
二四六九一 貞其雨五月
二四六九二 ：至：
二四六九二 貞其雨在六月
二四六九二 ：六月
二四六九三 貞其雨六月
二四六九三 辛卯卜：貞今夕無囚
二四六九四 貞其雨在七月
二四六九五 貞其雨在八月
二四六九六 辛未卜：貞今夕：
二四六九六 貞其雨十一月
二四六九七 辛未：旅貞：
二四六九七 歲其雨
二四六九八 貞今：雨
二四六九八 貞其雨
二四六九九 貞其雨在：
二四七〇〇 ：其雨
二四七〇〇 貞：不：
二四七〇一 貞其雨
二四七〇二 貞其雨
二四七〇三 貞其雨
二四七〇三 ：夕：雨
二四七〇四 貞其雨
二四七〇四 ：魚：
二四七〇五 貞其雨
二四七〇六 辛未：其雨
二四七〇七 貞：牛
二四七〇七 ：其雨
二四七〇八 ：其雨：之日：雨
二四七〇八 ：其雨
二四七〇九 ：其：在：

二四七〇九 貞不雨三月
二四七一〇 貞不其雨在五月
二四七一一 貞不其雨在五月
二四七一二 貞不其雨五月
二四七一三 貞今日雨
二四七一三 貞不其雨在五月
二四七一三 ：[illegible]?：在豆?：
二四七一四 戊午卜尹貞今日雨
二四七一四 貞不其雨在五月
二四七一五 貞不其雨在七月
二四七一六 貞不其雨在八月
二四七一七 貞不其雨
二四七一八 丁酉卜出貞五日雨
二四七一八 辛丑卜出貞自五日雨
二四七一八 不雨
二四七一八 貞不其雨
二四七一九 丙辰卜即：
二四七一九 貞不其雨
二四七二〇 貞不其雨
二四七二一 貞不其雨
二四七二一 丁巳：八：無：
二四七二二 貞不其雨
二四七二三 貞不其雨
二四七二三 ：丑卜：貞今夕雨
二四七二四 貞：雨
二四七二四 貞不其雨
二四七二五 貞不其雨
二四七二六 ：貞：不其雨
二四七二七 ：不其雨
二四七二八 戊午卜：夕：
二四七二八 ：不其雨
二四七二九 壬：
二四七二九 ：未卜大：衣日：不：雨
二四七三〇 己亥卜𦎫貞今日雨
二四七三一 癸卯卜貞今日雨
二四七三二 庚：卜：貞：雨
二四七三二 乙巳卜出貞今日雨二月
二四七三三 辛亥卜大貞今日雨
二四七三四 ：貞：
二四七三四 辛亥卜貞今日不雨：衣：
二四七三五 己丑卜出貞今日雨之日允雨
二四七三六 壬戌卜尹貞今日雨
二四七三七 貞今日雨
二四七三七 貞不其雨在五月
二四七三八 ：卜旅：今日：雨
二四七三九 壬：出：今日：雨

二四七三九 ：丑：保：
二四七四〇 ：亥卜出：有：
二四七四〇 ：大：今日：雨
二四七四一 甲戌卜大貞今日不雨
二四七四二 壬戌卜祝貞今日不雨
二四七四三 乙亥卜出貞今日不雨
二四七四四 甲申：出貞：夕
二四七四四 ：今日：雨
二四七四五 庚寅卜旅貞今日不雨
二四七四六 戊戌卜：貞今日不雨
二四七四七 貞：雨
二四七四七 甲寅卜旅貞今日不雨
二四七四八 甲寅：貞今：來：
二四七四八 甲寅卜即貞今日不雨
二四七四九 己酉卜出貞今日不雨之：允不
：
二四七五〇 戊子：貞：來：
二四七五〇 貞今日不雨
二四七五〇 貞其雨
二四七五一 貞今日不雨
二四七五一 ：月
二四七五二 貞其雨：月
二四七五二 ：今日不雨
二四七五三 貞其：
二四七五三 貞今日不雨
二四七五三 ：其：
二四七五三 癸丑：貞今來：
二四七五四 貞今日不雨
二四七五四 貞其雨八月?
二四七五四 ：日不：
二四七五五 ：卯卜出貞今日不：雨
二四七五五 辛巳：即貞今日有足雨
二四七五六 癸酉卜：貞王[illegible]無足雨
二四七五七 己亥卜：貞今日其雨
二四七五八 貞不其雨
二四七五八 ：犬?：
二四七五九 丙辰卜尹貞今日至于翌丁巳雨
二四七六〇 貞今日不雨
二四七六〇 貞今日其雨在六月
二四七六一 貞今日不其雨
二四七六二 戊寅：貞今日：𢼸：
二四七六二 ：卜：敔：
二四七六二 ：雨
二四七六二 ：雨
二四七六三 戊寅卜無至壬午雨
二四七六四 ：卜旅：日至：辛：雨

二四七六五 丙子卜喜貞翌丁丑雨三月
二四七六五 貞：…
二四七六六 ：卜喜翌乙未雨
二四七六七 辛丑卜大貞今夕無…
二四七六七 ：雨
二四七六八 ：卜喜：乙卯：雨
二四七六九 丁酉卜王貞今夕雨至于戊戌雨戊戌允
夕雨四月
二四七六九 丁酉卜王貞其有囚不𢆶在四月
二四七六九 丁酉卜王貞無囚在四月
二四七六九 己亥卜王貞無囚在四月
二四七六九 己亥卜王貞其有囚不𢆶在四月
二四七七〇 丁卯：貞今：雨：允：
二四七七〇 丁卯卜貞今夕雨之夕允雨
二四七七〇 ：貞今夕雨
二四七七〇 ：貞今夕雨
二四七七一 ：貞今夕雨之夕允不雨
二四七七二 癸巳卜行貞今夕雨在四月
二四七七二 ：其雨
二四七七三 丁未卜王貞今夕雨吉告之夕允雨之于
戊申雨在二月
二四七七三 ：王：在三月
二四七七四 貞今夕：
二四七七四 ：雨五月
二四七七五 貞今夕雨六月
二四七七六 丁亥卜尹貞今夕雨
二四七七七 辛酉卜：貞今夕今：雨
二四七七八 庚午：貞今夕雨
二四七七八 貞不雨在二月
二四七七九 ：師㱿卜
二四七七九 ：其雨：四月
二四七七九 ：今夕：雨
二四七七九 ：卜𠂤：今夕：囚
二四七八〇 貞不其雨
二四七八〇 ：酉卜即：今夕：雨
二四七八一 ：雨
二四七八一 貞今夕雨
二四七八一 貞今夕不其雨
二四七八二 丁卯卜：貞今夕雨
二四七八三 ：卜𢆶：今夕：雨
二四七八四 貞今夕雨
二四七八五 貞今夕不雨
二四七八六 貞今夕雨
二四七八七 貞今夕：雨
二四七八八 貞今夕雨
二四七八九 貞今夕雨

二四七九〇 甲寅：貞：夕：囚
二四七九〇 貞今夕雨
二四七九一 貞今夕雨
二四七九二 ：卯卜：貞今夕：雨
二四七九三 ：卜𠂤：今夕：雨
二四七九四 ：今夕：雨
二四七九四 貞：雨
二四七九五 ：卜凷：今夕：雨
二四七九五 ：貞：
二四七九六 丁丑：出貞：夕雨之夕…
二四七九七 ：卜出：今夕：雨
二四七九八 ：午卜：今夕：二月
二四七九八 ：祝：夕：雨
二四七九九 ：子卜：今夕：雨
二四八〇〇 乙酉卜出貞今夕無囚
二四八〇〇 ：卜出貞今夕無囚
二四八〇〇 丁酉：貞今：雨
二四八〇〇 ：十月
二四八〇一 貞今夕雨之：
二四八〇二 貞：
二四八〇二 貞二宰在十二月
二四八〇二 戊辰卜行貞今夕不雨
二四八〇二 貞其雨在三月
二四八〇三 貞：在：
二四八〇三 貞其雨在四月
二四八〇三 貞其雨。在師卜
二四八〇三 貞其雨在四月
二四八〇三 貞今夕不雨
二四八〇三 貞其雨
二四八〇三 戊辰：𠂤貞：夕：囚
二四八〇三 辛未卜𠂤貞今夕無囚
二四八〇三 貞今夕不雨在五月
二四八〇三 貞今夕不雨在五月
二四八〇三 貞其雨
二四八〇三 貞其雨
二四八〇四 辛未卜行貞今夕不雨
二四八〇四 ：卜行：夕：雨
二四八〇四 乙亥卜行貞今夕不雨
二四八〇四 貞其雨在五月
二四八〇四 ：雨五月
二四八〇四 ：雨五月
二四八〇五 辛未：貞其侑：于：
二四八〇五 貞二牛在十二月
二四八〇五 辛未卜行貞今夕不雨在十月
二四八〇五 ：雨
二四八〇六 庚午卜：

二四八〇六 ：夕不雨在四月
二四八〇七 壬辰卜貞今夕無囚
二四八〇七 壬辰卜貞今夕不雨
二四八〇七 ：丑卜：貞𢦏：小宰
二四八〇八 乙未卜出貞今夕不雨
二四八〇九 己巳卜貞今夕不雨
二四八一〇 丙申卜：貞今夕不雨
二四八一〇 貞今夕其雨八月
二四八一一 貞今夕雨之夕允雨
二四八一二 庚子卜旅貞今夕無囚
二四八一二 貞今夕不雨
二四八一二 貞其雨
二四八一二 ：不雨
二四八一二 貞：
二四八一三 貞今夕不雨之夕：不：
二四八一三 貞今夕不雨之夕允不：
二四八一四 戊：貞：無：
二四八一四 貞今夕不雨
二四八一四 貞其雨
二四八一五 戊申卜㠯貞今夕不雨
二四八一六 ：卜出：今夕無囚
二四八一六 ：今夕不雨
二四八一七 貞今夕不雨
二四八一八 乙卯卜貞今夕不雨
二四八一九 貞今夕不雨
二四八二〇 貞今夕不雨
二四八二〇 ：尹：
二四八二一 貞今夕不雨
二四八二二 ：貞今夕不雨在四月
二四八二三 貞今夕不雨
二四八二四 貞今夕不雨
二四八二四 ：卜：王：
二四八二五 貞今夕不雨
二四八二六 貞今夕不雨
二四八二七 貞今夕不雨
二四八二七 貞：雨
二四八二八 貞今夕不雨
二四八二九 貞今夕不雨
二四八三〇 貞今夕不雨
二四八三一 貞今夕不雨
二四八三二 貞今夕不雨
二四八三三 貞今夕不雨
二四八三四 貞今夕不雨
二四八三五 ：夕不雨
二四八三六 貞今夕不雨
二四八三六 ：夕：

二四八三七 ：即：今夕不雨
二四八三八 貞今：不雨
二四八三八 ：夕：
二四八三九 辛卯卜陸貞今夕無雨
二四八四〇 貞今夕其雨
二四八四一 貞今夕其雨
二四八四二 貞今夕其雨
二四八四三 貞今夕其雨
二四八四四 貞今夕其雨
二四八四五 貞今夕其雨
二四八四五 貞：
二四八四五 ：無：
二四八四六 貞今夕其雨
二四八四七 貞今夕其雨
二四八四八 貞今夕其雨
二四八四九 貞今夕其雨
二四八五〇 貞今夕其雨
二四八五一 貞今夕其雨
二四八五二 ：今夕其雨
二四八五三 ：夕其雨：允雨
二四八五三 夕：
二四八五四 ：雨之夕允不雨四月
二四八五五 ：夕：雨十月
二四八五六 ：夕：雨
二四八五七 ：其雨
二四八五七 貞今夕不其雨
二四八五八 貞今夕不其雨
二四八五九 庚子卜貞今夕延雨
二四八五九 庚子卜王
二四八五九 辛丑：貞其：風：
二四八六〇 ：卜尹：延雨
二四八六〇 ：夕無囚
二四八六一 貞今夕允不延雨
二四八六二 ：申卜㠯貞：夕不其延雨
二四八六三 貞今夕不其延雨
二四八六四 ：其延雨六月
二四八六五 ：有大雨
二四八六六 戊子卜旅貞有來雨八月
二四八六六 ：卜：囚
二四八六七 ：出：戌 不：不雨
二四八六八 乙酉卜大貞及茲二月有大雨
二四八六九 ：自𣪠：𣎆?遡雨：多?雨
二四八七〇 ：允雨小：
二四八七一 貞：其雨
二四八七一 貞惟吉雨五月
二四八七二 辛丑：貞其有囚

二四八七二 辛丑卜即貞兹旬惟雨十月
二四八七二 ：丑卜即：王出：囚
二四八七三 癸：貞：
二四八七三 ：翌：
二四八七三 乙酉卜：
二四八七三 ：惟上甲：
二四八七四 貞惟雨
二四八七五 貞：
二四八七五 ：惟雨
二四八七六 貞雨允雨
二四八七七 ：己丑允雨
二四八七八 ：卜：貞人見其遘雨克：五月
二四八七九 ：酉卜遘貞王賓歲不遘大雨
二四八七九 貞其遘大雨
二四八八〇 ：辰卜祝：今日延：遘大雨
二四八八一 貞其遘雨之：
二四八八一 ：今：其：
二四八八二 甲午卜：貞翌乙：不遘雨
二四八八二 貞其遘雨一月
二四八八三 乙卯卜出貞王賓龠不遘雨
二四八八三 ：其：夕
二四八八四 ：辰卜：貞王賓：不遘雨
二四八八五 壬寅卜：貞告歲不遘雨
二四八八六 ：卜喜：翌辛亥：旬衣：遘雨
二四八八七 乙：貞王：不遘：之一允：
二四八八八 貞不遘雨
二四八八八 ：貞于?：不：往：禱：
二四八八九 ：不：雨
二四八八九 ：六月
二四八九〇 ：貞不遘雨
二四八九一 ：酉卜：貞今日不遘雨
二四八九二 乙巳卜中貞于方非人皿雨
二四八九二 ：巳卜中：雨允：我人衛
二四八九三 丙：祝：日：雨
二四八九三 ：丑：今日：[illegible]
二四八九四 ：賓：翌衣：雨
二四八九五 貞衣入不遘雨
二四八九六 辛卯卜：貞王賓：不雨
二四八九七 ：尹：申[illegible]：
二四八九七 ：雨
二四八九八 歲不雨
二四八九八 ：庚：不：
二四八九九 甲申：貞：[illegible]
二四八九九 ：王：
二四八九九 ：𢼄雨
二四九〇〇 庚申：貞日：[illegible]：雨帝：循不：

二四九〇〇 ：卜中：惟兹：惟兹：希
二四九〇一 貞：其：
二四九〇一 戊午雨[illegible]
二四九〇一 貞不惟三月
二四九〇一 ：午：
二四九〇二 ：大：丁亥：辰其：
二四九〇二 ：卜：兹雨：水二月
二四九〇三 丙：出：丁亥：雨允雨：
二四九〇四 辛卯：貞無：于翌壬廼雨.
二四九〇四 ：卯卜兵貞王其𡴠：壱十三月
二四九〇五 ：尹貞：徽不：
二四九〇六 貞王其：雨
二四九〇七 ：雨：六月
二四九〇八 ：雨四月
二四九〇九 ：雨
二四九〇九 ：衛文
二四九一〇 貞：雨
二四九一〇 ：卜出：翌辛巳：益：[illegible]：
二四九一一 ：貞：雨在：
二四九一一 ：魚：
二四九一二 甲：尹貞：
二四九一二 ：今夕：雨
二四九一三 貞不其啓
二四九一三 戊戌卜貞今夕啓八月
二四九一三 貞不其啓
二四九一四 貞今夕啓
二四九一五 癸未卜出貞今：其啓
二四九一六 ：戊卜翌：其啓：月
二四九一七 己卯卜貞今日啓王囚曰其啓惟其毋大啓
二四九一八 貞今：啓
二四九一九 貞不其啓三月
二四九一九 ：二月
二四九一九 ：月
二四九二〇 貞不其雨三月
二四九二〇 壬寅卜即貞翌癸卯啓四月
二四九二〇 貞不其啓三月
二四九二一 辛：大：啓
二四九二二 貞今夕不其啓
二四九二三 貞今夕不其啓
二四九二四 辛卯卜出：不：啓：允：
二四九二五 貞今夕不其延啓
二四九二六 丙申：貞：啓
二四九二七 ：惟：夕啓六月
二四九二八 乙：中：啓：
二四九二八 ：申王：亦：
二四九二九 丙戌卜大貞翌丁亥暘日八月

二四九二九 貞于來丁酉酌大史暘日
二四九三〇 ：卜出：丁酉暘日不雨八月
二四九三一 丙寅卜出貞翌丁卯暘日八？月？
二四九三二 乙酉卜大貞翌丁亥暘日
二四九三二 丙戌
二四九三二 ：不其暘日八月
二四九三三 丙寅卜貞翌丁卯暘日
二四九三三 貞不其暘日
二四九三三 貞雨不正辰無匄
二四九三三 庚辰卜大貞雨不正辰不惟年
二四九三三 貞：惟：
二四九三四 丁卯卜大貞今日風
二四九三五 癸酉卜：貞今日風
二四九三六 ：卯：祝貞來丁巳暘日
二四九三七 ：日羽
二四九三八 壬：
二四九三八 甲辰
二四九三八 丁未
二四九三八 ：酉卜祝貞惟今夕告于南室
二四九三九 乙酉卜祝貞惟今夕告于南室
二四九三九 丁：
二四九四〇 乙酉卜祝：丁亥使其酌告南室
二四九四〇 丁亥
二四九四〇 壬寅
二四九四一 ：寅卜大：其侑：丁三十牛：南室
二四九四二 己巳卜祝貞尊告盟室其尘
二四九四二 戊申
二四九四二 ：室
二四九四三 貞酌匚于盟室無尤
二四九四四 貞：使其？酌告于盟室十月
二四九四五 戊戌卜出貞其有匚于保于罪室酌
二四九四六 ：歲告日：𠚤于：室八月
二四九四七 ：出：告：丁于：室八月
二四九四八 貞其：室
二四九四九 丙子：貞：
二四九四九 ：出：于：室
二四九五〇 ：出貞：亥其：新寢：小宰
二四九五一 丑侑于五毓至于龔𢎀
二四九五一 河珏惟王自正十月
二四九五一 三帚宅新寢亼宅十月
二四九五一 貞母辛歲于𢎀家？以東十月
二四九五二 大貞作王寢于：
二四九五二 ：貞庚辰酌匚：
二四九五二 ：宰八月
二四九五三 乙亥卜出貞作王寢告：
二四九五三 己：其：

二四九五四 丙子卜即貞：宗：
二四九五五 ：出：侑？于：庚：宗：
二四九五六 戊：大：毀：
二四九五六 甲辰卜出貞王疾首無延
二四九五六 癸未
二四九五六 癸未
二四九五七 癸：
二四九五七 甲辰卜出貞王疾首無延
二四九五七 ：𠂤？：
二四九五八 ：曾？：
二四九五八 ：貞：利：疾：
二四九五九 ：卜出：般：疾：
二四九六〇 貞惟岳壱
二四九六〇 貞惟夒壱
二四九六〇 貞惟企壱
二四九六〇 ：祝：
二四九六一 壬戌王曰夒匚牛一月
二四九六二 丙午卜旅貞翌丁未夒燎告有豊：
二四九六二 ：旅：于？：牛
二四九六三 壬戌王卜喜：
二四九六三 ：大夒：
二四九六四 壬：
二四九六四 ：喜：弜：
二四九六四 ：夒：
二四九六五 甲子卜：夒壱：
二四九六五 ：師：
二四九六六 ：酌：燎：
二四九六六 ：亥：夒：
二四九六七 ：丁亥其：
二四九六七 貞其侑河：惟丁牛？：
二四九六八 貞惟河壱
二四九六九 壬申卜旅貞其侑于季惟羊
二四九七〇 壬辰卜旅貞季歲：
二四九七一 ：貞季歲：燎：
二四九七二 壬午卜旅貞季歲王其賓：
二四九七三 ：即：季：
二四九七四 壬戌卜大貞：有：季：羊
二四九七四 ：卜大：丁卯：歲勿牛
二四九七五 ：不：
二四九七五 ：王：其燎：上甲父：𧰼
二四九七六 壬子：旅：其有：畝壬
二四九七七 丙寅卜：貞𠭰：延
二四九七八 貞惟王帝𠱿？祟不若
二四九七九 ：祝：上帝：出：
二四九八〇 丁丑：曰其：
二四九八〇 丁丑王卜曰惟余其無延

二四九八〇　：王卜曰茲下：若茲惟王帝：見
二四九八一　甲辰
二四九八一　甲辰帝：于乙巳：
二四九八二　甲：曰貞：父丁：有：
二四九八二　甲戌卜王曰貞勿告于帝丁不茲
二四九八二　：巳卜王
二四九八三　乙巳卜出貞王疋不汰
二四九八三　貞惟今日酌其侑于二子
二四九八三　貞其汰十二月
二四九八三　貞于翌丁未酌十二月
二四九八四　：亥王卜：不大：鬼：九月
二四九八五　貞：鬼：
二四九八五　：貞：吉
二四九八六　辛未：貞今：王：
二四九八六　貞：今：
二四九八六　貞：鬼：
二四九八七　：今夕鬼寧
二四九八七　貞：吉
二四九八八　貞：吉
二四九八八　貞：鬼：
二四九八九　貞惟鬼
二四九八九　貞惟吉一月
二四九九〇　貞惟鬼
二四九九〇　：吉四月
二四九九一　貞惟鬼
二四九九一　貞今夕王寧
二四九九二　貞惟鬼
二四九九三　貞惟鬼
二四九九四　貞惟鬼
二四九九五　貞惟鬼
二四九九六　貞惟鬼
二四九九七　貞惟鬼
二四九九七　：鬼
二四九九八　貞惟鬼
二四九九九　貞惟鬼
二五〇〇〇　：惟鬼
二五〇〇一　：惟鬼
二五〇〇二　：惟鬼
二五〇〇三　：惟鬼
二五〇〇四　：惟鬼
二五〇〇五　貞惟鬼
二五〇〇六　：惟鬼
二五〇〇七　貞惟鬼
二五〇〇八　貞：鬼
二五〇〇九　貞：鬼
二五〇一〇　貞：鬼

二五〇一一　貞：鬼
二五〇一二　：鬼
二五〇一三　：鬼
二五〇一四　：鬼
二五〇一五　甲子卜：放卜小：
二五〇一五　甲子卜王放卜茲用日放
二五〇一五　丁卯卜王
二五〇一五　丁卯卜王
二五〇一六　：惟茲用一月
二五〇一七　庚戌：曰貞：用茲
二五〇一八　丙：貞：父：有：茲不用
二五〇一九　己酉卜大貞惟右卜用
二五〇二〇　庚：卜：令：九于御：
二五〇二〇　甲戌卜大貞勿羊用三卜
二五〇二〇　己卯
二五〇二一　壬申王卜
二五〇二一　貞其作：
二五〇二二　乙酉：
二五〇二二　乙酉王卜
二五〇二二　：酉王卜
二五〇二三　：出：告：
二五〇二四　不吉黽
二五〇二五　辛巳卜大貞侑自上甲元示三牛二示二牛十三月
二五〇二六　貞旁有大示五：九月
二五〇二七　：卜旅：大示：牛
二五〇二八　癸丑：曰貞奉：牛
二五〇二八　：卜王：奉示：
二五〇二九　丁：
二五〇二九　貞不惟有示
二五〇二九　壬辰卜大貞翌己亥侑于芍十二月
二五〇二九　庚子
二五〇三〇　甲申卜中貞惟叔叔雨九月
二五〇三一　丙辰：貞示：循：
二五〇三一　丙辰卜吳貞示惟王：若
二五〇三一　：吳：
二五〇三二　辛酉卜：貞惟示其禰禦　十二月
二五〇三二　庚：在：
二五〇三三　：卯：來：有匚：
二五〇三四　：巳卜大貞翌丁　二告
二五〇三四　：貞翌辛亥有彳
二五〇三五　乙巳卜大貞翌丁未：　二告
二五〇三五　：祝貞翌辛亥有卜：
二五〇三六　癸未：出：旬：祟：
二五〇三六　：有邑：百盟：
二五〇三七　庚戌王：曰其遘：有彳歲：二月
二五〇三八　癸未卜出貞侑于保惟辛卯酌

二五〇三九　貞：丁：
二五〇三九　庚戌卜出貞侑：保三牛
二五〇四〇　丙午卜出貞今夕侑：保三?小宰
二五〇四一　：卜出：侑于：三宰：八月
二五〇四二　丁酉卜大貞侑于：宰五月
二五〇四二　己未
二五〇四二　：壬：
二五〇四三　：卜出：翌：侑于：宰：
二五〇四四　貞勿侑十二月
二五〇四五　庚子卜行貞惟右用在八月
二五〇四五　：行：左：
二五〇四六　：貞惟又：
二五〇四六　丁：
二五〇四七　：子卜大：其侑：妣牡：
二五〇四七　：無：三月
二五〇四八　：卜大：其侑：妣一牛
二五〇四九　：旅：其侑于：一牛
二五〇五〇　：辰卜中：惟茲左：
二五〇五一　丁卯卜：貞其侑：其自：
二五〇五一　：八月
二五〇五二　乙未卜：貞其入王：
二五〇五二　：旅：
二五〇五三　辛亥卜：貞其侑：
二五〇五三　貞毋
二五〇五四　丙辰：貞：其侑：
二五〇五四　：旅：祝
二五〇五五　：酉：其侑
二五〇五六　己未卜王
二五〇五六　己：
二五〇五六　庚申卜行貞其侑于妣庚必一牛
二五〇五六　己：
二五〇五六　：宰八月
二五〇五七　：卜旅：侑于：一牛
二五〇五八　：旅：侑于：惟羊
二五〇五九　：卜旅：翌庚：其侑于：一宰
二五〇五九　：宰
二五〇六〇　己未：即貞：歲：
二五〇六〇　己未卜即貞翌庚申其侑于妣庚
二五〇六〇　：毋：
二五〇六一　庚午卜旅貞其侑于：五月
二五〇六一　乙丑：貞其侑：祖宰
二五〇六二　癸丑：旅貞其侑于：
二五〇六三　：卜旅：其侑于：
二五〇六四　庚申卜王貞毋侑七月
二五〇六四　：申卜王：其侑：小宰用茲?
二五〇六五　貞：在：

二五〇六五　貞毋侑在七月
二五〇六六　癸：貞：惟：
二五〇六六　貞毋侑八月
二五〇六七　丙午：貞翌丁未其侑于：
二五〇六七　貞毋侑十月
二五〇六七　：大：丁：
二五〇六八　貞毋侑在：月
二五〇六八　：行貞：有彳歲：
二五〇六九　貞毋侑
二五〇七〇　：毋侑
二五〇七一　庚辰：貞其：于妣庚?：
二五〇七一　貞毋侑在十二月
二五〇七一　：卜
二五〇七二　：貞：其：
二五〇七二　貞毋侑五月
二五〇七二　丁未卜即：歲：
二五〇七三　貞弜侑：
二五〇七三　：毋：八?月
二五〇七四　丙戌卜行貞翌丁亥其侑于：
二五〇七四　：弜侑
二五〇七四　其：
二五〇七五　貞弜侑七?月
二五〇七六　乙亥：貞：父?乙：
二五〇七六　丁丑卜即貞王賓父丁彡無尤：
二五〇七六　：卜即：賓：尤
二五〇七七　癸酉卜尹貞王賓示癸彡無尤在十一月
二五〇七八　丙午卜尹貞王賓：彡無尤
二五〇七八　己：
二五〇七九　貞：
二五〇七九　：申卜行：王賓：彡無尤
二五〇八〇　貞無尤
二五〇八〇　：酉卜旅：王賓：彡夕：囚
二五〇八一　：卜旅：王賓：彡夕無：在二月
二五〇八二　：行：賓：彡無尤
二五〇八三　：子卜尹：王賓：彡夕：囚
二五〇八四　：卜行：賓：彡夕：
二五〇八五　：寅卜：貞王：小乙彡：敹：
二五〇八六　丙申：貞翌：彡：仲丁：
二五〇八六　：卜尹：翌：辰：于：
二五〇八七　癸卯：貞：在：彡：
二五〇八八　：貞今日：
二五〇八八　：貞今日：
二五〇八八　：今日：
二五〇八八　：乙亥：彡鼓：
二五〇八九　：衣至：彡八月
二五〇九〇　癸：貞：

二五〇九〇 癸酉卜彷貞旬無𡆥：彡于：
二五〇九〇 ：彷：無𡆥：
二五〇九一 庚申卜伊彡𥘅
二五〇九二 甲子卜尹貞王賓歲𣪘無尤
二五〇九二 甲子卜尹貞王賓：無尤：四月
二五〇九二 辛酉卜尹貞王賓𣪘無尤
二五〇九二 癸亥卜尹貞王賓歲𣪘無尤
二五〇九三 乙丑卜尹貞王賓歲𣪘無：
二五〇九三 乙：貞：
二五〇九三 ：卜尹：賓：無：在：
二五〇九四 ：卜旅：王賓：歲𣪘無尤
二五〇九五 丙辰卜：貞王：𣪘無：
二五〇九五 ：行：王：歲：無：
二五〇九六 壬申卜行貞王賓歲二牛𣪘無尤七月
二五〇九七 ：卯卜旅：王賓：歲無：五月
二五〇九八 丁酉：
二五〇九八 辛亥卜貞王賓：歲五牛
二五〇九八 ：在：
二五〇九九 ：卜行：王賓：歲三牛
二五〇九九 ：無尤
二五一〇〇 乙酉卜：貞王賓：𣪘無：在：
二五一〇〇 乙酉卜旅貞王賓歲三牛無尤
二五一〇一 ：卜𠙵：王賓：歲三宰：尤
二五一〇一 ：卜𠙵：
二五一〇二 甲午：貞王：𣪘：
二五一〇二 ：于卜行：王賓：歲宰：尤
二五一〇三 乙：貞：
二五一〇三 ：酉卜旅：王賓：歲：無：
二五一〇四 丁丑：貞王：𣪘無：
二五一〇四 ：卜旅：賓：歲：尤
二五一〇五 ：旅：王賓：歲三宰無尤
二五一〇六 乙丑：貞王：歲二宰無尤
二五一〇七 ：卜尹：王賓：歲宰：尤
二五一〇七 ：𣪘：尤：十一月
二五一〇八 ：旅：賓：尤
二五一〇八 ：卜旅：王賓：歲二宰：尤
二五一〇九 乙亥卜：貞王賓：歲宰一牛：
二五一〇九 ：卜尹貞：𣪘無：
二五一一〇 ：卜尹：賓：歲宰：尤
二五一一〇 ：五卯二宰
二五一一一 乙亥：貞：𣪘：在：
二五一一一 乙亥卜行貞王賓歲無尤
二五一一一 丁未卜行貞王賓𣪘無尤
二五一一二 ：卜尹：王賓：歲宰暨：彳歲：
二五一一三 癸未卜：貞王賓歲𣪘無尤
二五一一三 ：行：賓：

二五一一四 乙卯卜尹貞王賓歲無尤
二五一一四 ：尹：賓：
二五一一五 乙酉卜喜貞王賓歲無尤
二五一一六 ：丑卜即貞王賓歲無尤
二五一一七 庚申卜喜貞王賓歲無尤
二五一一七 ：喜貞王賓歲無：
二五一一八 丁巳卜：貞王賓歲無尤
二五一一九 庚寅卜貞王賓𣪘無尤
二五一一九 ：卜貞王賓歲無尤
二五一一九 ：卜：王賓：無：
二五一二〇 丁丑：貞王賓歲無尤
二五一二〇 ：卜：王賓歲無尤十二月
二五一二一 丁卯卜：貞王賓歲無尤
二五一二二 丙辰：貞王賓：無：
二五一二二 丙辰卜貞王賓歲無尤
二五一二三 甲寅貞翌己酉歲其：
二五一二三 ：卜即：王賓：歲無：
二五一二四 乙酉卜大貞王賓：歲無：
二五一二四 癸卯：大：
二五一二五 癸亥卜大貞王賓歲無尤
二五一二五 ：卜：王：
二五一二六 辛卯卜：貞王賓歲：尤
二五一二六 ：尹：賓：無：
二五一二七 ：卜尹：王賓：歲無：在四月
二五一二七 ：卜尹：賓：
二五一二八 ：卜出：辛丑：賓歲：𠂤用
二五一二九 ：貞王賓：歲：
二五一三〇 乙卯：貞王賓歲：
二五一三一 丙申：旅：王：𣪘：尤
二五一三一 ：旅：賓：歲：無：在：
二五一三二 ：卜旅：賓：無尤：師：
二五一三二 壬：旅：賓：歲五：
二五一三三 辛亥：旅貞：賓：歲：
二五一三三 ：卜旅：賓：無：
二五一三四 辛酉：旅貞：賓歲：無：
二五一三五 乙：尹：賓：歲：辛：
二五一三五 ：卜尹：賓：二宰
二五一三六 戊辰：貞王：歲彳：在：
二五一三六 ：𠙵：無尤
二五一三七 甲戌卜：貞王：歲無：
二五一三八 丁未：貞王：歲無：
二五一三八 ：卜：賓：尤
二五一三九 丁丑：貞王：歲：
二五一三九 ：𣪘：尤
二五一四〇 戊：王：
二五一四〇 戊辰卜尹貞歲其賓𣪘：

二五一四〇　貞弜
二五一四一　……卜旅……庚申……歲……賓……
二五一四二　庚戌卜即貞……毋歲二牛……其賓……
二五一四三　己卯……貞歲……其……
二五一四三　……卜……
二五一四四　庚……大……日……雨
二五一四四　……卜喜……歲其……
二五一四五　庚……
二五一四五　戊申卜吳貞王賓……丁歲……
二五一四五　……卜即……賓……囚
二五一四六　……酉卜……王賓……丁歲二宰……
二五一四七　丁丑……貞王……丁歲……無……
二五一四八　貞二宰二月
二五一四八　辛卯卜即貞王賓歲不雨
二五一四九　……卜旅……王賓……歲暨……歲無尤在二月
二五一四九　……尤……月
二五一五〇　庚寅卜旅貞王賓妣歲無尤七月
二五一五〇　……旅……
二五一五一　癸未卜……貞妣……其……
二五一五二　癸巳卜大貞王賓妣歲無尤
二五一五二　……午卜……貞王賓魯甲歲無尤
二五一五三　……申卜……王賓……無尤
二五一五三　庚申卜即貞王賓妣歲無尤
二五一五三　……貞……
二五一五四　丁酉……貞王……妣歲……尤
二五一五五　……卜旅……妣歲……今酌……
二五一五六　……卜旅……妣歲……其賓……
二五一五七　癸亥卜……貞妣歲惟今蔑酌
二五一五七　貞弜侑四月
二五一五八　貞妣歲牝十三月
二五一五九　乙亥卜……貞妣歲牡
二五一五九　……惟……
二五一六〇　癸巳……貞其……妣……
二五一六〇　貞宰三月
二五一六〇　癸巳卜即貞妣歲勿牛
二五一六〇　貞弜勿三月
二五一六〇　貞……
二五一六一　乙巳卜喜貞妣歲牡
二五一六二　甲申卜即貞妣歲王其叙十一月
二五一六二　甲申卜即貞妣歲其□
二五一六三　貞……
二五一六三　……貞妣歲……□□
二五一六四　乙未卜即貞妣歲王其……
二五一六四　……賓……七月
二五一六四　……七月
二五一六五　乙巳卜即貞妣歲王其叙……

二五一六六　……子卜大……妣歲……其叙……
二五一六七　……丑卜旅貞盟子歲王其賓……
二五一六八　……巳卜即貞盟子歲牡
二五一六九　庚戌卜旅貞西子歲惟……王……
二五一七〇　……子卜……歲王其……叙在五月
二五一七一　丁
二五一七一　貞弜牝
二五一七一　……丑卜行貞歲叙
二五一七二　庚……貞歲……叙九月
二五一七二　貞弜率叙
二五一七三　戊戌卜尹貞惟歲王其叙
二五一七四　甲寅卜犬貞歲惟叙祝
二五一七五　……亥卜行……歲惟王祝在十一月
二五一七六　癸……大……歲……
二五一七六　……大……歲惟……于禱
二五一七七　……卜……貞歲……今蔑……
二五一七八　……貞……
二五一七八　……卜……貞……歲……蔑……
二五一七九　壬午卜喜貞歲……惟王牡用……
二五一八〇　……卜出……見歲……不興用
二五一八一　貞歲……用
二五一八一　丙戌
二五一八二　戊……貞其延……歲一牛
二五一八二　……弜……
二五一八三　……寅卜即……翌丁丑……歲牡
二五一八四　……卜旅……歲牡
二五一八五　貞……歲牡
二五一八五　貞牝
二五一八六　己……貞……一牛
二五一八六　貞宰
二五一八六　……卜行……歲牡
二五一八七　貞宰
二五一八七　……卜行……歲牡
二五一八八　……卜即……歲……牡
二五一八九　貞……宰
二五一八九　……卜……貞……歲……牡
二五一九〇　……未卜旅貞歲其牡在八月
二五一九一　……庚……歲其牡
二五一九二　貞……
二五一九二　……申卜……貞酉……歲其牡
二五一九三　乙卯卜大……歲其……四月
二五一九四　……王歲其競在十一月
二五一九五　貞……歲勿牛
二五一九六　……戊卜……貞勿……歲暨……
二五一九七　辛卯卜即貞今日無來……
二五一九七　……卜即……乙酉……歲勿……月

二五一九八　尹…小乙歲一宰…尤
二五一九八　…尤
二五一九九　…歲一宰無尤
二五一九九　…歲…
二五二〇〇　…辛…
二五二〇〇　…宰無…
二五二〇〇　…歲一宰…
二五二〇一　辛…
二五二〇一　…卜大…歲宰
二五二〇二　…午卜…貞歲…牡
二五二〇三　丙…貞…
二五二〇三　丙寅卜大貞翌丁卯歲其先禱
二五二〇四　戊寅卜即貞惟父戊歲先酚
二五二〇五　辛丑…貞其…于…
二五二〇五　…卜…惟…歲…酚
二五二〇六　…貞…歲…酚
二五二〇七　丁亥卜貞…
二五二〇七　庚子卜貞延…
二五二〇七　丙午卜貞翌丁未歲…
二五二〇八　…翌…巳…其?歲…射
二五二〇九　甲…貞翌…卯…歲…射
二五二〇九　…寅卜…貞翌…卯…歲…十月
二五二一〇　…貞伊…歲翌丁…其…
二五二一一　丙寅…貞翌丁…歲…
二五二一一　…叙
二五二一二　庚寅…貞翌辛…歲無壱
二五二一三　…未卜…貞王…歲無…
二五二一三　庚…貞…砓…
二五二一四　…歲無…
二五二一五　…歲無…在四月
二五二一六　…卜大…歲于…于吝…
二五二一七　…卜…
二五二一七　貞歲…于宗
二五二一八　辛未卜尹貞歲□
二五二一九　…翌…歲…于…惟…無壱
二五二二〇　…大…歲弜羊…延一月
二五二二一　…卜出…延大…歲于…三宰
二五二二二　…大…歲…□
二五二二三　…未卜喜?貞歲…□
二五二二四　…□…
二五二二五　…貞…莫歲…其圉
二五二二六　丙午卜…貞翌丁未莫…
二五二二六　…宰
二五二二七　庚戌…貞…于…一牛
二五二二七　…卜旅…歲…于?…

二五二二八　丁丑…貞歲…□…
二五二二九　己卯…
二五二二九　貞王…歲…
二五二三〇　貞…歲…用
二五二三〇　…內…彡…丁用
二五二三一　…歲…癸…祟…旬子…
二五二三二　辛丑卜大貞歲弜羊…宰一牛
二五二三三　乙卯卜濩貞毓…歲…伐…
二五二三四　丁亥卜…貞王…叙…
二五二三四　…母?…歲…
二五二三五　丁亥卜行貞蔑?歲?
二五二三五　…宰
二五二三五　貞…
二五二三六　甲子卜尹貞王賓觀叙無尤
二五二三七　辛酉卜旅貞王賓觀無囚
二五二三八　…大…王賓鼓無囚
二五二三九　…寅卜旅…賓…毀…囚?
二五二四〇　甲子卜…貞王賓觀叙…
二五二四一　…卜出…鼓彡…
二五二四二　…出…彡…鼓十月
二五二四三　貞勿鼓
二五二四四　乙丑卜大貞王賓叙無尤
二五二四四　乙丑卜大貞王賓叙無尤
二五二四四　…貞…祖…
二五二四五　丁卯卜大貞王賓叙無尤…月
二五二四六　丙子卜…貞王賓叙無尤一月
二五二四六　甲午卜大貞王賓叙無尤
二五二四七　…無尤
二五二四七　丙子卜…貞王賓匚丙叙無尤
二五二四七　丙子卜即貞王賓上甲叙無尤
二五二四八　乙未卜即貞王賓叙無尤
二五二四八　乙…貞…□…
二五二四八　…即…兄庚…
二五二四九　戊戌…貞王…叙…
二五二四九　己亥卜即貞王賓叙無尤
二五二五〇　乙巳卜即貞王…
二五二五〇　丁未卜即貞王賓叙…
二五二五一　庚戌卜即貞王賓叙無尤
二五二五二　甲寅卜即貞王賓叙無尤
二五二五二　…即…賓…無尤
二五二五三　貞王賓叙無囚
二五二五四　…卯卜即…王賓叙無尤三月
二五二五五　…午卜即…王賓叙無尤
二五二五六　丁卯卜喜貞王賓叙無尤
二五二五六　庚午…貞王…無…
二五二五七　癸巳卜喜貞王賓叙無尤

二五二五八　…戊卜喜貞王賓叙無尤
二五二五九　甲子卜尹貞王賓叙無尤
二五二五九　甲…貞…歲…
二五二六〇　甲子…貞王…叙…尤
二五二六〇　甲子卜尹貞王賓…尤
二五二六一　乙丑…貞王賓叙無…
二五二六一　…尹…賓…無尤
二五二六二　丁丑卜尹貞王賓叙無尤在四?月
二五二六三　庚辰卜尹貞王賓叙無尤
二五二六三　…尤
二五二六四　丁卯卜尹貞王賓叙無尤
二五二六五　甲申卜尹貞王賓叙無尤在五月
二五二六五　甲申卜尹…王賓…尤…五月
二五二六六　甲申卜尹貞王賓叙無尤
二五二六七　丁酉卜行貞王賓叙?無?…
二五二六七　丁酉卜行貞王賓叙無尤
二五二六七　甲寅卜尹貞王賓歲一牛無尤在三月
二五二六七　甲寅卜尹貞王賓叙無尤
二五二六七　甲寅卜尹貞王賓叙無尤
二五二六七　乙卯貞王賓叙無尤
二五二六八　己酉卜尹貞王賓歲牛無尤
二五二六八　己酉卜尹貞王賓叙無尤
二五二六八　庚戌卜尹貞王賓叙無尤
二五二六八　辛亥卜尹…王賓…無尤四月
二五二六九　丁巳卜尹貞王賓叙無尤在四月
二五二六九　丁巳…貞…父丁…尤
二五二六九　丁巳…貞王…
二五二六九　…卜…王…叙…尤
二五二七〇　辛亥卜尹貞王賓叙無尤
二五二七〇　丁卯卜尹…
二五二七〇　…歲…無…
二五二七一　庚申卜尹貞王賓叙無尤
二五二七二　丁…貞王…叙…在…
二五二七二　…卯卜尹貞王賓…無…
二五二七三　戊戌卜尹貞王出無囚
二五二七三　戊戌卜…貞王賓叙無尤
二五二七三　貞無尤
二五二七四　丁酉卜尹貞王賓叙無尤
二五二七四　乙卯卜尹貞王賓叙無尤
二五二七四　丁巳卜尹貞王賓叙無尤
二五二七四　辛…貞…
二五二七四　…尹…賓…無尤
二五二七五　乙…貞…
二五二七五　乙丑卜呂貞王賓叙…
二五二七六　乙丑…呂貞…賓…
二五二七六　乙丑卜呂貞王賓叙…
二五二七七　乙酉卜呂貞王賓叙無尤

二五二七八　庚寅卜呂貞王賓叙無尤
二五二七八　…月
二五二七九　丁酉卜呂貞王賓叙無尤
二五二八〇　…呂…賓…無…在…
二五二八〇　…卜呂…賓…叙…
二五二八〇　…在…
二五二八〇　…卜…
二五二八一　甲寅卜華貞王賓叙無尤七月
二五二八二　戊…
二五二八二　戊午卜旅貞王賓叙…
二五二八二　戊午卜旅貞今夕無囚
二五二八二　戊辰卜旅貞王賓戠無囚
二五二八二　貞無尤
二五二八二　戊辰卜旅貞今夕無囚在五月
二五二八二　戊寅卜旅貞王賓戠無囚
二五二八二　貞無尤
二五二八二　戊寅卜旅貞王賓叙無尤
二五二八二　…卜旅…夕無…在六月
二五二八二　辰　子　丑　午
二五二八三　…子卜㶚貞王賓叙無囚
二五二八四　甲戌卜旅貞王賓叙…
二五二八四　…旅…賓…
二五二八五　乙亥卜旅貞王賓叙無…
二五二八六　乙丑卜旅貞王賓叙無尤一月
二五二八七　丁未…旅貞王賓叙無尤
二五二八八　丁酉卜…貞王賓叙無尤五月
二五二八八　…蒸…
二五二八九　壬午…貞王…叙無尤在十一月
二五二八九　癸卯卜旅貞王賓叙…
二五二九〇　…旅…賓…
二五二九〇　乙…旅…
二五二九〇　己未卜旅貞王賓叙無尤
二五二九一　戊申卜貞王賓叙無尤
二五二九一　…卜…賓…戠…囚
二五二九二　…酉卜貞王賓叙無尤
二五二九二　貞王…
二五二九三　乙…旅…王…
二五二九三　…卜旅…賓…叙…
二五二九四　…旅…王賓…無尤在二月
二五二九四　…叙無尤在二月
二五二九五　戊辰…貞王賓…歲三宰…在十二月
二五二九五　…辰卜旅…王賓叙…尤
二五二九六　…貞王…叙無尤
二五二九六　…卜旅…賓叙無尤
二五二九六　…卜旅…王賓…無尤
二五二九七　…賓…無…

二五二九七　：旅貞王賓款無尤
二五二九八　丁：貞：匚：甲：
二五二九八　丁卯卜行貞王賓款歲無尤在：月
二五二九八　：王：翌：在三月
二五二九九　甲戌：貞王：桒：在：
二五二九九　甲：
二五二九九　甲戌卜行貞王賓款無尤
二五三〇〇　丁丑：貞王：父丁：
二五三〇〇　丁丑卜行貞王賓款無尤
二五三〇〇　戊寅卜行貞王賓歲款無尤
二五三〇〇　：寅卜行：王賓：無尤：七月
二五三〇一　庚辰：貞王：歲窐：暨：
二五三〇一　庚辰卜行貞王賓款無尤
二五三〇一　：卜行：王賓：無尤
二五三〇二　丁亥卜行貞王賓款無尤
二五三〇三　庚：貞：
二五三〇三　己亥卜行貞王賓款無：
二五三〇三　己亥卜行貞王賓歲窐無尤
二五三〇三　：卜行貞王賓款無尤
二五三〇四　貞王：款：
二五三〇四　壬寅卜行貞王賓款無尤：
二五三〇四　：王賓：無尤：正月
二五三〇五　癸卯：貞王：示癸翌：
二五三〇五　癸卯卜行貞王賓款無尤
二五三〇五　：王賓：爽：歲三窐：尤
二五三〇六　辛：貞：
二五三〇六　丁丑卜行貞王賓：咎無尤
二五三〇六　：卜行：
二五三〇七　丙午卜行貞王賓匚丙彡無：在正月
二五三〇七　丙午卜行貞王賓款無尤
二五三〇七　：卜行：王賓：彡無尤
二五三〇八　戊申：尹貞：款無：
二五三〇八　：尹：賓：
二五三〇九　辛亥：貞：
二五三〇九　辛亥卜行貞王賓款無尤在九月
二五三〇九　：卜行：王賓：無：在九月
二五三一〇　己酉卜：貞王賓款無尤在正：
二五三一〇　庚戌卜行貞王賓：歲無尤：
二五三一一　乙卯：貞王：桒：尤
二五三一一　乙卯卜行貞王賓款無尤在九月
二五三一一　乙卯卜王
二五三一一　：卜：
二五三一二　甲：貞：
二五三一二　乙卯卜行貞王賓歲無尤在褮：
二五三一二　乙卯卜行貞王賓款無尤在二月
二五三一三　庚申卜行貞王賓：款無：

二五三一四　辛：貞：
二五三一四　辛巳卜行貞王賓款無尤在六月
二五三一五　辛巳：貞王：款無尤二月
二五三一六　辛巳：貞王：款無：
二五三一六　：貞王：歲三窐：五窐
二五三一七　辛：貞王：爽：無：
二五三一七　：未卜行貞王賓款無尤
二五三一八　：卜行貞王賓款無尤
二五三一九　：亥卜行：王賓：款無尤
二五三二〇　：貞王賓款無：
二五三二〇　：行：賓：無：
二五三二一　丁未：貞王：款無：
二五三二一　：卜行：賓：窐款：尤
二五三二二　乙丑：貞王：款：
二五三二二　：卜行：賓：無尤
二五三二三　乙卯卜：貞王賓：無尤
二五三二三　乙卯卜㳄貞王賓款無尤
二五三二四　：賓：夕款：尤
二五三二五　乙：貞：翌無：
二五三二五　乙卯卜㳄貞王賓款無尤
二五三二五　：卜㳄：賓：無尤
二五三二六　：貞：辛：無：
二五三二六　：戊卜㳄貞王賓款無尤
二五三二六　：無尤
二五三二七　甲子卜貞王賓款無尤
二五三二八　己巳卜：貞王賓款無尤七月
二五三二九　乙亥卜：貞王：款：
二五三三〇　甲申：貞王賓款無尤在十一月
二五三三一　丁亥卜：貞王賓款無：
二五三三二　癸巳卜：貞王賓款無尤：月
二五三三二　：尤：
二五三三三　丁酉卜：貞王賓款無：
二五三三四　庚戌：貞王：款無：
二五三三五　甲辰卜：貞王賓款無：八月
二五三三六　甲辰卜：貞王賓款無尤
二五三三六　：大：賓：尤
二五三三七　丁未卜：貞王：款：尤
二五三三八　辛亥卜：貞王賓款無尤
二五三三八　：祖：無：
二五三三九　：貞王賓：咎無尤
二五三三九　：貞王賓款無尤在十月
二五三四〇　壬子：貞王：款無：二月
二五三四一　乙卯：貞王：款無尤十二月
二五三四二　乙卯卜：貞王賓：款無：
二五三四三　丁巳卜：貞王賓款無尤
二五三四四　丁巳：貞王：款：

25345 貞二牛
25345 ：子卜大貞王賓款：
25345 貞弜：
25345 ：穌
25346 ：申卜：王賓款無：
25347 ：酉卜：貞王賓：無：
25348 ：巳卜：貞王賓款無尤
25349 貞王賓款無尤
25349 ：窜
25350 甲午：貞王：夕無：十月
25350 ：未卜：王賓：無尤
25351 甲：貞：王：
25351 ：卯卜大：燮燎卯：其㞢：
25352 貞賓：
25352 貞弜
25352 ：款無尤
25353 乙：吳：惟：
25353 貞惟款祝五月
25353 ：酉卜：
25354 乙巳：貞王：款無：在：
25354 ：尤
25355 乙：大：王：款：尤
25355 ：貞王：歲：
25356 貞惟款一月
25356 ：隮
25357 貞惟款五月
25358 貞惟款六月
25359 貞惟款：
25360 貞：彡：
25360 ：惟款
25361 庚戌：貞：王：
25361 貞弜款
25362 貞弜款
25362 ：卜：貞王賓東子款無尤
25363 庚：貞：款：
25364 乙：貞：
25364 辛丑：貞有循：
25364 貞勿款
25365 ：卜：無：
25365 ：一牛：
25366 ：二牛款：
25367 ：喜：小乙：款：
25368 ：貞：庚歲：窜款無尤在三月
25369 ：款在七月
25369 辛亥：貞其侑?：己：
25369 貞其自羌?甲有逆?：

25370 ：大貞來丁亥熯：
25370 ：貞翌丁亥：
25370 ：出貞來甾王其款丁：
25371 丁亥卜出貞來甾王其款丁盞射新
25372 ：子卜大：其款：乙惟羊
25373 貞無尤
25373 貞無尤十月
25373 甲子卜即貞王賓蓺禣無囚
25374 ：即：賓：
25374 乙丑卜即貞王賓蓺禣無囚
25375 貞無尤三月
25375 戊寅：即：
25375 貞：
25375 貞無尤
25376 戊寅卜即貞王賓蓺禣無囚五月
25376 辛丑卜即貞王賓蓺禣無囚
25376 貞無尤
25377 貞無尤
25377 貞無尤
25377 癸卯卜即貞王賓夕禣無囚
25377 甲辰卜即貞王賓蓺禣無囚
25378 乙卯：貞王賓蓺禣無囚
25378 貞無尤在五月
25378 ：卜即：出：囚
25379 丁卯卜尹貞王賓蓺禣無囚
25380 乙亥卜尹貞王賓蓺禣無：
25381 辛巳卜尹貞王賓蓺禣無囚
25382 甲申卜尹貞王賓蓺禣無囚
25382 ：無：
25383 貞無尤
25383 乙酉卜尹貞王賓蓺禣無囚
25383 ：寧：四月
25383 貞：尤
25383 丁酉卜尹貞王賓蓺禣無囚
25384 ：貞：
25384 ：在：
25384 甲辰卜尹貞王賓夕禣無囚
25385 乙巳卜尹貞王賓蓺禣無囚在九月
25385 貞無尤
25385 貞無尤
25385 ：尹：出：囚
25386 庚戌卜尹貞王賓蓺禣無囚
25387 庚戌卜尹貞王賓蓺禣：
25387 己：貞：夕?：
25388 貞：尤
25388 辛巳卜尹貞王賓蓺禣無囚

二五三八九　貞無尤
二五三八九　：卜尹：王賓褻禱無囚
二五三九〇　貞無：
二五三九〇　：尹：賓褻：無：
二五三九一　丁卯：貞王：褻：無：
二五三九一　：卜尹：王賓：禱：囚
二五三九二　貞無尤
二五三九二　甲子卜行貞王賓褻禱無囚
二五三九三　貞：在：
二五三九三　辛未卜貞王賓褻禱無囚
二五三九三　貞無尤在五月
二五三九三　：卜行：賓：囚
二五三九四　丙子：貞：無：
二五三九四　丙子卜行貞王賓夕禱無囚
二五三九四　丁丑卜行貞王賓褻禱無囚
二五三九四　貞無尤
二五三九四　貞無尤
二五三九四　貞無尤在十二月
二五三九五　貞：尤
二五三九五　甲戌卜行貞王賓褻禱無囚
二五三九五　：無：
二五三九六　乙亥卜行貞王賓褻禱無囚
二五三九六　：貞：
二五三九七　辛巳卜行貞王賓褻禱無囚
二五三九七　：無：
二五三九八　甲申卜行貞王賓褻禱無囚
二五三九八　貞無尤
二五三九八　：卜行：賓褻：
二五三九九　癸：貞王：夕：
二五三九九　甲辰卜行貞王賓褻禱無囚
二五三九九　貞：尤二月
二五四〇〇　乙巳卜行貞王賓褻禱無：
二五四〇一　辛亥卜行貞王賓褻禱：
二五四〇二　辛亥：貞王賓褻禱無：
二五四〇二　：卜行：賓：無囚
二五四〇三　辛酉卜行貞王賓褻禱無囚
二五四〇三　：無尤
二五四〇四　甲戌卜行貞王賓褻禱無囚
二五四〇四　貞無尤
二五四〇五　貞無尤在三月
二五四〇五　：貞無尤
二五四〇五　丁：卜行貞王賓褻禱無囚
二五四〇六　：尤
二五四〇六　：申卜行貞王賓褻禱無囚
二五四〇七　：卜行：賓褻：無囚

二五四〇八　庚寅卜旅貞王賓褻禱：
二五四〇八　：卜旅：賓：
二五四〇九　庚子卜旅貞王賓褻禱無：
二五四〇九　：旅：賓：
二五四一〇　：丑卜旅：賓褻禱：囚
二五四一一　：旅：王賓褻禱：無：
二五四一二　戊子卜出貞王賓褻禱：
二五四一二　貞無囚二月
二五四一二　：王：
二五四一三　：出貞：褻禱無囚
二五四一四　庚寅卜喜貞王賓褻禱無囚
二五四一四　：卜喜：賓：
二五四一五　：喜：王賓褻禱無囚
二五四一六　丁卯卜㠯貞王賓褻禱無囚
二五四一六　：尤
二五四一七　庚子卜㠯：賓褻：無囚
二五四一八　丁丑卜㳄貞王賓褻禱無囚
二五四一八　貞無尤
二五四一九　庚寅卜逐貞王賓褻：
二五四二〇　甲子：貞王賓褻禱：
二五四二一　己巳卜：貞王賓褻無：
二五四二一　貞永?：
二五四二二　辛未：貞王：褻禱：
二五四二二　：無：
二五四二三　丁丑卜：貞王賓褻禱：囚
二五四二四　丁丑卜：貞王賓褻禱：
二五四二五　辛巳卜：貞王賓褻禱無囚
二五四二六　辛巳：貞王：褻禱無囚
二五四二六　貞無尤
二五四二七　甲申：貞王：褻：囚三月
二五四二八　乙酉：貞王賓褻禱無囚
二五四二八　貞無尤
二五四二九　乙酉卜：貞王賓褻禱無：
二五四三〇　乙酉：貞王：褻禱：囚
二五四三〇　：無尤
二五四三一　乙酉卜：王賓褻禱：
二五四三二　丁酉卜：貞王賓褻禱：尤
二五四三三　乙巳：貞王賓褻禱無囚
二五四三三　貞無尤
二五四三三　：卜行：出：
二五四三四　貞：尤
二五四三四　丁未卜：貞王：褻：囚
二五四三五　庚戌卜：貞王：褻禱：囚
二五四三六　：貞王：褻禱無囚
二五四三七　乙卯卜：貞王賓褻禱：
二五四三八　庚申卜：貞王賓褻禱無囚

二五四三九 …卜…貞王賓𦎫禱無囚
二五四四〇 …巳…王賓𦎫禱無囚
二五四四一 …賓𦎫禱無尤一月
二五四四一 丑?…貞…
二五四四二 辛…貞王…𦎫…囚
二五四四二 貞無尤在六月
二五四四二 …行…賓…
二五四四三 甲申…貞…夕…
二五四四三 貞無尤
二五四四三 …行…𦎫…無囚
二五四四四 …賓𦎫禱無囚
二五四四五 貞無尤在十月
二五四四五 辛…貞…𦎫…囚
二五四四六 …貞…𦎫…囚
二五四四七 …貞…𦎫…無囚
二五四四八 貞…尤
二五四四八 甲戌…貞…𦎫…無…
二五四四九 …𦎫禱…囚五月
二五四四九 貞…
二五四五〇 …貞王賓𦎫禱無囚
二五四五一 …𦎫禱無囚
二五四五二 貞𦎫禱無尤
二五四五三 …尤
二五四五三 貞𦎫禱無…
二五四五四 甲寅卜祝貞翌𦎫衣…
二五四五五 己巳卜…貞王…夕禱…囚
二五四五五 …卜…王…夕…無…
二五四五六 癸亥…貞…夕…無…
二五四五六 甲子卜大貞王賓夕無囚
二五四五七 己酉卜大貞王賓禱…
二五四五七 …貞翌?…
二五四五八 庚申卜大貞王賓夕禱無囚九月
二五四五八 …囚
二五四五八 壬戌卜大貞王賓戠無囚九月
二五四五九 …卜大…王其…夕禱…
二五四五九 己?丑?…告…
二五四六〇 甲辰卜吴貞王賓夕禱至于翌𦎫禱不作
二五四六一 貞無尤
二五四六一 …辰卜即…王賓夕…無囚
二五四六二 貞無尤
二五四六二 己巳卜即貞王賓夕禱無囚
二五四六三 …尤
二五四六三 己丑卜即貞王賓夕禱無囚
二五四六三 …貞…
二五四六四 甲午…貞王…𦎫…

二五四六四 甲午卜即貞王賓夕禱無囚
二五四六四 …𦎫…無囚
二五四六四 貞無尤七月
二五四六四 貞無尤七月
二五四六五 甲寅卜即貞王賓夕禱…囚
二五四六六 甲寅卜即貞王賓夕禱無囚
二五四六七 庚申卜即貞王賓夕禱無囚
二五四六七 貞無尤
二五四六八 貞無尤
二五四六八 …申卜即…王賓…禱無…在八月
二五四六九 癸亥卜即貞王賓夕禱無囚…
二五四七〇 貞無尤
二五四七〇 …卜…王賓…禱無…在八月
二五四七一 貞無尤
二五四七一 …即…賓夕…無囚
二五四七二 貞無尤
二五四七二 …酉卜即…王賓…禱無…
二五四七三 甲寅卜喜貞王賓夕無囚
二五四七三 貞…
二五四七三 …尤
二五四七四 …卜喜…王賓…禱無囚
二五四七五 庚申…喜貞…夕禱…囚
二五四七五 貞無尤
二五四七六 甲子卜尹貞王賓夕禱無囚
二五四七七 己巳卜尹貞王賓夕禱無囚
二五四七八 癸酉卜…貞王賓夕禱…
二五四七九 癸未卜尹貞王賓夕禱無囚
二五四八〇 癸未卜尹貞王賓夕禱無囚
二五四八〇 …無…
二五四八一正 癸未卜尹貞王賓夕禱無囚
二五四八一正 癸未卜尹…王賓…禱無囚
二五四八一反 …王賓夕禱無囚
二五四八一反 …卜尹…王賓…
二五四八一反 …賓…無囚
二五四八一反 …夕…
二五四八二 戊子卜尹貞王賓夕禱…囚
二五四八三 癸…貞…夕…無…
二五四八三 丙戌卜尹貞王賓夕禱無囚
二五四八三 貞無尤
二五四八三 …賓…禱…囚
二五四八四 甲辰卜尹貞王賓夕禱無…
二五四八五 貞…尤四月
二五四八五 庚子卜尹貞王賓夕禱無囚
二五四八五 …尤二月
二五四八六 貞無尤
二五四八六 貞無尤

二五四八六　壬寅卜尹貞王賓歲無𡆥在四月
二五四八六　癸卯卜尹貞王賓夕禱無𡆥在四月
二五四八七　貞：尤
二五四八七　庚戌卜尹貞王賓夕禱：
二五四八八　甲寅：貞王賓蓺禱無𡆥在九月
二五四八八　貞無尤
二五四八八　甲寅卜尹貞王賓夕禱無𡆥在九月
二五四八九　：尹：賓夕禱無𡆥
二五四九〇　：卜尹：賓：禱：𡆥
二五四九一　丁未卜𠙵貞王賓夕：無：
二五四九二　：卜𠙵貞王：禱無𡆥
二五四九三　貞：
二五四九三　庚寅卜旅貞王賓夕禱：
二五四九四　丙申卜旅貞王賓夕禱無𡆥
二五四九五　戊戌卜：貞王賓夕禱無𡆥
二五四九六　己酉卜旅貞王賓：禱：𡆥
二五四九七　：寅卜旅貞王賓夕禱無𡆥
二五四九八　：卜旅：賓夕：無：
二五四九九　：卜旅：賓：禱：𡆥
二五四九九　貞：
二五五〇〇　貞：尤
二五五〇〇　：旅：賓：禱：
二五五〇一　：戌卜旅：王賓：禱：𡆥
二五五〇二　甲戌：貞：夕：無：
二五五〇二　：卜旅：賓：禱無𡆥
二五五〇三　丙寅卜行貞王賓夕禱無𡆥
二五五〇三　貞無尤
二五五〇三　：行：蓺：𡆥
二五五〇四　己卯卜行貞王賓夕禱無𡆥
二五五〇四　貞：尤
二五五〇四　：無：
二五五〇五　貞：
二五五〇五　己巳卜行貞王賓夕禱無𡆥
二五五〇五　貞無尤
二五五〇六　庚辰：貞王：蓺禱：
二五五〇六　貞無尤
二五五〇六　庚辰卜行貞王賓夕禱無𡆥
二五五〇七　丙辰：貞王：禱：
二五五〇七　貞無尤在二月
二五五〇七　：卜行：王賓：無𡆥
二五五〇八　癸未：貞王賓夕禱無：
二五五〇八　貞無尤在十二月
二五五〇八　：卜行：王賓：無𡆥
二五五〇九　丙戌：行貞：夕禱：𡆥
二五五〇九　：亥卜行：王賓：禱無𡆥
二五五〇九　貞無尤在二月

二五五一〇　庚：貞：
二五五一〇　庚子卜行貞王賓夕禱無𡆥
二五五一〇　貞無尤在六月
二五五一〇　：尤
二五五一一　甲辰卜行貞王賓夕禱無𡆥
二五五一一　：行：翌乙巳：雨
二五五一一　貞：尤
二五五一一　貞無尤
二五五一二　丙午卜行貞王賓夕禱無𡆥
二五五一二　貞：
二五五一三　貞：尤
二五五一三　：無：
二五五一三　己酉卜行貞王賓夕禱無：
二五五一三　：無：
二五五一四　貞：尤
二五五一四　貞無尤
二五五一四　庚戌卜行貞王賓夕禱無𡆥
二五五一五　丙辰卜行貞王賓夕禱無𡆥
二五五一五　貞：
二五五一六　庚申：貞王賓蓺禱無𡆥
二五五一六　庚申卜行貞王賓夕禱無𡆥
二五五一六　貞無尤
二五五一六　：無：
二五五一七　壬戌卜出貞王賓夕禱：
二五五一八　戊寅卜：貞王賓：無尤
二五五一八　庚：卜逐貞王賓夕禱無𡆥
二五五一八　：辰卜逐貞王賓夕禱無𡆥
二五五一八　貞無尤
二五五一九　甲辰卜逐?貞王賓夕禱無𡆥
二五五二〇　庚午：貞王賓夕禱：𡆥
二五五二一　甲申卜貞王賓夕禱無𡆥
二五五二一　甲申：貞王：蓺禱無𡆥
二五五二一　貞無：
二五五二一　貞無尤
二五五二二　己丑：貞王：夕禱：
二五五二三　丙申：貞王：夕禱：
二五五二四　癸卯卜：貞王：夕禱：
二五五二四　貞無尤在：月
二五五二五　丙午：貞王：夕：
二五五二五　：無：
二五五二六　癸：貞王：夕禱：
二五五二六　貞無：
二五五二七　貞無尤七月
二五五二七　庚申卜貞王賓夕禱無𡆥
二五五二七　：無尤
二五五二八　癸亥卜貞王賓夕禱無𡆥

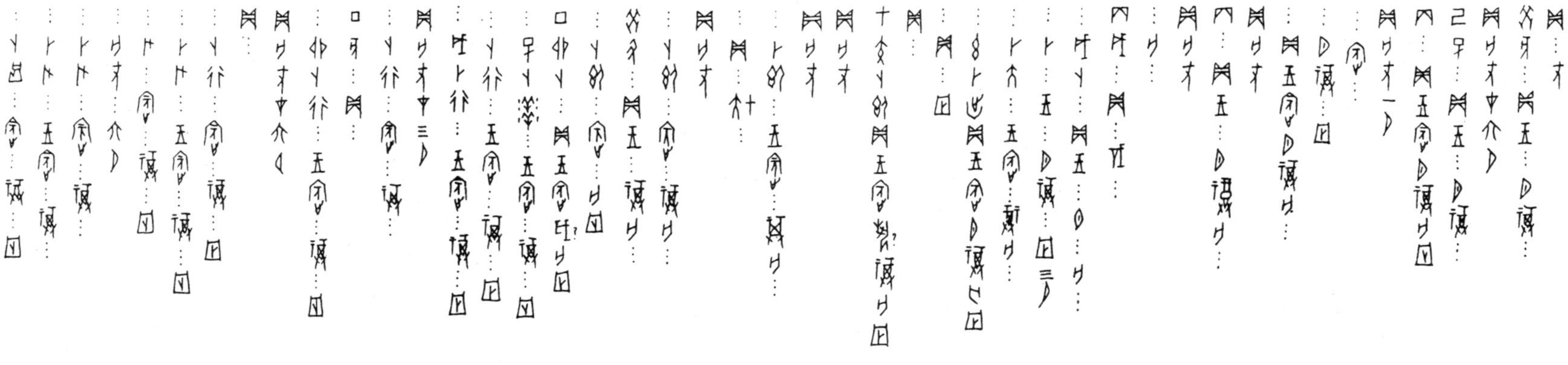

二五五二八 貞：尤
二五五二九 癸亥：貞王：夕禱：
二五五二九 貞無尤在六月
二五五三〇 己巳：貞王：夕禱：
二五五三一 丙：貞王賓夕禱無囚
二五五三一 貞無尤一月
二五五三一 ：賓：
二五五三二 ：夕禱：囚
二五五三三 ：貞王賓夕禱無：
二五五三三 貞無尤
二五五三四 丙：貞王：夕禱無：
二五五三四 貞無尤
二五五三四 ：無：
二五五三五 丙戌：貞：戠：
二五五三五 ：戊卜：貞王：夕：無：
二五五三六 ：卜：王：夕禱：囚三月
二五五三七 ：卜大：王賓：禱無：
二五五三八 ：午卜出貞王賓夕禱無囚
二五五三八 ：貞：囚
二五五三九 貞：
二五五三九 甲寅卜即貞王賓蓺禱無囚
二五五三九 貞無尤
二五五四〇 貞無尤
二五五四〇 ：卜即：王賓：尊無：
二五五四一 ：貞：大甲：
二五五四一 貞無尤
二五五四一 ：卜即：賓：禱無：
二五五四二 癸丑：卜即：貞王：禱無：
二五五四二 丁卯卜：貞王賓：無囚
二五五四三 ：巳卜濩：王賓：禱：囚
二五五四三 ：卜行：王賓：禱：囚
二五五四四 ：戊卜行：王賓：禱：囚
二五五四五 貞無尤在三月
二五五四六 ：卜行：賓：禱：
二五五四六 丁亥：貞：
二五五四七 ：卯卜行：王賓：禱：囚
二五五四七 貞無尤在六月
二五五四八 貞：
二五五四八 ：卜行：賓：禱：囚
二五五四八 ：卜尹：王賓：禱：囚
二五五四九 ：尹：賓：禱：囚
二五五五〇 ：無尤：六月
二五五五一 ：卜尹：賓：禱：
二五五五一 ：卜尹：賓：禱：
二五五五二 ：卜尹：王賓：禱：
二五五五三 ：卜吕：賓：禱：囚

二五五五四 ：卜吕：賓：禱：囚
二五五五五 ：卜吕：王賓：禱：
二五五五六 ：卜旅：王賓：禱無囚八月
二五五五七 ：卜旅：賓：禱：囚
二五五五八 ：卜旅：賓：禱：
二五五五八 ：吕：
二五五五九 ：王賓：禱：囚
二五五六〇 ：大貞王賓：禱無囚
二五五六一 ：寅卜即貞王賓：禱無囚
二五五六一 貞無尤
二五五六二 貞無尤
二五五六二 ：卜即貞王賓夕禱無：
二五五六三 貞：
二五五六三 ：卯卜喜貞王賓禱無囚
二五五六四 甲寅：出貞王賓禱無囚
二五五六四 乙卯卜出貞王：
二五五六五 ：亥卜出貞王賓：無：
二五五六五 ：亥卜出：賓：
二五五六五 ：無尤
二五五六五 ：二月
二五五六六 乙亥卜尹貞王賓禱無囚在五月
二五五六六 貞無尤
二五五六七 貞無尤在九月
二五五六七 ：尤
二五五六七 丙辰卜尹貞王賓禱無囚
二五五六八 貞無尤
二五五六八 ：無尤
二五五六八 辛巳卜尹貞王賓禱無囚
二五五六九 貞無：在：
二五五六九 辛丑卜尹貞王賓禱無囚
二五五七〇 貞：
二五五七〇 ：巳卜尹：王賓：無囚
二五五七一 丙寅卜旅貞王賓夕：無：
二五五七一 丁酉卜旅貞王：禱：
二五五七二 貞：
二五五七二 貞無尤在十月
二五五七二 戊午卜旅貞王賓禱無囚
二五五七二 戊午卜旅貞王賓桒無尤在十二月
二五五七二 ：午卜：貞王：敹無：
二五五七二 戊午卜旅貞王其步自八：無：十二月
二五五七二 戊辰卜旅貞王賓夕禱無囚
二五五七二 戊辰卜旅貞王賓禱無囚
二五五七二 貞無尤在：
二五五七二 貞無尤在十二月
二五五七三 丙子卜旅貞王賓無囚

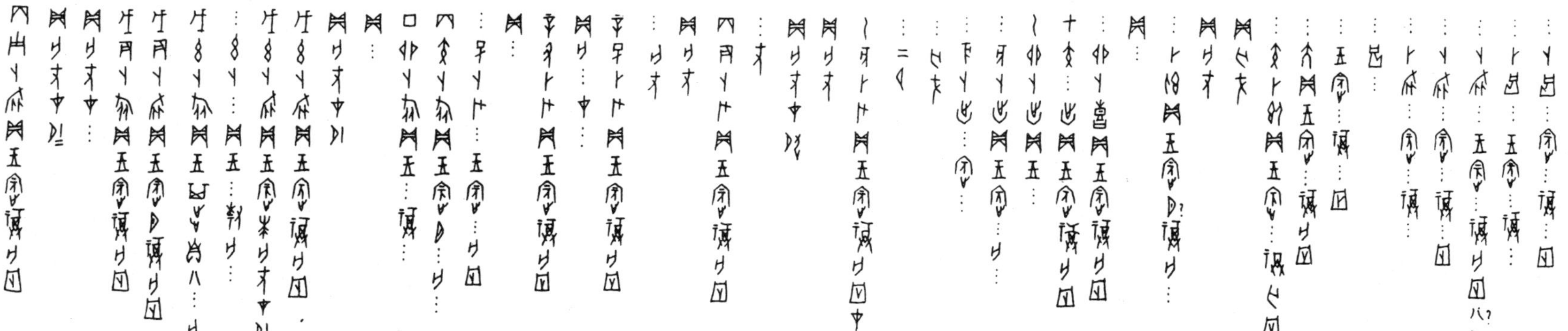

二五五七三 ：囚
二五五七四 戊寅卜旅貞王賓禱無囚
二五五七四 貞無尤
二五五七四 ：尤
二五五七五 戊申卜旅貞王賓禱無囚在十二月
二五五七六 貞無尤
二五五七六 乙丑卜行貞王賓禱無囚
二五五七七 丁未：貞王：禱：
二五五七七 戊申卜行貞王賓禱無囚
二五五七七 貞無尤在正月
二五五七八 甲戌卜王在十二月
二五五七八 壬午卜行貞王賓禱無囚
二五五七八 ：無尤在十二月
二五五七九 貞：尤：五月
二五五七九 庚辰卜行貞王賓禱無囚
二五五七九 ：卜：王：無尤
二五五八〇 庚辰卜行貞王賓禱無囚
二五五八〇 貞：
二五五八一 乙酉卜行貞王賓禱無囚在：
二五五八一 貞：
二五五八一
二五五八二 己丑卜行貞王賓禱無：
二五五八三 庚寅卜行貞王賓歲無尤在十二月
二五五八三 庚寅卜行貞王賓禱無囚
二五五八三 ：尤：十二月
二五五八四 貞：在：
二五五八四 貞無尤在十二月
二五五八四 貞無尤在十二月
二五五八四 乙未卜行貞王賓禱無囚
二五五八五 甲辰卜行貞王賓禱無囚在正月
二五五八五 乙巳：貞王賓禱無囚
二五五八五 乙巳卜行貞王賓禱無囚
二五五八五 貞無尤在𠂤
二五五八五 貞無尤在𠂤
二五五八六 丁未卜行貞王賓禱無囚在十一月
二五五八六 ：無尤：月
二五五八六 ：截無囚
二五五八七 甲寅卜行貞王賓禱無：
二五五八七 ：卜行：賓：
二五五八七 貞無尤在：
二五五八八 己未：貞王：禱：
二五五八八 ：卜行：賓：
二五五八八 貞無尤
二五五八九 庚申：貞王賓禱無囚
二五五八九 ：卜行：賓：無囚
二五五九〇 貞無：

二五五九〇 ：午卜行貞王賓：無囚
二五五九一 貞無尤
二五五九一 ：卯卜逐：賓禱無：
二五五九二 ：子王卜余賓禱無囚
二五五九二 ：子王卜：出于：禱
二五五九三 辛巳：貞王：禱無：
二五五九三 ：旅：
二五五九四 辛未卜：貞王賓：禱：
二五五九五 丙寅卜：貞王：禱：
二五五九六 丁丑卜：貞王賓：無囚
二五五九六 ：囚
二五五九七 辛巳：貞：賓：禱：囚
二五五九八 辛未：貞王：禱：囚
二五五九八 庚申卜
二五五九九 庚辰：貞王：禉無：
二五六〇〇 己卯：貞王賓禱無囚
二五六〇〇 庚辰：貞王賓禱無囚
二五六〇〇 貞無尤在：
二五六〇〇 貞無尤在十二月
二五六〇一 乙酉卜：貞王賓禱無囚
二五六〇二 庚寅：貞王賓禱無囚五月
二五六〇二 ：無：
二五六〇三 壬辰：貞王：禱：囚
二五六〇三 ：卜：王：禱：囚
二五六〇四 甲午卜：貞王賓禱無囚
二五六〇四 ：無：
二五六〇五 甲辰：貞王賓禱無囚
二五六〇六 庚申卜貞王賓禱：尤
二五六〇六 ：貞：囚
二五六〇七 壬戌卜：貞王賓禱無囚
二五六〇七 ：無尤：
二五六〇八 庚：貞王：禱無：
二五六〇八 ：無：在：
二五六〇九 辛：貞：
二五六〇九 ：酉卜：貞王賓禱無囚
二五六一〇 辛酉：貞王：無囚
二五六一〇 ：酉卜：賓：禱：囚
二五六一一 ：王賓禱無尤八月
二五六一二 ：王賓禱無囚
二五六一三 ：王賓禱無囚
二五六一四 ：王賓禱無囚
二五六一五 丙：貞翌：尤：
二五六一五 貞：歲：
二五六一五 ：午卜尹貞王賓：
二五六一六 庚午卜大貞王賓酉無囚十一月
二五六一六 ：王：截：無囚十一月

二五六一七 ：無尤
二五六一七 甲申卜即貞王賓酉無𡆥
二五六一七 貞：
二五六一八 丁未：貞王：禱：𡆥
二五六一八 貞無尤：師卜
二五六一九 ：貞：禱無𡆥
二五六二〇 ：王賓禱無𡆥
二五六二一 ：賓：禱：𡆥
二五六二二 戊午卜大貞翌丁卯王禱…
二五六二三 癸亥：王其夕禱無𡆥
二五六二四 ：禱無尤
二五六二五 ：禱無尤：月
二五六二六 貞無尤
二五六二六 ：降𡆥
二五六二七 庚：貞：[illegible]：
二五六二八 ：惟：
二五六二八 丁未卜出貞禱告夂于：十二月
二五六二八 ：若
二五六二九 ：禱告：室其：
二五六三〇 ：禱告：
二五六三一 丁未：貞：禱：
二五六三二 宰
二五六三二 ：出永貞惟禱衆用
二五六三三 ：卜：貞並：禱：于…
二五六三四 丙：王貞：凶在四月
二五六三四 丙申卜王貞其無𡆥
二五六三四 丙申卜王貞：
二五六三四 ：禱：王入
二五六三五 ：亥卜：作：禱：
二五六三六正 ：貞王：庚戌：禱：
二五六三六反 甲子卜：貞王賓：
二五六三七 貞：禱：于：
二五六三七 勿禱
二五六三八 ：禱
二五六三九 ：卜王：奠：
二五六四〇 ：寅卜旅：王賓奉無尤
二五六四一 ：亥卜：王賓：彳于：三十卯：尤
二五六四二 乙卯卜：貞王賓：彳歲：無：
二五六四三 丁丑：貞：敹：
二五六四三 ：行：賓：彳：宰：
二五六四四 ：卜尹：賓：祭彡：
二五六四五 ：卜旅：王賓：祭敹：在九月
二五六四六 ：惟：賓：祭敹：
二五六四七 ：行：王賓：祭敹：在十一月
二五六四八 ：卜：貞王賓：祭敹：尤
二五六四八 庚：貞王：
二五六四九 ：卜：貞王賓：己祭敹無尤

二五六四九 貞無尤
二五六五〇 乙卯：旅貞王賓祭無𡆥
二五六五〇 ：旅：賓：𡆥
二五六五一 ：卜旅：王賓：祭：尤
二五六五一 ：祭：
二五六五二 ：貞：祖辛敹：
二五六五二 ：無：
二五六五二 己酉卜行貞王賓：祭無尤
二五六五三 ：卜：貞王賓祭：𡆥
二五六五三 癸：賓：
二五六五四 ：卜旅：賓：祭：
二五六五五 己丑卜：貞王賓祭無𡆥
二五六五五 庚子：貞王：咎：
二五六五六 ：卜𠀠：賓：咎：尤
二五六五六 ：卜旅：賓：咎：
二五六五七 戊申卜大貞王賓戠無：
二五六五八 ：賓：無𡆥
二五六五八 貞無尤
二五六五八 ：卜旅：賓：咎：尤
二五六五九 ：貞：雨：
二五六五九 ：丑卜即貞王賓夕：鑾?：
二五六六〇 丙辰卜大貞王：戠無：
二五六六一 戊午卜大貞王賓戠無𡆥
二五六六二 ：五月
二五六六二 ：卜大：王賓戠禱：𡆥
二五六六三 ：出敀：
二五六六三 貞：
二五六六四 ：無尤
二五六六四 戊辰卜即貞王賓戠無𡆥
二五六六四 貞：
二五六六五 ：無：三月
二五六六五 丁丑卜即貞王賓戠無𡆥
二五六六六 壬辰卜即貞王賓戠：𡆥
二五六六六 ：無：
二五六六七 貞無尤
二五六六七 ：丑卜即貞王賓戠無𡆥
二五六六八 癸亥卜即貞王賓戠無𡆥
二五六六八 ：無：
二五六六九 貞無尤
二五六六九 ：丑卜即貞王賓戠無𡆥
二五六七〇 ：貞王賓戠無𡆥
二五六七一 ：亥卜喜：王賓戠：𡆥二月
二五六七二 丁：貞：執：無：
二五六七二 丁卯卜尹貞王賓戠無𡆥
二五六七二 貞無尤
二五六七三 庚午卜尹貞王賓戠無𡆥在九月

二五六七四　戊午…貞王…無…
二五六七四　戊午卜尹貞王賓戠無囚
二五六七四　貞無尤…三月
二五六七五　…戊戠無囚
二五六七五　戊寅卜尹貞王賓戠無囚
二五六七五　貞無尤
二五六七六　貞…尤
二五六七六　…無尤
二五六七六　戊子卜尹貞王賓戠無囚
二五六七七　戊戌…貞王賓戠無囚
二五六七七　己亥卜尹貞王賓戠無囚
二五六七七　貞無尤
二五六七八　貞…尤
二五六七八′　戊子卜尹貞王賓戠無囚
二五六七九　壬寅卜尹貞王賓戠無囚
二五六七九　貞無尤在四月
二五六八〇　丙午卜尹…王賓蓺禫無囚
二五六八〇　丁未卜尹貞王賓蓺禫…囚
二五六八〇　…尹…賓…囚
二五六八〇　丁未卜尹貞王賓戠無囚
二五六八〇　貞無尤
二五六八〇　貞無尤
二五六八〇　貞無尤
二五六八一　貞無尤在…月
二五六八一　戊申卜尹貞王賓戠無囚
二五六八一　庚辰…貞王…蓺…
二五六八二　壬子卜尹貞王賓戠無囚
二五六八二　…無…
二五六八三　癸丑卜尹貞王賓戠無囚
二五六八三　貞…尤
二五六八三　貞無尤
二五六八四　丁巳…貞王…戠…
二五六八四　戊午卜尹貞王賓戠無囚在五月
二五六八四　己未卜尹貞王賓戠無囚
二五六八四　貞無尤
二五六八四　貞無尤
二五六八四　貞無尤
二五六八五　貞無尤
二五六八五　…寅卜尹貞王賓戠無囚
二五六八六　丙卜尹貞王…戠…
二五六八六　貞無尤
二五六八七　己巳卜兄貞王賓戠無囚
二五六八八　丁…貞王…
二五六八八　…卜兄…賓戠…囚
二五六八九　…卜兄…賓…歲一牛…尤
二五六八九　丁…貞…

二五六九〇　丙寅卜旅貞王賓戠無囚
二五六九一　己亥卜旅貞王賓戠無囚
二五六九二　己亥卜旅貞王賓戠無囚
二五六九三　己酉卜旅貞王賓戠無囚
二五六九三　貞…
二五六九三　貞無尤在十一月
二五六九三　貞無尤
二五六九四　戊午卜旅貞王賓戠…
二五六九五　戊戌…貞…無…
二五六九五　戊申卜旅貞王賓戠無囚
二五六九六　戊…貞…
二五六九六　戊子卜旅貞王賓戠無囚
二五六九六　貞無囚在正月
二五六九七　…旅…賓戠無囚
二五六九八　…卜旅…賓戠…囚
二五六九九　癸丑卜行貞王賓戠禫…
二五六九九　…無…
二五七〇〇　丁卯卜行貞王賓戠無囚
二五七〇一　己卯卜行貞王賓戠無囚…十二月
二五七〇一　壬申卜行貞王賓戠無囚
二五七〇二　辛未…貞王…丮…
二五七〇二　貞無尤在二月
二五七〇二　…月
二五七〇三　貞…尤
二五七〇三　貞無尤…
二五七〇三　己卯卜行貞王賓戠無囚
二五七〇四　壬申卜行貞王賓戠無囚
二五七〇四　…行…囚
二五七〇四　貞無尤在九月
二五七〇五　…子卜行貞王賓戠無囚
二五七〇六　貞無尤
二五七〇六　貞無尤在七月
二五七〇六　貞…尤
二五七〇六　辛丑卜行貞王出無囚
二五七〇六　壬寅卜行貞王賓戠無囚
二五七〇七　…戠…
二五七〇七　貞無尤
二五七〇七　貞無尤
二五七〇七　癸卯卜行貞王賓戠無囚
二五七〇七　癸卯卜行…王賓…禫無囚
二五七〇八　戊子卜行貞王…戠…囚
二五七〇八　貞無尤
二五七〇九　壬子…貞…無…
二五七〇九　癸丑卜行貞王賓戠無囚
二五七〇九　…無…
二五七〇九　貞…尤

二五七一〇 貞二宰在：
二五七一〇 己未卜行貞王賓戠無囚
二五七一一 壬戌卜行貞王賓戠無囚
二五七一二 ：卜行貞王賓戠祭無囚
二五七一二 貞：尤
二五七一三 ：未卜行貞王賓戠無囚在：
二五七一三 貞：
二五七一四 己卯卜：貞王賓戠無囚在：
二五七一四 ：無尤：八月
二五七一五 壬午卜：貞王：戠無：
二五七一五 ：無尤：十月
二五七一六 丁亥卜：貞王賓戠無：
二五七一六 ：囚
二五七一六 貞無尤
二五七一七 貞無尤二月
二五七一七 貞：尤
二五七一七 戊子：貞王：戠無：
二五七一八 丁酉：貞王：戠：
二五七一八 貞無尤
二五七一九 丁亥：貞王：戠：囚
二五七二〇 丁未：貞王：戠：
二五七二〇 ：卜：王：夕：無：
二五七二一 戊申卜：貞王：戠：囚
二五七二一 貞無尤三月
二五七二二 戊申：貞王賓戠無：
二五七二二 ：無尤
二五七二三 壬子：貞王：戠：
二五七二四 戊午卜：貞王：戠無囚
二五七二四 ：卜大：告曰：其：
二五七二四 己未：貞：戠：囚
二五七二五 戊午：貞王：戠：
二五七二六 戊午：貞王：戠：
二五七二六 ：卜大：王：無：
二五七二七 戊午卜：貞王賓戠無囚
二五七二七 ：囚
二五七二八 己未：貞王：戠無：
二五七二八 ：行：賓：囚
二五七二八 貞無尤
二五七二九 癸亥：貞王賓戠無囚
二五七二九 貞無尤
二五七三〇 壬寅：貞王：
二五七三〇 癸卯卜：貞王賓戠無囚在六月
二五七三一 壬戌卜：貞王：戠：囚
二五七三一 ：卜：賓：囚二月
二五七三一 貞：
二五七三一 貞無尤

二五七三二 壬戌卜：貞王賓戠無囚
二五七三三 ：卜行貞王賓戠無囚
二五七三四 戊辰卜：貞王：戠無：
二五七三四 ：在：
二五七三五 ：王賓戠無尤
二五七三六 壬戌卜貞王賓戠無囚
二五七三七 癸：貞王賓戠無囚
二五七三七 貞無尤在：
二五七三七 ：賓：無：
二五七三八 ：王賓戠無尤
二五七三九 ：卜貞王賓戠無：
二五七四〇 壬寅：貞王：戠無：
二五七四一 ：卜：貞王：戠：
二五七四二 ：卜：貞王：戠無：
二五七四三 丁亥：貞：
二五七四三 貞：
二五七四三 貞無：
二五七四三 己丑卜行貞王戠無囚
二五七四四 貞戠無尤十一月
二五七四五 己卯
二五七四五 貞戠
二五七四六 貞戠七月
二五七四六 己卯卜：貞：
二五七四六 ：勿呼：五月
二五七四七 貞戠吉辰
二五七四八 ：貞翌：禫戠：
二五七四九 壬申卜大貞王賓龠叙無尤
二五七五〇 己丑卜大貞王賓龠叙：尤
二五七五一 ：大：龠無囚十二月
二五七五二 乙酉卜即貞王賓龠無囚
二五七五三 乙酉卜出貞王賓龠無尤
二五七五三 ：無：月
二五七五四 戊：貞：叙：
二五七五四 戊辰卜：貞王賓：龠無囚
二五七五五 ：子卜旅貞王賓龠無囚
二五七五六 貞：
二五七五六 貞無尤十二月
二五七五六 戊戌卜：貞王：龠無囚
二五七五六 ：旅：賓龠：無尤
二五七五七 ：卜尹：賓龠：
二五七五八 ：𠂤：賓：龠：囚
二五七五九 貞無尤
二五七五九 乙丑卜貞王賓龠無囚
二五七五九 ：無：
二五七六〇 戊午：貞王賓龠：
二五七六一 貞無：在：

二五七六一　…賓…龠…
二五七六二　…貞王…龠無囚
二五七六二　…無尤
二五七六三　…貞王…龠叙…
二五七六四　丙…貞…龢…龠叙…
二五七六五　…卯卜旅貞王賓蒸無尤
二五七六六　…辛…蒸無尤在五月
二五七六七　庚子…貞王…蒸無尤
二五七六七　…貞…叙…
二五七六八　甲…貞…
二五七六八　丙午卜大貞王賓…無囚
二五七六八　…大…賓…
二五七六九　庚戌卜大貞王賓禱無尤
二五七七〇　…丑…大…王賓…
二五七七〇　庚子王…
二五七七一　…卜大…賓…無…
二五七七一　庚戌…貞王…妣…無…
二五七七二　辛…大…賓…無…
二五七七二　…賓…無…
二五七七三　丁酉…貞…奉…尤
二五七七三　…子卜大…賓…無…二月
二五七七四　…大…王賓…𠂤?無…六月
二五七七五　…卯卜…貞王…無…
二五七七五　壬…大…賓…無…
二五七七六　壬寅卜即貞王賓旬?無囚
二五七七七　壬…大…賓…囚
二五七七八　貞無尤
二五七七八　…辰卜即…王賓…無囚
二五七七九　…卯卜即…王賓…無尤
二五七七九　貞勿八月
二五七八〇　辛…即…
二五七八〇　壬…即貞王賓…無尤
二五七八一　庚戌卜即…王賓…無尤
二五七八二　貞無尤
二五七八二　辛未…即貞…賓…禱…
二五七八三　貞無…
二五七八三　…彝無尤
二五七八三　…卜即…王賓…在八月
二五七八四　貞惟…戈出…
二五七八四　…卜即…賓…尤
二五七八五　辛卯卜即貞王賓…
二五七八六　…酉卜喜貞王賓夕無囚十月
二五七八七　…卜喜…王賓…囚
二五七八八　丙子卜…貞王賓…叙…尤
二五七八八　…卜喜…賓…
二五七八九　戊戌卜出貞王賓…無…

二五七九〇　…出…賓…禱…
二五七九一　甲戌卜尹貞王賓…
二五七九二　乙亥卜尹貞王賓…
二五七九三　庚辰卜尹貞王賓…
二五七九四　…貞…
二五七九四　庚辰卜尹貞王賓…
二五七九五　丁亥卜尹…王賓…無尤
二五七九六　壬子卜尹…王賓…奭…
二五七九七　…卜尹…王賓…無囚
二五七九八　貞無尤在…月
二五七九八　…尤
二五七九八　丙辰卜尹貞王賓…無囚
二五七九九　貞無尤在…
二五七九九　貞無尤
二五七九九　…子卜尹…王賓…無囚…五月
二五八〇〇　癸…貞王…
二五八〇〇　…寅卜尹…王賓…囚
二五八〇〇　貞無尤在四月
二五八〇一　貞…尤…五月
二五八〇一　…戌卜尹…王賓…無囚
二五八〇二　…卜…王賓…歲無…在四月
二五八〇二　…卜尹…賓…
二五八〇三　甲…貞…
二五八〇三　…卜尹…賓禱無…
二五八〇三　貞無尤
二五八〇四　…午卜㕣…王賓…無尤
二五八〇五　…卜㕣…王賓…無囚
二五八〇六　辛…㕣貞王賓…無…
二五八〇七　…貞…叙…
二五八〇七　…卜㕣…賓…無尤
二五八〇八　…㕣…賓…
二五八〇九　乙巳…㕣貞…賓…無…
二五八〇九　…卜㕣…貞…賓…尤
二五八一〇　…卜㕣…賓…無…
二五八一一　…㕣…賓…
二五八一一　…申…黑…米…
二五八一二　丁巳卜…貞王賓…
二五八一二　…㕣…叙…
二五八一三　…卜濼…賓…囚
二五八一三　…貞…無…
二五八一四　甲…貞…
二五八一四　甲寅卜旅貞王賓…無囚
二五八一四　…囚
二五八一五　庚戌卜旅…王賓…二宰
二五八一六　丁亥…貞王…叙…
二五八一六　辛亥卜旅貞王賓…白…

二五八一七	癸卯王受歲有𢀛茲用
二五八一七	…卜濘…王賓…無尤
二五八一八	戊…貞…歲…在？
二五八一八	…辰卜旅貞王賓…無尤
二五八一九	乙酉卜…貞王賓…
二五八一九	…旅…
二五八二〇	…卜旅…王賓…無囚
二五八二一	…午卜旅…王賓…
二五八二一	貞無尤
二五八二二	…卜旅…王賓…無尤三月
二五八二三	…卜旅…王賓…丁無尤
二五八二四	…卜旅…王賓…無尤
二五八二五	壬申…貞王…無…
二五八二五	壬申…貞王…觀…囚
二五八二五	…卜旅…賓…無…
二五八二六	…卜旅…賓…五牛…三牛
二五八二七	…旅…賓…宰…
二五八二七	…旅…賓…
二五八二八	庚辰卜行貞王賓…無尤
二五八二九	甲寅…貞王…
二五八二九	甲寅卜行貞王賓…
二五八二九	己未卜行貞王賓…
二五八三〇	甲寅卜行貞王賓…無尤
二五八三〇	…囚
二五八三一	丙辰卜行貞王賓…無…在二月
二五八三二	丙辰…貞…翌于…
二五八三二	戊午卜行貞王賓無囚
二五八三三	…子卜行…王賓…無尤
二五八三四	…行…王賓…宰無尤
二五八三五	庚寅卜行貞王其賓…
二五八三五	…弜…
二五八三六	辛…貞…叡…
二五八三六	…卜行…賓…無尤…正月
二五八三七	貞…尤
二五八三七	…卜行…賓…無…
二五八三八	貞無尤
二五八三八	…卜行…賓…宰…尤二月
二五八三九	…旅…賓…
二五八四〇	甲申卜[illegible]？貞王賓…無尤
二五八四〇	貞…彡…
二五八四一	丙寅卜…貞王賓…父？…
二五八四二	甲子卜…王賓…無囚？
二五八四三	戊辰卜…貞王賓…無囚三月
二五八四三	…無尤
二五八四四	己巳卜…王賓…無尤
二五八四五	丙申…貞王賓…無尤在…

二五八四六	庚辰卜行貞王賓殺庚…
二五八四六	…無…
二五八四七	戊寅卜行貞王賓…無囚
二五八四八	乙酉卜…行貞王賓叡無尤
二五八四八	…賓…
二五八四九	戊子卜…貞王賓叡無尤
二五八五〇	甲午…貞…賓…無…
二五八五〇	…來…
二五八五一	丁巳…貞王賓…三宰
二五八五二	戊寅卜…貞王賓…無囚
二五八五三	貞…
二五八五三	貞惟羊
二五八五三	丙午卜貞王賓歲？無尤
二五八五四	癸丑…貞…賓…無…
二五八五四	貞無尤
二五八五五	甲寅卜…王賓…無囚
二五八五五	貞無尤
二五八五五	…夕？…
二五八五六	辛酉…貞王賓…無尤在[illegible]月
二五八五七	…申卜…王賓…無囚
二五八五八	癸…貞…
二五八五八	…卯卜…賓…囚
二五八五八	貞無尤六月
二五八五九	戊午卜尹貞…
二五八五九	戊午卜尹貞…
二五八五九	戊午卜貞王賓…
二五八五九	…尹…
二五八六〇	…貞翌辛…王賓…
二五八六〇	丙…卜…貞…今…
二五八六一	乙丑…貞王…無囚
二五八六一	…卜貞…賓…無…
二五八六一	貞無尤
二五八六一	貞無…
二五八六二	…父己使王賓
二五八六二	…賓…
二五八六三	丙…貞…無…
二五八六三	…卜出…王賓…無尤
二五八六三	…尤
二五八六四	貞…
二五八六四	…亥卜貞王賓妣癸？無尤
二五八六五	丙寅…貞王賓…無囚
二五八六六	甲子卜…貞王賓…無…月
二五八六七	…王賓…升？…囚
二五八六八	乙亥卜…貞王賓…
二五八六八	…卜旅…賓…曰…
二五八六九	甲寅…貞王賓…

二五八六九　……旅……賓……
二五八七〇　……卜……貞王賓……
二五八七〇　貞無……四月
二五八七一　丙辰卜……貞……賓……無……
二五八七一　……無……
二五八七二　……勿……二月
二五八七二　……貞……賓……
二五八七三　癸……大……賓……
二五八七三　……王……示癸……
二五八七四　……賓……囚
二五八七五　貞……賓……
二五八七六　貞……
二五八七六　貞弜賓
二五八七七　貞……戊二……
二五八七七　貞弜賓二月
二五八七七　……卜……
二五八七八　……弜賓
二五八七九　……卜大……甲子……匚于……甲大丁……
二五八八〇　……出貞……匚于……無……月
二五八八一　……辰……出……今夕……匚正……
二五八八二　……出貞……辛亥……匚無……十月
二五八八三　……出貞……丁亥匚……惟王……十月
二五八八四　癸巳卜旅貞告于妣……惟今酒
二五八八四　……卜旅……允……
二五八八五　乙未卜……貞告豊
二五八八五　貞其
二五八八六　貞勿告十月
二五八八七　庚寅卜喜貞告其……
二五八八八　……卜……告王……
二五八八九　……勿告八月
二五八九〇　甲子卜出貞來丁亥其……
二五八九〇　貞勿告八月
二五八九〇　……室十月
二五八九一　乙……旅……乖……兄……
二五八九一　……卜王
二五八九二　辛亥卜瀼貞贏不既弜其亦乖惟丁巳酒
二五八九二　辛亥卜瀼貞贏不既弜其亦乖其弜穷……
二五八九三　……申卜行……其乖惟今日……
二五八九三　……申……
二五八九四　貞惟……先
二五八九四　貞勿鼓十月
二五八九五　……卜大……其先……歲酒
二五八九六　丁……貞……執……
二五八九七　……辰卜……執……
二五八九七　貞……尤
二五八九八　……尹……賓執……

二五八九九　貞弜執
二五九〇〇　貞弜……
二五九〇〇　丁丑……貞王其……唐
二五九〇一　……出貞……其㞢……新用九月
二五九〇二　……大……貞王其逜豕牛其……用于我……
二五九〇三　……弜用若在十一月
二五九〇四　丁……貞……
二五九〇四　……出貞……未用四月
二五九〇五　乙酉卜……貞其用……自唐……
二五九〇五　……其自……至于……二月
二五九〇六　貞……旅……
二五九〇六　貞宰……牛用
二五九〇六　……六月
二五九〇七　乙酉卜中……卜不𢦏……祟我
二五九〇七　……中貞……貞允惟羊十三月
二五九〇八　辛酉卜……貞人牛其用于……
二五九〇八　……卜……望……
二五九〇九　……不……有……𢀛用……廳
二五九〇九　……𢀛其用于廳
二五九一〇　……午卜王……不其用
二五九一一　貞弜用七月
二五九一二　庚……貞……
二五九一二　……弜用
二五九一三　……貞惟……在十月
二五九一三　貞惟用
二五九一四　貞羌……二用二月
二五九一五　……三用衣……九十一月
二五九一六　……卜喜……歲惟……祝
二五九一七　……卜喜……歲惟王祝
二五九一八　甲子……貞歲惟王祝
二五九一八　……卜……王……歲……尤
二五九一九　……旅……王祝
二五九二〇　……卜大……歲惟……祝
二五九二一　庚申卜大貞歲……祝
二五九二二　……卜旅……歲……祝
二五九二三　……貞歲……祝
二五九二三　貞……于……勿……
二五九二四　貞惟……祝
二五九二四　……酉卜……王賓……
二五九二五　辛巳……貞𠯑……祝
二五九二六　辛亥……旅……祝
二五九二六　……上甲……
二五九二七　貞……祝
二五九二八　癸酉卜……王大延
二五九二九　甲辰王卜大延
二五九二九　辛巳王卜大延
二五九三〇　丙午王卜大延

二五九三一　：戊王卜大延
二五九三二　：卯王：大延
二五九三二　：貞毋：
二五九三三　貞弜延七月
二五九三四　乙酉卜大貞翌丁亥暘日八月
二五九三四　丙戌
二五九三四　貞不其暘日
二五九三四　貞于來丁酉酒大史暘日八月
二五九三四　：寅
二五九三五　：卜出貞：亥酒大史：
二五九三六　丙戌卜大貞于來丁酉酒大史暘日
二五九三六　甲辰：貞今日不雨
二五九三七　乙丑卜出貞大史必酒先酒其有匚于丁
三十牛七月
二五九三七　：出貞大：酒先：有匚：牛七月
二五九三八　貞惟翌：亥酒大史八月
二五九三九　甲子：貞翌：乞酒：于：衣：
二五九四〇　癸酉卜：貞翌甲：乞酒劦于上甲其遘有
彳歲三宰
二五九四〇　貞五宰在七月
二五九四一　庚辰卜：貞乞酒：
二五九四二　甲辰卜吳貞乞酒彡有条覡
二五九四三　壬子卜喜貞乞酒翌：
二五九四三　：喜：
二五九四四　甲寅：貞翌：乞酒：歲其有：壱
二五九四四　：卜即：王賓：歲無：
二五九四五　：喜：丁酉乞：卯自：衣不
二五九四六　：貞：來甲戌酒六月
二五九四七　貞酒彡衣
二五九四八　貞後酒
二五九四八　：酒
二五九四九　：翌：束于大：暨丁酒：用
二五九五〇　：卜出貞大史其酒告于盟室十月
二五九五一　：卜祝貞其酒
二五九五一　貞其蔑盟
二五九五一　：翌：
二五九五二　丁未卜：貞今日：酒：
二五九五三　：酉卜大貞勺：暨酒十月
二五九五四　：酒有匚：
二五九五五　癸未卜出貞酒：上甲有从雨之日：
二五九五六　庚午卜吳貞翌辛未其酒祭于：其以有：
二五九五七　：酉：貞王：翌：
二五九五八　貞惟既：執：酒歲
二五九五九　癸亥：貞既酒：丁卯：丁：一月
二五九六〇　貞于：師酒：
二五九六〇　貞惟：

二五九六一　庚子卜王：貞辛丑酒秋無壱
二五九六一　庚子卜王曰貞有壱
二五九六二　貞于乙丑酒
二五九六三　：大：告于：乙巳酒
二五九六四　貞于乙酉酒
二五九六五　甲子卜：貞翌辛未：酒：若
二五九六六　：貞翌辛未酒在：
二五九六六　：旅：其陟：
二五九六七　乙酉：旅：其饗：在：
二五九六七　壬申卜旅貞翌癸酉：酒在：
二五九六八　貞弜酒
二五九六九　癸巳卜旅貞翌乙未：酒：其：有：
二五九七〇　癸：出貞：無：
二五九七〇　癸巳卜出貞翌甲：王酒：
二五九七一　貞：毁
二五九七一　乙亥卜大貞來丁亥酒其熯丁巳十一月
二五九七一　乙亥卜大貞來丁亥暘日十一月
二五九七一　丁丑
二五九七一　戊寅卜貞有毁
二五九七一　：不其：日十一月
二五九七二　：亥卜出：丁亥酒
二五九七三　貞于翌辛酉酒
二五九七四　丙戌卜：翌丁：酒父丁三牛
二五九七五　己未酒
二五九七六　：卜大：惟有：邑用：膚
二五九七七　：邑其用于膚
二五九七八　辛亥卜喜貞邑其禱
二五九七九　：卜旅：邑五盧
二五九七九　貞三麋
二五九八〇　貞祖乙歲：邑母：
二五九八一　：來乙未蒸四月
二五九八二　：貞于來乙未蒸
二五九八三　貞我：其圜羌：卯二宰
二五九八四　：巳卜出：翌戊：圜：
二五九八五　：戌卜：翌丁亥：丁必歲：執酒
二五九八六　貞：
二五九八六　貞其後彳歲一月
二五九八七　：吳貞彳歲：于日七月
二五九八八　癸酉：旅貞：彳歲：
二五九八九　：彳歲：在二月
二五九九〇　：旅：翌甲子：彳歲：牛
二五九九一　：旅：辛亥：彳歲：三宰
二五九九二　甲子卜：貞惟庚：彳歲：
二五九九三　辛酉王卜
二五九九三　：卜喜：火：
二五九九四　：翌庚：庚必：惟：
二五九九四　己：

二五九九五	貞…
二五九九五	…卜行…庚午…庚必…
二五九九六	癸巳…貞今…無…
二五九九六	丙申…出…
二五九九六	…盤…𢀛…惟…若
二五九九七	貞…呼…
二五九九七	…卜矢貞…工入禦
二五九九八	貞于…禦三…
二五九九九	己酉…禦…母
二六〇〇〇	…戌卜出貞…禦…十月
二六〇〇一	貞于母禦
二六〇〇一	…不…
二六〇〇二	己…貞其禦
二六〇〇二	…母禦…月
二六〇〇三	…卜旅…翌丁亥…先祭戠
二六〇〇三	貞三𡨦
二六〇〇四	癸丑卜旅貞翌甲寅…酻祭自…衣至…
二六〇〇五	…辰…貞翌…祭于…其告…
二六〇〇六	…祭無囚
二六〇〇七	…出…翌丁…𩰫…虎
二六〇〇八	丁卯…貞于…
二六〇〇八	庚午卜大貞王其彝無尤九月
二六〇〇八	…申卜大貞我…蔑曰…𡨦…年…九月
二六〇〇九	丁亥卜…貞王其彝若
二六〇一〇	…出…丁未其奏家盧于母于有宗?若
二六〇一一	庚申…旅貞…奏其…在茲…
二六〇一一	…卜旅…于…妣己…
二六〇一二	乙卯卜出貞今夕奏…
二六〇一三	丁亥…貞王…彝
二六〇一四	…卜出貞…曾奏…冋月
二六〇一五	己未…翌丁…其…曾有…示
二六〇一五	…卜出…奏…于侑…于…𡨦
二六〇一六	…旅貞…乙未…奏于…三牛
二六〇一七	乙未…貞惟其…饗
二六〇一八	…貞翌…其遘…歲于…
二六〇一九	辛巳卜王
二六〇一九	甲申卜旅貞其圍戕方?…
二六〇二〇	甲子卜行貞其圍于庚必
二六〇二一	壬…貞…于…其牡
二六〇二一	…圉…九月
二六〇二二	…貞…有…
二六〇二二	貞其于我兄古
二六〇二三	貞𡨦一牛一月
二六〇二三	…𡨦…
二六〇二三	甲戌卜卲貞其古于妣…𡨦一月
二六〇二四	…大…古于妣庚一牛一月
二六〇二五	戊子…貞翌…其古于…在六月
二六〇二六	…曰惟…王祟…尤古五月
二六〇二七	甲子卜旅貞翌乙丑古惟白牡
二六〇二七	貞…
二六〇二八	…戌卜…貞夕古…𡨦…月
二六〇二九	…卜大…庚寅…古一𡨦
二六〇二九	己…貞…
二六〇三〇	貞惟白彘
二六〇三〇	…旅…舌…𡨦
二六〇三一	甲申卜…貞翌乙…其舌于…
二六〇三二	…申卜…其舌…
二六〇三三	…貞于…古十二月
二六〇三四	癸…大…有…妣…
二六〇三四	…卜…古…有龜
二六〇三五	…貞母?…古五月
二六〇三五	…又
二六〇三六	丙辰卜…貞翌丁…魯于…
二六〇三六	丙辰卜王貞其有…在九月
二六〇三六	…卜王
二六〇三七	庚子卜…貞魯于…
二六〇三八	甲戌卜…貞王…無尤
二六〇三八	甲戌卜…貞王…魯…
二六〇三九	甲戌卜…貞翌乙丑我𢎥衣…𡆥三月
二六〇四〇	…卜出…翌乙…方膚…衣…
二六〇四〇	…卜出…庚午…益…
二六〇四〇	…雨
二六〇四一	…寅卜出貞…今日膚…衣…十二月
二六〇四二	…卜喜…翌辛亥…旬衣…遘雨
二六〇四三	丙寅卜…貞翌…于…衣…
二六〇四四	…酻…𩰫…衣…無𡆥
二六〇四五	…槱…衣…惟…
二六〇四六	甲子卜大貞今日衣…
二六〇四七	…學…衣…
二六〇四七	壬…貞…無…
二六〇四八	丁亥…貞…衣…洹
二六〇四八	…雨
二六〇四九	…衣無…在九月
二六〇五〇	丁?亥卜…衣…十月?
二六〇五一	乙…旅…
二六〇五一	貞其率惟小𡨦
二六〇五二	貞…
二六〇五二	貞卯三十𡨦
二六〇五三	…卯卜…貞…衣…酻
二六〇五四	癸…
二六〇五四	貞翌乙卯五𡨦

二六〇五四 貞其作豊…伊禦
二六〇五四 貞勿呼…
二六〇五五 壬…貞…于…
二六〇五五 貞…八月
二六〇五五 壬午卜卜即貞其攺
二六〇五五 貞弜…
二六〇五六 丙午卜即貞…其攺宰
二六〇五七 …旅…攺彘
二六〇五八 …其攺…
二六〇五九 …喜…攺…
二六〇六〇 貞人…雚?一牛…其攺…毋…
二六〇六一 …卜大…攺…
二六〇六二 壬…攺在二月
二六〇六三 …既迺…妣王蠱…其…
二六〇六四 貞勿蠱…
二六〇六五 貞其閼犯十一月
二六〇六五 …卜…貞啓?…
二六〇六六 貞其餗
二六〇六六 …卜即…攺
二六〇六七 …出貞…餗翌…用…
二六〇六八 貞其㞷三月
二六〇六九 癸卯…貞王…日無尤
二六〇六九 …芍…
二六〇七〇 …未卜大…三司日…
二六〇七一 …卜祝…今日其…其…
二六〇七二 貞弜正日
二六〇七三 乙…貞…
二六〇七三 貞其于來日吉
二六〇七三 …見…
二六〇七四 貞惟吉在三月
二六〇七五 貞惟吉
二六〇七六 貞惟吉
二六〇七七 …惟
二六〇七七 …惟吉
二六〇七八 貞惟吉…
二六〇七八 …惟…
二六〇七八 貞…惟…正…
二六〇七九 …貞今…惟吉
二六〇八〇 貞惟吉七月
二六〇八一 丁卯卜王吉
二六〇八二 辛未卜王吉
二六〇八二 …王…
二六〇八三 辛酉卜王吉
二六〇八四 …卜…茲吉
二六〇八四 丁…
二六〇八五 …辰卜王吉

二六〇八五 吉
二六〇八五 吉
二六〇八五 吉
二六〇八六 丙申卜…吉
二六〇八七 貞…吉
二六〇八八 …不吉
二六〇八八 …㗊南…[illegible]若
二六〇八九 …惟王帝人不若
二六〇九〇 貞…惟…暘十二月
二六〇九一 貞于來乙巳酒
二六〇九一 貞惟我三?有不若十一月
二六〇九一 丙戌
二六〇九一 丁亥卜吴貞今日惟循有不若
二六〇九二 貞其有不若…月
二六〇九三 貞…
二六〇九三 丙寅…出貞…夕有…保用九月
二六〇九四 己丑卜大貞卜祟其于王
二六〇九五 丙午卜出貞歲卜有祟無延
二六〇九六 丙午…貞…
二六〇九六 丙申…貞…惟…
二六〇九七 …卜中…有祟…于見
二六〇九七 庚戌卜中貞卜有祟
二六〇九八 己未卜呼…有祟
二六〇九九 乙酉卜中…卜不爯?祟我
二六一〇〇 貞王用允惟羊十三月
二六一〇〇 己未卜王貞今夕無尤
二六一〇一 …卜王貞今…尤
二六一〇一 壬子…貞今夕無尤
二六一〇二 丙辰卜王貞…夕…尤
二六一〇二 庚申卜王貞今夕無尤
二六一〇三 庚…王貞…夕無…
二六一〇四 …午卜王…夕…尤
二六一〇四 貞無尤
二六一〇五 貞無尤一月
二六一〇五 貞無尤一月
二六一〇五 貞無尤一月
二六一〇六 …大…
二六一〇六 庚午卜行?貞王賓夕禣無𡆥
二六一〇七 …賓…禣?無𡆥?
二六一〇七 貞無尤在二月
二六一〇七 貞無尤在三月
二六一〇八 辛亥卜行貞王…
二六一〇八 貞無尤在三月
二六一〇九 辛…貞…出…
二六一〇九 …無尤在…月
二六一〇九 貞王…戠…𡆥在…

二六一一〇　貞無尤在三月
二六一一一　乙酉：即：藝…
二六一一一　貞無尤三月
二六一一二　己亥卜：貞王：夕…
二六一一二　貞無尤在三月
二六一一二　：賓：囚
二六一一三　乙亥：貞王：戠無…
二六一一三　貞無尤三月
二六一一四　貞無尤在三月
二六一一五　丙：貞：夕：囚
二六一一五　：即：賓：禱…
二六一一五　貞無尤三月
二六一一六　：藝禱無尤四月
二六一一七　貞無尤六月
二六一一八　貞無尤在六月
二六一一九　戊午：尹貞王出無…
二六一一九　：卜：夕：囚
二六一一九　貞無尤在七月
二六一二〇　貞：尤
二六一二〇　貞無尤七月
二六一二一　：在八月
二六一二一　貞無尤在八月
二六一二二　貞無尤八月
二六一二三　：無尤在八月
二六一二四　貞無尤在八月
二六一二五　貞無尤在九月
二六一二六　貞無尤
二六一二六　貞無尤九月
二六一二七　甲申卜：
二六一二七　貞無尤在九月
二六一二八　貞無尤十二月
二六一二九　貞無尤十二月
二六一二九　：尤
二六一三〇　戊：
二六一三〇　貞無尤
二六一三一　貞二牛在十二月
二六一三一　：無尤
二六一三二　癸酉：貞：
二六一三二　：翌無尤
二六一三三　：無：
二六一三三　：宰無尤
二六一三四　貞無尤在師：卜
二六一三四　：無尤
二六一三五　乙卯：貞：
二六一三五　：二宰：無尤：月
二六一三六　甲：貞：藝：囚

二六一三六　貞無尤
二六一三七　貞無尤
二六一三七　貞毋：六月
二六一三七　：喜：
二六一三七　：喜：
二六一三八　辛亥：旅：出…
二六一三八　貞無尤
二六一三九　貞無：
二六一三九　貞無尤月
二六一三九　：申卜：貞于：有…
二六一四〇　：五宰：無尤
二六一四〇　甲辰卜：貞王：
二六一四一　：貞：于：
二六一四一　貞無尤
二六一四二　貞無尤
二六一四三　貞無尤
二六一四三　己亥卜：王：無…
二六一四四　貞：
二六一四四　貞無尤
二六一四五　壬：貞：無…
二六一四五　貞無尤
二六一四五　：無尤
二六一四六　貞無尤
二六一四六　：無尤
二六一四六　乙：
二六一四七　庚：貞：藝：囚
二六一四七　貞無尤
二六一四八　貞無尤
二六一四八　貞無尤
二六一四八　：卜即：藝…
二六一四九　：貞王賓：戠…
二六一四九　貞無尤
二六一五〇　甲申：貞王：
二六一五〇　貞無尤
二六一五一　己亥：貞：戠…
二六一五一　貞無尤
二六一五二　貞無尤在七月
二六一五二　：卜尹：出：囚
二六一五三　貞：尤
二六一五三　貞無尤
二六一五四　：出貞其：無尤
二六一五五　貞無尤
二六一五五　：尤
二六一五六　己巳：出貞翌庚午…
二六一五六　壬申卜出貞今日益無尤
二六一五六　：雨

二六一五七	貞今夕王寧
二六一五八	貞今夕王寧
二六一五九	貞今夕王寧
二六一六〇	貞今夕王寧
二六一六一	貞今夕王寧
二六一六二	貞今夕王寧
二六一六三	貞今夕王寧
二六一六四	貞今夕王寧
二六一六四	：王：
二六一六五	貞今夕王寧
二六一六六	貞今夕：
二六一六六	貞今夕王寧
二六一六七	：今夕王寧
二六一六八	：今夕王寧
二六一六九	：夕王寧
二六一七〇	貞今夕：寧
二六一七一	辛：貞：翌?：
二六一七一	：今夕：寧
二六一七二	：今夕王寧
二六一七三	：今夕：寧
二六一七四	：今夕：寧
二六一七五	：今夕：寧
二六一七六正	貞今夕寧王
二六一七六反	：夕：
二六一七七	：寧王?
二六一七八	貞：
二六一七八	：寧：
二六一七九	：叙無災
二六一八〇	辛未卜出貞王無災
二六一八一	丁亥卜出：王無災
二六一八二	癸巳卜王曰：一人無壱在：
二六一八二	：庚：
二六一八三	丁亥卜行貞翌戊子彡?于大戊無壱
二六一八三	：行：
二六一八四	：衣：無壱八月
二六一八五	：壱在囚一月
二六一八六	己丑卜矢貞王呼：惟有由
二六一八六	己丑卜矢貞惟其有囚
二六一八七	丙寅卜王貞其有囚
二六一八七	：卜：曰：
二六一八八	壬辰：王貞：有囚六月
二六一八九	：巳卜矢：弜羊啓：𡆥有囚
二六一九〇	丙子.貞翌：
二六一九〇	：卜王：有囚
二六一九一	丁卯：貞：在：
二六一九一	己巳卜王貞無囚

二六一九一	：卜王：囚?：九?月
二六一九二	庚午卜王貞無囚在二月
二六一九二	：卜：其有：
二六一九三	壬子卜王貞無囚在四月
二六一九三	：卜王：入：四月
二六一九四	貞：賓：無：
二六一九四	貞無囚五月
二六一九五	貞無囚六月
二六一九六	貞無：
二六一九六	貞無囚十一月
二六一九六	：寅卜：王：尤
二六一九七	癸亥卜王曰貞其：囚在：
二六一九八	：丑卜王貞：
二六一九八	：卜、旬：
二六一九九	貞無囚
二六一九九	貞無囚
二六一九九	：子：大：
二六二〇〇	丙子卜王貞無囚
二六二〇一	癸：祝：無：
二六二〇一	：無囚　二告
二六二〇二	：無囚
二六二〇三	乙：癸：出：無：
二六二〇三	：酉卜：貞：無：十月
二六二〇四	戊戌卜：翌：亥：
二六二〇四	壬寅：翌：王：禧：
二六二〇四	貞入子囚啓皀
二六二〇四	：入：
二六二〇四	甲辰入無囚
二六二〇五	己卯卜：貞惟：囚見
二六二〇六	癸：翌?：無囚
二六二〇七	：龠：
二六二〇七	：囚
二六二〇八	戊午卜：貞今：無囚
二六二〇八	己未卜行貞今夕無囚
二六二〇八	庚申卜行貞今夕無囚在八月
二六二〇八	甲子卜行貞今夕無囚
二六二〇九	癸：貞：
二六二〇九	甲子卜行貞今夕：
二六二〇九	：行：
二六二一〇	癸酉卜行貞今夕無囚在十二月
二六二一〇	甲戌卜行貞今夕無囚在十一月
二六二一〇	乙亥卜行貞今夕無囚在十二月
二六二一〇	丙子卜行貞今夕無囚
二六二一〇	丁丑卜行貞今夕無囚在十一月
二六二一〇	戊寅卜行貞今夕無囚
二六二一〇	己卯卜行貞今夕無囚

二六二一〇 庚辰卜行貞今夕無𡆥在十二月
二六二一一 乙丑卜行貞：
二六二一一 丁卯卜行貞今夕無𡆥在八月
二六二一一 丙寅卜行貞今夕無𡆥
二六二一一 ：今夕：𡆥
二六二一二 丁卯：貞：無：
二六二一二 戊辰卜行貞今夕無𡆥在六月
二六二一二 ：巳卜行：今夕：𡆥在：
二六二一三 戊辰：貞今：無：在：
二六二一三 己巳卜行貞今夕無𡆥在十月
二六二一三 ：在十一月
二六二一四 己巳：貞：無：
二六二一四 丙午卜行貞今夕無𡆥在三月
二六二一四 ：卜行：夕：𡆥
二六二一五 壬：貞：無𡆥在：
二六二一五 癸酉卜行貞今夕無𡆥在九月
二六二一五 甲戌卜行貞今夕無𡆥在九月
二六二一五 乙亥卜行貞今夕：𡆥在：月
二六二一五 ：子卜行：
二六二一六 乙亥卜行貞今夕無：
二六二一六 丙子卜行貞今夕無𡆥在十二月
二六二一六 ：夕：𡆥：十二月
二六二一七 丙子卜行貞今夕無𡆥
二六二一七 丁丑卜行貞今夕無𡆥在正月
二六二一七 戊寅卜行貞今夕無𡆥
二六二一七 ：卜行：今夕：𡆥在正月
二六二一八 丁丑卜行貞今夕：
二六二一八 戊寅卜行貞今夕無𡆥
二六二一八 己卯卜行貞今夕：𡆥
二六二一九 丁丑：貞今夕無𡆥
二六二一九 ：旅：夕：𡆥在：
二六二二〇 丁丑卜行貞今夕無𡆥在九月
二六二二〇 ：行：夕：
二六二二一 戊：貞今：無𡆥
二六二二一 己卯卜行貞今夕無𡆥在八月
二六二二一 庚辰卜行貞今夕無𡆥在八月
二六二二一 辛巳卜行貞今夕無𡆥在八月
二六二二一 壬午卜行貞今夕無𡆥在八月
二六二二一 癸未卜行貞今夕無𡆥在八月
二六二二一 甲申卜行貞今夕無𡆥在八月
二六二二二 丁：貞：
二六二二二 己卯卜行貞今夕無𡆥在：
二六二二二 ：行：夕：𡆥
二六二二三 戊寅：貞今：無𡆥
二六二二三 己卯卜行貞今夕無𡆥
二六二二三 庚辰卜行貞今夕無𡆥在十月

二六二二三 ：行：
二六二二四 戊寅卜：貞今：
二六二二四 己卯卜行貞今夕無𡆥十一月
二六二二四 ：辰卜行：今夕：𡆥
二六二二五 庚：貞：
二六二二五 辛巳卜行貞今夕無：
二六二二五 壬午卜行貞今夕無𡆥在七月
二六二二六 庚辰：貞今：無：
二六二二六 辛巳卜行貞今夕無𡆥
二六二二七甲 己卯：貞：無：
二六二二七甲 庚辰卜行貞今夕無𡆥
二六二二七甲 辛巳卜行貞今夕無𡆥
二六二二七乙 ：卜行：今夕：𡆥
二六二二八 ：貞：無：
二六二二八 己：貞今夕無𡆥
二六二二八 庚辰卜行貞今夕無𡆥在六月
二六二二八 ：卜行：夕無：六月
二六二二九 庚辰卜行貞今夕無𡆥在十月
二六二二九 辛巳卜行貞今夕無𡆥在十月
二六二二九 壬午卜行貞今夕無𡆥在十月
二六二二九 癸未：
二六二二九 甲申：貞今：無：在：
二六二三〇 壬午卜行貞今夕：𡆥在：
二六二三〇 ：行：卜：在十月
二六二三一 辛巳：行：今：無：
二六二三一 壬午卜行貞今夕：
二六二三二 甲申：行：夕：在：
二六二三二 ：行：夕：𡆥：月
二六二三三 癸未卜行貞今夕無𡆥在：
二六二三三 甲申卜行貞今夕無：
二六二三三 乙酉卜行貞今夕無𡆥
二六二三四 癸未卜：貞今夕無𡆥
二六二三四 甲申卜行貞今夕無𡆥在十二月
二六二三四 ：酉卜行：今夕：𡆥在十二月
二六二三五 ：申卜行：今夕：𡆥：四月
二六二三五 乙酉卜行貞今夕無𡆥在四月
二六二三五 丁：貞：
二六二三六 癸：貞：無：
二六二三六 甲申：貞：無：在：
二六二三六 乙酉卜行貞今夕無𡆥在十一月
二六二三六 丙戌卜行貞今夕無𡆥
二六二三六 ：卜行：夕：𡆥：十一月
二六二三六 庚：
二六二三七 乙酉卜行貞今夕無𡆥在八月
二六二三七 丙戌卜行貞今夕無𡆥在：
二六二三七 戊：貞：無：在：

二六二三八 乙酉卜行貞今夕無囚在六月
二六二三八 丙戌卜行貞今夕無囚在六月
二六二三八 丁亥卜行：今夕：囚
二六二三八 ：行：
二六二三九 乙：貞：無：
二六二三九 丙戌卜行貞今夕無囚在十二月
二六二三九 ：亥卜行貞今夕無囚在十二月
二六二四〇 丁亥卜行貞今夕無囚在一月
二六二四〇 己丑卜行貞今夕無囚在一月
二六二四〇 庚寅卜行貞今夕無囚在一月
二六二四〇 辛卯卜行貞今夕無囚
二六二四〇 壬辰卜行貞今夕無囚在一月
二六二四〇 ：行：夕：
二六二四一 戊子卜行貞今夕無囚在十?月
二六二四二 戊子卜行貞今夕無囚在九月
二六二四二 ：行：無：
二六二四三 己丑卜行貞今夕：囚：十二月
二六二四三 庚寅：行貞：夕：囚在：
二六二四四 己丑卜行貞今夕無囚在十月
二六二四五 己丑：貞：囚在：
二六二四五 庚寅卜行貞今夕無囚在九月
二六二四五 辛卯卜貞今夕無囚在九月
二六二四五 壬辰卜行貞今夕無囚在九月
二六二四五 癸巳卜行貞今夕無囚在九月
二六二四五 ：午卜行：今夕：囚：
二六二四六 甲午卜行貞今夕無囚在二月
二六二四六 ：要卜
二六二四七 丙申卜行貞今夕無囚在：
二六二四八 丙申卜行貞今夕無囚
二六二四八 ：行：
二六二四九 戊戌卜行貞今夕無囚在十月
二六二四九 己亥卜行貞今夕無囚在十月
二六二四九 庚子卜行貞今夕無囚在十月
二六二四九 辛丑卜行貞今夕無囚在十月
二六二五〇 己亥卜：貞今夕無囚
二六二五〇 庚子卜行貞今夕無：
二六二五一 己亥：貞今：無：在：
二六二五一 庚子卜行貞今夕無囚在：
二六二五一 辛丑卜行貞今夕無囚在九月
二六二五一 壬寅卜行貞今夕無囚在九月
二六二五二 庚子：貞今夕無囚在九月
二六二五二 辛丑卜行貞今夕無囚在九月
二六二五二 壬寅卜行貞今夕無囚在九月
二六二五二 癸卯卜行貞今夕無囚
二六二五二 甲辰卜行貞今夕無囚在九月
二六二五二 乙巳卜行貞今夕無囚在九月

二六二五三 壬寅卜行貞今夕無囚在六月
二六二五三 癸卯卜行貞今夕無囚在：月
二六二五四 丙午卜行貞今夕無囚
二六二五四 丁未卜行貞今夕無囚
二六二五五 ：卯卜：今夕：囚
二六二五五 甲辰卜：貞今夕：囚
二六二五六 甲：貞：無：
二六二五六 乙巳卜行貞今夕無囚
二六二五七 乙巳：貞今夕：囚在：
二六二五七 丙午卜行貞今夕無囚
二六二五七 ：夕：
二六二五八 丙午：貞今：無囚
二六二五八 丁未卜行貞今夕無囚在正月
二六二五八 ：行：夕：在正月
二六二五九 丁未：貞：無：
二六二五九 戊申卜行貞今夕無囚在四月
二六二五九 己酉卜行貞今夕：囚：月
二六二五九 ：戌卜行：
二六二六〇 戊申卜行貞今夕無囚
二六二六〇 ：酉卜行：今夕：囚
二六二六一 戊申卜行貞今夕無囚
二六二六二 ：申卜行：今夕：
二六二六二 己酉：貞今：無：在：
二六二六三 ：卜行：今夕：囚
二六二六三 庚戌卜行貞今夕無囚在九月
二六二六三 壬：貞：無：
二六二六四 庚戌：貞今夕無囚在正月
二六二六四 辛亥卜行貞今夕無囚在正月
二六二六四 癸亥卜行貞今夕無囚在正月
二六二六五 庚：貞：無：
二六二六五 辛亥卜行貞今夕無囚在八月
二六二六六 壬子卜行貞今夕無囚
二六二六六 ：今夕：囚
二六二六七 癸：貞：無：十月
二六二六七 甲寅卜行貞今夕無囚在十一月
二六二六七 乙卯卜行貞今夕無囚在十月
二六二六七 丙辰卜行貞今夕無囚在：
二六二六七 ：巳卜行：今夕：囚在：
二六二六七 ：在十月
二六二六七 ：無囚
二六二六八 ：寅卜行：今夕：囚：七月
二六二六八 乙卯卜：貞今：
二六二六八 丙辰：貞：無：在：
二六二六九 甲寅卜行貞今夕無囚在六月
二六二六九 乙卯卜行貞今夕無囚：
二六二七〇 ：無：

二六二七〇　乙卯卜行貞今夕無囚
二六二七〇　丙辰卜行：貞今夕：囚
二六二七一　丁巳卜行貞今夕無囚
二六二七一　：行：夕：囚
二六二七二　丙：貞：無：
二六二七二　丁巳卜行貞今夕無囚在九月
二六二七二　戊午卜行貞今夕無囚在九月
二六二七二　：未卜行：今夕無囚
二六二七三　丁巳卜：貞今：無囚在：
二六二七三　戊午卜行貞今夕無囚
二六二七三　：卜行：夕：在：
二六二七四　戊午卜行貞今：無：
二六二七四　己未卜行貞今夕無囚
二六二七四　庚申卜行貞今夕無囚
二六二七五　丁巳：貞：無：十一月
二六二七五　戊午卜行貞今夕無囚在十一月
二六二七五　己未卜行貞今夕無囚在十一月
二六二七五　庚申：旅貞：夕：囚
二六二七六　庚：貞：無囚：三月
二六二七六　辛酉卜行貞今夕無囚在三月
二六二七七　辛酉卜行貞今夕無囚
二六二七七　壬戌卜行：今夕：囚
二六二七八　貞：在：
二六二七八　癸亥卜行貞今夕無囚在十一月在||
二六二七八　：卜行：今夕：囚在：
二六二七九　：子卜行：今夕：囚
二六二八〇　：辰卜行貞今夕無囚
二六二八一　：貞：無：在：
二六二八一　：未卜行：今夕：囚：八月
二六二八二　：巳卜行：今夕：囚
二六二八三　甲子卜旅貞今夕無囚
二六二八三　乙丑卜旅貞今夕無囚
二六二八四　乙丑卜旅貞今夕無囚四月
二六二八四　丁卯卜旅：
二六二八五　乙丑卜旅貞今夕無囚
二六二八五　：貞今夕：延：
二六二八六　乙丑：貞今：囚在：
二六二八六　丙寅卜旅貞今夕無囚在十一月
二六二八六　：卯卜旅：今夕無囚在十一月
二六二八七　丁卯卜旅貞今夕無囚
二六二八八　乙丑卜旅貞今夕無囚
二六二八八　丁卯卜旅貞今夕無囚
二六二八八　戊辰卜旅貞今夕無囚
二六二八八　：酉卜旅：夕無：十月
二六二八九　丁卯：貞：無：
二六二八九　戊辰卜旅貞今夕無囚在十一月

二六二八九　：巳卜旅貞今夕無囚在十一月
二六二九〇　乙亥卜：貞今夕：
二六二九〇　丙子卜旅貞今夕無囚十一月
二六二九〇　丁丑卜旅貞今夕無囚
二六二九一　：巳卜旅：夕無囚
二六二九一　庚午卜貞今夕無囚在三月
二六二九一　辛未卜旅貞今夕無囚三月
二六二九一　壬申：旅貞：
二六二九一　癸酉：貞今：無：
二六二九二　丁丑卜旅貞今夕無囚在三月
二六二九二　戊寅卜旅貞今夕無囚
二六二九二　己卯卜旅貞今夕無囚
二六二九三　庚午卜旅貞今夕：囚：十一月
二六二九三　辛未卜旅貞今夕無囚在十二月
二六二九三　癸酉卜旅貞今夕無囚在十二月
二六二九三　丙子卜旅貞今夕無囚在十二月
二六二九三　戊寅：貞今：無囚
二六二九四　己卯卜旅貞今夕：
二六二九五　己卯卜旅貞今：無囚在：
二六二九五　庚辰卜旅貞今夕無囚在五月
二六二九五　壬午卜旅貞今夕無囚
二六二九六　甲申卜旅貞今夕無囚
二六二九七　庚：貞：
二六二九七　辛巳卜旅貞今夕無囚在十月
二六二九八　丁巳卜旅貞今夕無囚
二六二九八　辛卯卜旅貞今夕無囚
二六二九八　壬辰卜旅貞今夕無囚
二六二九八　癸巳卜旅貞今夕無囚
二六二九九　己丑：旅：無：
二六二九九　庚寅卜旅貞今夕無囚
二六二九九　：卯卜：今：無囚
二六三〇〇　庚寅：旅貞：夕：月
二六三〇〇　癸卯：貞今：
二六三〇一　庚：貞：無：
二六三〇一　辛卯：旅：今夕無囚在九月
二六三〇一　壬辰卜旅貞今夕無囚三月
二六三〇一　：月
二六三〇二　壬辰卜旅貞今夕無囚在十二月
二六三〇二　：旅：十二月
二六三〇三　辛卯：旅：夕：在：
二六三〇三　壬辰卜旅貞今夕無囚在三月
二六三〇三　癸巳卜旅貞今夕無囚在三月
二六三〇三　甲午卜旅貞今夕無囚在三月
二六三〇三　甲戌卜旅貞今夕無囚在五月
二六三〇三　：卜：貞今：無囚在五月
二六三〇四　癸巳卜旅貞今夕無囚在十月

二六三〇四　甲午：旅貞：夕無：在：
二六三〇五　：旅貞：夕無：
二六三〇五　癸巳卜旅貞今夕無𡆥在九月
二六三〇五　：卜旅：今夕：𡆥在：
二六三〇六　甲午卜旅貞今夕無𡆥在十一月
二六三〇六　乙未卜旅貞今夕無𡆥在十二月
二六三〇六　丙申卜旅貞今夕無𡆥在十二月
二六三〇六　丁酉卜旅貞今夕無𡆥在十二月
二六三〇六　：卜旅：夕無：在十月?
二六三〇七　甲午：貞：無：
二六三〇七　乙未卜旅貞今夕無𡆥在：月
二六三〇七　：卜旅：夕：𡆥在：
二六三〇八　丙申卜旅貞今夕無𡆥在十月
二六三〇八　丁酉卜旅貞今夕無𡆥在十月
二六三〇八　戊戌卜旅貞今夕無𡆥在十月
二六三〇八　己亥卜旅貞今夕無𡆥在十月
二六三〇八　庚子卜旅貞今夕無𡆥在十月
二六三〇八　辛丑卜旅貞今夕無𡆥在十月
二六三〇八　壬寅卜旅貞今夕無𡆥在十一月
二六三〇八　癸卯卜旅貞今夕無𡆥在十一月
二六三〇九　乙：旅：夕：𡆥
二六三〇九　丙申卜旅貞今夕無𡆥
二六三〇九　：卜：貞今：
二六三一〇　乙未：貞：無：
二六三一〇　丙申卜旅貞今夕無𡆥在七月
二六三一〇　丁酉卜旅貞今夕無𡆥在七月
二六三一〇　：戌卜旅：今夕無𡆥在七月
二六三一一　丙申：貞：無：
二六三一一　丁酉卜旅貞今夕無𡆥
二六三一一　己亥卜旅貞今夕無𡆥：
二六三一一　庚子卜旅貞今夕無𡆥在九月
二六三一一　：丑卜：貞今：無𡆥
二六三一二　丁酉：貞：𡆥
二六三一二　戊戌卜旅貞今夕無𡆥在十二月
二六三一三　戊戌：貞今：無：
二六三一三　：戌卜旅：今夕：𡆥十二月
二六三一三　貞無尤
二六三一四　：無：
二六三一四　己亥卜旅貞今夕無𡆥在十二月
二六三一四　庚子卜旅貞今夕無𡆥在十二月
二六三一四　辛丑卜旅貞今夕無𡆥在十二月
二六三一四　壬寅卜旅貞今夕無𡆥在十二月
二六三一四　癸卯卜旅貞今夕無𡆥在十二月
二六三一四　甲辰卜旅貞今夕無𡆥在十二月
二六三一四　乙巳卜旅貞今夕無𡆥在十二月
二六三一四　丙午：貞今：無𡆥在：

二六三一五　甲午：貞今：
二六三一五　己亥卜旅貞今夕無𡆥二月
二六三一六　辛丑：旅貞今：無𡆥
二六三一六　：旅：無：
二六三一七　辛丑卜旅貞今夕無𡆥
二六三一七　壬寅卜旅貞今夕無𡆥在十月
二六三一七　癸卯卜旅貞今夕無𡆥
二六三一七　甲辰卜旅貞今夕無𡆥
二六三一七　：旅：夕：𡆥
二六三一七　庚：貞：
二六三一八　庚：貞：𡆥
二六三一八　辛丑卜旅貞今夕無𡆥在：
二六三一九　辛丑：旅貞：夕無：二月
二六三一九　壬寅卜旅貞今夕無𡆥在二月
二六三二〇　壬寅卜旅貞今夕無𡆥
二六三二〇　癸卯卜旅貞：夕：𡆥
二六三二一　癸卯卜旅貞今夕無𡆥在三月
二六三二一　乙巳：旅貞：夕：𡆥
二六三二二　：卜今：無：在十二月
二六三二二　甲辰卜旅貞今夕無𡆥在十二月
二六三二二　丙午卜旅貞今夕無𡆥在十二月
二六三二二　乙巳：
二六三二三　丙午：旅貞：夕不：
二六三二三　丙午：貞今：無𡆥
二六三二三　：卜：
二六三二四　丙午卜旅貞今夕無𡆥
二六三二五　丁?未卜旅貞今夕：𡆥王：
二六三二六　丁未：貞今：𡆥
二六三二六　戊申卜旅貞今夕無𡆥
二六三二六　己酉卜旅貞今夕無𡆥在十二月
二六三二六　庚戌卜旅貞今夕無𡆥在十二月
二六三二七　戊申卜旅貞今夕無𡆥
二六三二八　己酉卜旅貞今夕無𡆥在二月
二六三二八　：𡆥
二六三二九　庚申卜旅貞今夕無：
二六三三〇　：午卜旅貞今夕無𡆥在九月
二六三三一　辛：貞今：
二六三三一　癸亥卜旅貞今夕無𡆥四月
二六三三二　壬戌：貞：無：
二六三三二　癸亥卜旅貞今夕無𡆥在五月
二六三三三　：未卜旅：今夕：𡆥五月
二六三三四　癸亥卜旅貞今夕無𡆥在十月?
二六三三四　：旅：
二六三三五　：卜旅：今夕：𡆥十一月
二六三三六　戊寅卜：貞今夕無𡆥
二六三三六　己卯卜尹貞今夕無𡆥在十月

二六三三七　戊：貞王：𢼸：
二六三三七　戊辰卜尹貞今夕無𡆥
二六三三七　戊寅卜尹：王賓：無𡆥
二六三三八　辛未：尹貞：夕無：在：
二六三三八　壬申卜尹貞今夕無𡆥在五月
二六三三八　癸酉卜尹貞今夕無𡆥在五月
二六三三八　甲戌卜尹貞今夕無𡆥在：月
二六三三九　壬申卜尹貞今：無𡆥
二六三四〇　丙子卜尹貞今夕無𡆥
二六三四一　己卯卜尹貞今夕無𡆥在七月
二六三四一　：卜尹：今夕：𡆥
二六三四二　丙戌卜：貞今：無𡆥
二六三四二　：亥卜尹：今夕：𡆥
二六三四三　戊寅：貞：無：
二六三四三　戊子卜尹貞今夕無𡆥
二六三四三　貞無尤
二六三四四　戊子卜尹貞今夕無𡆥
二六三四四　己丑卜尹貞今夕無𡆥
二六三四四　庚寅卜尹貞今夕無𡆥
二六三四四　辛卯卜尹貞今夕無𡆥在：
二六三四四　癸丑卜尹貞今夕無𡆥在四月
二六三四五　甲寅卜尹貞今夕無𡆥
二六三四五　辛卯卜尹貞今夕無𡆥
二六三四五　：今夕：𡆥
二六三四六　癸：貞：
二六三四六　庚子卜尹貞今夕無𡆥
二六三四七　辛：
二六三四七　庚子卜尹貞今夕無：
二六三四七　辛丑卜貞今夕無𡆥
二六三四八　壬寅卜尹貞今夕無𡆥在四月
二六三四八　壬寅卜尹貞今夕無𡆥在四月
二六三四九　：夕：𡆥
二六三四九　壬：貞：
二六三四九　癸卯卜尹貞今夕無𡆥在四月
二六三五〇　：卜：今：無𡆥：四月
二六三五〇　甲辰卜：貞今夕無𡆥在：
二六三五〇　乙巳卜尹貞今夕無𡆥
二六三五〇　丙午卜尹貞今夕無𡆥
二六三五一　丁未卜尹貞今夕無𡆥在七月
二六三五一　丙午：貞今：無𡆥
二六三五一　丁未卜尹貞今夕無𡆥
二六三五二　：卜尹：夕無：在八月
二六三五二　己未卜尹貞今夕：在：
二六三五二　庚申卜：貞今：無：
二六三五三　丁未卜尹貞今夕無𡆥在七月
二六三五三　戊曰卜尹貞今夕無𡆥在七月

二六三五三　：酉卜尹：今夕：𡆥
二六三五四　甲寅：貞今：無𡆥
二六三五四　乙卯卜尹貞今夕無𡆥
二六三五四　：卜尹：
二六三五五　甲寅卜尹貞今夕無𡆥在正月
二六三五五　乙卯卜尹貞今夕無𡆥
二六三五五　：尹：在二月
二六三五六　壬戌卜尹貞今夕無𡆥
二六三五六　癸亥卜尹貞今夕無𡆥在十一月
二六三五六　：尹：
二六三五七　丙寅卜尹貞今夕無𡆥在十月
二六三五七　：𡆥
二六三五八　庚午卜即貞今夕無𡆥在三月
二六三五八　辛未卜即貞今夕無𡆥在三月
二六三五八　：卜即：夕：𡆥在：
二六三五九　：午卜尹：今夕無：
二六三六〇　庚午：即貞今夕無𡆥八月
二六三六〇　辛未卜吴貞今夕無𡆥八月
二六三六〇　壬申卜吴貞今夕無𡆥
二六三六〇　癸酉卜吴貞今夕無𡆥
二六三六〇　：戌卜即：今夕無𡆥
二六三六一　：卜即：夕無：三月
二六三六一　丙子卜即貞今夕無𡆥
二六三六一　丁丑：貞今：無：
二六三六二　辛卯：貞今：無：
二六三六二　壬辰卜即貞今夕無𡆥
二六三六二　癸巳卜貞今夕無𡆥
二六三六二　：午卜：今夕：𡆥
二六三六三　己亥卜即貞今夕無𡆥
二六三六三　：子卜：貞今夕無𡆥
二六三六四　辛亥卜即貞今夕無𡆥
二六三六五　丁未卜即貞今夕無𡆥六月
二六三六五　戊申：貞今夕無𡆥六月
二六三六五　己酉卜即貞今夕無𡆥
二六三六五　：卜：今夕：𡆥
二六三六六　辛亥卜即貞今夕無𡆥
二六三六六　壬子卜即貞今夕無𡆥
二六三六七　戊午卜即貞今夕無𡆥
二六三六七　己未卜即貞今夕無𡆥
二六三六八　壬：王：
二六三六八　甲午卜即貞今夕：
二六三六九　己：卜即貞今夕無𡆥
二六三七〇　壬：貞今：無𡆥三月
二六三七〇　：卜即貞今夕無𡆥
二六三七一　：貞：無：
二六三七一　：貞今夕無𡆥六月

二六三七一　：即：㪅：
二六三七二　乙卯卜即貞今夕無囚
二六三七二　丙辰卜即貞今夕無囚
二六三七二　丁巳卜貞今夕無囚
二六三七三　癸酉卜矢貞今夕無囚
二六三七四　己卯：貞今：無囚
二六三七四　庚辰卜矢貞今夕無囚八月
二六三七四　：矢：
二六三七五　癸未卜矢貞今夕無囚
二六三七六　戊子卜矢貞今夕無囚三月
二六三七七　庚：貞：五月
二六三七七　辛卯卜矢貞今夕無囚五月
二六三七七　壬辰卜矢貞今夕無囚五月
二六三七七　：矢：夕：囚五月
二六三七八　戊子卜矢貞今夕無囚
二六三七八　丙申卜矢貞今夕無囚
二六三七九　庚子卜：貞今夕無囚八月
二六三七九　辛丑卜矢貞今夕無囚八月
二六三八〇　癸未：貞：
二六三八〇　甲辰卜矢貞今夕無囚
二六三八一　庚：矢：夕：
二六三八一　：亥卜矢貞今夕無囚五月
二六三八二　：辰卜矢：今夕無囚
二六三八三　辛未卜出貞今夕無囚四月
二六三八四　乙酉卜出貞今夕無囚
二六三八五　丙戌卜出貞今夕無囚十一月
二六三八六　己丑卜出貞今夕無囚在六月
二六三八六　：雨?
二六三八七　己丑卜出貞今夕無囚
二六三八八　丙申卜出貞今夕無囚
二六三八九　丙申卜出貞今夕無囚
二六三九〇　丁酉卜出貞今夕無囚
二六三九一正　辛酉卜出貞今夕無囚
二六三九二　：辰卜出：今夕：囚十月
二六三九二　：貞：
二六三九三　己卯卜陟貞今夕無囚
二六三九四　癸未卜陟貞今夕無囚
二六三九五　乙未卜陟貞今夕：囚
二六三九六　：卜陟：今夕：囚
二六三九七　丁未卜陟貞今夕無囚
二六三九八　：申卜喜：今夕：囚
二六三九九　癸卯卜喜貞今夕無囚在八月
二六三九九　甲辰卜喜貞今夕無囚在九月
二六三九九　：矢：夕無囚
二六四〇〇　丙：貞：
二六四〇〇　庚：喜貞今夕無囚四月

二六四〇一　癸：貞：夕無：
二六四〇一　：卜喜貞今夕：囚
二六四〇二　乙卯卜㕣貞今夕無囚
二六四〇二　：卜：夕：囚
二六四〇三　壬戌：貞今：無囚
二六四〇三　乙丑卜㕣貞今夕無囚
二六四〇三　己巳卜㕣貞今夕無囚
二六四〇四　辛酉卜㕣貞今夕無囚
二六四〇五　壬戌卜㕣貞今夕無囚
二六四〇六　：酉卜㕣：今夕無囚
二六四〇七　辛丑：貞：
二六四〇七　乙巳卜澕貞今夕無囚四月
二六四〇七　：貞：無：
二六四〇八　：華：夕無囚
二六四〇九　壬戌卜澕貞今夕：
二六四〇九　丙寅卜澕貞今夕無囚
二六四〇九　：卜澕：無囚
二六四一〇　癸?亥卜：貞今夕無囚
二六四一〇　：巳卜澕貞今夕無囚
二六四一一　甲子：貞今：
二六四一一　：卜澕：夕無囚
二六四一二　：申卜澕：夕無：
二六四一三　丙寅：貞今：無：
二六四一三　丁卯卜涿貞今夕無囚
二六四一三　：辰卜涿：今夕：囚
二六四一四　壬申：貞今：無：
二六四一四　甲戌卜涿貞今夕無囚
二六四一四　丙子卜：貞今：囚
二六四一五　丁巳卜：貞今：無囚
二六四一五　己丑卜涿貞今夕無囚
二六四一五　：寅卜涿：今夕：囚
二六四一六　乙巳卜涿貞今夕無囚
二六四一七　癸丑：貞今：無囚
二六四一七　甲寅卜涿貞今夕無囚
二六四一八　己未：貞今：無：
二六四一八　庚申卜涿貞今夕無囚
二六四一九　丁卯卜涿貞今夕無囚
二六四一九　：涿：夕：囚
二六四一九　：子卜涿：囚
二六四二〇　庚子卜豖貞今夕無：
二六四二〇　辛巳卜貞今夕無囚
二六四二〇　：卜豖：今夕：囚
二六四二一　丙子：貞今：無囚
二六四二一　：丑卜豖：今夕：囚
二六四二二　庚寅卜尤貞今夕無囚
二六四二三　：卯卜去：今夕：囚

二六四二四 ：卜壴：夕無：六月
二六四二五 癸卯：王賓：無囚
二六四二五 甲子卜貞今夕無囚
二六四二六 辛未卜：貞今夕無囚
二六四二七 壬申卜：貞今夕無囚
二六四二八 甲戌卜：貞今夕無囚
二六四二八 乙亥卜貞今：
二六四二九 乙亥：貞今夕無囚
二六四三〇 丙子卜：貞今：無：
二六四三一 甲戌卜：貞今夕：囚
二六四三二 戊寅卜：貞今夕無囚
二六四三二 ：旅：㚔：囚
二六四三三 戊寅卜：貞今夕無囚
二六四三三 戊寅：貞今夕無：
二六四三四 己卯卜貞今夕無囚
二六四三四 庚辰卜貞今夕無囚在十二月
二六四三四 ：貞：無囚：十二月
二六四三五 己：貞：無：
二六四三五 壬午卜貞今夕無囚
二六四三六 癸未卜貞今夕無囚八月
二六四三七 戊子卜貞今夕無囚在五月
二六四三八 戊子卜：今夕無：十三月
二六四三九 己丑卜貞今：無：
二六四四〇 庚寅：貞今：無囚三月
二六四四一 壬辰卜貞今夕：囚
二六四四二 甲午：貞今夕：囚
二六四四三 甲：貞：無：
二六四四三 乙未卜貞今夕無囚
二六四四四 丙申卜貞今夕無囚
二六四四五 丙申卜貞今夕無囚
二六四四六 戊戌卜貞今夕無囚
二六四四七 庚子?卜貞今夕無囚
二六四四八 庚子卜貞今夕無囚
二六四四八 辛丑卜貞今夕無囚
二六四四八 乙巳卜：
二六四四九 辛丑卜貞今夕無囚
二六四五〇 庚：貞：無：
二六四五〇 辛丑卜貞今夕：
二六四五〇 ：卜：今：
二六四五一 ：貞：囚
二六四五一 乙巳卜貞今夕無囚
二六四五一 ：夕：囚
二六四五二 乙：貞：
二六四五二 丙午卜貞今夕無囚在五月
二六四五二 ：貞：五月
二六四五三 丙：貞：

二六四五三 丁未卜貞今夕無囚
二六四五三 ：吳：月
二六四五四 己酉卜貞今夕無囚
二六四五四 ：戌卜吳貞今夕無囚五月
二六四五五 己酉：貞今：無：
二六四五五 ：夕：
二六四五六 庚戌卜貞今：無：
二六四五六 壬子卜貞今夕無囚
二六四五七 壬子卜貞今夕無囚
二六四五七 ：今夕：
二六四五八 丙辰卜貞今：無囚在十月
二六四五八 ：囚：十一月
二六四五九 丙辰卜貞今夕無囚
二六四六〇 辛酉卜貞今夕無：
二六四六〇 ：卜：今：無：在十一月
二六四六一 辛酉卜貞今夕無囚
二六四六二 辛酉卜：貞今夕無囚
二六四六二 ：即：
二六四六三 壬戌卜貞今夕無囚
二六四六四 辛：貞：無：
二六四六四 壬戌卜貞今夕無：
二六四六四 癸亥卜貞今夕：囚
二六四六五 壬：貞：無：
二六四六五 癸亥卜貞今夕無囚
二六四六六 貞：喪：
二六四六六 ：辰卜：今夕：囚
二六四六七 貞無尤十二月
二六四六七 ：丑卜：今夕：囚
二六四六八 ：子卜：貞今夕：囚三月
二六四六九 ：貞今：無囚在十月
二六四七〇 ：卜大：今夕無尤
二六四七一 ：卜：今夕：囚
二六四七二 ：午卜𡴆貞今夕：尤
二六四七三 貞今夕無囚
二六四七四 乙：貞：無：
二六四七四 己巳：貞今：無囚
二六四七四 庚午卜𡴆?貞今夕無囚
二六四七五 癸酉：王貞：囚
二六四七五 癸未卜王貞旬無囚十一月
二六四七五 癸巳卜王貞旬無囚十一月
二六四七五 ：卯卜王貞旬無囚十二月
二六四七六 癸酉卜王貞旬無囚在十一月
二六四七六 癸未卜王貞旬無囚在十一月
二六四七六 ：巳卜王：旬無：在十一月
二六四七七 癸酉卜王貞旬無囚在一月
二六四七七 ：未卜：旬無：一月

二六四七八　癸酉卜王貞旬無囚
二六四七八　：貞旬：囚：正月
二六四七九　：王：無：
二六四七九　癸未卜王貞旬無囚
二六四七九　癸巳卜王貞旬無囚
二六四七九　：卜王：無囚
二六四八〇　癸未卜王貞旬無囚在五月
二六四八〇　：巳卜王：旬無囚：六月
二六四八一　癸未：貞旬：
二六四八一　癸巳卜王貞旬無囚
二六四八一　：王：無囚
二六四八二　癸未：王貞：囚在：
二六四八二　癸巳卜王貞旬無囚在一月
二六四八二　癸卯卜王貞旬無囚在二月
二六四八二　癸丑卜王貞旬無囚在二月
二六四八二　癸亥卜王貞旬無囚在二月
二六四八二　癸酉卜王貞旬無囚吉告在三月
二六四八三　癸未：貞旬：在：
二六四八三　癸巳卜王貞旬無囚
二六四八三　：卜王：旬無囚八月
二六四八四　癸未：貞：
二六四八四　癸巳卜王貞旬無囚
二六四八四　：卜王：無囚
二六四八五　癸：貞：乙酉：
二六四八五　癸巳卜王貞旬無囚
二六四八五　：卜王：無囚：幼在：
二六四八六　癸未：貞旬無囚在四月：酉彡彡：
二六四八六　癸巳卜王貞旬無囚在四月遘示癸彡乙未
彡大乙
二六四八六　癸卯卜王貞旬無囚在五月甲辰：彡大甲
二六四八六　癸丑卜王貞旬無囚在五月甲寅彡小甲
二六四八六　：卜王：五：
二六四八七　癸卯卜王貞旬無囚在五月
二六四八七　癸丑卜王貞旬無囚在五月
二六四八七　癸亥卜王貞旬無囚在五月
二六四八七　癸酉卜王：旬無囚：
二六四八八　癸卯卜王貞旬無囚在十月
二六四八八　：卜王：無：十月
二六四八九　癸卯卜王貞旬無囚在十月
二六四八九　：旬：在十月
二六四九〇　：無：
二六四九〇　癸卯卜王貞旬無囚在五月
二六四九〇　癸丑卜王貞旬無囚在五月
二六四九〇　癸亥卜王貞旬無囚在五月
二六四九〇　：酉卜王：旬無囚
二六四九一　癸卯：貞旬：

二六四九一　：卜王貞旬無囚
二六四九二　癸：貞：
二六四九二　癸：
二六四九二　癸卯卜王貞旬無囚
二六四九二　：卜王：無囚
二六四九三　癸丑卜：貞旬無：惟彡小?甲?
二六四九三　癸亥卜王貞旬無囚在十月
二六四九四　癸丑：王貞：囚在十一月
二六四九四　癸亥卜王貞旬無囚在十一月
二六四九四　：貞旬：囚在十一月
二六四九五　癸卯：貞旬：
二六四九五　癸丑卜王貞旬無囚
二六四九五　癸亥卜王貞旬無囚在十一月
二六四九五　：酉卜王：旬無囚：十一月
二六四九六　：貞：
二六四九六　癸丑卜王貞旬無囚
二六四九六　：卜王：旬無囚
二六四九七　癸卯卜王貞旬無囚
二六四九七　癸丑卜王貞旬無囚
二六四九七　：王：囚
二六四九八　癸卯：貞旬：在：
二六四九八　癸丑卜王貞旬無囚在十月
二六四九八　：王：
二六四九九　癸丑卜王貞旬無囚
二六五〇〇　癸丑：貞：囚
二六五〇〇　癸亥卜王貞旬無囚
二六五〇一　癸亥：王貞：無囚在十月
二六五〇一　癸酉卜王貞旬無囚在十一月
二六五〇一　癸未卜王貞旬無囚在十二月
二六五〇一　癸巳卜王貞旬無囚在十二月
二六五〇一　癸卯卜王貞旬無囚在十二月
二六五〇二　癸亥卜王貞旬無囚在十月不𢆶
二六五〇二　癸酉卜王貞旬無囚在十一月
二六五〇二　癸未卜王貞旬無囚在十一月
二六五〇二　癸巳卜王貞旬無囚在十一月
二六五〇二　癸卯卜王貞旬無囚在十二月
二六五〇三　癸：貞：
二六五〇三　癸亥卜王貞旬無囚
二六五〇三　：酉卜：貞旬：囚
二六五〇四　癸亥：王貞：無囚：十月
二六五〇四　癸酉卜王貞旬無囚：十一月
二六五〇五　癸丑：貞旬：
二六五〇五　癸亥卜王貞旬無囚
二六五〇五　癸酉卜王貞旬無囚
二六五〇六　癸酉卜王貞旬無囚

二六五〇七　癸酉卜行貞旬無囚在八月
二六五〇八　癸未卜行貞旬無囚在八月
二六五〇八　癸未：行貞旬無囚在七月
二六五〇九　癸巳卜行貞旬無囚在八月
二六五一〇　癸酉卜行貞旬無囚在二月
二六五一〇　癸未卜行貞旬無囚在二月
二六五一〇　癸巳卜：貞旬無囚在二月
二六五一一　：巳卜旅貞旬無囚
二六五一二　癸巳卜行貞旬無囚在三月
二六五一二　：卜行：旬無：在三月
二六五一三　癸酉卜行貞旬無囚在二月
二六五一三　癸未卜行貞旬無囚在二月
二六五一三　癸巳卜行貞旬無囚在二月
二六五一三　癸卯卜：貞旬：囚：
二六五一三　癸丑：貞：囚
二六五一三　癸亥卜行貞旬無囚在正月
二六五一四　：貞旬：囚在：
二六五一四　癸丑：貞旬無囚
二六五一四　：卜行：旬無囚：
二六五一五　癸丑卜行貞旬無囚在十一月
二六五一六　癸：貞：囚：
二六五一六　癸丑卜行貞旬無囚在七月
二六五一六　癸亥卜行貞旬無囚在七月
二六五一六　：卜行：旬無：在七月
二六五一七　癸亥：貞旬：囚在：
二六五一七　癸酉卜行貞旬無囚在十二月
二六五一七　癸未卜行貞旬無囚在十二月
二六五一七　癸巳卜行貞旬無囚在正月
二六五一七　癸卯卜行貞旬無囚在正月
二六五一八　：丑卜行：旬無：在正月
二六五一八　癸：卜旅貞旬無囚在十一月
二六五一九　：旅：囚
二六五一九　癸：
二六五一九　癸巳卜旅貞旬無囚
二六五一九　癸酉卜旅貞旬無囚
二六五二〇　癸丑卜旅貞旬無囚
二六五二〇　癸丑卜尹貞旬無囚
二六五二一　癸丑卜旅貞旬無囚
二六五二二　：卜旅：無囚
二六五二二　：卜旅貞旬無囚
二六五二三　癸亥：貞：無：
二六五二三　：卜旅：旬：囚
二六五二四　癸酉卜旅貞旬：
二六五二四　癸巳：旅：
二六五二五　癸酉卜尹貞旬無囚
二六五二五　：卜尹：

二六五二六　癸酉卜尹貞旬無囚
二六五二六　：尹：
二六五二七　癸酉卜尹貞旬無囚在：
二六五二七　：尹：
二六五二八　癸酉：尹：旬：囚
二六五二八　：卜：旬：囚：三月
二六五二九　：酉卜尹：旬：囚：四月：衣：
二六五三〇　癸未卜尹貞旬無囚在四月
二六五三一　：未卜尹：旬無囚：十月
二六五三二　癸卯卜尹貞旬無囚在八月
二六五三三　癸未卜尹貞旬無囚
二六五三三　癸卯卜尹貞旬無囚在十月
二六五三四　癸：尹：旬：囚
二六五三四　：卯卜尹：旬無：在六月
二六五三五　癸丑卜尹貞旬無囚在正月
二六五三五　：卜尹：
二六五三六　癸：貞：囚
二六五三六　：尹：囚
二六五三七　癸酉卜：貞旬無囚在二月
二六五三七　癸卯卜大貞旬無囚在二月
二六五三八　癸酉卜大貞旬無囚三月
二六五三九　癸：大：旬：囚
二六五三九　癸酉卜大貞旬無囚
二六五三九　癸巳卜祝貞旬無囚
二六五四〇　：無：
二六五四〇　癸酉卜大貞旬無囚
二六五四一　癸：貞：無：
二六五四一　癸亥卜出：
二六五四二　癸酉卜大：旬無囚
二六五四二　癸：大：無：
二六五四三　癸酉卜大貞旬無囚九月
二六五四三　癸酉卜大貞旬無囚一月
二六五四四　癸未卜：貞旬無：
二六五四四　癸酉卜大貞：無：在九月
二六五四五　癸：大：無：
二六五四五　癸卯卜大旬無囚
二六五四五　癸巳：
二六五四六　癸：大：無：四月
二六五四六　癸未卜大貞旬無囚五月
二六五四六　：巳卜：貞旬無囚
二六五四七　癸未：大貞：無：
二六五四七　癸未卜大貞旬無囚十三月
二六五四八　癸：大：無：
二六五四八　：未卜大：旬無：
二六五四八　癸卯卜大貞：無：十月
二六五四八　癸：大：

二六五四九	癸巳卜大貞旬無𡆥
二六五四九	癸卯卜大貞旬無𡆥
二六五四九	癸亥卜出貞旬無𡆥
二六五五〇	癸酉：大貞旬無𡆥
二六五五〇	癸未卜大貞旬無𡆥
二六五五〇	癸巳卜大貞旬無𡆥
二六五五〇	：貞旬無𡆥
二六五五一	癸未卜大貞旬無𡆥
二六五五一	癸巳卜大貞旬無𡆥
二六五五一	癸亥卜出貞旬無𡆥四月
二六五五二	癸：貞：
二六五五二	癸巳卜大貞旬無𡆥
二六五五三	：卯?卜大：旬無：在六月
二六五五四	癸卯卜大貞旬無𡆥
二六五五四	癸亥卜大貞旬無𡆥
二六五五五	癸卯卜大：旬無：在六月
二六五五六	癸丑卜大貞旬無𡆥在十月
二六五五六	：卜大：𡆥：
二六五五七	癸丑：大貞：無𡆥
二六五五八	癸丑：大：旬：
二六五五八	癸亥卜貞旬無𡆥
二六五五八	癸亥卜大貞旬無𡆥
二六五五八	：酉卜：貞旬𡆥
二六五五九	癸丑卜大貞旬無：
二六五五九	癸亥卜大貞旬無𡆥七?月
二六五六〇	癸亥卜大貞旬無𡆥
二六五六〇	癸卯卜祝貞旬無𡆥
二六五六〇	癸丑卜大貞旬無𡆥
二六五六〇	癸亥卜貞旬無𡆥
二六五六〇	癸亥卜大貞旬無𡆥
二六五六〇	癸酉卜大貞旬無𡆥
二六五六一	：卜大：旬：𡆥
二六五六一	：旬無：十一月
二六五六二	癸：貞：
二六五六二	癸酉卜出貞旬無𡆥
二六五六二	癸卯卜出貞旬無𡆥
二六五六二	：旬：
二六五六三	癸酉卜出貞旬無𡆥十一月
二六五六三	癸未?卜出貞旬無𡆥
二六五六三	：無：
二六五六四	癸：出：無：
二六五六四	癸酉卜出貞旬無𡆥四月
二六五六四	：卯卜：貞旬：四月
二六五六五	癸酉：出貞旬無𡆥
二六五六六	癸丑卜出貞旬無𡆥一月
二六五六六	癸酉卜出貞旬無𡆥二月
二六五六七	癸未卜出貞旬無𡆥十二月
二六五六七	癸未卜出貞旬無𡆥
二六五六八	癸酉：出：
二六五六八	癸未卜出貞旬無𡆥三月
二六五六九	癸未卜出貞旬無𡆥
二六五六九	癸巳卜出貞旬無𡆥
二六五六九	癸卯卜出貞旬無𡆥
二六五六九	癸丑卜出貞旬無𡆥十月
二六五六九	癸巳卜出貞旬無𡆥十月
二六五六九	癸卯卜出貞旬無𡆥
二六五七〇	癸：貞：
二六五七〇	癸：貞：
二六五七〇	癸未出貞旬無𡆥
二六五七〇	癸巳卜出貞旬無𡆥
二六五七〇	癸卯卜出貞旬無𡆥在七月
二六五七〇	癸丑卜出貞旬無𡆥在七月
二六五七一	癸未卜出貞旬無𡆥
二六五七一	癸巳卜出貞旬無𡆥一月
二六五七一	癸卯卜出貞旬無𡆥
二六五七一	：丑卜：貞旬：𡆥
二六五七二	癸：出：旬：𡆥
二六五七二	：未卜：貞旬：𡆥
二六五七三	癸：貞：
二六五七三	癸未卜出貞旬無𡆥
二六五七三	癸巳卜出貞旬無𡆥
二六五七三	：卜出：無𡆥
二六五七四	癸：出：無：
二六五七四	癸未卜出貞旬無𡆥
二六五七四	癸巳卜出貞旬無𡆥
二六五七四	：旬：𡆥
二六五七五	癸未：貞旬：
二六五七五	癸巳卜出貞旬無𡆥
二六五七五	：出：𡆥
二六五七五	癸丑：
二六五七六	癸未：出：旬：𡆥
二六五七七	癸亥卜出：
二六五七七	癸未卜：貞旬：𡆥
二六五七八	：無：
二六五七八	癸巳卜出貞旬無𡆥一?月
二六五七九	癸：貞：
二六五七九	癸亥卜出貞旬無𡆥
二六五八〇	：巳：出貞旬無𡆥四月
二六五八一	癸巳卜出貞旬無𡆥三月
二六五八一	癸亥卜貞旬無𡆥十三月
二六五八二	癸巳：出貞旬：𡆥三月
二六五八二	癸亥卜貞旬無𡆥十三月

二六五八二 癸酉卜貞旬無𡆥十三月
二六五八二 癸未卜貞旬無𡆥月
二六五八二 癸巳卜貞旬無𡆥月
二六五八二 癸卯卜貞旬無𡆥一月
二六五八二 癸丑卜貞旬無𡆥三月
二六五八二 癸亥卜貞旬無：月
二六五八三 癸巳卜出貞旬無𡆥
二六五八三 ：卜：旬：
二六五八四 癸未卜出貞旬無𡆥
二六五八四 癸巳卜出貞旬：
二六五八四 癸卯卜貞旬無𡆥
二六五八四 癸丑卜貞旬無𡆥
二六五八四 癸亥卜出貞旬無𡆥十一月
二六五八四 癸酉卜出貞旬無𡆥十一月
二六五八五 癸亥卜出貞旬無：
二六五八五 ：酉卜：
二六五八五 癸：卜：
二六五八五 癸巳卜出貞旬無𡆥
二六五八五 癸卯卜：貞：
二六五八六 癸：出貞：無𡆥
二六五八六 癸巳卜出貞旬無𡆥
二六五八六 ：旬：二月
二六五八七 癸巳卜出貞旬無𡆥
二六五八七 ：未卜祝貞：無𡆥
二六五八八 ：卜：𡆥
二六五八八 癸巳卜祝貞旬無𡆥
二六五八八 癸卯卜出貞旬無𡆥
二六五八八 癸丑：貞：
二六五八九 癸：出：
二六五八九 癸卯卜出貞旬無𡆥
二六五八九 癸丑卜出貞旬無𡆥
二六五八九 癸卯卜出貞旬無𡆥
二六五八九 癸未卜出貞旬無𡆥
二六五八九 癸卯卜：貞旬：𡆥
二六五九〇 癸卯卜出貞旬無𡆥
二六五九〇 辛丑卜祝貞：無𡆥
二六五九一 辛未卜尹貞王賓禕：𡆥
二六五九一 壬申卜𡆥貞王賓戠無𡆥
二六五九一 ：未卜：貞：無：九月
二六五九一 癸卯卜出貞旬無𡆥八月
二六五九二 癸卯卜出貞旬無𡆥
二六五九二 癸酉卜出貞旬無𡆥
二六五九三 ：酉：
二六五九三 癸未：出：無：
二六五九三 ：未卜：貞旬：𡆥一月
二六五九三 癸卯卜出貞旬無𡆥

二六五九三 癸卯：出：旬：𡆥
二六五九三 ：卯卜：貞旬：𡆥
二六五九三 癸丑：出：旬：𡆥
二六五九三 癸亥卜出貞旬無𡆥九月
二六五九三 癸亥卜出貞旬無𡆥
二六五九四 癸丑卜：貞旬：在七月
二六五九四 ：亥卜出：旬無𡆥
二六五九五 癸丑卜出貞旬無𡆥十一月
二六五九五 癸亥卜出貞旬無𡆥十一月
二六五九六 癸：貞：𡆥：
二六五九六 癸丑卜出貞旬無𡆥四月
二六五九六 癸亥卜出貞旬無𡆥五月
二六五九七 癸：出貞旬無𡆥一月
二六五九七 癸丑卜出貞旬無𡆥
二六五九七 癸酉卜出貞旬無𡆥
二六五九八 癸巳卜出貞旬無𡆥四月
二六五九八 癸丑卜出貞旬無𡆥八月
二六五九九 癸丑卜：貞旬無𡆥
二六五九九 癸亥卜出貞旬無𡆥
二六五九九 癸酉卜出貞旬無𡆥
二六五九九 癸未卜出貞旬無𡆥
二六五九九 ：出：𡆥
二六六〇〇 癸：祝：無𡆥
二六六〇〇 癸丑卜出貞旬無𡆥
二六六〇〇 ：𡆥
二六六〇一 ：卜：
二六六〇一 癸亥卜出貞旬無𡆥
二六六〇一 癸酉卜出貞旬無𡆥
二六六〇一 癸未卜出貞旬無𡆥
二六六〇一 癸丑卜出貞旬無𡆥
二六六〇二 癸丑卜大貞旬無𡆥十月
二六六〇二 癸亥卜出貞旬無𡆥七月
二六六〇二 癸酉卜大貞旬無𡆥八月
二六六〇二 癸未卜大貞：無𡆥
二六六〇三 ：出：無：
二六六〇三 癸亥卜：貞旬無𡆥
二六六〇三 癸酉出貞旬無𡆥
二六六〇三 癸未卜：貞旬無𡆥
二六六〇三 癸巳卜出貞旬無𡆥
二六六〇三 癸卯卜出貞旬無𡆥
二六六〇三 ：出：
二六六〇四 癸：無：
二六六〇四 癸亥卜出貞旬無𡆥七月
二六六〇四 ：卜：貞：無：七月
二六六〇五 癸亥卜出貞旬無𡆥二月
二六六〇六 癸：卜出貞旬無𡆥三月

二六六〇七　癸酉?：出貞旬無𡆥五月
二六六〇七　癸：出：
二六六〇八　癸丑卜出貞旬無𡆥
二六六〇九　癸卜出貞旬無𡆥　二告
二六六〇九　：卜：貞：
二六六一〇　：卜出：旬：𡆥：六月
二六六一〇　：無：
二六六一一正　癸酉卜出貞旬無𡆥
二六六一一正　辛卯卜出貞旬無𡆥
二六六一一正　辛酉卜出貞旬無𡆥
二六六一一正　癸丑：出：無：
二六六一一正　癸亥卜出貞旬無：
二六六一一反　辛亥嬴
二六六一二　癸丑卜出貞旬無𡆥
二六六一二　癸酉卜出貞旬無𡆥
二六六一三　癸：出：
二六六一三　癸酉卜出貞旬無𡆥
二六六一四　：出：
二六六一四　癸亥出貞旬無𡆥
二六六一四　癸未卜出貞旬無𡆥
二六六一五　癸亥卜即貞旬無𡆥六月
二六六一五　癸酉卜即貞旬無𡆥七月
二六六一五　癸未卜即：旬無：七月
二六六一六　癸亥卜：貞旬無：四月
二六六一六　癸酉卜即貞旬無𡆥：月
二六六一七　癸巳：貞旬：十二月
二六六一七　癸卯卜即貞旬無𡆥十二月
二六六一七　癸丑卜即貞旬無𡆥十二月
二六六一七　癸亥卜即貞旬無𡆥月
二六六一七　癸酉卜即貞旬無𡆥在正月
二六六一七　癸未卜即貞旬無𡆥在正月
二六六一七　：卜即：𡆥
二六六一八　癸亥卜：貞旬：𡆥一月
二六六一八　癸酉卜即貞旬無𡆥一月
二六六一八　癸未卜即貞旬無𡆥一月
二六六一八　：巳卜：貞旬：𡆥二月
二六六一九　癸丑卜即貞旬無𡆥二月
二六六一九　癸亥卜即貞旬無𡆥三月
二六六二〇　癸酉卜喜貞旬無𡆥一月
二六六二〇　：卜喜：無𡆥
二六六二一正　癸巳：喜貞旬無𡆥四月
二六六二一反　：三：
二六六二二　癸酉卜㠯貞旬無𡆥
二六六二三　癸未卜：貞旬：
二六六二三　癸巳卜㠯貞旬無𡆥
二六六二三　癸卯卜㠯貞旬無𡆥

二六六二三　癸丑卜㠯貞旬無𡆥
二六六二三　：酉卜㠯：旬無𡆥
二六六二四　癸巳卜：貞旬無𡆥
二六六二四　癸卯卜㠯貞旬無𡆥
二六六二四　癸丑卜㠯貞旬無𡆥
二六六二四　癸酉卜㠯貞旬無𡆥
二六六二四　癸未卜㠯貞旬無𡆥
二六六二四　癸巳卜㠯貞旬無𡆥
二六六二四　癸卯：貞旬無：
二六六二五　癸：貞：
二六六二五　癸卯卜㠯貞旬無𡆥
二六六二五　：卜：旬：
二六六二六　癸卯：㠯貞：無在：
二六六二六　：卜㠯：無：十一月
二六六二七　癸：
二六六二七　癸酉卜兄貞旬無𡆥
二六六二七　癸未卜兄貞旬無𡆥
二六六二七　：巳卜：貞旬：
二六六二八　癸酉卜兄貞旬無𡆥九月
二六六二八　癸巳卜兄貞旬無𡆥
二六六二八　癸丑卜兄貞旬無𡆥十月
二六六二八　癸：兄：無：
二六六二九　癸：祝：
二六六二九　癸亥卜兄貞旬：𡆥　二告
二六六二九　癸酉卜兄貞：
二六六二九　：卜：　二告
二六六二九　：酉：
二六六三〇　癸巳卜貞旬無𡆥
二六六三〇　癸巳卜兄貞旬無𡆥
二六六三〇　癸卯卜貞旬無𡆥
二六六三〇　癸丑卜貞旬
二六六三〇　癸亥卜兄貞旬無𡆥十一月　二告
二六六三〇　癸酉卜兄貞旬無𡆥十月
二六六三〇　：𡆥　二告
二六六三〇　：十月
二六六三〇　癸亥卜兄貞：司龔：
二六六三〇　二告
二六六三〇　二告
二六六三一　癸亥卜兄貞旬無：夕燮大爯：
二六六三二　癸：祝貞：無：
二六六三二　癸酉卜祝貞旬無𡆥七月
二六六三二　：卜：旬：𡆥七月
二六六三三　癸：祝：旬：
二六六三三　癸酉卜祝貞旬無𡆥
二六六三三　癸未卜貞旬無𡆥
二六六三三　癸巳卜祝貞旬無𡆥

二六六三三 癸卯卜祝貞旬無囚
二六六三四 癸酉：祝貞旬無囚
二六六三四 癸卯卜出貞旬無囚
二六六三四 癸丑卜祝貞旬無囚
二六六三四 癸卯卜貞旬無囚
二六六三四 癸丑卜祝貞旬無囚
二六六三四 ：旬無囚
二六六三五 癸酉卜祝貞旬無囚四月
二六六三五 癸巳卜祝貞旬無囚三月
二六六三五 癸卯卜祝貞旬無囚三月
二六六三五 癸丑卜祝貞：無囚
二六六三五 ：卜：
二六六三六 癸酉卜祝貞旬無囚七月
二六六三六 癸未卜貞旬無囚
二六六三六 癸巳卜祝貞：無囚
二六六三七 癸酉卜祝貞旬無囚
二六六三七 癸未卜祝貞旬無囚
二六六三七 ：巳卜：貞旬：六月
二六六三八 癸酉卜祝貞旬無囚
二六六三九 癸酉卜祝貞旬無囚 二告
二六六四〇 癸未卜祝貞旬無囚四月
二六六四一 癸未：兄：無：
二六六四一 癸巳卜兄貞旬無囚一月
二六六四一 癸卯卜貞旬無囚
二六六四一 癸丑卜祝貞旬無囚二月
二六六四一 癸亥卜祝貞旬無囚：月
二六六四二 癸未：祝貞旬無囚五月
二六六四二 ：貞：無：
二六六四三 癸未卜祝貞旬無囚六月
二六六四三 癸丑卜大貞旬無囚六月
二六六四三 癸亥卜大貞旬無囚六月
二六六四三 癸酉卜大貞旬無囚
二六六四三 癸巳卜祝貞旬無囚
二六六四三 癸卯卜貞旬無囚
二六六四三 癸丑卜出貞旬無囚七月
二六六四三 癸巳卜祝貞旬無囚
二六六四四 ：未卜祝貞旬無囚
二六六四四 癸巳卜祝貞旬無囚
二六六四四 癸：祝：無囚
二六六四五 癸未卜祝貞旬無囚四月
二六六四六 癸未卜祝貞旬無囚
二六六四六 ：丑：大：旬：囚
二六六四七 癸未卜祝貞旬無囚
二六六四八 癸未：祝：旬無囚
二六六四八 癸巳卜祝貞旬無囚
二六六四八 癸卯：祝：

二六六四九 癸未卜兄貞旬無：
二六六四九 癸亥卜兄貞旬無囚九月
二六六四九 ：卜：貞旬無：月
二六六五〇 癸酉卜祝貞旬無囚
二六六五〇 癸未卜祝貞旬無囚
二六六五一 ：卜祝貞旬無囚
二六六五一 癸酉卜出貞旬無囚四月
二六六五一 癸未卜祝貞旬無囚
二六六五一 癸巳卜祝貞旬無囚
二六六五二 癸巳卜祝貞旬無囚
二六六五二 癸卯卜祝貞旬無囚五月
二六六五二 癸丑卜祝貞旬無囚
二六六五二 癸亥卜祝貞旬無囚六月
二六六五二 卜：貞：囚
二六六五三 癸：祝：無：
二六六五三 癸巳卜祝貞旬無囚
二六六五三 ：卜：旬：月
二六六五四 癸：祝：旬：
二六六五四 癸未卜祝貞旬無囚
二六六五四 癸未卜祝貞旬無囚 二告
二六六五四 癸：祝：旬：
二六六五四 癸巳卜貞旬無囚
二六六五四 癸卯卜貞旬無囚
二六六五四 癸丑卜祝貞旬無囚
二六六五四 癸亥卜祝貞旬無囚
二六六五四 癸巳卜祝貞旬無囚
二六六五四 癸未卜祝貞旬無囚
二六六五四 癸巳卜祝貞旬無囚
二六六五四 癸酉卜祝貞旬無囚
二六六五四 癸丑卜祝貞旬無囚
二六六五四 癸亥卜祝貞旬無囚
二六六五五 癸巳卜祝貞旬無囚
二六六五五 癸卯卜祝貞旬無囚
二六六五六 癸巳卜祝貞旬無囚
二六六五七 ：貞：無囚
二六六五七 癸未卜祝貞旬無囚
二六六五七 癸巳：祝：旬無：
二六六五八 癸巳卜祝貞旬無囚十一月
二六六五九 癸巳卜祝貞旬無囚
二六六五九 癸卯卜祝貞旬無囚
二六六六〇 癸巳卜祝貞：無囚
二六六六一 癸巳卜祝貞旬無囚
二六六六一 ：卜：貞旬：囚
二六六六二 癸巳卜黃貞旬無囚
二六六六三 癸巳卜黃貞旬無囚
二六六六三 癸酉卜：

二六六六四 癸酉卜吳：旬無囚在七月
二六六六四 癸未卜吳貞旬無囚在八月
二六六六四 癸巳卜吳貞旬無囚在八月
二六六六四 ：卜：旬：囚在八月
二六六六五 癸酉卜吳貞旬無囚
二六六六五 癸卯卜吳貞旬無囚在四月
二六六六五 癸丑卜吳貞旬無囚
二六六六五 ：卜吳：囚
二六六六六 癸：吳：
二六六六六 癸酉卜吳貞旬無囚
二六六六六 癸巳卜吳：旬無囚十二月
二六六六七 癸巳：貞：
二六六六七 癸卯卜吳貞旬無囚八月
二六六六七 癸丑卜吳貞旬無囚八月
二六六六七 癸亥卜吳貞旬無囚八月
二六六六七 癸酉卜吳貞旬無囚八月
二六六六七 ：卜：貞旬：囚九月
二六六六八 癸：吳：無：
二六六六八 ：未卜：貞旬：囚十月
二六六六九 癸：吳：無：八月
二六六六九 癸巳卜吳貞旬無囚在八月
二六六六九 ：卜：旬：囚在八月
二六六七〇 癸：貞：在：
二六六七〇 癸丑卜吳貞旬無囚在八月
二六六七〇 癸：卜吳貞旬無囚在九?月
二六六七〇 癸酉：貞旬無囚九?月
二六六七〇 ：吳：旬無囚在九月
二六六七一 癸巳卜吳貞旬無囚在一月
二六六七二 癸卯卜吳貞旬無囚在四月
二六六七二 ：吳：
二六六七三 癸卯：吳貞：無囚
二六六七三 癸丑：貞旬無囚在九月
二六六七三 癸亥卜吳貞旬無囚在九月
二六六七三 ：吳：囚
二六六七四 癸丑：貞旬無：
二六六七四 癸亥卜吳貞旬無囚
二六六七五 癸：貞：囚：
二六六七五 癸卯卜吳貞旬無囚十二月
二六六七五 ：卜吳：無囚十二月
二六六七六 癸：貞旬：囚
二六六七六 ：卜吳貞旬無囚
二六六七七 癸：祝：旬無：
二六六七七 癸卯卜貞旬無囚
二六六七七 癸丑卜祝貞旬無囚九月
二六六七七 癸亥卜祝貞旬無囚
二六六七七 癸酉卜祝貞旬無囚

二六六七七 ：卜：貞：囚
二六六七八 癸卯卜祝貞旬無囚
二六六七八 癸丑卜祝貞旬無囚五月
二六六七八 ：亥卜祝貞：無囚
二六六七九 癸未卜祝貞旬無囚
二六六七九 癸丑卜祝貞旬：囚四月
二六六八〇 癸丑：兄貞：無囚七月
二六六八〇 癸亥卜兄貞旬無囚七月
二六六八〇 癸酉卜兄貞旬無囚八月
二六六八〇 癸未卜兄貞旬無囚八月
二六六八〇 癸巳卜兄貞旬無囚八月
二六六八〇 癸卯卜兄貞旬無囚
二六六八〇 癸丑卜兄貞旬無囚九月
二六六八〇 癸未卜兄貞旬無囚
二六六八〇 癸卯卜：貞旬：囚十一月
二六六八一 癸丑：祝貞旬無：
二六六八一 癸巳卜祝貞旬無囚十二月
二六六八一 癸巳卜祝貞旬無囚
二六六八一 癸卯卜祝貞旬無囚
二六六八一 癸丑卜祝貞旬無囚十二月
二六六八一 癸亥卜祝貞旬無囚
二六六八一 癸卯卜祝貞旬無囚
二六六八一 癸巳卜祝：旬無囚十三月
二六六八二 癸未卜出貞旬無囚一月
二六六八二 癸卯卜祝貞旬無囚九月
二六六八二 癸丑卜逐貞旬無囚九月
二六六八二 癸亥卜逐貞旬無囚
二六六八二 癸酉卜出貞旬無囚十月
二六六八二 癸卯卜祝貞旬無囚
二六六八二 癸丑卜：貞旬無囚十月?
二六六八三 癸：貞：旬：
二六六八三 癸丑卜祝貞旬無囚
二六六八三 癸亥卜祝貞旬無囚二月
二六六八三 癸酉卜祝貞旬無囚
二六六八三 ：未卜祝貞：無囚
二六六八四 癸丑卜祝貞旬無囚八月
二六六八四 癸亥卜祝貞旬無囚八?月
二六六八五 癸丑卜祝貞旬無囚三月
二六六八五 癸亥卜祝貞旬無囚十三月
二六六八五 癸酉卜祝貞：無囚十三月
二六六八六 癸丑卜祝：旬：
二六六八六 癸丑卜祝貞旬無囚 二告
二六六八六 癸亥卜祝貞旬無囚
二六六八七 癸丑卜祝貞旬無囚三月
二六六八七 癸亥卜祝貞旬無囚十三月
二六六八七 癸酉卜祝貞旬無囚十三月

26687 ：酉卜：貞：
26688 癸丑卜：貞旬無：
26688 癸丑卜祝貞旬無囚
26688 ：亥：祝：旬：
26689 癸丑卜祝貞旬無囚
26690 癸亥卜祝貞旬無囚
26690 癸亥卜祝貞旬無囚七月
26690 ：卜祝：無：七月
26691 癸丑?：祝貞：無囚
26691 癸亥卜祝貞旬無囚
26691 癸酉卜祝貞旬無囚
26691 癸未卜祝貞旬無囚八月
26691 癸巳卜祝貞旬無囚
26691 癸未卜祝貞旬無囚
26691 癸丑卜祝貞旬無囚
26691 癸酉卜祝貞旬無囚
26692 癸：兄：無囚
26692 癸亥卜兄貞旬無囚七月
26692 癸酉卜兄貞旬無囚八月
26692 ：未卜：貞旬：囚八月
26693 ：丑卜：貞旬：七月
26693 癸亥卜兄貞旬無囚九月
26693 癸：
26694 癸：祝貞旬無：
26694 癸亥卜祝貞旬無囚九月
26694 癸卯卜祝貞旬無囚
26695 ：旬：
26695 癸亥：祝貞旬：囚三月
26695 癸未卜祝貞旬無囚四月
26695 癸巳卜祝貞旬無囚
26696 癸：祝貞旬無囚
26696 ：祝貞旬：囚
26696 ：囚
26697 癸：
26697 癸未卜耑貞旬無囚
26697 ：卜耑：無囚
26698 癸：貞：
26698 癸酉：大：
26698 癸巳卜足貞旬無囚
26699 癸卯卜出貞旬無囚九月
26699 癸丑卜逐貞旬無囚
26699 癸亥卜逐貞旬無囚
26700 ：不若
26700 癸：中貞旬無囚
26700 癸：貞旬無囚
26701 癸巳卜足貞旬無囚六月

26702 癸酉卜：貞旬無：
26702 癸未卜：貞旬無：
26703 癸酉卜貞旬無囚
26704 癸酉卜：貞旬無：十三月
26704 ：未卜：貞旬無：
26705 癸酉：貞旬：囚
26705 癸未：貞旬：囚
26706 癸：貞旬：囚
26706 癸未卜貞旬無囚
26706 癸巳卜貞旬無囚
26706 癸卯卜貞旬無囚
26706 ：丑卜：旬無：
26707 癸未卜貞旬無囚一月
26707 ：卜：旬：月
26708 癸未：祝：
26708 癸巳卜祝貞旬無囚
26708 癸卯卜：貞旬無囚一月
26709 癸：旬：
26709 癸巳王旬六月
26709 ：卯：旬六月
26710 癸巳卜：貞旬無囚在三月
26711 癸巳：貞旬：在四月
26712 癸巳：貞旬：在二月
26712 ：卜即：旬無囚
26713 癸：出：無：
26713 ：巳卜：貞旬：匚：二月
26714 癸卯卜：貞旬無：在十月
26714 ：王：囚：十月
26715 癸：
26715 癸卯卜貞旬無囚
26715 癸丑卜貞旬無囚
26715 癸亥卜貞旬無囚
26716 癸巳：貞：囚
26716 癸卯卜貞旬無囚一月
26716 癸丑卜貞旬無囚二月
26716 癸亥卜貞旬無囚三月
26716 ：酉卜：旬無囚
26717 癸卯卜貞旬無囚十月
26718 癸丑卜：貞旬無：在十?月
26719 癸丑：貞旬：在十?月
26719 ：亥卜：貞旬：囚在：
26720 癸丑卜貞旬無囚十月
26721 癸丑貞旬無囚
26721 ：旬：二?月
26722 癸丑卜：貞旬：在四月
26723 癸酉：貞：無：在：日：

二六七二三　：丑卜：旬：囚：五月：翌：
二六七二四　癸亥卜：貞旬無囚
二六七二五　丁卯卜旅貞今夕西言王
二六七二六　乙亥卜旅貞今夕王西言
二六七二七　乙亥卜旅貞今夕：言：
二六七二八　戊申卜旅貞今夕王西言
二六七二九　乙未卜旅貞今夕西言王
二六七三〇　丙申卜旅貞今夕王西言
二六七三〇　：貞今夕王寧
二六七三一　乙巳卜旅貞今夕王西言
二六七三二　：未卜旅：今夕王：言在八月
二六七三三　：卜旅：夕西：王
二六七三三　：吉八月
二六七三四　：卜旅：夕王：言在十月
二六七三五　：卜旅：今夕：言王
二六七三六　：卜旅：今夕：言王
二六七三七　：卜旅：今夕：言王
二六七三八　：卜旅：夕西言王
二六七三九　：卜旅：今夕：言王
二六七四〇　：卜旅：今夕：言王四月
二六七四一　：旅：今夕：言王
二六七四二　：申卜失貞今夕王西言
二六七四三　丙午卜失貞今夕王西言
二六七四三　：今夕：皿：八月
二六七四四　甲午卜失貞今夕西言王
二六七四五　：卜失：夕西：王
二六七四六　乙：失：王
二六七四六　：卜失：夕：言
二六七四七　戊戌卜𡆥貞今夕西言王
二六七四八　：卜𡆥：夕西言王
二六七四八　：惟：
二六七四九　：卜𡆥：夕西：
二六七五〇　庚寅卜黄貞今日西疋：
二六七五一　戊辰：貞今：西言
二六七五二　壬申卜貞今夕西言王
二六七五三　辛巳：貞今：西言：
二六七五四　辛巳：貞今夕：言王
二六七五五　己亥：貞今：言
二六七五六　壬寅卜：貞今夕：西言
二六七五七　壬寅：貞今：西言
二六七五八　乙巳：貞今：王西：
二六七五九　丁未卜：貞今夕：西言
二六七六〇　戊申卜貞今夕西言
二六七六一　戊申：貞今：西言
二六七六二　戊：中：西：
二六七六二　：卜：夕：言

二六七六三　甲子卜出貞翌丁卯魚益醫
二六七六三　丙寅卜出貞翌丁卯魚益醫
二六七六三　丁丑：貞有：室：
二六七六三　：不：魚：
二六七六四　丙寅卜卜出貞翌丁卯魚益醫
二六七六四　壬申卜出貞丁賓户㳄無匄
二六七六四　辛卯卜貞來丁巳暘日十月
二六七六四　：貞不其魚：日允：
二六七六五　甲子卜大貞□家盧子：𢆶暨：己酉
二六七六五　：貞其于：
二六七六五　癸酉卜貞旬有祟不于家盧子四月
二六七六五　貞翌丁卯不其魚之日允不魚
二六七六五　丙寅卜：貞翌丁卯魚益：
二六七六五　辛卯卜：貞來：
二六七六五　丁未
二六七六五　癸：丁：
二六七六六　貞勿
二六七六六　丙寅卜出貞翌丁卯魚益醫不魚
二六七六六　：亥：其：洹
二六七六七　丙寅：出貞翌丁卯魚益醫之日：
二六七六八　戊寅卜出貞今日魚益醫
二六七六八　：益：
二六七六九　癸亥卜出貞今日魚益其：
二六七七〇　：卜出：今日魚：武唐：允魚
二六七七一　：卜出：魚益：唐之：魚
二六七七二　：卜出：魚益：之日：魚
二六七七三　：出：唐：魚益：之日允：魚六月
二六七七四　：魚益魚：之日：魚
二六七七五　：卜出貞：魚燊之日允魚
二六七七六　：午卜：貞今日魚
二六七七六　：未：貞：鷄：
二六七七七　：辰卜出：今日魚燊
二六七七八　：巳卜出：今日魚燊
二六七七八　：不其：
二六七七九　：今日：燊魚：日允魚
二六七八〇　：卜出：燊：
二六七八〇　：魚：
二六七八一　：申卜出：翌乙酉：益：魚
二六七八二　庚辰：貞翌：未：益：
二六七八二　：卜：翌：酉魚：月
二六七八三　：翌：魚：
二六七八四　：益：魚：日：
二六七八四　：卯：出：
二六七八五　戊：出：己：魚：
二六七八六　：貞：其：
二六七八六　：日魚：之日：皿：

26787 ：出貞：日𩵋：𩵋：允：
26788 丁酉：今日：益𩵋：允：
26788 ：卜出：辛：益：日允：𩵋
26789 ：出：益𩵋：
26790 ：卯?卜出：𩵋益𩵋之日允𩵋
26791 貞不其𩵋十月
26792 貞不其𩵋
26793 貞不其𩵋
26794 ：不：𩵋
26795 ：不：𩵋
26795 ：辰卜：翌乙：𩵋
26796 ：不其：益：不𩵋
26797 ：出貞：𩵋：
26798 甲：貞：乙：𩵋：
26798 ：丑卜：貞今：學：𩵋
26799 庚寅出貞于翌乙未大醫
26800 ：祝：今日王：醫
26801 丁巳卜出：今日益𩵋：之日允：衣
26801 ：貞：𢍏：
26802 ：午卜出：日延益：
26803 ：醫：若十月
26804 癸未卜祝貞：無𡆥?：日虎：𢀛
26805 丙戌卜射貞夕：
26806 貞弜：七?月
26806 貞：
26807 癸丑：貞：
26807 貞弜𠦪八月
26808 貞非惟二月
26809 貞非惟十一月
26810 庚戌：𢎨貞：夕卜
26811 乙酉王：中延：
26812 ：中：在王
26813 己亥：貞我?：其曰：
26814 貞从日：
26815 丙辰：貞王：不巳：其有：
26815 ：出：
26816 乙未：貞王：無：
26817 癸巳：貞今日?：
26817 癸巳：
26817 ：王：𡿧?：
26818 丙午：貞翌：其暨：
26819 ：旅貞：惟?：
26819 癸丑：
26820 ：穷：惟：
26821 癸丑卜：貞宰?翌：
26822 甲戌卜旅貞妣古惟今𠂤酢

26823 ：貞𢼄?：
26824 ：鑿：
26825 戊：
26825 貞弜般八月
26826 ：有保：
26826 ：保：
26826 ：保：
26827 ：屆：有：來：三：
26827 ：卜：于：
26828 ：貞：毓茲?：
26829 ：貞翌：毓𠀘：曰：
26830 ：惟廳
26831 ：有允其：
26832 ：貞：叙：
26833 ：王：𪔂：
26833 ：[illegible]：
26834 乙：貞：疋：
26834 ：貞：
26835 ：貞：步?：
26836 辛酉：貞惟其：美：
26836 ：出貞：言之：
26837 ：貞：𪔂：
26837 ：疾：冎：𦀚?：
26838 丁未卜出?貞其有：我：兄：
26839 癸未卜祝貞：
26839 癸酉卜：
26840 庚：出：有：
26840 ：竹：羌：
26841 ：卯卜：翌：辰：
26841 ：虎：
26842 ：雋：魚：
26843 ：貞：非：
26843 ：令?：
26844 壬：王：貝?：
26845 辛亥：貞于?：巳：
26845 貞舊：
26846 ：勿畾友曰若
26847 貞不𪇰：
26848 庚：貞：于：豚：
26849 貞：
26849 貞：中：
26849 貞：無：
26850 貞：于：
26850 ：其：西：
26851 己亥：
26851 辛亥卜：貞：生其：

二六八五二　貞于…𢀛枚…
二六八五二　…貞?…
二六八五三　乙卯…
二六八五三　…王…曰有…表…
二六八五四　…柰…尤
二六八五五　…蘖…
二六八五六　貞…奏…
二六八五七　貞其𠊧…
二六八五八　丙寅…貞惟…令
二六八五八　…其𠊧…束…
二六八五九　丁酉…
二六八五九　…𥁕…
二六八六〇　貞其𩁹…
二六八六一　貞毋𠊧…
二六八六二　戊寅表…
二六八六二　…告…
二六八六三　…酉…出…今…
二六八六四　…于工…尤
二六八六四　…尤
二六八六五　…惟工…有尤
二六八六五　貞…
二六八六六　貞惟牛用四月
二六八六六　丙午…出貞翌…工無…
二六八六七　貞…工六月
二六八六七　…卜王…
二六八六八　丁酉…曰貞…遘…
二六八六九　癸卯卜祝貞我…京
二六八七〇　…祖…
二六八七〇　…丑卜旅…
二六八七〇　…卜不同惟…
二六八七一　貞王其…燎…膏?
二六八七二　貞其事
二六八七三　壬子卜…貞小廿…惟…于?…
二六八七四　…𠰶…
二六八七五　貞惟?…出𢀛…十一月
二六八七六　甲寅卜…貞王?…矢?
二六八七七　丁卯卜…貞其𠬝?…比
二六八七八　貞于卜丁?日言